© TRAVELLER70 - SH

© SL-PHOTOGRAPHY - STOCK.ADOBE.COM

© SERRNOVIK - ISTOCKPHOTO.COM

Mer du Nord
ZEEBRUGGE
KNOKKE-HEIST
N253
N34
BLANKENBERGE
OSTENDE
BRUGES
N49
A11
N403
N70
ANVERS
NIEUPORT
N44
A18
A10
N9
A12
OOSTDUINKERKE
GAND
N16
LA PANNE
KOKSIJDE
A14
Escaut
N17
A17
N409
FLANDRE-OCCIDENTALE
N8
Ijzer
N35
A14
ALOST
N36
N32
FLANDRE-ORIENTALE
GRIMBERGEN
N43
N33
YPRES
AUDENARDE
BRUXELLES
POPERINGE
COURTRAI
N36
HAINAUT
Escaut
RENAIX
N46
A17
N60
A8
TOURNAI
N7
HAINAUT
N55
Dende
N6
A54
A15
La Louvière
BINCHE
Mons
N90
CHARLEROI
N40
Escaut
FRANCE
Autoroutes
Voies rapides
Routes secondaires
Voie ferrée
Frontières
Limites régionales
Agglomérations
Altitude (en mètres)
500
200
100
30 KM

Belgique

MÉDIÉVAL PLAT PAYS

Si proche et pourtant si dépaysant. Le petit pays qu'est la Belgique est presque déroutant pour qui n'a jamais vu de centre-ville voué aux vélos et aux tramways, non dénaturé par le bruit des voitures. Débarquer sur la grandiose Grand Place et dans les Galeries Royales à Bruxelles est un émerveillement certain devant tant de beauté architecturale. Les férus d'histoire explorent ici des villes moyenâgeuses façonnées de ruelles pavées, de maisons pittoresques, d'églises et de canaux bucoliques. On s'émerveille en levant le nez devant des beffrois et des cathédrales gothiques vertigineuses, merveilleusement ciselées. Bruges et ses canaux, Gand et son château fort, Anvers et sa cathédrale, Liège et sa cité ardente, Namur et sa citadelle, chacune à beaucoup à offrir, sans parler des centaines de clochers qui hérissent les campagnes. On peut aussi s'intéresser au passé minier et industriel du pays, particulièrement en Wallonie. Les musées invitent à découvrir sa riche histoire, depuis Charlemagne jusqu'à l'Europe, en passant par Charles Quint et la Première Guerre mondiale. Mais aussi des chefs-d'œuvre de la peinture flamande, des maîtres primitifs aux baroques. On vient aussi en Belgique pour dévorer des carbonnades, des moules frites, s'en mettre plein la panse et les doigts, et bien sûr trinquer avec une bonne mousse artisanale. Les Belges aiment les carnavals, ducasses, festivals, fêtes de rues… Toutes les occasions sont bonnes pour ripailler et festoyer. Sans compter leur accueil franc et leur humour décoiffant qui déridera même les citadins les plus stressés.

SOMMAIRE

© KAVALENKAVAVOLHA - ISTOCKPHOTO.COM

© ROSSHELEN - ISTOCKPHOTO.COM

6 INSPIRER

Quand y aller ? Pour quels attraits touristiques ? Combien de temps ? Pour quel type de séjour ? Toutes les informations pratiques pour découvrir la destination.

33 DÉCOUVRIR

Pour tout savoir sur l'histoire de la Belgique, sa géographie et sa nature, sa société et ses modes de vie, ses spécificités culturelles, religieuses et populaires.

115 BRUXELLES - BRUSSEL

Avec plus de 40 musées et monuments à visiter, Bruxelles et ses communes regorgent d'attractions culturelles et historiques, de restaurants, bars et cafés.

© TOMASSEREDA - SHUTTERSTOCK.COM

PAYS-BAS
ALLEMAGNE
LUXEMBOURG
FRANCE
D'ANVERS
LIMBOURG
BRABANT FLAMAND
BRABANT WALLON
LIÈGE
NAMUR
LUXEMBOURG
TURNHOUT
HASSELT
LOUVAIN
TONGRES
LIÈGE
SPA
NAMUR
REDU
FLORENVILLE
VIRTON
Arlon
Meuse
Demer
Dijle
Vesdre
Amblève
Ourthe
N12
N119
N19
N18
N12
A21
A13
N13
N10
N71
N715
N75
N78
A2
N2
N80
N20
N3
A3
A13
N4
N91
N69
N64
A15
N63
N62
A26
N4
N98
N63
A4
N40
N68
N7
N89
N95
N89
N15
N40
A4
N83
N87
N82

QUAND Y ALLER

JANVIER

-1° / 4°

LES ANTONIADES
(FLOBECQ)
Les Antoniades ont lieu mi-janvier à Flobecq dans le Hainaut. Au menu : coche à la broche, fanfare et cortège de géants.

$

FÉVRIER

0° / 7°

CARNAVAL DE MALMEDY
(MALMEDY)
Il compte parmi les plus pittoresques de Belgique. Le Cwarmê compte quinze personnages principaux qu'on ne voit que le dimanche.

CARNAVAL DE BINCHE
(BINCHE)
Ce carnaval, classé à l'Unesco, est le plus célèbre et le plus important de Belgique, dont le personnel central est le Gille.

$

MARS

2° / 10°

CARNAVAL DES OURS
(ANDENNE)
Le cortège compte 30 chars, 500 personnes en costume d'ours, trois géants : Charles Martel, Fonzi et Martin II et des majorettes.

BAL DU RAT MORT
(OSTENDE)
Un bal philanthropique masqué et costumé qui est organisé chaque année à Ostende depuis 1896.

$

JUILLET

12° / 23°

DOUR MUSIC FESTIVAL
(DOUR)
Il voit affluer plus de 220 000 festivaliers à la frontière franco-belge pour sa programmation éclectique exceptionnelle.

FÊTES DE GAND
(GAND)
Pendant dix jours, on boit, on mange, la fête bat son plein ! Concerts, théâtre de rue, expositions, animation pour enfants, cortèges…

$ $

AOÛT

12° / 22°

DUCASSE D'ATH
(ATH)
Fête populaire classée au patrimoine mondial de l'Unesco ! On peut aussi admirer des fanfares, des danses de géants.

FÊTES DU 15 AOÛT
(LIÈGE)
Le quartier d'Outremeuse accueille plus de 250 000 visiteurs pour cette fête dédiée à la Vierge avec messe en wallon et cortèges.

$ $

SEPTEMBRE

11° / 20°

LES FÊTES DE WALLONIE
(NAMUR)
Des milliers de visiteurs venus de toute la Wallonie : messe en wallon, combat d'échasses, attractions foraines, pékèt, concerts.

JOURNÉE DU PATRIMOINE
(ANVERS)
L'occasion gratuite de pousser des portes habituellement closes pour découvrir des palais flamands.

$ $ $

On peut visiter la Belgique en toute saison, car les musées, cathédrales, églises, magasins et restaurants ne connaissent pas de trêve. Outre les 200 jours de pluie par an, le temps se fait particulièrement accueillant entre juin et septembre. On recommande néanmoins les mois de février et mars en hiver pour assister aux fabuleux carnavals du pays, le printemps et l'été pour l'offre pléthorique de festivals culturels en tout genre et décembre pour les marchés de Noël illuminés.

AVRIL

5° / 14°

ART BRUSSELS
(BRUXELLES - BRUSSEL)
Le salon accueille 30 000 personnes sur les 4 jours et près de 150 galeries d'art qui présentent peintures, sculptures, installations…

LIÈGE-BASTOGNE-LIÈGE
(LIÈGE)
La plus ancienne des courses cyclistes internationales encore organisées et la plus populaire des classiques ardennaises.

$

MAI

8° / 18°

BELGIAN PRIDE BRUSSELS
(BRUXELLES - BRUSSEL)
Grâce à un changement des mentalités, la colorée *Belgian Pride* fait maintenant partie des incontournables de Bruxelles.

PROCESSION DU SAINT-SANG
(BRUGES - BRUGGE)
Cette fête religieuse à Bruges célèbre la relique rapportée par Thierry d'Alsace de Terre Sainte.

$ $ $

JUIN

11° / 22°

DUCASSE DE MONS (DOUDOU)
(MONS)
Fête folklorique traditionnelle et inimitable où lors du « Lumeçon », saint Georges va combattre le Dragon au son du « Doudou ».

ROCK WERCHTER
L'un des meilleurs festivals de rock en plein air en Europe. Affiche rock, pop, alternative et électro avec de (très) grands noms.

$ $

OCTOBRE

7° / 15°

FIFF
(NAMUR)
Environ 150 films (du long, du court, des docus, fictions et animations) et récompense des meilleurs films francophones.

FILM FEST GENT
(GAND)
Le festival de cinéma le plus connu et le plus réputé de Flandre, à ne pas manquer !

$

NOVEMBRE

3° / 9°

FÊTE PATRONALE DE SAINT-HUBERT
(SAINT-HUBERT)
Saint Hubert, le patron des chasseurs, est fêté en fanfare tous les ans en novembre dans la basilique qui lui est consacrée.

LES NOCTURNES DU SABLON
(BRUXELLES - BRUSSEL)
Durant 4 jours, les commerçants et artisans du quartier du Sablon préparent la fin de l'année et ouvrent leurs portes jusqu'à 23h.

$

DÉCEMBRE

0° / 6°

PLAISIRS D'HIVER
(BRUXELLES - BRUSSEL)
Durant tout le mois de décembre, 2,5 kilomètres de parcours illuminé autour de la Grand-Place et des animations en tous genres.

LUEUR D'HIVER
(BRUGES - BRUGGE)
La Venise du Nord organise un merveilleux marché de Noël embelli par des sculptures de glace.

$ $

LES BONNES RAISONS D'Y ALLER

© ANDREW HARDY - ISTOCKPHOTO.COM

L'ARCHITECTURE PITTORESQUE BELGE

Les centre-villes sont constitués de ruelles pavées, maisons à pignons à redent magnifiques.

DES TRANSPORTS EN COMMUN OPTIMAUX

Le pays est sillonné par des trains à prix fixe, les villes par des tramways et bus pratiques.

© BIM - ISTOCKPHOTO.COM

© BOMBAERT- ISTOCKPHOTO.COM

DES FRITES, DES FRITES, DES FRITES !

Partout, de bonnes friteries pour se délecter d'un cornet dans les règles de l'art belge.

© OVCHAR ANASTASYA- SHUTTERSTOCK.COM

DES ÉVÉNEMENTS CULTURELS NOMBREUX

En toute saison, des festivals dans tous les domaines culturels : musique, cinéma, art…

© SHEBEKO - SHUTTERSTOCK.COM

DES CHOCOLATS ET GAUFRES

Il y a des chocolateries de haute volée à tous les coins de rue, le choix sera cornélien !

© M BARRATT - SHUTTERSTOCK.COM

HUMOUR BELGE ET FRANCOPHONIE

Sympa de voyager dans un pays qui parle français, où les habitants ont la blague facile !

© CAPTUREPB - SHUTTERSTOCK.COM

DES VILLES PIÉTONNES ET À VÉLO

On se balade dans les centre-villes silencieux et sans pollution, où le vélo est roi.

LES BONNES RAISONS D'Y ALLER

LES FÊTES FOLKLORIQUES ET DE RUE

Le pays est réputé pour ses carnavals (comme celui de Binche) et ducasses traditionnelles.

© WESKERBE - SHUTTERSTOCK.COM

© SFE-CO2 - ISTOCKPHOTO.COM

LES BIÈRES ARTISANALES

Partout, on peut s'arrêter pour s'offrir une mousse parmi les 300 références du pays.

© MUSEA BRUGGE | SARAH BAUWENSE

UN PAYS RICHE EN HISTOIRE ET MUSÉES

Bruxelles, Gand, Bruges, Mons… les villes regorgent de musées historiques et artistiques

LES 12 MOTS-CLÉS

#ART NOUVEAU

Très populaire au début du XXe siècle, l'Art nouveau s'inspire de formes et structures naturelles : des fleurs, des plantes mais aussi de leurs courbes et privilégie des matériaux comme le verre et l'acier, en pleine Révolution industrielle. La Belgique compte de nombreuses maisons et édifices Art nouveau, beaucoup signés du maître Victor Horta.

#CANAUX

La poldérisation progressive des terres à partir du XIe siècle a repoussé la mer toujours plus loin et creusé des canaux pour l'irrigation et l'évacuation de l'eau, bien pratiques pour le transport des marchandises jusqu'au centre. On les retrouve à Bruges, mais aussi à Gand et dans les campagnes belges reliant les villes entre elles.

#BANDE DESSINÉE

La Belgique compte près de 700 auteurs de bandes dessinées. Hergé ouvre le bal avec *Tintin et Milou* en 1929. Morris imagine *Lucky Luke* en 1946. Puis André Franquin, dessine *Spirou* en 1947, le *Marsupilami* en 1952, et *Gaston Lagaffe* en 1957. Peyo imagine les *Schtroumpfs* en 1954. Ajoutons Jean Roba avec *Boule et Bill* en 1959 qui précèdent la BD moderne.

© ALEXANDROS MICHAILIDIS - SHUTTERSTOCK.COM

#DENTELLE

Depuis le XVIe siècle, la Belgique est réputée pour la qualité de sa production dentellière artisanale. Deux centres de confection se partagent le travail : Bruxelles, qui est spécialisée dans la dentelle aux fuseaux de fils coupés, et Bruges, qui est la capitale du point de fée originaire de Binche et de la dentelle aux fuseaux de fils continus.

© ANNEKEDEBLOK - ISTOCKPHOTO.COM

#BEFFROIS

Les beffrois belges, inscrits à l'Unesco, sont des tours supportant des cloches qui rythmaient au Moyen Âge la vie économique et sociale des cités (heures de travail, pause de midi, tocsin, fêtes...). Le beffroi était aussi une tour de guet face aux dangers potentiels et représentait l'indépendance acquise des villes face au régime féodal.

#BÉGUINAGES

Les béguinages datent du Moyen Âge et sont classés à l'UNESCO. Les femmes seules se réunissaient pour s'entraider, sans prononcer leurs vœux. Cependant, elles vivaient pieusement et accomplissaient un travail social et médical. Chaque béguinage comprenait un dispensaire, des ateliers de fabrication, une église et des maisons de taille modeste.

#DIABLES ROUGES

Qu'on aime ou pas le foot, il faut dans tous les cas lui reconnaître une qualité : celle de rassembler les Belges (Flamands, Wallons,...) autour du même ballon ! La génération dorée des Diables rouges a joué jusqu'en demi-finale lors de la Coupe du monde 2018, face à l'équipe de France avant de se faire éliminer au premier tour en 2022 au Qatar.

© KATATONIA82 - SHUTTERSTOCK.COM

LES 12 MOTS-CLÉS

#EUROPE

La Commission et le Parlement européen siègent à Bruxelles. De plus, la Belgique a la chance de se situer au carrefour des cultures de l'Europe latine et de l'Europe septentrionale. Sa richesse est donc sans pareille : les Belges sont très ouverts culturellement, et parlent outre le français et le néerlandais, l'anglais et l'allemand.

#MER DU NORD

Sans doute un peu froide, mais pleine de charme avec ses marées, ses brise-lames, son air iodé et ses immenses plages de sable fin. Le littoral belge, avec près de 70 km de côte fait partie de l'enfance des Belges, les châteaux de sable garnis de fleurs en papier et de moulins à vent en mica ; les promenades en « cuistax », ces véhicules à pédales.

© SL_PHOTOGRAPHY - ISTOCKPHOTO.COM

#PEINTURE FLAMANDE

Avec la technique du glacis, cette peinture à l'huile permet une luminosité, une transparence et des nuances inédites en Europe. Elle dépeint le religieux, le quotidien des habitants. *L'Agneau mystique* des frères Van Eyck en 1432 est fondateur du courant primitif, incarné par Memling, Van der Goes, Bosch. Suivront Brueghel l'Ancien et Rubens à la Renaissance.

#PLAT PAYS

« Avec des cathédrales pour uniques montagnes / Et de noirs clochers comme mâts de cocagne… » Brel a si bien chanté le Plat Pays. Si la Belgique mérite cette réputation pour sa partie ouest (le bord de mer et son arrière-pays), en revanche, la Wallonie est beaucoup plus vallonnée, particulièrement en descendant vers l'Ardenne, au sud-est du pays.

#VÉLOS

Ce moyen de transport est très populaire, que ce soit pour aller à l'école, au boulot, en discothèque… Vous serez d'ailleurs surpris par le nombre d'aménagements prévus pour les cyclistes (pistes cyclables, parkings à vélos, etc.). Attention d'ailleurs si vous êtes en voiture ou à pied : ce sont eux les rois de la route.

VOUS ÊTES D'ICI, SI…

▸ **Vous dites le « x » de Bruxelles « ss »** comme le « x » d'Auxerre, y compris dans l'adjectif « bruxellois ». Le « x » de Bruxelles dérive du nom latin *Bruxellae*, alors que le nom originel de la ville est *Brussel* en néerlandais. Vous prononcez aussi le « s » d'Anvers, sinon personne ne comprend.

▸ **Vous commandez une bière « au fût »** et non « à la pression ». De plus, vous ne commandez pas la première « pils » venue la moins chère, mais une bière de caractère parmi les triple, IPA, brunes blondes, ambrées, etc.

▸ **Vous roulez à vélo de jour comme de nuit,** qu'il fasse beau, qu'il pleuve ou qu'il vente. Vous avez peut-être même appris à rouler avant de marcher ! Vous savez retrouver votre vélo dans un parking d'un millier de deux-roues les uns sur les autres. Vous utilisez les rampes à vélos dans les escaliers.

▸ **Vous ne refusez jamais d'assister à un carnaval ou à une ducasse.** Le folklore et la fête en famille ou entre amis sont essentiels pour vous et renforcent l'identité de votre région.

MA BELGIQUE

avec Mélissa MONACO, auteure du guide

Interview

Originaire du Hainaut, Mélissa a adopté Bruxelles lorsqu'elle y a débarqué pour ses études de journalisme. Après plusieurs années d'expatriation, elle y est revenue en 2006. Quand elle ne voyage pas (et n'écrit pas sur son blog mellovestravels.com), elle se balade dans différents coins de Belgique à la découverte de choses qu'elle n'avait jamais vues avant et de nouvelles adresses.

IDÉES DE SÉJOUR

Si vous ne disposez que d'un week-end pour découvrir la Belgique, préférez la visite d'une ville et de ses environs plutôt que de faire le tour du pays au plus vite. La Belgique se visite lentement, et vous allez devoir prendre ce rythme. Bruges ou Bruxelles sont les choix les plus courants mais jamais décevants. À Bruges, évitez absolument la haute saison, vous profiterez ainsi d'une ville plus chaleureuse et accueillante. On trouve un dynamisme indéniable, très urbain, à Anvers et Gand, alors que Namur ou Liège apportent un caractère festif plus populaire. Deux semaines représentent un laps de temps raisonnable pour avoir un bon aperçu de la Belgique, de ses grandes villes comme de son arrière-pays. Le « Plat Pays » de Jacques Brel est peut-être un petit territoire, mais les points d'intérêt y sont nombreux. Une alternative au traditionnel (et très touristique) Bruxelles-Bruges, consiste à faire Bruxelles – Courtrai – Gand – Anvers.

DÉCOUVERTE DU PLAT PAYS

Deux semaines représentent un laps de temps raisonnable pour avoir un bon aperçu de la Belgique, de ses grandes villes comme de son arrière-pays. Le « plat pays » de Jacques Brel est peut-être un petit territoire, mais les points d'intérêt y sont nombreux.

› Jour 1 - Centre de Bruxelles

La capitale belge va vous surprendre. Le centre névralgique de l'Union européenne n'est pas qu'un simple centre administratif et bureaucratique : **Bruxelles** ★★★★ (p.115)est une ville dynamique qui rayonne grâce à son architecture, ses espaces verts, sa douceur de vivre, mais aussi et surtout par ses habitants, sympathiques bons vivants. Pour commencer, rendez-vous sur la Grand-Place en passant par la rue du Marché-aux-Herbes. Admirez l'hôtel de ville et les maisons environnantes parmi lesquelles la **Maison du Roi,** (p.134) où se trouve le **musée de la Ville de Bruxelles.** (p.134) A deux pas de la Grand-Place, flânez dans les ruelles pavées et pleines de charme du quartier Saint-Jacques qui regorge de bistrots et de petites boutiques. Et, bien sûr, rendez visite au Manneken Pis, l'un des symboles les plus célèbres de Bruxelles. Sa taille (60 cm) va peut-être vous étonner, mais il représente bien l'humour belge et sa tendance à l'autodérision. Les **galeries royales** (p.326) **Saint-Hubert** (p.482), premières galeries couvertes d'Europe (1846), méritent elles aussi le détour. Salons de thé, brasseries, librairies et boutiques chic occupent le rez-de-chaussée, tandis qu'à l'étage se trouvent des appartements privés. Le soir, optez pour un spectacle dans un des nombreux théâtres de la ville.

© STÉPHAN SZEREMETA

La Grand-Place à Bruxelles.

Actualité
Sport
bx1
Médias de Bruxelles
Culture
Lifestyle
Toute la vie bruxelloise
est sur BX1

› Jour 2 - Quartiers populaires de Bruxelles

Promenez-vous autour de la place du Sablon, encadrée de maisons de maître et de l'**église Notre-Dame du Sablon** (p.132), surprenant édifice de style gothique, aux magnifiques vitraux. La place est le cadre d'un célèbre marché aux antiquités le samedi et le dimanche matin. Mais les galeries d'art et d'antiquités du quartier composent à elles seules un musée chic permanent. Non loin de là se trouve un autre quartier qui mérite le détour : les Marolles. Radicalement différent, ce quartier populaire, en agitation constante, foisonne de petits commerces, de brocantes et de cafés et restaurants typiques et chaleureux. Chaque matin, un marché aux puces, faramineux bric-à-brac haut en couleur, se tient sur la place du Jeu de Balle !

› Jour 3 - Marathon des musées à Bruxelles

Pour le dernier jour à Bruxelles, faites la part belle aux musées. Difficile de choisir vu leur nombre, mais on peut citer le **musée d'Art ancien** (p.138) et le musée d'Art moderne, les **musées royaux d'Art et d'Histoire** (p.137), le **Muséum de Sciences naturelles** (p.144) (et la plus grande exposition de squelettes de dinosaures en Europe), le **Centre belge de la bande dessinée** (p.132), le musée Belvue qui raconte l'histoire de la Belgique, le **musée des Instruments de musique** (p.136) avec ses 7 000 pièces de collection, ou encore le tout nouveau **musée Magritte** (p.138) ! Une bonne semaine de visite serait nécessaire pour avoir un aperçu satisfaisant de la richesse des collections présentées dans les musées bruxellois.

› Jour 4 - Waterloo

Ce lieu tragique demeure, dans les mémoires françaises, celui d'une cuisante défaite. Sur place, vous pourrez visiter le champ de bataille : le **dernier quartier général de Napoléon** (p.406), le **musée Wellington** (p.406) (adversaire victorieux de ce dernier), le panorama de la bataille de **Waterloo** (p.405) ou encore la Butte du Lion, lieu à la mémoire du prince d'Orange.

› Jour 5 - Rendez-vous à Anvers

À la fois un grand port, une vaste vieille ville riche en monuments historiques, et une ville vivante de jour comme de nuit, **Anvers** ★★★ (p.205) a de quoi séduire un large public. Déambulez dans les ruelles de la vieille ville, bordées d'innombrables trésors architecturaux. Admirez l'**immense cathédrale** (p.211) de style gothique et sa flèche (123 m, la plus haute de Belgique) ainsi que la Grand-Place, entourée des majestueuses maisons de guildes avec leurs façades à redans et leurs statues dorées. L'après-midi, faites du shopping dans les boutiques branchées des créateurs anversois et promenez-vous sur les bords de l'Escaut, ancien centre des activités portuaires du XIXe siècle, un peu mélancolique et bordé de façades à l'architecture contemporaine.

› Jour 6 - Plongée dans l'art flamand

Pour ce deuxième jour à Anvers, visitez la maison de Rubens. Rendez-vous ensuite au « Sud » (Het Zuid ★), le nouveau cœur culturel d'Anvers. C'est là que se trouve le **musée des Beaux-Arts** (p.424), qui présente une superbe collection de primitifs flamands, et le **musée d'Art contemporain** (p.216). La nuit tombée, l'activité de la ville ne faiblit pas. C'est le moment de vous attabler dans l'un des nombreux cafés ou restaurants que compte Anvers, et, pour les oiseaux de nuit, de prolonger la soirée dans une des discothèques qui accueillent des DJs internationaux.

› Jour 7 - Cap sur Gand

Si l'on dit que **Bruges** ★★★★ (p.277) est la plus belle ville de Belgique, elle a là une vraie rivale. Le centre-ville possède un patrimoine architectural étonnant et regorge de vieux monuments, comme la **cathédrale Saint-Bavon** (p.248) où se trouve le retable de l'*Agneau mystique* des frères Van Eyck (XVe siècle), la halle ★ aux draps et le **beffroi** (p.414), l'hôtel de ville, le quai aux Herbes, le château des Comtes.

› Jour 8 - Soirée festive à Gand

La ville abrite aussi d'excellents musées : **musée des Beaux-Arts** (p.424), **musée d'Art contemporain** (p.216), **musée du Design** (p.245)... Par ailleurs, contrairement aux nuits calmes et tranquilles de Bruges, celles de **Gand** ★★★★ (p.244) sont animées par la population étudiante, et vous trouverez de nombreux bars où croiser quelques fêtards.

› Jour 9 - Bruges à vélo

Louez un vélo, que vous soyez venu en bus, en train ou en voiture : la douceur de vivre de Bruges prendra ainsi tout son sens. Un premier tour de la ville vous permettra de découvrir les fameux canaux et de flâner parmi les amoureux venus échanger des baisers dans cet environnement romantique. Le soir, Bruges ressemble davantage à un paisible petit village qu'à une cité en pleine effervescence nocturne.

› Jour 10 - Bruges sur les canaux

Commencez la journée en gravissant les 366 marches du **beffroi** (p.414) jusqu'au 5e étage : une superbe vue s'offre alors à vous, sans compter la trésorerie et autres vestiges de la tour, accessibles aux différents étages. L'après-midi, faites une mini croisière sur les canaux pour admirer les ponts et les nombreuses maisons qui baignent dans l'eau. Le soir, dégustez des moules-frites dans un restaurant typique : parfois, les bons vieux clichés ont du bon !

Le Top 3 préféré des Belges :
la bière, les frites et Nostalgie
I WANT
TO BREAK
I WANT TO BREAK FREE - QUEEN

› Jour 11 - Arrivée sur la côte belge

Allez passer une journée sur la côte belge. En plus de posséder une plage magnifique (9 km de sable !) et une jolie promenade, Ostende ★★ (p.323) est une vraie ville en bord de mer, avec un centre animé et un certain nombre de curiosités, parmi lesquelles l'excellent musée d'Art moderne, l'Atlantikwall et la maison et atelier du peintre James Ensor (p.325).

› Jour 12 - Ypres, mémoire de la Grande Guerre

Cette ville martyre ★★ (p.343), rasée pendant la Première Guerre mondiale, a été minutieusement reconstruite. Passez par la Grand-Place, admirez la cathédrale Saint-Martin (p.344), puis visitez le musée In Flanders Fields (p.346), qui vous fera revivre les événements de la guerre 1914-1918. Vous pouvez ensuite vous rendre dans un des estaminets typiques des environs.

› Jour 13 - Découverte de Tournai

Ville au riche passé historique, Tournai ★★ (p.420) a su préserver bon nombre de témoignages civils, militaires et religieux de son prestigieux passé, même si les guerres ne l'ont pas épargnée. La ville mérite que l'on s'y arrête une journée : la cathédrale est une des plus belles de Belgique, le beffroi (p.414) est classé et on y trouve plusieurs musées intéressants ainsi que de bons restaurants. Une petite balade sur la Grand-Place ou les quais de l'Escaut vous convaincra.

› Jour 14 - Mons, la culturelle

Étape agréable, cette jolie ville wallonne possède une élégante Grand-Place, de jolies rues pavées et un beffroi (p.414) classé de style baroque. Si vous êtes dans les environs le dimanche qui suit la Pentecôte, ne manquez pas la fête traditionnelle de la Ducasse, plus connue sous le nom de « Doudou ».

En route vers Namur, vous pouvez également faire une halte à Charleroi ★ (p.441), histoire de découvrir la plus grande métropole wallonne. Et le superbe musée de la Photographie (p.216) de Mont-sur-Marchienne ★ (un des plus importants d'Europe) vaut à lui seul le déplacement.

› Jour 15 - Balade dans Namur

Ville mosane paisible, Namur possède un charme certain. Commencez par visiter la citadelle (p.456), ensemble fortifié du XVIIIe siècle, qui offre de magnifiques points de vue sur la ville et la vallée de la Meuse. Ne manquez pas non plus la cathédrale Saint-Aubain (p.455), l'église Saint-Loup (p.455) et le musée Félicien Rops (p.457).

› Jour 16 - Village pittoresque de Dinant

Nichée entre le fleuve et les rochers, cette petite ville wallonne ★★ (p.464) a un aspect très pittoresque, et l'on comprend pourquoi les touristes y affluent. Vous pourrez y visiter la collégiale (p.465) et la citadelle (p.464) ainsi que vous offrir une croisière sur la Meuse. Les plus sportifs opteront pour la descente de la Lesse en kayak.

› Jour 17 - Liège la festive

Visitez la ville la plus festive de Wallonie, capitale culturelle de la région. Ancien centre sidérurgique, Liège ★★★ (p.366) conserve malgré tout quelques vestiges de son passé. En tant que principauté épiscopale : la place du Marché entourée de bâtiments des XVIIe et XVIIIe siècles, l'hôtel de ville, l'église Saint-Jacques, (p.422) la collégiale Saint-Barthélemy (p.368)avec ses fonts baptismaux du XIIe siècle... Elle abrite aussi des musées dignes d'intérêt, tels que le musée Curtius (p.369), le musée de la Vie wallonne (p.370), le musée d'Art religieux et d'Art mosan ou le musée d'Art moderne et contemporain (p.216).

Enfin, le week-end, il serait impardonnable de ne pas y rester au moins pour une soirée pour profiter de l'ambiance nocturne.

› Jour 18 - Retour vers le passé à Tongres

Visitez Tongres ★★ (p.187), la plus ancienne ville de Belgique. Ne manquez pas les restes de l'enceinte romaine, le Musée gallo-romain (p.187)et la basilique Notre-Dame (p.188) (un des plus beaux monuments gothiques dans le pays).

› Jour 19 - Bouffée d'air frais dans les Ardennes

Passez un ou deux jours dans les Ardennes, et découvrez les sentiers et villages de cette région boisée et vallonnée. Visitez Bastogne ★ (p.471), ville symbole de la bataille des Ardennes, flânez dans les rues de Bouillon (p.474), faites du VTT autour du village d'Houffalize (p.479), du kayak ou de la randonnée à Durbuy (p.479)... Et pourquoi ne pas finir votre séjour par la ville thermale de Spa ★ (p.392), histoire de se reposer si vous décidez de profiter lors de votre séjour du côté festif de la Belgique !

› Jour 20 - Détente dans les eaux thermales

Fin du séjour par la ville thermale de Spa, histoire de se reposer après ce long séjour chargé en découverte.

SE REPÉRER / SE DÉPLACER

DE L'AÉROPORT AU CENTRE-VILLE

▸ **L'aéroport de Bruxelles-National** est le principal et le plus proche de la capitale. Air France et Brussel Airlines atterrissent ici. Il est desservi en transports en commun par train et bus. Vous pouvez relier la gare SNCB de l'aéroport avec la plupart des gares du pays ainsi que des gares internationales, vous pouvez aussi emprunter les lignes de bus 12 (express en 30 min à Bruxelles) et 21 du côté francophone, 471, 659 et 359 du côté flamand (et une tonne d'autres petites lignes). Plus d'infos sur www.brusselsairport.be/fr.

▸ **L'aéroport de Charleroi** est le 2e aéroport du pays et dessert plutôt les compagnies low-cost dont Ryanair (vols pour Marseille, Bordeaux, Toulouse, Carcassonne, La Rochelle, Perpignan, Bergerac, Figari, Nîmes et d'autres villes françaises). Une ligne de bus (ligne A) relie l'aéroport à la gare de Charleroi-Sud (6 € l'aller simple). Un billet bus + train (billet « bulk ») à destination de n'importe quelle gare belge est vendu en ligne.

▸ **Navettes en bus.** La ligne principale relie non-stop l'aéroport de Charleroi à la gare de Bruxelles-Midi. Là-bas, le départ de la navette se fait à l'intersection de la rue France et de la rue de l'Instruction : suivre sortie « Thalys » à la gare. Aller simple : 15,50 €. Il existe aussi des navettes directes en bus pour Gand, Bruges, Mons et Lille. Une nouvelle ligne a été inaugurée entre l'aéroport de Bruxelles-National et Bruges, Gand et Lille. Achetez votre ticket de bus et consultez les horaires en ligne, à prix fixe valable pour la journée pour éviter la queue au guichet à l'aéroport (sur www.flibco.com). Un QR code à scanner sur le téléphone est envoyé par email.

ARRIVÉE EN TRAIN

En Thalys, de nombreux départs pour la Belgique au départ de Paris-Gare du Nord : vous pouvez vous rendre à Bruxelles (1h43), Anvers (2h20), Liège (2h10) (trains directs), et à Bruges (3h30), Ostende (3h15), Mons (2h50), Namur (2h50) et Gand (2h06) (trains avec une correspondance). Pour des prix avantageux, réservez vos trajets le plus tôt possible (peu de bons prix en *last minute*) et préférez les derniers trains de la journée. www.thalys.fr.

Il existe aussi des TGV directs depuis Lyon, Marseille, Montpellier, Strasbourg, Rennes, Nantes et Bordeaux (en été) vers Bruxelles.

ARRIVÉE EN BATEAU

▸ De nombreuses compagnies de croisières, dont MSC (https://www.msccroisieres.fr/) ou Costa Croisières (costacroisieres.fr) font une escale en Flandre et plus précisément à Zeebrugge qui possède un grand terminal. De là, il est possible de se rendre partout dans le pays, via une navette qui conduit les passagers à la sortie du terminal. Le Tram de la Côte passe à deux pas du terminal (arrêt Zeebrugge Kerk). Pour se rendre à Bruges, prenez le tram en direction de La Panne et arrêtez-vous à Zeeebrugge Stationwijk où se trouve la gare. Dans cette même direction, vous pouvez vous rendre à Blankenberge, Le Coq ou Ostende. Dans la direction opposée, se trouve Knokke, la huppée.

▸ Ceux qui arrivent en paquebot à Anvers sont plus gâtés puisqu'ils débarqueront dans le nouveau Cruise Terminal au pied du Steen. De là, le centre-ville n'est qu'à 5 minutes de marche. Les croisières fluviales avec A-Rosa (arosa-cruises.com) ou CroisiEurope (croisieurope.com) sont plus nombreuses à faire escale à Anvers et souvent, c'est au Kattendijkdok ou à l'Asiadok, pas loin du MAS, que les navires s'amarrent. Le tram 24 (arrêt Londen, direction Silsburg) vous conduira vers le centre-ville (arrêt Roosevelt).

▸ Certaines compagnies (essentiellement Croiriseurope, www.croisieurope.com), font une escale au Brussels Cruise Terminal, sur le canal de Willebroek. Si vous n'avez pas réservé une excursion avec le croisiériste ou un prestataire local, vous pourrez toujours prendre le bus 57, direction Gare du Nord et changer à l'arrêt « Van Praet » pour le tram 3, direction Churchill ou au terminus de la Gare du Nord pour le tram 3 ou le 4, direction Stalle. Descendez à « Bourse » pour accéder à la Grand Place. Pour les horaires, voir www.stib-mivb.be.

TRANSPORTS EN COMMUN

Bus, trams et/ou métro sillonnent les villes de Belgique avec une efficacité qui dépend de la congestion de la circulation. Bruxelles, Anvers et Charleroi disposent d'un métro ou d'un prémétro (système où les trams utilisent partiellement des tunnels dans le centre-ville). Les transports en commun circulent généralement de 5h30 à minuit. Vous pouvez voyager avec un ticket vendu à l'unité ; une carte comprenant une dizaine de trajets valable dans certaines villes et leur agglomération ; un pass d'un jour.

En Flandre. De Lijn est la société flamande de transport public. Carte de bus ou de tram achetable dans une librairie ou à la boutique dans toute la Flandre aux automates placés à la plupart des arrêts. Plan futé : il est possible d'acheter vos billets en ligne (sur le site web ou via l'application smartphone), et de flasher les QR code en montant, c'est nettement moins cher pour les tickets unitaires et plus rapide et pratique. Les tickets sont valables une heure aussi bien pour le tramway que pour le bus ou entre les deux gares de la ville. Tous les trams et certains bus sont dotés de bornes qui permettent de régler un billet unitaire directement avec une carte bleue ou de débit sans contact, il suffit de la passer contre la borne. Billet unitaire valable 1h : 2,50 €, 10 tickets 17 €, journée 7,50 €. Agences ouvertes du lundi au vendredi de 7h à 19h (www.delijn.be)

Tramway côtier. L'un des *must*, c'est le tramway qui longe la côte belge, le Kusttram. Ainsi, vous pouvez rejoindre Ostende même en venant de Dunkerque. Un bon relais aussi pour les cyclistes qui peuvent combiner leur location avec le tramway.

En Wallonie. Le TEC est la société wallonne de transport public. Bien pratique dans les grandes villes comme Liège ou Charleroi, son réseau est moins dense qu'en Flandre. Carte de bus ou de tram achetable dans les boutiques TEC, dans des points TEC (librairies, supérettes...), dans les automates placés près des grandes gares, sur l'application smartphone ou auprès des chauffeurs (supplément de 0,30 €). Les tickets sont valables une heure au sein de zones délimitées. Billet unitaire Next (1 ou 2 zones) : 2,10 € ; billet unitaire Horizon : 3 €. Il existe aussi des lignes express qui relient des centres urbains comme Bruxelles et Louvain-La-Neuve, Namur et Bastogne ou Liège à Arlon (5 €). Formules d'un jour également disponibles. Agences ouvertes du lundi au vendredi de 7h à 18h (www.letec.be)

Pass musées et touristique *all-in* pour Bruxelles, la Brussels Card élargit encore son offre. Tout Bruxelles en une carte donc, qu'il suffit de scanner à l'entrée du musée ou lorsqu'on emprunte le bus, le tram ou le métro.

Tarifs de la STIB. Le billet vendu dans les véhicules coûte 2,10 € (en paiement sans contact sur les bornes grises), 2,40 € sur carte support MOBIB (5 € de frais mais rechargeable), 2,60 € sur support papier (acheté aux automates). Pour 10 voyages : 15,60 €. Pour un trajet entre l'aéroport et le centre : 7 € en paiement sans contact, 7,50 au distributeur. D'autres formules présentent des avantages pratiques et financiers : la formule d'un jour s'utilise à volonté pendant 24 heures pour 7,80 €.

Train

Plan futé. Réservez votre billet par Internet sur le site de la SNCB, vous recevrez par email un e-billet. Les prix sont fixes par distance et le ticket valable toute la journée comme un TER en france (sur www.sncb.be).

Tarifs. Une idée des tarifs pratiqués en seconde classe : un aller Bruxelles-Namur revient à environ 10 €, Bruxelles-Anvers environ 8 € pour 50 km, Bruxelles-Arlon 22,20 € pour 190 km. Ci-dessous, les formules les plus économiques.

Youth Ticket : pour les voyageurs de moins de 26 ans et pour des trajets occasionnels. Valable pour un trajet simple 7,10 € dans toute la Belgique. Imbattable pour les trajets de plus de 70 km.

Youth Multi : aussi pour les voyageurs de moins de 26 ans. Carte de 10 voyages valable pour une période d'un an, à 57 € sur l'app, 59 € au guichet et automates (en 2e classe). Peut être utilisé par plusieurs voyageurs.

Standard Multi : pour les plus de 26 ans. Carte de 10 voyages valable pour une période d'un an, à 96 € pour la seconde classe (93 € sur l'app) et 146 € pour la première (143 € sur l'app). Intéressant dès les trajets de 50 km. Peut être utilisé par plusieurs voyageurs.

Le billet week-end. Accorde une réduction de 50 % sur le prix d'un aller-retour. Valable pour le voyage aller du vendredi soir après 19h au dimanche soir, il finit à minuit ; pour le voyage de retour du samedi midi au dimanche soir. Les allers-retours sont donc possibles les samedis et dimanches.

Il existe d'autres possibilités comme les Discovery Tickets et les Bravo Tickets. Les premiers offrent une réduction intéressante sur des billets combinant le voyage aller-retour en train et les entrées à certaines attractions et musées dans différentes villes et lieux touristiques de Belgique. Les seconds sont disponibles pour certains concerts et festivals. Pendant les vacances, vous pouvez également bénéficier de ces deux formules : « Un jour à la mer » et « Un jour dans les Ardennes ». Réduction pour la journée pour un aller-retour vers une gare du littoral ou des Ardennes, en période de vacances scolaires uniquement. Mêmes conditions que pour les billets week-end. Attention, il se peut que ces formules ne soient pas renouvelées cette année. Surveillez www.belgiantrain.be pendant les vacances, ils ne sont annoncés qu'à ce moment-là.

VÉLO, TROTTINETTE & CO

On le sait, la Belgique est une capitale du vélo. Des sociétés de location de vélos indépendants ou de vélos partagés existent dans les principales villes, qui sont dotées de pistes cyclables partout et parking à vélo.

En Flandre. Blue Bike est l'une des adresses les plus pratiques et les moins chères pour louer des vélos, présente dans toute la Flandre et certaines grandes villes de Wallonie (Liège, Namur, Mons), qui a des bornes distributeur à clés (24h/24) dans toutes les gares. Il faut les biper avec sa carte qu'on aura pris soin de faire à l'avance. Puis, il suffit de suivre en gare les indications vers le point vélo. Vous pouvez utiliser le casier 24h/24 ou aller en agence pendant les heures d'ouverture. Une seule carte Blue-bike permet d'en louer deux à la fois. Ils sont présents dans toutes les gares flamandes. Du lundi au vendredi 7h-19h30, week-end 9h-22h. Vélos disponibles 24h/24. 3,15 € la journée, abonnement annuel 12 €. (www.blue-bike.be)

À Bruxelles : le service précurseur de location de vélo partagé, c'est Villo ! (ticket d'un jour à 1 €, 1re demi-heure gratuite, 0,50 € la 2e demi-heure, 1 € la 3e demi-heure, et les demi-heures suivantes à 2 € par demi-heure. Plutôt envie d'un vélo électrique, alors c'est avec Billy Bike.

En trottinette. Dott, Bolt et Lime se partagent le marché des trottinettes électriques à Bruxelles. À Anvers, c'est Bird, Circ ou Poppy. Dott est aussi présent à Alost, Namur, Liège et Charleroi.

AVEC UN CHAUFFEUR

Bruxelles est investie par les sociétés de VTC Uber, Heetch et Bolt. Heetch s'est également implantée à Anvers, Gand et Louvain, tandis qu'Uber est présente à Gand, Anvers, Louvain et Hasselt. Elles sont en concurrence avec l'appli de taxis Victor Cab. Pour les autres villes, il faudra prendre les bons vieux taxis au compteur, même à Anvers. Vous trouverez des stations de taxis aux abords des gares, des places principales et des lieux touristiques. Attention, pensez à réserver, car obtenir un taxi prend du temps, ils sont souvent très sollicités, et il n'est pas rare d'attendre 15 ou 20 minutes pour en voir arriver un. Les réceptions d'hôtels sont habitués à la manœuvre et pourront s'en occuper à votre place.

EN VOITURE

Pour conduire votre véhicule ou en louer un sur place, votre permis national suffit.

Autoroutes. Un réseau autoroutier exceptionnel – et sans péage ! – de plus de 1 500 km assure une liaison directe et rapide entre tous les centres urbains. Vitesse maximale autorisée : 120 km/h. Attention, de nombreux radars ont fleuri le long des routes et autoroutes belges.

© ART KONOVALOV - SHUTTERSTOCK.COM

Tramway à Bruxelles.

Conduite sur route. La vitesse est limitée à 120 km/h sur autoroute, 90 km/h en Wallonie et 70 km/h en Flandre sur les routes nationales et 50 km/h en agglomération. Si vous conduisez, attention à la priorité à droite généralisée (sauf panneau indiquant que vous êtes sur une route prioritaire). Par ailleurs, sachez que beaucoup de villes belges favorisent et encouragent la circulation de cyclistes. Soyez courtois : cédez-leur la priorité.

Parking. Les parkings du centre son très onéreux et limités en temps. Optez pour les parkings périphériques à prix modique moyennant l'achat d'un titre de transport en commun.

Zones de basses émissions (ou LEZ/Low Emission Zone). Les centre-villes de Bruxelles (toute la région Bruxelles Capitale), Anvers (le centre-ville et la Rive Gauche) et Gand (la zone entourée du ring R40) sont classés en zones de basses émissions afin d'améliorer la qualité de l'air. Seuls les véhicules respectant les conditions d'accès ont accès à cette zone. Évitez de recevoir une amende et vérifiez toujours votre véhicule avant de venir. Les véhicules immatriculés à l'étranger qui sont autorisés au sein de la zone doivent être enregistrés. Contrôlez toujours si votre véhicule est autorisé à circuler dans la zone afin d'éviter une amende. Attention : certaines entreprises commerciales proposent contre paiement de mettre votre véhicule en règle avec la zone de faibles émissions. Les villes n'ont rien à voir avec ce service. Il n'a aucune valeur juridique. Le contrôle s'effectue sur la base du numéro d'immatriculation et est entièrement automatisé.

Enregistrez votre véhicule pour Bruxelles (https://lez.brussels/mytax/fr/), Gand (https://stad.gent/fr/zone-de-basses-emissions-gand) et pour Anvers (https://www.slimnaarantwerpen.be/fr/LEZ).

LES PHRASES CLÉS

Bonjour, comment puis-je me rendre à…
Hallo, hoe ga ik naar...?

Est-ce loin à pied ? Y a-t-il le métro ou un bus... pour y aller ?
Is het ver lopen? Is er een metro of een bus... om er naartoe te gaan?

Pouvez-vous me montrer cet endroit sur la carte s'il vous plait ?
Kunt u me deze plek op de kaart aanwijzen alstublieft?

Où puis-je acheter les tickets de transport ? Est-ce que je peux payer en carte de crédit ?
Waar kan ik de kaartjes voor het vervoer kopen? Kan ik met creditcard betalen?

Où est la sortie ? A gauche, à droite ou tout droit ?
Waar is de uitgang? Naar links, naar rechts of rechtdoor?

Je suis perdu et je suis en retard, s'il vous plait, aidez-moi ! Merci beaucoup !
Ik ben verdwaald en ik ben te laat, help me alstublieft! Hartelijk dank!

PRATIQUE

A VOIR / A FAIRE

HORAIRES

Sachez-le, les musées ferment tôt en Belgique, 18h au plus tard pour les plus importants. Idem pour les attractions et sites touristiques. Le jour de fermeture est normalement le lundi, comme en France.

BUDGET / BONS PLANS

Les musées sont assez onéreux en Belgique, équivalent aux prix français. Les musées publics sont gratuits et ouverts les premiers dimanches du mois, comme en France.

- **Pass musées et touristique all-in pour Bruxelles : la Brussels Card.** Pour 24, 48 ou 72 heures, l'accès gratuit à une cinquantaine de musées bruxellois (parmi lesquels toutes les stars de la capitale), des réductions dans une trentaine d'attractions touristiques, sur des visites guidées, dans des commerces, restaurants et bars. Et en prime, un plan de la ville et un plan des musées. Gand, Anvers, Hasselt, Mons ou encore Liège ont des formules similaires.
- **Le Pass Côte (Kustpas, en néerlandais)** est totalement gratuit et offre des réductions dans les musées, les parcs d'attraction ainsi que pour certaines activités et excursions. On peut se le procurer dans tous les offices de tourisme ou l'imprimer à partir du site Internet qui lui est dédié. www.kustpas.be
- **Le Pass VisitWallonia.be**, tout comme le Kust Pas, est gratuit et propose des réductions sur des tas d'activités ainsi qu'une formule style carte de fidélité permettant des avantages supplémentaires. Le tout, à télécharger sur votre smartphone.

VISITES GUIDÉES

Les offices de tourisme de chaque ville proposent toujours des visites guidées payantes à réserver sur des thèmes variés et en français.

LES PHRASES CLÉS

Bonjour, puis-je avoir deux entrées adultes et un enfant s'il vous plait ?
Hallo, mag ik kaartjes voor twee volwassenen en één kind alstublieft?

Le tarif enfant est jusqu'à quel âge ? Et pour les seniors, est-ce qu'il y a une réduction ?
Tot welke leeftijd is het kindertarief? Is er korting voor senioren?

Est-ce qu'il y a des visites guidées en français ou un audioguide ?
Zijn er rondleidingen of is er een audiogids in het Frans?

Combien de temps faut-il pour faire la visite ?
Hoe lang duurt een bezichtiging?

J'ai du mal à monter les escaliers, avez-vous un ascenseur ?
Ik heb moeite met traplopen, is er een lift?

Excusez-moi, pouvez-vous me dire où sont les toilettes ? Merci beaucoup.
Pardon, kunt u mij vertellen waar de toiletten zijn? Hartelijk dank.

SE RÉGALER

HORAIRES

Pour le déjeuner, les restaurants sont généralement ouverts de midi jusqu'à 14h ou 15h, peu de service continu en journée à part les snacks. Ne traînez pas le soir si vous ne voulez pas crier famine toute la nuit !

Les restaurants ferment très tôt pour les Français, et pas de deuxième service ! Les cuisines ouvrent vers 18h30 ou 19h et ferment vers 21h30, plus tôt ou plus tard mais rarement au-delà de 22h. Dans les très grandes villes, on trouve des kebabs, ou des brasseries ouvertes jusqu'à minuit, mais rien dans les petites villes.

BUDGET / BONS PLANS

Il est possible de s'en sortir à moins de 10 euros en mangeant dans une friterie. Au restaurant ou dans les brasseries, les plats principaux à la carte vous coûteront généralement entre 15 et 25 euros, voire plus dans les restaurants gastronomiques.

Côté boissons, vous paierez votre vin un peu plus cher qu'en France, mais vous pourrez vous rattraper sur la bière.

EN SUPPLÉMENT

Pas de supplément en Belgique, tout est comme en France, les prix sont TTC, et le pourboire est à la bonne volonté du client.

C'EST TRÈS LOCAL

Dans certains établissements, les toilettes sont sous la garde d'une Madame, ou plus rarement d'un Monsieur Pipi qui veille à leur propreté. Prévoyez au minimum 50 cents au cas où.

ENFANTS

Les restaurants proposent des menus enfants quasiment partout.

FUMEURS

Les terrasses, contrairement à la France, sont non-fumeurs pour la plupart. Il faudra s'exiler plus loin !

LES ATTRAPE-TOURISTES

Sur les places principales on trouvera toujours des restaurants attrape-touristes comme partout. Il vaut mieux suivre les conseils avisés du *Petit Futé* !

LES PHRASES CLÉS

Bonjour, je voudrais réserver une table pour deux personnes pour ce midi ou ce soir.
Hallo, ik wil graag een tafel reserveren voor twee personen voor vanmiddag of vanavond.

Avez-vous un menu en français ou en anglais ?
Heeft u een menukaart in het Frans of in het Engels?

Je suis végétarien, y a t-il des plats sans viande ?
Ik ben vegetariër, zijn er gerechten zonder vlees?

Je n'ai vraiment plus faim mais avez-vous une carte des desserts ?
Ik heb echt geen trek meer, maar heeft u een dessertkaart?

Puis-je avoir l'addition s'il vous plait ? Je peux payer par carte ou en espèces ?
Mag ik de rekening, alstublieft? Kan ik met bankpas of contant betalen?

C'était très bon, nous reviendrons. Merci et à bientôt.
Het was erg lekker, we komen zeker terug. Bedankt en tot ziens.

FAIRE UNE PAUSE

HORAIRES

Autant les restaurants ferment tôt, autant les bars ferment tard ! En Belgique, on ferme rarement à 2h, c'est plutôt jusqu'à l'aube tant qu'il y a de l'animation ! Les cafés au contraire ferment vers 18h, mais les bars prennent le relais jusqu'à très tard, il n'y a pas de fermeture imposée par l'État comme en France.

BUDGET / BONS PLANS

Une bonne bière restera assez onéreuse, mais il y a toujours une bière du mois sélectionnée qui peut être en promotion. Ouvrez les yeux !

A PARTIR DE QUEL ÂGE

Depuis janvier 2019, tout alcool est interdit aux personnes âgées de moins de 18 ans, à l'exception de la bière ou du vin, autorisées dès 16 ans. Il n'y a pas de restriction d'âge pour entrer dans les bars.

FUMEURS

Les terrasses, contrairement à la France, sont non fumeurs pour la plupart. Il faudra s'exiler plus loin !

LES PHRASES CLÉS

Bonjour, quelle est la spécialité de la maison ? Nous voulons découvrir.
Hallo, wat is de specialiteit van het huis? We willen ons laten verrassen.

Avez-vous de la place en terrasse ?
Heeft u plaats op het terras?

Quel est votre nom ? Je m'appelle… Ravi de vous rencontrer !
Wat is uw naam? Ik heet... Aangenaam kennis te maken!

A votre santé ! Zut, j'ai renversé mon verre… pouvez-vous m'aider ?
Op uw gezondheid! Oei, ik heb mijn glas omgestoten... kunt u me helpen?

C'était très bon. Nous allons reprendre la même chose s'il vous plait.
Het was erg lekker. We willen graag nog een keer hetzelfde alstublieft.

PRATIQUE

(SE) FAIRE PLAISIR

HORAIRES

Les magasins sont souvent ouverts jusqu'à 18h-18h30, du lundi au samedi. On peut trouver certains shops ouverts dimanche dans les zones touristiques.

BUDGET / BONS PLANS

Envie de vous faire des plaisirs chocolatés sans grever votre budget ? Sachez que chez les chocolatiers, il n'est pas nécessaire d'acheter tout un ballotin. Vous pouvez acheter des pralines, truffes, etc., à la pièce. Demandez à faire un mélange en sachet, choisissez celles qui vous font envie et à vous le bonheur à petit prix !

SOLDES

Elles sont aux mêmes dates qu'en France, c'est-à-dire tout le mois de janvier et tout le mois de juillet.

LES ATTRAPE-TOURISTES

Les mugs, porte-clefs et t-shirts à l'effigie de la Belgique pullulent dans les boutiques de souvenirs dans les rues des villes comme partout.

LES PHRASES CLÉS

Bonjour, c'est superbe, mais combien ça coûte ?
Hallo, het is schitterend, maar hoeveel kost het?

Vous auriez ma taille ? Où se trouvent les cabines d'essayage ?
Heeft u misschien mijn maat? Waar zijn de pashokjes?

Est ce que je pourrai vous le rapporter et l'échanger si ça ne va pas ?
Kan ik het terugbrengen en ruilen als het niet goed is?

J'ai trop dépensé aujourd'hui, pouvez-vous me faire une réduction sympa ?
Ik heb vandaag te veel uitgegeven, kunt u me een mooie korting geven?

Je prendrai celui-ci. Pouvez-vous me faire un paquet cadeau ?
Ik neem deze. Kunt u het als cadeau inpakken?

Vous prenez la carte de crédit ? Où puis-je trouver un distributeur de billets ?
Accepteert u creditcards? Waar kan ik een geldautomaat vinden?

PRATIQUE

BOUGER & BULLER

BUDGET / BONS PLANS

Les familles seront comblées par les infrastructures de parcs d'attractions et aires de jeux pour enfants partout dans le pays, mais surtout en Wallonie où se trouve le parc d'attraction Walibi, le principal parc d'attraction du pays.

Les spas sont légion dans les hôtels, du petit sauna au spa complet avec piscine, bain bouillonnant, hammam et massages. Les stations thermales, particulièrement dans la ville de Spa qui a donné son nom aux centres de bien-être aujourd'hui, sont propices à la détente.

C'EST TRÈS LOCAL

Les Lacs de l'Eau d'Heure comptent plus de kilomètres de littoral que la côte belge : 70 km au total, propices à la détente et aux sports nautiques. On y trouve de plus en plus d'activités (nature, récréatives et de détente, sportives). L'offre de loisirs y est hyper complète. Outre les divers sports nautiques ; kayak et stand-up paddle, jet-ski et ski nautique, voile et téléski, on peut y randonner, faire du VTT, barboter à l'Aquacentre, faire un parcours d'accrobranches et de tyroliennes, emprunter le Crocodile rouge (véhicule amphibie), visiter le barrage de la Plate-Taille, jouer au laser game, pratiquer l'aqua-golf... Pour tous renseignements complémentaires : www.lacsdeleaudheure.be

LES ÉVÉNEMENTS

La Belgique organise de nombreux marathons tous les ans à travers le pays. Exactement 42 km de course, qui se déroulent en Wallonie dans différentes villes et des villages. Parmi les plus importants, on peut citer le Marathon international de Namur le 2 avril 2023, Les Boucles Ardennaises à la Roche-en-Ardenne le 3 juin 2023, le Marathon du Brabant wallon le 15 août à Ramillies, et le très drôle et fameux Beer's Lover Marathon à Liège le 21 mai 2023, toujours à Liège, mais plus sérieux, le Maasmarathon de la Meuse, le 7 mai 2023.
La Flandre n'est pas en reste, avec le Marathon de Gand le 26 mars 2023, le Great Breweries Marathon, à Puurs le 7 mai 2023, le Port of Antwerp Night Marathon le 22 octobre 2023, le Natuurmarathon Tessenderlo le 15 octobre 2023 qui, comme son nom l'indique, est tracé dans la nature autour de Tessenderlo, le Vuvuzela Run, le 4 novembre 2023 à Ham (à confirmer).
Bruxelles n'en organise qu'un seul, le Brussels Airport Brussels Marathon début octobre (date à confirmer) tracé de l'aéroport au centre-ville. Pas un marathon, mais plus populaires, les 20 kilomètres de Bruxelles rassembleront des milliers de participants le 28 mai 2023.

LES PHRASES CLÉS

Bonjour, comment puis-je me rendre à… ? Est-ce loin ?
Hallo, hoe ga ik naar...? - Is het ver?

J'aimerais aller courir. Il y a un coin sympa pour cela dans la ville ?
Ik wil graag gaan hardlopen. Is daar een mooie plek voor in de stad?

J'adore cuisiner. Savez-vous où je peux trouver des cours de cuisine ?
Ik ben gek op koken. Weet u waar ik kooklessen kan volgen?

Vous pourriez m'indiquer une salle de sport pas très loin ?
Kunt u me een fitnesscentrum aanwijzen in de buurt?

Quel est le sport national ?
Wat is de nationale sport?

Pensez-vous que nous pourrions voir cela ou même participer ?
Denkt u dat we dat kunnen zien of misschien deelnemen?

HORAIRES

Comme certains bars, les discothèques ferment à l'aube. Les représentations théâtrales et les spectacles, séances de cinéma ou concerts, commencent à l'inverse tôt et à l'heure, soyez ponctuels !

BUDGET / BONS PLANS

▸ À Bruxelles, le bon plan pour des places de spectacles à tarif réduit, c'est Arsene 50. Jusqu'à 50 % de réduction sur les tickets de pièces de théâtre, concerts, etc. ayant lieu le jour même. Réservez en ligne ou RV du lundi au samedi chez Visit Brussels, place Royale, avant 17h30 : https://www.visit.brussels/fr/visitors/agenda/all-events-wizard?eventTickets=arsene50.

A RÉSERVER

Si une star des platines vient mixer, si une pièce à succès se joue ou si le lieu est de petite taille, nous vous recommandons de réserver votre ticket à l'avance. Ils peuvent partir vite.

TRANSPORTS NOCTURNES

À Bruxelles, le réseau de bus de nuit Noctis dessert différents quartiers (www.stib-mivb.be). Il existe des taxis, Uber, Heetch ou Bolt pour plus de confort. Heetch est aussi présent à Gand, Anvers et Louvain. Dans les autres villes, il faudra rentrer à vélo comme tout le monde ou en taxi.

A PARTIR DE QUEL ÂGE

L'âge légal est de 16 ans pour les clubs en Belgique.

C'EST TRÈS LOCAL

▸ Prévoyez de la monnaie pour les toilettes. Une madame ou monsieur pipi veille souvent à leur propreté et le paiement (entre 50 centimes et un euro en général) se fait en liquide.

LES PHRASES CLÉS

Bonsoir, comment puis-je me rendre à…
Goedenavond, hoe ga ik naar…?

Est ce que cet endroit est tranquille ? Il n'y a pas de problème de sécurité ?
Is dit een rustige plek? Zijn er geen veiligheidsproblemen?

J'aimerais voir un spectacle typique ! Qu'est-ce qu'il y a en ce moment ?
Ik zou graag een typische show willen zien! Wat is er op dit moment?

Je ne comprends pas… pouvez-vous répéter s'il vous plait ? Merci.
Ik begrijp het niet… kunt u het herhalen alstublieft? Bedankt.

Est-ce que je peux vous offrir un verre ? Quel est le meilleur cocktail de la maison ?
Kan ik u wat te drinken aanbieden? Wat is de beste cocktail van het huis?

J'ai la gueule de bois, auriez-vous quelque chose pour que j'aille mieux ?
Ik heb een kater, heb je iets waardoor ik me beter zal voelen?

PRATIQUE

SE LOGER

BUDGET / BONS PLANS

L'offre hôtelière est très diversifiée et il y en a pour toutes les bourses. En auberge de jeunesse, comptez de 18 à 30 € par personne. Pour un peu plus de confort, vous devrez débourser entre 70 et 100 € pour une chambre double. Et à partir de 100 €, vous pourrez avoir accès à des établissements plus luxueux.

Comme toujours, les sites Internet de réservation *last minute* peuvent se révéler intéressant pour trouver de bons prix d'hôtels de confort ou de luxe.

Loger sur la côte. Peu importe la station balnéaire, on trouve sur tout le littoral des établissements allant de l'hôtel 5 étoiles au B&B, en passant par les appartements à louer avec vue sur la digue. On trouve également des auberges de jeunesse et des campings. *Backpackers*, oubliez l'idée du campement sauvage ou de la nuit à la belle étoile sur la plage, vous risquez une sérieuse amende. L'offre complète des hébergements sur la côte se trouve sur le site : www.lelittoral.be/fr/dormir/. Attention, durant les vacances scolaires, il faut impérativement réserver et parfois quelques semaines à l'avance si vous comptez vous rendre sur le littoral pendant le week-end. Certains hôtels incluent le voyage en train et le transport en tram dans un package négocié par les offices de tourisme de la région. Infos également sur www.lelittoral.be

A RÉSERVER

Les petits budgets devront s'y prendre à l'avance pour dénicher la chambre au bon rapport qualité/prix encore non réservée. Les sites tels que AirBnB sont aussi bien placés pour proposer de bons plans à petit prix dans tout le pays. On trouve aussi des gîtes ruraux un peu partout dans les campagnes et des maisons d'hôtes dans toutes les villes. Mais le peu de chambres invite à réserver à l'avance. En semaine, Bruxelles et Anvers sont plus sollicitées et onéreuses que le week-end. C'est l'inverse pour Gand, Bruges… En été, les prix grimpent dans les villes comme Bruges ou les stations balnéaires. Il faudra donc s'y prendre tôt.

POUR LES GOURMANDS

Le petit déjeuner est en général compris, et s'il ne l'est pas, le prix de celui-ci est indiqué (entre 10 et 20 € de supplément par personne). En Flandre (ou dans certains hôtels de Wallonie tenus par des Flamands), le petit déjeuner comprend souvent une coupe de mousseux, voire de champagne pour les établissements les plus selects !

FUMEURS

Les hôtels sont en général non-fumeurs.

LES PHRASES CLÉS

Bonjour, avez-vous de la disponibilité pour une chambre double pour ce soir ou demain soir ?
Hallo, heeft u een tweepersoonskamer beschikbaar voor vanavond of morgenavond?

Avez-vous un code wifi… les enfants ne tiendront pas sans !
Heeft u een wifi code... de kinderen kunnen niet zonder!

C'est bruyant, est ce que je peux changer de chambre ?
Het is lawaaierig, zou ik van kamer mogen veranderen?

Jusqu'à quelle heure est-ce que nous pouvons aller à la salle de sport et à la piscine ?
Tot hoe laat kunnen we naar de fitnessruimte en het zwembad gaan?

Est-ce que je peux laisser mon bagage et revenir plus tard le récupérer ?
Kan ik mijn bagage achterlaten en het later komen ophalen?

Est-ce que vous pouvez nous appeler un taxi ? Merci beaucoup.
Kunt u een taxi voor ons bellen? Hartelijk dank.

VIE QUOTIDIENNE

ALLO ?

Pour appeler de la Belgique vers la France, composez le +33 suivi du numéro de votre correspondant sans le 0. Pour appeler de France vers la Belgique, le +32 sans le 0 est indispensable. Depuis le 15 juin 2017, adieu les surcoûts lors de vos voyages en Europe. Vous pourrez utiliser votre abonnement actuel (appel et data) comme à la maison. En effet, les frais d'itinérance n'ont plus cours dans les pays membres de l'Union européenne et depuis 2019, plus de frais supplémentaires pour l'accès Internet mobile non plus.

ACCESSIBILITÉ

Les établissements publics sont généralement accessibles aux personnes handicapées. Les répertoires d'hôtels signalent ceux qui disposent d'équipements prévus pour les handicapés, mais les offices de tourisme pourront vous donner des informations plus précises. Si vous présentez un handicap physique ou mental ou que vous partez en vacances avec une personne dans cette situation, différents organismes et associations s'adressent à vous.

SANTÉ

Aucune inquiétude en Belgique. En cas de maladie, le système de santé est de très bonne qualité.
En tant qu'Européen, vous êtes pris en charge par la Sécurité sociale en Belgique.

URGENCES SUR PLACE

En Belgique, il existe deux grands numéros d'urgence : 112 pour les pompiers et les ambulances. 101 pour la police.

SÉCURITÉ

La Belgique n'est pas un pays particulièrement dangereux. Cependant, comme partout, dans les grandes villes et les sites touristiques, il convient de prendre des précautions pour éviter d'attirer l'attention des pickpockets. Vérifiez donc les fermetures de vos sacs et évitez absolument de mettre papiers d'identité, portefeuille et sommes d'argent importantes dans la poche avant de votre sac à dos ou la poche arrière de votre jeans ! Faites aussi particulièrement attention à ne rien laisser en vue dans votre voiture.

LGBTQ

La communauté homosexuelle est assez importante en Belgique, visible (surtout à Anvers, à Bruxelles et, dans une moindre mesure, à Liège) et bien acceptée. Évidemment, dans les villages et les campagnes, cela risque plus de choquer…

AMBASSADE ET CONSULATS

- **Ambassade de France**
1000 Bruxelles (métro Arts-Loi).
Tel : +32 (0)2 548 87 11.
Fax : +32 (0)2 548 87 32
65, rue Ducale - www.be.ambafrance.org

POSTE

Les bureaux de poste sont généralement ouverts de 9h à 16h, parfois jusqu'à 17h ou 18h en semaine, et parfois le samedi matin. Pour les horaires de chaque bureau : www.bpost.be – Un timbre pour l'Union européenne coûte 2,09 €. Pour une lettre normale envoyée en Belgique, il en coûte 1,16 €.
On trouve difficilement des timbres ailleurs qu'à la Poste, si ce n'est parfois dans certains magasins près du centre, mais il faut souvent acheter une carte postale en même temps.

MÉDIAS LOCAUX

Presse

- **Quotidiens nationaux**

Le Soir – www.lesoir.be – Journal francophone de qualité au contenu neutre et de bon ton.
La Libre Belgique – www.lalibre.be – Ce titre francophone de qualité s'est ouvert à de nouvelles thématiques sans renier ses origines catholiques et royalistes.
La Dernière Heure – www.dhnet.be – Quotidien populaire. Cahier des sports bien fourni.
De Morgen – www.demorgen.be – Quotidien flamand de qualité, réputé plutôt à gauche.
De Standaard – www.standaard.be – Quotidien flamand conservateur.
Het Laatste Nieuws – www.hln.be – Journal flamand populaire.
Het Nieuwsblad – www.nieuwsblad.be – Quotidien populaire néerlandophone, concurrent du précédent.
L'Écho – www.lecho.be – Quotidien francophone de l'économie et de la finance.
De Financieel Ekonomische Tijd– www.tijd.be – Quotidien flamand de l'économie et de la finance.

Magazines

En plus des magazines français présents en grand nombre et dont certains sont déclinés en une version belge (*Paris-Match, Téléstar, Elle*...), il existe des magazines spécifiquement belges. *Ciné Télé Revue* est un véritable phénomène : près d'un francophone sur dix l'achète chaque semaine, pour y lire les programmes télé et les dernières rumeurs sur les stars. *Télé Moustique* est une référence intéressante pour son programme télévision, ses dossiers truculents : en été, le supplément avec l'ensemble des festivals de Belgique est fort utile. Dans la même catégorie encore, on trouve également, *Télépro* (deuxième magazine francophone en termes de chiffres de vente).

Côté « newsmagazine », le *Vif/L'Express*, fait autorité en Belgique francophone. *Trends/Tendances* est quant à lui un hebdomadaire économique très complet. Enfin, pour les frustrés des satires du *Canard enchaîné*, il faut se tourner le jeudi vers *Pan* ou *Père Ubu* (bien que ceux-ci aient tendance à être très populistes dans leurs attaques). Si vous parlez flamand, ne ratez pas *Humo*, un hebdo télé qui se mêle de tout, ou *P Magazine*, plutôt réservé aux hommes.

Radio

Côté francophone, deux styles de radio coexistent : les stations généralistes (info, humour et service) et les stations musicales. Bel RTL et La Première sont les radios généralistes les plus écoutées. En matière d'humour en fin d'après-midi, Les Grosses Têtes (Bel RTL) sont en concurrence avec Salut les copions (La Première). Côté musical, Radio Contact propose de la variété grand public ; Classic 21 (RTBF) se spécialise dans le rock adulte ; Radio Nostalgie dans la chanson française ; NRJ, Fun Radio Belgique visent des publics plus jeunes ; Pure FM est la radio des jeunes adultes branchés ; Musiq3 (RTBF) diffuse uniquement de la musique classique. Côté flamand, les chaînes publiques sont omniprésentes, les radios privées ne bénéficiant pas d'émetteurs puissants.

Télévision

Les ménages belges sont suréquipés : plus de 95 % des familles ont au moins une télévision. La majorité dispose du câble et donc d'une trentaine de chaînes belges, françaises, néerlandaises, allemandes, britanniques, turques, grecques, espagnoles, italiennes ou même américaines. Le paysage audiovisuel belge se divise entre chaînes publiques comme La Une, La Deux et la Trois, depuis fin 2010 seulement (RTBF d'expression francophone) ou comme Eén et Canvas (VRT d'expression néerlandaise) ou encore BRF-TV dans les Cantons de l'Est germanophones, et chaînes privées concurrentes : RTL-TVI, Club RTL et Plug TV, AB3 et AB4 dans le sud du pays, VTM, Kanaal 2 et VT4 dans le nord. Des chaînes locales complètent l'offre télévisuelle belge (Télé Bruxelles, RTC à Liège, No Tele à Tournai...). En matière de chaîne cryptée, BeTV (ex-Canal Plus) propose films et séries en avant-première, pendant que la télévision numérique Belgacom TV a acquis les droits de retransmission des matchs du championnat de football.

LES PHRASES CLÉS

Bonjour, mon téléphone ne fonctionne pas, pouvez-vous m'aider s'il vous plait ?
Hallo, mijn telefoon werkt niet, kunt u me alstublieft helpen?

Je ne me sens pas bien, pouvez-vous m'amener à l'hôpital le plus proche ?
Ik voel me niet goed, kunt u me naar het dichtstbijzijnde ziekenhuis brengen?

Est-ce que vous avez un médecin qui parle français ?
Heeft u een arts die Frans spreekt?

Je viens de me faire voler mes papiers, où est le poste de Police le plus proche ?
Mijn papieren zijn zojuist gestolen, waar is het dichtstbijzijnde politiebureau?

Est-ce un quartier dangereux ou je peux y aller sans crainte ?
Is het een gevaarlijke buurt of kan ik er zonder problemen naartoe gaan?

Avez-vous des timbres pour une carte postale à envoyer en France ? C'est combien ?
Heeft u postzegels voor een ansichtkaart om naar Frankrijk te verzenden? Wat kost het?

Les régions wallonnes semblent bien proches de celles du nord de la France, aussi bien par leur géographie, leur histoire commune, leur langue que leur gastronomie. Les régions flamandes font à l'inverse vivre un vrai dépaysement aux Français. Ne serait-ce que par la langue, mais aussi l'usage du vélo, véritable phénomène de société, l'existence de canaux navigables. La Belgique à la densité de population et de patrimoine qui impressionne, mais aussi de cultures, de gastronomies régionales très différentes. Le « Plat Pays » est riche de bières de terroir. Encore plus exotique, l'*Ostbelgien* à l'est du pays où l'on parle allemand et qui compte parmi les plus beaux paysages de Belgique. Tout ce patchwork se retrouve à Bruxelles, capitale rayonnante de la Belgique aussi bien par sa double langue, son identité et sa culture cosmopolite et son rôle européen, que pour sa nouvelle scène de la chanson française, pop et rap.

À LA DÉCOUVERTE DE LA BIÈRE BELGE

Vous l'aimez blonde, brune ou rousse… La bière bien sûr, qu'allez-vous imaginer ? Certains la préfèrent au fût (on dit à la pression en France) ou en bouteille, légère ou corsée, amère (IPA) ou acide (sour), fruitée ou maltée, trouble ou claire, d'abbaye et même de moines trappistes veillant eux-mêmes à son élaboration, certains ont un petit faible pour des « spéciales »… Le plaisir de boire une bonne mousse fraîche les coudes posés sur un zinc belge signifie aussi piocher dans une palette de près de 500 références, chacune avec sa spécificité régionale. L'art du houblonnage se décline en moult malts et méthodes artisanales de fermentation qui définissent leur goût et leur aspect. Il vous faudra sans doute plus qu'un séjour en Belgique pour en percer les secrets, à moins que vous ne mettiez vraiment du cœur à l'ouvrage midi et soir, et sans doute au goûter. En attendant, voici un petit cours d'initiation sur la passion du houblon.

L'origine de la bière

Les Gaulois, établis dans des régions où la vigne ne poussait pas, fabriquaient de la cervoise (« vin d'orge ») en famille, dans des tonneaux en bois. Au VIIIe siècle, les moines belges maniaient l'art du brassage de l'orge fermenté avec du houblon. On peut dès lors parler de bière et non plus de cervoise.

C'est à cette époque qu'apparaissent les premières vraies brasseries, liées aux monastères. Au XIe siècle, la première corporation de brasseurs voit le jour à Affligem. Le malt fait alors son entrée dans le monde de la bière. Cette orge germée, puis séchée, voire grillée, devient essentielle dans le phénomène de fermentation. Les moines cisterciens se mettent aussi à l'œuvre et la première brasserie monastique voit le jour à Villers-la-Ville (Brabant-Wallon).

Les brasseries se multiplient dès le XVIe siècle. Le siècle suivant, le roi de France octroie aux brasseurs un titre de « juré » qui leur donne le droit d'exercer leur profession. La Maison des Brasseurs, sise sur la Grand'Place de Bruxelles, date de cette époque. Le XVIIIe siècle voit l'abolition du système mais aussi l'apparition de nouveaux progrès techniques, comme la machine à vapeur, qui remplace progressivement le fourquet, à l'aide duquel le brasseur remue (brasse) le moût.

La révolution industrielle amorcée au XIXe siècle enterre le brassage familial. Pasteur découvre la levure fermentescible. À la même époque, à Pilsen, en Bohême (République tchèque), une nouvelle bière va bouleverser le paysage : la pils, dont les levures fermentent à basse température. D'un blond transparent, fraîche, à la mousse appétissante, la belle de Bohême va conquérir le monde entier… et engendrer la disparition de nombreuses petites brasseries (la Belgique en comptait alors près de 3 300 !), incapables de se payer les installations coûteuses de fermentation à basse température vers 1900. Les deux guerres mondiales, les ligues anti-alcooliques, le rachat de brasseries par des multinationales ont fini d'achever cet artisanat local. Si la pils est toujours hégémonique, des bières douces, voire sucrées, ont vu le jour, comme des krieks édulcorées, puis des bières légères ou blanches. De quoi indigner les chantres de l'amertume ou de l'acidité. Les voilà rassurés depuis le retour des bières amères, notamment aux États-Unis, puis en Europe : les IPA (India Pale Ale), fortement houblonnées. Cet ingrédient agissant comme conservateur, la nouvelle recette permettait à la bière de mieux résister au voyage jusqu'aux Indes, d'où son nom ! L'autre mode outre-Atlantique est celle des sombres stouts aux malts caramélisés, mais sans saveur sucrée. Depuis une vingtaine d'années, on assiste à une renaissance des petites brasseries artisanales, plus exactement de « micro » ou « nano » brasseries, qui produisent souvent des IPA. Il existe près de 150 brasseries en Belgique, et la bière belge est inscrite au patrimoine de l'UNESCO depuis 2017 ! Aujourd'hui, on trouve entre 400 et 500 bières différentes en Belgique. Mais il est difficile de tenir le compte entre les bières dites « d'étiquette » et les brassins spéciaux.

Les différentes sortes de bières

Le type de fermentation de la bière définit l'aspect, la saveur, l'odeur, le goût et même la texture de la mousse. Elle dépend de la levure utilisée, de la température de brassage, de la position de la levure dans la cuve et de la durée de la fermentation. Trois catégories : les fermentations basses, les fermentations hautes et les fermentations spontanées.

En basse fermentation

Les bières sont fermentées à basse température. La pils est la bière hégémonique la plus consommée. À Bruxelles, les industrielles Jupiler et sa cousine flamande Stella Artois dominent le marché, devant la Maes (Alken-Maes) et la Primus (Haacht). De nombreuses brasseries de taille plus modeste conservent cependant une pils dans leur gamme comme la Rédor (Brie Dupont), la Bavik (Brie De Brabandere), la Bel Pils (Brie Duvel Moortgat), la Romy Pils (Brie Roman) ou encore la Cristal-Alken, une pils plus houblonnée.

Les hautes fermentations

Comme on s'en doute, les levures fermentent ici à haute température. La grande majorité des bières belges sont de fermentation haute (trappistes, bières d'abbaye, bières « spéciales », blanches ambrées, etc.), même si en volume de production, elles restent dominées par les pils. Pour peut citer : Grimbergen, Maredsous, Tongerlo, Affligem et Postel, Floreffe et Bonne-Espérance, Saint-Feuillien, Ename, Dendermonde, Bornem et Keizersberg, Steenbrugge, Val-Dieu et Abbaye d'Aulne. Dans les années 2000, sont venues s'ajouter les bières Saint-Martin, Saint-Idesbald/Ten Duinen et Averbode, Abbaye de Forest, La Ramée, Ter Dolen et Herkenrode.

Les trappistes et bières d'abbaye

Il existe seulement 6 abbayes trappistes dont les bières portent les noms : l'abbaye Sint-Benedictus à Hamont-Achel (Limbourg, mais qui a perdu la dénomination « trappiste authentique » depuis le départ du dernier des moines), l'abbaye Notre-Dame-de-Scourmont à Chimay, l'abbaye d'Orval à Villers-devant-Orval, l'abbaye Notre-Dame-de-Saint-Rémy à Rochefort, l'abbaye Notre-Dame-du-Sacré-Cœur à Westmalle et l'abbaye de Saint-Sixte à Westvleteren. Pour être labellisée comme telle, il faut que les moines trappistes supervisent la fabrication, que les bénéfices couvrent les besoins de l'abbaye et que l'excédent éventuel soit reversé à des œuvres sociales. Tout le reste ne sont que des « bières d'abbaye », comme les grosses machines que sont Leffe et Grimbergen, les officielles mais peu connues comme Keizersberg et Herkenrode. Elles sont brassées par des moines dans une abbaye utilisant d'anciennes recettes de cloître. Elles sont blondes ou brunes (certaines allant jusqu'à 10 % d'alcool).

Les bières blanches

Elles doivent leur nom à leur couleur pâle et un goût légèrement fruité, car brassées principalement à base de froment non malté. Quant au trouble, il est dû aux levures encore en activité, puisque les bières subissent toutes une seconde fermentation en bouteille. En outre, le brasseur y ajoute des épices, comme la coriandre ou des écorces d'agrumes. Cette bière qui existe depuis le Moyen Âge était tombée dans l'oubli après la Seconde Guerre mondiale, sauf dans la région de Louvain où se trouve la fameuse brasserie Hoegaarden. On mentionnera également la Titje, la blanche de Namur, la Brugs Tarwebier ou la Pink Killer, aromatisée au jus de pamplemousse rose.

Les ales ambrées ou la « spéciale belge »

Ce terme d'origine anglaise désigne des bières de couleur rousse/ambrée, qui se distinguent par un goût prononcé de céréale et un taux d'alcool relativement faible, comparable à celui d'une pils. La rouge-brune de Flandre d'Indication géographique protégée (IGP) se distingue par des saveurs complexes. On peut citer aussi la Spécial De Ryck, la De Koninck, la Op-Ale, la Tonneke, la Spéciale 1900 et la wallonne Super 64, sans oublier la Palm, la Rodenbach Bavik, la Bockor et la Verhaeghe.

Les fermentations spontanées

Ce sont des bières acides dont les plus connues sont les gueuzes. Le moût entre en contact avec l'air ambiant, la fermentation est alors dite spontanée avec des micro-organismes naturels dans l'air, plutôt dans la région de Bruxelles (brasserie Cantillon). C'est de ces brasseries qu'est issu le lambic, composé à 60 % d'orge maltée et à 40 % de froment cru. Puis, il est brassé avec du houblon suranné, véritable matrice des gueuzes, krieks et faros. Après plusieurs mois de fermentation, l'ensemble est ensuite conservé durant un, deux ou trois ans dans des fûts en bois.

Les rouges flamandes

Également appelées vieilles brunes de Flandre, elles ont recours à la fermentation combinée, haute et spontanée. D'un rouge typique, elles mûrissent aussi en foudres de bois. Souvent peu alcoolisées, elles se distinguent par leur goût aigre-doux. Parfois, certaines brasseries y font macérer des cerises, rejoignant ainsi la philosophie des krieks de la région bruxelloise. Les représentantes les plus connues ont pour nom Rodenbach, Petrus Oud Bruin, ou encore Duchesse de Bourgogne et Bourgogne des Flandres.

Deux bières belges traditionnelles.

VICTOR HORTA ET L'ART NOUVEAU

A l'aube du XXe siècle, l'industrialisation bouleverse le monde. Face à la marche du progrès, des revendications pour une société plus juste se font jour, en parallèle d'un besoin pour les artistes d'inventer de nouvelles formes. C'est alors que, « tel un puissant élan de vie entraînant dans son sillage la totalité des formes de création artistique et artisanale », surgit l'Art nouveau. Transparence et légèreté sont les maîtres mots de ce style qui emprunte à la nature ses formes aussi belles que mystérieuses que l'on retrouve dans les matériaux les plus novateurs, tels le fer ou le verre, ciselés comme des trésors d'orfèvrerie. La Belgique est l'un des terreaux les plus fertiles de ce nouveau style et a vu naître Victor Horta (1861-1947), celui que l'on considère comme le père fondateur de l'Art nouveau. Un architecte mêlant avec génie fonctionnalisme et ornementation dans une œuvre étonnante et émouvante… à l'image de l'Art nouveau !

Renouveau créateur

L'Europe du tournant du XXe siècle bouillonne sous les effets d'une industrialisation croissante et de grands courants réformistes socioculturels. Pour les artistes de l'époque, il est temps de briser les carcans d'un historicisme sclérosé et d'imaginer un nouvel art… un Art nouveau. Novateur certes, mais nourri de nombreuses influences, parmi lesquelles trois se détachent : l'œuvre de Viollet-le-Duc, l'art japonais et le mouvement Arts and Crafts. Courants qui partagent des caractéristiques que l'Art nouveau va largement reprendre : le respect du matériau, la franchise et l'honnêteté dans la construction, l'absence de distinction entre arts mineurs et arts majeurs et la nécessité de créer un tout organique. À l'art japonais, il emprunte également une relation à la nature dont l'art doit

Portrait de Victor Horta.

exprimer les plus subtils changements. Mais l'Art nouveau n'en exclut pas pour autant les apports de la modernité. Là où certains détracteurs n'ont vu dans ce style qu'une surcharge ornementale sans but, se cache en réalité un art hybride mêlant tout à la fois splendeur de l'ornementation et fonctionnalisme dans des œuvres d'art totales d'une grande modernité où, de la structure même de l'édifice aux moindres détails décoratifs et utilitaires, tout est pensé pour former un tout organique et fluide. L'Art nouveau se fait ainsi précurseur en cherchant à associer forme, fonction et matériau, qui tous doivent concourir à l'effet esthétique. Le matériau est d'ailleurs le point central de ces nouvelles formes architecturales. Les formes expressives, riches et souples, allient intimité et puissance dans le traitement et le modelage des surfaces et textures. Chaque matériau est ainsi montré dans sa beauté brute, en particulier le fer, grande nouveauté de l'époque, que l'on voit dans les structures porteuses apparentes soutenant de superbes verrières, toutes dialoguant avec le bois, le marbre ou la brique, autant de matériaux traditionnels magnifiquement travaillés et ciselés. L'iridescence des mondes végétal et animal inspire aux artistes d'étonnants jeux de couleurs où vert émeraude, ocre doré et bleu profond éclairent l'espace au gré des mosaïques et verrières qu'ils dessinent. Courbes et contre-courbes matérialisent les mouvements de l'âme de ces artistes, également profondément empreints de symbolisme. Voilà pourquoi l'Art nouveau est un style très personnel. La Belgique fut un terreau particulièrement fertile pour ce renouveau artistique. Bruxelles est alors un grand centre financier et une ville progressiste. Ainsi, d'un côté les grands magnats du nouveau monde vont se faire les généreux mécènes de l'Art nouveau, commandant de nombreux hôtels

© BOTOND HORVATH - SHUTTERSTOCK.COM

Le Centre de la bande dessinée à Bruxelles, conçu par Victor Horta.

particuliers où l'ornementation se fait autoglorificatrice, de l'autre les architectes vont réaliser des bâtiments utilitaires destinés au grand public (magasins, Maisons du Peuple…). Parmi les grandes figures de l'Art nouveau belge, citons Henry Van de Velde, Gustave Serrurier-Bovy, Paul Hankar et bien sûr Victor Horta.

L'Art nouveau selon Horta

Fils de cordonnier, Horta est élevé dans le culte du travail et des choses belles et bien faites. Son oncle entrepreneur l'emmène sur ses chantiers, et c'est là que le jeune homme se prend de passion pour l'architecture. Après avoir durement bataillé avec ses parents qui le voyaient plutôt avocat ou médecin, Horta devient élève à l'Académie des beaux-arts de Gand. Après un stage chez l'architecte-décorateur parisien Dubuysson, et une étude approfondie des grands bâtiments classiques, Horta s'inscrit à l'Académie des beaux-arts de Bruxelles où il excelle. Il attire alors l'attention de l'architecte Alphonse Balat, à qui l'on doit les superbes serres royales de Laeken. Les possibilités architectoniques du fer ainsi révélées vont profondément marquer Horta. Sorti médaillé de l'Académie, Horta entame une période alternant concours et petites constructions, avant d'entrer à la loge maçonnique « les Amis Philanthropes ». Là il rencontre de riches industriels qui vont lui commander des hôtels particuliers. La maison Autrique tend encore vers un certain classicisme, tandis que l'hôtel Tassel est considéré comme le tout premier édifice Art nouveau au monde. Le bâtiment est étroit. Mais pour contrer cette exiguïté, Horta utilise comme motif central une superbe fenêtre en arc de cercle flanquée de deux étroites surfaces en pierres ocré et bleu légèrement arquées vers le centre. Structures, colonnes et poutrelles sont apparentes, libérant ainsi la lumière et conférant aux espaces légèreté et transparence. Horta utilise également la peinture pour prolonger les mouvements d'ondulation des autres matériaux créant une grande harmonie organique. Il innove aussi avec son superbe escalier hélicoïdal entièrement voué à l'ornementation et la verrière surplombant l'espace de circulation entre les différentes pièces de la maison. L'hôtel Tassel est le manifeste du style Horta. Lignes inspirées des tiges et pieds de plantes (ce qui valut au style Horta d'être qualifié de style « coup de fouet »), travail du fer en volutes et arabesques, verrières lumineuses, soucis du détail (Horta réalise absolument tout, du tapis au radiateur en passant par les ampoules) se retrouvent dans les plus belles réalisations du maître : l'hôtel Solvay, l'hôtel Van Eetvelde et bien sûr sa maison-atelier. Horta réalise également des édifices utilitaires où le fonctionnalisme l'emporte sur l'ornementation comme le montrent les images de la Maison du Peuple qui fut malheureusement détruite en 1965. Une architecture qui annonce les évolutions à venir. En effet, aussi vite qu'il est venu, l'Art nouveau s'en est allé, laissant la place à plus de sobriété et de géométrie. Horta entame alors une carrière de professeur (notamment aux USA), avant de reprendre le crayon pour imaginer de grands projets, cette fois-ci résolument classiques, comme en témoignent l'hôpital Brugmann, le palais des Beaux-Arts et la Gare centrale de Bruxelles. Malgré ces réussites, Horta finit sa carrière critiqué… puis oublié. Avant de renaître au XXIe siècle qui voit ses hôtels particuliers bruxellois classés à l'Unesco, tandis que le Brussels Art nouveau & Art Deco Festival permet d'en découvrir les superbes intérieurs. Un patrimoine unique, témoin d'une époque de bouleversements étonnants.

LE NEUVIÈME ART

Il est dit que Rodolphe Töpffer (1799-1846), l'inventeur des « séquences qui allient texte et images tout en incluant un changement de cadrage » est Suisse, et qu'il est par ailleurs le premier à avoir théorisé ce que l'on surnommera, bien plus tard, le 9e art. Pourtant, si l'expression « BD belge » existe, c'est que tout a vraiment commencé chez nos voisins du Nord, eux qui ont assisté à une terrible – mais vivifiante – bataille, celle qui opposa *Tintin* à *Spirou*. Car la Belgique a longtemps eu cette particularité d'adosser un périodique à une maison d'édition, le Lombard d'un côté, Dupuis de l'autre, le journal destiné aux enfants devenant ainsi champ d'expérimentation pour les futurs albums à paraître. La saine rivalité entre les deux périodiques fut féconde, en particulier dans les années 1950 et 1960, où elle donna naissance à deux courants esthétiques, la ligne claire et les gros nez, et à deux écoles, celle de Bruxelles et celle de Marcinelle.

Deux personnages incontournables

Jusqu'au début du XXe siècle, les enfants s'abreuvent de bulles françaises. Comment ne pas citer, par exemple, *Les Pieds nickelés* ou la délicieuse *Bécassine* qui apparaît dès 1905 dans *La Semaine de Suzette*, tandis que de l'autre côté de l'Atlantique les *kid strips* se multiplient à vive allure depuis l'apparition de la photogravure. Avec ses airs angéliques, un petit blondinet va révolutionner un univers en plein essor. Sous la plume de Georges Remi, devenu Hergé par l'astucieuse inversion de ses initiales, Tintin a pour ancêtre méconnu *Totor*, chef de patrouille des Hannetons, personnage que le dessinateur avait créé en 1926 pour le journal *Le Boy-scout* et qui, dans la foulée, devient belge. En parallèle, il exerce comme reporter-photographe et illustrateur pour *Le Vingtième Siècle*. Satisfait de son travail, le terrible abbé Wallez, alors rédacteur en chef, lui confie la responsabilité du supplément hebdomadaire, *Le Petit Vingtième*, et lui passe commande d'une bande dessinée qui dénoncerait auprès des plus jeunes les méfaits du communisme. Voilà comment Tintin vit sa première aventure *Au pays des Soviets*, en 1929, alors qu'Hergé l'aurait sans doute préféré évoluant dans son territoire de prédilection, l'Amérique. Néanmoins, son héros, dont seule la houppette semble se rebeller, et son fidèle compagnon à quatre pattes, Milou, le fox-terrier bavard, auront tout loisir de se rattraper. Leurs pérégrinations cartonnent, et le petit journaliste parcourt le monde en tous sens, du Congo, car décidément l'abbé Wallez a des opinions politiques bien tranchées, jusqu'au San Theodoros, contrée imaginaire d'Amérique du Sud, un demi-siècle plus tard. Vingt-trois albums, un ultime épisode, *Tintin et l'Alph-art*, resté inachevé suite à la mort de l'auteur en 1983, mais aussi un périodique, lancé par Hergé et Raymond Leblanc des éditions du Lombard en 1946, en riposte au faramineux succès d'un autre titre : *Le Journal de Spirou*. Dans son bel uniforme rouge à boutons dorés, le rouquin n'a rien à envier à la penderie bien garnie du blondinet, surtout que, comble de l'extraordinaire, il a pour complice un écureuil (« spirou » en wallon) surnommé Spip. Né en 1938 de l'imagination de l'éditeur belge Jean Dupuis, c'est sous le coup de crayon de plusieurs dessinateurs qu'il prend corps. Tout d'abord Rob-Vel, un Français, qui s'inspire de sa propre expérience de groom sur les paquebots transatlantiques et se fait aider de sa femme, Blanche Dumoulin, pour doter son personnage du don de parole. Puis Jijé en 1943, qui lui, dessine, suivant une idée du rédacteur en chef Jean Doisy, un ami un brin moins guindé, le fantasque Fantasio. Quatre ans plus tard, grâce à Franquin, un drôle d'animal fait son apparition, le mythique Marsupilami qui compense l'arrivée de sombres ennemis, Zantafio et Zorgub. Dans les années 1970, Fournier le pare de cheveux longs et d'une nouvelle garde-robe, dix ans après le duo Tome et Janry l'autorise à quelques conquêtes féminines et, une fois passé le cap du nouveau millénaire, Spirou s'offre une virée dans l'espace. À l'inverse de Tintin, jalousement protégé par la volonté des héritiers Moulinsart, Spirou se laisse facilement adopter, et adapter, mais tous deux partagent un bon fond et le goût de l'aventure.

Une guerre bon enfant

Spirou devient donc figure de proue d'un journal qui porte son nom en avril 1938, et en septembre 1946, Tintin entre dans la danse en se promettant de conquérir tous les jeunes, de 7 à 77 ans. Une saine concurrence, une chance donnée à de nombreux dessinateurs, mais surtout des optiques totalement différentes dont naîtront deux écoles. Celle de Marcinelle, du nom de la commune belge aujourd'hui rattachée à Charleroi où s'imprime *Spirou*, est intimement liée à Jijé qui fête son arrivée un an après le lancement de l'hebdomadaire. Joseph

© B. GODART - SHUTTERSTOCK.COM

Ballon de Spirou pendant la parade de la fête de la BD, à Bruxelles.

Gillain, de son vrai nom, n'a que 25 ans, mais sa solide formation et son imagination fertile se combinent à sa force de travail. Ainsi, pendant l'occupation du pays, il se démultiplie pour assurer la publication. Au sortir de la guerre, en 1946, l'équipe s'étoffe enfin et il peut s'appuyer sur trois autres dessinateurs, Willy Maltaite, dit Will (1927-2000), qu'il forme en apprentissage depuis ses 15 ans, Maurice de Bevere, qui deviendra Morris, et André Franquin, dont très vite on oubliera le prénom. À eux quatre, ils constituent une bande joyeuse, partagent rires, atelier et personnages. C'est ainsi que Franquin récupère *Spirou* au beau milieu d'une aventure, permettant à Jijé de se consacrer à l'un de ses autres projets, *Don Bosco*. La passation est quasi indétectable, et le jeune homme, né en 1924 à Etterbeek, gagne confiance en lui. Son aîné d'un an, Morris, fait lui aussi ses armes sous l'œil bienveillant de leur mentor, peaufinant les traits d'un cow-boy qui très vite entrera dans la légende comme étant celui qui tire plus vite que son ombre. *Lucky Luke* apparaît pour la première fois dans un hors-série, l'*Almanach 1947*, et même si l'intrigue d'*Arizona 1880* est sommaire, s'y retrouve déjà l'indomptable, mais loyal Jolly Jumper. Quant à Will, bien que sa première bande dessinée, *Le Mystère de Bambochal*, ait été refusée par les éditions Dupuis et qu'il ait dû se résoudre à la publier par lui-même, d'ailleurs avec un certain succès, lui incombe le dessin de la série *Tif et Tondu* dont le créateur, Fernand Dineur, continue d'écrire les scénarios. La bande des quatre a bien compris le sens caché du terme wallon « spirou », qui désigne par extension l'espièglerie, et cela se ressent dans leur esthétisme qui adopte les rondeurs sans rougir, on ira jusqu'à les appeler les « gros nez », et encourage l'art de la caricature et celui de la spontanéité grâce aux bulles qui s'échappent et aux cases qui débordent. Un certain sens de la parodie bien éloigné de la ligne claire si représentative de l'école de Bruxelles, celle initiée par Hergé, chez qui « il est toujours midi ». Réalisme et lisibilité renforcés par les traits noirs qui séparent les couleurs, celles-ci n'étant jamais impactées par les ombres ou les éventuelles sources de lumière, on le comprend vite, la sobriété est de mise pour les dessinateurs qui rejoignent *Le Journal de Tintin*.

Le premier numéro de celui-ci paraît le 26 septembre 1946 et au sommaire figure Edgar P. Jacobs, père de *Blake et Mortimer*, qui fréquente de longue date Hergé et publiait précédemment dans *Bravo !* Le dessinateur bruxellois met en scène deux Britanniques, le premier travaille pour les services secrets, le second est physicien nucléaire, ensemble ils luttent contre un irréductible criminel, Olrik. Une bande dessinée particulièrement réaliste, même si elle côtoie parfois l'univers de la science-fiction, ce qui lui vaut d'être interdite en France quand sa violence ne semble pas adaptée au public enfantin. Les aventures des deux amis auraient pu s'arrêter à la mort de leur créateur, en 1987, mais 13 ans après celle-ci, Bob de Moor reprend le travail resté inachevé, et les épisodes continuent aujourd'hui de s'enchaîner sous différentes plumes. Pour dessiner ses personnages, Edgar P. Jacobs s'était inspiré de deux hommes : Blake prit les traits de Jacques Laudy, l'un des fondateurs du périodique, par ailleurs auteur de *La Légende des quatre fils Aymon*, et Mortimer ceux de Jacques Van Melkebebe, premier rédacteur en chef qui dut rapidement quitter ses fonctions suite à une condamnation pour collaboration durant la guerre.

© RICO VAN MANEN - SHUTTERSTOCK.COM

Statue de Gaston Lagaffe, Bruxelles.

En 1948, le Français Jacques Martin s'inspire de l'Antiquité romaine et l'illustre par *Alix*, un personnage qui deviendra rapidement populaire, quelques années plus tard il donne vie à Lefranc, dans un décor bien plus actuel. Paul Cuvelier, quant à lui, continue de faire évoluer le jeune Breton orphelin *Corentin* au cœur du XVIIIe siècle. Willy Vandersteen (1913-1990), surnommé le « Walt Disney des Pays-Bas » et considéré comme l'un des pères fondateurs de la BD flamande avec son contemporain Marc Sleen, le créateur de *Néron*, transpose *Suske en Wiske* en français sous l'œil avisé d'Hergé qui lui demande de se rapprocher de la ligne claire et de soigner ses histoires. Avec 200 millions d'albums vendus, *Bob et Bobette* figurent toujours en bonne place dans les plus gros succès de la bande dessinée.

La rivalité n'est plus de mise

En 1955, suite à une dispute avec Dupuis, Franquin quitte *Spirou* pour rejoindre *Tintin*, cela tombe à point nommé pour le journal qui justement avait envie de rafraîchir sa ligne. *Modeste et Pompon* remplissent leur rôle, mais Franquin se réconcilie avec son éditeur d'origine et se retrouve très vite débordé, il se fait aider par des scénaristes, notamment Greg, le futur créateur d'*Achille Talon*, et René Goscinny, qu'il n'y a pas besoin de présenter, avant de se résoudre en 1959 à confier la garde des amoureux à Dino Attanasio pour retourne s'occuper pleinement d'un de ses personnages qui a bien besoin d'être secoué, *Gaston Lagaffe*, dont l'arrivée au journal en 1957 s'est avérée tout sauf discrète. Chez *Spirou*, Franquin retrouve son assistant, le discret et talentueux Jidéhem, mais aussi son ami Peyo qui délaisse *Johan et Pirlouit* pour se consacrer aux *Schtroumpfs*, néologisme qu'ils auraient inventé ensemble. Jean Roba est aussi là, qui donne naissance à un petit garçon et à un chien, tous deux roux et facétieux, *Boule & Bill*. Le renouveau est de mise pareillement chez *Tintin*, qui héberge deux Français, Jean Graton qui lance sur la route *Michel Vaillant* en 1957, et Tibet, qui a quitté le journal de Mickey et adapte à la ligne claire ses *Aventures de Chick Bill* avant d'inventer un héros au nom en calembour, *Ric Hochet*. Chez *Tintin*, les années 1960 riment avec humour, *Zig et Puce*, *Cubitus* et *Taka Takata*, les années 1970 avec retour au réalisme, notamment grâce aux apparitions de l'insaisissable *Corto Maltese*, et aux péripéties de *Michaël Logan*, l'aviateur d'André Beautemps, et à celles, plus fantastiques, de *Thorgal* initialement scénarisé par Jean Van Hamme qui s'est ensuite attelé à donner voix à *XIII* et à *Largo Winch*. Pourtant la décennie suivante voit les ventes décliner, et la publication est contrainte de cesser en novembre 1988.

Spirou aurait également pu s'arrêter quand une page se tourne en 1968 avec le licenciement du rédac' chef Yvan Delporte, mais son remplaçant, Thierry Martens, réussit à stopper l'hémorragie en injectant du sang neuf. Il maintient *Les Tuniques bleues*, de Willy Lambillotte, dit Lambil, et du prolifique Raoul Cauvin (*Cupidon*, *Les Femmes en blanc*, *Pierre Tombal*, etc.), venues en renfort suite à la défection de *Lucky Luke*, et innove en accueillant deux femmes, la séduisante hôtesse de l'air *Natacha* de François Walthéry, et l'héroïne japonaise *Yoko Tsuno* imaginée par Roger Leloup. L'âge d'or est peut-être terminé mais, tout au long des décennies à venir, des changements d'équipe, voire des bisbilles internes, la ligne éditoriale saura s'adapter et se réinventer. Une formule gagnante qui a permis au périodique de souffler ses 80 bougies en 2018, sans avoir pris une ride !

GÉOGRAPHIE

La Belgique est un petit pays assez plat, qui a la particularité d'avoir même des terres en dessous du niveau de la mer (des polders) grignotées sur la mer par des digues artificielles. C'est la Basse Belgique. À l'inverse, le massif des Ardennes constitue la Haute Belgique. Il est dominé par un modeste somme à près de 700 mètres d'altitude. La Belgique est surtout remarquable par son réseau de fleuves, rivières et canaux, des voies navigables de tout temps qui ont largement contribué à son développement économique. On peut citer l'Yser, l'Escaut et la Meuse en fleuves puissants, et les réseaux de canaux dans la campagne comme dans certaines villes qui les ont conservés (comme Bruges). Le pays doit faire face à une urbanisation galopante et un défi écologique lié à cette expansion. Car, si traditionnellement, la Belgique aime créer des banlieues aérées avec des maisons, elle est en train de repenser ses plans en matière d'urbanisme.

Situation géographique

La Belgique ne s'étale que sur 30 528 km^2 et son plus grand axe, du nord-ouest au sud-est, ne s'étire que sur 290 km. Ce petit pays fait partie de la zone dynamique du continent : la « banane bleue » qui s'étend du nord de l'Angleterre au nord de l'Italie. Sa situation géographique est très avantageuse puisqu'elle partage des frontières avec les Pays-Bas, l'Allemagne, la France et le Luxembourg, et se trouve à équidistance de Londres, Paris, Amsterdam et du bassin industriel de Francfort et de Cologne. Il n'est donc pas étonnant que Bruxelles soit le siège de la Commission et du Conseil de l'Union européenne. La Belgique est bordée au nord-ouest par la mer du Nord. Trois fleuves coulent dans le pays : l'Yser, l'Escaut et la Meuse. Leurs bassins hydrographiques composés de nombreuses rivières (comme la Senne qui arrose Bruxelles) assurent une disponibilité en eau favorisant les cultures agricoles.

Reliefs

Le « plat pays », comme le décrit Jacques Brel, compte effectivement peu de relief, mais a la particularité d'être incliné suivant un axe sud-est nord-ouest, partant du massif ardennais et descendant jusqu'à la mer du Nord. Ainsi, à l'extrême est du pays, sur le plateau des Hautes Fagnes dans la province de Liège, le signal de Botrange culmine à 694 mètres. À l'inverse, la région des Moëres à cheval sur la frontière franco-belge (côte ouest du pays) est située sous le niveau de la mer. En effet, comme aux Pays-Bas voisins, cette zone marécageuse a été gagnée sur la mer grâce à de grands travaux de poldérisation. Ils ont été réalisés il y a plusieurs siècles, l'eau ayant été drainée par un réseau dense de fossés et de canaux, dont l'eau est rejetée dans la mer côté français via les pompes de Watringues. La nature est ici très plane, ouverte et peu boisée. La lecture géographique du royaume de Belgique se distingue suivant trois régions.

La basse Belgique

Située à moins de 100 mètres d'altitude, la partie septentrionale du pays est constituée d'un ruban de dunes long de 65 km et d'anciens polders, s'étendant de la frontière française, près de Dunkerque, à la frontière hollandaise, à l'est de Bruges. L'arrière-pays comprend la Flandre-Occidentale, des plaines de l'Escaut et de la Lys à l'ouest, jusqu'à la plaine de Campine à l'est. Cette région aux paysages plats et monotones est exploitée pour les cultures de céréales, de pommes de terre et pour l'élevage de vaches laitières. Elle comprend les villes d'Anvers, Gand, Courtrai et Louvain. Le sol est constitué de terrains sablonneux ou sablo-limoneux, notamment la bande côtière de sable fin le long de la mer du Nord. Elle atteint à certains endroits plus de 500 mètres de large à marée basse. Pour protéger ses côtes, la Belgique a installé des brise-lames.

© EVOPIX.EVOLO - SHUTTERSTOCK.COM

Nature autour des rives de l'Escaut.

La moyenne Belgique

Ce bas plateau central, oscillant entre 100 et 200 mètres d'altitude, compte les terres les plus fertiles du pays. Il est délimité au sud par les vallées de la Sambre et de la Meuse. C'est une région extrêmement urbanisée, surtout Bruxelles-Capitale (région du Brabant) ; paradoxalement c'est dans cette zone que l'on trouve les élevages intensifs de bovins et les principales exploitations agricoles, particulièrement dans les pays du Hainaut et de la Hesbaye. Elle compte la forêt de Soigne dans la banlieue bruxelloise.

La haute Belgique

Le sud du pays, situé entre 200 et près de 700 mètres d'altitude, a conservé davantage son aspect géographique originel. Il se situe au sud du sillon Sambre-et-Meuse et fait partie du massif des Ardennes. La haute Belgique est composée du Condroz, de la Fagne-Famenne, de la Calestienne, du Pays de Herve, de l'Ardenne et de la Lorraine belge. La densité y est la plus faible du royaume à cause des trois massifs recouverts de forêts qui la composent : la Fagne, la Haute Fagne, qui compte le point culminant de la Belgique, le Signal de Botrange (694 mètres), et le plateau de l'Ardenne. On y trouve de nombreuses grottes, des vallées encaissées, mais en revanche peu de cultures agricoles. À l'extrême sud, la Lorraine belge, aussi appelée Gaume, bénéficie d'un meilleur climat et pratique même la viticulture.

L'Yser, fleuve côtier

Ce fleuve de près de 90 km de long prend sa source dans le Nord-Pas-de-Calais, près de Saint-Omer. Puis, il irrigue la Flandre occidentale en serpentant sur 50 km côté belge, en passant par les villes de Dixmude et Nieuport, avant de se jeter dans la mer du Nord. C'est le seul des trois fleuves qui a son embouchure en Belgique. Côté flamand, l'Yser est pompé pour alimenter en eau potable cette province qui manque de nappes phréatiques exploitables. Ce fleuve sert également de voie de transport depuis l'époque romaine. Il a été canalisé avec des travaux de dragage et d'aménagement de berges du XVIe au XIXe siècle, spécialement dans les prairies basses et humides des régions de polder drainées par un vaste réseau de fossés. Si le trafic fluvial a chuté dans les années 1950, l'Yser reste un fleuve apprécié par les bateaux de plaisance.

© INDUSTRYANDTRAVEL - SHUTTERSTOCK.COM

Cascade dans les Hautes Fagnes.

L'Escaut, le fleuve historique

Ce vaste et puissant fleuve européen de 355 km de long traverse trois pays : la France, la Belgique et les Pays-Bas. Ce nom d'origine celtique signifie « rivière brillante ». Il se jette lui aussi dans la mer du Nord mais chez les voisins hollandais, et prend sa source en France dans l'Aisne, en Picardie, près de Saint-Quentin. C'est un fleuve lent et peu puissant sur lequel l'influence de la marée se fait sentir jusqu'à 160 km de l'embouchure. Celle-ci est située en face de celle de la Tamise, ce qui a beaucoup contribué aux échanges commerciaux entre les Flandres et l'Angleterre depuis le Moyen Âge. Cet estuaire appartient à un delta commun avec la Meuse et du Rhin. L'Escaut passe par Tournai, Gand et Anvers, ce qui en fait un fleuve stratégique pour le transport maritime, Anvers étant le second port d'Europe après Rotterdam tout proche. Les immenses navires circulent alors par un chenal creusé dans l'estuaire. De plus, il est relié à Gand par le canal Gand-Terneuzen, au Rhin et à la Meuse, mais aussi au port de Bruxelles par le canal maritime.

La Meuse, le fleuve le plus puissant

Ce fleuve gigantesque s'étire sur 950 km. C'est le plus long, le plus large et le plus puissant des trois. Lui aussi traverse la France, la Belgique et se jette dans la mer du Nord au Pays-Bas, dans le même delta que l'Escaut et le Rhin. Il prend sa source en Haute-Marne, et serpente sur 128 km en Wallonie, par le très arrosé massif des Ardennes, en passant par Dinant jusqu'à Namur. Là, la Meuse rejoint la Sambre. De Namur à Visé, le fleuve sert à la production d'électricité avec six centrales hydroélectriques. Puis il traverse l'ancien bassin houiller de la région de Liège. Avec le canal Albert, il alimente l'important port fluvial de la ville, l'un des plus importants d'Europe qui draine près de 40 millions de tonnes de marchandises par an ! Il a une importance capitale et stratégique dans le transport fluvial depuis l'Antiquité et spécialement au Moyen Âge. Le fleuve court ensuite entre la Belgique et les Pays-Bas, marquant la frontière à partir de Maastricht, puis le long de la province flamande de Limbourg.

Canal de Gand.

Un pays de canaux fluviaux

Un réseau de canaux relie le royaume, de Zeebrugge (au nord de Brugge) à Maastricht, aux Pays-Bas. Ils ont été développés pour faciliter le transport de marchandises. Si Bruges, surnommée la Venise du Nord, et Malines, dans sa région, ont gardé leurs canaux bucoliques aujourd'hui prisés par les touristes, ils font partie intrinsèque des paysages des campagnes comme des villes flamandes, même si bon nombre ont été détruits pendant la révolution industrielle, notamment à Gand et Anvers.

On peut tracer schématiquement les grandes voies navigables du réseau belge suivant trois axes fluviaux nord-sud, reliant les régions industrielles du sud et de l'est du pays aux ports maritimes du nord. Le fabuleux canal Albert reliant Anvers et Liège, creusé dans les années 1930 pour accueillir les gros bateaux. Mais aussi le canal de l'Escaut maritime, qui avec le canal maritime de Bruxelles et le canal Bruxelles-Charleroi, relie Anvers à ces deux villes. Enfin, le canal Nimy-Blaton-Péronnes, qui avec l'Escaut, relie Anvers et Gand.

Des circuits touristiques ont été aménagés dans les campagnes pour en apprécier le calme et la beauté, mais aussi ses ouvrages. Car, à l'inverse, la révolution industrielle a apporté des transformations spectaculaires à certains canaux pour exporter les productions de charbon et d'acier. Comme sur le canal du Centre où quatre ascenseurs hydrauliques construits à la fin du XIXe siècle, près de la Louvière, sont désormais classés au patrimoine mondial de l'Unesco et font l'objet d'une balade en bateau dans le Parc des Canaux et Châteaux.

Une urbanisation galopante

La majeure partie de la population habite le long des deux fleuves principaux, l'Escaut et la Meuse, ainsi que dans la grande zone urbaine englobant Courtrai, Gand, Anvers et Bruxelles.

Avec 11,35 millions d'habitants, c'est le troisième État européen en termes de densité avec 372 hab./km^2, derrière Malte et les Pays-Bas. Près de 98 % de ses habitants sont urbains. La partie méridionale est relativement peu peuplée comparativement au nord du pays, plus dynamique.

Si historiquement la répartition des Belges était relativement homogène dans les campagnes et les villes, la révolution industrielle a totalement bouleversé cet équilibre, en raison d'un exode rural massif des habitants. Les Flamands ont, dès le début du XXe siècle, migré de la production textile en déclin vers le bassin industriel wallon de la Sambre-et-Meuse, afin de travailler dans les mines de charbon et les usines sidérurgiques. Mais aussi le long de l'axe Bruxelles-Anvers dont les ports étaient en très forte activité pour exporter les productions industrielles. Depuis lors, l'urbanisation est galopante, et de nombreuses zones en campagne deviennent des centres périurbains recherchés pour leur qualité de vie, plus tranquilles et plus verts. Depuis les années 1990, 18 nouveaux terrains de football par jour sont bétonnés dans le pays ! À tel point qu'en 30 ans, ce sont 1 400 km^2 de Belgique qui ont été construits, soit neuf fois la taille de Bruxelles-Capitale.

Des plans de limitation à l'urbanisation viennent d'être mis en place, baptisés « stop au béton ». Un premier frein est prévu pour 2025 à 6 km^2 d'expansion par an, mais ils s'étalent jusqu'en 2040 pour la Flandre et 2050 pour la Wallonie. Ils consistent notamment à abandonner le modèle belge de la maison indépendante avec jardinet au profit des appartements en immeubles, plus verticaux. Un véritable enjeu pour le pays.

NATURE

La flore et la faune de Belgique sont plutôt similaires à celle du Nord de la France, assez logiquement car elles bénéficient d'un relief, d'une géographie et d'un climat assez similaires. On remarque la prédominance des forêts, qui sont en expansion dans l'arrière-pays paysan délaissé par une population de plus en plus urbaine. Malgré une très forte densité humaine sur l'ensemble du pays, il existence des contrées encore préservées, comme le Massif ardennais qui compte le sauvage Parc naturel des Hautes Fagnes, enneigé en hiver. La côte maritime bénéfice d'une végétation littorale très différente, constituée de pins. Enfin, la forêt de Soignes, créée pour la culture du hêtre au XVIIe siècle vers Bruxelles, est aujourd'hui classée au patrimoine de l'Unesco. On notera la réapparition de certains mammifères importants quasiment disparus dans les régions reculées, comme la loutre des rivières, le castor et le spectaculaire loup.

Des forêts en expansion

Le climat très humide de la Belgique et son relief plat favorisent l'abondance d'une végétation naturelle de prairies, landes et d'arbres feuillus. Mais la forte urbanisation du pays a modifié la biodiversité originelle, en contribuant au fractionnement de cette végétation, surtout au centre du pays. Étonnamment, malgré un déploiement massif des villes, la superficie forestière wallonne n'a fait que progresser de 1866 à 2006, car l'abandon des cultures agricoles a permis à la nature de reprendre ses droits. Près de 80 % des forêts belges se situent en Région wallonne, où environ un tiers du territoire (32 %) est sous couvert forestier, tandis que la Flandre est relativement peu boisée, et plus de 60 % de la forêt wallonne se situe en Ardenne. Ainsi, la forêt belge couvre désormais 692 916 hectares, soit 2 % de la superficie du pays. En 140 ans, elle est passée de 315 648 à 544 800 hectares. Les forêts comptent de nombreux feuillus : hêtres, frênes, chênes, érables sycomores, bouleaux, peupliers, charmes, merisiers, aulnes ainsi que des saules pleureurs et roseaux en bordure de canaux, rivières, étangs et mares. On trouve des jacinthes des bois, du chèvrefeuille, des impatiences (aussi appelées balsamine des bois), des euphorbes. Les champignons sont représentés par plus de 1 000 espèces, car leur habitat favori est la forêt.

Héron.

Une faune de forêts européennes

Comme en France, la Belgique compte dans ses forêts sauvages cerfs, sangliers, renards, chevreuils, blaireaux, belettes, hermines, putois, martres, lapins, lièvres, écureuils, élans et daims. Plus rarement lynx, chats sauvages, et désormais castors, loutres, et même des loups ont pu être observés ! L'ours a lui complètement disparu et n'a pas été réintroduit. Pourtant, des études génétiques ont prouvé que ce sont leurs descendants de l'ours brun belge qui peuplent aujourd'hui encore les forêts du nord et du sud de l'Europe. Les écosystèmes fragiles des mares et des étangs d'eau douce sont peuplés de poissons comme la bouvière, une espèce protégée, mais aussi de batraciens. Ces derniers sont néanmoins menacés d'extinction en raison de la pollution et de l'apparition d'espèces prédatrices exotiques comme la carpe. La forêt de Soignes abrite également quatorze espèces de chauves-souris dont la plupart sont des espèces menacées.

Une avifaune riche

Une centaine d'espèces, sédentaires ou migratrices, peuplent la Belgique mais la population est malheureusement en diminution. La Belgique a connu en 2019 une hécatombe de mésanges à cause de l'usage massif de pesticides. Les oiseaux souffrent, en général, de l'usage de composés agrochimiques et disparaissent des campagnes aussi bien belges que françaises. On trouve des espèces communes aussi observées dans l'Hexagone, comme des rouges-gorges, passereaux, pinsons, fauvettes

© SCREENY - SHUTTERSTOCK.COM

Parc Naturel des Hautes Fagnes.

corneilles, pies, hérons, geais, canards ou encore poules d'eau. Les fleuves accueillent bon nombre d'oiseaux migrateurs aquatiques. On pourra citer les oies en hiver et plusieurs espèces de rapaces notamment le long de l'Yser, un fleuve côtier qui sert de corridor migratoire régional aux oiseaux. On peut citer la buse variable, le faucon hobereau, le faucon pèlerin, le faucon crécerelle, le busard des roseaux, l'épervier ou le busard cendré.

La loutre des Flandres réapparaît timidement

La loutre des Flandres, classée officiellement espèce éteinte dans les années 1980, persécutée depuis des siècles et victime des appâts empoisonnés pour les rats musqués, a vu son habitat se dégrader ou disparaître. Une lueur d'espoir brilla à la surprise générale en 2011, lorsqu'une empreinte dans la neige en Province a été validée sur le portail web de Natagora (www.observations.be), l'association de protection de la nature dans les parties francophone et germanophone de la Belgique. En 2014, une nouvelle trace de sa présence a été certifiée en Wallonie mais classée « secret-défense » pour préserver la tranquillité de cette espèce si farouche. Elle est finalement réapparue officiellement selon une étude publiée en 2017 par l'Institut de recherche sur la nature et les forêts belges. Une jeune loutre a été observée dans la partie nord de la Vallée de l'Escaut, à quelque 20 kilomètres de la Flandre zélandaise. Elle vient probablement des Pays-Bas, où elle a été réintroduite.

Le castor repeuple les fleuves et rivières

Le castor européen recolonise lui aussi progressivement les berges des fleuves et rivières belges depuis plusieurs décennies. Disparu de Belgique au XIXe siècle, il était exploité pour sa viande et pour le castoréum, une sécrétion utilisé en parfumerie, qu'il fabrique pour marquer son territoire et imperméabiliser son pelage. Plusieurs lâchers illégaux de castors allemands par des activistes, dans les années 2000, ont permis à l'espèce de repeupler la Wallonie. On peut estimer que la population actuelle se situe environ à 2 000 castors sur près de 600 territoires ! Ses défenseurs évoquent le rôle important du plus grand rongeur d'Europe pour la biodiversité ainsi que son impact positif sur le tourisme dans certaines régions. Ses détracteurs soulignent les dégâts qu'il cause, notamment les canaux et barrages qu'ils construisent pour faciliter leur accès à la nourriture, et le creusement de terriers dans les berges. Les castors sont protégés par une directive européenne qui interdit de les tuer, de les capturer ou de les perturber.

Le loup se réintroduit tout seul en Belgique

Autre espèce disparue depuis plus d'un siècle qui pointe son museau désormais en Belgique : le loup. Deux chasseurs de Nassogne, (province du Luxembourg) sont formels : ils ont vu un premier loup en octobre 2016. En janvier 2018, une louve provenant d'Allemagne est observée en Flandre. D'autres témoignages localiseront le canidé très mobile dans les Hautes Fagnes, encourageant les défenseurs de la nature à créer le « Réseau Loup » en juillet 2018. Selon les spécialistes, la présence de gibiers dans les forêts du Massif ardennais du sud-est du pays encouragerait le grand prédateur à traverser les frontières : il est aussi présent en France (lignée italo-alpine) et en Allemagne (lignée polonaise). La Belgique est située à la croisée des deux voies de dispersions de ces populations. Sa présence récente aux Pays-Bas et au Grand-Duché de Luxembourg laissait présager son retour imminent en Belgique. Voilà qui est fait !

© KOVERMINSKA OLGA - SHUTTERSTOCK.COM

Bois de la Cambre.

Dès l'arrivée du premier loup belge, le Département Nature et Forêt (DNF), le Département de l'Étude du milieu naturel et agricole (DEMNA), les représentants des éleveurs, les chasseurs et les représentants des naturalistes s'étaient décidés à proposer cinq noms : Fagnus, Wolfgang, Akela, Romulus ou Lucky. Finalement, les internautes n'auront pas à choisir car en 2019 – soit en à peine deux ans après le premier signalement – c'est désormais cinq loups qui ont été repérés en Wallonie ! Un au moins y a élu domicile, les autres sont très mobiles – pour l'instant –, à la recherche de proies. Le Réseau Loup espère prochainement l'établissement d'une meute et un véritable plan de gestion.

Au sud et à l'est du pays, le Massif ardennais

Il est constitué en majorité de marécages et de forêts. Ces dernières se composent de conifères (épicéas surtout, mais aussi pins et sapins) et de feuillus (érables, bouleaux, chênes et hêtres). Le Parc naturel des Hautes Fagnes est l'un des plus beaux du pays. On y trouve de nombreux animaux, tels que des chouettes, divers lézards et des oiseaux. On peut aussi rencontrer, dans le sud du pays, des chevreuils, des sangliers et même (si vous avez beaucoup de chance) le tétras-lyre, un oiseau en voie de disparition qui est réintroduit depuis le printemps 2018 dans la région, comme le loup !

À l'ouest, le littoral

Le littoral donne un sol argileux beaucoup plus riche qu'au nord et crée ces paysages de polders, de plages de sable… Le cordon littoral est lui planté d'épineux dans les dunes sableuses. Sur les pentes érodées sablonneuses, mélèzes, pins sylvestres et fougères poussent en abondance. La réserve de Westhoek et en particulier celle de Het Zwin sont de véritables repaires d'oiseaux : échassiers, canards, cygnes, oies, etc. Une dizaine d'autres réserves, dispersées un peu partout en Belgique, s'attachent à préserver les espèces animales et végétales (www.idearts.com/loisir/nature).

Au centre du pays, la forêt de Soignes

Ce sont les grandes plaines qui prédominent, permettant l'agriculture intensive. Il ne reste que la forêt de Soignes qui ne soit pas cultivée ou urbanisée. Cette forêt, à la périphérie sud-est de Bruxelles, d'environ 5 000 hectares si on compte aussi les bois alentour, n'est ni un parc ni une réserve. C'est pourtant l'une des plus grandes forêts périurbaines d'Europe, mais elle n'est que le vestige de la vaste forêt qui a autrefois couvert une bonne partie du Brabant et du Nord de la France. Elle a un rôle de « poumon vert » de la capitale, lieu de balades et sortie vertes familiales car elle représente 60 % des espaces verts bruxellois ouverts au public. Depuis 2017, 270 hectares sont même classés au patrimoine mondial de l'Unesco car c'est une forêt de hêtres plantée au XVIIe siècle. Elle était à l'origine destinée à fournir du bois de haute qualité. Les peuplements sont constamment éclaircis, mais sans coupe à blanc, afin de favoriser les arbres les plus beaux qui se vendront ensuite le mieux. C'est une forêt de monoculture composée à près de 80 % de hêtres issus de plantations ou de régénération naturelle, ainsi que de 10 % de chênes, dont les hautes futaies du massif sont surnommées « la hêtraie cathédrale », tant les arbres sont vertigineux et forment une voûte serrée qui ne laisse filtrer que peu de lumière. Malheureusement, cette fantastique hêtraie est en péril. La cause ? Le réchauffement climatique. Il faudra sans doute peu à peu remplacer les hêtres par d'autres essences plus adaptées. On peut visiter dans cette forêt le joli bois de la Cambre (p.146) qui s'enfonce jusque dans Bruxelles, l'arboretum de Tervuren (p.184), le jardin botanique Jean Massart dans le domaine du Rouge-Cloître et le domaine Solvay de La Hulpe.

CLIMAT

La Belgique n'est pas réputée pour sa météo exceptionnelle. On la connaît plutôt pour sa lande plate qui s'étire à l'infini sous un ciel gris et pluvieux en hiver, ensoleillé et frais en été. L'influence de la mer du Nord emmène une humidité élevée. Mais, par l'attractivité de ses villes, la Belgique se visite toute l'année, spécialement à l'époque de Noël quand les marchés égayent les places de villes illuminées, et que les carnavals, ducasses et kermesses folkloriques rythment le calendrier. Au printemps et en automne, le pays est agréable à visiter car la foule n'envahit pas les rues pavées des centre historiques de Bruxelles, Anvers, Gand et surtout Bruges, le joyaux touristique du pays. En été, les canaux sont d'agréables prétextes de balades à Bruges, Malines et La Louvière, le littoral est animé, les châteaux, citadelles et parcs naturels ouvrent grand leurs portes tous les jours, des fêtes et festivals battent leur plein.

Un climat océanique tempéré

Aux latitudes moyennes européennes, les masses d'air froid d'origine polaire rencontrent les masses d'air chaud d'origine subtropicale, formant un « front polaire ». Sa position précise va moduler nos saisons : ainsi sa remontée vers le nord va permettre à l'été de s'installer plusieurs mois grâce à l'arrivée des masses d'air chaud du Sud, tandis que la descente du front polaire au sud de nos régions emmènera l'hiver. Le climat tempéré océanique de la Belgique, influencé par les eaux tièdes du Gulf Stream ainsi que par des vents dominants de secteur sud-ouest, est caractérisé par des températures modérées.

Un climat ensoleillé en été, froid en hiver

Généralement, il fait 1 à 2 °C de moins à Bruxelles qu'à Paris, mais le temps d'ensoleillement est à peu près similaire. La température moyenne annuelle est de 9,7 °C, mais varie de 17 °C en été et 3,1 °C en hiver. Les maximales varient, elles, de 21,6 °C l'été et 6,2 °C l'hiver, les minimales de 12,8 °C en été et 1,1 °C en hiver. Mais même à l'intérieur d'un si petit pays, les variations de climat sont perceptibles : entre la côte, forcément très tempérée, et les hauteurs ardennaises, la différence de température atteint régulièrement cinq degrés. Le climat est doux en été (environ 18 °C) en Basse Belgiquc.

Dans le sud-est du pays, la Gaume, autour de Virton, est souvent qualifiée de Provence belge, car les températures estivales y étant plus élevées et l'ensoleillement plus important (environ 200 heures de plus que la moyenne nationale).

DÉCOUVRIR

© NIKITJE - ISTOCKPHOTO

La mer du Nord.

© OZGURDONMAZ - ISTOCKPHOTO.COM

Bruges en hiver.

En revanche en hiver, le climat y est frais puisqu'en Basse Belgique et sur la côte, les températures moyennes oscillent entre 2 et 4 °C, et aux alentours de 0 °C en Haute Belgique. L'Ardenne, elle, est marquée par une neige plus abondante, résultant de températures plus froides. Le Signal de Botrange, point culminant de la Belgique sur les plateaux des Ardennes à 694 mètres d'altitude a longtemps été une station météorologique en raison de son climat plus rude.

C'est en 2019 qu'un record de chaleur historique a été enregistré en Belgique, tout comme en France. Ainsi la ville de Begijnendijk a enregistré un record de chaleur absolu de 41,8 °C le 25 juillet ! À l'inverse le record absolu de température négative a été enregistré il y a fort longtemps, le 20 janvier 1940 à Rochefort, pour descendre à -30,1 °C.

Des pluies abondantes toute l'année

Avec plus de 80 % d'humidité relative moyenne, le pays est humide toute l'année et il y pleut souvent, même si le ciel peut être nuageux avec des moments de soleil. La moyenne nationale tourne autour de 200 jours de pluie par an. Soit un taux de précipitations moyennes de 805 mm par an. Avec une variation régionale tout de même : on compte 170 jours de précipitations par an en moyenne sur la région côtière et à l'inverse 230 jours sur le Massif ardennais, le plus humide.

L'hiver peut vous gratifier d'un froid sec et ensoleillé, qui alternera toujours avec des périodes pluvieuses et brumeuses. L'été est aussi ensoleillé que le Nord de la France, la Belgique comptant environ 65 jours d'ensoleillement par an (soit à peu près 1 500 heures), il est donc moyen par rapport aux pays d'Europe de l'Ouest. L'air y est plus frais et supportable pendant la très haute saison en juillet août que dans le sud de l'Europe.

La belle saison dure comme en France d'avril à septembre, mais avec seulement 40 % d'ensoleillement moyen par jour), octobre et mars sont les mois de transition (30 % d'ensoleillement), les mois d'hiver (novembre, décembre, janvier et février) totalisent environ 25 % d'ensoleillement en moyenne.

Une saisonnalité classique

Comme en France, la Belgique connaît des variations de fréquentations en fonction des saisons : logiquement l'été est la très haute saison touristique, particulièrement à Bruges où il fait bon vivre dans la fraîcheur des canaux, tandis que le printemps et l'automne sont aussi de belles saisons pour passer de courtes vacances ou un week-end. L'hiver, plutôt froid et pluvieux, attire moins de monde, sauf au moment de Noël, la Belgique étant réputée pour ses marchés de Noël et ses chocolats.

Des inondations meurtrières

De terribles inondations ont frappé le nord de l'Europe en juillet 2021, particulièrement la Belgique. Au total, 39 personnes ont perdu la vie et 140 000 tonnes de déchets ont été charriés par les eaux. C'est la catastrophe naturelle la plus meurtrière de l'histoire du pays. Les provinces de Liège, Namur, Brabant Wallon ont été les plus touchées, et les villes de Verviers et Chaudfontaine les plus endeuillées. La reconstruction sera longue pour beaucoup de ces villes.

ENVIRONNEMENT

Si le « plat pays » est constitué majoritairement de plaines ne dépassant pas 100 mètres d'altitude dans les Flandres, la région wallonne présente une topographie plus variée, avec le Massif ardennais. Les problématiques écologiques sont à peu près caractéristiques de celles des pays d'Europe de l'Ouest, mais leur conscientisation et leur traitement ont des traits spécifiques. Les activités humaines engendrent des pollutions chroniques de l'air et des eaux, une surconsommation des terres, ainsi qu'une fragmentation des milieux naturels. Les habitants sont conscients de la situation et des mesures sont mises en œuvre. Des programmes sont notamment déployés pour rendre les villes plus respirables et durables. Enfin des actions sont en cours pour favoriser les continuums écologiques. C'est un territoire qui abrite également de beaux parcs naturels, que vous pourrez aisément parcourir à vélo ou à pied.

Espaces protégés : vers un continuum écologique

La Belgique compte peu d'espaces naturels, tant en nombres qu'en superficie. On y trouve notamment des zones Natura 2000 issues des directives européennes oiseaux et habitat. Ces espaces ont pour objectif de protéger des milieux naturels d'intérêt écologiques pour la flore et la faune. La gestion de ces sites varie entre les Flandres et la Wallonie. Des parcs naturels régionaux existent également, dénommés *regionale landschappen* en région Flamande. La finalité de ces parcs est de concilier la protection d'espaces naturels ou paysagers avec le développement économique et social du territoire. Ils ont aussi pour vocation l'éducation à l'environnement et l'expérimentation de nouveaux modèles de gestion du milieu rural. En 2006, le pays a inauguré son premier parc national : le parc national de la Haute Campine (p.194) dans la province du Limbourg. Il comprend de grandes étendues de forêts de conifères et de landes à bruyère, mais aussi des étangs et des collines. Il offre de magnifiques panoramas pour les amoureux de la nature et abrite une faune et une flore remarquables.

Territoire fortement urbanisé, et densément peuplé, la Belgique souffre de l'imperméabilisation de ses sols, pour les constructions (bâtiments, infrastructures de transports etc.). En 2015, 15 % du territoire wallon est artificialisé et 33 % de celui des Flandres. Ce phénomène d'artificialisation des terres a crû de plus de 26 % entre 1985 et 2015. Autre point, le modèle agricole productiviste, fondé sur l'utilisation de fertilisants et produits phytosanitaires, et associé à des champs ouverts – à l'exception du pays de Herve où l'on trouve encore des haies bocagères – a contribué au déclin de la biodiversité. En effet cette occupation des terres laisse peu de places aux espaces naturels et dégrade les écosystèmes. L'autre point c'est la fragmentation des milieux naturels.

Parc national de la Haute Campine.

En effet une sanctuarisation d'îlots naturels, sans corridors écologiques, n'a pas de sens si l'on veut maintenir la biodiversité, c'est-à-dire la dynamique évolutive du vivant. Il apparaît donc nécessaire de maintenir ou restaurer des continuums ou trames écologiques. C'est ce que pointe notamment un rapport de l'Union européenne. Des associations mènent par ailleurs des actions de sensibilisation à l'environnement et d'éducation populaire. L'Aquascope de Virelles est d'ailleurs un lieu dédié à la préservation et la restauration des écosystèmes. Il abrite le Centre ethnobotanique de l'Étang de Virelles qui réalise un travail d'enquêtes et de transmission sur l'utilisation des plantes.

Les mesures belges pour améliorer la qualité de l'eau

La gestion de l'eau est aussi un enjeu environnemental important en Belgique. L'agriculture intensive a contribué à la pollution des eaux de surfaces et des eaux souterraines du pays, où l'on trouve de fortes concentrations de nitrates. Des dispositifs ont été mis en place pour favoriser les pratiques agro-écologiques. Les méthodes agro-environnementales (MAE) issues du Programme wallon de développement rural constituent un système de compensations financières, destinées aux agriculteurs qui, sur la base du volontariat, ont mis en œuvre des pratiques favorisant l'environnement. Ces pratiques sont définies dans un cahier des charges ; il s'agit par exemple du maintien de mares ou de prairies naturelles, ou encore de la mise en place de plantations favorables aux oiseaux en bords de parcelles. Près d'un agriculteur sur deux en Wallonie s'était engagé dans ce programme en 2016. L'application de la Directive européenne nitrate de 1991 s'est traduite par la mise en place en Wallonie d'un Programme de gestion durable de l'azote en agriculture, afin de protéger les nappes phréatiques. Un second Programme wallon de réduction des pesticides a été également reconduit pour une 3e fois au sein d'un plan national 2023-2027.

Qualité de l'air

En 2017, la Commission européenne avait fixé trois défis principaux à la Belgique : la gestion du réseau Natura 2000, la lutte contre la pollution de l'eau et l'amélioration de la qualité de l'air. L'Agence européenne pour l'environnement estimait à 9 380 le nombre de décès prématurés liés à la pollution de l'air en Belgique en 2016. D'où vient-elle ? Elle est issue de différents polluants : particules fines, dioxyde d'azote, ozone, etc., émis par le transport, le chauffage, la production d'énergie, les industries mais aussi à l'agriculture. Le pays a engagé des actions pour diminuer ces émissions. Afin de réduire le trafic routier, des « low emission zones » ou « zones à faibles émissions » ont été mises en place dans les grandes villes. La Belgique a également initié une fiscalité incitative pour l'achat de véhicules moins émissifs. En 2017, les résultats étaient mitigés : le pays a respecté les valeurs-seuils des émissions de particules ; en revanche, pour ce qui est des émissions d'oxydes d'azote les valeurs-seuils ont connu des dépassements. Cette situation est principalement due au trafic routier. Près de 80 % des déplacements sont en effet effectués en voiture selon l'Agence européenne de l'environnement. Celle-ci préconise outre le renforcement d'une fiscalité incitative, la diminution du volume du trafic par un report modal. C'est bien sur ce dernier point qu'associations et chercheurs mettent l'accent. L'abandon progressif des véhicules motorisés vers les transports en commun et les mobilités actives, telles que le vélo et la marche, permettraient à la fois de lutter efficacement contre la pollution atmosphérique mais aussi contre le changement climatique. Le

Éoliennes offshore.

DÉCOUVRIR

gouvernement bruxellois a d'ailleurs pris pour engagement en 2019 de doubler la part modale du vélo dans les 5 ans. Des associations comme la Vélorution Bruxelles organisent des manifestations conviviales à vélo pour promouvoir les mobilités douces et « véhiculer » le message.

Mix énergétique et climat

Le mix énergétique du pays en 2019 affiche une part importante d'énergie décarbonée (67 %) qui comprend le nucléaire et l'énergie renouvelable (majoritairement de l'éolien offshore, secteur dans lequel des investissements importants ont été réalisés). Il se décompose comme suit : 47 % de nucléaire, 33 % d'énergies fossiles et 20 % d'énergies renouvelables. Ce mix devrait évoluer dans les prochaines années avec notamment la sortie annoncée du nucléaire pour 2025 (bien que la vie de deux centrales est sur le point d'être prolongée). Les principaux secteurs qui émettent des gaz à effet de serre sont les transports, le résidentiel-tertiaire (chauffage des bâtiments), l'industrie, l'agriculture et les déchets. Entre 1990 et 2017, l'ensemble de ces activités avait diminué leurs émissions de 20 à 60 %, à l'exception du secteur du transport (+24 %) et du résidentiel-tertiaire (+28 %). Selon le dernier Indice de performance climatique (Climate Change Performance Index) publié en décembre 2019, la Belgique est passée de la 31e à la 35e position intégrant la catégorie des pays à mauvais score climatique. Ce résultat est lié au niveau des émissions de gaz à effet de serre du pays (10 tonnes de CO_2 équivalent par an et par habitant) et à l'augmentation de la consommation d'énergie. Enfin, des ONG pointent l'absence d'une politique climatique intégrée et le manque d'ambition et de cohérence entre les différents gouvernements. Des mesures ont été prises pour diminuer les émissions du secteur des transports (voir infra). Concernant le résidentiel-tertiaire, l'État a mis en place une fiscalité incitative afin de favoriser l'installation d'équipements peu consommateurs en énergie et l'isolation des habitations.

Gestion des déchets

La Belgique affiche un des meilleurs scores d'Europe en matière de recyclage des déchets d'emballage des ménages, avec un taux de recyclage de 96 %, en 2017, sauf pour les plastiques d'emballage pour lesquels le taux est de 40 %. En effet, le pays ne dispose pas d'installations capables de valoriser ce type de déchets. La gestion des déchets inclut une politique de prévention par réduction à la source, réutilisation, et valorisation matière (recyclage) ou énergétique (incinération). Des initiatives d'économies circulaires commencent à essaimer et représenteraient en 2021 15 % du nombre total d'emplois en Belgique. Un point plus sombre est cependant à ajouter à ce tableau : l'exportation

© CAPTUREPB - SHUTTERSTOCK.COM

Journée sans voiture à Bruxelles.

de déchets dans des pays où le coût de traitement est moindre et la réglementation plus souple, voire inexistante. Certains déchets (déchets plastiques des ménages, déchets industriels et de constructions) transitent ainsi en Turquie, Malaisie, Vietnam, Inde, souvent dans des décharges clandestines, au mépris des règles de santé et de sécurité pour les populations locales. Selon l'ONG Greenpeace, en 2018, 530 000 tonnes de déchets belges auraient été exportées vers d'autres continents, classant le pays au « palmarès » des plus importants exportateurs de déchets.

Sensibilisations environnementales et initiatives locales

Fin 2007, le service Changements climatiques du Service public fédéral santé publique a publié les résultats d'une enquête nationale sur le climat. Celle-ci met en exergue la perception aiguë chez les Belges du caractère d'urgence du changement climatique. Ceux-ci se déclarent très favorables à une transition énergétique. L'environnement apparaît ainsi comme la priorité n° 1 des Belges (81 %) même s'ils indiquent que les responsabilités incombent plus à l'industrie et aux transports qu'aux individus. Les enquêtés se déclarent en même temps très respectueux de l'environnement dans leur quotidien : mobilité, habitudes de vie, achats, même s'ils ont conscience des points de progrès (isolation thermique des bâtiments). Parmi les actions menées en matière d'habitation, on notera des projets d'écoquartier (à Bruxelles, Ypres, etc.) d'habitat durable (à Tournai) et plus largement des renouvellements urbains. Des citoyens ont également lancé des initiatives d'habitats groupés participatifs, en construction passive neuve (à Vinderhoute) mais aussi en réhabilitation de l'existant, où les enjeux en matière d'économie d'énergie sont les plus prégnants (à Gand).

HISTOIRE

La Belgique mérite qu'on s'attarde sur son histoire, d'abord commune avec la France avec Clovis et Charlemagne, puis tournée vers la Hollande, vers l'indépendance et enfin l'Europe. Elle a connu la prospérité au Moyen Âge, à l'époque du gothique flamboyant. Églises, cathédrales, beffrois : les centres-villes sont des joyaux du patrimoine de la Belgique. Les différentes guerres de conquêtes impériales (dynastie des Habsbourg d'Espagne, d'Autriche, Louis XIV, Napoléon…) n'ont guère laissé de répit à la Belgique jusqu'à l'indépendance et la Révolution industrielle. Celle-ci a métamorphosé le paysage, spécialement Bruxelles, devenue monumentale, Anvers et son port, mais aussi les pays de charbonnages. Les guerres mondiales ont aussi entaillé la mémoire du pays, surtout dans les Ardennes. Enfin, en 2020-2022, le Covid-19 a fortement frappé la Belgique densément peuplée.

600 AV. J.-C.

La période celte

Les plus anciennes traces humaines (800 000 ans) ont été découvertes à Hallebaye (nord de Liège). Vers 400 000 av. J.-C., l'homme de Néandertal s'installe dans nos régions. Au Néolithique (4000 av. J.-C.), ses descendants se mettent à la culture et à l'élevage. Mais c'est vers 600 av. J.-C. que les premières civilisations celtiques, originaires d'Europe centrale, s'emparent violemment de l'aire comprise entre le Rhin, les Alpes et les Pyrénées, désignée comme « la Gaule ». Les Celtes, dont la culture fut largement assimilée par les populations conquises, travaillent le fer, se déplacent à cheval, pratiquent la religion druidique. Ils s'adonnent surtout à l'agriculture (grâce à la charrue à roue en fer) et à l'élevage, vendant également des esclaves aux marchands méditerranéens contre des produits ouvragés.

57 AV. J.-C.

Jules César.

La conquête romaine

Au Ier siècle av. J.-C., l'instabilité permanente occasionnée par les Germains fournit le prétexte à l'envoi de légions romaines par l'Empereur Jules César. La conquête des Gaules commence (57 av. J.-C.). Il faudra cinq ans pour détruire la vigoureuse résistance des Belges, menée notamment par Ambiorix, roi des Éburons. Jules César reconnaîtra que « de tous les peuples de la Gaule, les Belges sont les plus braves ». Avec la Pax Romana s'ouvre une longue période de prospérité. Des routes commerciales sont déployées, permettant l'essor économique de la région grâce à l'agriculture, aux fabrications textiles, à l'artisanat de céramique ainsi qu'aux productions métalliques (armes). Des cités se développent au carrefour de ces axes (Tongres, Tournai, Arlon). Les populations belges sont romanisées, adoptant la langue, la religion et les manières de vivre romaines. Le christianisme apparaît en Belgique dès le IIIe siècle. L'occupation romaine durera 400 ans.

Clovis règne sur la grande Gaule

Mais l'affaiblissement de l'Empire romain est suivi par des invasions barbares venues du nord et de l'est de l'Europe. Ainsi, les Francs saliens, qui ouvrent l'ère mérovingienne, occupent le nord de l'actuelle Belgique et font de Tournai la capitale de leur royaume (Childéric Ier y est enterré). Sous le règne de son fils, Clovis (482-511), qui se convertit au christianisme, ils partent à la conquête de toute la Gaule et renforcent son évangélisation. C'est à cette époque que se dessine la frontière linguistique du pays. Le sud du pays, fortement romanisé, est moins affecté par l'immigration franque que le nord. Le parler roman prévaut donc au sud, tandis que le parler franc s'impose au nord. Le terme « wallon » dérive d'ailleurs du franc *walha*, qui signifie « étranger ».

482

© SEDMAK - ISTOCKPHOTO.COM

L'empire sous Charlemagne

771

Lors du déclin de la dynastie mérovingienne (époque des Rois fainéants), une puissante famille noble de Hesbaye régnant sur de grands domaines féodaux compte de nombreux maires de palais (vice-rois) énergiques. L'un d'eux, Charles Martel, se fait reconnaître par sa victoire à Poitiers en 732 sur une armée arabe. Son fils, Pépin le Bref, est consacré roi des Francs en 751, ouvrant la période carolingienne tandis que son successeur, Charlemagne (771-814), étendra la chrétienté vers l'est et sera couronné à Rome Empereur d'Occident en l'an 800.

Le traité de Verdun

843

Après la mort de Charlemagne, le traité de Verdun en 843 met fin aux guerres fratricides entre ses trois héritiers du trône par un partage de l'Empire. Charles le Chauve obtient les terres à l'ouest du fleuve Escaut (futur royaume de France), Louis le Germanique, la partie orientale (Saint Empire), et Lothaire, les territoires intermédiaires (de la Hollande à l'Italie) baptisés la Lotharingie. Mais la partie belge ne résiste pas longtemps à l'étau de ses puissants voisins et, en 925, elle sera absorbée par l'Empire franc. Déjà, à l'époque, la situation administrative de la future Belgique est complexe. La Flandre, au parler majoritairement germanique, dépend du roi de France, tandis que les terres de langue romane sont les vassaux de l'Empire germanique !

L'invasion viking et les croisades

AU Xe SIÈCLE

Les grands seigneurs commencent à s'émanciper, et l'espace belge se morcelle en de nombreuses seigneuries féodales, s'organisant derrière de hautes murailles et des châteaux fortifiés (donjons) pour résister aux razzias des envahisseurs vikings. Un de ces seigneurs, Godefroy de Bouillon, va jouer un rôle décisif durant la première croisade et sera proclamé roi de Jérusalem en 1099. Sa statue se trouve sur la place Royale à Bruxelles.

1143-1191

© JORISVO - SHUTTERSTOCK.COM

Philippe Ier de Flandre

Philippe Ier de Flandre, dit Philippe d'Alsace est un noble et aristocrate qui marche dans les pas de son père, parti en croisade à Jérusalem en 1157, année de son début de règne. La stérilité de son couple, la mort de ses frères, le pousse à partir lui aussi en croisade en 1177. De retour de Palestine, il doit faire face à des querelles de territoire avec le roi de France Philippe Auguste. La mort de son épouse Élisabeth de Vermandois en 1183 et l'absence de progéniture avec sa nouvelle femme Mathilde du Portugal, pousse le comte, après quatre ans de lutte, à céder le Vermandois et Amiens au roi de France. Mais Philippe d'Alsace transforme ensuite son comté en un État moderne, réforme le pouvoir judiciaire et lance la construction des ports de Nieuwpoort, Damme, Gravelines et Biervliet. Il fut un souverain érudit qui édifia Gand en centre culturel important. En 1180, il y fait construire le majestueux château des Comtes de Flandres, le Gravensteen. Gand devient capitale du comté. En 1190, Philippe d'Alsace repart pour la troisième croisade en Palestine. Mais il décède à Jérusalem de la peste noire un an plus tard. À sa mort, le pays est économiquement très prospère. Sa dévotion sera rappelée dans les églises, notamment la statue sur la façade de la basilique du Saint-Sang à Bruges.

VERS 1200

La prospérité flamande

Au Moyen Âge, des entités féodales plus grandes se constituent en principautés, duchés, comtés, où le dynamisme des villes est prépondérant. Le comté des Flandres, à l'ouest de l'Escaut, relevant du royaume de France, connaît un important développement économique. Un puissant corps de marchands et d'artisans se constitue. Dès 1200, Gand emploie 20 000 tisserands dans la Halle aux draps, alors que Bruges est un centre de commerce européen. L'octroi de libertés communales entérine ce premier essor d'une bourgeoise capitaliste. La construction de l'hôtel de ville et du beffroi de Bruges ainsi que dans les autres villes, symbolisent la prospérité bourgeoise, l'épanouissement des arts (cathédrales, gothique flamboyant) ; l'esprit de fronde et de liberté fait de cette période l'âge d'or des Flandres, qui durera deux siècles.

1302

La bataille des Éperons d'Or

Aussi appelée bataille de Courtrai (expliquée au musée Kortrijk, 1302), elle opposa le roi Philippe le Bel aux *Klauwaerts*, des milices communales flamandes, victorieuses. Le premier fut appuyé par Godefroid de Brabant, seigneur de Vierzon, et par Jean Sans Merci, seigneur de Beaumont, tués pendant la bataille. En face, les milices flamandes furent aidées par celles venues de Zélande et de Namur. La région prospérait grâce aux manufactures textiles qui importaient la laine d'Angleterre. Lorsque Philippe le Bel déclara la guerre à la perfide Albion pour reprendre le contrôle de l'Aquitaine en mai 1294, Gui de Dampierre, comte de Flandre, continua d'organiser un mariage avec la dynastie d'Édouard Ier, le roi d'Angleterre, ce qui revenait à rejoindre l'ennemi. Deux ans plus tard, le roi de France regagna le territoire dans une sanglante répression et négocia la paix à son avantage.

Duché de Bourgogne

Philippe II le Hardi, duc de Bourgogne et frère du roi de France Charles V, épouse Marguerite de Maele, fille du dernier comte de Flandres dans la cathédrale de
1369 Saint-Bavon à Gand, et devient par cette alliance héritier du comté des Flandres. Cette unification des régions qui composent la Belgique actuelle se poursuivra par mariages, alliances, rachats et conquêtes. Ainsi se constitue les Pays-Bas bourguignons, avec Bruxelles pour capitale, englobant la Flandre, l'Artois, le Brabant, le Limbourg, le Hainaut, le Namurois, le Luxembourg, la Hollande et la Zélande.

La Paix d'Arras

Le petit-fils du Hardi, Philippe III de Bourgogne, dit Philippe le Bon (1419-1467), mène la guerre contre les Armagnacs et le dauphin Charles VII de France aux côtés de l'Angleterre. Mais le traité de paix d'Arras réconcilie le duc avec la cou-
1435 ronne française, provoquant la colère des Anglais. Il appuiera les Français dans les batailles, mais se concentrera sur son règne. Il est promu grand-duc d'Occident et devient le souverain le plus puissant d'Europe. Mécène, il développe les arts à Bruxelles, embellit la ville et en fait une grande capitale européenne. La centralisation administrative qui accompagne l'expansion bourguignonne s'oppose au maintien des libertés communales au travers de nombreuses péripéties sanglantes.

Entrée en scène des Habsbourg

Le mariage de Marie de Bourgogne, fille unique de Charles le Téméraire, avec Maximilien Ier d'Autriche fait passer les Pays-Bas sous la tutelle des Habsbourg.
1477 Ceux-ci seront contraints d'accorder le Grand Privilège diluant l'autorité centrale au bénéfice des autonomies régionales. Marie et son père Charles seront inhumés à l'église Notre-Dame à Bruges. Après le règne de Philippe le Beau, marié à Jeanne de Castille (dite Jeanne la Folle), leur fils Charles Quint, né à Gand, hérite d'un immense territoire incluant l'Espagne et les Pays-Bas.

Charles Quint Empereur

Dans une âpre lutte contre le roi de France, François Ier, l'empereur annexe Tournai, signe une alliance avec le prince-évêque de Liège, fait renoncer la France à sa suzeraineté sur la Flandre et l'Artois et supprime la frontière qui, depuis 813, partage le territoire belge (transaction d'Augsbourg en 1548). Charles Quint institue alors le Cercle de Bourgogne, ensemble des dix-sept provinces des Pays-Bas
1519 qui ne peuvent plus être dissociées lors de successions ultérieures formant le Benelux actuel. Le Nouveau Monde et ses richesses, le mercantilisme, stimulent les échanges commerciaux. À l'ensablement de Bruges répond le développement accéléré du port d'Anvers et de sa Bourse du commerce. Des financiers venus de toute l'Europe (Juifs, Portugais, Lombards) y fondent des comptoirs. Mais Charles Quint décide d'interdire le protestantisme, une nouvelle doctrine, prêchée par un moine allemand nommé Luther, et de rétablir l'Inquisition dans le sang. En 1555, il abdique en faveur de son fils Philippe II, qui hérite de l'Espagne, des Pays-Bas, des possessions italiennes et des colonies. Son frère, Ferdinand, hérite de la couronne d'Autriche.

1566

© VKILIKOV - SHUTTERSTOCK.COM

Philippe II.

La destruction des Pays-Bas

La Révolte des Gueux éclate et se généralise. Car Philippe II (1556-1598), roi espagnol, veut soumettre les provinces septentrionales. Très autoritaire, il intensifie les persécutions contre les calvinistes. Philippe II envoie le duc d'Albe qui met les Pays-Bas à feu et à sang. L'or des Amériques, qui passait des coffres des *hidalgos* (nobles espagnols) à ceux des marchands et artisans des Pays-Bas, sert désormais à payer les armées contre les autonomistes. Il ordonne 8 000 condamnations à mort, dont celles des comtes d'Egmont et de Hornes, nobles catholiques mais opposés à la répression contre les protestants, qui seront décapités sur la Grand-Place de Bruxelles. Les armées espagnoles repoussent les protestants qui se réfugient dans le nord des Pays-Bas. En 1579, les provinces du Sud (Flandres, Hainaut, Artois), saignées à blanc et épuisées, signent le traité d'Arras pour former les Pays-Bas espagnols dont fait partie le Luxembourg. Les provinces du Nord forment alors les Provinces-Unies. C'est la fin de l'hégémonie de Charles Quint. Peu après, les villes de Bruges, Gand, Malines, Bruxelles et Anvers sont reprises aux calvinistes (1581-1585). Une longue stagnation économique en résultera. Des milliers d'ouvriers flamands émigrent vers l'Angleterre avec leurs méthodes de fabrication, tandis que l'intelligentsia et la bourgeoisie s'installent en Hollande, jusqu'alors peu développée.

1598

Une rémission partielle

Philippe II cède la souveraineté des Pays-Bas à son neveu, l'archiduc Albert, et à son épouse Isabelle. Après la reprise d'Ostende, ceux-ci travaillent au triomphe du catholicisme, à la reconstruction économique et aux grands travaux (assèchement des Moeren, creusement du canal Bruxelles-Willebroek). Mais l'archiduc, mort en 1621, n'ayant pas laissé d'héritier, les Pays-Bas méridionaux retourneront à l'Espagne, et les hostilités reprennent. Les cessions par traité dessinent le tracé de la Belgique actuelle : perte du Brabant-Septentrional et de la Flandre-Zélandaise au profit des Provinces-Unies, abandon de l'Artois, d'une partie de la Flandre et du Hainaut à la France. Le traité de Westphalie, en 1648 la sépare des dix-sept provinces. Ce siècle de malheurs pour les Pays-Bas espagnols s'achève par le bombardement de Bruxelles et de sa Grand-Place par le roi de France Louis XIV.

1713

Le traité d'Utrecht

Défaite et en déclin, l'Espagne cède les Pays-Bas aux Habsbourg d'Autriche. Le territoire a été réduit par les conquêtes du roi de France (Arras, Lille...). Les rendements agricoles sont améliorés, de nombreuses industries sont créées. Le marché intérieur des Pays-Bas autrichiens est unifié par une politique protectionniste de la concurrence étrangère. Sous le règne de Marie-Thérèse (1740-1780), les arts et le commerce se développent, la Belgique est prospère. Mais les réformes visant à la réduction du pouvoir de l'Église et à la diminution de l'autonomie provinciale et locale rencontrent de nombreuses résistances. Elles prennent la forme de la contestation ouverte et de révoltes contre le despote éclairé Joseph II (1780-1790).

Les révolutions brabançonne et liégeoise

La Révolution française trouve très vite écho en Belgique. Les garnisons autrichiennes sont défaites dans des combats de rue. Les révolutions brabançonne et liégeoise résultent d'une alliance précaire et ponctuelle entre statistes et patriotes contre l'ennemi commun. Les premiers regroupent le clergé et la noblesse féodale, alors que les seconds mobilisent le tiers état et sont progressistes, sensibles aux idées des Lumières. Dans le même temps, la principauté de Liège connaît aussi sa révolution républicaine, animée par la Révolution française. Conséquence, les États-Belgiques-Unis sont proclamés en janvier 1790. Définitivement vaincus à la bataille de Fleurus par l'armée révolutionnaire française (1794), les Autrichiens capitulent. Assimilée à la France, elle se voit appliquer les principes révolutionnaires puis le code. La Belgique entre dans la révolution industrielle et dans une courte période de prospérité. La suprématie de la langue française est établie, tout comme la centralisation administrative et les principes du droit romain et catholique. Les Belges participeront aux campagnes napoléoniennes et aux armées des Alliés (Anglais et Prussiens) à Waterloo. Des voix s'élèvent contre l'écrasement de la culture néerlandaise en Flandre.

1789

La défaite de la Grande Armée à Waterloo

Elle signe l'échec de la tentative d'expansion impériale française. À l'initiative de l'Angleterre, la Belgique est incorporée aux Provinces-Unies pour former le Royaume des Pays-Bas sous l'égide de Guillaume Ier d'Orange. Quant au Luxembourg, la partie occidentale échoit à la Belgique (province du Luxembourg) et la partie orientale germanique forme le grand-duché indépendant. Il sera intégré économiquement à la Prusse en 1842. Mais les deux siècles de séparation entre le sud et le nord ont forgé des différences profondes entre la bourgeoisie industrielle (encouragée par le régime) au sud, et commerçante au nord, différences religieuses, différences linguistiques. Bruxelles se révolte le 25 août 1830. Les patriotes chassent l'armée hollandaise et un gouvernement provisoire se constitue en régime de monarchie constitutionnelle.

1815

Indépendance de la Belgique

Un Congrès national vote la Constitution le 7 février 1831, garantissant de nombreuses libertés aux citoyens. La nouvelle vie politique belge est dominée par le Parti catholique et le Parti libéral (libres-penseurs). Durant ses premières années, la Belgique connaît des gouvernements d'union nationale permettant de surmonter les contradictions de sa société partagée en modernistes libéraux et conservateurs catholiques. Au bout de quelques années, la guerre idéologique entre les deux partis s'exprimera notamment à travers le débat sur l'école : la liberté de culte et d'enseignement est inscrite dans la nouvelle Constitution belge et l'État finance de façon égale écoles privées catholiques et écoles publiques. Progressivement, le prolétariat s'organise sous la direction de jeunes bourgeois éclairés, issus des milieux libéraux.

1830

1790-1865

Le roi Leopold Ier

La couronne est proposée au prince allemand Léopold de Saxe-Cobourg-Gotha. Celui-ci prête serment et devient premier roi des Belges, le 21 juillet 1831, date de la Fête nationale belge. Il est le fondateur de la dynastie actuellement régnante sur le pays. Ainsi, la Belgique devient « la clé de voûte de l'ordre européen », selon le roi Louis-Philippe, dont Léopold Ier épouse la fille Louise-Marie d'Orléans, s'assurant ainsi l'appui de la France. Mais Léopold est aussi l'oncle de la reine Victoria, ce qui fera du Royaume-Uni l'autre « parrain » de la Belgique. Considéré comme libéral, Léopold est un acteur de la modernisation de l'économie, en faisant construire la première ligne de chemin de fer de l'Europe continentale entre Bruxelles à Malines en 1835 et en favorisant l'industrialisation, l'extraction du charbon, l'expansion des verreries et du tissage de toile et la production de fonte et d'acier. Un essor qui provoque la migration de nombreux Flamands vers Bruxelles et les régions industrialisées de Wallonie. Il meurt à 74 ans en 1865, laissant pour successeur son fils Léopold II.

© MAYKOVA GALINA - SHUTTERSTOCK.COM

1885

L'acquisitions de droits sociaux

Le Parti ouvrier belge, d'inspiration réformiste, est fondé cette année-là. Petit à petit, on assiste alors à quelques avancées sociales. Le droit de grève est reconnu et, en 1892, le suffrage universel est acquis. Ce suffrage universel est cependant tempéré par le vote plural : chaque homme dispose d'une voix, les titulaires d'un diplôme de deux et les plus riches de trois. Il faudra attendre 1919 pour que le suffrage universel, égal pour tous, soit instauré,et 1948 pour que les femmes puissent également voter. Succédant à Léopold Ier en 1865, Léopold II nourrit des ambitions coloniales. Il finance des expéditions en Afrique centrale, dont celle de Stanley. Avant que les grandes puissances ne se partagent entièrement le continent, il s'attribue un immense territoire de chasse qui deviendra « l'État indépendant du Congo » sur lequel le Congrès de Berlin reconnaît la souveraineté du roi des Belges en 1885, de 80 fois la taille de la Belgique… Cette colonie est fabuleusement riche, son sol recelant de l'or, de l'argent, du cuivre et des diamants.

1908

Le Congo est transféré à l'État belge

Les polémiques nombreuses sur l'exploitation des masses indigènes et l'affectation des richesses coloniales (prosaïque contrepartie à la mission civilisatrice proclamée), conduisent le roi à transférer la souveraineté sur le Congo à l'État belge. Le besoin de grandeur incite également Léopold II à redessiner Bruxelles selon les canons de l'urbanisme haussmannien (voûtement de la Senne, parc et arc de triomphe du Cinquantenaire, grands boulevards, etc.). À l'époque, le néerlandais était parlé par les ouvriers flamands alors que la bourgeoisie, y compris en Flandre, parlait le français. La justice était donc rendue en français, l'administration était unilingue et l'État ne tenait aucun compte de la population néerlandophone. En 1898, le mouvement national flamand obtient le statut de langue officielle pour le néerlandais.

Le Congo belge, une société esclavagiste cruelle

Si aucun pays européen ne peut se vanter d'avoir été « humaniste » dans l'exploitation et la soumission des populations des colonies en Afrique, les Belges, pendant que le Congo était sous le joug de Léopold II, ont été particulièrement sanguinaires envers les Congolais. À l'époque, les Européens choqués, notamment les Britanniques, ont mené une campagne contre les Belges de 1890 à 1908, date à laquelle la colonie est enfin passée sous le pouvoir de l'État belge. Les colons étaient connus pour abuser de la chicote (le fouet) mais surtout couper des mains et des pieds des esclaves qui collectaient le caoutchouc naturel. Le non-respect des quotas de collecte du caoutchouc signifiait la peine de mort. Et chaque balle tirée devait être justifiée par une main coupée de travailleur tué et rapportée en Belgique. Les braconniers ne se privaient pas pour en couper à tout va... Les femmes et enfants étaient retenus en otage, violés, torturés, tués... Au Africamuseum à Tervuren, Il existe d'atroces photos où l'on voit par exemple un père nommé Nsala qui regarde le pied et la main coupés de sa fille de 5 ans Boali, décédée des tortures... Difficilement soutenable. Près de 50 % des enfants orphelins congolais (envoyés de force dans des écoles pour devenir soldats) mourraient de maltraitance. Ces exécutions massives ont entraîné un effondrement de la population congolaise. Les chercheurs estiment qu'entre 15 et 20 millions d'habitants ont disparu. À tel point que l'État Belge a ensuite manqué de main d'œuvre et en a importé de toute l'Afrique.

1890 - 1908

© FRANKYDEMEYER - ISTOCKPHOTO.COM

Albert 1er.

La Première Guerre mondiale

L'empire allemand viole la neutralité belge le 2 août 1914. Le gouvernement se retire au Havre. Le roi Albert Ier (1909-1934), maintient la résistance et sa souveraineté sur le réduit territorial dans le nord-ouest du pays délimité par l'Yser. Cela, tout au long d'une guerre de tranchées atroce (premier usage du gaz ypérite). Au sortir de la Grande Guerre, la Belgique se voit attribuer par le traité de Versailles les cantons allemands d'Eupen et Malmedy. Elle adopte le suffrage universel et des mesures sociales sur les conditions d'embauche, de salaire et de grève. En 1921 est créée l'Union économique belgo-luxembourgeoise (parité monétaire, suppression des droits de douane). Celle-ci sera la trame du Benelux (associant la Hollande). Le Mouvement flamand obtient quelques mesures, telles que la néerlandisation de l'université de Gand en 1932. La grande crise économique des années 1930 provoque l'émergence de mouvements fascistes qui fourniront les cadres politiques de la collaboration avec l'occupant allemand.

1914

L'occupation nazie

Le 10 mai 1940, l'armée nazie pénètre en Belgique et occupe le territoire en 18 jours. Parti en exil à Londres, le gouvernement belge participe à l'effort de guerre allié (entre autres, l'uranium du Congo servira à la fabrication des premières bombes atomiques). Le roi Léopold III (1934-1950) refuse, quant à lui, de partir et décide de rester au pays pour partager le sort des Belges. Transféré en Allemagne au moment de l'évacuation nazie, Léopold III aura un entretien avec Hitler à Berchtesgaden. De plus, les prisonniers de guerre lui reprocheront son remariage en captivité, en 1941 (avec la fille d'un collaborateur), pendant que les Allemands libèrent les prisonniers flamands avant les francophones. Le référendum du 12 mars 1950, donne la victoire aux partisans du retour du roi à 57,5 %. Mais le clivage communautaire apparaît nettement entre la Flandre (70 % pour) et la Wallonie (58 % contre). Les manifestations sanglantes de Grâce-Berleur incitent finalement le souverain à abdiquer au profit du prince Baudouin, qui montera sur le trône à sa majorité, en 1951.

1940

DÉCOUVRIR

1946

La reconstruction de l'après-guerre

Après la guerre, l'économie belge va se relever assez rapidement. La reconstruction du pays passe par la hausse de production de charbon. À Charleroi, le musée du Bois-du-Cazier témoigne de cette époque. Dès 1946, l'État fait appel à la main-d'œuvre étrangère. Des milliers d'Italiens arrivent en Belgique. À la même époque, le minerai du Congo afflue au port d'Anvers et l'industrie sidérurgique prospère. Pourtant, dès la fin des années 1950, ce tissu industriel wallon, basé principalement sur le charbon et la sidérurgie, commence à décliner irréversiblement, alors que la Flandre, au contraire, développe une activité commerciale dynamique, encouragée par la création du Marché commun européen dont Bruxelles devient la capitale financière et politique en 1959.

1960

L'indépendance du Congo

La Belgique, qui n'échappe pas à la tourmente des mouvements de lutte anticoloniale, sera contrainte de reconnaître l'indépendance du Congo. De cette époque, on peut visiter le musée royal de l'Afrique centrale à Tervuren. La perte des ressources naturelles de la colonie est durement ressentie et oblige le gouvernement belge à prendre un ensemble de mesures (appelées Loi unique) pour transformer un appareil industriel vieilli, instaurer une nouvelle productivité et assurer le passage de l'activité extractive déclinante à la nouvelle production manufacturière de masse. Cette Loi unique instaure de nouvelles taxes et réduit les dépenses sociales. Les travailleurs réagiront par le plus grand mouvement de protestation sociale de la Belgique contemporaine (hiver 1960-1961), bloquant l'activité du pays durant de longues semaines. C'est en Wallonie que l'opposition est la plus virulente. La Loi unique est abrogée le 13 juillet 1961, mais cette grève laissera des traces durables dans le pays, consacrant la rupture entre la Flandre et la Wallonie. La régionalisation est inéluctable.

1977

Le pays divisé en trois régions linguistiques

Alors que la Flandre prospère veut l'autonomie culturelle, les milieux syndicaux et progressistes de Wallonie veulent le fédéralisme. Seule cette réorganisation de la Belgique leur paraît pouvoir garantir une politique économique adaptée à ses difficultés. Les ministères de l'Éducation et de la Culture sont dédoublés et de nouveaux (Économie régionale, Relations communautaires) sont créés. Fin 1970, la Constitution est révisée. Le pacte d'Egmont signé en 1977 découpe le pays en trois régions culturelles : la Flandre, la Wallonie et la Région de Bruxelles. Des réformes successives seront ensuite apportées à la Constitution pour former l'État fédéral belge actuel. À la mort du roi Baudouin en 1993, le deuil national démontra que, malgré les divergences communautaires, les Belges pouvaient encore éprouver un sentiment national, mais celui-ci semble s'amenuiser particulièrement au nord du pays. Des distorsions qui existent encore aujourd'hui entre la Région flamande et la Région wallonne.

1993

La Belgique devient un État fédéral

Les années 1990 ont été une période de grands remous pour les Belges (affaire Dutroux, crise des poulets à la dioxine, scandales politiques…) qui perdent alors toute confiance dans les institutions et en l'État. La politique en Belgique n'est pas une mince affaire. Ainsi, les partis politiques ont rapidement dépassé leur fonction afin d'élargir leur audience et donc leur poids électoral. On parle plus volontiers de « familles politiques » en référence au réseau complexe d'organisations et de secteurs d'activités qui correspondent à un électorat bien précis. Chaque parti déploie de cette manière son influence sur les composantes de la société civile. Traditionnellement, en Flandre, c'est le Parti social-chrétien flamand (CD & V, anciennement CVP) que l'on retrouvait dans toutes les sphères de la société, tandis qu'en Wallonie, c'est le Parti socialiste francophone (PS) qui était omniprésent.

1999

Victoire politique des libéraux

Aux élections de juin 1999, les sociaux-chrétiens et les socialistes se voient infliger une défaite cuisante. Les grands vainqueurs de cette élection sont les libéraux, qui deviennent la première formation politique du pays. Les écologistes profitent aussi de ce désaveu des grands partis et atteignent 15 % des voix (qui demeure une référence encore aujourd'hui). Libéraux, écologistes et socialistes mettent alors sur pied une alliance inédite, excluant les sociaux-chrétiens de tous les gouvernements fédéraux, régionaux et communautaires. Une première en plus de quarante ans. Cette nouvelle coalition « arc-en-ciel » est dirigée par le libéral flamand Guy Verhofstadt.

1953

© ALEXANDROS MICHAILIDIS - SHUTTERSTOCK.COM

Guy Verhofstadt

Il fut le Premier ministre du pays de 1999 à 2008. S'il est libéral radical, il forme la « coalition arc-en-ciel » avec les socialistes et les écologistes en 1999, puis la « coalition mauve » socio-libérale en 2003. Il assure l'intérim gouvernemental pendant la crise belge de 2007, mais est élu député européen en 2009. En octobre 2012, il publie avec Daniel Cohn-Bendit un manifeste pour une Europe fédérale intitulé *Debout l'Europe* traduit en six langues et distribué dans de nombreux pays européens. En 2015, Guy Vehofstadt appelle à une réforme du système d'asile et d'immigration, et critique la France et le Royaume-Uni qui refusent la proposition de la Commission européenne de répartir les demandes d'asile entre les pays de l'Union européenne. Il fut chargé de coordonner le travail du Parlement européen sur les négociations du Brexit et est actuellement co-président du conseil exécutif de la Conférence sur l'avenir de l'Europe.

DÉCOUVRIR

2003

Montée de l'extrême droite

Après les élections de 2003, il demeure Premier ministre, à la tête d'une coalition regroupant les libéraux et les socialistes (sans les écologistes). Mais le fait le plus marquant de ces élections est la montée de l'extrême droite : le Vlaams Blok (appelé aujourd'hui Vlaams Belang). Il récolte 25 % des voix en Flandre. Une percée qui va se manifester sous différentes formes et sous l'influence de plusieurs leaders, à partir de cette période.

2007 - 2008

Le retour des démocrates-chrétiens flamands (CD & V)

Lors des législatives, les socialistes sont perdants en Wallonie, dépassés par les libéraux. Un gouvernement « transitoire », dirigé par le Premier ministre sortant Guy Verhofstadt, est mis en place.

2011

Une sortie de crise politique

Après trois ans de crise et une poussée séparatiste flamande, le socialiste Elio Di Rupo forme un gouvernement après 541 jours de crise et lance des réformes de l'État, des pensions et du marché de l'emploi, tout en adoptant des mesures de rigueur afin de limiter le déficit public.

2014

Les nationalistes flamands au gouvernement fédéral

Issu de la dislocation du parti nationaliste et conservateur flamand Volksunie, la Nieuw-Vlaamse Alliantie ou N-VA fut un temps en cartel avec le puissant parti social-chrétien flamand, le CD&V, avant de voler de ses propres ailes. Sous la houlette de son président de parti, Bart De Wever, le parti nationaliste qui rêve d'une indépendance de la Flandre ou au pire, d'une confédération, va devenir au fil des élections le premier parti de Flandre. Lors des élections de 2014, la NV-A devient incontournable et après de longues négociations, un gouvernement est formé avec le CD&V, le Mouvement réformateur (MR, libéraux francophones) à l'Open Vld (libéraux flamands). Les francophones étant en minorité dans ce gouvernement, Charles Michel, MR, devient premier ministre pour tenter de rééquilibrer la barque.

2018

Nouvelle crise sur les questions migratoires

Charles Michel remanie le gouvernement par redistribution des portefeuilles entre les libéraux francophones, les chrétiens-démocrates et les libéraux flamands après la démission des membres du N-VA, suite aux désaccords sur la signature du pacte de Marrakech.

2020

Alexander De Croo, nommé Premier ministre

Alexander De Croo, leader du parti libéral flamand VLD, devient Premier ministre le 1er octobre 2020, près de 500 jours après les élections fédérales, après de nombreuses tractations, à la tête d'un gouvernement de sept partis.

2020 - 2022

La pandémie de Covid-19 a durement frappé la Belgique

En 2020, le Covid-19 a fortement touché la Belgique, un pays très densément peuplé au carrefour des routes européennes. Le pays totalisait près de 32 000 morts au total.

LA PROSPÉRITÉ FLAMANDE

BEFFROIS ET CATHÉDRALES GOTHIQUES HÉRISSENT LE CIEL DÈS LE MOYEN ÂGE

L'industrie drapière enrichit les villes de Gand, Bruges et Ypres

L'apparition du métier à tisser horizontal à pédales en 1100 provoque une migration des artisans vers les villes. L'âge d'or de la Flandre féodale débute alors grâce à l'essor de la manufacture textile des drapiers dès le XIIIe siècle. Il est marqué par l'affranchissement de Gand, Bruges et Ypres. Une émancipation se caractérise par l'apparition de monuments citadins : le beffroi dominant la ville et accolé aux halles marchandes, l'hôtel de ville et les cathédrales, basiliques, collégiales et églises se dressent alors à l'horizon. Ces édifices sont façonnés dans un style gothique remarquable : caldien, mosan, flamand, brabançon...). On note l'apparition des maisons bourgeoises aux riches façades à pignons à gradin dès le XIIe siècle à Gand, un profil crénelé qui s'étend à tout le pays. L'émergence de la bourgeoisie comme force politique et économique, de corporations de métiers (instruments de lutte sociale) et la naissance d'une identité communale ont déterminé l'histoire du pays et l'architecture des villes d'aujourd'hui.

Au XIIIe siècle, les échevinages se composent de bourgeois élus, qui disposent d'une justice particulière au sein des instances communales. Le Magistrat nomme chaque année les dirigeants du collège des drapiers, les inspecteurs de marchandises, la police municipale... De cette époque datent les édifications du château de Laarne et du château de Gaasbeek.

Des beffrois qui rythmaient la vie civile au Moyen Âge

Les beffrois de Belgique et de France (56 au total) sont classés au Patrimoine mondial par l'UNESCO pour leur importance historique, symbolique et leur rôle dans la société civile. On peut citer les beffrois de Bruges, Louvain, Alost, Ypres, Courtrai, Namur, Tournai et Mons parmi les plus caractéristiques. Les halles drapières accolées aux beffrois avaient une fonction commerçante. La salle du trésor à l'étage abritait les lois et règlements *Hallegeboden* (en néerlandais : les bans des Halles) et les sceaux de la ville (cachet de cire). Horloge officielle, tour de guet, le beffroi était aussi un carillon qui rythmait la vie des habitants. Avant le XVIe siècle, les cloches étaient sonnées manuellement à l'ouverture et la fermeture des portes des villes, mais aussi au début et à la fin du temps de travail. Des cloches de tocsin résonnaient exceptionnellement dans l'air lors d'un danger imminent : incendie, invasion, tout comme les cloches festives.

Les hôtels de ville étaient construits également dans la même veine gothique. On peut citer les merveilleux hôtels de ville de Binche, Malines et Louvain, tout comme celui de Bruxelles sur la Grand-Place, dont le beffroi s'élance vers le ciel avec son escadron de pinacles sculptés. L'hôtel de ville de Bruges, dans un style gothique flamand (ou gothique de brique), est aussi un véritable chef-d'œuvre du XVe siècle (1376-1420) de style flamand-brabançon. Entre la chapelle du Saint-Sang et l'ancien greffe civil, joyaux gothiques, eux aussi, sa façade est flanquée de trois tourelles, de hautes fenêtres étroites décorées d'une multitude de niches qui abritaient jadis les statues des comtes et comtesses de Flandre.

Des cathédrales toujours plus hautes, symboles de puissance

Les édifices de gothique scaldien primitif (comme la cathédrale de Tournai) pointent déjà haut dans le ciel aux XIIe et XIIIe siècles. La principauté de Liège, qui connaît un rayonnement culturel grâce à l'art et l'enseignement, érige des édifices en gothique mosan, hérité du roman, comme la cathédrale Saint-Paul à Liège, la collégiale Notre-Dame à Dinant et son clocher à bulbe, la basilique de Tongres et la collégiale de Hay. Mais ils laissent place en Flandre à des cathédrales immenses et encore plus richement sculptées en style gothique brabançon. À l'époque, une vitrine et un symbole de la richesse de chaque ville. À l'image de la cathédrale Saints-Michel-et-Gudule à Bruxelles, mais surtout de la cathédrale Notre-Dame d'Anvers. Il aura fallu 169 ans pour achever en 1521 cette gigantesque cathédrale de 123 mètres et sa tour nord gothique, ciselée avec une extrême finesse. De même, la cathédrale Saint-Bavon où Charles Quint a été baptisé en 1500, fait la fierté de Gand. La peinture flamande primitive s'illustre également à cette époque dans les édifices religieux, à l'image de Van Eyck (1390-1441), le pionnier qui a peint *l'Agneau mystique* dans cette même cathédrale, ou de Jérôme Bosch (1450-1516), considérés comme les derniers représentants du courant de gothique tardif qui inspira le génie de Brueghel l'Ancien à la Renaissance.

TOP 10

EGLISES

Gothique scaldien, mosan, flamand, brabançon… les villes de Belgique connaissent une fièvre constructrice d'édifices gothiques du XIIe au XVIe siècle, principalement religieux. On est encore aujourd'hui ébahi par la finesse des façades, flèches, pinacles, vitraux de ces joyaux d'architecture.

DINANT

La collégiale Notre-Dame a été construite au XIIIe siècle dans un style gothique mosan avec un clocher à bulbe.

© POCHOLOCALAPRE - ISTOCKPHOTO.COM

ANVERS

La cathédrale Notre-Dame, construite dans un pur style gothique brabançon referme des toiles de Rubens.

© PIDJOE - ISTOCKPHOTO.COM

LIÈGE

La cathédrale Saint-Paul est un bijou gothique mosan, notamment l'intérieur en pierre bleue.

© DENNISVDW - ISTOCKPHOTO.COM

MONS

La collégiale Saint-Wandru est un édifice massif de style gothique brabançon, avec de beaux vitraux.

© FLAVIO VALLENARI

TOURNAI

La cathédrale Notre-Dame est un chef-d'œuvre du gothique scaldien (XIIe-XIIIe siècles) ou gothique primitif.

© VADIM_NEFEDOV - ISTOCKPHOTOC.COM

GAND

La cathédrale Saint-Bavon, fleuron du gothique brabançon, renferme le polyptique de l'*Agneau mystique* de Van Eyck.

© SERGEI AFANASEV - SHUTTERSTOCK.COM

WALCOURT

La basilique Saint-Materne est un monument gothique à cinq nefs et un clocher à bulle, unique en son genre.

© TRAVELLER70 - SHUTTERSTOCK.COM

BRUXELLES

La cathédrale Saints-Michel-et-Gudule est un bel exemple de l'architecture du gothique brabançon, monumentale.

© TOMASSEREDA - ISTOCKPHOTO.COM

BRUGES

La basilique du Saint-Sang, en gothique flamand (ou de brique) abriterait du sang du Christ.

© KOVGABOR79 - ISTOCKPHOTO.COM

MALINES

La cathédrale Saint-Rombaut a une impressionnante tour, sommet de l'art gothique brabançon.

© PAUL DANIELS - SHUTTERSTOCK.COM

LES ENJEUX ACTUELS

La Belgique est le symbole fort de l'Europe, grâce à sa capitale européenne, à la fois cosmopolite et polyglotte, siège du Parlement européen et carrefour géographique entre Londres, Paris et Amsterdam, situées à quelques heures de TGV. À la fois moderne et branchée, Bruxelles se distingue de la provinciale Wallonie, restée à la marge et endormie depuis la crise de l'industrie et du charbon. Anvers, à l'économie toujours plus vigoureuse, entraîne dans son dynamisme Gand et la région flamande en général. Une fracture économique et sociale qui s'élargit d'année en année et qui s'est concrétisée par une défiance d'opinion dans les urnes. Si la gauche fait un retour remarqué en Wallonie, c'est la droite populiste qui a remplacé le Parti central démocrate-chrétien ces dernières années. L'extrême droite a récemment réalisé une percée, avec des velléités indépendantistes.

Un État fédéral

La Belgique est une monarchie constitutionnelle et parlementaire. Cependant, depuis le 3 février 1994, la Belgique est devenue un État fédéral, où État central, Communautés et Régions ont chacun leurs compétences propres. Le souverain régnant est le roi Philippe, époux de la reine Mathilde. Le pouvoir législatif appartient au roi et au Parlement. Le pouvoir exécutif appartient au gouvernement fédéral, présidé par le Premier ministre. Le pouvoir judiciaire incombe aux cours et aux tribunaux. Le système parlementaire est bicaméral : Chambre des députés et Sénat. Le vote est obligatoire et les sièges des différents parlements sont désignés à la proportionnelle intégrale. Chacune des 10 provinces de Belgique possède sa propre administration dont l'organe représentatif et décisionnel, le Conseil provincial, est élu au suffrage universel par les habitants pour six ans.

Le découpage administratif et linguistique

La Belgique se compose de trois communautés linguistiques (flamande, française et germanophone) et de trois régions administratives (région flamande, région wallonne et Bruxelles-Capitale) et de dix provinces. Votées de 1873 à 1963, les lois linguistiques concernant l'emploi et la reconnaissance du français, du néerlandais et de l'allemand comme langues officielles de la Belgique, ont constitué une étape importante de la réforme de l'État.

Mais ces lois linguistiques n'ont pas suffi et une réforme de la Constitution est devenue de plus en plus inévitable. Des réformes successives ont encore lieu en 1980, 1988 et, enfin, en 1993. Cette dernière a consacré le nouvel État fédéral.

© ALEXANDROS MICHAILIDIS - SHUTTERSTOCK.COM

La reine Mathlide et le roi Philippe.

Les compétences des communautés se définissent dans les domaines de l'enseignement, de la politique, de la santé et de la recherche scientifique. À côté de cela, les autorités régionales opèrent dans le champ économique et de l'autonomie. Elles disposent chacune d'un conseil et d'un gouvernement qui ont autorité dans les domaines de l'emploi, l'agriculture, l'écologie et le commerce. Enfin, au niveau suprême, l'État gouverne l'autorité fédérale, responsable de la politique étrangère, de la défense et de la justice (entre autres).

La montée de l'extrême droite flamande au pouvoir

Le 26 mai 2019, dans les partis traditionnellement au pouvoir, la N-VA séparatiste reste majoritaire même s'il est en baisse, tandis que le PS fait le pire score de son histoire en Wallonie, tout en restant le premier parti francophone. Le scrutin est marqué par la percée du parti d'extrême droite flamand encore plus séparatiste Vlaams Belang, qui devient la deuxième force politique du pays et le troisième plus important parti à la Chambre des représentants avec 12 % des voix et 18 sièges. Côté francophone, on assiste à l'inverse à la montée du PTB/PVDA, parti de gauche radicale, qui obtient 8,6 % des votes et passe de 2 à 12 représentants à la Chambre. Les écologistes francophones (Écolo) doublent leur score alors que leurs alliés néerlandophones (Groen) progressent plus mesurément, et devient le premier parti à Bruxelles. Les deux totalisent 12,3 % des voix et 21 sièges. Les chrétiens-démocrates et les libéraux totalisent respectivement 8,6 % et 8,9 % des voix, soit 12 sièges chacun. La bipolarisation politique entre une Flandre de plus en plus à droite et une Wallonie de plus en plus à gauche continue de creuser le fossé entre les deux régions belges. Un risque qui rendra difficile la formation d'un gouvernement fédéral et qui risque d'amener à une nouvelle crise politique majeure.

Une économie régionale disparate

Jusqu'au milieu du XIXe siècle, l'économie belge était fortement agraire. Les gisements de houille et de charbon en Wallonie permirent de développer une industrie lourde à la révolution industrielle. Aujourd'hui, la Flandre tire son épingle du jeu, affichant aussi bien un secteur primaire prospère qu'une économie de biens et de services performante. La Wallonie, après une période de fermeture de ses industries sidérurgiques et minières pendant plusieurs décennies, commence seulement à remonter la pente et à bénéficier de plans de relance.

Les principales ressources

L'agriculture en Belgique n'occupe plus que 2 % de la population active et contribue pour 1,4 % au PNB (produit national brut) du pays. Elle est concentrée sur de grandes exploitations, dont la majorité (63 %) est assurée par l'élevage, axé sur l'exportation. La filière porcine, une production fortement excédentaire, représentant 23 % du chiffre d'affaires total, se concentre en Flandres, avec de nombreux élevages intensifs : 95 % du cheptel et 87 % des éleveurs. Avec 24,1 %, l'activité horticole prend la deuxième position du secteur agricole.

L'industrie occupe 25 % de la population active et contribue pour 25,6 % au PNB du pays. Il a été longtemps dominé par les secteurs lourds (mines, sidérurgie, automobile et chimie), qui étaient surtout concentrés en Wallonie. Aujourd'hui, l'équilibre des pôles économiques a été inversé. La Wallonie cherche à restructurer ses anciennes activités tandis que la Flandre, qui possède un secteur secondaire diversifié (industries métallurgiques, chimiques, plastiques, textiles et agro-alimentaires spécialisées), a su également tirer parti de l'émergence des biotechnologies, de l'informatique et ses dérivés (graphisme, multimédia…).

Les services occupent près de 74 % de la population active et contribuent pour les 3/4 du PNB du pays. La position européenne centrale de la Belgique constitue son atout économique majeur.

En 2020, l'économie belge s'est contractée logiquement en raison de la crise du Covid-19, avec une baisse de son PIB de 6,3 %, à 515 milliards de dollars, d'après la Banque mondiale. La croissance reprend des couleurs en 2021 avec l'arrivée des vaccins et une reprise progressive de l'économie européenne.

Covid, guerre en Ukraine et inflation

Après deux ans de Covid où la Belgique s'en est pas trop mal sortie malgré les nombreux couacs de la gestion de la pandémie (fort taux de vaccination, confinements moins sévères…), le pays semblait en bonne voie pour se relancer économiquement. Le déclenchement de la guerre en Ukraine a vite mis fin à l'optimisme ambiant. Comme tous les pays européens, les prix de l'énergie (gaz, suite à la reprise post-Covid et la fin de l'approvisionnement en gaz russe, et électricité) ont fortement augmenté, entrainant à leur suite une inflation qu'on n'avait plus vu depuis les années 80 (au-delà des 10%) déclenchant une crise économique et sociale. Conséquence de cette pression sur le secteur de l'énergie ? Le gouvernement, qui avait acté une sortie du nucléaire en 2025 (la Belgique compte quelques centrales) a dû batailler à la fois entre partis de la coalition et l'exploitant des centrales, pour prolonger deux réacteurs pendant 10 ans, au grand dam des écologistes, pour qui il s'agissait d'une bataille historique.

ARCHITECTURE

La Belgique vous surprend et vous éblouit par son architecture d'une richesse infinie. Puisant aux sources de nombreuses influences, le pays a toujours su cultiver son indépendance stylistique, surtout depuis le XIXe siècle, époque à laquelle il est devenu un laboratoire architectural où s'inventent, aujourd'hui encore, de nouvelles manières de penser l'architecture. Vestiges romains, joyaux gothiques et baroques, splendeurs Art nouveau, émouvants sites miniers, surprenants vaisseaux contemporains... la Belgique n'a pas fini de vous étonner ! On a coutume de dire que chaque Belge naît avec une brique dans le ventre. Une expression qui traduit bien la passion des Belges pour l'architecture, mais aussi pour le design. Innovant, insolite et élégant, le design belge puise, lui aussi, son inspiration dans l'histoire du pays. Alors découvrez sans plus tarder tous ces trésors qui vont vous faire revisiter le passé et découvrir le monde de demain !

Vestiges du passé

La Belgique est depuis toujours une terre de bâtisseurs, comme en témoignent les étonnantes minières néolithiques de silex de Spiennes. Lieu d'extraction et de taille du silex, elles sont les annonciatrices du riche futur industriel et industrieux du pays. Les Romains, eux, ont laissé de nombreuses traces de leur science de l'ingénierie et de l'urbanisme. Des villes comme Tongres, Tournai ou Arlon sont d'anciennes bourgades romaines s'étant développées aux carrefours des grands axes routiers romains. C'est d'ailleurs à Arlon que vous pourrez observer les plus beaux témoins de l'architecture romaine : tours, remparts, thermes y témoignent du génie romain mêlant pragmatisme et confort. Puis c'est au tour des Carolingiens d'apposer leur marque. Charlemagne veut souligner son pouvoir par le retour à une architecture monumentale de pierre. Dès lors, églises et monastères se multiplient. Avec la vénération des saints et des reliques qui s'intensifie, les bâtisseurs décident de pourvoir les édifices d'un second autel dédié aux saints. À ce second chœur s'ajoutent un second transept et une seconde tour-lanterne. Tout ce qui est à l'est correspond au pouvoir sacré, tout ce qui est à l'ouest correspond au pouvoir séculier, comprenez celui de l'empereur. Dès lors, les façades occidentales se parent de riches ornementations tout à la gloire du pouvoir. Ces massifs occidentaux sont composés de superbes tribunes et galeries. Les églises de Theux et Lobbes, tout comme la collégiale Sainte-Gertrude de Nivelles (p.410) sont de parfaits exemples de ce style. Commencée vers 965, la collégiale Saint-Vincent de Soignies avec son double-chœur carolingien amorce, elle, la transition vers le premier roman solide et imposant.

Évolutions romanes

De manière générale, les édifices romans se caractérisent par une simplicité de plan, d'élévation et de décor. En Belgique, apparaissent deux courants différents. D'un côté le roman scaldien (dans la région de l'Escaut), de l'autre le roman mosan (dans la région de la Meuse). Dans le style scaldien, les églises se présentent généralement comme des basiliques auxquelles s'ajoutent un transept et une tour de croisée. Dans le style mosan, les églises sont petites, sans transept au départ et précédées d'une tour-clocher occidentale sans ouverture vers l'extérieur. En lieu et place du transept se trouve un presbyterium (espace réservé aux prêtres) qui permet de clôturer le chœur et de marquer une limite claire avec la nef. Le style mosan se place dans la continuité du style carolingien avec l'importance de l'avant-corps souvent flanqué de tourelles d'escalier. Puis progressivement, le style mosan évolue grâce à l'ajout d'un transept et d'une décoration plus travaillée. À l'image de l'art roman en général qui passe d'édifices massifs de dimensions moyennes à des églises plus hautes et plus grandes. L'intérieur aussi s'enrichit. On introduit des galeries, ou triforium, au-dessus des arcades, des séries de petites absides à hautes fenêtres viennent encadrer l'abside du chœur, tandis que les décors peints et les éléments sculptés se multiplient. De style carolingien, la collégiale de Soignies est passée à un superbe roman scaldien, tandis que les collégiales Saint-Jean et Saint-Denis de Liège (p.368) sont de beaux témoins de l'évolution de l'art roman mosan. La période romane est aussi celle des abbayes et monastères, notamment cisterciens, qui se multiplient comme en témoignent les superbes ruines de l'abbaye de Stavelot aux dimensions impressionnantes. Mais l'architecture romane n'est pas uniquement religieuse. L'époque est toujours marquée par des tensions, ce qui pousse les cités à se doter de puissantes fortifications, à l'image de Bruxelles dont les premiers remparts datent du XIIe siècle.

L'architecture civile n'est pas en reste avec des maisons à l'ornementation simple, souvent agrémentée d'atours défensifs, comme le Spijker de Gand, superbe maison-entrepôt avec ses pignons à gradins ornés de créneaux et merlons qui lui donnent des allures de forteresse civile.

Effervescence gothique

En Belgique, deux styles cohabitent. D'un côté, le gothique scaldien – encore très marqué par certaines caractéristiques romanes, telles l'utilisation des tourelles latérales, des tours-lanternes à la croisée du transept et des galeries – ajoute les arcs en ogive, le déambulatoire longeant les fenêtres extérieures et les baies consistant souvent en trois fenêtres étroites réunies sous un même arc. Le jeu des lignes et des formes du gothique scaldien est magnifié par l'emploi de la pierre bleue de Tournai. Le plus bel exemple en est la cathédrale de Tournai. D'un autre côté se développe le gothique brabançon (dans la province du Brabant) avec ses nefs à trois vaisseaux et un chœur entouré d'un déambulatoire d'où partent des chapelles rayonnantes. À cela, le gothique brabançon ajoute une tour-porche massive au niveau de la façade occidentale. Ces impressionnantes tours sont directement héritées du massif occidental carolingien. Parmi les plus beaux exemples, notons l'impressionnant clocher-porche de Malines. Les rosaces et vitraux sont également remplacées par de grandes verrières favorisant une verticalité emprunte de lumière. Saints-Michel-et-Gudule à Bruxelles est un superbe exemple d'édifice brabançon. À l'architecture religieuse va se joindre une puissante architecture civile. Le siège du pouvoir échevinal (ou communal) est le beffroi, qui fait office de tour de guet, d'arsenal, de tribunal, de prison, de coffre-fort, de métronome de la cité et de lieu de réunions échevinales. **Le beffroi de Tournai** (p.421) est le plus ancien de Belgique. A partir du XIIIe siècle, les bourgeois se lancent dans la construction d'un lieu pouvant accueillir plus confortablement leurs réunions : la halle marchande, servant aussi de maison communale. Les plus beaux exemples de **beffrois-halles** (p.282) sont à découvrir à **Ypres** ★★ (p.343) et **Bruges** ★★★★ (p.277). Aériens et légers, ils manifestent l'évolution stylistique des beffrois qui passent de structures purement défensives à des structures ornementées. Toujours plus puissants, les échevins veulent désormais un lieu à part : c'est l'avènement de l'hôtel de ville, lieu de représentation théâtrale du pouvoir, dont la fonction se traduit par un soin tout particulier apporté au premier étage, vaste pièce ornée de superbes cheminées et de lustres et s'ouvrant au monde via de grandes fenêtres. L'hôtel de ville édifié non loin du beffroi et des halles vient s'ajouter à cet ensemble que forme désormais la Grand'Place, le cœur de la cité. Parmi les plus beaux hôtels de ville, notons ceux de Bruges, Louvain, Bruxelles et Audenarde. À cela s'ajoute un gothique bourgeois à l'architecture claire et fonctionnelle, prônant vertus matérielles et confort. On le retrouve dans les maisons de corporation avec leurs façades richement décorées surmontées de tympans où s'affichent les saints patrons des différentes guildes. Les maisons du quai aux Herbes à Gand avec leurs façades flamandes à pignons à redans en sont de beaux exemples. En parallèle se développe également une architecture que l'on pourrait qualifier de charitable, avec la multiplication des établissements hospitaliers – tel l'hôpital de la Poterie à Bruges ou celui de Notre-Dame-à-la-Rose à Lessines –, des maisons-dieu – sorte de villages dans la ville financés par les fidèles ou les corporations et destinés aux personnes âgées ou aux nécessiteux, et consistant en un alignement de maisonnettes basses en brique, blanchies à la chaux, disposées en rangée ou autour d'une cour intérieure –, et bien sûr des béguinages – ensemble de maisonnettes serrées autour de l'église, avec enclos indépendant, possédant plusieurs entrées et habité par des religieuses laïques. Ne manquez pas ceux de Bruges, Courtrai ou bien encore Lierre. La plupart sont classés au Patrimoine mondial de l'Unesco.

© RUSM - ISTOCKPHOTO.COM

Beffroi de Bruges.

De la Renaissance au néoclassique

La plupart des édifices du XVIe siècle conservent leur structure gothique à laquelle s'ajoute une ornementation Renaissance. On voit ainsi apparaître colonnes engagées, frises et pilastres, comme autant de rappels des idéaux antiques, sans oublier les pignons qui passent des austères gradins aux aériennes volutes. Parmi les très beaux exemples d'édifices Renaissance, notons le greffe civil de Bruges, merveille

© PICCAYA - ISTOCKPHOTO.COM

Palais de justice de Bruxelles.

d'équilibre et d'harmonie avec ses colonnes corinthiennes, ses frises et ses médaillons à l'antique ; ou bien encore l'**hôtel de ville d'Anvers** (p.402) et les maisons des corporations de sa Grand'Place. Dans les Flandres, alors sous domination espagnole, apparaît un style hispano-flamand dont l'exubérance de certains éléments décoratifs (comme les tourelles surmontées de bulbes) annonce les fastes du baroque.

Le baroque est l'art de la théâtralité, du jeu formel et surtout du pouvoir de l'église qui tient là le vecteur de sa Contre-Réforme. Parmi les bijoux baroques à ne pas manquer : les églises Saint-Charles-Borromée d'Anvers et Saint-Michel de Louvain, sans oublier l'incroyable église abbatiale des Prémontrés à Grimbergen dont on admire la hauteur de voûte, la coupole et le chœur très allongé. Le baroque se fait aussi séculier comme le montrent le beffroi de Mons ou la superbe demeure de Rubens à Anvers. Mais le plus bel ensemble de baroque civil reste bien sûr la **Grand'Place de Bruxelles** (p.134) que Cocteau qualifia de « plus beau théâtre du monde ». Anéantie par Louis XIV en 1695, la place est entièrement repensée avec un soin particulier apporté aux dimensions, alignements et décorations. Médaillons, guirlandes et bas-reliefs s'entrelacent sur les façades ciselées des superbes maisons de corporation qui l'encadrent. Une splendeur architecturale unique.

Si le baroque se manifeste encore dans les édifices religieux, le XVIIIe siècle voit malgré tout apparaître un nouveau style empreint de rigueur et de sérénité : le néoclassicisme. Au siècle de l'humanisme des Lumières, on voit dans l'Antiquité le berceau de l'architecture et la source des lois éternelles de l'harmonie et de la beauté. Avec le néoclassicisme, l'éthique et la morale succèdent au faste et à l'apparence. Parmi les grands représentants de ce style, ne manquez pas le Palais de la Nation à Bruxelles avec ses huit colonnes ioniques et son fronton orné de bas-reliefs.

Bouillonnant XIXe siècle

Au début du siècle, le néoclassicisme triomphe toujours comme le prouvent le théâtre royal de Bruxelles, le palais de justice de Gand ou bien encore le nouveau marché de Bruges. Même le complexe du Grand Hornu, première cité ouvrière idéale, a été imaginé dans ce style ! Puis progressivement, ce style évolue vers l'éclectisme. On utilise ainsi la clarté et la linéarité classiques auxquelles on ajoute des éléments venus de tous horizons. À cette époque, on idéalise beaucoup le gothique. L'abbaye de Maredsous en est un bel exemple. L'église Sainte-Marie de Schaarbeek fait, elle, la part belle au néo-byzantin. Mais le plus étonnant des édifices de l'époque est sans conteste **le palais de justice** (p.240) de Bruxelles, mastodonte gréco-romain dont le dôme domine toute la ville. On voit également se développer un style plus régionaliste, qualifié de néo-Renaissance flamande. Ce style est un mélange de Renaissance italienne et d'héritage médiéval. S'y côtoient ainsi échauguettes, crénelages, volutes et pilastres. Même les architectures de fer et de verre, pourtant symbole de progrès et de modernité, n'échappent pas à cet historicisme. Ainsi la gare de Gand possède deux façades monumentales néo-baroques coiffées d'une gigantesque coupole. De même les superbes galeries royales de Bruxelles sont imaginées dans un style néo-Renaissance avec pilastres et corniches venant masquer les structures de métal. Il faudra attendre le génie de Balat pour voir enfin apparaître les structures de fer apparentes des serres royales de Laeken.

Ces serres, c'est le roi Léopold II qui les a souhaitées. Roi bâtisseur, il a durablement transformé le visage de Bruxelles. Face à l'explosion démographique, le roi veut entièrement repenser la ville en s'inspirant du Paris d'Haussmann. Une fois la Senne voûtée et donc isolée du centre-ville, on perce de grands boulevards et on imagine de grandes places, à l'image de la place Brouckère. Léopold II fait également construire le Parc du Cinquantenaire. Mais à la fin du siècle, de nombreuses voix commencent à s'élever contre ces codes stylistiques sclérosés et nombreux sont les artistes à vouloir créer de nouvelles formes… un Art nouveau. Pays dynamique et progressiste, la Belgique sera l'un des terreaux les plus fertiles de l'Art nouveau. Pour en savoir plus, rendez-vous au dossier consacré à cette période étonnante ! Aux courbes de l'Art nouveau succèdent les lignes sobres de la modernité annoncée par le Palais Stoclet, que l'on doit à l'architecte viennois Josef Hoffmann. Entre rationalisme et richesse ornementale, cet incroyable édifice ouvre la voie à une nouvelle ère.

Laboratoire de la modernité

Après l'Art nouveau et le style Belle Époque, tout en symbolisme et exubérance que l'on retrouve beaucoup dans les stations balnéaires de la mer du Nord, l'entre-deux-guerres voit réapparaître les styles « néo » très largement employés pour la Reconstruction afin de renouer avec un passé désormais idéalisé. Après-guerre se pose également le problème du déficit de logements pour les classes populaires. La Belgique se transforme alors en laboratoire architectural voyant se multiplier les cités-jardins, cités modèles visant à offrir un cadre de vie épanouissant à un coût raisonnable dans une synthèse entre ville et campagne. Parmi les plus célèbres, notons les cités « Floréal » et « Le Logis » à Watermael-Boitsfort et la cité moderne de Berchem-Sainte-Agathe, qui remporta en 1925 le Grand Prix de l'Exposition des Arts décoratifs de Paris pour sa conception avant-gardiste du logement avec ses maisons et petits immeubles de style cubiste. La Belgique fut aussi un terreau fertile pour l'Art déco, avec ses lignes à la sobre géométrie et à la riche ornementation. Parmi les très beaux édifices Art déco, notons l'étonnante basilique nationale du Sacré-Cœur de Koekelberg, dont les dimensions en font le plus grand édifice Art déco du monde. L'Art déco fait ensuite place à l'architecture moderniste que l'on reconnaît à ses volumes simples, dépourvus d'ornementation et à l'emploi d'un nouveau matériau, le béton armé. Parmi les grands édifices modernistes, on peut citer les bassins de La Sauvenière à Liège, le Casino d'Ostende ou bien la Boekentoren, bibliothèque universitaire de Gand. Après la Seconde Guerre mondiale, on emploie très largement l'architecture moderniste dans les grands ensembles d'habitation. Dans les années 1950-1960, Bruxelles se transforme. Face à la raréfaction du terrain, la spéculation s'accélère et de nombreux édifices ainsi que de nombreux quartiers populaires sont rasés. Les gratte-ciel se multiplient, de nouvelles infrastructures se créent, notamment en 1958 à l'occasion de l'Exposition universelle et de nouveaux bâtiments apparaissent telle la cité administrative et son mur-rideau ou le World Trade Center, gratte-ciel typiques du style international (dérivé du style moderniste et fonctionnaliste). Mais à cette architecture très stéréotypée, certains vont opposer une architecture différente, à l'image de l'architecture collective imaginée par Lucien Kroll. Choisi par les étudiants en médecine de l'Université catholique de Louvain, Kroll y a imaginé, en parfaite collaboration avec eux, la Mémé (la maison médicale où logent les étudiants), le restaurant universitaire, le centre œcuménique et même la station de métro Alma. En collaborant avec les étudiants, Kroll a pu concevoir des unités de vie et d'habitation entièrement basées sur les besoins spécifiques de chacun.

Quai aux herbes, Gand.

Perspectives contemporaines

Au XXIe siècle, la Belgique devient l'eldorado des « *starchitects* ». En 2006, Richard Rogers offre à la ville d'Anvers un incroyable palais de justice tout en transparence avec d'étonnantes voiles d'acier surplombant sa toiture en verre. Un édifice pensé également pour réduire l'impact de l'architecture sur l'environnement. En 2009, Christian de Portzamparc imagine le **musée Hergé** (p.403) de Louvain-la-Neuve, tandis que la même année Santiago Calatrava dessine **la nouvelle gare des Guillemins** (p.369) de Liège, y dévoilant son style fait d'audace et de légè-

© TRAVEL_MOTION - ISTOCKPHOTO.COM

Architecture de la gare des Guillemins à Liège.

reté, notamment à travers la grande verrière. En 2014, Jean Nouvel crée la Tour Bleue de Charleroi, cylindre jalonné de fenêtres faisant pénétrer la lumière dans… l'hôtel de police qui y a élu domicile ! Enfin comment ne pas terminer par l'incroyable navire de diamant imaginé par Zaha Hadid au-dessus de la Maison du Port d'Anvers. Une prouesse architecturale sans égale. En parallèle des créations de ces « *starchitects* » se développe une architecture belge portée par de petites agences au rayonnement international. S'insérant avec modestie dans la longue lignée des bâtisseurs et architectes belges, ces nouveaux créateurs prônent une architecture de la sobriété et de l'économie, et toujours parfaitement en lien avec son environnement. L'agence V + a réalisé la MAD de Bruxelles, tandis que Baukunst a imaginé le centre sportif La Fraineuse à Spa. Baukunst travaille également à la future Maison des Médias de Bruxelles. Autre projet très attendu à Bruxelles, la reconversion de l'ancien garage Citroën en pôle culturel Kanal-Centre Pompidou. Parmi les architectes de cette transformation se trouve l'agence noAarchitecten, autre représentante du renouveau belge. Fière de cette incroyable histoire architecturale, la Belgique fait tout aujourd'hui pour préserver son patrimoine en faisant le choix de la réhabilitation, y compris de son incroyable patrimoine industriel et minier dont certains sites sont aujourd'hui classés (Grand Hornu, Blégny, Bois-du-Luc, Bois-du-Cazier).

Design made in Belgium

L'histoire du design belge ne date pas d'hier… bien au contraire ! Depuis le Moyen Âge, les Belges n'ont eu de cesse de prouver leur génie industrieux capable de convertir les richesses de la nature en objet de fonction et d'agrément. Dans l'effervescence de l'Art nouveau, plus aucune distinction n'est faite entre Beaux-Arts et Arts décoratifs, les édifices deviennent des œuvres d'art total où absolument tout, de la structure au mobilier, est pensé en harmonie. Gustave Serrurier-Bovy, ébéniste et décorateur, invente alors le meuble articulé, une structure permettant à chaque objet de se redévelopper de lui-même dans sa fonction logique. On apprécie sa sobriété ornementale et l'ordre géométrique des formes. Henry Van de Velde réinvente la notion même d'objet avec son célèbre bureau plat, au sujet duquel il écrira : « Le meuble déclare lui-même ce qu'il veut être. » Tout un programme ! Quelques années plus tard, un autre esprit libre et fantasque va révolutionner le monde du design : Julien Wabbes qui imagine de superbes meubles à lattes et autre mobilier en bois galbé que les collectionneurs aujourd'hui s'arrachent. Peut-être pourrez-vous en dénicher au Brussels Design Market, le plus grand marché vintage d'Europe ! Pour en savoir plus sur l'incroyable histoire du design belge, rendez-vous au musée du Design de Gand ou au Centre d'innovation et du design du Grand Hornu. Enfin, s'il est une ville du design à ne pas manquer, c'est bien **Courtrai** ★★★ (p.354). Là, vous pourrez découvrir la **Budafabriek** (p.356), ancienne usine textile transformée en temple de la création collective ; vous pourrez découvrir les talents de demain lors de la Biennale Intérieur et la Creative Week. En ville, ne manquez pas non plus le Kiosk, le cube-vitrine du design local ; le K-TOTEM, un totem qui invite chaque trimestre un nouveau créateur à s'exprimer ; sans oublier le Kortrijk Weide, site urbain récent qui bouge grâce au Hangar K, son centre de co-création. On comprend mieux pourquoi l'Unesco a inscrit Courtrai dans son réseau des villes créatives !

BEAUX-ARTS

La Belgique est dotée d'un patrimoine culturel dense et rayonne depuis plusieurs siècles grâce à ses talentueux artistes. Au cœur des tendances européennes et internationales, Bruxelles peut se vanter d'une offre culturelle riche, cosmopolite, éclectique et qui plus est, très accessible. De son massif musée des Beaux-Arts (p.424) au KANAL, la future nouvelle succursale du Centre Pompidou, en passant par les petites galeries du quartier des Sablons, la capitale est un régal pour les amateurs d'art en tous genres. Mais l'activité artistique du pays ne se concentre pas qu'à Bruxelles : d'autres villes comme Anvers, qui compte plus d'une quarantaine de musées, Gand et son SMAK (p.253) (art contemporain) ou Charleroi et son musée de la Photographie (p.216), ont aussi leur mot à dire. Ainsi, le pays de Van Eyck, de Rubens, d'Ensor et de Magritte recèle des trésors inestimables, à découvrir absolument pour comprendre son histoire, mais aussi celle du continent !

La peinture flamande primitive

L'école flamande s'établit au XIVe siècle et se construit alors en opposition avec l'école allemande, ou école de Cologne, pendant ce que l'on nomme la « Renaissance nordique ». La Flandre, le Brabant et le Hainaut connaissent alors une forte prospérité économique et des villes comme Bruges, Gand, Tournai, Bruxelles et Anvers deviennent des lieux d'épanouissement d'un art nouveau. Les figures incontournables de cette période sont les frères Jan (1390-1441) et Hubert Van Eyck (1366-1426), Jérôme Bosch (1453-1516) ou encore Pierre Brueghel l'Ancien (1525-1569). Leurs travaux, qui ont rayonné dans toute l'Europe et qui ont marqué l'histoire de l'art international, sont aujourd'hui visibles dans les plus grands musées du pays, notamment aux Musées Royaux des Beaux-Arts de Belgique. Jan Van Eyck est le plus célèbre des primitifs flamands, pourtant l'attribution de ses œuvres est discutée : il est délicat de savoir qui de lui ou de son frère Hubert en est l'auteur jusqu'à la mort de ce dernier. Les caractéristiques fondamentales du style de Van Eyck sont la reproduction d'espaces en trois dimensions grâce à la perspective aérienne, la plasticité des formes et la représentation réaliste des personnages et de leur entourage proche. Nous retrouvons tous ces éléments dans *L'Agneau mystique* (1432), l'une de ces toiles les plus célèbres, exposée à la cathédrale Saint-Bavon (p.248) de Gand. Ce polyptyque comporte une inscription selon laquelle l'œuvre aurait été commencée par Hubert Van Eyck et achevée par Jan en 1432. En dehors de ce chef-d'œuvre exceptionnel, la production de Jan Van Eyck est composée surtout de représentations de la Vierge Marie et de portraits. L'apport technique de Van Eyck à la peinture occidentale est capital : il est le père de la peinture à l'huile et a porté le réalisme des détails (notamment le rendu des matières) à un sommet jamais atteint avant lui.

Jan Van Eyck.

Parallèlement à la tendance réaliste prise par l'art flamand, l'Italie connaît sa Renaissance et devient le foyer de merveilleux progrès, inspirant les artistes flamands à leur tour à partir du XVIe siècle. L'influence des peintres de l'école romaine comme Raphaël (1483-1520) ou Michel-Ange (1475-1564) se fait ainsi sentir chez des artistes comme Jean Mabuse (1478-1532), Bernard Van Orley (1487-1541) ou Michiel Coxcie (1499-1592). On parle ainsi de Renaissance flamande pour désigner la période de renouveau artistique qui s'étend de 1500 à 1584.

Pierre-Paul Rubens, ou le second souffle de la peinture flamande

Alors que l'art flamand commence à perdre de son originalité et de ses qualités natives,

« La Chute de Phaéton » par Pierre-Paul Rubens.

deux artistes viennent révolutionner la peinture locale : Adam Van Noort (1562-1641) puis son élève Pierre-Paul Rubens (1577-1640), qui deviendra l'un des plus grands peintres de son temps et développera un style singulier en se réappropriant les qualités d'écoles diverses. Ce dernier est né en 1577 à Siegen, près de Cologne, où ses parents flamands étaient partis s'installer. C'est onze ans plus tard, après la mort de son père, qu'il rentre à Anvers, où il apprend le flamand, le français et le latin. Il commence ensuite son apprentissage de la peinture, qu'il poursuivra en Italie. Durant cette période (1600-1608), il apprend à connaître les Vénitiens, Le Corrège ou Caravage, et entame une carrière extraordinaire dans toute l'Europe (France, Espagne, Pays-Bas, Angleterre). À son retour en Belgique, l'artiste s'affranchit en partie des influences reçues pour développer son style propre, ample et baroque, où les effets dramatiques sont appuyés par des couleurs brillantes et par une composition dynamique. Avec ses peintures religieuses, Rubens se place au service de la Contre-Réforme catholique, mais il reste également célèbre pour ses compositions profanes, plus charnelles. On peut découvrir l'univers de l'artiste à la Maison Rubens d'Anvers, où sont exposées une dizaine de ses œuvres.

Le XIXe siècle : du néoclassicisme à la peinture moderne

L'annexion de la Belgique par la France de 1793 à 1814 coûte beaucoup aux arts belges. Cette période se caractérise par la dispersion du patrimoine belge et la domination culturelle de Paris sur toute la région – une influence qui demeure prégnante même après l'indépendance. Pendant la période du Royaume uni des Pays-Bas (1815-1830), la scène locale connaît un certain renouveau, notamment grâce au soutien financier du souverain Guillaume II, amateur d'art néoclassique, ainsi que par le souffle novateur qu'installe le peintre français exilé à Bruxelles, Jacques-Louis David (1748-1745).

C'est dans la deuxième moitié du XIXe siècle que la scène belge s'affirme réellement par son esprit novateur, avec des artistes majeurs comme James Ensor (1860-1949), à la fois peintre, dessinateur et graveur. Après un passage à l'Académie d'Ostende, le jeune James Ensor suit, de 1877 à 1880, les cours de l'Académie des beaux-arts de Bruxelles. Il rentre ensuite à Ostende – qu'il ne quittera pratiquement plus – et y produit ses premières grandes œuvres. Dans un premier temps, ses toiles suscitent sarcasmes et incompréhensions en raison de son style avant-gardiste. En 1883, il participe à la création du *groupe des Vingt*. Bien que son œuvre soit principalement symboliste, Ensor est un précurseur de l'expressionnisme. Il crée un monde fantastique en exagérant les couleurs, les lignes et les formes. Il a une vision pessimiste de la vie et se représente souvent sous les traits souffrants du Christ. On remarque également les masques, thème central de son œuvre, qui représentent le côté obscur de la nature humaine. À 28 ans, il peint *L'Entrée du Christ à Bruxelles*, son œuvre la plus célèbre, alors très controversée. De grands intellectuels tels que Verhaeren et Demolder le soutiennent et Ensor expose à Bruxelles lors des salons de la *Libre Esthétique*. Cependant, son œuvre n'est pas reconnue lorsqu'il est exposé à Paris en 1894. Ce n'est qu'au début du XXe siècle que le génie d'Ensor commence à être reconnu et qu'il accède enfin à la célébrité.

Un XXe siècle foisonnant et diversifié pour l'art belge

La scène belge est active tout au long du XXe siècle, au cœur des grandes tendances internationales. De l'Art nouveau au surréalisme, le pays s'illustre par des artistes talentueux ayant apporté leur touche singulière aux différents mouvements qui ont traversé l'art moderne. Pour les découvrir, rendez-vous au Musée Royal des Beaux-Arts lors d'expositions thématiques, la partie Moderne du musée étant fermée depuis quelques temps.

Parmi eux, Léon Spilliaert (1881-1946), artiste originaire d'Ostende, ayant dépeint avec grâce les paysages nocturnes de la cité balnéaire, ses plages, ses digues et ses places sombres. On retrouve dans ses œuvres une grande solitude, un sens de la mélancolie et une noirceur envoûtante, qui sont non sans rappeler les toiles d'Edvard Munch, l'une de ses influences. Le peintre a fréquenté le milieu du symbolisme belge, dont l'écrivain Maurice Maeterlinck (prix Nobel de littérature en 1911) et le poète Émile Verhaeren. Ses œuvres sont visibles au MuZee d'Ostende.

Paul Delvaux (1897-1994) se fait remarquer lui aussi pour ses peintures sombres et énigmatiques, néanmoins dans un style très différent de celui de Spilliaert. Après sa formation à l'Académie des beaux-arts de Bruxelles, l'artiste est influencé par l'impressionnisme et l'expressionnisme, avant de découvrir le surréalisme dans les années 1930. Après la visite de l'exposition *Minotaure* du Palais des beaux-arts de Bruxelles en 1934, Delvaux se fascine pour des peintres comme de Chirico ou Dali, et devient rapidement l'un des représentants les plus célèbres du surréalisme belge. À la croisée des mouvements de son temps, son style singulier est reconnaissable en un clin d'œil. Ses toiles, donnant souvent à voir des paysages désertés ou des personnages désœuvrés et sensuels, sont chargées d'une atmosphère onirique et de nombreux symboles. Parmi ses œuvres-clés figurent notamment la série *Squelettes* (1939-1944), *La Voix publique* (1941), *Le Jardin nocturne* (1942), *Les Courtisanes* (1943), *La Ville lunaire* (1944), *La Tentation de saint Antoine* (1945-1946). Il réalise également d'importantes décorations au Kursaal d'Ostende, au Palais des congrès de Bruxelles, à l'Institut de zoologie de Liège et dans la maison Perier à Bruxelles. Il s'installe à la fin de sa vie sur la côte belge, où une fondation dédiée à son travail est créée en 1982, le pittoresque **musée Paul Delvaux** (p.340) de Saint-Idesbald, un lieu incontournable pour tout amateur de son travail.

L'autre géant du surréalisme belge est sans aucun doute René Magritte (1898-1967), dont le musée est l'une des étapes-clés de tout séjour à Bruxelles. Après avoir étudié à l'Académie des beaux-arts de Bruxelles, le jeune Magritte devient dessinateur dans une usine de papier peint et s'adonne en même temps à sa propre création, réalisant principalement des toiles abstraites. Tout comme pour Delvaux, la découverte de l'œuvre de Giorgio de Chirico est pour lui une véritable révélation. Il adopte alors une facture réaliste pour représenter des objets quotidiens (chaussures, clés, ou la fameuse pipe). Il trouve sa place parmi les artistes et intellectuels belges impressionnistes (Paul Nougé, Louis Scutenaire, E.L.T. Mesens, Marcel Lecomte, Camille Goemans, etc.) et devient finalement le chef de file de ce mouvement en Belgique – laissant derrière lui une œuvre monumentale, avec plus de mille toiles.

La photographie belge au cœur des tendances européennes

La Belgique compte peu de musées entièrement dédiés à la photographie, que l'on retrouve néanmoins régulièrement dans les musées d'art moderne et contemporain. Ne pas manquer le musée de la Photographie de Charleroi, une institution qui se distingue en Europe par la richesse de ses collections et une programmation remarquable.

Depuis les débuts de la photographie, la Belgique compte de nombreux praticiens, s'illustrant dans les différents grands courants qui ont marqué le 8e art. Du pictorialisme au surréalisme en passant par le reportage, de grands noms comme Émile Chavepeyer (1893-1959), Serge Vandercam (1924-2005), Marcel Mariën (1920-1993) ou Marcel Lefrancq (1924-1974), ont marqué le XXe siècle belge. Sur cette scène principalement dominée par les hommes se distingue une artiste incontournable mais restée dans l'ombre de son mari, le célèbre Henri Cartier-Bresson. Il s'agit de Martine Franck (1938-2012), Anversoise d'origine bien qu'elle ait passé la majeure partie de sa vie en Angleterre et aux États-Unis, où elle pratique principalement le portrait et la photographie documentaire. On la retient notamment pour ses images en noir et blanc des personnalités du monde intellectuel, artistes et philosophes comme Marc Chagall ou Michel Foucault. Elle fut également présidente de la Fondation Henri Cartier-Bresson et membre de Magnum Photos.

La sculpture belge, un genre passionnant bien que mal représenté

Malgré les nombreux sculpteurs belges, le genre n'est pas très bien représenté dans les institutions muséales du pays. Le Musée Royal des Beaux-Arts compte néanmoins plusieurs travaux du célèbre Constantin Meunier (1831-1905), dont on peut également visiter l'ancienne maison-atelier devenue musée Meunier. Les parcs de Bruxelles comptent par ailleurs pour la plupart d'imposantes sculptures, à l'instar du Jardin botanique, du Parc royal, du square du Petit-Sablon, du **Parc du Cinquantenaire** (p.145) et du Parc Josaphat. En termes

© OLIVEROUGE 3- SHUTTERSTOCK.COM

Le S.M.A.K à Gand.

de sculpture moderne, le musée de Sculpture en plein air de Middelheim (p.216) abrite dans ses jardins de très beaux travaux allant des années 1950 à aujourd'hui. Le musée, de vocation internationale, n'est pas focalisé sur la création belge mais expose néanmoins de grands noms belges comme Rik Wouters (1882-1916), Constant Permeke (1886-1952), Jef Geys (1934-2018), Panamarenko (1940-2019) ou Wim Delvoye (1965-).

Un art contemporain florissant

Bruxelles est au cœur des tendances contemporaines et s'affirme comme une capitale européenne dynamique en la matière. Rythmée chaque année par un grand nombre de foires et de festivals, ponctuée d'espaces d'art petits et grands, branchés ou alternatifs, la ville offre toujours quelque chose à découvrir en matière de création actuelle. Il en est de même pour Anvers, côté flamand, qui compte de nombreuses galeries réputées, ainsi qu'un excellent musée d'art contemporain, le MUKHA. Le musée d'Art contemporain de Louvain, surnommé le Musée M, et le S.M.A.K de Gand valent eux aussi le détour.

La scène contemporaine belge compte de nombreux collectifs et jouit d'une dynamique jeune et audacieuse, qui émane des très bonnes écoles d'art que compte le pays (à l'instar de la Cambre ou de la LUCA School of Arts) et qui profite des loyers encore raisonnables permettant aux ateliers et artist-run spaces de s'épanouir allègrement. Des artistes plus installés font aussi rayonner le pays à l'international, à l'instar de Luc Tuymans (1958-), Hans Op de Beeck (1969-) ou Ann Veronica Janssens (1956-), avec ses installations colorées uniques en leur genre. Il faut aussi mentionner le duo composé de Harald Thys (1966-) et Jos de Gruyter (1965-), deux artistes dont la saisissante installation *Mondo Cane* a valu au Pavillon belge un prix historique pendant la Biennale de Venise de 2019.

Entre street art et bande dessinée

Le street art en Belgique est très développé, d'autant qu'il se marie à merveille avec la tradition de la bande dessinée et bénéficie pour cela de nombreuses subventions. Loin des clichés, cet art riche et divers mérite toute l'attention des visiteurs, même les moins aguerris !

Partir à la découverte des nombreuses fresques qui ponctuent le paysage urbain est une manière amusante de découvrir les villes belges, et permet de s'échapper des sentiers battus. À Bruxelles, on recommande vivement l'association « Fais le trottoir », géré par une bande de passionnés ravis de faire découvrir le mouvement au gré de visites guidées, documentaires et autres évènements. On trouve par ailleurs sur le site Internet de la ville une « balade BD », pour retrouver les personnages les plus emblématiques du 9e art, de Tintin à Lucky Luke en passant par Corto Maltese (https ://visit.brussels/fr/article/Les-murs-de-la-promenade-BD-en-detail). Mais la capitale n'est pas la seule active en matière de street art et de plus petites villes, comme Hasselt ou Kessel-Lo, offrent aussi des itinéraires axés sur ce thème.

Pour les plus passionnés, ne pas manquer de jeter un coup d'œil au programme de l'association Spray Can Arts qui s'intéresse à la culture populaire urbaine dans son ensemble, même si le street art reste leur sujet de prédilection. L'Asbl gère la Centrale des arts urbains à Liège et y organise de nombreuses expositions et événements. Par ailleurs, le MIMA (p.140), Millennium Iconoclast Museum of Art, s'affirme peu à peu comme l'un des incontournables de la capitale en matière d'art urbain et de culture 2.0 ! Leur impressionnant bâtiment en brique qui surplombe le Canal Bruxelles-Charleroi vaut le coup d'œil.

MUSIQUES ET SCÈNES

Nous avons beau vivre à côté de la Belgique, nous ignorons en grande partie l'étendue de sa musique. Nous connaissons Brel ou Stromae, mais le fait de partager la même langue nous masque toute la singularité de la culture belge. Pour l'oreille, la Belgique est un vrai dépaysement. Et on ne parle pas de l'accent wallon ou du flamand. Mère de l'harmonie moderne durant la Renaissance, la Belgique cultive depuis des siècles une singularité dans sa musique. Une identité unique que l'on retrouve autant dans sa chanson que son jazz, son rock ou, plus récemment, sa scène rap. Un pays petit par la taille mais grand par la production musicale, qui peut compter sur un nombre incalculable de scènes et de rendez-vous dédiés. La Belgique, pays de fête, est naturellement une terre de festivals. On en trouve à toutes les sauces, dont quelques-uns des plus importants d'Europe : Tomorrowland, Wechter, Dour ou Pukkelpop. Il suffit de tendre l'oreille un instant : le « plat pays » prend tout son relief dans sa musique.

La musique classique

L'âge d'or, l'époque des plus grandes gloires de la musique classique belge, est sans conteste la Renaissance. Au XVe siècle, apparaît la fameuse École franco-flamande, célèbre pour son développement de la polyphonie – base de l'harmonie moderne – que le pays va propager rapidement dans toute l'Europe de l'Ouest grâce à l'invention de l'imprimerie (dont Anvers était un centre important) et des compositeurs voyageurs. Parmi eux, les plus illustres demeurent Johannes Ciconia (1370-1412), pionnier et grand maître de l'Ars Nova, Gilles Binchois (1400-1460) compositeur officiel du puissant duché de Bourgogne, Pierre de La Rue (1460-1518) qui fait carrière à la cour de Maximilien d'Autriche ou le fameux Josquin des Prés (1450-1521) qui connaît le succès en Italie avant de finir comme chanoine à Sainte-Gudule de Bruxelles. Au XVIe siècle, le plus célèbre musicien d'Europe est Roland de Lassus, dit aussi Orlando di Lasso. Né à Mons vers 1530, il exerce son art en Italie, puis à la cour de Bavière. Ses compositions sont considérées comme le sommet et l'aboutissement de l'âge de la polyphonie. Autre Flamand célèbre en Italie, Adrien Willaert – né à Bruges en 1480 – est l'auteur de messes, motets et madrigaux mais reste gravé dans l'Histoire pour avoir été maître de chapelle de l'église Saint-Marc de Venise.

© PRACHAYA ROEKDEETHAWEESAB - SHUTTERSTOCK.COM

Roland De Lassus.

Au XVIIe siècle, Henri Du Mont (1610-1684) devient maître de chapelle de Louis XIV et œuvre pour la Chapelle royale de Versailles tandis que Léonard de Hodémont (1575-1636) adopte et importe les innovations italiennes telles que la monodie. Au XVIIIe siècle, le Liégeois André-Modeste Grétry (1741-1813) s'illustre en Europe et fait carrière à Paris sous plusieurs régimes avec quelques opérettes fameuses : *Richard Cœur de Lion*, *Zémir et Azor*, *Céphale et Procris*, etc. Un autre Wallon, François-Joseph Gossec (1734-1829), influence toute la musique française du XVIIIe siècle. Son œuvre la plus connue est sa *Messe des morts*. À Bruxelles, capitale des Pays-Bas autrichiens, une ville également musicale, la cour de Charles de Lorraine entretient plusieurs compositeurs de talent : Van Helmont, De Groes, Van Maldere… C'est encore un Liégeois, César Franck (1822-1890) qui, au XIXe siècle, fonde un des grands mouvements de la musique française en rénovant la musique de chambre. Un de ses plus fidèles est Guillaume Lekeu, né en 1870, et prématurément décédé à l'âge de 24 ans. Sa *Sonate pour piano et violon* reste l'un des chefs-d'œuvre du répertoire. Le XIXe siècle est aussi l'époque d'un violoniste virtuose qui fera les grandes heures de la musique belge : Henri Vieuxtemps. Admiré par Berlioz et Schumann, Vieuxtemps peut avoir bouleversé l'interprétation du violon, il est aujourd'hui hélas très peu joué.

Au début du XXe siècle, c'est justement un élève d'Henri Vieuxtemps qui va être reconnu mondialement : le violoniste virtuose Eugène Ysaye. Ce favori de la reine Élisabeth de Belgique, fondateur de l'école belge du violon, aura également de

© TRAVELISM - SHUTTERSTOCK.COM

Théâtre royal de la Monnaie, Bruxelles.

nombreux disciples en France, aux États-Unis et en Russie. Il sera à l'origine de l'une des plus prestigieuses compétitions de musique au monde : l'illustre concours Reine Élisabeth. Le dernier représentant célèbre de cette école est Arthur Grumiaux (1921-1986). Aujourd'hui, le Belge le plus connu dans le domaine de la musique classique est sans doute le chanteur d'opéra José Van Dam, qui a été fait baron par le roi Albert II en 1998, en reconnaissance de son immense carrière. Les baroqueux flamands, Philippe Herreweghe (chef d'orchestre) et Sigiswald Kuijken (violoniste et chef d'orchestre), ont également fait les beaux jours de la Flandre et de la France réunies. Ceux qui s'intéressent à l'histoire de la musique du XXe siècle connaissent le rôle qu'a joué Paul Collaer, pianiste, musicologue, conférencier, critique qui a aidé les plus grands compositeurs du siècle et a créé nombre de leurs œuvres à Bruxelles. Enfin, dans le registre contemporain, citons le compositeur Wim Mertens, minimaliste dans la veine de l'Anglais Michael Nyman.

Où écouter de la musique classique belge ?

Pays de musique, la Belgique ne manque évidemment pas de lieux pour écouter du classique. À Bruxelles, les deux grandes institutions du genre sont le Palais des Beaux-Arts (rebaptisé « BOZAR ») où réside l'Orchestre national de Belgique et notamment le Théâtre royal de la Monnaie, une scène lyrique majeure et où sont produits des opéras, dont l'orchestre symphonique est brillamment dirigé par Alain Altinoglu. Nous pouvons également citer parmi les précédents grands directeurs de cette institution Gérard Mortier et Bernard Foccroulle. À Bruges, le **Concertgebouw** (p.314) (une curiosité architecturale) abrite le MA Festival, rendez-vous spécialisé en musique ancienne aussi pointu qu'ouvert à tout public. À Gand, l'Opéra de Flandre attire les mélomanes du monde entier. Datant du XIXe siècle, il a conservé tout son lustre et on y vient de loin écouter Verdi et Puccini ainsi que de grands opéras contemporains. Enfin, à Liège, c'est l'**Opéra Royal de Wallonie-Liège** (p.381) qui jouit d'une réputation internationale. Depuis sa création en 1967, l'Opéra propose une programmation riche et variée pour petits et grands, mêlant grands classiques et découvertes ainsi que de nombreuses activités et concerts pour découvrir l'envers du décor, les coulisses, la musique ou apprendre le chant.

La chanson et la variété

Évidemment, le monde entier connaît Jacques Brel, vénérable maître de la chanson francophone. Il reste le plus célèbre et le plus admiré des chanteurs du « plat pays ». Cependant, il serait dommage de limiter la musique belge à son représentant le plus illustre. Non, on ne parle pas seulement de la *Danse des canards* de J.-J. Lionel… Les noms d'Adamo, Julos Beaucarne, Maurane, Axelle Red, Annie Cordy, Jo Lemaire (inoubliable pour sa reprise de *Ne me quitte pas*), Frédéric François ou encore Helmut Lotti vous disent certainement quelque chose ? Eh bien oui, ils sont tous belges ! Et leur renommée dépasse largement les frontières du royaume. Côté flamand, on retiendra Arno (qui chante en français), ainsi que, presque inconnus des francophones, Wil Tura, Raymond Van Het Groene Woud, Ferré Grignard, Johan Verminnen… N'oublions pas non plus la vague des bardes, post-hippies, à la verve « médiévo-folk » comme Willem Vermandere, Wannes Vandevelde, Pol Rans et Dirk Van Esbroek qui fait du tango en flamand. Dans les années 1980, la tradition de chanson belge se mêle à la variété avec le succès de chanteurs comme Pierre Rapsat, Plastic Bertrand ou Lio. Un endroit agréable où écouter de la chanson francophone en Belgique est le Café des Miracles de Liège. Dans une ambiance plus que sympa et décontractée, l'endroit fait honneur au genre via des concerts réguliers.

Scène du festival Rock Werchter.

Jazz, rock et pop

Ces dernières années, un artiste belge a tiré un trait d'union entre tradition belge de chanson à textes et productions modernes – particulièrement électroniques : Stromae. Depuis son tube *Alors on danse* en 2010, l'auteur, compositeur et interprète bruxellois est devenu un véritable phénomène dans le monde de la musique francophone. Emblème de la créativité belge, il vient couronner l'histoire – plutôt fournie – de la pop locale allant de la pop rock de Clouseau dans les années 1990 à la « pop urbaine » d'Angèle en passant par la synth-pop de Vive la Fête ou le jazz pop de Vaya con Dios. Côté jazz justement, la Belgique a cultivé une scène importante portée par des grands noms comme Jacques Pelzer (saxophoniste proche de Chet Baker), l'harmoniciste Toots Tielemans (qui a joué avec Charlie Parker ou Frank Sinatra), Philip Catherine (grand guitariste) ou le pianiste Charles Loos. Et si la Belgique aime jouer du jazz, elle aime autant en écouter. Le pays multiplie les adresses de charme pour en goûter en live comme l'Archiduc à Bruxelles, une scène mythique. Originellement repaire de Stan Benders, célèbre jazzman du pays qui y officiait tous les soirs au piano dans les années 1950-1960, l'Archiduc cultive aujourd'hui le même état d'esprit, conservé dans son superbe jus d'origine Art déco. À Gand, les amateurs du genre se réjouiront au Damberd, café multigénérationnel à l'esprit rebelle et très bien programmé. Plus arty (il est situé à deux pas du musée des Beaux-Arts (p.424)) mais tout aussi agréable, le Café Hopper d'Anvers propose lui aussi d'excellents concerts de jazz en fin de semaine.

Rayon pop, la Belgique est de ce côté aussi réputée pour ses festivals dont les plus gros sont le Pukkelpop à Hasselt et Les Ardentes à Liège, tous deux dotés de programmations gigantesques. Sinon, pour quiconque serait à la recherche de l'adresse immanquable de Bruxelles, la réponse tient en deux mots : Madame Moustache. Réputé comme le bar le plus rock & roll de la capitale, il est aussi ouvert à tous les autres genres (rap, soul ou pop en tête) et accueille de vraies pépites sur scène. D'ailleurs, en parlant de rock, oubliez tous les stéréotypes sur le pays puisque le genre est bien la vraie spécialité locale. Plutôt alternatif et indé, le rock belge explose dans les années 1990 côté flamand avec les fameux dEUS, K's Choice, Hooverphonic, Zita Swoon, Ozark Henry ou An Pierlé puis éclot peu après en Wallonie avec Sharko, Girls in Hawaii, Ghinzu ou Hollywood Porn Stars. Sans surprise, l'un des plus grands festivals de rock en plein air d'Europe, le rock Werchter, est belge. Chaque année, l'affiche est excellente et par conséquent, il est souvent complet plusieurs semaines à l'avance.

La musique électronique

Si un des liens les plus connus entre rock et musique électronique est bien belge – incarné par le duo Soulwax –, c'est peut-être parce que le pays a longtemps maintenu une frontière poreuse entre les deux genres. Le groupe Telex (très inspiré par Kraftwerk) dans les années 1970 en est un bon exemple. Durant la décennie suivante, la musique électronique explose dans le pays avec l'irruption de l'EBM (« Electronic Body Music ») venue d'Allemagne. Dure, noire, industrielle et répétitive, elle est une héritière radicale de la new wave dont les Belges Front 242 ou Snowy Red sont devenus des légendes. À la fin des années 1980, début 1990, la Belgique développe un genre électronique qui lui est propre : la « New Beat ». Réponse à la techno naissante (à Détroit), imprégnée d'EBM, elle est popularisée dans le pays par la massification de l'ecstasy. D'abord cantonnée à une niche, des pionniers tels que Confetti, Lords of Acid, Amnesia ou Technotronic ont acquis rétrospectivement une aura d'avant-gardistes. Depuis les années 1990, la Belgique est un acteur majeur de la musique électronique mondiale, les pionniers de la house (comme Mugwump) et de la techno ayant ouvert la voie aux superstars actuelles : Amélie Lens et Charlotte de Witte. Superstars toujours, c'est aussi en Belgique que l'on trouve un des festivals les plus connus (et courus) au monde : Tomorrowland. Installé dans la province d'Anvers, ce rendez-vous créé en 2003 accueille des festivaliers des quatre coins du monde ainsi que les DJs les plus connus – Avicii, David Guetta, Steve Aoki, Dimitri Vegas & Like Mike, Calvin Harris – dans une ambiance de fête foraine XXL. Adoré des connaisseurs, le **Fuse** (p.172) de Bruxelles fait partie des clubs mythiques du pays. Un équivalent belge du Rex parisien.

Le hip-hop

Tout est cyclique, surtout en musique. Aux alentours de 2015, lorsque le rap français connaissait une nouvelle baisse de forme, son cousin belge en plein renouveau en profitait pour exploser dans toute la francophonie. En un rien de temps, cette nouvelle scène s'est forgé une place de rêve, redynamisant par sa vigueur le rap français. Parmi les plus célèbres, Damso – repéré par Booba – occupe clairement le haut du panier grâce à ses hits gorgés de spleen tels que *Macarena* ou *Bruxelles Vie*. Plus surprenant, le duo Caballero & JeanJass a redonné le sourire à un rap qui manquait un brin d'humour. Tout comme Roméo Elvis, personnage atypique du paysage hip-hop actuel. Notons aussi le R'n'B très américain de Hamza ou le rap à l'ancienne de l'Or du Commun, que la France envie à son voisin belge. Pour apprécier du rap sur scène en Belgique, une des meilleures scènes et aussi une des plus connues : le Festival de Dour. Gigantesque événement – plus de 200 000 festivaliers – il est réputé pour sa programmation pointue qui convie la crème de la scène belge et internationale dans différents styles : hip-hop, techno, électro ou rock.

Danse

La scène chorégraphique belge est très active. Et cela a sûrement à voir avec la richesse de son histoire. Dans les années 1920, la Belgique fait un saut de chat dans la modernité avec Akarova. Surnommée la « Isadora Duncan belge », Marguerite Acarin de son vrai nom offre de nouvelles perspectives à la danse classique via sa pratique libre et moderne, très inspirée par l'art de son temps (elle est par ailleurs aussi peintre et sculptrice). Mais la grande révolution de la danse belge contemporaine intervient bien sûr avec l'incontournable Maurice Béjart (mort à l'âge de 80 ans, en 2007). Marseillais de naissance, il est venu à Bruxelles créer, en 1960, le Ballet du XXe siècle ainsi que l'école Mudra où va renaître la danse et éclore des générations de grands interprètes et chorégraphes. Pendant vingt-sept ans de création en Belgique, Béjart stimule la vie artistique bruxelloise et devient une boussole de la danse belge et mondiale. Parmi les chorégraphes les plus célèbres du pays, on se doit de citer une élève de la Mudra : l'immense Anne Teresa de Keersmaeker. Fondatrice de la compagnie Rosas, elle a révolutionné la danse en Flandre dès le début des années 1980. Dans son sillon, de nombreux grands chorégraphes ou danseurs belges ont marqué la création mondiale, influencés de près ou de loin par Béjart. Jan Fabre, plasticien autant que chorégraphe qui décloisonne tous les arts, Michèle-Anne De Mey, qui prône elle aussi le dialogue entre disciplines, Nicole Mossoux et Patrick Bonte, duo travaillant à la frontière entre chorégraphie et théâtre, Michèle Noiret, qui dès les années 1990 questionne les nouvelles technologies par la danse ou encore Pierre Droulers qui mêle grammaire chorégraphique et plastique. Citons aussi Frédéric Flamand qui en 1991 prend la tête de l'ancien Ballet royal de Wallonie et le rebaptise « Charleroi/Danses » pour en faire la première compagnie de danse contemporaine de Belgique. Un énorme tournant aujourd'hui moteur du dynamisme de la scène belge et une institution de référence autant en Belgique que sur le plan international. Formé au Performing Arts Research and Training Studios (P.A.R.T.S) fondé par Anne Teresa De Keersmaeker, le vibrant chorégraphe Sidi Larbi Cherkaoui est la grande figure belge de la scène chorégraphique internationale actuelle. Travaillant aussi bien avec Beyoncé qu'en tant que directeur du Ballet royal de Flandre, il est un des virtuoses actuels que les scènes du monde entier s'arrachent.

Les scènes de danse belges

Et côté scènes justement, la Belgique en compte quelques-unes plus que recommandables. À commencer par l'iconique Charleroi Danse dédié à la création contemporaine et possédant une antenne à Bruxelles nommée la Raffinerie. Autres belles scènes de Bruxelles, les Halles de Schaerbeek – et son environnement industriel tout en verre et métal – offrent une place copieuse à la danse, tout comme Les Brigittines, ancien édifice religieux reconverti en centre d'art contemporain (doté d'un excellent restaurant). En Flandre, c'est à l'Opera Ballet Vlaanderen à Anvers et Gand que ça se passe.

LITTÉRATURE

Si on a tendance à penser que la Belgique est avant tout le vivier des bédéistes, elle est également féconde en littérature. Jacques Brel est le chanteur le plus français des belges, mais figurez-vous que des auteurs, que nous aurions tendance à nous accaparer et penser français, viennent également de Belgique ? C'est le cas d'Amélie Nothomb par exemple ou plus loin d'Henri Michaux et Georges Simenon. Tout ceci a une explication. Il est vrai que ce jeune pays qu'est la Belgique fait cohabiter diverses langues et dialectes, le flamand, l'allemand, le wallon et le français qui était la langue des hautes sphères au XIXe siècle. Les auteurs francophones ont très vite eu cette tendance à cibler les maisons d'édition parisiennes. Voilà d'où est née cette confusion. Mais rendons à César ce qui appartient à César. Peu importe la langue choisie par ces auteurs venus du plat pays, ils sont nombreux et à absolument découvrir !

Les lettres flamandes de Belgique

Des pièces de théâtre écrites en néerlandais à la version du *Roman de Renart*, *Van Den Vos Reynaerde*, la littérature des Pays-Bas belges sera florissante jusqu'à la fin du XVIe siècle. Par la suite, une production mineure s'étiole pendant deux siècles pour disparaître durant la domination française. La renaissance de la littérature flamande est entamée par l'Anversois Hendrik Conscience (1812-1883), bientôt suivi d'une quantité d'écrivains d'inspiration le plus souvent rurale, nostalgiques de la Flandre d'autrefois. Cyriel Buysse (1859-1932) est le premier auteur à être reconnu en Hollande, grâce à une langue dégagée des scories du belgo-néerlandais truffé de gallicismes. Parmi les auteurs flamands modernes, le plus célèbre est certainement Hugo Claus (1929-2008), dont la réputation a largement dépassé les frontières de la Belgique.

Maurice Maeterlinck.

Les lettres françaises de Belgique

Au Moyen Âge, les grandes œuvres de la littérature romane se confondent avec ce qui deviendra la production française. À l'époque de la langue d'oïl, les œuvres venues du Nord se distinguent des autres par quelques traits dialectaux spécifiques, au même titre que les compositions champenoises ou normandes. Mais il faut attendre le XIXe siècle pour voir apparaître une littérature belge de langue française. Après l'indépendance de la Belgique, en 1830, divers milieux et personnages souhaitent que le jeune royaume se dote sans tarder d'une littérature nationale. On demande que les œuvres prennent pour thème quelques aspects de la Belgique ou de son histoire, et une conscience nationale qui se cherche accueille avec une bienveillance souvent injustifiée les récits ou les vers d'allure patriotique. Les lettres françaises de Belgique sont, dans leurs premières années, empreintes d'emphase. C'est Charles de Coster (1827-1879) – en fait, un Flamand écrivant en français – qui marque la rupture avec la prose éthérée antérieure, ancrant ses héros et leurs péripéties dans la réalité régionale (*La Légende d'Ulenspiegel*, 1858) pour exprimer l'universalité des idées de liberté et de révolte.

Naturalisme et symbolisme

En 1881, Edmond Picard, avocat bruxellois, crée *L'Art moderne*, un journal hebdomadaire de critique artistique, musicale et littéraire. Militant socialiste, Picard souhaite une littérature « nationale » et engagée dans le combat politique et social. La même année, apparaît la revue *La Jeune Belgique*, créée par Albert Bauwens et Max Waller en 1881. Ces deux publications marquent l'entrée en scène d'une authentique génération d'écrivains, nourris du terroir et happés par la modernité à l'œuvre dans leur pays. Ils sont nés à Gand, à Anvers ou à Bruges, mais écrivent tous en français. La plupart sont d'origine aisée, mais ils refusent les valeurs prudemment traditionnelles

© BORIS15 SHUTTERSTOCK.COM

Georges Simenon.

de leur milieu culturel. Les figures de proue en sont Georges Rodenbach (*Bruges la Morte*, 1892), Émile Verhaeren (*Campagnes hallucinées*, 1893, *Villages illusoires*, 1894, *Villes tentaculaires*, 1895). Maurice Maeterlinck (1862-1949) réinvente la langue française dans une œuvre symboliste, couronnée par le prix Nobel de littérature en 1911. Il reste d'ailleurs, à ce jour, le seul Belge à avoir obtenu le prix dans cette catégorie.

Le début du XXᵉ siècle

Au début du XXᵉ siècle, les grands noms qui émergent reflètent le tournant industriel, sa rationalité et la nostalgie bien vivante des paysages régionalistes perdus. Il en est ainsi de Camille Lemonnier décrivant avec lyrisme la force au travail. En 1881, il publie *Un mâle, histoire des amours libres entre le braconnier Cachaprès et une jeune fermière nommée Germaine*. Le scandale qu'il déclenche secoue l'indolence coutumière du public belge en matière de littérature, tandis qu'à Paris le livre, paru en 1881, suscite l'intérêt d'Alphonse Daudet, de Joris-Karl Huysmans… À la même époque, on peut également citer Georges Eekhoud (1854-1927), le poète naturaliste de la Campine anversoise dont la prose brûle d'une chaleur picaresque.

L'avant-garde d'entre-deux-guerres

Tous ces écrivains contribuent à répandre le goût de l'art et des lettres en Belgique, ébranlent les conformismes et les habitudes, et attirent sur le pays l'attention de l'étranger. La terrible commotion de la Première Guerre mondiale affecte également le milieu des lettres qui a éclaté sous le choc. Les engagements politiques, l'appartenance aux mouvements d'avant-garde prennent le pas sur l'appartenance belge. En contrepoint officiel, l'Académie de langue et de littérature française de Belgique est créée en 1921. La guerre finie, se développe à Anvers une intense activité intellectuelle qui se concrétise en 1920 par la naissance des revues *Lumière* (Roger Avermaete) et surtout *Ça ira* (sous l'impulsion de Paul Neuhuys). Sous ce titre s'affaire une avant-garde quelque peu disparate, unie davantage par ce qu'elle rejette que par ce qu'elle poursuit. Certains auteurs transforment les aléas de leur vie en matière littéraire originale et singulière. André Baillon, vaincu à Paris par le chagrin, la folie et la maladie (*Zonzon Pépette*, 1923), Clément Pansaers, le révolutionnaire dadaïste réglant ses comptes avec le patriotisme belge (*Bar Nicanor*, 1921).

Le surréalisme

C'est dans le mouvement surréaliste que va, comme en France, se manifester de la manière la plus « organisée » le rejet de la culture et de l'esthétique traditionnelles. Le mouvement français lancé par André Breton fait tache d'huile et gagne la Belgique. Il apporte sur la scène artistique et littéraire une cohérence théorique, une « logique » que les autres tendances novatrices, plus anarchiques, ne possèdent pas ou ne souhaitent pas. Dans les années 1920, Paul Nougé, cofondateur du Parti communiste belge, était entré en contact avec Breton. Autour de Nougé allait se rassembler une série de créateurs subversifs : René Magritte, Camille Goemans, Marcel Lecomte, Louis Scutenaire, Paul Colinet, plus tard Marcel Mariën. Ce groupe, dit « de Bruxelles », se développa à travers des tracts et des revues. Notons également le courant de la littérature prolétarienne dans laquelle Constant Malva s'est fait le chantre de la mine (*Le Jambot*, 1952). À la même époque, plusieurs écrivains belges s'installent en France. Des auteurs aussi divers que Georges Simenon, Henri Michaux, Alexis Curvers, confisqués par le grand frère d'outre-Quiévrain, ont néanmoins laissé des traces de cette terre commune dans leurs œuvres.

En 1937, Charles Plisnier est le premier écrivain non français à obtenir le prix Goncourt (*Faux Passeports*). Il passe de la création surréaliste à l'engagement socialiste dont ses romans font la propagande épique.

Une littérature plus académique

Pendant l'occupation allemande, la censure veillant, la création littéraire est amenée à se réfugier dans des genres relativement détachés de la réalité contemporaine : le récit fantastique, le roman policier et la poésie non engagée. Ces genres poursuivent d'ailleurs leur essor après la Libération. Après la Seconde Guerre mondiale, les tendances révolutionnaires de l'entre-deux-guerres semblent complètement oubliées, l'américanophilie s'installe : l'heure n'est plus au pro-communisme ni même à une réflexion ou à une littérature engagées. Durant cette période, et sauf de rares exceptions, il n'y a pas d'avant-garde en Belgique, pas de contestation de l'ordre établi. Le plus célèbre auteur fantastique belge est certainement Jean Ray (*Les Contes du Whisky*, 1925 ; *Malpertuis*, 1943), dont les meilleurs récits paraissent en pleine guerre. Dans ce genre, on peut également citer Franz Hellens, Thomas Owen, Marcel Thiry (qui écrit également de la poésie)... Parallèlement, plusieurs auteurs se consacrent au roman policier. On retiendra Stanislas-André Steeman (*L'assassin habite au 21*, 1939) et, bien sûr, Georges Simenon, père du célèbre commissaire Maigret et écrivain belge le plus célèbre. Toutefois, quelques rares isolés se tiennent à l'écart de l'académisme officiel. Il s'agit souvent des survivants de l'aventure surréaliste ou de jeunes créateurs qui en ont été directement marqués. Henri Michaux publie, dans ces années, certains de ses plus beaux textes : *L'Espace de dedans* (1944), *L'Infini turbulent* (1957). Moins ésotériques sont les œuvres de Louis Scutenaire (*Mes inscriptions*, 1945-1963), de Christian Dotremont, d'Achille Chavée... Elles ont, entre autres, l'intérêt de préserver un « contre-pouvoir » dans la sage Belgique littéraire de l'époque.

L'ère du roman historique

Dans les années 1960-1970, quelques auteurs, sans revendiquer nécessairement un engagement précis, rendent compte des luttes qui secouent le monde depuis la guerre, en ancrant leurs romans dans la réalité historique. C'est le cas de René Kalisky, qui publie *Jim le Téméraire* en 1973. L'auteur y illustre la fascination ambiguë que le nazisme a exercée sur tant d'hommes, et même sur ses propres victimes. Pierre Mertens, quant à lui, publie *Les Bons Offices* (1974) et *Terre d'asile* (1978), romans qui font référence à des événements historiques (indépendance du Congo, génocide biafrais, conflit israélo-palestinien, dictature chilienne) qui interfèrent avec des existences individuelles. À cette époque, la nécessité d'un renouvellement de la création littéraire semble de plus en plus à l'ordre du jour. Loin de toute théorie, de tout système, divers écrivains belges se risquent dans des voies originales, avec des œuvres souvent réalistes et évoquant l'environnement contemporain, ou au contraire s'aventurant dans le domaine du rêve, de l'utopie...

Aujourd'hui

Si Paris semble un passage obligé pour les auteurs belges, une nouvelle génération d'écrivains a vu le jour en Belgique francophone. La plus connue de ces écrivains est sans aucun doute Amélie Nothomb, qui connaît un beau succès international. Depuis 1992, où elle fut révélée avec *L'Hygiène de l'assassin*, la romancière publie chaque année un nouvel ouvrage. Si son œuvre est moins surprenante qu'à ses débuts, ses romans restent efficaces et attendus. Plusieurs fois primé (notamment par le prix Médicis pour son roman *Fuir*, en 2005), Jean-Philippe Toussaint est une des valeurs sûres de la littérature belge contemporaine. On citera également Henry Bauchau (mort en 2012), qui fait partie des auteurs belges les plus emblématiques avec notamment un travail sur l'actualisation de mythes fondateurs de notre civilisation européenne à travers des œuvres comme *Œdipe sur la route* (1990) et *Antigone* (1997). Sans oublier François Weyergans, membre de l'Académie française depuis 2009, qui s'est vu récompenser par le prix Renaudot (*La Démence du boxeur*, 1992) et par le prix Goncourt (*Trois Jours chez ma mère*, 2005). Citons aussi Thomas Gunzig (*Mort d'un parfait bilingue*, 2001 ; *Assortiment pour une vie meilleure*, 2009), Nicolas Ancion (*L'homme qui refusait de mourir*, 2010 ; *Courir jusqu'à New York*, 2013), Adeline Dieudonné (*La Vraie Vie*, 2018) ... Enfin, bien que nationalisé français, Didier Van Cauwelaert (*Rencontre sous X*, 2002 ; *Double Identité*, 2012) est également d'origine belge.

Littérature wallonne

La littérature wallonne, apparue au cours du XVIe siècle, s'est limitée d'abord à un jeu sérieux d'intellectuels avant de s'exprimer sous les formes les plus diverses : poèmes épiques et lyriques, quelquefois revendicatifs, théâtre, contes, cantiques, romans historiques et philosophiques. Une anthologie, parue en 1979, présente 296 textes de 104 auteurs. Le wallon est avant tout une précieuse langue, véhicule d'affection et de traditions orales, qui continue à vivre dans les chants et dictons, dans l'humour et les récits. À lire également, l'anthologie *Poètes wallons d'aujourd'hui*, rassemblée par Maurice Piron et parue aux éditions Gallimard en 1961. Tous les deux ans, la ville de Liège organise d'ailleurs un prix de la Littérature wallonne.

TOP 10

LECTURE

Pour découvrir les beautés de ce pays frontalier, ses paysages et son histoire, quelques ouvrages agréables. Et pour lire ou relire les plus belles plumes de Belgique, voici également des romans à découvrir sans plus tarder.

JACQUES BREL : UNE VIE

Une excellente biographie sur l'auteur du *Plat pays*.
Olivier Todd. *Édition Robert Laffont, 2003.*

BELGIQUE

© THIERRY DE CORDIER

Beau livre qui présente des œuvres d'artistes comme Michaël Borremans, Peter Buggenhout, Berlinde De Bruyckere…
Collectif. *Communic'art, 2015.*

TROIS JOURS CHEZ MA MÈRE

© ÉDITIONS FOLIO

Ce membre de l'Académie française depuis 2009 a reçu le prix Goncourt pour cet ouvrage.
François Weyergans. *Folio, 2007.*

LA BELGIQUE

© ÉDITIONS GALLIMARD, COLL. DÉCOUVERTES

L'histoire tumultueuse de ce pays complexe et contradictoire est contée par Patrick Roegiers tel un roman, avec ses héros, ses coups de théâtre, ses faits divers tragiques et les questions cruciales sur l'avenir.
Patrick Roegiers. *Gallimard, coll. « Découvertes ».*

SIMENON

© ÉDITIONS FOLIO

Biographie fouillée et critique qui brosse un portrait tout en nuance de l'écrivain hors du commun.
Pierre Assouline. *Gallimard, coll. « Folio », 1992.*

LA BELGIQUE, QUELLE HISTOIRE !

Pour les enfants à partir de 6 ans, découvrir l'histoire au fil des illustrations avec en bonus un petit jeu à faire tout le long.
Patrick Weber. *Édition de la Renaissance, 2017.*

FUSÉES - MON COEUR MIS À NU - LA BELGIQUE DÉSHABILLÉE - AMOENITATES BELGICAE

© ÉDITIONS FOLIO

Pamphlet inachevé du poète dans lequel il critique la Belgique.
Charles Baudelaire. *Gallimard, 1986.*

FIN DE SIÈCLE ET SYMBOLISME EN BELGIQUE

Un recueil des plus beaux poèmes de Hannon, Gilkin, Verhaeren, Maeterlinck, Elskamp, Van Lerberghe et Mockel.
Collectif. *Editions Complexe, 1998.*

FRAPPE-TOI LE CŒUR

Publié en 2017, il est considéré comme l'un de ses plus beaux romans.
Amélie Nothomb. *Livre de Poche, 2019*

HISTOIRE DE LA BELGIQUE POUR LES NULS

Deuxième édition pour cet ouvrage complet, simple et efficace.
Fred Stevens et Axel Tixhon. *First Édition, 2015.*

A L'ÉCRAN

Actuellement rayonnant, le cinéma belge est sorti de l'ombre. Dans les années 1990 déjà, deux films jouent un rôle décisif dans cette reconnaissance : *Toto le héros* (1991) de Jaco Van Dormael, et *C'est arrivé près de chez vous* (1992) de Rémy Belvaux, Benoît Poelvoorde et André Bonzel. Bien sûr, les diversités culturelles de la Belgique et de ses communautés font qu'il y existe des cinémas très différents. De fictions frôlant presque le documentaire (*L'enfant* des frères Dardenne), au film de genre (*Mr Nobody*) en passant par les comédies à l'humour grinçant (*Dikkenek*), une certaine « belgitude » anime cependant toutes les œuvres venant du plat pays. De plus en plus, un « cinéma belge » émerge, avec des caractéristiques qui lui sont propres, tant au niveau de l'esprit que des lieux de tournage ou des acteurs. Les films d'origine belge sont aujourd'hui reconnus et primés internationalement, que ce soit lors de festivals ou dans la presse.

D'un cinéma proche du réel…

Le 7e art belge connaît une ascension dans les années 1990, avec un cinéma proche du réel, empreint véritablement d'un caractère social. Le documentaire a évidemment une place importante dans le cinéma belge, grâce à des œuvres telles que *Gigi, Monica… et Bianca* (1996, Yasmina Abdellaoui, benoît Dervaux), *Cinéastes à tout prix* (2004, Frédéric Sojcher) ou plus récemment *L'homme qui répare les femmes* (2014, Colette Braeckman, Thierry Michel). Ce documentaire suit le docteur Denis Mukwege, gynécologue militant pour les droits humains au Congo, dont la mission est de réparer les femmes congolaises victimes de violences sexuelles. En fiction, les maîtres incontestés du genre sont sans nul doute les frères Jean-Pierre et Luc Dardenne, originaires de Liège. De leur début dans le documentaire jusqu'à leur consécration dans le monde entier avec leurs longs-métrages de fiction, « les frères » mettent un point d'honneur à appuyer le caractère social de leurs œuvres. Avec *Rosetta* (1999) puis *L'Enfant* (2005), les Dardenne raflent le prix le plus convoité du festival de Cannes : la Palme d'or. Plus récemment, leur œuvre *Deux Jours et une nuit* (2014), avec Marion Cotillard s'offre une nomination du meilleur film étranger aux Oscars. Leur dernier film en date, *Tori et Lokita,* où un jeune garçon et une adolescente africains se lient d'amitié et font face ensemble aux difficultés et aux horreurs de la vie de migrants. Cette œuvre est une nouvelle réussite : les Dardenne reçoivent le prix spécial de la 75e édition lors du dernier Festival de Cannes en 2022. Toujours dans cette sphère de réalisme, citons également des œuvres comme *Ma vie en rose* (1997) d'Alain Berliner, *Ultra Nova* (2005) de Bouli Lanners, *Nos batailles* (2018) de Guillaume Senez avec Romain Duris, *Seule à mon mariage* (2018) de Martha Bergman, ou plus récemment *Lola vers la mer* (2019) de Laurent Micheli. Si la quête de l'authentique a une place de

Jean-Pierre et Luc Dardenne au Festival de Cannes en 2019.

choix dans le cœur du cinéma belge, on observe cependant une ascension d'œuvres décalées réalisées par des artistes aux choix de mise en scène affirmés et à l'univers déjà défini.

... à un cinéma de genre

Ces deux dernières décennies amènent une vague de réalisateurs visionnaires et culottés, à commencer par Jaco Van Dormael, réalisateur originaire d'Ixelles. Van Dormael épate dès son premier long-métrage *Toto le héros* (1991) qui remporte le César du meilleur film étranger ainsi que la Caméra d'or au festival de Cannes cette année-là. S'ensuit le très émouvant *Huitième Jour* (1996) mettant en scène la rencontre entre Harry (Daniel Auteuil), bourreau de travail et Georges (Pascal Duquenne), jeune homme atteint de trisomie 21. Cependant, Van Dormael marque un coup de génie avec *Mr Nobody*, film belge le plus cher jusqu'à ce jour au casting impressionnant (Jared Leto, Rhys Ifans, Diane Kruger, etc.). Le réalisateur met sept ans à écrire cette œuvre complexe, saluée par la critique à sa sortie en 2009. On observe chez les artistes flamands particulièrement, une personnalité affirmée ainsi qu'une certaine essence particulièrement reconnaissable, à l'instar du cinéma anglais. Cette personnalité s'affirme grâce notamment au Gantois Félix Van Groeningen, qui sort le remarqué *La Merditude des choses*, en 2009. Deux ans plus tard, c'est Michaël R. Roskam qui se fait une place dans le cinéma belge grâce à *Bullhead*, révélateur de l'acteur Matthias Schoenaerts au grand public. Le film gagne une nomination aux Oscars ainsi qu'aux Césars dans la catégorie meilleur film étranger. En 2012, Van Groeningen revient avec le très beau *Alabama Monroe*, qui traite de la réaction différente de deux parents face à la perte de leur enfant. Ce film brut et intime à la fois reçoit une nomination dans la catégorie meilleur film étranger en 2014. Ces dernières années, de nouveaux réalisateurs amènent un vent frais et percutant au cinéma belge. On peut citer ainsi Robin Pront et le thriller *The Ardennes* (2015), François Troukens et *Tueurs* (2017) ainsi que Adil El Arbi et Billal Fallah et le film coup de poing *Black*. En 2018, ce duo belge est choisi pour réaliser le blockbuster *Bad Boys for life* (2020, suite du mythique *Bad Boys*) avec Will Smith et Martin Lawrence. La même année, le jeune Lukas Dhont réalise le très beau *Girl*, traitant de la transsexualité. Le film, acclamé par la critique, reçoit quatre prix au festival de Cannes dont la Caméra d'or. Sorti en 2022, son deuxième film, *Close*, est tout aussi bouleversant. Histoire d'une amitié contrariée entre deux jeunes garçons, le film est Lauréat du Grand Prix au Festival de Cannes et en course pour l'Oscar du meilleur film étranger.

L'année 2018 amène également *Duelles*, un drame franco-belge, réalisé par Olivier Masset-Depasse, qui remporte neuf prix à la cérémonie des Magritte du cinéma de 2020. Un remake hollywoodien est en tournage avec Jessica Chastain et Anne Hathaway dans les rôles principaux.

© DENIS MAKARENKO - SHUTTERSTOCK.COM

Benoît Poelvoorde.

L'humour belge à l'écran

Si la région flamande se démarque dans le genre dramatique, la Wallonie en revanche brille par son humour grinçant. En 1992, Benoît Poelvoorde, acteur et réalisateur namurois, André Bonzel et Rémy Belvaux, sortent le très controversé *C'est arrivé près de chez vous*. Le film est réalisé dans le cadre du projet de fin d'étude de Rémy Belvaux, à l'époque étudiant à l'INSAS, école réputée de cinéma bruxelloise. Sorte de mise en abyme lointaine, le film est tourné à la manière d'un documentaire et met en scène une équipe de réalisateurs et cameramen bancale suivant Benoît, un tueur à gages folklorique. Le film est très controversé à l'époque : en cause, les scènes de violences physiques et sexuelles ainsi que la séquence dite « du petit Grégory ». L'humour noir est à son paroxysme dans cette scène où Ben explique la recette d'un cocktail qui porte le nom du tristement célèbre petit Grégory, assassiné dans les années 1980. L'œuvre continue de diviser trente ans plus tard, catégorisé comme culte chez les uns, comme honteux chez les autres. Le film remporte cependant le prix SACD ainsi que le spécial de la jeunesse, au festival de Cannes en 1992. En 1999, on retrouve Benoît Poelvoorde en tant qu'acteur au côté de Bouli Lanners, dans le film *Les Convoyeurs attendent*, réalisé par le Belge Benoît Mariage. La critique salue le jeu d'acteurs ainsi que l'aspect doux-amer qui teinte l'entièreté de l'œuvre. En 2006, Olivier Van Hoofstadt sort *Dikkenek*, œuvre s'inscrivant véritablement dans la lignée de *C'est arrivé près de chez vous*. Cette comédie devenue culte également en Belgique, réunit une brochette d'acteurs connus : Marion Cotillard, François Damiens, Mélanie Laurent, Catherine Jacob, Jean-Luc Couchard, Dominique Pinon…

Sam Garbarski.

Tout comme son précurseur, ***Dikkenek*** divise la critique passant de bête et pervers à chef-d'œuvre d'humour, en une fraction de seconde. Un an plus tard, le réalisateur Sam Garbarski sort le cocasse *Irina Palm*, avec Marianne Faithfull dans le rôle principal. En 2009, le réalisateur bruxellois Nabil Ben Yadir se fait remarquer avec *Les Barons*. Tournée dans plusieurs quartiers de la capitale belge (Molenbeek, Saint-Gilles, Forest…), cette comédie suit le quotidien de quatre amis au chômage, experts en combines, se présentant comme les Barons du quartier. Plus récemment, Jaco Van Dormael donne le rôle de Dieu à Benoît Poelvoorde, dans sa comédie surréelle *Le Tout Nouveau Testament* (2014). Poelvoorde campe un Dieu affreux, sale et méchant qui voit son travail chamboulé par la décision de sa fille de faire fuiter la date et l'heure de décès de chaque personne sur Terre. La petite Ea part ensuite en quête de six nouveaux apôtres pour écrire le « tout nouveau testament ». En 2017, Bouli Lanners sort *Les Premiers, les derniers*, où il partage l'écran avec Albert Dupontel. Ce film mettant en scène les péripéties de deux chasseurs de prime, gagne cinq Magritte en 2017, dont celui du meilleur film.

Au petit écran

En 1985, la Wallonie nous amène un programme à l'image d'une Belgique folklorique et forte en caractère : *Strip-Tease*. Cette émission de documentaire créée par Jean Libon et Marco Lamensch, nous expose des parcelles de vies de gens lambda. « Strip-Tease : l'émission qui vous déshabille » titre accrocheur et imagé représentant la manière dont les sujets se « mettent à nu » face au réalisateur et l'équipe technique. Avec ce programme cocasse mais intime, chaque spectateur se retrouve un peu (ou beaucoup) dans les personnages hauts en couleur que l'émission déniche. En 2018, les créateurs de l'émission sortent le long-métrage documentaire *Ni juge, ni soumise* qui suit le temps de quelques mois, le travail de la juge d'instruction bruxelloise Anne Gruwez (déjà au cœur de deux épisodes *Strip-Tease* à la télévision). Le caractère bien trempé de la juge ainsi que le choix des accusés font le succès de ce film qui remporte le Magritte ainsi que le César du meilleur documentaire, en 2019. Côté série, la région wallonne nous offre *La Trêve* et *Ennemi public*. Ces deux séries voient le jour suite à un appel à projet lancé par la chaîne de télévision RTBF et la Fédération Wallonie-Bruxelles ayant pour but de développer plusieurs séries belges francophones. Les deux programmes policiers se partagent non seulement leur place sur la chaîne belge mais également les *spotlights* français, *La Trêve* étant diffusée sur France 2 et *Ennemi Public* sur TF1. La Flandre, quant à elle, nous séduit avec des programmes comme *Clan* (2012, dont Apple TV a fait un remake *Bad Sisters*), *Spitsbroers* (2015) ou encore *Professor T*. Créée en 2015, cette série suit les aventures du professeur en criminologie Jasper Teerlinck et connaît un succès à l'international (des remakes français et allemand sont déjà en route). Citons également *WtFock* (2018), version flamande de la série norvégienne *Skam* (2015), qui s'ajoute à une petite dizaine de remakes (dont la version franco-belge *Skam France*). Chaque saison de la série aborde un thème d'actualité auprès des adolescents, comme le harcèlement sur les réseaux sociaux, le consentement, l'homosexualité ou encore la religion, et fait ainsi l'unanimité auprès des jeunes de Belgique mais également du monde entier. Depuis 2019, la série *Undercover* créée par Nico Moolenaar, met en scène un producteur mondial d'ecstasy dans un camping du Limbourg dont le réseau se fait infiltrer par deux policiers. Quant aux hyperactifs Adil er Bilall, ils ont réalisé pour Netflix *Grond*, série où le protagoniste décide de créer sa petite entreprise de trafic de terre marocaine pour que les Marocains de Belgique puissent se faire enterrer ici.

POPULATION

La Belgique, très densément peuplée, compte d'importantes villes très proches les unes des autres, concentration du territoire oblige. Bruxelles compte plus de 1,2 millions d'habitants. Anvers, mais également Gand et Charleroi, comptent plus de 200 000 habitants. Le pays connaît cependant de vraies disparités régionales, du fait de sa constitution fédérale en trois communautés : flamande, germanophone, fédération Wallonie-Bruxelles et en trois régions : wallonne, flamande et Bruxelles-Capitale. Officiellement bilingue. Bruxelles est aussi exceptionnellement cosmopolite de par sa position de capitale européenne, mais aussi comme capitale d'un pays où l'immigration est assez élevée et concentrée dans des bassins d'emploi. Elle compte trois communautés linguistiques : les néerlandophones sont 6,3 millions, les francophones 4,6 millions et les germanophones, seulement 75 000 personnes, vers la frontière de l'Allemagne et du Luxembourg.

Une population très urbaine

La Belgique compte 11,56 millions d'habitants pour un territoire de 30 527 km². Une des plus hautes densités au monde (372 hab./km²), la seconde en Europe derrière les Pays-Bas voisins et Malte. La population belge est urbaine à 98 % en raison de la densité de population du pays. Bruxelles-Capitale compte 19 communes et 1,2 million d'habitants, englobant principalement Bruxelles donc (179 000 habitants), Schaerbeek (133 000 habitants), Anderlecht (118 000 habitants). Anvers est ensuite la seconde agglomération du pays avec à peu près la même population, mais la ville est beaucoup plus grande que Bruxelles (523 000 habitants). Vient ensuite la très dynamique ville universitaire de Gand (260 000 habitants), puis Charleroi (202 000 habitants) et Liège (197 000 habitants), suivies de Bruges (118 000 habitants), Namur (111 000 habitants) et enfin Leuven (101 000 habitants).

Les trois Communautés

« La Belgique est un État fédéral qui se compose des Communautés et des Régions. » Cet article, qui figure au début du texte de la Constitution belge, établit le fait que l'on ne peut appréhender le royaume de façon uniforme. Trois Communautés, chacune basée sur sa propre culture linguistique, constituent en effet le socle de l'identité belge. Au nord d'une ligne horizontale passant juste sous Bruxelles, se situe la Communauté flamande. La Communauté française (appellation légale de la Fédération Wallonie-Bruxelles) partage, quant à elle, le sud du pays avec la communauté germanophone, située à l'est, près de Liège avec Eupen comme capitale. La capitale étant officiellement bilingue, la Communauté flamande et la Fédération Wallonie-Bruxelles gèrent les politiques qui leurs sont dévolues (comme l'enseignement) chacune de leur côté à Bruxelles. Bruxelles est d'ailleurs la capitale de la communauté flamande et de la Fédération Wallonie-Bruxelles.

Cette division n'est pas sans entraîner certaines disparités entre les sujets d'un même royaume. Tout d'abord, leur nombre n'est pas égal : les Flamands sont 6,3 millions, les francophones 4,6 millions et les germanophones, seulement 75 000. À cela s'ajoutent des différences d'ordre économique : la Flandre, plus ouverte sur le marché mondial grâce à son histoire portuaire, est plus riche que sa voisine wallonne.

Les trois Régions belges

La Région flamande (6,5 millions d'habitants) regroupe les provinces de Brabant flamand, Flandre-Occidentale, Flandre-Orientale, Anvers et Limbourg. Bruxelles est la capitale de la Région flamande. Avec le temps, elle a fusionné avec la Communauté flamande.

La Région wallonne (3,5 millions d'habitants) regroupe, quant à elle, les provinces du Hainaut, de Namur et de Liège (qui comprend les cantons de l'Est, germanophones). Namur en est la capitale.

© WERNER LEROOY - SHUTTERSTOCK.COM

Vieille ville de Bruxelles.

© ALEXANDROS MICHAILIDIS - SHUTTERSTOCK.COM

Le Roi Philippe de Belgique.

Enfin, la Région de Bruxelles-Capitale (1,1 million d'habitants), bien que géographiquement située à l'intérieur de la Région flamande, est une Région indépendante. Elle est composée des 19 communes de l'arrondissement de Bruxelles-Capitale et est officiellement bilingue.

Une frontière linguistique tenace

Dans les faits, on entend très souvent parler les Belges eux-mêmes de « frontière linguistique », ce qui suffit pour imaginer le niveau d'incompréhension, la méconnaissance respective souvent et une tendance populiste qui agrémente les programmes politiques. L'influence de l'État est en chute libre face aux intérêts communautaires. L'intérêt collectif diminue et met à mal un principe de gouvernance basé de longue date sur la solidarité. Les revendications pour changer en profondeur les institutions ont atteint le paroxysme ces dernières années.

Mais pour essayer définitivement de diviser le nord du sud… *quid* de la région de Bruxelles ? Elle reste l'éternelle pomme de discorde quand les dirigeants politiques s'asseyent ensemble pour au moins préserver un autre principe très belge : le consensus…

Sa Majesté le Roi des Belges

Fils aîné du roi Albert II et de la reine Paola, le prince Philippe est né le 15 avril 1960. Il est, depuis le 21 juillet 2013, le nouveau roi des Belges. Après une formation militaire, il poursuit des études à l'Université de Stanford, en Californie, où il obtient un Master en sciences politiques, devenant ainsi le premier membre de la famille royale belge à détenir un diplôme universitaire. Longtemps resté célibataire, en 1999, il épouse Mathilde d'Udekem d'Acoz, une jeune orthophoniste. Son enthousiasme communicatif, son bilinguisme, sa simplicité et son goût l'ont rendue sympathique à tous, royalistes ou non. Mathilde a mis au monde, le 25 octobre 2001, la princesse Élisabeth, suivie le 20 août 2003 du prince Gabriel, le 4 octobre 2005 du prince Emmanuel et de la princesse Éléonore, née le 16 avril 2008. Le roi Philippe n'est cependant pas apprécié de tous : il est souvent critiqué par une certaine élite politico-médiatique flamande qui le considère comme une sorte de Gaston Lagaffe, maladroit, gauche et emprunté. Quoi qu'ils en pensent, Philippe reste « Sa Majesté le Roi des Belges ».

Un pays cosmopolite

La Belgique comme tout pays occidental compte de nombreux étrangers sur son sol. Un environnement cosmopolite urbain, où près de 971 0000 étrangers sont comptabilisés sur son sol. En tête, les Marocains, suivis par les Italiens, suivis des Français, des Hollandais et des Turcs.

Les autres nationalités ne dépassent pas 25 000 personnes par communauté. L'immigration est très inégalement répartie dans le royaume : Bruxelles compte 35 % d'étrangers, la Wallonie et la Flandre, 10 % du total des populations respectives dans ces régions. Une intégration qui ne coule pas de source, comme c'est souvent le cas.

Si les Italiens (issus de la deuxième ou troisième génération) sont aujourd'hui parfaitement intégrés et acceptés par la société belge, d'autres populations, particulièrement les Nord-Africains, rencontrent les mêmes problèmes de xénophobie que ceux auxquels les Italiens durent faire face quelques décennies auparavant. Paradoxalement, c'est en Flandre que l'extrême droite xénophobe monte en flèche, là où les étrangers ont été longtemps moins nombreux que dans les autres régions.

Le problème touche particulièrement Anvers, où 53 % de la population est allochtone et où, dans certains quartiers de la ville, 80 % de la population est d'origine étrangère. Dans l'ensemble de la Flandre en général, le résultat de la NV-A, parti nationaliste flamand, désormais 1re force politique du pays depuis les dernières élections législatives fédérales de 2019, ou encore les résultats du Vlaams Belang (d'extrême droite et 2e parti flamand) donne malheureusement une impression fréquente de repli sur soi.

Les différentes langues du pays

En Belgique, ce sujet pourrait nourrir des bibliothèques entières. Quelques éclaircissements s'imposent donc ! Il existe en Belgique une frontière qui sépare les deux principales communautés linguistiques du pays : les néerlandophones et les francophones. Elle résulte de lois linguistiques promulguées dans les années 1960 et 1990. Mais les nuances sont bien plus complexes. Les dix-neuf communes de l'agglomération bruxelloise constituent une enclave bilingue au cœur du Brabant flamand. Le français est, pour les Flamands, une langue apprise à l'école à côté de l'anglais. Leur langue maternelle est, le plus souvent, un dialecte du néerlandais. Les plus âgés parlent souvent (très) bien le français, tandis que les plus jeunes préfèrent nettement l'anglais. Notez que le français rapide et vernaculaire de France ou du Québec n'est pas forcément compréhensible pour votre interlocuteur flamand.

Le néerlandais et le flamand

Le néerlandais est la langue germanique parlée par les Belges néerlandophones. Recouvrant de nombreux dialectes aux Pays-Bas et en Belgique, trois familles de ceux-ci sont présentes côté belge : les dialectes flamands dans la province de Flandre-Occidentale (Bruges), les dialectes brabançons parlés en Flandre-Orientale (Gand) et en Brabant historique (Anvers et le Brabant flamand), les dialectes limbourgeois, dans la province de Limbourg (Hasselt, Genk).

Le terme « flamand », qui désigne généralement les différents dialectes néerlandais parlés en Belgique, est donc aussi erroné que le terme de « hollandais » appliqué à l'ensemble des habitants du royaume des Pays-Bas.

Dans l'histoire de la langue néerlandaise, le flamand et le brabançon ont été les dialectes les plus prestigieux utilisés par les auteurs jusqu'au début du XVIe siècle. Mais la ruine et l'oppression des Pays-Bas méridionaux au cours des guerres de religion du XVIe siècle conduisirent la majorité des intellectuels à trouver refuge en Hollande, jusqu'alors moins prospère et moins peuplée. Pour les besoins de la traduction de la Bible, une langue standard allait être créée, principalement à base de brabançon et de hollandais, dont est issu le néerlandais moderne. Tandis que les dialectes des provinces belges se fractionnaient et se corrompaient d'influences françaises, les Pays-Bas se construisaient une culture nationale originale, que reflète leur langue actuelle.

Quand, au XIXe siècle, les intellectuels flamands entreprirent de ressusciter la culture de leur peuple, ils choisirent de se tourner vers le néerlandais moderne des Pays Bas, plutôt que de repartir des dialectes atomisés de leurs provinces. Aujourd'hui, les Belges néerlandophones sont donc tiraillés entre le dialecte parlé à la maison, le néerlandais officiel, un peu archaïque, enseigné à l'école en Belgique, et le néerlandais vivant des Néerlandais dans lequel ils ne se reconnaissent pas vraiment. Comme entre le français de Belgique et le français de France, d'inévitables divergences provoquent parfois des malentendus et moqueries réciproques. Tout comme les Français se moquent souvent de l'accent belge, les Néerlandais s'en donnent à cœur joie à propos des Flamands… Et inversement !

Les trois langues romanes régionales

Peu de Français le savent, mais il existe en réalité trois langues romanes en Belgique. Le wallon, parlé dans la majorité de la Wallonie, en trois variations sous-régionales, majoritaire (voir encadré), le picard (sous sa forme influencée par le wallon) dans l'ouest de la province de Hainaut entre Tournai et Mons et le lorrain, parlé en Gaume autour de Virton, également influencé par le wallon.

Ici aussi, l'usage des termes « Wallonie » et « wallon » – pour désigner l'ensemble du territoire situé au sud de Bruxelles et ses habitants – est abusif d'un point de vue linguistique et ethnologique. D'autant que la région wallonne comprend les cantons de l'Est, habités par 73 000 germanophones, qui n'ont rejoint l'État belge qu'après 1918. Le wallon est donc un dialecte parlé en Wallonie. Celui-ci était encore parlé par une partie importante de la population jusque dans les années 1930, mais, faute d'être enseigné, il est aujourd'hui de moins en moins utilisé. Une bonne partie de la population de Wallonie le comprend cependant, au moins un minimum.

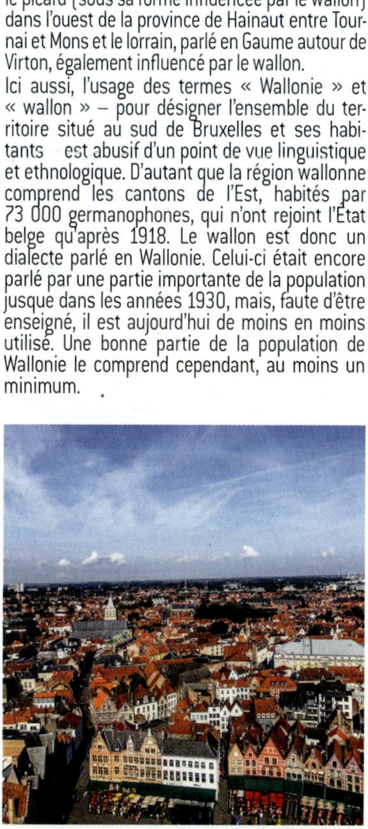
© ANOUCHKA - ISTOCKPHOTO.COM

Bruges où sont parlés les dialectes flamands.

LA LANGUE WALLONNE

Trois dialectes principaux

Plus proche du français que des autres langues romanes, le wallon est une langue à part entière. On distingue trois dialectes principaux : ouest-wallon ou wallon picard, parlé de Nivelles à Givet (France), en passant par Charleroi ; wallon central ou namurois, parlé de l'est du Brabant wallon au cœur de l'Ardenne en passant par Namur ; est-wallon ou liégeois, parlé dans la province de Liège et dans le nord de la province du Luxembourg belge, en plus du wallon lorrain. Alors qu'un dialecte riche, considéré comme tel, doit posséder un vocabulaire de 10 000 mots (comme les dialectes italiens : calabrese, sicilien...), on estime celui du wallon à 70 000 mots ! Environ 1 000 mots diffèrent vraiment d'un dialecte wallon à l'autre, ce qui n'en fait qu'1,5 % mais rend souvent un dialecte difficilement compréhensible d'un coin à l'autre de la Wallonie...

Les Belges... vus par leurs copains les Français

Les Français et les Belges francophones sont séparés par une langue commune, comme on le dit des Anglais et des Américains. C'est une source de plaisanteries, de quiproquos et de rencontres fréquentes, car on peut dire qu'il y a entre les deux pays plus d'amitié que de malentendus. Finalement, les petites différences et les grandes ressemblances nourrissent la conversation et font le charme du voyage. La France n'a qu'un seul tort grave à l'égard de la Belgique : celui d'en faire un pays du Nord. Non que la Belgique se revendique méditerranéenne, mais l'Hexagone semble parfois pris d'une folie héliotropique qui oriente son regard vers les seuls territoires situés au sud de la Loire, au détriment de son propre septentrion et des pays voisins.

Le « bon » français n'existe pas !

Prenons le risque de casser un mythe, une légende, une excuse derrière laquelle se cachent souvent ceux qui prétendent qu'il existe un « bon » français. La langue française est parlée dans toute la francophonie et se teinte d'accents, de mots exotiques, d'expressions typiques... ni meilleurs, ni plus justes ou moins faux que les autres. Il s'agit toujours du français standard avec une personnalité bien à lui en fonction de son origine. Et si on essaye de vous sortir l'argument historique, sachez que par exemple, le français est parlé en Belgique depuis le XIIIe siècle, depuis plus longtemps donc que dans bien des provinces françaises. Jusqu'au XIXe siècle, il était surtout en usage dans les classes supérieures.

Les accents belges

Non, tous les Belges francophones ne ponctuent pas chacune de leurs phrases de « une fois » (utilisé parfois à Bruxelles mais rarement dans le reste du pays) ou de « allez-ye dit » (ne comprenez pas « on y va » mais « quand même »). Il faut aussi savoir que ce que beaucoup de Français prennent pour l'accent belge est en fait l'accent des Flamands qui parlent français (souvent très bien, d'ailleurs). Il est vrai cependant que ces accents diffèrent tous de l'usage parisien et que les Belges emploient des mots bien à eux, qui peuvent parfois faire sourire celui qui les entend pour la première fois. Les Belges tiennent à leurs « septante » et « nonante » (70 et 90) ainsi qu'à la prononciation vernaculaire de leurs noms de famille et de leur toponymie. De nombreux usages varient par rapport à la France, notamment dans le vocabulaire scolaire et la formation de néologismes. En guise d'exemple, un détail qui peut porter à confusion : si un Belge vous demande « ça va ? », il n'est peut-être pas en train de prendre de vos nouvelles pour la dixième fois de la journée mais veut simplement savoir si vous êtes d'accord.

Des traits phonologiques fondamentaux

On remarquera également que, dans la plupart des parlers régionaux et le français standard, les Belges ont conservé des traits phonologiques fondamentaux qui existent dans les provinces de France. Principalement la distinction entre les voyelles longues et les voyelles courtes et la palette des voyelles nasalisées. Un Belge ne prononce pas patte comme pâte, et il fait la différence entre « in » et « un », différence qui se perd à Paris.

N'essayez surtout pas d'imiter l'accent belge

On ne le répétera jamais assez. Vous n'y arriverez pas, vous serez vite repéré et vous passerez pour un « snul » (imbécile, à Bruxelles) ou une « biesse » (imbécile aussi, mais à Liège ou à Charleroi). Si toutefois, l'envie se fait trop pressante, laissez échapper l'une ou l'autre réplique du film *Dikkenek*, ça fait beaucoup rire les Belges, autant que les Français !

SOCIÉTÉ

Les Belges se distinguent par bien des traits de caractère et de culture. D'abord par leur sens du compromis, moins grégaire, plus amical et familier que la négociation à la française par exemple. Une qualité inégalable de nos voisins belges, et signe de grande intelligence, est leur sens de l'humour. Autre atout : le Belge est doté d'un coude léger pour s'envoyer des mousses de qualité très variées au fond du gosier, même si la consommation d'alcool tend à diminuer comme partout en Europe. Il est aussi vaillant, enfourchant son vélo qu'il pleuve, qu'il vente ou qu'il neige, pour se déplacer au quotidien. Outre un système éducatif et de santé performant, les Belges sont ouverts et progressistes, autorisant le mariage entre personnes du même sexe, la PMA pour les femmes seules et les couples de lesbiennes, l'avortement et même l'euthanasie. Les valeurs familiales sont en même temps bien ancrées chez les Belges.

Des modes de vie et opinions différents

La Belgique vit au rythme des différences qui l'ont constituée. La césure socio-linguistique s'étend sur la quasi-totalité des sujets du royaume. Seule l'équipe de football nationale, les Diables Rouges, est à même de réunir les trois communautés dans un même élan patriotique. Les particularités de ces différentes communautés font qu'il est difficile de décrire un mode de vie et des caractéristiques uniques de la population. On peut considérer selon les opinions de votes que dans leur majorité, les Flamands sont plus conservateurs et traditionnels et les Wallons, plus progressistes. La flambée de l'extrême droite xénophobe et séparatiste en Flandre aux dernières élections de 2019 montre aussi qu'une partie des Flamands a choisi le repli sur soi, quand les Wallons ont gardé le cap du socialisme ou versent désormais davantage à l'extrême gauche communiste. On remarquera cependant un certain nombre de traits de caractère qui se retrouvent chez la plupart des Belges.

D'abord, le niveau et le confort de vie des Belges sont généralement bons… malgré des disparités évidentes. La société belge est basée sur la solidarité. Malgré le vieillissement de la population, le système de Sécurité sociale fonctionne. Des allocations familiales, des pensions, une assurance maladie, des allocations de chômage et des congés payés sont distribués à ceux qui y ont droit. Et les soins de santé sont parmi les meilleurs au monde.

Le compromis à la belge

Ainsi, les Belges sont généralement modestes et modérés. Comme leur pays, la plupart ont adopté un comportement de résolution pacifique des conflits. C'est le fameux compromis à la belge (néanmoins en voie de disparition). Les Belges sont aussi de bons hôtes et, surtout, de bons vivants. Il suffit de voir le nombre de cafés et de restaurants que compte le pays pour s'en persuader. On remarquera également que le langage est généralement très familier, dans le bon sens du terme, et l'utilisation de métaphores, de plus ou moins bon aloi, est monnaie courante. Contrairement aux Français, réputés champions des râleurs au niveau mondial, les Belges sont patients et courtois. Ils peuvent attendre des heures dans une administration sans souffler, trépigner, taper du poing. Mais aussi pour aller à un concert ou au cinéma, en faisant la queue calmement.

La bière, tradition sociale séculaire

Depuis le XIVe siècle, les brasseurs de Bruges, Lièges et Bruxelles sont fédérés pour préparer la boisson maltée favorite des Belges. Le pays compte plus de 200 brasseries de production et plus de 2 500 variétés de bières. Même dans les kermesses d'école, elle coule à flots ! Vous en trouverez partout et de toutes les sortes, été comme hiver. La consommation moyenne annuelle et par habitant s'est réduite à 68 litres en Belgique actuellement contre 202 litres dans les années 1930. On est loin des 104 litres par habitant en Allemagne, mais on est à plus que le double de la consommation moyenne française de 33 litres par habitant ! Mais, si le Belge boit moins, il boit « mieux ». Si la pils est toujours sa bière favorite, la consommation de spéciales représente 35 % du total. Depuis 2016, la bière belge est inscrite au patrimoine culturel immatériel de l'Unesco sous le titre « La culture de la bière en Belgique ». Tout un programme.

L'humour à la belge

Si les Français font volontiers des blagues lourdes sur les Belges et leurs frites depuis des décennies, les Belges ont un humour décapant, débridé, raffiné et impertinent. Le Belge manie l'ironie à merveille, surtout le Bruxellois, qui a le sens de l'humour gouailleur, insolent, politiquement incorrect et l'esprit naturellement mal tourné. Résumé en un mot : la *zwanze*.

La fameuse statue sur la fontaine du Manneken Pis à Bruxelles (« le petit homme qui pisse ») est le symbole le plus connu de la ville, qui personnifie aussi leur sens de l'humour. Les acteurs et humoristes Benoît Poelvoorde et Yolande Moreau, ou encore la journaliste Charline Vanhoenacker et le chroniqueur Alex Vizorek, que l'on connaît bien en France, en sont de parfaits exemples.

Le vélo, le train, le tramway

Si la Belgique est très urbanisée, elle peut se vanter d'avoir développé dans nombre de villes, et plus spécialement les cités flamandes influencées par les Pays-Bas, des moyens de transport en commun écologiques. Le plus emblématique des moyens de transport dans le plat pays, c'est bien sûr le vélo. Il n'y a qu'à voir les forêts de deux-roues parqués devant les gares pour s'en rendre compte ! Les pistes cyclables sont développées aussi bien en ville que dans les campagnes. Le tramway électrique dans les grandes villes comme Bruxelles, Anvers ou Gand a un réseau très développé. Le train est facile à prendre pour rayonner dans toutes les villes de ce petit pays, tout comme prendre son vélo à bord du train ! Enfin, les canaux, existant depuis le Moyen Âge, ont segmenté certaines villes en aires piétonnes vertes et calmes, comme à Bruges. Dans le sud du pays, moins urbanisé et plus vallonné, le rail et les transports en commun restent moins développés et la voiture restent encore le moyen de transport privilégié.

La famille, une valeur bien ancrée

Bien que le nombre de mariages ne cesse de diminuer dans le pays, la famille reste l'une des valeurs essentielles de la société belge. Plus d'un nouveau-né sur deux à des parents non mariés. Dans le même esprit, les Belges sont aussi réputés pour investir considérablement dans leur logement (plus de 75 % des ménages sont propriétaires) et aiment y recevoir amis et famille. On dit des Belges qu'ils ont « une brique dans le ventre ».

La communauté LGBTQIA+ bien acceptée

La communauté homosexuelle est assez importante en Belgique, assez visible (surtout à Anvers, à Bruxelles et, dans une moindre mesure, à Liège) et bien acceptée. En 2003, la Belgique fut le second pays, après les Pays-Bas, à légaliser le mariage entre deux personnes du même sexe. Chaque année, on compte entre 1 800 et 2 200 unions. De même pour les personnes transgenres. La nomination de Petra De Sutter, femme politique transgenre, au poste de vice-Première ministre chargée de la Fonction publique a été accueilli sans problème et la loi permet assez facilement de modifier nom et genre auprès de l'état civil.

La PMA élargie

Depuis le 20 avril 2006, les couples homosexuels sont autorisés à adopter un enfant ainsi que les femmes célibataires, au même titre que les couples hétérosexuels. Mais dans la pratique, il existe de nombreuses difficultés liées au nombre d'enfants à adopter en Belgique, et aux pays refusant l'adoption aux couples homosexuels. En cas de PMA au sein des couples lesbiens, autorisée depuis 2015, si les homosexuelles sont mariées au moment de la naissance de l'enfant, le statut de « mère légale » est donné automatiquement à la conjointe de la mère biologique de l'enfant. Refusant de « privilégier un modèle familial plutôt qu'un autre », le législateur avait alors autorisé l'accès à cette technique à tout « auteur de projet parental », incluant les femmes lesbiennes et célibataires. Là encore, la Belgique est pionnière dans ce type de loi.

Tramway à Bruxelles.

© ANTON_IVANOV - SHUTTERSTOCK.COM

Bibliothèque universitaire de Louvain.

DÉCOUVRIR

Des naissances en baisse

Le taux de natalité est en baisse pour la 7e année consécutive, avec 10,5 naissances pour 1 000 femmes. En 2018, 117 800 bébés ont vu le jour en Belgique, soit une baisse de 1,1 % par rapport à 2017. De plus, il est déséquilibré de part et d'autre de la frontière linguistique. L'indice conjoncturel de fécondité diminue donc encore à 1,61 enfant par femme. C'est insuffisant pour renouveler la population (il faudrait un taux égal à 2 enfants par femme). Il est également plus élevé dans la capitale (1,75) que dans les autres régions (1,59). L'âge moyen à la maternité est de 30,7 ans. Il est sensiblement plus élevé à Bruxelles (31,8 ans) qu'en Flandre et en Wallonie (30,6 ans et 30,5 ans). La proportion des naissances de mères étrangères reste majoritaire à Bruxelles avec 51,6 % des naissances ! Elle n'est que de 21,8 % en Région flamande et 18,5 % en Wallonie. Les prénoms les plus utilisés diffèrent aussi selon l'appartenance communautaire.

Une espérance de vie élevée

L'espérance de vie à la naissance s'est élevée en Belgique en 2021 à 81,7 ans pour l'ensemble de la population, selon les données de Statbel, l'office belge de statistiques. Pour les femmes, elle atteignait 84 ans et 79,2 ans pour les hommes. Ainsi, l'espérance de vie la plus longue est constatée en Flandre (82,7 ans). Bruxelles suit (81,3 ans) devant la Wallonie (79,9 ans)

L'euthanasie légalisée

En 2002, l'euthanasie dite « active » est votée après deux ans de débats. Celle-ci est définie comme un « acte, pratiqué par un tiers, qui met intentionnellement fin à la vie d'une personne à la demande de celle-ci ». Elle est autorisée uniquement sur un patient majeur, qui a formulé de façon volontaire, réfléchie et répétée sans pression extérieure, la volonté de mourir en raison d'une situation médicale sans issue. Une rareté en Europe où le débat sur l'euthanasie est très vif et revient régulièrement sur le devant de la scène. La Belgique l'a adoptée il y a 15 ans alors qu'aujourd'hui, seuls cinq pays dans le monde la pratiquent : la Colombie, mais aussi les voisins de la Belgique avec qui elle partage cette ouverture d'esprit et de liberté, les Pays-Bas et le Luxembourg et récemment, l'Espagne.

Un système éducatif performant

Le système éducatif de la Belgique est l'un des plus performants d'Europe : il arrive au troisième rang au niveau européen. Seulement 15 % des personnes âgées de 18 ans ne poursuivent pas d'études. L'école est obligatoire de 6 ans à 16 ans. Pour simplifier, on retiendra que l'enseignement est divisé en deux catégories : le réseau officiel ou public, organisé par l'État, et le réseau libre ou privé, où les écoles sont généralement confessionnelles, la majorité catholiques, même s'il existe quelques écoles religieuses protestantes et juives. Il est intéressant cependant de remarquer que de nombreux parents non pratiquants, athées ou même adoptant une autre religion, préfèrent inscrire leurs enfants dans une école catholique car elles ont meilleure réputation. Aujourd'hui, l'enseignement public et l'enseignement libre représentent chacun environ 50 % des élèves inscrits. La scolarisation est répartie en deux tranches de six ans (on passe un degré tous les deux ans) et le panel de choix du cursus est assez varié de la formation générale, à une formation artistique, technique ou professionnelle. Le système éducatif belge est fortement décentralisé, bien plus qu'en France, tant au niveau des matières que du recrutement des personnels.

RELIGIONS

Si la Belgique est à majorité catholique (à peu près la moitié des habitants), et plus pratiquante côté flamand que côté wallon, elle a par le passé connu une grande vague protestante, mais la répression dès le XVIe siècle a eu raison de cette obédience dans le pays, contrairement aux voisins hollandais. Aujourd'hui, la Belgique compte 30 % d'athées ou agnostiques, pour qui la religion n'a pas d'importance ou d'existence, et enfin 7 % de musulmans, principalement à Bruxelles-Capitale. Mais la Belgique est un pays riche en carnavals, kermesses et ducasses folkloriques dont les origines remontent à des rituels païens ancestraux. Le carnaval de Binche, avec l'existence des Gilles, les dragons et géants professionnels font partie d'un univers onirique qui n'existe pas à proprement parler dans la religion catholique. La légende du cheval Bayard est même restée dans les écrits depuis le XIIe siècle !

Une société multireligieuse

Selon le dernier Eurobaromètre publié par la Commission européenne en décembre 2018, la tendance s'est néanmoins inversée ces dix dernières années, en raison de la montée des valeurs conservatrices, surtout côté flamand. Cette poussée réactionnaire s'est également traduite dans les votes. Ainsi les chrétiens sont passés de 52,5 % de la population en 2008 à 62,8 % aujourd'hui. Les catholiques constituent la presque exclusive majorité (57,1 % de la population belge), tandis que les protestants ne sont que 2,3 % et les orthodoxes 0,6 %. Seuls 5 % des Belges (notamment Flamands) sont pratiquants et vont à l'église régulièrement contre 12 % dans les années 2000.

Les personnes non religieuses forment le second groupe (29,3 % de la population), plutôt dans la partie wallonne du pays. Les agnostiques (qui ne croit ni à l'existence ni à la non-existence de Dieu) sont largement majoritaires dans ce groupe en constituant 1/5e de la population belge (20,2 %) devant les athées (qui croient fermement à la non-existence de Dieu) qui sont 9,1 %.

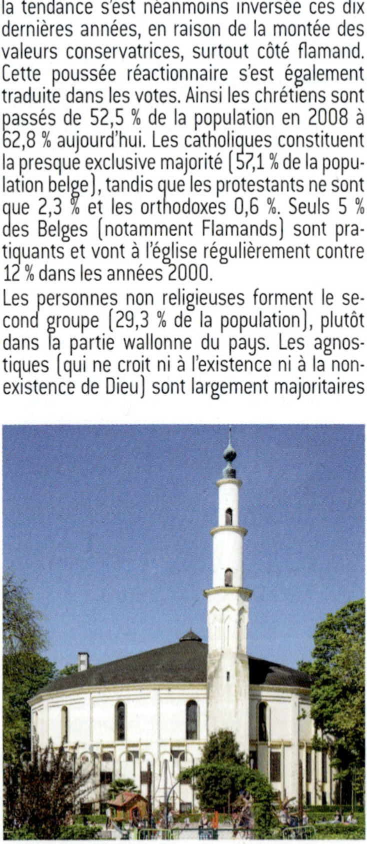
© OLRAT - SHUTTERSTOCK.COM

Mosquée de Bruxelles.

Les musulmans, le troisième groupe, ne seraient que 6,8 %, soit 780 000 habitants, dont près d'un tiers à Bruxelles-Capitale (280 000 habitants), représentant 24 % de la population. La commune de Molenbeek qui concentre 40 % de musulmans, dont la moitié serait marocaine, a notamment accueilli des travailleurs ouvriers marocains immigrés venus de Tanger, Tetouan et du Rif, principalement dans les années 1950 et 1960. En Wallonie, ils représentent 4,9 % de la population (soit 175 000 personnes), un taux à peu près similaire à celui de Flandres à 5,1 %, plus peuplée (environ 330 000 musulmans sur la région).

Les autres religions ne concernent que 1,1 % de la population, dont très peu de juifs (0,3 %), quelques bouddhistes et hindouistes.

La répression des protestants du XVIe au XVIIIe siècle

Si la religion chrétienne protestante est quasiment inexistante aujourd'hui, elle a été très importante dans l'histoire du pays. Le protestantisme belge est né suite à la publication des 95 thèses de Martin Luther en 1517, particulièrement à Tournai et à Liège où il s'implante bien. Les moines du couvent augustin d'Anvers se convertissent, tout comme le moine Jean Castellan à Tournai, ville où sera introduite la Réforme. Ils y seront majoritaires dès la seconde moitié du XVIe siècle, ce qui lui vaudra le surnom de « Genève du Nord ». Dès 1540, Tournai est considérée comme le fief des réformés calvinistes, suivie par Anvers et Gand dans les années 1560.

Dans les années 1560, en plein pic de la Réforme belge, les protestants étaient près de 300 000 en Belgique, soit environ 20 % de

© WESKERBE - SHUTTERSTOCK.COM

Carnaval de Binche.

la population à l'époque ! Principalement dans le comté de Flandres (Bruges, Gand, Ypres) et le duché du Brabant (Anvers, Bréda, Bruxelles, Lierre), bien sûr à Tournai et Liège, mais aussi à Mons, Enghien, Limbourg, Eupen, dans le pays d'Outremeuse et le Marquisat de Franchimont. La répression sanglante des protestants par la couronne de Castille provoquera le soulèvement du pays en 1567. Les tensions s'apaisent le 23 janvier 1579, lorsque le comté de Flandre, le duché de Brabant et Tournai ratifient l'Union d'Utrecht qui consacre la liberté religieuse. Entre 1577 et 1585, Tournai, Bruxelles, Gand, Bruges, Ypres, Anvers, Ostende, Malines se dotent, sous l'influence des réformés, d'un gouvernement républicain.

Mais la reconquête espagnole du sud des Pays-Bas pendant la guerre de 80 ans a raison des protestants, qui doivent soit se convertir, soit fuir. Le Nord des Pays-Bas, majoritairement calviniste, devient indépendant après des années de conflit, tandis que le Sud, qui correspond aux contours de la Belgique actuelle, reste par la force des armes et dans le sang, sous la tutelle des Habsbourg d'Espagne, avec pour religion d'État le catholicisme. Des villes, comme Tournai et Anvers, sont dépeuplées à leur chute dans les années 1585, connaissant un exode massif de ses habitants protestants. De violentes persécutions commencent et ne s'arrêteront quasiment jamais, poussant la quasi-totalité des protestants à fuir jusqu'au XVIIIe siècle. Ils s'installent principalement dans les principautés allemandes protestantes du Palatinat et du Brandebourg, mais aussi en Angleterre, dans les Provinces unies, en Suède et vers le Nouveau Monde, principalement l'Afrique du Sud dans le sillage des Hollandais. D'importantes colonies belges réformées, wallonnes ou flamandes, sont créées à Londres, Francfort, Hanau, Magdebourg et Wesel, contribuant à l'essor de ces régions car à l'époque, la Belgique est prospère. À partir de 1620, entre 5 000 et 10 000 Wallons émigrent en Suède, dont le fondateur de l'industrie de l'acier dans le pays, l'industriel liégeois Louis de Geer. Des « Églises sous la croix », clandestines, subsistent cependant. Ce n'est qu'en 1781 que la « liberté de conscience » est accordée par un édit de tolérance de l'empereur d'Autriche Joseph II. À la création du Royaume uni des Pays-Bas en 1815, le roi protestant Guillaume Ier réorganise les Églises, mais la plupart ont déjà fui depuis bien longtemps les terres belges.

Processions, ducasses et carnavals

De nombreuses fêtes processionnaires ponctuent le calendrier belge. On peut citer l'Assomption, avec la célébration du 15 Août en Outremeuse à Liège (procession de la Vierge noire et ses festivités folkloriques), et la procession du Saint Sang à Bruges, portant un reliquaire des gouttes de sang du Christ dont un morceau de terre, rapporté de Jérusalem par Thierry d'Alsace au temps des Croisades, est imbibé. Côté Carnaval, celui de Binche et son défilé de Gilles est le plus connu et le plus ancien (classé à l'Unesco), mais on peut citer les carnavals de Malmedy et Stavelot près de Liège, celui de la Grosse Biesse en Marche-en-Famenne et celui des Ours d'Andenne près de Namur et ceux de Bruges et d'Alost en Flandre. Les ducasses (qui viennent de « dédicaces ») étaient à l'origine des processions en l'honneur des patrons de chaque ville. Les géants et dragons processionnels présents dans les carnavals, braderies, kermesses et ducasses aurait des origines médiévales enracinées dans la culture populaire et la tradition. Ils sont inscrits au Patrimoine immatériel de l'UNESCO. Chaque géant a son histoire : ils naissent, sont baptisés, se marient et ont des enfants comme les humains.

Procession du Saint-Sang à Bruges.

Croyances populaires

De l'Antiquité au XIXe siècle, la religion, les légendes, les superstitions et même des rituels païens, imprégnaient fortement les mentalités. Quand le paganisme céda à la religion chrétienne, l'Église rejeta ce qui n'était pas conforme à ses dogmes. Elle ne supprima pas tout d'un coup les fêtes ancestrales mais elle en sanctifia le but, en les appliquant aux fêtes chrétiennes qui tombaient sur un temps peu éloigné, créant un syncrétisme religieux. On peut citer la légende du cheval Bayard, resté dans les mémoires, les écrits, les carnavals et les dessins d'époque.

La légende de Bayard

Depuis le Moyen Âge, du XIIe au XIXe siècle, le cheval Bayard est une légende importante de Belgique, fantastique et merveilleuse, souvent mentionné dans les fameuses chansons de gestes, surtout dans l'Ardenne, à Liège et Dinant. Son existence remonterait soit à un mythe franc (la monture reptilienne du géant Gargantua), soit à celui d'un cheval-fée chevauché par la déesse gauloise et romaine Épona dans la mythologie celtique. Des processions et cortèges folkloriques le mettent en scène parmi les géants du Nord, à la Ducasse d'Ath et l'ommegang de Termonde. On peut encore voir aujourd'hui une gravure de la tentative de noyade de Bayard par Charlemagne, sur le pont des Arches à Liège. Le cheval Bayard est aussi représenté par des statues à Gand et Termonde.

On raconte que Bayard, fils d'un dragon et d'une serpente, était un cheval-fée libéré d'une île volcanique par l'enchanteur Maugis, probablement dans les îles siciliennes de Lipari. Aymon de Dordonne vient présenter ses quatre fils à Charlemagne, et celui-ci fort impressionné par l'aîné Renaud, lui donne cette monture merveilleuse. Mais celui-ci, sur un coup de colère, tue le neveu du roi après une partie d'échecs. C'est alors qu'il prend la fuite, sur le dos de Bayard, avec ses trois frères. Réfugiés en Ardennes dans la forêt, pourchassés par l'armée de Charlemagne, ils tentent de revenir chez leur mère à Dordonne mais ils sont chassés par leur père en colère, toujours vassal de l'Empereur.

Par la suite, Renaud se rend à Paris pour narguer Charlemagne. Il déguise Bayard en cheval boiteux pour gagner une course mais il est rapidement reconnu par un étrier, qu'il tue d'un coup de sabot mortel. Ils prennent la poudre d'escampette vers le sud, jusqu'à Montauban où ils sont rattrapés par l'armée de Charlemagne. Réduits à la famine pendant le siège de la ville, ils sont obligés de tuer toutes leurs montures, afin de se nourrir, sauf Bayard. Ils réussissent finalement à s'enfuir par un souterrain et sont sauvés par le sang de Bayard, qui les réanime et leur donne des forces. Charlemagne veut alors signer la paix, et en gage, demande à ce que Renaud parte en pèlerinage en Palestine et qu'il lui livre Bayard, ce dernier l'ayant toujours aidé à se sortir de situations désespérées. Renaud accepte, et Bayard est alors coulé au fond du fleuve avec une meule autour du cou, sur demande de Charlemagne. Selon la légende, il parvint à s'échapper et continue de hanter la forêt ardennaise, en restant bien éloigné des humains. On dit qu'il aurait rejoint l'ermitage de l'enchanteur Maugis où l'on peut entendre son hennissement à chaque solstice d'été.

QUE RAPPORTER ?

La Belgique est un pays d'artisanat de bon vivant. On privilégie ici la haute qualité des produits gastronomiques du terroir, spécialités de charcuterie, fromages, viandes mijotées en sauce, et bien sûr les sacro-saintes frites ! Et leurs associées les plus fidèles : les moules. Comme ce dernier plat est impossible à ramener dans les valises, on se concentre sur les bières, la charcutaille, les petits condiments comme la moutarde de Bigny. Côté douceurs, on ramènera bien sûr des chocolats, des spéculoos ou des cuberdons. Pour sa grand-mère on pensera plutôt à la dentelle faite à la main à Bruges. Les férus d'art préféreront les livres – pour une fois disponibles en français – sur Van Eyck, Brueghel, Bosch, Rubens et autres peintres flamands, sur le surréalisme de Magritte ou encore l'Art nouveau du génie architectural Victor Horta. Pour les plus jeunes, une bonne bande dessinée. À chacun son cadeau souvenir !

Des bières

Il est impossible de quitter la Belgique sans emporter au moins l'une des 300 bières locales. Beaucoup considèrent que les meilleures sont les bières trappistes, mais les IPA ont aussi la cote, tout comme la Chimay bleue et la bière de l'abbaye d'Orval qui sont des potions d'or houblonnée très recherchée. Si vous ne savez que choisir, offrez-vous un « mètre de bière » qui propose plusieurs échantillons de bières différentes, parmi les meilleures du pays. Vous en trouverez dans certaines boutiques spécialisées près des centres touristiques ou dans les nombreuses brasseries à visiter. On trouve aussi dans les magasins de bière des collections de verres à bière très décoratifs qui sont de jolis cadeaux à ramener, à condition de bien les emballer dans la valise pour ne pas les casser ! Veillez à mettre tous vos précieux breuvages dans la valise en soute si vous prenez l'avion et de penser au poids des bouteilles. Certes lourdes et fragiles, mais qui valent bien leur pesant d'or houblonné.

Des chocolats

Les pralines et le chocolat sont peut-être des produits les plus évidents et faciles à ramener pour les faire découvrir à vos connaissances. Des maisons de chocolatiers belges fleurissent dans chaque ville, chacun ayant ses spécificités. De grandes enseignes très connues disposent de plusieurs boutiques dans toutes les villes de Belgique. On peut citer les plus réputés : Galler, mais aussi Neuhaus, Corné et Léonidas.

Désormais certains petits créateurs font exclusivement des douceurs en chocolat bio et/ou de commerce équitable. Vous les trouverez référencés dans les rubriques (se) faire plaisir de chaque ville. Pensez aussi à cette option pour des cadeaux originaux.

D'autres douceurs belges

Le spéculoos (en biscuit ou en pâte) est également un incontournable. Vous trouverez des boîtes en supermarchés mais, pour un cadeau, mieux vaut se rendre dans une épicerie fine pour en acheter. Vous en trouverez, avec des pains d'amande et pains à la grecque, à la Maison Dandoy, à Bruxelles et Anvers. Si vous êtes déjà un initié des produits belges, vous pouvez passer au niveau de subtilité suivant et vous procurer des couques de Dinant, sortes de biscuits modelés et incassables qui ne se croquent pas mais se sucent, ou des cuberdons (des bonbons en forme de pyramide à bout rond de toutes les couleurs). Enfin, pour ceux qui aiment cuisiner, le sirop de Liège ne peut être oublié, d'autant qu'il est difficile de le trouver à l'étranger. Il permet de réaliser les fameux boulets liégeois et beaucoup d'autres recettes.

© MISTERSTOCK - SHUTTERSTOCK.COM

Biscuits spéculoos.

DÉCOUVRIR

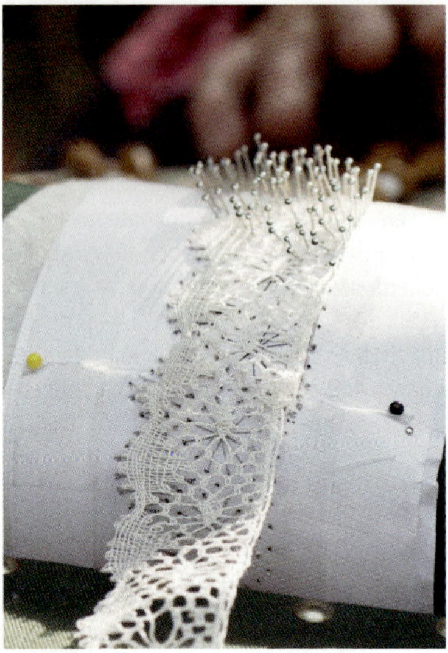

© ANNEKEDEBLOK - ISTOCKPHOTO.COM

Dentelle de Bruxelles.

Des livres

Si vous êtes un passionné d'art, et plus spécialement de peintures flamandes, ne passez pas à côté d'un beau livre explicatif sur les œuvres des grands maîtres de cette discipline, lorsque l'école d'Anvers était un pôle de peinture flamande baroque. Vous trouverez des volumes illustrés en français de Jan van Eyck, Jérôme Bosch et Pierre-Paul Rubens ou Pieter Brueghel l'Ancien. Les amateurs de bandes dessinées ne résisteront sans doute pas à la tentation de compléter leur collection. Il existe un quartier spécialisé autour du boulevard Anspach et de la chaussée de Wavre, à Bruxelles pour farfouiller et trouver son bonheur.

De la dentelle

Si vous avez une grand-mère qui passe ses soirées à faire du crochet devant la télé, alors son cadeau est tout trouvé : de la dentelle belge ! Un vrai savoir-faire ancestral.

La dentelle duchesse de Bruxelles doit son nom à la duchesse Marie-Henriette de Brabant, qui en était très friande. Une dentelle réputée plus fine et plus riche que celle de Bruges. C'est pourtant cette dernière qui revendique le titre de « ville de la dentelle » en se reposant sur une légende selon laquelle la dentelle y aurait été créée par une jeune fille à qui la Vierge aurait révélé le secret de fabrication de cet art. D'autres légendes provenant des pays du monde entier racontent l'histoire de la création de la dentelle. Parfois, d'une ville à l'autre, dans un même pays, la légende diffère : celle racontée à Bruges n'est pas celle racontée à Bruxelles.

Il est impossible de déterminer avec exactitude le moment de l'invention de cette technique. Elle date probablement du XVIe siècle, et est apparue à peu près en même temps en Italie et en Flandre. Le mode de fabrication aurait été apporté d'Orient en Occident par les croisés. Une autre technique similaire existait déjà : la passementerie, pratiquée par des hommes avec du fil d'or, de cuivre ou d'argent. Aux XVIIe et XVIIIe siècles, la demande croissante fait de la dentelle le seul produit d'exportation suite à la crise du textile flamand.

La plupart des ouvrages sont réalisés par des femmes au logis (dans les béguinages, par exemple) ou des indigents. La ville d'Anvers employait, en 1738, le quart de sa population active à la confection de la dentelle, y compris des enfants. Aux XIXe et XXe siècles, la manufacture de la dentelle en Flandre est très importante : par ce biais, Bruges devient un pôle économique essentiel. Cependant, à cette époque, le fil de coton remplace le fil de lin, et la fabrication industrielle vient asséner le coup de grâce à cet artisanat.

Le Centre de la dentelle est situé à Bruges, installé dans une maison-Dieu fondée au XVe siècle. L'ancienne demeure familiale héberge les ateliers des dentellières, toujours prêtes à faire une démonstration sous l'œil curieux des visiteurs. Dans la boutique, vous trouverez tous les outils et matériaux pour vous initier à cet art délicat.

D'autres villes comme Malines ou Binche peuvent aussi se targuer de proposer de la dentelle de qualité.

Des objets d'artisanat divers

Vous pourrez aussi rapporter de la dinanderie (travail du cuivre, du bronze ou du laiton) de Dinant, des porcelaines de Tournai, des poteries des grès bleus de La Roche, des faïences et céramiques de la Louvière…

Les brocantes sont aussi populaires (ne manquez pas celle de la place du Jeu-de-Balle à Bruxelles ou le Vrijdagmarkt à Anvers). Si vous aimez chiner, vous pourrez peut-être y trouver quelques objets artisanaux anciens.

Des produits de luxe

Enfin, si votre budget le permet, certains articles de luxe méritent un tour de shopping. On peut citer les bijouteries d'Anvers pour tailler le diamant de tous vos désirs. Elles sont ouvertes tous les jours près de la gare centrale, dans le quartier bien connu des diamantaires. Toujours à Anvers, on trouvera les boutiques des rois et reines de la mode belge : le Modepaleis de Dries Van Noten ou de le magasin d'Ann Demeulemeester.

Les boutiques de Bruxelles diverses et variées se trouvent à profusion dans les quartiers chics, comme la maison de maroquinerie de luxe Delvaux, la plus ancienne au monde.

SPORTS ET LOISIRS

Si la Belgique est un petit pays par la taille, cela ne l'a pas empêchée de produire de grands champions. À l'heure actuelle, c'est sur les terrains de football que les Belges font le plus parler d'eux avec des stars qui évoluent dans les plus grands clubs européens et qui ont atteint ensemble la 3e place de la dernière Coupe du monde. En tennis, le royaume a vu éclore deux des plus grandes championnes de l'histoire au début du millénaire, mais aujourd'hui, c'est en cyclisme que la Belgique est le mieux représentée en sport individuel avec Wout van Aert, Remco Evenepoel ou Greg Van Avermaet. Côté activités, il faudra évidemment tester le mythique char à voile sur l'immense littoral, mais aussi profiter du vent pour s'essayer au kitesurf ou à la planche à voile. Dans les terres, les amateurs de spéléologie ou d'escalade trouveront de quoi faire, alors que les paysages belges se dévoileront délicieusement à bord d'un kayak.

Football, la génération dorée

Le football est, bien entendu, très populaire dans le royaume ! Notamment lorsque l'équipe nationale des Diables rouges est de sortie. En plus, ces dernières années, les résultats sont au rendez-vous pour cette équipe séduisante. Emmenée par son sélectionneur Roberto Martinez, la sélection, après un quart de finale lors du mondial brésilien en 2014, a atteint le premier rang du classement mondial de la FIFA en 2015 lors des éliminatoires pour l'Euro, organisé en France l'année suivante. Une compétition où ils vont également atteindre les quarts, avant de sortir sur une déception face au pays de Galles. Enfin, lors de la Coupe du monde 2018 en Russie, les Diables rouges se hissent jusqu'en demi-finale après un superbe parcours. Finalement battus par la France, les Belges quittent la compétition amers, estimant avoir été supérieurs aux Bleus. Ils se reprendront malgré tout, pour terminer à la troisième place en battant l'Angleterre. À l'Euro 2020, ils ont perdu face à l'Italie en quart de finale. Il faut dire qu'elle compte de grands joueurs dans ses rangs. Des stars qui évoluent dans les plus grands clubs d'Europe : le gardien Thibaut Courtois et la pépite Eden Hazard au Real Madrid, le prodige de Manchester City Kevin de Bruyne, le défenseur du Borussia Dortmund Thomas Meunier, l'attaquant de l'Inter Milan (prêté par Chelsea) Romelu Lukaku ou celui de Fenerbahçe Michy Batshuayi… 2022 voit le déclin de cette génération dorée vieillissante, éliminée dès le premier tour, sans gloire, pendant la coupe du monde au Qatar. À la suite de cette déception, Eden Hazard, le capitaine, a annoncé sa retraite de l'équipe nationale. L'avenir reste donc à construire pour les Diables rouges.

Le cyclisme, une tradition

La Belgique est une terre de tradition cycliste : de nombreux champions belges ont marqué ce sport, comme Eddy Merckx, cinq fois vainqueur du Tour de France, Johan Museeuw, plusieurs fois champion du monde, ou plus récemment Tom Boonen ou Philippe Gilbert. Aujourd'hui, Wout van Aert (26 ans) et Remco Evenepoel (22 ans) sont les figures de proue du cyclisme belge. Le premier a la particularité d'être un champion de cyclo-cross qui a transitionné vers le cyclisme sur route, pratiquant toujours les deux à la fois (médaille d'argent aux Jeux olympiques de Tokyo, plusieurs fois champion de Belgique, plusieurs victoires sur le Tour de France 2022 et maillot vert à l'arrivée). Remco Evenepoel, grand espoir cycliste qui subit une grave blessure suite à une chute lors du Tour de Lombardie, est de retour et a remporté en 2022 la grande classique Liège-Bastogne-Liège, la Classique de San Sebastian et le Tour d'Espagne. Pour couronner une année exceptionnelle, Remco est aussi devenu champion de Belgique du contre-la-montre et enfin, champion du monde de cyclisme sur route.

Avec de tels champions, il n'est donc pas étonnant que le cyclotourisme soit une des manières les plus adéquates pour traverser ce petit pays. L'ensemble du territoire (et surtout la Flandre) est desservi par un réseau de voies aménagées pour des promenades familiales ou des excursions plus sportives dans les Ardennes ou dans les Fagnes.

Pendant la saison (de la fin de l'hiver au début de l'automne), d'innombrables courses cyclistes sont donc organisées à travers le royaume. Les plus connues sont Liège-Bastogne-Liège (courue fin avril), le Tour des Flandres (créé en 1913) et le Tour de Belgique (relancé en 2002 après une interruption de 12 ans). Pour avoir un aperçu de la popularité de ce sport dans le pays, il faut regarder le film franco-belge avec Benoît Poelvoorde, *Le Vélo de Ghislain Lambert*.

© T.W. VAN URK - SHUTTERSTOCK.COM

Kayak dans les Ardennes.

Au tennis, vive les championnes !

Le royaume de Belgique a dominé, durant la première décennie des années 2000, le monde du tennis féminin avec deux championnes, une Flamande et une Wallonne : Kim Clijsters et Justine Henin.

En 2001, Kim Clijsters est devenue la première Belge à atteindre la finale de Roland-Garros et en 2003, elle est devenue n° 1 mondiale. Suite à plusieurs problèmes de santé, elle a cependant mis fin à sa carrière en 2007. Avant de revenir entre 2009 et 2012, après avoir mis au monde une petite fille. Un retour tonitruant avec des victoires à l'US Open (2009, 2010) et à l'Open d'Australie (2011). Pour l'histoire, elle a été, début 2011, la première mère n° 1 mondiale de tennis !

Son éternelle rivale et compatriote Justine Henin a, quant à elle, remporté Roland-Garros à quatre reprises (en 2003, 2005, 2006 et 2007) et une médaille d'or aux Jeux olympiques d'Athènes. Elle a été en tête du classement mondial pendant 117 semaines entre 2003 et 2008, l'année de la fin de sa carrière.

Actuellement, le tennis belge est un peu plus discret. Côté femmes, c'est Élise Mertens qui porte haut les couleurs du tennis belge (elle a atteint la 12e place mondiale en 2018). Chez les hommes, c'est Steve Darcis et surtout David Goffin (7e mondial en 2017) qui ont fait parler d'eux ces dernières années.

Un littoral à explorer

Le char à voile est l'une des images d'Épinal des plages du Nord. En Flandre, les 65 km de littoral sont constitués d'une superbe plage de sable continue. C'est donc l'occasion de s'essayer à ce célèbre sport de glisse, sur un site extraordinaire où le vent du nord-ouest favorise cette pratique. La Panne, près de la frontière française, est particulièrement réputée par les aficionados. Par ailleurs, il est possible de profiter de la côte belge pour pratiquer d'autres sports nautiques, comme la planche à voile, le surf, le kite-surf…

Dans les terres aussi, de quoi se dépenser

▶ **Escalade.** Ce n'est pas un hasard si la Belgique est surnommée le « plat pays » : en effet, le plus haut point du royaume se situe au Signal de Botrange et culmine à 694 m ! Qu'à cela ne tienne ! S'il n'y a pas de montagnes à escalader, on trouve dans le royaume des rochers très impressionnants. Par exemple, le massif de Freyr à Dinant, les rochers du Neviau dans le Namurois, ou encore le massif de Sy dans la vallée de l'Ourthe, attirent les amateurs de grimpette.

▶ **Canoë et kayak.** Pour vous reposer les jambes, pourquoi ne pas profiter des jolis paysages que traversent les rivières belges ? Dans les Ardennes, notamment, vous trouverez de nombreux points de location de kayaks pour pagayer sur la Lesse, la Lomme ou l'Ourthe. De belles balades en perspective !

▶ **Spéléologie.** Enfin, la Belgique attire aussi les adeptes de spéléologie. Il faut dire que le massif des Ardennes, relativement peu élevé, est une zone littéralement minée par des grottes et des réseaux de rivières souterraines. Un environnement karstique propice à la spéléologie, mais aussi à d'autres sports extrêmes comme la plongée souterraine. La Grotte Sainte-Anne en Wallonie est l'un des grands classiques de la spéléo belge.

GASTRONOMIE

Clouons le bec une bonne fois pour toutes aux mauvais esprits qui osent encore présenter la Belgique comme le pays de la « frite mayonnaise » et de la bière. Certes, dans le royaume, on n'est jamais très réticent lorsqu'il s'agit d'aller dans une baraque à frites ou de se désaltérer avec une des quelque 450 variétés de bières produites dans le pays. Mais la Belgique n'a vraiment pas à rougir de sa gastronomie, avec une tradition culinaire de choix et une vraie culture de la haute cuisine. Pour preuve, proportionnellement au nombre d'habitants, la Belgique possède autant d'étoiles au Michelin que la France. Entre Flandre et Wallonie, le pays entretient une grande tradition culinaire qui a depuis longtemps gagné ses galons. En plus de la carbonnade flamande, des spéculoos, des moules-frites et des fameux chocolats belges, il existe toute une palette de produits de qualité et de recettes savoureuses qui font toute la richesse de la cuisine du plat pays.

Généralités et ingrédients

Avec son territoire en grande partie plat ou tout au plus vallonné, la Belgique a de tout temps été une terre agricole prospère. Céréales, légumes, fruits, laitages, viande bovine et porcine, sans parler des richesses de la mer du Nord, ont forgé la gastronomie belge. Une passion pour la nourriture qui se matérialise même avec la bibliothèque et le musée de la Gourmandise, situés à Hermalle-sous-Huy, à l'est de Bruxelles. Ce centre culturel, fondé en 1995, est consacré à l'histoire de la gastronomie et possède l'une des plus grandes bibliothèques d'Europe traitant de la cuisine et de l'alimentation.

On retrouve de nombreux produits protégés par divers labels européens, dont certains peuvent être rapportés dans ses bagages. On peut citer par exemple le savoureux saucisson d'Ardenne qui jouit d'une Indication géographique protégée (IGP). Composé d'un mélange de viande de porc ou de porc et bœuf, il est également appelé « pipe d'Ardenne » quand sa forme est droite « collier d'Ardenne » quand elle est courbée. Produit dans la province de Luxembourg – à ne pas confondre avec le pays du même nom –, le jambon d'Ardenne est également inscrit à la liste des produits IGP. Il était exporté en France dès le Moyen Âge et figurait sur les menus de la plupart des restaurants belges du XIXe siècle. Il peut être fumé ou non. Le pâté gaumais est une tourte farcie de morceaux nobles de viande de porc, marinés dans du vin, ou du vinaigre, avec épices et herbes, originaire de la ville de Gaume. Elle est très commune aussi bien dans les boucheries et les boulangeries en Pays gaumais, près de la frontière avec la Lorraine.

Le pays s'enorgueillit par exemple de quelque 300 sortes de fromages (voire jusqu'à 500 selon certaines agences agricoles), ce qui, rapporté à la superficie du pays, est tout à fait impressionnant. Étonnamment, seul le fromage de Herve bénéficie depuis 1996 d'une Appellation d'origine protégée (AOP). Il est fabriqué depuis le XIIIe siècle, date à laquelle remontent les premiers écrits sur ce produit. La Belgique possède une grande culture fromagère, de tradition principalement monastique. Les recettes autrefois élaborées et réalisées dans les abbayes continuent d'être produites dans des structures plus adaptées au marché, même si beaucoup de petites productions locales perdurent. Avec une consommation moyenne de 20 kg de fromage par an et par habitant, le plat pays se place au troisième rang des consommateurs, derrière la France et l'Italie. Compte tenu du nombre de fromages produits sur le sol belge, il est impossible de tous les énumérer. Mais la diversité devrait contenter tous les palais : pâte dure, pâte molle, pâte cuite, avec et sans croûte, fort ou doux. De nombreuses localités possèdent leur spécialité.

Bouquet des moines.

Parmi quelques fromages remarquables : le fromage trappiste de Chimay ou encore de l'abbaye d'Orval, celui de l'abbaye de Maredsous, le Beauvoorde, le Boû d'Fagne, le Carré de Tourpes, le Bouquet des Moines ou encore le Doré de Lathuy. À noter que beaucoup de ces fromages possèdent une pâte crémeuse, très odorante et une croûte couleur rouille, humide au toucher qui rappelle beaucoup le munster ou le maroilles. À ne pas rater non plus, l'incomparable Remoudou, très proche du Fromage de Herve, mais plus crémeux et piquant, souvent considéré par les connaisseurs comme l'un des meilleurs fromages du monde. On retrouve également quelques fromages venant de Flandre comme le Pas de Bleu à pâte persillée ou le Damse Mokke, avec sa forme de dôme assez unique.

Certains produits frais sont plus difficiles à transporter mais méritent d'être dégustés sur place. On peut penser à l'excellente viande bovine dite West-Vlaams Rood ou Rouge de Belgique, élevé principalement en Flandres ou les pommes de terre Plate de Florenville produite à Gaume en Wallonie. Spécialité plus étonnante, les *poperingse hopscheuten*, ou pousses de houblons, ressemblent à de minuscules asperges et elles sont cueillies entre février et mars avant qu'elles jaillissent du sol pour qu'elles restent bien blanches et croquantes. Il faut compter environ deux heures pour récolter 1 kg de jets de houblon et ils ne se conservent pas plus d'une journée et demie. D'où un prix pouvant aller jusqu'à 1 000 €/kg. Ils sont notamment communs en Flandre, mais aussi en Bavière et en Alsace. Les Belges sont sans surprise les plus gros consommateurs de chicon [endives] au monde, soit quelque 8 kg par personne et par an. Au point même que la *Brussels grondwitloof* ou endive de Bruxelles bénéficie d'une IGP.

© MEHTAP ORGUN - ISTOCKPHOTO.COM

Cornet de frites belges.

Il existe aussi quelques spécialités sucrées bénéficiant d'un label européen comme le *Liers vlaaike*, un petit gâteau à base de sirop de candi et de quatre épices. Vieux de plus de 300 ans, il est l'un des produits régionaux les plus anciens de Lierre [Lier en néerlandais] en Flandres. C'est une spécialité locale très appréciée dans la région. La *Geraardsbergse mattentaart* ou tarte au maton, est une recette de la région de Grammont [*Geraardsbergen* en flamand] en Flandre. Le maton est un lait caillé obtenu par cuisson de lait entier et lait battu, auquel on ajoute des œufs et du sucre.

Côté habitudes alimentaire, attention la plupart des Belges mangent tôt, vers 19h, voire avant, et certains restaurants ferment en conséquence assez tôt, particulièrement en dehors des grandes villes. En dehors des mois de juillet et d'août, il est courant que les restaurants ne servent plus après 21h. Les cafés, qui servent aussi à manger, sont souvent la meilleure solution pour qui veut goûter une cuisine honnête sans se ruiner. En outre, la plupart des cafés ordinaires offrent une carte de petite restauration : pâtes, soupes, sandwichs et tartes salées. En revanche, si les plats sont moins nombreux, ils sont plus copieux.

Frites et snacks

Évidemment impossible de parler de cuisine belge sans évoquer la baraque à frites ou *fritkot* ou *frituur* en flamand. Un peu cliché certes mais indissociable du pays. Si l'idée de manger un cornet de frites ne semble pas être une expérience initiatique pour un Français, les frites belges sont uniques car elles sont cuites traditionnellement dans de la graisse de bœuf ou suif [parfois appelé blanc de bœuf ou *ossenwit* en néerlandais] donnant tout son croustillant aux frites. On les accompagne généralement de longues croquettes de viande – porc et veau – ressemblant à des saucisses que l'on appelle fricadelle/*frikandel*. Elles seront servies avec une quantité généreuse de mayonnaise ou des classiques sauces tartare, andalouse ou américaine. La mayonnaise est en effet une institution en Belgique, même si une réforme de 2016 a fait abaisser la teneur en matières grasses du produit de 80 à 70 % pour s'adapter à la concurrence étrangère. Si vous n'avez pas envie de manger trop gras, achetez des caricoles, petits escargots de mer. Malheureusement, on ne les trouve pas partout. Ceux qui ont un petit creux pourront aussi opter pour un pistolet. La plupart des boucheries en vendent à toute heure du jour, et il n'est pas impossible de les consommer dans certains cafés, si vous prenez une boisson, bien sûr. Le pistolet – mot à origine liégeoise – est un petit pain croustillant fourré de fromage, jambon, saucisson ou d'américain.

Les classiques de la gastronomie belge

Traditionnellement on retrouve dans la plupart des restaurants certaines entrées qui semblent

Carbonnade flamande.

quasiment incontournables. On pense notamment tomates-crevettes/*tomaat-garnaal*, farcies à la mayonnaise et aux crevettes grises, ou à sa version sucrée-salée plus étrange et assez rétro, la pêche au thon/*perziken met tonijn*, présenté sous la forme d'une demi-pêche farcie avec du thon et de la mayonnaise. On peut aussi citer les fondus au fromage, qui sont en fait des croquettes au parmesan ou encore les croquettes aux crevettes grises, servies avec des brins de persil également frits. En saison, les cartes présentent les délicieuses asperges à la flamande, nappées d'une sauce au beurre agrémentée d'œuf dur écrasé et de persil. Sinon on peut aussi déguster de copieuses tartines ou *boterhammen*, de larges tranches de pain de mie – souvent complet – tartinées de pâté, de fromage, de saucisson, etc. La charcuterie est également populaire. Elle est souvent fumée, outre le jambon et le saucisson d'Ardenne, citons le saucisson chasseur et le pâté, souvent fait de gibier (comme le sanglier). Le boudin (*pensen, beuling, bloedworst*) est souvent mangé avec des pommes de terre et de la compote de pomme, parfois mangé froid ou au barbecue. Il peut être noir (à base de sang) ou blanc (à base de porc maigre, de veau et de lait). Comme en France, on adore l'indéracinable steak-frites accompagné de diverses sauces (béarnaise, au poivre ou au roquefort). Pour ceux qui le préféreraient cru, l'américain est l'équivalent belge du steak tartare, accompagné des classiques câpres, cornichons et oignons émincés. Beaucoup de plats belges sont servis avec des frites, sans grande surprise, et les sauces sont généralement des réductions richement parfumées à base de bière. C'est notamment le cas de la très populaire carbonnade flamande. Elle est constituée de morceaux de viande de bœuf, mijotés dans une sauce à la bière brune dont on atténue l'amertume grâce à une pointe de sucre vergeoise. Elle est souvent agrémentée de pruneaux. Le lapin à la bruxelloise est très proche car on le fait confire avec de la bière – de la gueuze de préférence – et des pruneaux. Les boulets liégeois sont comme leur nom l'indique, des grosses boulettes de viande mi-bœuf, mi-porc, liées avec de la mie de pain, des échalotes et des épices, et servis avec de la sauce au vrai sirop de poire de Liège. Dans un autre style, l'oiseau sans tête/*blinde vink*, est une escalope de viande roulée farcie d'un hachis généralement de porc, que l'on fait mijoter dans une sauce à base d'oignon.

Le *potjevleesch* est un plat flamand dont le nom assez imprononçable signifie « viande en petit pot ». C'est une spécialité très ancienne qui serait née dans le Westhoek au Moyen Âge, toutefois certains considèrent qu'il aurait vu le jour près de Dunkerque, ce qui explique pourquoi il est également commun dans les tables du Nord de la France. Il s'agit de morceaux de viande de poule, lapin, porc et veau, froids et pris dans de la gelée légèrement vinaigrée. Le *potjevleesch* est généralement servi avec des frites dont la chaleur fait fondre la gelée et libère les morceaux de viande. Autre plat flamand, le *waterzooï* est une préparation de poulet ou de poisson cuit dans un bouillon avec des légumes et des pommes de terre, servi nappé d'une sauce crémeuse à base du bouillon de la cuisson lié avec de la crème, de jaunes d'œufs et d'un soupçon de citron.

Il existe également des plats de volaille comme le vol-au-vent, sorte de bouchée de pâte feuilletée farcie de poulet, de champignons, de petites boulettes, que l'on sert en Belgique avec des frites encore une fois. Plus classieux, le faisan à la brabançonne est un plat de chasse que l'on déguste dans des gîtes en campagne ou dans quelques prestigieux restaurants bruxellois, où les faisans sont braisés avec une garniture à base d'endives.

Les légumes ne sont pas nécessairement abondants dans la cuisine belge. Cependant on peut citer quelques spécialités nourrissantes. Comme le *stoemp* à base de pommes de terre écrasées avec des légumes (généralement des carottes, des poireaux ou du chou) et servies avec des saucisses, du lard ou parfois du poisson. Mais impossible de parler ici de légumes sans évoquer les chicons ou endives en France. Le plat le plus connu est ainsi les chicons au gratin (*gegratineerde witloof*) où les endives sont nappées de sauce béchamel avec du fromage. Elles sont souvent enroulées dans du jambon. Et pour la petite anecdote, le chou de Bruxelles est bien une plante qui a été sélectionnée dans la région bruxelloise dès le XVIIe siècle, dans le but d'augmenter les rendements en produisant une plante qui pousse en hauteur et dont on prélève les bourgeons latéraux, Bruxelles étant déjà une ville très densément peuplée à cette époque.

Poissons et fruits de mer sont évidemment très appréciés et on compte de nombreuses recettes de poissons d'eau douce comme la truite ardennaise, farcie au jambon fumé ou les anguilles au vert, préparées dans une sauce d'herbes aromatiques mélangées et servies avec du pain et des frites. Sinon l'escavèche est une préparation d'anguilles marinées au vinaigre, qui peuvent être remplacées par du brochet ou de la truite. Les *rollmops* sont des filets de hareng marinés également au vinaigre avec de l'oignon et des aromates, que l'on enroule ensuite sur un morceau de cornichons avant de les dévorer. Les écrevisses à la liégeoise sont mijotées dans une sauce au vin blanc et aux petits légumes. Et bien sûr, impossible de passer à côté du plat de fruits de mer le plus populaire de Belgique : les moules-frites. La sauce le plus commune est « à la marinière », à base d'échalote, de persil et de vin blanc, mais elle peut aussi contenir de la crème, de la bière, de l'ail et ainsi de suite, les déclinaisons étant relativement infinies. Le terme « moules parquées » désigne à la fois les moules de bouchots – donc d'élevage –, mais aussi une spécialité bruxelloise de moules crues, servies dans une demi-coquille et accompagnées d'une vinaigrette très moutardée.

Chocolat et autres gourmandises

C'est une surprise pour personne, Belgique et chocolat font bon ménage. Le pays est le 4e producteur mondial après les États-Unis, l'Allemagne et la Suisse, ce qui, compte tenu de la petite taille du pays, est tout à fait spectaculaire. En 2017, les Belges sont les 2es plus gros consommateurs de chocolat avec presque 11 kg par an et par habitant, juste après leurs voisins allemands. Malgré tout, une grande partie de ce chocolat est exportée et si, bien sûr, on connaît les fameuses maisons comme Léonidas ou Côte d'Or – fondées respectivement en 1913 et 1883 –, il existe plein d'autres chocolatiers de renoms comme Godiva, Neuhaus, Corné Port-Royal, sans oublier bien sûr la Maison Pierre Marcolini.

La praline est d'ailleurs une invention de l'industrie du chocolat belge, qui n'a rien à voir par exemple avec les pralines roses de Lyon, que l'on consomme en France. En Belgique, il s'agit simplement du terme désignant les chocolats individuels. Bien sûr, il existe des dizaines de types de chocolats différents : noir, blanc, au lait avec des fruits secs, de l'alcool et ainsi de suite. L'un des plus connus est la gayette de Charleroi, une truffe au chocolat fourrée, enrobée d'un chocolat teint en noir, pour rappeler le charbon, principale manne financière de la ville pendant plus d'un siècle. Autre confiserie, le cuberdon est une friandise originaire de la région de Bruges, dont la recette aurait été mise au point en 1873. Sa forme conique le caractérise, ainsi que sa texture givrée qui renferme un cœur coulant au sirop. Traditionnellement parfumé à la framboise, il se décline en près de 40 saveurs incluant citron, pomme, ananas, clémentine, etc. Ils sont maintenant plus souvent associés à la ville de Gand.

Mais bien sûr, la Belgique ne se limite pas qu'aux confiseries. La gaufre de Liège bien chaude au sucre perlé, dont l'irrésistible parfum flotte dans toutes les rues commerçantes, est un must, tout comme les gaufres de Bruxelles – plus grandes mais nettement plus légères que leurs copines de Liège – qui font le bonheur de tous aussi bien à l'heure à l'heure du thé et que pour grignoter tout en se promenant. Elles sont souvent nappées de crème fouettée. Le lacquemant, elle aussi originaire de Liège, est une fine gaufrette souple, à base de froment, coupée en deux sur son épaisseur, fourrée et nappée de sirop de sucre candi parfumé à la fleur d'oranger. Elle n'est pas sans rappeler la *stroopwafel* hollandaise.

Dans les pâtisseries, les étalages alignent maintes bonnes choses, mais les plus simples sont les meilleures : tarte au sucre, tarte au riz/*rijstevlaai* (fourrée d'un appareil à riz au lait), tarte à la frangipane, le cramique (brioche garnie de raisins secs), le craquelin (brioche au sucre), etc. On doit aussi à nos voisins belges un petit biscuit qui depuis a largement dépassé les frontières : le spéculoos. Traditionnellement on le mange durant l'Avent et notamment pour la Saint-Nicolas, le 6 décembre. Le spéculoos de Hasselt, en Flandre, est beaucoup plus épais mais aussi plus moelleux que la version d'origine. Plus délicat, le merveilleux, un entremets composé de meringue et de chantilly, le plus souvent parsemé de copeaux de chocolat qui doit sa soudaine popularité en France au chocolatier Pierre Marcolini.

La consommation de café en Belgique est comparable à la consommation française, même si les Belges semblent un peu plus accros à la caféine, puisqu'ils sont les 8es plus gros consommateurs de café au monde avec quelque 6,8 kg de café par an et par habitant ! On trouve donc des cafés un peu partout dans le pays. Un amour qui se matérialise avec l'un des entremets belges les plus connus : le café liégeois, qui mêle glace au café et café froid, le tout couronné de crème chantilly.

Bières et vins belges

En dehors du chocolat, s'il y a bien un produit qui symbolise la Belgique, c'est la bière. Cette boisson nationale s'habille de plus de 1 000 étiquettes et il s'en crée chaque semaine qui recouvrent en réalité 200 à 300 variétés réellement différentes, dont des bières aux saveurs qui peuvent paraître délirantes comme le kiwi ou la banane ! À la différence de la plupart des pays de bière, la Belgique a conservé de nombreuses brasseries artisanales.

La particularité des bières belges est évidemment leur diversité formidable. Elles varient de la bière blonde claire aux bières ambrées, aux lambics, aux bières rouges flamandes, aux brunes aigres, aux bières fortes et aux stouts. La plupart des bières sont achetées ou servies dans des bouteilles, plutôt que des canettes, et presque chaque bière a son propre verre de marque, parfois de forme unique. Et si tout cela ne suffisait pas à prouver que la bière est une chose sérieuse en Belgique, en 2016, l'Unesco a inscrit la culture de la bière belge sur sa liste du patrimoine culturel immatériel de l'humanité. Parmi la multitude de bières belges – parmi lesquelles on retrouve les classiques Stella Artois, Jupiler, Leffe ou Grimbergen – on peut citer premièrement les trappistes. Sur douze abbayes produisant des bières en Europe, 5 sont belges. On retrouve ainsi bien sûr la Chimay, mais aussi l'Orval, la Westmalle, la Rochefort, la Westvleteren (l'Achel ayant perdu son titre d'authentique trappiste suite au départ des derniers moines). Les lambics – typiquement bruxelloises – doivent leur goût acide très spécifique à une fermentation spontanée par des levures sauvages et ne sont donc pas ensemencées. Parmi les lambics, on ne peut pas passer à côté de la Gueuze, de la Kriek, de la Framboise ou encore de la Faro. Il existe également d'autres variétés peu connues en France comme la bière saison, à la fermentation rapide et au taux d'alcool faible, généralement autour de 4° ou la bière de table, à seulement 1,5°, qui est devenue rare mais que l'on servait pourtant dans les cantines scolaires jusque dans les années 1980.

Côté vin, la Belgique possède une petite production viticole mais qui est en pleine expansion. On a d'ailleurs pratiqué la culture de la vigne au plat pays dès le IXe siècle. La baisse des températures en Europe du Nord à la fin de la Renaissance pendant le « petit âge glaciaire », eut raison de la viticulture dans la région jusqu'au XIXe siècle. Il y aurait aujourd'hui en Belgique plus de 600 hectares de vignes : à Torgny, le village le plus méridional du pays, dans le Hainaut, à Trazegnies, à flanc de terril, sur les coteaux de Huy ou à Villers-la-Ville, dans le Hageland (Brabant flamand). Des exploitations généralement de taille modeste. C'est à l'ouest du pays, près de la frontière française dans le Hainaut, que se trouve le vignoble le plus important, le Domaine des Agaises, qui s'étend sur 35 hectares et produit un mousseux qui rivalise avec les meilleurs champagnes : le Rufus. La Belgique dispose de plusieurs appellations d'origine contrôlée : Hageland (1997), Haspengauw (2000) et Heuveland (2005) en Flandre et Côtes de Sambre et Meuse (2004), « vin mousseux de qualité de Wallonie » et « crémant de Wallonie » (2008). La Wallonie compte également une IGP : le Vin de pays de Wallonie (2004).

DÉCOUVRIR

© SUN_SHINE - SHUTTERSTOCK.COM

Bières Belges.

AGENDA

La Belgique fourmille d'événements culturels majeurs tout au long de l'année. Les villes, principalement Bruxelles, mais aussi les campagnes, organisent toute une série de fêtes et festivals culturels axés sur l'art contemporain, la mode, la BD, la gastronomie et bien sûr, la bière. L'hiver débute par les traditionnels carnavals folkloriques haut en couleur, empreints de tradition païenne. Les carnavals les plus importants sont même inscrit au patrimoine immatériel de l'UNESCO pour leurs valeurs culturelles. D'autres fêtes qui puisent leurs origines au Moyen Âge perdurent également comme la Laetare de Stavelot, à grand renfort de personnages imaginaires et de costumes. En été, de juin à septembre, se succèdent fêtes de ville, ducasses, fêtes du 15 août et de grands festivals musicaux qui attirent des visiteurs internationaux. Enfin, pour clore l'année, la Belgique déploie de féeriques marchés de Noël parmi les plus réputés d'Europe.

ANTWERP PRIDE

ANVERS

www.antwerppride.com

Chaque année début août.

Une grande fête qui célèbre l'acceptation et l'égalité des chances de la communauté LGBT+, où évidemment tout le monde est invité à transpirer ensemble, quels que soient son genre et son orientation sexuelle. Le cortège est saturé de costumes, paillettes et de caissons de basse qui rythme le défilé par leur boum-boum dansants. Très festives, des activités sportives et culturelles accompagnent la Pride. On comprend mieux le néerlandais, quand les Anversois disent à cette occasion : « *T stad is van iedereen* » !, qui veut dire « la ville appartient à tout le monde ! »

BALOISE ANTWERP 10 MILES

ANVERS ✆ +32 11 45 99 00

agantwerp10miles.be

Fin avril (le 23 avril 2023 sous réserve).

Le Baloise Antwerp 10 Miles est une course qui attire plusieurs milliers de participants chaque année en avril. Après une annulation en 2020, qui devait célébrer les cent ans du marathon des Jeux olympiques de 1920, l'événement sportif a été exceptionnellement reporté en octobre 2021 à cause du coronavirus. La 36e édition de la plus grande course à pied de Belgique s'est déroulée comme prévu au printemps et devrait avoir lieu en avril 2023. Le nouveau marathon du Port d'Anvers qui devait aussi célébrer le centenaire des JO a été organisé en septembre 2021 et 2022.

BAL DU RAT MORT

Kursaal-Westhelling 12

OSTENDE

www.balratmort.eu

Le 1er week-end de mars.

L'histoire du Bal Rat Mort remonte au Paris de la Belle Époque. Un groupe de seize Ostendais invités par Edgar Quinet (historien, poète et philosophe français) vient s'encanailler à Paris en 1896, dont James Ensor, célèbre artiste peintre, graveur et anarchiste ostendais. Le groupe découvre le Moulin Rouge, les cabarets interlopes de Pigalle et finissent au petit matin au rade le Rat Mort. En souvenir de cette folle nuit, un bal philanthropique masqué et costumé est organisé par James Ensor à Ostende pour la première fois en 1898. Puis tous les ans !

BANAD FESTIVAL

BRUXELLES - BRUSSEL

✆ +32 2 319 50 01

www.banad.brussels

Du 11 au 26 mars 2023.

Le Brussels Art Nouveau & Art Deco (BANAD) est un festival annuel qui met en avant les 2 mouvements architecturaux qui ont marqué le paysage urbain bruxellois : l'Art nouveau et l'Art déco. Programmé pendant les week-ends de mars, il annonce le printemps. Au programme, des animations autour de l'Art nouveau et de l'Art déco, des visites guidées, en car, à pied ou à vélo, de quartiers et d'intérieurs de bâtiments ouverts exceptionnellement au public, mais aussi des activités pour les PMR, des foires aux objets... Une aubaine pour les amoureux de ces deux styles.

BEER LOVER'S MARATHON

LIÈGE

www.beerlovermarathon.be

Le 21 mai 2023. Entrée : 90 €. Participation, ravitaillement et nourriture.

Un marathon unique en son genre : 42,195 km (exactement) de course, mais pas seulement ! Le Beer Lover's Marathon invite tous les fans de courses, mais également les amoureux de la bière ou toute personne souhaitant passer un chouette moment. Des dégustations de bières sont organisées tout au long du parcours ainsi que des dégustations de produits du terroir, des DJ, des coureurs déguisés et autres. Ainsi, 1 500 coureurs se rassemblent chaque année pour prendre part à cet événement festif, euh, pardon, sportif !

BELGIAN PRIDE BRUSSELS

www.pride.be

Mi-mai.

Grâce à un changement des mentalités, la Pride fait maintenant partie des incontournables de Bruxelles. Divers évènements se déroulent tout au long de la semaine et se finissent en apothéose par un défilé festif musical et coloré. Son existence permet de rappeler que l'homophobie est, malheureusement, toujours présente en Belgique et dans le monde. La Pride souligne les remarquables avancées législatives et les initiatives des pouvoirs locaux envers les LGTBQI+ (lesbiennes, gays, transgenres, bisexuels, queer, intersexués...). Parcours à travers le centre-ville.

BIFFF

BRUXELLES - BRUSSEL ✆ +32 2 201 17 13

www.bifff.net

Edition 2023 pas encore annoncée. Voir site Web pour plus d'information sur les dates et la programmation.

Un des 5 plus grands festivals fantastiques au monde, le BIFFF est incontournable. Sa programmation navigue entre le fantastique, l'horreur, le thriller, la science-fiction... Il doit sa renommée à sa pléthore d'avant-premières (mondiales, européennes ou belges) et à son ambiance de feu pendant les projections. C'est aussi une fête du fantastique (animations, expositions, concours de body-painting, Bal des Vampires, Zombie Parade...). Le BIFFF est salué à travers le monde par des invités prestigieux : Christopher Lee, Peter Jackson, Terry Gilliam, JC Van Damme...

CARNAVAL D'EUPEN

Werthplatz

EUPEN

✆ +32 8 022 70 04

www.ostbelgien.eu

Du 16 au 21 février 2023 et du 8 au 13 février 2024.

Très apprécié dans les cantons de l'Est, il bénéficie d'une grande renommée et s'étale sur plusieurs jours. Son nom parle d'ailleurs de lui-même : ce sont « les jours fous » ! Les femmes ont l'honneur d'ouvrir le bal avec le « jeudi des femmes », Ce jour-là, la gent féminine prend le pouvoir et défile joyeusement dans la rue. Ensuite, viennent les festivités du dimanche où le Prince Carnaval reçoit les clés de la ville, puis le Rosenmontag (le lundi des roses) qui précède le Mardi gras : il s'agit du point d'orgue du carnaval d'Eupen avec chars, défilé costumé.

CARNAVAL DE BINCHE

BINCHE

www.carnavaldebinche.be

Le Mardi gras (47 jours avant Pâques) aura lieu mardi le 21 février 2023 et le 13 février 2024.

Le carnaval de Binche est le plus célèbre de Belgique, classé à l'Unesco. Le cortège du Mardi gras est immense. L'avant-carnaval ou temps des « Soumonces » dure 6 semaines et précède les trois jours « gras » (du dimanche au Mardi gras). Le personnage central est le Gille, dansant au son des fifres, des cuivres, des tambours et d'une grosse caisse. On compte de plus en plus de gilles dans chacune des 11 « sociétés ». Les gilles de Binche ne sortent qu'un seul jour (le mardi). Les autres personnages du carnaval sont le Marin, l'Arlequin, le Paysan et le Pierrot.

CARNAVAL DE LA GROSSE BIESSE

MARCHE-EN-FAMENNE

www.carnaval.marche.be

Du 18 au 19 février 2023 et 10 et 11 février 2024.

A Marche-en-Famenne (province du Luxembourg), ce carnaval folklorique dure 5 jours. Il tire ses origines d'un petit bonhomme appelé Gugusse. Dans le cortège la fameuse Grosse Biesse (« grosse bête ») qui ressemble à un dragon, ainsi que d'autres êtres fantastiques comme les nutons (lutins), des Diables ou des Macrâles (sorcières). Mais aussi le Grand Georges, dernier sonneur public à Marche, et le Grand Mautchî (autrefois le Prince Carnaval). La fête finit par le brûlage du sac à malices de Gugusse, de la bosse du gille et un grand bal masqué.

CARNAVAL DE MALMEDY

MALMEDY

https://www.malmedy-tourisme.be/fr/

Du 17 au 21 février 2023 et du 9 au 13 février 2024.

Le carnaval de Malmédy, dit Cwarmé, compte parmi les plus pittoresques de Belgique. Il commence le vendredi à minuit et dure jusqu'au Mardi gras à minuit. Le point d'orgue est le cortège du dimanche. Le Cwarmê compte 15 personnages principaux qu'on ne voit que le dimanche. Les plus emblématiques, les « Haguètes », immobilisent leurs victimes avec un « happe-chair » pour qu'elles demandent pardon. Les « longs-nez » taquinent les passants, qui leur paient parfois un verre pour s'en débarrasser. Quatre jours de liesse populaire, au terme desquels on brûle la Haguète.

DOUR MUSIC FESTIVAL

DOUR

www.dourfestival.be

Deuxième semaine de juillet (12-16 juillet 2023).

L'incontournable Dour Festival voit affluer plus de 220 000 festivaliers à la frontière franco-belge pour sa programmation éclectique exceptionnelle. C'est l'un des plus gros d'Europe. Electro, rap remportent les têtes d'affiche, avec les plus grands noms internationaux. On y a vu Snoop Dogg, Mark Ronson, Lauryn Hill, ou encore Angèle les années précédentes. Cette année le rappeur français Lomepal, le groupe électro Phoenix et la DJette canadienne Rezz sont déjà annoncés, ainsi qu'une nouvelle scène dédiée aux guitares. Le tout dans une convivialité légendaire.

CARNAVAL DES OURS

ANDENNE

Dimanche du Laetare, 4e dimanche du carême (en général, en mars).

Selon la légende, Charles Martel, élevé à Andenne par sa grand-mère, tua à l'âge de 9 ans un ours avec un marteau. Depuis, l'animal est devenu la mascotte du carnaval. Le cortège compte 30 chars, 500 personnes en costume d'ours, trois géants : Charles Martel, Fonzi et Martin II et des majorettes. Mais surtout la redoutée « cage aux demoiselles » où sont emprisonnées pendant le défilé les spectatrices imprudentes qui s'approchent trop près des ours ! Du haut du balcon de l'hôtel de ville, 250 oursons sont jetés par le Roi et la Reine du carnaval pour les enfants.

DUCASSE D'ATH

ATH

site2.be/ducasse-ath/

Dernier week-end d'août.

Fête populaire par excellence, cette ducasse a plus de cinq siècles derrière elle ! On peut aussi admirer 8 chars allégoriques, des fanfares... Mais la fête revêt un caractère tout à fait unique de par l'originalité des danses des géants, la qualité des musiques, les magnifiques décorations des chars et baisers chastes de M. et mme Goliath. Le cortège est composé de 7 géants de 115 à 130 kg porté par un seul homme chacun. Le cheval Bayard lui pèse plus de 630 kilos et est porté par 6 hommes ! L'apothéose étant l'affrontement entre le berger David et Goliath.

DEFILÉ DE MODE DE L'AP

Nationalestraat 28/3

ANVERS

✆ +32 32 06 08 80

www.antwerp-fashion.be

Pendant trois jours début ou mi-juin.

Le défilé de mode annuel de la section mode de l'Académie royale des beaux-arts d'Anvers attire chaque année près de 6 000 victimes de la mode, venues du monde entier. Ce n'est pas la Paris ou London Fashion Week, mais tout de même l'événement est réputé dans le milieu. On peut y découvrir les nouvelles collections des principaux créateurs flamands ainsi que les créations originales des étudiants de l'Académie des beaux-arts (qui défilent face à un jury international). On y vient pour l'ambiance, mais surtout pour voir et être vu !

DUCASSE DE MONS (DOUDOU)

MONS

www.doudou.mons.be

4 juin 2023 et 26 mai 2024 (le dimanche de la Trinité, soit une semaine après la Pentecôte).

Classé au patrimoine de l'Unesco, la Ducasse de Mons (ou Doudou) débute par la procession du Car d'Or, qui consiste à pousser un char avec les reliques de la sainte Waudru jusqu'à la collégiale. Puis lors du combat dit « Lumeçon », saint Georges, accompagné des personnages du Lumeçon (diables et Chins-Chins, Hommes blancs et Hommes de Feuilles, Pompiers et Policiers), va combattre le Dragon au son frénétique du « Doudou » (air traditionnel). S'ensuit une retraite aux flambeaux, un festival de musiques militaires, des concerts et une braderie. Un immanquable.

FESTIVAL COULEUR CAFÉ

square de l'Atomium

BRUXELLES - BRUSSEL

www.couleurcafe.be

23-25 juin 2023.

Ce festival présente des artistes de musiques *world* mais aussi la nouvelle scène électro, hip hop, pop ou dance hall d'Afrique et des Caraïbes, et ceux célébrant le métissage en Europe, plutôt dans le rap belge. Voyez l'affiche de 2022 : Youssou N'dour côté world d'Afrique, Reggaebus et Ron Perry (Belgique et Jamaïque) ; Fally Ipupa (RDC) côté RNB-rumba congolaise, Caballero & JeanJass et Zwangere Guy côté rappeurs belges mais aussi The Comet is coming côté jazz psychédélique... et tout une scène dédiée à la *dub*. Le tout sous l'Atomium !

FÊTE DES CRAQUELINS

GRAMMONT - GERAARDSBERGEN

Dernier dimanche de février.

La Fête des craquelins est une tradition ancestrale qui remonte au XIVe siècle. Elle rappelle le siège du village de Grammont, situé dans la région de Gand tout proche d'Audenarde, par Gautier IV d'Enghien. Pendant la guerre de Cent Ans, ce dernier fut Maréchal de Flandres sous Louis II et mata la rébellion dans plusieurs villes et villages, dont Grammont en 1381. Il mourut juste après dans une embuscade pendant le siège de Gand. Lors de cette célébration, un cortège folklorique jette des craquelins (petits pains) dans la foule et des tonneaux sont enflammés.

FESTIVAL DE L'ÉTÉ MOSAN

www.etemosan.be

En juillet et août.

Presque un label, tellement on a l'impression de voir partout « Festival de l'été mosan » lorqu'on se promène en provinces de Namur et de Liège. Une vingtaine de concerts de chants de pèlerins des XIIIe et XIVe siècles, polyphonies corses, cantates baroques, chansons, consort de violes, quatuor à cordes, trios à clavier, concertos pour violon ou violoncelle, récitals de piano… Chaque année il se déroule dans de nouveaux lieux empreint d'histoires (églises, châteaux, abbayes, jardins, forteresses..) qui inspirent et aspirent à s'imprégner de la musique classique.

FÊTE NATIONALE

BRUXELLES - BRUSSEL

✆ +32 2 511 90 00

www.sibp.be

21 juillet

Il est impossible de s'ennuyer en ce jour particulier. Des animations gratuites pour petits et grands rythment la journée : concerts, démonstrations militaires, visites guidées de la Chambre et du Sénat, initiations sportives, etc. Le Grand Resto national est également organisé place du Jeu de Balle pour un repas moules-frites géant. Pompiers, police et Croix-Rouge vous initieront à leurs métiers avant le traditionnel feu d'artifice (place des Palais ou au Cinquantenaire). Petit conseil : venez tôt pour mieux vous placer, la vue est souvent bloquée par les arbres.

FÊTE DE LA BD

rue Picard

BRUXELLES - BRUSSEL

https://fetedelabd.brussels/

Mi-septembre. Voir site web pour les dates précises qui ne sont pas encore annoncées pour 2023.

La fête de la BD, aussi appelé Stripfeest et Brussels Comic Strip Festival se déroule pendant un large week-end de septembre. La bande dessinée est alors présente partout à Bruxelles : dans les musées, dans des expositions, sur des fresques murales... elle devait donc avoir sa propre fête ! Divers concerts, des séances de dédicace et des rencontres avec des auteurs sont prévus. Un défilé avec des ballons géants représentant des personnages de bande dessinée est également organisé lors de cette fête. L'événement est entièrement gratuit.

FÊTES DE GAND

GAND

www.gentsefeesten.be

Chaque année, 10 jours en juillet.

Pendant dix jours, toute la ville se donne rendez-vous dans les rues. On boit, on mange, on se divertit, la fête bat son plein ! Le programme comprend des concerts, théâtre de rue, expositions, animation pour enfants, kermesse, parades, cortèges… Boomtown est un festival de musique alternatif de cinq jours tandis que Polé Polé propose le meilleur de la pop, des sons latino et de la musique du monde dans une ambiançe déchaînée sur le lieu historique du Graslei. A l'affiche : des concerts live et des after parties. Un petit déjeuner médiéval est aussi organisé.

FÊTES DE WALLONIE

✆ +32 81 222 999
www.fetesdewallonie.be
Mi-septembre.

C'est le rendez-vous incontournable pour tous les Wallons organisé à Liège, Namur, Mons et dans les villages. Les rues s'emplissent de plusieurs dizaines de milliers de visiteurs venant des quatre coins de la Wallonie. De nombreuses animations sont organisées : des attractions foraines ; les traditionnels combats d'échasses ; la dégustation de produits wallons comme l'avisance, sans oublier le célèbre pékèt ! Durant ces folles journées, la ville s'anime de défilés, parades, jeux populaires, sans oublier les spectacles et concerts d'artistes belges et étrangers.

KUNSTENFESTIVALDESARTS

BRUXELLES - BRUSSEL
✆ +32 2 219 07 07
www.kfda.be
Du 11 mai au 3 juin 2023.

Le « Kunst », pour les intimes, est un important festival d'art qui, chaque année, convie des artistes du monde entier et de diverses disciplines des arts du spectacle à investir divers lieux bruxellois. Pendant trois semaines, la ville respirera théâtre, danse et performances scéniques dans une bonne trentaine de lieux différents. Des théâtres bien sûr mais aussi des salles de concerts, des centres culturels, des cinémas et même le Sénat sont mis à contribution. C'est sans doute le festival d'art bruxellois avec la programmation la plus riche.

FÊTES DU 15 AOÛT

LIÈGE
www.visitezliege.be
Du 14 au 16 août.

Le quartier d'Outremeuse accueille plus de 250 000 visiteurs pour cette fête ! Elle commence par la traditionnelle sortie du « Bouquet » garni de 3 000 fleurs de soie. Le 15 août, se déroule la procession de la Vierge noire (datant du XVIe siècle) suivie d'une messe en wallon. Cortège folklorique (avec fanfares, confréries, marcheurs, sociétés de tir, groupes d'animation, chars et géants) et concerts gratuits. Les festivités se terminent par l'enterrement de « Matî l'Ohè » : l'incinération et les funérailles d'un os, un bal populaire et un feu d'artifice.

LA FOIRE DE LIBRAMONT

Rue des Aubépines 50
LIBRAMONT
✆ +32 61 23 04 04
www.foiredelibramont.com
Du 28 au 31 juillet 2023.

Il s'agit de la plus grande exposition vivante européenne en plein air centrée sur les différents aspects du monde rural et sur la recherche. La foire présente 3 500 animaux et des machines. La zone « Ardenne joyeuse » permet aux 200 000 visiteurs de découvrir des produits de terroir de qualité. La Foire de Libramont est également l'occasion pour les instances wallonnes de décerner les très attendus Coqs de Cristal, distinctions qui honorent les producteurs dans diverses catégories de produits de bouche. Ça représente un peu les Oscars de la gastronomie wallonne !

FIFF

rue des Brasseurs 175
NAMUR
✆ + 32 81 24 12 36
www.fiff.be

En 2022, le FIFF ou Festival International du Film Francophone tenait sa 37e édition. Compétition officielle, le FIFF diffuse chaque année environ 150 films (du long, du court, des docus, fictions et animations) et récompense les meilleurs films francophones. Le festival organise aussi des rencontres et ateliers entre professionnels. Pour le grand public, les lieux de diffusion sont le Cameo et le Delta. La distinction attribuée est le Bayard d'Or symbolisée par une statuette d'O. Strebelle, version réduite de son Cheval Bayard installé au Pont des Ardennes.

LA NOCTURNE DES COTEAUX DE LA CITADELLE

LIÈGE
lanocturnedescoteaux.site
1er samedi d'octobre dès 19h30. Accès libre et gratuit. Suspendues pendant la durée des travaux du futur tram (2025).

Le temps d'un soir, illuminations et animations riment avec féerie et ambiance festive durant cet événement. Situé à deux pas de la place Saint-Lambert, au cœur des plus vieux quartiers, les Coteaux de la Citadelle révèlent ses ruelles typiques, ses impasses cachées, ses cours aménagées, ses sentiers sinueux… pas moins de soixante monuments et cinq sites classés, sous la lueur de milliers de bougies, d'interventions lumineuses, de surprises musicales et théâtrales et de portes exceptionnellement ouvertes. Pour les amateur de patrimoine et d'originalité.

LE TAPIS DE FLEURS

Grand-Place - **BRUXELLES - BRUSSEL**

✆ +32 2 513 89 40

www.flowercarpet.be

A la mi-août, les années paires. Vue panoramique depuis le balcon de l'hôtel de ville : 7 €. Gratuit jusqu'à 10 ans.

Le Tapis de Fleurs s'étend sur 75 m de long et 24 m de large en plein centre de la Grand-Place. Les artisans assemblent des bégonias directement sur les pavés de la place, sans couche de terre. Organisé les années paires, celui-ci est réalisé sur une thématique différente. Si voir cette tapisserie végétale depuis les pavés de Grand-Place est déjà pas mal (et gratuit), l'admirer depuis le balcon de l'hôtel de ville vaut le prix d'entrée. Il fut annulé en 2020 pour cause de Covid mais était de retour en 2022 pour célébrer ses 50 ans et reviendra en 2024.

LES ANTONIADES

FLOBECQ

✆ +32 6 854 29 02

https://www.geants-flobecq.be/

Week-end à la mi-janvier.

Au programme : exposition, brocante des Antoniades, buffets, repas, marchés du terroir, cortèges, géants, spectacles,... et bien d'autres choses encore ! L'histoire des Antoniades se rattache en réalité à la tradition de la ducasse Saint Antoine, qui a préexisté sous la forme d'une foire dont on retrouve trace au XIe siècle. Deux personnages se distinguent lors des célébrations qui enthousiasment Flobecq : saint Antoine l'Ermite, et le cochon qui l'accompagne dans l'iconographie religieuse. Toutes les infos sur le site et auprès de l'organisateur.

LES ARDENTES

Parc Astrid - **LIÈGE**

www.lesardentes.be

Du 6 au 9 juillet 2023.

C'est l'événement musical hip hop groove et rap en juillet à Liège, avec une scène américaine et francophone. Chaque année, la programmation de qualité surprend les festivaliers. L'affiche est de haut niveau : Kendrick Lamar, Nicki Minaj, ASAP Rocky, Wiz Khalifa, Pharell Williams, Marc Ronson, Massive Attack, NTM sont passés ici... En 2019, les Black Eyed Peas ont foulé la scène. En 2022 c'était Stromae, à nouveau ASAP Rocky, Orelsan, Megan Thee Stallion, Tyler the Creator, Anderson.Paak ou encore Kaaris, qui ont mis le feu. Prochaine édition en 2023 !

LES ÉPICURIALES

LIÈGE

www.epicuriales.be

En juin. Devise spéciale : l'épi. 1 épi = 2 €.

En juin, le magnifique Parc de la Boverie devient un grand restaurant à ciel ouvert où restaurateurs et traiteurs réputés partagent leurs découvertes gastronomiques aux visiteurs qui les testent stand par stand. C'est le grand rendez-vous des saveurs, de la cuisine belge, française mais aussi exotique. Au menu, des « battles » de chefs, le brunch du dimanche, animations pour enfants. Comme un bonheur n'arrive jamais seul, un vaste choix de fromages affinés et de desserts est aussi proposé à la dégustation ainsi qu'une palette de bières spéciales, vins et champagnes.

LIÈGE-BASTOGNE-LIÈGE

LIÈGE

www.liege-bastogne-liege.be

23 avril 2023.

C'est la plus ancienne des courses cyclistes internationales encore organisées, d'où son surnom de « doyenne ». Créée en 1892 et prenant place chaque année lors du dernier dimanche d'avril, Liège-Bastogne-Liège est l'une des cinq références du calendrier cycliste professionnel et européen. Cette course est, avec la Flèche wallonne, la plus populaire des classiques ardennaises belges. Toutes les stars du cyclisme international ont participé à cette rude compétition et ont vite compris que la Belgique n'était pas vraiment un plat pays.

LUEUR D'HIVER

BRUGES - BRUGGE

https://www.visitbruges.be/fr/hiver

De fin novembre à début janvier. Markt et divers endroits de Bruges. 7j/7 de 11h à 22h (vendredi et samedi jusqu'à 23h).

Quand viennent les fêtes, Bruges revêt ses plus beaux habits de Noël. Ce ne sont pas moins de 3 marchés de Noël (sur le Markt, le plus beau, la place Simon Stévin et 't Zand) qui prennent place en ville. Mais Lueurs d'hiver, c'est aussi une patinoire artificielle qui flotte sur le Lac d'amour (romantique à souhait), un parcours lumineux, etc. C'est bien sûr dès la nuit tombée que la magie opère alors, que vous soyez à la recherche d'un cadeau, d'une déco pour le sapin ou de simplement boire un bain chaud, Bruges vous réchauffera le cœur.

MA FESTIVAL BRUGGE

BRUGES - BRUGGE

www.mafestival.be

Début août tous les ans, pendant 9 jours.

Le Festival de musique ancienne de Bruges ou MAfestival fait revivre la musique ancienne dans la Venise du Nord. Une belle endormie idéale pour planter un cadre pittoresque et enchanteur à ce festival. Cet événement connu dans le monde entier par les connaisseurs est ouvert à tout public. Pour découvrir des concerts de hautbois, de clavecin, de harpe et d'autre instrument aujourd'hui désuets et plonger au temps où Bruges était le New York médiéval. Une belle découverte qui change du rock, du rap et de l'électro si l'on est de passage à Bruges en été.

MARCHÉ DE NOËL DE LIÈGE

LIÈGE

www.villagedenoel.be

Tout le mois de décembre.

C'est le plus grand mais aussi le plus ancien des marchés de Noël de Belgique. Plus de deux cents chalets proposent une multitude d'idée cadeaux. Au Village de Noël, les dégustations vont bon train et les rendez-vous gastronomiques sont incontournables. Quatre thèmes sont au programme : le Chalet Gruyère, la Maison ardennaise, la Maison du Péket et le Chalet « Au pied des pistes ». Le Village de Noël, c'est aussi son Conseil Villageois et sa Mairie... de quoi rappeler l'esprit frondeur des Liégeois. A découvrir absolument.

NAMUR EN MAI

NAMUR

✆ +32 81 84 11 55

namurenmai.org

Du 18 au 20 mai 2023.

Lors du week-end de l'Ascension (du 18 au 20 mai 2023), les rues de Namur s'animent au son des spectacles théâtraux et festival des arts forains. Manifestations de cirque, théâtre et conte, musique ou cabaret emplissent de vie la capitale wallonne. Durant ce festival des arts, 300 représentations surprennent, éblouissent, enchantent ou questionnent les passants. Destiné aux petits et aux grands, Namur en Mai fait évoluer un univers féerique et forain, rythmé par des ballets acrobatiques. Depuis 1996, le festival attire au moins 100 000 personnes chaque année.

OMMEGANG

Grand-Place

BRUXELLES - BRUSSEL

✆ +32 2 512 19 61

www.ommegang.be

Fin juin, début juillet. Voir site Web.

Pour les fans de fêtes historiques, près de 1 400 figurants se rassemblent chaque année à l'occasion de l'Ommegang. Il s'agit de la plus ancienne évocation historique bruxelloise qui commémore la joyeuse entrée de Charles Quint et de son héritier Philippe, au XVIe siècle. La plupart des participants sont des descendants de personnages historiques et défilent en costume d'époque. Pour rendre l'événement encore plus caractéristique, des géants et des lanceurs de drapeaux participent à ce cortège inscrit au patrimoine culturel immatériel de l'Unesco depuis 2019.

PLAISIRS D'HIVER

Place Ste-Catherine

BRUXELLES - BRUSSEL

✆ +32 02 318 64 70

www.plaisirsdhiver.be

De fin novembre à début janvier.

C'est le grand événement de chaque hiver, qui s'amplifie chaque année. Durant tout le mois de décembre, plusieurs kilomètres à différents endroits du centre (Grand-Place, Monnaie, Marché aux poissons...) et des animations en tous genres. Décor féerique, sapin de Noël géant, merveilleux marché de Noël avec plus de 260 chalets, grande roue illuminée, manèges, animations de rue et patinoire. Odeurs de vin chaud et de tartiflette réunies... Tout est prévu pour plonger visiteurs et habitants dans une bulle magique et féerique. L'ambiance y est vraiment à la détente.

PROCESSION DU SAINT-SANG

BRUGES - BRUGGE

www.bloedprocessiebrugge.be/fr/

Le jeudi de l'Ascension (18 mai 2023).

Cette procession qui a lieu à Bruges le jour de l'Ascension attire chaque année des dizaines de milliers de spectateurs. Le défilé présente des tableaux vivants de l'Ancien et du Nouveau Testament, un cortège de représentants des métiers du Moyen Âge, et, enfin, Thierry d'Alsace ramenant la fiole du Saint-Sang de la Terre Sainte pendant sa 2e croisade au XIIIe siècle. La basilique Saint-Sang, construite au XVe siècle, laisse voir dans son musée cette fameuse châsse qui aurait contenu ce filet d'hémoglobine de Jésus recueilli dans le Saint Graal.

RÉGATE DE BAIGNOIRES

DINANT

www.lesbaignoires.be

Le 15 août.

À Dinant, une course de baignoires réputée a lieu chaque année le 15 août. Près de 25 000 personnes assistent à cette compétition longue d'un kilomètre sur la Meuse. Les participants ont juste à décorer leur bolide, et certains n'hésitent pas à être des plus originaux… Une fête folklorico-sportive loufoque où l'humour belge est de mise. Les équipes rivalisent d'imagination pour équiper leur baignoire et gagner la course, même si celles ci ne peuvent être menée à la victoire que par la force humaine. Une sorte de « fous du volant » version aquatique et belge, immanquable !

SUMMER BEER LOVERS FESTIVAL

Quelque part à Liège - **LIÈGE**

✆ +32 4 95 40 53 52

wwww.summerbeerloversfestival.be

Du 25 au 28 mai 2023.

Ce festival, c'est LE rendez-vous des amateurs de bières de Belgique ! En effet, il rassemble entre 20 et 30 brasseries et microbrasseries, et il a pour but de vous faire découvrir les spécialités brassicoles wallonnes. Ainsi, équipez-vous de votre plus belle choppe et n'hésitez pas à passer de stand en stand. De plus, chaque année le dimanche du festival, prend place l'incontournable Beer Lovers' Marathon. Véritable course de 42 km, elle est un brin loufoque, festive et déguisée, et compte 15 stands de ravitaillement d'eau… ou de bière selon le choix des coureurs !

ROCK WERCHTER

Werchter

www.rockwerchter.be

Du 29 juin au 2 juillet 2023 (fin juin - début juillet).

L'un des plus grands festivals de rock en plein air en Europe. Chaque année, l'affiche est excellente et a été élu plusieurs fois par les artistes qui viennent y jouer comme « le meilleur festival du monde ». Historiquement rock, pop et alternatif, Wechter s'est ouvert à d'autres styles, notamment aux musiques électroniques. Les plus grands noms sont passés par là et répondent toujours présents (en 2022, Metallica, Beck, Pearl Jam, Rag'n Bone Man, The War on Drugs…), tout comme de jeunes pousses musicales. Attention : souvent complet plusieurs semaines à l'avance.

THE CRYSTAL SHIP

OSTENDE

thecrystalship.org

Toute l'année. Gratuit.

Depuis 2016, The Crystal Ship est devenu le plus grand festival d'art urbain d'Europe ! Cette grande galerie à ciel ouvert accueille chaque année une douzaine d'artiste qui s'exposent dans cette ville côtière. Des grands noms de l'art urbain ont déjà été accueillis comme ROA, Paola Delfin, Miss Van ou encore Wasted Rita. Installations, peintures murales et sculptures permettent de visiter cet endroit balnéaire populaire d'une autre manière. Sur le site du festival, vous trouverez un guide pédestre et cycliste gratuit. Un bonheur !

SERRES ROYALES DE LAEKEN

Avenue du Parc royal

BRUXELLES - BRUSSEL

✆ +32 2 551 20 20

Ouvert en général à partir de la mi-avril à la première semaine de mai. Consulter site web.

Le Domaine royal de Laeken, où vivent le roi Philippe et la reine Mathilde, date du XVIIIe siècle. Du palais, vous n'aurez qu'un aperçu rapide. Mais en revanche, les serres royales de Laeken, s'ouvrent au public une fois par an, pendant environ trois semaines en avril ou mai. Construites à proximité du palais par Alphonse Balat, maître de Victor Horta, les serres abritent la plus ancienne collection de camélias au monde, des orangers bicentenaires et des milliers de plantes ramenées du Congo. Visite dépaysante dans le jardin privé du roi à ne pas rater.

TOMMOROWLAND

Domaine provincial De Schorre

BOOM

www.tomorrowland.com

2e et 3e week-ends de juillet.

Festival créé en 2003 qui est aujourd'hui de renommée mondiale. Tommorowland accueille les festivaliers des quatre coins du monde. De nombreux DJ se sont déjà produits sur scène : Avicii, David Guetta, Steve Aoki, Dimitri Vegas & Like Mike, Calvin Harris… Ce n'est pas seulement la line-up qui attire les festivaliers mais également l'ambiance, le cadre et les décors qui vous plongent dans un monde enchanté et de rêve comme l'indique le nom de son village « Dreamville ». Le spectacle est autant sur scène que dans les décors et chez les festivaliers.

BRUXELLES - BRUSSEL

La capitale de la Belgique, mais aussi de l'Europe, est forcément cosmopolite et polyglotte. Une ville toujours animée et accueillante. Un vrai patchwork de cultures qui cohabitent vaille que vaille avec leurs diversités, aussi bien francophone que flamande, presque à parts égales, elle parle anglais dans les bureaux. Elle s'affirme aussi comme la capitale de la *zwanze*, cet humour implacable et sans prétention qui n'appartient pourtant qu'à elle. L'étendue de ses anciens faubourgs, nés avec le XIXe siècle, a créé des noyaux urbains hors du centre historique, que nous détaillons dans des chapitres dédiés dans ce guide. Avec plus de 40 musées et monuments à visiter, la ville regorge d'attractions culturelles et historiques, de restaurants, de bars et cafés. Mais Bruxelles est aussi une véritable capitale verte, avec de nombreux parcs. De plus, elle organise une foule de festivals qu'il convient de découvrir.

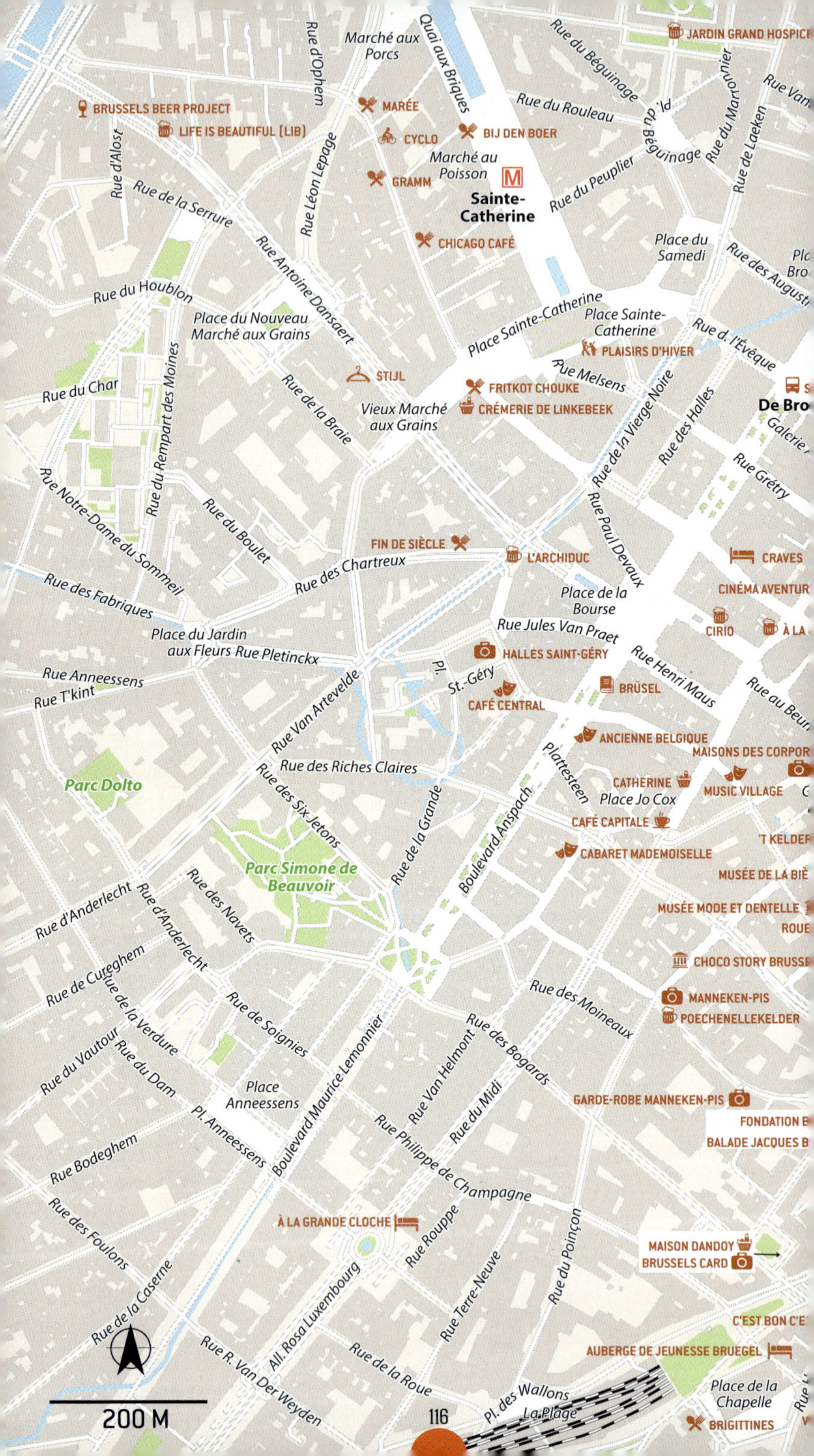
BRUSSELS BEER PROJECT
LIFE IS BEAUTIFUL (LIB)
MARÉE
CYCLO
BIJ DEN BOER
GRAMM
CHICAGO CAFÉ
JARDIN GRAND HOSPIC
Marché aux Porcs
Quai aux Briques
Marché au Poisson
Sainte-Catherine
Rue d'Ophem
Rue du Béguinage
Rue du Rouleau
Pl. du Béguinage
Rue du Marronnier
Rue de Laeken
Rue du Peuplier
Place du Samedi
Rue des Augustins
Rue d'Alost
Rue de la Serrure
Rue Léon Lepage
Rue Antoine Dansaert
Rue du Houblon
Place du Nouveau Marché aux Grains
Place Sainte-Catherine
PLAISIRS D'HIVER
Rue d. l'Évêque
Rue Melsens
STIJL
FRITKOT CHOUKE
CRÉMERIE DE LINKEBEEK
Vieux Marché aux Grains
Rue du Char
Rue du Rempart des Moines
Rue de la Braie
Rue de la Vierge Noire
Rue des Halles
De Bro
Galerie
Rue Grétry
Rue Notre-Dame du Sommeil
Rue du Boulet
FIN DE SIÈCLE
L'ARCHIDUC
Rue des Chartreux
Rue Paul Devaux
CRAVES
CINÉMA AVENTUR
Rue des Fabriques
Place de la Bourse
Rue Jules Van Praet
CIRIO
À LA
Place du Jardin aux Fleurs
Rue Pletinckx
HALLES SAINT-GÉRY
Rue Anneessens
Rue T'kint
Pl. St.-Géry
BRÜSEL
Rue Henri Maus
Rue au Beurre
CAFÉ CENTRAL
Rue Van Artevelde
ANCIENNE BELGIQUE
MAISONS DES CORPOR
Rue des Riches Claires
Plattesteen
CATHERINE
MUSIC VILLAGE
Parc Dolto
Place Jo Cox
Rue des Six Jetons
CAFÉ CAPITALE
'T KELDER
Rue de la Grande
Boulevard Anspach
CABARET MADEMOISELLE
Parc Simone de Beauvoir
MUSÉE DE LA BIÈ
Rue d'Anderlecht
Rue des Navets
MUSÉE MODE ET DENTELLE
ROUE
CHOCO STORY BRUSSE
Rue de Cureghem
Rue de la Verdure
Rue des Moineaux
MANNEKEN-PIS
POECHENELLEKELDER
Rue de Soignies
Rue des Bogards
Rue du Vautour
Rue du Dam
Place Anneessens
Boulevard Maurice Lemonnier
Rue Van Helmont
Rue du Midi
GARDE-ROBE MANNEKEN-PIS
FONDATION B
BALADE JACQUES B
Pl. Anneessens
Rue Bodeghem
Rue Philippe de Champagne
Rue des Foulons
À LA GRANDE CLOCHE
Rue Rouppe
Rue du Poinçon
MAISON DANDOY
BRUSSELS CARD
Rue Terre-Neuve
Rue de la Caserne
All. Rosa Luxembourg
C'EST BON C'E
AUBERGE DE JEUNESSE BRUEGEL
Rue R. Van Der Weyden
Rue de la Roue
Pl. des Wallons
La Plage
Place de la Chapelle
BRIGITTINES
200 M

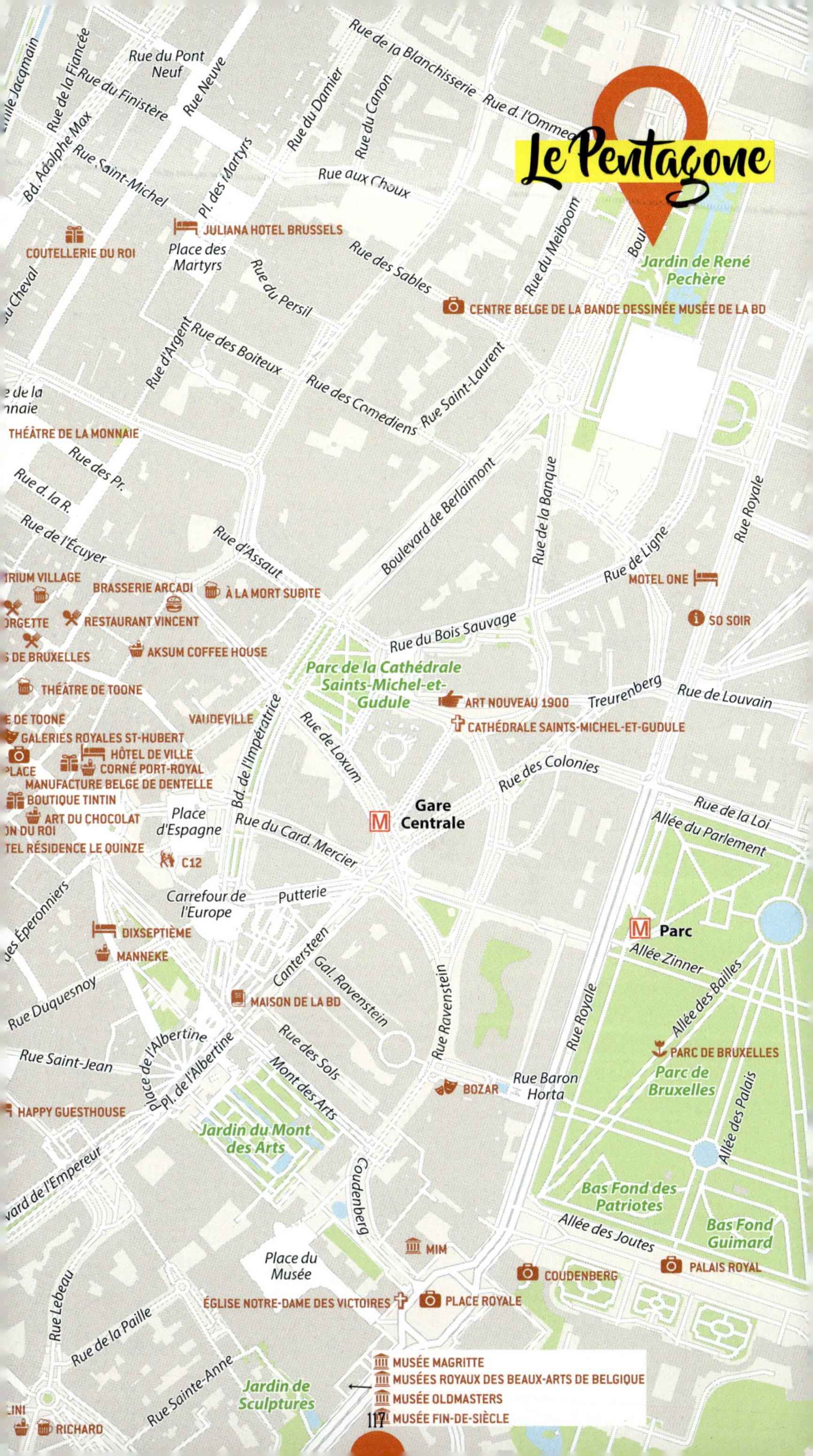
Le Pentagone
Rue du Pont Neuf
Rue de la Fiancée
Rue du Finistère
Rue Neuve
Bd. Adolphe Max
Rue Saint-Michel
Pl. des Martyrs
Rue du Damier
Rue du Canon
Rue de la Blanchisserie
Rue d. l'Ommeg
Rue aux Choux
JULIANA HOTEL BRUSSELS
COUTELLERIE DU ROI
Place des Martyrs
Rue du Persil
Rue des Sables
Rue du Meiboom
Jardin de René Pechère
CENTRE BELGE DE LA BANDE DESSINÉE MUSÉE DE LA BD
Rue d'Argent
Rue des Boiteux
Rue des Comediens
Rue Saint-Laurent
THÉÂTRE DE LA MONNAIE
Rue des Pr.
Rue d. la R.
Rue de l'Écuyer
Boulevard de Berlaimont
Rue de la Banque
Rue Royale
Rue d'Assaut
Rue de Ligne
MOTEL ONE
BRASSERIE ARCADI
À LA MORT SUBITE
SO SOIR
RESTAURANT VINCENT
Rue du Bois Sauvage
AKSUM COFFEE HOUSE
Parc de la Cathédrale Saints-Michel-et-Gudule
THÉÂTRE DE TOONE
ART NOUVEAU 1900
Treurenberg
Rue de Louvain
VAUDEVILLE
CATHÉDRALE SAINTS-MICHEL-ET-GUDULE
GALERIES ROYALES ST-HUBERT
Rue de Loxum
HÔTEL DE VILLE
CORNÉ PORT-ROYAL
Rue des Colonies
MANUFACTURE BELGE DE DENTELLE
Bd. de l'Impératrice
BOUTIQUE TINTIN
Gare Centrale
Rue de la Loi
ART DU CHOCOLAT
Place d'Espagne
Rue du Card. Mercier
Allée du Parlement
C12
Carrefour de l'Europe
Putterie
DIXSEPTIÈME
Parc
MANNEKE
Cantersteen
Gal. Ravenstein
Allée Zinner
Allée des Bailles
Rue Duquesnoy
MAISON DE LA BD
Rue Ravenstein
Rue Royale
Rue Saint-Jean
Place de l'Albertine
Pl. de l'Albertine
Rue des Sols
PARC DE BRUXELLES
Parc de Bruxelles
Mont des Arts
Rue Baron Horta
BOZAR
HAPPY GUESTHOUSE
Jardin du Mont des Arts
Allée des Palais
Coudenberg
Bas Fond des Patriotes
Allée des Joutes
Bas Fond Guimard
MIM
Place du Musée
COUDENBERG
PALAIS ROYAL
Rue Lebeau
ÉGLISE NOTRE-DAME DES VICTOIRES
PLACE ROYALE
Rue de la Paille
MUSÉE MAGRITTE
MUSÉES ROYAUX DES BEAUX-ARTS DE BELGIQUE
Jardin de Sculptures
MUSÉE OLDMASTERS
Rue Sainte-Anne
MUSÉE FIN-DE-SIÈCLE
RICHARD

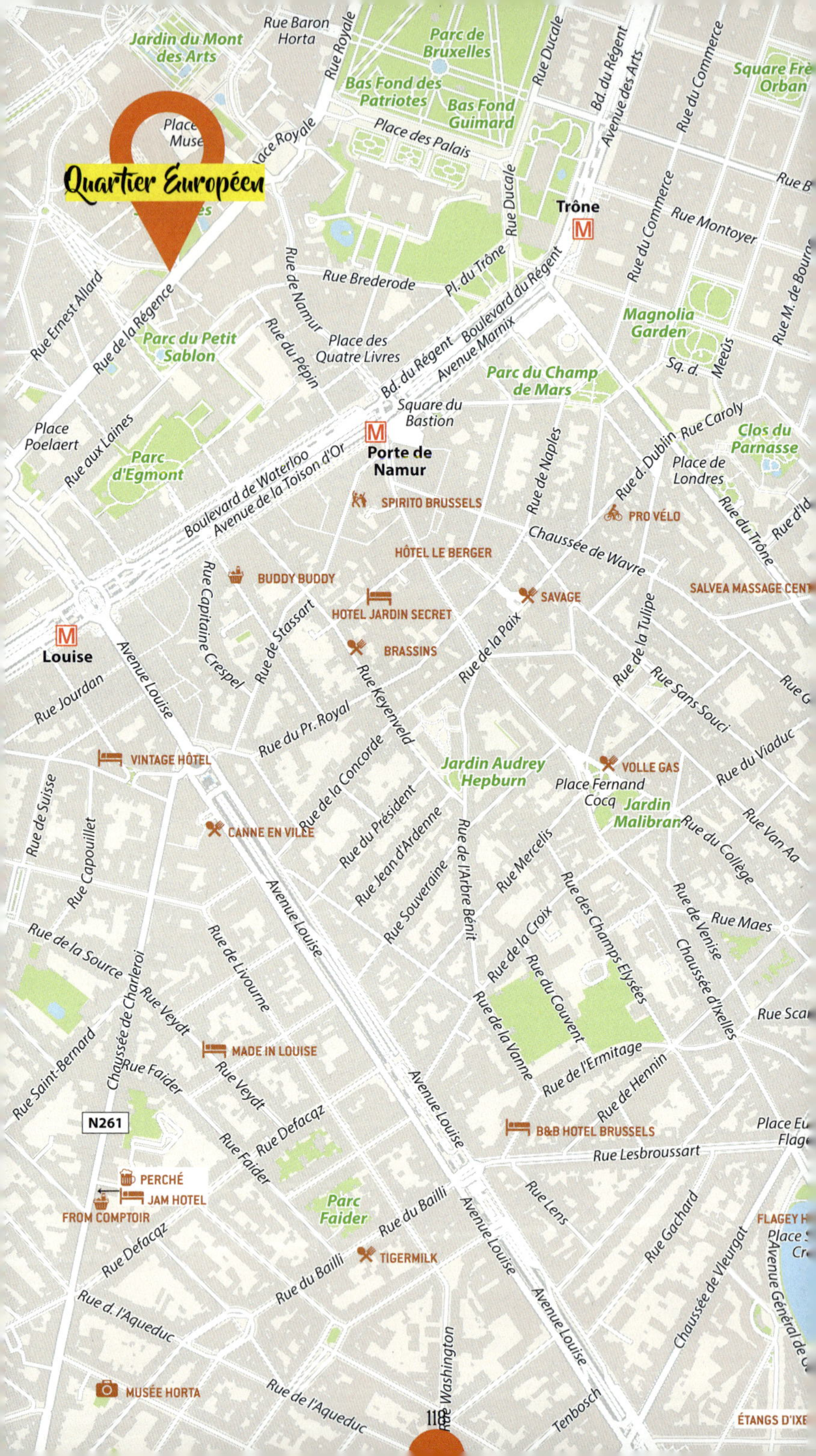
Quartier Européen
Jardin du Mont des Arts
Rue Baron Horta
Rue Royale
Parc de Bruxelles
Bas Fond des Patriotes
Bas Fond Guimard
Rue Ducale
Bd. du Régent
Avenue des Arts
Rue du Commerce
Square Frère Orban
Place des Palais
Trône
M
Rue Montoyer
Rue de Namur
Rue Brederode
Pl. du Trône
Boulevard du Régent
Avenue Marnix
Magnolia Garden
Rue Ernest Allard
Rue de la Régence
Parc du Petit Sablon
Rue du Pépin
Place des Quatre Livres
Parc du Champ de Mars
Sq. d. Meeûs
Square du Bastion
Porte de Namur
Place Poelaert
Rue aux Laines
Parc d'Egmont
Boulevard de Waterloo
Avenue de la Toison d'Or
Rue Caroly
Rue d. Dublin
Clos du Parnasse
Place de Londres
Rue de Naples
SPIRITO BRUSSELS
PRO VÉLO
Rue du Trône
Chaussée de Wavre
HÔTEL LE BERGER
BUDDY BUDDY
SAVAGE
HOTEL JARDIN SECRET
Rue Capitaine Crespel
Rue de Stassart
BRASSINS
Louise
Avenue Louise
Rue de la Paix
Rue de la Tulipe
Rue Sans Souci
Rue Jourdan
Rue Keyenveld
Rue du Pr. Royal
VINTAGE HÔTEL
Jardin Audrey Hepburn
VOLLE GAS
Place Fernand Cocq
Jardin Malibran
Rue du Viaduc
Rue de Suisse
Rue Capouillet
CANNE EN VILLE
Rue de la Concorde
Rue du Président
Rue Jean d'Ardenne
Rue Souveraine
Rue de l'Arbre Bénit
Rue Mercelis
Rue des Champs Elysées
Rue du Collège
Rue Maes
Rue de Venise
Chaussée d'Ixelles
Rue de la Source
Chaussée de Charleroi
Rue de Livourne
Rue Veydt
Rue de la Croix
Rue du Couvent
Rue de la Vanne
Rue de l'Ermitage
Rue de Hennin
MADE IN LOUISE
Rue Saint-Bernard
Rue Faider
N261
Rue Defacqz
B&B HOTEL BRUSSELS
Rue Lesbroussart
PERCHÉ
JAM HOTEL
FROM COMPTOIR
Parc Faider
Rue du Bailli
Rue Lens
Rue Gachard
TIGERMILK
Chaussée de Vleurgat
Rue d. l'Aqueduc
Rue de l'Aqueduc
Rue Washington
MUSÉE HORTA
Tenbosch
ÉTANGS D'IXE

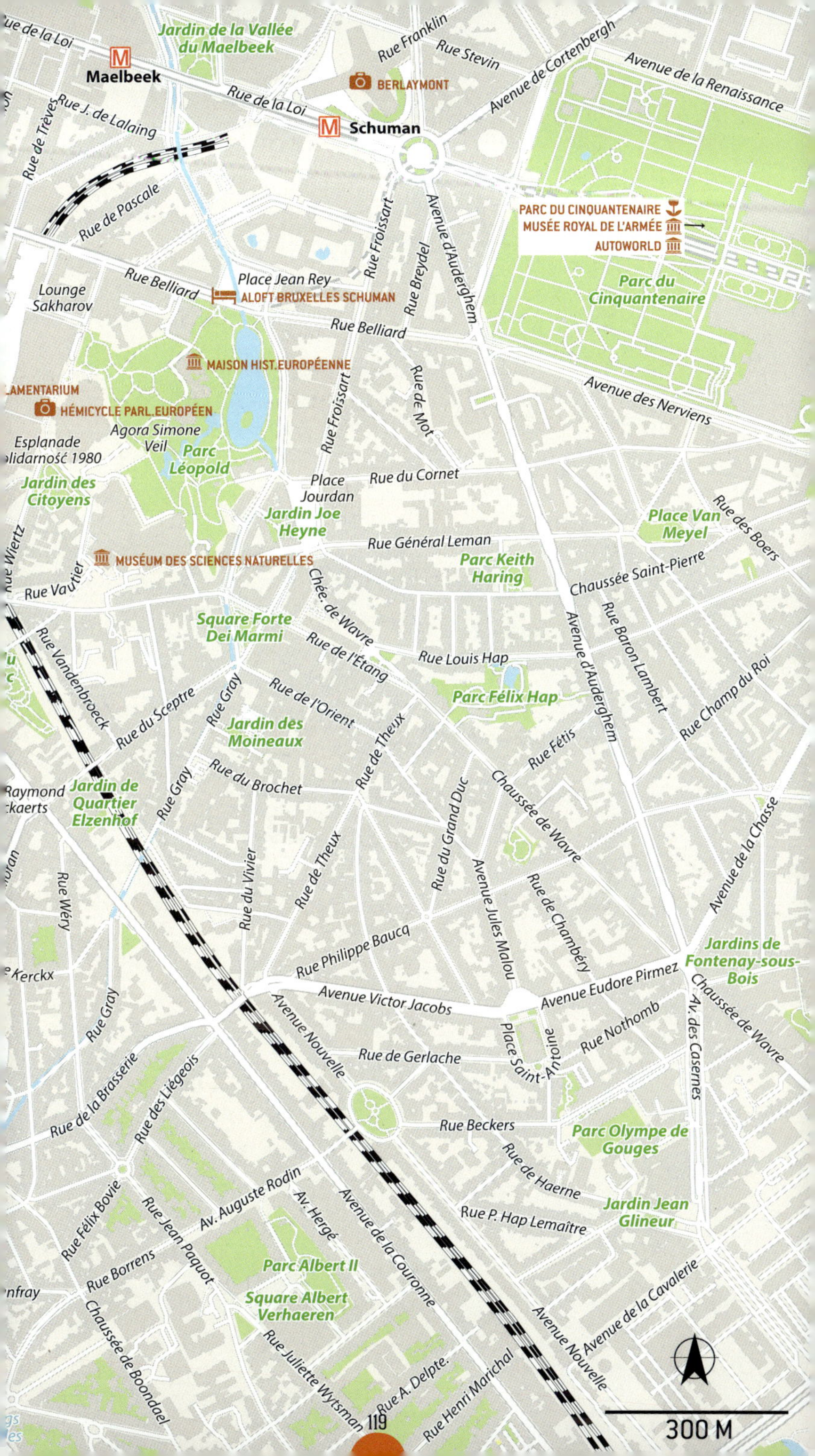
Jardin de la Vallée du Maelbeek
Maelbeek
Rue de la Loi
Rue Franklin
Rue Stevin
BERLAYMONT
Avenue de Cortenbergh
Avenue de la Renaissance
Schuman
Rue J. de Lalaing
Rue de Trèves
Rue de Pascale
Rue Froissart
Rue Breydel
Avenue d'Auderghem
PARC DU CINQUANTENAIRE
MUSÉE ROYAL DE L'ARMÉE
AUTOWORLD
Parc du Cinquantenaire
Place Jean Rey
Rue Belliard
ALOFT BRUXELLES SCHUMAN
Lounge Sakharov
MAISON HIST. EUROPÉENNE
Rue de Mot
Avenue des Nerviens
HÉMICYCLE PARL. EUROPÉEN
Agora Simone Veil
Esplanade
Parc Léopold
Jardin des Citoyens
Place Jourdan
Rue du Cornet
Jardin Joe Heyne
Place Van Meyel
Rue des Boers
MUSÉUM DES SCIENCES NATURELLES
Rue Général Leman
Parc Keith Haring
Chaussée Saint-Pierre
Rue Vautier
Chée. de Wavre
Square Forte Dei Marmi
Rue de l'Étang
Rue Louis Hap
Rue Baron Lambert
Rue Vandenbroeck
Rue du Sceptre
Rue Gray
Rue de l'Orient
Parc Félix Hap
Rue Champ du Roi
Jardin des Moineaux
Rue de Theux
Rue Fétis
Rue du Brochet
Jardin de Quartier Elzenhof
Chaussée de Wavre
Rue du Grand Duc
Rue du Vivier
Avenue Jules Malou
Rue de Chambéry
Avenue de la Chasse
Rue Wéry
Rue Philippe Baucq
Jardins de Fontenay-sous-Bois
Avenue Victor Jacobs
Avenue Eudore Pirmez
Avenue Nouvelle
Place Saint-Antoine
Rue Nothomb
Av. des Casernes
Rue de Gerlache
Rue de la Brasserie
Rue des Liégeois
Rue Beckers
Parc Olympe de Gouges
Rue de Haerne
Av. Auguste Rodin
Av. Hergé
Avenue de la Couronne
Rue P. Hap Lemaître
Jardin Jean Glineur
Rue Félix Bovie
Rue Jean Paquot
Rue Borrens
Parc Albert II
Square Albert Verhaeren
Chaussée de Boondael
Rue Juliette Wytsman
Rue A. Delpte.
Rue Henri Marichal
Avenue de la Cavalerie
300 M

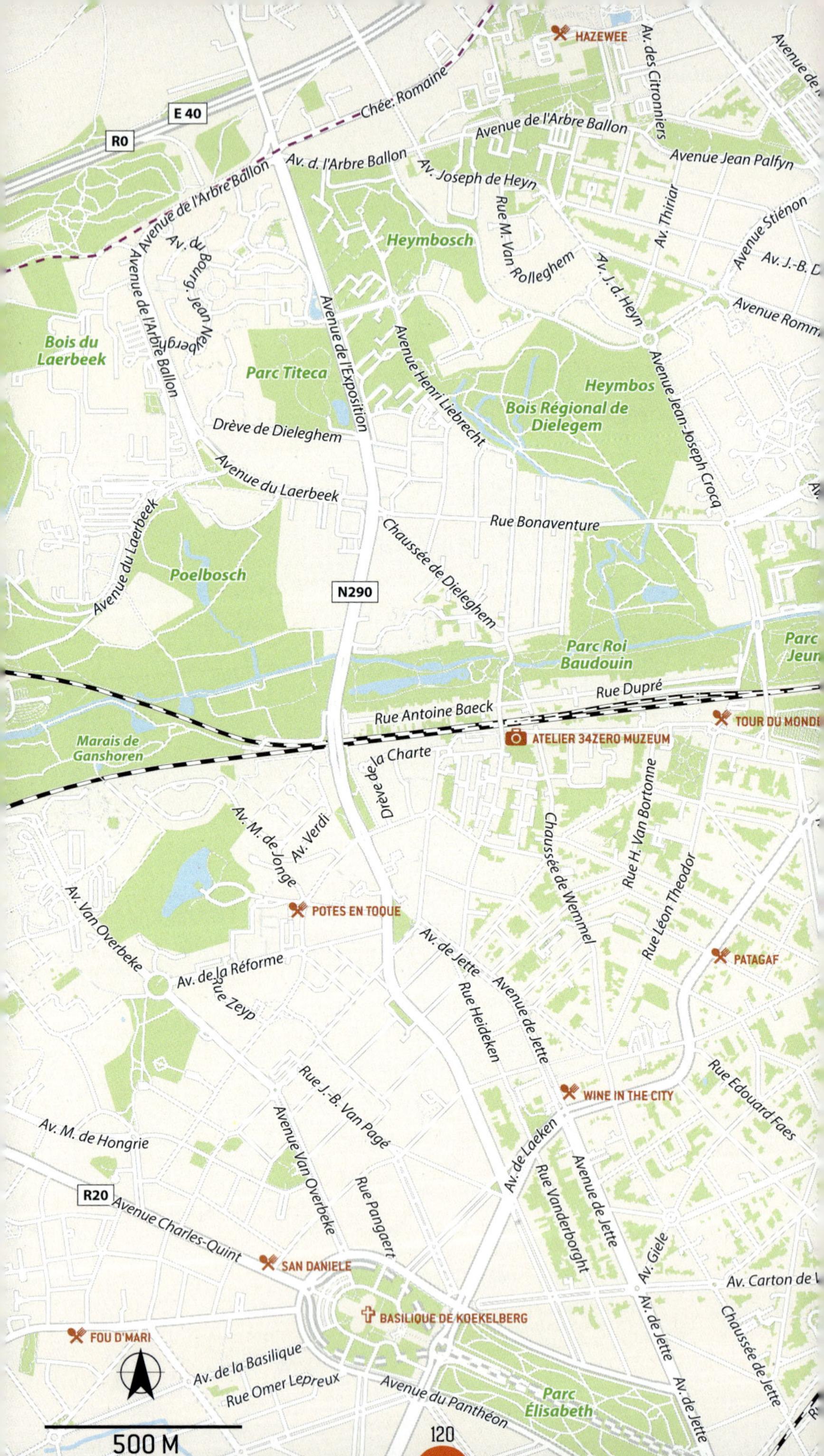

HAZEWEE
Av. des Citronniers
Avenue de
E 40
R0
Chée. Romaine
Avenue de l'Arbre Ballon
Av. d. l'Arbre Ballon
Avenue Jean Palfyn
Av. Joseph de Heyn
Avenue de l'Arbre Ballon
Av. du Bourg. Jean Neyberg
Heymbosch
Rue M. Van Rolleghem
Av. Thiriar
Avenue Stiénon
Av. J.-B. D
Av. J. d. Heyn
Avenue Romm
Bois du Laerbeek
Avenue de l'Arbre Ballon
Avenue de l'Exposition
Avenue Henri Liebrecht
Parc Titeca
Heymbos
Bois Régional de Dielegem
Avenue Jean-Joseph Crocq
Drève de Dieleghem
Avenue du Laerbeek
Rue Bonaventure
Chaussée de Dieleghem
Avenue du Laerbeek
Poelbosch
N290
Parc Roi Baudouin
Parc Jeun
Rue Dupré
Rue Antoine Baeck
TOUR DU MONDE
ATELIER 34ZERO MUZEUM
Marais de Ganshoren
Drève de la Charte
Av. M. de Jonge
Av. Verdi
Chaussée de Wemmel
Rue H. Van Bortonne
Rue Léon Theodor
POTES EN TOQUE
Av. Van Overbeke
Av. de la Réforme
Rue Zeyp
Av. de Jette
Rue Heideken
Avenue de Jette
PATAGAF
WINE IN THE CITY
Rue Edouard Faes
Rue J.-B. Van Pagé
Av. M. de Hongrie
Avenue Van Overbeke
Av. de Laeken
Rue Vanderborght
Avenue de Jette
R20
Avenue Charles-Quint
Rue Pangaert
SAN DANIELE
Av. Giele
Av. Carton de W
BASILIQUE DE KOEKELBERG
FOU D'MARI
Av. de Jette
Chaussée de Jette
Av. de la Basilique
Rue Omer Lepreux
Avenue du Panthéon
Parc Élisabeth
Av. de Jette
500 M

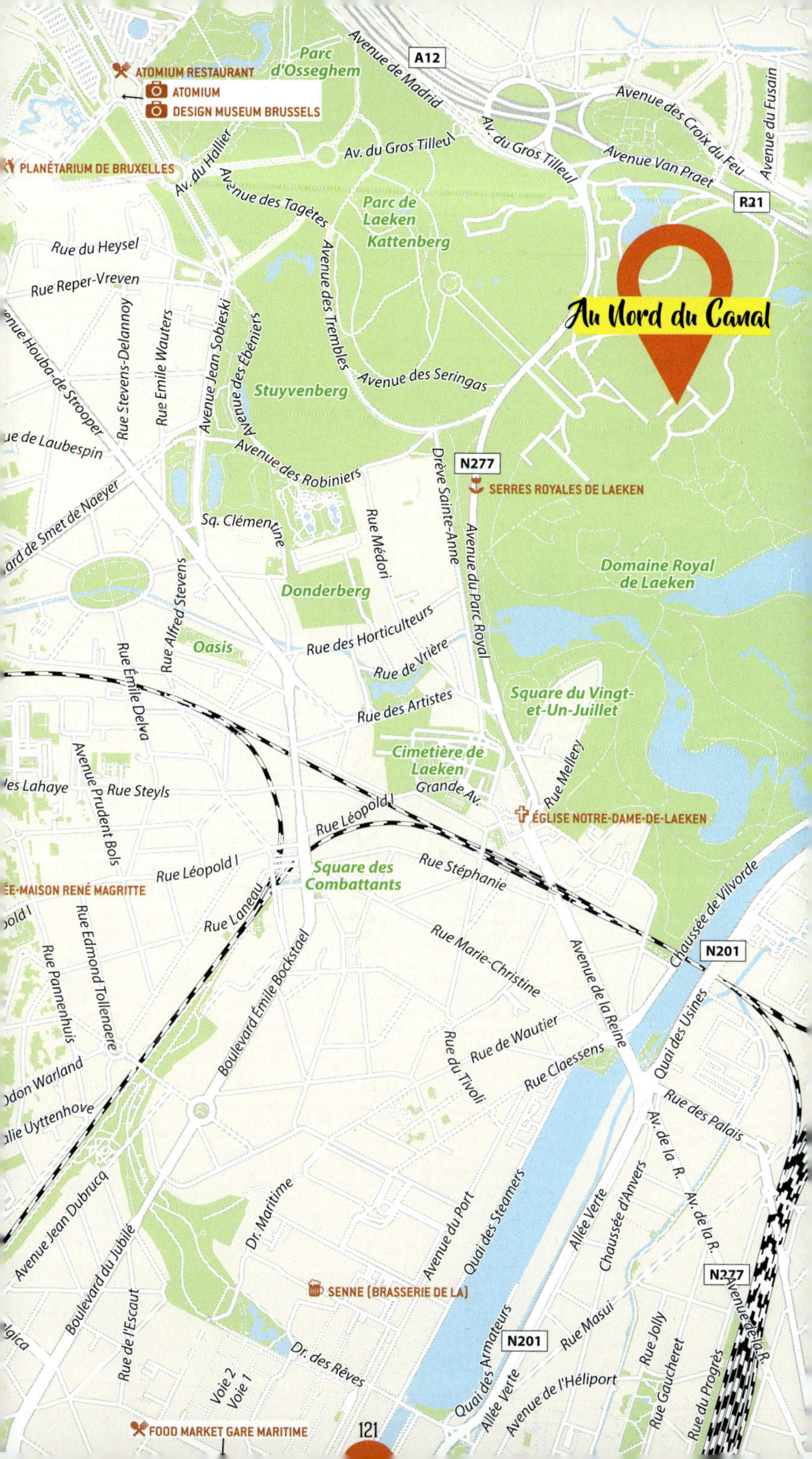
Au Nord du Canal
ATOMIUM RESTAURANT
ATOMIUM
DESIGN MUSEUM BRUSSELS
PLANÉTARIUM DE BRUXELLES
SERRES ROYALES DE LAEKEN
ÉGLISE NOTRE-DAME-DE-LAEKEN
SENNE (BRASSERIE DE LA)
FOOD MARKET GARE MARITIME
Parc d'Osseghem
Parc de Laeken
Kattenberg
Stuyvenberg
Donderberg
Oasis
Domaine Royal de Laeken
Square du Vingt-et-Un-Juillet
Cimetière de Laeken
Square des Combattants
A12
R21
N277
N201
Avenue de Madrid
Av. du Gros Tilleul
Avenue des Croix du Feu
Avenue Van Praet
Avenue du Fusain
Av. du Hallier
Avenue des Tagètes
Rue du Heysel
Rue Reper-Vreven
Avenue des Trembles
Avenue des Seringas
Rue Stevens-Delannoy
Rue Emile Wauters
Avenue Jean Sobieski
Avenue des Ébéniers
Avenue des Robiniers
Sq. Clémentine
Rue Médori
Drève Sainte-Anne
Avenue du Parc Royal
Rue Alfred Stevens
Rue des Horticulteurs
Rue de Vrière
Rue des Artistes
Rue Émile Delva
Avenue Prudent Bols
Rue Steyls
Grande Av.
Rue Léopold I
Rue Mellery
Rue Stéphanie
Rue Laneau
Boulevard Émile Bockstael
Rue Marie-Christine
Avenue de la Reine
Chaussée de Vilvorde
Quai des Usines
Rue de Wautier
Rue du Tivoli
Rue Claessens
Rue des Palais
Av. de la R.
Rue Edmond Tollenaere
Rue Pannenhuis
Avenue Jean Dubrucq
Boulevard du Jubilé
Dr. Maritime
Avenue du Port
Quai des Steamers
Allée Verte
Chaussée d'Anvers
Rue de l'Escaut
Dr. des Rêves
Voie 2
Voie 1
Quai des Armateurs
Avenue de l'Héliport
Rue Masui
Rue Jolly
Rue Gaucheret
Rue du Progrès
Avenue de la R.
Avenue Houba-de Strooper
Rue de Laubespin
Boulevard de Smet de Naeyer
Rue Lahaye
MUSÉE-MAISON RENÉ MAGRITTE
Rue Léopold I
Rue Odon Warland
Rue Émile Uyttenhove

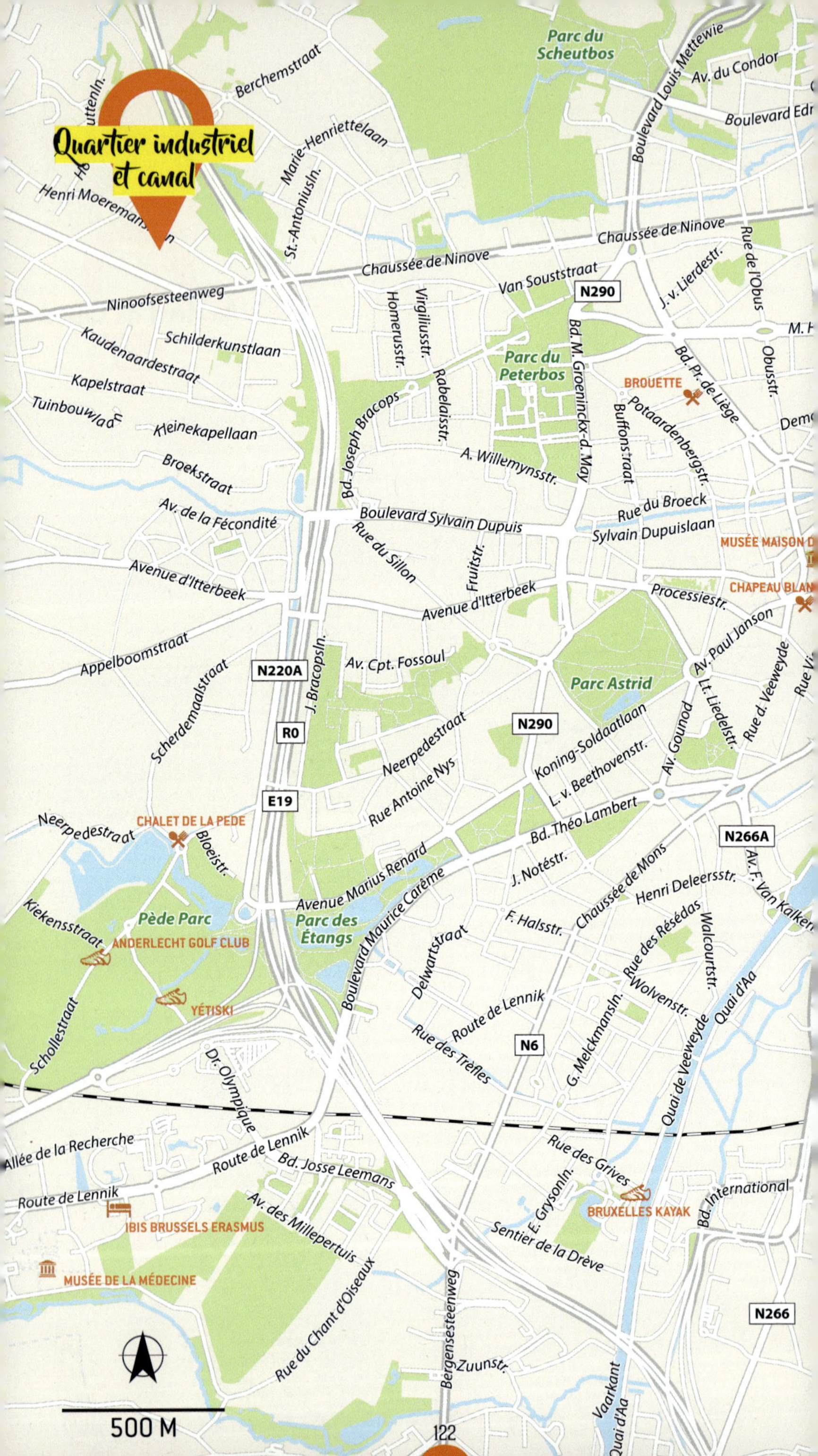

Quartier industriel et canal
Parc du Scheutbos
Boulevard Louis Mettewie
Av. du Condor
Boulevard Edr
Berchemstraat
Marie-Henriettelaan
St.-Antoniusln.
Henri Moeremans
Chaussée de Ninove
Ninoofsesteenweg
Van Soustraat
N290
J. v. Lierdestr.
Rue de l'Obus
Obusstr.
Schilderkunstlaan
Kaudenaardestraat
Kapelstraat
Tuinbouwlaan
Kleinekapellaan
Homerusstr.
Virgiliusstr.
Rabelaisstr.
Parc du Peterbos
Bd. M. Groeninckx-d. May
BROUETTE
Buffonstraat
Potaardenbergstr.
Bd. Pr. de Liège
Bd. Joseph Bracops
A. Willemynsstr.
Broekstraat
Av. de la Fécondité
Boulevard Sylvain Dupuis
Rue du Broeck
Sylvain Dupuislaan
MUSÉE MAISON D
Rue du Sillon
Fruitstr.
Avenue d'Itterbeek
Processiestr.
CHAPEAU BLAN
Appelboomstraat
N220A
J. Bracopsln.
Av. Cpt. Fossoul
Parc Astrid
Av. Paul Janson
Rue d. Veeweyde
Lt. Liedelstr.
R0
N290
Scherdemaalstraat
Neerpedestraat
Koning-Soldaatlaan
L. v. Beethovenstr.
Av. Gounod
E19
Rue Antoine Nys
Bd. Théo Lambert
N266A
Neerpedestraat
CHALET DE LA PEDE
Bloeistr.
J. Notéstr.
Av. F. Van Kalken
Avenue Marius Renard
Boulevard Maurice Carême
Chaussée de Mons
Henri Deleersstr.
Kiekensstraat
Pède Parc
ANDERLECHT GOLF CLUB
Parc des Étangs
F. Halsstr.
Rue des Résédas
Walcourtstr.
Delwartstraat
Wolvenstr.
YÉTISKI
Route de Lennik
Quai d'Aa
Schollestraat
Dr. Olympique
Rue des Trèfles
N6
G. Melckmansln.
Quai de Veeweyde
Allée de la Recherche
Route de Lennik
Bd. Josse Leemans
Rue des Grives
Route de Lennik
E. Grysonln.
BRUXELLES KAYAK
Bd. International
Av. des Millepertuis
IBIS BRUSSELS ERASMUS
Sentier de la Drève
MUSÉE DE LA MÉDECINE
Rue du Chant d'Oiseaux
Bergensesteenweg
N266
Zuunstr.
Vaarkant
Quai d'Aa
500 M

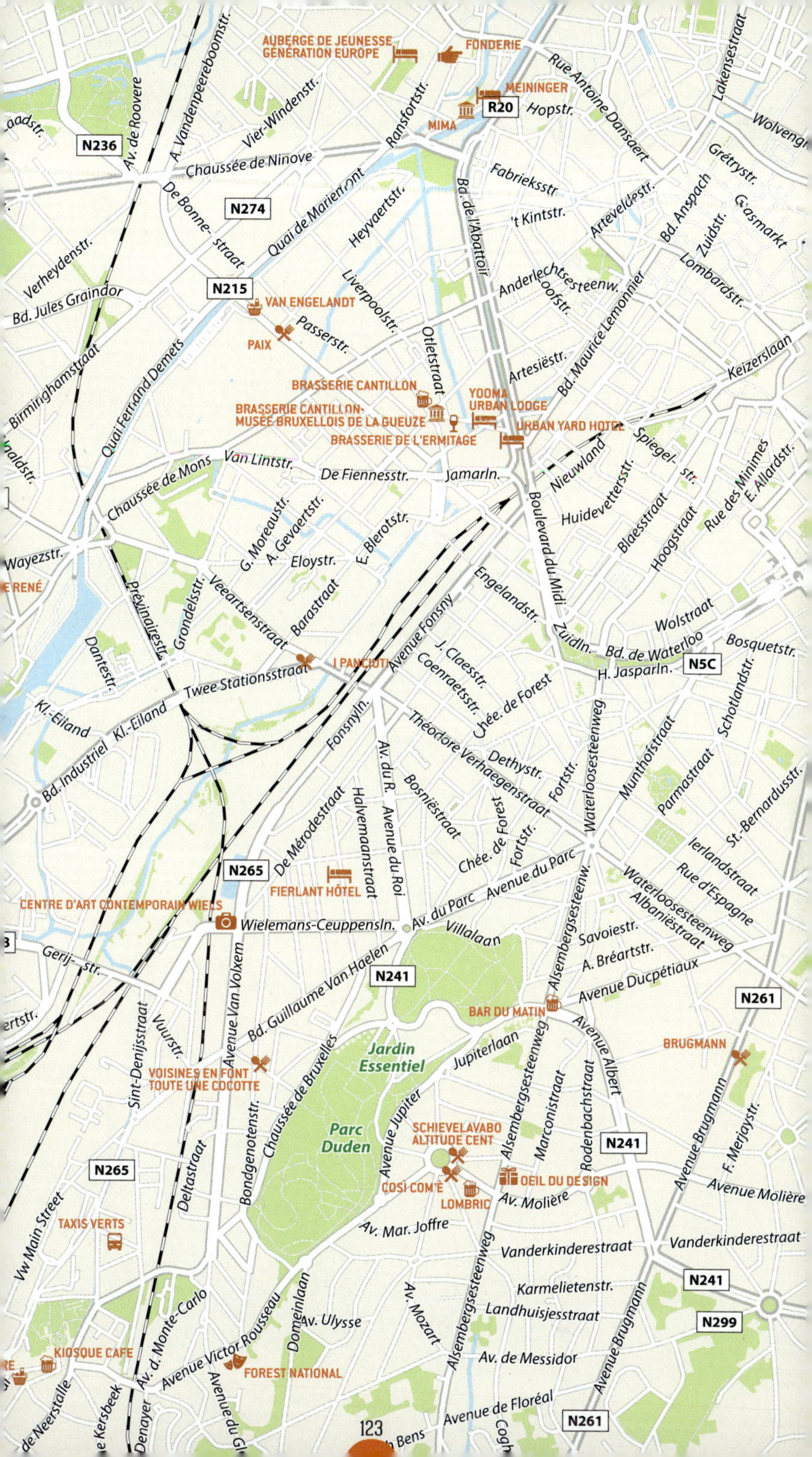
AUBERGE DE JEUNESSE GÉNÉRATION EUROPE
FONDERIE
MEININGER
MIMA
R20
Hopstr.
Rue Antoine Dansaert
Lakensestraat
Wolvengr
N236
Av. de Roovere
A. Vandenpeereboomstr.
Vier-Windenstr.
Ransfortstr.
Chaussée de Ninove
Fabrieksstr.
Grétrystr.
De Bonne-straat
N274
Quai de Mariemont
Heyvaertstr.
Bd. de l'Abattoir
't Kintstr.
Arteveldestr.
Bd. Anspach
Zuidstr.
Gasmarkt
Verheydenstr.
Lombardstr.
N215
Bd. Jules Graindor
VAN ENGELANDT
Liverpoolstr.
Anderlechtsesteenw.
Hoofstr.
PAIX
Passerstr.
Birminghamstraat
Quai Ferrand Demets
Otletstraat
Artesiëstr.
Bd. Maurice Lemonnier
Keizerslaan
BRASSERIE CANTILLON
YOOMA URBAN LODGE
BRASSERIE CANTILLON-MUSÉE BRUXELLOIS DE LA GUEUZE
URBAN YARD HOTEL
BRASSERIE DE L'ERMITAGE
Spiegel-str.
Nieuwland
Rue des Minimes
E. Allardstr.
Chaussée de Mons
Van Lintstr.
De Fiennesstr.
Jamarln.
Huidevettersstr.
Boulevard du Midi
Blaesstraat
Hoogstraat
G. Moreaustr.
A. Gevaertstr.
E. Blerotstr.
Wayezstr.
Eloystr.
RENÉ
Engelandstr.
Prévinairestr.
Grondelsstr.
Veeartsenstraat
Barastraat
Avenue Fonsny
Wolstraat
Dantestr.
J. Claesstr.
Zuidln.
Bd. de Waterloo
Bosquetstr.
I PANCIUTI
Coenraetsstr.
H. Jasparln.
N5C
Twee Stationsstraat
Chée. de Forest
Schotlandstr.
Kl.-Eiland
Fonsnyln.
Théodore Verhaegenstraat
Waterloosesteenweg
Munthofstraat
Bd. Industriel
Dethystr.
Forststr.
Parmastraat
St.-Bernardusstr.
Av. du R.
Avenue du Roi
Bosniëstraat
De Mérodestraat
Halvemaanstraat
Chée. de Forest
Forststr.
Ierlandstraat
N265
Avenue du Parc
Waterloosesteenweg
Rue d'Espagne
FIERLANT HÔTEL
Alsembergsesteenw.
Albaniëstraat
CENTRE D'ART CONTEMPORAIN WIELS
Wielemans-Ceuppensln.
Av. du Parc
Villalaan
Savoiestr.
A. Bréartstr.
Gerij-str.
Bd. Guillaume Van Haelen
N241
Avenue Ducpétiaux
N261
Alsembergsesteenweg
BAR DU MATIN
Avenue Albert
BRUGMANN
Vuurstr.
Sint-Denijsstraat
Avenue Van Volxem
Jardin Essentiel
Jupiterlaan
VOISINES EN FONT TOUTE UNE COCOTTE
Chaussée de Bruxelles
Avenue Jupiter
Alsembergsesteenweg
Marconistraat
Rodenbachstraat
F. Merjaystr.
Parc Duden
SCHIEVELAVABO ALTITUDE CENT
N241
Avenue Brugmann
N265
Bondgenotenstr.
Deltastraat
COSI COM'È
OEIL DU DESIGN
Avenue Molière
LOMBRIC
Av. Molière
Vw Main Street
TAXIS VERTS
Av. Mar. Joffre
Vanderkinderestraat
Vanderkinderestraat
Alsembergsesteenweg
Karmelietenstr.
N241
Domeinlaan
Av. Ulysse
Av. Mozart
Landhuisjesstraat
N299
Av. d. Monte-Carlo
Avenue Victor Rousseau
Avenue Brugmann
KIOSQUE CAFE
FOREST NATIONAL
Av. de Messidor
Avenue du Gl
de Neerstalle
Kersbeek
Denayer
Avenue de Floréal
N261
Bens

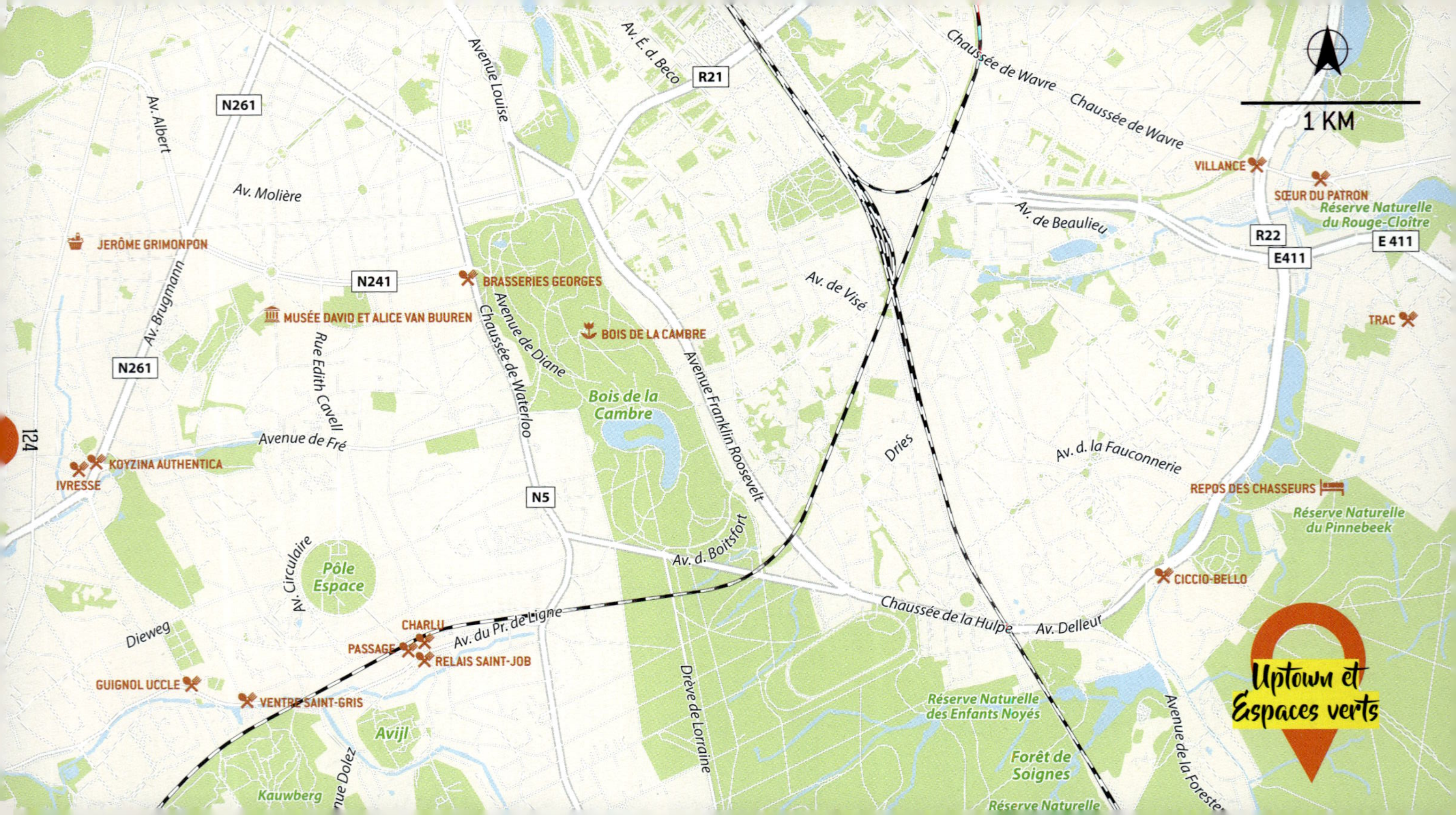
Uptown et Espaces verts
1 KM
Chaussée de Wavre
Chaussée de Wavre
VILLANCE
SŒUR DU PATRON
Réserve Naturelle du Rouge-Cloître
R22
E411
E 411
TRAC
Av. de Beaulieu
Av. É. d. Beco
R21
N261
Av. Albert
Av. Molière
Avenue Louise
JERÔME GRIMONPON
N241
BRASSERIES GEORGES
MUSÉE DAVID ET ALICE VAN BUUREN
Av. Brugmann
Avenue de Diane
Chaussée de Waterloo
BOIS DE LA CAMBRE
Bois de la Cambre
Av. de Visé
Avenue Franklin Roosevelt
Dries
Av. d. la Fauconnerie
REPOS DES CHASSEURS
Réserve Naturelle du Pinnebeek
N261
Rue Edith Cavell
Avenue de Fré
KOYZINA AUTHENTICA
IVRESSE
N5
Av. d. Boitsfort
CICCIO-BELLO
Av. Circulaire
Pôle Espace
Chaussée de la Hulpe
Av. Delleur
Dieweg
CHARLU
Av. du Pr. de Ligne
PASSAGE
RELAIS SAINT-JOB
GUIGNOL UCCLE
VENTRE SAINT-GRIS
Drève de Lorraine
Réserve Naturelle des Enfants Noyés
Avenue de la Forester
Avijl
Forêt de Soignes
Kauwberg
nue Dolez
Réserve Naturelle

SE REPÉRER SE DÉPLACER

Le mieux est de prendre une carte MOBIB Basic de 10 voyages (5 € de frais uniques d'achat en plus des trajets) auprès de la STIB (la société de transports en commun de Bruxelles) si vous devez prendre les transports occasionnellement. Si au contraire, vous êtes plutôt content de monter dans un bus ou mieux, dans un ancien tramway pour faire le moindre pas (et que vous êtes déjà fatigué par les visites), préférez les pass illimités à la journée très avantageux. N'oubliez pas que la Brussels Card (qui donne droit à l'entrée de 49 musées) comprend aussi les transports, ne le payez pas deux fois ! Autre solution : louer un vélo pour se déplacer comme un local d'autant plus que les pistes cyclables sont nombreuses. N'oubliez pas de bien identifier où vous l'avez garé dans les parking-océan de vélos ! Le soir, les taxis et VTC Uber, Heetch et Bolt sont présents à Bruxelles, et les prix vraiment raisonnables.

SNCB À BRUXELLES

✆ +32 2 528 28 28

www.belgiantrain.be/fr

Ticket à l'intérieur de la zone des 19 communes de Bruxelles-Capitale : 2,50 €.

C'est un demi-secret même pour les Bruxellois mais le territoire de la région compte pas moins de 35 gares, un vrai petit RER en miniature, et qui sont toutes reliées à des arrêts de bus, tram ou métro. Dans la grande majorité des cas, sauter dans un train vous fera gagner jusqu'à la moitié du temps pour aller du centre à un des confins de la capitale (Uccle par exemple). Le planificateur de trajet de la STIB (société de transports publics bruxellois) vous renseignera sur les différentes options qui s'offrent à vous, dont les trajets en train.

CAMBIO

rue Thérésienne 7 A-C ✆ +32 2 227 93 02

www.cambio.be

Bureaux ouverts du lundi au vendredi de 9h à 17h30. Véhicules accessibles aux stations 7j/7, 24h/24.

Le carsharing est un moyen efficace de réduire le nombre de véhicules en ville. Une voiture Cambio permet d'éviter 13 automobiles. Louez une voiture pour une heure et au maximum pour 7 jours. Les conditions d'utilisation sont assez simples : posséder un permis (valable en Belgique) depuis minimum 2 ans et suivre une séance d'informations en ligne. Le nombre de stations est en augmentation permanente à Bruxelles. Les tarifs, sur mesure, comprennent carburant et assurance. Plusieurs modèles d'autos sont disponibles, de la citadine à la camionnette.

POPPY

✆ 03 283 62 62

poppy.be

1 € de frais de déblocage, 0,25 €/minute, la trottinette ; 0,39 €/minute, la voiture.

Poppy loue ses véhicules (trottinettes électriques ainsi que des voitures, dont certaines sont électriques) en mode « free-floating ». C'est-à-dire que vous pouvez laisser votre véhicule où vous voulez, du moment qu'elle est dans la zone définie par Poppy. Pas besoin de carte de membre ou d'abonnement. Vous réservez votre véhicule avec l'application pour smartphone et vous voilà en route. Pas de surprise, les frais sont fixes pour chaque type de véhicule. Les zones Poppy couvrent aussi l'aéroport de Bruxelles National et de Charleroi.

CYCLO

rue de Flandre 85 ✆ +32 2 513 95 55

www.cyclo.org

Points vélo gares du lundi au vendredi de 7h à 19h. Point vélo Bourse du mardi au vendredi 9h-19h et samedi 10h-16h.

À côté d'ateliers d'entretien et de réparation de vélo effectuée par des chômeurs de longue durée formés par Cyclo, l'ASBL propose des vélos, tandems, vélos-cargos à la location. Leurs points-vélo sont à la sortie des quatre grandes gares bruxelloises sous le label Blue-bike (qui est présent dans les grandes gares du pays) mais aussi à l'intérieur de la station de prémétro Bourse. Vous pourrez également y trouver le plan des pistes cyclables de Bruxelles, un indispensable pour utiliser la petite reine avec un maximum de sécurité.

PRO VÉLO

Rue Dublin 19 ✆ +32 2 502 73 55
www.provelo.org

Ouvert du 01/04 au 31/10, du lundi au samedi de 10h à 18h (12h le mar). 8 €/2h, 19 €/j. Électrique : 24 €/4h.

Vous les trouverez facilement, près de la place du Trône. Un service de location met à votre disposition des vélos pour adultes et pour enfants, des vélos classiques, d'autres à assistance électrique, des vélos *longtails* ou cargo ainsi que des accessoires. Des visites guidées de qualité sont programmées selon un calendrier bien établi, disponible sur Internet ou à la maison des Cyclistes. Possibilité de livraison à partir de six vélos. Parmi les autres services offerts : l'entretien et la réparation de vos bécanes et des cartes pour vous balader à votre guise.

STIB

✆ +32 70 23 20 00
www.stib-mivb.be/

Différents tarifs et pass. Les billets unitaires sont moins chers aux bornes de paiement sans contact.

La STIB gère la circulation des trams, bus et métro. Le service fonctionne entre 5h et 0h30. Également des bus de nuit les vendredis et samedis soir, entre 24h et 3h. Le métro bruxellois compte 4 lignes et 3 lignes de pré-métro. Leur site Internet et app sont très pratiques pour planifier son itinéraire. La majorité des billets sont disponibles uniquement sur une carte MOBIB (5 €) et plus en ticket papier. Titres de transport vendus en agences, au guichet des gares, stations métro, bornes de paiement sans contact, marchands de journaux et certains supermarchés.

TAXIS AUTOLUX

rue du Maroquin 1 ✆ +32 2 512 31 23
www.taxisautolux.be

Aller-retour vers le centre–ville : plus ou moins 80 €.

Taxis de luxe assurant la liaison entre Brussels Airport et la plupart des hôtels bruxellois. 20 % de réduction si aller-retour vers le centre-ville. Le prix de la course en ville est sensiblement identique à ceux des autres compagnies de taxis avec l'avantage d'avoir, à coup sûr, des chauffeurs soignés et des voitures impeccables. À moins que ça ne soit l'inverse. Taxi Autolux propose également un service de limousine et un service de transport aux entreprises (avec attente minimale). Les véhicules sont des Mercedes Classe E ou des Volvo V70.

TAXIS BLEUS

rue du Progrès 80 ✆ +32 2 204 21 11
www.taxisbleus.be

Ouvert 7 jours sur 7 et 24 heures sur 24.

Les Taxis Bleus sont les principaux concurrents des Taxis... verts. Avec 300 chauffeurs sillonnant la capitale, en trouver un n'est pas trop compliqué. Vous pouvez commander votre taxi par téléphone mais aussi via leur site Web ou mieux encore, via leur app. Comme presque tous les grands services de transport particulier, les Taxis Bleus proposent un service de forfait pour une course entre l'aéroport et la ville. Connaissant les bouchons bruxellois, c'est souvent une bon plan. Il suffira de le mentionner lors de la commande de votre carrosse.

TAXIS VERTS

rue des Carburants 54 ✆ +32 2 349 49 49
www.taxisverts.be

Ouvert 7 jours sur 7 et 24 heures sur 24. Forfait aéroport : plus ou moins 35 € l'aller.

Enseigne « leader » des taxis bruxellois, on les trouve facilement et quand ce n'est pas le cas, il suffit d'en réserver un. En général, le taxi réservé est devant vous en cinq minutes maximum. Pour ce faire, rien de plus simple. On leur téléphone ou, plus au goût du jour, on télécharge l'app disponible sur Google Play ou Appstore. Actuellement, les Taxis Verts comptent 70 véhicules adaptés, à l'aide d'un élévateur, aux personnes à mobilité réduite. Pour rentrer chez soi ou se rendre en soirée à prix réduit, on utilise Collecto, le taxi collectif à prix réduit.

VILLO

7 rue Joseph Stevens ✆ +32 78 05 11 10
www.villo.be

Ticket 1 jour : 1 €, 1re demi-heure gratuite, 2e demi-heure 0,50 €, 3e demi-heure 1 € et demi-heures suivantes à 2 €.

Un système de location de vélos (jaunes), disponible 7j/7, 24h/24. Plus de 4 000 Villo's sont disponibles dans 360 stations (dont plus de 50 sur Bruxelles-ville). Abonnement d'un jour à un an, selon différents lieux et formules de paiement. Il vous est possible d'emprunter un vélo dans une des stations de location réparties dans toute la ville et quand vous avez terminé, vous le déposez dans n'importe quelle station. Un dépôt est demandé, quel que soit le type d'abonnement, mais il n'est encaissé qu'en cas de dommage. Super pratique !

LES QUARTIERS DE BRUXELLES

Le centre historique de Bruxelles est circonscrit par la Petite Ceinture qui a la forme d'un pentagone. Englobant les anciens faubourgs, que nous avons délimités subjectivement en quatre grands secteurs, le périphérique appelé « Ring », permet de contourner le centre-ville. Au sud-ouest, les anciens quartiers industriels proches du canal Anvers-Bruxelles-Charleroi sont constitués par les communes d'Anderlecht, Molenbeek et Forest. Au nord-ouest, ce sont les communes de Koekelberg, Berchem Ste Agathe, Ganshoren et Jette. Et au nord, Laeken (qui n'est pas une commune) abrite le château royal et l'Atomium. À l'est, le très vaste quartier européen englobe les communes d'Evere, Schaerbeek, Etterbeek, Saint-Josse, Ixelles et Saint-Gilles. Au sud, plus loin en périphérie, l'*Uptown et espaces verts*, véritable « poumon vert bruxellois », englobe Uccle (et la forêt de Soignes), Auderghem, Watermael-Boitsfort, Woluwé-Saint-Lambert et Woluwé-Saint-Pierre.

La Région de Bruxelles-Capitale

Ce que l'on appelle communément Bruxelles est en réalité la Région de Bruxelles-Capitale, qui est la plus petite des trois régions fédérées de la Belgique. Les deux autres étant la Wallonie et la Région flamande. Elle a été créée en 1989.

La région de Bruxelles-Capitale (1 200 000 habitants) est composée de 19 communes dirigées chacune par un bourgmestre et un collège d'échevins. Certaines compétences relèvent de la Région, d'autres des communes. C'est passablement compliqué pour la gestion des décisions, mais cela nourrit quand même un gros paquet de fonctionnaires. En période de vaches grasses, cela a peu d'importance, mais en période de gestion de crises, le modèle montre vite ses limites.

Le centre historique (Pentagone)

C'est largement le plus visité de Belgique, pour la beauté architecturale de ses rues piétonnes, la densité de magasin et de musées qu'on y trouve. On le détaille en plusieurs quartiers dans ce guide : Grand-Place, Monnaie, De Brouckere, les Marolles, Sablon, Mont des Arts, Dansaert, Saint-Géry et Sainte-Catherine.

La Grand-Place. Elle est à la fois le joyau et le cœur de la capitale belge. Piétonne, elle est bordée par les traditionnelles maisons des corporations, dont les façades du XVIIIe siècle rivalisent de beauté. Au nord de la Grand-Place, l'Îlot sacré est un réseau de rues et de ruelles classé au patrimoine de l'UNESCO. La tradition commerciale de tout ce quartier est particulièrement lisible dans les noms de rues : rue au Beurre, rue des Harengs, rue des Bouchers, rue du Marché-aux-Fromages, rue du Poivre... Dans les environs de la Grand-Place, vous trouverez de nombreux cafés et restaurants, ainsi que le célèbre Manneken-Pis.

La Monnaie. De la place de la Monnaie part la rue Neuve qui concentre les loyers commerciaux les plus chers de la ville. On y trouve les grandes enseignes internationales où la foule y défile en rangs serrés. À droite de la rue Neuve, par la rue Saint-Michel, se trouve la place des Martyrs. Contemporaine de la place Royale (1775), elle a un caractère plus intimiste. On l'a laissée à l'abandon durant vingt ans, par manque de moyens et par incertitude quant à son devenir possible, avant de la restaurer. Continuez votre route et vous verrez, sur votre gauche, la petite église Notre-Dame du Finistère (début XVIIIe siècle), dont l'intérieur mérite une visite. Remarquez la superbe façade du presbytère, dans le style cossu de l'époque.

De Brouckère. Le passage du Nord (1882) récemment réhabilité fait le lien entre la rue Neuve et la place De Brouckère. Orné de caryatides sous la haute verrière, il s'inscrit dans la tradition des passages commerçants propres à Bruxelles. La place De Brouckère, reconnaissable entre autres à son enseigne pour une célèbre marque de soda, façon Times Square, constitue l'un des espaces les plus vastes de l'ensemble piétonnier du centre-ville. Le plus grand d'Europe, dit-on...

Les Marolles. C'est ce quartier populaire qui s'étale au pied du palais de justice, entre l'église de la Chapelle au nord et la porte de Hal au sud. La rue Haute, dont le tracé correspond à celui d'une ancienne voie romaine, en était l'artère principale, menant de la Steenpoort, porte de la première enceinte, à la porte de Hal, de la deuxième enceinte.

Le quartier est connu pour son marché aux puces, particulièrement animé le dimanche matin. Le grand peintre Pierre Bruegel l'Ancien a résidé dans le quartier au XVIe siècle. Au XVIIe siècle, devant l'importance de la pauvreté, de nombreuses congrégations religieuses viennent s'installer dans les environs. Parmi elles, les sœurs apostolines, surnommées « sœurs Maricolles », ce qui donnera l'appellation « Marolles ». Au XIXe siècle, lors de la révolution de 1830, de nombreux Marolliens montent sur les barricades et combattent pour l'indépendance. Par ailleurs, les travaux du palais de justice entraînent des expropriations dans le quartier, tandis que les travaux du voûtement de la Senne chassent du centre-ville le traditionnel Vieux Marché, le marché aux puces. Celui-ci et les miséreux qui vivaient de son activité remontent vers les Marolles, au moment où les artisans déménagent vers les premiers faubourgs. Les Marolles sont aussi un lieu où échouent de nombreux immigrants venus dans la capitale à la recherche d'un sort meilleur : Espagnols, Polonais, Italiens et tant d'autres s'y sont succédé, jusqu'aux Africains aujourd'hui. Après les deux guerres mondiales, le quartier reprend sa vie traditionnelle, avec, pour principale activité économique, la récupération de vieux métaux et chiffons. Pour faire face à l'insalubrité et à la pauvreté, des logements sociaux sont construits. Aujourd'hui encore, le quartier des Marolles est un lieu populaire. Il subit cependant l'influence du Sablon tout proche et développe un côté alternatif, voire branché. Entre le marché aux puces sur la place du Jeu de Balle, les brocantes et les artistes, la mutation des Marolles est bien visible.

Le Sablon. Le Grand-Sablon est situé en contrebas de l'église Notre-Dame-des-Victoires, communément appelée aujourd'hui Notre Dame du Sablon. La place du Grand-Sablon constitue un bel ensemble architectural qui rassemble des maisons du XVIe au XIXe siècle. En fin de semaine, la place vibre d'une intense activité due à la présence de son fameux marché aux antiquités qui attire une foule de curieux. Inauguré en 1890, le square du Petit-Sablon est l'œuvre de l'architecte Henri Beyaert et l'un des petits bijoux architecturaux du centre de Bruxelles. Jardin de style néo-Renaissance, il est entouré d'une balustrade en fer forgé aux motifs variés : les grilles incluent quarante-huit colonnes portant des statues qui figurent les corporations de la société médiévale. Au fond du jardin, derrière la pièce d'eau, d'autres statues célèbrent les grands hommes du XVIe siècle belge. De jour, l'atmosphère reposante du Petit-Sablon, ou de nuit, le Grand-Sablon illuminé par les vitraux de Notre-Dame attirent les Bruxellois. Côté commerces, les marchands de chocolats rivalisent avec les galeries d'art et les antiquaires.

Dansaert. Entre authenticité et créativité, Dansaert est au cœur de l'agitation bruxelloise. Quartier bigarré où se côtoient aussi bien des créateurs avant-gardistes que des Bruxellois pur sucre, il a été longtemps oublié de tous avant de s'éveiller à nouveau sous l'impulsion de jeunes artistes flamands dans les années 1990. Bruxelles a su offrir à ses créateurs exubérants, innovants et entreprenants, grâce à ses écoles d'art reconnues mondialement, un cadre et un environnement propice à leur épanouissement. Et ces derniers le lui ont bien rendu. Depuis, la rue Dansaert est devenue le centre névralgique de la création bruxelloise ; LE quartier dédié à la mode, au design et à la création contemporaine avec ses cafés, ses restos cosmopolites et ses galeries d'art.

Sainte-Catherine. Autre quartier vivant, Sainte-Catherine : c'est le quartier de l'ancien

Square du Petit-Sablon.

© SOPHIE LENOIR - SHUTTERSTOCK.COM

Parc de Woluwé, Woluwé Saint-Lambert.

port intérieur de Bruxelles, les rues en ont d'ailleurs gardé le souvenir ; quai aux Briques, quai au Bois-de-Construction, quai au Commerce, etc. Au XVIe siècle, les Bruxellois creusèrent le canal de Willebroek, le plus ancien de Belgique, et transformèrent ce quartier du nord-ouest du Pentagone en une zone dynamique où les commerçants venaient décharger leurs marchandises. Des canaux secondaires permettaient alors d'accéder aux différents bassins, dont celui de Sainte-Catherine. Les noms des canaux représentaient le nom du commerce qu'ils accueillaient (quai aux Pierres-de-Taille, quai au Foin, etc.). Fin du XIXe siècle, début du XXe siècle, la modernisation du canal de Willebroek engendra l'inutilité des bassins et de ses différents canaux qui seront dès lors comblés les uns après les autres. Le quartier fut abandonné progressivement par les Bruxellois, jusqu'à il y a une quinzaine d'années. De cette époque portuaire où les poissons devaient être vendus dès le déchargement, le quartier a conservé quelques restaurants de poissons et de fruits de mer, plutôt bourgeois que troquet. La rue de Flandre, la rue du Vieux-Marché-aux-Grains, la rue Sainte-Catherine et leurs voisines expriment bien ce métissage, entre innovation et pittoresque. Un cadre charmant pour y flâner, s'y restaurer ou encore y glander.

Saint-Géry. Cette place fut jadis le cœur historique de la ville. C'est ici, au milieu des marécages de la vallée de la Senne, qu'au Ve siècle a été bâti le premier castrum fortifié, créant ainsi le noyau de la cité, autour duquel les premières maisons en bois ont émergé. De cette époque, il ne reste qu'un décor de fausse Senne, emmuré en contrebas d'un escalier dans une cour. Clin d'œil à ce cours d'eau qui fit la prospérité de Bruxelles. Aujourd'hui, la place Saint-Géry est le théâtre nocturne et diurne d'un va-et-vient de jeunes qui viennent s'y détendre ou s'encanailler dans un des nombreux bars et terrasses où il fait bon s'attarder en été jusqu'aux petites heures.

Quartier industriel et canal

Les anciens quartiers industriels sont proches du canal Charleroi-Bruxelles :

Anderlecht. L'une des 19 communes de Bruxelles-Capitale qui compte 120 000 habitants. L'industrialisation des abords du canal attire une population plutôt pauvre qui bondit au XIXe siècle. Elle étale une architecture d'époque intéressante et loge le fameux Royal Sporting Club d'Anderlecht. Outre le musée de la Gueuze, installé dans la brasserie artisanale Cantillon fondée en 1900, c'est la maison d'Érasme qu'il ne faut pas manquer. Elle rassemble à la fois une collection de peintures anciennes, une bibliothèque riche de milliers d'éditions anciennes et un Jardin philosophique.

Molenbeek. Cette commune compte une centaine de milliers d'habitants. Elle est désormais mondialement connue depuis les attentats de France et de Belgique en 2015 et 2016 pour avoir abrité des intégristes radicalisés. Mais Molenbeek, comme le Nord-Est parisien, est avant tout un quartier cosmopolite qui rassemblait à son origine les ouvriers travaillant dans les usines alentour. On le surnommait au XIXe siècle, le « Petit Manchester ». Immigrés italiens, espagnols et portugais ont été rejoints par Arméniens, Turcs et surtout Marocains, qui constituent aujourd'hui la moitié de la population. Molenbeek compte les lieux alternatifs culturels intéressants comme le MIMA (p.140) et la Fonderie (p.140).

Forest. Commune minuscule, mais tout en déclivité puisqu'elle longe à la fois le canal et prétend aussi à être le point culminant de la Région Bruxelloise avec sa place de l'Altitude 100 (comme cent mètres !). Comme son nom l'indique, elle est située sur l'ancien bois de l'Abbaye où poussaient des vignes. L'ancienne enceinte de l'abbaye a été aménagée en parc à la fin du XIXe siècle pour créer des espaces de détente et loisirs pour les populations ouvrières des alentours. L'époque industrielle a enraciné ici l'immense usine Audi/Volkswagen qui produit encore l'A1 et la nouvelle Audi électrique. L'ancienne brasserie Wielemans Ceupens a été transformée en centre d'art contemporain, le Wiels.

Au Nord du Canal

Sous-entendu, « au nord du Canal de Willebroek », s'étire Laeken qui compte bon nombre de sites et monuments à voir, tout comme à Koekelberg, cité érigée au Moyen Âge. Jette est très vert et vaut une halte au calme. Ces quartiers comptent aussi de bons restaurants belges avec assez peu de touristes, hormis ceux qui se rendent à l'Atomium.

Laeken. C'est une ancienne commune rattachée à la ville de Bruxelles en 1921, cela parce qu'elle abrite le château royal, résidence de nos souverains et que la famille royale, pardi, ne pouvait habiter ailleurs que dans la capitale. Ne manquez pas chaque début de printemps la visite des magnifiques serres du château, ouvertes au public uniquement à cette période. Quant à l'Atomium, il reste le monument le plus visité du pays. À ses pieds, l'intéressante mini-Europe, le parc des Expositions et l'Adam, le musée du design bruxellois attirent aussi des visiteurs.

Koekelberg, Ganshoren, Berchem Sainte-Agathe et Jette. La basilique de Koekelberg est la 5e plus grande du monde. Mais sans doute pas la plus élégante. Le principal espace vert est le magnifique parc Baudouin à Jette. Pour le reste, ces communes ont gardé une âme de village bien agréable sous certains aspects.

Le Quartier européen

On le définit ici par toute la zone située à l'est du centre historique. D'Evere jusqu'à Saint-Gilles. Il est riche en restaurants, hôtels et bien desservi en transports en commun (à l'exception d'Evere)..

Evere est très résidentielle et abrite le QG de l'OTAN.

Schaerbeek. Ville dans la ville de près de 130 000 habitants. Une partie plus bourgeoise avec de belles maisons de maîtres, et d'autres quartiers plus populaires et cosmopolites. L'hôtel communal est remarquable, tout comme les maisons Art nouveau qu'on peut y découvrir, comme la Maison Autrique. C'est ici qu'est né Jacques Brel. La gare a été transformée en un original musée du train « Train World ». La commune est surnommée la cité des Ânes, animal de bât qui était très utilisé et que l'on avait coutume de confondre avec les âniers... Schaerbeek et sa gare du Nord, c'est aussi l'un des plus connus quartiers de la prostitution en vitrine. Coté parc, sans conteste le vaste parc Josaphat.

Saint Josse. Cette commune très populaire et cosmopolite est célèbre pour être la plus petite et la plus pauvre de Belgique... Près des trois quarts de la population sont d'origine marocaine ou turque, ce qui se remarque surtout les soirs d'élections ou de match de foot incluant ces pays. C'est dans ce quartier que se trouve le centre culturel Botanique accueillant beaucoup de concerts et son très beau jardin.

Etterbeek. Commune prisée des expats de l'U.E. située au sud du parc du cinquantenaire. Celui-ci abrite le musée automobile Autoworld, la maison Art nouveau Cauchie, et surtout le Musée de Sciences naturelles, l'un des plus importants du monde.

Ixelles. Cette commune de 90 000 habitants, c'est le véritable cœur européen où l'on peut visiter le fameux Parlamentarium. Gentrification de pas mal de coins très animés et où l'on parle toutes les langues, mais très souvent le français de France. Tant dans les quartiers Châtelain et Louise (branchés et chics) que dans le quartier africain de Matonge (du même nom qu'un quartier de Kinshasa). Ixelles est devenue depuis 2019 la commune la plus chère de Bruxelles.

Saint-Gilles. Tout au sud du centre historique, c'est la chaleureuse commune des artistes et des bobos. Son hôtel de ville est impressionnant et plusieurs centres culturels sont installés. Incontournable, la magnifique Maison Horta où résidât, durant une vingtaine d'années, le Maître de l'art nouveau.

Uptown et espaces verts

Le « poumon vert » de Bruxelles est équivalent aux Bois de Boulogne et de Vincennes à Paris, de grands parcs où l'on peut se détendre et prendre l'air le temps d'une journée.

Uccle. Tout au sud en périphérie, Uccle compte 85 00 habitants, réputé pour ses quartiers bourgeois et verts, à proximité de la forêt de Soignes.

Auderghem. Également à l'orée de la forêt de Soignes, elle abrite le magnifique château Saint-Anne et le prieuré de Val Duchesse, plus connu pour les délibérations politiques qui s'y sont tenues que pour l'histoire des lieux.

Woluwé-Saint-Lambert et Woluwe-Saint-Pierre, Watermael-Boitsfort. Des anciens villages dans la verdure intégrée à la ville, où il fait bon flâner le week-end, beaucoup de maisons Art nouveau, Art déco. Une belle qualité de vie pour les Bruxellois qui préfèrent le calme et l'espace.

À VOIR / À FAIRE

Il y a plus d'une centaine de musées à Bruxelles ; impossible donc de tous vous les présenter. Vous pouvez vous renseigner auprès de l'office de tourisme, qui distribue le petit magazine *Bru XXL* (gratuit) avec toutes les expositions du moment à Bruxelles. La plupart des musées ferment le lundi et font des réductions d'environ 15 % pour les étudiants (se munir obligatoirement de la carte, de préférence internationale). Sachez enfin que les musées royaux sont accessibles gratuitement le premier mercredi du mois. La Brussels Card, en formule 24, 48 ou 72h, comprend l'entrée de près de 49 musées, des réductions sur d'autre, et un pass illimités des transports en commun (bus, tramway, métro), très pratique, nous vous la recommandons vivement. Vous pouvez l'acheter en ligne (https://shop.brusselscard.be/fr) ou directement à l'office de tourisme, où de toute façon il faudra venir pour l'activer si vous l'achetez en ligne !

BRUSSELS CARD

24h à partir de 29 €, 48h à partir de 39 €, 72h à partir de 46 €.

La Brussels Card offre de nombreux avantages ! Comme l'accès gratuit dans 49 musées majeurs durant 24h, 48h ou 72h, des réductions pour 26 attractions, pour visites guidées, dans des commerces et restos. Et en prime, un plan de la ville et un plan des musées. En plus des transports en commun de la STIB et des bus touristiques Hop on-Hop off, on complète sa Brussels Card avec une entrée coupe-file à l'Atomium à un prix très avantageux. Tout Bruxelles en une carte donc, qu'il suffit de scanner à l'entrée du musée ou lorsqu'on emprunte le bus, le tram ou le métro.

BALADE JACQUES BREL

Place de la Vieille Halle aux Blés 11

fondationbrel.be/visite-individuelle

Début de la balade devant les Éditions Jacques Brel (remise dans boîte à audioguides si musée fermé).

Les fans de Jacques Brel (mais pas seulement) peuvent s'arrimer à un parcours avec audio-guide dans les rues et places du centre-ville. La balade (5 km) est rythmée par des commentaires de témoins, des interviews et des extraits de chansons. L'occasion de s'imprégner de l'époque de Brel : les lieux de ses premiers concerts, les cafés et restaurants qu'il fréquentait et où il griffonnait des paroles sur un coin de table. On savoure la promenade à son rythme en ajoutant boissons et/ou repas en conservant l'audioguide à cet effet durant quatre heures.

ART NOUVEAU 1900

au pied de la statue du cardinal Mercier

✆ +32 2 219 33 45

Durée : 3 heures. Prix sur demande.

L'ARAU propose une exceptionnelle visite qui est devenue une référence. La visite se fait en car, ce qui permet d'appréhender l'importance de l'Art nouveau à Bruxelles et l'originalité de ce mouvement qui bouleversa l'architecture et les Arts décoratifs. Vous découvrirez les plus belles façades, certaines inscrites au patrimoine mondial de l'Unesco. Ce tour est l'occasion de découvrir au moins 2 intérieurs remarquables : l'hôtel Van Eetvelde, la maison Autrique, les anciens magasins Waucquez de Victor Horta et les écoles n° 1 ou n° 13 d'Henri Jacobs.

BRUSSELS BY WATER

quai des Péniches 2 bis

✆ +32 2 203 64 06

www.brusselsbywater.be

Voir infos sur le site web. Croisières guidées et excursions pour groupes. Croisières Brunch plusieurs dimanches/mois.

Autrefois délaissé, le canal retrouve ses lettres de noblesse. Brussels by Water investit les eaux du canal en organisant des croisières l'été, à raison de six par jour. L'occasion de découvrir le port et son fonctionnement. Il est même possible de pousser plus loin l'escapade, via Rivertours, pour une excursion d'une journée vers le plan incliné de Ronquières, Alost ou Anvers, ou de combiner la navigation à une randonnée à vélo ou à des visites touristiques. Les Journées bruxelloises de l'Eau (en mars) permettent de naviguer gratuitement.

BOZAR ★

Rue Ravenstein 23
✆ +32 2 507 82 00
www.bozar.be
Ouvert du mardi au dimanche de 10h à 18h. Consultez le site Internet pour plus d'informations sur les concerts.

En mettant à l'honneur l'originalité et la création, le Palais des Beaux-Arts de Bruxelles, renommé Bozar depuis près de deux décennies, est l'endroit idéal pour découvrir les nouveautés culturelles. Expositions, concerts, théâtres, cinéma ou projets littéraires, les goûts de chacun sont respectés. Édifié entre 1922 et 1929 par Victor Horta, le bâtiment est représentatif du style Art déco. La salle de concerts Henry Le Bœuf (2 200 pl.) est un bijou du genre ! La finale du concours international Reine Élisabeth (piano, violon, violoncelle ou chant) y est organisée.

CATHÉDRALE SAINTS-MICHEL-ET-GUDULE ★★

Place Sainte-Gudule ✆ +32 2 217 83 45
www.cathedralisbruxellensis.be
Voir infos sur le site Internet (horaire du Trésor, tarif fouilles archéologiques, crypte romane et visites guidées).

Visible de loin, reconnaissable à ses tours en gothique brabançon, la cathédrale fut d'abord l'église Saint-Michel-au-Mont, érigée sur l'une des collines de Bruxelles. Elle fut remplacée par une église romane, collégiale en 1047. Les reliques de sainte Gudule y furent transportées depuis l'église Saint-Géry et l'édifice, rebaptisé Saints-Michel-et-Gudule, devint un lieu de pèlerinage. Les vitraux des chapelles latérales datent du XVIe siècle, d'après des cartons de Bernard Van Orley.

CENTRE BELGE DE LA BANDE DESSINÉE MUSÉE DE LA BD ★

Rue des Sables 20 ✆ +32 2 219 19 80
www.cbbd.be
Du mar au dim (7j/7 vacances scolaires) 10h-18h. Adultes : 12 €. -12 ans : 5 €. +65 et 12-25 ans : 9 €.

Le Centre est installé dans les anciens magasins Waucquez (Victor Horta), un bel écrin pour ce musée. On y raconte toute l'histoire de la BD, de son début à New York jusqu'à nos jours, en insistant sur l'histoire belge. Hergé et Tintin sont à l'honneur, avec la reconstitution de la célèbre fusée blanche et rouge. On peut y voir l'évolution en dessin animé grâce à des maquettes et des machines spécialisées. Le centre abrite une gigantesque bibliothèque de plus de 30 000 ouvrages.

COUDENBERG ★★

place des Palais 7 ✆ +32 2 500 45 54
www.coudenberg.brussels
Mardi au vendredi de 9h30-17h. Week-ends et vacances scolaires : 10h-19h. 10 €, gratuit pour -18 ans.

L'ancien palais princier de Charles Quint dominait la ville depuis la colline de Coudenberg dès le XIIe siècle. Considéré comme l'un des plus beaux d'Europe, ce prestigieux bâtiment est détruit par un incendie en février 1731. Les ruines sont rasées 40 ans plus tard pour faire place au quartier de la place Royale. Parmi les vestiges archéologiques du Coudenberg, on découvre la rue Isabelle et les bâtiments principaux de l'ancien palais servant de fondations au quartier royal actuel. Les plus belles découvertes des différentes campagnes de fouilles sont exposées.

ÉGLISE NOTRE-DAME DES VICTOIRES ★★

Rue de la Régence 3b
✆ +32 2 213 00 65
Gratuit

Ses vitraux figuraient parmi les plus beaux d'Europe. Hélas, ils furent brisés par un ouragan de grêle qui ravagea Bruxelles le 25 mai 1513. Ceux qui avaient été épargnés seront détruits lors d'une autre tempête le 12 août 1763. Les actuelles verrières de celle que l'on nomme également Notre-Dame du Sablon datent de 1861. Elle a été construite par la guilde des arbalétriers au XVIe siècle en gothique brabançon tardif. Le cœur du sanctuaire est percé de 11 fenêtres hautes de 14 mètres.

FONDATION BREL ★★

Place de la Vieille-Halle-aux-Blés 11
✆ +32 2 511 10 20
fondationbrel.be/
Ouvert tous les jours de 11h à 18h30 (dernière visite à 17h30). Différents tarifs selon l'activité souhaitée.

Bien plus qu'un musée, la Fondation Brel rassemble interviews, témoignages, biographies, commentaires écrits et audiovisuels, chansons… Un parcours au cœur de la ville, une succession de moments privilégiés pour comprendre les choses, les endroits que Jacques Brel aimait, ainsi que la manière dont il les vivait. Offrez-vous une journée pour découvrir les talents et la complexité de l'homme et de l'artiste Brel. Votre ticket d'entrée donne accès : à l'exposition, aux archives, à un film au choix parmi les 5 proposés, à l'excellent parcours urbain avec audioguide.

GALERIES ROYALES ST-HUBERT ★★

Rue du Marché-aux-Herbes
www.grsh.be

Inaugurées en 1847, les Galeries Royales Saint-Hubert figurent parmi les plus anciennes d'Europe. Elles accueillent de nombreuses boutiques et lieux de divertissement : bijouteries, enseignes de luxe, pâtisseries et biscuiteries, chocolatiers, cafés et restaurants, une splendide librairie, un cinéma d'art et essai, ainsi que le Théâtre Royal des Galeries, le Vaudeville et l'Hôtel des Galeries. Cet élégant et prestigieux complexe est inspiré des palais italiens du XIXe siècle.

GARDE-ROBE MANNEKEN-PIS ★

Rue du Chêne 19
✆ + 32 2 514 53 97
www.mannekenpis.brussels
Du mardi au dimanche de 10h à 17h. Fermé le lundi et certains jours fériés. 5 €. Gratuit -18 ans.

La précieuse garde-robe est aujourd'hui composée de plus de 1 000 costumes permettant d'habiller le plus célèbre des Bruxellois. Parmi ces habits, on découvrira de nombreuses tenues originales, offertes par des associations, confréries, personnalités ou invités de marque. On note par exemple son plus ancien costume (un habit de noble, cadeau du roi Louis XV pour faire pardonner aux Bruxellois l'enlèvement de la statue par ses troupes), costume du vrai Père Noël, de samouraï japonais, ou encore une improbable tenue de Michel Polnareff (perruque incluse). À l'intérieur, on suit les traces de son habilleur officiel grâce à un parcours sonore, facilement compréhensible à partir de 10 ans. Bien entendu, pour d'évidentes raisons de conservation et de place, il est impossible de découvrir tous les costumes. Virtuellement cependant, les visiteurs peuvent parcourir l'ensemble de la garde-robe. Cette dernière est consultable sur place, à la Maison du Roi et sur le site Web. Histoire de savoir, par exemple, quelle personnalité a offert quel costume et à quelle occasion. Un livret plutôt bien fait, reprenant l'essentiel de l'histoire de Manneken-Pis et de son incroyable garde-robe est disponible gratuitement à l'entrée. Enfin, deux jeux sont proposés à la dextérité des plus petits comme des grands : un « memory » pour le plaisir des plus petits et la possibilité d'habiller le *ketje* d'un de ses costumes les plus simples. Toujours au faîte de ce qui fait l'actualité, il a même acquis son masque de protection du visage !

CHOCO STORY BRUSSELS ★

Rue de l'Etuve 41
✆ +32 2 514 20 48
www.choco-story-brussels.be
7j/7 et les jours fériés de 10h à 18h (dernière visite à 17h). Adulte : 11 €. De 3 à 11 ans : 6,50 €.

Choco-Story est installé dans un superbe bâtiment du XVIIe siècle. Le résultat, magistral, séduit petits et grands. Le musée est un parcours ludique et pédagogique de 250 m² consacré à l'ensemble de la filière cacao-chocolat. Des scènes débutent à l'époque aztèque jusqu'à l'arrivée dans les cours d'Europe au XVIe siècle et comment le chocolat a été façonné en praline au début du XXe siècle. Ensuite une projection, suivie d'une appétissante démonstration de la transformation du cacao. Superbe collection d'objets exceptionnels avec quelques raretés.

© DR

© DR

GRAND-PLACE ★★★

Grand-Place - Rue du Marché-aux-herbes

À tout seigneur, tout honneur, la découverte de Bruxelles commence par la Grand-Place. Au premier abord, celle-ci est introuvable. Explication : les anciens ont eu la sagesse de situer le nombril de la ville à l'écart des voies de circulation principales. En tout, sept rues partent de la Grand-Place, lesquelles menaient jadis aux sept portes de la première enceinte. Le quasi-rectangle de la Grand-Place groupe les maisons des corporations autour de l'hôtel de ville, façade des artisans et des marchands.

- **La beauté née de la tragédie.** La Grand-Place doit son aspect actuel à une tragédie : le bombardement de Bruxelles par les troupes françaises de Louis XIV du 13 au 15 août 1695. La Grand-Place en ruine a été reconstruite en 3 ans, pour la grande majorité des édifices, comme l'attestent les nombreuses cartouches des maisons. Un fait exceptionnel, quand on y pense !

- Seul rescapé de ces terribles journées : l'**hôtel de ville** dont les murs ont tenu malgré l'incendie qui le ravagea. Ce bâtiment en pur style gothique brabançon est le point central de la place. Construit en plusieurs phases, il est orné de 300 statues qui n'ont rien de médiéval puisqu'elles ont été ajoutées à la fin du XIXe siècle, lors de la rénovation du bâtiment. Ces statues représentent en grande partie des personnages historiques de Bruxelles. Au sommet de la flèche de l'hôtel de ville l'archange saint Michel veille sur Bruxelles.

- Essentiellement de style baroque (ou néo-baroque), les **maisons des corporations** rivalisent de beauté et sont pleines de symboles. Si nombre d'entre elles ont été restaurées et/ou reconstruites, notamment au XIXe siècle, elles gardent cette prestance que voulaient leur donner les bourgeois de Bruxelles lors de la reconstruction post-bombardement.

- Opposée à l'Hôtel de ville, on trouve la **Maison du roi**, construite au XIXe en style néo-gothique, elle est comme un écho à son voisin d'en face. Depuis des années, elle abrite le Musée de la ville de Bruxelles.

- **Le refuge de Victor et Karl**. Victor Hugo disait le plus grand bien de la Grand-Place. Exilé à Bruxelles au début du règne de Napoléon III, il a habité dans deux de ses maisons : le Moulin à vent, qui fait partie de l'ensemble de la Maison des ducs de Brabant et la Maison du Pigeon, ancienne demeure de la corporation des peintres. Autre exilé du XIXe siècle : Karl Marx, qui vécut entre 1845 et 1848 dans la capitale du tout nouvel État belge. Il avait ses habitudes à l'estaminet de la Maison du Cygne. Avec son compatriote, Friedrich Engels, il y organisait les réunions de la Ligue Communiste.

MAISON DU ROI ★★★

Grand-Place

✆ +32 2 279 43 50

www.brusselscitymuseum.brussels/fr

Ouvert du mardi au dimanche de 10h à 17h.

Adulte : 10 €. Gratuit - 18 ans. Séniors : 6 €. Étudiants : 4 €.

Édifiée en 1874 par l'architecte Pierre-Victor Jamaer, la Maison du roi est un extraordinaire bâtiment de style néogothique tardif situé sur la Grand Place, sur l'emplacement de la halle au pain (Broodhuis) qui existait ici au XIIIe siècle. Le musée de la ville est un véritable trésor du Moyen Âge à nos jours : maquettes de la cité, sculptures et fontaines, peintures et retables, plans anciens, tapisseries et faïence *made in Brussels*. Sa pièce maîtresse : la statue du plus célèbre des *ketjes* bruxellois : le Manneken-Pis. Nombreuses expositions temporaires.

MAISONS DES CORPORATIONS ★★★

Grand-Place

Les maisons de la Grand-Place représentent les guildes, métiers et corporations balayés à la Révolution. Après une restauration complète, elles rutilent comme au premier jour de leur reconstruction, la plupart étant remises debout seulement 3 ans après le bombardement de 1695.

- **Maison du Roi.** Face à l'hôtel de ville, ce bâtiment néogothique exubérant a été reconstruit au XIXe siècle sur les bases de l'ancienne halle au Pain. Le Musée de la ville de Bruxelles s'y trouve et mérite bien une visite.

- **Le côté est de la place** réunit sept maisons formant une façade de palais doré. Appelées « Maison des Ducs des Brabants » (dû aux bustes des ducs, et duchesses, de Brabant), elles forment un ensemble harmonieux. Lors de son exil bruxellois, Victor Hugo séjourna à l'enseigne du « Moulin à vent » (ancienne corporation des meuniers), avant de déménager.

- **Entre la rue de la Colline et la maison du Roi**, notons les numéros 26-27 (« Le Pigeon », ancienne maison de la corporation des peintres) où Victor Hugo s'établit plus longuement après son passage au « Moulin à vent ».

- **Entre la maison du Roi et la rue au Beurre**, ces maisons rappellent la forme de celles en bois qui les ont précédées.

- **À gauche de l'hôtel de ville**, la Maison du Cygne abrite un bistro depuis le XIXe siècle. C'était le lieu de rencontre de Karl Marx (autre exilé célèbre), Friedrich Engels et d'autres militants. C'est là qu'ils écriront le *Manifeste du parti communiste*. Juste à côté, au numéro 10 « L'Arbre d'Or », ancienne maison des brasseurs, abrite le musée des Brasseurs belges.

Grand' Place.

HALLES SAINT-GÉRY ★

place Saint-Géry 1
✆ +32 2 502 44 24
hallessaintgery.be/
Ouvert tous les jours de 10h à 00h. Expos tout au long de l'année, jusqu'à 18h. Gratuit.

Les halles Saint-Géry sont le cœur historique de Bruxelles. En 1881, un marché couvert a été construit pour remplacer le marché de plein air qui se tenait là depuis longtemps, autour d'une fontaine existante. Mélange de fer et de verre, dans un style néo-Renaissance flamande, l'architecture des halles vaut le détour. C'est aujourd'hui un centre d'informations sur la région avec, au premier étage, une exposition permanente sur l'évolution urbaine de Bruxelles du XVIIe siècle à nos jours et un café. Au sous-sol, des expositions temporaires et une salle de concerts.

HÔTEL DE VILLE ★★★

Grand- Place
✆ +32 2 279 23 43
Visite guidée en français le mercredi à 13h et tous les dimanches à 12h et 14h. Réservations. 8 € ; -12 ans : gratuit.

C'est la star de la Grand-Place. La flèche de la tour porte une immense girouette du XVe siècle représentant saint Michel terrassant le dragon. La légende veut que « l'architecte, voyant qu'il s'était trompé en ne plaçant pas la tour exactement au centre de la façade, sauta du haut des 90 mètres de la tour et en mourut ». En réalité, Jan Van Ruysbroek est mort dans son lit. L'asymétrie tient du fait qu'il fut construit en trois étapes. Au pied de la flèche, le portail n'est pas centré sur l'axe vertical mais solidaire de la base d'un beffroi antérieur. Lorsqu'on regarde bien, on se rend compte que l'hôtel de ville a été agrandi et embelli à différentes époques. Côté façade, on ne peut pas manquer de remarquer les centaines de statues qui ornent le bâtiment. Elles sont plus de 300, représentant les ducs et duchesses de Brabant, les grandes familles bruxelloises, les corporations... les détailler prendrait des jours ! Cependant, elles ne datent pas de la construction initiale du début du XVe siècle mais ont bien été ajoutées entre 1843 et 1903, lors d'immenses travaux de restauration de plusieurs bâtiments de la Grand-Place.

Derrière la façade gothique, trois ailes de style classique ont été construites pour y former une cour intérieure. Les pierres de couleur dorée utilisées dans cette partie contrastent avec la pierre blanc-gris de la partie gothique. Dans la cour, cherchez l'étoile incrustée dans le pavement. Elle indique le centre géographique de Bruxelles. La cour est accessible à tous aux heures d'ouverture.

MAISON DUCS DE BRABANT ★★★

Grand-Place
Ne se visite pas.

Le côté est de la place compte sept maisons qui s'unissent derrière leurs pilastres pour former une façade de palais doré. L'ensemble s'appelle aussi « les Ducs de Brabant », dont les effigies sont sculptées sur la façade. Chaque maison est baptisée : à gauche, la Renommée, dont la porte est surmontée d'une statue de cette divinité grecque allégorique soufflant dans sa trompe. Suivent vers la droite, l'Ermitage, la Fortune, le Moulin à vent, le Pot d'étain, la Colline et la Bourse. À gauche des Ducs de Brabant, déjà dans la rue de la Colline, se dresse la Balance.

MANNEKEN-PIS ★★

Rue de l'Etuve 46

Cette célèbre statuette est de la main de Jérôme Duquesnoy, sculpteur renommé du XVIIe siècle. Son style s'inscrit dans la tradition des fontaines gaillardes. L'artiste donna une interprétation baroque du motif de l'enfant urinant. Bruxellois à part entière, il est associé aux événements de la ville à l'occasion desquels on prend l'habitude de l'habiller. De temps en temps, l'eau qui coule est remplacée par de la bière.

▶ **Manneken-Pis** a une petite sœur moins médiatique mais tout aussi gaillarde, *Jeanneke-Pis*, accroupie au fond de l'impasse de la Fidélité.

MIM ★★

Rue Montagne de la Cour 2 ✆ +32 2 502 95 08
www.mim.be
Du mardi au vendredi 9h30-17h, sam-dim 10h-17h. +18 ans 15 €, seniors 13 €, étudiants 8 €. Accès PMR.

Le musée des Instruments de musique abrite une collection de 1 200 instruments rassemblés dans les anciens magasins Old England qui lui offrent un écrin majeur. Un tour du monde musical portant sur les instruments traditionnels, le statut de certains au cours des époques, les tentatives de reconstitution de musiques anciennes. Une salle de concert au 8e étage permet l'enregistrement des morceaux vendus à la boutique et des documents audio peuvent être consultés dans la bibliothèque. Le restaurant et sa terrasse offrant une vue imprenable sur la ville sont fermés.

© ROMAN YANUSHEVSKY -SHUTTERSTOCK.COM

Manneken-Pis.

MUSÉE DE LA BIÈRE BELGE ★

Grand-Place 10
✆ +32 2 511 49 87
www.beermuseum.be

La corporation des brasseurs s'est installée au XVIe siècle, lors de sa fondation, dans cette superbe maison sur la Grand-Place, appelée l'Arbre d'Or. Les guerres de Louis XIV dévastèrent les Flandres et la corporation la reconstruisit après qu'elle fut bombardée en 1695. Un petit musée abritant quelques pièces historiques était logé dans la cave voûtée de la maison. Après l'ouverture du Belgian Beer World à la Bourse, prévue à l'été 2023, les Brasseurs belges ont l'intention de garder une partie de leur siège ouverte au public et la cave restera donc accessible.

MUSÉES ROYAUX DES BEAUX-ARTS DE BELGIQUE ★★★

3 rue de la Régence
www.fine-arts-museum.be

Divers tarifs selon le nombre de musées que vous souhaitez visiter, l'âge... Réduction voyageurs Thalys. Voir site web.

Les Musées Royaux des Beaux-Arts de Belgique regroupent : le Musée Oldmasters (ancien musée royal d'Art ancien de Bruxelles), le Musée Magritte, le Musée Fin-de-Siècle, le Modern Museum, le Meunier Museum, le Wiertz Museum. La plupart sont concentrés autour de la place Royale, à l'exception des musées Wiertz et Meunier qui se trouvent à Ixelles, le Modern Museum est en phase de redéploiement. L'ensemble est immense, compte plus de 20 000 œuvres exposées.

MUSÉE MODE ET DENTELLE ★★

rue de la Violette 12 ✆ +32 2 213 44 50
www.fashionandlacemuseum.brussels

Du mar au dim 10h-17h. Gratuit -18 ans et 1er dimanche du mois. 8 €. Seniors et groupes : 6 €. Étudiants : 4 €.

Mode et Dentelle rassemble des pièces diversifiées, significatives de l'histoire de la mode. Robes à la française et mini-robes, corsage du XIXe siècle et chapeaux de créateurs, cape, éventails et sac en bandoulière, dentelles de Bruxelles et de Binche, tableaux et gravures, revues de mode anciennes et magazines actuels. À voir absolument, la Chambre des Dentelles. Cette salle raconte l'histoire et la confection de ce textile pas comme les autres. La dentelle de Bruxelles, tombée en désuétude, est mise en valeur à travers les pièces rares des collections du musée.

MUSÉE FIN-DE-SIÈCLE ★★

rue de la Régence 4

Mar au ven 11h-17h. WE 11h-18h. 15 €. +65 ans et Thalys, 10 €. Étudiants, 5 €. -18 ans et 1er mer du mois : gratuit.

Ce musée est consacré à la période charnière entre la fin du XIXe siècle et le début du XXe. Une période pleine d'effervescence où l'art se libère, non seulement en peinture et sculpture mais aussi en design et architecture : c'est l'explosion de l'Art nouveau dont Bruxelles deviendra un des centres. Au Musée Fin-de-siècle, vous pourrez admirer les œuvres de Constantin Meunier, James Ensor, Henri Evenepoel, Fernand Khnopff ou Léon Spilliaert mais aussi des peintures de Gauguin, une sculpture de Mucha, des reconstruction 3D de demeures Art nouveau...

MUSÉE MAGRITTE ★★★

Rue de la Régence 3
✆ +32 2 508 32 11
www.musee-magritte-museum.be
Mar au ven 11h-17h. W-e 11h-18h. 15 €. +65 ans et Thalys, 10 €. Etudiants, 5 €. -18 ans et 1er mer du mois : gratuit.

Ce musée entièrement consacré à Magritte protège la collection la plus importante d'œuvres du surréaliste : 200 tableaux, des gouaches, dessins, photographies, présentées selon un parcours chronologique sur 3 étages qui évoque différentes périodes de la vie du peintre. Il révèle aussi des aspects moins connus de l'artiste comme sa proximité avec le mouvement syndical à travers des affiches, ses rapports ambigus avec la publicité ou encore sa période « vache » où il n'hésite pas en une trentaine de toiles très colorées, empruntant aux codes du fauvisme et à l'impressionnisme, à bousculer le tout-Paris artistique en 1948. Quelques chefs-d'œuvre sont évidemment au programme comme *L'Empire des lumières* (avec cette étrange dualité entre un ciel bleu d'après-midi et une maison plongée dans la nuit). On ne peut pas parler de René Magritte sans parler de Georgette, sa muse et sa femme, qui apparaît en portrait, en silhouette, en mode statue antique (*La Magie noire* où une Georgette de chair se fond dans un ciel azur décoré de nuage très... magrittien). Un amour qui durera toute une vie. D'ailleurs, une grande partie des œuvres du musée provient d'un legs de sa part. Très intéressantes (et méconnues), sont ces quelques œuvres de jeunesse, quand Magritte s'essayait à l'expressionnisme, au cubisme ou au futurisme *L'Écuyère*). On y découvre un tout autre artiste qui cherche encore sa voie. Nombreux croquis également qui lèvent le voile sur le mode de travail du maître. Un arrêt incontournable pour les fans du sacré René !

MUSÉE OLDMASTERS ★★★

3 rue de la Régence
✆ +32 2 508 32 11
Mar au ven 11h-17h. W-e 11h-18h. 15 €. +65 ans et Thalys, 10 €. Etudiants, 5 €. -18 ans et 1er mer du mois : gratuit.

Ce musée fait partie des Musées Royaux des Beaux-Arts de Belgique. Il expose une grande quantité d'œuvres originaires des anciens Pays-Bas méridionaux datant du XVe au XVIIIe siècle. Toutes ces peintures ont été réalisées par les plus grands artistes de l'époque tels que Jérôme Bosch, Pieter Breughel, Peter Paul Rubens ou encore Simon Vouet. Tous les grands noms de « l'art flamand » y sont, autant dire de vraies merveilles. Cette collection prestigieuse est issue de la Révolution française et battit son plein lorsque les Belges acquirent leur indépendance. Parmi les œuvres à ne pas manquer : l'étude de la *Tête de Maure* de Rubens qui montre comment travaillait l'artiste ; la salle consacrée à Breughel qui mélange des scènes mythologiques (*La Chute d'Icare*, une de ses peintures les plus connues), bibliques (*La Chute des anges rebelles*, foisonnante de détails et semblant issue d'un horrible cauchemar) ou des scènes de la vie quotidienne (*Paysage d'hiver avec patineurs et trappe aux oiseaux*, où les personnages semblent prendre vie). Pointons aussi toute une section dédiée aux peintures paysagères hollandaises, très en vogue aux XVIIe-XVIIIe siècles mais aussi, aux peintres du Siècle d'or néerlandais avec plusieurs œuvres de Frans Hals, qui formait le trio d'artistes stars de son temps avec Rembrandt et Vermeer.

La visite se conclut sur une très célèbre peinture que l'on voit souvent dans les livres d'histoire : *Marat assassiné* de Jacques-Louis David qui réalisa cette œuvre en exil à Bruxelles.

PALAIS DE JUSTICE ★★

Place Poelaert 1
Ouvert du lundi au vendredi de 8h à 17h. Gratuit.

Plus vaste que Saint-Pierre de Rome, il domine Bruxelles de sa masse austère. Sa longue construction (1866-1883) fait que son créateur, Joseph Poelaert, décédé en 1879, n'en vit jamais l'achèvement. Le Palais a, dès sa construction, été surnommé le « Mammouth » pour des raisons évidentes. Il était à l'époque le plus grand bâtiment du monde historique et reste l'un des plus grands édifices de pierres de taille de la planète : sa superficie totale est de 52 464 m² pour une surface bâtie de 26 000 m². Sa (trop) longue rénovation est inachevée depuis les années 1990.

PALAIS ROYAL ★★

Place des Palais
Du 22/07 à début septembre, à partir de 10h30, dernière entrée à 15h45 (fermeture à 17h). Fermé le lundi. Gratuit.

Issu de la réunion de quatre hôtels particuliers construits entre 1815 et 1829, il abrite le bureau du roi, plusieurs services et sert de lieu de réception. Depuis 1965, le Palais est accessible au public tous les ans du lendemain de la Fête nationale à début septembre. La foule peut ainsi pénétrer dans cet imposant édifice commandé par Léopold II et achevé en 1865. On contemplera les collections inestimables d'œuvres venues de tous les continents et de tout temps. Un autre must est le plafond en carapaces de scarabées imaginé par Jan Fabre : subjuguant !

Palais de Justice.

PARC DE BRUXELLES ★

Parc de Bruxelles

Ouvert 7j/7 de 6h à 22h. Aire de jeux adaptée aux enfants porteurs de handicap.

À l'inverse des squares londoniens – jardins faits pour oublier la ville environnante –, le parc de Bruxelles est un morceau de géométrie qui prolonge la ville en son enceinte par le végétal. Ancienne réserve à gibier, le parc allait progressivement être privatisé par la Cour voisine, qui en fit son jardin zoologique et d'amusements. Après l'incendie du palais, Charles de Lorraine le transforma en parc classique à la française. A signaler, pour les initiés : des symboles maçonniques sont contenus dans le dessin des allées...

▶ Placez-vous le dos tourné au grand bassin. Trois perspectives désignent trois pouvoirs de la société démocratique.A droite, le Palais de Justice incarne le pouvoir judiciaire. Au centre, le Palais royal représente l'exécutif. Quant au législatif, retournez-vous, c'est le Parlement qui est dans votre dos, de l'autre côté du jet d'eau.

Le parc a aussi servi de décor aux combats opposant les insurgés belges à l'armée hollandaise qui s'y était laissé enfermer au mois de septembre 1830. Les Belges triomphèrent après trois jours de « canardages » réciproques, l'armée royale ayant mis la nuit à profit pour filer par une issue du parc laissée curieusement sans surveillance...

▶ L'immeuble du Parlement fut construit dès 1780 pour héberger les membres du Conseil du Brabant. Il était tout désigné pour devenir le Palais de la Nation qui comporte deux hémicycles, celui de la Chambre et celui du Sénat. La rue de la Loi sépare le Parlement du parc. Au n° 16 se trouve la résidence officielle du Premier ministre.

PLACE ROYALE ★★★

Place Royale

Excellent point de départ pour visiter le Mont-des-Arts : musées royaux des Beaux-Arts, musée des Instruments de musique, musée BELvue. Le fameux palais incendié du Coudenberg se tenait sur cette place jusqu'à sa destruction. Au centre de la place s'élevait initialement la statue du souverain bâtisseur, Charles de Lorraine. Mais la statue ayant été détruite au moment de la Révolution française, Godefroy de Bouillon, en partance pour la première Croisade, lui a succédé en 1848, à une époque où la jeune Belgique était à la recherche de repères patriotiques.

PORTE DE HAL ★★

Boulevard du Midi 150 ✆ + 32 2 741 73 02

www.hallegatemuseum.be

Ouvert du mar. au ven. de 9h30 à 17h ; le w-e de 10h à 17h. Gratuit jusqu'à 18 ans. Adulte : 10 €. -18 ans : Gratuit.

Construite au XIVe siècle, cette porte est le dernier vestige de la deuxième enceinte de Bruxelles, l'une des plus vastes d'Europe. Complétée par des fossés, des bastions et des forts extérieurs, elle rendait la ville pratiquement imprenable. L'impressionnante tour a servi de prison. Rénovée, elle accueille un musée de qualité qui raconte l'histoire du bâtiment et celle de la ville. Des trésors d'armurerie de l'ancien palais de Bruxelles y sont exposés ainsi que des œuvres contemporaines. Au sommet de la tour, le chemin de ronde offre une large vue sur la ville.

CENTRE D'ART CONTEMPORAIN WIELS

Avenue Van Volxem 354 ✆ +32 2 340 00 53
www.wiels.org

Ouvert du mardi au dimanche de 11h à 18h. Gratuit jusqu'à 18 ans. Adulte : 10 €. Autres tarifs et infos : voir site Web.

Installé dans les anciennes brasseries Wielemans-Ceuppens, le site s'impose comme un véritable laboratoire international pour la création et la diffusion de l'art contemporain, avec une nette orientation pour les arts visuels. En prenant garde à accorder une place et une attention particulières aux croisements et interactions avec d'autres disciplines. Grâce à la cafétéria nichée au rez-de-chaussée, adresse est aussi parfaite pour prendre un verre ou bruncher le dimanche.

MUSÉE BRUXELLOIS DE LA GUEUZE (BRASS. CANTILLON)

rue Gheude 56 ✆ +32 2 520 28 91
www.cantillon.be

De 10h à 16h. Fermé mercredi et dimanche. Adulte : 7 € (10 € avec visite guidée le samedi. Une bière en dégustation).

La famille Van Roy-Cantillon aime à qualifier son musée de vivant, tout comme le sont les micro-organismes qui interviennent dans la fabrication du lambic. Le visiteur est plongé dans un matériel brassicole ancien, encore utilisé de nos jours. Deux brassins publics sont organisés chaque année, de quoi permettre de suivre toutes les étapes de fabrication. Inutile de préciser que ces célèbres gueuze, kriek, lambic et autres faro sont disponibles sur place. Une belle brasserie familiale.

LA FONDERIE

rue Ransfort 27
✆ +32 2 410 99 50
www.lafonderie.be

Mardi-vendredi 10h-17h. Samedi et dimanche : 14h à 17h. Enfant (-12 ans) : gratuit. Adulte : 5 €.

Institution dédiée à l'histoire du développement social et économique de Bruxelles. En 1977 avait lieu la dernière coulée de la Compagnie des Bronzes. En 1983 naissait le collectif « La Fonderie », qui fit l'acquisition des machines exposées. On y propose des visites guidées, à pied ou en bateau (à bord du *Gueuse*, rappelant le lingot dans lequel on coule la fonte). Dans le musée, on découvre la façon dont les gens travaillaient (ou ont été utilisés au travail) ainsi que l'évolution sociale, industrielle, économique ou architecturale autour de Bruxelles.

MUSÉE DE LA MÉDECINE

route de Lennik 808
✆ +32 2 555 34 31
www.museemedecine.be

Fermé en décembre. Du lun au ven 9h-16h. Gratuit -12 ans. Adulte : 3 €. Gratuit le 1er dim du mois (13h-16h).

L'ULB a monté cette exposition permanente permettant de comprendre la vitesse à laquelle cet art s'est développé à travers les siècles. Quel autre endroit qu'un campus universitaire pouvait servir de lieu d'installation pour un musée de ce type ? Nous sommes tous, un jour ou l'autre, touchés par la médecine. Savoir d'où l'on vient et où l'on va dans ce domaine permettra au plus grand nombre de voir d'un œil différent le corps médical. Les cires anatomiques sont particulièrement impressionnantes. Expos temporaires organisées régulièrement.

MIMA ★

Quai du Hainaut 39-41, ✆ +32 472 61 03 51
www.mimamuseum.eu

Mercredi-vendredi 10h-18h, samedi-dimanche 11h-19h. Adulte 13,50 €, 12-18 ans et tarifs réduits 7,50 €, 6-12 ans 3 €.

Le Millennium Iconoclast Museum of Art (MIMA) est un musée d'art urbain et de la culture 2.0 inauguré en 2016, le long du canal dans le quartier de Molenbeek. Il s'étend sur 4 étages d'un ancien bâtiment industriel et occupe 1 300 m² répartis en 8 salles d'expositions. La collection permanente est composée d'œuvres d'artistes d'art urbain internationalement reconnus (Barry McGee, Blu, Banksy, Parra, Invader...). Plusieurs expositions temporaires sont organisées chaque année. Petite restauration et boutique souvenirs, y compris des créations inédites.

MUSÉE MAISON D'ÉRASME

rue du Chapitre 31
✆ +32 2 521 13 83
www.erasmushouse.museum

Du mardi au dimanche et jours fériés 10h-18h. 1,25 €. Visite guidée. Boutique. Animations.

Musée dédié à Erasme et à la Renaissance. La maison était celle d'un chanoine qui y reçut en 1521 le grand humaniste de Rotterdam, conseiller de Charles Quint. Déjà au XVIIe siècle, on venait voir la maison « où vécut Erasme ». Y sont aujourd'hui rassemblés meubles, sculptures et tableaux et des milliers de précieux livres anciens. Un jardin de plantes médicinales et un jardin philosophique complètent ce bel ensemble. De la même époque date la restauration du plus petit béguinage de Belgique, à deux rues de là, que l'on peut visiter avec le même ticket d'entrée.

ATELIER 34ZERO MUZEUM

drève de Rivieren 334
✆ +32 2 428 33 06
www.atelier340muzeum.be
Ouvert 7j/7 et les jours fériés, de 11h à 19h. Adulte : 10 €. Enfant (6-12 ans) : 2 €. Groupe (10 personnes) : 4 €.

Fruit de l'imaginaire de Wodek & Sonia Milewska, ce centre d'art contemporain a pour objectif l'étude et la promotion de la sculpture. D'expositions annuelles en manifestations hors murs, le musée s'est constitué une belle collection. On pointera aussi des ateliers d'éveil pour enfants, des conférences, des débats et projections de films qui complètent l'éventail de ses activités. Un café-restaurant culturel offre une petite restauration à tendance bio et aux influences jettoises et polonaises. À la carte, bières belges et polonaises, vodkas et repas thématiques.

ATOMIUM ★★★

Place de l'Atomium 1 ✆ +32 2 475 47 75
www.atomium.be
7j/7 10h-18h. 16 €, +65 ans 14 €, enfant ≤115cm et PMR gratuit ; >115cm, +17 ans & étudiant 8,50 €. Réduction groupes.

Emblématique du paysage bruxellois, l'Atomium culmine à 102 mètres. Il fut construit à l'occasion de l'Exposition universelle de 1958. Sa structure représente un cristal de fer agrandi 165 milliards de fois. Plus de la moitié du parcours est dédiée à des expositions dont les thèmes tournent autour de la Belgique et des arts numériques. Permanentes ou temporaires, ces expos sont programmées toute l'année. On profite d'un panorama exceptionnel et circulaire sur l'ensemble de la ville. L'accès au Design Museum Brussels proche est inclus. Restaurant au sommet.

DESIGN MUSEUM BRUSSELS

Place de Belgique 1
✆ +32 2 669 49 29
Tous les jours de 11h à 19h. Gratuit jusqu'à 5 ans. Adulte : 10 €. Enfant (6-17 ans) : 8 €. Réduction Thalys. PMR.

Dédié à l'art et au design du XXe siècle, Design Museum Brussels est installé à deux pas de l'Atomium (tickets combinés possibles). Collection permanente de 2 000 objets en plastique, la Plastic Design Collection présente le plastique du plus quotidien à l'œuvre d'art. Un véritable voyage dans le temps, des années 1960 jusqu'aux années 2000 retraçant l'impact des plastiques sur la création en art et en design. Innovant et surprenant ! Diverses expositions temporaires pendant l'année dont une sur Zéphir Busine, peintre, sculpteur et céramiste, d'avril à août 2023.

BASILIQUE DE KOEKELBERG ★

Parvis de la Basilique 1
✆ +32 2 421 16 60
www.basilicakoekelberg.be
Entrée gratuite dans la basilique. Panorama : 8 €, 6 € pour les groupes 6 pers. minimum. Plus d'info sur le site Web.

La colline de Koekelberg est couronnée par la basilique, cet immense édifice dont la coupole est visible de très loin. Les Bruxellois ne l'ont jamais vraiment prise au sérieux et elle fut malheureusement trop longtemps classée parmi les réalisations disgracieuses de la ville par ses habitants. La basilique du Sacré-Cœur, nom officiel de la basilique de Koekelberg, est désormais peu à peu réhabilitée dans l'opinion. Cinquième plus grande église du monde, après Yamoussoukro en Côte d'Ivoire, Saint-Pierre à Rome, Saint-Paul à Londres et Santa Maria Dei Fiori à Florence, elle s'inscrit dans la série des sanctuaires d'expiation des péchés que sont le Sacré-Cœur de Paris ou la basilique de Cambridge. Léopold II l'avait voulue gothique, mais le projet fut modifié avant sa construction. Ses plans singèrent (en tout cas en théorie) le Sacré-Cœur parisien et son style, tout à fait représentatif de son époque, est finalement Art déco. Le béton, et non la pierre de taille, sera le matériau de base, recouvert à l'intérieur de terre cuite ocre jaune, à l'extérieur de briques roses. Si vous n'avez jamais déambulé dans un immense vaisseau religieux moderne, la visite est impérative ! La basilique de Koekelberg est d'ailleurs la plus grande église Art déco au monde. La galerie supérieure abrite non seulement les photos de la construction de la basilique, mais présente aussi une vitrine exposant certains matériaux de construction, une galerie d'expositions temporaires (voir site Internet), l'espace Cardinal Danneels qui expose de manière permanente des œuvres de l'artiste sud-coréen et ecclésiastique Kim En Joong (dont trois vitraux placés en 2017). On y trouve aussi une maquette au 1/40e, réalisée par l'architecte Albert Van Huffel qui a remporté le premier prix au concours des arts décoratifs et industriels de Paris en 1925. Remarquez les dix chapelles latérales maintenues dans le projet : neuf pour les neuf provinces belges initiales et une pour le Congo... On accède à la galerie supérieure présentant une exposition de photos sur l'édification de la basilique et les matériaux utilisés. Un ascenseur monte ensuite jusqu'à une terrasse extérieure panoramique qui offre certainement la plus belle vue sur Bruxelles et ses alentours. Par temps clair, on distingue même la tour de la cathédrale de Malines qui se trouve à 20 km. Six tables d'orientation aident le visiteur à repérer les monuments et lieux visibles. Pour les plus courageux, 250 marches supplémentaires permettent d'accéder au sommet de la coupole, à 89 mètres. Effet garanti !

ÉGLISE NOTRE-DAME-DE-LAEKEN

Parvis Notre-Dame
✆ +32 2 478 20 95
https://notredamedelaeken.be/
Tous les jours 14h à 17h (sauf lundi). Visite gratuite de la crypte : 1 dimanche par mois de 14h à 17h. Voir site Web.

Cette église a une drôle de mine. Signée Poelaert, bâtisseur du Palais de Justice, elle est restée inachevée dans la finition des détails extérieurs. Sa silhouette ressemble de loin à un édifice néogothique, de près à une masse étrange aux contours brutaux, presque Art déco. L'intérieur est très épuré, avec la crypte qui abrite les tombeaux des souverains. À gauche de l'église, s'ouvre le petit cimetière de Laeken, hérissé de monuments et de statues.

MINI-EUROPE

Avenue du Football 1 ✆ +32 2 474 13 13
https://www.minieurope.com/
Ouvert tous les jours de 9h30 à 19h en été. Fermeture annuelle du 09/01/2023 au 24/03/2023. Tarif adulte : 17,30 €.

Plusieurs fois menacée mais jamais tombée, Mini-Europe est la seule rescapée de l'ancien complexe de loisir Brupark, démantelé pour un sombre projet de centre commercial. C'est sans doute dû à sa popularité. Mini-Europe vous fait voyager à travers les 27 pays membres de l'Europe (plus le Royaume-Uni) en miniature. La Grand-Place ou la Tour Eiffel sont reconstituées dans les moindres détails mais en plus, vous pouvez participer, par exemple en déclenchant une éruption du Vésuve ou en faisant sonner le carillon de l'hôtel de ville de Stockholm. Les enfants adorent !

MUSÉE-MAISON RENÉ MAGRITTE

rue Esseghem 135
✆ +32 2 428 26 26
www.magrittemuseum.be
Fermé le 25/12 et 01/01. Mercredi-dimanche 10h-18h. Adulte : 10 €. Autres tarifs : voir site web. Visite guidée.

Maison la plus importante dans la vie de Magritte : il y a habité avec son épouse de 1930 à 1954 et y a peint la plus grande partie de ses chefs-d'œuvre. Les surréalistes belges s'y réunissaient une fois par semaine. On y découvre un Magritte méconnu, avec des œuvres d'un style différent. L'appartement du peintre et son mobilier sont d'origine ; une expo biographique comprend des œuvres, des publicités créées par sa firme, des documents d'archive et des photos de la vie du couple.

SERRES ROYALES DE LAEKEN ★★

Avenue du Parc-Royal
✆ +32 2 513 89 40
www.monarchie.be
Ouverte 3 semaines au printemps. L'accès aux serres royales coûte 4 €. Visites nocturnes à certaines dates.

Les serres royales de Laeken ont été construites à proximité du palais par Alphonse Balat, maître de Victor Horta. Ce joyau de métal et de verre est rempli d'innombrables plantes et fleurs (dont un nombre impressionnant de fuchsias) et planté d'essences rares, parfois uniques, ramenées du monde entier. C'est un véritable enchantement pour les yeux. Ouvertes seulement 3 semaines en avril ou mai, restez aux aguets du site de l'Office de tourisme Visit Brussels pour connaître les dates et heures. Le barbecue avec le roi et la reine n'est pas inclus dans le ticket.

Serres Royales de Laeken.

AUTOWORLD ★★

Parc du Cinquantenaire 11 ✆ +32 2 736 41 65
www.autoworld.be
7j/7 10h-18h (17h en semaine en basse saison). Adulte : 13 €. 6 -11 ans : 6 €. 15 pers : 11 €. Audioguide inclus.

Des centaines de véhicules font revivre l'histoire de l'automobile de 1886 aux années 1980. Quelques raretés, comme une voiture ayant appartenu à Franklin Roosevelt ou une autre à JFK. Véritable bijou pour les amateurs du genre, il dévoile les grandes étapes de la compétition automobile. Rallyes et courses sont aussi mis en valeur via des voitures exposées, films d'époque et photos. Tout au long de l'année, des expos thématiques sont proposées, par exemple l'anniversaire d'une marque ou d'un modèle. Grande expo prestigieuse sur la mezzanine tous les deux ans.

LE BERLAYMONT

Rue de la Loi 200

Le bâtiment dit Berlaymont abrite le siège de la Commission européenne. Construit en 1967, sa forme en croix asymétrique et son esplanade sous-jacente sont typiques des années 1960. Une curiosité faisant que seul son axe central touche le sol ! Vidé en 1991, rénové de 1995 à 2004, il a été débarrassé de l'amiante dont il était rempli avant de reprendre ses fonctions initiales. Le Berlaymont doit son nom au couvent de chanoinesses fondé en 1625 et ayant déménagé en 1962. Il est installé en bordure du rond-point Schuman, d'où il offre ses plus belles perspectives.

MAISON HIST. EUROPÉENNE ★★

Rue Belliard 135
historia-europa.ep.eu/fr
Ouvert le lundi 13h-18h ; du mardi au vendredi 9h-18h, le w-e 10h-18h. Gratuit. Accessible PMR. Café. Boutique.

Ce musée interactif, situé dans un bâtiment Art déco au sein du charmant Parc Léopold, vous emmène en voyage à travers l'histoire de l'Europe. Des mythes et découvertes au chaos et à la cohésion qui ont marqué le XXe siècle, l'exposition permanente vous fait découvrir le passé de l'Europe et vous met au défi d'envisager son avenir. La Maison de l'Histoire européenne propose également des espaces pour les plus jeunes et des parcours famille. La visite dure environ 90 minutes. Expos temporaires et thématiques régulières, en général pour une durée d'un an.

LE BOTANIQUE

Rue Royale 236 ✆ +32 2 218 37 32
www.botanique.be
Voir le site pour plus d'infos sur les concerts. Les grilles se ferment à 17h30 en hiver et à 21h en été. Café Bota.

« Bruxelles possède deux merveilles uniques au monde : la Grand-Place et le panorama du Jardin Botanique » (V. Hugo). Il ne reste plus grand-chose de botanique, le jardin ayant déménagé à Meise (Brabant-Flamand) en 1939 pour survivre à la jonction ferroviaire Nord-Midi. Lieu insolite où arts plastiques et musique se rencontrent mais aussi d'autres arts tels danse, théâtre ou cinéma. De petites salles de concert offrent une ambiance intimiste pour amateurs de styles musicaux variés. Un jardin de l'Iris (symbole de Bruxelles) agrémente la partie haute du parc.

ÉTANGS D'IXELLES

Avenue du Général-de-Gaulle

Les belles façades des maisons nous replongent dans l'atmosphère bruxelloise d'avant 1940. On y trouve notamment de très beaux exemples de style néo-Renaissance flamande, Art nouveau et Art déco dont le représentant le plus connu est le « paquebot » Flagey, sur la place éponyme. Ancien déversoir, les étangs d'Ixelles offrent un cadre romantique propice à la balade vers l'abbaye de La Cambre. On dénombrait à l'origine quatre étangs, alimentés par le ruisseau Maelbeek. On parle aujourd'hui seulement de l'étang supérieur et de l'étang inférieur.

HÉMICYCLE PARL. EUROPÉEN

rue Wiertz 60

Visites du lundi au jeudi de 9h à 17h et le vendredi de 9h à 13h. Guide Multimedia. Gratuit.

Visiter l'hémicycle du Parlement européen est un excellent moyen de s'imprégner de l'ambiance électrique qui règne dans le plus grand parlement transnational au monde et de se familiariser avec ses pouvoirs et ses missions. Des visites individuelles de l'hémicycle sont proposées avec un guide multimédia interactif. La visite dure environ 45 minutes. Si vous préférez discuter avec un conférencier, des séances d'information ont lieu tous les lundis à 11h et 15h. Elles sont proposées en anglais et en français. Réservation pour les groupes de plus de dix personnes.

MUSÉE HORTA ★

Rue Américaine 25 ✆ +32 2 543 04 90

www.hortamuseum.be

Du mardi au vendredi 14h-17h30, le week-end 11h-17h30. Adulte : 12 €. 6-18 ans : 3,50 €. Réservation obligatoire.

Dessinée par Victor Horta, maître de l'Art nouveau, pour son occupation personnelle, la maison est pourvue de chauffage central et de climatisation naturelle dissimulés dans les éléments du décor. La maison a conservé une partie de son mobilier dessiné par Horta et sa décoration d'origine où se mêlent bois précieux, marbre, bronze, verre et volutes en fer forgé, dont l'exceptionnel lanterneau qui inonde les étages de lumière du jour. L'ingéniosité du maître s'y révèle dans les moindres détails. Propositions régulières d'événements et expositions.

MUSÉE ROYAL DE L'ARMÉE ★★

Parc du Cinquantenaire 3

✆ +32 2 737 78 33

www.klm-mra.be

Fermé les jours fériés. Du mardi au dimanche de 9h à 17h. Gratuit -6 ans. Adulte : 11 €. Groupe (15 pers.) : 4,50 €.

Un site à la hauteur de l'histoire militaire belge : richissime. En tout, une centaine de milliers de pièces. On débute par les armes et les armures anciennes qui donnent une vision de l'évolution de l'armement du VIIIe au XIXe siècle, dont notamment de magnifiques épées carolingiennes. Des salles spécialisées dans les guerres mondiales, dans la Résistance, dans les blindés et, pour terminer, une superbe salle contenant des avions. On admire la vue du site depuis les Arcades. Boutique et cafétéria. La majorité des salles sont accessibles aux PMR.

MUSÉUM DES SCIENCES NATURELLES ★

Rue Vautier 29 ✆ +32 2 627 42 11

www.sciencesnaturelles.be

Mar-ven. 9h30-17h. Vacances & w-e 10h-18h. Adulte : 13 €. Enfant (6-17 ans) : 5 €. Autres tarifs : voir site web. Café.

Un des plus impressionnants musées du genre au monde avec celui de New York ! Des fouilles en 1878 ont mis à jour 29 squelettes d'iguanodons enfouis depuis plus de 100 millions d'années et la galerie où leurs fossiles sont exposés est la plus fournie d'Europe ! Salles permanentes et expos temporaires à succès. Ne manquez pas la galerie « Planète vivante » où 850 spécimens sont exposés pour expliquer la biodiversité, la galerie de l'évolution, la galerie de l'homme et celle des minéraux.

TRAIN WORLD ★

place Princesse Elisabeth 5 ✆ +32 2 224 74 98

www.trainworld.be

10h-17h. (dernière entrée : 15h30). Fermé le lundi. 15 €. Gratuit -5 ans. 6-17 ans 11 €, 4-5 ans : 5 €. Famille : 45 €.

L'expérience, unique, permet de découvrir les chemins de fer dans un tout nouveau bâtiment connecté à la ville autant qu'au rail. Les visiteurs sont transportés des toutes premières locomotives à vapeur aux trains à grande vitesse ! La muséographie fait appel à tous les sens pour appréhender le sujet dans ses multiples dimensions. De nombreux objets et documents mais surtout du matériel construit en Belgique. Font ainsi figure de joyaux, la « Pays de Waes » ou la « Type 12 », les luxueux wagons de voyageurs, l'épopée du train postal ou un simulateur de conduite.

PARC DU CINQUANTENAIRE ★★

Parc du Cinquantenaire
www.gardens.brussels/fr
Ouvert de 8h jusqu'à 17h45 (octobre à mars), 18h45 (avril), 19h45 (septembre), 20h45 (mai à août). Plaine de jeux.

Avec ses trente hectares, le Parc du Cinquantenaire s'apparente à un poumon naturel pour celles et ceux qui, jour après jour, se transforment en fourmis laborieuses au sein du quartier européen tout proche. Outre la beauté des bâtiments (historiques !) que l'on peut y trouver ou l'agrément des nombreux musées qui y ont élu domicile, le parc du Cinquantenaire est surtout un endroit où l'on aime se promener pendant sa pause du midi, faire un jogging dès que l'on peut profiter d'un peu de temps libre ou tout simplement le week-end, en famille, pour faire un break dans la frénésie du shopping telle qu'on le pratique dans le quartier des Tongres.

Le parc du Cinquantenaire a d'abord été une plaine de manœuvres de l'armée. En 1880, il a hébergé l'exposition célébrant le cinquantième anniversaire de la naissance de l'État belge. De nos jours, il sert de cadre à l'arcade monumentale qui réunit les musées du Cinquantenaire. Au sud, le musée royal d'Art et d'Histoire (www.kmkg-mrah.be), au nord, le musée royal de l'Armée et de l'Histoire militaire (www.klm-mra.be). À côté du musée d'Art et d'Histoire, une vaste halle contient le riche musée privé de l'Automobile.

▶ L'arcade prévue dès 1880 par Léopold II n'a pu voir le jour qu'en 1905, les parlementaires belges ayant jugé son coût trop élevé. C'est donc le Congo qui paya, via la cassette de Sa Majesté. Ce splendide arc de triomphe est néanmoins surmonté d'un char tiré par un quadrige de chevaux très vivant, dont le bronze verdi s'allie à la pierre grise de la colonnade. L'arcade est due à Girault (l'architecte du Grand Palais à Paris), le quadrige à Thomas Vinçotte, un sculpteur belge connu pour quelques réalisations publiques.

▶ Un autre artefact intéressant est le monument dédié à la colonisation, situé dans le coin nord-ouest du parc. On y voit comment le brave militaire belge au service de Sa Majesté le Roi (Léopold II, en l'occurrence) libère le malheureux indigène des griffes de l'odieux Arabe esclavagiste. Cent ans plus tard, le royaume pas rancunier accueille à proximité la grande mosquée de Bruxelles, dans le même coin du même parc.

▶ À quelques mètres, se trouve une petite construction néoclassique. C'est le pavillon des Passions humaines, édicule dû à Victor Horta, renfermant la très belle fresque des Passions humaines, tumultueux mur de cuisses, fesses, seins et de chairs en général, œuvre du romantique sculpteur, Jef Lambeaux. Après des années de pudibonderie consensuelle, on s'est décidé à l'ouvrir au public. Il est également géré par les Musées Royaux d'Art et d'Histoire.

PARLAMENTARIUM

place du Luxembourg 100
www.europarl.europa.eu/visiting/fr/
Ouvert le lundi (13h-18h), mardi-vendredi (9h-18h) et le week-end (10h-18h). Gratuit. Cafétéria. Boutique.

Le Parlamentarium s'inscrit parmi les visites incontournables à Bruxelles. Accessible dans les 24 langues officielles de l'Union européenne, cet espace d'exposition high-tech est moderne, ludique et surprenant. Tout est mis en œuvre pour apprendre le fonctionnement des institutions européennes et éclairer sur les prises de décisions. Parmi les expériences uniques offertes : carte de l'Europe interactive géante, chambre parlementaire projetée sur un écran de 360°, interactivité avec des citoyens et des députés européens et jeu de piste pour les enfants.

LA TRICOTERIE ★

rue Théodore Verhaegen 158
✆ +32 2 537 96 69
www.tricoterie.be
Horaire : voir site web mais en général, le dimanche de 10h à 20h et le lundi de 18h à 3h.

Dans une ancienne fabrique de pâtes, la coopérative propose des « productions propres » (artistes associés, marché bio, soirées thématiques, animations de quartier...) et des locaux pour événements externes. La Tricoterie croise activités, générations, convictions, vie réelle et virtuelle sur 1 200 m². Les lieux proposent différents services liés au développement durable : traiteurs bio/slow food, produits locaux ou issus de l'agriculture raisonnée, bar bio, brunch, promotion des circuits courts, réapprentissage du nettoyage avec des produits écologiques...

BRUXELLES - BRUSSEL

BOIS DE LA CAMBRE ★

avenue de Flore 3-4
✆ +32 2 741 63 20
www.boisdelacambre.brussels
Accessible aux PMR. Plaine de jeux. Différents bars et restaurants au sein du bois.

Le bois de la Cambre est est un parc paysager à caractère forestier. Il est le prolongement naturel de la forêt de Soignes et doit son nom à l'abbaye de la Cambre toute proche. C'est le plus vaste – de par sa superficie de 123 hectares – mais aussi le plus connu des espaces verts bruxellois. Un peu à l'instar de Central Park à New York, il se situe dans le haut de la ville. Facile d'accès, il apparaît au bout de l'avenue Louise, avenue commerciale et architecturale prestigieuse. Été comme hiver, le Bois de la Cambre attire nombre de promeneurs, joggeurs et autres familles soucieuses de faire prendre l'air à leurs bambins. En son centre une petite île accueille le fameux Chalet Robinson. Là, dans un cadre bucolique rénové de façon contemporaine, on vient se sustenter d'une cuisine de brasserie actuelle ou prendre un café, une gaufre ou un chocolat chaud. Plus loin, dans le bois, il y a Le Flore au cadre tout aussi enchanteur (splendide terrasse, cuisine slow-food, produits locaux et bios...). L'un comme l'autre offrent de nombreuses promenades balisées de différentes longueurs et difficultés. Le Bois de la Cambre est sans doute l'une des plus belles évasions vertes urbaines qu'on puisse offrir à ses habitants et aux visiteurs. Pendant le confinement, les Bruxellois ont redécouvert ce que pouvait leur apporter le parc. Espace de respiration encore plus important que d'habitude pour les uns, espace de contestation contre les mesures sanitaires pour les autres. L'automne et ses couleurs est la meilleure saison pour une balade.

CENTRE D'ART DE ROUGE-CLOÎTRE

Rue du Rouge-Cloître 4
✆ +32 2 660 55 97
www.rouge-cloitre.be
Horaires variant en fonction des expos. Voir site web.

Au cœur du site de Rouge-Cloître, le Centre d'Art offre la possibilité de conjuguer découverte artistique et promenade. Il se concentre sur les rapports entre écriture et image, entre art et graphie. Cette thématique se traduit par l'accueil d'œuvres d'illustrateurs de livres pour la jeunesse et d'auteurs de BD. Tous les premiers dimanches du mois, l'accès aux expositions est gratuit et une balade guidée sur l'histoire du site de Rouge-Cloître est proposée aux visiteurs à 14h.

MUSÉE DAVID ET ALICE VAN BUUREN

Avenue Léo Errera 41
✆ +32 2 343 48 51
www.museumvanbuuren.be
Ouvert du mercredi au lundi de 14h à 17h30. Gratuit jusqu'à 11 ans. Adulte : 15 €. Étudiant : 9 €.

Construite en 1928, la maison rappelle par son architecture extérieure l'École d'Amsterdam, et par l'intérieur et le mobilier, l'Art déco. Ses propriétaires étaient le banquier hollandais David van Buuren et son épouse Alice. Mécènes et amateurs d'art, ils ont réuni une collection prestigieuse de tableaux allant des primitifs flamands du XVe siècle, aux artistes belges du XXe siècle. Le magnifique jardin, le labyrinthe et sa roseraie, se visitent toute l'année.

MUSÉE DU TRAM ★

Avenue de Tervuren 364 bis ✆ +32 2 515 31 10
trammuseum.brussels
Ouvert le w-e de 13h à 18h. Adulte 13 €, 6-12 ans 6 €, avec voyage en train historique 20 € et 15 € (sur réservation).

Le Musée du Tram, c'est une armada de véhicules ayant transporté des millions de Bruxellois dans les rues de la capitale depuis 1881. Un bon plan pour les nostalgiques ou les enfants, les premiers se rappelleront peut-être, les seconds découvriront les ancêtres de nos super trams articulés. Des balades intemporelles vers la forêt de Soignes ou ailleurs sont organisées les dimanches d'avril à septembre (et un dimanche par mois après), l'occasion de découvrir Bruxelles et ses quartiers à bord d'un vieux tramway. Quelques anciens autobus sont aussi de la partie.

PROMENADE DE TERVUREN ★

Vallée de la Woluwe

La Promenade du Chemin de Fer donne l'occasion de découvrir une partie de la vallée de la Woluwe sur un parcours de 6 km. Partant de Beaulieu (Auderghem), on peut ensuite traverser le pont qui surplombe le boulevard des Invalides, avant de passer par la chaussée de Wavre et l'avenue du Parc de Woluwe (qui longe ce dernier). A la hauteur du musée du Tram bruxellois, on traverse l'avenue de Tervuren sur la passerelle et on finit la promenade à Woluwe-Saint-Pierre (Stockel). L'ancien chemin de fer Quartier Leopold – Tervuren fut en fonction de 1881 à 1958.

SE LOGER

L'hôtellerie bruxelloise offre un éventail de styles et d'ambiances très large. Certaines maisons d'hôtes ont beaucoup de charme, notamment en raison de leur architecture typique et l'accueil chaleureux des Bruxellois qui les gèrent. Les petits hôtels bon marché, qui furent longtemps la catégorie offrant le moins de choix à Bruxelles, sont plus nombreux aujourd'hui. Ils ne sont pas toujours charmants, mais la plupart sont bien tenus et pratiquent des tarifs attrayants. Les auberges de jeunesse se sont également multipliées et offrent souvent de véritables chambres d'hôtel en plus des dortoirs. On trouve aussi une belle offre de boutique hôtels chic et trendy, et beaucoup d'hôtels orientés business, tournés vers une clientèle d'affaire très importante à Bruxelles. Plan futé : ces mêmes hôtels bradent leurs chambres et offrent plus de disponibilité le week-end, quand l'animation et la fête est à son comble pour les touristes, pratique !

AUBERGE DE JEUNESSE BRUEGEL €

Rue du Saint-Esprit 2 ✆ +32 2 511 04 36
www.jeugdherbergen.be/fr/bruxelles

Dès 25 € petit déj inclus. Réductions enfants. Dortoirs, chambres 1 à 4 pers. Pique-nique et repas chaud proposés.

Ambiance « voyageurs du monde entier », idéale pour les rencontres et les fêtes improvisées, mais pas toujours pour le repos. Blotti derrière l'église Notre-Dame de la Chapelle, le bâtiment qui abrite cette auberge est envahi, en saison, de groupes de joyeux lurons parfois très expressifs ! Les chambres confort sont équipées de salles de bains privées. Si les groupes forment évidemment le *core-business* de l'établissement, les écoles et les familles sont aussi les bienvenues.

AUBERGE DE JEUNESSE JACQUES BREL €

Rue de la Sablonnière 30
✆ +32 2 218 01 87

A partir de 26 €/nuit. Enfants 3 à 12 ans : 50 % de réduction. 51 chambres et dortoirs. Petit déjeuner bio et WiFi.

Située près du Jardin Botanique et à 10 minutes à pied de la Grand-Place, cette auberge dispose de plus de 170 lits répartis dans des chambres (Wi-Fi, casiers, douche...) et des dortoirs. Parmi les services en libre accès : bagagerie, jeux, bibliothèque... Le petit déj bio est particulièrement savoureux et copieux. En été, des concerts gratuits et de grands barbecues sont régulièrement organisés dans le bar qui propose une carte de bières belges bien fournie. Petite restauration le soir.

MEININGER €

Quai du Hainaut 33
✆ +32 2 588 14 74

Autre hôtel : Meininger Gare du Midi, rue Bara 101, 1070 Bruxelles. Chambre double à partir de 64 € ; dortoir, 20,50 €.

Meininger a ouvert à Molenbeek, en bord de canal, dans une partie des anciennes brasseries Bellevue. Un ADN industriel qui convient parfaitement à cette chaîne d'auberge-hôtel berlinoise. On y trouve des dortoirs, des chambres individuelles et familiales, etc., toutes immenses grâce à l'espace disponible dans le bâtiment. Si vous êtes curieux, le bar de l'auberge, et sa déco underground avec des fresques d'artistes bruxellois et berlinois et la tour en brique de la brasserie qui a été conservée, vaut le détour et est accessible à tous.

À LA GRANDE CLOCHE €€

Place Rouppe 10
✆ +32 2 512 61 40
www.hotelgrandecloche.com

À partir de 90 € la chambre simple, 99 € la double. Petit déjeuner 15 €.

En face du Comme chez Soi, ce charmant 3-étoiles est loin des chaînes standard. Rimbaud et Verlaine y avaient leurs habitudes, ce qui en fait le plus ancien hôtel bruxellois. Entièrement rénové en 2019, on l'a apprécié pleinement au meilleur de sa forme. Bourré de clins d'œil aux coutumes locales et plein d'attentions charmantes, on y parle brusseleir jusque dans la douche. Les 42 chambres marient contemporain et vintage avec élégance, certaines avec vue sur le bonheur. Au rez-de-chaussée, le Pasta Madre (levain) oscille entre Rome et Bruxelles.

ALOFT BRUXELLES SCHUMAN €€

Place Jean Rey
✆ +32 2 800 08 88
141 chambres. Chambre double à partir de 102 €, petit déjeuner 14,50 €. Fitness, bar.

À quelques minutes à pied du Cinquantenaire, l'hôtel est aussi à seulement un quart d'heure du centre-ville en métro. Il donne dans le genre décontracté qui humanise le quartier européen. Décorées dans un style aussi rafraîchissant que contemporain, les chambres façon loft sont lumineuses et fonctionnelles. Les salles de bains sont pourvues d'une douche à l'italienne. En fin de journée, la vie s'active au rez-de-chaussée : le bar Wxyz est le refuge d'employés et fonctionnaires qui aiment venir s'y détendre. Animé par un DJ, on y sert de délicieux cocktails.

FUNKEY HOTEL €€

rue Artan 116 ✆ +32 2 733 23 53
www.funkeyhotel.com
35 chambres. Petit déjeuner inclus. Small room : 69 €, Medium room : 79 €, Large room : 99 €, XL room : 129 €.

Funkey a connu plusieurs vies. Au menu, des espaces où règnent les jeux de société et des chambres décorées par thème. Chacun d'eux est lié à un jeu et une carte l'annonce sur chaque porte d'entrée. Jeux à disposition dans un espace commun où l'on peut aussi mater la télé (il n'y en a pas dans les chambres). Parmi les autres originalités, les clés des chambres sont de vrais téléphones portables (appels gratuits en Belgique, offerts par la maison), des laptops avec accès Wifi sont à disposition ou encore les chambres XXL qui peuvent loger jusqu'à 6 personnes.

B&B HOTEL BRUSSELS €€

Rue Paul Spaak 15
✆ +32 2 645 61 11
Petites chambres à partir de 75 €, 90 € pour une grande. Formule petit déjeuner (15 €). Bar-resto. Gym. Wifi. Cinéma.

La chaîne B&B a hérité de l'esprit jeune et fun de l'ancien Qbic et ne compte pas le changer. Couleurs vives, plantes partout, un lobby qui s'articule autour d'un grand bar avec différents espaces où l'on peut manger ou travailler : un vrai hôtel à vivre. Il possède même un home-cinéma avec séance tous les soirs et qui peut être privatisé en formule karaoké. Les chambres sont gaies avec un clin d'œil à la BD et le lit est encadré d'un cubi d'où on peut contrôler tout l'éclairage. Un gros bon point va aussi à sa politique durable (gestion de l'eau, des déchets...).

HAPPY GUESTHOUSE €€

Rue de l'Hôpital 27
✆ +32 471 58 04 97
www.happyguesthouse.be
Chambre double à partir de 135 €. Petit déjeuner inclus. Arrivée 24h/24 (système de code et badge).

Convivialité, sourire et découverte sont les maîtres-mots pour cet établissement idéalement situé. Happy Guest House est aménagée dans le cadre agréable d'une maison de maître entre Grand Place et Sablon. Son mobilier joliment pensé et la décoration choisie avec goût contribuent au confort. Ces quatre chambres d'hôtes (chacune son étage) portent bien leur nom : l'accueil chaleureux et attentionné de Sophie ne peut que rendre ses invités heureux ! Le petit déjeuner copieux achève de convaincre les hôtes qu'ils ont fait le bon choix.

CRAVES €€

rue du Marché aux Poulets 32
craves-hotel.com
Single à partir de 95 €, double à partir de 99 €, familiale à partir de 161 €. Restaurant et bar Le Conteur.

Voilà un hôtel très central qui stimule les 5 sens : l'odorat avec le parfum que l'on renifle dès l'entrée, la vue avec une déco très Belle Époque, le toucher avec du velours même en papier peint, le goût grâce à son restaurant aux saveurs du Proche-Orient, le Conteur, et l'ouïe avec la bande-son du resto. Le chambres sont indéniablement sexy dans leur livrée bleu nuit et lorsque vous aurez fini d'y faire des folies, on y dort fort bien. On aime le coin café-thé en self-service aux étages et le généreux buffet du petit déjeuner avec ses spécialités orientales.

HOTEL INDIGO BRUSSELS €€

Place Charles Rogier 20
✆ +32 2 203 31 25
Chambre simple à partir de 120 €, 127 € pour une double. Wifi. Fitness. Restaurant et bar.

Indigo est la chaîne « Boutique hôtels » du groupe InterContinental. Installé dans un bâtiment de la Belle Époque, entre la Place Rogier et le Botanique, l'Indigo joue à fond sur cette proximité avec ce grand parc du nord de Bruxelles. Évoquant les jardins, la jungle, la botanique, avec une majorité de tons verts, des papiers peints fleuris, une profusion de plantes et de bois, il est très inscrit dans l'air du temps. Le gros plus de l'Indigo, c'est son restaurant, le Serra. Ouvert à tous jusque tard, il met en avant les fruits et légumes bio, locaux si possible.

HOTEL JARDIN SECRET €€

rue du Berger 24
✆ +32 2 510 83 49
www.jardinsecrethotel.be
Chambre double à partir de 89 €, triple 119 €, quadruple 149 €, 10 € le petit déjeuner. Piscine.

Au cœur des petits rues piétonnes d'Ixelles, ce boutique hôtel tout récent est un havre de paix et de verdure. Le concept est simple : chaque chambre est dotée d'un mur en immense baie vitrée donnant sur un jardin dense et luxuriant, lui même à l'arrière d'un bâtiment et aménagée de terrasses étagées. Un vrai bonheur. A l'intérieur, tout est neuf, les chambres sont bien équipées, dans un design alliant bois et couleurs douces, les prix raisonnables. Des luminaires à la literie, les chambres, de 2 à 5 personnes, sont particulièrement soignées. Piscine en prime.

JAM HOTEL €€

Chaussée de Charleroi 132
✆ +32 2 537 17 87
www.jamhotel.be
Double à partir de 79 €, triple 89 €, pour 4 : 94 €, pour 5 : 109 €, pour 6, 119 €. Pdj 15 €. Piscine, bar, resto.

Ce grand édifice situé à côté de Chatelain et Louise propose de nombreuses chambres équipées de l'essentiel (salle de bains, bouilloire, bonne literie, lampes d'architectes, jolie déco, wifi...), avec des murs en briques et béton, stylé indus, fun & cool. Il est apprécié des jeunes (couples, groupes et familles), car il est assez abordable. Son atout : Perché, un bar en roof top avec vue, et une *plunge pool* chauffée avec transats, idéale pour faire bronzette et trempette. Autre atout ? Un onsen japonais sur place et le bar-restaurant Kaiju au rez-de-chaussée.

HÔTEL LE BERGER €€

Rue du Berger 24 ✆ +32 2 510 83 40
www.lebergerhotel.be
Chambres dès 79 € la simple, 84 € la double, petit déjeuner 14 €. Accès à la piscine du « Jardin Secret ». Restaurant-bar.

Situé dans une petite rue perpendiculaire à la chaussée d'Ixelles, Le Berger promet un séjour atypique. Les chambres sont décorées dans un esprit vintage, en mémoire du passé sulfureux de l'établissement. Le Berger était un hôtel de rendez-vous depuis les années 1930 jusqu'au début des années 2000. Chacune des chambres, personnalisées, est un véritable cocon Art déco où on aime musarder. Un joli endroit pour un séjour en amoureux. L'ascenseur pour deux est à découvrir. Packages « couple » avec champagne et panier gourmand. Resto-bar de l'hôtel « Fripon ».

MADE IN LOUISE €€

rue Veydt 40
✆ +32 2 537 40 33
www.madeinlouise.com
48 chambres. Simple partir de 90 €, double 99 €. Petit déjeuner : 15 €.

Ce boutique hôtel dans le quartier chic de Louise est cosy, calme, tourné vers la verdure. Il propose des chambres de multiples catégories dans une belle maison bourgeoise, certaines mansardées avec baignoire. La déco change d'une pièce à l'autre, mais elle est toujours élégante, lumineuse et apaisante. On aime le jardin et son échiquier géant, la verrière de la salle du petit déjeuner, le billard, l'ambiance comme à la maison, les produits Caudalie dans la salle de bain, la cheminée crépitante en hiver, la formule café et thé à volonté, l'accueil chaleureux.

HÔTEL RÉSIDENCE LE QUINZE €€

Grand Place 15
✆ +32 2 511 09 56
www.hotel-le-quinze-grand-place.be
Accueil jusqu'à 20h. 15 chambres. Chambre simple de 148 € à 168 € ; chambre double de 178 € à 215 €. Wifi gratuit.

Le seul hôtel du monde à avoir vue sur notre magnifique Grand Place ! Les soirs de pleine lune c'est d'un romantique insensé. Un bon point supplémentaire pour l'accueil personnalisé et la déco qui rappelle les années 50 et 60. Idéal pour de longs séjours, vous disposerez de tout ce qu'il faut pour un séjour agréable. Le petit déjeuner est servi dans l'Estaminet du 'T Kelderke qui est voisin. Quoi de mieux qu'une vue imprenable sur un site classé par l'Unesco pour démarrer la journée ?

MOTEL ONE €€

rue Royale 120
✆ +32 2 209 61 10
http://fr.motel-one.com
Accueil 24h/24. Chambre double à partir de 123 €. Petit déjeuner : 13,50 €. Wifi gratuit.

Chic et sans chichis... telle pourrait être la devise de cet hôtel bruxellois, dépendant de la chaîne bavaroise du même nom (une quarantaine d'établissements). Le concept est basé sur le confort et une véritable élégance... mais à prix correct. Rien n'est laissé au hasard pour le bien-être des clients (lits king size, couettes 100 % coton, écran plat, Wifi partout, douches performantes...). Situation idéale près du Parc royal, à mi-chemin entre curiosités et bureaux. La déco design du bar One Lounge devrait permettre d'y oublier les tracas du quotidien...

NHOW BRUSSELS BLOOM €€

Rue Royale 250

✆ +32 2 220 66 11

Accueil 24h/24. 305 chambres. Chambre double à partir de 114 €. Formules petit déjeuner inclus. Parking. Wifi.

Repris par le groupe hôtelier NH, le Bloom a un peu changé de look mais garde son ADN artistique. Chaque étage arbore un thème différent et les salle de bains sont joliment customisées selon la thématique de la chambre noire avec d'énorme taches de peintures colorées. Le petit déjeuner est placé sous le signe du manger-sain, le personnel simple et aimable, et l'ensemble jouit d'un très bon rapport qualité-prix ! Parmi les autres temps forts de l'hôtel, notons le *food truck* VW Transporter installé dans la salle de petit déjeuner et qui sert de délicieuses gaufres.

AU REPOS DES CHASSEURS €€

Avenue Charle-Albert 11

✆ +32 2 660 46 72

www.au-repos-des-chasseurs.be

11 chambres. Chambre double à partir de 100 € ; suite à partir de 115 €. Petit déjeuner : 12,50 €. Parking.

Situé à l'orée de la forêt de Soignes, ce petit coin de paradis accueille les personnes en voyage d'affaires ou ceux qui veulent simplement passer des nuits paisibles dans un cadre champêtre. Les chambres modernes et épurées sont agréables, la nuit on y entend que le bruit des animaux de la forêt. Une bonne occasion de se reposer... qu'on soit chasseur ou pas. Il est entouré de nombreux parcs et de bois, c'est aussi l'occasion de faire de belles balades. Réputé pour son gibier, son restaurant gastronomique satisfera les plus gourmands.

VAUDEVILLE €€

Galerie de la Reine 11

✆ +32 484 59 46 69

theatreduvaudeville.be/se-loger/

A partir de 120 € la chambre double, petit déjeuner inclus. Réservation par mail.

Magnifique situation dans les Galeries Royales pour ces chambres d'hôtes insolites ! Le Théâtre du Vaudeville, aujourd'hui rénové, est devenu un lieu de manifestations et d'événements divers au cœur des splendides Galeries Saint-Hubert. Juste à côté un restaurant de cuisine et d'ambiance actuelles avec une grande terrasse dans la galerie. Et aussi les quatre chambres : Explorateur, Diva, Madame Loulou et Black & White. Notre préférence va clairement au style de cette dernière mais les trois autres méritent aussi le coup d'œil.

VINTAGE HÔTEL €€

Rue Dejoncker 45

✆ +32 2 533 99 80

www.vintagehotel.be

À partir de 67 €. Petit déjeuner : 6 €. Caravane à partir de 117 €. Prix en fonction du jour et de la fréquentation.

Cadre magnifique 100 % vintage et design pour cet hôtel bruxellois, situé à seulement quelques pas de l'agitation de l'avenue Louise. C'est un retour vers les « Golden Sixties » que Fabian Henrion et Bernard Wilmet ont voulu. Ils n'ont rien laissé au hasard, et il leur a fallu des mois et des mois de recherches pour trouver le mobilier adéquat, ils ont même poussé le concept jusque dans la musique et même parfois dans leurs tenues. Chaque objet est également accompagné d'une fiche design. La caravane Airstream est une originalité sans nom, unique à Bruxelles.

LE DIXSEPTIÈME €€€

Rue de la Madeleine 25

✆ +32 2 517 17 17

www.ledixseptieme.be

Accueil 24h/24. Package « Lune de miel ». Bar. Wifi. Sauna et fitness. Double à partir de 155 € ; suite à partir de 214 €.

L'hôtel se flatte d'offrir le calme absolu au cœur de la ville. Cette demeure date du XIVe siècle, bombardée puis restaurée au XVIIe, la légende dit qu'elle fut un temps celle de l'ambassadeur d'Espagne. C'est à présent un hôtel de charme qui garde tout le cachet de cette époque. Les chambres portent des noms de peintres et leur décoration ont des petites touches qui les rappellent. Beau mobilier, cheminée dans certaines chambres, parquet ancien dans la partie plus vieille de l'hôtel, service discret et attentionné : une véritable parenthèse hors du temps.

JULIANA HOTEL BRUSSELS €€€

Place des Martyrs 1/4 ✆ +32 2 214 08 00

www.juliana-brussels.com

43 chambres, piscine intérieure, sauna, hammam, fitness, bar, restaurant, chambres à partir de 253 €.

Nouveau venu dans le paysage hôtelier bruxellois, le Juliana est simplement magnifique. Cet établissement 5 étoiles est situé sur la très belle, mais souvent ignorée, place des Martyrs. À l'intérieur, on a plus l'impression d'entrer dans une grande maison bourgeoise que dans un hôtel, avec de multiples coins pour s'isoler au rez-de-chaussée. Les chambres et suites sont toutes différentes et décorées avec goût, tout comme les espaces publics. Tout n'est que raffinement mais sans ostentation. Mention spéciale à la piscine intérieure en mosaïques de verre de Murano.

SE RÉGALER

Difficile d'échapper aux pièges à touristes dans le cœur du centre historique, néanmoins nous y avons sélectionné les meilleures adresses pour goûter une gastronomie belge traditionnelle. Il faut cependant essayer de s'écarter de la Grand Place, quartier de Sainte-Catherine en tête, non loin et connu pour ses bons restaurants. On trouve un peu partout de bonnes brasseries de plats honnêtes : moules-frites, jambonneau à la moutarde, lapin aux pruneaux, carbonnades flamandes… et pour ceux qui moins fans de plats en sauce, d'excellents restaurants végétariens et « healthy » fleurissent un peu partout. Le Châtelain, Saint-Boniface et Louise à Ixelles regorgent de nouvelles adresses branchées. Le caractère cosmopolite de Bruxelles lui confère une palette de cuisines de monde des plus authentiques à tester. À l'inverse, des restaurants étoilés proposent de la cuisine de haute volée. Il y en aura pour tous les goûts, toutes les bourses.

Waterzooï.

'T KELDERKE €€

Grand-Place 15
✆ +32 2 513 73 44
www.restaurant-het-kelderke.be
Ouvert tous les jours de 12h à 23h. Carte : 40 € environ.

Adresse incontournable pour tous les amateurs de cuisine belge que cette ancienne cave voûtée où l'on descend presque comme en religion. La cuisine est classique et rondement menée et surtout l'enseigne offre une situation idéale sur la Grand-Place. À la carte, stoemps, waterzooi, croquettes de crevettes ou pavés grillés aguichent aux côtés du plus rare steak de cheval. Ajoutons une Maes ou une Hoegarden bien tirée et tout est là pour enchanter les visiteurs d'ici et d'ailleurs. Service quasi non-stop jusqu'au soir et ambiance franchement détendue.

AUX ARMES DE BRUXELLES €€€

Rue des Bouchers 13
✆ +32 2 511 55 50
www.auxarmesdebruxelles.com
Ouvert tous les jours de midi à 23h. Menu 3 services à 38,50 € et 49,50 €. Carte : 60 € environ. Lunch : 24 € et 27 €.

Cette vénérable maison centenaire (1921) a été revitalisée après quelques années de dérive. C'est le regretté Rudy Vanlancker (Chez Léon) qui avait repris la main. L'aventure continue sans lui. Le magnifique espace Art déco est intact et les fourneaux ont été rallumés avec en salle une équipe de serveurs attentifs. La carte est splendide avec autant de classiques que de spécialités belges, tel la salade Veulemans (crevettes et croquettes de crevettes), le waterzooi, les moules ou la sole à l'ostendaise. Brel y avait ses habitudes de même que la famille royale.

BIG MAMA €€

Place de la Vieille Halle aux Blés 41
✆ +32 2 513 36 59
www.bigmama.be
Du mer au dim midi et soir. Cuisine non-stop le dimanche. Carte : 40 € environ. Menu enfant : 10 €. Lunch. Terrasse.

En matière de restaurant, la simplicité alliée à la qualité sont des atouts qui sont parfois difficiles à trouver. Ici, c'est gagné et d'autant plus que les plats sont goûteux à souhait. Pas question ici de se prendre la tête : on revendique haut et fort son attachement à la cuisine de brasserie (vol-au-vent, boulets à la liégeoise, américain, spare ribs – leur spécialité ! – ou stoemp, par exemple). Et le patron en salle sait recevoir le client comme tout bon vivant qui se respecte. De quoi foncer les yeux fermés ! La terrasse n'est pas désagréable en plus.

BIJ DEN BOER €€

Quai aux Briques 60 ✆ +32 2 512 61 22
www.bijdenboer.com
Ouvert lundi, mardi et du jeudi au samedi le midi et le soir. Menu à 33 €. Carte : 48 € environ. Lunch : 20 €. Terrasse.

En plein cœur du Marché aux poissons, c'est le bistrot de Bruxelles par excellence, populaire et bon vivant. On trouve ici l'une des meilleures croquettes aux crevettes de la capitale parmi d'autres spécialités, des produits de la mer d'une grande fraîcheur tels que leurs moules et tous leurs fruits de mer ainsi que des sauces maison. On y déguste une cuisine simple mais gourmande dans une atmosphère authentique, miraculeusement préservée par Geert et Marnic. La terrasse offre de beaux arguments supplémentaires, dans un cadre charmant propice au bon moment !

LA BONNE CHÈRE €€€

Rue Notre-Seigneur 19
www.labonnechere.be
Du mardi au vendredi 12h-13h30 et du mardi au samedi 19h-20h30. Lunch à partir de 30 €. Menu du soir : 75 €-85 €.

Alexandru Sapco, d'origine moldave, officie aux fourneaux de cette perle gourmande nichée dans les Marolles. D'abord, on pénètre dans cette vieille maison à l'ambiance douillette (beaucoup de bois, de briques, lumière tamisée) avant d'être pris en charge par la jeune équipe du resto. Le midi, on choisit le menu lunch ou on peut piocher dans une carte resserrée (2 options par service). Le soir, on se laisse joyeusement soumettre au menu. La cuisine d'Alexandru est vive, créative, à l'image d'un superbe coing confit, baba et glace au tilleul. Vins moldaves à carte.

LA BOUSSOLE €€

quai au Bois à Brûler 61
✆ +32 2 218 58 77
www.restaurant-laboussole.be
Ouvert du lundi au vendredi le midi et le soir ; le samedi soir. Carte : 45 € environ. Menu enfant : 15 €.

Elle garde le bon cap, cette Boussole. Les lieux sont en totale symbiose avec le débonnaire Vassilis Tsibidas qui garde un pied dans la cuisine et l'autre en salle. Il fait le maximum pour satisfaire ses hôtes, alternant humour et réflexions philosophiques. Une clientèle de passage mais aussi une belle brochette d'habitués qui a plaisir à pousser la porte. La terre et la mer se partagent la carte accompagnées de savoureux légumes aux saveurs méditerranéennes. Sans oublier les moules en saison. Vins essentiellement français et grecs.

BRASSERIE ARCADI €

Rue d'Arenberg 1 B
✆ +32 2 511 33 43
arcadi.be
Ouvert du mardi au dimanche de 9h à 23h45. Carte : 25 € environ.

Changement de cap et de look post-Covid, mais la vitrine reste toujours aussi alléchante et en promet pour tous les goûts. Souvent un peu à l'étroit car victime de son succès, l'Arcadi accueille sur le midi, les bureaucrates du quartier au coude à coude avec les touristes et quelques Bruxellois venus se détendre. Au coin de la galerie du Roi, cette brasserie sans prétention est connue pour l'imparable fraîcheur de ses produits, pour la qualité des quiches et tartes et pour ses spécialités belges. Les différentes formules de petit déjeuner sont délicieuses.

LES BRIGITTINES €€

Place de la Chapelle 5
✆ +32 2 512 68 91
www.lesbrigittines.com
Ouvert du lundi au vendredi le midi et le soir.

Dirk Myny opte pour une carte courte qui évolue selon son inspiration et les saisons. Pour lui, l'essentiel est dans les produits qu'on trouve difficilement sur nos tables. Quelques exemples : le pis de vache en bouillon, le fameux Zenne pot (chou cuit à la gueuze), la joue de porc à la kriek, le cabillaud sauce au lait battu... Ces plats vont et viennent sur la carte selon les envies du chef. À noter le menu du soir 4 services. Tout ça dans un cadre Belle Époque collant à la cuisine qu'on y sert. Dirk Miny a une certaine idée du maximum !

CAFÉ GEORGETTE €

rue de la Fourche 37
✆ +32 512 18 12
www.cafegeorgette.be
Ouvert 7j/7 de 12h à 22h (23h vendredi et samedi). Carte : 45 € environ.

La Georgette en question c'était la femme de Magritte. Mais ici rien de surréaliste, les frites sont excellentes, à emporter ou à déguster sur place. Le cœur de métier du patron, ce sont les viandes de qualité comme ces grillades à la plancha, ces costauds burgers, les steaks tartares, des carpaccios, des boulettes... Mais aussi des fish & chips au cabillaud frais et des steaks de thon. Avis aux Bruxellois, Georgette habite un quartier touristique mais c'est vraiment pas une raison pour la snober, courez-y. Traveller's Choice 2020.

CHICAGO CAFÉ €

Rue de Flandre 45
✆ +32 2 502 18 41
www.chicagocafe.be
Ouvert 7j/7 de 9h à 17h. Carte : 15 € environ. Plat du jour : 11 €. Terrasse. Coin jeux pour les enfants. Brunch.

L'entrée du lieu fait penser à un ciné de quartier avec quelques affiches aux murs. À l'intérieur, c'est harmonieux, style ancien magasin de meubles. Fouad et Julie ont mis les petits plats dans les grands pour rendre l'ambiance familiale jusqu'à prévoir un petit coin enfants. Véritable Eat Café (café à manger), on y mange du petit déjeuner jusqu'au tea time : *bowls*, burgers à composer, pâtisseries sucrées et jus faits maison. À deux pas de Sainte-Catherine, le nom du troquet est en lien avec l'appellation que l'on donnait au quartier auparavant.

ENTROPY RESTAURANT €€€

Place Saint-Géry 21-22
✆ +32 470 077 044
https://entropyrestaurant.be/fr
Ouvert du mercredi au vendredi de 19h à 23h. Réservation fortement recommandée. Menu unique à 85 €.

Situé place Saint-Géry, le restaurant du chef Elliott Van de Velde n'est pas qu'une bonne table, il a aussi un cœur : les bénéfices sont reversés à l'association Hearth project, fondée par Elliott, qui lutte contre le gaspillage alimentaire et la précarité sociale. Le menu en 6 services est axé sur le végétal et le local (avec le support occasionnel de poisson et de fruits de mer). On verra ainsi un ingrédient décliné en plusieurs façons (fermenté, fumé...), le champignon s'élève, la courge prend son envol. Les vins, bio, sont surprenants. On valide à 100 % !

FIN DE SIÈCLE €€

Rue des Chartreux 9
✆ +32 2 512 90 49
www.findesiecle.be
Ouvert tous les jours de 18h à 00h. Carte : 40 € environ.

Dans le quartier Dansaert, cette Fin de Siècle n'en finit pas de séduire. L'ambiance est décontractée et conviviale dans la parfaite lignée des stamcafés. Sans y être très confortablement installés, les vieilles tables en bois ne sont pas toujours stables, les décibels grimpent très vite, mais on s'en fiche et on y revient régulièrement. Certainement pour déguster leur très bon jambonneau moutarde ou spare-ribs, servis certainement par un chef « glouton » et généreux. On ne se lasse pas de cette grande salle à la déco brute dotée d'une jolie verrière Art nouveau.

FRITKOT CHOUKE €

Rue du Vieux Marché aux Grains 2
✆ +32 474 30 25 31
Dimanche au jeudi de 12h à 22h ; le vendredi jusqu´à 23h ; le samedi jusqu´à 00h. 3,50 € le paquet de frites sans sauce.

Depuis 2019 le quartier Sainte-Catherine dispose enfin de son « *fritkot* », grâce à Agathe et son compagnon. Dans leur toute petite cuisine, ils préparent des frites qui valent autant (voire plus) celles d'établissements plus connus. Elles sont calibrées, cuites à la graisse de bœuf, dorées comme le soleil et savoureuses. Vu l'étroitesse du lieu, la carte a aussi été rationalisée : une seule taille de cornet, un assortiment limité de sauces, des accompagnements bien choisis (fricadelles viande ou végé, ailerons de poulet...) ou un excellent burger d'Angus beef.

LES PETITS OIGNONS €€

Rue de la Régence 25
✆ +32 2 511 76 15
Ouvert tous les jours le midi et le soir (non-stop le w-e). Menu unique à 38,50 €. Carte : 55 € environ. Terrasse.

Les Petits Oignons de Khaled Zouglami, c'est l'antidote parfait pour qui voudrait oublier un repas standardisé pris dans un lieu prétentieux avec service indigent et note exorbitante. Cette accueillante brasserie bruxelloise, c'est un cadre, une ambiance, un service et une cuisine sans fausse note. Sur la carte, des spécialités comme le vol-au-vent, le ris de veau en feuilleté ou les croquettes aux crevettes grises mais aussi pas mal de plats aux notes méditerranéennes. Et puis, le plaisir d'échanger avec cet homme à l'humour élégant, fait aussi partie du menu.

GRAMM €€€

rue de Flandre 86
✆ +32 2 324 99 66
http://grammrestaurant.be
Du mardi au samedi de 19h à 22h. Réservation recommandée. Menu à 75 €.

Gramm mêle créativité française et tradition asiatique, ou l'inverse. Aux manettes, Kenzo nous enchante avec des plats débridés de tout complexe : carpaccio de bœuf teriyaki, concombre et grenailles ; chicon et émulsion de dattes ; œuf à 64 °C, algue nori et asperge verte... On pourrait continuer longtemps avec des exemples aussi détonants, mais toujours maîtrisés. Les viandeux ne sont pas oubliés, avec quelques préparations dans ce que le bœuf a de meilleur. Tous les plats sont bio, les vins qui accompagnent aussi, avec quelques étiquettes non conventionnelles.

RESTAURANT VINCENT €€

Rue des Dominicains 8-10
✆ +32 2 511 26 07
restaurantvincent.be
Ouvert du lundi au samedi le midi et le soir. Carte : 55 € environ.

Depuis 1905, combien de familles, d'artistes, de politiques et de businessmen sont entrés par la fameuse cuisine ouverte où *blinquent* les batteries de casseroles en cuivre ? Les amateurs de viande rouge et de grillades se réjouiront : elles proviennent des meilleurs fournisseurs qui ne transigent pas sur la qualité de leurs produits. Les céramiques murales sont à elles seules un prétexte à s'inviter chez Vincent. Les flambages en salle et le service en livrée sont d'autres signes d'une équipe de pros pour cette brasserie authentique que l'on aime tant fréquenter.

LA MARÉE €€

Rue de Flandre 99
✆ +32 2 511 00 40
www.lamaree-sa.com
Ouvert du mardi au samedi le midi et le soir. Carte : 55 € environ.

Dans cette maison du XVIIe siècle, les poissons arrivent en camion depuis longtemps mais tout est là pour faire un port d'attache de ce bistrot de la mer. Les produits sont de première fraîcheur (2 livraisons par jour) et la simplicité des préparations met en valeur leur qualité. Les croquettes de crevettes et la sole meunière de la maison comptent parmi les meilleures de Belgique. Les talents de Teresa en cuisine et l'accueil simple et souriant de Mario, le patron, en font une adresse qu'on se refile dans tout Bruxelles. Caldérade et paella (sur commande).

LA ROUE D'OR €€

Rue des Chapeliers 26
✆ +32 2 514 25 54
Ouvert tous les jours le midi et le soir. Carte : 50 € environ. Lunch.

La Roue d'Or a le look classique des brasseries Belle Époque. Les boiseries et les vitraux auxquels elle doit son nom sont d'origine, les fresques murales rendent hommage à Magritte. La carte oscille avec adresse entre belgitude, spécialités de type brasserie française et même quelques plats canailles. Bruxellois et visiteurs sont au coude-à-coude pour se laisser tenter par les moules-frites, le *stoemp*, les andouillettes, la blanquette à l'ancienne, le waterzooi, les croquettes et tomates aux crevettes, etc. Belle constance dans la qualité des préparations.

LE CHAPEAU BLANC €€

Rue Wayez 200
✆ +32 2 520 02 02
www.lechapeaublanc.be
Ouvert tous les jours le midi et le soir (dimanche midi uniquement). Carte : 45 € environ. Lunch : 15 €. Terrasse.

C'est l'un des plus anciens restaurants d'Anderlecht, et l'un des plus connus. Les bases de la cuisine-brasserie y font toujours recette : croquettes-crevettes pour la nostalgie côtière, pieds de cochon croustillants qui ne rougissent pas de leur bonne gribiche. Le tartare n'a pas attrapé le *dikkenek* : on l'appelle américain, avec sa mouture au poil et ses frites au bœuf ! Le Chapeau Blanc, vu sa proximité avec le stade du Sporting d'Anderlecht, LE club de foot bruxellois, est aussi un des lieux de rassemblement emblématique des supporters mauve et blanc.

IN DEN APPELBOOM €€

Rue du Pommier 401
✆ +32 2 520 73 03
www.indenappelboom.be
Mardi au dimanche de 12h à 21h30 (non-stop le w-e). Carte : ±38 €. Lunch : 16 € et 18 €. Plat du jour. Jardin. Terrasse.

Une adresse pour les amateurs de nature et de bonnes maisons à l'ancienne. Dans un style fermette campagnarde, In den Appelboom (le pommier) joue dans la catégorie « accueil et convivialité » et étonne avec une cuisine qui souligne les bons plats belges et italiens et ne rate aucun classique de brasserie. On mange à la lueur des chandelles, en terrasse ou dans le jardin... si dépaysant qu'il est difficile de s'imaginer qu'on n'est qu'à 9 km de la Grand-Place. Navette gratuite vers le stade pour les clients également supporters du RSC Anderlecht.

LA PAIX €€€

Rue Ropsy Chaudron 49 ✆ +32 2 523 09 58
lapaix.eu
Ouvert du mardi au vendredi le soir ; le jeudi et le vendredi le midi. Menus de 125 € à 245 €. Carte : 150 € environ.

Dans un quartier connu pour son populaire marché du samedi, David Martin a fait revenir les gourmets près des abattoirs. Dans un cadre Belle Époque, la brasserie sert dans un esprit plus stylé qu'à l'époque où les *chevilleurs* y mangeaient au coude-à-coude ! La carte ? De belles viandes rouges et d'autres spécialités bruxelloises ou françaises (cervelle de veau, volaille de Bresse...), des poissons nobles mais avec des accents japonais, cuisine que le chef apprécie particulièrement. Le four Josper fait la joie des viandeux. Doublement étoilé et doublement mérité !

SCHIEVELAVABO ALTITUDE CENT €€

Place de l'Altitude Cent 8 ✆ +32 2 343 38 09
https://schievelavaboforest.be
Ouvert du lundi au vendredi de 11h à 22h45 ; le week-end, le soir. Carte : 37 € environ. Menu enfant : 9 €. Terrasse.

C'est une petite institution ! Beaucoup de générosité dans l'assiette, des spécialités de chez nous et des plats de brasserie. Des pâtes aussi, une dizaine de sortes, dont le fameux Schievelavabo ou son comparse jambon-fromage qu'on se cale dès 11h et tout l'après-midi en cas de faim. Carte de bières sympa. On craque aussi sur leur chicon au gratin, sur leurs burgers et sur leurs stoemps. Le personnel est jeune et enthousiaste. Excellent rapport qualité-prix et terrasse bien vivante.

LES TRAPPISTES €€

chaussée de Gand 408
✆ +32 2 411 90 89
www.brasserie-lestrappistes.be
Ouvert du mardi au dimanche de 11h à 22h45 (23h le week-end). Menu unique à partir de 44,50 €. Carte : 48 € environ.

Le nom ne laisse planer aucun doute sur la finalité de l'endroit ! Véritable bar-restaurant avec une empreinte locale et un décor qui n'a pas changé depuis 1935 (y compris son bar en véritable bois de citronnier). On y trouve une carte de bières à la longueur appréciable et également de la cuisine à la bière. Tentez sa casserole de moules à la gueuze, le lapin à la kriek ou encore les carbonnades à la gueuze. Le steak tartare est préparé à table et le T-bone steak est également incontournable. Le plaisir de s'attabler ici est évident !

ZEBRANO €

rue de Rotterdam 47
✆ +32 2 424 21 31
zebranoresto.wordpress.com
Ouvert du mardi au samedi, le soir. Carte : 55 € environ. Terrasse.

Pour ceux qui s'en souviennent, c'était ici le centre d'embouteillage de la brasserie anglaise Whitbread. Le passé industriel de Molenbeek a laissé quelques beaux bâtiments qui ont été transformés en lofts, bureaux ou restaurants. Côté déco, voyez l'espace et l'ambiance chaleureuse due à ce bois (de zebrano ?) très chic. Côté cuisine, la carte propose quelques incontournables de brasserie ainsi que des suggestions. La part belle est faite aux produits de circuit court et de saison. La carte change donc souvent mais la viande rouge et les légumes sont mis en avant.

ATOMIUM RESTAURANT €€

Square de l'Atomium ✆ +32 2 479 58 50
atomiumrestaurant.be

Ouvert du lundi au samedi midi et soir, ouvert le dimanche midi. Menus : de 48 à 78 €. Carte : 75 €. Lunch : 38 €.

Pour l'aller-retour à 102 mètres d'altitude, pas besoin de prendre un ticket, c'est en ascenseur qu'on s'élève vers les sommets ! Alexandre Masson a pris la hauteur nécessaire pour que sa cuisine présente quelques envolées intéressantes : ravioles au pottekeis, soles de la mer du Nord, joue de bœuf braisée façon carbonnade... La carte, assez immuable, est agrémentée de belles suggestions saisonnières. Pas de panique, les prix permettent de garder la tête haute en sortant. Prévoir quelques minutes pour faire des photos et immortaliser le panorama époustouflant.

MON FOU D'MARI €€

avenue Josse Goffin 201
✆ +32 2 468 33 62
www.monfoudemari.be

Ouvert du mardi au samedi le midi et le soir ; le dimanche midi. Carte : 45 € environ. Terrasse.

Patrick Cassoth, sympathique et haut en couleur, est le *fou d'mari* à la barre de cette valeur sûre, épaulé de son fils Nicolas et d'une équipe immuable. Dans un décor devenu sa marque de fabrique avec sa table dressée immuablement fixée à l'envers au plafond, le resto est un classique. On aime la succulente côte à l'os et on kiffe les exceptionnelles croquettes de fromage. On pointe aussi l'escalope de veau du Pays de Herve ou l'anguille au vert. La magie de l'endroit provient autant de la gouaille du patron que de la qualité des plats et de la chaleur des lieux.

DUPONT CAFÉ €€

avenue du Cimetière de Bruxelles 151
✆ +32 2 726 29 01
www.dupontcafe.be

Ouvert du lundi au vendredi le midi et le soir. Carte : 45 € environ. Lunch : 12,90 €. Plat du jour. Terrasse.

C'est la joie chez Dupont avec une ambiance de bistrot de quartier et des plats de tradition culinaire belge. On y trouve un saumon à la kriek, un chicon au gratin et de nombreuses préparations de viande (steak, cuberoll de bœuf irlandais, jambonneau) ou abats (os à moelle, rognons). Pas tenté ? Pas grave, ils ont aussi un chouette tableau avec les suggestions du moment. En prime, les desserts sont faits maison. Vins et bières s'affichent sur une carte plutôt longue. Bref, on réserve d'office pour éviter de rester sous la pluie.

GOURMANDISES €€

avenue Emile Bossaert 62
✆ +32 2 414 53 84
www.restogourmandises.be

Ouvert tous les midis et le vendredi soir. Fermé le week-end. Menu : 41 €. Carte : 50 €.

Elle est andalouse, il est gaumais. Ensemble, ils tiennent depuis vingt ans la barre de ce resto coquet et discret, blotti à l'ombre de l'imposante basilique. À la carte, la cuisine est française et plutôt classique. Le menu laisse le choix entre deux plats et deux entrées. Formule généreuse, elle permet aussi de faire découvrir les nouvelles saveurs que le chef met en avant : panna cotta de cerfeuil et bœuf fumé ou rouget, risotto aux champignons et bouillon de thé au safran. Chaque année, une soirée paella rappelle les origines de la patronne.

FOOD MARKET GARE MARITIME €€

rue Picard 2
www.garemaritime-foodmarket.be

Ouvert tous les jours de midi jusqu'au soir.

Sous l'immense plafond de la gare maritime de Tour et Taxis, une pluie d'étoiles Michelin est tombée sur ce nouveau foodcourt de luxe. Pas moins de 4 étoilés, et d'autres grands noms de la scène culinaire bruxelloise, ont apporté leurs concepts : du burger au bouillon, de la frite à la cuisine végétale, des produits de la mer aux desserts. Le bar Victoria trône au milieu et dispense les bières du groupe AB Inbev. Il y en a pour tous les goûts... même si on paie clairement le cadre !

HAZEWEE €€

Cité Modèle 16
✆ +32 2 479 40 72
www.hazeweealaeken.be

Ouvert du lundi au jeudi le midi ; le vendredi soir. Menus de 12 € à 14 €.

Le nom évoque avec beaucoup de bonne humeur les meilleurs moments des Snuls : le Hazewee... à Laeken. Pour ceux qui n'auraient pas connu cette époque bénie, YouTube est votre ami. Installé au cœur de la Cité Modèle, Hazewee forme des jeunes en décrochage. Aménagé à ses débuts dans une cabine temporaire entièrement relookée pour l'occasion, il est installé « en dur » depuis plusieurs années. La carte s'est étoffée et propose entrées, plats, desserts à des prix minis. Les plats sont savoureux et copieux, agrémentés d'un menu de la semaine aux choix saisonniers.

PATAGAF €€

boulevard de Smet de Naeyer 168
✆ +32 2 420 90 03
www.patagaf.be
Ouvert du lundi au samedi à partir de 18h30. Menu unique à 32 €. Carte : 38 € environ.

Mi-bric, mi-broc, la déco n'appartient qu'à Stéphan, le patron ! Pour nous obliger à le visiter souvent pour faire tout l'inventaire ? Les plats de pâtes sont gorgés de passion et d'influences pas forcément italiennes. Le reste de la carte tient en deux mots : gourmandise et créativité. Quelques suggestions mensuelles alléchantes peuvent êtres sélectionnées dans la formule du menu (risotto à l'italienne, ravioles d'asperges et crevettes grises, aile de raie façon meunière…). La carte des vins (aussi au verre) évolue également en fonction de belles suggestions.

SAN DANIELE €€

avenue Charles-Quint 6
✆ +32 2 426 79 23
www.san-daniele.be
Ouvert du mardi au samedi le midi et le soir. Menus de 55 € à 120 €. Carte : 100 € environ.

Cet élégant restaurant italien fait venir les foules des quatre coins de la ville (et de plus loin encore !) pour la qualité de sa cuisine. Et aussi pour la sobriété des préparations qui jamais n'encombrent le produit ou ne dissimulent son goût. L'accueil de Stefano Spinelli reste un must d'élégance et d'efficacité et permet à chacun de s'y sentir accueilli comme un prince. Pendant ce temps, son frère Franco est en cuisine pour magnifier la cuisine transalpine ! La déco est en totale adéquation avec le luxe discret de l'assiette.

LES POTES EN TOQUE €€

Drève du Château 71
✆ +32 2 428 37 37
www.lespotesentoque.be
Ouvert le midi et le soir sauf mardi et mercredi. Menu unique à 39 €. Carte : 48 € environ. Terrasse.

Les Potes ont déposé leurs toques au bord d'un quartier résidentiel de Ganshoren ! Cette brasserie à l'ancienne propose une cuisine idéale dans ces murs de fermette d'autrefois. On y sert aussi bien le fondu au parmesan que la cervelle de veau meunière, la côte à l'os Simmenthal que les tagliatelles aux deux saumons. La carte des vins est essentiellement française et classique. Quelques suggestions saisonnières complètent le tableau (asperges, moules, gibier…) en compagnie d'un lunch simple mais de bonne facture où, à l'ancienne, le poisson fait son vendredi.

LE TOUR DU MONDE €€

Rue Léon Theodor 260
✆ +32 477 27 75 26
www.tourdumondejette.be
Ouvert le dimanche, le lundi et du mercredi au vendredi le midi et le soir ; le samedi soir. Menu moules pour 2 à 52 €.

Entre la gare de Jette et l'église Saint-Pierre, tout à côté d'un autre resto célébrissime dans le quartier (Les P'tits Os), le Tour du Monde porte plutôt bien son nom. On voyage du début à la fin du repas en profitant des traditions culinaires de différents pays. Mezze méditerranéen, pavé de saumon au citron vert ou plus classique chateaubriand au poivre et on termine par un sabayon ou une crème catalane… Carte tellement variée qu'il faudrait presque 80 jours pour en faire le tour ! L'ambiance bon enfant est quant à elle bien bruxelloise.

RESTAURANT BOCCA €€

rue de Wand 95
✆ +32 2 267 74 85
Ouvert tous les jours le midi et le soir. Carte : 45 € environ. Menu : 39 €. Jardin. Terrasse.

Musique classique, cuisine française ou transalpine et cadre contemporain sont les ingrédients du succès de Bocca, dans ce quartier commerçant de Laeken. Le jardin est incontournable quand la météo le permet, mais il faut absolument réserver. À table, les scampis à l'ail se poussent pour laisser de la place au carpaccio de Saint-Jacques puis l'escalope Valdostana en remontre à l'américain maison : c'est mezzo-mezzo. Des pâtes complètent l'assortiment des suggestions tandis qu'une ambiance musicale est proposée les vendredis et samedis soir.

WINE IN THE CITY €€€

place Reine Astrid 34
✆ +32 2 420 09 20
www.wineinthecity.be
Du jeu au sam soir et ven midi. Tapas, dim à l'heure du brunch. Magasin du mer au sam 11h-18h. Menu : 110 €.

Wine in the City est le resto au look branché qui compte sur la place Reine-Astrid (avec parking souterrain ouvert 24h/24). On y mange entouré de bouteilles, midi comme soir : c'est souvent archi complet et il est prudent de réserver. On profite d'une cuisine soignée où les accords mets-vins judicieux sont au centre des discussions. Notons aussi le concept d'Eddy Münster : Le Comptoir de Wine. Comptoir à tapas, il permet de picorer et de partager en terrasse, 2 idées qui font du bien aux papilles comme au moral, surtout que la place du Miroir est piétonnière !

L'ÂNE VERT €€

rue Royale Sainte-Marie 11
✆ +32 2 217 26 17
www.anevert.be
Ouvert du lundi au vendredi le midi et le soir ; le samedi soir. Carte : 40 € environ. Lunch 2 services, 26 €. Terrasse.

Brasserie typique, elle reflète les souvenirs de la fin du XIXe siècle ! N'y cherchez pas la fine gastronomie. Rien qui s'écrive avec des dorures ! En revanche, la cuisine est placée sous le signe de l'authentique et les convives sont surtout bruxellois. La carte balance entre terroir de France et d'ici : l'américain-frites et les moules ont autant droit de cité que les rognons à la dijonnaise. La déco évoque largement les personnalités marquantes de la commune. Quant à l'enseigne L'Âne Vert ? Cherchez la réponse du côté de l'animal emblématique de Schaerbeek...

ARTI SAUCE €€

Chaussée de Waterloo 421
✆ +32 483 65 65 16
www.artisauce.com
Du mardi au vendredi le midi et le soir ; le samedi soir. Menu unique, 74 €. Lunch, 28 €. Carte : 70 € environ.

Arti Sauce vient d'être repris par deux jeunes chefs : Karim, italien, et Adrien, bruxellois. Du coup, les traditions belgo-françaises et italiennes se marient dans le menu. Sur la ligne d'arrivée, de belles assiettes pour épicuriens, graphiquement réussies et agréables aux papilles. On pioche dans une carte réduite (6 entrées, 5 plats, 3 desserts ou du fromage) où on trouve de grands classiques (bar de ligne) et d'étonnantes originalités. Menu basé sur les plats de la carte. Les vins n'ont pas la grosse tête et la terrasse semble plus proche du soleil.

BAR DU GASPI €€

chaussée de Haecht 309
✆ +32 2 245 22 30
www.bardugaspi.com
Ouvert du lundi au vendredi du midi au soir. Samedi soir. Carte : 20 € environ.

Xavier Winkel a rouvert avec son fils l'établissement fermé pendant quatorze ans : un vrai bistro-resto culturel avec de la personnalité et une déco chaleureuse (briques apparentes et au plafond un luminaire en papier de soie du plus bel effet). La carte est dans le même ton et joue à fond les petits plats de qualité sous la houlette du chef Michel Fabry (tapas, gaspachos, salades, quiches, spaghetti...) Grande terrasse ensoleillée avec vue sur les belles demeures de l'avenue Bertrand. Concerts réguliers et expo de potes artistes.

BISTROPOLITAN €€

Avenue de Tervueren 105
✆ +32 2 736 29 00
https://restaurant-bistropolitan.be/fr
Ouvert du mardi au vendredi le midi et le soir. Menu : 35 € ; carte : 48 € environ. Terrasse.

À deux pas des arcades du Cinquantenaire, l'adresse est bien enracinée. Ambiance, déco, carte, elle possède toutes les caractéristiques de la brasserie à la parisienne. On y trouve les grands standards du genre : salade César, suprême de volaille rôti, américain-frites haché minute, l'indémodable vol-au-vent et bien d'autres y compris des suggestions variant en fonction des envies et des saisons. On s'installe avec bonheur dans la salle à la déco minimaliste noire et blanche, au bar ou sur la confortable terrasse, agréablement ensoleillée en saison.

LES BRASSINS €€

Rue Keyenveld 36
✆ +32 2 512 69 99
www.lesbrassins.com
Du mardi au samedi le midi et le soir. Cuisine non-stop le samedi.

Dans les ruelles piétonnes d'Ixelles, cette petite brasserie au décor d'antan sert de savoureux plats typiquement belges : *stoemp*, carbonnades flamandes à la bière, lapin à la kriek, un énorme jambonneau qu'il est impossible de finir seul, et des frites bien sûr ! Pour arroser son plat, on pioche dans une large palette de bières qui se marient avec les saveurs de son assiette… Un régal ! Chaque jour, quelques suggestions d'entrées, plats et desserts viennent compléter l'offre. Mieux vaut réserver, puisque même les Bruxellois ne peuvent s'en passer.

LA CANNE EN VILLE €€€

Avenue Louise 77
✆ +32 2 347 29 26
www.lacanneenville.be
Ouvert du mercredi au vendredi le midi et le soir ; le mardi et samedi soir. Menus de 110 € à 160 €. Lunch : 68 €.

Dirigée par Kevin Lejeune et Virginie Essers, la Canne a déménagé un peu plus en ville puisque la voilà installée dans les salles feutrées de l'hôtel Steigenberger. Elle a gardé quand même son esprit de restaurant de quartier, et chaque matin, le chef et son équipe se mettent en quête des meilleurs produits afin d'offrir sur leur courte carte une cuisine à la fois moderne et gourmande, toute en nuance. La bonne cuisine ce n'est rien d'autre que des bons produits bien transformés et une étoile plus tard, il semble bien que le chef ait trouvé la recette gagnante !

LE GARAGE À MANGER €€

Rue Washington 185

✆ +32 2 880 67 74

www.garage-a-manger.be

Lundi et mercredi de 10h30 à 18h ; jeudi-samedi de 10h30 à 20h ; dimanche de 10h30 à 18h. Carte : ± 25 €.

Le Garage à manger est une prolongation naturelle du plus célèbre foodtruck bruxellois, El Camion. En connexion directe avec la librairie Pêle-Mêle d'Ixelles, on passe de l'un à l'autre pour satisfaire sa soif de connaissances et de divertissements, mais aussi son appétit pour la nourriture de qualité... On s'y pose volontiers pour manger un bout le midi ou le soir, savourer un bout de gâteau avec un café l'après-midi pour souffler un peu, déguster des vins naturels ou des bières artisanales ou encore bruncher en famille le week-end.

SAVAGE €€

Rue de la Paix 22

✆ +32 2 513 41 65

Mar.-sam., 19h-22h30 (18h ven. et sam.) et mer.-ven., 12h-14h. Réservation recommandée. Lunch : 15 €. Menu depuis 36 €.

Le concept de Savage est simple : le végétal est au centre mais on s'adapte. Si on souhaite viande ou poisson, c'est possible mais en supplément. Un restau bien dans son époque, quoi ! En attendant les plantes sont traitées comme de véritables stars. Dans l'assiette, un légume principal (par exemple, un poireau au barbecue mais aussi décliné en jus) superbement mis en valeur par le chef Joël Rammelsberg, et d'autres qui tournent autour, comme un accompagnement ou condiment, avec éventuellement une céréale (comme le riz rouge). C'est fin, léger et surprenant.

IODA €€

Rue de la Victoire 23

✆ +32 2 315 62 08

www.ioda.be

Du mercredi au samedi de 19h à 22h et le jeudi et vendredi de 12h à 14h. Menu : 36 €.

Chez iOda, rôtisserie végétale, César Hoed traite ses légumes et fruits, toujours de saison, comme des pièces de viande et ce sont eux qui sont au centre de l'assiette (avec l'aide de produits de la mer ou d'œuf et d'une touche végétale comme des feuilles ou fleurs comestibles). Nous y avons dégusté un poireau rôti accompagné de coques, des brochettes de potiron rôti, coings et ail noir et de superbes figues rôties avec une glace à la verveine. Quant à la salle, avec ses briques exposées et son carrelage de ciment, elle est chaleureuse à souhait ! Coup de cœur.

TIGERMILK €

Rue du Bailli 46

✆ +32 2 537 37 73

www.tigermilkrestaurants.com

Comptez 18 € par personne. Ouvert tous les jours le midi et le soir. Brunch : 24 €.

En espagnol on dit « *leche de tigre* » pour parler du jus récolté pendant la cuisson au citron d'un ceviche de poisson cru. Et effectivement, on trouve à la carte de ce nouveau restaurant en vogue à Châtelain des ceviches merveilleux, mais aussi des salades débordantes de légumes et des plats de poulet ou végétariens. Les « side/sharing » sont déjà des plats, c'est copieux, et les prix sont abordables. Le tigermilk ceviche était divin (églefin, *leche de tigre* au lait de coco, mangue, grenade, coriandre fraîche, patate douce rôtie). Réservez c'est souvent plein.

LES PLANCHES €€

Rue Artan 120

Ouvert du jeudi au samedi de 18h à 23h30 et lors de certains évènements (voir page Facebook).

Quel dommage que ce café-resto ne soit pas ouvert plus souvent parce qu'il gagne à être connu. Le lieu investi est une ancienne boulangerie industrielle dont les belles briques exposées et le plafond en arceaux ont été conservés. Le concept est annoncé par le nom de l'établissement, ce sont des planches apéritives : charcuteries italiennes, fromages de chez Saint-Octave, diverses piadine... à partager en toute convivialité. Quant à la planche dessert, c'est de la régression à l'état pur, on ne vous en dit pas plus. La carte des bières n'est pas trop mal non plus.

LE VOLLE GAS €€

Place Fernand Cocq 21

✆ +32 2 502 89 17

www.restaurant-volle-gas-bruxelles.be/

Ouvert tous les jours de 12h à 14h30 et de 18h à 23h. Non-stop le w-e. Carte : 48 € environ. Lunch. Plat du jour.

Au Volle Gas, on aime l'absence de chichis. Ici on mange à la bonne franquette sans être sous les feux de la rampe. Ce n'est peut-être pas l'endroit pour être vu ni pour voir, mais c'est ça qui est chouette ! Cadre Art déco où se bouscule une clientèle aussi variée que sur un quai de métro à l'heure de pointe. Une superbe adresse sur une place qui l'est (re) devenue tout autant. En saison, les moules sont à l'honneur. Toute l'année, les spécialités belgo-bruxelloises – ballekes, stoemp, coucou de Malines, waterzooi... – jouent des coudes... à toute allure !

BRASSERIE DU PRINCE D'ORANGE €€

Avenue du Prince-d'Orange 1
✆ +32 2 375 23 05
Ouvert 7j/7 de 11h à 23h. Carte : 58 € environ. Plats enfants. Brunch dominical.

L'une des belles brasseries du sud de Bruxelles. Une déco dans des teintes gris-vert et anthracite du plus bel effet avec toutefois des touches orangées. On s'installe sur de larges banquettes qui laissent augurer un agréable moment. La carte est soignée et réfléchie, tant pour les appétits de loup que ceux de Petit Poucet. Gratin dauphinois, tartare de bœuf, rognons de veau… On n'oublie pas le banc d'écailler (aussi à emporter) qui fait référence dans le quartier.

BRASSERIES GEORGES €€

Avenue Winston Churchill 259
✆ +32 2 347 21 00
www.brasseriesgeorges.be
Ouvert du dimanche au jeudi de 12h à 23h ; le vendredi et le samedi jusqu´à 24h. Carte : 70 € environ. Lunch.

Aux Brasseries Georges, ils savent comment transformer une choucroute en un moment de pur bonheur. Et puis leurs plateaux de fruits de mer sont sans égal, et les plats traditionnels aussi d'une manière générale, qui sans être créatifs sont irréprochables. Et puis ils font des frites à l'ancienne ! *What else* ? Une véritable institution qui continue d'attirer une nouvelle clientèle gourmande et bien née, autant qu'elle fidélise le bon pedigree ucclois. La rénovation opérée en 2019 conforte la place occupée par cette belle adresse traditionnelle !

CHARLU €€

chaussée Saint-Job 676
✆ +32 2 374 26 10
www.resto-charlu.be
Ouvert du mardi au samedi le midi et le soir. Carte : 50 € environ. Lunch : 18 €. Plat du jour : 15,5 €.

Agréable troquet aux airs de bouchon lyonnais avec le côté familial de l'accueil et la solide cuisine qui conserve aux produits leur authenticité sans s'obliger à les dissimuler sous des intitulés confus. Filet de merlu de Saint-Jean-de-Luz, filet de bar à la plancha, joues de veau braisées, ou encore la volaille fermière, ça vous parle ? Sans oublier l'éclatant et authentique cassoulet de Castelnaudary (avec les haricots tarbais). On entre parfois par hasard mais on n'en sort jamais déçu. À noter : le lunch à prix raisonnable digne des belles tables.

CICCIO-BELLO €€

Place Leopold Wiener 4
✆ +32 2 672 32 30
www.ciccio-bello.be
Ouvert tous les jours le midi et le soir. Carte : 48 € environ. Plat du jour : 9 €. Lunch de 14 €. Terrasse.

Confortablement ancrée dans une maison des années 1920, cette belle brasserie est dénuée du moindre tralala mais offre de vrais plaisirs de table à l'italienne. On fréquente le Ciccio Bello pour les craquantes pizzas au feu de bois concoctées par un pizzaïolo doué, pour l'un des nombreux plats italiens, et surtout parce qu'on sait qu'ici on ne sera pas déçu. Qu'on s'y rende à deux, en groupe ou en famille, l'addition reste raisonnable, avec le sourire et la gouaille bien italienne des serveurs. Ambiance au beau fixe sur les deux étages de la brasserie !

COOK & BOOK €

Place du Temps-Libre 1
✆ +32 2 761 26 00
cookandbook.com
Ouvert 7j/7 (20h ou 22h selon le bloc). Brunch dominical (voir site web). Plat du jour. Menu enfant. Carte : ± 40 €.

Une librairie qui permet de dévorer autre chose que du papier ! Cook & Book est un ambitieux concept dont l'atout principal est de nourrir le corps et l'esprit quasi simultanément. Plusieurs salles, avec une carte déclinant une cuisine simple (salades, beau steak tartare et son cornet de frites, toasts bien garnis ou encore quelques plats chauds bien amenés). Avant ou après le café, on ne saurait trop vous recommander une petite visite au rayon littérature. Wolubilis avec ses salles événementielles est juste à côté, pour un surplus de culture !

FRITURE CHARLES €

place Dumon 1
Ouvert du mardi au samedi de 12h à 15h et de 17h à 22h ; le dimanche de 17h à 22h.

Le service est assuré par la petite-fille de M. Charles, fondateur de la friterie… qu'on appelle encore *friture* selon un belgicisme ancien. L'affaire familiale existe depuis 1956 et connaît toujours le succès après plus de soixante années d'existence : on s'arme de patience pour être servi aux heures de pointe ! Ici, on déguste la *bintje* belge cuite dans les règles de l'art et dans la graisse de bœuf, à la façon artisanale. Le midi seulement, la nostalgie s'invite avec le bon vieux cornet conique en papier. À manger avec les doigts, c'est encore meilleur !

GUIGNOL UCCLE €€

chaussée de Saint-Job 334
✆ +32 2 374 17 38
guignoluccle.be
Du mercredi au lundi, midi et soir, sauf samedi (soir uniquement). Carte : 38 € environ. plat enfant : 12 €. Terrasse.

Un agréable classique ucclois ce Guignol, il convient tant à un public familial qu'aux virées entre amis ou aux lunchs business. Une cuisine généraliste qui vous sort des spécialités belges, des classiques de bistrot français, mais aussi des pâtes, des beaux pavés saignants et des salades créatives. Plus inattendue, une belle sélection de plats de cuisine thaï dignes du pays du sourire. S'il est à la carte lors de votre passage, ne méprisez pas le pain de viande aux chicons et à la bière, il mérite qu'on lui fasse un sort. Belle terrasse.

HAROLD €€

Avenue Dolez 123
✆ +32 2 374 19 74
www.restaurant-harold.be
Ouvert du mardi au samedi le midi et le soir ; le dimanche midi. Menu unique à 39 €. Carte : 58 € environ. Terrasse.

Sur le plateau du Kauwberg, à proximité du cimetière d'Uccle. L'intérieur, tout de bois, s'offre un beau ton gris perle. La carte, relativement courte, est de type brasserie avec quelques classiques joliment mis en assiette comme l'os à moelle, le filet mignon limousin, le magret confit ou le cassoulet toulousain. Et pour le reste, varie selon les saisons. Menu mensuel 3 services (flûte de champagne incluse) parking privé, un nappage blanc et une carte des vins qui en étonnera plus d'un. Une très belle adresse en bordure de ville.

L'HÉRITIER €€

avenue Prince Héritier 56
✆ +32 2 735 52 44
Ouvert du lundi au vendredi de 11h à 22h30. Carte : 40 € environ. Lunch : 25 €. Terrasse.

La brasserie sert dans une ambiance belgo-belge un américain frites très demandé mais n'empêche pas les côtes à l'os de se faire remarquer, ni les spaghettis, scampis, boulettes sauce tomate, carbonnades flamandes, tripes, rognons, moules en saison, croquettes aux crevettes... Parfois disponible en suggestion, la côte de porc sauce Blackwell est une tuerie ! Et l'été, on ajoute quelques salades ou carpaccio. Notez quelques belles bières sélectionnées par Poje, qui inspira le héros de BD du même nom « Du Côté de Chez Poje ». On ne peut plus *zwanzeur* !

IVRESSE €€€

Rue du Postillon 6
✆ +32 2 520 57 39
ivresse-restaurant.be
Ouvert du mardi au vendredi de 19h à 23h. Menus : 55 €-70 €

Ivresse, c'est un caviste, un traiteur, mais aussi un des plus excitants restaurants du sud de la capitale. On entre via le côté caviste et son mur de bouteilles avant d'accéder à la salle qui est plutôt dans l'esprit industriel/récup. En cuisine, le chef Benjamin Rauwels propose un menu resserré mais dont les produits ont été triés sur le volet (locaux, de saison, bio). Impossible de savoir à l'avance ce que vous allez manger mais le végétal y a une grande place, sans oublier poisson et viande. Et ne parlons pas des vins en accompagnement, caviste oblige !

KOYZINA AUTHENTICA €

Avenue Brugmann 519
✆ +32 2 346 14 38
koyzina-authentica.be/
Du mercredi au samedi le soir ; dimanche le midi. Carte : 45 € environ. Plats enfants.

Dans sa belle maison de maître de l'avenue Brugmann, Sofia reçoit dans son salon et fait le maximum pour que les convives soient bien. Elle a opté pour les recettes séculaires de la « cuisine de maman ». La carte gastronomique a été créée par un chef grec talentueux et reconnu : Nikolas Moros. Koyzina propose une gamme de produits d'origine grecque : épices, condiments, huile d'olive… La cuisine grecque est « ménagère » et rassurante avec une touche gastronomique. Aussi ouverte à la modernité, Sofia propose une série de suggestions végétariennes et sans gluten.

DE MAURICE À OLIVIER €€

Chaussée de Roodebeek 246 ✆ +32 2 771 33 98
www.demauriceaolivier.be
Du mardi au samedi le midi et le soir ; le lundi midi. Menus de 39 à 70 €. Carte : 55 € environ. Lunch : 22 €.

Le cadre de brasserie aux carrelages blancs et banquettes foncées rehaussées de miroirs donne le ton. Pour l'histoire, on s'attardera sur le grand-père d'Olivier qui avait un dépôt de bières puis fut tireur de vins avant d'être membre de la guilde des sommeliers... La carte évolue avec des propositions de gastronomie française à l'accent des terroirs dont certaines proposées oralement. Le menu Promenade du Sel au Sucre est déjà une invitation à un moment de qualité ! Le service est pro, l'assiette est soignée et la carte des vins affiche trois cents étiquettes.

LE PASSAGE €€

Avenue Jean & Pierre Carsoel 17
✆ +32 2 374 66 94
www.lepassage.be
Du mardi au vendredi, midi et soir et samedi soir. Menus : 65 € à 80 €. Carte : ± 70 €. Accessible PMR. Climatisation.

Rocky Renaud, épaulé par son fils Kévin, dirige ce qui est objectivement l'une des meilleures tables uccloises. Le fiston gère la salle, ce qui, en venant de La Villa Lorraine, ne devrait créer aucune fausse note. Côté cuisine, Rocky le paternel et amateur d'épices ne lâche rien en matière de qualité des produits et de justesse de ses cuissons qui subliment tant les saveurs. Mention pour le carpaccio de Saint-Jacques, lentilles vertes du Puy et mandarine ; les escalopines de ris de veau aux morilles et l'indétrônable café glacé en dessert.

LE TRAC €€

rue Albert Meunier 110
✆ +32 470 50 04 75
www.letrac.be
Ouvert du mardi au samedi soir. Carte : 36 € environ. Agenda : voir site Web.

À la fois bar, café-théâtre et même plus, le Trac de Stéphanie et Marc accueille un concept unique autour de toutes ces activités en un seul lieu avec en plus de la restauration et des locaux polyvalents. Terroir, Restauration, Art, Culture et Citoyenneté part à la recherche de nouveaux artistes, de nouveaux produits et de nouvelles activités 100 % belges et de qualité ! Une petite bibliothèque et un espace cigare/lounge font aussi partie des lieux. Éclectique et complet, l'américain et les boulets sauce lapin côtoient le spaghetti bolo et divers burgers.

RELAIS SAINT-JOB €€

place Saint Job 1
✆ +32 2 375 57 24
www.relaisstjob.be
Ouvert tous les jours de 12h à 24h. Carte : 54 € environ. Menu enfant : 14,50 €. Lunch. Terrasse.

Cuisine de brasserie et ambiance belgo-bruxelloise cadencée par le va-et-vient de serveurs enjoués. Choucroutes, gibier, *stoemps*, produits du banc d'écailler et quelques classiques de la cuisine bourgeoise, virevoltent dans cet ancien relais de poste connu de tous ! Une belle terrasse extérieure, construite sur le toit de l'une des salles, se prête au repas d'été les plus conviviaux. Jouxtant le resto, l'espace traiteur envoie 7j/7 une cuisine de tous les jours améliorée. Quelques produits fins et une belle sélection de vins (bio, biodynamie...).

VENTRE SAINT-GRIS €€

Rue Basse 10
✆ +32 2 375 27 55
www.ventresaintgris.com
Ouvert du mardi au samedi, midi et soir. Menus à 53 €.

L'enseigne uccloise bien connue vient d'être reprise par les jeunes Rémi Colombe et Martin Tfelt. À l'habillage visuel, une grande fresque murale incluant 200 mots chers aux maîtres de maison et signée de l'artiste bruxellois Denis Meyers. Aux fourneaux, des influences franco-asiatiques, avec des produits issus de fournisseurs et producteurs de qualité. « Nous sommes la troisième génération de propriétaires et on veut continuer à faire évoluer le restaurant », dit Rémi Colombe, qui ne cache pas l'ambition de décrocher un jour une étoile chez Michelin.

LA SŒUR DU PATRON €€

Chaussée de Wavre 1700 ✆ +32 2 675 00 92
www.lasoeurdupatron.be
Ouvert du mardi au vendredi midi et soir ; le samedi soir. Carte : 44 € environ. Lunch. Menu enfant : 10 €. Parking.

La Sœur du Patron ne fait que s'embellir avec le temps ! S'y rendre, c'est découvrir des coins et des recoins, un patio gigantesque avec une verrière amovible... Le cadre est merveilleux, de brut et de briques ! La carte est aussi éclectique que la clientèle : pâtes, salades, carpaccios, burgers, salades (une dizaine) ou tartares (à tester, l'oriental avec pommes de terre sautées à la harissa). Sans oublier les plats plus exotiques comme le *chicken massala*, des tajines, de la *moqueca de Bahia*... Et également un bar lounge (Le Bar du Patron), pour prolonger le plaisir.

LE VILLANCE €€

boulevard du Souverain 274
✆ +32 2 660 11 11
www.levillance.be
Ouvert tous les jours le midi et le soir. Menu unique à 42 €. Carte : 50 € environ. Lunch : à partir de 24 €. Terrasse.

La belle brasserie de Jean-Luc Collin est née dans les années 1900 et s'appelait alors Café de l'Espérance. Elle fait honneur aux viticulteurs avec une centaine de références à la carte, dont pas mal de vins nature ou en biodynamie. À l'intérieur, un coin restaurant, un coin brasserie et la cuisine ouverte d'où on garde un œil sur les plats de brasserie ou de terroir, les bonnes pièces de viande ou les abats du genre cervelle et os à moelle. Écailler non-stop et fruits de mer à emporter, suggestions et excellent lunch. Service plaisant et professionnel.

FAIRE UNE PAUSE

Les prétextes pour s'arrêter et faire une halte sont nombreux. Allez-vous réclamer une gaufre, des chocolats triés sur le volet par vos soins dans une vitrine alléchante, des spéculoos et autres mignardises, pour votre pause-café ? Entrer dans une pâtisserie pour goûter des gâteaux locaux ? Bien sûr, il faudra goûter plusieurs bonnes mousses artisanales dans l'un des multiples bars proposant quelquefois près de 700 bières nationales ! Chaque bar a son concept, ses types de bières, à vous de les découvrir ! Les quartiers de Saint-Géry et de Sainte-Catherine sont parmi les plus animés. Les bars de la place Flagey sont aussi très populaires, ceux du Châtelain un peu plus bourgeois et ceux du Parvis de Saint-Gilles, plus bohèmes. Spécificité belge, les bars ne ferment pas forcément à 2h.

À LA BECASSE

Rue de Tabora 11
✆ +32 2 511 00 06
www.alabecasse.com
Ouvert tous les jours dès 11h.

Attention, adresse majeure ! Ce troquet, un des plus vieux de la capitale, incarne l'esprit populaire et rustique bruxellois. Il a été repris durant l'été 2018 mais rien n'a changé. Ses spécialités sont le lambic, la gueuze et la kriek sans oublier les délicieuses tartines et salades généreuses. L'histoire de l'estaminet remonte à 1877, quand la famille Steppé investit l'ancien relais de poste. Ce n'est qu'après le rétrécissement de la place que la rue Tabora fut créée ainsi que l'impasse du café, reconnaissable à l'oiseau incrusté dans le trottoir à l'entrée.

À LA MORT SUBITE

Rue Montagne-aux-Herbes-Potagères 7
✆ +32 2 513 13 18
www.alamortsubite.com
Ouvert du lundi au samedi de 11h à 00h.

L'un des plus anciens cafés de la capitale belge vous tend les bras. Jacques Brel y avait ses habitudes comme tant d'autres artistes, écrivains, acteurs ou simples amateurs de cafés d'atmosphère. L'adresse existe depuis 1928, est gérée par la 4e génération de la famille Vossen et est classée aux monuments historiques. On y propose désormais quatre bières Mort Subite (gueuze sur lie, kriek, faro, lambic blanche), douze bières au fût (dont la Chimay blonde et la Westmalle brune), bières d'abbaye, trappistes sans oublier la « bière du mois ». Incontournable !

BAR DU MATIN

Chaussée d'Alsemberg 172
✆ +32 2 537 71 59
www.bardumatin.be
Ouvert du lundi au vendredi à partir de 8h, samedi à partir de 9h. Terrasse.

Immanquable, en plein milieu de ce grand carrefour et face à la station de métro Albert ! Malgré ça, on pourrait presque jouer une partie de tennis sur la terrasse, vu sa taille ! Les chaises rouges et l'enseigne en grandes lettres colorées donnent envie d'approcher : bonne idée, on se sent bien aussi à l'intérieur. C'est que tout est prévu pour passer un moment agréable, surtout le matin puisque le soleil levant inonde la terrasse et la salle de ses rayons... quand il se montre. Carte diverse de boissons, du café au cocktail et restauration toute la journée.

BRASSERIE VERSCHUEREN

Parvis de Saint-Gilles 11-13
✆ +32 2 539 40 68
verschu.be
Ouvert tous les jours de 8h à 1h.

Durant la Seconde Guerre mondiale, le bâtiment est utilisé comme local clandestin par la Résistance. Il a gardé ce côté rebelle incarné aujourd'hui par une population artiste, bohème, jeune et parfois sans le sou. L'établissement fut fondé par Louis Verschueren en 1880 ! Son décor vieux café, avec son comptoir datant de l'après-guerre et ses petites tables de cantine, en fait un haut lieu de vie saint-gilloise, souvent plein à craquer. On y vient déguster une bière, lire en buvant un café, on s'y retrouve entre amis et on refait le monde.

CAFÉ CAPITALE

Rue du Midi 45
✆ +32 476 72 19 29
www.cafecapitale.com
Ouvert tous les jours de 8h30 à 18h30, 19h le samedi.

D'abord une espèce de Starbucks à la bruxelloise, Café Capitale a évolué avec François, son propriétaire. Son amour du café l'a conduit à lancer une activité de torréfacteur. Cafés d'origine, différents moyens de les préparer (expresso, chemex, etc.)... Pour les amateurs de café au lait, il y a une grande liste d'alternatives au lait de vache ? Pour grignoter, l'établissement propose une belle variété de viennoiseries, cookies, cakes, tartes sucrée, s etc. et commc café et musique vont bien ensemble, allez jeter un œil aux vinyles en vente.

LE CIRIO

Rue de la Bourse 18
✆ +32 2 512 13 95
lecirio.be
Ouvert tous les jours de 10h à minuit. Restauration. Terrasse.

Très bel endroit tout à fait emblématique du centre-ville, connu pour son caractère bien trempé de café à l'ancienne. Le Cirio est une véritable institution surtout depuis qu'il a été entièrement ripoliné. Café à l'ancienne créé ici-même en 1886, l'établissement historique n'a rien perdu de sa superbe architecturale. Ni de son atmosphère désuète ou de son ambiance « bruxello-bruxelleer ». D'ailleurs, celle-ci est chère aux plus vieux habitants de la ville comme aux plus jeunes. On y va pour siroter d'originaux *half en half*. Souvent bondé aux périodes d'affluence.

DELIRIUM VILLAGE

Impasse de la Fidèlité 4a
✆ +32 2 514 44 34
www.deliriumvillage.com
Ouvert du lundi au jeudi de 12h à 3h ; du vendredi au samedi de 12h à 4h ; dimanche de 12h à 2h.

Son catalogue se compose au dernier recensement de 3 162 bières du monde. Premier bar du célèbre Delirium village, ce dernier possède 7 autres lieux de dégustation : le Taphouse - 27 bières du monde au fût ; le Monasterium - centaines de bières d'abbaye, les 8 bières trappistes et plus de 40 vodkas ; le Hoppy Loft – bières plus houblonnées de micro-brasseries ; le Little Delirium – 30 bières au fût, 200 spiritueux ; le Floris Bar – 400 absinthes, 300 whiskies, pastis, cocktails ; le Floris Garden – 800 rhums ; le Floris Tequila – 500 tequilas. Un must, qu'on dit !

L'HEURE BLEUE

avenue des Arts 12
✆ +32 2 223 40 75
www.lheurebleue.net
Ouvert du lundi au vendredi de 12h à 18h ; le samedi de 12h à 16h.

L'heure bleue est le moment de la journée où Madame Bijou trouve l'inspiration pour faire ses créations et Monsieur Thé prépare sa boisson chaude préféré. Les deux passions se rejoignent dans ce concept hors du commun qui fonctionne à merveille ! Ateliers créatifs d'*upcycling* de bijoux ou ateliers d'initiation au thé se complètent aussi gaiement, parmi tant d'autres propositions alléchantes. Vente en ligne sur lcur site web avec un magnifique choix de thés aux différentes origines (Chine, Taïwan, Vietnam...) et qualités (vert, matcha, oolong, Pu Er...).

JARDIN GRAND HOSPICE

Rue du Grand Hospice 7
https://jardin.brussels/
Ouvert tous les jours à partir de 12h. Concerts et activités : voir page Facebook.

Dans un ancien hospice du XIXe siècle, devenu une maison de retraite, se cachent des jardins classés, à présent ouverts à tous depuis que les pensionnaires ont déménagé. En occupation temporaire pour plusieurs années, Jardin a transformé cet endroit en une véritable oasis urbaine. L'été, on boit un verre dans la roseraie de l'hospice. Aux mauvais jours, l'ancien café de la maison de retraite, complètement relooké, vous accueille pour vous garder bien au chaud. Pépinière de petites entreprises, on y trouve aussi une pâtisserie, un coiffeur et diverses associations.

LIFE IS BEAUTIFUL (LIB)

Rue Antoine Dansaert 161
https://www.libcocktailbar.com/
Ouvert le jeudi de 18h à 0h ; le vendredi et le samedi de 18h à 1h. Ouvert le mercredi ou dimanche si évènement.

LIB (pour Life is Beautiful) est LE bar à cocktails pout les amateurs de mixologie. Ici, les concoctions sont pointues, très originales et se dégustent tels des plats cuisinés. L'ambiance, comme la déco, reste détendue, loin des classiques du genre. Et tout ça grâce au duo de choc à la tête de LIB, Harouna au bar et Karoline. Un couple de passionnés qui vous accueille toujours avec le sourire, et s'ils ne sont pas là, leur staff est tout aussi chaleureux. Leur boutique de spiritueux et d'ustensiles à cocktail est au n° 124. Ateliers cocktails et dégustations.

MAISON DANDOY

Galerie du Roi 1
✆ +32 2 669 52 12
www.maisondandoy.com
Ouvert tous les jours de 10h à 19h (20h le week-end).

On craque tous pour leurs petits biscuits : les spéculoos bien sûr, mais aussi les pains d'amandes, les macarons, les biscottes, les pains à la grecque, les sablés au citron ou au thé, les massepains... Tout est 100 % naturel. Fondée en 1829, la biscuiterie Dandoy est une institution. Il paraîtrait même que Baudelaire était déjà un client assidu lors de son séjour en 1864 ! Installée dans les Galeries Saint-Hubert depuis 2018, un sublime salon de thé compte quelques tables pour déguster une gaufre à la chantilly accompagnée d'un assortiment de petits gâteaux.

CHEZ RICHARD

Rue des Minimes 2
✆ +324 79 61 12 56
www.chezrichard.be
Ouvert tous les jours, de 8h à 23h.

Chez Richard est de ces bistrots qui font presque le tour du cadran avec nous. Du café réveil-matin que sirotent les antiquaires à l'ambiance de folie qui va jusque tard le soir, ce vieil estaminet campe depuis de bien longues années à cet angle de rue qui donne sur la place du Sablon. La nouvelle terrasse offre une vue imprenable sur le ballet des touristes et des passants. Les affiches de vieux films, les petites tables carrées, sont le décor idéal pour un stoemp entre deux courses ou une assiette d'huîtres d'octobre à avril.

PERCHÉ

Chaussée de Charleroi 132
www.xn--rooftop-perch-nhb.be
Ouvert de 17h à 1h tous les jours et à partir de 16h le week-end.

Un étonnant bar en rooftop tout proche des quartiers de Louise et Châtelain, pour profiter de la vue ! Il faut prendre l'ascenseur de l'hôtel Jam pour découvrir au 6e étage ce havre de lumière, ouvert en journée, idéal pour prendre le soleil sur la terrasse, et la nuit, pour siroter un cocktail à l'heure de l'apéro. Les prix sont raisonnables, les verres bien dosés. Une cheminée crépite en hiver en guide de télé, le fond musical est bon, l'espace est assez réduit mais convivial. Une bonne adresse où se mélange locaux et clients de l'hôtel, plutôt jeunes.

SENNE (BRASSERIE DE LA)

Drève Anna Boch 19-21
✆ +32 2 465 07 51
www.brasseriedelasenne.be
Bar : du mardi au vendredi 16h-20h, le samedi 12h-20h. Shop : du lundi au vendredi 12h-18h, le samedi 11h-19h.

Installée définitivement au bout du complexe de Tour et Taxis, la toute première micro-brasserie bruxelloise y a aussi ouvert son bar où l'on peut directement déguster le fruit de leur production (bio) dans un bel espace industriel, ou depuis la jolie terrasse qui offre un panorama inhabituel de Bruxelles. Vous ne savez pas par où commencer ? Commandez une Zinnebir, leur première bière, et remerciez les dieux du houblon qui ont permis, grâce à ces pionniers, le retour des brasseries à Bruxelles. De temps en temps, des foodtrucks viennent y stationner.

POECHENELLEKELDER

Rue du Chêne 5
✆ +32 2 511 92 62
www.poechenellekelder.be
Ouvert du mardi au jeudi et le dimanche de 11h à 1h ; le vendredi et le samedi de 11h à 2h.

Immanquable ! QG de l'amateur de bières, voilà un paradis visuel et gustatif pour une clientèle de régionaux de l'étape au coude à coude avec les nombreux touristes et les étudiants de l'IHECS tout esbaudis de se retrouver dans un tel endroit. Dans une ambiance intime – bougie, vieilles photos et gravures au mur – ce ne sont pas moins de 180 breuvages différents que l'on peut déguster. Ce haut lieu de la culture et du houblon accueille l'ordre de Manneken Pis, dont on peut retrouver la liste des différents costumes dans le fond du bar.

THÉÂTRE DE TOONE

impasse Schuddeveld 6
✆ +3225135486
www.toone.be
Du mardi au dimanche de 12h à 00h. Spectacles les jeudis, vendredis et samedis à 20h30. Les samedis, également à 16h.

Pour s'imprégner de cette culture bruxelloise qui nous tient tant à cœur, ce serait celui-là. Difficile, en effet, de rester insensible à la gouaille des marionnettistes qui revisitent assez librement les grands classiques de la scène française, anglaise et néerlandaise. L'accent bruxellois se déclame ici avec fierté et l'on se réjouit de pouvoir passer une soirée haute en couleur dans un endroit qui, plusieurs fois, a failli disparaître. Véritable institution, Toone se lègue de génération en génération si bien qu'aujourd'hui, c'est Toone VIII qui œuvre.

(SE) FAIRE PLAISIR

Le quartier de la mode à Bruxelles est celui de Dansaert, enfin, pour ceux qui en ont les moyens, car les prix des créateurs ne sont pas à la portée de la première bourse. Les plus modestes se rattraperont sur les nombreuses friperies, toujours dans le même quartier. La rue Neuve est LA rue dédiée au shopping à Bruxelles. C'est là aussi que se trouvent City 2 et l'INNO, les 2 grands centres commerciaux. Pour le shopping de luxe, on ira plutôt vers l'avenue Louise et surtout, l'avenue de la Toison d'Or (Gucci, Dior, etc.). Enfin, les chocolatiers sont légion dans les rues piétonnes. Notons à Ixelles, le quartier du Châtelain-Bailli et ses boutiques en tout genre (mode, déco, concept stores...) et la chaussée d'Ixelles, un des autres temples du shopping. On y trouve toutes les grandes marques.

Le Brussels Vintage Market, plus grand marché vintage de Belgique, a lieu tous les 1ers dimanches du mois chez Reset, rue de Ligne 8 dans le centre.

BEL'ARTE

Rue de Flandre 53
✆ +32 492 76 22 74
www.bel-arte.be/fr
Ouvert du mercredi au samedi, de 11h à 18h30.

Chez Bel'Arte, pas besoin de fouiller longtemps pour trouver un cadeau typique : tout y est 100 % *made in Belgium* ! Bijoux, objets de décoration, montres, maroquinerie, accessoires, papeterie... Le tout, tiré en petite série par des designers du Plat Pays. La boutique est petite mais remplie à ras bord de beaux objets. En plus, il y en aussi pour toutes les bourses : du luminaire à plusieurs centaines d'euros à la barre de savon artisanal ou à la carte postale à 1,50 euro. De quoi emporter avec soi, ou offrir, un morceau de belgitude.

AKSUM COFFEE HOUSE

Galerie du Roi 3
✆ +32 474 47 90 76
Ouvert du samedi au lundi de 10h à 18h ; du mardi au vendredi de 8h30 à 18h.

Aksum torréfie artisanalement ses grains de cafés, en provenance directe et unique d'Éthiopie. De cette grande nation du café naît ainsi des mélanges aux effluves divines. On les appréciera suivant le moment de la journée ou l'humeur ! On aime beaucoup la déco colorée, on ne quitte pas des yeux la véritable fresque de peintures éthiopiennes au plafond. La maison, un peu underground sur les bords, vend du café en grains, des bijoux et des objets éthiopiens. Des bières aussi, des boissons au baobab, des tisanes du Sénégal et des vins sud-africains !

LA BOUTIQUE TINTIN

rue de la Colline 13
✆ +32 2 514 51 52
https://boutique.tintin.com/
Ouvert le lundi de 12h à 18h ; du mardi au dimanche de 10h à 18h.

La boutique Tintin chouchoute les fans de notre petit reporter national ! Depuis 1989 déjà, elle propose tout un bouquet d'objets insolites et de souvenirs qui ravissent petits et grands. En plus du haut de gamme artisanal, la boutique Tintin vend tous les albums et expose quelques beaux T-shirts collection « Portraits ». On y trouve également toute une série de gadgets, de posters ou lithographies. Qu'on ne quitte pas le magasin sans son mug du Capitaine Haddock ou sa peluche de Milou ! Pour les Dupond & Dupont, il y a aussi les DVD ou les porte-clés.

L'ART DU CHOCOLAT

rue de la Colinne 10
✆ +32 2 513 56 88
www.lartduchocolat.be
Ouvert tous les jours de 10h à 23h.

Animés par cette même passion familiale pour le véritable chocolat belge, Christian, Isabelle et leur équipe proposent depuis plus de 15 ans de partager cet amour, qu'il soit sous forme de tablettes, truffes ou de pralines. Nougatine, spéculoos, ganache noir 75 %, praliné noisette, amandes, tiramisu... Une douceur pour vos palais. L'Art du Chocolat, chocolatier à Bruxelles, à côté de la Grand Place, vous propose ces nombreux choix auxquels on ajoutera des « creux » pour les occasions festives (Pâques, Saint-Nicolas...), des coffrets et une petite sélection vegan.

BRUSSELS BEER PROJECT

rue Antoine Dansaert 188

www.beerproject.be

Boutique ouverte du mardi au samedi de 14h à 20h ; le dimanche de 13h à 18h. Beer garden : Quai de Biestebroeck 23

Née en 2013 d'un crowdfunding, « BBP » a bien grandi. Les enfants terribles de la scène brassicole ont installé leur boutique et leur bar rue Dansaert. N'espérez pas y trouver des bières classiques (quoique leur Delta l'est un peu devenue), la brasserie préfère casser les codes avec des ingrédients et des saveurs parfois saugrenus. Des fois, ça marche, des fois, ça marche pas. Le mieux est d'aller tester au bar à côté de la boutique avant d'acheter votre préférée. Avec des établissements à Paris et Tokyo, c'est LA *success story* bruxelloise de la micro-brasserie !

BUDDY BUDDY

Rue des Drapiers 10

www.buddybuddy.bio

Ouvert tous les jours, y compris les jours fériés (sauf Noël), de 10h à 18h.

Qui a dit que le véganisme n'était pas gourmand ? Chez Buddy Buddy, on fait des gourmandises à base de fruits sec : beurre de cacahuète, de noisettes, d'amandes, à la cannelle… tout est grillé et torréfié sur place, et bio. On peut soit les acheter pour les déguster chez soi, soit prendre le temps de s'asseoir et de boire un cappuccino à la mousse de lait d'avoine avec un toast salé ou une pâtisserie. Le look du café est surprenant : il est comme coupé en deux par un coin peint couleur noisette et l'autre, blanc crème. Audacieux, comme leurs beurres de noix !

C'EST BON C'EST BELGE

Rue de Rollebeek 3-5

✆ +32 2 512 19 99

www.cestboncestbelge.be

Lundi, 9h-22h ; jeudi, 12h-22h30 ; vendredi et le samedi à partir de 10h30 ; dimanche, 10h30-21h. Dégustation sur place.

A la lisère du Sablon et des Marolles, on trouve C'est Bon, C'est Belge, un établissement qui est est à la fois épicerie, traiteur et resto avec l'avantage qu'on y mange carrément aussi copieusement que dans un resto classique. Au premier plan, les produits belges évidemment, du nord et du sud du pays ! La cuisine y est agréablement savoureuse, un brin inventive. Dans les verres aussi, « C'est du Belge » comme disait le roi Albert II ! Vins et/ou bières sont belges, artisanaux et sans gluten. Le midi, un lunch à prix sympa vient compléter l'offre.

CATHERINE

Rue du Midi 23

✆ +32 2 512 75 64

www.fromagerie-catherine.be

Du mardi au samedi 9h-19h. En décembre, ouvert tous les dimanches de 11h30 à 18h.

Une expérience à vivre, assurément ! Car un tel commerce à l'ancienne et aux mille et une saveurs, on en redemande ! *Echte* (« *vraie* ») Bruxelloise, Catherine aime prendre le temps et le sourire avec les nombreux clients. Pâtes dures ou fleuries, chèvres, brebis, chèvre-brebis, fromage blanc et fromages bio complètent une offre bien alléchante. Catherine travaille en direct avec des petits producteurs, distribue ses conseils spontanément, coupe les tranches devant vous. Autres produits à mentionner : épicerie fine, produits de saison, vins, charcuterie…

CORNÉ PORT-ROYAL

galerie de la Reine 5

✆ +32 2 213 62 22

www.corne-port-royal.be

Ouvert tous les jours de 9h à 23h30. À partir de 7 € pour un ballottin de 100 grammes.

Depuis 1932, la marque offre une collection de pralines renommée, fidèle aux recettes initiales. Aussi emblématique, la boutique centrale, parmi d'autres adresses à Bruxelles, est superbement installée. Elle se pare d'atouts visuels mettant en exergue les produits imaginés par ce chocolatier. Les chocolats sont préparés dans les règles de l'art et des meilleurs produits ajoutés (beurre de laiterie, noisettes du Piémont, amandes de Faro). Le beurre de cacao est pur ; l'ensemble de la production, fabriquée par une cinquantaine de chocolatiers, est garantie sans OGM.

LA CRÉMERIE DE LINKEBEEK

Rue du Vieux-Marché-aux Grains 4

✆ +32 2 512 35 10

cremeriedelinkebeek.be

Ouvert du lundi au samedi de 9h à 18h30.

Pendant qu'on fait la file, on se pâme de plaisir devant toutes ces croûtes blanches, jaunes, lavées, dorées ou persillées. Trois centaines de fromages en tout, rien que cela ! Dans cette belle et antique boutique, on trouve aussi du lait frais, du vin, des charcuteries de qualité, d'ici et d'ailleurs, et des sandwichs… au fromage, forcément ! Et encore des produits locaux, comme les fameuses sauces de Brussels Ketjep. On mange sur place, en terrasse. Séquence nostalgie avec le décor de vieux carrelages et le comptoir sorti d'un autre temps.

FROM COMPTOIR

Chaussée de Charleroi 136 ✆ +32 2 779 08 78
www.from-comptoir.be/
Mercredi de 10h à 14h et de 16h à 19h ; jeudi et vendredi de 10h à 19h ; samedi de 9h à 18h ; dimanche de 8h30 à 13h30.

Nouveau venu dans le paysage bruxellois, From est l'initiative de deux fondus de fromages : Étienne Boissy est français, Meilleur Ouvrier de France 2004, et sa « compère » Bénédicte Dartois qui opéra un virage audacieux de la finance vers la crèmerie. Des passionnés qui sélectionnent leurs produits sur des critères tel lait cru, producteurs-fermiers, « coups de cœur »... Des crus à base de lait de vache, de chèvre, de brebis, issus de toute la CEE mais avec aussi un ancrage local qui nous rappelle cette pub des années 1990 : « Le fromage belge ? Un peu de tout... »

MARCOLINI

Rue des Minimes 1
✆ +32 2 514 12 06
eu.marcolini.com/fr/
Ouvert du lundi au samedi de 10h à 19h ; le dimanche de 11h à 18h.

Pierre Marcolini figure depuis au moins 3 lustres parmi les chocolatiers belges les plus connus et les plus médiatiques. Son créneau : les cacaos de grande origine et les créations artistiques en chocolat. Champion du monde 1995, il reste le chocolatier star de la scène belge. Sa boutique du Sablon est un véritable écrin qui met en valeur chocolats et gâteaux. La visite de cette boutique mère vaut le détour. Mais sachez que tout joyau a un prix ! Conseil pour se faire plaisir sans exploser le budget : demandez un petit mélange de quelques chocolats en sachet.

JERÔME GRIMONPON

Avenue Coghen 2,
✆ +32 2 343 93 44
www.jeromegrimonpon.be
Ouvert du mardi au samedi de 10h à 18h.

Après un long passage chez Mary, Jérôme Grimonpon réalise son souhait le plus cher, ouvrir sa chocolaterie 100% artisanale et laisser vadrouiller ses idées les plus folles. Entre temps, il a été auréolé du titre de « meilleur artisan chocolatier de Belgique » : belle consécration ! Tablettes, orangettes, pâtes à tartiner et surtout pralines révèlent toute la subtilité de son travail : ganaches au gingembre ou à la fève tonka, caramel fleur de sel ou encore les « éphémères », créations à durée limitée. Un voyage gourmand étonnant, détonnant et toujours passionnant.

XOCOLATE

Rue Auguste Lambiotte 65
✆ +32 475 22 07 91
www.xocolate.be
Ouvert du lundi au vendredi de 10h à 17h30 ; le samedi de 11h à 18h.

Derrière Xocolate, se cache Xavier Declercq qui a lancé sa chocolaterie en 2019. Tous les ingrédients sont bio et *fair trade*. Pas étonnant que cela lui tienne à cœur puisque Xavier a travaillé pendant 33 ans chez OXFAM. Dans sa boutique schaerbeekoise, tout est artisanal et on distingue l'atelier à l'arrière. Côté pralines, on retrouve des classiques : ganache, spéculoos, sirop de Liège, rhum et raisin et d'autres créations plus audacieuses aux herbes et épices (citronnelle, coriandre, cardamome...). Ses chocolats sont puissants mais pas amers. Un bonheur !

MANNEKE

Rue de la Madeleine 31
✆ +32 2 512 32 54
manneke.brussels/fr
Ouvert 7j/7 de 11h jusqu'à 18h30, jeudi et vendredi jusqu'à 19h, samedi de 10h à 20h, dimanche de 10h30 à 18h30.

Située à deux pas de la Grand-Place, Manneke ne propose que des produits locaux. Dans la boutique de souvenirs pas comme les autres de Lawrence, tout est *Made in Brussels* ou au pire, *Made in Brabant*. Des articles de bouche tels que des bières de petits brasseurs, des biscuits, de la confiserie, en passant par des créations d'articles recyclés aux bijoux, aux t-shirts, aux cosmétiques ou même à des ouvrages sur le Bruxelles insolite, ce savoir-faire local, qui grouille de partout, ne demande qu'à se faire connaître du grand public.

STIJL

rue Antoine Dansaert (femmes) 74
✆ +32 2 512 03 13
www.stijl.be
Ouvert du lundi au samedi de 10h30 à 18h30.

La boutique Stijl existe depuis plus de trente-six ans et elle a accompagné pas mal de créateurs de mode à grandir et se développer. Dries Van Noten, An Demeulemeester, A.F. Vandevorst, pour ne citer que les plus emblématiques, doivent en partie leur succès à ce magasin niché dans LA rue de la mode de Bruxelles : la rue Dansaert. Stijl vend principalement des créations belges, parce que pour la propriétaire, Sonja Noël, la Belgique déborde de créateurs inventifs. Depuis son ouverture, Stijl a largement contribué aussi à l'essor du quartier des stylistes.

ALAIN-MICHEL ANTIQUITÉ

Rue Henri Wafelaerts 41
✆ +32 2 537 82 04
alain-michel-antiques.com
Ouvert du lundi au vendredi, de 10h à 12h et de 14h à 18h et le samedi, de 10h à 18h. Ou sur rendez-vous.

Il faut parler de superlatifs pour ce showroom d'antiquités : la maison Alain-Michel a 50 ans d'expérience (ce sont les petits-enfants d'Alain-Michel Bienaimé qui gère maintenant l'affaire) et l'espace d'exposition ne fait pas moins de 2 500 m² ! De quoi pouvoir y montrer des meubles et objets à partir XVIe jusqu'au XVIIIe siècle. Du côté des meubles, ce sont des pièces assez imposantes. Spécialités du magasin : les fauteuils Chesterfield, directement importés d'Angleterre et les meubles industriels qui séduisent avec leur lignes claires et leurs matériaux bruts.

BRÜSEL

Boulevard Anspach 100
✆ +32 2 511 08 09
www.brusel.com
Ouvert tous les jours de 10h30 à 18h30.

Brüsel ouvre ses portes tous les jours et accueille ses visiteurs avec bonne humeur et passion. Les vendeurs sont de vrais mordus de BD. L'enseigne présente quelques tirages originaux et figurines. Le stock est assez conséquent et s'étend au-delà des frontières belges et européennes. Une raison de plus de s'intéresser à la bande dessinée, spécialité belge et bruxelloise par excellence ! Pour les fondus du genre, Brüsel dispose d'un corner dédié à Harry Potter. Nombreuses expositions et séances de dédicaces annoncées sur leur site Internet.

COUTELLERIE DU ROI

Passage du Nord 27
✆ +32 2 217 54 94
www.coutelleriedurol.be
Ouvert du lundi au samedi de 9h30 à 18h30.

Couteaux, ciseaux et aussi sécateurs, lames de rasoir, coupes ongles... sans oublier les tire-bouchons, moulins à poivre, couteaux à steak et originaux sabres à champagne : tout y est. Bien entendu, les conseils d'entretien et d'aiguisage accompagnent toujours l'achat : y a pas à dire, ici authenticité rime avec qualité ! Curieux et amateurs d'acier font escale dans ce lieu chargé d'histoire et d'âme bruxelloise. Impossible de passer à côté de cette boutique à la façade classée. Boiseries du XIXe siècle, escalier en colimaçon, tout est intact, même l'accueil !

CREVETTE RECORDS

Rue Blaes 146
✆ +32 2 514 11 46
www.crevetterecords.be
Ouvert du mardi au samedi, de 12h à 20h et le dimanche, de 13h à 18h.

Voilà un nom insolite pour un magasin de vinyles ! Chez Crevette, il n'y a que ça, des nouvelles sorties et des secondes mains et même des cassettes. Leur spécialité est la musique électronique dans toute sa diversité, des styles du plus *mainstream* aux plus pointus. Vous y trouverez également de la musique du monde, de la soul, du jazz, de la disco et du hip hop, entre autres. Vous hésitez sur le choix de votre acquisition ? Installez-vous sur une des tables d'écoute pour vous donner une idée. Une boutique pour amateurs avertis !

MANUFACTURE BELGE DE DENTELLE

Galerie de la Reine 6
✆ +32 2 511 44 77
www.mbd.be
Ouvert du lundi au samedi de 10h30 à 18h.

Nichée dans la plus belle galerie de Bruxelles, la Manufacture fournit depuis 1810 les grandes familles en voiles de mariées et en robes de baptême. Un artisanat de luxe qui tend à disparaître face aux techniques industrielles et que les frères Everaerts s'attachent à préserver autant qu'à faire perdurer. Même si votre bourse ne vous permet pas l'achat d'une dentelle, pour le plaisir des yeux, n'hésitez pas à demander à regarder les pièces de collection.

LA MAISON DE LA BD

Boulevard de l'Impératrice 1
✆ +32 2 502 94 68
maisondelabd.be
Ouvert tous les jours de 10h à 18h.

Voilà de quoi se plonger « sérieusement » dans le 9e art ! Ce lieu ludique, créé par un collectionneur passionné, est consacré à l'art de la bulle. On y propose une exposition permanente mettant en scène les œuvres de grands dessinateurs franco-belges : Franquin, Morris, Will, Sirius, Hubinon, Paape ou encore Peyo. Albums, coffrets *collector*, effigies et produits dérivés... La boutique accueille aussi de nombreux articles de papeterie ou carterie, affiches et cartes postales, figurines, etc. Le tout étant consacré à l'univers de la BD.

BOUGER & BULLER

Envie de bouger ? Si vous n'êtes de passage à Bruxelles que pour quelques jours, vous aurez sans doute envie de continuer à vous entraîner après avoir tant succombé à la bière, aux frites et aux chocolats… Pas d'inquiétude : on compte dans la capitale belge beaucoup d'espaces verts (comme il est indiqué par le quartier du même nom) où vous pourrez faire votre jogging. Et Bruxelles est bien la capitale d'un pays réputé pour ses cyclistes. Ainsi, vous pourrez facilement sillonner la capitale à vélo. La ville compte également de nombreuses piscines, salles de sport et courts de tennis. Vous trouverez une liste d'établissements sur le site suivant : https://be.brussels/culture-tourisme-loisirs/faire-du-sport

Pour buller, Bruxelles compte de nombreux Spas chics, salons de massage et centres de beauté. Nous avons sélectionné quelques cours de cuisine pour que vous puissiez rapporter un peu de cette généreuse gastronomie belge avec vous.

ANDERLECHT GOLF CLUB

rue Scholle 1
✆ +32 2 521 16 87
www.golf-anderlecht.com
Ouvert de 9h30 à 13h et de 13h30 à 18h30. Se présenter au secrétariat avant. De 40 € à 75 € le green fee.

Bruxelles-Capitale possède un et un seul véritable parcours de golf 18 trous sur ce site d'Anderlecht. Le domaine s'étend sur plus de 40 hectares dans le cadre champêtre du Pajottenland. Débutants et golfeurs confirmés sont les bienvenus. Pour s'entraîner aux coups longs, il y a un *driving range* couvert et éclairé comptant 40 places. Selon votre niveau, plusieurs formules possibles : pack découverte, pack apprentissage, pack intensif ou leçons privées. Le Club House permet de prendre une consommation ou de se restaurer après l'effort.

ARKOSE CANAL

All. Verte 52
arkose.com/canal
Accès aux blocs : tous les jours, de 7h à minuit. Accès à la cantine : de 12h à 14h30 et de 19h30 à 22h30.

Arkose est une chaîne française de centre d'escalade *indoor* et dont le dernier établissement s'est récemment installé en bord de canal, mais c'est plus que ça. Bien sûr, il y a des blocs d'escalade de différentes difficultés (de débutant à confirmé) et qui sont renouvelés chaque semaine, un espace dédié aux enfants mais aussi un studio pour suivre des cours de yoga ou de Pilates et un sauna. Ce n'est pas tout : on y ajoute une zone de détente avec un bar, une cantine avec une carte qui met en avant les légumes et les produits de saison et même… un rooftop !

BAINS DE LA VILLE DE BRUXELLES

rue du Chevreuil 28
✆ +32 2 511 24 68
www.bruxelles.be/piscines
Ouvert du lundi au vendredi de 7h30 à 20h30 ; le week-end jusqu´à 19h. Entrée : 4 € (2 € : - 16 ans. Gratuit : - 3 ans).

Ces Bains millésimés des années 1950 offrent un cadre spectaculaire. Curieusement nichée au troisième étage du bâtiment, sis en plein quartier des Marolles, cette piscine de 25 mètres de long est, à elle seule, un vrai morceau d'histoire de la ville. Son entrée à prix modique et son air désuet plairont à tous les amoureux d'atmosphère à l'ancienne. Deux autres piscines publiques existent sur le territoire de la ville de Bruxelles, à Laeken et à Neder-Over-Hembeek.

BAINS DE SAINT-JOSSE

Rue Saint-François 27
Lundi au jeudi 7h30-19h30, vendredi 7h30 à 21h, samedi 10h-21h et dimanche 12h30 à 20h. Tarif : 3 €, gratuit -4 ans.

Après une longue rénovation les Bains de Saint-Josse ont enfin rouvert. Cette superbe piscine, une des plus plus belles de Bruxelles, date de 1934, du temps où l'Art déco était en vogue. Tout y est : les lignes pures et géométriques, le carrelage vintage, les mosaïques, le haut plafond à verrière, et les cabines sur 2 étages pour se changer… Bref, avant de même se mettre à l'eau, on en prend plein les yeux et on ne sait pas pourquoi, mais nager dans pareil environnement, ça rend les longueurs de piscine à enchaîner un peu moins difficiles. Accessible aux PMR.

BRUXELLES KAYAK

rue des Grives 53
✆ +32 494 25 94 30
www.crbk.be
Initiation et location : 10 € par personne pour 2 heures d'activités.

Du kayak à Bruxelles ? C'est possible ! Ici, on ne pagaie pas sur une rivière ardennaise mais sur le canal. Du kayak de vitesse à celui de rivière sans oublier le canoë biplace, tout est mis à disposition pour passer une bonne après-midi sportive ou même débuter une grande aventure dans le monde du canoë-kayak. Ce cercle s'adresse à tous ceux qui souhaitent faire du tourisme sportif, préparer la descente des rivières wallonnes ou faire des compétitions de slalom et de vitesse. Après le sport, le réconfort : le bar du club et sa belle terrasse. Merci Sophie !

ASPRIA ROYAL LA RASANTE

rue Sombre 56
✆ +32 2 609 19 02
www.aspria.com/fr
Espace fitness et spa ouverts du lundi au vendredi de 6h30 à 23h00 ; le week-end et les jours fériés de 8h à 23h.

Luxueux, aéré, généreux en services divers et très bien coté, La Rasante (groupe Aspria) fait beaucoup d'émules par la qualité de ses services, sa situation et sa clientèle élégante. Nombreux cours collectifs, grande salle de fitness au matériel le plus moderne, 7 courts de tennis. Ajoutez un spa avec sauna, hammam, piscine, lits à bulles, douches tropicales, fontaine de glace, salon de relaxation, massages, un salon de beauté et un restaurant. Normalement, y entrer se fait sur abonnement mais en séjournant à l'hôtel, vous aurez accès aux installations.

DOUNIAZAD SPA

Chaussée de Haecht 528
✆ +32 477 59 76 99
https://www.douniazad.be/
Modelage à partir de 30 €, massage amincissant 68 €, hammam traditionnel, rituels variés à partir de 80 €/1h20.

Douniazad Spa est situé aux portes de Bruxelles, c'est LE temple de la beauté exclusivement réservé aux femmes. Le décor d'inspiration mauresque nous transporte en plein Marrakech. Les jardins intérieurs des patios et leurs fontaines prolongent l'évasion et nous bercent. Avant la séance de hammam qui se déroule dans une cabine, il faut absolument s'offrir un soin corps Charme d'Orient pendant 1h30 à partir de 55 euros. Un choix très varié est proposé et les Rituels sont suivis d'un mini buffet de fruits secs et thé à la menthe fraîche servis en salle de repos.

SALVEA MASSAGE CENTRE

chaussée de Wavre 214c
✆ +32 2 647 47 07
www.salveamassage.com
Ouvert du lundi au vendredi de 10h à 21h ; le samedi de 10h à 18h. Sur rendez-vous.

Le centre est spécialisé dans les différentes techniques de relaxation : suédois (huile, total, classique), aromatique (huiles essentielles), dos stressé, traditionnel thaïlandais, sportif, réflexoplantaire, acupressure (avec les pouces), aux pierres chaudes et aussi un soin adapté aux femmes enceintes. Séances de formations et ateliers organisés régulièrement. Sur place, les séances ont toujours lieu sur réservation et les couples sont les bienvenus. Et si vous rêvez de décompression au bureau, Salvea propose ses formules de massage aussi en entreprise !

BELGIAN CHOCOLATE MAKERS

Rue Lebeau 11
✆ +32 2 203 92 20
Un atelier d'une durée d'une heure tous les jours (voir site Web, les heures peuvent varier). Tarif adulte : 40 €.

Cet atelier du centre-ville organise des workshops d'une heure en compagnie d'Elisabetta, la chocolatière. Après une introduction sur le chocolat belge et des petites astuces, les choses sérieuses commencent par une démonstration de tempérage du chocolat sur une plaque de marbre. On vous promet que vous, vous ne resterez pas de marbre devant le spectacle du chocolat fondu ! Enfin, c'est à vous de confectionner vos mendiants, truffes, barres chocolatées. Laissez parler vos envies. Ensuite, vos œuvres seront emballées... à moins que vous ne les mangiez avant !

PLANÉTARIUM DE BRUXELLES

Avenue de Bouchout 10 ✆ +32 2 474 70 50
http://planetarium.be
Ouvert du lundi au vendredi de 9h à 17h ; le week-end et les jours fériés de 10h à 17h. Entrée : 8 €. Enfant : 6 €.

Le planétarium a le mérite de faire cohabiter deux technologies de projection sur son dôme : classique avec un projecteur Zeiss optique et numérique avec un simulateur dédié. Intérêt de ce double procédé : afficher une voûte céleste au rendu naturel avec des étoiles ponctuelles réalistes, tout en permettant de projeter des images de synthèse et autres animations préprogrammées. Les séances s'adaptent à tous les publics (avant 6 ans) avec des contes réussis (durée 30 min) ou des films beaucoup plus pointus : système solaire, univers, conquête spatiale.

D'abord, les concerts ! Bruxelles est une bouillonnante cité culturelle où la programmation est riche et éclectique. Le Botanique, l'Ancienne Belgique ou Forest National en organisent beaucoup, mais les salles sont tellement nombreuses qu'il faut vraiment consulter l'agenda avant de venir et réserver sa place. Les cinémas et théâtres sont aussi accessibles pour les Français, la ville est majoritairement francophone donc, pas de barrière de la langue et là encore, la scène alternative est florissante comme aux Halles de Schaerbeek. Pour les fêtards, clubbers jusqu'au matin, évidemment, la palette des clubs est large. Des grandes boites à techno comme le C12 ou le Bloody Louis, plus électrique mais tout aussi pointu, en passant par les clubs confidentiels ou les squats underground, très alternatifs même, comme le Magasin 4, Recyclart ou le Cabaret Mademoiselle. Vous verrez que la réputation de fêtards des Belges n'est pas usurpée.

C12

rue du Marché Aux Herbes 116
https://c12space.com/
Soirées tous les vendredis et samedis. Voir site Web pour les horaires.

Fan de musique électro ? Ce club est fait pour vous une boîte de nuit dans laquelle règnent liberté et ouverture d'esprit et où se mélangent art et musique. Le leitmotiv du C12 ? Ce lieu est à tous, sans aucune discrimination. Tous sont bienvenus pour danser aux sons de divers artistes alternatifs plus ou moins connus du moment. Quand on visite les lieux, on est tout de suite frappés par la sobriété et le côté sombre très berlinois que lui ont donné les concepteurs. Événements disponibles sur leur site Internet ou sur leur page Facebook.

RECYCLART

Rue de Manchester 15
✆ +32 2 502 57 34
www.recyclart.be
Soirées organisées (voir site Web). Resto ouvert du mercredi au vendredi le midi et le mardi soir. Bar de 10h à 17h.

C'est avant tout un centre culturel, mais le Recyclart propose aussi des soirées *underground* décalées. Celles-ci attirent autant les punks et les squatters du quartier que les artistes, les fans d'électro, de ragga ou de drum'n bass. Les lieux abritent aussi Fabrik, un espace de production artisanale basé sur un programme de transition professionnelle pour travailleurs peu qualifiés (menuiserie et en éléments de ferronnerie). Un bar et resto 100 % vegan complète les lieux de belle manière : éthique et sain, loin de l'industrie agro-alimentaire.

LE FUSE

Rue Blaes 208
✆ +32 2 511 97 89
www.fuse.be
Ouvert deux fois par semaine.

Depuis 29 ans, voici l'adresse incontournable de l'électro/house. On y va donc essentiellement pour se laisser emporter par celle-ci, le samedi, jusqu'à 7h du matin. Ce club a d'ailleurs invité de nombreux DJ's internationaux dès ses débuts, en 1994, et est ainsi devenu légendaire tant en Belgique qu'à l'étranger. Ajouter à ce cocktail déjà bien épicé, l'organisation régulière des soirées gay de La Démence. Après un conflit de voisinage, le Fuse n'ouvrira plus que deux fois par semaine et sera contraint de déménager dans deux ans. Affaire à suivre.

SPIRITO BRUSSELS

Rue de Stassart 18
✆ +32 483 58 06 97
spiritobrussels.com
Ouvert du mercredi au samedi de 21h à 4h.

Le Spirito est un temple de la nuit bruxelloise, aménagé dans une église anglicane désacralisée. Le lieu est unique autant par la qualité de son décor que par l'ambiance qui y règne. La structure a été conservée, les platines du DJ ont pris la place de l'autel, un lustre immense a été installé mais ça ne s'explique pas, il faut aller voir ! La clientèle est de niveau assez relevé, ce qui est dû à la sélection stricte qui s'y fait à l'entrée. Le Spirito dispose d'un immense *dance floor* autour duquel gravitent de petits coins *lounge* de relaxation et différents bars.

L'ANCIENNE BELGIQUE

Boulevard Anspach 110

✆ +32 2 548 24 84

www.abconcerts.be

Voir site Web pour l'agenda des concerts.

Jadis, on a pu voir Brel dans ce temple pop-rock de la musique. Aujourd'hui, on écoute des stars qui souhaitent encore se produire dans un endroit à dimension humaine ou de jeunes talents belges, de la chanson française ou de la *World Music*. D'une capacité de 2 000 personnes debout, la salle est modulable et s'adapte aux styles de musique. Lors des concerts plus tranquilles, on pourra s'asseoir sur les gradins. Montez à l'étage, vous découvrirez l'AB Box à l'ambiance intimiste. Visant surtout un public jeune, l'AB s'arrange pour terminer les concerts à 22h30.

CAFÉ CENTRAL

Borgval 14

✆ +32 2 513 73 08

www.lecafecentral.com

Ouvert tous les jours à partir de 15h jusqu'au matin (14h-1h le dimanche). Terrasse.

Deux lieux assez distincts pour ce Café Central : un espace dégustation et discussion (calme en semaine) et un espace arrière dévolu aux concerts, à la danse, bref à l'ambiance musicale. On y écoute de tout : jazz, folk, rock, punk... Aussi, le cinéma a sa petite place puisque l'on organise également des ciné-concerts, des soirées avec films muets et bande-son jouée en live. On vous laisse le choix entre la carte des cocktails et celle des bières. Le bar se transforme ensuite en piste de danse et la soirée mouvementée est assurée !

BOZAR

Rue Ravenstein 23

✆ +32 2 507 82 00

www.bozar.be

Ouvert du mardi au dimanche de 10h à 18h. Consultez le site Internet pour plus d'informations sur les concerts.

Édifié en 1928 par Victor Horta, ce bâtiment est devenu un haut lieu de la vie culturelle et artistique bruxelloise. Il est constitué d'un réseau de salles d'exposition, de salles de spectacle et de la salle Henri Le Bœuf, salle de concert de 2 200 places auquel viennent se greffer de nouvelles salles multimédia. Le palais des Beaux-Arts accueille d'innombrables activités culturelles et artistiques de niveau international : musique, expositions, théâtre, danse. C'est là que se déroule le concours de musique classique Reine Elisabeth.

CINÉMA AVENTURE

Rue des Fripiers 15-17

✆ +32 2 219 92 02

www.cinema-aventure.be

Programmation : voir site Web.

On va au cinéma Aventure pour des 2es visions, des films d'auteur, des découvertes ou tout simplement des projections plus qualitatives que dans les usines à manger du pop-corn en seau. Trois salles diffusent cinq séances par jour, tous les jours de l'année. Le cinéma se distingue aussi pour le confort de ses sièges, l'espace pour les jambes et ses salles aux couleurs affirmées avec *love seats* – des sièges pour deux – ou ses sièges prestige. Possibilité de réserver sa séance en ligne et de privatisation d'une ou plusieurs salles.

CABARET MADEMOISELLE

Rue du Marché au Charbon 53

www.cabaretmademoiselle.be

Voir le site web pour les dates et heures des spectacles.

Ce jeune cabaret bruxellois accueille un public et des spectacles très variés. Entre les shows de drag queens et de drag kings, le burlesque, le boylesque, la pole dance, le cirque, etc. L'espace du Cabaret Mademoiselle se prête aussi bien aux spectacles grâce à sa scène, vue de toute la salle, qu'à boire un verre et rencontrer les artistes grâce à son bar. C'est d'ailleurs un de ses atouts, le public est chaleureusement accueilli par les interprètes dès sa venue. On y rencontre tout type de personne, jeune et plus âgée, hétéro ou gay, trans, habituée ou non.

FLAGEY HALL

Place Sainte-Croix

✆ +32 2 641 10 20

www.flagey.be

Billetterie ouverte du mardi au vendredi de 12h à 17h et une heure avant chaque activité, y compris les autres jours.

Ce bâtiment prestigieux de l'époque de la radio-télévision est intégralement voué à la musique et à l'image. Flagey se veut point de rencontres et carrefour de différentes disciplines artistiques dans un esprit de dialogue, de découverte et de création. Une maison où jazz, musique traditionnelle, classique et contemporaine peuvent résonner mais où une place de choix est aussi faite au cinéma et à la vidéo. Par les qualités acoustiques exceptionnelles de ses salles et par sa programmation, Flagey représente un pilier essentiel du paysage culturel belge.

FOREST NATIONAL

Avenue Victor-Rousseau 208
✆ +32 2 340 21 23
www.forestnational.be
Voir le site Web pour l'agenda des concerts et spectacles.

Forest National est la deuxième plus grande salle de spectacle de la capitale (après le Palais 12 du Heysel) avec une capacité d'environ 8 400 places. Chaque année, elle accueille les stars françaises et internationales les plus en vogue. Des Stones à U2 en passant par Bob Marley, Queen, Sardou ou encore Johnny Hallyday et Stromae, tous sont passés et souvent repassés par Forest National. Certains artistes apprécient d'ailleurs d'y enregistrer leurs albums live. Depuis 1971, Forest est devenue mythique et compte plus de 3 000 concerts et spectacles.

MUSIC VILLAGE

Rue des Pierres 50
✆ +32 2 513 13 45
www.themusicvillage.com
Concerts de jazz de 7,50 à 20 €. Concerts à 20h30 en semaine, et à 21h le week-end. Réservation conseillée.

Le Music Village est un petit temple dédié au jazz en plein centre de Bruxelles. Pratique quand on cherche un bar le soir en se promenant vers la Grand Place tout en voulant voir un concert live de bonne musique. Dans un décor digne d'un club new-yorkais, il propose une programmation pointue qu'on peut consulter sur son site Internet ou Facebook. Plutôt jazz soul avec Nina Simone ou Aretha Franklin à l'honneur, blues, mais aussi des soirées carte blanche à un artiste et des jams bien sûr. On peut y dîner avant ou pendant le concert.

HALLES DE SCHAERBEEK

Rue Royale-Sainte-Marie 22
✆ +32 2 218 21 07
www.halles.be
Billetterie du mardi au vendredi de 14h à 18h. Réservations souhaitées, tarif des billets achetés le jour même majoré.

L'ancien marché couvert Sainte-Marie, datant du XIXe siècle, est devenu une invitation à l'interdisciplinarité des arts, un engagement vers un dialogue sur le monde contemporain, proposant un échange intergénérationnel. Les Halles de Schaerbeek incarnent ainsi la réaffectation d'un lieu industriel en structure culturelle. Implantées dans un quartier métissé, les Halles se veulent acteur et co-auteur d'une meilleure cohésion sociale, celle de leur quartier. Danse, cirque, théâtre, littérature… les arts s'y répondent, le tout en regard du monde.

THÉÂTRE DE LA MONNAIE

Place de la Monnaie
✆ +32 70 23 39 39
www.lamonnaie.be
Billetterie du mardi au vendredi de 12h à 18h et le samedi de 11h à 18h et à partir d'1 heure avant le spectacle.

Fleuron culturel, l'Opéra de La Monnaie est l'un des plus appréciés d'Europe. En parfaite concordance avec le prestige de son bâtiment principal et à l'arrière de celui-ci, on retrouve le théâtre avec une programmation pointue et contemporaine. Elle est destinée aux ados qui profitent de séances d'informations spécifiques, visites d'ateliers et représentations particulières adaptées. Des visites des lieux sont organisées les samedis midi. On dit que c'est suite à un opéra en 1830 que les Belges ont fait « leur révolution » pour l'indépendance de la Belgique.

L'ARCHIDUC

Rue Antoine-Dansaert 6
✆ +32 2 512 06 52
www.archiduc.net
Ouvert tous les jours à partir de 16h.

Appuyez sur la sonnette de l'Archi et pénétrez dans un autre monde où rien, sauf la tenue des clients, n'a changé depuis les années 1930 : architecture, décor et confortables fauteuils Art déco d'origine qui invitent les visiteurs à s'alanguir en sirotant un pisco sour. En 1953, le pianiste de jazz Stan Brenders reprend l'établissement. Son piano est toujours là et les concerts de jazz aussi, tous les week-ends en fin d'après-midi. Le soir, une faune hétéroclite s'y rassemble et passé une certaine heure, on y danse. L'Archi fait partie de la légende bruxelloise !

THÉÂTRE DE TOONE

Rue du Marché-aux-Herbes 66
✆ +32 2 511 71 37
www.toone.be
Jeu., ven. et sam : 20h30. Sam. également à 16h. Entrée : 15 €. Étudiants et seniors : 10 €. Réservation obligatoire.

La tradition des spectacles de marionnettes date de l'interdiction, au XVIIe siècle, des théâtres en langue néerlandaise, dont les pièces déplaisaient au pouvoir espagnol. Le spectacle, réduit à ses acteurs miniatures, dérisoires et sarcastiques, se donnait alors dans les caves. Le Théâtre de Toone s'attache à faire vivre l'esprit des théâtres de marionnettes d'autrefois, populaires dans les anciens Pays-Bas. Les pièces sont désormais dites dans un français émaillé d'expressions bruxelloises, le tout restant compréhensible pour les francophones.

BRABANT FLAMAND / LIMBOURG

La plus petite et la plus jeune des provinces flamandes qu'est le Brabant flamand (Vlaams-Brabant) est surtout connue pour sa grande ville – Louvain (Leuven) – située à une trentaine de kilomètres de l'enclave bruxelloise. Si l'on aurait tendance à éviter ce coin pour se rendre directement dans la capitale, Leuven est pourtant une destination touristique agréable et festive. À la frontière des Pays-Bas et de l'Allemagne, peu connue des touristes, le Limbourg regorge de petits trésors naturels et culturels. Son chef-lieu est la ville d'Hasselt. Dans ce petit coin où la nature est préservée, il fait bon de se promener à vélo ou à pied à travers les forêts de pins et les landes de bruyères. Aussi, c'est là qu'on trouvera la plus ancienne ville de Belgique (Tongres) et où l'on découvrira l'histoire minière flamande.

Brabant Flamand / Limbourg
Aartselaar
Kontich
Kessel
Noorderwijk
Oevel
Meerhout
Olmen
Hechtel
Niel
Reet
Boom
Duffel
Koningshooikt
Itegem
Tongerlo
Eindhout
Kwaadmechelen
Oostham
Westerlo
Beverlo
Onze-Lieve-Vrouw-Waver
Heist-op-den-Berg
Veerle
Koersel
Beerzel
Booischot
Paal
BERINGEN
Heusden
Breendonk
Tisselt
Mechelen
Bonheiden
Ramsel
Zolder
Houthal
Zwartberg
Waterschei
Londerzeel
Keerbergen
Baal
Zichem
DIEST
Schaffen
Aarschot
Rillaar
Scherpenheuvel
Winterslag
GENK
Humbeek
Wolvertem
GRIMBERGEN
Kermt
Kuringen
Nieuw Veld
HASSELT
Melsbroek
Machelen
Erps-Kwerps
Winksele
Sint-Lambrechts-Herk
LOUVAIN
Bilzen
BRUXELLES
Elsene
Vossem
Leefdaal
TERVUREN
Sint-Truiden
Tienen
TONGRES
Ruisbroek
Hoeilaart
Alsemberg
Dworp
Genval
Bierges
Wavre
N1
N149
E19
A12
A1
N15
N26
N227
N286
N21
R0
N2
E411
N5
A4
N253
N25
N91
N29
A3
N3
N223
N10
N127
N29
A2
N283
N80
N716
N754
N789
N79
N20
N76
A13
N74

PAGES

178 ## ●● BRABANT FLAMAND

Les alentours regorgent de petits trésors (ruines, châteaux, béguinages…) à découvrir en voiture ou à vélo. Les paysages verdoyants et campagnards du Hageland et de la Ceinture verte se savourent, autant que les petites villes portant les noms de Hoegaarden, Affligem ou encore Grimbergen qui compte chacune une brasserie célèbre. Les cyclistes et randonneurs peuvent suivre des itinéraires fléchés de balades thématiques.

LOUVAIN ★★

178 Ville étudiante par excellence, Louvain compte aussi un riche passé historique : notamment un superbe hôtel de ville gothique flamboyant et un grand béguinage. La ville est réputée pour ses rues animées, notamment l'Oude Markt, connu comme « le plus long bar du monde ».

183 ### TERVUREN ★★

184 ### GRIMBERGEN ★

186 ### DIEST

187 ## ●● LIMBOURG

La province fut créée en 1815, lors de la formation du nouveau Royaume des Pays-Bas (couvrant aussi l'actuelle Belgique). Lors de la séparation des Pays-Bas et de la Belgique en 1830, la province fut divisée. Mais les liens historiques demeurent des deux côtés de la frontière et les Limbourgeois ont conservé une identité bien à eux ainsi que leur patois.

TONGRES ★★

187 Ville incontournable pour une visite historique, car c'est l'une des plus anciennes cités de Belgique ! Elle compte des rues pittoresques remarquablement conservées, une magnifique basilique Notre-Dame du XIIIe siècle, un musée gallo-romain, des fortifications médiévales et un joli béguinage.

HASSELT ★

189 Le chef-lieu de la province du Limbourg compte de nombreux restaurants et une grand place très plaisante. Également, quelques sites d'intérêt comme la cathédrale Saint-Quentin, le musée du Genièvre, le jardin japonais, un musée de la Mode… et des magasins de créateurs qui vont de pair !

193 ### BERINGEN

194 ### GENK

LOUVAIN ★★

Louvain (Leuven) est une cité très ancienne, au passé glorieux qui autrefois, fut capitale du duché de Brabant. Aujourd'hui, c'est une grande ville universitaire (34 000 étudiants pour 93 000 habitants) qui est d'ailleurs parsemée de bâtiments qui relèvent de la Katholieke Universiteit Leuven (KULeuven), la plus vieille université de Belgique, fondée en 1425. C'est aussi à Louvain que se trouve la plus grande brasserie du monde, AB-Inbev et l'une des plus belles et des plus grandes bibliothèques d'Europe.
À ne pas confondre avec Louvain-la-Neuve, qui se trouve dans le Brabant wallon. Pour être sûr de ne pas se tromper, on utilise « Leuven » pour la ville du Brabant flamand, et « Louvain » ou « Louvain-la-Neuve » pour le Brabant wallon. Il y a d'ailleurs une raison derrière cette homonymie (voir l'encadré « Walen Buiten »).
Parmi les spécialités de la ville : la bière de l'abbaye du Parc, la bière de Keizersberg (Mont César), les bières Domus, la Wentelkriek, le fromage de l'abbaye de Keizersberg, le Leuvense Café (café au genièvre), les Leuvense Fonskes (pralines artisanales), le Leuvens Meloentje (genièvre au melon), le Leuvens Nootje (genièvre à la noisette) et le Leuvens Pechke (genièvre à la pêche).

Balade

Lorsque l'on descend la Naamsestraat, depuis l'hôtel de ville jusqu'au grand béguinage, on croise des bâtiments de différents styles, pour la plupart des collèges. Sur la droite (au n° 22), l'ancienne halle aux draps (XIVe siècle), offerte à l'université. Elle était partiellement utilisée par l'université depuis 1432 puis le fut totalement dès 1679. Le rez-de-chaussée est de style gothique et le 1er étage – le bâtiment ayant été surélevé en 1679 –, de style baroque. La façade classique en grès donnant sur l'Oude Markt date de 1723. Presque en face, sur le côté gauche, le doyenné des drapiers, construit en 1680 est de style baroque. Un peu plus loin, l'église Saint-Michel, de style baroque également, fut construite entre 1650 et 1670. Sa façade imposante, qui seule résista aux bombardements de la Seconde Guerre mondiale, reflète bien l'esprit de la Contre-Réforme dont le but était d'influencer les croyants et de les faire persévérer dans la religion catholique. Si vous vous aventurez ensuite dans la première rue à gauche, Beriotstraat, vous longerez le parc Sint Donatus. Celui-ci fut construit autour des vestiges d'une tour d'enceinte du XIIe siècle. Retournez ensuite sur la Naamsestraat et continuez à la descendre. Sur la gauche, le collège du roi (n° 59), puis le collège des prémontés (n° 61) et sa façade rococo, à côté du collège Atrecht. Ils datent tous les trois du XVIIIe siècle. En face, le parc Ramberg et le collège Van Dale de style Renaissance (XVIe siècle). Un peu en dessous se font face le collège américain de style néogothique et le collège Viglius, respectivement à droite et à gauche de la chaussée. Tout au sud, on arrive à l'église Saint-Quentin et à la chapelle de Jésus-de-Saint-Pierre (Janneke De Grijzer). L'office de tourisme propose plusieurs promenades thématiques très bien faites. Rendez-vous là-bas, sur le site Web de Visit Leuven, dans la section « À voir, à faire - Se Promener ».

- **Les incontournables de Leuven :** une sorte de « best of » décliné en 1 itinéraire dans le centre avec 2 extensions vers le quartier du Vaartkom (près du canal et de l'ancienne brasserie Stella) et vers l'Abdij van Park. Il existe aussi une balade « Louvain accessible » pour les personnes à mobilité réduite.
- **Églises et street art :** deux promenades pour les passionnés d'édifices religieux, mais pas que, puisqu'on a aussi l'occasion d'admirer des œuvres de street art ! Cette promenade de 6 km passe également par les bâtisses les plus prestigieuses de la ville : Grote Markt, Stadhuis avant de vous embarquer pour une belle série d'églises et autres abbayes, avec une escale incontournable au béguinage. Deux balades (une longue et une courte) sont dédiées uniquement au street art dans la commune de Kessel Lo, juste derrière la gare, riche en grandes fresques murales.
- **« Promenade dans l'univers » :** au départ d'une œuvre *L'Atome Primitif* en hommage à Georges Lemaître, chanoine et professeur à l'Université catholique de Louvain qui fut le premier à théoriser le Big Bang, cet itinéraire de 2 kilomètres vous emmène à la découverte de la ville et de la science.

Transports

- **Voiture.** Situé à 20 km de Bruxelles, Louvain (Leuven) se trouve à l'intersection de deux autoroutes importantes qui sont la E40 (Bruxelles-Liège) et la E314 (Leuven-Lummen). Pour garer sa voiture en évitant les parkings chers du centre, penser au parking Sint-Jakob sur Sint-Jacobsplein, à 12 min à pied de la Grand Place (Grote Markt).
- **Train.** Louvain est relié à Bruxelles (25 minutes) et Liège. Également des liaisons fréquentes pour Anvers, Bruges, Courtrai, Gand, Hasselt, La Panne ou Malines.

BRASSERIE STELLA ARTOIS ★

Aarschotsesteenweg 20 ✆ +32 16 27 79 80
www.breweryvisits.com
Visite sur rendez-vous ou en ligne le samedi à 15h (en anglais). Adulte : 12 € ; - 12 ans : 0 €.

On entend parler de la brasserie Den Horen pour la première fois en 1366. En 1537, c'est l'entreprise la plus importante de la ville. Elle est reprise par le maître brasseur Sébastien Artois en 1717, et la brasserie se transmet de père en fils pendant plus d'un siècle. En 1926, une bière de Noël est lancée : la fameuse Stella (qui veut dire « étoile »), rachetée par le groupe InBev, mastodonte mondial de la bière. Désormais, c'est l'une des plus populaires au monde ! Outre son processus de brassage, on peut voir les lignes de canettes tournant à toute vitesse !

ÉGLISE ST-JEAN-BAPTISTE ★★

Dans le Grand Béguinage
Ouvert de mars à septembre du mardi aux vendredi, de 13h30 à 16h30.

Edifiée au XIVe siècle dans un style gothique primitif, elle compte quelques éléments romans comme la tour de la façade ouest et les petites fenêtres de l'étage. Au XVIIe, les rénovations ont adopté le style baroque. Remarquez à proximité l'ancien cimetière des béguines pauvres, les plus riches étant enterrées dans l'église (90 pierres tombales). En 1760, il fut décidé que toutes seraient enterrées à l'extérieur de l'église. Dans le campanile, 16 clochettes en bronze suivies du carillon sonnent toutes les heures et les demi-heures.

GRAND BÉGUINAGE ★★★

Schapenstraat
Entrée libre.

Le quartier est une véritable ville dans la ville qui s'étend sur plus de 7 hectares, ce qui fait du béguinage de Leuven le plus grand de Belgique. Inscrit au patrimoine mondial de l'Unesco, le grand béguinage fut fondé en 1232, mais l'église date du XIVe siècle et l'essentiel des bâtiments du XVIIe (à partir du XVIe siècle, les maisons d'argile furent reconstruites en briques). Les petits canaux qui le traversent ajoutent à la magie du lieu. Le quartier s'étend au bord de la Dyle qu'il est possible de franchir grâce aux petits ponts. Des ruelles pavées aux splendides façades en briques rouges des maisonnettes en passant par les grès percés de fenêtres : tout ici semble être resté figé. La maison St-Pauwel (Middenstraat 65), bâtie en 1634, en est un exemple parfait bien que non représentative. Cette maison avec jardin, était réservée aux béguines les plus aisées. Vers 1600, environ 300 béguines vivaient ici en communauté, chastement, pieusement, mais ne faisaient aucun vœu définitif. Elles conservaient leurs propres biens et pourvoyaient à leurs besoins. L'université de Leuven, qui a acheté l'ensemble dans les années 1960, a transformé les maisonnettes en chambres pour les étudiants et professeurs invités. Enfin, la visite du béguinage serait incomplète si elle n'était pas associée à son pieux passé. Pour ce faire, rendez-vous à l'église gothique. D'une simplicité sans égale, l'édifice ne comporte ni tour, ni transept, ni déambulatoire mais impressionne par son éclairage intimiste assuré par une belle baie à deux lancettes.

© ANTON_IVANOV / SHUTTERSTOCK.COM

Architecture à Louvain.

M MUSEUM LEUVEN ★★★

Leopold Vanderkelenstraat 28
✆ +32 16 27 29 29
www.mleuven.be
Fermé le mercredi. De 11h à 18h (22h le jeudi). Entrée : adulte 12 €, 19-25 ans 5 €, gratuit -18 ans.

Ouvert en septembre 2009, ce musée abrite, entre autres, une superbe collection d'art religieux des XVe et XVIe siècles dont de nombreuses sculptures de la Passion. Citons parmi les pièces maîtresses, des plâtres d'atelier monumentaux de Constantin Meunier et des dessins de James Ensor. Également des expositions temporaires d'envergure. L'exposition se veut transversale, avec des salles abritant des peintures qui se font échos du XIVe au XXe siècle par exemple. Une collection est consacrée aux objets de la bourgeoisie du XIXe siècle.

OUDE MARKT

Oude Markt

« Le plus long bar d'Europe ». C'est ainsi que les locaux surnomment cette place, pas tout à fait authentique mais très animée, entièrement consacrée aux terrasses des cafés et où les étudiants de Louvain, très nombreux, viennent s'abreuver et échanger les nouvelles. Ambiance bruissante de mille conversations et de vélos qui passent, s'arrêtent ou repartent. Un des côtés de la place est l'ancienne halle de la ville qui s'ouvre dans Naamsestraat, et qui a été dès le XVe siècle convertie en siège de l'université. Pourquoi ne pas faire une pause parmi les locaux ?

SINT PIETERSKERK ★★★

Grote Markt 1
✆ +32 16 29 51 33
visitleuven.be/fr/eglise-saint-pierre
Lundi-samedi, 10h-16h30. Dimanche, 11h-16h30, fermé le mercredi. Expériences digitales : avec réservation.

Au centre de la Grand-Place, l'église Saint-Pierre est un chef-d'œuvre de l'art gothique brabançon. Construite entre le XVe et le XVIe siècle, elle aurait dû être dominée par trois hautes flèches, mais l'instabilité du sous-sol empêcha leur réalisation. Sous les nervures flamboyantes, un immense crucifix bruxellois du XVe siècle surplombe le jubé gothique. Remarquez les tombeaux des ducs de Brabant dans le déambulatoire et les deux triptyques du grand peintre Dirk (Thierry) Bouts, primitif flamand du XVe siècle : *Le Martyre de saint Érasme* et *La Dernière Cène*.

STADHUIS - HÔTEL DE VILLE ★★★★

Grote Markt
✆ +32 16 20 30 20
www.visitleuven.be/fr/hotel-de-ville
Visite guidée les samedis en français à 14h et tous les jours à 16h en anglais. Entrée 4 €.

Si vous ne devez voir qu'un seul monument à Louvain, ce sera sans aucun doute le magnifique hôtel de ville, qui vaut à lui seul le détour par la ville. Une dentelle, une châsse ciselée, la perfection du gothique flamboyant, aucun superlatif ne saurait rendre pleinement justice à ce qui est peut-être le monument civil gothique le plus parfait de tous les temps et de tous les lieux. Il fut construit entre 1439 et 1469 par les mêmes architectes que l'église Saint-Pierre. Plus que son intérieur, c'est surtout la façade de l'édifice qui est un véritable chef-d'œuvre. Entièrement dentelée, on dirait une gigantesque châsse, couverte de statues. À chaque angle du bâtiment se dresse une tour élancée qui dépasse la toiture criblée d'un réseau de lucarnes. Les niches des façades abritent 236 statues (elles n'y sont que depuis le XIXe siècle). Elles représentent des personnalités historiques de la ville, des apôtres et des prophètes (220 hommes et 16 femmes).

Les salles accessibles au public présentent, entre autres, des mutules sculptées du XVe siècle, ainsi que des œuvres de Constantin Meunier et une statue de Marguerite la Fière, personnage mythique de Louvain.

Au premier étage, le salon Louis XVI expose une copie du tableau de justice le plus célèbre de Belgique, celui de Dirk Bouts, *La Justice de l'empereur Othon*, dont l'original est au musée des Beaux-Arts de Bruxelles. Le tableau avait été commandé à l'origine pour l'hôtel de ville de Louvain.

BRABANT FLAMAND / LIMBOURG

BRASSERIE FAMILIALE DOMUS ★★

Tiensestraat 8 ✆ +32 16 20 14 49
www.domusleuven.be
Ouvert du mardi au dimanche de 10h à 20h. A partir de 11 € par personne la visite avec 2 dégustations de bière.

Domus Brauhaus brasse encore aujourd'hui de bons malts artisanaux (Nostra Domus, Con Domus et aussi Engel en hiver). En 2017, elle a été entièrement rénovée et copte désormais trois magnifiques espaces, dont une cave exceptionnelle du Moyen Âge qu'on visite en apprenant tout sur le brassage des bières. Celle-ci comprend aussi en option la dégustation de 2 à 6 bières de la maison. Pour prolonger l'expérience, la taverne Domus est située juste à côté et propose des plats de terroir.

CITIES BY BIKE

Smidsestraat 18
✆ +32 488 86 85 06
www.citiesbybike.be
A partir de 23 € par personne pour Louvain et Maline et 26 € pour Bruxelles.

À travers ces tours à vélo hors des sentiers battus, vous pourrez découvrir de magnifiques fresques de street art et les parcs cachés des trois villes proposée : Bruxelles, Louvain et Malines. L'essentiel ne sera pas de donner les dates ou les noms d'architectes, mais sur le plaisir et le partage, complétés par des petites anecdotes pendant toutes nos tournées ! Le tout à votre rythme. De nombreux guides, tous passionnés et très appréciés des voyageurs sont là pour faire passer un bon moment à vélo, avec en plus le fameux trait d'humour belge !

BOARDHOUSE HOTEL / BOARDHOUSING €€

Jules Vandenbemptlaan 6
✆ +32 16 31 44 44
www.boardhouse.be
Chambres double à partir de 79 €, petit déjeuner inclus. Séjour de 4 nuits minimum.

Boardhouse Hotel propose des chambres sophistiquées, minimalistes et confortables. Du bois, de l'enduis béton, des draps blanc, rien de superflu dans la déco et des matériaux nus, idéal pour se désencombrer l'esprit. Idem dans la salle du petit déjeuner qui s'ouvre sur une belle verrière donnant sur le jardin. Pour plus d'indépendance, l'hôtel loue aussi des appartements (au BoardingHouse) dont les clés sont à retirer à la réception. L'hôtel met gratuitement des vélos à disposition.

WALEN BUITEN!

L'université catholique de Louvain – la plus grande et la plus ancienne de Belgique – était bilingue jusqu'en 1968, année du transfert de la section francophone dans le Brabant wallon, à 45 km de Louvain, à Louvain-la-Neuve. Le transfert était réclamé par les étudiants nationalistes flamands aux cris de « Walen buiten ! » (les Wallons dehors !), car la présence de milliers d'étudiants francophones avait pour effet de franciser la ville qui prenait le même chemin que Bruxelles. Certains de ces étudiants sont arrivés au pouvoir, comme Bart De Wever, au premier plan de la réforme institutionnelle du pays, qui met dos à dos les communautés néerlandophone et francophone.

GASTHOF DE PASTORIJ €€

Sint-Michielsstraat 5
✆ +32 16 82 21 09
www.depastorij.com
Chambre double à partir de 125 € ; suite à partir de 155 €. Petit déjeuner inclus.

Non loin du centre, ce Bed & Breakfast est installé dans une ancienne maison paroissiale de 1912. C'est la raison pour laquelle les chambres ne portent pas de numéro mais des noms d'anges ou de prophètes. Les salles de bains sont spacieuses, tout comme les chambres qui sont meublées avec du mobilier d'antiquaires comme des fauteuils plus modernes. Également quelques suites plus spacieuse avec un coin salon. La décoration est à l'ancienne. La cour extérieure est agréable pour prendre son petit déjeuner, par ailleurs excellent.

MARTIN'S KLOOSTER €€

Onze-Lieve-Vrouwstraat 18
✆ +32 16 21 31 41
Chambre double à partir de 109 €, petit déjeuner 20 €.

Ancien couvent, cet hôtel secrètement lové au bout d'une discrète ruelle piétonnière est un havre de paix insoupçonnable, entouré de chefs-d'œuvre architecturaux de la Flandre moyenâgeuse et Renaissance. Il comprend 39 chambres, dont les mieux équipées sont parées d'un bain bouillonnant ou d'un feu ouvert (cheminée à gaz), assez sobrement décorées néanmoins, très fonctionnelles. Le petit déjeuner buffet servi dans une salle très lumineuse est un agréable moment. Le cachet de l'ancien se marie ici parfaitement avec la modernité.

THE FOURTH €€€

Grote Markt 5

✆ +32 16 22 75 54

www.th4th.com

42 chambres. Chambre double dès 155 €. Petit déjeuner 20 € par personne.

Cet hôtel appelé « The Fourth » fait référence aux quatre vies de l'édifice, immanquable sur la place de l'hôtel de ville avec son style gothique très chargé. En 1459, c'était un lieu de rencontre des guildes de la ville. Démoli puis reconstruit en 1817 en théâtre, bombardé pendant la Première Guerre mondiale, il abritait la Banque nationale de 1930 en 2016. Aujourd'hui, l'hôtel allie histoire et modernité. Son architecture impressionne de l'extérieur et on retrouve la sophistication à l'intérieur. Les chambres sont high-tech et spacieuses. Restaurant réputé.

SWARTEHOND €

Joris Helleputteplein 1

✆ +32 478 28 90 19

Ouvert du lundi au vendredi de 9h à 18h, le samedi de 10h à 18h et le dimanche de 12h à 17h.

Endroit parfait pour une pause café un peu en dehors de l'animation du centre-ville, là où une faune branchée se retrouve autour d'un café ou pour manger différents types de bagels à l'heure du déjeuner, ainsi que de délicieux gâteaux pour une pause gourmande. Vous pouvez profiter de la belle terrasse en été pour déguster leurs délicieux smoothies et autres jus de fruits frais. L'intérieur est cosy avec des divans en cuir. Le personnel est très sympathique et parle anglais (même aux habitants de la ville). Il faut commander au comptoir.

BABO'S €

Munstraat 16

✆ +32 498 06 89 30

www.babosburgersleuven.be

Ouvert tous les jours de 17h à 21h30. Burger : environ 11,50 €.

Chez Babo's, vous trouverez les meilleurs burgers de la ville. Sauces faites maison, nombreuses variétés de pains pour rendre chaque burger unique en son genre. On note une palette de burgers végétariens, et d'autres plus gourmets, à l'image du Mozza Fiato (bœuf haché, fromage, pesto maison, mozzarella, tomates séchées au soleil, parmesan et légumes frais) ou l'aristocrate (bœuf haché, fromage, sauce truffe maison, brie, poire grillée, légumes frais). Le tout avec de belles frites cuites dans la tradition belge. Appétissant non ?

DE WERF €

Hogeschoolplein 5

✆ +32 16 23 73 14

www.dewerf-leuven.be

Ouvert du lundi au vendredi de 11h à 23h. De 11 € à 16 € par personne.

Pâtes, salades, sandwichs et autres encas constituent une carte sans prétention de ce petit resto, le tout préparé avec des ingrédients ultra frais bien assortis et en quantité généreuses. Le décor est authentique, comme le dit son nom « de werf », autrement dit « le chantier ». Même les serveurs ont une ceinture de travail comme les constructeurs ! La terrasse est plus qu'agréable, même en hiver lorsqu'il fait plus froid, grâce aux lampes chauffantes et aux petites couvertures. On note aussi une belle palette de bières artisanales locales pour arroser son plat.

CONVENTO €€

Mechelsestraat 87

✆ +32 468 51 71 35

www.wijnbistro.convento.be

Ouvert du mardi au samedi de 18h30 à 20h30, du mercredi au samedi de 12h à 13h30. Menu lunch 29 €, 4 services 55 €.

Voilà l'une des tables les plus réputées de la ville où les prix sont vraiment raisonnables pour les assiettes de haute volée servies. Et pour cause, ici on émulsionne, on frit, on grille, on transforme les ingrédients pour livrer une belle cuisine moléculaire qui sublime les goûts par des techniques audacieuses. Le tout dans un cadre simple tout en bois où l'on se sent à l'aise. Voyez plutôt ce cochon croustillant tonkatsu à la citrouille, curry jaune et riz soufflé. Il a l'air d'une œuvre d'art ! Pensez à réserver la table est très sollicitée.

DEN ANGELUS €€

Naamsestraat 16

✆ +32 16 22 28 24

www.den-angelus.be

Mercredi-samedi, 18h-21h30. Dimanche, 17h-20h et vendredi-dimanche, 12h-14h. De 22 € à 33 € les plats de viande.

Voici l'une des tables les plus réputées de la ville pour dévorer un bon steak, spécialité de la maison qu'on vous sert découpé en tranches sur une assiette-grill avec des légumes et des frites, mais aussi un steak tartare minute au couteau et des spécialités à la bière, comme le ragoût à la Bertinchamps Brune. La spécificité des viandes servies : elles sont belges, et dans la mesure du possible issues de la ferme bio qui appartient directement au restaurant, tout comme les légumes. Amis végétariens en revanche, passez votre chemin !

DE BLAUWE KATER

Mechelsestraat 51
www.blauwekater.be
Ouvert du lundi au samedi de 11h à 2h, le dimanche de 12h à 2h.

Véritable *bruin café* en plein cœur de Leuven, on y trouve une petite centaine de bières artisanales et rares, principalement flamandes. Le lundi, des concerts de blues ou de jazz animent les murs, des lieux qui ont récemment pris un « coup de vert » avec l'ajout de nombreux panneaux photovoltaïques chapeautant la réfrigération et l'éclairage. Une « bière du mois » vient rafraîchir la carte tous les trente jours environ. Une des meilleures adresses musicales de la ville que nous vous recommandons, ouverte jusqu'à tard dans la nuit tous les jours.

BITTERSWEET

Bondgenotenlaan 108
✆ +32 495 80 08 88
www.bittersweet.be
Ouvert du lundi au samedi, de 10h à 18h.

Le chocolatier un peu fou-fou de Louvain, c'est Bram Jaenen. Il n'hésite pas à bousculer la praline avec des ingrédients improbables : le popcorn, le melon, la fleur de sureau, la betterave… Quand ce n'est pas ça, il ose des associations audacieuses (fraise et cannelle) ou exotique (citron ver et basilic thaï). On sent la proximité de son approche avec celle de Dominique Persoone, le chocolatier-punk brugeois. Chaque praline est une œuvre d'art qui vous secouera les papilles. Vous trouverez aussi des barres de chocolat, pâtes à tartiner et des biscuits.

QUETZAL CHOCOLADEBAR

Alfons Smetsplein 3
✆ +32 16 50 03 14
www.quetzal.be
Ouvert du lundi au samedi de 12h à 22h (le samedi à 13h) ; le dimanche de 13h à 18h.

Il y a des bars à tout, à ongle, à bière, à tapas, à vin, à eau… Et désormais à chocolats ! En effet, le chocolat peut bien revendiquer sa place dans cet univers branché ! C'est un paradis sur terre pour les vrais amoureux de la fève de cacao sous toutes ses formes, glanée au Ghana ou en Équateur (où vit le fameux oiseau Quetzal !). A boire, à grignoter, à savourer, on trouve à cette adresse lounge du chocolat toutes les gourmandises possibles : brownies, coupes glacées, milkshakes, boissons chaudes, dans une ambiance trendy et un décor avenant.

TERVUREN ★★

Tervuren compte 21 000 habitants. Sa particularité est que c'est la seule commune périphérique de la région de Bruxelles-Capitale située dans l'arrondissement de Louvain. Elle abrite le fameux musée royal de l'Afrique centrale qui vaut vraiment le déplacement. C'est l'occasion de faire une balade dans un arboretum de 100 ha comptant 460 espèces d'arbres, dans le prolongement nord-est de la forêt de Soignes. Un passage par les Etangs de Tervuren et la petite place du village complétera la visite.

Transports

Le tramway 44 va directement à Tervuren depuis l'arrêt de métro Montgomery, situé derrière le parc du centenaire (44 minutes).

AFRICAMUSEUM ★★★★

Leuvensesteenweg 13
✆ +32 2 769 52 11
www.africamuseum.be
Du mardi au vendredi : 11h-17h. Week-end : 10h-18h. Vacances et jours fériés : 10h-17h. Adulte 12 € ; gratuit -18 ans.

Ce musée est intimement lié à l'histoire de la colonisation du Congo par la Belgique. Créé en 1897 sous l'impulsion du roi Léopold II, il visait à éveiller la curiosité des Belges pour « l'État indépendant du Congo », propriété personnelle du souverain, aujourd'hui en proie à la controverse contemporaine en raison des atroces tortures perpétrées par les colons. À l'occasion de l'Exposition universelle de 1897, ce dernier fit construire dans le domaine royal de Tervuren le « Palais des colonies ». L'exposition temporaire présentait les « curiosités » du Congo : animaux empaillés, objets d'intérêt ethnographique, produits d'exportation (café, cacao, tabac, etc.). La construction du bâtiment actuel néoclassique fut confiée au Français Charles Giraut, architecte du Petit Palais. Il fut inauguré en 1910 pour la deuxième Exposition universelle. Mais Léopold II meurt en 1909. Avant sa mort, il a légué le Congo à la Belgique.

Aujourd'hui, le musée possède une collection riche de plusieurs milliers d'objets (environ 800 exposés), qui ont alimenté les fantasmes de plusieurs générations et le scénario de *Tintin au Congo* : l'homme-léopard, les gazelles empaillées… L'approche est anthropologique, ethnologique, botanique, zoologique, entomologique, géologique et minéralogique. Le musée, qui est aussi un centre de recherche, De 2013 à 2018, le musée a effectué des travaux de rénovation et expose depuis une vision plus contemporaine de l'Afrique, avec une scénographie inédite dans ses nouveaux bâtiments.

ARBORETUM DE TERVUREN

Tervuren Arboretum
www.arboretum-tervuren.be
Entrée gratuite. Dans le prolongement nord-est de la forêt de Soignes.

Un espace vert d'une superficie d'environ 100 hectares, comptant 460 espèces d'arbres dans le prolongement nord-est de la forêt de Soignes. Les vélos y sont les bienvenus. Consultez le site Internet pour des idées de balades. Un passage par les Etangs de Tervueren et la petite place du village (bistros, glaces ou chocolats chauds) complétera la visite. Pour une promenade guidée, renseignez-vous à l'office du tourisme de Tervuren (Tél +32 2 769 20 81). Accessible via la Jezus-Eik laan entre Notre-Dame-aux-Bois et Tervuren, il est doté d'un vaste parking.

ALOYSE KLOOS €€

Terhulpsesteenweg 2 - **HOEILAART**
✆ +32 2 657 37 37
aloysekloos.be
Ouvert du mardi au samedi de 12h à 14h et de 19h à 21h ; le dimanche de 12h à 14h. Menus de 43 € à 52 €.

Aloyse, c'est le fondateur du restaurant, spécialiste du fumage de jambon, de poisson et des fricassées aux champignons, celui qui a établi la réputation de la maison. C'est son fils Thierry qui est à présent à la tête de ce restaurant au bord de la Forêt de Soignes. Le cadre est un peu vintage mais va bien avec les classiques de la cuisine française qu'on y sert (et bien entendu, les poissons et jambons fumés sur place) ! De beaux produits frais, de saison (notamment une carte spéciale gibier en saison) et une pléthorique carte des vins combleront les gourmets.

PIAZZA ROMANO €€

Kerkplein 25 - **ZAVENTEM**
✆ +32 2 725 66 86
piazzaromano.be
Du lundi au jeudi 12h-14h30, 18h-22h30, vendredi jusqu'à 23h, samedi 18h-23h. Lunch : 19,50 €. Carte : 38 € environ.

Vers l'aéroport, on prend la direction du village. Parce que oui, Zaventem est aussi un village, charmant au demeurant. Et pour moins cher qu'un aller-retour sur Alitalia, on retrouve l'ambiance de là-bas avec une carte d'incontournables et quelques belles surprises gastronomiques comme l'espadon, le trio de carpaccio ou la pasta al forno, saumon et légumes. Les pizzas sont préparées dans la tradition, les pâtes sont fraîches, le tableau des suggestions renouvelé en permanence et les vins sont particulièrement bien choisis. Terrasse.

FLORALIES GARDEN

rue Bergenblok 21 - **WEZEMBEEK-OPPEM**
✆ +32 2 731 56 99
www.floralies.be
Ouvert du lundi au samedi de 9h à 19h ; le dimanche de 10h à 17h.

De père en fils depuis 1949, le paradis du jardinier sur plus de 6 000 m² de serres et de pépinières. Les plantes sont généralement nées dans la maison et ont grandi grâce aux soins attentionnés des pépiniéristes. On trouvera le cache-pot ou la poterie qui lui convient : embarras du choix en taille, forme et couleur ! Pour ceux qui ont la main moins verte, un fleuriste se charge de concevoir de jolies compositions de fleurs coupées (petites ou grandes occasions). Espace déco et art de la table, régulièrement étoffé ; département animalerie et service déco.

GRIMBERGEN ★

Grimbergen est une ville de 40 000 habitants, surtout connue pour son abbaye que fit construire Saint Norbert de Xanten en 1128, et sa bière à haute fermentation, jadis brassée par les moines de l'abbaye. Grimbergen est une ville agréable pour découvrir des monuments classés, son abbaye et sa basilique donc, mais aussi les moulins à eau et la grotte de Lourdes. La ville est surtout connue pour sa bière. La brasserie peut être visitée. Si la célèbre bière est produite de façon industrielle, des séries limitées sont à nouveau conçues par des moines de l'abbaye de Grimbergen, qui ont rouvert une micro-brasserie après 200 ans d'arrêt en 2020.

BRASSERIE DU HEYSEL €€

chaussée Romaine 650
STROMBEEK-BEVER
✆ +32 2 460 47 75
Tous les jours de 11h à 22h ; du jeudi au samedi jusqu'à 23h. Jardin. Terrasse. Carte : 55 € environ. Plat du jour 18 €.

Cette belle villa au cadre cosy et élégant est située juste en face du Palais des expositions. Idéal pour la clientèle liée aux salons, mais pas que... L'établissement sert une cuisine de brasserie avec une carte variée et saisonnière qui plaira toute l'année à toutes les générations. Le grand jardin peut accueillir une centaine de personnes. Quelques jeux pour enfants prouvent que les petites têtes blondes sont les bienvenues. Un chariot à gins et un fumoir témoignent de l'intérêt porté aux plus grands. Limpide... et répété à l'envi.

GRIMBERGEN FENIKSHOF €€

Abdijstraat 20

+32 2 306 39 56

Ouvert tous les jours le midi et le soir. Carte : 20 € environ.

Un endroit idéal pour manger un plat belge et déguster une bière de l'abbaye de Grimbergen. Enfin, voilà plus de 220 ans que la bière de Grimbergen n'est plus brassée entre les murs de l'abbaye éponyme, démolie au XVIIIe siècle par les révolutionnaires français. Mais depuis 1950 la brasserie Alken-Maes utilise ce nom pour produire une bière ambrée. Les moines d'aujourd'hui ne parviennent plus à remettre la main sur la composition originelle après avoir épluché 35 000 livres... Ce qui ne les a pas découragés : une brasserie a été relancée au sein même de l'abbaye.

GRIMBERGEN FENIKSHOF

Abdijstraat 20

+32 2 306 39 56

Renseignements sur les visites : tours@hetfenikshof.be.

Troisième bière d'abbaye dans le giron d'Alken-Maes, la Grimbergen a fait parler d'elle récemment puisqu'en 2021, Carlsberg, responsable de la marque à l'international, et Alken-Maes ont inauguré une brasserie au sein même de l'abbaye. De quoi renouer avec une activité *in situ*, plus de 200 ans après son interruption dans la foulée de la Révolution française. La taverne Fenikshof permet de découvrir les bières brassées sur place et un centre de visiteurs a également été ouvert, qui présente une petite houblonnière et un jardin aux herbes médicinales.

IN DE PATATTEZAK €€

Oude Mechelsestraat 48

STROMBEEK-BEVER

+32 2 267 52 52

https://www.indepatattezak.com/

Ouvert du lundi au vendredi le midi et le soir ; le week-end le soir. Carte : 22 € environ.

Sous ses airs de vieux *bruine café*, le Patattezak est étonnement jeune. On y vient essentiellement manger des spaghettis « cuits à la minute » (la petite taille de la cuisine oblige...), format normal ou maxi. Et on a le choix entre bolognaise, jambon-fromage, fruits de mer et végétarienne, avec la même recette depuis 40 ans. Point à la ligne. Le reste c'est une ambiance bon enfant, un service *brusseleir tweetalig* et une décoration patinée dans laquelle tout le monde se sent bien. Très belle carte de bières et de vins également.

OBSERVATOIRE PUBLIC MIRA

Abdijstraat 22

02 269 12 80

www.mira.be

Ouvert le mercredi et le dimanche (sauf jours fériés), entre 14h et 18h. Entrée : 3 € (sans guide). -10 ans : gratuit.

L'observatoire public Mira est géré par une association à but non lucratif créée en 1967 par le père Pieraerts. Au cours des décennies il a su évoluer et se développer jusqu'à devenir aujourd'hui un lieu de rencontres incontournable pour celles et ceux qui s'intéressent à l'astronomie, théorique ou pratique. En plus de ses instruments sous coupoles, l'observatoire dispose de salles d'exposition et multimédia. Et comme l'équipe d'animateurs est à l'écoute et est pédagogique, la visite est instructive pour un particulier comme pour une famille avec enfants.

Grimbergen.

THERMAE GRIMBERGEN

Wolvertemsesteenweg 74 ✆ +32 22 70 81 96
www.thermae.com/fr/thermae-grimbergen
Dimanche-jeudi, 10h30-23h. Vendredi-samedi, 10h30-00h. Fermé Noël et Nouvel An. Tarif : 30,90 € (32,90 € w-e et fériés).

Il n'y a pas que de la bière à Grimbergen, il y a aussi de l'eau ! Et celle-ci fait du bien au foie, et au corps en général. Ce vaste complexe aux multiples facettes ne ménage pas les efforts pour atteindre les sommets au royaume de la relaxation : piscine, deux hammams, onze saunas, quatre bains bouillonnants, des massages... Le tout réparti en versions « naturiste » et « textile » (comprenez maillots de bain), clairement séparées. On peut même passer le week-end entier dans cette ambiance de cocooning zen en séjournant dans l'hôtel voisin. Restaurant sur place.

DIEST

Sur la rive du Démer, Diest est une petite ville flamande agréable. Outre un superbe béguinage, elle compte de solides remparts fortifiés, quatre églises, une halle aux draps et de belles bâtisses historiques. Comme Bréda aux Pays-Bas, Orange en France, elle était le fief de la dynastie d'Orange-Nassau à laquelle la reine Beatrix appartient. Le plus célèbre fut Guillaume le Taciturne (1553-1584) qui mena la sécession des Provinces Unies des Pays-Bas contre les Habsbourg d'Espagne. Le nom de Diest résonne également aux oreilles des Belges comme le symbole de la délicieuse Gildenbier, cette bière brune au goût doux, avec une pointe de caramel.

© BERT BECKERS - SHUTTERSTOCK.COM

La ville de Diest.

BÉGUINAGE ★★★

Begijnenstraat
A 10 minutes de la Grand-Place. Entrée libre.

C'est l'un des mieux conservés du pays. Fondé en 1253 par le seigneur de Diest, il abrite derrière sa monumentale porte baroque du XVIIe siècle l'église Sainte-Catherine (XIVe siècle) d'un grès brun typique du Demer. Les maisons blanches (surmontées de statues religieuses) datent du XVIIe siècle et abritaient 300 béguines. Depuis 1928, elles ont quitté le béguinage. Dans l'infirmerie et le couvent, se niche le centre culturel, dans les maisons, des ateliers d'artistes et logements sociaux. Le 1er dimanche de septembre il s'illumine de milliers de chandelles.

ÉGLISE SAINT-SULPICE

Grote Markt
Musée ouvert du mardi au dimanche, du 15 mai au 15 septembre, de 14h à 17h. D'octobre à avril : 1er dimanche du mois.

Placée de côté, la grande église en gothique démérien est inachevée mais emblématique de la région avec sa silhouette sombre dont le grès brun local est relevé de pierre blanche. Sa tourelle baroque au carillon de 45 cloches est connue comme le Mosterdpot (le pot de moutarde). À l'intérieur, on accordera toute son attention aux motifs sculptés des stalles de bois du XVe siècle dans le chœur, qui illustrent les sept péchés capitaux et quelques proverbes. À l'intérieur, se trouve le musée des Arts religieux, ouvert du mardi au dimanche.

HÔTEL DE VILLE ET MUSÉE « DE HOFSTADT » ★★

Grote Markt 1
✆ +32 13 35 32 73
Ouvert le mardi, jeudi et vendredi, de 11h à 17h et le week-end, de 13h à 18h. Gratuit.

L'hôtel de ville (XVIIIe siècle), à la façade néoclassique, abrite l'office du tourisme. Il a été bâti sur les fondations d'un hôtel de ville dont il subsiste encore un cave à nervures gothiques, l'autre à voûtes romanes. Installé dans ces caves, le petit musée « De Hofstadt » présente des armures, bois polychromes, blasons, peintures et un statuaire. Les collections sont bien disposées avec le bon espacement, comme si elles meublaient la demeure d'un heureux antiquaire.

TONGRES ★★

Tongres, avec Tournai et Arlon, compte parmi les plus anciennes villes de Belgique. La ville a donc conservé de nombreux vestiges de son passé gallo-romain et autre. Aujourd'hui, c'est une petite bourgade plutôt tranquille de 30 000 habitants, qui a échappé au ravage bétonneur du XXe siècle. Située presque à équidistance des deux cités, elle attire de nombreux habitants de Hasselt et de Liège qui viennent y flâner le week-end. Il faut dire qu'il fait bon se promener dans ses rues, prendre un verre à la terrasse d'un des cafés de la Grand-Place avec vue sur la basilique, ou encore flâner sur le marché aux antiquités du dimanche matin.

MARCHÉ AUX ANTIQUITÉS ET BROCANTE ★★

Leopoldwal

Le dimanche matin.

Voici le plus grand marché aux antiquités du Benelux ! Les Belges, et même les Hollandais et les Français se déplacent de loin pour venir chiner avec bonheur sur cette place réputé d'antiquaires, qui en conséquence est déployée sur un vaste espace. Arrivez tôt (ça commence à 5h !) si vous voulez faire des affaires. Et n'hésitez pas à rentrer dans les boutiques permanentes des antiquaires autour du marché. Il y a aussi des trésors oubliés qui s'empilent jusqu'au plafond !

BÉGUINAGE ET SON MUSÉE

Onder de Linde 12 ✆ +32 12 21 32 59

www.begijnhofmuseumtongeren.be

Béguinage, entrée libre. Musée ouvert du mardi au dimanche de 14h à 17h. Adulte 4 €. Gratuit en dessous de 6 ans.

Le quartier du béguinage est pittoresque avec ses petites maisons restaurées. Au début du XVIIIe, il comptait 300 béguines et une centaine de maisons. Il est très agréable de se balader dans les rues pavées. L'église Sainte-Catherine date de 1294. Bonnes sœurs ou laïques ? Féministes ou soumises ? Dans le musée Beguina installé dans une maison de béguine authentique de 1660, on trouve pas mal de réponses. Au programme : l'exposition « Trésors des béguines » (Schatten van de begijnen), un petit film, une bière du béguinage, une boutique et un jardin aromatique.

MUSÉE GALLO-ROMAIN ★★

Kielenstraat 15

✆ +32 12 67 03 30

www.galloromeinsmuseum.be

Ouvert du mardi au vendredi de 9h à 17h ; le week-end de 10h à 18h. Adulte 8 €, 4-18 ans 1 €. Expo temporaire 10 €.

Ce superbe musée, parmi les plus importants de la région, est l'attraction principale de Tongres. Il abrite une collection d'objets des civilisations de la région de la préhistoire jusqu'au haut Moyen Age. Les collections (2 200 objets authentiques !) sont présentées de manière interactive, avec de nombreux moyens multimédia, dessins éducatifs, reconstitutions de scènes... Des présentations en 3D permettent par exemple de découvrir l'intérieur d'une habitation romaine. Ne manquez pas la maquette de la ville de Tongres, telle qu'elle existait en 150 ap. J.-C.

FORTIFICATIONS MÉDIÉVALES ★

Elfde-Novemberwal

Au IIe siècle, les Romains protègent Tongres d'épaisses murailles, longues de 4,5 km. Au Moyen Age, la ville se dote de remparts plus conséquents, construits partiellement sur les murailles romaines, et ponctués de six portes. L'une d'entre elles, la Moerenpoort (1379), ou porte de Visée, abrite un petit musée (gratuit) sur l'histoire des remparts. En grimpant au sommet s'offre un joli panorama sur la la ville. Près du béguinage, la tour des Drapiers faisait aussi partie de l'enceinte.

STATUE D'AMBIORIX ★

Grote Markt

www.toerismetongeren.be/fr/ambiorix

Ambiorix était un brave Gaulois ayant défié César en 54 av. J.-C. Cette grande statue fut érigée en 1866 par le sculpteur français Jules Bertin et comprenait un aigle au pied droit d'Ambiorix. Dans les années 1970, des étudiants éméchés cassent l'aigle de 32 cm et 5 kg en escaladant la statue et l'emportent sans que personne ne s'en aperçoivent pendant des décennies ! L'aigle en bronze réapparut lorsqu'un historien s'y intéressa et exposa lors d'une conférence sa disparition. L'enquête remonta jusqu'à la maison d'un ancien étudiant... alors âgé de près de 70 ans !

O-L-VROUWEBASILIEK - BASILIQUE NOTRE-DAME ★★

Grote Mark

Basilique, entrée libre. Trésor : du 01/04 au 30/09 10h-12h et 13h30-17h, sauf lundi matin. Prix : 2,50 €.

Cet édifice gothique s'élève sur l'emplacement d'une ancienne basilique chrétienne datant du IVe siècle, qui aurait été la première église dédiée à la Vierge au nord des Alpes. Une église romane fut édifiée à sa place au XIIe siècle (dont il reste le merveilleux cloître), mais fut détruite par un incendie en 1213. La construction de l'actuelle basilique débuta en 1240 et ne fut terminée que trois siècles plus tard. Une grâce spéciale semble avoir été accordée à la basilique Notre-Dame-de-Tongres. Le chœur ainsi que la nef centrale furent achevés durant le XIIIe siècle ; l'abside et les chapelles latérales datent du XIVe, tandis que la tour gothique, commencée en 1442, ne fut achevée qu'en 1509. Le grave incendie de 1677 a exigé la restauration en profondeur de l'église qui n'en fut que plus embellie. Une incroyable harmonie en émane, comme si les bâtisseurs avaient trouvé un nombre d'or, une perfection des proportions qui rendent l'édifice magique aux yeux les plus profanes. L'église, d'un gothique très pur, est accolée à un magnifique cloître roman. Dans l'entrée latérale, un émouvant christ de bois roman vous contemple. La statue de Notre Dame de Tongeren « Cause de Notre Joie » en bois de noyer date de 1479.

▸ **Le trésor.** C'est l'un des plus riches du pays. Il recèle des œuvres sculptées religieuses et des orfèvreries remontant aux temps mérovingiens (VIe siècle) jusqu'au XIXe siècle. La visite vaut le coup d'œil pour les reliques les plus anciennes notamment.

© TWANWIERMANS

HOTEL EBURON €€

Schiervelstraat 10

✆ +32 12 23 01 99

www.eburonhotel.be

A partir de 104 € la double, petit déjeuner 19 € par personne.

Cet ancien couvent au design contemporain est un hôtel haut de gamme 4-étoiles situé plein centre, au cœur du marché des antiquaires du dimanche. Des vierges pimpées en fuchsia, couleur de la moquette, rappellent qu'il s'agissait d'un saint lieu. Mais les chambres n'ont rien de monastique ! Des lits king size, une baignoire îlot... le grand confort, mais le tout assez épuré. Esaki, un restaurant japonais dans une majestueuse salle en brique bien valorisée par l'aménagement et les luminaires invite à s'attabler et prolonger la soirée. Somptueux petit déjeuner.

INFIRMERIE €€

Sint Ursulastraat 11

✆ +32 12 44 10 44

www.infirmerie.be

Du mercredi au vendredi à partir de 17h, samedi à partir de 11h30 et dimanche à partir de 11h. Menu 3 services 48,50 €.

Au cœur de l'ancien béguinage, l'un des plus anciens de Flandre, cette brasserie constitue un véritable *must*. On n'y soigne pas les malades, juste la faim ou l'envie de se sustenter d'un bon plat du terroir limbourgeois. Un cadre historique et religieux malgré un aspect et une atmosphère contemporaine. On y commande un plat sur le pouce, juste une trappiste ou un grand menu. La terrasse invite au repos salvateur dans la cour emmurée de pierres et de gros pavés. Dépaysement temporel assuré. Service correct joliment réglementé.

MAGIS €€€

Hemelingenstraat 23

✆ +32 12 74 34 64

www.restaurantmagis.be

Ouvert du jeudi au dimanche, midi et soir, sauf samedi midi. Menu à partir de 88 €. Menu surprise 4 services : 93 €.

Aagje Moens et Dimitri Lysens mènent à la baguette l'unique restaurant étoilé de la vieille ville. Les mets et les assiettes sont raffinés, font la part belle aux produits frais et à la cuisine moléculaire, entre esthétique, science et savoir-faire. C'est joli et délicieux. Pas de nom à rallonge pour les plats, juste les ingrédients de saison et le chef s'occupe de surprendre les hôtes avec sa cuisine ! Le cadre sobre, lumineux et contemporain de la salle aux nappes impeccables s'allie au charme historique du jardin intérieur.

HASSELT ★

Dans ce charmant petit chef-lieu du Limbourg qui compte un peu plus de 70 000 habitants, il est intéressant de s'arrêter un peu et d'y planter un camp de base. Hasselt se révèle en effet attirante pour de multiples raisons. D'abord, son genièvre et sa grande diversité de commerces et boutiques originales, véritable paradis pour les amateurs de shopping. Pour une visite de la ville d'une manière un peu alternative, téléchargez l'application « Jenever Route », qui vous permettra de découvrir l'histoire du genièvre (durée : 1h). Aussi, le centre de la ville est cerné d'un boulevard circulaire (Groene Boulevard), avec une large promenade piétonne. À l'intérieur de cette ceinture, quelques monuments anciens et une Grand-Place vivante, bordée de terrasses de café très agréables.

Transports

- **Bus.** Différentes lignes de bus existent pour circuler à l'intérieur de Hasselt ainsi que pour rejoindre les villes alentour (Genk, Tongres). Toutes les lignes passent par la place de la Gare. Toute la ville peut se parcourir à pied.
- **Voiture.** Hasselt est accessible par les autoroutes E313 (Liège-Anvers) et E314 (Louvain-Lummen-Aix-la-Chapelle). On trouve de nombreux parkings dans le centre-ville et les alentours.
- **Train.** Trois trains par heure relient directement Bruxelles à Hasselt. La ville est également accessible depuis Liège, Namur, Charleroi, Gand, Bruges, Anvers. La gare est facilement accessible à pied depuis le centre.

ABBAYE HERKENRODE ★★

Herkenrodeabdij 4 ✆ +3211334370
www.abdijsiteherkenrode.be
Toute l'année du mardi au dimanche 10h-17h. Abbaye adulte 5 € (audioguide inclus), jardin 4 €. Combiticket : 7 €.

L'abbaye était un monastère de religieuses cisterciennes fondé en 1182. Son histoire est détaillée au Centre d'Information, dans les anciennes écuries et la remise des calèches, à travers un parcours contant 600 ans d'histoire, celle des femmes d'Herkenrode. L'audioguide « L'abbesse raconte » vous plonge également dans une immersion interactive. Dans la boutique, bouquins, produits gourmands, épices et bières trappistes sont proposés aux visiteurs, qui peuvent venir découvrir, d'avril à novembre, le jardin des plantes et faire un tour à vélo au cœur du domaine.

LE PARADIS DU VÉLO

Le Limbourg séduira, sans aucun doute, tous les adeptes de la petite reine. Le réseau de véloroutes couvre ici 1 860 km et est particulièrement bien entretenu et sécurisé. Grâce à un système de bornes numérotées, vous pourrez aisément établir un itinéraire à votre mesure et le suivre. À chaque borne, vous trouverez un panneau d'information avec une carte du réseau de véloroutes. Les panneaux indiquent également le chemin vers les cafés ou les restaurants pour cyclistes les plus proches, pour une pause bien méritée. Vous pourrez louer des vélos dans différents lieux répartis sur la province, ainsi que des sièges pour enfants, des tandems, des vélos électriques.

CATHÉDRALE SAINT-QUENTIN ✝ ★★

Vismarkt
Cathédrale ouverte tous les jours de 9h30 à 17h30. Tour Carillon : visite guidée le premier samedi du mois : 4 €.

La cathédrale Saint-Quentin, dédiée au saint patron de la ville, a été bâtie entre le XIe et le XIIIe siècle sur les ruines d'une église plus ancienne (VIIIe siècle). La tour (62 mètres) superpose quatre périodes de construction. Le soubassement est de style roman (XIIe siècle). La superstructure remonte au XIIIe siècle et compte trois baies aveugles. La tour (de 1725) est connue comme étant la plus décorée et la plus belle du Limbourg belge.
Au XVe siècle, les Hagenprekers (prêtres protestants) issus des Pays-Bas venaient y prêcher, s'ensuit une période iconoclaste pendant laquelle sont détruits le tabernacle, les statues, l'autel latéral et l'autel principal. On peut encore y admirer « la croix triomphe » qui pend sur l'arc de triomphe (XVe siècle) qui symbolise les quatre évangélistes. Restaurée au XIXe siècle, on lui a ajouté des vitraux gothiques et quelques tableaux provenant de l'abbaye de Herkenrode. Les murs ont été redécorés avec des fresques de Godfried Guffens (1823-191), artiste local. L'orgue magistral a subi beaucoup de restaurations au cours du temps. A trois claviers, il est, paraît-il, considéré comme le plus ancien de Belgique.

- **Musée du Carillon.** Il se trouve à l'intérieur (une fois gravi les 182 marches). Depuis le clocher, vous aurez également une belle vue sur la ville. Le carillon de 47 cloches est réputé comme sonnant le mieux dans tout le Limbourg. Aventurez-vous à grimper jusqu'à la plateforme des cloches. On y donne régulièrement des concerts (se renseigner à l'office de tourisme).

Cathédrale Saint-Quentin.

GRAND-PLACE ★

Grote Markt

Au coin de la place et de Kapelstraat, la pharmacie située dans une maison de style Renaissance : 't Sweert est ouverte depuis 1713 ! L'année 1659, qui est gravée sur la façade, témoigne d'une rénovation partielle antérieure, le bâtiment datant du XVe siècle. Son étage à encorbellement est un petit joyau de colombages à damier aux carrés remplis de diagonales. L'hôtel de ville, quant à lui, est logé dans une ancienne maison patricienne classique du XVIIe siècle. Il ne possède cependant pas la splendeur ni le faste de nombreux autres hôtels de ville du pays.

JARDIN JAPONAIS ★

Gouverneur Verwilghensingel 23

✆ +32 11 23 52 00

www.japansetuin.be

Du mardi au dimanche de 10h à 17h (à partir de 13h30 les jours fériés). Tarifs : adultes 6 €. Parking gratuit.

Le Jardin japonais d'Hasselt s'étend sur 2,5 hectares. L'espace a été aménagé par une équipe japonaise de la ville d'Itami, jumelée avec Hasselt. Le résultat est un enchantement de sentiers au tracé complexe que vous prendrez plaisir à découvrir. La création de la végétation a nécessité la plantation de plus de 200 cerisiers du Japon, 1 000 iris et 1 500 buissons divers. Les 257 rochers subtilement mis en scène portent plusieurs édifices : une maison de cérémonie, une maison de thé (avec cérémonie du thé), une pergola et une cafétéria. Activités et festivals.

MUSÉE DE LA MODE DE HASSELT

Gasthuisstraat 11 ✆ +32 11 23 96 21

www.modemuseumhasselt.be

Ouvert uniquement pendant les expositions temporaires. Du mardi au dimanche : de 10h à 17h. Adulte 8 €.

Hasselt est la capitale limbourgeoise de la mode. Les petites boutiques et grandes marques sont légion et font la part belle à un centre-ville qui rayonne d'enseignes uniques. Et si les habits font l'homme..., dans ce cas de figure, ils font aussi la richesse de cité. Les richesses des collections de ce musée sont innombrables. Les fashionistas doivent au moins un jour venir y porter leur regard de passionnée. D'ailleurs, la visite est recommandée aux étudiants en stylisme.

MUSÉE DU GENIÈVRE

Witte Nonnenstraat 19

✆ +32 11 23 98 60

www.jenevermuseum.be

Ouvert du mardi au dimanche de 10h à 17h. Adulte 7 € (avec expo temporaire et dégustation).

Hasselt produit du genièvre depuis le XVIIe siècle. Ce musée du genièvre, installé dans l'ancienne distillerie Stellingwerff-Theunissen (XIXe siècle), est un monument d'archéologie industriel. On y apprend tout sur l'histoire du genièvre belge. La distillerie produit encore chaque année environ un millier de bouteilles ! La dégustation est bien sûr comprise. L'office de tourisme propose aussi une Route du Genièvre comprenant une visite guidée du musée et une balade dans la ville avec des explications éclairées sur des lieux historiques relatifs à cette histoire.

MUSÉE MUNICIPAL

Guido Gezellestraat 2
✆ +32 11 23 98 90
www.visithasselt.be/fr/het-stadsmus
Ouvert du mardi au vendredi de 10h à 17h ; le week-end de 13h à 17h. Entrée gratuite. Expos temporaires payantes.

Le musée municipal raconte l'histoire de Hasselt depuis sa naissance, les traditions développées ici, en particulier la céramique, mais aussi le fameux genièvre. On apprend tout sur les personnages célèbres, comme le géant Langeman qui ne sort que tous les sept ans dans les rues de la ville ! On peut ici aussi opter pour la Route du Stadsmus : la visite guidée du musée et une promenade historique dans les rues, qui met l'accent sur l'histoire du comté de Loon, de Liège à Hasselt. Avant le départ, dégustation d'une bière régionale du Limbourg au Tuincafé.

VISIT HASSELT

Maastrichterstraat 59
✆ +32 11 23 95 40
www.visithasselt.be
Ouvert tous les jours de 10h à 17h. HasPas : 18 €.

Le bureau est plein d'informations touristiques, culturelles et pratiques. Vous y trouverez des cartes thématiques pour guider vos balades (circuit street art ainsi qu'une carte faite par des locaux qui reprend les lieux phares de la ville). C'est également ici que vous trouverez les cartes pour cyclistes qui couvrent tout le Limbourg. Enfin, vous pourrez y acheter le HasPas, petit carnet bien pratique qui vous donnera accès aux différents musées de la ville mais qui offre aussi des petits extras dans certains établissements participants. Un vrai bon plan Futé !

HOSTEL H €

Spoorwegstraat 80
✆ +32 11 45 50 81
www.jeugdherbergen.be/fr/hasselt
Accueil de 7h30 à 10h et de 16h à 22h30. Dortoir de 29,20 € à 32,40 €. Pique-nique : 9 €.

Toute belle et neuve, cette auberge de jeunesse, inaugurée en 2015, s'avère très pratique vu sa situation près de la gare ferroviaire. Les installations sont bien entendu basiques, mais fonctionnelles, irréprochablement propres et neuves, et la literie est bonne. Ouverte à tous, c'est un super plan pour les jeunes, les moins jeunes, et les familles ! Dortoirs mais également chambres doubles et familiales, le tout à prix vraiment syndical. Cuisine collective bien pratique et paniers pique-nique à emporter les jours de visite.

B&B HOTEL HASSELT €€

Thonissenlaan 75
✆ +32 11 26 09 80
www.hotel-bb.com/fr/hotel/hasselt
Chambre double à partir de 72 €. Petit déjeuner : 15 €.

Situé sur le boulevard et juste à côté du « Quartier bleu » en devenir le long du canal, ce B&B Hasselt tout neuf est parfait pour les voyageurs chez qui l'essentiel est dehors. Non pas que l'hôtel laisse à désirer, au contraire, les chambres sont de bonne taille, confortables, très bien équipées, avec de jolies têtes de lit à l'esprit 70's pour le côté design. La petitesse des espaces publics, quoique joliment décorés, pousse plutôt à aller se balader qu'à traîner dans le lobby. On profite de l'offre d'un petit déjeuner complet et direction l'exploration !

YUP HOTEL €€

Thonissenlaan 52
✆ +32 11 23 11 11
www.yuphotel.com
Chambre simple à partir de 54 €, double 69 €. Petit déjeuner : 15 € par personne.

Yup l'acronyme, (en anglais), de jeunes urbains et professionnels. Situé en plein centre d'Hasselt. Le Yup Hotel est ouvert depuis 2015. Hôtel moderne, totalement branché même, à la décoration industrielle en métal et en bois, il est parfait pour les trenteaires à la recherche d'une adresse arty. Les chambres sont appelées « cabines », car elles sont petites, mais bien agencées et équipées (climatisation, écran LCD, etc). Au centre de la chambre, on découvre un « lit-cocon » très agréable. On y trouve aussi un restaurant italien : Pasta e Pane.

BBC - BREAKFAST, BRUNCH & COFFEE €

Zuivelmarkt 13
✆ +32 11 18 87 29
www.bbchasselt.be
Ouvert tous les jours sauf mercredi, de 9h à 15h, jusqu'à 16h le samedi, 14h30 le dimanche.

Situé au centre d'Hasselt, ce petit restaurant est parfait pour petit déjeuner ou pour bruncher. On retrouve dans leur carte un choix varié de plats réalisés avec des produits frais. La nourriture est bio et faite maison. Petits prix, ambiance cosy et terrasse sympathique. La limonade maison est un délice ! C'est aussi un coffee shop confortable à l'américaine avec des banquettes coussins et un puissant wifi pour travailler ou boire un café l'après-midi.

DE GOEI GOESTING €€

Zuivelmarkt 18

✆ +32 11 32 52 82

www.degoeigoesting.be

Ouvert du lundi au vendredi de 12h à 22h ; le week-end de 8h30 à 22h. Menus de 34 € à 68 €.

Avec son cadre agréable, ce restaurant est réputé comme le meilleur de la ville. Installé dans une maison de maître du XVIIIe siècle, on y sert une plaisante cuisine franco-belge agrémentée d'influences méditerranéennes, accompagnée de bons vins. On se délecte ici par exemple d'un filet de morue en croûte de pain croustillante, sauce dijonaise, brocoli, salicorne, purée de pommes de terre. La carte propose aussi plein de petits plats gastronomiques à partager. On peut aussi y prendre le petit déjeuner, le thé et, en été, on mange sur la terrasse ombragée.

DE ORANGERIE €€

Walputstraat 9

✆ +32 11 30 31 06

https://walputsteeg.com/

Ouvert du lundi au samedi, de 10h à 23h (la cuisine ferme à 21h). A la carte : environ 45 €. Plat du jour : 18 €.

La particularité de cette Orangerie, c'est qu'il s'agit en fait d'une ruelle couverte par une splendide verrière ornée de plantes et qui invite les convives à prendre place en terrasse plutôt qu'à l'intérieur… mais à l'abri des intempéries : original et vraiment charmant. Lorsque qu'il fait froid, on peut se couvrir d'un plaid et la terrasse est chauffée. Côté assiette, des grands classiques belges (carbonnades), italiens (pâtes) et quelques invités comme du gibier en saison. Une cuisine de brasserie honnête, en somme. C'est bon, copieux et le service est rapide.

MAISON BLANCHE €€

Maastrichterstraat 82

✆ +32 11 37 70 61

www.maison-blanche.be

Lundi au vendredi 9h-16h, vendredi 18h-23h, samedi 9h-23h ; dimanche 9h-12h. Pdj et lunch : 25 €. Menus dès 55 €.

Connue pour ses petits déjeuners gratinés dont la réputation n'est pas volée, la Maison Blanche émet également une proposition honnête lorsqu'il s'agit du déjeuner, mais aussi pour ses dîners le week-end. Ce restaurant doit son nom à son style épuré, ses tables, chaises et vaisselle totalement blanches. Également un grand choix de salades, pâtes fraîches et woks gastronomiques. On a beaucoup aimé parmi les plats de résistance, les scampis maison blanche, légèrement flambées, avec une sauce tomate épicée et une touche fraîche d'anis.

SMAAKSALON €€

Maastrichterstraat 61

✆ +32 490 56 62 99

www.smaaksalon.be

Ouvert tous les jours de 9h à 17h. Carte : 20 € environ. Buffet : 14 €.

Dans ce salon orné de moulures dorées, lustre pimpant et autres coquetteries, on déguste des spécialités hasseltoises et des plats aussi excellents que copieux. La terrasse est très agréable pour les beaux jours mais il est vrai que c'est à l'intérieur que l'on peut jouer à être une grande dame ou un gentilhomme du XIXe. Pour autant, l'établissement ne propose pas seulement des plats en bonne et due forme, on peut tout à fait opter pour un snack, une salade ou même s'offrir une pause-café accompagnée de sa dame speculaas (et non speculoos, on le répète !).

MARLOO'S €€

Minderbroedersstraat 5

✆ +32 11 18 99 10

marloos.be

Ouvert du lundi au vendredi de 9h à 17h ; le samedi jusqu'à 19h. Carte : 25 € environ.

Depuis l'ouverture, les Hasseltois se pressent pour venir prendre le petit déjeuner, le déjeuner ou le brunch chez Merloos et c'est vrai qu'il y a de quoi se régaler avec une carte qui fait plaisir à tous : des fluffy pancakes pour les gourmands, des pittas poulet avec salsa et sauce au yaourt pour ceux qui aiment l'exotisme, des falafels pour les vegans… Si on n'arrive pas à décrocher une petite place en terrasse, on préfèrera alors la salle de l'étage, plus intime et avec un joli parquet, que celle du bas où on est plus collés serrés. Une popularité méritée !

BAKKERSDOCHTER

Minderbroedersstraat 28

www.bakkersdochter.be

Ouvert du mercredi au vendredi de 9h à 18h ; le samedi de 8h à 18h ; le dimanche de 8h à 15h.

Comme cette boulangerie porte bien son nom : *Bakkersdochter*, c'est la fille du boulanger en néerlandais. Jacques Vanderstraeten, le papa, est au fournil et Heleen, la fille, en boutique. Une équipe gagnante qui a investi un magasin de poche mais plein de bonnes choses : pains, gâteaux, viennoiseries, biscuits mais surtout, LA spécialité sucrée de Hasselt : le speculaas (et non pas spéculoos). Ils sont bel et bien cousins mais au lieu d'être un biscuit plat et sec, le speculaas est bombé, légèrement croustillant à l'extérieur et moelleux à l'intérieur. Immanquable.

BREWMINE

Raamstraat / Zuivelmarkt
✆ +32 11 15 12 12
www.brewmine-tap.be
Ouvert de mardi à dimanche, de 15h à 00h.

Cette micro-brasserie a planté ses cuves en plein milieu de Hasselt. Inaugurée début 2022, c'est d'ailleurs la première à rouvrir en ville depuis 1965. Derrière l'initiative se trouve une bande de passionnés mais aussi Brouwland, un fournisseur de matériel de brasserie. Dans sa grande tap room qui ressemble plus à un bar lounge qu'à un café, vous aurez le choix entre 20 sortes de bières de styles bien différents : classique belge ambrée, IPA's, porters ou encore bières de type allemand. L'équipe du bar est vraiment sympa et répondra à toutes vos questions.

KOKS & TALES

Schrijnwerkersstraat 9
www.koksandtales.com
Ouvert du mardi au samedi, de 17h à minuit.

C'est LE bar à cocktail de Hasselt. Tout y est : le look Années folles, le velours sur les sièges, la lumière tamisée, les étagères sur 5 étages remplies d'alcools les plus rares tandis que l'avant du bar expose teintures et autres bitters, la playlist jazzy… et un barman qui sait y faire ! Outre les bons vieux mixes que vous connaissez tous, le bar a ses propres créations mais on vous recommande le « Beauty & the Beast », à base de genièvre évidemment, mais avec une mise en scène qui vaut à elle seule la commande. On ne vous en dit pas plus !

TARTE TATIN

Walputstraat 19
✆ +32 11 75 67 62
www.tarte-tatin.be
Ouvert du mercredi au lundi de 8h30 à 18h.

L'endroit parfait pour déjeuner ou pour faire une pause gourmande à toute heure de la journée. On y mange de délicieuses tartes réalisées par la patronne le jour même et on peut bien sûr l'accompagner d'une boisson artisanale ou chaude. L'ambiance est cosy, on se croirait presque dans un salon privé. Décoration assez rustique, service en porcelaine dépareillé dans lequel d'excellents thés ou cafés vous seront servis. Les déjeuners sont copieux, les prix raisonnables, le service très sympathique. Un coin jeux est mis à disposition des enfants.

BERINGEN

Cité ouvrière dont la dernière mine a fermé en 1989, Beringen doit sa réputation à son haut lieu de charbonnage unique. Le cœur industriel a été conservé. Aujourd'hui, cette ville de près de 40 000 habitants propose une visite culturelle interactive, mais aussi activités au grand air possibles grâce au parc d'aventures situé sur le terril. Insolite : la ville compte un site de plongée inédit : un ancien décanteur du charbonnage de 6 200 m², qui s'enfonce sur une profondeur de 10 mètres et 43 mètres de diamètre ! Un milieu marin tropical accueillant notamment poissons et végétaux a été recréé. Plus d'infos sur www.todi.be.

VLAAMS MIJNMUSEUM - MUSÉE FLAMAND DE LA MINE ★★

Koolmijnlaan 201
✆ +32 11 45 30 25
www.mijnmuseum.be
Ouvert tous les jours de 10h à 17h. Visite guidée à 11h, 13h et 15h. Entrée : adulte 6 €, 6-18 ans 4 €.

La mine de Beringen ferma en 1989. Presque tout le site minier a été conservé en l'état ; depuis les chevalements, les bâtiments industriels, les cités-jardins, jusqu'aux terrils et au parc du directeur ! Le musée explique ce qu'était une mine de charbon et comment elle fonctionnait. Une visite très intéressante et assez émouvante, car ce sont d'anciens mineurs qui vous guident à travers des couloirs reconstitués en galeries minières et une vidéo restitue leur vie quotidienne.

TODI

be-MINE 1
✆ +32 11 36 40 40
www.todi.be
Mer. 12h-20h, ven. 12h-21h, WE 9h-18h. 16 €-37 € selon la période et du type de plongée. Location du matériel : 12 €.

Une aventure de plongée tropicale en Belgique, ça vous dit ? La chose est désormais possible ! Avec plus de 2 200 poissons d'eau douce dans un bassin, les plongeurs (avec tuba ou bonbonne) nagent parmi une trentaine d'espèces de poissons venues du monde entier dans un décor de récif artificiel plus vrai que nature. C'est bien plus fun que dans un centre de plongée classique. TODI est aussi un exemple de reconversion puisque le bassin a été construit dans le décanteur de l'ancienne mine de charbon de Berigen. Un restaurant y est ouvert tous les jours.

GENK

Cette ville de 70 000 habitants joue parfaitement avec ses contrastes urbanistiques. Son passé minier est subtilement intégré dans les nouveaux projets architecturaux en plein développement. En réalité, peu de touristes étrangers ne s'aventurent ici, même si on est proche de la frontière néerlandaise, car la ville offre peu d'intérêts. Quelques curieux découvriront ce passé de « pays noir », spécialement la visite en réalité augmentée C-Mine, mais aussi pour se balader dans le parc national de haute Campine tout proche, le premier créé en Flandre et qui compte une quarantaine de randonnées. Leur club de foot est particulièrement connu en Belgique.

DOMAINE DE BOKRIJK ★

Bokrijklaan, 1 ✆ +32 11 26 53 00
www.bokrijk.be
Musée : d'avril à fin octobre, tous les jours sauf lundi 10h-18h. Adulte 15 €. Domaine : toute l'année, gratuit.

Vous y découvrirez la manière dont les habitants de la région vivaient, travaillaient et s'amusaient, à travers la reconstitution de villages flamands de la région. Les bâtiments (églises, fermes, moulins, auberges…) sont tous des originaux et ont été démontés puis rassemblés ici depuis l'ouverture du musée en 1958. Les dimanches et pendant l'été sont organisés de nombreux événements (voir site). Le domaine de Bokrijk compte aussi 550 hectares de forêts, d'étangs et de jardins où se balader, et une étonnante nouvelle piste cyclable de 212 m qui traverse un lac.

C-MINE

Evence Coppéelaan 91
✆ +32 89 65 44 90
www.c-mine.be
Ouvert du mardi au dimanche de 10h à 17h. Adulte 10 €, 6-18 ans et étudiant 6 €.

Sur l'ancien site minier de Winterslag, patrimoine industriel et activités contemporaines et artistiques se côtoient. La visite de réalité augmentée Expédition C-mine plonge les visiteurs au cœur de l'histoire minière de la région. Une immersion dans les récits passionnants de la mine. Un ventilateur impressionnant invite à parcourir galeries souterraines et installations pour mieux comprendre la vie de mineur de façon quasi réelle. La visite s'achève par la montée du chevalement de plus de 60 mètres pour admirer la vue sur les environs verdoyants du Limbourg.

PARC NATIONAL DE LA HAUTE-CAMPINE ★

Winterslagstraat 87
✆ +32 89 65 56 65
www.nationaalparkhogekempen.be/nl
Entrée libre. Porte principale et centre d'accueil des visiteurs au Terhills à Maasmechelen.

Depuis 2006, ce parc national est le 1er parc en Flandre. Plus de 5 000 ha de bois et de bruyère y sont gérés et protégés, le parc offre près de 300 km de randonnée et 40 boucles qui varient de 3 à 14 km, ainsi que des pistes cyclables. On y observe des oiseaux comme l'alouette des bois, et des rapaces comme l'autour des palombes. Côté flore, une bruyère violette domine avec le chêne rouvre, marais, tourbes et forêts de conifères. Vous trouverez des cartes aux 5 portes d'accès au parc.

Parade à Genk.

BRABANT FLAMAND / LIMBOURG

FLANDRE-ORIENTALE / PROVINCE D'ANVERS

Bordée au nord par les Pays-Bas, la province d'Anvers est la plus septentrionale de Belgique. Elle possède de nombreux attraits. Anvers, ville splendide à la fois séculaire et branchée, est, bien sûr, son pôle d'attraction touristique principal pour ses divers musées, cathédrales, ses magasins et ses restaurants. Son port, le second plus grand d'Europe est aussi une curiosité. Et bien entendu ses manifestations culturelles, très variées car la ville est jeune et économiquement très dynamique. La province de Flandre-Orientale (Oost-Vlaanderen) est située au nord-ouest de la Belgique, à la frontière des Pays-Bas. Non loin de Lille, elle attire nombre de Nordistes qui s'y rendent très régulièrement le week-end. Son principal centre d'intérêt est la ville de Gand, qui justifie à elle seule le détour, hors du traditionnel triangle Bruxelles-Bruges-Anvers.

200 M
Centre historique d'Anvers
Wandelterras Noord
Steenplein
Burchtgracht
Veemarkt
Jordaenskaai
Zakstraat
Vleeshouwersstraat
MUSEUM VLEESHUIS
Palingbrug
Kuipersstraat
Ponton 't Steen
Steenplein
Willem Ogierplaats
Bullinckplaats
Braderijstr.
Zilversmidstraat
MUSÉE DE REEDE
Grote Markt
Steenplein
RIVER TOURS
GRAND PLACE (GROTE MARKT)
HÔTEL DE VI LLE (STADHUIS)
DIVA – MUSÉE DU DIAMANT
Suikerrui
BIA MARA
DA GIOVANNI PIZZERIA RISTORANTE
MATELOTE
Ernest van Dijckkaai
Gr. P. Potstr.
Wandelterras Zuid
St.-Annatnl.
VLAEYKENSGANG
SIR ANTHONY
Vlasmarkt
Hoogstraat
GRAND CAFÉ DE ROODEN H
MISTRAL
'T SANDT
Zand
Stoofstraat
Reyndersstraat
RAS - ZUIDERTERRAS
POULE & POULETTE
Sint-Jansvliet
MUSÉE PLANTIN-MORETUS
Leeuwenstr.
Bergstr.
LOA
Vrijdagmarkt
Steenhouwersvest
DRIES VAN NOTEN
Scheldeken
Oever
Oever
Plantinkaai
Steegsken
Muntstraat
MOMU – MUSÉE DE LA MODE
NATIVE
Martin Lutherplein
Augustijnenstraat
Kopstraat
Theodoor Rijswijckp
Vlaanderenstr.
Munth.
Waaistr.
St.-Michielstraat
ÉGLISE SAINT ANDRÉ (SINT ANDR
Lange Riddersstraat
Pompstraat
Nationalestraat
Arsenaalstraat
Korte Vlierstraat
Salm-Salmstr.
Bogaarde
SEVENTY ONE
Steenbergstraat
Sint-Michielskaai
Fortuinstraat
Kloosterstraat
Lode Sebregts Parkje
Goedehoopstraat
Pachtstr.
Lange Vlierstraat
Aalmoezenier
Prekersstraat
Riemstraat
Van Craesbeeckstr.

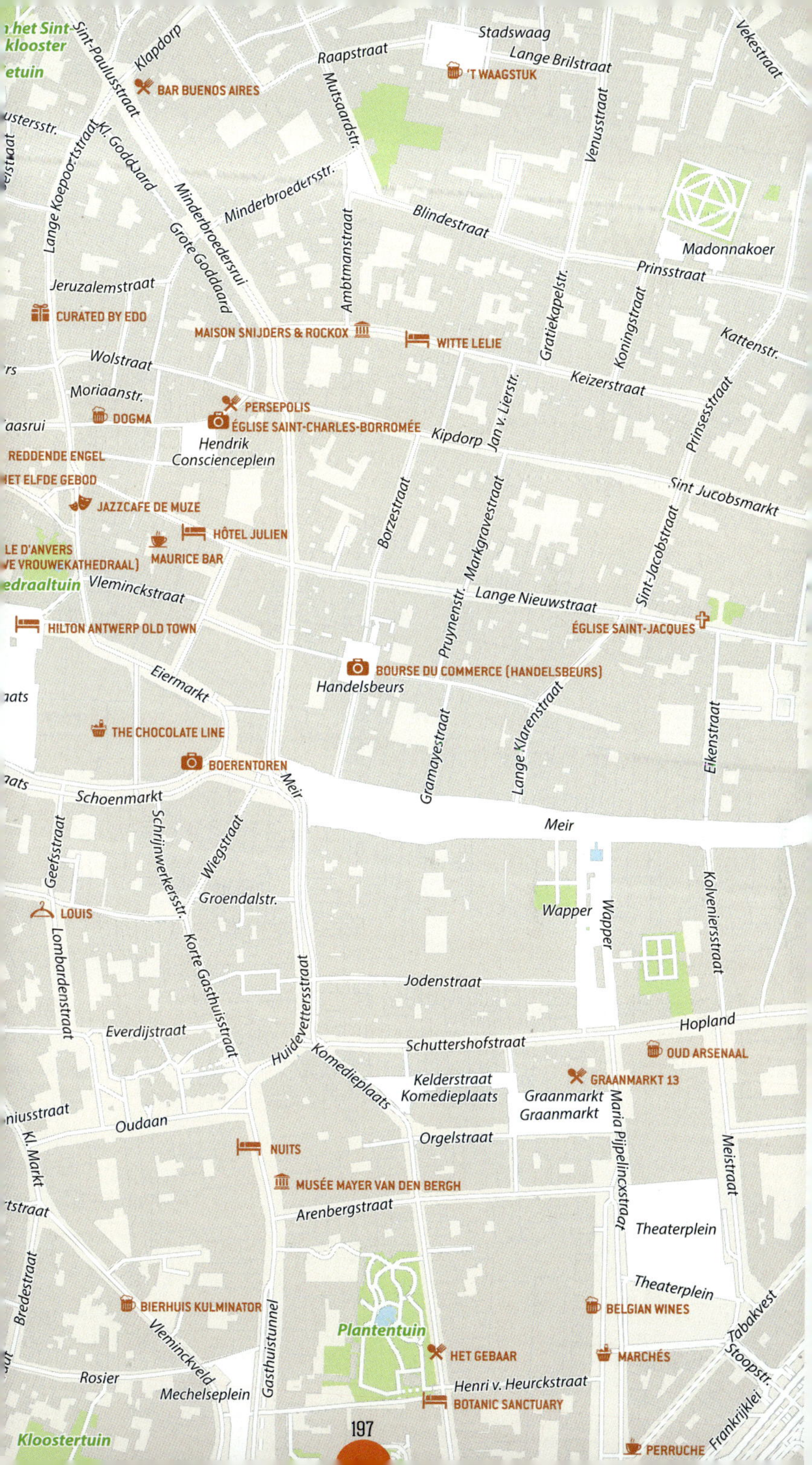

het Sint-klooster
etuin
Sint-Paulusstraat
Klapdorp
BAR BUENOS AIRES
Raapstraat
Stadswaag
Lange Brilstraat
'T WAAGSTUK
Vekestraat
Mutsaardstr.
Venusstraat
Kl. Goddard
Lange Koepoortstraat
Minderbroedersstr.
Minderbroedersrui
Grote Goddaard
Blindestraat
Ambtmanstraat
Madonnakoer
Prinsstraat
Jeruzalemstraat
CURATED BY EDO
MAISON SNIJDERS & ROCKOX
WITTE LELIE
Gratiekapelstr.
Koningstraat
Kattenstr.
Wolstraat
Keizerstraat
Moriaanstr.
PERSEPOLIS
DOGMA
ÉGLISE SAINT-CHARLES-BORROMÉE
Jan v. Lierstr.
Prinsesstraat
Kipdorp
Hendrik Conscienceplein
REDDENDE ENGEL
HET ELFDE GEBOD
JAZZCAFE DE MUZE
HÔTEL JULIEN
Borzestraat
Markgravestraat
Sint Jacobsmarkt
LE D'ANVERS
VROUWEKATHEDRAAL)
MAURICE BAR
edraaltuin
Vleminckstraat
Lange Nieuwstraat
Sint-Jacobstraat
Pruynenstr.
HILTON ANTWERP OLD TOWN
ÉGLISE SAINT-JACQUES
BOURSE DU COMMERCE (HANDELSBEURS)
Handelsbeurs
Eiermarkt
Gramayestraat
Lange Klarenstraat
Eikenstraat
THE CHOCOLATE LINE
BOERENTOREN
Meir
Schoenmarkt
Schrijnwerkersstr.
Wiegstraat
Geefsstraat
Groendalstr.
Kolveniersstraat
Wapper
LOUIS
Lombardenstraat
Korte Gasthuisstraat
Huidevettersstraat
Jodenstraat
Everdijstraat
Schuttershofstraat
Hopland
OUD ARSENAAL
Komedieplaats
Kelderstraat
Komedieplaats
GRAANMARKT 13
Graanmarkt
Graanmarkt
Maria Pijpelincxstraat
Oudaan
Orgelstraat
NUITS
Kl. Markt
Meistraat
MUSÉE MAYER VAN DEN BERGH
Arenbergstraat
Theaterplein
Theaterplein
Bredestraat
BIERHUIS KULMINATOR
Vleminckveld
Gasthuistunnel
BELGIAN WINES
Tabakvest
Plantentuin
HET GEBAAR
MARCHÉS
Stoopstr.
Rosier
Mechelseplein
Henri v. Heurckstraat
BOTANIC SANCTUARY
Frankrijklei
Kloostertuin
PERRUCHE

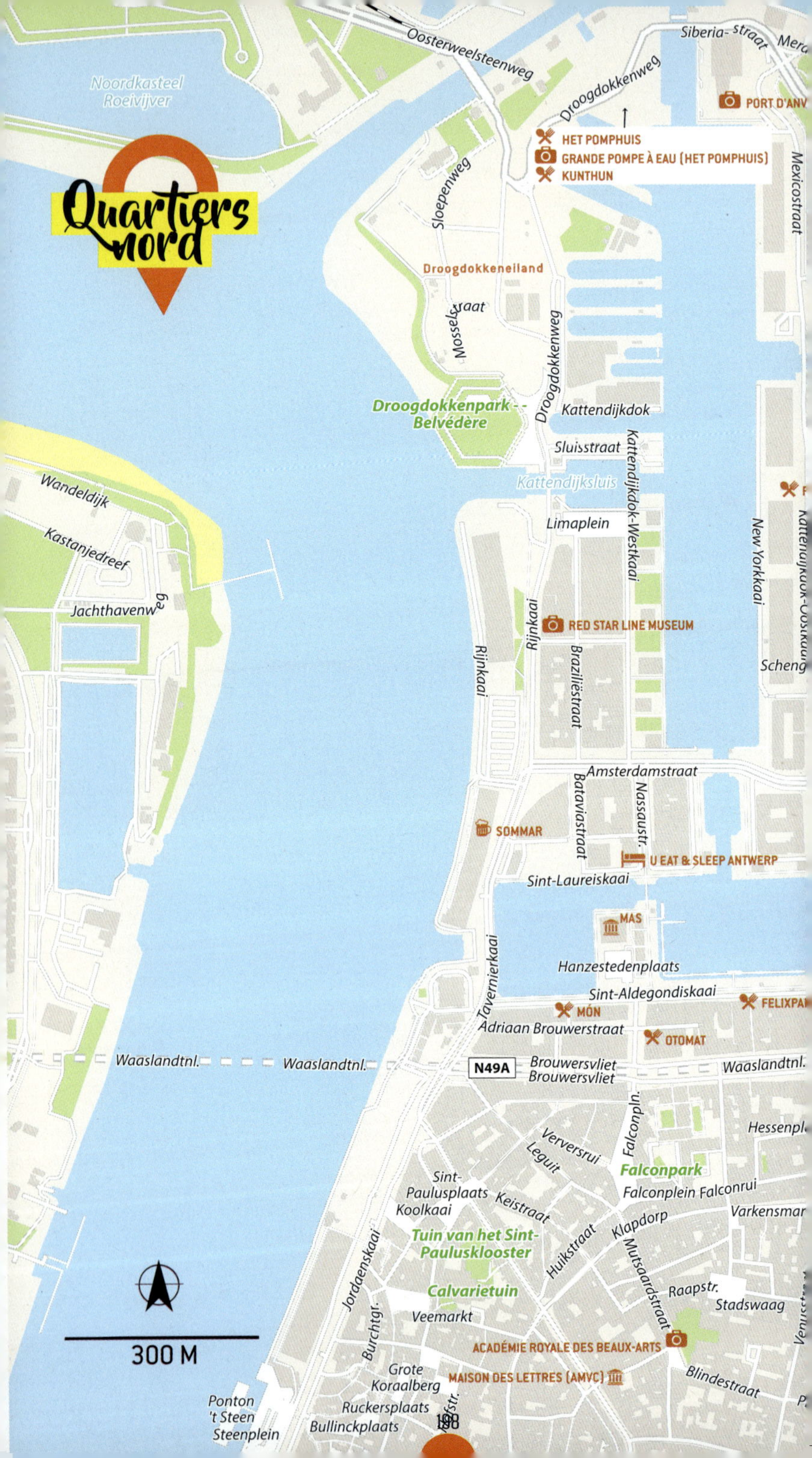

Quartiers nord
Noordkasteel Roeivijver
Oosterweelsteenweg
Siberia-straat
Droogdokkenweg
PORT D'ANV
HET POMPHUIS
GRANDE POMPE À EAU (HET POMPHUIS)
KUNTHUN
Mexicostraat
Sloepenweg
Droogdokkeneiland
Mosselstraat
Droogdokkenweg
Droogdokkenpark - - Belvédère
Kattendijkdok
Sluisstraat
Kattendijkdok-Westkaai
Kattendijksluis
Limaplein
New Yorkkaai
Wandeldijk
Kastanjedreef
Jachthavenweg
Rijnkaai
Rijnkaai
RED STAR LINE MUSEUM
Braziliëstraat
Scheng
Amsterdamstraat
Bataviastraat
Nassaustr.
SOMMAR
U EAT & SLEEP ANTWERP
Sint-Laureiskaai
MAS
Hanzestedenplaats
Sint-Aldegondiskaai
Tavernierkaai
MÓN
FELIXPA
Adriaan Brouwerstraat
OTOMAT
Waaslandtnl.
Waaslandtnl.
N49A
Brouwersvliet
Brouwersvliet
Waaslandtnl.
Falconpl.
Hessenpl.
Verversrui
Leguit
Falconpark
Sint-Paulusplaats
Keistraat
Falconplein
Falconrui
Koolkaai
Klapdorp
Varkensmar
Tuin van het Sint-Pauluskloster
Jordaenskaai
Huikstraat
Mutsaardstraat
Calvarietuin
Raapstr.
Stadswaag
Burchtgr.
Veemarkt
300 M
ACADÉMIE ROYALE DES BEAUX-ARTS
Grote Koraalberg
MAISON DES LETTRES (AMVC)
Blindestraat
Ponton 't Steen
Ruckersplaats
Steenplein
Bullinckplaats

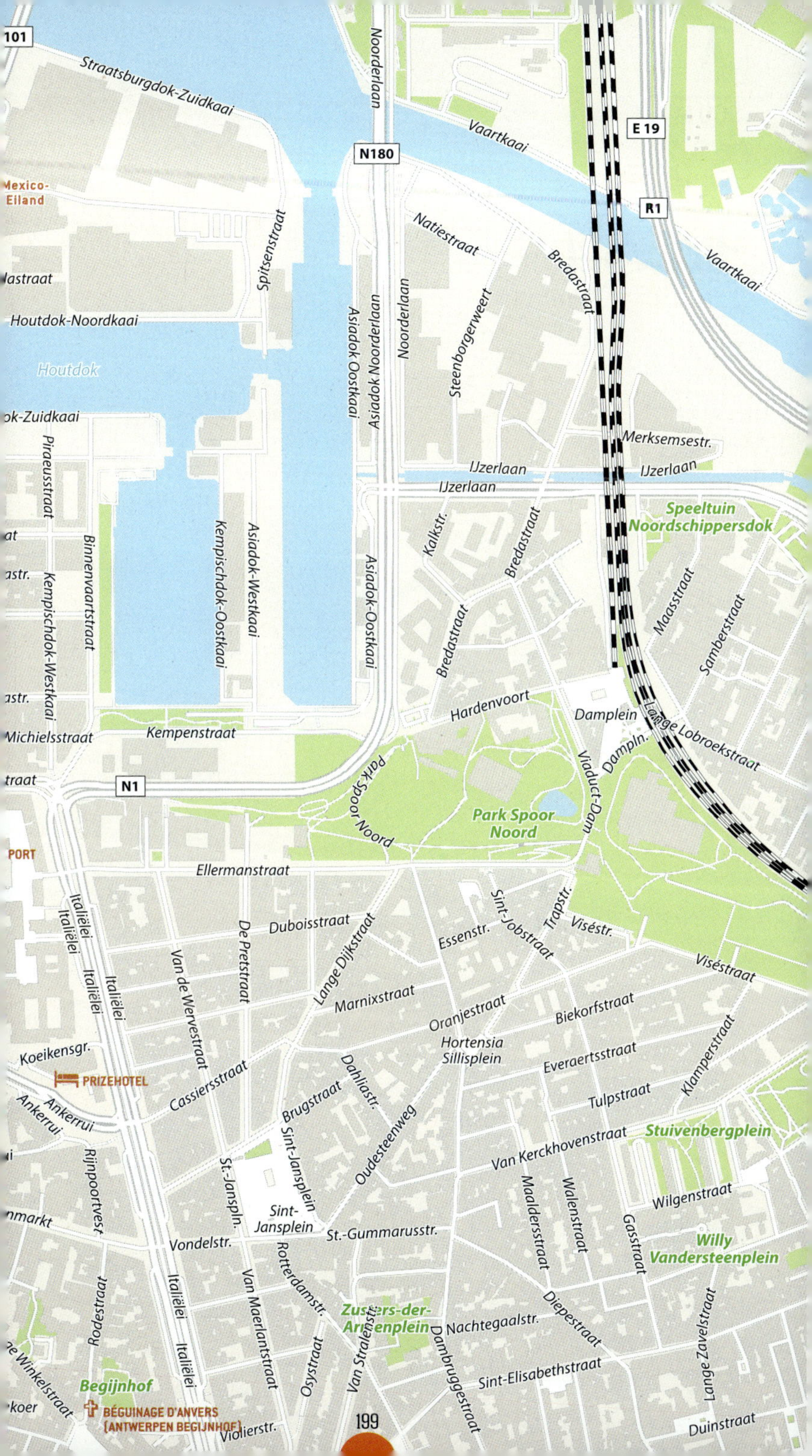

101
Straatsburgdok-Zuidkaai
Noorderlaan
N180
Vaartkaai
E 19
R1
Vaartkaai
Mexico-Eiland
Natiestraat
Bredastraat
Spitsenstraat
Asiadok Oostkaai
Asiadok Noorderlaan
Noorderlaan
Steenborgerweert
Houtdok-Noordkaai
Houtdok
Merksemsestr.
IJzerlaan
IJzerlaan
IJzerlaan
Piraeusstraat
Binnenvaartstraat
Kempischdok-Westkaai
Kempischdok-Oostkaai
Asiadok-Westkaai
Asiadok-Oostkaai
Kalkstr.
Bredastraat
Bredastraat
Speeltuin Noordschippersdok
Maasstraat
Samberstraat
Hardenvoort
Damplein
Dampln.
Lange Lobroekstraat
Michielsstraat
Kempenstraat
N1
Park Spoor Noord
Viaduct-Dam
Park Spoor Noord
PORT
Ellermanstraat
Italiëlei
Dubolsstraat
De Pretstraat
Van de Wervestraat
Lange Dijkstraat
Essenstr.
Sint-Jobstraat
Trapstr.
Visèstr.
Viséstraat
Marnixstraat
Oranjestraat
Biekorfstraat
Hortensia Sillisplein
Everaertsstraat
Klamperstraat
Koeikensgr.
PRIZEHOTEL
Cassiersstraat
Dahliastr.
Brugstraat
Tulpstraat
Ankerrui
Sint-Jansplein
Oudesteenweg
Van Kerckhovenstraat
Stuivenbergplein
St.-Jansplein
Rijnpoortvest
Maaldersstraat
Walenstraat
Gasstraat
Wilgenstraat
Sint-Jansplein
Vondelstr.
St.-Gummarusstr.
Willy Vandersteenplein
Rotterdamstr.
Van Maerlantstraat
Zusters-der-Armenplein
Nachtegaalstr.
Diepestraat
Rodestraat
Osystraat
Van Stralenstr.
Dambruggestraat
Sint-Elisabethstraat
Lange Zavelstraat
Begijnhof
BÉGUINAGE D'ANVERS (ANTWERPEN BEGIJNHOF)
Violierstr.
Duinstraat

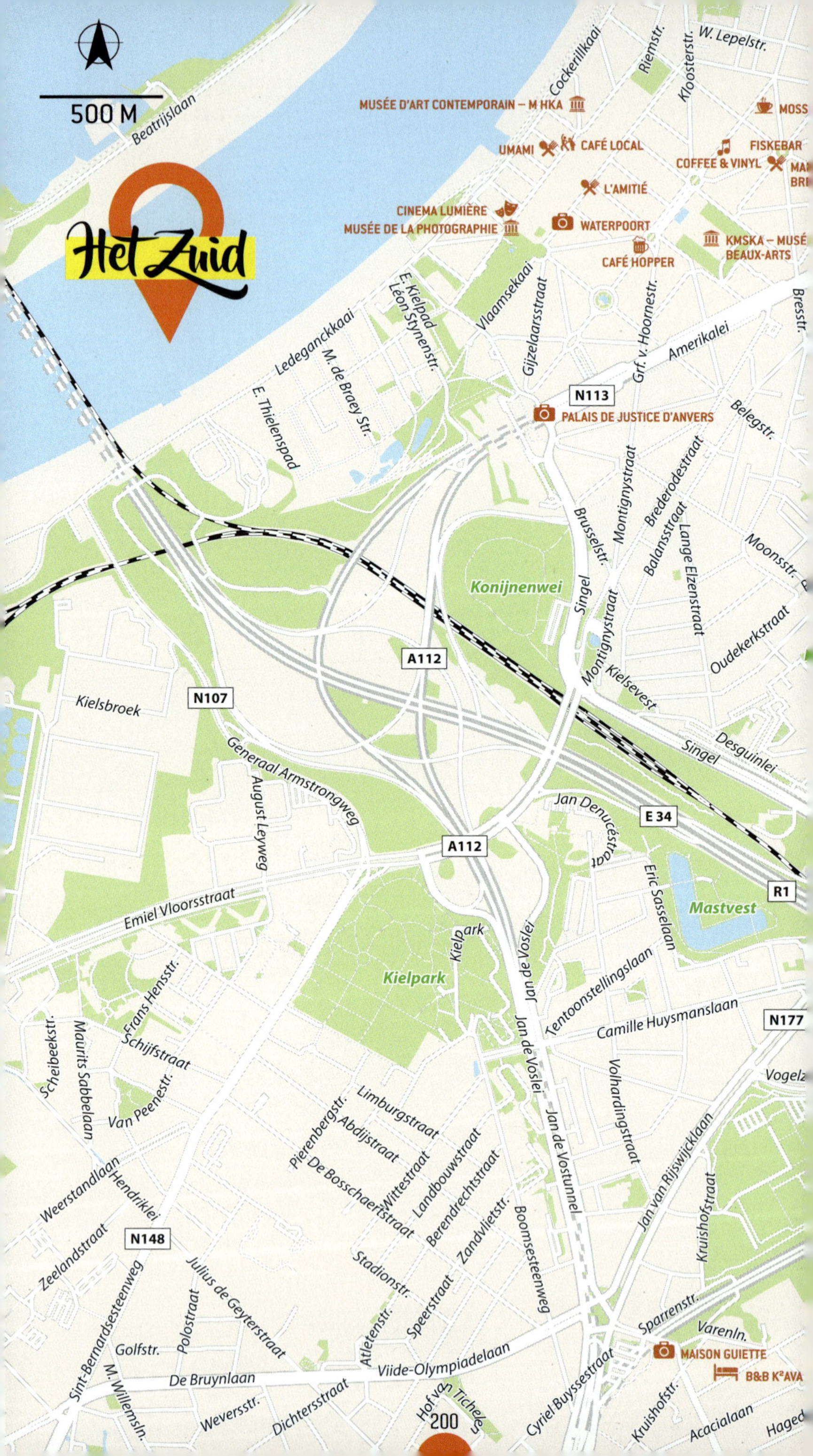
500 M
Het Zuid
MUSÉE D'ART CONTEMPORAIN – M HKA
UMAMI
CAFÉ LOCAL
L'AMITIÉ
CINEMA LUMIÈRE
MUSÉE DE LA PHOTOGRAPHIE
WATERPOORT
CAFÉ HOPPER
COFFEE & VINYL
FISKEBAR
KMSKA – MUSÉ
BEAUX-ARTS
PALAIS DE JUSTICE D'ANVERS
MAISON GUIETTE
Konijnenwei
Kielpark
Mastvest
N113
A112
N107
E 34
R1
N177
N148
Beatrijslaan
Cockerillkaai
Riemstr.
Kloosterstr.
W. Lepelstr.
Ledeganckkaai
E. Kielpad
Léon Stynenstr.
M. de Braey Str.
E. Thielenspad
Vlaamsekaai
Gijzelaarsstraat
Grf. v. Hoornestr.
Amerikalei
Belegstr.
Bresstr.
Brusselstr.
Montignystraat
Brederodestraat
Balansstraat
Lange Elzenstraat
Moonsstr.
Oudekerkstraat
Singel
Kielsevest
Desguinlei
Kielsbroek
Generaal Armstrongweg
August Leyweg
Jan Denucéstraat
Eric Sasselaan
Emiel Vloorsstraat
Kielpark
Jan de Voslei
Tentoonstellingslaan
Camille Huysmanslaan
Frans Hensstr.
Schijfstraat
Scheibeekstr.
Maurits Sabbelaan
Van Peenestr.
Limburgstraat
Pierenbergstr.
Abdijstraat
De Bosschaertstraat
Wittestraat
Landbouwstraat
Berendrechtstraat
Volhardingstraat
Jan de Vostunnel
Jan van Rijswijcklaan
Kruishofstraat
Weerstandlaan
Hendriklei
Zeelandstraat
Sint-Bernardsesteenweg
Julius de Geyterstraat
Stadionstr.
Zandvlietstr.
Boomsesteenweg
Speerstraat
Atletenstr.
Polostraat
Golfstr.
De Bruynlaan
Viide-Olympiadelaan
M. Willemsln.
Weversstr.
Dichtersstraat
Hof van Tichelen
Cyriel Buyssestraat
Sparrenstr.
Varenln.
Kruishofstr.
Acacialaan
Vogelz
Haged

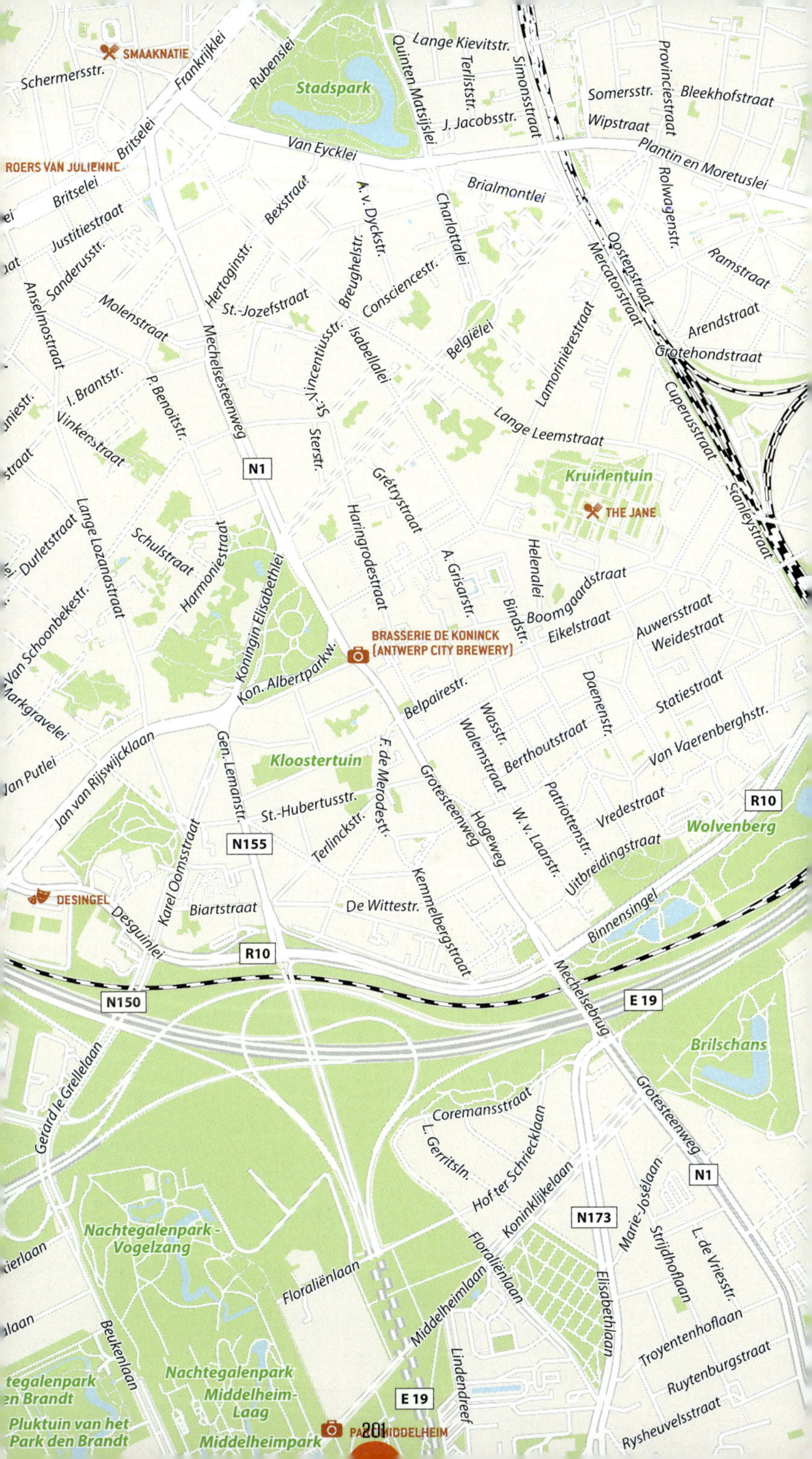
SMAAKNATIE
Schermersstr.
Frankrijklei
Rubenslei
Stadspark
Lange Kievitstr.
Quinten Matsijslei
Terlistr.
Simonsstraat
Provinciestraat
Somersstr.
Bleekhofstraat
J. Jacobsstr.
Wipstraat
Van Eycklei
Plantin en Moretuslei
ROERS VAN JULIENNE
Britselei
Brialmontlei
A. v. Dyckstr.
Charlottalei
Rolwagenstr.
Bexstraat
Justitiestraat
Sanderusstr.
Hertoginstr.
Breughelstr.
Conscienceestr.
Mercatorstraat
Oostenstraat
Ramstraat
Anselmostraat
Molenstraat
St.-Jozefstraat
St.-Vincentiusstr.
Isabellalei
Belgiëlei
Lamorinièrestraat
Arendstraat
Grotehondstraat
Mechelsesteenweg
I. Brantstr.
P. Benoitstr.
Cuperusstraat
Vinkenstraat
Lange Leemstraat
Sterstr.
N1
Kruidentuin
Stanleystraat
Grétrystraat
Haringrodestraat
THE JANE
Lange Lozanastraat
Durletstraat
Schulstraat
Harmoniestraat
A. Grisarstr.
Helenalei
Koningin Elisabethlei
Bindstr.
Boomgaardstraat
Van Schoonbekestr.
Eikelstraat
Auwersstraat
Weidestraat
BRASSERIE DE KONINCK
(ANTWERP CITY BREWERY)
Kon. Albertparkw.
Markgravelei
Belpairestr.
Daenenstr.
Statiestraat
Wasstr.
Walemstraat
Berthoutstraat
Van Vaerenberghstr.
Jan Putlei
Jan van Rijswijcklaan
Gen. Lemanstr.
Kloostertuin
F. de Merodestr.
Grotesteenweg
Patriottenstr.
St.-Hubertusstr.
Hogeweg
W. v. Laarstr.
Vredestraat
R10
Wolvenberg
Karel Oomsstraat
N155
Terlinckstr.
Uitbreidingstraat
DESINGEL
Desguinlei
Biartstraat
De Wittestr.
Kemmelbergstraat
Binnensingel
R10
Mechelsebrug
N150
E 19
Brilschans
Gerard le Grellelaan
Coremansstraat
L. Gerritsln.
Grotesteenweg
Hof ter Schriecklaan
N1
Koninklijkelaan
N173
Marie-Joséelaan
Nachtegalenpark - Vogelzang
Floraliënlaan
Strijdhoflaan
L. de Vriesstr.
Floraliënlaan
Middelheimlaan
Elisabethlaan
Beukenlaan
Troyentenhoflaan
Lindendreef
Nachtegalenpark Middelheim-Laag
Ruytenburgstraat
E 19
Pluktuin van het Park den Brandt
Middelheimpark
Rysheuvelsstraat

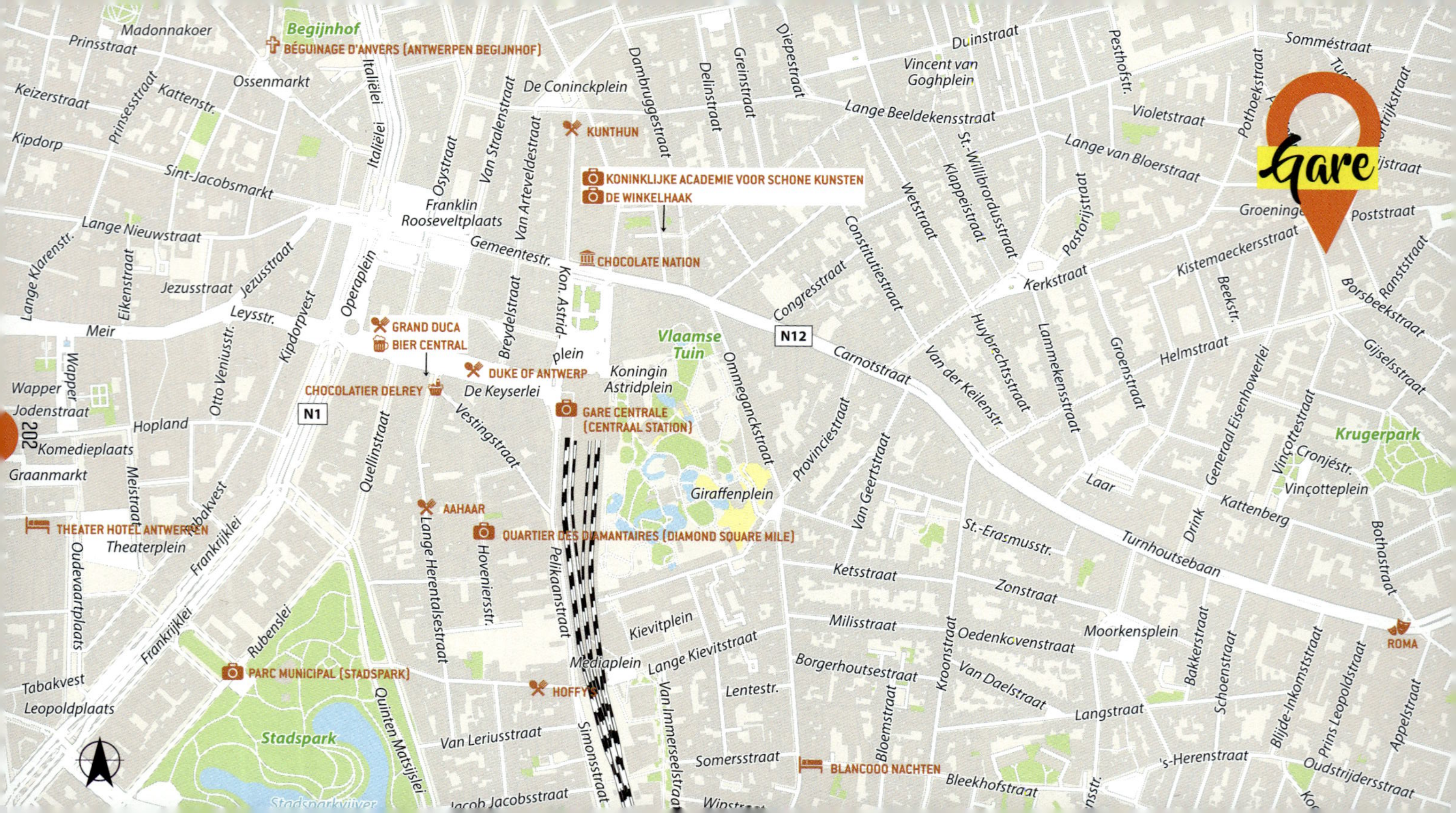

Gare
ROMA
BLANCOOO NACHTEN
KONINKLIJKE ACADEMIE VOOR SCHONE KUNSTEN
DE WINKELHAAK
CHOCOLATE NATION
KUNTHUN
GARE CENTRALE (CENTRAAL STATION)
DUKE OF ANTWERP
QUARTIER DES DIAMANTAIRES (DIAMOND SQUARE MILE)
HOFFY'S
AAHAAR
GRAND DUCA
BIER CENTRAL
CHOCOLATIER DELREY
BÉGUINAGE D'ANVERS (ANTWERPEN BEGIJNHOF)
Begijnhof
PARC MUNICIPAL (STADSPARK)
Stadspark
THEATER HOTEL ANTWERPEN
Krugerpark
Vlaamse Tuin
N12
N1
Turnhoutsebaan
Carnotstraat
Kon. Astrid-plein
Koningin Astridplein
De Keyserlei
Pelikaanstraat
Simonsstraat
Italiëlei
Frankrijklei
Meir
Leysstr.
Operaplein
Franklin Rooseveltplaats
Gemeentestr.
Lange Herentalsestraat
Quellinstraat
Rubenslei
Quinten Matsijslei
Wapper
Meistraat
Theaterplein
Oudevaartplaats
Leopoldplaats
Tabakvest
Komedieplaats
Graanmarkt
Jodenstraat
Lange Nieuwstraat
Sint-Jacobsmarkt
Ossenmarkt
Prinsstraat
Madonnakoer
Keizerstraat
Kipdorp
Kipdorpvest
Jezusstraat
Otto Veniusstr.
Eikenstraat
Lange Klarenstr.
Prinsesstraat
Kattenstr.
Hopland
Osystraat
Van Stralenstraat
Van Arteveldestraat
Breydelstraat
Vestingstraat
Hoveniersstr.
Dambruggestraat
De Coninckplein
Delinstraat
Greinstraat
Diepestraat
Ommeganckstraat
Giraffenplein
Provinciestraat
Van Geertstraat
Congresstraat
Constitutiestraat
Wetstraat
Klappeistraat
St.-Willibrordusstraat
Lange Beeldekensstraat
Vincent van Goghplein
Duinstraat
Van der Keilenstr.
Huybrechtsstraat
Lammekensstraat
Kerkstraat
Pastorijstraat
Groenstraat
Helmstraat
Lange van Bloerstraat
Violetstraat
Pesthofstr.
Kistemaeckersstraat
Beekstr.
Generaal Eisenhowerlei
Kattenberg
Laar
Drink
Vinçottestraat
Vinçotteplein
Cronjéstr.
Bothastraat
Gijselsstraat
Borsbeekstraat
Ranststraat
Poststraat
Groeninge
Pothoekstraat
Somméstraat
Appelstraat
Prins Leopoldstraat
Blijde-Inkomststraat
Oudstrijdersstraat
Schoenstraat
Bakkerstraat
's-Herenstraat
Moorkensplein
Langstraat
St.-Erasmusstr.
Zonstraat
Oedenkovenstraat
Van Daelstraat
Kroonstraat
Bleekhofstraat
Bloemstraat
Ketsstraat
Milisstraat
Borgerhoutsestraat
Lentestr.
Somersstraat
Kievitplein
Lange Kievitstraat
Van Immerseelstraat
Mediaplein
Van Leriusstraat
Jacob Jacobsstraat

Flandre-Orientale / Province d'Anvers
PAYS-BAS
Kieldrecht
Brasschaat
Oostmalle
Vosselaar
Ekeren
Sint-Antonius
Wechelderzande
Gierle
Kallo
ANVERS
Beveren
Wommelgem
Lichtaart
Maldegem
Adegem
Ertvelde
Sint-Niklaas
Geel
Waarschoot
Sleidinge
Aartselaar
Kessel
Noorderwijk
Zomergem
LIERRE
Waasmunster
Lokeren
Oostakker
Lovendegem
Aalter
Itegem
Westerlo
Eindhout
Duffel
Puurs
Veerle
GAND
Nevele
Heusden
Dendermonde
Malines
Ramsel
Zwijnaarde
Lebbeke
Londerzeel
Keerbergen
Baal
Zichem
Deinze
Diest
Aarschot
Rillaar
Eke
ALOST
Sint-Eloois-Vijve
Waregem
Kruishoutem
Veltem-Beisem
ENAME
Liedekerke
Sint-Jans-Molenbeek
LOUVAIN
AUDENARDE
BRUXELLES
Leefdaal
Ninove
TERVUREN
Sint-Kwintens-Lennik
UKKEL
10 KM
Hoeilaart
Ruien
Geraardsbergen
RENAIX
Sint-Genesius-Rode

PAGES

205 ANVERS

238 PROVINCE D'ANVERS

La province compte d'autres villes d'intérêts, comme Malines, ville à taille humaine chargée d'histoire également connue pour son centre bien conservé. Ainsi que la Campine anversoise et le Pays de l'Escaut, régions pleines de charme où il fait bon se promener à vélo ou même à pied à la belle saison.

244 FLANDRE-ORIENTALE

La beauté du centre historique de Gand, illuminé le soir, reste incontestablement le fleuron incontournable de cette province. La ville regorge de musées, cathédrales, restaurants (dont beaucoup sont végétariens). En dehors de Gand, les Ardennes flamandes offrent de très jolis paysages vallonnés où il fait bon se promener. On peut citer Audenarde, connue pour son orfèvrerie et ses tapisseries et Renaix, pour son musée du textile.

244 GAND ★★★★

La belle flamande qui vit naître Charles Quint possède un riche passé historique dont témoignent de nombreux musées et monuments, dont l'imposant château des Comtes en son centre. Elle est terriblement photogénique. Mais Gand n'est pas une ville-musée pour autant. Sa communauté étudiante fait d'elle une cité moderne, multiculturelle et même agitée pendant les week-ends et les fêtes estivales.

266 AUDENARDE ★★

Jolie petite ville réputée pour son orfèvrerie et ses tapisseries médiévales, elle vaut aussi une halte pour sa jolie campagne sillonnée de chemins de randonnées et de pistes cyclables. La collégiale Saint-Walburge est un exceptionnel exemple de gothique scaldien (gothique primitif) du XIIe siècle, tandis que l'église Notre-Dame de-Pamele date du XIIIe siècle.

268 ENAME

268 RENAIX ★

Peu connue des touristes, cette petite ville est pourtant une halte intéressant pour découvrir le Must, le musée du textile qui relate non pas la manufacture drapière du Moyen-Âge, mais bel et bien l'industrie textile du XIXe siècle. Un crochet par la fabuleuse crypte Saint Hermès du XIe siècle s'impose ici.

270 ALOST ★

ANVERS

Anvers est une ville moins connue des touristes français qui lui préfèrent Bruxelles, Bruges ou Gand. Pourtant, Anvers mérite amplement à être découverte, car la ville, si elle n'a pas gardé ses canaux pittoresques, livre une architecture magnifique dans son centre historique, principalement du XVe et du XVIe siècle, à commencer par la place Grote Markt, encadre par son hôtel de ville maniériste et ses maisons de guildes, et sa monumentale cathédrale. Elle propose une multitude de musées et galeries d'art, des quartiers vivants et cosmopolites qui regorgent de restaurants de cuisine du monde, de concept stores, de boutiques de créateurs… Capitale flamande et capitale de la mode belge, elle est aussi dépaysante par sa langue, ses tramways, son port dont les docks sont devenus des lieux de sortie alternatifs. Sa bonne santé économique en fait une ville assez onéreuse, aussi bien pour se loger que pour visiter ou sortir dîner.

SE REPÉRER SE DÉPLACER

L'aéroport d'Anvers ne compte que de rares vols et aucun pour la France. On y vient principalement en train, très facilement depuis Bruxelles ou Gand. Ou en voiture, car le périphérique ou « Ring » d'Anvers est relié aux autoroutes : E19 (Bruxelles-Anvers), E17 (Courtrai-Gand-Anvers), E313 (Liège-Anvers). La circulation en ville est aisée, à part les rues du centre historique qui sont piétonnes, mais les parkings coûtent assez cher. La limitation dans la durée varie de 2 à 8 heures d'une rue à l'autre. La ville est desservie par un système de métro, trams et de bus. Pour rejoindre le centre-ville depuis la gare, vous pouvez emprunter les trams n° 2 ou n° 15 (direction Linkeroever) ou le métro. Les pistes cyclables sont très bien développées et les Anversois se déplacent pour beaucoup à vélo. Il n'y a pas de compagnie de VTC à Anvers, il faudra prendre des taxis et réserver bien à l'avance, car ils mettent du temps à arriver.

GARE D'ANVERS CENTRAAL

Koningin Astridplein 27
www.sncb.be
Bruxelles (45 min, 8 €), Gand (50 min, 10 €), Bruges (2h, 15 €), Malines (25 min, 4 €). Paris (2h05, dès 55 €).

La sublime gare d'Anvers est l'une des plus impressionnantes du pays. Située au cœur de la ville, elle permet de rejoindre le centre historique à pied. Il existe de nombreuses liaisons entre Anvers et les autres villes belges. Le Thalys qui relie Paris à Amsterdam s'arrête aussi en gare d'Anvers. Il y a la possibilité d'acheter un pass qui comprend le trajet en train, en transports en commun ainsi qu'une entrée de site à visiter. Il existe aussi des tarifs week-end à 50 %, valables dans tout le pays, sur un billet aller-retour.

BLUE BIKE

Station Antwerpen-Centraal
www.blue-bike.be/fr
Du lundi au vendredi, 7h-19h. Vélos disponibles 24h/24. 3,50 € la journée, abonnement annuel de 12 €.

L'une des adresses les plus pratiques, d'autant plus que la société est présente dans toute la Flandre et a des bornes casiers dans toutes les gares. Blue Bike permet, après un trajet en train, de louer des vélos à moindre coût. Il faut les biper avec sa carte qu'on aura pris soin de faire à l'avance. Il vous suffit de suivre en gare les indications vers le point vélo. Vous pouvez utiliser le distributeur à clés (24h/24) ou aller en agence pendant les heures d'ouverture. Une seule carte Blue-bike permet d'en louer deux à la fois.

ANTWERP TAXI

Karel Oomsstraat 14
✆ +32 32 38 38 38
www.antwerp-tax.be

Uber s'est récemment installé à Anvers mais les bons vieux taxis sont toujours ceux qui gèrent la majorité des déplacements payés au compteur. Vous trouverez des stations de taxis à la gare Sint-Pieters, à la gare Dampoort, à proximité du Korenmarkt et à Woodrow Wilsonplein. Attention, pensez à réserver à l'avance car obtenir un taxi prend du temps, ils sont souvent très sollicités, et il n'est pas rare d'attendre 15 ou 20 minutes pour en voir arriver un. Les réceptions d'hôtels sont habitués à la manœuvre et pourront s'en occuper à votre place.

METRO, BUS, TRAM DE LIJN

Grotehondstraat 58
✆ +32 32 18 14 11
www.delijn.be
Billet unitaire (bus, tramway ou métro, valable 1h) : 2,50 €, 10 tickets 17 €, à la journée 7,50 €.

C'est la société de transport public flamande. Carte de bus, métro ou de tram achetable dans une librairie ou aux automates placés à la plupart des arrêts. La compagnie De Lijn relie aussi Anvers à de nombreuses villes flamandes. La plupart de ces bus partent depuis la gare centrale, depuis la Franklin Rooseveltplaats ou depuis la Groenplaats, dans le centre historique. Sachez que les billets en ligne sont plus pratiques, à télécharger sur votre téléphone portable via une application et qu'on ne peut plus acheter de billets à bord.

LES QUARTIERS D'ANVERS

Anvers est la seconde ville du pays derrière Bruxelles, qui compte plus de 500 000 habitants. Elle est donc assez étendue, sans compter son port, le deuxième plus grand d'Europe, ce n'est pas peu dire ! Elle est divisée en neuf districts administratifs : Anvers, Berchem, Borgerhout, Deurne, Ekeren, Hoboken, Merksem, Wilrijk et Zandvliet. On notera que l'aéroport se trouve dans le district de Deurne, la gare centrale dans celui d'Anvers et la seconde gare dans celui de Berchem. Pour le reste, nous nous intéresserons seulement au district d'Anvers, la partie centrale de la ville qui concentre les sites d'intérêt, musées et monuments pour les visiteurs. Nous l'avons découpé en trois quartiers touristiques. Il est possible de se rendre à pied d'un quartier à l'autre, mais, pour éviter de trop marcher, vous pourrez aussi emprunter les nombreux bus et trams qui desservent la ville, ainsi que le métro.

Centre historique

Il s'agit de la vieille ville dont le cœur névralgique s'étend autour de la cathédrale Notre-Dame, de la Grand Place/Grote Markt où se trouve l'hôtel de ville, et du Meir, un quartier commerçant. Le centre historique peut se délimiter par le château du Steen au bord du fleuve Escaut au nord ; au-delà se trouve le port. À l'ouest, sa frontière naturelle est tracée par l'Escaut, tandis qu'au sud, il trouve ses limites dans le quartier plutôt calme et résidentiel de Saint-André (mitoyen de Het Zuid que l'on détaillera plus tard). C'est aussi une zone de shopping avec de nombreux antiquaires et boutiques de créateurs branchés. Enfin, l'est est délimité par le boulevard périphérique Frankrijklei où passent les tramways 1 et 10. Ce dernier fait partie des « Leien », des boulevards successifs qui relie le nord au sud de la ville et suit le tracé des remparts construits par les Espagnols au XVIe siècle, aujourd'hui disparus. La ville ancienne est piétonne, pavée en grande majorité, gorgée de touristes en été, car elle concentre la plupart des monuments historiques et sites à visiter. Elle est pittoresque, bordée de maisons à façade à redents (sorte d'escalier sous la toiture) et d'édifices Renaissance. Si vous prévoyez d'y arriver en voiture, visez directement le parking payant ou le taxi. Le métro est idéal pour rejoindre son hôtel tandis que la marche est suffisante pour relier un bout à l'autre du centre sans problème. Il est finalement très réduit par rapport à l'envergure de la ville. Les restaurants sont plutôt orientés moules-frites, jambonneaux, carbonnades et autres réjouissances flamandes en sauce, le tout arrosé de bières du cru. Attention aux attrape-touristes !

ANVERS

Promenade dans les rues d'Anvers.

LES QUARTIERS D'ANVERS

© VICHIE81 - SHUTTERSTOCK.COM

La ville d'Anvers.

Le Meir, au-delà du quartier éponyme, est le nom de l'artère commerçante piétonne principale jalonnée d'enseignes internationales de prêt-à-porter que nous connaissons en France. Elle est toujours très fréquentée, très large pour une voie piétonne, ce qui permet de lever le nez pour admirer les magnifiques édifices XVIIIe siècle qui la bordent entre deux magasins. À commencer par le Palais du Meir, témoignage du faste d'Anvers dans les siècles passés.

Het Zuid

C'est un peu le Marais de Paris ou le Brooklyn de New York. C'est le quartier branché d'Anvers, où se trouvent le musée des Beaux-Arts, le musée d'Art contemporain, celui de la Photo et des centres culturels et galeries d'art à foison. Toute cette faune d'hipsters intello se nourrit et se désaltère dans de nombreux bars et restaurants branchés et cosmopolites. On trouvera moins de carbonnades flamandes et plus de sushis et restos végans conceptuels ici. C'est sans aucun doute l'endroit idéal où loger et dîner si vous voulez découvrir Anvers comme un local, car on y croise davantage d'Anversois et beaucoup moins de touristes. Les lieux d'hébergement sont tous situés au calme et il y a parmi eux de nombreuses chambres d'hôtes.

© AUTHOR'S IMAGE

Vue de l'Escaut et de la cathédrale Notre-Dame-d'Anvers.

Gare et quartiers nord

La gare centrale, très impressionnante par son architecture monumentale, est très pratique si vous arrivez en train, car proche du centre historique (accessible en métro). Elle est située à l'ouest des fameux Leien, les boulevards périphériques qui les séparent du centre, tout proche du zoo et du parc de la ville de forme triangulaire. Le quartier de la gare est multiculturel et très vivant, on trouve un petit Chinatown avec de bons restaurants des quatre coins d'Asie, le centre diamantaire de la ville avec des restaurants casher, etc. Les lieux sont néanmoins un peu glauques une fois la nuit tombée. Au contraire, au nord, la ville s'anime en soirée, à savoir le quartier du Port. Surtout à la belle saison quand les *zomerbars* (bars éphémères d'été) et les restaurants battent leur plein de fêtes sur les bords de l'Escaut, en mode berlinoise. C'est « Anvers plage » ! Chaque lieu déploie terrasse, sable et chaises longues. C'est ici aussi que se trouvent le fameux musée du MAS et les clubs emménagés dans d'anciens entrepôts industriels du port, qui peuvent faire taper les basses sans déranger les voisins. Au loin, les conteneurs forment un Lego géant (que l'on peut visiter en bateau).

À VOIR / À FAIRE

Avant de commencer votre visite, il peut être utile de savoir que la majorité des monuments ou musées ferment à 17h et sont généralement fermés le lundi. Avec des dizaines de musées dans la ville, tout le monde peut trouver son bonheur ! Nous n'avons répertorié ici que les plus grands, les plus connus ou les plus originaux.

Sur les rives de l'Escaut, à l'angle de Sint Jansvliet et Ernest Van Dijckkaai, l'accès au tunnel piétonnier vous fait quitter la ville d'Anvers d'aujourd'hui pour vous emmener dans les années 1930. À l'époque, ce tunnel était une petite révolution, car on pouvait y faire rentrer des voitures et il était équipé de l'un des tout premiers systèmes d'escalator. Et tout est là ! La traversée à pied vous prendra une bonne demi-heure. Le week-end, de Pâques à octobre (et tous les jours en juillet et août), des promenades en calèche sont proposées dans le centre historique, au départ de la Grand-Place.

ANTWERP CITY CARD

Grote Markt 13

Carte 24 heures : 29 €, 48 heures : 40 €, 72 heures : 48 €.

L'Antwerp City Card est un pass pour entrer dans 16 musées, 3 églises ou cathédrale (dont Notre-Dame) et 3 attractions (le Steen, la Brasserie de Koninck et le réseau d'égouts et voies souterraines de Ruien). Vous pouvez utiliser gratuitement les transports publics. La carte vous donne aussi de 10 à 25 % de réduction sur des attractions, excursions et la location de vélos. Offres exclusives sur des produits typiquement belges et anversois ou du chocolat. L'Antwerp City Card se commande en ligne ou à l'office de tourisme pour 24h, 48h ou 72h.

RIVER TOURS

Steenplein

✆ +32 3 711 38 21

www.rivertours.be

Anvers - Bruxelles : adulte 25 €, enfant 16 €, croisière sur l'Escaut adulte 15 €, enfant 10 €.

Cette agence organise, de mai à septembre, des excursions en bateau entre Anvers et Bruxelles. Des croisières fluviales pour découvrir la campagne flamande, particulièrement à la belle saison. Deux options s'offrent à vous, avec ou sans le waterbus depuis/vers le centre de Bruxelles, une fois arrivé au quai Heembeck en périphérie. Depuis Anvers, Rivertours propose aussi une croisière sur le fleuve de l'Escaut, direction le fascinant port de conteneurs (le plus important d'Europe) et Lillo, le dernier village des polders. Intéressant et impressionnant.

VISIT ANTWERPEN

Steenplein 1

✆ +32 3 232 01 03

www.visitantwerpen.be

Steenplein : ouvert tous les jours de 10h à 18h. Gare : (niveau 0, près des escalators), tous les jours de 9h à 17h.

L'office de tourisme d'Anvers incontournable, dispose de nouveaux bureaux près du Steen et d'une antenne bien pratique à Anvers-Central. Vous pouvez y retirer un plan de la ville, une carte des transports (métro, tram et bus), des brochures et dépliant sur la ville et la région, acheter la Antwerp City Card, et réserver des visites guidées de la ville avec des guides officiels. Au programme : les plus beaux endroits de la ville (2h), visite thématique architecturale le long de l'Escaut et du Meir (2h), visite thématique des églises et cathédrales (3h)...

TOURISTRAM - PETIT TRAIN ★★★

Groenplaats

✆ +32 497 113 974

www.touristram.be

Départ toutes les heures entre 12h et 16h en saison. Gratuit jusqu'à 4 ans. Adulte : 8 €. Enfant (de 4 à 12 ans) : 6 €.

Pour ceux et celles qui n'ont pas beaucoup de temps ou pas envie de marcher, ce petit tram touristique vous permet de découvrir le centre historique. Le départ de ce circuit en boucle se fait depuis la Groenplaats (devant le magasin Mango). On s'installe confortablement, on s'équipe avec l'audioguide pour entendre les commentaires en français lors de la visite et on admire la ville depuis son siège : la Groote Markt, le Steen, le quartier 't Eilandje, le programme est consistant pour une balade qui dure 45 minutes. Vite fait, bien fait !

HISTOIRE D'ANVERS

On peut faire remonter l'existence de la ville d'Anvers à la période gallo-romaine. Des fouilles ont révélé l'existence d'habitations datant de cette époque non loin de la rivière Schelde (l'Escaut). C'est à ce moment que fut construite la première fortification du Steen. Selon une légende, le nom de la ville viendrait d'ailleurs d'un valeureux Romain qui aurait libéré la ville du joug d'un méchant géant (*voir encadré*). Puis vint le temps des invasions. Les Vikings brûlèrent et pillèrent tout sur leur passage en 836. Tout fut ensuite reconstruit à proximité de l'emplacement actuel du Steen. Cela devint le noyau de la cité qui se développa tout autour. À la fin du Xe siècle, Anvers était un margraviat (domaine de juridiction d'un margrave, seigneur allemand chargé de commander les troupes et de rendre la justice) et faisait office de frontière entre l'Empire romain et l'Empire germanique. Les fortifications en pierre datent de cette époque. Au XIIe siècle, la ville appartenait au duché de Brabant. C'est à cette époque qu'elle commença véritablement à se développer de manière concentrique. En 1221, la ville s'était tellement élargie que John Ier, duc du Brabant, lui alloua une charte.

Une prospérité économique grâce au marché de la laine et au port

Dans la première moitié du XIVe siècle, Anvers était devenue le centre commercial et financier le plus important de l'Europe de l'Ouest, surtout grâce à son port et au marché de la laine. En 1356, la ville fut annexée au comté de Flandre et perdit de nombreux privilèges au bénéfice de Bruges. La reprise politique et économique n'eut lieu que 50 ans plus tard, lorsque le port de Bruges s'ensabla. A la fin du XVe siècle, le port comportait 4 canaux et 7 quais et la ville comptait 23 000 habitants répartis sur 200 hectares. Il fallut attendre le XVIe siècle pour qu'Anvers connaisse son âge d'or et voit son port se développer considérablement. C'est à cette période qu'apparaissent des noms comme les peintres Quinten Metsys et Breughel, l'imprimeur Plantin ou les humanistes et scientifiques Lipsius, Mercator, Dodoens et Ortelius. La ville était non seulement la plateforme économique, mais aussi la ville la plus impressionnante en l'Europe de l'Ouest. Elle est alors l'égale avec Paris, Londres, Venise ou Naples. La nouvelle Bourse du commerce d'Anvers fut ouverte en 1532 et devint le centre de la finance.

Les guerres de religion

Dans la seconde moitié de ce siècle, la ville était devenue le centre de la lutte politico-religieuse entre le Nord protestant et l'Espagne catholique. Cette période fut ponctuée d'événements désastreux. L'économie s'effondra et de nombreux habitants – des protestants mais également l'élite commerciale et intellectuelle – émigrèrent vers Amsterdam. Sur les 100 000 habitants recensés en 1570, seuls 40 000 restaient en 1590. Pourtant, jusqu'au milieu du XVIIe siècle, l'effervescence culturelle continua de battre son plein avec des peintres comme Rubens, Van Dyck, Jordaens et Teniers, les sculpteurs Quellin et Verbrugghen et beaucoup d'autres encore. Au XXe siècle, elle connaît une croissance économique constante ainsi qu'un renouveau culturel qui lui vaut d'être nommée capitale culturelle de l'Europe en 1993. Au début du XXIe siècle, la ville bénéficie d'une rénovation du boulevard central datant du XIXe siècle (depuis Amerikalei jusqu'à Italiëlei), et de nouveaux bâtiments, dont un nouveau Palais de justice achevé en 2006.

La ville aujourd'hui

L'agglomération anversoise, très cosmopolite, compte aujourd'hui près de 1 250 000 habitants, et elle est la deuxième plus peuplée après Bruxelles. La commune d'Anvers est la plus peuplée de Belgique, devant Gand et Charleroi, avec 520 000 habitants. Anvers est une puissance économique, grâce notamment à son port, le 2e plus grand d'Europe derrière Rotterdam et le 7e au niveau mondial. La ville compte aussi l'usine pétrochimique BASF, quatre bourses diamantaires et est le Centre de formation des tailleurs de diamants le plus reconnu au monde. Enfin, Anvers s'est offert une place de choix entre Milan, Paris et Londres. En une trentaine d'années, la ville est en effet devenue une des grandes villes européennes de la mode. Forte d'une longue tradition de textile et reconnue pour son Académie de la mode, la ville compte de nombreux stylistes réputés dont les plus célèbres sont Ann Demeulemeester et Dries Van Noten. Plus petite que Bruxelles, elle est cependant plus jeune et peut-être aussi plus branchée. La ville regorge de bars, de cafés et de restaurants toujours pleins, signes de sa bonne santé économique.

BOERENTOREN

Eiermarkt 20

Une bombe de la Première Guerre mondiale laissa un trou béant. Dans le cadre de l'Exposition universelle de 1930 à Anvers, on décida d'y construire le plus haut gratte-ciel du continent européen : la tour des paysans (boerentoren). Les architectes Van Hoenacker, Smolderen et Van Averbeke allèrent jusqu'à New York et Chicago pour trouver l'inspiration et une nouvelle technique : bâtir une structure en acier avec le moins de points de support au sol pour l'ériger plus haut. L'immeuble de 97 mètres à la façade Art déco achevé en 1932 est le plus haut de la ville.

BOURSE DU COMMERCE (HANDELSBEURS) ★

Borzestraat 31

handelsbeursantwerpen.be

Peut se visiter samedi et dimanche, de 10h à 17h, quand il n'y a pas d'évènements prévus. Voir site web.

Anvers abrite la première Bourse d'Europe, construite en 1531. Sir Thomas Gresham, conseiller financier du roi d'Angleterre, visita l'endroit et proposa la construction d'un tel bâtiment à Londres (maintenant le London Stock Exchange). La Bourse se transforma par la suite en une académie d'art puis en première bibliothèque publique de la ville. Le plafond gothique date de la reconstruction du XIXe siècle suite aux incendies multiples qui détruisirent une grande partie du bâtiment.

DIVA - MUSÉE DU DIAMANT ★★★

Suikerrui 17-19

✆ +32 3 360 52 52

Ouvert 7j/7 sauf mercredi, de 10h à 18h.

A l'écriture du guide, le musée est en rénovation jusqu'en mars 2023.

Le caillou étincelant qui a fait la richesse de la ville depuis le XVIe siècle et draine encore aujourd'hui dans ce quartier un commerce international de diamantaires, joailliers et orfèvres est mis à l'honneur par DIVA. Jérôme, un majordome virtuel, invite le visiteur, à découvrir l'histoire et la fabrication du diamant sur quelque 500 m² exposant près de 600 objets (diamants, bijoux et œuvres d'art). On trouve également sur place : un centre de documentation, des expositions temporaires ainsi qu'un magasin-bijouterie. Réouverture après travaux le 24 mars 2023.

CATHÉDRALE D'ANVERS (ONZE LIEVE VROUWEKATHEDRAAL) ★★★★

Groenplaats 21

www.dekathedraal.be

Ouverte de 10h à 17h en semaine, de 10h à 15h le samedi et de 13h à 17h le dimanche. Entrée 8€, -18 ans gratuit.

La cathédrale Notre-Dame (en néerlandais Onze-Lieve-Vrouwekathedraal) est un temple de superlatifs tant elle impressionne par sa hauteur, son gigantisme, sa finesse d'ouvrage, dans le plus pur exemple de gothique brabançon, tout comme son intérieur richement décoré. Elle est dédiée à la Vierge Marie. Le plus frappant ici est, en plus de l'édifice lui-même, certainement le fait qu'elle ait su conserver son environnement médiéval d'origine : elle est en effet toujours entourée de maisons anciennes et très basses qui contrastent avec son imposante stature. La construction de cette gigantesque œuvre gothique commença au XIVe siècle sur les restes d'une ancienne église romane datant elle du Xe siècle, et se poursuivit pendant 169 ans. La flèche (initialement deux flèches étaient prévues) fut achevée en 1521 et mesure 123 mètres de haut ! Cet éperon de pierre gothique ciselé avec une extrême finesse pointe vers le ciel dans toute sa verticalité, bien plus haut que les édifices alentours, symbolisant la puissance de la ville : de fait, c'était à l'époque de son édification la plus grande construction gothique des anciens Pays-Bas. Vous l'apercevrez très souvent. Levez le nez à ses pieds, vertige garanti ! L'église est devenue cathédrale en 1559 : c'est la plus grande du Benelux et elle est censée pouvoir accueillir 24 000 personnes. Malgré de nombreux incendies et pillages, on y trouve encore un bon nombre de trésors artistiques, parmi lesquels quatre chefs-d'œuvre baroques réalisés par Rubens au début du XVIIe siècle : *L'Érection de la croix* (triptyque), l'*Assomption de la Vierge*, *La Descente de la croix* et *La Résurrection du Christ*. On pourra aussi voir une madone en marbre datant du XIVe siècle, de fines sculptures, un tabernacle sous forme d'Arche d'alliance du XVIIIe siècle… Dernière acquisition, les orgues installées au-dessus de l'entrée de la partie méridionale du déambulatoire datent de 1993.

▸ **Info futée :** les 515 marches de la tour de la cathédrale d'Anvers peuvent être visités d'avril à septembre tous les mercredi avec un guide officiel.

▸ **Concerts de carillon** toute l'année les lundis, mercredis et vendredis de 12h à 13h ; de mai à fin septembre également le dimanche de 15h à 16h ; en juillet et en août également le lundi de 20h à 21h.

▸ **Le bistro De Plek.** L'ancienne chapelle Saint-Jean derrière la sacristie a été convertie en un espace de rencontre convivial : le bistro De Plek, qui a récemment remporté un prix de décoration d'intérieur.

ÉGLISE SAINT ANDRÉ [SINT ANDRIESKERK] ★

Sint-Andriesstraat 5
✆ +32 32 32 03 84
https://www.sint-andrieskerk.be/
Ouverte du lundi au samedi de 9h à 12h et d'avril à fin octobre, tous les jours de 14h à 17h.

L'église paroissiale saint André faisait partie d'un monastère des Augustins du XVIe siècle. Elle est de style gothique tardif et sa tour, remplacée en 1785, est baroque. Pillée à plusieurs reprises (pendant le mouvement iconoclaste, à la Révolution française et pendant les guerres), l'église fut restaurée dans les années 1970. À l'intérieur, on peut voir un autel monumental du XVIIe siècle, une chaire du XIXe siècle de style néobaroque, ainsi que plusieurs œuvres de maîtres flamands.

ÉGLISE SAINT-JACQUES ★★★

Lange Nieuwstraat 73/75
https://www.sintjacobantwerpen.be/
Ouvert tous les jours sauf le mardi de 14h à 17h d'avril à fin octobre.

C'est dans l'église Saint-Jacques que se trouve la tombe de Pierre-Paul Rubens (ornée d'une peinture peinte par lui-même !), derrière l'autel principal. L'église a été construite entre 1491 et 1656 en style gothique brabançon. Initialement un hôpital pour les pèlerins de Saint-Jacques de Compostelle. Les paroissiens, de la haute bourgeoisie, voulaient construire un clocher dépassant celui de la cathédrale. Mais leur fortune se résuma à 55 mètres ! L'intérieur de l'église est très riche : des marbres, plus de vingt autels, des peintures des maîtres anversois…

ÉGLISE SAINT-CHARLES-BORROMÉE ★★

Hendrik Conscienceplein 6
✆ +32 32 31 37 51
Ouverte du lundi au samedi de 10h à 12h30 et de 14h à 17h et le dimanche pour l'office.

Cette église, dont la façade a été décorée en partie par Rubens, fut construite entre 1614 et 1621 en style baroque. Elle fut érigée par les jésuites dans le but de faire revenir les fidèles à l'Église catholique dans le cadre de la Contre-Réforme. C'est la plus grande église des Pays-Bas méridionaux de l'époque. L'intérieur est riche en décorations. Rubens est alors au sommet de sa gloire et, avec son assistant Antoine Van Dyck, il réalise une série de ses tableaux de scènes bibliques ainsi que 39 caissons du plafond. Tous (sauf le plafond de la chapelle Maria) furent détruits dans un incendie en 1718, tandis que les tableaux furent pour la plupart confisqués par les autorités autrichiennes, lorsque la Compagnie de Jésus fut supprimée par le pape Clément XIV en 1773. On en retrouve dans différents musées (dont celui de Vienne). La toile de Rubens *Le Retour de la Sainte Famille* est revenue en 2012 à l'église Saint-Charles-Borromée, rachetée lors d'une vente aux enchères chez Christie's par la ville. Après une belle restauration, elle a retrouvé sa place d'origine ! Durant la période hollandaise (1816-1830), l'église devient un temple protestant. Elle redeviendra catholique à l'indépendance de la Belgique. Autre curiosité de l'église, vous remarquerez peut-être que le tableau suspendu au-dessus de l'autel n'est pas toujours le même : un ingénieux mécanisme d'origine (et qui fonctionne encore !) permet d'interchanger trois tableaux selon les périodes de l'année liturgique.

GRAND PLACE [GROTE MARKT] ★★★

Grote Markt 1

La Grand-Place constitue le cœur de la ville historique d'Anvers. Tous les visiteurs s'y retrouvent ébahis pour lever le nez vers les somptueuses maisons qui la bordent. Elle est située non loin de la cathédrale.

- **Statue de Brabo.** Au centre de celle-ci, se dresse cette statue, réalisée en 1887 par Jef Lambeaux, l'un des meilleurs sculpteurs belges du XIXe siècle. Selon une légende du XVIe siècle, Brabo défendit la ville sans cesse menacée par un géant. Il coupa sa main et le jeta dans l'Escaut (*hand werpen* signifiant jeter la main).

- **Les maisons de la Grand-Place** témoignent de la renaissance de la ville au lendemain du siège de 1583 à 1585. Ce sont pour la plupart des maisons de guildes (au Moyen Âge, coopérative de marchands, artisans…) datant des XVIe et XVIIe siècles. Lors de la reddition d'Anvers aux troupes espagnoles, tout fut pillé et saccagé. Dans les années suivantes, en dépit de l'effondrement économique et démographique, les maisons furent rebâties sous l'aspect que nous leur connaissons aujourd'hui. Et au XIXe siècle, elles furent rénovées systématiquement. Telles que nous les voyons, elles opèrent une synthèse entre l'art gothique (pignons à gradins qui donne cette allure de toit en escalier), l'apport Renaissance (croisillons, colonnettes), et l'influence baroque (ornementations chargées des façades). Remarquez, au sommet du plus haut pignon de la face nord, le dragon encore accroché au rebord et dont, saint Georges va, de sa lance, abréger les souffrances.

© AUTHOR'S IMAGE

Les maisons de guildes bordant la Grand-Place.

HET STEEN ★★

Steenplein 1

www.visitantwerpen.be/fr/het-steen-fr

Adulte 7 €, enfant (6-18 ans) 5 €, - 5 ans gratuit. Ouvert tous les jours de 10h à 18h.

Le Steen, c'est le château du XIIIe siècle au bord de l'Escaut. Partie intégrante des vieux remparts, il devint une prison au Moyen Age avant d'être agrandi sous Charles Quint. C'est l'unique bâtiment du front de mer encore debout, la plus vieille construction de la ville. Sous la voûte d'entrée, on aperçoit la statue accroupie de Semini, dieu scandinave de la jeunesse et la fertilité (on le reconnaît à ses deux sexes !). Depuis sa réouverture en 2021, il abrite désormais The Antwerp Story : 11 salles surprenantes révèlent l'histoire d'Anvers.

HÔTEL DE VILLE (STADHUIS) ★★

Grote Markt 1

De 9h à 18h. Rez-de-chaussée accessible à tous. Visites à partir de 9 €. Horaires : voir site web.

L'hôtel de ville date de 1565, construit dans un style Renaissance. C'est le fruit de la collaboration d'architectes venus de tous pays, ce qui reflète bien le côté cosmopolite de la ville portuaire. On retrouvera entre autres une influence italienne dans le marbre rose de certaines colonnes ou encore le romantisme du XIXe siècle dans les salons où sont exposées des peintures de Leys. Le rez-de-chaussée de l'hôtel abritalt à l'origine des échoppes de marchands.

MAISON SNIJDERS & ROCKOX ★★

Keizerstraat 12 ✆ +32 3 201 92 50

www.rockoxhuis.be

Ouvert du mardi au dimanche de 10h à 17h. Entrée : adulte 10 € ; 18- 25 ans et + 65 ans 6 €, gratuit - 18 ans.

La maison de Nicolas Rockox (1560-1640), bourgmestre d'Anvers, ami et protecteur de Rubens, a été aussi bien restaurée que celle du peintre. L'homme était très versé dans les sciences, les arts et la littérature, et sa maison est un bel exemple de la richesse de la culture flamande de l'époque. Elle regorge à tous les étages de nombreuses peintures (Rubens, Van Dyck, Jordaens, Bruegel…), de diverses œuvres d'art et de meubles des XVIe et XVIIe siècles. Il y a aussi une charmante cour à arcades Renaissance autour d'un jardinet.

MOMU - MUSÉE DE LA MODE ★★

Nationalestraat 28

✆ +32 34 70 27 70

www.momu.be

Ouvert du mardi au dimanche, de 10h à 18h. Adulte : 12 €. 18 à 26 ans : 5 €. -18 ans : gratuit. Café.

Le musée fait partie du ModeNatie, grand complexe dédié à la mode comportant le MoMu, la session mode de l'Académie des beaux-arts qui reçoit des étudiants du monde entier et l'Institut flamand de la mode dont le rôle est de promouvoir la mode anversoise et flamande à travers le monde. Rénové pendant quelques années, il a rouvert ses portes en 2021 avec une collection permanente et deux salles d'expositions temporaires. La bibliothèque du MoMu abrite plus de 15 000 livres, catalogues, revues de documentation sur la mode, les créateurs et l'art du textile.

MUSÉE DE REEDE ★★★

Ernest van Dijckkaai 7
✆ +32 3 434 03 04
www.museum-dereede.be

Ouvert de 11h à 17h de jeudi à lundi. Adulte 15 €, jeunes de 13 à 18 ans 3 €.

Ce musée ouvert en 2017 est dédié aux arts graphiques : lithographies, eaux-fortes (gravure sur plaque métallique à l'acide), gravures sur bois et dessins sur papier. La collection comprend des œuvres exclusives des maîtres Francisco Goya, Félicien Rops et Edvard Munch. Ce dernier s'est d'ailleurs davantage exprimé en lithographie qu'en peinture ! Les plus anciennes datent du XVIe siècle, mais on en découvre aussi de Picasso ou Rembrandt. La gravure sur bois développée en Corée et au Japon est à l'origine du japonisme, présent en France. Expositions temporaires.

MUSÉE MAYER VAN DEN BERGH ★★

Lange Gasthuisstraat 19 ✆ +32 3 338 81 88
museummayervandenbergh.be

Ouvert tous les jours sauf lundi de 10h à 17h. Entrée : 10 € ou 6 € de 18 à 26 ans, gratuit - 18 ans.

Le musée fut construit par Henriette Van den Bergh, pour accueillir la collection de son fils. On y trouve tout ce qu'un collectionneur privé européen pouvait posséder à la fin du XIXe siècle. Avec ses tableaux, ses sculptures, ses tapisseries murales, ses gravures, ses vitraux, le musée propose un panorama pratiquement complet des arts des Pays-Bas. La collection renferme des chefs-d'œuvre dont une belle série de primitifs flamands parmi lesquels *Margot la folle* de Pieter Brueghel.

MUSEUM VLEESHUIS ★★

Vleeshouwersstraat 38
✆ +32 3 292 61 01
www.museumvleeshuis.be

Ouvert du jeudi au dimanche de 10h à 17h. Gratuit jusqu'à 18 ans. Adulte : 8 €. Réduit : 5 €.

La Maison des bouchers (Vleeshuis), une halle en gothique tardif (1501-1504), est le plus ancien bâtiment public de la ville. Une fois les animaux tués dans les rues voisines, les morceaux de viande étaient découpés et vendus au rez-de-chaussée. Elle abrite aujourd'hui un musée qui témoigne de 600 ans de musique, de sons et de danse dans la ville. De superbes instruments, peintures et maquettes relatent l'histoire des ménestrels. On y trouve de la musique sacrée, des marches militaires, de l'opéra et même l'ambiance des cafés chantants du XXe siècle.

MUSÉE PLANTIN-MORETUS ★★★★

Vrijdagmarkt 22 ✆ +32 3 221 14 50
www.museumplantinmoretus.be

Ouvert du mardi au dimanche de 10h à 17h. Entrée : adulte 12 €, 18-26 ans 8 €, gratuit pour - 18 ans.

Consacré à l'histoire de l'imprimerie du XVe au XVIIIe siècle, ce musée retrace la vie de la famille Plantin-Moretus. Arrivé à Anvers en tant que relieur, l'humaniste français Christoffel Plantin devint imprimeur en 1555 et s'établit à son compte à cet endroit. Son gendre, Jan Moretus, ainsi que ses petits-enfants, développèrent l'entreprise familiale aux XVIIe et XVIIIe siècles. En 1876, Édouard Moretus vendit l'imprimerie et tout son matériel à la Ville d'Anvers.

Le musée, outre son superbe bâtiment d'époque et son joli jardin intérieur, déroule ses splendides collections au fil des 34 salles aménagées. Il possède l'unique bureau d'imprimerie au monde entièrement équipé du XVIe siècle, une salle de presses du XVIIe siècle, mais aussi 90 jeux de caractères complets en plomb (dont le seul jeu complet des poinçons originaux de Garamont). Vous pourrez y admirer deux des plus anciennes presses d'imprimerie du monde, encore en état de fonctionnement ! Mais aussi des mappemondes et des cartes anciennes, ainsi que plusieurs tableaux de Rubens, ami de la famille. On peut déambuler dans les archives éditoriales, mais aussi dans une bibliothèque riche de 25 000 volumes aussi précieux qu'anciens.

Les pièces maîtresses du musée : deux rarissimes et splendides exemplaires de la bible de Gutenberg, dont le seul exemplaire conservé de l'*Index librorum prohibitorum* de l'époque imprimé avant 1461. Un vrai trésor. On comprend pourquoi il est le premier musée à être inscrit sur la liste du patrimoine mondial de l'UNESCO !

VLAEYKENSGANG

Vlaeykensgang

Petit passage étroit très agréable du XVIe siècle qui relie la Hoogstraat, la Pelgrimstraat et le Oude Koornmarkt (n° 16 de la rue). Initialement habitées par des cordonniers, ces rues manquèrent d'être démolies dans les années 1960 mais furent finalement – et heureusement – restaurées. Caché par des portes, il donne l'impression d'être à mille lieues de la bouillonnante Anvers. Extrêmement photogénique, cette bulle de calme fait la place belle aux galeries d'art, aux antiquaires et à un restaurant gastronomique avec une charmante terrasse : Sir Anthony Van Dijck.

BRASSERIE DE KONINCK [ANTWERP CITY BREWERY] ★★

Mechelsesteenweg 291 ✆ +32 3 866 96 90
www.dekoninck.be/fr
Ouvert tous les jours (sauf le lundi) de 11h à 17h30. Tarifs : adulte, 16 €. Étudiants et groupes : 14 €.

C'est un réel temple de la bière qui a été aménagé dans les locaux de la brasserie De Koninck, emblème de la tradition brassicole d'Anvers. Une expérience immersive et interactive vous apprendra tout sur la bière. Cela se fait à son propre rythme avant de passer à une petite dégustation, évidemment. La visite de la brasserie n'est pas l'unique chose à découvrir : c'est un véritable mini-village avec bars, restaurants et boutiques qui s'est installé autour de la brasserie.

KMSKA - MUSÉE DES BEAUX-ARTS ★★★

Leopold de Waelplaats 2 ✆ +32 3 238 78 09
www.kmska.be
Lundi-vendredi, 10h-17h (22h le jeudi). W-e et jours fériés, 10h-18h. Adultes : 20 €. -26 ans : 10 €. -18 ans : Gratuit.

La collection de ce musée construit en 1890 représente 600 années de production artistique à Anvers et en Flandre. Après une longue rénovation, il a rouvert le 24 septembre 2022 en grande pompe. Avant la visite, téléchargez sur votre smartphone l'app kmSKA qui comprend l'audioguide du musée.

▶ **XVe siècle :** œuvres de Jan Van Eyck, Roger Van der Weyden… Également un chef-d'œuvre de Jean Fouquet : Marie et Jésus entourés de séraphins et de chérubins. Sur ce tableau, Marie a les traits d'Agnès Sorel, la maîtresse de Charles VII. Dans la salle 2.22, vous verrez un triptyque restauré de Memling : *Dieu le Père entouré d'anges chanteurs et musiciens*.

▶ **XVIe-XVIIe siècle :** à cette époque, Anvers devient un grand centre de commerce en même temps qu'un centre d'art. La production et la qualité des œuvres de ce siècle est remarquable. La collection du musée inclut des toiles de Quinten Metsijs, dont le superbe triptyque de la *Lamentation du Christ*, Frans Floris, influencé par l'art de la Renaissance italienne et qui introduit aux Pays-Bas les thèmes mythologiques, et Marten De Vos. Du XVIIe siècle, Rubens, Jordaens et Van Dyk. Le musée abrite 21 toiles et croquis de Pierre-Paul Rubens (salle 2.22), le plus célèbre des peintres baroques flamands. Une véritable rétrospective de son travail. Également des œuvres de Frans Snijders, Cornelis de Vos, Jan Brueghel…

▶ **XIXe-XXe siècles :** Rodin, Ensor (plus grande collection au monde), Henry Van de Velde, Jacob Smits, Rik Wouters, Pierre Alechinsky…

LA LÉGENDE DE BRABO

Anvers, ou plutôt Antwerpen, tiendrait son nom d'une légende locale. Un géant, nommé Druon Antigoon, s'était installé dans la rivière Schelde (l'Escaut) et demandait un passe-droit aux capitaines des navires désirant se rendre ou sortir d'Anvers. Si ces derniers ne s'exécutaient pas, il leur coupait alors la main. Mais un jour arriva le guerrier romain Silvius Brabo. Ce dernier coupa la main du géant et la jeta ensuite dans l'eau de la rivière Schelde. C'est pourquoi la ville aurait porté le nom de Hantwerpen (qui signifie « jeter la main ») jusqu'au XVIIe siècle avant de perdre son « H » et de devenir Antwerpen. Cette légende symbolise l'importance de la libre circulation sur l'Escaut. Si la légende n'est pas vérifiable, il semble qu'Anvers a bien été occupée par les Romains, comme l'ont prouvé les archéologues qui ont découvert des vestiges romains du Ier siècle près du Steen ! Une autre version attribue le nom de la ville au mot ancien d'*aanwerp*, qui signifie « mont d'alluvions ». Ce mont aurait été situé dans la rivière Schelde, au niveau du Steen (château), avant de disparaître à la fin du XIXe siècle lorsque les quais du fleuve furent réaménagés. Néanmoins, Brabo est toujours considéré comme le libérateur de la ville. Pour preuve, une statue en bronze à son effigie brandissant la main du géant, à la fontaine de la Grand-Place (Grote Markt) ! Il en résulte aussi les *Antwerpse handjes*, ou mains d'Anvers, des pâtisseries, chocolats et autres biscuits produits localement en forme de mains.

MAISON GUIETTE

Populierenlaan 32
Ne se visite pas.

Vous ne pouvez pas louper cette étroite maison resctangulaire rétrofuturiste. Il s'agit de la seule maison construite par Le Corbusier en Belgique, sa première commande à l'étranger en 1926. Manifestement, l'architecte français de génie n'était pas du goût des Anversois, personne n'a voulu construire à côté de la maison moderniste. Le maître d'ouvrage, René Guiette (1893-1976) qui a donné son nom à l'édifice, appartenait au mouvement d'avant-garde anversois. Dommage qu'elle ne se visite pas car elle est pleine de couleurs à l'intérieur.

MUSÉE D'ART CONTEMPORAIN - M HKA

Leuvenstraat 32
✆ +32 3 260 99 99
www.muhka.be
Ouvert du mardi au dimanche de 11h à 18h.
Entrée : adulte 12 €, +60 ans 7 €, -26 ans 3 €.

Le musée d'Art contemporain d'Anvers est hébergé dans un ancien sillon à grains de 1922. Le m HKA s'intéresse à l'art à partir de 1970. Le bâtiment avec ses 4 000 m² de salles d'exposition présente une belle collection de plus de 150 œuvres d'artistes flamands et étrangers. L'ouverture du musée au début des années 1980 a été le point de départ du rajeunissement du quartier. Au dernier étage, se trouve un café duquel on a une belle vue sur la ville.

MUSÉE DE LA PHOTOGRAPHIE ★★

Waalsekaai 47 ✆ +32 3 242 93 00
www.fotomuseum.be
Ouvert tous les jours sauf lundi de 10h à 18h.
Entrée : adulte 10 € ; 26-18 ans : 6 € ; gratuit pour -18 ans.

Ce musée, installé dans un ancien entrepôt, retrace l'histoire, les techniques et l'art de la photographie. Sa collection est l'une des plus importantes d'Europe, en termes d'images comme de matériel photographique. Des expositions temporaires sont régulièrement organisées et une aile du musée, tournée vers le futur, unit la photographie, le film et les nouveaux médias. Pour une idée sortie, le département du musée du Cinéma organise d'ailleurs des projections de films tous les jours (le programme peut être consulté sur leur site Internet).

PALAIS DE JUSTICE D'ANVERS ★★

Bolivarplaats

Inauguré en mars 2006, le nouveau palais de justice vaut le coup d'œil. Véritable cathédrale de métal, de verre et de bois de 78 000 m², il a été conçu par l'architecte Richard Rogers. Le bâtiment, avec un impressionnant toit qui figure des voiles de bateau, se compose de six ailes disposées autour d'un espace public central et séparées par des jardins d'intérieur. Il regroupe l'ensemble des services judiciaires d'Anvers (sauf la cour d'assises), autrefois dispersés dans la ville.

PARC MIDDELHEIM ★★

Middelheimlaan 61 ✆ +32 3 827 15 34
www.middelheimmuseum.be
Fermé le lundi. 10h-17h en octobre et mars, 19h en avril et septembre, 21h en été. Gratuit. Guide audio : 3 €.

Imaginez un beau et vaste parc relaxant avec des sculptures disséminées un peu partout. C'est le concept du musée en plein air du parc de Middleheim. Devant le succès de l'exposition de 1950, l'exposition devint permanente. Celle-ci présente une très riche collection (300 œuvres), représentative de la sculpture moderne en Occident, avec des sculpteurs comme Rodin, Bourdelle, Maillol, Gargallo, Zadkine… Une sortie à la fois reposante et culturelle, pour couper avec l'agitation urbaine, et l'occasion pourquoi pas de faire un peu de sport en plein air.

WATERPOORT

Vlaamsekaai
Au centre de la place.

Cet arc de triomphe fut sculpté au XVIIe siècle par Hubert van den Eynde en hommage à Philippe IV, roi d'Espagne. On dit que Rubens en a fait les plans. Il était au départ, comme son nom l'indique, destiné à être une « porte sur l'eau » ou *reek*, sur l'Escaut. Elle fonctionnait comme un passage de contrôle des bateaux dans l'enceinte fortifiée d'Anvers. Mais suite à des travaux sur les quais du fleuve, la porte a été déplacée vers le Sint-Jansvliet en 1880. Mais la construction du tunnel Saint-Anne en 1993 entraîna sa migration dans le Zuid.

ACADÉMIE ROYALE DES BEAUX-ARTS

Mutsaertstraat 31
www.academieantwerpendko.org
Ne se visite pas.

L'Académie était auparavant un monastère. Napoléon en chassa les moines en 1797 et donna le bâtiment à la ville à condition qu'elle en fasse un musée et une Académie (qui existait déjà depuis le XVIIe). On peut toujours voir quelques restes de l'ancien monastère. Suite au grand incendie du XIXe siècle, un musée fut construit pour abriter la collection de peintures (Museum voor Schone Kunsten) et seule demeura l'Académie où l'on enseigne encore l'art. Le jardin est très beau.

BÉGUINAGE D'ANVERS (ANTWERPEN BEGIJNHOF) ★★★

Rodestraat 39
Ouvert tous les jours de 8h à 18h. Entrée gratuite.

Voici un lieu vraiment fascinant de ruelles étroites, aux maisons de brique et grès pittoresque du XVIe siècle, classé au Patrimoine mondial de l'Unesco comme tous les béguinages flamands. Remarquez le portique baroque monumental orné de la statue de Sainte Begge, patronne des béguines, qui précède la placette triangulaire. Mais aussi l'église Sainte-Catherine néogothique et néoclassique de 1827 (l'originale a été détruite en 1799). Elle est ornée de tableaux de Jordaens. Un oratoire abrite un *Christ aux liens*. Les béguines étaient des femmes dévotes soumises à une vie en communauté sans pour autant avoir prononcé des vœux monastiques. Le tout premier béguinage d'Anvers (1240-1542), Het Hof Sion, a été construit au sud, loin des remparts. Mais la ville décide de les incendier pour éviter qu'elles ne soient prises par les troupes ennemies. Reconstruit en 1545, c'est alors une époque de prospérité, le béguinage est rénové et agrandi. Elles sont près de 150 béguines à la fin du XVIIIe siècle. Mais le lieu est désacralisé à la Révolution française et la municipalité anversoise démantèlera une partie du complexe en 1819. Néanmoins, les béguines ont continué à vivre dans la foi jusqu'à la fin du XXe siècle, un peu hors du temps. Virginie Laeremans, la dernière béguine anversoise, est morte en 1986. Aujourd'hui, les maisons du béguinage sont habitées par des laïcs. C'est un petit lieu de verdure calme, jalousement conservé au cœur de la ville, à proximité de l'université.

TOUT SUR LE DIAMANT

Anvers est très fière de son industrie diamantaire. Le diamant est l'un des minéraux les plus anciens sur terre : on estime son âge naturel entre 1 et 3,5 milliards d'années. Pour évaluer la qualité d'un diamant, on se fie aux 4 « C », c'est-à-dire : **carat,** du grec *keration*, signifie « graine » et représente un poids de 0,2 gramme. **Couleur.** En principe, les diamants incolores sont les plus précieux. **Clarté.** La pureté d'un diamant peut être altérée par des impuretés internes ou des rayures externes. **Coupe.** Les diamants incolores possèdent généralement la coupe « taille brillant » qui compte 57 facettes et qui a été mise au point par un Anversois, Marcel Tolkowsky.

CHOCOLATE NATION

Koningin Astridplein 7
✆ +32 3 207 08 08
www.chocolatenation.be
7j/7 de 10h15 à 18h. Le dernier groupe part à 17h. Adultes : 18,90 €. 12-17 ans : 17,50 €. 4-11 ans : 13,50 €.

C'est tout simplement le plus grand musée du chocolat au monde. Pas moins de 14 salles vous emmènent à la découverte depuis ses origines comme fève de cacao en Amérique centrale jusqu'à la fabrication du produit final – le chocolat belge –, en passant par son long voyage jusqu'à Anvers et le processus de torréfaction. On reste cloués sur place devant un immense château tout en chocolat et comble du bonheur, vous pourrez déguster pas moins de 10 sortes de chocolats différents. Belle boutique en fin de parcours et restaurant Octave accolé au musée.

DE WINKELHAAK

Lange Winkelhaakstraat 26
✆ +32 3 727 10 30
www.winkelhaak.be

Jusqu'en 1999, ce lieu était connu comme un haut lieu de la prostitution, avec de nombreux immeubles délabrés et les fameuses vitrines exhibant les prostituées, comme dans tout quartier rouge (*red light district*) en Belgique et aux Pays-Bas. Pour « nettoyer » le quartier, on décida, entre autres, de construire ce Centre du design à l'emplacement de huit anciens taudis. Il comprend une salle d'exposition, un magasin, un café, une bibliothèque, des bureaux et des salles de réunions. Il est tout proche de la gare centrale d'Anvers.

DOMAINE PROVINCIAL RIVIERENHOF

Rivierenhof
✆ +32 3 360 52 17
Ouvert de 6h30 à 22h30. Entrée libre.

A 5 km à l'est du centre, ce vaste parc constitue un des poumons verts de la ville. Il abrite le château Rivierenhof ainsi que des arbres centenaires, des étangs, un arboretum, une des plus belles roseraies du Benelux avec 259 espèces différentes et 8 000 roses, un lac, un centre de sport, un minigolf, des jeux pour enfants, un théâtre en plein air, une galerie d'art. Vous pourrez combiner une promenade avec une visite du musée de l'Argenterie Sterckshof.

GARE CENTRALE [CENTRAAL STATION] ★★

Koningin Astridplein 27
✆ +32 32 04 25 80

Cette « cathédrale du rail » est époustouflante. Rénovée en 2009, elle fut construite par l'architecte Louis de La Censerie entre 1895 et 1905. On gagne les quais par un escalier monumental. Les trains font leur entrée sous une verrière courbée à la structure parabolique. Le hall est constitué d'acier et de vitres. Par le passé, les voyageurs de première classe avaient l'habitude d'attendre dans une salle qui ressemblait plus à une salle de bal versaillaise qu'à une salle d'attente.

GRANDE POMPE À EAU [HET POMPHUIS] ★★

Siberiastraat
✆ +32 3 770 86 25
www.hetpomphuis.be
Entrée libre.

Tout au bout des anciens docks, derrière la Maison du Port, ne manquez pas de faire un détour par cet endroit. L'ancienne pompe à eau – qui servait à vider ou remplir les docks de la ville – a été méticuleusement rénovée, et abrite maintenant un café et un restaurant. La plupart des installations techniques sont intactes et visibles, ce qui ravira les amateurs de vestiges industriels des siècles derniers. En face, la caserne des pompiers date de 1920.

MAISON DES LETTRES [AMVC]

Minderbroederstraat 22
✆ +32 3 222 93 20
www.letterenhuis.be
En rénovation et devrait rouvrir pour 2023. Consultez le site web pour les horaires et tarifs.

Ce musée vous retrace l'histoire de la littérature flamande des XIXe et XXe siècles. Les romans de Hendrik Conscience marquent le point de départ d'un récit qui s'achève aux œuvres d'auteurs contemporains. Vous y trouverez des manuscrits et des lettres de figures marquantes de la littérature flamande, des photos, des portraits, des enregistrements sonores… Il est possible de consulter des œuvres dans la salle de lecture. Surtout intéressant pour ceux qui comprennent le flamand.

Gare Centrale (Centraal Station).

MAS ★★★

Hanzestedenplaats 1
✆ +32 33 38 44 00
www.mas.be
Mardi-dimanche 10h-17h. Boulevard et panorama : 9h30-22 h (minuit en été). Adulte : 10 €, 18-25 ans 6 € ; -18 ans : 0 €.

Le MAS (Museum Aan de Stroom, le musée au bord du fleuve) est situé dans le quartier de Het Eilandje, près des anciens bassins nord. Le bâtiment, dû aux architectes Neutelings et Riedijk, est caractéristique : comprenant dix étages, il fait penser à de gros conteneurs que l'on aurait empilés. Cet immense musée interactif est consacré à l'histoire la ville d'Anvers et de son port. Idéal pour comprendre l'essor économique et culturel de la ville. Diverses collections temporaires. Ne manquez pas le panorama sur le toit du musée pour une vue époustouflante.

PARC MUNICIPAL (STADSPARK) ★

Rubenslei 200

Un parc triangulaire, compris entre Van Eycklei, Rubenslei et Quinten Matsijslei, est un vestige du fort Herentals, un avant-poste des remparts du XVIe siècle. Il est peuplé par une grande diversité d'Anversois : nord-africaines, juifs, joggers, cols blancs, hommes d'affaires, un vrai melting pot ! Non loin du pont, qui date de 1869, des statues se cachent entre les arbres, ainsi qu'un bunker de la Seconde Guerre mondiale. Idéal pour une pause verte et calme.

QUARTIER DES DIAMANTAIRES (DIAMOND SQUARE MILE)

Hoverniersstraat

Simonstraat et Lange Kievitstraat sont les deux axes principaux du quartier juif qui, avec Hoveniersstraat, forment le quartier des diamantaires. Toute cette industrie est plutôt discrète, mais près de 10 000 personnes travaillent pourtant dans la branche. L'essentiel des activités a lieu dans Pelikaanstraat, à l'ombre du talus du chemin de fer, où se trouve la Bourse du diamant. Leur présence ici s'explique par la gare, d'où débarquait au début du siècle la majorité des clients.

PORT D'ANVERS ★

Zaha Hadidplein 1
www.portofantwerpbruges.com
Excursions en vélo gratuite, en bateau, entre 23 € (avec crêpes à volonté) et 100 €, selon standing et options.

Le port d'Anvers compte l'écluse de Kieldrecht, la plus grande au monde, drainant un trafic maritime à son échelle, celle du plus grand port d'Europe ! Située à l'extrémité de la darse de Deurganck sur la rive gauche, sur 500 m de long, 68 m de large, elle contient trois fois plus d'acier que la tour Eiffel ! L'artiste Cazn a orné le mastodonte d'un graffiti de 300 m de largeur, qui sera régulièrement sous l'eau en fonction des marées.

- **Découvrez le port en bateau.** L'excursion se fait avec entre autres l'agence Flandria (www.flandria.nu), ou Riverstar (www.riverstar.be).
- **A vélo.** Le vélo est une excellente manière d'explorer la zone portuaire d'Anvers. Retirez votre carte de pistes cyclables dans le port au Pavillon portuaire du musée MAS (en haut duquel la vue sur le port est sympa), au centre des visiteurs de Visit Antwerpen sur la Grande-Place.
- **Le port en bus.** Les visites guidées portuaires en bus sont organisées par Antwerp Port Tours. Explications intéressantes sur l'histoire du port ! (www.antwerpporttours.com, ✆ +32 483 45 78 84)
- **À ne pas manquer :** promenez-vous jusqu'à Londenbrug pour une belle vue sur la nouvelle Maison du port, dessinée par la célèbre architecte anglo-irakienne Zaha Hadid, décédée brutalement quelques mois avant son inauguration en 2016. Une coque de bateau en verre posée sur une ancienne caserne de pompier, de 105 m de long et 1 500 tonnes, dont l'extérieur est composé de centaines de plaques de verre triangulaires de trois couleurs qui rappelle aussi le diamant, autre symbole de la ville.

RED STAR LINE MUSEUM ★★

Montevideostraat 3
✆ +32 3 298 27 70
www.redstarline.be
Ouvert du mardi au dimanche, de 10h à 17h. 10 € le billet adulte ; 18-26 ans : 6 € ; - 18 ans : gratuit.

Les navires à vapeur de la Red Star Line amarraient juste avant le coude de l'Escaut. Il y a aujourd'hui un musée où l'on trouve des récits de passagers qui sont partis chercher une vie meilleure en Amérique avec cette compagnie maritime qui opéra un service hebdomadaire entre Anvers, Philadelphie et New York dès 1881. Un voyage qui nous ramène au début des années 1900 et qui permet à chacun de partager les rêves et les cauchemars de migrants européens grâce à des expos interactives qui mêlent témoignages et pièces d'archives.

SE LOGER

Anvers est très touristique et même si la ville possède un très grand nombre d'hôtels, il est prudent de réserver. Si vous arrivez sans avoir réservé et ne trouvez rien dans le centre, allez dans les environs de la gare centrale : le quartier est entouré d'hôtels (de divers tarifs). Le centre-ville étant en partie piétonnier et les parkings assez chers, si vous êtes en voiture, il peut être préférable de choisir un hôtel moins central afin de pouvoir vous garer gratuitement dans la rue. Sinon, prévoyez un budget parking conséquent. Certains hôtels proposent des parkings privés, mais ceux-ci sont payants dans la plupart des cas. À Anvers comme dans de nombreuses autres villes touristiques, la formule des chambres d'hôtes se développe et connaît un beau succès. L'office de tourisme délivre une liste de ces dernières. Pour plus d'infos, vous pouvez aussi consulter le site suivant : www.bb-antwerp.be.

MARNIX BED & BREAKFAST €

Welvaartstraat 16 ✆ +32 3 238 79 91
www.bbmarnix.be

Chambre simple 90 €, double 110 €, triple 130 €, famille 180 €, avec petit déjeuner. Studio double 120 €, semaine 450 €.

Cette belle maison de maître bien située est meublée d'antiquités du sol au plafond et les murs sont décorés d'œuvres d'art, vraiment très original. On a envie de connaître l'histoire de chaque objet. Au total : quatre chambres doubles confortables et décorées avec goût dans le style Art nouveau et un studio en mezzanine équipé d'une kitchenette. Une cuisine équipée est également à disposition. Thérèse et Robert sont très sympathiques et généreux en conseils. Le petit déjeuner est copieux, servi dans l'agréable jardin les beaux jours... Une excellente adresse !

BED, BAD & BROOD €€

Justitiestraat 43
✆ +32 32 48 15 39
bbantwerp.com

De 62 à 100 € pour une double, de 110 à 145 € la familiale, avec pdj. 80 € pour le studio (sans pdj). Parking : 10 €.

L'élégante demeure Belle Époque de Marleen et Koen est située près de Saint-André et du parc de la ville, dans une rue pittoresque. Revivez l'atmosphère des années 1900 grâce aux chambres Sissi, Victoria et Gustav, ou dans la « budget room » Penny et le *city apartment* Lily Grace avec kitchenette équipée. Aussi bien Marleen que Koen seront ravis de vous donner des informations (en français) pour trouver de bonnes petites adresses locales et vous serviront un petit déjeuner « home made ». Un coup de cœur pour passer son séjour à Anvers.

B&B K²AVA €€

Eglantierlaan 98
✆ +32 474 87 03 21
www.bed-and-breakfast-kava.be

Chambre double à partir de 90 €, avec petit déjeuner.

Situé dans une jolie petite rue de Wilrijk, dans la banlieue sud d'Anvers, ce B&B est une superbe bâtisse datant des années 1900, entièrement rénovée. Il est composé de 3 chambres au style différent, mais toutes très soignées. Beaucoup de couleur et de fraîcheur, on aime par-dessus tout ce mélange de contemporain et d'esprit design dans cette maison de maître. Quelques musées et le parc de la ville sont à proximité, et surtout le tramway juste en bas qui vous permet d'accéder facilement au centre-ville et à la gare. Pour les automobilistes, parking facile.

BLANCOOO NACHTEN €€

Bleekhofstraat 4-6
✆ +32 486 38 69 25
www.blancooo.be

7 nuits minimum, 2 personnes à partir de 667 €, 4 personnes 994 € pour 7 nuits. Pas de petit déjeuner.

Annemie, architecte et propriétaire de ce bel appartement (qui peut accueillir de deux à quatre personnes), se fera un plaisir de vous y accueillir. Le quartier se compose de pas mal d'artistes et est très vivant. L'appartement dispose de sa propre entrée, sa propre terrasse. Il y a un coin cuisine et séjour avec un canapé-lit convertible, un grand lit. Salle de bains avec lavabo et douche, toilettes séparées. Le tout dans une atmosphère lumineuse et claire, à prix très raisonnables pour Anvers, particulièrement pour une famille. Séjour de 7 nuits minimum.

HOTEL O KATHEDRAL €€

Handschoenmarkt 3
✆ +32 3 500 89 50
www.hotelokathedral.com
Chambre simple à partir de 89 €, double à partir de 99 €, petit déjeuner 14,50 € par personne. Bar.

Avec un nom pareil, on s'attend à un hôtel près de la cathédrale. Celui-ci est pile devant ! Quel plaisir d'admirer sa tour à travers ses fenêtres jour et nuit. Ce boutique-hôtel est abordable, adorable et original : des tableaux de maître flamands tapissent les chambres du sol au plafond. Les baignoires avec leur vitre transparente donnant sur la chambre sont du plus bel effet. On apprécie l'accueil chaleureux de Charline et sa famille, francophones et le café vivant, décoré d'enceintes vintage avec sa micro terrasse qui sert d'incroyables petits déjeuners.

MATELOTE €€

Haarstraat 11A
✆ +32 3 201 88 00
www.hotel-matelote.be
Chambre double à partir de 90 €, suite 130 €. Petit déjeuner : 12 € (gratuit si réservé depuis le site de l'hôtel).

Un hôtel très stylé qui combine avec brio le luxe du XXIe siècle avec l'architecture du XVIe siècle. Situé à deux pas de la Grand-Place, il propose neuf chambres design, parfaitement équipées, de la petite double avec ventilateur à de vastes suites climatisées, dont une en duplex. Toutes les chambres sont différentes et ont du caractère. L'une est mansardée et épouse les formes des poutres, l'autre a une baignoire îlot en marbre, superbes luminaires. Cour intérieure pavée avec de jolies petites tables pour prendre son petit déjeuner.

PRIZEHOTEL €€

Tunnelplaats 5
✆ +49 421 2222100
www.prizeotel.com/en/hotel-antwerpen/
Chambre simple à partir de 67 €, double à partir de 83 €. Petit déjeuner : 11 €. Parking : 18 €/jour (prévenir l'hôtel).

Cet hôtel tout récent à Het Eliandje est un excellent compromis entre besoin de confort et maîtrise du budget. Dès le lobby, le ton est donné : c'est décontraction et couleurs vitaminées qui réveillent l'œil. Pas de « Monsieur » ou « Madame », on vous appelle par votre prénom et on vous reçoit comme des habitués. Côté chambre, elles sont de belles tailles, tout aussi colorées et rien n'y manque. Certaines ont même un balcon qui donne sur l'église des marins norvégiens à Anvers. Le petit déj', consistant pour le prix, se prend dans une grande salle ensoleillée.

THEATER HOTEL ANTWERPEN €€

Arenbergstraat 30
✆ +32 32 035 410
www.theater-hotel.be
Chambre double à partir de 125 € sans petit déjeuner, 135 € petit déjeuner inclus. Bar.

Situé dans le vieux quartier des théâtres d'Anvers, cet élégant hôtel dans le centre d'Anvers a été intégralement rénové en hôtel 4 étoiles. Les chambres sont des petits nids douillets à l'allure cosy et classique, à la propreté irréprochable. Elles sont surtout spacieuses et avec des salles de bains très agréables avec baignoire même pour les chambres standard. Mais aussi à prix abordables pour Anvers, si l'on considère sa proximité avec les restaurants et les magasins. On apprécie aussi le bar avec ses boiseries et le *lounge* et ses canapés.

U EAT & SLEEP ANTWERP €€

Nassaustraat 42 ✆ +32 3 201 90 70
https://www.u-eatsleep.be/
A partir de 175 € chambre Cosy ; à partir de 265 € pour une Luxury. Petit déjeuner 24 €. Lunch 32 €. Menu dîner 72 €.

Un boutique-hôtel au-dessus d'un restaurant bistronomique ? Quelle bonne idée ! D'autant plus que le bâtiment est au bord de l'eau, en face du MAS. Cet hôtel à l'ambiance intime est un cocon de confort. La déco est très contemporaine et mélange velours, accents vert mousse ou bordeaux, robinetterie noire matte et une somptueuse douche à l'italienne recouverte de faïence nacrée (certaines chambres ont des baignoires XL). Les lits sont énormes et moelleux et après vous être réveillé, on sert un copieux petit déjeuner à table, dans le lounge de l'hôtel. Coup de cœur.

'T SANDT €€€

Zand 17-19
✆ +32 3 232 93 90
www.hotel-sandt.be
Chambre double à partir de 185 €, supérieure 210 €, petit déjeuner compris.

Situé entre le centre historique, le front de mer et St-André, ce bâtiment classé impressionne autant par sa façade néo-rococo que par son intérieur grandiose, avec un sol en marqueterie de marbre dès l'entrée. Le salon, dans des teintes rouge sombre à orangé est particulièrement avenant, valorisé par de jolis rideaux sous de hauts plafonds. Les chambres sont des merveilles de confort, chacune décorée dans un style plus ou moins classique, en fonction de son agencement. Un petit déjeuner princier et une cour végétalisée sont des atouts de cette adresse 4-étoiles.

AUGUST €€€

Jules Bordetstraat 5
✆ +32 3 500 80 80
www.august-antwerp.com
A partir de 165 € la chambre double, petit déjeuner à 25 € par personne.

Ce nouveau boutique-hôtel a été aménagé dans un ancien couvent augustin du XVIe siècle et ses jardins (d'où son nom). Les murs en pierres de taille donnent un admirable cachet. La chapelle sous ses hautes voûtes, ultra lumineuse, est désormais un élégant bar à cocktails. Le restaurant éponyme est déjà auréolé par le Gault & Millau. Les chambres, toutes différentes, certaines mansardées, ont été pensées avec luxe, tout en privilégiant des matériaux chaleureux et naturels. Le spa est aussi design, avec sa fontaine à glace, son sauna, hammam et sa piscine extérieure.

HÔTEL JULIEN €€€

Korte Nieuwstraat 24
✆ +32 3 229 06 00
www.hotel-julien.com
Double : de 179 € à 262 €. Suite : à partir de 332 €. Petit déjeuner : 26 €. Parking : 16 €.

Au cœur d'Anvers, ce charmant boutique-hôtel et ses onze chambres spacieuses à la déco contemporaine et raffinée occupent deux anciennes demeures rénovées du XVIe siècle. Ici, le mobilier design contraste avec les poutres apparentes et les planchers en chêne. Les chambres sont parfaitement équipées, le service est personnalisé et il y a aussi un joli jardin. Petit déjeuner princier, où tout semble sorti d'un restaurant. Certaines chambres sont dotées de terrasse sur les toits. Désormais on y découvre un spa très zen avec hammam, sauna et massages à la carte.

BOTANIC SANCTUARY €€€

Leopoldstraat 26
✆ +32 3 269 00 00
www.botanicantwerp.be
Double à partir de 295 €. Suite à partir de 995 €. Petit déjeuner en sus. Bar, restaurants, spa et salle de fitness.

Attention : grand luxe ! Cet ancien monastère de sœurs hospitalières a été transformé de main de maître en une des plus belles propriétés hôtelières de Belgique. On est accueillis dans l'ancienne orangerie, baignée de lumière et la prise en charge démarre de suite. Vous allez être chouchoutés du début à fin. Les chambres sont immenses, ont conservé les plafonds d'origine et sont habillées de tons kaki doré et taupe très reposants. Un spa de 3 étages et 5 restaurants (2 sont déjà étoilés, dont l'iconique Hertog Jan) finissent de compléter le standing de la maison.

LES NUITS €€€

Lange Gasthuisstraat 12
✆ +32 3 225 02 04
www.hotellesnuits.be
A partir de 145 € la double, de luxe dès 155 €, petit déjeuner 25 € par personne.

Ce boutique-hôtel très central dans le Meir, compte 24 chambres design, ultra modernes et stylées jouant sur le clair-obscur. En effet les murs sombres sont savamment éclairés pour créer un joli contraste. Ils sont d'ailleurs décorés de photos arty et objets de belles factures. Tout est élégant, les salles de bains sont assez rétro avec des robinetteries Belle Époque. Le petit déjeune est excellent et varié. Les chambres sont luxueusement équipées (climatisation, sommiers tapissiers de luxe, télévision à écran plat, docking station, machine expresso...)

HILTON ANTWERP OLD TOWN €€€

Groenplaats 32 ✆ +32 32 04 12 12
antwerp.hilton.com
Standard à partir de 129 €, deluxe 149 €, suite dès 239 €. Petit déjeuner : 18 €.

Admirez ce superbe édifice qui domine Groenplaats, tout en étant situé près des quais animés du MAS. Un hôtel historique, teinté de sérénité, d'élégance et de confort, qui propose des chambres à prix abordables pour Anvers, tout en garantissant un service de luxe 4-étoiles. Les chambres sont classiques et très spacieuses, le petit déjeuner parfait, tandis que le restaurant Blend 32 est tout aussi attrayant avec une belle terrasse extérieure. Le gros plus : la terrasse en roof top avec vue imprenable sur la cathédrale de Notre-Dame et la salle de gym.

DE WITTE LELIE €€€

Keizerstraat 16-18
✆ +32 3 226 19 66
www.dewittelelie.be
Comptez 269 € la chambre double avec petit déjeuner.

Trois maisons du XVIe siècle accueille ce boutique-hôtel, griffé « Small Luxury Hotels », une collection qui référence des adresses de très grand luxe au design et à la mise en scène spectaculaires. Les dix chambres, très spacieuses, sont toutes extravagantes, chacune réservant des surprises de taille à ses guests par les objets exposés, les papiers peints, les fauteuils aux lignes étonnantes, les couleurs, les lampes, sauf les « classiques », blanches et sobres. L'hôtel abrite aussi des salons élégants, avec feu ouvert et une cour intérieure romantique.

SE RÉGALER

Anvers étant une ville cosmopolite et moderne, on y trouve des cuisines du monde entier, ainsi que toutes les nouveautés de la cuisine contemporaine. La majorité des restaurants anversois proposent tout de même une cuisine française classique relevée d'accents et d'ingrédients typiquement belges. Les spécialités flamandes, comme l'anguille au vert, les moules préparées de diverses façons, le lapin, les carbonnades, les *witloof* (endives) et bien d'autres vous seront proposés à la carte dans les brasseries traditionnelles. Vous trouverez le plus de restaurants dans le centre historique (pour les spécialités flamandes) et dans le Zuid (pour les restaurants plus sophistiqués et branchés). Les spécialités de poissons et fruits de mer sont à l'honneur, la mer étant proche. N'hésitez donc pas à sortir du centre historique pour découvrir de bonnes tables. Anvers offre une large palette de bons restaurants pour toutes les bourses.

Moules-frites.

BIA MARA €

Maalderijstraat 1
✆ +32 37 07 23 87
www.biamara.com
Ouvert tous les jours le midi et le soir, non-stop le week-end. À partir de 15 € le fish and chips. Terrasse.

Ici on revisite le *fish & chips* façon gourmet et on le décline selon l'arrivage (pêche exclusivement en mer du Nord). Le lieu noir est par exemple avec du « panko », des frites d'algues et une sauce tartare ou à la sauce thaï aux cacahuètes. La dorade est préparée en tempura citron basilic avec un aïoli aux truffes, ou frite à la sauce lime-tamarin, avec des pickles, de la salade et des pancakes. Les frites sont maison (celles aux patates douces sont divines). Musique funky, hauts plafonds, boiseries et vitraux rétro constituent un cadre agréable.

DA GIOVANNI PIZZERIA RISTORANTE €

Jan Blomstraat 8
✆ +32 3 225 00 96
www.dagiovanni.be
Ouvert tous les jours de 11h à 23h. Compter environ 25 €/personne.

Situé sur la Groenplaats, au pied de la cathédrale, ce restaurant italien est prisé par les touristes en particulier pour son emplacement pratique, sa rapidité de service et ses prix abordables. Mais les plats typiques de la cuisine italienne sont ici très savoureux, les pizzas sont particulièrement bonnes. Vins italiens à la carte également. L'intérieur du restaurant, à la décoration kitsch et aux couleurs de l'Italie, est aussi agréable que la grande terrasse.

FRITUUR N° 1 €

Hoogstraat 1
Ouvert du lundi au samedi de 11h à 4h du matin, le dimanche de 11h à minuit.

Des frites, des frites, des frites ! Quand on cherche une vraie baraque à frites belges, on la trouve ! Une institution pour manger sur le pouce, la *frituur* locale. Un cornet de frites-mayonnaise et une fricadelle et vous voilà rassasié ! À moins que vous n'optiez pour les croquettes de fromage ou de fruits de mer. Celle-ci est d'ailleurs considérée comme une des meilleures de la ville, ouverte quasiment tous les jours et très bien située dans le centre, pour rassasier les estomacs criant famine à toute heure du jour et de la nuit.

GRAANMARKT 13 €€

Graanmarkt 13
www.graanmarkt13.com/restaurant
Comptez entre 20 € et 45 € pour un plat.

Boutique de luxe en haut, restaurant bistronomique en bas, le Graanmarkt est une parfaite alliance de l'esthétisme et du plaisir. Dans l'espace restaurant, tout est beau, de la vaisselle aux luminaires, et bien mis en valeur par le blanc des murs. Le menu est aussi brut : 3 entrées, 3 plats, 2 desserts (ou fromages) Dans l'assiette, ce sont les légumes qui sont sublimés (le restaurant a été élu meilleur restaurant à légumes de Flandre), tel ce régal (faussement simple) de haricots, fèves au thym et de shiitakés qui accompagnaient une entrecôte de Frisonne.

GRAND CAFÉ DE ROODEN HOED €€

Oude Koornmarkt 25
✆ +32 3 289 09 09
https://www.deroodenhoed.be/
Du mardi au vendredi de 12h à 14h30 et de 17h à 21h30. Non-stop jusque 22h samedi, 21h30 dimanche. Carte env. 40-45 €.

Le café, connu depuis des générations (au XVIIIe siècle, les voyageurs s'y arrêtaient déjà pour y casser la graine), s'est petit à petit mué en un vrai restaurant. Il est renommé pour la qualité de ses plats de moules (essayez donc celles au pastis) et ses diverses spécialités de poisson, viande, ainsi que ses incontournables de la cuisine flamande. Service décontracté, ouvert et attentif. Un établissement classique qui en fait un favori des gens du cru.

HET ELFDE GEBOD €€

Torfbrug 10
✆ +32 3 288 57 33
www.elfdegebod.com/fr
Ouvert tous les jours de 11h à 23h, plat entre 16 et 20 €.

Le « Onzième Commandement » est un café-brasserie au décor baroque, fait de statues religieuses et autres breloques de bénitier. Normal, il est situé en face de la cathédrale Notre-Dame. Belle carte de bières et spécialités belges au menu. Le restaurant est assez réputé. Les travers de porc (*ribs*) enrobés de miel était divins, ainsi que le lapin aux prunes, à prix très raisonnables. Le lieu vaut le coup d'œil, mais il est assez touristique. Sans doute parce qu'il figure sur la liste des « World's best bars » (www.worldsbestbars.com)...

HET GEBAAR €€€

Leopoldstraat 24
✆ +32 32 32 37 10
www.hetgebaar.be

Ouvert du mardi au vendredi de 11h à 18h. Plats de 37 à 52,20 €.

Joliment situé, au bord du jardin botanique, ce restaurant chic est à la hauteur de son cadre. Le menu est succinct, comprenant seulement une poignée d'entrées, plats et desserts, mais la cuisine est inventive et merveilleuse. Tout est fait maison, à base de produits de saison d'ultra fraîcheur, selon l'inspiration du Chef. Chaque plat est d'une esthétique extrême. En plat, on peut savourer par exemple un turbot grillé servi sur brandade de morue, tartare de crevettes rouges, sauce aux crustacés, crevettes et céleri rave. Tentant !

HUIS DE COLVENIER €€€

Sint Antoniusstraat 8
✆ +32 477 23 26 50
www.colvenier.be

Ouvert du mercredi au samedi de 12h à 15h et de 18h à 22h. Le dimanche de 12h à 15h. Menus de 60 à 100 €.

Ce luxueux restaurant est hébergé dans l'une de ces belles demeures patriciennes du XIXe siècle typiques d'Anvers. Tout le charme de cet établissement réside dans l'accueil personnalisé avec dégustation dans la cave et explication du menu par le chef, Patrick Van Herck. Dans sa cuisine ouverte, on assiste à la préparation du foie de canard, des coquillages, des légumes frais, des fromages et des desserts. Une expérience gastronomique unique, à la hauteur du prix. Le magret aux truffes était exceptionnel. Pensez à réserver, car la table est recherchée.

LITTLE BÚN €€

Sint-Jorispoort 22
✆ +32 3 234 04 16
www.bunantwerp.be

Du mardi au vendredi de 12h à 15h30 et de 18h à 21h ; vendredi à partir de 17h ; samedi de 13h à 21h. Comptez 20 € pp.

Ce *noodle shop* vietnamien n'est pas très grand et il est toujours plein. Et pour cause : les *bo bun* et autres soupes *pho* préparés selon des recettes authentiques vietnamiennes sont à tomber par terre. Dans la salle, une grande table et un bar pour manger au comptoir, au mur une déco design d'un bel effet, mais pas plus. Pensez à réserver en revanche car en cas d'affluence difficile d'attendre qu'une table se libère. Ce petit *shop* est le petit frère du restaurant Bun, dont la carte est plus vaste et travaillée. Les deux méritent un bon coup de baguette...

LOA €

Hoogstraat 77
✆ +32 3 291 64 85
loa.be

Fermé le mardi. Ouvert de 16h à 22h, le samedi de 12h à 22h30 (21h30 le dimanche). Comptez 10 € le plat.

Loa Streetfood est vraiment l'adresse branchée qui sert des burgers comme des plats fusion, de tendance marocaine, coréenne, thaï... Tout est bon ! Et servi en quantité très généreuse à prix riquiqui. Que demander de mieux ? Peut-être un peu de patience, car l'adresse est plébiscitée. Les croquettes de saumon, la tortilla marocaine et le poulet enrobé d'une sauce au miel épicé et d'éclats d'arachide étaient à tomber. Le sandwich au porc effiloché et le pad thaï semblent des grands classiques à en croire leur popularité à la commande. Adorable terrasse extérieure.

MEAT FACTORY €

Grote Markt 28
✆ +32 3 336 74 45
www.meat-factory.be

Ouvert du lundi au vendredi de 17h à 22h ; le samedi et le dimanche de 12h à 22h.

Situé sur l'une des plus belles places du centre historique Grote Markt, Meat Factory est une excellente option pour les carnivores au budget serré, car ici on sert de généreux morceaux de race « Blanc Bleu belge » ou Angus, à la cuisson désirée (et avec précision), tendres et juteux, accompagnés de frites bien sûr. On peut aussi dévorer de copieux burgers, le tout à prix très raisonnables. Service agréable, jeune et décontracté par d'avenants serveurs en tablier. On peut choisir sa sauce et les couteaux sont d'envergure pour découper ces belles pièces !

MISTRAL €€

Pelgrimsstraat 20
✆ +32 3 232 94 72
www.eethuisje-fr-mistral.be

Ouvert de 18h à 23h. Fermé mercredi et jeudi. Carte : 30 €. Menu du jour (entrée et plat) entre 25 € et 30 €.

Un petit coin de soleil provençal au cœur d'Anvers ! Chaque détail du décor fleure bon la garrigue, et le goût de l'authenticité se retrouve évidemment dans les plats, concoctés dans la minuscule cuisine ouverte : filet pur mistral au vin blanc, oignons, ail, persil ; salade lourmarin au fromage de chèvre gratiné, miel et thym ; sardines aux herbes provençales et ail, salade et pommes de terre en chemise. Pour l'anecdote, le nom du restaurant ne se réfère pas au vent du Sud, mais bien au poète, Frédéric Mistral, prix Nobel de littérature en 1904.

NATIVE €

Muntstraat 8 ✆ +32 478 40 07 11
www.native.bio

Ouvert du mardi au samedi de 11h à 16h. Vendredi « sundowner » jusqu'à 22h. Comptez 15 € à 20 € par personne.

Tartines, quiches et plats chauds... toujours bio ! Une adresse branchée où on est donc assuré de déguster des bons produits, uniquement à partir de légumes de saison, dans une atmosphère décontractée très *shabby chic*. Les cartes sont imprimées sur des plaques métalliques, le repas est accompagné d'une jolie fleur et de bougies le soir... Un endroit qui puise également son charme dans son calme romantique le soir, son atmosphère sans prétention le midi. Les cartes ne comptent que quelques options, beaucoup végétariennes, pleines de graines et pousses vitaminées.

PERSEPOLIS €

Hendrik Conscienceplein 9
✆ +32 3 213 14 34
www.persepolis-antwerpen.be

Ouvert du mardi au vendredi de 17h à 22h, samedi et dimanche de 12h30 à 22h (21h dimanche). Environ 25 € par personne.

Un cadre sobre et moderne offrant une belle vue sur la jolie Conscienceplein. L'idéal pour déguster des spécialités iraniennes plutôt méconnues en Europe de l'Ouest. Et c'est un véritable plaisir de les découvrir, au gré d'une carte proposant un bon tour de la question culinaire de ce pays, même si la prédilection du chef va aux viandes avec un beau choix de grillades. On aime le merveilleux safran d'Iran, persil, mais aussi grenade, raisins secs et cannelle qui parfument ces mets orientaux. Les prix sont raisonnables pour la générosité des assiettes.

POULE & POULETTE €

Sint-Jansvliet 21
✆ +32 03 501 11 21
www.poulepoulette.com

Ouvert du lundi au jeudi de 17h à 21h30 ; du vendredi au dimanche et jours fériés de 12h à 21h30. Carte : 15 € environ.

La star de ce restaurant est sans surprise... le poulet ! À toutes les sauces, sur tous les grills possibles. L'établissement (également un magasin et petit restaurant sur le pouce dans la rue Wijngaardburg pour préparer un pique-nique au poulet par exemple) propose un joli cadre rustique et bien aménagé où on peut s'asseoir un moment pour manger l'aile ou la cuisse de poulet fermier, et c'est tout l'intérêt. Formule quart et demi-poulet par personne assez roboratives. Des frites maison sont là pour l'escorter dans l'assiette, le tout à petit prix.

RAS - ZUIDERTERRAS €€

Ernest van Dijckkaai 37
✆ +32 3 234 12 75
www.ras.today

Ouvert de 11h à 15h et de 17h à 22h du lundi au vendredi, non-stop de 11h à 22h le week-end. Entre 29 € et 44 € le plat.

Comme une proue de vaisseau amarré sur l'Escaut, le RAS Zuiderterras est au ras de l'eau, juste à côté du musée le MAS, imaginé par l'architecte flamand Bob Van Reeth. Une escapade aquatique dans un décor chic bleu canard. L'assiette est plutôt nouvelle cuisine, aux accents flamands et internationaux. En entrée, on pourra se délecter par exemple d'un canapé à l'anguille fumée, crème au raifort, betterave rouge suivi d'une poissonnière de sole, barbue et cabillaud à l'Ostendaise, pommes Duchesse. Les salades (petits ou grandes) sont aussi appétissantes.

DE REDDENDE ENGEL €€

Torfbrug 3 ✆ +32 3 233 66 30
www.de-reddende-engel.be

Ouvert du jeudi au lundi, midi et soir. Menus à 30,50 € et 40,50 € et lunch à 30,50 €. Réservation souhaitée.

Cet établissement à l'ombre de la cathédrale propose ce que la cuisine du sud de la France fait de mieux. Christine est au service, et Bruno, le chef, est derrière les fourneaux. Le nom n'évoque rien dans la langue de Molière, mais si l'on traduit par « l'ange sauveur », l'on comprend mieux pourquoi la décoration est ainsi faite. En entrée, le velouté de citrouille et les diablotins au comté, précieuses de divines escalopes de foie gras poilées comme il en existe dans le Périgord, avec un jus corsé au vin de Maury. Idéal pour renouer avec les saveurs françaises.

SIR ANTHONY VAN DIJCK €€€

Oude Koornmarkt 16
✆ +32 3 231 61 70
www.siranthonyvandijck.be

Du mardi au samedi de midi à 13h30 et de 18h30 à 21h30. Réservation conseillée. Lunch : 45 € ; Menu 4 plats : 59 €.

Vous trouverez cette belle demeure patricienne de la Renaissance à l'entrée d'un dédale de petites rues anciennes. Il vous faudra sonner pour voir la lourde porte en bois s'ouvrir. Une fois celle-ci passée, vous pénétrez dans un lieu où le raffinement est le maître mot : l'atmosphère est intimiste, la carte gourmande et il y a également une merveilleuse carte des vins. Loup de mer au champagne, pigeonneau au miel et homard à l'armoricaine figurent parmi les appétissantes spécialités. Cette adresse est le temple anversois du fin manger.

DE BROERS VAN JULIENNE €

Kasteelpleinstraat 45-47
✆ +32 3 232 02 03
www.debroersvanjulienne.be
Ouvert du lundi au samedi de 12h à 20h (21h vendredi et samedi), dimanche de 17h30 à 21h. Plats : 10 à 20 €.

Des tartes, salées ou sucrées, des quiches, des salades et des plats végétariens à emporter ou à consommer sur place dans un cadre agréable et lumineux, tout de bois et de blanc vêtu. Diététique, biologique et délicieux, il y a aussi des options vegan et sans gluten. L'accueil est plutôt sympa, et les assiettes composées des petits plats du jour sans prétention, abordables et savoureuses. On a bien aimé les pâtes de riz avec haricots, maïs, patate douce et sauce tomate. Ouvert non-stop en journée, ce qui est appréciable quand on a des horaires décalés.

DE SMAAKNATIE €

Sint-Jorispoort 33
✆ +32 3 233 33 98
www.smaaknatie.be
Ouvert tous les jours sauf le dimanche de 11h à 19h. Entre 11 € et 20 € le plat.

Mais quelle jolie façade tapissée de lierre avec quelques mini tables en terrasse. Au premier abord, on a l'impression de rentrer dans la cuisine d'un café rétro de Brooklyn, à l'allure branchée, à la déco vintage très étudiée et une balance à l'ancienne sur le comptoir, façon épicerie de grand-mère. Les petits plats du jour : soupes, tartes salées, lasagnes, fromages locaux et canelés d'Anvers, sont d'une savoureuse simplicité. C'est aussi un traiteur puisque les plats en vitrine sont également à emporter (étant donné la rareté des places).

FISKEBAR €€

Marnixplaats 11
✆ +32 32 57 13 57
www.fiskebar.be
Lundi-vendredi de 12h à 14h30 et de 18h à 22h ; le week-end de 12h à 22h. Lunch : 24,50 €. Plats de 25,50 € à 58 €.

Définitivement un endroit qui sort de l'ordinaire ! Le cadre évoquerait plus une cantine d'usine que ce restaurant finalement branché où les chefs préparent les meilleur de la mer. C'est dans une ambiance décontractée que l'on déguste les nombreux poissons et fruits de la mer tout droit sortis du port, plus frais, impossible ! Ils sont grillés, mijotés, concoctés dans des recettes avec grand soin. Noix de Saint-Jacques, carpaccio de poulpe, soupe de poissons, il y a l'embarras du choix. Vu le succès des lieux, il est plus prudent de réserver le week-end.

THE JANE €€€

Paradeplein 1
✆ +32 3 808 44 65
www.thejaneantwerp.com
Du jeudi au dimanche. Déjeuner de midi à 17h. Dîner de 18h30 à 00h30. Menu dégustation à 265 €.

Ouvert en 2014, ce restaurant est un haut lieu de la gastronomie anversoise voulu par le chef Nick Bril, qui a travaillé plus de 15 ans sous la houlette du chef triplement étoilé Sergio Herman. Aménagé dans l'ancienne chapelle d'un hôpital militaire, le cadre est aussi majestueux que l'assiette. Les cuisines ouvertes offrent un fabuleux spectacle. Le menu dégustation est onéreux, mais compte deux vins associés. Au 1er étage, se trouve le bar du Jane, qui offre des cocktails tout aussi raffinés. Mieux vaut réserver au moins trois mois à l'avance.

L'AMITIÉ €€

Vlaamsekaai 43
✆ +32 32 57 50 05
www.lamitie.net
Du lundi au vendredi de 12h à 13h30 et de 18h30 à 21h30. Lunch : 35 €. Plats autour de 18 €. A la carte : 50 € environ.

Ici, pas de sophistication inutile, c'est les saveurs qui sont privilégiées, et le partage de petits plats entre amis. On peut aussi ripailler de belles planches de charcuterie et fromages, dans un cadre *trendy*. Cuisine créative avec beaucoup de poisson cru à la carte pour garder un maximum de goût et vitamines, comme le carpaccio de dorade, citron vert, taragon, tomate, ou en petit plat chaud comme le canard croustillant, au sanbaïzu, graines de sésame et oignons nouveaux. Et on n'oubliera pas de trinquer le verre de l'amitié avec une bonne bière !

UMAMI €€

Luikstraat 6
✆ +32 32 37 39 78
www.umami-antwerp.be
Du mercredi au dimanche dès 18h, brunch le dimanche à 39 €. Menu à 65 €. Bar les vendredi et samedi soir.

Dans une rue perpendiculaire au Waalsekaai, ce resto ultra branché, décoré dans un style industriel, sert une bonne cuisine asiatique : sushis, bien sûr, mais aussi robata et teppan, des méthodes de cuisson sur plaque, sorte de barbecue japonais, délicieux et peu vus en Europe… Des petits plats à partager ou des menus de découverte permettent de mieux tester ces plats de vraie gastronomie japonaise. On peut commencer le repas par un saké. Clientèle plutôt chic et addition en rapport. Egalement un bar à côté et un buffet brunch le week-end.

AAHAAR €

Lange Herentalsestraat 23
✆ +32 489 02 11 77
www.aahaar.com
Lunch végétarien 10 €. Ouvert du lundi au vendredi de midi à 15h et de 17h30 à 21h30. Le week-end, de 13h à 21h30.

Il ne faut pas s'imaginer cet établissement autrement que comme un snack ou une cantine. D'ailleurs les plats sont de grandes écuelles en inox dans lesquelles on se verse tel ou tel plat pour composer son assiette-plateau ! AAHAAR est une bonne adresse pour les petits budgets et les curieux de la cuisine indienne végétarienne, goûteuse et authentique. Le buffet du déjeuner est vraiment à prix plancher, surtout pour Anvers. N'hésitez pas à demander à modérer les épices si vous ne supportez pas bien le piment ! Intérieur sans fioritures.

AUGUST RESTAURANT €€€

Jules Bordetstraat 5
✆ +32 3 500 80 80
www.august-antwerp.com
Menu à partir de 79 €. Ouvert du mardi au jeudi le soir et le vendredi et samedi midi et soir. Bar : 7j/7.

Le restaurant de l'hôtel August propose une cuisine gastronomique de haute volée, créée par le chef hollandais doublement étoilé Nick Bril. À peine ouvert, il est auréolé par le Gault & Millau. Des alliances osées combinent ingrédients de saison, de terroir et touches exotiques. Le tartare d'hamachi (ou sole), à la betterave, ail noir et wasabi est une petite merveille, tout comme en plat le lieu, avec ses crevettes grises, chou-fleur et estragon. En touche sucrée, le cheesecake abricot, carotte, fleur de sureau et glace au yaourt est aussi surprenant que bon.

DUKE OF ANTWERP €€

De Keyserlei 29
✆ +32 32 01 59 89
www.dukeofantwerp.be
Ouvert tous les jours de 9h à 23h. Menu autour de 35 €. High tea à 27 €.

À deux pas du Meir, la principale rue commerçante d'Anvers, de la gare centrale, Aquatopia, l'Opéra... Dans cette grande brasserie Belle Époque aux jolies boiseries et vitraux colorés aux plafonds vraiment magnifiques, on peut déguster en salle ou en terrasse une cuisine typiquement belge comme des moules-frites accompagnées d'une bière locale, une carbonnade à la flamande à la bière « Bourgogne des Flandres » avec des frites maison, des croquettes de fromage Vieux Bruges… On apprécie la cuisine ouverte non-stop et le high tea l'après-midi.

FELIXPAKHUIS €€

Godefriduskaai 30
✆ +32 3 203 03 30
www.felixpakhuis.nu
Brunch à 29,50 € le samedi et le dimanche, 10h-13h. Zomerbar l'été.

Près du MAS et du port, d'anciens entrepôts rénovés abritent un lieu dédié à la culture « feel good » et à la gastronomie. Rien que de traverser le bâtiment vaut le coup d'œil. Une vaste salle aux blanches colonnades est équipée de tables et d'une imposante collection de magazines et de romans mis à disposition, et même un piano ! Tous les samedis, dimanches et jours fériés, on y tient un brunch délicieux. À l'extérieur, pendant l'été c'est ambiance guinguette hype avec des transats pour se prélasser au soleil, apéro et petite restauration.

FISKESKUR €€

Kattendijkdok-Oostkaai 20b
fiskeskur.be
A partir du 1er avril pendant tout l'été, ouvert 7j/7 de 12h à 22h. Comptez 35 €.

C'est le petit frère du Fiskebar qui n'ouvre que l'été dans le quartier d'Eilandje. Avec un nom pareil, vous aurez compris qu'on y sert du poisson et des fruits de mer mais aussi des plats végétariens. Tout est bio, local et les poissons au menu, selon les arrivages du jour. En cru, en cuit, grillé, le but est de maintenir la pureté du produit telles ces sardines juste grillées accompagnées d'un pickles de légumes et de lentilles germées. À déguster sur l'immense terrasse avec vue sur les bassins ou à l'intérieur, une boîte de verre qui ressemble à une serre.

GRAND DUCA €€€

De Keyserlei 28
✆ +32 32 02 68 87
www.granduca.be
Du lundi au samedi (sauf samedi midi) 12h-14h30 et 18h-22h. Menu du midi : 42 €, menu dégustation : 60 €.

C'est un endroit merveilleux par lequel on arrive avec l'ascenseur d'un immeuble anversois, voilà qui est original ! Du grand, du très grand, avec un aménagement et des petites terrasses extérieures en panoramique. On y surplombe la gare Centrale et le clocher de la cathédrale semble à portée de main. Un délice pour les yeux, le calme ambiant mais un délice surtout pour les papilles avec cette cuisine italienne de choix. On a adoré le portefeuille de veau aux tomates séchées, mozzarella et basilic. Un des *must* dans la ville !

HET POMPHUIS €€€

Siberiastraat
✆ +32 37 70 86 25
www.hetpomphuis.be
Fermé lundi et samedi midi. Ouvert 12h-14h30 et 18h-21h. Lunch 34 €, menu suggestion 57 €. Bar jusqu'à 23h.

Situé dans un véritable monument historique – une ancienne pompe servant à vider un bassin qui permettait de mettre les navires à sec – Het Pomphuis offre un intérieur industriel branché, où est servie une cuisine française avec influences fusion. Proximité de l'Escaut oblige, il y a un beau choix de poissons. Gardez une petite place pour les desserts : ceux-ci sont particulièrement réussis. Belle et éclectique carte des vins. Si votre portefeuille ne permet pas d'y manger, on peut juste y boire un verre agréablement au bord de l'eau.

HOFFY'S €

Lange Kievitstraat 52
✆ +32 3 234 35 35
www.hoffys.be
Ouvert du dimanche au jeudi 10h-22h ; le vendredi 10h-15h30. Comptez 20 à 40 € par personne.

Cuisine juive traditionnelle ashkénaze dans le quartier des diamantaires bien sûr ! Les plats sont à déguster sur place ou à emporter, et bien savoureux. Des menus de découverte à prix très abordable sont proposés aux novices. Pas de carte mais une grande vitrine où on choisit ce que l'on veut. Beaucoup de choix : poissons, viandes, légumes, boulettes, *gefilte fish* (carpe farcie). L'idéal pour découvrir cette gastronomie quand on la connaît peu, car ici on choisit avec les yeux ! Toutes les viandes sont kasher et il existe de nombreuses options végétariennes.

KUNTHUN €

Van Wesenbekestraat 73
✆ +32 493 40 88 62
Ouvert tous les jours sauf mardi de midi à 22h. 7 € à 8 € le plat.

Situé dans le Chinatown d'Anvers tout proche de la gare, ce restaurant tibétain est une belle découverte. La salle est sans grandes fioritures mais l'assiette est originale. Goûtez un peu la soupe divine de gyozas aux crevettes avec plein d'herbes aromatiques énigmatiques, des concombres marinés à la chicorée frite, puis des nouilles très fines de patate douce et émincé de porc sauté, un délice. Une cuisine qui change des spécialités cantonaises ou thaï. Thé Ba bao très doux. Abordable, savoureux et pratique pour commander à emporter avant de prendre son train.

MÓN €€

Sint-Aldegondiskaai 30 ✆ +32 3 345 67 89
www.monantwerp.com
Du lundi au samedi de 12h à 14h30 et de 18h à 22h. Le dimanche de 12h à 22h. Plats de 21,50 € à 45 €.

Une carte centrée sur les viandes du Limousin qui propose des plats mijotés ou des pièces grillées. Les portions sont copieuses et goûteuses et on saluera par exemple l'osso bucco, préparé dans les règles de l'art italien. Mention spéciale pour le tartare piémontais au parmesan, pesto et tomates séchées. Terrasse habillée de peaux de moutons pour les beaux jours et décor industriel cosy à l'intérieur. Pour l'anecdote, le nom de ce restaurant se traduit du catalan par « monde » et fait référence aux voyageurs qui se rejoignent harmonieusement au port d'Anvers.

OTOMAT €

Van Schoonbekeplein 11
✆ +3232834848
www.otomat.be
Ouvert tous les jours de 12h à 22h. Vendredi et samedi ouvert jusqu'à 23h. Pizzas entre 10,50 € et 17 €.

Le troisième restaurant des délicieuses pizzerias belges Otomat. Le concept est simple : optez pour une de leur pizzas aux saveurs surprenantes et à la pâte faite à base de levure de bière, et choisissez la meilleure bière belge qui va avec. A la carte, des pizzas à la sauce tomate ou dites « blanches » au choix, beaucoup sont d'inspirations exotiques. On peut citer la vol-au-vent, très belge : poulet tendre, boulettes, champignons, Grana padano, cresson frais pardessus. Original et léger ! Également une carte de pizzas veggies.

RESTAURANT DÔME €€€

Grotehondstraat 2 ✆ +32 32 39 90 03
www.domeantwerp.be
Ouvert du mardi au samedi de 12h à 14h et de 19h à 22h30. Plats dans les 40 €. Menu à partir de 85 €.

Voyez cette daurade grise aux cocos de Paimpol et jus vert ou ces cuisses de grenouilles au parfum réglisse, le tout dégusté sous un dôme. Le menu gastronomique de ce restaurant étoilé Michelin est orchestré par le chef Frédéric Chabbert, un Français passé par les fourneaux du Louis XIV d'Alain Ducasse à Monaco ou du doublement étoilé Restaurant Petrus à Hong Kong. La tarte au chocolat est sa grande spécialité. La maison a également ouvert à Anvers « Dome-sur-Mer » (sous la houlette de Julien Bibochon), spécialisé dans les poissons et fruits de mer.

FAIRE UNE PAUSE

Anvers est une ville de cafés et bars en tout genre. On y boit, on y mange, on y danse, on s'y parle… Avec ou sans terrasse, laissez-vous tenter selon l'affluence et l'ambiance que vous recherchez… Vous trouverez de nombreux cafés dans le centre historique, parfois touristiques, parfois typiques, souvent un peu des deux. Le « Zuid » est, quant à lui, le lieu branché pour les sorties nocturnes. Enfin, dans 't Eilandje, plusieurs anciens entrepôts ou hangars ont été reconvertis en bars branchés. Et comme dans toute grande ville, il est important de s'y perdre parfois pour y trouver son bonheur !

Pour une expérience vraiment locale, lors de vos sorties nocturnes, essayez au moins une fois l'Elixir d'Anvers. Cette liqueur jaune, inventée en 1863, est préparée à partir de 32 plantes macérées et distillées lentement, puis vieillie 5 mois en fûts de chêne. Pasteur lui aurait reconnu des vertus bienfaisantes.

ANVERS

'T WAAGSTUK

Stadswaag 20

✆ +32 472 46 27 64

Ouvert tous les jours sauf lundi, de 16h à 1h, jusqu'à 2h vendredi et samedi et 23h le dimanche.

Ce bar propose une carte riche de 90 sortes de bières, dans un cadre décoré bien sûr d'objet évoquant… la bière. Au plafond sont d'ailleurs suspendues des dizaines de chopes différentes, dont la seule vue déclenche la soif. L'endroit est très apprécié des étudiants de l'université voisine et de leurs professeurs… On apprécie aussi la cour extérieure pour boire une bonne mousse fraîche autour d'une table conviviale. Mention spéciale pour la Black Tripel Malheur, mais aussi à la pression la Tripel Karmeliet et la Chimay Triple.

ANTWERPSE BROUW COMPAGNIE

Indiëstraat 21

✆ +32 3 293 91 84

www.seef.be

Ouvert du mercredi au dimanche de 12 à 23h (minuit les vendredi et samedi).

Née d'un crowdfunding, la Compagnie a installé ses cuves en 2017 dans le quartier Het Eilandje, la plus ancienne zone portuaire. L'ABC se targue d'être la seule brasserie indépendante d'Anvers et brasse la Seef, une bière blonde et trouble dont les origines remonteraient au XVIe siècle. Respectueuse de l'environnement, elle se focalise sur toutes les possibilités de réemploi et utilise 100 % d'électricité verte. Venez la déguster sur place au milieu des cuves. On peut même y manger !

BAR BUENOS AIRES

Koepoortbrug 3

✆ +32 3 501 63 60

www.empanadasantwerp.be

Ouvert du mercredi au dimanche de 15h à 22h ; le samedi de 11h30 à 22h.

Un micro bar comme un petit bout d'Argentine, avec la même bonne humeur latine, et une jolie façade colorée. L'intérieur est minuscule : quelques tabourets, une étagère avec des produits importés, surtout du maté. On s'accoude en se serrant à ses voisins pour partager quelques empanadas et des bières Quilmes, qui coulent à flots dans la soirée, comme les cocktails. Forcément ça crée des liens. Mais c'est l'été que le bar s'agite, la terrasse s'étale sur le trottoir et le son extérieur transforme le trottoir en une petite fête en plein air improvisée.

BAR DU PORT

Napoleonkaai 53

✆ +32 3 227 47 41

OuverT de 9h à 23h, sauf le mercredi et jeudi.

Un petit café brun au bord des bassins, très apprécié des locaux et des employés du coin, parfait pour vous mêler aux Anversois donc. Le matin, on peut y prendre un petit déjeuner avec des croissants, tandis que, en fin d'après-midi, on appréciera l'ambiance intimiste pour y boire un café ou un thé. Le soir c'est la bière qui est à l'honneur avec des malts racés de la région. Il y a aussi une terrasse en été et une verrière si le temps se gâte, ainsi qu'une piste de pétanque pour étirer certaines après-midi entre amis quand le soleil arrive.

BELGIAN WINES

Oude vaartplaat 24
✆ +32 3 755 87 55
www.belgianwines.com
Ouvert du mercredi au vendredi de 16h à 00h ; le samedi de 11h à 00h ; le dimanche de 11h à 18h. De 4 € à 8 € le verre.

La Belgique n'est pas un pays avec lequel le soleil prend souvent rendez-vous, certes. Et la spécialité ici, c'est plutôt la bière certes ! Mais il existe quelques vins belges produits dans ces terroirs. Encore jeunes, certains petits producteurs commencent à se faire connaître. Dans ce bar aux grands plateaux de bois accueillants, ont peut déguster un verre rempli généreusement d'un cru d'origine belge, du plus charmant au plus audacieux. Le bar propose également la vente de bouteilles à emporter : une belle idée de cadeau qui change du chocolat !

BIER CENTRAL

De Keyserlei 25
✆ +32 3 201 59 85
www.biercentral.be
Ouvert tous les jours de 12h à 1h.

Quelques années déjà pour cette « place to beer » qui, comme son nom l'indique, est dédié à la bière. Avec 333 bières bouteilles et 33 bières à la pression, le Bier Central s'affiche même parmi les bonnes références nationales. Difficile d'y faire son choix, ou peut-être faudra-t-il s'y reprendre à plusieurs tournées ! Mais en plus des 366 bières (une pour chaque jour de l'année), ils offrent une cuisine typiquement belge comme des moules-frites accompagnées d'une bière locale, une carbonnade à la flamande à la bière, des croquettes de crevettes faites maison…

BIERHUIS KULMINATOR

Vleminckveld 32-34
✆ +32 3 232 45 38
Ouvert du mardi au samedi de 11h à 19h.

Bienvenue au paradis des amateurs de mousses ! Plus de sept cents bières vous attendent dans cet établissement qui ne désemplit pas depuis 1979. Certaines sont simplement introuvables ailleurs et quelques bouteilles ont plus de trente ans… Les plus hardis, ou les vrais fans, se risqueront à goûter la fameuse EKU 28, appelée aussi Kulminator 28, une des bières les plus fortes du monde (28°), à laquelle cet endroit doit son nom. Pendant longtemps, ce fut la seule brasserie belge qui importait ce fort breuvage… Une véritable institution.

CAFÉ AU LAIT

Oude Beurs 8
✆ +32 3 225 19 81
www.cafe-au-lait.be
Ouvert tous les soirs de 14h à 1h sauf dimanche.

Il y a toujours de l'ambiance dans ce bar multiculturel où l'on bouge au son de la musique soul, groove et afro. Les concerts sont très réguliers, le lieu très fréquenté et plutôt branché, fun & cool. Certaines soirées sont des Dj sets plutôt néo-soul, r'n'b, hip hop, funk et house, d'autres carrément dédiés aux rythmes africains du moment (rumba congolaise, kizomba, bongo flava, coupé-décalé…), de quoi se déhancher toute la nuit ! Et il n'est pas rare que la fête se prolonge jusqu'à l'aube. Également d'excellents cocktails à la carte.

CAFÉ HOPPER

Leopold de Waelstraat 2
✆ +32 3 248 49 33
www.cafehopper.be
Ouvert tous les jours de 10h à 1h ; jusqu'à 2h du jeudi au samedi.

A deux pas du musée des Beaux-Arts, ce lieu agréable à fréquenter de jour comme de nuit et très apprécié des Anversois. Il porte le nom du peintre américain Edward Hopper, qui avait pour habitude de croquer des ambiances comme celle-ci. La clientèle est jeune, un peu *arty*, très hype, et il y a régulièrement des concerts de jazz, tous les dimanches et lundis soir. Le café ouvre sa terrasse dès que la météo le lui permet, sur les pavés piétonniers et sous un grand arbre ombrageux ; le cadre est parfait pour feuilleter un journal.

CAFFE MUNDI

Oude Beurs 24
www.caffemundi.be
Ouvert du lundi au vendredi de 7h30 à 18h ; le week-end et les jours fériés de 10h à 17h.

Tel les coffee shops à la newyorkaise, cet espresso bar est branché, et propose une palette de cafés, qui ont été triés sur le volet parmi les grains de café du monde entier (Éthiopie, Costa Rica, Brésil, Colombie…) par le jeune couple de tenanciers, des passionnés, qui ont décidé de travailler avec un torréfacteur artisanal qui siège non loin de là pour griller les grains de café sélectionnés. Situé juste derrière la Grand Place, c'est un plaisir de s'y installer pour une pause. Également des sandwichs aux pains artisanaux, gâteaux maison et petits déjeuners.

DEN ENGEL

Grote Markt 3
✆ +32 3 233 12 52
www.cafedenengel.be
Ouvert tous les jours de 9h à 3h du matin.

Implanté sur la Grand-Place, ce célèbre *bruin-café* n'a pourtant rien d'un repaire à touristes ! Avec son atmosphère, ses publicités pour des marques de bières sur les murs, son vieux poêle, ses bancs en bois et ses nombreux habitués de tous âges alignés au comptoir, difficile de trouver plus typique. Un plongeon au cœur du vrai Anvers, un des établissements les plus connus de la Métropole, peut-être le plus ancien (XIVe siècle) et vingt bières à la carte. Seulement vingt... mais l'essentiel est ailleurs, vous l'aurez compris !

MOSS

Volkstraat 11
✆ +32 468 472 475
www.mossantwerp.be
Ouvert tous les jours sauf le mardi, de 9h à 16h.

Il est bon de se reposer après une séance shopping aux alentours de Nationalestraat ! Moss est l'extension « café » du restaurant d'à côté, le Comptoir du Cirque, tenu par Ellen et Denis Broeckx. Dès le petit déjeuner, ce sont des ingrédients frais et sains qui sont proposés mais sans oublier le côté gourmand (tel un bon pain perdu). Pour le lunch, on y retrouve des toasts (avocat, œuf Bénédicte) ou des salades de saison. Il y a même un menu spécial pour les enfants ! Sinon, on peut s'y arrêter pour un très bon café ou une limonade maison dans un décor scandinave.

DOGMA

Wijngaardstraat 5
✆ +32 37 70 64 77
www.dogmacocktails.be
Du lundi au vendredi, de 17h à 00h (1h le vendredi), le samedi, de 15h à 1h et le dimanche, de 15h à 00h.

Un long comptoir, un éclairage feutré, des étagères remplies d'alcools et autres concoctions, un espace arrière avec de profonds chesterfields, voici le décor planté chez Dogma, un bar à cocktails en plein centre-ville. Il y a un petit air de speakeasy, mais sans se cacher, qui y flotte. Les créations du bar, avec à sa tête le mixologue primé Didier Van den Broeck, changent chaque saison mais elles sont étonnantes (comme le *Aix-en-Provence* avec... du fromage de chèvre). Laissez-vous guider par le staff ou la description (fruité, tiki, long...) et savourez !

OUD ARSENAAL

Maria-Pijpelinckxstraat 4 ✆ +32 486 71 79 12
www.dorstvlegel.be
Ouvert du mercredi au vendredi de 10h à 21h le samedi et dimanche jusqu'à 19h30. Fermé lundi et mardi.

Ce bar-brasserie est décoré de nombreux objets brassicoles. Ambiance kitsch qui ravira les amateurs d'authentiques troquets, avec un sol en damier marbré, un bar en boiseries anciennes. La petite terrasse extérieure est aussi une bonne option quand il fait bon et les jours de marché spécialement, quand l'ambiance de la rue est très animée. On y trouve un choix d'une quarantaine de bières à la carte, parmi lesquelles la Arsenaaltje, spécialement élaborée par la brasserie De Koninck. Des bières en suggestion sont mises à l'honneur chaque mois. À vous de choisir !

MAURICE BAR

Korte Nieuwstraat 22
✆ +32 3 295 62 27
www.mauricebar.be
Du mardi au vendredi, de 9h à 17h ; le samedi de 10h à 18h et le dimanche, de 10h à 12h (brunch).

Maurice, c'est le grand-père de Véronique Leysen, la propriétaire des lieux. Passionnée de tricot, elle avait ouvert le Maurice original comme un café où les amateurs pouvaient se rassembler autour d'une tasse et d'une pelote de laine. À présent, Maurice s'est transformé en coffee-lunch-brunch-bar et a déménagé dans une petite chapelle joliment décorée de blanc et de plantes avec un charmant patio en prime. Un lieu vraiment original ! On vient prendre le petit déjeuner, manger un toast ou une salade à midi ou une pâtisserie au goûter et un café à toute heure.

PERRUCHE

Oude Vaartplaats 61
✆ +32 3 233 25 47
Ouvert tous les jours de 10h à 18h ; le lundi et le mercredi à partir de 11h.

Sympathique café (près du marché le dimanche) où il fait bon prendre une soupe, un sandwich sur le pouce (préparé avec des ingrédients de qualité) ou une tarte sucrée pour accompagner son café l'après-midi. Bons cafés, smoothies et cocktails également à la carte. On y croise une population hipsterisée, jeune et décontractée dans un décor vintage travaillé. Banquettes avec des coussins cosy dans certains coins, beaucoup de lumière dans l'ensemble. Jolie terrasse avec les beaux jours, ambiance calme et relax. Brunch populaire le week-end.

(SE) FAIRE PLAISIR

Quand on vient à Anvers, la fièvre acheteuse monte très vite… Le samedi, suivez la foule des shoppeurs qui déambulent le long du Meir et dans les rues environnantes. Pour trouver des magasins de mode en tout genre : le boulevard Meir, le centre commercial de la Groenplaats, la Nationalestraat, Korte Gasthuisstraat et Huidevettersstraat. Pour les magasins de créateurs, essayez le Steenhouwersvest, Lombardenvest, Kammenstraat, Nationalestraat. Les portes ouvertes des antiquaires ont lieu le dernier week-end de novembre et premier de décembre (www.antiquairs-antwerpen.be). Question diamant… sur la Pelikaanstraat, près de la gare centrale, vous trouverez de nombreuses bijouteries. Sachez qu'un seul kilomètre carré regroupe près de 1 500 compagnies diamantaires et quatre bourses du diamant. Une carte (à l'office de tourisme) ainsi qu'une application existent sous le nom « Antwerp loves Diamonds » et incluent une version française.

CURATED BY EDO

Lange Koepoortstraat 64
✆ +32 479 44 89 62
curatedbyedo.com
Lundi, mercredi, jeudi, vendredi, samedi et le premier dimanche du mois de 11h à 18h.

Dans la Lange Koepoortstraat qui compte quelques boutiques un peu insolites, il y a Curated by Ego, un concept store dont le fil rouge est le durable, ce qui veut dire que les articles sont essentiellement locaux (belges, mais aussi des Pays-Bas voisins), faits à la main, recyclés, upcyclés… Bref, un magasin qui a une conscience. Vêtements, déco, jouets, livres, ustensiles de cuisine, alimentation…, il y a de tout. Les planches en bois de Stadshout sont un must ! Elles proviennent d'arbres abattus par les services de la ville à qui on offre une seconde vie.

MARCHÉS

Oudevaartplaats
Samedi de 8h à 16h (marché exotique), dimanche de 8h à 13h (Vogelenmarkt) autour du Theaterplein, jours fériés compris.

- **Le marché exotique** se déploie tous les samedis de 8h à 16h, sur la Theaterplein de la ville. On y vend des fruits, légumes, viandes et fleurs, mais c'est surtout pour son ambiance très animée et multiculturelle qu'on vient y déambuler.
- **Vogelenmarkt.** C'est le marché aux puces et aux oiseaux, qui a lieu le dimanche matin de 8h à 13h, idéal pour trouver des objets originaux qui ont plusieurs vies, admirer les oiseaux. Il s'étend dans les rues avoisinantes du Theaterplein. On y trouve vraiment de tout. C'est un rendez-vous incontournable pour de nombreux Anversois.

CHOCOLATIER DELREY

Appelmansstraat 5
✆ +32 3 470 28 61
www.delrey.be
Ouvert du lundi au samedi de 9h à 18h30. Salon de chocolat de 10h à 18h.

Une boutique où vous trouverez des chocolats bien présentés et délicieux, de la fine chocolaterie sans trop de sucre, et de l'excellent beurre de cacao. Dégustation possibles dans le salon juste à côté du magasin. Comptez environ 40 € les 500 g. Les assortiments en forme de diamants ou *fashion collection* (environ 15 €) et *handjes koekjes* (20 € environ) peuvent être des souvenirs gourmands très originaux vraiment « made in Anvers », à l'effigie des spécialités de la ville ! Également une belle palette de pâtisseries artisanales très esthétiques, des macarons, etc.

SWEERTVAEGHER

Groendalstraat 8
✆ +32 3 226 36 91
www.sweertvaegher.com
Ouvert du lundi au samedi de 10h à 18h.

Robert Sweertvaegher s'établit comme pâtissier en 1929. Après un apprentissage à Bruxelles, c'est auprès d'un chocolatier suisse qu'il apprend les secrets du métier. Dans son atelier, à Ypres, ses premières pralines rencontrent un grand succès. En 1933, il ouvre sa chocolaterie à Ypres, puis en 1946, un magasin à Courtrai. Le chocolatier se lance à la conquête de Bruges en 1950. En 1980, c'est son second Jan Verougstraete qui reprend l'affaire avant d'ouvrir la boutique d'Anvers. Les inimitables pralines Sweertvaegher ont encore de beaux jours devant elles…

THE CHOCOLATE LINE

Paleis op de Meir 50
✆ +32 32 06 20 30
www.thechocolateline.be
Ouvert le dimanche et le lundi de 10h30 à 18h30, du mardi au samedi de 9h30 à 18h30.

Voilà sans doute la plus créative des chocolateries. Parmi les originalités, vous trouverez le chocolat au wasabi, à la lavande, au cola, au basilic, aux olives, aux tomates, au cigare (parfumé avec une feuille de havane macérée)... Les choc'tails sont élaborés avec les alcools dont ils déclinent le mode de consommation : le chocolat à la tequila... Un extraordinaire tour du monde des saveurs orchestré par Dominique Persoone (et sa femme en coulisse), très apprécié et amateur des explications les plus loufoques dans les médias.

SEVENTY ONE

Kloosterstraat 79
✆ +32 491 08 27 97
www.SeventyOne.be
Ouvert tous les jours de midi à 18h, dès 11h du jeudi au samedi et 13h le dimanche.

Voilà le temple de la fripe vintage ! On peut chiner ici dans les rayons très soignés des vêtements neufs mais avec des lignes du passé : mais pas d'habits psychédéliques ambiances 70's, fluo et des coupes papillons type 80's, ici on ne propose que des lignes de vêtements des années 1940, 1950 et 1960 ! Le bonheur pour celles qui aiment les robes tabliers à fleurs, les chausseurs à bouts ronds glamour, les sacs à main en crochet et en cuir coloré, et toutes sortes d'accessoires rétro. Beaucoup de couleurs et de choix, et des marques rétro connues.

DRIES VAN NOTEN

Nationalestraat 16
✆ +32 3 470 25 10
www.driesvannoten.be
Ouvert de 10h à 18h30 du lundi au samedi.

Voici le roi de la mode anversoise et un des célèbres Six d'Anvers, un magasin très classieux (et onéreux) situé près de la Groenplaats. Tout a commencé dans les années 1980, avec des pièces simples et sophistiquées quand la mode était au fluo. Depuis, tous les classiques du maître sont là, y compris ses magnifiques étoles faites main. Le prêt-à-porter féminin se trouve au rez-de-chaussée, le premier étage étant consacré au rayon masculin. Un mélange d'Orient et d'Occident qui nous emmène dans une ambiance d'un tout autre temps...

LIJNWAADMARKT ET VRIJDAGMARKT

Vrijdagmarkt : vendredi de 9h à 13h.
Lijnwaadmarkt : samedi de 9h à 17h.

Dans ces petites rues calmes et ombragées qui longent la cathédrale et sur la placette de Lijnwaadmarkt on trouve des stands d'antiquités. Un marché informel pour chiner des merveilles du passé flamand : meubles anciens aux styles de la région en bois notamment, bibelots, céramique, argenterie, verrerie, le spécimen rare du cadeau à offrir à son retour de Belgique ! Autre marché qui propose le même type d'objets de vide-grenier : celui du vendredi, sur Vrijdagmarket.

LOUIS

Lombardenstraat 2
✆ +32 3 232 98 72
www.louisantwerp.be
Ouvert du lundi au samedi de 11h à 18h30.

Toute la fine fleur anversoise (Martin Margiela, Ann Demeulemeester, A.F. Vandevorst, Raf Simons) est regroupée dans cette boutique réputée à Anvers depuis plus de 20 ans dans le prêt-à-porter de créateurs belges mais aussi des griffes de haute couture internationale comme Balmain, Carven, Balenciaga ou Lanvin. A voir notamment, les magnifiques vestes homme de Martin Margiela qui sont exposées comme des pièces uniques. Les prix sont du niveau des collections, élevés ! Mais un petit tour pendant les soldes peut valoir le coup.

COFFEE & VINYL

Volkstraat 45
✆ +32 3 337 77 93
www.coffeeandvinyl.com
Ouvert du mercredi au samedi de 11h à 18h.

Amis musiciens et *diggers* de toute obédience, cette boutique est faite pour vous ! Dans ce magasin vous trouverez des dizaines de bacs à vinyles pour farfouiller pendant des heures et trouver la perle rare. Pour faire des pauses dans vos recherches, la maison est aussi un café qui sert de savoureuses pâtisseries, des cafés glacés fait maison et autres petites douceurs. Pour l'apéro, c'est également très sympa de se poser dans cette espace rétro qui fait même galerie d'art. Attention, il y a de quoi passer quelques heures entre ces murs !

BOUGER & BULLER

Anvers est une capitale peu verte dans son centre historique, mais qui compte des parcs dans ses abords très oxygénants. Pour sortir de la trépidante cité et se mettre au vert, ou simplement se promener en famille, ne manquez pas d'explorer le Domaine Provincial de Rivierenhof. Un poumon vert enchanteur, idéal pour faire du vélo, se baigner ou tout simplement se détendre loin de la foule. L'autre grande tentation verte : le parc Boekenberg et son immense piscine naturelle vert émeraude au milieu des arbres. Plus urbaine, la piscine Veldstraat Art déco dispose, en plus d'un joli et grand bassin, d'un spa dernier cri pour les amateurs de massages, bains à toutes les bulles. Enfin, pour une pause verte et culturelle, le parc Middleheim combine balade verte ressourçante dans un beau parc et découverte artistique incroyable : des sculptures de Rodin, Bourdelle, Maillol ou Zadkine sont plantés dans ce somptueux décor nature.

BOEKENBERGPARK

Unitaslaan

Piscine ouverte de mi-mai à mi-septembre. Du lundi au samedi, de 11h à 18h et le dimanche de 12h à 19h.

Pour sortir des sentiers battus et surtout du pavé bitumé d'Anvers, direction le Boekenbergpark. Si vous n'arrivez pas à le prononcer, aucune importance ! L'essentiel est de l'atteindre pour apprécier enfin le calme, la volupté de l'ombre des arbres en été. N'oubliez pas votre maillot de bain et votre serviette car on vient ici surtout pour apprécier une magnifique et immense piscine d'eau vert émeraude. En réalité un étang transformé en piscine naturelle éco friendly où l'on ne s'entasse pas les uns sur les autres dans du béton. Idéal pour se relaxer.

PISCINE VELDSTRAAT

Veldstraat 83

✆ +32 3 290 55 55

www.sportoase.be/fr/veldstraat

Ouvert tous les jours de 7h à 22h, de 8h à 18h le week-end. Tarif : adulte, 3 € ; 4-25 ans : 1,50 €.

C'est la plus belle et la plus ancienne piscine d'Anvers, construite dans un pur style Art déco en 1933 qui vaut le déplacement, et qui n'est pas sans rappeler la célèbre piscine Molitor à Paris construite dans le même style. Elle aussi aligne ses deux étages de cabines tout autour d'un bassin de compétition de 33 mètres qui compte 5 couloirs de nage. Mais son intérêt ne se limite pas à son bassin : elle est dotée d'un excellent spa avec bain bouillonnant, hammam, bains chauds et froids, sauna, salles de massages et de soins. Tout pour la détente et le bien-être.

PARC MIDDELHEIM

Middelheimlaan 61 ✆ +32 3 827 15 34

www.middelheimmuseum.be

Fermé lundi. 10h-17h en octobre-mars, 19h en avril et septembre, 20h en été. Gratuit. App smartphone : Middelheim app.

Imaginez un beau et vaste parc relaxant avec des sculptures disséminées un peu partout. C'est le concept du musée en plein air du parc de Middleheim. Devant le succès de l'exposition de 1950, l'exposition devint permanente. Celle-ci présente une très riche collection (300 œuvres), représentative de la sculpture moderne en Occident, avec des sculpteurs comme Rodin, Bourdelle, Maillol, Gargallo, Zadkine… Une sortie à la fois reposante et culturelle, pour couper avec l'agitation urbaine, et l'occasion, pourquoi pas, de faire un peu de sport en plein air.

DOMAINE PROVINCIAL RIVIERENHOF

Rivierenhof

✆ +32 3 360 52 17

Ouvert de 6h à 22h. Entrée libre.

À 5 km à l'est du centre, ce vaste parc constitue un des poumons verts de la ville. Il abrite le château Rivierenhof ainsi que des arbres centenaires, des étangs, un arboretum, une des plus belles roseraies du Benelux avec 259 espèces différentes et 8 000 roses, un lac, un centre de sport, un minigolf, des jeux pour enfants, un théâtre en plein air, une galerie d'art. Vous pourrez combiner une promenade avec une visite du musée de l'Argenterie Sterckshof.

SORTIR

Anvers est une ville dynamique qui bouge. Sa plus belle démonstration : les *zomer bars* (les bars d'été) qui fleurissent ici comme à Berlin dans un quartier industriel, celui du port, où les quais sont transformés pour l'occasion en plage exotique avec sable, transats, *beats* ensoleillés et ambiance relax. Le cadre « entrepôt » ajoute une dimension d'espace et de liberté de pouvoir se mouvoir, faire du bruit, faire la fête du matin ou soir, et du soir au matin ! Nous n'en citerons que quelques-uns, mais il en existe des dizaines. La zone nord portuaire est aussi logiquement le quartier des clubs techno/house ouverts jusqu'à l'aube et le « red light district » de la ville. Anvers est une ville de spectacle et de concert, et même si la barrière de la langue limite les sorties théâtre ou cinéma, on peut apprécier un bon opéra dans son cadre princier ou un concert de têtes d'affiches internationales.

BOCADERO

Rijnkaai 150
✆ +32 32 26 10 75
www.bocadero.be
Ouvert de mi-mai à fin août ou première semaine de septembre, tous les jours à partir de 12h.

Bienvenue à la plage, version Anvers ! Idéal pour siroter un cocktail au coucher du soleil ou s'éterniser pendant qu'un DJ passe ses disques de jour comme de nuit. En extérieur : sofas, transats, poufs et parasols sont étalés sur un quai, sur le sable, sous des palmiers, devant les grues industrielles du port. Dans ce vaste ancien entrepôt, un mobilier en bois et des plantes atténuent le béton dans une ambiance « exotico-indus ». On y trouve une piste de salsa, deux restos (Pampelonne et Lambik) et Gusto (tapas de Méditerranée)…

CLUB VAAG

Rijnkaai 4
www.clubvaag.be
Ouvert tous les vendredis et samedis.

Club électro-techno-house par excellence, référencé par Resident Advisor, le club est en sous-sol avec un esprit assez berlinois puisque ici, on est dans un décor industriel des docks du port. Les basses lourdes peuvent résonner sans déranger les voisins jusqu'au matin. Belle programmation par label, beaucoup d'invités de Berlin, Londres, Paris… C'est un lieu vraiment underground. Penser à réserver vos tickets quand les producteurs en live sont programmés, la salle de 400 personnes peut se retrouver *sold out*. S'adresse plutôt à des connaisseurs des nuits électro.

CAFÉ LOCAL

Waalsekaai 25
✆ +32 3 238 50 04
www.cafelocal.be
Agenda : voir page Facebook.

Ce club très vaste sous de hauts plafonds est doté d'une décoration somptueuse d'un style indus et Art nouveau si cher à la ville. Récemment rénové, il est le rendez-vous de la jeunesse anversoise qui aime les musiques groovy et les bons cocktails. On aime les petits concerts qui y sont organisés, et les soirées thématiques. Soirées *De Nachten* (funk et house Ibiza) le samedi, en alternance avec d'autres concepts et l'afterwork *Pré-soirée* tous les derniers mercredis du mois. Vérifiez le programme sur leur page Facebook. Un incontournable.

IKON

Straatsburgdok noordkaai 3
www.ikonantwerp.com
Voir agenda en ligne pour les soirées programmées, ouvert le week-end.

Le club Noxx a fermé, Ikon est né ! L'une des dernières-nées des boîtes anversoises est, outre un club, un lieu d'events et de festivals. Et le lieu est vaste. Il y a la Ikon Mainroom, la salle principale, plutôt branchée R&B techno, deep house et drum & bass. La salle Fusia est cosy et intime avec un soundsystem tout neuf et un décor oriental qui vous emmène en voyage. Le Skyclub ouvert seulement les samedis et veille de jours fériés, plus commerciale (pop, R&B)… Les amateurs et amatrices de musiques qui groovent seront donc bien servis !

SOMMAR

Rijnkaai 104
✆ +32 3 746 02 66
https://www.peopleofsommar.be/
Ouvert du printemps à l'automne, du lundi au vendredi, de 17h à 0h et le week-end, de 14h à 0h.
Dans d'anciens entrepôts, à quelques minutes à pied du MAS, vous trouverez une oasis au bord de l'eau, le Sommar, un des nombreux *zomerbars* d'Anvers et un des plus réussis avec sa petite touche chic. L'espace est immense, avec vue sur l'Escaut et les grues des anciennes installations portuaires. D'un côté, nous avons le restaurant (différents restaurateurs s'y succèdent pendant l'été) et de l'autre un méga bar très animé. On peut se poser dans un divan ou un transat et trinquer au soleil couchant avant de danser jusqu'à la fermeture... et poursuivre ailleurs.

JAZZCAFE DE MUZE

Melkmarkt 15
✆ +32 3 226 01 26
jazzcafedemuze.be
Concerts gratuits. Ouvert du dimanche au jeudi de 11h30 à 1h ; le vendredi et le samedi de 11h30 à 2h30.
C'est LE meilleur café-jazz d'Anvers. Ouvert en 1964, il est toujours debout. Des groupes jouent en live et jam tous les jours dès 21h (voir la programmation sur la page Facebook). L'intérieur est assez intimiste, tout en bois, sur deux étages. L'accueil est très sympa, l'ambiance cool et un peu hippie. Le décor exceptionnel, avec des murs en brique, une belle hauteur sous plafond qui a permis la construction d'une mezzanine ouverte sur la scène en contrebas. Pour ne rien gâcher, la carte des bières est bien variée, en harmonie avec les notes de jazz.

CINEMA LUMIÈRE

Waalsekaai 47
✆ +32 3 242 93 57
www.cinemazuid.be
Voir site web pour les séances.
Entre sorties actuelles et classiques du cinéma, le Lumière fait le grand écart. C'est un petit cinéma qui a la particularité d'être logé dans le musée de la Photographie. Ici, la passion du cinéma se sent, on est loin des gros complexes impersonnels. Ses deux salles tout habillées de rouge sont super confortables et les installations sonores, particulièrement performantes. Point de pop-corn ou de nachos ici (mais bien des boissons servis dans des verres, s'il vous plaît), on est là pour le plaisir du cinéma. Les films sont en V.O. sous-titrés en néerlandais.

OPERA BALLET VLAANDEREN

Frankrijklei 3
✆ +32 3 202 10 11
www.operaballet.be
Programmation et réservation en ligne.
Même si vous ne comprenez pas le néerlandais, la musique est universelle ! L'Opéra Ballet Vlaanderen est né de la fusion entre l'Opéra d'Anvers et l'Opéra de Gand en 1981. Il propose outre des opéras, des ballets, concerts de musique de chambre... Tout ce qui est classique en somme. L'édifice majestueux néobaroque d'Anvers date de 1907 et compte près de 1 000 places. Il est situé près des boulevards Leien. La réputation et la qualité des prestations de l'Opéra ne sont plus à faire : les représentations affichent complet des mois à l'avance. Pensez à réserver.

DESINGEL

Desguinlei 25
✆ +32 3 248 28 28
www.desingel.be
Voir le site web pour l'agenda et l'achat de tickets.
Ce centre culturel propose une excellente programmation de pièces de théâtre, concerts classiques, ballets et danse contemporaine. Des œuvres nationales et internationales assez audacieuses. Son bâtiment est en soi une merveille architecturale contemporaine construite en 1980 mais qui n'a pas pris une ride. Et justement, deSingel propose des visites d'expositions thématiques sur l'architecture d'une grande originalité et abrite un institut d'architecture. L'institution compte aussi un conservatoire et accueille des résidence d'artistes.

DE ROMA

Turnhoutsebaan 286
✆ +32 3 292 97 40
www.deroma.be
Agenda et vente de tickets en ligne.
Voici la meilleure salle de concerts de la ville, qui pourtant n'est pas très grande, mais brille par sa programmation de qualité. Y sont programmées les têtes d'affiches belges, mais aussi européennes et même internationales, aussi bien en pop-rock, hip hop, musiques du monde, blues, folk, indie, jazz, swing, reggae/dub.... N'hésitez pas à jeter un œil à la programmation pendant votre séjour, vous trouverez sans doute un concert votre goût. La salle programme aussi des performances (musique-ciné), des soirées événements culturelles...

MALINES ★★

Malines (que l'on appelle Mechelen en néerlandais) est une cité paisible, que le destin a coincée entre deux géants, Bruxelles et Anvers. C'est une vraie ville flamande, à taille humaine, avec ses hautes maisons de pierres et ses vélos plein les rues. Aujourd'hui, la ville, qui compte 80 000 habitants, a conservé de nombreux monuments qui témoignent de son importance dans les siècles passés, particulièrement son magnifique hôtel de ville. Malines compte plusieurs adresses gastronomiques (dont deux restaurants étoilés Michelin) et propose d'intéressantes spécialités locales. Goûtez au fameux coucou de Malines, présent sur de nombreuses cartes, des poulets à la chair particulièrement savoureuse. Pour l'anecdote, les Malinois sont surnommés Maneblussers, les éteigneurs de lune, car selon une légende locale, un habitant sortant d'un cabaret crut que la cathédrale Saint-Rombaut était en train de brûler. Les riverains affolés par ses cris réalisèrent qu'il s'agissait des reflets orangés de la lune sur le toit, ce qui provoqua des railleries dans tout le pays.

Balade

Promenez-vous sur le sentier flottant de la Dyle, le long des canaux. Balade agréable pour admirer les petites maisons le long de l'eau et découvrir la ville sous un autre angle. Ce sentier traverse la ville de Haverwerf au Jardin botanique en passant par la Vismarkt, petite place très sympathique où boire un verre. En soirée, vous pourrez admirer la ville toute illuminée depuis ce sentier le long de l'eau.

Histoire

Dans le passé, éphémère capitale des Pays-Bas espagnols, Malines a pu rivaliser avec ses puissantes voisines. La cité a d'abord appartenu aux princes-évêques de Liège, puis aux comtes de Flandres et aux ducs de Bourgogne. En 1506, Marguerite d'Autriche, gouvernante des Pays-Bas, en fait sa capitale. C'est à cette époque que l'empereur Charles Quint – neveu de Marguerite d'Autriche – passa son enfance dans la ville. Mais la régente Marie de Hongrie, qui succéda à la gouvernante en 1530, s'installa à Bruxelles.

Transports

Les trains s'arrêtent ici, entre Bruxelles et Anvers, c'est très bien desservi. On marche un peu moins d'un kilomètre d'un bout à l'autre du centre historique.

BASILIQUE NOTRE-DAME DE HANSWIJK ✝ ★★

Hanswijkstraat 67

✆ +32 15 29 40 32

Ouvert tous les jours de 9h à 17h.

La grande basilique baroque de Malines, construite entre 1663 et 1681, mérite d'être vue en façade, pour la dimension théâtrale, et depuis le jardin botanique, où les détails de construction apparaissent clairement. Luc Fayd'herbe, sculpteur malinois, en a tracé les plans. On peut le soupçonner d'avoir surdimensionné la coupole afin de donner libre cours à son talent. La basilique abrite la statue de la Vierge, portée dans la procession d'Hanswijk, le dimanche avant l'Ascension.

LE CABINET DES SOTS (HET ZOTTE KUNSTKABINET) 🏛 ★★★

Sint-Katelijnestraat 22

✆ +32 15 29 01 55

www.vliegendpeert.be

Ouvert uniquement les mercredi et samedi de 13h30 à 17h. Entrée 5 €.

Cabinet d'art installé dans une maison superbement restaurée, appelée 't Vliegend Peert (littéralement, « le cheval volant »), occupé un temps par la belle-mère de Bruegel. La collection est consacrée aux peintres satiriques dans la lignée de Bosch et Brouwer qui ont largement influencé Bruegel l'Ancien par la suite. On y trouve aussi d'autres œuvres datant du XVIe siècle. Audioguide disponible en plusieurs langues, pour comprendre la complexité de ce courant artistique avant-gardiste.

HÔTEL DE VILLE 📷 ★

Grote Markt

Visite guidée historique possible (informations à l'office du tourisme).

L'hôtel de ville se compose de deux édifices : la halle aux draps, édifiée au XIVe siècle, et le palais du Grand Conseil (début XXe siècle). La partie halle aux draps, est une construction de pierre sévère, aux lourdes tourelles de façade. Le palais, porté par une colonnade latérale, est un exemple de gothique tardif, à la toiture surmontée d'une balustrade de pierre finement découpée. L'intérieur peut être visité avec un guide (salle des mariages, salle du conseil, salle des colonnes avec une belle tapisserie du XVIe siècle représentant la bataille de Tunis).

CATHÉDRALE SAINT-ROMBAUT ✝ ★★★

Onder den toren 12

Cathédrale gratuite, tour payante. De 13h (10h le samedi) à 18h 7j/7. Dernière visite 17h. Adulte : 8 €, réduit : 3 €.

La cathédrale Saint-Rombaut est un superbe exemple de style gothique brabançon édifiée entre les XIIIe et XVIe siècles. Sa construction s'est prolongée tout au long de la vie et de la mort d'une dynastie d'architectes, les Keldermans. **La massive tour-beffroi,** caractéristique de Malines, figure sur la liste du patrimoine mondial de l'Unesco. Ses contreforts nervurés collés de flèches dentelées se préparaient à appuyer une gigantesque flèche. Inutilement, car si la hauteur tour devait initialement s'élever à 167 m, elle ne sera que 97 m en raison du manque d'argent. Elle abrite deux carillons comptant chacun 49 cloches. Lors de sa visite, vous pourrez regarder le carillonneur jouer. Il est possible de grimper au sommet de la tour en gravissant les 538 marches. Un guide multimédia accompagne pendant l'ascension afin de révéler tous les secrets de la tour. Au sommet : le *sky walk*, une plate-forme offrant une superbe vue panoramique. Par temps clair, on aperçoit les tours d'Anvers et l'Atomium de Bruxelles. **À l'intérieur de l'église,** la voûte repose, comme c'est l'habitude dans l'architecture gothique brabançonne, sur de solides colonnes cylindriques couronnées chapiteaux à feuilles de choux, d'où s'élancent les nervures ogivales. Des apôtres géants sont adossés aux colonnes, toisant de haut la masse des fidèles. L'église abrite des œuvres comme le tableau *Le Christ en croix* par Antoine Van Dick, 25 panneaux des XVe et XVIe siècles racontant la légende de saint Rombaut et une magnifique chaire de vérité garnie de petits animaux.

BEETHOVEN DE MALINES

Le pianiste Beethoven ne puise pas ses racines dans le Tyrol autrichien ou allemand mais dans la campagne flamande ! Enfin, du côté de son père. Pour l'anecdote, au XVIIIe siècle, une famille malinoise modeste de musiciens donna naissance à un garçon, qui sera lui aussi musicien, et qui s'exilera à Bonn. Son fils naît en 1770, et bien que diminué par son handicap (sa quasi-surdité à 27 ans), il fera une plus belle carrière encore. Il s'agit du fameux génie Ludwig van Beethoven, dernier grand représentant du classicisme viennois. La rue à Malines où se trouvait leur maison familiale, démolie avant-guerre, s'appelle en leur souvenir Van Beethovenstraat…

MANUFACTURE ROYALE DES TAPISSERIES DE WIT 🏛

Schoutetstraat 7 ✆ +32 15 20 29 05

www.dewit.be

Visite uniquement le samedi à 10h30. Fermé en juillet et du 25/12 au 02/01. Adulte 8 €, enfant gratuit, 12 à 18 ans 4 €.

La manufacture royale des tapisseries De Wit crée encore, sur demande, des œuvres uniques, à la main, et restaure des tapisseries de grande valeur provenant du monde entier. Elle possède par ailleurs une prestigieuse collection de tapisseries anciennes et modernes, exposées dans une maison du XVIIe siècle. On apprend tout sur cet art qui a fait la richesse des villes de la région au Moyen Âge et qui a périclité avec l'arrivée de l'industrie. Visites guidées le samedi uniquement.

La ville de Malines.

MEMORIAL NATIONAL DU FORT DE BREENDONK ★★★

Brandstraat 57
✆ +32 3 860 75 24
www.breendonk.be
Ouvert tous les jours de 9h à 17h. Entrée adulte 11 €, audioguide inclus.

L'horreur nazie et ses camps de concentration n'ont pas épargné la Belgique. La visite du fort de Breendonk, l'un des camps nazis les mieux préservés d'Europe depuis la chute du IIIe Reich, est vraiment bouleversante. L'aspect dantesque du site à l'ambiance très pesante en a fait le symbole de la perpétuation du souvenir des souffrances, des tortures et de la mort de tant de victimes. Avis aux âmes trop sensibles qui risqueraient de sortir choquées.

PALAIS DE JUSTICE ★

Kaizerstraat 20
Ne se visite pas. Jardins ouverts du lundi au samedi (sauf jours fériés) de 9h à 17h.

L'ancien palais de Marguerite d'Autriche, devenu le palais de justice en 1796, suggère assez bien son passé de demeure princière au XVIe siècle dans les Flandres de la Renaissance. C'est ici que Charles Quint a passé les premières années de sa vie. Cette cour de Savoie, commandée en 1507 par la gouvernante des Pays-Bas à l'architecte Rombaut Keldermans, affiche des traits gothiques dans le bâtiment arrière préexistant de la Voochtstraat, mais le palais avec sa galerie et ses jeux d'encadrements de pierre est bien Renaissance.

MUSÉE JUIF DE LA DÉPORTATION ET DE LA RÉSISTANCE

Goswin de Stassartstraat 153
✆ +32 15 29 06 60
www.kazernedossin.eu
De 9h à 17h. Fermé mercredi. Adulte : 12 € expo permanente, 16 € ticket combiné, réduit : 5 €, gratuit jusqu'à 10 ans.

Ce musée en pentagone a été construit là où se dressait autrefois la maison d'arrêt, face à la caserne Dossin. L'antichambre de la mort, dans la persécution des Juifs en Belgique. C'est là, à mi-chemin entre Bruxelles et Anvers, que les nazis installèrent le centre de déportation vers Auschwitz. Le wagon historique témoigne encore de la ligne de chemin de fer. Les fenêtres donnant sur la caserne sont condamnées par 25 000 pierres symbolisant les plus de 25 000 déportés.

OFFICE DU TOURISME

Vleeshouwersstraat 6 ✆ +32 15 29 76 54
https://toerisme.mechelen.be/
Ouvert d'avril à octobre 7j/7 de 10h à 17h, samedi de 10h à 16h, dimanche de 12h30 à 16h. Hors saison jusque 16h.

Sur votre chemin entre la gare et le centre, cet office du tourisme vous procurera de nombreux renseignements pratiques et adresses. Vous pouvez y obtenir une brochure éditée par l'office de tourisme qui présente une sélection d'adresses : chambres d'hôtes, hôtels, auberge de jeunesse... Même si l'offre s'est un peu diversifiée ces dernières années, il y a peu d'hôtels à Malines, et encore moins d'hôtels bon marché. En été, pour dépenser moins, vous pouvez opter pour un des campings à proximité de Malines. Le site Internet est également très bien fourni.

MUSEUM HOF VAN BUSLEYDEN ★

Frederik de Merodestraat 65 ✆ +32 15 29 40 30
www.hofvanbusleyden.be
Adulte 12 €, 13-26 ans 2 €. De Garage seul : 5 €. 7j/7 sauf mercredi, 10h-17h, nocturne jusqu'à 22h 1er jeudi du mois.

Cette résidence Renaissance fut construite vers 1500 par les architectes Keldermans pour l'humaniste Jérôme de Busleyden, ami d'Erasme et de Thomas More. La brique alterne avec des ornementations en pierre, dans la tradition renaissante flamande. Le musée retrace l'histoire de la ville et de ses arts (XVIIe-XXe siècle). Parmi les collections, le mannequin d'Opsinjoorke, au masque d'une laideur répugnante ! Mais aussi des grands sculpteurs malinois des XVIe et XVIIe siècles comme Luc Fayd'herbe. La collection de peintures compte *Le Christ en croix*, de Rubens.

ROOSENDAEL €

Rozendaal 5 ✆ +32 15 29 41 30
www.roosendael.be
Tente 5,90 €, adultes 6,90 €, enfant 3-12 ans 4,70 €, cabane 40 € par nuit. Formule glamping : 125 €.

Camping de seulement 12 emplacements pour tentes à 5 km de Malines, en bordure de la Nette, ce qui lui confère un cadre bucolique agréable et frais. Jolie pelouse à l'ombre des arbres, bloc sanitaire rénové. Il est possible d'y louer deux mignonnes cabanes en bois pour randonneurs, jusqu'à 4 personnes, pour une durée maximale de 3 jours. Elles sont toutes équipées à l'intérieur (kitchenette, tables et couverts, chauffage). Ou encore, une tente de luxe avec de vrais lits (jusqu'à 6 personnes). Sur place, petit café vendant des snacks (croque-monsieur) à petit prix.

DUSK TILL DAWN €€

Onze Lieve Vrouwerstraat 81
✆ +32 497 22 46 27
www.dusktilldawn.be
De 139 à 149 € la double avec petit déjeuner.

Une maison d'hôtes d'un raffinement rare, en face de l'église Notre-Dame au delà de la Dyle, dans le centre de Malines. Elle compte seulement deux chambres très séduisantes avec des salles de bains géantes, cheminée en marbre, et un très beau jardin pour prendre le petit déjeuner. Les détails luxueux ont été étudiés, on s'y sent bien et l'ensemble a vraiment du caractère. Le petit déjeuner orchestré par le propriétaire, très sympa et de bons conseils, est vraiment exceptionnel de par les produits et la présentation des plats.

DE VLEESHALLEN €

Huidevettersstraat 7
devleeshalle.be
Ouvert du mardi au jeudi de 11h à 21h, vendredi jusqu'à 22h, dimanche et jours fériés jusqu'à 20h. Fermé le lundi.

L'ancienne halle aux viandes, construite au XIXe siècle puis abandonnée par les bouchers, a été magnifiquement transformée. Le concept ? On mélange un foodcourt et des magasins de créateurs. Dans un espace au décor industriel impressionnant, on a le choix pour assouvir sa faim tant les types de cuisines qu'on peut y trouver sont diverses : du sushi à la pizza, de la croquette de crevettes au burrito en passant par le poulet moambé, vous avez le choix. Parfait pour se régaler rapidement mais sans concession sur la qualité. Une belle réussite !

MARTIN'S PATERSHOF €€

Karmelietenstraat 4
✆ +32 15 46 46 46
www.martins-hotels.com
Chambre double à partir de 139 €. Room service disponible.

Voilà un bel hôtel 4-étoiles insolite ! Pour un sommeil divin, mieux vaut dormir… dans une église. C'est tout le concept de ce bel hôtel ancré dans le quartier historique de la ville : ses 79 chambres occupent un ancien édifice religieux. Confortablement équipées, offrant une décoration alliant judicieusement le sacré au contemporain, elles sont réparties entre l'église proprement dite et le cloître. Certaines chambres avec vitraux et plafonds voûtés sont de pures merveilles et ça vaut le coup de mettre la main au portefeuille. Même Stromae y est venu.

GRASPOORT €€

Begijnenstraat 28
✆ +32 15 21 97 10
www.graspoort.be
Ouvert du mercredi au samedi de 12h à 14h et de 19h à 21h. Menu lunch : 36 €.

Adresse populaire chez les locaux, elle reste cachée pour les visiteurs au fond d'une impasse aux murs recouverts de lierre, verte et fraîche en été. Les assiettes sont tout aussi « green » puisque ici on privilégie les plats flexitariens et veggie, riche en bouquets de végétaux colorés, légumes et fruits, mais aussi graines survitaminées et tout ce qui est sain pour le corps. Les fruits de mer et poissons sont vedettes, à l'image de ce tataki de thon au crumble aux noix et aux herbes, légumes wok, avocat, gingembre mariné, wasabi et coriandre… Tout un programme.

SAVA €

Grote Markt 13
✆ +32 15 64 70 90
www.savamechelen.be
Ouvert tous les jours de 9h à minuit. Comptez dès 7 € les tapas.

Restaurant spécialisé dans les tapas, bien placé sur la Grote Markt en plein centre de Malines. On y déguste des petits plats traditionnels typiques espagnols, dont de bons gambas, tortillas, patatas bravas, poivrons marinés, boulettes de viande, calamars frits, charcuterie et fromages ibériques, le tout à partager. L'endroit est convivial, la déco réussie, notamment le mur tout en lattes de bois, et les prix raisonnables. Idéal pour une pause de midi ou pour prendre l'apéro entre amis. Bières artisanales locales à la carte.

BARBIB

Goswin de Stassartstraat 88
barbib2800.be
Ouvert du mardi au vendredi de 10h30 à 17h ; le samedi de 10h à 16h.

Imaginez un ancien cloître devenu cathédrale du livre. Sous des voûtes anciennes ou dans un jardin attenant, vous dégustez un petit café tout en dévorant un livre dans un silence quasi religieux. Cet endroit existe puisqu'il s'agit du café de la Bibliothèque centrale de Malines qui a élu domicile dans cet ancien cloître des Frères prêcheurs en 2019. Rénové avec panache, le baroque du bâtiment se mêle bien à la simplicité du style *scandi*. Faim de plus que de mots ? Voyez la carte de suggestions sucrées et salées. À côté, se tient Tinèlle, un resto gastronomique.

LIERRE ★★

À 15 km d'Anvers, Lierre est une petite ville de province flamande typique avec ses nombreux commerces, sa Grand-Place triangulaire, son église Saint-Gommaire et son réseau de ruelles aux maisons ocre. La ville est surtout connue pour son horloge astronomique construite par Louis Zimmer, en 1930. Mais le charme du centre et surtout, le béguinage et les bords des Deux Nèthes, les rivières qui traversent la ville, sont agréables. La ville est encore entourée de ses fortifications du XVIe siècle, qui consistent en une ceinture de talus plantés d'arbres, parallèle au fossé d'eau. Lierre est de plus rapidement rejointe en train depuis Anvers ou à vélo.

ÉGLISE SAINT-GOMMAIRE

Kardinaal Mercierplein

Ouverte du 1er avril au 31 octobre les jeudi, samedi et dimanche de 14h à 17h. Visite guidée avec l'office de tourisme.

Cette collégiale Saint-Gommaire de style gothique flamboyant a été construite entre le XIVe et le XVIe siècle. Commencés en 1378, les travaux ont duré environ 200 ans ! C'est pour cette raison que les parties inférieures sont purement gothiques, le baroque moyen et le toit de la tour rococo. On peut admirer sa majesté et son très bel ensemble intérieur, spécialement le jubé en grès blanc, qui est splendide. Le 20 octobre 1496, le mariage de Philippe le Bel et de Jeanne de Castille fut béni ici. A noter : la collégiale est en rénovation jusqu'en 2029.

BÉGUINAGE ★★★

Begijnhofstraat

www.visitlier.be/fr/voir/beguinage

Entrée libre.

Classé au patrimoine de l'Unesco, ce béguinage est un des plus beaux de Belgique. Il est aussi l'un des plus grands (environ 2 hectares), et des plus représentatifs de ce qu'était l'ordre des béguines. Il fut fondé au XIIIe siècle et reconstruit pendant les XVIIe et XVIIIe siècles. La centaine de maisons des béguines et l'église Sainte-Marguerite de style baroque datent de cette époque, et l'ancienne infirmerie est quant à elle un vaste édifice néo-classique du XVIIIe siècle. Ne pas manquer le monumental portail d'entrée sur la Begijnhofstraat.

MUSÉE MUNICIPAL (STADSMUSEUM LIER)

Florent Van Cauwenberghstraat 14

✆ +32 3 800 03 96

www.stadsmuseumlier.be/fr

Ouvert du mardi au dimanche de 10h à 17h. Entrée : 4 €. Etudiants et 60+ : 3 €. 0-18 ans : gratuit.

Le musée retrace l'histoire de la ville de Lierre et recense des œuvres de peintres de la Renaissance à la première moitié du XXe siècle. On peut y admirer des sculptures, des gravures, de l'argenterie, de la céramique, des textiles d'intérieur et du mobilier. Le Salon expose les pièces maîtresses de la collection des beaux-arts sont présentées. Cette collection se compose principalement de la donation Wuyts-Van Campen (1887) et de la donation Caroly (1935).

Lierre.

ZIMMERTOREN ★★

Zimmerplein 18
✆ +32 3 800 03 95
www.zimmertoren.be
Ouvert du mardi au dimanche de 10h à midi et de 13h à 17h. Entrée adulte : 5 €.

La tour Zimmer remonte au XIIIe siècle, quand elle faisait partie du mur d'enceinte de la ville. Depuis 1930, elle héberge l'Horloge du Centenaire (pour les 100 ans de la Belgique). A midi, on voit apparaître les rois belges et les maires de Lierre en fonction entre 1830 et 1930. Tous les quarts d'heure, on y entend des clochettes, actionnées par des figurines. Au 1er étage se trouve un studio astronomique construit par Louis Zimmer (1888–1970). Le 2e étage abrite le mécanisme de l'horloge et le pavillon, une autre horloge, la Merveilleuse admirée par Einstein.

BED MUZET €

Volmolenstraat 65 ✆ +32 3 488 60 36
https://www.jeugdherbergen.be/fr/lier
De 25 à 36,50 € par personne suivant l'âge et le nombre de lits par dortoir ou une chambre individuelle, PDJ inclus.

Les chambres et installations sanitaires de cette auberge de jeunesse très modernes ont été inaugurées en 2015 dans ce parc aux accents bucoliques, au sein d'un campus axé sur la culture. Des musiciens, artistes, sont d'ailleurs hébergés ici pendant leur temps d'études. La grande terrasse du restaurant est très agréable et permet de profiter des beaux jours. Les dortoirs, tous avec salles de bains, peuvent héberger de 1 à 6 personnes, la plupart du temps dans des lits superposés. Une cuisine commune autorise les résidents à préparer leur repas sur place.

LAGO DE WATERPERELS

Kazernedreef 100
✆ +32 3 293 58 90
www.sr-dewaterperels.be
Ouvert du lundi au vendredi de 9h à 21h30 ; le samedi de 10h à 19h ; le dimanche de 10h à 18h. Adulte : 12,80 €.

Pour la famille, attention, frissons garantis ! Les amateurs de sensations fortes aimeront la rivière de rapides, une piscine à vagues, tandis qu'une pataugeoire est réservée aux tout petits. Pour les amateurs de zénitude, on conseillera plutôt la lagune d'eau chaude, le sauna, hammam, douche froide, seau suédois et pédiluves. La piscine de 25 mètres invite à nager, et faire de l'aqua-fitness ou aqua-jogging... Le complexe dispose également de son Rest-eau-Café, avec une carte de brasserie, parce que se défouler dans l'eau, ça creuse !

TURNHOUT ★

Ville principale de la Campine anversoise, Turnhout est connu pour son béguinage, classé au patrimoine mondial de l'UNESCO. Cette petite cité a gardé son charme d'époque que vous pouvez découvrir en vous baladant à travers ses maisons et son église baroque. Tout autour, la Campine occupe les trois-quarts de la province. Elle s'incline ensuite vers l'est où elle rejoint sans transition la Campine limbourgeoise. C'est une région peu connue avec 350 promenades balisées et 2 000 km de pistes cyclables, en pleine nature : bruyère, forêts de pins, marais et prairies. Il existe des brochures de ces trajets en vente dans les offices de tourisme.

© DUDLAJZOV

Château de Turnhout.

CHÂTEAU DES DUCS DE BRABANT

Kasteelplein 1
Ne se visite pas

Le château des ducs de Brabant a été édifié au XIIe siècle, bien qu'il ait été rénové au XXe siècle dans un style néo-baroque. Malheureusement, il ne se visite pas, car il abrite le Palais de justice de la ville, mais rien n'empêche d'en faire le tour. Il est d'ailleurs entouré de douves inondées, et relié à la terre ferme par un pont-levis, ce qui témoigne de son rôle défensif au Moyen Âge. D'illustres personnages ont visité ses murs, des ducs de Bourgognes à Charles Quint.

GAND ★★★★

Ville flamande située au confluent de la Lys et de l'Escaut, Gand est le chef-lieu de la province de Flandre-Orientale (Oost-Vlanderen). Il s'agit de la deuxième ville la plus peuplée de Belgique après Anvers. Capitale de l'ancien comté de Flandre et ville natale de Charles Quint, Gand se développe essentiellement aux XIVe et XVe siècles. Autrefois riche, commerçante et orgueilleuse, cette cité flamande est aujourd'hui une ville industrielle, mais également universitaire. Gand, résidence de nombreux intellectuels flamands, abrite notamment l'Académie de langue et de littérature néerlandaises. Plutôt ouvrière à travers ses faubourgs Ouest et Est, Gand a néanmoins conservé une richesse architecturale fabuleuse. Ses canaux et son architecture en font un centre touristique de tout premier plan. Si auparavant Bruges fut parfois sa rivale, c'est dorénavant Anvers qui lui dispute le titre de capitale officieuse de la Flandre. Officieuse et non officielle, car l'autorité flamande a installé ses institutions politiques à Bruxelles. Gand n'a cependant rien à envier à ses illustres voisines. Ville agréable et accessible qui concentre une foule de curiosités à une distance de marche, mille ans d'histoire y ont laissé leur empreinte et vous attendent. La tradition flamande de la bonne chère et le centre-ville commerçant ne pourront également que vous séduire. Bon séjour dans cette ville de la lumière et des douceurs sucrées !

Quartiers

Gand est une ville compacte. Toutes les curiosités sont facilement accessibles à pied. Globalement, on peut diviser la ville en deux grandes zones (qui se rejoignent) : le Nord, qui abrite la plus grande concentration de bâtiments et monuments anciens (centre historique, Patershol, Portus Ganda), et le Sud, où se trouvent l'université, les musées les plus importants, ainsi que plusieurs théâtres (De Zuid). Pour plus de subtilités, découvrez les descriptions de chacun des quatre quartiers de la ville.

▶ **Centre historique.** C'est sans aucun doute dans ce quartier que le visiteur curieux de petites merveilles historiques passera la plupart de son temps. Et même pour les moins passionnés, il s'avère difficile de détourner son regard de l'impressionnante cathédrale Saint-Bavon, du beffroi coiffé de son fameux dragon, de l'hôtel de ville majestueux. Le centre est aussi un lieu de rencontre puisque bars et restaurants foisonnent et on y trouve des allées commerciales qui raviront les fans de shopping.

▶ **De Zuid.** Le sud de Gand est nommé le quartier des arts ou des musées. Pour ne citer qu'eux, on y trouvera le site de l'abbaye de Bijloke ainsi que les célèbres centres culturels et artistiques STAM et SMAK. En plus de constituer la partie administrative de la ville où tous les services municipaux ont été centralisés, il abrite plusieurs théâtres et salles de spectacles (dont le célèbre Vooruit, un centre artistique qui a fêté ses 100 ans !) et de nombreuses boutiques branchées qui se sont notamment installées sur la Vlaanderenstraat et le Brabantdam. C'est aussi par le sud de la ville que les voyageurs se lanceront à l'assaut de la ville s'ils débarquent sur les quais de la gare de Gent-Sint-Pieters.

▶ **Patershol.** Sur la rive gauche de la Lys se trouve l'imposant château des Comtes et à ses pieds s'étend le Patershol. Ce quartier compact est sans doute le plus vieux de Gand et a conservé ses petites ruelles et ses façades typiques. Son nom se traduit littéralement par « trou du moine » : il désigne un porche de l'ancienne abbaye de Cambron, fondée au XIIe siècle, qui permettait d'accéder, via un tunnel, à l'eau du canal. En suivant le tracé de rues, inchangé depuis le Moyen Âge, on découvre des magasins spécialisés et des galeries d'art, ainsi que des restaurants et des bars avec des concepts plus ou moins alternatifs. La rue de l'Oudeburg et surtout ses alentours (rive gauche) est un point de chute riche en petites adresses qui valent le détour.

▶ **Portus Ganda.** Situé à moins de 10 minutes à pied du centre historique, le quartier de Portus Ganda est à conseiller pour une balade au fil de l'eau et pour admirer les bateaux de plaisance qui ont déposé l'ancre, mais pas seulement ! Les immeubles de bureaux modernes et les zones résidentielles s'y développent, tandis que des ponts et des petits parcs, d'agréables terrasses et une piscine Art déco (les premiers bains de Belgique !) magnifiquement restaurée, en font l'un des plus jolis coins de la ville de Gand. C'est également dans cette partie de la ville que vous aurez le plus de chance de passer une soirée animée avec des Gantois de souche, car les petits bars stylés de quartier offrent ici quelques possibilités.

Se loger

Gand compte plein d'adresses pour tous les budgets, des auberges de jeunesse aux boutiques hôtels de luxe. De nombreuses adresses tendance et luxueuses ont ouvert récemment, attirant un tourisme haut de gamme plutôt branché. Une brochure est disponible à l'office de tourisme, *Gilde der Gentse Gastenkamer*, qui présente une sélection de B&B. Vous pouvez aussi vous renseigner sur le site – www.bedandbreakfast-gent.be – ou sur – www.visitgent.be – les réservations sont possibles sur ce site. Si vous comptez séjourner à Gand pendant les fêtes de Gand (Gentse feesten) en juillet, réservez longtemps, voire très longtemps à l'avance.

Sortir

La population gantoise comprend une large communauté étudiante, ce qui anime bien les nuits de la ville, surtout au centre. Les adresses ne manquent pas. La majeure partie des établissements sont situés dans le centre. Le long du canal, sur le Graslei, vous trouverez des cafés et restaurants avec terrasse en été. Il y a également de nombreux établissements sur le Vrijdagmarkt. Les clubs de jazz s'animent de concerts jusqu'à tard dans la nuit presque tous les jours. Près de l'université, sur St-Pietersnieuwstraat et Overpoortstraat, se trouvent un certain nombre de cafés fréquentés par les étudiants et ouverts tard dans la nuit. Ces derniers sont plus calmes les week-ends et pendant les vacances. Il va évidemment sans dire que les Gentse Feesten et autres 10 *days off* déplacent littéralement la vie intérieure des bars sur les places et rues de Gand... Et pour les fins de soirées, sachez qu'un site répertorie toutes les friteries de Flandre et les situe sur une carte : www.vindeenfrituur.be ! Festif, vous avez dit festif ?

Transports

- Avion. L'aéroport international de Bruxelles est à 1 heure en voiture de Gand. Un train relie l'aéroport à Gand toutes les heures (1 heure). Une navette directe relie aussi Gand à l'aéroport de Bruxelles Charleroi au même prix.
- Train. La gare Saint-Pierre est la gare principale, mais il y a aussi la micro gare de Gent-Dampoort, pour se rendre à Anvers, c'est plus proche.
- Voiture. Gand est accessible par la E40 (Bruxelles-Ostende) et la E17 (Lille-Anvers). La plupart des rues sont réservées aux piétons. Le parking au centre-ville coûte cher (2 € par heure). Il est préférable de cibler les parkings couverts autour du centre historique (compter 10 €/24h).
- Dans la ville. Les piétons et les vélos sont rois à Gand, dont le centre se visite facilement à pied, en tramway et en bus. Le tram 1 relie la gare Sint-Pieters au centre-ville. Bon à savoir, les week-ends, des bus de nuit circulent gratuitement à partir de 1h15 depuis Gent Zuid (Woodrow Wilsonplein).

ABBAYE SAINT-PIERRE DE GAND (SINT-PIETERSABDIJ) ★★

Sint-Pietersplein 9
✆ +32 92 43 97 30
Du mardi au dimanche, 10h-18h. Visite gratuite au rez-de-chaussée. Movieguide : 4 €. Expos temporaires entre 2 et 12 €.

L'abbaye Saint-Pierre est l'un des plus beaux monuments historiques de Gand. Les bâtiments datent du début du XVIIe siècle et ont été construits sur l'ancienne abbatiale romane, élevée par saint Amand vers 630. Ils ont été restaurés et abritent aujourd'hui un centre artistique (Kunsthal Sint Pietersabdij) qui organise régulièrement des expositions temporaires de qualité, et un musée des sciences naturelles (De Wereld van Kina : Het Huis), plutôt destiné aux enfants. L'imposant réfectoire date du Moyen Âge. L'église et le cloître méritent aussi que l'on s'y arrête. Sur le « Mont Blandin », la façade en pierres blondes de l'abbaye Notre-Dame Saint-Pierre, surmontée du gracieux clocheton octogonal portant le dôme de son église, cache une cour un peu sévère. À l'arrière des bâtiments, on a reconstitué le jardin en pente tel que les moines l'avaient connu, avec son potager, sa vigne, l'enclos des plantes médicinales... Car c'était un véritable village abbatial avec des fermes, maisons et terres agricoles.

- **Audioguide.** Depuis peu, la visite de cette église peut se faire avec un *movie-guide* grâce auquel le moine virtuel « Alison » vous révèle tous les secrets des lieux. Une expérience originale et instructive. L'histoire débute par la mort du moine Raphaël. Alison mène alors une enquête passionnante et mouvementée sur la disparition brutale de son ami afin de découvrir la vérité derrière les apparences trompeuses. Une sorte de Cluedo religieux grandeur nature !

DESIGN MUSEUM GENT ★★★

Jan Breydelstraat 5
✆ +32 9 267 99 99
www.designmuseumgent.be
Le musée est fermé jusqu'à fin 2024. Boutique sur place.

Attention, le musée rouvrira fin 2024 après rénovation et extension. Derrière la façade du XVIIIe siècle se trouve un bâtiment moderne : un musée consacré à toute l'histoire de l'art depuis 1600 à nos jours. Un must en matière de rétrospective du design, connu dans tout le pays. On peut y voir d'élégantes salles à manger du XIXe siècle reconstituée à l'identique. Les collections sont énormes et éclectiques. Plongez dans un bain d'Art nouveau au pays d'Horta, où se côtoient aussi Le Corbusier, Hoste, Van Huffel... À redécouvrir après la réouverture !

HISTOIRE DE GAND

Le nom de Gand proviendrait du celtique *Ganda*, qui veut dire confluent (celui de l'Escaut et de la Lys). Après le passage des Romains, au VIIe siècle, saint Amand s'établit sur les bords de l'Escaut, sur le mont Blandin, et y érige une chapelle, qui deviendra l'abbaye Saint-Pierre. La ville commence à se développer sous les Carolingiens autour des deux abbayes Saint-Pierre et Saint-Bavon, lorsque Charlemagne y positionne une flotte destinée à s'opposer à l'invasion des Vikings. Au IXe siècle, ces derniers prennent la ville d'assaut à maintes reprises. Il faudra attendre 300 ans avant qu'un établissement marchand doublé d'un port ne les repousse sur les rives de l'Escaut.

Au XIIe siècle, on creuse la Lieve, qui, s'ajoutant au confluent de la Lys et de l'Escaut, relie Gand à Bruges et la place au centre d'un réseau de voies d'eau, propre à développer le commerce de marchandises. L'industrie drapière s'est développée depuis le Moyen Âge et le travail de la laine – importée d'Angleterre – fait la fortune de la cité au XIIe siècle. En 1180, le comte de Flandre, Philippe d'Alsace, de retour des croisades à Jérusalem, fait construire une nouvelle forteresse, le monumental château des Comtes, en s'inspirant des châteaux qu'il a visités en voyage. Il veut asseoir son autorité face aux riches familles patriciennes qui, en ville, essayent d'accaparer le pouvoir et construisent des maisons bourgeoises en pierre de plus en plus imposantes.

Plus tard, des conflits sociaux entre les différents métiers du drap vont entraver son dynamisme industriel et aboutiront au partage du pouvoir au XIVe siècle. Le comte de Flandre et le chef du parti des tisserands, Jacques Van Artevelde, jouèrent un rôle capital dans l'origine de la guerre de Cent Ans, lorsque, contre l'avis des patriciens, ils soutiennent les ambitions anglaises en France. Il s'agit alors de garantir l'approvisionnement en laine anglaise, menacé d'embargo par Londres. En 1302, l'armée française se fait écraser par les Gantois à la bataille des Eperons d'or. Le prolétariat, pour la première fois en Europe, aura désormais son mot à dire dans la gestion des affaires de la ville.

Du XIIe au XVe siècle, Gand s'impose comme la deuxième ville d'Europe, après Paris, avec quelque 65 000 habitants, mais devant Londres, Cologne et Moscou. En 1500, Jeanne de Castille donne naissance à Charles Quint, futur empereur romain germanique et roi d'Espagne. Mais celui-ci est plutôt brutal avec la ville, et n'hésite pas lorsqu'il est empereur à lever un nouvel impôt. Gand se révolte et le paiera cher : Charles Quint supprime les libertés. L'empereur oblige aussi les meneurs de la révolte à défiler les rues pieds nus, en chemise et avec une corde autour du cou. Depuis cette époque, les Gantois sont surnommés Stroppendragers (les « garrotés »). Cet épisode, les Gantois le répètent chaque année, au mois de juillet, lors des Fêtes de Gand. Ils défilent dans la ville, la tête fièrement levée en signe de leur obstination.

Le XVIe siècle vit aussi le triomphe du calvinisme dans la région, et notamment à Gand. Puis son éradication par Philippe II d'Espagne, au prix de la quasi-destruction des Pays-Bas méridionaux. Gand y perd la moitié de sa population. Au XVIIIe siècle, la ville est devenue une ville d'importance moyenne où se construisaient d'admirables hôtels de maître de style Louis XIV, rococo et Louis XVI. Une période paisible et prospère commence vers 1740, sous le règne de l'impératrice Marie-Thérèse d'Autriche. Au début du XIXe siècle arrive la mécanisation de l'industrie textile. Les filatures et les usines de tissage de Gand font un excellent usage des machines à vapeur venues d'Angleterre. À la même époque, en 1815, la cité accueille Louis XVIII, en exil durant les Cent Jours. Durant les quinze ans de monarchie néerlandaise, la ville ouvre son université et fait creuser le canal Gand-Terneuzen.

Après la création du royaume de Belgique en 1830, l'industrialisation en fait une ville ouvrière qui allait devenir le berceau du socialisme flamand. En opposition à la bourgeoisie francophone, on voit apparaître des revendications de la reconnaissance du flamand. Ce mouvement aboutira, en 1930, à la « flamandisation » intégrale de l'Université de Gand. Aujourd'hui, elle reste l'une des villes les plus actives du pays et devient de plus en plus touristique en raison de la richesse de ses monuments et de ses rues pittoresques bien conservées.

BEFFROI ET HALLE AUX DRAPS ★★★★

Sint-Baafsplein
✆ +32 9 233 39 54
www.belfortgent.be
Ouvert tous les jours de 10h à 18h. Adulte 8 €.

Entre la place Saint-Bavon et la rue du Marché-au-Beurre, du haut de ses 91 mètres, le beffroi, classé au Patrimoine mondial de l'UNESCO, domine la ville. D'architecture gothique, il était à la fois symbole de liberté communale, de prospérité, mais aussi de pouvoir, il rythmait la vie des habitants par divers sons de cloches.

La halle aux Draps. Pour visiter le beffroi, il faut entrer dans la « halle aux draps » qui la jouxte, un édifice gothique tardif magnifique érigé au XVe siècle. Elle témoigne de l'importance de l'industrie drapière à l'époque médiévale, bien que ce commerce était déjà en déclin lorsque le chantier fut mis en route. La halle resta inachevée jusqu'à l'aube du XXe siècle. Admirez la cheminée immense et son âtre, les fenêtres et les ogives ornées de feuillages en pierre ainsi que les peintures murales de 1903.

Histoire. Débuté en 1314 selon les plans de l'architecte Jan van Haelst, les travaux furent arrêtés brusquement pendant 20 ans à partir de 1338. En 1402, les privilèges de la ville sont transférés dans un coffre secrètement entreposé dans le beffroi. Ce n'est qu'à la fin du XIVe siècle qu'une structure provisoire couronna l'édifice, une flèche en bois portant le légendaire dragon gantois indiquait aussi le sens du vent. Le relief du fronton relate la légende romaine de Simon, un homme condamné à mourir de faim allaité en prison par sa fille lors des visites. En 1771 le bois fut remplacé par une flèche néogothique en fonte.

Visite : Une application gratuite pour smartphone existe pour les explications en français. A l'intérieur, on découvre le dragon-girouette en fonte original qui couronnait le beffroi en 1377, ou plutôt ce qu'il en reste. Puis on peut admirer l'ensemble des cloches du carillon, dont une massive « Klokke Roeland », la cloche Roland de 6 tonnes. Elle a remplacé celle que Charles Quint a fait fêler pour qu'un son affreux et discordant rappelle leur punition aux habitants. En 1659, 45 autres cloches du carillon, plus petites, sont fabriquées par les frères Pierre et François Hemony. Le travail de ces fondeurs se découvre dans un documentaire du musée. Le carillon compte aujourd'hui 53 cloches. Son clavier se trouve au 4e étage, ainsi que le mécanisme de l'horloge. Ne manquez pas de voir s'actionner l'ensemble à chaque quart d'heure ! La visite comprend un ascenseur, pour grimper au sommet et admirer la vue sur la ville, mais il faudra redescendre pour un escalier vertigineux !

CHÂTEAU DES COMTES [GRAVENSTEEN] ★★★★

Sint Veerleplein 11
✆ +32 92 25 93 06
7j/7, 10h-18h. Adulte, 12 € ; - 19 ans : 2 €, -12 ans : Gratuit. Visioguide pour de personnes sourdes et malentendantes

Le Gravensteen, ou Château des Comtes, impressionne quand on visite Gand. Cette forteresse médiévale crénelée d'un autre temps, avec un majestueux donjon de pierre de trois étages, encerclée de douves inondées, surplombe le centre de Gand, ses frénétiques tramways et ses boutiques du XXIe siècle. Sa visite est la promesse d'un voyage au temps de Philippe d'Alsace, comte de Flandre, qui, en 1180, fait construire ce château. Depuis 2018, l'histoire du château est contée dans un audioguide [compris dans le prix d'entrée] vraiment très drôle, qui rend la visite passionnante, un humour belge débridé, celui de l'humoriste gantois Wouter Deprez. « Montrer qui dirigeait », c'est ce que Philippe d'Alsace désirait, montrer sa puissance, en s'inspirant des forteresses qu'il avait visitées durant sa deuxième croisade à Jérusalem. Une impressionnante salle d'armes et armures, une crypte, un donjon, des oubliettes, une étable et les salles de résidence des comtes de Flandre qui y résidèrent jusqu'au XVe siècle. Également une importante collection d'instruments de torture d'un autre temps. À partir de la fin du XVIIIe siècle, le château est vendu à des particuliers puis transformé en complexe industriel : une filature de coton et des ateliers. Ses dépendances logent une cinquantaine de familles d'ouvriers. Le baron de Maere le sauve de la démolition programmée lorsqu'il est alors en état de délabrement ultime. Il sera restauré notamment grâce à l'Exposition universelle de 1913 à Gand.

ÉGLISE SAINT-NICOLAS ✝ ★★

Cataloniëstraat
✆ +32 9 234 28 69
Ouverte tous les jours de 10h à 16h.

L'église Saint-Nicolas a été construite au XIIIe siècle en pierres bleues de Tournai, dans un style gothique scaldien [gothique primitif ou romano-gothique]. C'est l'une des plus anciennes de la ville. Elle a retrouvé son cachet grâce à une grande restauration au XIXe. Sa tour est plus imposante et plus sobre que celles des édifices ultérieurs. Au Moyen Âge (XVe), elle était fréquentée par des guildes, corporations d'artisans, marchands et bateliers qui avaient leur propre chapelle rattachée à l'édifice. L'orgue est signé par le Français Cavaillé-Coll.

CATHÉDRALE SAINT-BAVON ET L'AGNEAU MYSTIQUE ✝ ★★★★

Sint-Baafsplein ✆ +32 9 397 15 00
www.sintbaafskathedraal.be
Du lundi au samedi 8h30-17h30, dimanche 13h-17h30. Agneau mystique, 10h-17h et 13h-17h, 16 €.

Cette cathédrale de gothique brabançon, à la façade en pierre blanche est la fierté de Gand. C'est là que Charles Quint a été baptisé en 1500. Seule la crypte témoigne du style roman initial, avec ses 22 autels. Sa tour à étages s'élève à 89 m, mais la flèche qui la prolongeait à l'origine ait été détruite. L'intérieur surprend par le sol en damier noir et blanc en marbre moiré rajouté au XVIIIe siècle. Outre *l'Adoration de l'Agneau Mystique*, la cathédrale abrite des tableaux de De Crayer, de Frans Pourbus, une toile de Rubens (*L'Entrée de saint Bavon au monastère*, 1623), les monuments funéraires de quatre évêques sculptés des XVIIe et XVIIIe siècles dans le chœur… Remarquez le groupe où l'évêque s'agenouille devant *la Vierge à l'Enfant*, en présence de la *Mort décharnée*. Il est de la main de Delcour, sans doute le plus grand sculpteur belge du XVIIe siècle, auteur de la fameuse Vierge qui se trouve à Liège.

▶ ***L'Adoration de l'Agneau mystique.*** Certains férus d'art ne font le déplacement à Gand que pour voir ce chef-d'œuvre, toujours très mystérieux. Ce retable monumental en douze panneaux peints recto verso, a été réalisé entre 1420 et 1432 par les frères Jan et Hubert Van Eyck. Il est considéré comme l'apogée de la peinture flamande du XVe siècle. Le panneau central a réintégré Saint-Bavon début 2020, après des années de restauration. Les autres panneaux sont toujours en travaux. Ne manquez pas d'aller voir les restaurateurs à l'œuvre à travers une grande vitrine au MSK, qui sépare la salle d'exposition de l'atelier. Son état de conservation est excellent, car il a été repris à plusieurs reprises par des artistes dont les couches de peinture ultérieures ont finalement permis de conserver l'œuvre originale. Désormais, les restaurateurs, grâce à une étude aux rayons X, peuvent évaluer l'état de la peinture initiale avant de gratter méticuleusement et rénover le trait et les couleurs originales. C'est presque un miracle ! Il semblerait que le retable ait été commencé par Hubert Van Eyck, l'aîné des deux frères, puis achevé par Jan. Cependant, les spécialistes n'ont jamais pu se mettre d'accord sur quelles parties du tableau étaient attribuées à chacun des frères. *L'Agneau mystique* illustre un passage de l'Apocalypse de Jean et montre le monde entier venu adorer l'Agneau, symbole du Christ ressuscité. La partie terrestre occupe le niveau inférieur et la partie céleste occupe le registre supérieur. Sur les panneaux latéraux, à gauche, on peut voir les chevaliers du Christ et les juges intègres. À droite, les saints et les ermites. Dans le ciel, la Trinité règne sur le monde sauvé par Jésus. À droite, saint Jean-Baptiste, à gauche, la Vierge Marie. Enfin, à chaque extrémité, Adam et Ève. L'extérieur des volets du retable est également peint. Depuis sa création, le retable s'est toujours trouvé dans la cathédrale Saint-Bavon. Il restait fermé la majeure partie du temps et l'intérieur n'était visible que les jours de fêtes. En 1934, deux panneaux de *L'Agneau mystique* ont été volés et l'un d'entre eux – celui de gauche – n'a jamais été retrouvé. Encore aujourd'hui, l'enquête suit son cours. Depuis 1986, il est présenté dans l'ancien baptistère de la cathédrale, transformé en chambre forte, à la suite de ces vols répétés. Le billet acquitté pour voir l'*Adoration de l'Agneau mystique* donne droit à un audioguide qui commente avec intelligence ce chef-d'œuvre.

Triptyque de « L'Adoration de l'Agneau mystique » des frères Van Eyck au sein de la cathédrale Saint-Bavon.

ÉGLISE SAINT-JACQUES ✞ ★★

Bij Sint-Jacobs
✆ +32 92 232 520
Ouvert le vendredi de 10h à 13h.

Juste derrière le Vrijdagmarkt, se trouve l'église Saint-Jacques. Elle résume à elle seule toutes les périodes d'architecture religieuse qu'a connues la région, car l'édifice a subi de nombreuses destructions et reconstructions au cours de siècles. Une première église en bois a été construite sur ce site en 1093, dédiée à saint Jacques, pour le départ des pèlerins à Saint-Jacques-de-Compostelle. Celle en pierre fut édifiée vers 1200 en style roman, mais il ne subsiste aujourd'hui que les piliers du transept, la base du clocher octogonal, et les deux tours occidentales sous cette forme (baies géminées avec une colonnette, fenêtres aveugles avec motifs ornementaux). Au XIIIe siècle, la nef, le chevet et les deux étages de la tour de croisée sont édifiés en gothique scaldien (transitif entre roman et gothique). Un incendie vers 1400 détruit toutefois deux tours ouest. Depuis sa reconstruction, la façade n'est plus symétrique : la nouvelle tour a été chapeautée d'une flèche gothique en pierre de Balegem ! Au XVe, les guildes investissent les églises pour s'octroyer des lieux de prière. Comme les autres, Saint-Jacques a été agrandie au XVe siècle avec des chapelles latérales pour ces guildes, semble-t-il des drapiers. Le reste de l'édifice (abside et absidioles) relève du gothique brabançon plus tardif. L'intérieur comprend trois toiles de Gaspar De Crayer et un tabernacle de style Renaissance, en marbre blanc et noir et en cuivre. Sur le parvis se tient un marché aux puces tous les vendredis, samedis et dimanches.

ÉGLISE SAINT-MICHEL ✞ ★★

Sint-Michielsplein
Ouvert du mardi au dimanche de 14h à 17h.

Elle est immanquable et fait partie de toutes les cartes postales de Gand. Elle est aussi magnifiquement éclairée la nuit. L'église Saint-Michel est située juste après le pont en venant de Korenmarkt. Son histoire est très mouvementée et sa construction a été compromise et modifiée au fil des siècles. Construite sur une modeste chapelle du XIIe siècle détruite par un incendie, son édification débuta vers 1440 (la nef à trois vaisseaux, le clocher et le transept). Puis au milieu du XVIe siècle, les guerres de religion et les saccages iconoclastes eurent raison du chevet de l'église (démoli par les calvinistes) et les pillages de ses premiers trésors. La flèche de l'église Saint-Michel aurait dû dépasser toutes les autres, dans un pur style gothique brabançon comme à Anvers, mais l'Histoire en a décidé autrement. Le chœur et les absidioles furent reconstruits, mais le clocher inachevé faute d'argent a hérité définitivement en 1828 d'un toit plat et culmine à 24 m seulement. Dommage, c'était le même architecte que la haute flèche en style gothique brabançon de la cathédrale d'Anvers, l'architecte l'architecte Lieven Cruyl, qui l'avait dessinée en 1662. L'église abrite de nombreuses œuvres dont *Le Christ agonisant sur la croix* d'Antoon Van Dyck, des toiles de De Crayer et Philippe de Champaigne. Elle renferme un riche mobilier : des confessionnaux rococo, une chaire des vérités et un autel néogothique. La guilde (corporation) des taverniers venaient y prier jusqu'à la fin du XVIIIe siècle.

GEERAARD-DE-DUIVELSTEEN ★★

Geraard de Duivelstraat 1
✆ +32 92 25 13 88
Ne se visite pas.

Malgré son allure sinistre, le diable n'a jamais mis les pieds ici ! Le château de Gérard le Diable bâti entre 1216 et 1245 doit son nom à son architecte, le chevalier Gheeraert Vilain, surnommé ainsi en raison de sa peau foncée. Au Moyen Âge, le bâtiment, avec l'Escaut qui coule sous ses fenêtres en ogive, marquait la frontière entre le royaume de France et le Saint Empire romain germanique. Celui-ci fut revendu à la ville de Gand vers 1330. Il fut tour à tour : arsenal, cloître, orphelinat, asile... Jusqu'en 2015, il abritait les archives de l'État.

GRAND BÉGUINAGE SAINTE-ELISABETH ✞ ★

Groot Begijnhof 67
✆ +32 9 228 23 08
www.grootbegijnhof.be
Ouvert toute l'année. Tous les jours de 6h30 à 23h. Engelberg van Arenbergstraat. Jusqu'à 21h30 via Jan Roomsstraat.

Le Groot Begijnhof Sint-Elisabeth en flamand est le plus récent des trois béguinages de la cité, le plus grand aussi. On y a bâti quatre-vingt maisons, quatorze couvents, une maison-mère, une infirmerie, une chapelle et une église, une ville dans la ville. Plus aucune béguine n'y réside depuis longtemps. La tranquillité apaisante des lieux est unique. Un précieux coin secret que de nombreux Gantois connaissent et préféreraient, à vrai dire, garder pour eux. On les comprend.

FAÇADES DU GRASLEI ET DU KORENLEI ★★★★

Graslei

L'ensemble architectural du Graslei et du Korenlei, le long du canal, formait, au Moyen Âge, le port de Gand. C'est le point de départ de balades en bateau en plein centre historique, le cadre de carte postale parfait pour dépeindre Gand. Sur le Graslei, au premier plan, on aperçoit le bâtiment de l'ancienne poste (aujourd'hui reconvertie en centre commercial), construit dans un flamboyant néogothique à la fin du XIXe siècle. Se reflétant dans l'eau de la Lys, à partir de la poste, on découvre six autres maisons remarquables.

- **Maison de la guilde des francs-bateliers (1531).** Comme plus loin la maison des maçons, c'est en plein XVIe siècle une folie gothique qui annonce déjà le baroque. L'utilisation du gothique tardif semble illustrer l'état d'esprit d'une classe marchande satisfaite de l'ordre des choses, et qui passera trois siècles à s'opposer à toute mutation sociale et économique.
- **Maison des mesureurs de grain (1698).** Ici, dans un goût encore Renaissance, les ornementations baroques de pierre se détachent sur un fond de briques assombries.
- **La maison du percepteur de taxes (1682),** Tolhuis, ou Tonlieu, toute petite et coincée entre deux mastodontes.
- **Le Spijker ou entrepôt aux grains (1200).** Sa façade romane de pierres grises percée de petites fenêtres doubles penche vers l'avant. Elle est la plus ancienne du quai. Ici, on entreposait le grain perçu comme droit de passage des bateaux naviguant sur la Lys et l'Escaut via Gand.
- **Première maison des mesureurs de blé** (1435). De style Renaissance flamande alternant sobrement la brique rose et les encadrements de pierre blanche. Les mesureurs de blé au début du XVe siècle n'avaient pas encore le besoin de démentir, au moyen de la démonstration fastueuse de prospérité qu'on voit chez les francs-bateliers ou chez les maçons, un déclin entamé un siècle plus tard.
- **Maison de la guilde des maçons (1912).** Pour l'Exposition universelle de Gand en 1913, la ville décide de bâtir ici une reconstruction de la maison des maçons datant du XVIe siècle et située à l'origine près de l'église Saint-Nicolas. La façade s'élance entre les nervures verticales qui se terminent en colonnettes appuyées sur les volutes du pignon.
- **En face du Graslei,** sur le Korenlei, étaient situées jadis auberges et grandes demeures patriciennes. Alors que le Graslei est marqué par la pierre grise, la brique sombre et les encadrements de pierre blanche, le Korenlei alterne l'enduit ocre ou rose, la pierre blonde et la brique.

GUM - GENTS UNIVERSITEITMUSEUM

Ledeganckstraat 35 ✆ +32 9 264 49 30
www.gum.gent/fr

Plein tarif 8 €, tarif réduit 6 €. Ouvert de 9h30 à 17h30 tous les jours sauf mercredi, jusqu'à 18h le week-end.

Situé dans le jardin botanique de Gand, ce nouveau musée ouvert fin 2020 est dédié à la science, à la pensée critique et à la recherche. On le repère à sa fresque murale en façade, de squelettes d'éléphant, de grizzly, d'okapi et de rhinocéros. Ce musée, en plus d'exposer des collections classiques naturalistes (squelettes, etc.), propose une approche contemporaine interactive, avec des récits de scientifiques. Dans ses expositions et programmes, il fait le pont entre science et art.

HET HUIS VAN ALIJN ★

Kraanlei 65
✆ +32 9 269 23 50
www.huisvanalijn.be

Ouvert du mardi au vendredi (sauf mercredi) de 9h à 17h et le week-end de 10h à 18h. 19-25 ans : 2 €. Adulte : 8 €.

Groupant ses petites maisons blanches autour d'une cour qui fait penser à un béguinage, cet ancien hospice a été fondé au XIVe siècle par les membres d'une riche famille gantoise, pour racheter l'assassinat commis par l'un des leurs. L'hospice des Kinderen Alijn (des Enfants Alijn) qui abritait pauvres, personnes âgées et orphelins, accueille aujourd'hui la Maison d'Alijn (Huis van Alijn). Le musée est très documenté où l'on découvre la vie flamande à la fin du XIXe siècle. Il y a également un théâtre de marionnettes, un joli jardin et un petit café agréable.

HÔTEL DE VILLE (STADHUIS) ★★

Botermarkt 1
✆ +32 9 233 53 11

Ne se visite que dans le cadre de visites guidées de la ville. S'adresser à l'office de tourisme.

L'hôtel de ville est un géant à l'étroit dans la Hoogpoort. Un bel ensemble de façades gothique, Renaissance et baroque témoignent des différentes étapes de sa construction, commencée en 1518. C'est ici qu'a été signée la Pacification de Gand en 1576, acte qui devait garantir la paix entre factions catholiques et calvinistes, comme entre partisans de la couronne d'Espagne et partisans de l'indépendance. S'il avait été suivi d'effets, la face de l'Europe du Nord en eût été changée.

Le Quai aux herbes et son port médiéval.

MSK - MUSÉE DES BEAUX-ARTS ★★★

Fernand Scribedreef 1 ✆ + 32 9 240 07 00
www.mskgent.be/fr

Ouvert du mardi au vendredi de 9h30 à 17h30, le week-end de 10h à 18h. Adulte : 12 € ; 19-25 ans : 2 €.

Le musée des Beaux-Arts (Voor Schone Kunsten) est installé dans un très beau bâtiment du XIXe siècle conçu comme un temple classique dédié à l'art. Crée en 1798, il s'agit du plus ancien musée des beaux-arts de Belgique. Dans un nouveau parcours muséal, des salles interrompent un fil chronologique pour faire dialoguer des œuvres sur un même thème (la représentation de la femme, les voyages…) On trouve des collections de sculptures, de peintures, de dessins, de gravures d'artistes flamands, belges et européens, du Moyen Âge jusqu'à la fin du surréalisme vers 1950. Les toiles des primitifs flamands Jérôme Bosch (1450-1516) et Breughel l'ancien (1564-1637) sont tout particulièrement mis en valeur. On peut y admirer dans les moindres détails *Saint Jérôme* et le *Portement de Croix* de Jérôme Bosch, la *Danse de noces en plein air, L'Avocat de village* et le *Repas de noces* de Brueghel. Outre les maîtres, la collection des XIXe et XXe siècles couvre de nombreux courants : romantisme, expressionnisme, surréalisme, impressionnisme, symbolisme… Ne pas manquer le célèbre *Portrait d'un kleptomane* de Théodore Géricault, *La Fontaine des agenouillés* de Georges Minne, ou encore l'œuvre de James Ensor.

À noter que c'est ici qu'a eu lieu la restauration du célèbre *Agneau mystique*, le polyptyque (12 panneaux) peint par les frères Van Eyck en 1432, dans un atelier aménagé derrière une vitrine, dans le musée. En 2021, le polyptique au complet a réintégré la cathédrale Saint-Bavon.

MUSÉE ARNOLD VANDER HAEGHEN ★★

Veldstraat 82
✆ +32 92 69 84 60

Ouvert vendredi, samedi et dimanche, 14h-18h et le dimanche matin à partir de 10h. Entrée libre. Visite guidée : 6 €.

Ouvert au public depuis fin 2019, cette maison patricienne du XVIIIe siècle (architecte David t'Kindt), permet d'admirer la reconstitution du bureau de l'écrivain gantois Maurice Maeterlinck avec sa bibliothèque, prix Nobel de littérature en 1911, et un salon chinois magnifique, avec des peintures sur soie uniques en Europe. La visite de cet édifice Belle Époque compte au rez-de-chaussée le vestibule, la salle à manger, le salon chinois du XVIIIe siècle et le cabinet Maeterlinck.

MUSÉE DE L'INDUSTRIE ★★

Minnemeers 9
✆ +32 92 69 42 00
https://www.industriemuseum.be/

Lundi, mardi, jeudi et vendredi de 9h à 17h. Week-end de 10h à 18h. Gratuit -19 ans. Adulte : 8 €. 19 à 25 ans : 2 €.

Le musée de l'Industrie raconte l'héritage d'une tradition drapière, dont la réputation dépassait les frontières déjà au Moyen Âge. Important centre de textile jusqu'au XIXe siècle, Gand se devait de conserver ce patrimoine et de le mettre en valeur. Le musée, installé dans une ancienne filature de coton, présente l'histoire du textile, les évolutions technologiques et socioculturelles du secteur pendant 250 ans. Les machines sont impressionnantes ! Depuis les verrières du dernier étage du bâtiment, splendide vue de la ville.

MUSÉE DE LA VILLE - [STADSMUSEUM GENT - STAM] ★★

Godshuizenlaan 2 ✆ + 32 9 267 14 00
www.stamgent.be
Fermé le mercredi. 9h-17h, 10h-18h le week-end. 10 €, réduit (groupes min. 15 pers., +65 ans) 8 €, 19-26 ans 2 €.

Ce musée retrace l'histoire de la ville de Gand de manière interactive et dynamique, en agrégeant à la ville historique ces extensions modernes, à l'image de sa coquille. Car ce grand ensemble est formé par une abbaye du XIVe siècle, un monastère du XVIIe et la nouvelle construction du XXIe siècle. Dès l'entrée on est plongé dans la ville à grand renfort de cartes interactives et de maquettes en 3D. Puis l'histoire reprend par ordre chronologique, pour bien comprendre l'âge d'or de la ville au Moyen Âge à aujourd'hui. Les salles sont ponctuées d'une série de photos de Michiel Hendryckx, baptisée « Regards actuels de Gand ». Présenté comme un centre de préservation du patrimoine, il fait également tremplin vers d'autres éléments culturels gantois. Les expositions temporaires proposent diverses illustrations du concept de « vie urbaine » et il est donc intéressant d'y faire un tour avant (ou après) la découverte de la ville pour comprendre les secrets de son histoire et de son évolution. N'hésitez pas à emmener vos enfants car un parcours pensé pour eux traverse toutes les salles du musée et reprennent les grands thèmes en les abordant de façon ludique et enfantine. On apprécie aussi son atmosphère détendue, ses espaces verts et son agréable cafétéria. Dans l'enceinte du musée également, une salle de concert à l'acoustique incroyable a été aménagée dans l'ancienne infirmerie du Mariahospitaal, édifié au XIIIe siècle, avec une magnifique toiture cintrée.

MUSÉE DU DOCTEUR GUISLAIN

Jozef Guislainstraat 43
✆ +32 9 216 35 95
www.museumdrguislain.be
Ouvert du mardi au vendredi de 9h à 17h ; le week-end de 13h à 17h. Adulte : 10 €. 19-26 ans : 3 €.

Ce musée insolite est installé dans le plus ancien asile de Belgique datant de 1857. Il porte le nom du docteur Guislain, premier expert psychiatre à avoir exercé dans le pays au cours du XIXe siècle. Ce musée retrace l'histoire de la psychiatrie avec une collection permanente qui vaut le détour. A noter aussi une collection internationale d'art brut. Mais le musée du docteur Guislain, c'est également différentes expositions temporaires sur des thèmes autour de la psychiatrie.

PETIT BÉGUINAGE [KLEIN BEGIJNHOF]

Lange Violettestraat 235
✆ +32 9 224 17 90
www.kleinbegijnhof-gent.be
Entrée libre.

En continuant dans la Zuidstationstraat, vous arrivez au square de l'église Sainte-Anne. En prenant à droite dans la Lange Violettenstraat, vous atteignez le petit béguinage, classé au patrimoine mondial de l'Unesco. Fondé au XIIIe siècle, il n'a plus changé depuis le XVIIe. Vous pourrez y voir son église baroque, et si le temps le permet, en profiter pour vous étendre sur l'herbe de la pelouse centrale, entourée des murs derrière lesquels s'abritaient les maisons des béguines.

RUELLES DU PATERSHOL ★★

Koninklijke Dekenij Patershol

Ces ruelles étroites bordées de maisons pittoresques furent dessinées au Moyen Âge. Si les ouvriers tisserands habitaient ces pavés, au fil des siècles, notamment aux XVIIe et XVIIIe siècles, les bourgeois investirent les lieux, avant de les délaisser. Il n'y a pas si longtemps que ça, le Patershol était devenu un quartier infréquentable : maisons closes, troquets mal famés… Mais, grâce à un plan de revalorisation de la ville, on peut y baguenauder en toute quiétude. C'est même devenu un quartier à la mode, avec ses restaurants, terrasses de café et ses boutiques.

OFFICE DE TOURISME

Sint-Veerleplein 5
✆ +32 92 66 56 60
www.visitgent.be
Ouvert tous les jours de 10h à 18h. Gent CityCard pour 48 heures 38 €, pour 72 heures, 43 €.

Dans cet office du tourisme, l'équipe parle français. Vous y trouverez des plans de la ville, une carte du « Concrete canvas tour » (un parcours de « Street Art »), du « Gent by night » (promenade nocturne)… Sachez que Gand est la capitale belge des végétariens. Vous trouverez une brochure d'adresses veggie/vegan. La Gent CityCard, vous pouvez y acheter un pass valable pour visiter tous les musées, monuments et attractions + une promenade guidée en bateau + accès aux transports en commun + location d'un vélo (1 jour) + accès au hop on hop off bateau-tram.

SMAK - MUSÉE MUNICIPAL D'ART CONTEMPORAIN ★★★

Jan Hoetplein 1 ✆ +32 92 40 70 01
www.smak.be

Ouvert du mardi au vendredi de 9h30 à 17h30 ; week-end, de 10h à 18h. Adulte : 12 €, -26 ans : 2 €, - 19 ans : gratuit.

Sous la rigoureuse direction de Jan Hoet, l'un des curateurs européens les plus réputés, ce musée est devenu un *must* dans le pays pour les amateurs d'art contemporain. Y sont représentées les principales tendances artistiques depuis 1945. Le musée doit sa grande réputation à des expos temporaires de qualité qui s'ajoutent à l'exposition (tournante) de la collection permanente. Entre autres des œuvres de Beuys, Schütte, Muñoz, Panamarenko, Bacon, Warhol…

Un espace est totalement réservé à la collection de la Fondation Matthys-Colle dont le musée gère une partie depuis 2020. Un retour aux sources, en quelque sorte puisque Roger Matthys avait créé, avec Karel Geirlandt, le Vereniging voor het Museum van Hedendaagse Kunst (V.M.H.K.), l'ancêtre de l'association des Amis du S.M.A.K. Parmi les stars de cette collection très centrée sur l'art conceptuel, on trouvera le *Great American Nude # 72 de* Tom Wesselmann. La collection étant importante, les œuvres exposées sont régulièrement changées selon le thème abordé (lors de notre visite, c'était un portrait imaginaire de Marc De Dock, le successeur de Roger Matthys).

Un autre espace à part, le Broodthaerskabinet, est dédié exclusivement à Marcel Broodthaers, probablement l'artiste belge le plus influent du XXe siècle après Magritte. Une des œuvres exposées, *Le Pense-bête*, marque la transition entre la carrière de poète et celle d'artiste. Et évidemment, on retrouve une de ses marottes : la *Casserole de moules*, en grand format.

BOAT IN GENT ★★

Kraanlei
✆ +32 478 633 630
www.boatingent.be

7j/7 de 10h à 18h, jusqu'à 19h le week-end. Tour de 50 min adulte 9 €, hop on hop off 1 jour 15 €, 2 jours 20 €.

Vous aurez le choix entre une balade dans le centre médiéval de 50 minutes, ou le nouveau Hop on hop off Watertram. Comme les bus éponyme, il est possible de monter et descendre autant de fois que l'on veut aux arrêts du circuit bateau pendant 1 ou 2 jours, selon le ticket choisi. Les six arrêts : Château des Comtes, Port médiéval, Site Musée, Abbaye Saint-Pierre, Cathédrale, Shopping Veldstraat. Si vous faites le tour complet sans arrêt la visite dure 1h30. L'embarcadère est situé au parapluie jaune, coin Kraanlei à 50 mètres du Château des Comtes.

VRIJDAGMARKT ★★★

Accès libre.

C'est sur cette place, bordée de maisons anciennes à pignons à redents, que se déroulait jadis la vie politique et sociale de la cité. La face ouest de la place comprend l'un des beaux bâtiments de l'ancien parti ouvrier belge, « Ons Huis-Bond Moyson » (notre maison), construit en 1900 en style éclectique, auquel répond sur la face opposée l'immeuble d'angle à la tourelle proéminente surnommé Toreken (la tourelle), ancienne maison des Tanneurs. Sa rénovation récente ne permet pas de deviner qu'elle date du XVe siècle. Mis à part le Toreken et Ons Huis, tous les bâtiments du Vrijdagmarkt datent du XVIIIe siècle. Il faut s'y rendre les jours de marché, le vendredi ou le samedi, pour s'imprégner de son atmosphère animée. D'innombrables fêtes se sont déroulées ici dès le Moyen Âge, comme celle des Joyeuses Entrées (cérémonie solennelle lors de la première visite d'un monarque régnant dans la ville). Mais l'ambiance n'a pas toujours été bon enfant : des exécutions – bûchers et guillotines – ont habité ces pavés. La dernière exécution publique remonte à 1863.

▸ **La statue de Jacob Van Artevelde.** Elle trône au centre de la place, le bras tendu vers l'Angleterre. Car en 1340, en tant que premier magistrat de Gand, il proclama Édouard III d'Angleterre, roi de France, afin de contrer l'autre prétendant au trône, suzerain du comté de Flandre, lequel obéissait un peu trop aux ordres de Paris. Une affaire de gros sous aussi, puisque l'enjeu était l'importation de la laine anglaise pour les artisans flamands.

FLANDRE-ORIENTALE/PROVINCE D'ANVERS

VIZIT ★★

Hof ten Walle 1 ✆ +32 92 33 76 89
www.vizit.be

A partir de 18 €/pers. la formule « fins becs », 48 € la lunch promenade, dès 70 € la formule « Amuse Gueule ».

Vizit organise dans la plupart des villes de Belgique, et spécialement à Gand, des visites thématiques originales et amusantes qui combinent l'histoire de la ville avec des dégustations de spécialités locales gastronomiques. Des balades saisonnières ou « fin-becs » sont les plus abordables, avec des dégustations sur des marchés et dans des magasins, tandis que la formule « lunch promenade » inclut aussi un déjeuner au restaurant, et que « L'Amuse-gueule » propose un menu de quatre plats, chacun servi dans un restaurant différent, plutôt pour les puristes.

BLUE BIKE

www.blue-bike.be

Lundi-vendredi 7h-19h. Saint-Pierre : samedi 10h-18h. Vélos dispos 24h/24. 3,50 € la journée, abonnement annuel 12 €.

L'une des adresses les plus pratiques, présente dans toute la Flandre, qui a des bornes casiers dans toutes les gares. Blue-bike permet, après un trajet en train, de louer des vélos à moindre coût. Il faut les biper avec sa carte qu'on aura pris soin de faire à l'avance. Il vous suffit de suivre en gare les indications vers le point vélo. Vous pouvez utiliser le distributeur à clés (24h/24) ou aller en agence pendant les heures d'ouverture. Une seule carte Blue-bike permet d'en louer deux à la fois. Ils sont présents aux gares Saint-Pierre et Dampoort.

FAJA LOBI €

Vlaanderenstraat 2 ✆ +32 92 23 55 33
www.fajalobi.be

1 pers. 63 à 73 €, 2 pers. 81 à 101 €, 3 pers. 109 à 129 €, 4 pers. 152 €. Petit déjeuner compris. Parking 16 €.

Ce B&B pile dans le centre est aménagé dans une belle maison du XIXe siècle. Jurgen, le propriétaire, y a aménagé 3 grandes chambres pleines de charme avec haut plafond à moulures et parquet qui craque. Vous y trouverez des petites touches africaines (photos, peintures), Jurgen étant un amoureux du Congo (il y habite désormais et reboise avec les locaux son coin de RDC). Le gros atout du B&B ? Son café-bar ouvert du matin jusqu'au soir. On y prend un bon petit déjeuner. Plus de disponibilités ? Kristof trouvera de la place dans le second B&B, encore moins cher.

HOSTEL UPPELINK €

Sint-Michielshelling 21
✆ +32 9 279 44 77
www.hosteluppelink.com

Dortoir de 30 à 35 €, chambres triples et quadruples privatisables dès 85 €. Petit déjeuner : 6,90 €.

Cette auberge de jeunesse plein centre est la meilleure de Gand. Les dortoirs, parfois avec une vue directe sur les monuments, accueillent de 3 à 14 personnes. Plancher de caractère, des murs en brique, fenêtres anciennes... l'ensemble a du cachet. Les lits sont neufs, la plupart superposés, chacun avec sa liseuse et prise. Les casiers, la cuisine et les salles de bains communes sont satisfaisants. Le salon impressionne par ses fenêtres, son espace, son ambiance « comme à la maison ». Bon petit déjeuner. Location de kayaks et vélos.

ERASMUS €€

Poel 25 ✆ +32 9 224 21 95
www.erasmushotel.be

Simple : à partir de 79 € ; double : à partir de 99 € ; triple : 140 € ; quadruple : 160 €. Petit déjeuner inclus.

Dans un édifice du XVIe siècle se cache un hôtel insolite. Dans les chambres, les meubles datent du XIXe siècle. Dans la salle à manger, on peut même admirer un manuscrit signé... Erasme ! Le petit déjeuner buffet est plantureux et le jardin à la française un bel endroit de détente. Si certains trouveront l'ensemble vieillot, d'autres se plongeront avec bonheur au milieu des meubles d'époque, et apprécieront le charme suranné de cet hôtel hors du temps, à l'antipode des lieux modernes et stéréotypées. Choisissez bien votre chambre néanmoins, elles sont inégales.

GANDA ROOMS & SUITES €€

Houtbriel 18
✆ + 32 9 330 20 22
www.gandaroomsandsuites.be

8 chambres. Petit déjeuner buffet : 19 €. Chambre double à partir de 130 €.

Annik et Kristof ont le sens de l'hospitalité. Et le standing est digne des grands hôtels dans lesquels Annik a travaillé toute sa carrière, avant de créer cet écrin de volupté. Piano à l'entrée, œuvres d'art aux murs, lustres en cristal et meubles antiques, chaque élément a su trouver sa place parmi des couleurs et des textures au goût du jour. Confort et tranquillité promettent un séjour reposant à seulement 5 minutes du centre. Au petit déjeuner : viennoiseries fraîches, yaourts bio, pains et confitures faits maison. Un régal.

HÔTEL GRAVENSTEEN €€

Jan Breydelstraat 35
+32 9 225 11 50
www.gravensteen.be
A partir de 108 € la chambre double, petit déjeuner 18 €.

L'Hôtel Gravensteen est niché dans un bel hôtel particulier de 1865 qui a été entièrement restauré et a retrouvé toute sa splendeur Second Empire. Les chambres sont douillettes et personnalisées avec des papiers peints originaux, des couvre-lits. Elles sont bien équipées et climatisées, certaines avec baignoire. Le matin, un petit déjeuner en buffet copieux et frais est servi dans l'agréable salle de Morgenstond. Un petit sauna est aussi bien agréable après une journée de visite. Les prix restent tout à fait raisonnables pour les prestations.

MONASTERIUM POORTACKERE €€

Oude Houtlei 56 +32 9 269 22 10
www.monasterium.be
Àpd 75 € la simple, 120 € la double, 19,50 € le petit déjeuner. Parking 15 €, borne de recharge voiture électrique.

Quel hôtel insolite ! Un ancien monastère néogothique, construit sur un béguinage du XIIIe siècle. Calme et sérénité s'en dégagent. Les codes décoratifs se jouent du passé avec des portraits immenses *arty* de belles nonnes, des bougies rappelant des cierges, des statuettes sous cloche de verre... Les chambres sont coquettes et cosy, avec plein de coussins, une déco actuelle mais d'une belle sobriété. La chapelle est magnifique, dotée de beaux vitraux. Le petit déjeuner se prend volontiers dans le jardin, une merveille. Un coup de cœur original à prix catholiques.

THE BOATEL €€

Voorhoutkaai 44
+32 92 67 10 30
www.theboatel.com
5 chambres. A partir de 93 € la simple et 126 € la double, petit déjeuner inclus.

L'expérience est originale. Voilà quelques années que Sven Van der Spur a pris la barre de cette péniche qu'il a transformée en hôtel tout confort, avec TV, wifi et minibar. Les 7 chambres, dont 2 suites, sont toutes différentes et aménagées avec espace et goût. Et quelle vue sur le fleuve ! Pas besoin d'avoir le pied marin, les eaux de la Lys sont plutôt calmes en toute saison. Le matin, le petit déjeuner continental et servi au soleil, on se sent en vacances ! En fonction du temps sont organisées des soirées fruits de mer, fromages ou barbecue sur le pont.

VAKANTIELOGIES CHAMBREPLUS €€

Hoogpoort 31
+32 9 225 37 75
www.chambreplus.be
Chambre double à partir de 95 €, de luxe 145 €, suite 165 €, pas de petit déjeuner.

Cette maison propose des chambres toutes différentes, déclinées suivant un thème particulier, chacune avec une jolie terrasse ou vue sur le jardin. Elles possèdent toutes un coin salon avec un minibar, une machine expresso, certaines avec des poutres apparentes, des meubles patinés shabby chic, des photos ou dessins d'artistes aux murs, une touche personnalisée qui permet de se sentir chez soi. Les hôtes ont du goût. Certaines possèdent une baignoire, la suite a même un bain à remous.

1898 THE POST €€€

Graslei 16
+32 9 391 53 79
1898thepost.com/fr/
A partir de 152 € la double Stamp, 197 € avec petit déjeuner en basse saison.

Ce boutique-hôtel est une folie aménagée dans l'ancienne poste centrale de Gand de 1898. Un château néogothique de 38 cocons de luxe, avec une vue imprenable sur Koremmarkt, sous de hauts plafonds, dans des tons vert sombre, agrémentées de meuble luxueux et vintage. Dans un tiroir, des lettres retrouvées dans l'ancienne poste et des crayons de couleur, sur les étagères, des livres anciens... un cabinet de curiosité qui crée une atmosphère géniale. Le petit déjeuner est exécuté sous vos yeux dans une salle à la belle cheminée. Une expérience de châtelain branché.

B&B HOTEL VERHAEGEN €€€

Oude Houtlei 110
www.theverhaegen.com
Double à partir de 204 € ; suite à partir de 261 €. Petit déjeuner : 15 €. Parking. Wifi.

Ancrée dans le centre historique de la ville, cette bâtisse de caractère est un choix idéal pour des voyageurs à la recherche d'un grand confort. Le jardin est un vrai plus après une journée de visites. Les chambres, à la décoration à la fois moderne et d'époque, sont d'une propreté irréprochable. L'utilisation du marbre et des éléments antiques, soigneusement choisis, donnent à chacune des chambres, un cachet unique. Les suites, de 40 à 70 m² (rien que ça !) possèdent un balcon avec vue et d'une baignoire de grande taille. Une étape de choix !

B&B HÔTEL VERHAEGEN €€€

Oude Houtlei 110

✆ +32 9 265 07 60

www.theverhaegen.com

Chambre double à partir de 200 €. Petit déjeuner : 25 €.

L'hôtel allie des éléments décoratifs anachroniques dont l'équilibre est rendu harmonieux par les propriétaires Marc et Yann, architectes d'intérieur. Le style dominant de cet hôtel particulier raffiné du XVIIIe siècle avec ses lits à baldaquin, son mobilier Louis XV, ses étoffes brochées et ses chandeliers, se marie à merveille avec le bâtiment rococo et ses immenses peintures du XVe siècle. On pourrait presque entendre le bruissement d'une robe de marquise. On apprécie également la piscine nichée au sein de la chapelle et le jardin, un mini Versailles !

PILLOWS GRAND BOUTIQUE €€€

Hoogstraat 36 ✆ +32 9 235 40 70

www.pillowshotels.com/ghent

À partir de 198 € la double avec petit déjeuner (148 € sans petit déjeuner).

Ici le plancher ancien, des portes dorées et les moulures cohabitent avec des luminaires extravagants et des canapés design. Le concept Pillows conjugue l'élégance, le luxe et la convivialité dans l'hôtel particulier du baron Olivier Reylof (1724) : multiples salons avec canapés, cheminées en marbre, bibliothèque... Au total, 157 chambres *trendy* sont équipées d'une tablette, d'un poste radio rétro, d'une machines Nespresso. On y sert un merveilleux petit déjeuner sous forme de buffet gastronomique. Le spa abrite piscine, sauna et salle de fitness. Joli jardin.

ROOMS WITH A VIEW (KORENLEI EEN) €€€

Korenlei 1

✆ +320475 324 500

www.korenleieen.be

Autour de 226 € la chambre double.

Ne cherchez plus, vous avez ici la plus belle vue de Gand ! Et quoi de mieux que de pouvoir observer depuis son lit la ville qui se réveille le matin et les bateaux navigant sur les canaux ? Le tout bien sûr, dans un confort moderne et une ambiance romantique. Le petit déjeuner est délicieux et varié, et l'hôtel dispose aussi d'un excellent restaurant sur place, dont les mets et la terrasse sont très prisés en été. Pensez à réserver, l'adresse ne compte que trois chambres seulement.

GREENWAY €

Nederkouter 42

✆ +32 9 269 07 69

www.greenway.be

Ouvert du 7j/7 de 11h à 22h. Burgers : à partir de 10,80 €. Wraps et salades : 10,80 € et 14,80 €.

Un fast-food végétarien... ça existe ! C'est même un concept en Belgique, puisqu'il en existe trois dans le pays. Cuisine saine, rapide et ultra fraîche dans un cadre *trendy*. Au menu, burgers vegan, salades, bowl, wraps, soupes, le tout avec une variété d'ingrédients intéressante. On commande vite, on mange bien, sain et à petit prix et à emporter si on veut pique-niquer. On peut vite prendre ses habitudes avec un smoothie vitaminé, une salade aux super aliments : chou kale et baies de goji, etc. Le fast food du futur pour manger sain après l'avènement du McDo !

DE BLAUWE KIOSK €

Kouter 1

✆ +32 496 51 95 60

www.deblauwekiosk.be

Les week-ends et jours fériés de 10h à 18h. Compter 14 € les 6 huîtres fines de claire et 6,50 € pour un verre de vin.

Les Gantois s'y pressent chaque dimanche. C'est un vrai kiosque à l'ancienne mais où les fleurs et les journaux ont laissé place à un véritable bar à huîtres, que l'on déguste debout ou au comptoir accompagné d'un verre de vin. Ici, le cœur gantois bat son plein. On s'y donne rendez-vous, et on se pavane sur le Kouter. Les huîtres viennent de France en revanche, ce n'est pas une spécialité belge. Mais qu'importe on s'envoie quelques fines de claires d'Oléron avec un bon vin blanc sec en pause pour faire le plein de vitamines et d'iode.

BOON €

Geldmunt, Vlakbij Gravensteen

✆ +32 477 77 01 81

www.boon.gent

Ouvert du mardi au vendredi de 11h30 à 17h. Carte : 12 € environ.

Gand est une ville ou le végétarisme se développe à un haut niveau gastronomique. Ce établissement ouvert en 2017 le prouve : en journée, on peut prendre un café ou un thé, mais le midi ce sont les salades qui attirent les locaux pour une pause végétale. On peut tester par exemple la Boon : laitue - riz blanc - haricots - daikon - graines de grenade - tofu - chou chinois - edamame - oignons frits - sauce soja. Un vrai bonheur, dans un joli cadre chaleureux et *trendy*. Le tout à prix vraiment démocratiques. On en fait vite sa cantine le midi.

LE BOTANISTE €

Hoornstraat 13
✆ +32 9 233 45 35
lebotaniste.eu/fr/home-fr/

Tous les jours de 11h30 à 21h30. Bowl de 12,80 € à 15 €, entrées 6 €.

L'adresse vaut le détour pour les bowls bio et végétariens délicieux que l'on peut s'amuser à composer et pour ses prix vraiment raisonnables. Dès l'entrée un buffet surmonté d'un joli comptoir en bois propose des plats aux ingrédients inattendus et sains. Le choix est cornélien, et l'on peut ajouter des toppings sympas (avocat, graines, hummus, tofu, algues...). Le bowl Tibetan mama avec du riz complet, une sauce au curry et coco, des végétaux vapeur et du kimchi (chou fermenté coréen) était copieux et délicieux. Kombucha et vins naturels sont aussi à la carte.

DE KASTART €

Onderbergen 42
✆ +32 92 24 36 27
www.dekastart.com

Ouvert du lundi au samedi de 11h à 22h30. Carte : 13 € environ.

Un agréable petit restaurant qui offre le choix entre de nombreux plats de pâtes et des salades. L'endroit est connu des étudiants et l'atmosphère y est jeune et relax, la queue en revanche s'éternise à l'heure des repas, essayez d'y aller en décalé, la cuisine est ouverte non-stop. Certains habitués des lieux disent qu'on y sert les meilleurs spaghettis de la ville. Sans exagérer, les plats sont bons et les prix plancher, c'est ce qu'on demande ! Si les enfants commencent à s'impatienter, il y a des coloriages et des crayons pour les occuper.

BRASSERIE BRIDGE €

Sint-Baafsplein 21
✆ +32 92 23 61 67
www.brasseriebridge.be

Ouvert tous les jours de 10h à minuit. En été, fermé les mardis et mercredi. Carte : 25 € environ.

L'institution du quartier de Saint-Amandsberg, quartier proche de l'abbaye Saint-Bavon, dispose d'une terrasse immense. On s'y attarde pour boire un verre ou manger un waterzooi extraordinaire. La maison garantit que tous les produits sont frais du jour ! En saison, on y court surtout pour les moules, l'autre spécialité maison. La saison des moules ? De juillet à Pâques, à peu de choses près ! La maison a plus de cinquante ans et sert comme il se doit les nombreuses bières locales. La bonne adresse pour goûter les spécialités du terroir dans ce coin.

LOKAAL €

Brabantdam 100 ✆ +32 477 19 95 44
www.lokaal.gent

Ouvert du jeudi au samedi de 11h30 à 14h30 et de 18h à 22h. Comptez 10 à 15 € par personne. 23 € le menu à partager.

Vous voila dans le 2e salon d'un couple, qui sait manier les ingrédients végétariens avec délice et beauté, tout en ayant une conscience éthique puisque comme son nom l'indique, le restaurant est locavore, s'approvisionnant dans des fermes locales biodynamiques suivant les saisons. On entre dans un lieu intimiste et cool à la Brooklyn, avec des prix démocratiques et des assiettes délicieuses. Le menu hebdomadaire compte une soupe, une bruschetta avec houmous, une salade, une quiche, un gratin et un burger veggie. On en fait rapidement sa cantine favorite.

HET GROOT VLEESHUIS €

Groentenmarkt 7
✆ +32 92 23 23 24
www.grootvleeshuis.be

De 10h à 18h du mardi au dimanche. Carte : entre 10 et 18 €. Plat du jour 15 €.

Dans cette ancienne boucherie médiévale du XVe siècle, on peut goûter aux produits du terroir de Flandre orientale sous forme de tapas à prix abordables, qu'on picore avec son verre, à moins d'opter pour le plat du jour. Le bâtiment est impressionnant. Une structure préfabriquée vitrée et chauffée a été construite à l'intérieur pour y manger au chaud en hiver. À la belle saison, les tables sont réparties sous la charpente. Tous les produits sont achetés directement aux producteurs et vendus dans la boutique adjacente : charcuterie, fromages, moutarde, genièvre...

OTOMAT €

Kleine Vismarkt 3
✆ +32 9 278 04 04
www.otomat.be

Ouvert tous les jours de 12h à 22h. Vendredi et samedi jusqu'à 23h. Pizzas entre 10,50 € et 16,50 €.

La chaîne de pizzerias belge, gourmande et branchée a ouvert son restaurant à Gand. La particularité : la pâte est faite avec de la levure de bière, et les combinaisons de garnitures sont surprenantes, certaines veggies. Le restaurant propose un beer pairing avec le menu, ou comment choisir la meilleure bière belge qui ira avec la pizza choisie. A l'intérieur, admirez les briques qui datent de la construction de l'auberge au XVIIe siècle et les boiseries et plantes vertes qui contrastent avec l'aspect loft industriel des murs.

RESTAURANT KEIZERSHOF €

Vrijdagmarkt 47
✆ +32 9 223 44 46
www.keizershof.net

Ouvert du mardi au samedi de 18h à 22h. Carte : 25 € environ.

Situé sur la place du marché, Keizershof « Le jardin de roi » est aux mains de la même famille depuis 25 ans. La simplicité fait ici de l'identité du lieu, qui est si chère à Lino et son frère Ward, qui perpétuent une carte entre spécialités italiennes et plats de brasserie traditionnelle. On vient ici pour goûter la fameuse carbonnade flamande ou les spaghettis bolognaise suivant une recette à l'ancienne tels qu'on ne les a jamais goûtés ! Lumineux, boisé au plafond, on s'attarde aussi au bar devant un café rapide. Plan futé : réservez une table dans le jardin.

UNCLE BABE'S €

Sluizekenstraat 2
✆ +32 9 278 89 19
www.unclebabes.com

Ouvert du jeudi au lundi de 18h à 22h30. Environ 15,50 € le burger.

Rien de prétentieux chez Uncle Babe's, mais une belle carte de burgers gourmets qu'on sert dans des assiettes creuses ovales à l'ancienne et émaillées, qui contiennent des portion énormes. Le bar est habillé de cuivre et il est plus que plaisant de caler son estomac avec ces mastodontes garnis de bonne viande et d'ingrédients nobles triés sur le volet. Les prix restent en revanche très raisonnables, ce qui en fait une adresse à conseiller. La carte propose aussi de belles salades. En soirée, on continue sur sa lancée avec un verre de vin ou un cocktail.

WASBAR €

Korenmarkt 37
✆ +32 93 11 69 08
www.wasbar.com

Ouvert tous les jours de 9h à 19h. Bagels et tartines environ 11 € ; burger-bagels, 14,50 € et salades, 15,50 €.

Joindre l'utile à l'agréable, ou même le corvéable à l'agréable, c'est le concept de ce wash bar, puisqu'on regarde tourner sa lessive en dégustant un bagel ou une tartine et en se laissant bercer par le doux ronron des tambours. Si vous en avez marre de laver vos jeans avec les savonnettes d'hôtel, n'en jetez plus ! Les petits sofas sont doux, le menu est placardé au fond de vieux tiroirs qui surplombent le comptoir carrelé. Les salades, bagels, burgers sont bardés de légumes colorés et goûteux, c'est frais, sain, à petit prix, central et forcément branchouille.

DE ABT €€

Lange Kruisstraat 4
✆ +32 472 99 60 52
www.deabt.gent

Du mardi au samedi de 11h à 23h. Cuisine ouverte 12h-14h30 et 18h-22h) Carte : 24 € environ. Menu Orval : 39 €.

Ici on propose des spécialités culinaires à la bière d'Orval. Et c'est autour de Karel Van der Cruyssen que le restaurant forge son identité : héros de la Première Guerre mondiale, prêtre puis abbé (*abt* en flamand) et surtout, créateur de la fameuse bière locale. Pas étonnant que le restaurant serve un menu entier cuisiné à base de ce breuvage (oui, oui, même le dessert !). Il vous sera donné de goûter aux seules carbonnades flamandes à base de poulet, plus légères et savoureuses. En été, profitez de la terrasse ensoleillée, et en hiver, de la cheminée centrale.

AMADEUS €€

Plotersgracht 8 ✆ +32 497 438 571
www.amadeus-resto.be

Lundi-jeudi 18h30-23h, vendredi-samedi 18h-minuit, le dimanche de 12h à 14h et de 18h à 23h. Carte : 20 € environ.

Vous retrouverez la même enseigne à Gand et à Bruxelles. La spécialité d'Amadeus : les spare ribs (travers de porc) à volonté. Ambiance brasserie branchée, à la décoration chargée, avec nappes à carreaux... Le vin, payable en fonction de ce que vous buvez de la bouteille (« à la ficelle », comme on dit en Belgique), n'est certes pas un grand cru, mais la formule semble connaître un grand succès. On vous conseille plutôt de choisir une bouteille pour accompagner des travers de porc au miel et aux épices, que vous aurez du mal à finir dès la première assiette.

BRASSERIE HA' €€

Kouter 29
✆ +32 92 65 91 81
www.brasserieha.be

Ouvert du lundi au samedi de 12h à 14h30 et de 18h à 22h. Le dimanche de 9h à midi (brunch). Plats entre 19 et 32 €.

Dans l'ancien majestueux bâtiment de la Bourse, sur le Kouter, à la frontière du Zuid et du Kuip, cette brasserie profite d'une bonne réputation auprès des locaux. On leur fait confiance, on s'attable, on lève le nez pour profiter du cadre et on jette son dévolu sur une cuisine franco-belge légère et savoureuse, une poignée de plats, salades, pâtes des plus classiques (comme la salade de crevettes grises avec vinaigrette à la ciboulette fraîche, frites), mais bien exécutés. On vient surtout pour le cadre, surtout en été avec la belle terrasse au fil de l'eau.

BRASSERIE PAKHUIS €€

Schuurkenstraat 4 ✆ +32 92 23 55 55
www.pakhuis.be

Du mardi au dimanche, de 12h à 14h30 et de 18h30 à 23h (fermeture à minuit le week-end). Carte ± 28 €. Lunch : 18 €.

Un cadre absolument remarquable pour cette brasserie-restaurant où règne une sympathique ambiance malgré la grandeur des lieux. Cet ancien entrepôt a été aménagée avec inventivité et goût, pour le bonheur des Gantois et des gens de passage. Les spécialités : les fruits de mer et la poularde de ferme de Bresse. Essayez les fameuses moules frites, ou encore huîtres, homard et poissons. La qualité des produits est au rendez-vous ! On peut profiter de la terrasse aux beaux jours. Le + : on aime que La Brasserie Pakhuis soit un lieu de référence pour les locaux !

LA MALCONTENTA €€

Haringsteeg 7-9
✆ +32 92 24 18 01
www.lamalcontenta.be

Du mardi au samedi, de 17h30 à 22h30. Tapas de 6 € à 15 €.

Si l'enseigne donne le ton d'une éventuelle insatisfaction, c'est repus et heureux qu'on ressort d'ici. On découvre émerveillé des tapas d'influence espagnole assez fines, à partager c'est plus convivial. Mais surtout les petites assiettes sont très créatives, n'hésitant pas à marier salé et sucré, comme ces patates douces rôties au chèvre frais et chutney de tomates. Ou encore le poulpe grillé à la noisette et sa sauce, la botte secrète du plat. A se rouler par terre. Réservations fortement conseillées, c'est l'une des meilleures adresses de la ville.

KAREL DE STOUTE €€€

Vrouwebroersstraat 2
✆ +32 9 224 17 35
www.restkareldestoute.be

Du mardi au jeudi de 12h à 13h15 et de 19h à 20h30. Le samedi soir uniquement. Lunch : 45 €. Menu : à partir de 70 €.

Situé dans une vieille maison du Patershol, ce restaurant est tenu de main de maître par le jeune chef Thomas De Muynck et son épouse Lien Van de Velde. Son intérieur intimiste et chaleureux met tout de suite à l'aise. Ici, pas de choix à la carte, on vient pour un menu (végétarien ou pas) et on se laisse porter par les associations parfois subtiles, parfois plus franches du chef, tels ces moules sauce safran et fideua ou un veau du Limousin en trois façons avec pickles et girolles. Le menu lunch est vraiment une bonne affaire compte tenu de la qualité.

MOSQUITO COAST €€

Hoogpoort 28
✆ +32 92 24 37 20
www.mosquitocoast.be

Du dimanche au vendredi de 15h à 1h, le samedi de 12h à 1h. Tapas environ 8 €, plats 19 €, cocktails 10 €.

Avec ses cartes du monde, objets des quatre coins du globe et un zèbre empaillé au mur, le voyage commence en poussant la porte. Ce trip exotico-tropical se retrouve sur la carte à travers des tapas à partager, des plats fusion et salades originales (wrap de poulet cajun au guacamole, Mac Marrakech burger à l'agneau...), mais on y trouve aussi des indémodables de la cuisine flamande à la bière. Les cocktails exotiques sont aussi dépaysants. En été, terrasse et jolie cour intérieure. On mise ici sur la déco excentrique, mais l'assiette est créative et abordable.

LEPELBLAD €€

Onderbergen 40
✆ +329 324 02 44
www.lepelblad.be

Du mardi au samedi de 17h30 à 23h (20h le mardi et le samedi). Menu à 49 €. À la carte, 50 € environ.

Table gastronomique aménagée dans deux belles salles avec un plancher ancien, plein centre. On apprécie ici une cuisine créée avec des ingrédients bio, issus de l'agriculture durable, de saison et cultivés par de petits producteurs locaux. On peut opter pour des plats, ou des tapas à partager (ou à commander en entrée), c'est plus convivial et on peut goûter à plusieurs mets. Le faisan et sa sauce au cognac et légumes est parfait en hiver. On regrette que le menu ne soit pas traduit en anglais ou en français et l'accueil un peu froid.

PHAYA THAI €€

Drabstraat 36
✆ +32 737 612 249
www.phayagent.be

Comptez 28-30 € par personne entrée + plat, ouvert du jeudi au lundi de 11h30 à 14h et de 18h à 22h.

Ouvert depuis décembre 2019, ce restaurant thaïlandais affiche déjà complet tous les soirs de week-end dès le premier mois. Et pour cause, les assiettes sont divines, le cadre attrayant, les prix raisonnables, l'emplacement central. Cette famille thaïlandaise propose des plats fidèles à la tradition culinaire subtile de ce pays. En entrée, le Tom Yam Kung une soupe aigre douce avec des crevettes infusée à la citronnelle était parfaitement équilibré. En plat le canard à la vapeur, avec légumes, basilic thaï, ananas au curry rouge et lait de coco simplement divin.

PULPO €€

Gebroeders Vandeveldestraat 6
✆ +32 470 25 50 18
www.restopulpo.com

Comptez 40 € par personne. Ouvert midi et soir du mardi au vendredi, que le soir le samedi. Lunch : 22,50 €.

Pulpo est un tout nouveau restaurant à Gand centre (qui disposait déjà d'une enseigne vers la gare), et qui propose soit des tapas gastronomiques à partager, soit des plats d'inspiration méditerranéenne. Le *poulpe a la gallega* est revisité avec une purée de patate douce (un peu grasse néanmoins), tandis que la *burrata* italienne est bien copieuse. Les pâtes sont particulièrement réussies. La déco est très cosy et soignée, l'endroit convivial avec des petits coussins, des couleurs acidulées étudiées. Terrasse en été pour profiter des beaux jours.

DE STOKERIJ €€

Tichelrei 2A
✆ +32 9 279 95 85
https://destokerij.gent/

Ouvert du mercredi au dimanche de 18h à 21h (21h30 vendredi et samedi). Tapas environ 15 €, plat entre 20 et 25 €.

On traduit *de stokerij* par « la distillerie » et évidemment, ce bâtiment pré-industriel était une brasserie-distillerie. Il faut avouer que les murs sont assez magiques, tout comme les assiettes. Une cuisine fusion dans un lieu branché, où les petites icônes sur la carte indiquent les tapas et plats végétariens, avec lait, gluten, sans sucre, etc. Leur spécialité est un twist sur la carbonnade. Au lieu de bœuf, c'est de la joue de porc qui est utilisée avec une sauce à la bière Sint-Bernardus 12, un régal ! Profitez-en aussi pour tester une bière de la maison.

VIER TAFELS €€

Plotersgracht 6
✆ +32 92 25 05 25
www.viertafels.be

Ouvert du mardi au samedi de 12h à 14h et de 18h à 22h ; le dimanche de 12h à 14h et de 18h à 21h. Carte : 38 € environ.

Dans ce bâtiment du XVe siècle où la monnaie était contrôlée, tout est fait maison et la cuisine fusion. La spécialité, c'est le waterzooi de poisson à la Gantoise, plutôt classique. Mais on trouve aussi beaucoup d'exotisme. Ainsi, les gambas avec piment et miel représentent la Thaïlande, et le carpaccio de bœuf déploie les saveurs italiennes. Dans le même esprit, le filet de crocodile sauce coco côtoie le filet de kangourou sauce à l'échalote et au porto ou le poulet à la moambé, spécialité congolaise. Les plats végétariens ne sont pas non plus en reste.

ALLEGRO MODERATO €€€

Korenlei 7 ✆ +32 92 33 23 32
www.restoallegro.com

Ouvert du mardi au samedi, de 12h à 14h et de 18h30 à 21h. Lunch : 35 €. Menus à partir de 65 €. Carte 60 €. environ.

La façade du XVIIIe siècle reflète le décor intérieur, raffiné et élégant. Cette ambiance intimiste à l'atmosphère tamisée est propice aux déjeuners raffinés et aux dîners en amoureux, depuis plus de 15 ans. Et compte certainement l'une des plus belles terrasses de Gand. Un midi en pleine semaine, voyons la carte du lunch. Amuse-bouche : velouté de petits pois et menthe, entrée : feuilleté de fromage de chèvre sur lit de salade et en plat, porc au vadouvan accompagné de chou-fleur et poireau, dessert : Eton mess à la fraise et mascarpone. Appétissant non ?

KAREL DE STOUTE €€€

Vrouwebroersstraat 2
✆ +32 9 224 17 35
www.restkareldestoute.be

Du mardi au jeudi de 12h à 13h15 et de 19h à 20h30. Le samedi soir uniquement. Lunch : 45 €. Menu : à partir de 70 €.

Situé dans une vieille maison du Patershol, ce restaurant est tenu de main de maître par le jeune chef Thomas De Muynck et son épouse Lien Van de Velde. Son intérieur intimiste et chaleureux met tout de suite à l'aise. Ici, pas de choix à la carte, on vient pour un menu (végétarien ou pas) et on se laisse porter par les associations parfois subtiles, parfois plus franches du chef, tels ces moules sauce safran et fideua ou un veau du Limousin en trois façons avec pickles et girolles. Le menu lunch est vraiment une bonne affaire compte tenu de la qualité.

LOF €€€

Hoogstraat 36
✆ +32 9 235 40 70
www.lofrestaurant.com

Du mardi au samedi de 18h à 21h30. Menus à partir de 70 € (5 services).

Lof propose un décor élégant, design et raffiné. Le chef Hannes Vandebotermet exécute un concept de gastrobar en collaboration avec le chef étoilé Ron Blaauw. La carte est de très haute volée, avec en entrée par exemple, la langoustine et sa bisque au fenouil. En plat on peut se délecter d'un gravlax de saumon à l'ail sauvage et raifort ou une burrata entière à la compote de tomate, fraise et piment d'Espelette ou encore un cheesecake de noix de Saint-Jacques aux courgettes et vadouvan (épices indiennes). Le menu est décliné en version végane.

OAK €€€

Hoogstraat 167
✆ +32 9 353 90 50
www.oakgent.be

Ouvert du mardi au vendredi de 12h à 13h30 et de 19h à 22h ; du lundi au samedi. Menus à partir de 99 €.

Voici l'une des tables les plus courues de Gand. Oak propose une cuisine contemporaine qui s'inspire des meilleures recettes du monde pour composer des assiettes fraîches de saison à base d'émulsions, glaces et autres transformations sophistiquées pour créer des saveurs subtiles. Le menu est fixe et change tous les jours selon l'inspiration du chef Marcelo. Le menu élaboré est difficile à déchiffrer en néerlandais, laissez-vous simplement guider par vos papilles et dégustez. Réservation indispensable car la table est recherchée.

PUBLIEK €€€

Ham 39
✆ +32 9 330 04 86
www.publiekgent.be

Du mardi au vendredi de 12h à 14h et de 19h (18h le vendredi) à 21h ; samedi de 18h à 21h. Menu à 75 €. Lunch : 45 €

Ce jeune restaurant, ouvert il y a quelques années seulement, a déjà obtenu son étoile Michelin et conquis le cœur des Gantois. Le chef Olly Ceulenaere casse pourtant les codes de l'univers gastronomique de luxe en imposant une simplicité qui est dans sa nature. La cuisine est moderne et rafraîchissante et s'appuie sur des ingrédients locaux et de saison, pour un résultat dans l'assiette tout à fait créatif et merveilleux. C'est depuis une référence à Gand aussi bien pour l'assiette de haute voltige que pour la convivialité du lieu et de l'équipe.

ROOTS €€€

Vrouwebroersstraat 5
✆ +32 9 310 67 73
www.rootsgent.be

Ouvert lundi, mardi, jeudi et vendredi midi et soir et mercredi midi. Menu midi 40 €, menu soir 69 €.

Comme dans tout resto branché, le chef Kim Devisschere fonctionne à l'émotion et à la saison : le menu est unique, change chaque midi et soir, comme une invitation à la découverte culinaire. Pour un menu lunch, on peut goûter des joues de veau laquées suivies d'une brandade de morue au cognac, carottes rôties et pois chiches et conclure avec un cheesecake à la nectarine. Le soir, les plus prix sont plus élevés mais la carte tout aussi créative et spectaculaire. Également des propositions végétariennes. Pensez à réserver, les places sont rares.

'T GALGENHUISJE

Groentenmarkt 5
✆ +32 474 93 00 34
www.galgenhuis.be

Ouvert tous les jours de 10h à 1h.

C'est aujourd'hui le plus petit café de la ville mais aussi le plus ancien : il remonte au XVIIIe siècle ! Dans cette jolie maison de gnomes, on découvre même un ancien pilori (poteau de torture) où l'on clouait jadis les personnes frappées d'opprobre et on comprends mieux l'expression « clouer au pilori »... Il n'est pas toujours facile de s'y frayer un chemin les vendredis et samedis soir car le troquet est très populaire auprès des locaux. Mais il compte une adorable terrasse joliment éclairée pour prolonger les nuits d'été.

ANDRÉ APEROBAR

Oudburg 90
✆ +32 9 311 80 86
andre.gent

Ouvert du mercredi au vendredi de 17h à 00h ; le samedi de 15h à 00h ; le dimanche de 15h à 20h.

Ambiance jungle urbaine et tiki lounge pour ce bar consacré aux apéritifs, mais aussi aux cocktails. Néons, roses, plantes partout, sièges en rotin et coussins avec imprimés tropicaux donnent un air de vacances à l'établissement, d'autant plus qu'il a une jolie vue sur la Lys. On se pose pour un spritz ou un negroni mais aussi, pour des cocktails plus élaborés (amaretto sour, margarita...) mais qui restent dans la catégorie « frais et légers », histoire de ne pas vous encombrer l'estomac. Et si jamais il se manifeste, André vous propose des planches apéritives.

BOOKZ&BOOZE

Hoogpoort 35
www.bookznbooze.be

Ouvert du mercredi au samedi de 11h à 18h30 et tous les premiers dimanches du mois de 12h à 18h.

Il fallait y penser : une librairie dans un pub, pour allier le plaisir d'un bon bouquin à celui d'un bon verre. Le propriétaire est un érudit voyageur fan de malts ou d'alcools premium. Les alcools supérieurs (vins et spiritueux) glanés dans le monde entier sont vendus à emporter, assortis de livres thématiques qui lui sont liés. Ainsi le whisky japonais est allié à un livre sur le Japon, les œuvres de Lord Byron avec le Lord Byron Scotch Whisky. Leur propre gin Books&Booze est assorti d'un livre sur le Congo. Quelle imagination pour créer des coffrets cadeaux !

CAFÉ ALBATROS

Vrijdagmarkt 34

Ouvert du mardi au jeudi et le samedi de 15h à 2h ; le vendredi à partir de 10h ; le dimanche de 15h à 00h.

Café Albatros est un nouveau bar qui fait renaître l'ambiance populaire du Bruxelles d'antan, celle des fameux *bruin cafés*. Tout est neuf, mais tout à l'air ancien. Jusqu'aux lustres boules et au néon rose Stella, comme à l'époque. C'est assez bluffant ! Imaginez-vous dans ces troquets du XIXe siècle, ces longues banquettes qui longent les côtés du bar, vous avez peut-être envie de faire une partie de baby-foot rétro. Sauf qu'aujourd'hui, on peut vous y servir du kombucha ou des bières IPA artisanales, comme dans tout bar branché.

DE DULLE GRIET

Vrijdagmarkt 50

✆ +32 9 224 24 55

dullegriet.be

Ouvert le lundi de 16h30 à 1h ; du mardi au samedi de 12h à 1h ; le dimanche jusqu´à 19h30.

Le Dulle Griet est un gros canon rouge en fer forgé du XVe siècle, qui a servi pendant la guerre de Cent Ans et qui est exposé juste à côté du bar (sur Vrijdagmarkt). Tous les mois, une bière différente est à l'honneur, et pour fêter ça, on peut en boire deux pour le prix d'une ! Pour déguster sa mousse, on a le choix entre la terrasse sur la place piétonne, ou l'une des trois salles, à la décoration personnalisée d'anciennes publicités pour des marques de bière, de chopes, de verres... Ce temple de la bière propose environ 260 références.

CAFÉ DEN TURK

Botermarkt 3

✆ +32 92 33 01 97

www.cafedenturk.be

Ouvert tous les jours de 11h à 3h.

Ce café exigu a élu domicile dans l'une des plus anciennes maisons de la ville. En effet, la façade porte la date de 1228. Mais alors pourquoi ce nom ? Eh bien parce qu'au temps de son hégémonie commerciale et industrielle, Gand commerçait avec les Turcs ! Le décor simple et sobre possède l'ambiance des lieux populaires. Fréquenté par de nombreux habitués, il est un bar idéal pour bavarder en dégustant une bonne mousse. On peut choisir parmi un beau choix de bières, dont quelques trappistes de renom, de whiskys et pourquoi pas un brandy.

HET MOMENT

Burgstraat 20

✆ +32 476 42 14 57

www.genietvanhetmoment.be

Ouvert de 8h30h à 19h tous les jours sauf jeudi. Le samedi à partir de 9h et le dimanche, 10h.

Quel merveilleux coffee shop, installé dans une belle maison bourgeoise aux allures princières, constituée de plusieurs salles intimistes. Plancher, cheminées de marbre, jolies tables de brasserie, plafonds hauts, stucs, lustres et dorures plantent le cadre. A la carte, des cafés, thés, jus de fruit, pâtisseries (comme une délicieuse tarte au citron), ou des cafés gourmands originaux comme le Wow coffee, serti de chantilly et de bonbons ! Très joli jardin pour profiter du soleil à la belle saison, et d'une terrasse qui se déploie aussi sur le trottoir.

CAFÉ THÉÂTRE

Schouwburgstraat 5-7

✆ +32 92 65 05 50

www.cafetheatre.be

Bar ouvert tous les jours de 11h45 à 23h, cuisine midi et soir. Plats de 22 € à 35 €.

Une maison de style, deux étages grouillants, des drapés de taffetas et une ambiance agitée. Il s'y passe toujours quelque chose, c'est le resto-bar à la mode, *trendy* à souhait, de midi à minuit. Un décor contemporain, une clientèle branchée et une cuisine de brasserie franco-belge, font de ce lieu une des *places to be* de la ville, même si malheureusement la qualité des assiettes n'est plus la même qu'avant. Les cocktails et les huîtres sont toujours recommandables. Jetez un petit coup d'œil aux toilettes, ça vaut le déplacement !

JIGGER'S

Oudburg 16

✆ +32 9 335 70 25

www.jiggers.be

Ouvert du mardi au vendredi de 17h à 1h et le samedi de 16h à 2h30, le dimanche jusqu'à minuit.

La première étape consiste à descendre quelques marches pour entrer dans ce bar. Le jigger c'est l'instrument doseur qui sert à faire des cocktails. Et justement ici, c'est la spécialité. Une première note sucrée, ou plutôt relevée ? Chaque mixture a été pensée jusqu'au bout de sa paille. Même les sous-verres sont décorés de dessins malicieux. La carte est régulièrement changée selon les fruits de saison. Les verres sont élégants, l'ambiance tamisée à l'intérieur, et la terrasse en lambris à l'extérieur a un véritable toit végétal juste magnifique.

JULIE'S HOUSE

Kraanlei 13
✆ +32 92 33 33 90
www.julleshouse.be
Ouvert du mercredi au lundi de 9h à 18h30.

Derrière cette charmante façade, nous avons découvert cette pépite : Julie's House. Le va et vient des habitués et des touristes prouve le succès de cette pâtisserie et *tea house*. Ici un large choix de tartes, muffins, cupcakes colorés aguichent les visiteurs derrière des vitrines à l'heure du thé. On peut les commander à emporter ou les déguster sur place, en terrasse ou dans la salle à l'étage en mezzanine. De délicieux petits déjeuners sont aussi proposés le matin. Tout est mignon, appétissant et coloré : vous allez adorer !

TROLLEKELDER

Bij Sint-Jacobs 17
✆ +32 477 40 92 37
www.trollekelder.be
Ouvert du lundi au jeudi de 17h à 2h, le vendredi et le samedi de 16h à 3h, le dimanche de 16h à 2h.

Des trolls à l'air malicieux (et non des nains de jardin !) donnent à ce petit café une atmosphère particulière. Bougies, murs de briques, immenses miroirs ternis par le temps, poutres apparentes et musique classique créent une ambiance intimiste agréable et peu commune. A la pression, on trouve sans surprise la Trollebier (la bière des trolls), blonde ou brune est bien sûr à tester, mais on trouve aussi près de 300 bières régionales à tester. L'hibiscus Goose était délicieuse ! Terrasse extérieure bien agréable sur les pavés.

NOAH LUNCHBOAT

Handelsdokkai 3
✆ +32 9 223 66 89
www.noah.gent
Ouvert de juin à septembre, « Italian summer », du mercredi au samedi à partir de 15h. Cuisine ouverte à 18h.

Pour une pause apéritive ou siroter un bon vin au fil de l'eau, le bateau Noah est l'endroit rêvé. Dans cet endroit quasi-désert, il faut persévérer le long du quai pour trouver la péniche aménagée avec goût. On peut se prélasser dans de jolies chaises design « œuf » en cordage. Sur son toit ou dans son antre où l'on plonge comme dans un autre univers, c'est l'endroit idéal pour s'amarrer et regarder les péniches endormies des alentours. A l'ardoise, des antipasti, quelques jolies salades et pâtes fraîches aguicheuses, pour un tout léger et savoureux.

WIN

Burgstraat 8
✆ +32 498 27 16 36
www.barwin.be
Ouvert du lundi au samedi de 16h à 23h30, le dimanche de 14h à 19h et de 9h3 à 13h le samedi et dimanche pour le brunch.

Bar à vins qui privilégie les crus bio et biodynamiques de petits producteurs triés sur le volet. On vient ici pour la qualité et le sain ! Le fond musical est plutôt jazzy, la jolie décoration en bois, assez épurée et avenante, avec de jolis luminaires qui mettent l'espace en valeur. Les banquettes sont vintage et glamour, l'ambiance tamisée le soir à l'intérieur, tandis que la micro terrasse de jour comme de nuit est très prisée. Attention à la tête ! Dans la cave voûtée tout en pierre, la hauteur sous plafond est limitée !

THE COBBLER

Graslei 16
✆ +32 9 273 90 20
1898thepost.com/fr/the-cobbler/
Ouvert tous les jours de 17h à 00h. Comptez autour de 15 € le cocktail.

Ce bar à cocktail pour « happy few » dans l'ancienne poste de Gand est devenu le QG des trentenaires branchés à Gand. Sous des plafonds gothiques, avec une cheminée où le feu crépite en hiver et un zinc rétro, on admire la ville historique illuminée. Des canapés appellent aux conversations intimistes, sur un fond musical *jazzy* qui n'est perturbé que par le doux bruit des *shakers* des *bar-tenders*. Cocktails de haute volée, qui changent selon les saisons. On peut se délecter par exemple du C-Bomb (Tanqueray 10, citron, raisin rosé, Kalamansi et orange).

BYGONE SHOP RETRO & VINTAGE

Sint-Niklaasstraat 12
✆ +32 475 96 88 08
laluna.be
Ouvert de 11h à 18h du lundi au samedi (ouvre à 13h le lundi, ferme à 18h30 le mardi).

Petite boutique plein centre (non loin de la cathédrale Saint-Bavon) qui vend des créations originales vintage (du neuf imitant l'ancien, pas de la fripe), des collections branchée rétro mixte hommes/femmes. On aime surtout les robes colorées aux coupes 50's ou 60's, les chemisettes pour hommes imprimées un peu ambiance tropicale, les t-shirts imprimés pour homme à tendance hipster, les accessoires multiples... A découvrir, d'autant plus que les prix restent raisonnables.

CRAENKINDERSHUYS

Kraanlei 2
✆ +32 9 224 33 09
www.craenkindershuys.be
Ouvert le lundi et du mercredi au samedi de 11h à 18h ; le dimanche de 11h à 17h30.

À proximité de Gravensteen, voici un passage obligé des touristes qui désirent rapporter un petit quelque chose de typique *made in Gent* ou *made in Vlaanderen*. Cette petite boutique installée dans un immeuble historique propose un vaste choix de souvenirs. L'endroit idéal pour revenir avec des cadeaux originaux : des bières belges au genièvre *druppel* gantois, en passant par un lot impressionnant de verreries artisanales, des t-shirts et magnets kitsch pour le frigo. On y trouve aussi des cartes postales et images de preux chevaliers.

LOUISE ET MADELEINE

Kraanlei 61
✆ +32 489 83 13 3
www.louise-madeleine.be
Ouvert du mardi au dimanche de 11h à 18h.

Un petit boudoir tout ce qu'il y a de plus féminin qui expose des bijoux fantaisies cuivrés, dorés, argentés, fleuris, crèmes, rosés... Des broches et des barrettes pour cheveux créatifs, des chaussures extravagantes, de la vaisselle élégante... Dans ce magasin aux airs de bonbonnière rose glamour, se cachent aussi des jolis cadeaux pour les femmes, les hommes, les plus petits, des carnets et d'autres articles de papèterie, des accessoires de maison et objets de décoration divers et variés. Un univers de souvenirs raffinés à croquer !

MARCHÉ AUX PUCES [ANTIEKMARKT]

près de Sint-Jacobs/Beverhoutplein
www.brocantmarkt-sintjacobs-gent.be
Vendredi et samedi de 8h à 13h, le dimanche jusqu'à 14h. Pendant les Fêtes de Gand ouvert l'après-midi de 14h à 21h.

Au cœur de la ville de Gand est installé le plus ancien marché aux puces de Belgique. Certains parlent d'antiquités, d'autres de brocante, mais la plupart parlent tout simplement de *brol* (terme bruxellois pour vieux machins, ramassis). Un chineur éclairé y trouvera son bonheur : vieux meubles, vieux objets, antiquités, souvenirs. Il pourra à loisir farfouiller dans cet enchevêtrement à la recherche de la perle rare ! De quoi s'occuper quelques heures.

MARCHÉ D'ARTISANS

Groentenmarkt
Les week-ends, d'avril à octobre, de 10h à 18h.

La place de Groentenmarkt est bordé de boutiques vendant les fameux cuberdons, de la moutarde Tierentyn, des produits de terroir (dans la Grande Boucherie), une fromagerie et la boulangerie la plus ancienne de la ville. Les samedis et dimanches, de début avril à fin septembre, sont exposés sur cette place bijoux, céramiques, objets de décoration... Les stands sont nombreux, et déclinent aussi de la bonne gastronomie qu'on prend plaisir à manger sur le pouce. On peut ainsi déguster un verre de cava ou des huîtres en regardant les artisans à l'œuvre.

MOUTARDE TIERENTEYN-VERLENT

Groentenmarkt 3
✆ +32 92 25 83 36
www.tierenteyn-verlent.be
Ouvert le lundi de 13h à 18h ; du mardi au samedi de 10h à 18h.

Il n'y a pas que Dijon dans la vie, il y a Gand aussi ! La moutarde est une spécialité belge, et plus spécialement de la ville de Gand. Depuis 1790, la famille Tierenteyn-Verlent d'artisans moutardiers propose ses produits dans cette boutique où le temps semble s'être suspendu. Les petits pots avec leur cuillère en bois et leurs étiquettes joliment rétro sont le souvenir idéal et savoureux à ramener de Gand pour les amateurs de condiments de luxe originaux et peu connus en France.

N'IMPORTE QUOI

Burgstraat 11
✆ +32 9 223 06 17
www.nimportequoi.eu
Ouvert du mercredi au samedi de 14h à 18h.

On aime déjà le nom avant même d'avoir franchi le seuil de cette boutique. Loin de trouver un capharnaüm d'objets hétéroclites dépareillés, on découvre plutôt un intérieur luxueux, une caverne d'Ali Baba pour les amateurs de rétro et vintage fortunés : meubles, objets des années 1950 et 1960, avec une grande offre de design scandinave. Œuvres d'art aux murs... Mais aussi des vinyles, des CD et autres articles d'occasion. La boutique est très élégante et mise particulièrement sur les appliques de plafond et murales et les lampes de cette époque.

PIET MOODSHOP - HOME

Sint-Pietersnieuwstraat 94

✆ +32 9 277 04 18

http.//pietmoodshop.bc

Du lundi au samedi, de 11h à 18h30. Autres adresses à Hippoliet Lippensplein 22.

Ce devait être une boutique éphémère mais voilà, le bébé de l'architecte d'intérieur Christophe Verbeke a vite rencontré le succès et il est resté. Il faut dire qu'avec ses airs de magasin de sorcier (une ancienne herboristerie dont les comptoirs et rangements ont été préservés), il pousse à vouloir fouiner. On y trouvera tout pour son intérieur : le vase qui étonne, le gadget qui fait sourire, le parfum d'intérieur qui donne son caractère à une pièce, que ce soit de grandes marques ou de designers débutants, des livres, des alcools… On parie que vous craquerez ?

SJAPOO

Sluizeken 29

✆ +32 9 225 75 35

www.sjapoo.be

Ouvert du mardi au vendredi de 10h à 13h et de 14h à 18h ; samedi de 11h à 18h30.

Non, Anvers n'a pas l'apanage des stylistes belges. Gand aussi dispose des siens, comme la créatrice Ria Dewilde. Cette styliste perpétue la tradition du chapeau de luxe, élégant, raffiné, habillé, surtout ceux des années 1920 lorsque la chapellerie connaissait son âge d'or. Elle les confectionne d'ailleurs avec passion dans son arrière-boutique, vous la verrez à l'œuvre. Très aimable, elle vous montrera plus d'un modèle, il n'y aura qu'à plus qu'à faire votre choix. On y trouve aussi des marques de créateurs belges et français.

VAN HOOREBEKE

Jan Breydelstraat 1

✆ +32 92 24 25 10

www.chocolatesvanhoorebeke.be/en

Ouvert tous les jours de 10h à 18h. Ouvert le dimanche.

Cédric, fils de Luc, est un artisan chocolatier unique, dont les produits sont à croquer. Depuis 2008, il nous épate par ses créations multiples et variées, ici nous sommes loin des chocolatiers de grandes marques connues en France, mais qui n'en sont en fin de compte pas de vraies et authentiques chocolateries comme celle de Van Hoorebeke. En plus de la riche variété de pralines, on recommande la confiserie et le pain d'épice. Enfin, vous pouvez personnaliser vos chocolats, ce qui donnera une touche d'originalité à vos cadeaux.

PILLOWS GRAND BOUTIQUE

Hoogstraat 36 ✆ +32 9 235 40 70

www.pillowshotels.com/ghent

Ouvert tous les jours, 6h-22h. Soins sur rendez-vous, entre 39 € et 99 €. Pass journée offert aux clients de l'hôtel.

Un moment de luxe, calme et volupté comme on aime s'offrir en vacances. Le spa de ce grand hôtel est situé dans le jardin, ce qui confère à sa petite piscine intérieure une atmosphère apaisante. On contemple l'immense arbre et la verdure à travers la baie vitrée, et on prend un bain de soleil à l'extérieur en été. À l'étage, le sauna finlandais réchauffe le corps après une froide journée d'hiver, tandis que la salle de gym est équipée de machines dernier cri. Enfin, les massages du spa promettent un moment de relaxation intense, tout comme les traitements beauté.

CAFÉ TREFPUNT

Bij Sint-Jacobs 18

✆ +32 92 25 36 76

www.trefpunt.be

Ouvert tous les jours de 17h à 4h du matin. Le dimanche, ouvre à 14h.

Ce bar est géré par les fondateurs des Fêtes de Gand, c'est pour dire ! C'est une institution pour tout Gantois. Ce *café bruin* (troquet traditionnel) plutôt détendu est un bon endroit pour se jeter une mousse au fond du gosier en semaine ou le week-end. D'ailleurs le bar programme des concerts quasiment tous les soirs (gratuits tous les lundis) à partir de 21h, et des *DJ sets* le dimanche soir, dans des styles très variés (indie pop, rock, reggae, slam, folk acoustique, etc.). L'ambiance y est très intimiste, le rapport aux artistes direct.

OPÉRA DE FLANDRE GAND (VLAAMSE OPERA)

Schouwburgstraat 3

✆ +32 70 22 02 02

www.operaballet.be/en

Voir l'agenda sur le site web. Billets de 12 € à 70 €.

Les riches industriels gantois ont subventionné pendant la première moité du XIXe siècle la construction d'un nouvel opéra luxueux pour arborer fièrement leur fortune. Le résultat est toujours ahurissant au XXIe siècle : digne des opéras italiens, dans cet opéra à la salle en forme de fer à cheval, le velours rouge prédomine, les lustres scintillent lors des soirées concert, les dorures et les stucs tapissent les murs. La programmation est intéressante.

AUDENARDE ★★

A Oudenaarde, ville millénaire au long de l'Escaut, s'est écrit en quelques siècles une histoire plus que remarquable. Son passé est visible à travers le riche patrimoine architectural et artistique. Charles Quint, de passage dans la ville, tomba amoureux d'une fille de tisserand et lui fit un enfant, la célèbre Marguerite de Parme, qui gouverna plus tard les Pays-Bas pour son demi-frère, Philippe d'Espagne. La plus belle perle de la ville est très certainement l'Hôtel de Ville, un superbe exemple du style gothique brabançon. Le beffroi au centre surplombe la Grand-Place. A 20 min en train de Courtrai, 35 min de Gand et 45 min de Bruxelles.

BÉGUINAGE ★

Achterburg

Entrée libre. Fermeture des portes : 21h en été, 19h en hiver. Visite guidée sur demande à l'office de tourisme.

L'endroit est vraiment pittoresque ! Ce petit béguinage occupé dès le XVe siècle compte une quarantaine de maisonnettes et deux chapelles. Observez le somptueux portail baroque, peint en rouge et surmonté d'une statuette de saint Roch, patron des pestiférés. Il donne accès à une belle et principales chapelle. Quelques petites maisons blanchies à la chaux du XVIIe siècle ont été conservées, mais la plupart des maisons ont été reconstruites aux XIXe et XXe siècles. Depuis les années 1960 il est un hospice pour dames âgées, renouant avec son usage originel.

CENTRE DU TOUR DES FLANDRES

Markt 43 ✆ +32 5 533 99 33

www.crvv.be

Ouvert tous les jours de 10h à 18h. Entrée adulte : 12 €. 6-18 ans : 6 €. Audioguide (en français) compris.

Le cyclisme est le sport flamand par excellence. Ce centre d'expérience interactif vous fait revivre près de 100 ans d'histoire de cette célèbre course qui part d'Anvers chaque premier dimanche d'avril et traverse les Ardennes flamandes. De nombreuses images d'archives, des expériences virtuelles comme l'épopée de Paul Deman (premier gagnant du Tour de Flandres), avec la sensation de rouler sur des pavés ! Le prix d'entrée est assez élevé néanmoins.

COLLEGIALE SAINTE-WALBURGE ★★

Sint-Walburgastraat, Markt

Du 01/06 au 30/09, du mardi au dimanche 14h30-17h (jeudi aussi de 10h à 12h et dimanche, ferme à 17h30).

Cette église gothique résulte de la fusion de deux demi-églises ! Le chœur et les deux nefs latérales sont de style gothique scaldien (ou romano gothique de Tournai) propre au XIIe siècle. Au XVIe siècle, une autre église est bâtie à côté, mais elle intègrera finalement la première dans ses plans. La partie haute date donc du XVIe et compte 14 chapelles baroque, dont une est dédiée à sainte Barbe, patronne des tisserands. Les tapisseries et le trésor méritent un coup d'œil.

ÉGLISE NOTRE-DAME-DE-PAMELE ★

Pameleplein 4

Ouvert les samedi, dimanche et jours fériés (de fin avril à mi-septembre) : 14h-17h40.

Elle a été construite au XIIIe siècle en pierre bleue de Tournai dans un style gothique scaldien (romano gothique primitif), par Arnulf, seigneur de Pamele. On admire sa façade flanquée de tourelles, sa tour octogonale et son intérieur plutôt riche. La voûte de la nef et le transept datent du XVIe siècle, les vitraux sont du XXe siècle. A l'arrière de l'église, on devine le tombeau gothique très endommagé des seigneurs d'Audenarde, dont l'un semble avoir été décapité.

HUIS DE LALAING ★

Bourgondiëstraat 9

✆ +32 55 31 48 63

Fermé pour rénovation.

La maison doit son nom à Philippe de Lalaing, gouverneur de la ville au XVIe siècle, issu d'une famille très puissante qui avait aussi un château. Selon la légende, ce manoir imposant fut le lieu de naissance de la fille illégitime de Charles Quint, Marguerite de Parme. La façade est très chargée, de style baroque rococo, un ajout du XVIIIe siècle. Derrière la maison s'étend un magnifique jardin entouré de murailles. Vous pourrez y admirer un magnifique ginkgo biloba, âgé de plus de 150 ans. La maison de Lalaing est actuellement fermée pour rénovation.

MOU MUSEUM ★★

Markt 1
✆ +32 5 531 72 51
www.mou-oudenaarde.be
Du 01/03 au 30/09 : mardi au vendredi : 9h30-17h30, week-end 10h-17h30. Du 01/10 au 28/02, 9h30-17h. Adulte 10 €.

Le musée d'Oudenaarde et des Ardennes flamandes mêle vieille pierre et équipements interactifs. Il est situé dans l'un des plus beaux hôtels de ville de Belgique de style gothique flamboyant, bâti au XIVe siècle, et visité au XVIe siècle par Charles Quint, Marguerite de Parme et Alexandre Farnèse ! Plus exactement, dans la halle aux Draps, il abrite une collection de tapisseries flamandes de renommée internationale, faites ici même entre le XVe et le XVIIIe siècle. On découvre aussi l'histoire de la ville, du Moyen Âge aux temps modernes.

OFFICE DU TOURISME D'AUDENARDE

Stadhuis
✆ +32 55 31 72 51
www.oudenaarde.be
Du 01/03 au 30/09, tous les jours de 9h30 à 17h30, du 01/10 au 28/02, en semaine de 9h30 à 17h, week-end de 14h à 17h.

On ne peut pas se tromper, c'est la maison en verre, près de l'hôtel de ville, qui abrite l'office du tourisme. Un office assez fréquenté qui propose en outre des circuits touristiques de découverte de la ville et des Ardennes flamandes. Très certainement la plus belle perle de la ville, ce monument a subi de grandes restaurations aux XIXe et XXe siècles, il est un superbe exemple de gothique brabançon. Le site Internet de la ville est assez complet.

BEANS AND DREAMS €€

Hoogstraat 65
✆ +32 055 45 56 66
www.beans-and-dreams.be
Chambre simple à partir de 100 €, double à partir de 120 €. Petit déjeuner inclus. Minimum 2 nuits.

Deux chambres d'hôtes seulement, qui sont abritées dans un bâtiment Art nouveau de 1910. La façade attire d'abord l'œil avec son tableau de faïence. Les chambres à l'étage se composent, pour la première, d'un salon, d'une salle de bains et d'un espace lit, tandis que la seconde n'a qu'un seul espace mansardé. Au rez-de-chaussée, le merveilleux petit déjeuner est servi par Katrien, hôtesse barista de formation. Le café, elle connaît ! Elle a mis une machine expresso dans chaque chambre et fait des cappucino « latte art » avec un dessin sur demande.

DA ROMEO €

Beverestraat 69
✆ +32 55 31 00 13
www.da-romeo.be
Ouvert du mercredi au dimanche de 12h à 14h30 et de 18h à 22h30. Pizzas de 7 € à 18 €, pâtes à partir de 10 €. Terrasse.

Ce restaurant familial est l'une des meilleures tables de la région. Certains clients viennent même des Pays-Bas pour manger ici ! La famille Misitano propose une cuisine italienne familiale sans prétention. On vous recommande les pizzas au feu de bois, à pâte fine, traditionnelles comme en Italie et à petit prix, des pâtes fraîches artisanales, des escalopes de veau à toutes les sauces et des suggestions saisonnières. Les portions sont généreuses et les prix syndicaux. Aurelio, le propriétaire contribue à la sympathique atmosphère du lieu.

CAFÉ DE CARILLON

Markt 49
✆ +32 55 31 14 09
www.decarillon.be
Ouvert le lundi de 9h à 20h ; du mardi au dimanche de 9h à 23h. Terrasse.

Si la bière fait la réputation de la Belgique à travers le monde, le café est lui aussi un nectar très apprécié. Le Café De Carillon est le plus ancien « café brun » de la ville d'Audenarde. Il est repérable grâce à sa façade à pignons et briques jaunes. Le Café De Carillon est une étape incontournable pour qui veut goûter à la Flandre authentique dans son intérieur de pub belge avec des boiseries. La carte fait tout de même une très belle place aux bières belges avec une sélection pointue ainsi qu'aux cocktails. À siroter sur la terrasse bien sûr !

ROMAN

Hauwaart 105
✆ +32 55 45 54 01
www.roman.be
En semaine toute l'année à 9h30 ou 14h (10 €/pers). W-end de début fév à mi-déc à 10h et 14h (12 €/pers) en néerlandais.

Cette brasserie est la plus ancienne de Belgique. Elle est connue pour sa belle collection de bières, brassées de manière artisanale, grâce à un savoir-faire transmis de génération en génération depuis cinq siècles. On trouve aujourd'hui notamment la gamme historique Roman (lager, blanche et pils), les cinq bières d'abbaye Ename, deux bières gantoises ou encore la dernière : la Ramon, bière sans alcool et rafraîchissante. La visite de deux heures vous fait découvrir tout le processus de brasserie, avec dégustation et coffret cadeau à la sortie !

ENAME

Incluse dans l'agglomération d'Audenarde, Ename est une petite bourgade de moins de 3 000 habitants. Elle est connue avant tout pour son abbaye d'époque dont il ne reste que des ruines malheureusement. Son héritage brassicole a subsisté, il est donc possible de déguster une bière triple d'Ename produite par la brasserie Roman, fondée en 1545 par la famille Roman depuis 12 générations. Son musée provincial de l'Archéologie est à ne pas rater. C'est là que vous pourrez observer les ruines de l'abbaye bénédictine et fruits des vastes chantiers archéologiques entrepris par l'historien et archéologue Adelbert Van de Walle à la recherche du castrum disparu.

RENAIX ★

Au cœur des Ardennes flamandes, Renaix est une ville qui ne manque pas d'attraits touristiques et culturels. Un arrêt est presque obligatoire pour découvrir une cité vivante et habitée d'un certain art de vivre. Le Must-Musée du Textile replace, au travers des siècles, la ville de Renaix en tant que cité textile. Visitez également la crypte souterraine romane dans l'église Saint-Hermès. Cette petite ville posée sur la frontière linguistique est en outre une base de départ idéale pour les cyclistes et les randonneurs. Sur le site de la ville www.ronse.be, téléchargez le plan et la visite guidée, pour sillonner la ville à votre rythme.

ÉGLISE SAINT-LAURENT ✞ ★★★

Lijnwaadmarkt 20
✆ +32 55 30 90 40
www.pam-ov.be/ename/erfgoed/kerk
Ouvert du mardi au vendredi de 9h à 17h. Samedi et dimanche de 13h à 17h.

L'église Saint-Laurent est le seul et unique édifice du Xe siècle encore debout, et rares sont les églises préromanes qui soient aussi bien conservées. Mais ce qui fait la valeur intrinsèque de l'église Saint-Laurent, c'est son caractère impérial qui visait à renforcer le prestige et l'autorité de son bâtisseur aux confins de l'empire. Une remarquable peinture murale de pur style byzantin du début du XIe siècle en est encore le témoin. L'église Saint-Laurent se situe près du musée et de la place du village. Sa silhouette s'impose au cœur du village d'Ename.

Renaix.

PAM MUSEUM 🏛 ★★

Lijnwaadmarkt 20
✆ +32 5 530 90 40
www.pam-ename.be
Ouvert du mardi au vendredi de 9h à 17h, le week-end de 13h à 17h. Expo permanente gratuite, temporaire de 5 à 10 €.

Dans ce musée, l'histoire remonte à 974, lorsque l'empereur germanique fait construire un poste de défense sur la rive droite de l'Escaut, à Ename. Mais le roi de France et son vassal, le comte de Flandre s'en empare en 1050. Sur les ruines, il fonde une abbaye bénédictine afin de restaurer la paix, qui sera entièrement détruite par les révolutionnaires. On découvre la vie des seigneurs et des domestiques, des abbés, des frères laïcs et des comtesses. On peut aussi visiter le parc archéologique où la promenade virtuelle « La Fenêtre du temps » est réalisée.

CRYPTE SAINT-HERMÈS ✞ ★★

Kaatsspelplein
Fermé, en cours de restauration.

La crypte de Renaix datée de 1089, dédiée à saint Hermès, patron des névrosés et des malades mentaux, est remarquable, tant au niveau esthétique qu'archéologique. Typique de l'architecture romane, avec ses trente-deux colonnes, elle est unique et allie de façon harmonieuse l'atmosphère intime aux perspectives étendues. S'y trouvent également une chambre funéraire secrète et un puits relié à des salles de bains destinées aux visiteurs malades. La crypte est certainement l'une des plus belles cathédrales souterraines d'Europe.

MUST - MUSÉE DU TEXTILE ★★

De Biesestraat 2
✆ +32 5 523 28 16
Du 01/03 au 30/09, du mardi au dimanche 10h-12h et 14h-17h. Du 01/10 au 30/11, le week-end 14h-17h. Adulte : 5 €.

À partir de 1850, la ville de Renaix s'est développée grâce à l'industrie du textile. Le Must, composé de deux bâtiment dans le centre de la ville nous fait revivre cette histoire. Le premier bâtiment – une ancienne usine du XIXe siècle – vous montrera l'évolution technique et économique de l'histoire du textile à Renaix. Dans le second bâtiment, vous découvrirez le développement urbain, les grandes collections, l'intérieur du tisserand, l'essor de l'Art nouveau et de l'Art déco, etc. Visites guidées à heure fixe (voir site).

HÔTEL REMINGTON €€

Joseph Ferrantstraat 10
✆ +32 55 20 61 55
www.salonsremingtonhotel.be
Chambre simple à partir de 95 € ; chambre double à partir de 155 €. Petit déjeuner inclus. Réceptions et mariages.

L'hôtel Remington est située à deux pas du centre dans une belle maison de maître transformée en hôtel qui compte de sublimes vitraux d'époque. Il est doté de 6 chambres tout confort décorées avec goût et caractère, dont certaines ont une baignoire à bain bouillonnant. Le séjour donne sur la terrasse et un joli jardin où le calme règne. Tout est pensé pour passer des vacances agréables. Le petit déjeuner propose un choix varié pour tous les goûts. Pour terminer une belle journée d'été le barbecue est allumé. Accueil courtois et agréable.

LA PETITE BRUYÈRE DE RENAIX €€

Petite-Bruyère 11 ✆ +32 468 33 77 64
www.petitebruyere.be/fr/
Accueil jusqu'à 22h. 4 chambres. Chambre double à partir de 110 €. Petit déjeuner : 18 €. Spa : 45 € par chambre.

Pierre, le sympathique propriétaire, et son adorable chienne, accueillent chaleureusement leurs guests dans l'une des quatre chambres, spacieuses et bien décorées. Le lieu, ancré dans un cadre verdoyant, est propice au repos, au ressourcement et au calme. Le matin, on dévore un petit déjeuner copieux de produits frais et locaux ou (au choix) un déjeuner de luxe avec champagne et crevettes ! La grande piscine intérieure et le spa (avec hammam, sauna) sont une invitation à la détente.

LA DIFFÉRENCE €

Grote Markt 36
✆ +32 55 33 06 26
www.ladifference.be
Fermé mercredi, jeudi et samedi midi. Ouvert de 12h à 15h et de 18h30 à 23h. Carte : 25 € environ.

Poussez la porte de la différence, cette jolie brasserie située sur la Grand'Place, l'une des meilleures tables de la cité. Vous pouvez déguster ici une cuisine franco-belge à des prix raisonnables dans un cadre style Art déco, marqué par de superbes hauteurs de plafond. Ne manquez pas d'admirer l'escalier en colimaçon. À la carte, les scampis à la diabolique en entrée sont excellentes, en plat, la cassolette de joues de porc à la Double Ronsische, pain d'épice salade de chicons vous permettra de goûter un plat du pays. L'ambiance y est sympathique.

BOECKHAEGE €€

Kruisstraat 341
✆ +32 55 20 95 45
boeckhaege.be
Ouvert le samedi à partir de 19h ; le dimanche à partir de 12h. Menus de 52 € à 60 €.

Une jolie bâtisse perchée sur les hauteurs, une terrasse avec vue splendide sur les reliefs des Ardennes flamandes : l'entrée en matière est des plus agréables. Dans l'assiette, l'élégance est également de mise. La cuisine est classique, franco-belge, résolument gastronomique. Deux menus au choix (3 ou 5 services) déclinent des plats nobles qui évoluent en fonction des saisons. On peut opter par exemple pour un filet de pintade au cognac, céleri rave, panais et chou frisé ou une intéressante canette au shiitake, chou vert, airelles et chicon en plat de résistance.

MAISON D €€

Charles Vandendoorenstraat 10
✆ +32 55 60 74 65
www.maison-d.be
Ouvert du mardi au vendredi de 12h à 13h30 et de 19h à 21h ; le samedi de 19h à 21h. Menus de 43 € à 69 €, midi : 35 €.

La création est à l'honneur avec des produits du terroir sublimés dans une cuisine très contemporaine. Une élégance que l'on retrouve avec plaisir dans un intérieur chic et épuré. L'établissement a décidément beaucoup de classe. Bar de ligne mariné, yaourt, chou pointu, raifort... Foie gras d'oie poêlé, cannelloni, cèpes... Canard sauvage, céleri rave, betterave rouge, lentilles... Parcourir la carte est déjà une invitation au plaisir gourmand. Les menus régulièrement changés au fil des saisons permettent des visites régulières et toujours aussi délicieuses !

ALOST ★

Alost (Aalst en flamand) est une ville industrielle, ouvrière, dont les fabriques textiles ont disparu. C'est désormais un réservoir de main-d'œuvre pour Bruxelles et Gand. Avant cela, elle fut vassale du Saint-Empire romain germanique, quand la majorité de la Flandre était vassale de la France. Outre Louis-Paul Boon, Alost est la patrie de l'imprimeur du XVe siècle Dirk Martens. Il importa l'art de l'imprimerie dans les Pays-Bas méridionaux et joua un rôle dans la promotion de l'humanisme en Europe. Citons aussi Pieter Van Aelst (XVe). Célèbre tisserand et marchand de tapisseries, son œuvre peut encore être admirée dans les Musées du Vatican, à Rome.

ÉGLISE SAINT-MARTIN

Sint-Martensplein 1
visit-aalst.be/fr/sint-martinuskerk
Tous les jours de 9h à 17h.

Cette imposante collégiale Saint-Martin, inachevée, est un bel exemple de style gothique tardif brabançon. Sa construction débuta vers 1480 et se prolongea jusqu'au XVIIIe siècle. Les grands bâtisseurs de cathédrales Herman et Domien De Waghemakere et Laurens Keldermans, participèrent à la construction de l'édifice. L'église compte le retable *Saint Roch nommé par le Christ comme patron des pestiférés,* du grand maître flamand Rubens, des vitraux de l'atelier gantois de Casier, un orgue Van Peteghem ou encore la tour eucharistique de Jeroen Duquesnoy.

BÉGUINAGE D'ALOST

Begijnhof
Entrée libre

Il reste très peu de l'ancien béguinage fondé en 1261 en dehors de la ville : les restes de l'église Sainte-Catherine, la « grand'maison », de style néo-Renaissance de 1787, deux maisonnettes et une chapelle néogothique du XIXe siècle dédiée à saint Antoine de Padoue et construite sur la tombe de la béguine mystique Jeanne Dedemaecker à qui l'on attribuait des guérisons miraculeuses. Bien qu'il ait abrité plus de 200 béguines au milieu du XVIe siècle, il fut malheureusement détruit en 1952 pour un projet immobilier critiqué.

GRAND-PLACE (GROTE MARKT) ★

Grote Markt

La Grand-Place abrite le Schepenhuis, maison des échevins datant de 1225 (la plus ancienne des anciens Pays-Bas) ; le beffroi octogonal de 1460, bâti dans un splendide gothique tardif et qui abrite l'un des plus anciens carillons mécaniques du pays (malheureusement, le beffroi n'est accessible que lors d'expositions temporaires) et l'hôtel de ville néoclassique et sa magnifique cour intérieure, dû à l'architecte Louis Roelandt, qui a aussi conçu le palais de justice et l'opéra de Gand.

CARNAVAL CONTROVERSÉ

Alost est réputée pour son carnaval, parmi les plus prestigieux de Belgique. Néanmoins son image a été gravement écornée récemment, puisque le carnaval, inscrit au patrimoine immatériel de l'Unesco, a été - fait inédit - déclassé par l'institution. La raison ? En 2019, des géants de juifs défilent avec des sacs d'or et des nez crochus dignes de la propagande nazie, faisant rire jaune (doré) l'Unesco. Le maire s'est défendu sous l'argument de l'humour, et, en 2020, des habitants étaient habillés en nazis « Unestapo » (référence à la Gestapo), et les juifs n'avaient plus des sacs d'or et des nez crochus mais des papillotes. Là encore, le défilé a fait scandale.

'T APOSTELKEN

Apostelstraat 1
✆ +32 499 72 92 39
www.apostelken.be
Ouvert du mardi au samedi de 11h à 00h.

Environ 220 références au total, imaginez un peu ! Un vaste menu de bières dans cet endroit assez cosy. Tout le monde y trouvera son compte, même les spécialistes avec notamment une belle sélection de gueuzes et krieks artisanales, toutes les bières trappistes qui peuvent être commercialisées et un choix de bières d'abbaye ou régionales. On y mange aussi des plats plutôt simples (spaghetti, salades, croquettes, crevettes...) mais roboratifs. La mezzanine à l'étage est des plus agréables avec sa vue sur la salle en contrebas.

FLANDRE-OCCIDENTALE

C'est la province la plus à l'ouest de la Belgique, tout au bout du pays comme une proue de navire. Les 67 km de plage prennent « la mer du Nord pour dernier terrain vague, et des vagues de dunes pour arrêter les vagues ». La province se caractérise également par sa topographie : d'un plat inaltérable « avec des cathédrales pour uniques montagnes et de noirs clochers comme mâts de cocagne ». Ça suffira pour Brel, on vous laisse le soin de pousser la chansonnette en traversant le plat pays. Bruges, la romantique, est la ville la plus touristique de Belgique. Mais on pourra s'attarder à Ostende et sur toutes les stations du littoral à la belle saison, ainsi que dans le Westhoek, terrain d'affrontements pendant la Première Guerre mondiale riche en monuments commémoratifs et sans négliger Courtrai et ses fières tours du Broel sur les deux rives de la Lys.

Flandre-occidentale
Mer du Nord
OSTENDE ★★
Mariakerke
MIDDELKERKE
Leffinge
N318
Westende
Lombardsijde
Slijpe
NIEUPORT ★★
A18
N367
KOKSIJDE ★
SAINT-IDESBALD - SINT-IDESBALD ★
OOSTDUINKERKE ★★
LA PANNE ★
Leke
N369
Adinkerke
Veurne
Pervijze
N35
Diksmuide
Woumen
N364
Reninge
Merkem
N369
N8
Westvleteren
Oostvleteren
N321
N308
Boezinge
N333
N38
FRANCE
Watou
Vlamertinge
N308
POPERINGE ★
N304
Reningelst
Westouter
Kemmel
5 KM

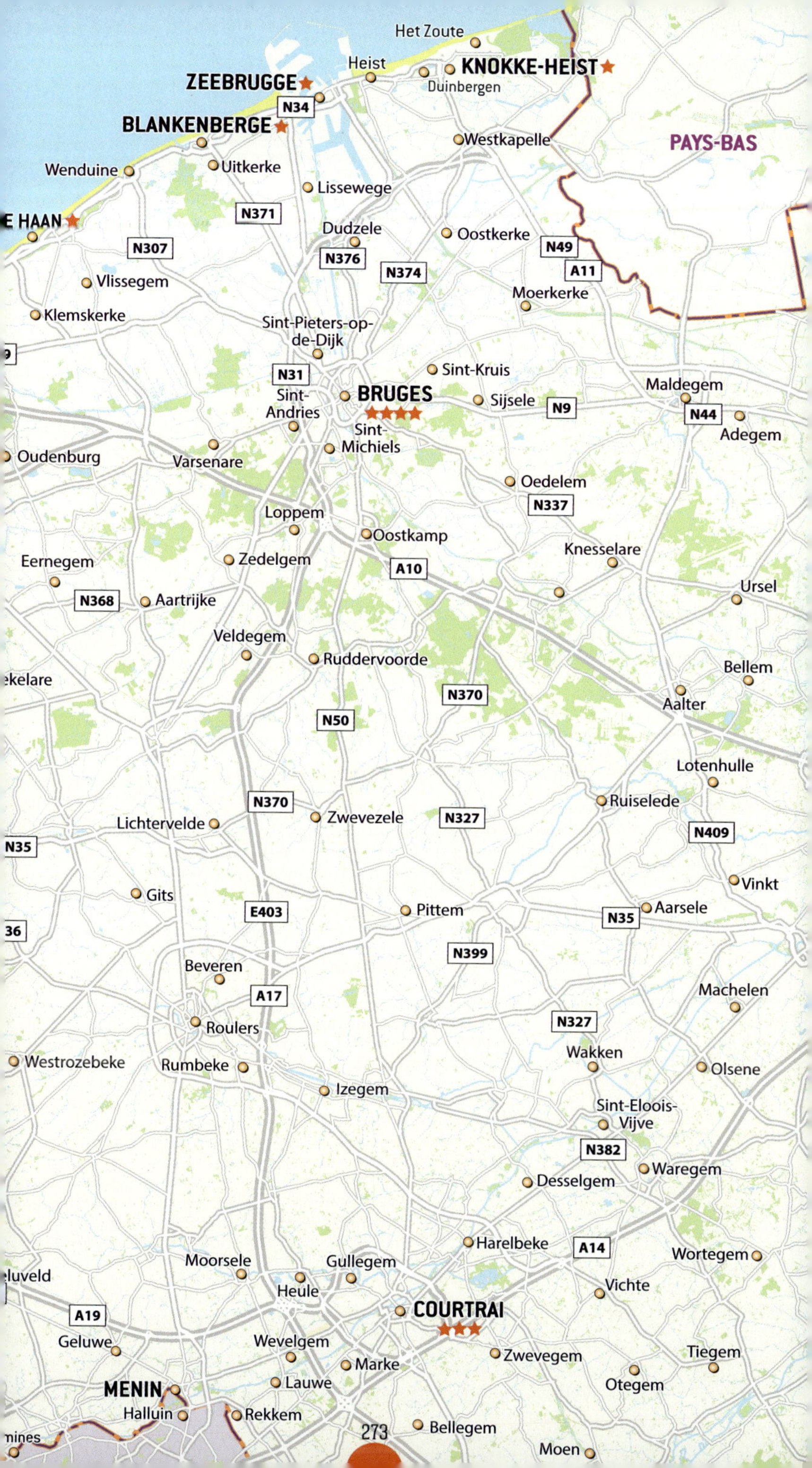

Het Zoute
Heist
KNOKKE-HEIST
Duinbergen
ZEEBRUGGE
N34
BLANKENBERGE
Westkapelle
PAYS-BAS
Wenduine
Uitkerke
Lissewege
N371
E HAAN
Dudzele
Oostkerke
N307
N376
N374
N49
A11
Vlissegem
Moerkerke
Klemskerke
Sint-Pieters-op-de-Dijk
N31
Sint-Kruis
Maldegem
Sint-Andries
BRUGES
Sijsele
N9
N44
Adegem
Sint-Michiels
Oudenburg
Varsenare
Oedelem
N337
Loppem
Oostkamp
Knesselare
Eernegem
Zedelgem
A10
Ursel
N368
Aartrijke
Veldegem
Ruddervoorde
Bellem
ekelare
N370
Aalter
N50
Lotenhulle
Ruiselede
N370
Zwevezele
N327
Lichtervelde
N409
N35
Vinkt
Gits
Pittem
Aarsele
E403
N35
36
N399
Beveren
Machelen
A17
N327
Roulers
Wakken
Westrozebeke
Rumbeke
Olsene
Izegem
Sint-Eloois-Vijve
N382
Waregem
Desselgem
Harelbeke
A14
Wortegem
Moorsele
Gullegem
eluveld
Heule
Vichte
A19
COURTRAI
Geluwe
Wevelgem
Marke
Zwevegem
Tiegem
Lauwe
Otegem
MENIN
Halluin
Rekkem
mines
Bellegem
Moen

Rozendal
Oude Zak
KROKODIL
Robijnstraat
Adriaan Willaertstr
Leeuwstraat
CINÉMA LUMIÈRE
ÉGLISE SAINT-JACQUES (SINT-JAKOBSKERK)
Boterhuis
Naaldenstraat
Kuipersstraat
Jacob van Oos
BISTRO 'T ZWART HUIS
SPA LE MOMENT BY SOTHYS
Sint-Jakobsstraat
REPUBLIEK
CAFÉ MARCEL
Niklaas Despa
Professor Doctor Joseph Sebrechtspark
Palmstraat
BRAZI'S
Eiermarkt
Eiermarkt
Geerwijnstraat
Moerstraat
VAN PAMEL
PAULA MOSTAFRT
Geldmuntstraat
V-CHOCOLATIER BY SWEERTVAEGHER
Sint-Amandsstraat
CHAGALL
THE POTATO BAR
STOVE
Kleine Sint-Amandsstraat
BELEDGE BOTER
Prinsenhof
Ontvangersstraat
Korte Zilverstraat
HOTEL VAN EYCK
Helmstraat
L'HÉROÏNE
Kopstraat
VLAAMSCHE POT
BOUTIQUE HOTEL SABLON
Haanstraat
Wulfhagestraat
Noordzandstraat
Giststraat
Zilverstraat
Kemelstraat
Steenstraat
Loppemstraat
Zilverpand
Simon Stevinplein
PATRICK DEVOS
THE CHOCOLATE LINE
Zilverpand
OTOMAT
CHOCOLATIER DUM
CAFEDRAAL
St.-Salvatorskoorstr.
THE OLD CHOCOLA HOUSE
Dweersstraat
GRAN HOTEL DE PASSAGE
LITTLE SIAM
Sint-Salvatorskerkhof
Zilversteeg
LI O LAIT
JOEY'S
Mariastraat
CATHÉDRALE SAINT-SAUVEUR
HÔTEL DE CASTILLION
Zuidzandstraat
Lendestraat
Pijpersstraat
Heilige-Geeststraat
Hoogste van Brugge
LOBSTER POT
Kl. Heilige-Geeststr.
L.E.S.S EATERY
Korte Vuldersstraat
LOKKEDIZE
Oranjeboomstr.
HÔPITAL SAINT-JEAN (SINT-JANSHOSPITAAL)
Westmeers
BONOBO APARTMENTS
Goezeputstraat
RELIVA

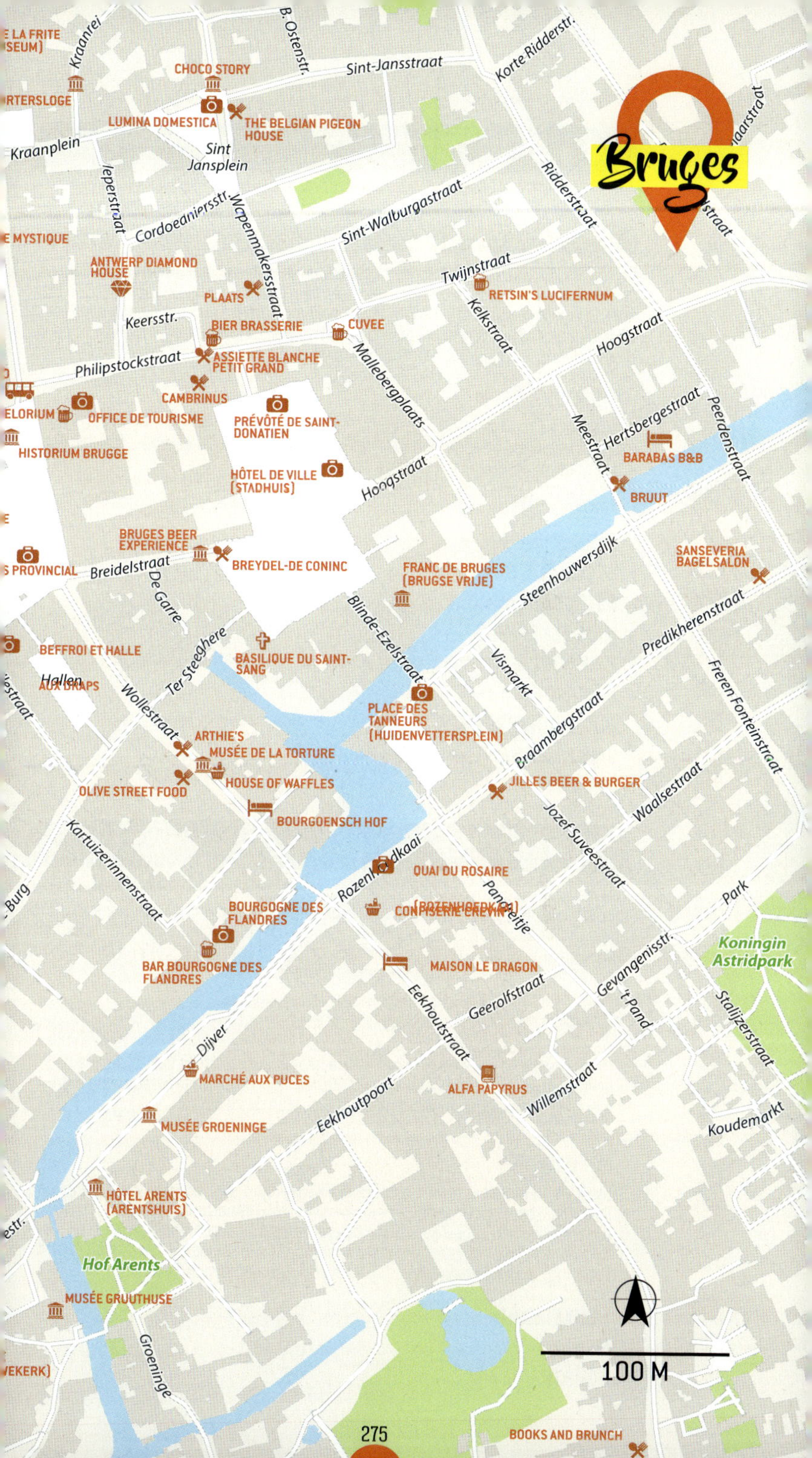
Bruges
100 M
CHOCO STORY
LUMINA DOMESTICA
THE BELGIAN PIGEON HOUSE
ANTWERP DIAMOND HOUSE
PLAATS
BIER BRASSERIE
CUVEE
RETSIN'S LUCIFERNUM
ASSIETTE BLANCHE PETIT GRAND
CAMBRINUS
OFFICE DE TOURISME
HISTORIUM BRUGGE
PRÉVÔTÉ DE SAINT-DONATIEN
HÔTEL DE VILLE (STADHUIS)
BARABAS B&B
BRUUT
BRUGES BEER EXPERIENCE
BREYDEL-DE CONINC
FRANC DE BRUGES (BRUGSE VRIJE)
SANSEVERIA BAGELSALON
BEFFROI ET HALLE
BASILIQUE DU SAINT-SANG
PLACE DES TANNEURS (HUIDENVETTERSPLEIN)
ARTHIE'S
MUSÉE DE LA TORTURE
HOUSE OF WAFFLES
OLIVE STREET FOOD
BOURGOENSCH HOF
JILLES BEER & BURGER
QUAI DU ROSAIRE (ROZENHOEDKAAI)
CONFISERIE CREVIN
BOURGOGNE DES FLANDRES
BAR BOURGOGNE DES FLANDRES
MAISON LE DRAGON
MARCHÉ AUX PUCES
ALFA PAPYRUS
MUSÉE GROENINGE
HÔTEL ARENTS (ARENTSHUIS)
Hof Arents
MUSÉE GRUUTHUSE
BOOKS AND BRUNCH
Koningin Astridpark
Kraanrei
Kraanplein
Sint-Jansstraat
B. Ostenstr.
Korte Ridderstr.
Sint Jansplein
Ieperstraat
Cordoeaniersstr.
Wapenmakersstraat
Sint-Walburgastraat
Ridderstraat
Twijnstraat
Kelkstraat
Keersstr.
Philipstockstraat
Hoogstraat
Mallebergplaats
Meestraat
Hertsbergestraat
Peerdenstraat
Breidelstraat
De Garre
Steenhouwersdijk
Predikherenstraat
Blinde-Ezelstraat
Vismarkt
Ter Steeghere
Hallen
Wollestraat
Braambergstraat
Freren Fonteinstraat
Waalsestraat
Jozef Suveestraat
Kartuizerinnenstraat
Rozenhoedkaai
Park
Gevangenisstr.
't Pand
Stalijzerstraat
Geerolfstraat
Eekhoutstraat
Dijver
Eekhoutpoort
Willemstraat
Koudemarkt
Groeninge

PAGES

Certes, il n'est pas question ici de cocotiers ou de sable chaud. Pourtant, la Côte est chère au cœur des Belges qui ont à peu près tous des souvenirs de vacances à la mer, égrenés quelque part entre La Panne et Knokke. A l'arrière du front de mer et à l'écart de la digue centrale, on trouve les villas anciennes. En partant de la France et en se dirigeant vers les Pays-Bas, les stations deviennent plus chics.

Knokke est le pendant chic du littoral. Avec ses magasins et ses traiteurs de luxe, ses cafés où l'on se pose, son Albertplein où l'on aime voir et être vu… La ville est plutôt attrayante, et les activités y sont nombreuses.

Le Westhoek, région diversifiée avec marais asséchés, canaux de navigation, territoires boisés, fut, avec les Ardennes et la Somme, un des principaux terrains de la Première Guerre mondiale. De quoi prévoir une escapade historique dans les nombreux lieux de mémoire de la zone. Le Westhoek conserve ses dunes (340 ha de sable aux confins franco-belge), classées réserve naturelle.

Ypres est essentiellement connue pour son industrie drapière, une des plus florissantes dès le Moyen Âge. Il ne restera quasiment rien de la ville après 4 ans de la Première Guerre mondiale. Aujourd'hui, les lieux de commémoration, les monuments et les commerces attirent de plus en plus de visiteurs.

Capitale du houblon, la ville compte le Hopmuseum. Elle compte aussi quelques jolies églises. Poperinge joua également un rôle important lors de la Première Guerre mondiale. Située directement derrière les premières lignes de front, on installa dans la ville camps et hôpitaux et nombreux furent les soldats à avoir rejoint Poperinge pour se soigner mais surtout pour trouver un peu de repos.

BRUGES - BRUGGE

Imaginez un peu une immersion dans le « New York du Moyen Âge ». Cette petite cité médiévale flamande dévoile la magie de son architecture et de sa richesse historique à toute saison. Ultra-touristique dès les beaux jours, votre seule chance d'échapper à la foule sera de vous y rendre en automne ou en hiver. Dans tous les cas, Bruges est étonnamment silencieuse et reposante et vit au rythme des piétons et de cyclistes disciplinés qui la sillonnent. Les voitures s'y font discrètes tant elles paraissent incongrues dans ce décor du XIVe siècle flamboyant. Dans les rues pavées résonne gaiement le clip clop des sabots des chevaux tirant des calèches, moyen de transport touristique mais néanmoins romantique, qui fait également la joie des plus petits. Il ne faut pas hésiter à se perdre, à vagabonder en dehors de circuits convenus, à musarder, car les maisons pittoresques au milieu des canaux sont très photogéniques.

SE REPÉRER SE DÉPLACER

En voiture, Bruges se trouve en bordure de l'autoroute E 40 Bruxelles-Ostende, à environ 90 km de Bruxelles et 45 km de Gand. Si vous ne restez que quelques heures dans le centre, prenez garde à la durée limitée de stationnement, aussi stricte que les tracés de circulation en sens unique, pas si évident. Les parkings extérieurs à la gare notamment, sont à privilégier et beaucoup moins chers, voire gratuits. Votre ticket de parking vous donne accès à ces navettes de bus gratuites qui relient le centre historique. Le « Parking Centrum » situé sous la place 't Zand s'avère beaucoup plus cher. À pied, le centre historique n'est pas très étendu et il est facile de s'y déplacer, mais Bruges est une ville qui se découvre à vélo, le mode de déplacement local. Nous vous recommandons cette option. De plus, la ville ne comporte pas de reliefs susceptibles de décourager les moins sportifs. Alors, aucune hésitation.

GARE DE BRUGES

Stationsplein
✆ +32 2 528 28 28
www.b-rail.be

Trains pour Ostende (15 min, 4,30 €), Bruxelles (1h, 14,70 €), Gand (25 min, 6,80 €), Anvers (1h30 min, 15,40 €).

La gare de Bruges se trouve à environ 1,5 kilomètre du centre-ville (dans le quartier T'Zand). Si vous n'êtes pas trop chargé, vous pouvez aussi rejoindre le centre à pied en quelques minutes, une introduction idéale à la ville. Si vous avez des valises, prenez n'importe quel bus sur lequel est indiqué « Centrum » et arrêtez-vous au Markt. Autre solution le taxi : il pourra se rendre au plus près de votre hôtel, car arriver sur la Grand-Place ne vous rapproche pas forcément au plus près de la porte d'hôtel. Le centre est vaste !

BUS DE LIJN

✆ +32 70 22 02 00
www.delijn.be/fr

Ticket automate, on line ou via l'app mobile : 2,50 €, carnet de 10 tickets on line 17 €.

C'est la société flamande de transport public. Les tickets s'achètent à la boutique De Lijn de la gare. Les lignes de bus 1, 3, 4, 6, 11, 12, 13, 14, 16 et 23 vous amènent au centre de Bruges. Un minibus touristique gratuit bien visible sur le parvis de la gare et la Grand Place fait la navette entre ces deux points, toutes les 10 minutes environ.

▶ **Plan futé :** Achetez vos billets en ligne soit directement sur Internet, soit via l'application mobile, et flashez le QR code en montant, c'est nettement moins cher et beaucoup plus pratique (et covid compatible).

BLUE BIKE

Brugmansstraat 3/0002
✆ +32 495 77 82 00
www.blue-bike.be

Lun-ven 7h-19h et les w-e (9h-17h) du 1/05 au 30/09. Vélos dispos 24h/24. 1,50 € pour les premières 24 h.

L'une des adresses les plus pratiques d'autant plus que la société est présente dans toute la Flandre et a des bornes casiers dans toutes les gares. Blue-bike permet, après un trajet en train, de louer des vélos à moindre coût. Il faut les biper avec sa carte qu'on aura pris soin de faire à l'avance. Il vous suffit de suivre en gare les indications vers le point vélo. Vous pouvez utiliser le distributeur à clés (24h/24) ou aller en agence pendant les heures d'ouverture. Une seule carte Blue-bike permet d'en louer deux à la fois.

TAXI SNEL

Kanunnik Duclosstraat 24
✆ +32 50 36 36 49
www.taxisnel.be

Course Bruges intra-muros 7 € + 2,50 € la nuit.

On ne trouve pas de service de VTC dans cette ville, mais des compagnies agréées dont Taxi Snel, à réserver à l'avance si vous avez besoin d'un taxi, de jour comme de nuit, car celui-ci est l'un des rares à assurer un service de 22h à 6h. On trouve des stations de taxis à la gare de Bruges, sur le Markt, sur la Spoorwegstraat, à la Bargeweg, à la Boeveriestraat, à la Kuipersstraat (à côté de la bibliothèque) à la Vlamingstraat (en face du Stadsschouwburg), et à Zeebruges sur le Rederskaai et à la Baron de Maerelaan (Station-strand).

LES QUARTIERS DE BRUGES

La vieille ville de Bruges est très compacte et se parcourt donc aisément à pied. De forme ovale, elle est orientée nord-sud dans sa longueur (2 à 3 km de diamètre) et est entourée au deux tiers par un boulevard de ceinture. La gare se trouve au sud-ouest de la vieille ville. Au-delà de ce joyau patrimonial, peu de monuments et lieux d'intérêt à visiter mais Bruges reste est bien plus que son cliché de « musée à ciel ouvert » ! Elle est striée de canaux anciens et bordées de maisons flamandes pittoresques avec des façades à pignons à redents partout. Ce qui lui confère une atmosphère romantique figée dans le temps. Nous détaillerons dans ce guide le quartier Burg Markt, qui en réalité comprend tout le nord du centre historique jusqu'au Zand, et qui constitue la zone touristique principale. Le quartier du béguinage au sud, plus calme et l'antique quartier de Saint-Anne au nord-est de la ville.

Burg Markt

La partie la plus riche en monuments et la plus touristique de Bruges s'étend autour de la Grand-Place et du Burg, centre de la vieille ville. Les rues sont évidemment envahies par les touristes à la belle saison. Vous y trouverez de nombreux cafés et restaurants, tous branchés gastronomie flamande pour ne pas décevoir les touristes qui viennent trouver ici du pittoresque. Difficile de s'orienter dans ce dédale de ruelles, mais une chose est sûre, vous retomberez toujours sur le Markt (la grand-place), en vous orientant par rapport à l'immense beffroi qui sert de boussole ! L'autre grand lieu facile à trouver, c'est la place « 't Zand », très large, qui contraste encore une fois avec les ruelles étriquées du Bruges médiéval. Située à la bordure ouest du centre touristique, elle est bordée de cafés et de restaurants où se trouvent également l'office de tourisme et la salle de spectacles Concertgebouw. La zone située derrière cette place a évolué plus lentement que le reste de la ville pour des raisons historiques. Elle fut longtemps tenue à l'écart du reste de la cité par les chemins de fer qui convergeaient vers le Zand où se trouvait la gare jusqu'en 1930. Aujourd'hui, c'est un quartier dynamique, peu connu des touristes.

Béguinage

Ce quartier, situé au sud du centre touristique (et qui attire presque autant de visiteurs que ce dernier), compte donc le fameux béguinage et sa colonie de cygnes et de canards. Il abrite cependant quelques coins tout aussi calmes comme le parc Minnewater ou, un peu plus à l'ouest, le Koningin Astridpark (parc de la Reine Astrid). La gare se trouve en bordure de ce quartier. On trouve quelques hôtels et restaurants ici, plus tranquilles que vers le Burg-Markt.

Sainte-Anne

Le plus vieux quartier de Bruges s'étend au nord-est du centre-ville, et ce n'est pas le Burg ou le Markt, comme on pourrait le penser ! Saint-Anne est beaucoup plus calme, beaucoup plus bas d'architecture aussi, car les maisons-Dieu d'une Bruges populaire et populeuse qui vivaient ici y ont encore leurs portes d'origine, beaucoup plus petites que celles d'aujourd'hui. C'est un quartier calme et riche en monuments anciens (église Jérusalem, église Sainte-Anne...) où vivaient les fameuses dentellières d'origine très modestes. Nous y avons inclus le quartier Saint-Gilles, qui se situe juste à côté, au nord du centre touristique.

© LAWRENCE BANAHAN - AUTHOR'S IMAGE

Canaux de Bruges.

À VOIR / À FAIRE

Le centre-ville historique de Bruges a été ajouté sur la liste du patrimoine mondial de l'humanité en 2000 par l'Unesco. Le modèle moyenâgeux des rues, les canaux, les maisons anciennes et les nombreux monuments font d'une simple balade à Bruges une véritable attraction. Les musées abondent également. Sachez cependant que ces derniers ferment assez tôt et que, à moins de rester une semaine, vous ne pourrez pas tous les visiter. Découvrez les jardins secrets et les ponts charmants de la ville en l'explorant au fil de l'eau. Un grand moment de romantisme ! Le XVe siècle, le siècle d'or de Bruges offrit à la ville un privilège considérable, à savoir celui d'attirer des primitifs flamands célèbres tels que Jan van Eyck et Hans Memling. Rappelons que l'école des Primitifs flamands est à l'origine de deux innovations majeures dans l'histoire de l'art européen. Profitez des exceptionnelles collections des musées de Bruges pour les découvrir.

OFFICE DE TOURISME

Markt-Place, derrière l'Historium 1
✆ +32 50 44 46 46
https://www.visitbruges.be/fr

Ouvert tous les jours de 10h à 17h. Visites guidées 12,50 € par adulte, gratuit - 12 ans.

Vous pourrez vous y procurer des cartes détaillées, des brochures sur les musées, hôtels, restaurants, shopping et la brochure complète avec promenades et itinéraires cyclistes. Également, une borne interactive. Vous pourrez aussi vous renseigner sur les visites guidées de la ville. Il y en a pour tous les goûts ! Un petit tour sur leur site web (https://www.visitbruges.be/visites-guidees) vous donnera une idée de toutes les options possibles. Des promenades à thèmes (patrimoine Unesco, bourguignon, etc.) y sont aussi disponibles. Un arrêt indispensable !

PROMENADES EN BATEAU ★★★

www.visitbruges.be/fr/bruggemetdeboot

Visites multilingues. De mars à mi-novembre en journée de 10h à 18h. Adultes : 12 €, enfants : 7 €, - 3 ans : gratuit.

La balade incontournable à Bruges, sur les petits bateaux qui sillonnent les canaux du centre suivant une boucle de 30 minutes. Vous apprendrez notamment que Bruges est relié à Zeebruges, Gand et Courtrai par les canaux, que le pont le plus ancien date du XIVe siècle ou que la ville compte 11 églises. Il existe 5 embarcadères dans le centre-ville, tous effectuent le même trajet suivant la même boucle. Si vous ne voulez pas attendre trop longtemps avant d'embarquer, misez sur un embarcadère moins trusté par les groupes, donc moins central. A bon entendeur !

PROMENADES EN CALÈCHE

Markt 1

Ouvert toute l'année. Tous les jours de 9h à 18h. 60 € par calèche.

Immanquable pour les familles comme pour les couples en week-end romantique : la balade en calèche au son des clip-clop du cheval. La promenade dure environ 35 minutes – entrecoupées par les 5 minutes de casse-croûte du cheval qui vous permettront de prendre une jolie photo souvenir au béguinage. La balade est un peu chère. Toutefois, si vous êtes deux, pensez (pendant l'attente, qui peut s'avérer longue sur la Grand Place) à partager cette somme avec un autre couple qui parle la même langue que vous pour partager les frais si vous le souhaitez.

S-WAN

Huis Ter Beurze Vlamingstraat 35
✆ +32499 72 37 10
https://www.s-wan.be/fr/

Visites guidées de 75 € à 135 € pour 2h et maximum 20 personnes (plus long pour les balades à vélo et 10 pers. max).

« *Bruges with a twist !* » S-wan, une association de guides certifiés de Bruges. Pour découvrir cette superbe cité médiévale flamande, classée au Patrimoine de l'Unesco, quoi de mieux qu'une visite guidée ? Ce qu'on adore, c'est leur proposition d'un accompagnement de qualité, avec une originalité dans les anecdotes et tours proposés. Les visites s'adaptent à toute la famille. Partez à la découverte de l'histoire, des personnalités, des spécialités culinaires, mais encore de Bruges la verdoyante à vélo, tout cela avec twist et l'humour belge que l'on aime tant !

BASILIQUE DU SAINT-SANG ★★★

Burg 13
www.holyblood.com
De 10h à 17h15. Fermée le 01/01 et du 16/01 au 21/01. Musée : Entrée 5 € ; -12 ans, gratuit.

Située sur la place du Bourg, à côté de l'hôtel de ville, sa façade est à la fois de style gothique et Renaissance, très chargée, grise presque noire, avec des statues et stucs dorés. La basilique du Saint-Sang comprend en réalité deux églises : en bas, la chapelle romane Saint-Basile (XIIe siècle) a conservé son style et ses piliers cylindriques. En haut, a été construite par-dessus la première, la flamboyante basilique du Saint-Sang proprement dite à la fin du XVe siècle, transformée au XIXe siècle dans un style néogothique. Elle abrite de nombreuses peintures murales de cette époque, dont un triptyque représentant une Pietà. On visitera le musée du Saint-Sang où sont exposés habits religieux, peintures ainsi que la fameuse châsse qui abrite l'ampoule contenant la relique du Saint-Sang. Ce filet d'hémoglobine de Jésus aurait été, selon les légendes médiévales, recueilli dans un vase, le Saint Calice ou Saint Graal, par Joseph d'Arimathie, un notable juif qui procéda à la descente de croix et à l'inhumation de Jésus. Il aurait été ensuite rapporté par Thierry d'Alsace de Terre Sainte (de Constantinople) lors de la 2e croisade au XIIIe siècle.

▶ **Procession du Saint-Sang.** Cette procession qui a lieu le jour de l'Ascension attire chaque année des dizaines de milliers de spectateurs. Le défilé présente des tableaux vivants de l'Ancien et du Nouveau Testament, un cortège de représentants des métiers du Moyen Âge, et, enfin, Thierry d'Alsace ramenant la fiole du Saint-Sang de Jérusalem.

BRUGES BEER EXPERIENCE ★

Breidelstraat 3
✆ +32 50 69 92 29
https://mybeerexperience.com/
Ouvert tous les jours de 10h à 18h. Adulte : 12 € (18 € avec dégustation). Adapté à divers handicaps.

La Bruges Beer Experience vaut le détour. Mis en bouteille dans un lieu complètement réaménagé, il mise sur un aspect ludique et familial de la visite. Un quiz vous est proposé pour jauger votre connaissance et chaque objet ou présentation se veut interactif sur votre iPad mini. Après deux étages à parcourir durant une heure, la visite se termine dans un espace bar moderne, aéré et donnant sur la Grand-Place où vous pourrez déguster les bières (15 cl) promises. Pas mal de choix au fût, dont certaines bières brugeoises en exclusivité.

BOURGOGNE DES FLANDRES ★

Kartuizerinnenstraat 6 ✆ +32 50 33 54 26
www.bourgognedesflandres.be
Ouvert du mardi au dimanche 10h30-18h30, les lundis de vacances scolaires. Visite 14 €

Située en plein cœur de Bruges, à quelques pas seulement du célèbre beffroi, rencontrez son brasseur en pénétrant dans le grenier de la brasserie la plus romantique au monde et découvrez comment deux bières artisanales sont mélangées pour former l'iconique bière Bourgogne des Flandres ! Vous découvrirez également leur toute récente distillerie où ils distillent du genièvre à base de bière. Clôturez votre visite en personnalisant une bouteille de bière avec votre photo et par une dégustation sur une des plus belles terrasses flottantes de la ville.

CHOCO STORY ★

Wijnzakstraat 2
✆ +32 5 061 22 37
www.choco-story-brugge.be
7j/7 de 10h à 17h. Adulte : 13 €. Enfant (6-11 ans) : 8 €. +12 ans, étudiant (avec carte) et +65 ans : 11 €.

Au cœur de la Venise du Nord, le musée Choco-Story habite la Maison de Croon, un bâtiment historique et classé. Une atmosphère typique, propice à la découverte. Le musée a vu le jour en 2004 sous l'impulsion de la famille Van Belle. Il rassemble une collection privée riche d'un millier d'objets et de documents pour tout savoir sur la fabrication du chocolat, des cabosses de cacao aux vitrines des chocolatiers de Bruges, l'une des villes les plus renommées au monde pour cet art fin pâtissier, en passant par l'élaboration de la pâte de cacao. Choco-Story entraîne le visiteur à travers 4 000 ans d'histoire (des Mayas à nos jours) et présente les méthodes de fabrication, les différents ingrédients et arômes, les liens entre le chocolat et la santé et la place de la Belgique dans le secteur... Dans ce cadre exceptionnel (la maison est classée et date de 1480), nous avons été étonnés de trouver nombre de pièces anciennes assez exceptionnelles (certaines remontant à l'époque maya). Épatant ! Parallèlement, Choco-Story est aussi actif socialement et finance le Cocoa Development Fund. Les amateurs apprécieront la collection des tasses à chocolat et de chocolatières. Ce projet a pour mission d'aider les paysans producteurs de cacao, notamment au Cameroun, à Cuba et récemment à Soconusco au Mexique. La visite se termine par le traditionnel trio démonstration-dégustation-boutique. Complet, didactique et captivant, ce musée s'impose comme la référence en la matière.

BEFFROI ET HALLE AUX DRAPS ★★★★

Markt 7

7j/7 de 9h à 20h (18h de nov. à fév.). Adulte : 14 € ; - 25 ans : 12 € ; - 6 ans : gratuit. Réservation recommandée.

Le beffroi, qui surplombe le bâtiment de la halle aux laines et aux draps est l'un des symboles de Bruges. Sa tour haute de 88 mètres fut construite au XIIIe siècle pour sa partie carrée, et à la fin du XVe siècle pour sa partie octogonale. Les beffrois attestaient de l'assurance des villes du Moyen Âge. Ils s'inscrivent parmi les plus anciens exemples d'architecture médiévale civile et publique et incarnait la fierté et la prospérité des bourgeois de la ville. Classé au Patrimoine mondial par l'Unesco pour son importante historique et son rôle dans la société civile, le beffroi a été entièrement restauré en 2012. A peine 366 marches pour le conquérir : courage, la vue est belle !

Histoire. En réalité la première construction date de 1240, il s'agissait d'une halle aux laines et aux draps surmontée d'une tour en bois qui était destinée aux magistrats. Mais elle fut entièrement détruite par un incendie, avec les premières archives de la ville. C'est à cette époque qu'on déménagea l'administration dans le nouvel hôtel de ville. Elle fut reconstruite en 1280, en deux parties basses quadrangulaires en brique soutenant une flèche en bois et en quatre tourelles avec des flèches en pierre. L'ancienne trésorerie y abrita dès lors les sceaux et les chartes de la ville médiévale jusqu'au XVIIIe siècle. Puis entre 1482 et 1486, la halle a besoin de place, les affaires de la ville prospèrent, on abat la flèche en bois pour construire une majestueuse tour octogonale en pierre blanche finement ciselée dans un pur style gothique brabançon, flanquée de quatre flèches tout aussi travaillées. Jusqu'en 1741, une construction pointue en bois de 19 mètres de haut avec la statue de saint Michel couronnait encore l'édifice, alors le plus haut de Flandre devant celui de Gand. Mais en 1493, un incendie la détruisit ainsi qu'une partie des cloches. Ce qui ne découragea pas les Brugeois qui la reconstruisirent cette fois avec des lions grimpant à l'intérieur. Mais la foudre frappa de nouveau en 1741 on la répara sans remettre de flèche. Elle fut finalement décorée d'une couronne néogothique en 1822. La halle située sous la tour avait une fonction commerçante, utilisée par les artisans qui vendaient leurs tissus. La salle du trésor à l'étage abritait les archives depuis 1280, mais aussi les lois et les règlements propres à Bruges : les *Hallegeboden* (en néerlandais : les bans des Halles). Ils furent d'ailleurs proclamés du haut du balcon, au-dessus de la porte d'entrée devant le peuple appelé à grand renfort de cloches. Car en plus d'être l'horloge officielle, de servir de tour de guet en cas d'incendie, c'était aussi un carillon qui rythmait la vie des habitants. Avant le XVIe siècle, les cloches étaient sonnées manuellement à l'ouverture et la fermeture des portes de la ville, mais aussi au début et à la fin du temps de travail. Ce couvre-feu nocturne officiel obligeait les habitants à sortir avec une torche dans l'obscurité, car circuler dans l'obscurité était interdit, question de sécurité. Des cloches de tocsin lors d'un danger imminent : incendie, invasion, résonnaient exceptionnellement dans l'air, tout comme les cloches festives, par exemple pendant la procession du Saint-Sang. À partir de 1523 un tambour activé par une horloge automatisa certaines cloches. C'est à cette époque qu'on put commencer à jouer des partitions profanes et religieuses, qui sont jouées tous les dimanches, jours fériés et jours de marché.

La salle au trésor. Au deuxième étage le musée est installé dans l'ancienne trésorerie, où étaient stockés les sceaux et les chartes de la ville médiévale jusqu'au XVIIIe siècle. Aujourd'hui, il est consacré à l'histoire du beffroi : sur sa construction et sa fonction au Moyen Âge, prenez votre temps.

Le carillon. Montez encore d'un cran le long de l'escalier en colimaçon tourbillonnant et vous y êtes. Essayez d'ailleurs de vous synchroniser pour regarder le spectacle des mécanismes qui s'enclenche au bon étage juste avant que les cloches carillonnent, l'expérience est assez excitante et intéressante. Vous les entendrez certainement, car elles sonnent tous les quarts d'heure. En 1675, le carillon était composé de 35 cloches fabriquées par l'Anversois Melchior de Haze. Appelé « Duméry », il porte en réalité le nom du fondeur qui les remplaça après l'incendie en 1741 par 47 cloches de 27,5 tonnes au total. Il faut imaginer la passion des fondeurs transmettant l'héritage médiéval et accordant patiemment leurs petits bijoux d'artisanat de leur oreille affûtée. C'est le plus célèbre d'Europe tant il est massif, notamment grâce à sa cloche « Victoire » qui pèse pas moins de 8 814 kg. Placée en 1802, elle nécessite 8 hommes pour la mettre en branle. **Des concerts de carillons** ont lieu depuis le beffroi, lundi, mercredi, samedi à 21h et 22h et dimanche à 14h et 15h de mi-juin à mi-septembre et les mercredi, samedi, dimanche à 14h et 15h de mi-septembre à mi-juin.

Le sommet. Au 5e étage, vous serez récompensés de vos efforts. Ne comptez pas les marches, 366, ça vous couperait bras et jambes. Évitez aussi de vous goinfrer au restaurant avant l'ascension. En bout de course, on profite du paysage, essoufflé par l'ascension vertigineuse mais content. Par beau temps, la vue est époustouflante sur les toits de la ville et sur les halles médiévales qui témoignent de la richesse de cette époque.

ÉGLISE NOTRE-DAME [ONZE-LIEVE-VROUWEKERK] ★★

Mariastraat

Église : du lundi au samedi 9h30-17h et dimanche 13h30-17h. Entrée de la partie muséale : 7 €, tarif réduit 6 €.

Construite à partir de 1230 d'abord dans un style gothique scaldien, puis dans un style gothique brabançon, elle est une des plus vastes églises de Belgique. Sa tour pointue de brique, la plus haute d'Europe avec ses 118 m de haut, est la partie extérieure la plus séduisante. Cette tour deviendra d'ailleurs un exemple pour nombre de clochers dans la région, notamment près de la côte.

L'intérieur abrite le monument funéraire de Charles le Téméraire et de sa fille, la jeune Marie de Bourgogne, placé dans le chœur. À voir son visage, on dirait qu'elle a été déposée la veille sur le catafalque. Fille unique du Téméraire, elle épousa Maximilien d'Autriche et donna le jour à Philippe le Beau, père de l'empereur Charles Quint. Malheureusement, la jeune duchesse mourut des suites d'une chute de cheval à l'âge de 25 ans. L'église contient encore de nombreuses œuvres d'art, dont un groupe en marbre de Carrare de Michel-Ange représentant la Vierge à l'Enfant (1504-1505), unique sculpture du maître en dehors du sol italien, réalisée pour la cathédrale de Sienne mais achetée par une famille brugeoise. Cette gracieuse madone a connu quelques aventures, l'une des dernières en date étant son vol en 1944 par les occupants allemands. Elle fut retrouvée par les Monument Men dans une mine de sel en Autriche, cachée là en compagnie de nombreuses œuvres d'art.

On peut aussi y admirer des peintures de primitifs flamands comme le *Triptyque de la Passion* de Bernard van Orley.

ÉGLISE SAINT-JACQUES [SINT-JAKOBSKERK] ★★

Sint-Jakobsplein 1

Tous les jours de 13h à 17h (sauf dimanche matin).

L'église fut construite vers 1240. Remarquez au montant du portail la figure de pèlerin de Saint-Jacques à la coquille. Outre le fait que l'église était liée au pèlerinage de Compostelle, elle a été très fréquentée au XVe siècle, du fait de la proximité du Prinsenhof, par la cour de Bourgogne. Ducs et marchands étrangers qui séjournaient dans le quartier des Loges tout proche, fréquentaient cette église et faisaient des dons, ainsi que les guildes et patriciens (comme le montrent les nombreuses plaques commémoratives). Une richesse qui a contribué à baptiser l'église la « salle du trésor » tant elle est compte d'œuvres d'art.

Son succès lui valut d'être agrandie dans ses proportions actuelles. Église-halle, elle contient dans la chapelle latérale Saint-Antoine le retable de sainte Lucie, œuvre peinte en 1480. Il nous montre la pieuse jeune fille, condamnée à être enfermée dans un lupanar. Aucun effort de ses tortionnaires ne semble cependant venir à bout de sa résistance. On y verra également le mausolée de Ferry De Gros (1544), ancien trésorier de l'ordre de la Toison d'Or, décoré de l'*Adoration des Mages* au-dessus du maître-autel. Treize scènes représentant la vie de Jésus et de saint Jacques le Majeur. Ainsi qu'une *Madone à l'Enfant* de Luca della Robbia, une statue de saint Jacques avec des pèlerins en route vers Compostelle. Une tribune une grande chaire à prêcher et une cuve de bois sculptée datent de l'époque baroque.

Église Saint-Jacques (Sint-Jakobskerk).

EGLISE SAINTE-WALBURGE [SINT-WALBURGAGKERK] ★

Sint-Maartensplein

A 300 m à l'est du Markt. Ouvert d'avril à septembre de 13h à 17h. Fermé le dimanche matin.

Cette église dédiée à sainte Walburge (Sint-Walburgagkerk) a été construite au XVIIe siècle entre 1619 et 1664, par le frère jésuite Pieter Huyssens, à qui l'on doit aussi l'église Saint-Charles-Borromée d'Anvers et Saint-Pierre de Gand. C'était l'église des jésuites, avant leur expulsion, en 1773, de l'empire d'Autriche sur décision de Joseph II. Façade baroque simple et lumineuse, intérieur clair à trois nefs. La table de communion et la chaire sont remarquables.

GRAND-PLACE [MARKT] ★★★

Markt

www.visitbruges.be/fr

Les *Markten* ou Grand-Places sont le cœur des cités du Nord, l'un des plus beaux vestiges de la civilisation européenne de la Renaissance. Les pittoresques maisons flamandes remontent au XVe siècle. Chaque samedi se tient un fabuleux marché, institué en l'an 958 ! Au centre, le monument dédié à Jan Breydel et Pieter De Coninck rappelle le soulèvement des métiers contre la domination française en 1302. Au bout, le palais provincial néo-classique et la Poste méritent un coup d'œil. Le long du Markt, passaient des canaux qui sont à présent souterrains.

FRANC DE BRUGES [BRUGSE VRIJE] ★★

Burg 11A

✆ +32 50 44 87 11

Ouvert tous les jours de 9h30 à à 17h. Entrée combinée avec l'hôtel de ville : 7 €, tarif réduit 6 €.

Ce palais de style Renaissance (1534-1537) est immanquable, à côté de l'Hôtel de Ville. Sa façade est ornée de riches stucs dorés et ses fenêtres rouges contrastent avec la pierre blanche naturelle. Mais c'est surtout les sept statues en bronze du XIXe siècle représentant des figures du droit qui attirent l'attention. Le Franc de Bruges, créé vers l'an 1000, administrait Bruges et les villages alentours, pour les aspects militaires, financiers et agricoles. Dirigé par un chef militaire (le burgrave), le Franc de Bruges a ensuite été géré par un bailli (l'équivalent d'un préfet aujourd'hui) à partir du XIIe siècle. Il déménage ensuite au XVe siècle vers le Château des Comtes. L'édifice deviendra de 1795 à 1984 le palais de justice de Bruges.

▸ **Visite.** A l'intérieur se trouve le musée de Franc de Bruges (billet couplé avec l'hôtel de ville), mais aussi les archives municipales garantissant la mémoire administrative de la ville, dont la salle de lecture a été aménagée dans la chapelle de l'ancien Greffe civil, l'une des administrations les plus importantes de la cité. On visite la salle d'assise (à la fois salle de réunion et d'exposition) et la salle Renaissance, où trône une monumentale cheminée de 1528 construite en bois, marbre et albâtre en l'honneur de Charles Quint, ainsi que des statues grandeur nature de Charles Quint, de Maximilien d'Autriche et Marie de Bourgogne, ses grands-parents, ainsi que de Charles le Téméraire et Marguerite d'York, ses arrière-grands-parents.

HISTORIUM BRUGGE ★★

Markt 1 ✆ +32 5 027 03 11 - www.historium.be

7j/7 11h-18h (23h le samedi). Adulte 19 €, étudiants 16 €, 5-12 ans 12 €. Avec réalité virtuelle : 24 €/21 €/17 €.

Comment vivaient les habitants de Bruges au Moyen Âge ? Cette attraction immersive situé sur la Grand Place permet de replonger au temps de l'âge d'or de la ville aux canaux. Plusieurs attractions sont proposées.

▸ **La visite.** Un vrai divertissement plutôt qu'un musée classique. De salle en salle, une voix vous guide pour vous plonger dans un décor plus vrai que nature. Vous êtes au milieu du film, celle d'une histoire d'amour à l'époque du peintre de génie Jan van Eyck lorsqu'il a peint *La Vierge au chanoine van der Paele*. La magie opère grâce à la musique, les images et les effets spéciaux, particulièrement adapté à toute la famille. Tous les sens sont mis à contributions : ouïe, vue, odorat et toucher ! Vous accédez en fin de visite à des salles de musée plus classiques mais très interactives ainsi qu'à une terrasse panoramique avec vue sur la Grand Place.

▸ **La simulation en réalité virtuelle.** N'hésitez pas à prendre cette option avec votre ticket, l'immersion avec le casque est spectaculaire. Vous allez frissonner avec des vues plongeantes sur la ville !

▸ **La tour de l'Historium.** Il faudra être patient car l'escalier unique avec un feu rouge peut être un peu long, mais l'attente en vaut la chandelle. Du haut des 35 mètres de haut de la tour néogothique, vous embrassez toute la Grand Place et le beffroi d'un seul coup d'œil ! Vous ne regretterez pas d'avoir fait preuve de patience.

▸ **Le *Duvelorium*.** Le bar à bière où la Duvel est star est largement recommandé pour une pause avec vue imprenable depuis la terrasse.

© OSCITY - SHUTTERSTOCK.COM

La Grand-Place, Bruges.

HÔTEL DE VILLE (STADHUIS) ★★

Burg 12
✆ +32 50 44 87 11
Ouvert tous les jours de 9h30 à 17h. Adulte : 7 €. Enfant (de 12 à 25 ans) : 6 €. Entrée couplée avec Franc de Bruges.

C'est ici que la ville est administrée depuis plus de 600 ans. Ce chef-d'œuvre gothique a été achevé au XVe siècle (1376-1420), ce qui en fait un des plus anciens des « Pays-Bas » de l'époque. La construction a débuté juste après les noces de Philippe le Hardi, premier duc de Bourgogne, avec la fille du comte de Flandre, lorsque celui-ci est le premier à fédérer les provinces vassales en « Pays-Bas bourguignons ». L'hôtel de ville est le parfait exemple du style gothique flamand-brabançon qui a fait la réputation des cathédrales de la région, même s'il fut restauré au XIXe siècle. Sa façade est ultra chargée, flanquées de trois tourelles, de hautes fenêtres étroites décorées des armoiries des anciennes cités vassales, d'un paquet de tourelles et des niches qui abritaient jadis les statues des comtes de Flandre. Façonnées par van Eyck mais détruites lors de la Révolution française, elles sont aujourd'hui remplacées par des copies. Au premier étage, on trouve une merveilleuse salle gothique avec une voûte d'ogives, des lambris, des arcs et ornées de peintures murales du XXe siècle (dont le fameux épisode de la bataille des Eperons d'or), qui est utilisée pour les mariages. Dans la salle adjacente, l'histoire de Bruges est illustrée grâce à des documents originaux et des tableaux. L'étage est payant, mais la salle des Pas perdus en bas est libre d'accès. Jetez-y un coup d'œil, elle abrite des portraits grandeur nature de souverains et du Burg.

LUMINA DOMESTICA ★

Wijnzakstraat 2
✆ +32 50 61 22 37
www.luminadomestica.be
7j/7 10h-17h (dernière entrée 16h). Ticket : 16/13/10 €, combiné avec Choco-story.

Comment s'éclairaient nos ancêtres ? Vous trouverez la réponse dans ce musée. Créé à l'initiative d'un collectionneur, il permet de suivre toute l'histoire de l'éclairage, de l'origine du feu à nos jours. Y est exposée une impressionnante collection de quelque 6 000 pièces anciennes (chandeliers, lampes à huile, à pétrole, au gaz, lampes électriques…), dont certaines de grande valeur, ce qui en fait la plus grande collection de lampes au monde. En revanche, il ne faut pas s'attendre pas à un musée interactif avec des films ou des expériences.

MAISON D'OCTROI

Jan van Eyckplein 1
✆ +32 800 20 021
Ouvert du mardi au vendredi de 13h30 à 17h (16h en juillet, août, octobre, novembre et Noël) et samedi de 10h à 12h.

Quand les bateaux arrivaient encore à Bruges, c'était sur le pont Sint-Jansbrug qui se trouvait là que l'on percevait le droit de péage des marchandises qui entraient en ville. Une affaire fort lucrative qui permit à Pierre de Luxembourg, à qui était confiée la charge de ce péage, de reconstruire cette maison d'octroi en 1477, tout en pierres blanches et grises. Au-dessus de la porte, on voit encore ses armoiries. La *Tolhuis* est la propriété de la province de Flandre occidentale et un bureau touristique se trouve au rez-de-chaussée.

MUSÉE DE LA FRITE (FRIETMUSEUM) ★

Vlamingstraat 33
✆ +32 5 034 01 50
www.frietmuseum.be/fr
Ouvert tous les jours de 10h à 17h. Adulte : 8 €. Enfant (de 3 à 11 ans) : 6 €. Étudiant et senior : 7 €.

Des frites, des frites, des frites ! Vous saurez tout sur l'histoire de la pomme de terre et de la frite, depuis les débuts de la patate au Pérou il y a dix mille ans jusqu'aux secrets d'une frite croustillante et réussie. Amusant et instructif, ludique pour les enfants. La visite se termine évidemment par une dégustation d'excellentes frites ! Par ailleurs, le musée est installé dans un superbe bâtiment du XIVe siècle qui mérite le détour pour lui seul : la Saaihalle.

MUSÉE DE LA TORTURE ★★

Wollestraat 29
✆ +32 50 73 41 34
www.torturemuseum.be
Ouvert tous les jours de 10h30 à 18h30. Adulte 9 €, étudiant 7 €, -10 ans gratuit.

Les escaliers parcourus, vous entrez dans le vif du sujet. Le musée de la Torture « Oude Steen » (vieille pierre) a trouvé place dans une des plus anciennes prisons d'Europe, et une partie des murs date du XIe siècle. Le système légal controversé exposé dans le musée date de la période entre le XIIe et le XVIIIe siècle. Certains instruments ont été utilisés réellement, mais chacun d'entre eux démontre une certaine folie dans les mesures exécutées par la justice de l'époque. Heureusement, un gentil bonbon est offert en fin de visite !

MUSÉE GRUUTHUSE ★★

Dijver 17C
Ouvert tous les jours de 9h30 à 17h. Adulte 14 €, tarif réduit 12 €.

Rénovée en 2019, cette maison appartenait aux seigneurs de Gruuthuse qui possédait le monopole de la vente du gruit, le mélange servant à faire la bière, plus tard remplacé par le houblon. Le palais date du XVe siècle et abrite 22 salles. Les collections que l'on y découvre sont extraordinaires : sculptures, mobilier ancien, objets répartis en 3 époques : bourguignonne, XVIIe et XVIIIe siècles. Face à une monumentale cheminée du XIXe siècle, des tapisseries de laine et de soie du XVIIe siècle représentent l'histoire d'un couple de bergers : Gombaut et Macée.

PALAIS PROVINCIAL ★

Markt 3

À l'origine, la Grand-Place était occupée par un entrepôt pour les navires, la Waterhalle, qui fut démolie en 1797 pour laisser place à un premier bâtiment destiné à la Cour provinciale. Après la destruction de celui-ci par un incendie en 1878, cet impressionnant édifice néo-gothique fut construit entre 1887 et 1921. Il était jusqu'en 1999 le siège du Conseil Provincial de la Flandre-Occidentale. Bâtiment de cérémonie et d'exposition, il est actuellement en cours de rénovation pour être transformé en maison ouverte de la Province et devrait ouvrir en 2024.

POORTERSLOGE

Kraanrei 19
✆ +32 50 44 30 60
www.ccbrugge.be
Le Poortersloge n'est ouvert que pendant les expositions en cours. Voir site web pour plus d'informations.

La loge des Bourgeois (*Poortersloge*) construite entre 1395 et 1417 servait de lieu de réunion à la société bourgeoise de l'Ours Blanc. Ils y recevait les marchands étrangers pour parler affaires. Depuis la tour, ils pouvaient voir les bateaux charger et décharger leurs marchandises dans les entrepôts tout proches. Devenu l'Académie des arts de la ville de 1720 à 1890, puis archives d'État de 1912 à 2012, le bâtiment reprend désormais sa fonction artistique puisqu'il est actuellement un musée d'art contemporain. Une double visite historique et actuelle.

PRÉVÔTÉ DE SAINT-DONATIEN ★

Burg 3

L'ancien siège de la seigneurie de la prévôté de Saint-Donatien est un bâtiment de style baroque (1665-1666), à la façade élégante décorée de sculptures allégoriques. Le déambulatoire du chœur de l'église fut redécouvert en 1988, lors des travaux de construction de l'hôtel Holiday Inn Crowne Plaza. Il a été intégré harmonieusement dans les caves de l'hôtel. Tout près s'élève la statue *Les Amoureux*, une allusion symbolique aux couples amoureux qui viennent se marier à l'hôtel de ville.

BEGIJNHOF (BÉGUINAGE) ★★★

Begijnhof 30
✆ +32 50 44 46 46
www.monasteria.org
Béguinage ouvert 7j/7, 6h30-18h30 (gratuit). Petit musée fermé.

Prenez le temps de déambuler dans les allées du site et d'apprécier l'instant. C'est magique ! Le béguinage princier Ten Wijngaarde qui signifie « de la vigne » est un havre de paix et de tendresse. Une particularité typiquement flamande. Celui-ci, aux façades de maisonnettes blanchies à la chaux et au jardin verdoyant et bizarrement silencieux, fut fondé par Marguerite de Constantinople, comtesse de Flandre, qui fit élever le village d'Ostende au rang de ville en 1245. Les béguinages, principalement localisés dans le Nord de l'Europe, se définissent comme d'authentiques villages dans les villes du Moyen Âge. Le terme de béguinage désignant tantôt une communauté autonome de femmes pieuses, tantôt un ensemble de bâtiments intègres, généralement construits autour d'une cour arborée, hébergeant une communauté et comprenant non seulement les installations domestiques et monastiques, mais aussi des ateliers utilisés par la communauté, et une infirmerie. Les béguines, femmes veuves ou célibataires, vivaient une vie monastique, mais sans prononcer de vœux, elles pouvaient donc quitter la communauté si elles le souhaitaient. Elles vivaient de mendicité et d'artisanat, de poterie et de la copie des livres. Ces communautés de femmes étaient parfois assez puissantes pour peser dans la vie économique d'une ville.

Dans les débuts du béguinage brugeois, les béguines ne vivaient pas dans des maisonnettes individuelles, mais dans des maisons collectives ; cela changea peu à peu, un clivage social, entre béguines fortunées et déshéritées, s'installant progressivement au XVe siècle. S'il fut peu visé par les iconoclastes, le béguinage fut évacué en 1582 par le pouvoir calviniste. L'église, qui servit alors d'entrepôt, vit sa toiture détruite par un incendie. Après la restauration catholique intervint une période de floraison au XVIIe siècle : rénovation du bâti, embellissement de l'église réparée, mais aussi changement des statuts, réservant de fait le séjour au béguinage à des dames de la haute société. Des 150 béguines qu'il avait comptées au XVe siècle, il n'en resta plus qu'une vingtaine au début du XIXe siècle. Pour remédier à la baisse des effectifs, et s'opposer au délabrement des bâtiments, le curé du béguinage eut l'idée en 1927 d'y attirer des bénédictines françaises et ce sont aujourd'hui encore des sœurs bénédictines qui logent dans plusieurs des maisonnettes. Le béguinage de Bruges, qui passe pour être le plus beau des béguinages de Flandre, comprend un portail d'entrée de style néo-classique datant de 1776, au bout d'un pont de la même époque ; un jardin de peupliers, bordé de maisons de béguines quasiment toutes dans le même style traditionnel, datant du XVIIe siècle pour la plupart, et des siècles ultérieurs pour quelques autres. On compte tout de même quelques rares maisonnettes du XVIe siècle. L'église Sainte-Élisabeth remonte au milieu du XIIIe siècle mais fut remaniée au XVIIIe siècle.

Toujours occupé par des religieuses bénédictines qui portent encore l'habit du XVe siècle, mais aussi par de vieilles dames seules, le béguinage séduit à plus d'un titre. Malheureusement, l'une des petites maisons aménagées en Maison de béguine qui permettait de découvrir les conditions de vie des béguines d'autrefois, leurs habitudes, leur quotidien, est pour le moment fermée. Le meilleur moment pour visiter le Béguinage ? Au printemps, quand le jardin intérieur est couvert de jonquilles en fleurs.

Façades du béguinage blanchies à la chaux.

CATHÉDRALE SAINT-SAUVEUR ★★★

Sint-Salvatorskerkhof ✆ +32 50 33 61 88

www.sintsalvatorskathedraal.be

Lun-ven 10h-13h et 14h-17h30 ; samedi jusqu'à 15h30 ; dimanche de 14h à 17h. Trésor ouvert l'après-midi, fermé samedi.

C'est la plus ancienne des églises paroissiales de la ville. En ses murs, en 1478, les Chevaliers de la Toison d'Or se réunirent pour établir la succession de Charles le Téméraire, duc de Bourgogne et qui confirmera sa fille Marie en tant que nouvelle duchesse. Une duchesse qui sera la bien-aimée des Brugeois. Elle devint le siège de l'évêché de Bruges après la destruction de la cathédrale Saint-Donatien lors de l'occupation des révolutionnaires français en 1799.

Édifiée du XIIe au XVe siècle, elle est essentiellement de style gothique, mais flanquée d'un clocher en style néo-roman qui lui fut rajouté après une restauration en 1849.

À l'intérieur, elle offre à voir de nombreuses œuvres d'art et de mobilier. Comme souvent, la période de la Contre-Réforme a apporté à l'édifice sévère une décoration baroque munificente qui contraste avec les lignes droites et pures du style gothique. L'autel, lui, date de 1636. De part et d'autre du chœur, on ne peut pas louper les immenses tapisseries de Bruxelles (au nombre de 8). Les cartons de ces tapisseries, dessinés par Jan van Orley, sont eux-mêmes exposés dans la cathédrale. Au début du chœur, les tapisseries survolent 48 stalles gothiques de 1430 au-dessus desquelles on a ajouté les armoiries des Chevaliers de la Toison d'Or, en souvenir de leur réunion de 1478. Également notables sont la châsse de saint Éloi et la châsse de Charles le Bon entourée de mausolées.

Ne manquez pas la visite du Trésor qui renferme les plus beaux tableaux de l'édifice, peints entre autres par Dirk Bouts.

HALVE MAAN (DE) ★★

Walplein 26

✆ +32 50 44 42 22

www.halvemaan.be

Visites guidée (45 minutes, créneaux en français) 7j/7 10h-17h, 18h, le samedi. Adulte : 15 €. Réservation recommandée.

Cette brasserie familiale, dont la première mention date de 1546, perpétue la longue tradition brassicole de Bruges depuis plus de six générations. Elle est connue pour la Brugse Zot, une savoureuse bière blonde de fermentation haute à base de malt, houblon et levure, et grâce à laquelle elle a gagné plusieurs prix, mais aussi... pour son pipeline de bière qui la relie à son site de mise en bouteille ! Il y a également la Straffe Hendrik, plus forte (triple à 9° et en quadruple à 11°), également très authentique et produite entièrement sur place.

La visite se fait en groupe et dure environ une heure. Tout le processus de fabrication de la bière y est expliqué. La salle de brassage a été rénovée récemment. Les brassins et la fermentation se font encore sur place, ce qui fait de l'établissement la dernière véritable brasserie au cœur de Bruges. La visite se conclut bien sûr avec une dégustation. Outre les ateliers de production (tout est produit sur place), une taverne et un restaurant ou l'on peut déguster de nombreuses bières autour de plats régionaux et suivant une cuisine de marché de produits frais, locaux et saisonniers et des spécialités à la bière (comme des joues de porc à la Brugse Zot Double), autour d'un bon feu de cheminée en hiver à l'heure du déjeuner. Tout est fait maison, le menu change tous les mois. La terrasse offre une pause détente aux beaux jours, la belle vue panoramique de Bruges depuis le 3e étage et la boutique sont des raisons supplémentaires de ne pas rater cette visite authentique.

GENTPOORT (PORTE DE GAND) ★

Gentpoort

✆ +32 50 44 87 11

Ne se visite plus.

Une des 4 portes de la Bruges médiévale, son apparence robuste témoigne de sa fonction défensive. À l'extérieur, 2 tours cylindriques romanes, avec des meurtrières et de lourdes portes encadrent un petit passage. À l'intérieur : 2 clochers pointus, une façade plate est ornée d'une sculpture représentant saint Adrien, protecteur de la ville contre la peste. Passage obligatoire pour les étrangers arrivant en ville, la porte était aussi utilisée pour l'import-export des marchandises.

MAISONS-DIEU

Katelijnestraat

Ces maisons typiquement brugeoises (les plus anciennes du XIVe siècle) sont d'anciennes résidences construites par les guildes ou des citoyens fortunés pour les membres de la profession et leurs veuves, personnes âgées ou nécessiteuses. Les maisons sont souvent construites autour d'un jardin central, avec une chapelle, un puits ou une pompe à eau. Depuis la Révolution française, la plupart de ces maisons sont propriété d'Etat. La plupart sont encore habitées par des personnes âgées. Elles sont nombreuses autour de Katelijnestraat et près de l'hôpital Saint-Jean.

DIAMOND MUSEUM BRUGGE ★★★★

Katelijnestraat 43
✆ +32 5 034 20 56
www.diamondmuseum.be
Ouvert 7j/7 de 10h30-17h. Fermé le 25/12, 01/01 et entre le 10/01 et le 3/02. Adulte : 13 €. Enfants : 8,50 €.

Bruges est le plus vieux centre de diamant en Europe, même si Anvers est le centre d'affaires diamantaire le plus important actuellement en Belgique. Le musée du Diamant vous invite ici à un voyage initiatique dans le monde de cette pierre brillante, ô combien précieuse, dont la taille fut inventée par le joaillier brugeois Lodewijk van Berken au XVe siècle. C'est bien donc ici à Bruges que le joaillier mit au point le principe du meulage par disque rotatif et poudre de diamant. Avec cette méthode, Lodewijk van Berken était capable de tailler les facettes d'un diamant de manière symétrique et très précise. On lui attribue la création de la « pendeloque » ou « briolette », une taille de diamant en forme de poire, une taille très populaire de nos jours. Cette nouvelle façon de travailler les pierres a permis à Bruges de devenir la capitale mondiale du diamant. Il travaillera le Florentin et le Sancy, deux pierres de légende, pour Charles le Téméraire. L'atelier de van Berken est reconstitué et de nombreux documents et objets relatifs au travail du diamant sont exposés ici. Après l'atelier, on accède à différentes salles thématiques. Une première détaille « L'atelier de joaillerie », la réplique de l'horlogerie-bijouterie bruxelloise « Belgo-suisse, A. Halvoet » où sont expliquées toutes les étapes pour réaliser un bijou en diamant, de la taille au sertissage. La salle « Les techniques de manufacture du diamant du XXIe siècle » prend comme exemple le polissage du diamant « Lesotho Promise », un énorme caillou de 603 carats dont la taille a été assistée par ordinateur (vous serez surpris du résultat). « Le Labo du Diamant » est la partie la plus fun du musée et la plus interactive. Vous vous retrouvez dans un véritable laboratoire et à vous d'identifier, avec évidemment quelques explications préalables, les 8 caractéristiques différentes pour évaluer un diamant. La technique des 4C (cut-taille-carat, clarté et couleur) n'aura plus de secrets pour vous. À l'aide d'instruments divers (microscopes, stylets), vous pourrez observer la pureté d'un diamant, apprendre à en peser à l'ancienne, tester leur dureté ou distinguer un vrai diamant d'un faux. Les diamants artificiels ne sont pas oubliés. Vous rencontrerez aussi Boris, un étrange robot conçu en Ukraine pendant l'époque soviétique. En quelques minutes, il avale du graphite pour ressortir de sa langue de fins diamants de synthèse. Quelques magnifiques pierres et les répliques des 20 plus gros diamants du monde ponctuent la visite, dont une réplique du fameux Florentin de Charles le Téméraire, un gros diamant jaune porté disparu depuis 1922 dans d'étranges circonstances. De quoi donner des envies de bijoux, et pour celles ou ceux qui souhaiteraient les concrétiser, la joaillerie voisine, La Maison du diamant de Bruges, propose une belle collection de diamants montés dans des créations de divers styles. N'hésitez pas à vous faire conseiller lors de votre achat, vous avez affaire à des experts après tout.

▸ **Démonstration de polissage de diamant.** Unique au monde, le musée du Diamant de Bruges vous propose une présentation du polissage d'un diamant, l'ultime étape de la taille avant un éventuel sertissage : inoubliable et incontournable ! Pour une visite combinée avec cette démonstration, c'est tous les jours à 12h15 avec une démonstration supplémentaire possible en cas de visite de groupe.

BRUGES - BRUGGE

© THANIDA SIRITAN/SHUTTERSTOCK.COM

Diamond Museum Brugge.

HÔPITAL SAINT-JEAN [SINT-JANSHOSPITAAL] ★★

Mariastraat 38 ✆ +32 50 44 46 46

Ouvert de 9h30 à 17h. Fermé le lundi. Entrée (Apotheek inclus) : adulte 12 € ; 12-25 ans 10 €, gratuit -12 ans.

L'hôpital Saint-Jean est l'un des plus anciens hôpitaux médiévaux qui subsistent en Europe. Il est resté en service jusqu'en 1976 et des religieux y soignaient les pèlerins. On y vient surtout pour les toiles du peintre Hans Memling qu'il abrite, mais la visite d'un hôtel-Dieu ancien n'est pas sans intérêt. L'architecture intérieure, avec ses briques et ses poutres est impressionnante.

- **Le musée**. Il restitue l'atmosphère des salles et de la vie hospitalière de l'époque. On peut y voir, entre autres, des livres, registres, courriers et sceaux, des instruments de soins, de la vaisselle, un habit de religieuse… C'est dans la chapelle de l'hôpital que s'illustre le grand talent de Hans Memling, le plus célèbre des peintres de la chrétienté gothique, né vers 1435 à Seligenstadt, en Hesse, établi à Bruges à partir de 1465 et mort en Flandre en 1494. Là, sont exposées ses œuvres maîtresses, réalisées au XVe siècle pour l'institution, comme la célèbre *Châsse de sainte Ursule*. Héritier de Van der Weyden et précurseur de Bruegel, Memling est reconnu comme un maître du portrait. Il a réalisé des *Vierges à l'Enfant* éblouissantes.

- **Le jardin botanique** de plantes médicinales et l'ancienne pharmacie du XVIIIe siècle, méritent aussi le détour. Les bâtiments rénovés du XIXe siècle sont aujourd'hui occupés par le Centre Oud Sint-Jan qui y organise des expositions et des congrès. Une visite au grenier permet aussi d'admirer la charpente, parmi les plus monumentales et les plus anciennes d'Europe.

HÔTEL ARENTS [ARENTSHUIS] ★

Dijver 16

✆ +32 50 44 87 11

Du mardi au dimanche 9h30-17h. Entrée gratuite.

Ce bel hôtel particulier albâtre transformé en musée appartenait à la famille Arents. La visite est généralement couplée à celle du musée Groeningemuseum juste en face. Mais il est aussi possible de le visiter seul. À l'étage supérieur de cette élégante maison de maître néoclassique du XVIIIe siècle avec un magnifique jardin d'époque, est exposée l'œuvre de Frank Brangwyn (1857-1956). Artiste britannico-brugeois talentueux et polyvalent, il était à la fois architecte, créateur d'œuvres en verre, de meubles et de bijoux, un vrai génie. Son thème fétiche était la vie des ouvriers du XIXe siècle, c'est-à-dire le réalisme socialiste. Il dépeignait des scènes réalistes de la vie quotidienne au temps de l'industrialisation, qui reflètent de manière si vivante le dur labeur des ouvriers sur les quais et dans les usines. Son trait nerveux est remarquable et les dessins croquent la vie des miséreux et ouvriers avec finesse. L'artiste a également immortalisé ses impressions de voyage sur des toiles de peintures à l'huile, des aquarelles et des gravures à l'eau-forte. Ses multiples talents s'expriment aussi au travers de la conception de meubles, de tapis, de vitraux, de céramiques et de bijoux dont certaines pièces sont également exposées dans ces lieux. Le rez-de-chaussée est maintenant transformé en magnifique salon où on peut boire un verre, manger une pâtisserie, lire, discuter, se cultiver (expos temporaires dans la pièce attenante)… à moins que vous ne préfériez la terrasse ?

PLACE DES TANNEURS [HUIDENVETTERSPLEIN] ★

Huidenvettersplein

La place des Tanneurs est pittoresque, bien qu'envahie par les restaurants touristiques. Ici se trouve l'ancienne maison de la corporation (1630-1716) des *huidenvetters* (en flamand « graisseur de peau ») ou des tanneurs, datant de la fin du XVIIe siècle. Elle est facile à reconnaître : une colonne supportant deux lions tenant un bouclier, l'emblème du vieux métier. La placette aboutit au lieu le plus photographié de la ville : Rozenhoedkaai, le quai du rosaire.

QUAI DU ROSAIRE [ROZENHOEDKAAI]

Rozenhoedkai

Voici l'un des sites incontournables de la ville, un point de vue sur le canal de type « carte postale ». De jour comme de nuit, le cadre est parfait pour une photo souvenir (meilleurs moments : matin et crépuscule). Ici, on peut admirer les splendides bâtisses d'époque se refléter dans le canal. Ce quai est un ancien port de sel (Zoutendijk). Au XIVe siècle déjà, on y vendait cet or blanc. C'est également ici que l'on commerçait des rosaires jusqu'au XVIIIe siècle, d'où son nom.

MINNEWATERPARK ★★★

Wijngaardplein 1

Ouvert 24h/24.

Le parc du Lac d'Amour est certainement l'endroit le plus romantique de la ville, qui invite à la rêverie. Il est donc difficile d'imaginer que de 1614, date de percement du canal Bruges-Gand, à la fin du XIXe siècle, le lac servait de bassin commercial pour les barges qui assuraient un transport régulier entre les deux villes. La traduction littérale de Minnewater serait le lac (l'eau) d'Amour, à comparer avec l'allemand Minnesänger, troubadour, littéralement « chanteur d'amour ». Cela correspond à l'atmosphère actuelle du plan d'eau. Toutefois, au Moyen Âge, ce bassin était le port intérieur de Bruges, vibrant d'activité, encombré de nefs venant y décharger leur cargaison. Minnewater est donc probablement une déformation de Binnenwater, où *binnen* veut dire « à l'intérieur », soit le bassin intérieur.

Arrêtez-vous sur le petit pont et comme le veut la tradition, faites un vœu en souvenir des amours malheureuses de Minna et Morin. Ces deux jeunes gens s'aimaient mais le père de la jeune fille ne voulait pas qu'elle épouse Morin. Minna s'était alors enfuie. Lorsque Morin la retrouva, ce fut pour recueillir son dernier souffle. Fou de chagrin, il construisit une digue puis assécha la rivière afin d'y enterrer Minna. Une fois fait, il rompit la digue et les eaux ensevelirent le corps de sa bien-aimée. À côté du pont s'élève la tour à Poudre, ancien dépôt de munitions.

À l'autre bout de la pelouse, on franchit la deuxième porte et on prend à gauche, en direction du Minnewater déjà aperçu au loin avant d'entrer dans le béguinage.

MUSÉE GROENINGE ★★★

Dijver 12

✆ +32 5 044 87 11

Ouvert tous les jours de 9h30-17h. Adulte 14 € (combiné avec Arentshuis), 12-25 ans 12 € ; gratuit -12 ans.

Qui vient à Bruges ne peut rester insensible aux peintres primitifs flamands. Ce temple de la peinture locale et régionale à la réputation internationale abrite au travers de ses salles rénovées et complètement réagencées en 2020, une collection permanente magistrale, passant en revue près de six siècles de culture picturale flamande. On part des œuvres des grands primitifs pour aboutir à l'expressionnisme. Honneurs aux enfants du pays, les artistes brugeois sont en ligne de mire. Parmi eux, van Eyck, pas né mais décédé à Bruges. Parmi ses œuvres remarquables, on découvre la *Vierge au chanoine*, qu'il a réalisée en 1436, exposée dans son cadre d'origine. On peut aussi admirer l'*Annonciation* de Memling ainsi que deux panneaux de bois représentant la *Vierge pleurant le Christ* de Simon Marmion. Mais aussi l'œuvre phare d'Hugo Van Der Goes, *La Mort de la Vierge* datant de 1470 et bien d'autres chefs-d'œuvre signés Jérôme Bosch, Pieter Brueghel, Gérard David, Pieter Pourbus, Jan Provoost. Toutes les périodes depuis le XVe siècle jusqu'à nos jours se voient ainsi représentées par leurs artistes les plus emblématiques : les maîtres de la Renaissance et de la période baroque, ou encore les tableaux les plus impressionnants des périodes néoclassique et réaliste des XVIIIe et XIXe siècles mais aussi les symbolistes et expressionnistes flamands ou les surréalistes que sont Jean Delville, Fernand Khnopff, René Magritte, Paul Delvaux, Émile Claus, Bram Bogaert, Pierre Alechinsky ou l'Ostendais James Ensor... pour ne citer qu'eux.

Minnewater park.

CENTRE DE LA DENTELLE [KANTCENTRUM]

Balstraat 16 ✆ +32 50 33 00 72
www.kantcentrum.eu
Ouvert du lundi au samedi 9h30-17h. Démonstrations du lundi au samedi 14h-17h. Adulte : 6 €, 12-25 ans et + 65 ans 5 €.

Rénové récemment, ce musée est aménagé dans des maisons où vivaient autrefois les dentellières. Dès le XVIIIe siècle, les sœurs apostoliques organisaient l'enseignement de cet art pour des jeunes filles pauvres. L'école a failli disparaître dans les années 1960. Aujourd'hui, le centre comprend une exposition de pièces du XVIIIe et XIXe siècles, de la dentelle noire de Chantilly, dentelles des Flandres et de Valenciennes. Démonstrations et stages d'initiation pour adultes.

DOMAINE ADORNES ★★

Peperstraat 3
✆ +32 050 33 88 83
www.adornes.org/fr
Lundi au samedi, de 10h à 18h (17h, 1/10-31/03). Adultes : 8 €, +65 ans 6 €, 7-25 ans 4 €. Visite guidée sur demande.

Le domaine Adornes est unique en son genre, car il appartient à la même famille depuis six siècles ! Aujourd'hui le comte et la comtesse Maximilien de Limburg Stirum, descendants à la dix-septième génération de cette lignée de sang bleu, se consacrent avec passion à la conservation de ce patrimoine brugeois d'exception. Dans le musée multimédia, vous partez sur les pas d'Anselme Adornes, en pèlerinage en Croisade, où vous croisez le roi d'Écosse, ou encore les ducs de Bourgogne. Un voyage en immersion aux temps médiévaux de la cité de Bruges.

EGLISE SAINT-GILLES ★★

Baliestraat
Ouvert tous les jours de 13h à 17h, entre avril et septembre.

L'ancienne petite église gothique de Saint-Gilles construite en 1274, était à l'origine située hors des murs de la ville. Engloutie par la croissance de celle-ci, elle a été transformée en église-halle dominée par sa tour de 70 m de haut, achevée au XVIIIe siècle. Elle contient quatre tableaux intéressants (1774) de Jan Garemijn, représentant des épisodes de l'histoire de l'ancienne archiconfrérie des frères de la Trinité qui se voua au rachat des esclaves. C'est ici que reposent plusieurs grands artistes brugeois, dont Memling et Pourbus.

ÉGLISE SAINTE-ANNE ★★

Sint Annaplein
✆ +32 50 34 87 05
Ouvert de 13h à 17h, d'avril à septembre.

L'extérieur de l'église Sainte-Anne est sobre en brique. Reconstruite sur les ruines de l'église gothique saccagée par les iconoclastes du XVIe siècle (1581), sa réalisation tarda en raison de la création de la seconde enceinte de la ville sur ce terrain. Inaugurée en 1624, de style Renaissance, elle révèle un intérieur bonbonnière tout à fait rococo : jubé de marbre, mobiliers chargés, œuvres multiples sont l'immense *Jugement dernier* de Hendrik Herregouts, 100 m² de peinture ! La nef est recouverte de boiseries travaillées dans le goût de la fin du XVIIe siècle.

GILDE DE SAINT-SEBASTIEN ★

Carmersstraat 174
✆ +32 5 033 16 26
www.sebastiaansgilde.be
Ouvert du lundi au samedi sur rendez-vous. Entrée : 10 €.

La maison de la Guilde des arbalétriers de Saint-Sébastien est un complexe d'architecture civile remarquable. À l'origine, il s'agissait d'une clique de bourgeois de la ville pratiquant l'arc, et plus tard l'arbalète, pour les besoins de la défense. Aujourd'hui, le Grand Serment des archers de Saint-Sébastien est un club de tir à l'arc. Les rois d'Angleterre en sont membres d'honneur depuis l'inscription de Charles II, exilé à Bruges en 1656. Le musée expose des documents anciens, des peintures et des œuvres d'orfèvrerie, dont un tableau de Van Dyck.

MOULIN SINT-JANSHUIS ★

Kruisvest
✆ +32 50 44 87 43
Ouvert d'avril à fin septembre de mardi à dimanche, de 9h30-12h30 et 13h30-17h. Entrée 4 €. 18-25 ans et +65 ans : 3 €.

Dès la fin du XIIIe siècle et jusqu'au XIXe siècle, l'enceinte extérieure de la ville comptait de nombreux moulins. Aujourd'hui, seuls quatre rescapés déploient leurs ailes le long de la Kruisvest. Deux moulins servent encore à moudre le grain et occupent leur emplacement d'origine : le Koelewei et à côté le moulin Saint-Jean (Sint-Janshuismolen), construit en 1770 par un groupe de boulangers. Il est possible de le visiter. Les meuniers y accueillent aujourd'hui les visiteurs pour leur montrer le mécanisme du moulin en action lorsque le vent est assez fort.

Église Sainte-Anne.

MUSÉE DE LA VIE POPULAIRE (VOLKSKUNDEMUSEUM)

Balstraat 43

✆ +32 50 44 87 11

Ouvert du mardi au dimanche de 9h30 à 17h. Gratuit jusqu'à 11 ans. Adulte : 7 €. 12-25 ans : 6 €, - 12 ans gratuit.

Logé dans d'anciennes maisons-Dieu ce musée expose des objets illustrant le folklore de la Flandre-Occidentale, la vie du petit peuple et les usages populaires. On y découvre une ancienne cuisine, une salle de classe, une chapellerie, un atelier de tailleur, un magasin de confection, une cordonnerie, une tonnellerie, une pharmacie, une verrerie, une chambre à coucher et le café In de Zwarte Kat (Au chat noir). On y verra des collections de pipes, de dentelles, et d'objets du quotidien.

MUSÉE GEZELLE (GEZELLEHUIS) ★

Rolweg 64

✆ +32 50 44 87 11

Ouvert du mardi au dimanche de 9h30 à 12h30 et de 13h30 à 17h. Gratuit.

Institué dans la maison natale de Guido Gezelle, le musée Gezelle présente la vie et l'œuvre de ce grand poète flamand. On se penchera tout particulièrement sur la pièce remarquable de Jan Fabre, « L'homme qui donne du feu ». L'exposition n'est malheureusement qu'en néerlandais, et elle est assez réduite. On viendra y faire un tour pour y jeter un œil et surtout profiter du beau jardin de la maison qui est très reposant pour faire une halte pendant la visite de la ville.

NOTRE-DAME DE LA POTERIE

Potterierei 79 B

Ouvert du mardi au dimanche, de 9h30 à 12h30 et de 13h30 à 17h. Entrée adulte, 7 €. 12-25 ans : 6 €. -12 ans : gratuit.

Ce complexe hospitalier Notre-Dame de la Poterie date du XIIIe siècle. Il donnait des soins aux pèlerins, aux voyageurs et aux malades démunis comme l'hôpital Saint-Jean. Il possède une belle église avec un intérieur baroque dont un merveilleux cloître, et un autel surmonté d'une statue miraculeuse du XIIIe siècle. On peut y découvrir de nombreuses peintures, sculptures et tapisseries murales, des meubles et des vitraux, une collection d'argenterie unique, des œuvres d'art, des reliquaires religieux et des instruments médicaux d'époque.

SACRED BOOKS - SECRET LIBRARIES

Carmersstraat (Couvent anglais) 85

✆ +32 474 95 13 30

Lundi, mercredi, jeudi et samedi à 10h, à 14h et à 15h30. Entrée : 15 €. Tarif réduit : 12 €. 18 €-15 € avec tablette.

Découvrez les trésors et le mode de vie du Couvent anglais et du Couvent des Carmes. Encore habités par des ordres religieux, le Couvent anglais est célèbre pour son église à dôme (unique à Bruges) et sa relique de Thomas More tandis que le Couvent des Carmes possède un réfectoire et une bibliothèque, tous deux impressionnants. Au Couvent anglais, les chanoinesses éduquaient les jeunes filles anglaises, belges et suisses (d'où le nom) et s'occupaient d'un hospice ouvert aux voyageurs.

SE LOGER

La majorité des hôtels, chambres d'hôtes et auberges de jeunesse se trouvent au cœur de la cité, à proximité immédiate des points d'intérêt, et nombre d'entre eux sont installés dans d'anciennes demeures rénovées. Depuis quelques années, les chambres d'hôtes se sont multipliées à Bruges. Plus conviviales que l'hôtel, elles constituent une bonne alternative pour ceux qui souhaitent découvrir la ville au plus près de ses habitants. L'offre est très importante (plus d'une centaine d'adresses répertoriées) et on trouve toutes les catégories, des plus simples au luxe le plus extrême. Ce sont de toutes petites structures car les propriétaires ne peuvent proposer plus de trois chambres. Un site leur est dédié : www.brugge-bedandbreakfast.com. Attention : les tarifs sont très élevés en haute saison et les réservations très nombreuses en été et le week-end. La haute saison s'étend de mai à octobre. Janvier et février sont des mois plus creux.

HOTEL VAN EYCK €

Korte Zilverstraat 7
✆ +32 50 33 52 67
hotelvaneyck.be

A partir de 65 € la petite double, 79 € la standard, 102 € la triple et 125 € la quadruple. Petit déjeuner 10 €.

Ce petit hôtel familial, niché dans une maison typique du style brugeois du XVIIIe siècle, a gardé le charme de l'ancien et du mini, avec vue sur le beffroi en plein centre et un magnifique escalier en colimaçon. Il compte une poignée de chambres princières à prix très abordables. Les lits, équipés d'un matelas épais douillet, sont dans chaque chambre, encadrés de rideaux colorés et sertis de coussins à l'ancienne. Certaines avec des miroirs dorés rococo, une orientale colorée. Autre bon point, une jolie pièce à vivre pour prendre un excellent petit déjeuner.

B&B AMARYLLIS DIELTIENS €€

Waalsestraat 40
✆ +32 5 033 42 94
www.bbdieltiens.be

Chambre simple de 80 € à 125 € ; double de 90 € à 135 € ; triple de 115 € à 160 €. Petit déjeuner inclus. Wifi.

Situé près d'un canal pittoresque du centre médiéval, cette maison d'hôtes construite en 1832 tenue par un couple de musiciens offre une ambiance romantique, artistique et familiale. Les quatre chambres spacieuses et joliment décorées ont leur propre salle de bains et beaucoup de cachet, grâce à du plancher ancien, des poutres apparentes, du mobilier de qualité. Le copieux petit déjeuner (avec du speculoos à tartiner !) se prend dans la magnifique salle à manger avec canapé, lustres, en toute convivialité autour de la table et donnant sur un petit jardin.

ASINELLO B&B €€

Ezelstraat 59 A ✆ +32 50 34 52 74
www.asinello.be

2 nuits minimum. Chambre double à partir de 110 € ; suite à partir de 160 €. Petit déjeuner et hammam inclus.

Cette maison d'hôtes est située au calme en plein cœur de Bruges. Asinello signifie petit âne en référence à la rue (*ezel* = âne en flamand). C'est la rue que les marchands empruntaient pour garer leurs ânes à la porte de la ville. Monique et Peter se consacrent ici à 100 % à l'accueil et au bien-être de leurs hôtes. L'endroit associe avec goût l'esprit d'une maison de caractère et une touche contemporaine. Les trois luxueuses chambres disposent de meubles design tout confort. Living et salon agréables, hammam, petit déjeuner copieux avec service attentionné.

B&B CANAL DELUXE €€

Moerstraat 24
✆ +32 475 466 722
www.canaldeluxe.com

A partir de 170 €/nuit la chambre double, petit déjeuner inclus. Parking : 12 €. Séjour de deux nuits minimum.

Canal Deluxe abrite trois sublimes chambres d'hôte en plein cœur de Bruges. Entre tradition et modernité, cette maison brugeoise du XVIIe siècle est idéale pour un séjour en amoureux. Un intérieur mansardé très cosy, des canapés originaux, un cachet indéniable et l'accueil chaleureux des hôtes sont ses points forts. On s'y sent comme chez soi. Cette atmosphère romantique est garantie par la vue sur les canaux et le feu de cheminée allumé dans chacune des chambres en hiver. Le charmant jardin extérieur est des plus agréables avec sa grande table en terrasse.

B&B MARJAN DEGRAEVE €€

Kazernevest 32

✆ +32 50 34 57 11

www.bedandbreakfastmarjandegraeve.be

Séjour minimum : 2 nuits, 3 nuits à 255 €, petit déjeuner inclus. Vélo 6 € par jour.

Inattendu et assez excentrique ! A 15 minutes à pied de la Grand-Place, cette maison spacieuse et à la déco éclectique, chargée de poupées, mannequins et objets d'art, propose deux grandes chambres avec lavabo, percolateur et bouilloire électrique. Elles partagent une jolie salle de bains et un WC inattendu… qui vous accompagne en musique lorsque vous vous installez. Les très sympathiques hôtes sont une véritable mine d'informations. Karel est brasseur de métier et vous aurez l'occasion de goûter à son délicieux breuvage. Il y a aussi deux vélos à louer.

BED AND BRUGES €€

Annuntiatenstraat 101

✆ +32 50 34 43 38

www.bedandbruges.be

Accueil 24h/24. Chambres : à partir de 180 €. Gîte : à partir de 390 € les 3 nuits.

Situé dans le centre historique, ce petit domaine propose un gîte (At home) pouvant héberger 6 personnes et des chambres d'hôtes. La chambre d'hôtes Coquillage se trouve dans une partie contemporaine de la maison tandis que la suite La Tour est nichée dans une petite tour du XVIIIe siècle. Cette petite folie est un monument classé au patrimoine de Bruges. Toutes les chambres bénéficient de leur propre salle de bain, living et cuisine équipée. Un grand jardin de 1 000 m² aménagé par le propriétaire, paysagiste est un vrai havre de paix en pleine ville. Parking.

LE BOIS DE BRUGES €€

Vrijdagmarkt 5

✆ +32 50 33 33 64

www.leboisdebruges.be

86 chambres de 90 € à 250 €, petit déjeuner compris. Menu 3 services à 39 € pour les résidents de l'hôtel.

L'hôtel Le Bois de Bruges a été rénové en 2021. Il est idéalement situé entre le centre-ville, la gare, le théâtre et le Centre de congrès. L'architecte d'intérieur s'est inspiré des maisons en briques blanches du béguinage et bien sûr, de nature, le résultat est très chic. Les chambres sont sobres, grandes et confortables, et le petit déjeuner se prend dans le magnifique *greenery*, cette salle sous un beau plafond de verre où sont plantés des bouleaux. Son restaurant le Morningstar, avec sa cuisine fusion, est apprécié des locaux. Le plus : un parking souterrain.

BONOBO APARTMENTS €€

Goezeputstraat 5

✆ +32 50 33 12 82

www.bonobo.be

A partir de 97 €/nuit l'appartement standard pour 2 (sans petit déjeuner). Séjour de 3 nuits minimum. Parking : 10 €.

Ce bel appart-hôtel bien situé comporte 11 chambres modernes adaptées pour 2 à 6 personnes. L'intérieur est très sobre et épuré, c'est la propreté et la fonctionnalité qui priment ici. Elles sont toutes équipées de cuisine et d'un coin salon, et donc se révèlent très pratique pour des séjours de moyenne durée quand on ne veut pas sortir tous les jours au restaurant. On apprécie les terrasses privatives sur un beau jardin pour certaines d'entre elles, une vraie différence. Selon la saison un minimum de 2 ou 3 nuits peut être un minimum.

BOURGOENSCH HOF €€

Wollestraat 35

✆ +32 5 033 16 45

www.hotelbh.be

Chambre double à partir de 84 €, à partir de 140 € pour une chambre avec vue sur canal. Petit déjeuner 9 €.

Au cœur de la vielle ville, au fond d'une ravissante impasse, cet établissement 3 étoiles occupe un bâtiment historique et offre une vue imprenable sur l'eau : celle-ci coule à ses pieds. Une aile entière vient d'être rénovée, tandis que les prix restent abordables et les chambres bien équipées. Le petit déjeuner se prend dans la salle ancienne avec vue panoramique aux croisements de canaux, sublime. C'est l'un des meilleurs rapports qualité/prix de la ville mais il est souvent plein, pensez à réserver tôt. Personnel et patron attentifs, souriants et sympathiques.

GRAN HOTEL DE PASSAGE €€

Dweersstraat 26

✆ +32 50 34 02 32

https://www.passagebruges.com/

Chambres à partir de 90 €, petit déjeuner compris.

Situé à l'arrière du fameux restaurant Art déco De Passage, ce boutique hôtel vient de subir une rénovation, les chambres sont donc toutes neuves et pimpantes. Arborant des tons très actuels de kaki et d'or, avec un carrelage vintage au sol et coussins, pouf et tentures en velours, les chambres sont de vrais petits nids douillets pour passer une bonne nuit après avoir battu des pavés brugeois. Attention, pour les plus modestes : la salle de bains est complètement ouverte sur la chambre. Très bon petit déj' inclus pour un prix qui reste raisonnable pour le centre.

HOTEL DE BARGE €€

Bargeweg 15
✆ +32 50 38 51 50
www.hoteldebarge.be
A partir de 102 € la double avec petit déjeuner + taxe de séjour, à partir de 122 € la cabine d'officier. Wifi.

Un hôtel insolite ! Ce bateau était une péniche qui naviguait sur le canal de Bruges à Gand, aujourd'hui ancrée sur le petit port et transformée en hôtel-restaurant abordable et charmant. Canards et mouettes réclament des miettes au petit déjeuner par le hublot. Les cabines sont parées de boiseries nobles et de photos de navires anciens qui donnent un ton exotisme rétro. Tout comme les gilets de sauvetage sur les lits, pour sentir le petit frisson de dormir sur l'eau. Petites mais douillettes, elles sont dotées d'une grande fenêtre avec vue sur le canal.

HÔTEL MARCEL €€

Niklaas Desparsstraat 9
✆ +32 50 33 55 02
www.hotelmarcel.be
24 chambres. Chambre double 85 € à 180 €. Petit déjeuner inclus. Petite restauration et bar le soir. Terrasse. Bar.

L'hôtel Marcel est niché en plein cœur de Bruges. Design, naturel et chaleureux sont trois adjectifs qui qualifient l'atmosphère qu'il règne ici. 24 chambres dont certaines décorées de photos de Bruges au plafond (très original), offrent tout le confort attendu. Certaines sont modulables de 2 à 4 personnes, de suite à chambre familiale. Le Café Marcel où se prend le petit déjeuner gourmand, propose aussi une petite restauration le midi et fait bar à tapas le soir. Ajoutons à cela un accueil super sympa et tout est réuni pour passer un très bon moment à Bruges.

RADISSON BLU €€

Frank Van Ackerpromenade 17
✆ +32 50 24 91 91
A partir de 112 € la nuit sans petit déjeuner. Petit déjeuner : 20 €.

Les 109 chambres et suites du Radisson Blue Bruges sont toutes conçues avec confort, dans un style contemporain, et dans une palette de couleurs apaisantes accompagnées de matériaux naturels. Le lounge est très élégant, idéal pour feuilleter de beaux livres à disposition. Les chambres offrent une vue imprenable sur la ville. Le restaurant Black Swan propose ici des spécialités flamandes twistées d'ingrédients originaux, dans un cadre cosy et trendy. Pratique : l'hôtel est situé à seulement 15 minutes à pied du centre-ville et 50 mètres de la gare.

'T FRAEYHUIS €€€

Minnewater 11-15
✆ +32 50 96 03 01
www.fraeyhuis.be/fr
A partir de 109 € la chambre double avec petit déjeuner. Wifi, TV, climatisation, machine Nespresso, minibar, parking.

Ouvert en 2021, ce boutique-hôtel, au cœur du parc Minnewater, son ambiance est relaxante et romantique au milieu des arbres. Quelle vue au petit déjeuner ! Celui-ci est copieux, constitué de produits fins et délicats. Les chambres et suites au style contemporain sophistiqué sont pourvues pour certaines de baignoires, ilots et cheminée, toutes ont une salle de bain vitrée avec des vasques en pierre brute, des fauteuils et lits moelleux. Les tons sombres de l'ensemble et les photos d'art sont mises en valeur par de subtils éclairages. Un vrai cocon de luxe.

BARABAS B&B €€€

Hertsbergestraat 8-10
✆ +32 50 33 35 42
www.barabas.be
A partir de 175 € la nuit, petit déjeuner inclus. Séjour de 2 nuits minimum.

Cette demeure du XVIIIe siècle offre tout le confort nécessaire mais elle a surtout gardé l'esprit d'époque. Ce petit bijou de maison d'hôtes de luxe située dans un endroit calme et en plein cœur de la vieille ville, propose une vue unique sur un canal pittoresque. Barabas est chaleureux et attrayant avec sa décoration raffinée, ses sols originaux, ses plafonds anciens et son mobilier exclusif. Toutes les suites, décorées avec des antiquités précieuses trouvées dans le grenier, ont un style très particulier. Le petit déjeuner-buffet est digne des grands hôtels.

BOUTIQUE HOTEL SABLON €€€

Kopstraat 10 ✆ +32 50 96 02 46
www.hotelsablon.be
Simple dès 152 €, double dès 171 €, suites dès 247 €. Petit déjeuner : 27 €. Minibar, climatisation, machine expresso.

Ce nouveau Boutique Hotel dans les murs du Grand Hotel du Sablon a gardé sa classe et sa réputation mais s'est modernisé pour devenir carrément branché. Il n'y a qu'à voir sa terrasse à l'entrée, avec un mur végétalisé, un fond musical jazzy ou son petit déjeuner avec des verrines raffinées et son living aux luminaires cosy. Les chambres et suites, certaines avec vue sur le beffroi, sont vraiment magnifiques et lumineuses, dans des tons gris bleu, du grand confort 4-étoiles avec des chaises design et des salles de bains à l'éclairage digne d'un vaisseau spatial.

HÔTEL DE CASTILLION €€€

Heilige Geeststraat 1
✆ +32 50 34 30 01
www.castillion.be

Chambre de 150 € à 215 €, suite à partir de 195 € (hors taxe de séjour). Petit déjeuner 25 €. Afternoon tea : 20-38 €.

Vous êtes ici dans l'ancienne résidence du premier évêque de Bruges, Jean-Baptiste Louis de Castillion. Situé à coté de la cathédrale Saint-Sauveur, ce 4-étoiles « Small Elegant Hotel » allie poutres apparentes, vasques et baignoires ilots vintage au design précieux, avec un confort luxueux, l'antique avec le moderne et le design. Le salon est absolument somptueux avec son décor princier : de grands miroirs, des canapés en velours capitonnés, des rideaux drapés et des lustres scintillants où l'on sert un Afternoon High Tea. Chaque chambre est unique !

HOTEL VAN CLEEF €€€

Molenmeers 11
✆ +32 50 34 64 14
www.hotelvancleef.be

A partir de 250 € la nuit. Petit déjeuner : 22 €. Bar et terrasse.

La famille Vanhaecke a rénové une demeure seigneuriale sur le bord d'un canal pour en faire un sublime boutique-hôtel. La verrière avec ses plantes d'intérieur et ses livres est merveilleuse, tout comme le salon avec ses larges canapés. Ou la terrasse au fil de l'eau, idéale pour observer les cygnes à l'heure du thé ou d'un cocktail. La décoration contrastée entre antiquités et meubles design est très réussie, tandis que les chambres sont superbement équipées, avec baignoire à hydromassage. Le petit déjeuner est une merveille, tout est préparé à la demande.

HOTEL HERITAGE €€€

Niklaas Desparsstraat 11 ✆ +32 50 44 44 44
www.hotel-heritage.com

À partir de 200 € la chambre double, 255 € la deluxe, suites à partir de 390 €, petit déjeuner : 19 €.

Ce prestigieux boutique hôtel Relais & Châteaux situé au cœur de Bruges allie luxe, caractère et noblesse. Admirez les lustres sous les hauts plafonds dès l'entrée ! Les chambres au confort et à l'élégance classique sont riches en boiseries, équipées de technologies discrètes mais aussi d'objets vintage romantiques. Certaines ont vue sur le théâtre, d'autres sur le beffroi. Le petit déjeuner est servi dans le cadre princier à l'image du standing du restaurant gastronomique de l'hôtel, le Mystique. Un nouveau spa offre désormais un moment de détente aux résidents.

NUMBER 11 EXCLUSIVE GUESTHOUSE €€€

Peerdenstraat 11 ✆ +32 5 033 06 75
www.number11.be

A partir de 145 € la double, 215 € pour la suite, petit déjeuner inclus. En week-end minimum de 2 nuits.

Situé dans une rue calme du centre historique, cet hôtel particulier du XVIIe siècle a été superbement rénové avec luxe et goût. Le caractère de cette demeure historique a été préservé, comme en témoigne le plancher de bois ou les poutres apparentes, tout en s'alliant à un grand confort élégant. Les trois chambres et la grande suite, spacieuses et lumineuses, ont chacune leur personnalité. Il y a aussi un salon réservé aux hôtes, avec un feu ouvert bien agréable en hiver.

HOTEL ORANGERIE €€€

Kartuizerinnenstraat, 10
✆ +32 5 034 16 49

Chambre double à partir de 111 € ; suite à partir de 255 € (150 € et 295 €, petit déjeuner inclus). Parking : 25 €. Bar.

Un des hôtels les plus réputés et les mieux placés en plein cœur de Bruges, dont la belle façade donne le ton du standing. Situé dans un ancien couvent du XVe siècle, le lieu offre un confort 4-étoiles tout en conservant son charme d'antan. Idéalement situé sur le canal « De Dyver », vous ne pourrez résister à prendre un petit déjeuner généreux sur la terrasse pour profiter de la vue en été, ou à déguster le fameux « afternoon tea » au coin de la cheminée du salon en hiver. Les chambres luxueuses ont toutes leur caractère personnel grâce à une décoration unique.

THE PAND HOTEL €€€

Pandreitje 16
✆ +32 50 34 06 66
www.pandhotel.com

Chambre Charme de 165 € à 265 € la nuit. Junior Suite de 259 € à 440 € la nuit.

Ce boutique-hôtel plonge ses hôtes dans le passé faste de cette maison bourgeoise du XVIIIe siècle, tout en proposant tous les standards modernes de confort et de luxe. Il a été repensé dans un univers digne des films d'époque, avec des chambres meublées avec goût et caractère. Joli patio extérieur pour prendre le thé, 26 chambres et un salon lounge intimiste avec cheminée crépitante, vieux livres, confortables canapés, bar romantique. Un accent particulier a été mis sur le petit déjeuner, une profusion de produits sains et frais.

SE RÉGALER

Il ne fait aucun doute que Bruges abrite de très bonnes adresses qui contenteront les plus grands gourmets. Un dîner romantique ne sera donc pas difficile à organiser, pour autant que vous fassiez une réservation. Pour les plus petits budgets, il y a toujours une petite friterie pour vous attendre au coin d'une rue ou des établissements moins chers, mais bien sympathiques. Ici, on propose de la tradition belge dans les assiettes ! Longtemps le fief des brasseries flamandes et des restaurants proposant des bonnes carbonnades, moule-frites et autres spécialités de plats en sauce consistants, Bruges s'ouvre à d'autres horizons culinaires asiatiques (avec Tanuki), thaïlandais ou italien. On trouve aussi des restaurants de nouvelle cuisine franco-belge sophistiqués et assez onéreux qui attirent les Brugeois comme les touristes. Ils sont souvent complets donc, pensez à réserver si vous voulez expérimenter une table plus contemporaine.

© IZIKMD - SHUTTERSTOCK.COM

ARTHIE'S €€

Wollestraat 10
✆ +32 50 33 43 13
www.arthies.be
Ouvert tous les jours sauf mardi de 11h à 15h et de 18h à 22h. Carte : 35 € environ.

Installé dans le cœur historique de Bruges, dans un décor aussi coloré que décalé, l'Arthie's propose des produits frais préparés avec goût et présentés de jolie manière, en accord avec la devise des lieux : « The art of eating ». Plutôt bistro que restaurant, on y déguste par exemple la couronne d'agneau avec une délicate sauce tomatée, légumes chauds et pommes de terres à l'américaine ou le filet de cabillaud au fromage Vieux Bruges, avec chicons et pommes de terres Kriel ou diverses préparation de moules. En extérieur, agréable terrasse dans la verdure.

ASSIETTE BLANCHE €€

Philipstockstraat 23-25 ✆ +32 50 34 00 94
www.assietteblanche.be
Jeudi 12h-13h30 et du vendredi au lundi 12h-13h30 et 18h30-21h. Réservation recommandée. Menus 3 services 44 €. Lunch.

Stefaan, après une jolie expérience sur la côte à Blankenberghe, décide de s'installer à Bruges, avec son épouse et son sommelier. Sa cuisine française est raffinée, la carte créative et renouvelée tous les deux mois. Les clients craquent pour les « smeus », mousseline de pommes de terre avec crevettes grises, œuf parfait et beurre noisette. Boiseries et ambiance cosy. Proposition de petites portions tapas comme « demi-entrées », à partager entre amis. Pour les vins, certains crus en suggestion accompagnent les menus, certains sont biodynamiques et/ou belges.

BONES €

Sint-Jakobsstraat 7
✆ +32 50 49 12 00
www.bonesbrugge.be
Ouvert du lundi au vendredi de 17h30 à 23h, samedi et dimanche : 12h-23h. 20 € le menu à volonté.

Les travers de porc sont un délicieux classique belge que l'on peut commander à volonté ici. Enfin, si on arrive déjà à finir la première assiette gargantuesque ! Juteux à l'intérieur, croustillants et caramélisés au miel à l'extérieur. Un vrai délice ! Accompagné d'une grosse pomme de terre vapeur et d'un vin que l'on peut verser depuis une grosse bouteille de Merlot en *self-service* sur la table. De quoi se dilater la panse allègrement. Décor rouge et carreaux noirs et blancs avenant, service attentif, une bonne adresse de carnassiers.

BRAZI'S €

Sint-Jakobsstraat 2
✆ +32 50 49 09 54
www.brazisbelgium.com
Ouvert du lundi au vendredi de 8h à 16h, et le samedi de 9h à 15h. Sandwich environ 5 €/5,50 €.

Situé à côté de la Grand Place, cette sandwicherie brésilienne insuffle sa bonne humeur et propose des sandwichs et salades à petit prix, copieux et délicieux. Certains sont vegan, d'autres sont pimentés, tous sont préparés avec des produits bien frais. Les compositions sont plutôt classiques, mais agrémentées de crudités vraiment variées et vitaminées. On trouve aussi quelques spécialités brésiliennes, comme les pão de queijo, coxinha ou bolinho de bacalhau, ces petits hors-d'œuvres frits si fréquents au Brésil, et des viennoiseries à l'heure du petit déjeuner.

BREYDEL-DE CONINC €€

Breidelstraat 24
✆ +32 5 033 97 46
www.restaurant-breydel.be/fr
De 12h-14h30 et 18h30-21h30. Fermé le mercredi. Sans interruption le w-e. Moules 28 € environ. Lunch 25 €, soir 67 €.

Réputé et idéalement situé entre le Burg et le Markt, ce restaurant familial régale depuis plus d'un demi-siècle, touristes et Brugeois. La salle, dans un joli cadre où se trouve un grand aquarium central et des jolies lampes-poissons, est souvent comble. Parmi les spécialités : les casseroles de moules (parmi les meilleures de la ville), les anguilles et le homard (en provenance du vivier à l'entrée du restaurant). La bouillabaisse est succulente. La carte des vins est triée sur le volet par le patron. Pensez à réserver car l'adresse est recherchée.

BRUUT €€€

Meestraat 9 ✆ +32 50 69 55 09
www.bistrobruut.be
Ouvert du lundi au vendredi de 12h à 14h et de 19h à 21h. Menu midi 6 créations 70 €, menu du soir 9 créations 120 €.

Une expérience culinaire hors du commun. Ici tout est brut : le chef Bruno Timperman, sa cuisine de saison et son local ! Bruno est un chef autodidacte, un amoureux de Bruges, doté d'une créativité sans limite. Destiné à être parfumeur, il accorde ses plats au nez. Son inspiration vient directement de la nature. Chaque plat est accompagné d'une histoire, rien n'est laissé au hasard. Le sommelier vous recommandera des vins naturels minutieusement trouvés. Les saveurs sont prononcées et ses associations sont originales, vous devriez vous en rappeler un bon moment !

CHAGALL €

Sint-Amandsstraat 40
✆ +32 50 33 61 12
www.restaurantchagall.be
Du samedi au mercredi de 12h00 à 14h et de 17h30 à 21h. Menus de 21,90 € à 47,90 €. Plat entre 22 € et 27 €.

Situé derrière la place du Marché, dans une rue piétonne, le restaurant Chagall propose un cadre à la fois classique et chaleureux, des plats simples préparés avec des produits frais bien choisis. Soupe de poissons, anguille au vert, cuisses de grenouilles, sauce crémeuse au Ricard et à l'ail... on manie ici les viandes et poissons de toutes sortes. D'excellentes viandes de bœuf complètent la jolie carte. Chaque semaine, les suggestions évoluent au gré des saisons. Tout cela à des prix très doux et avec un service très agréable. Agréable terrasse.

FRANCO-BELGE €€

Langestraat 109
✆ +32 50 69 56 48
www.restaurantfrancobelge.be
Ouvert du mardi au samedi le midi et le soir. Menus de 32 € à 77 €. Déjeuner de 32 € à 37 €.

Déco épurée et code graphique contemporain sont à l'image de l'assiette de Franco-Belge, une table branchée ouverte en 2016 à Bruges non loin du centre, assez convoitée par les locaux (pensez à réserver). Comme son nom l'indique, on y trouve des spécialités franco-belges mais twistées par le génie gastronomique de Dries Gracco et Tomas Puype, deux chefs qui se sont rencontrés à l'école Ter Groene Poorte à Bruges. La carte change régulièrement. En entrée, on tente en hiver par exemple le tataki de cerf au fromage de chèvre et betterave rouge...

GUILLAUME €€€

Korte Lane 20
✆ +32 50 34 46 05
www.guillaume2000.be
Du mercredi au vendredi et le dimanche de 12h à 14h et de 19h à 21h30 ; le samedi soir. Menu à partir de 45 €.

Dans cet ancien estaminet se trouve aujourd'hui une adresse gastronomique, bercée par une ambiance légère et détendue de bistrot. Le chef Cédric n'a pas son pareil pour mélanger les genres et partir à la conquête d'une cuisine originale. Les plats changent tous les mois et le chef n'hésite pas à associer poissons et viandes dans la même assiette. Les explications sont données en direct pour orienter son choix. Les vins internationaux occupent également une place importante. Une terrasse située derrière la salle ajoute du charme à ce cadre élégant.

JILLES BEER & BURGER €

Braambergstraat 10 ✆ +32 50 70 55 55
www.jilles.be
Lun, mar et jeu de 17h30 à 21h. Mer, ven et le w-e, de 11h45 à 14h30 et de 17h30 à 21h. Environ 16,50 € le burger.

Une bière belge artisanale, un burger gourmet... que demander de plus ? Peut-être un esprit convivial qui se traduit par un bel espace meublé d'une grande table en bois commune et d'autres, indépendante. Les burgers sont composés avec des pains originaux, complets ou blancs, d'autres aux graines, et avec des ingrédients de première qualité, aussi bien la viande que les toppings, fromages de terroir en tête. Adresse branchée oblige, on trouve aussi une palette de burgers veggie et vegan. Les frites sont bien sûr préparées avec soin et les prix raisonnables.

JULIETTE €€

Dweersstraat 15
✆ +32 50 61 66 50
juliette-brugge.be/
Ouvert du vendredi au mercredi de 8h30 à 18h. Réservation recommandée pour le petit déjeuner.

Besoin d'un bon petit déjeuner ? D'un lunch rapide et sain ou d'une pause goûter faite de crêpes ou de gaufres ou encore tout simplement d'un café ? Juliette est là. Enfin, plutôt qu'une Juliette, c'est Sofie la maîtresse de maison qui vous propose sa carte faite de cafés et de boissons chaudes de toutes sortes, de plats frais le midi, de douceurs sucrées l'après-midi et de quelques alcools choisis à l'heure de l'apéro. L'endroit est petit, épuré, à la scandinave, mais accueillant avec quelques emplacements sur la rue par beau temps. Penser à réserver le matin.

L.E.S.S EATERY €€€

't Zand 21
✆ +32 50 69 93 69
www.l-e-s-s.be
Ouvert du mardi au samedi de 12h à 13h30 et de 19h à 21h30. Menu à partir de 49 €.

Ce restaurant étoilé Michelin propose un cadre moderne et chaleureux, dans lequel le chef Ruige vous emmène dans son univers qui marie divinement les cuisines du monde, plutôt des saveurs d'Asie, notamment du Japon. Le midi et début de soirée, le chef vous propose un menu lunch abordable. Le soir, c'est une cuisine typiquement hongkongaise que vous pourrez déguster : interprétations créatives de ceviche, sashimi ou dim sum, salade de canard croustillant ou wagyu grillé. C'est une véritable expérience culinaire qui vaut le détour. Egalement cave à vins.

LITTLE SIAM €

Sint-Salvatorskoorstraat 3
✆ +32 50 65 96 19
www.littlesiam.be

Ouvert du vendredi au dimanche de 18h à 21h et le dimanche midi. Plat à la carte dès 18 €, menu dès 28 €.

Le royaume de Siam, l'ancien nom de la Thaïlande, est mis à l'honneur dans ce petit restaurant toujours plein (pensez à réserver). La patronne est thaïlandaise et insuffle un goût authentique dans les assiettes, par ailleurs très copieuses et à petit prix, tandis que le patron flamand est avenant. On a vite fait d'en faire une cantine, comme en ont décidé les Brugeois. La soupe Tom Yam aux crevettes et le maksaman Khung au poulet et curry jaune étaient délicieux. On vous recommande aussi l'assortiment thaï en entrée pour découvrir de nouvelles saveurs.

LOBSTER POT €€

Sint-Salvatorskerkhof 14
✆ +32 50 66 03 59
www.lobster-pot.be

Du mardi au dimanche de 17h30 à 22h, dimanche de 12h à 14h30. Huîtres dès 21 €, homard 48 €, plateaux dès 34 €.

Le nom est évocateur, ici la spécialité c'est le homard. Noble animal proposé en assiette de 750 g version nature, grillée, thermidor, armoricaine ou *waterzooi* (soupe mijotée typique de Gand). Autres spécialités de la maison, les plateaux de crustacés (huîtres, coquillages divers, langoustine, crabe, couteaux, gambas, crevettes, homard...), la bouillabaisse (qu'on peut garnir de crabe ou de homard), et les poissons du jour à la carte (sole meunière, flétan à la nage...), et les traditionnelles moule-frites belges. La salle est assez restreinte, pensez à réserver.

LOCÀLE BY KOK AU VIN €€

Ezelstraat 21
✆ +32 50 33 95 21
www.locale.be

Ouvert du mercredi au samedi de 12h à 20h30. Lunch à partir de 30 €.

À la tête de l'équipe Locàle, deux hommes : l'ancien chef du fameux Kok au Vin, propriétaire et hôte Jürgen Aerts et le chef Hendrik Dequeker. Mélangeant une cuisine de terroir et des influences du monde (Asie, Méditerranée...) mais toujours de saison. Ici, tous les produits proviennent d'une agriculture responsable et locale, un concept en « circuit court ». Dans une ambiance chaleureuse de bistrot, les plats sont à partager. C'est fun et sans complexe, comme on aime. C'est aussi le nouveau spot culinaire de Bruges, il est donc vivement conseillé de réserver.

OLIVE STREET FOOD €

Wollestraat 12
✆ +32 50 33 00 81
www.theolivestreetfood.com

Ouvert du mardi au dimanche de 12h à 20h30. A partir de 11,90 € la boîte déjeuner.

Vous cherchez à manger quelque chose sur le pouce ? Olive Street propose des plats gourmands ensoleillés à emporter. Des frites mais aussi des menus d'inspiration grecque avec sandwichs, salades, wraps, pitas... La spécialité est le *Greek Gyros* (sandwich au porc grillé sur broche), mais celui aux poulpes et calamars est aussi délicieux. Également un bar à jus faits à la minute, très rafraîchissants et pas chers. Idéal pour commander rapidement et pique-niquer au bord d'un canal ou dans un parc au soleil, sainement et à prix raisonnable.

OTOMAT €

Simon Stevinplein 12
✆ +32 50 66 21 21
www.otomat.be

Ouvert du dimanche au mardi de 11h à 22h (23h les vendredi et samedi). Pizzas entre 10,50 € et 17,50 €.

Qu'on les choisisse aux tomates ou à la crème fraîche, ces pizzas à la pâte à base de levure de bière sont revisitées avec goût. On les dévore dans un cadre chaleureux aménagé dans des friches industrielles. La Madras et ses saveurs indiennes, une plus classique pizza Margherita, l'alliage surprenant du fromage bleu et de la poire au sirop de liège, l'Abbey Road avec ses 3 fromages belges ou les pizzas *vegan*... Il y en a pour tous les goûts. En boisson, optez pour le *pairing* : une bière recommandée en fonction de la pizza choisie !

PASTIS €€

Speelmansrei 8
✆ +32 50 34 18 09
www.pastis.be

Ouvert du jeudi au dimanche de 11h30 à 14h et de 18h à 21h. Ouvert le lundi midi. Menu : 42 €. Carte : 30 € environ.

Dans un cadre et un intérieur soigné, style lounge, agrémenté d'une agréable terrasse au bord de l'eau, on déguste une cuisine maison, influencée par la Méditerranée et une cuisine fusion pleine de saveurs. Le patron se fournit en légumes dans une ferme bio de la région. Un lieu agréable pour un lunch décontracté, un dîner copieux ou juste un verre au bar. Demandez de l'aide pour traduire le menu en flamand. La carte de suggestions change tous les mois selon les produits du moment. On a adoré la salade de chèvre tiède, aux dates et pignons.

PATRICK DEVOS €€

Zilverstraat 41 ✆ +32 50 33 55 66
www.patrickdevos.be
12h-13h30 et 19h-21h30. Fermé mercredi, samedi midi et dimanche. Menus dès 48 €, avec vins 64 €. Lunch : 40-60 €.

Installé dans un belle demeure gothique, Art déco et Art nouveau, le restaurant Patrick Devos propose une cuisine pleine de surprises. Ici, le vin est choisi en premier, puis l'imagination du chef donne naissance au plat, pour créer des accords parfaits. Avec un vin de Mallorque vous pourrez déguster par exemple un tartare de langoustines, lasagne de basilic, gelée de citron, couteaux de mer, mayonnaise de couteaux de mers et de curcuma, mélange de légumes, gingembre et citronnelle, mousse de panais, pain au levain grillé, choux-raves confits, cresson de citron.

AU PETIT GRAND €€€

Philippestockstraat 18
✆ +32 50 34 86 71
www.aupetitgrand.be
Ouvert toute l'année. Du mardi au dimanche de 17h30 à 22h. Menus de 43 € à 56 €. Formule à partager à 2 : 120 €.

La petite, c'est Line. Le grand, c'est Tom. En cuisine et en salle, ce duo se partage le succès de ce resto ouvert en 2021 à l'ombre du Markt. Des gambas grillées aussi grosses et bonnes, c'est rare ! Les grillades de poisson sont la spécialité de cette maison coquette et délicate. Une vaisselle chic, des présentations élégantes et des compositions originales. Le chef propose également une déclinaison d'huîtres cuisinées à la carte. La jolie terrasse promet bien du plaisir les jours d'été. On raffole de cet endroit, même si on ne peut se l'offrir tous les jours.

DE PLAATS €

Wapenmakerstraat 5
✆ +32 50 66 03 66
www.deplaats.be
Ouvert du mercredi au vendredi de 12h à 14h et de 18h à 21h ; le samedi de 18h à 21h. Plat : 19 €.

Situé à deux pas de la Grand Place de Bruges, ce resto végétarien et *vegan* est une merveille pour les amateurs de légèreté et de légumes verts. Cet estaminet souvent plein car fréquenté comme une cantine par des habitués (pensez à réserver) suggère des plats sans façon pour les petites et les grandes faims. Les produits frais et bio sont au service d'une cuisine verte inspirée, de qualité, créative et goûteuse. S'il ne possède pas de terrasse, ses deux salles sont claires et agréables. Idéal pour une pause déjeuner légère, saine et croquante.

RESTAURANT LE MYSTIQUE €€€

Niklaas Desparsstraat 11 11 ✆ +32 50 44 44 45
www.lemystique.be
7j/7, 18h-20h30. Menu 3 services 64 € ; 4 services 84 €. Réservation conseillée. Accessible fauteuil roulant et PMR.

Cette table gastronomique occupe la majestueuse salle de restaurant de l'hôtel Héritage Relais & Châteaux au cœur de Bruges. Nappes blanches, cheminée et décoration princière se marient avec un service impeccable et des assiettes de haute volée. Le chef Raoul de Koning manie des produits de saison et locaux, de première qualité. Des ingrédients nobles mais classiques à première vue, qui sont magnifiés par des touches d'exotisme comme par exemple, un curry d'agneau aux asperges frites ou un filet de veau, sauce au vin montée à la moelle. Une très belle adresse !

RIBS 'N BEER €

Ezelstraat 50 ✆ +32 50 70 76 77
www.ribsnbeer.com
Ouvert de 17h30 à 21h. Fermé le mardi. Ribs à volonté : 23 €. Menus à partir de 32 €. Terrasse. Vente à emporter.

Le Ribs 'n Beer s'est fait un nom dans la cité médiévale depuis plusieurs années. Le concept ? Vous choisissez vos ribs (côtelettes de porc) « à volonté » et les accompagnez d'une bonne bière belge. On vous suggère les rib's du chef, grillés de manière traditionnelle à la flamande, enrobés d'une bonne sauce goûteuse et servis avec du coleslaw (salade de choux) et des pommes de terre. Vous aurez du mal à finir la première assiette tellement elle est copieuse, mais n'hésitez pas à en demander plus, c'est le concept ! Pensez à réserver, la salle est souvent pleine.

SANS CRAVATE €€€

Langestraat 159 ✆ +32 50 67 83 10
www.sanscravate.be
Ouvert le lundi, mardi, vendredi et samedi le midi et le soir. Menu lunch : 49 €. Menu : à partir de 95 €.

Bar à vin et caviste à l'avant, restaurant de haut vol à l'arrière, Sans Cravate vous invite dans sa salle style campagne chic. À la fois classique et inventif, on sent clairement que le chef, Henk Van Oudenhove, s'amuse en cuisine en voyant débarquer en entrée un tartare de bœuf bien épicé recouvert d'un dôme de concombres marinés, de salade croquante et saupoudré de parmesan. C'est aussi un roi des sauces (aux pois, au champignon-vin jaune pour accompagner une volaille). Un régal avec bien sûr, une superbe carte des vins et l'accueil prévenant de Véronique.

THE BELGIAN PIGEON HOUSE €€

Sint Jansplein 12
✆ +32 50 66 16 90
belgianpigeonhouse.com
Tous les jours sauf mardi et mercredi, de 11h à 22h (18-21h lundi et jeudi). Plat 25 € environ, pigeon grillé 34 €.

Petite brasserie située sur une placette à quelques encablures de la place du Marché, qui offre une poignée de tables dans une cave voûtée tapissée de briques à l'ambiance feutrée. La carte ne propose pas une multitude de plats mais quelques spécialités de viande ou de poisson avec le même accompagnement pour tout le monde. Ici, le plat phare de la maison est évidemment le pigeon grillé au fameux four à charbon Josper Brasa, dans une cuisine ouverte ou le chef Pedro s'active, mais aussi d'autres recettes comme le lapin flamand à la bière brune.

DE VLAAMSCHE POT €€

Helmstraat 3 ✆ +32 50 34 00 86
www.devlaamschepot.be
Ouvert du mercredi au vendredi de 17h30 à 22h ; le week-end de 12h à 22h. Menu unique à 44 €. Carte : 25 € environ.

Ce restaurant familial est caché dans une petite rue du centre, mais conseillé par des locaux pour des spécialités flamandes. On est déjà transporté dans une autre époque par la musique de clavecin, la déco kitsch surchargée dans une maison gothique, la lumière tamisée, le plafond bas et le feu de cheminée. Avec un menu d'entrée, on peut opter pour le hareng à la betterave en entrée et en plat de poisson à la crème, les moules frites à la bière ou la carbonnade faite à la perfection. Le patron s'assoit volontiers à la fin du service pour discuter avec ses clients.

THE POTATO BAR €

Sint-Amandsstraat 31
✆ +32 50 33 91 19
www.thepotatobar.be
Ouvert du mercredi au lundi de 12h à 22h. A partir de 3,50 € la portion de frites, environ 10 € le burger.

Que mangent les hipsters en Belgique ? Des frites mais version gourmet. Décor *trendy* et décontracté, chaises d'écoliers, bougies sur table, fond musical électro *groovy*. À la carte, une ode à la patate que l'on peut *topper* avec des sauces comme la mayonnaise aux truffes, mais aussi des croquettes maison, par exemple au jambon flamand de Breydel, du fromage belge et de la chicorée fraîche. Des burgers et quelques options végétariennes. Bières de Bruges pour arroser le tout. On apprécie ici les prix raisonnables pour un plat consistant dans un joli cadre.

ZET'JOE €€€

Langestraat 11
✆ +32 50 33 82 59
www.zetjoe.be
Ouvert du mardi au samedi de 12h à 13h30 et de 19h à 21h. Carte : 95 € environ. Menu : à partir de 103 €. Lunch : 78 €.

La promesse de ce restaurant étoilé : « Juste de bons amis, un bon repas et des rires ». Rentrer chez Zet'Joe, c'est entrer dans la maison du chef Geert Van Hecke et y découvrir son univers, sa vision de la gastronomie et son intérêt pour l'art. Que vous choisissiez l'un des deux menus proposés ou les plats à la carte, le choix sera toujours ajusté en fonction de l'offre du marché. Des plats « classiques » réalisés avec grand raffinement et intensité. Le plus du chef ? La sauce ! Il faut absolument y aller pour comprendre. La réservation est vivement conseillée.

DE VERBEELDING €

Oude Burg 26
✆ +32 498 45 89 74
www.de-verbeelding-brugge.be
Ouvert du lundi au vendredi de 17h à 23h ; le samedi de 12h à 23h. Autour de 9 € la tapas.

Ce bar à tapas et apéro est le genre d'endroit rêvé pour partager un repas entre amis. L'intérieur est fait de meubles en bois de style rustique comme il sied à un bar à tapas mais les murs d'un vert émeraude profond lui donne une touche contemporaine. Plus que des tapas, ce sont plutôt des petits plats à partager. On fait le tour du monde des cuisines avec du poulet frit à l'américaine, des portobellos surmontés de tomates et feta tout ce qu'il y a de méditerranéen ou une suggestion de saison comme des moules thaï. Point futé : une portion est assez pour deux.

ZUID55

Sint-Pieterszuidstraat 55
✆ +32 50 66 55 88
www.zuid55.be
Du jeudi au vendredi, de 12h à 14h et de 18h30 à 21h. Lunch : 38 €. Menu Zuid 55 à partir de 60 €.

« Si c'est bon, les gens vont venir » voici le pari du Zuid55, et pari réussi ! Juste à l'extérieur du centre, Zuid55 fait partie des tables gastronomiques de Bruges. Frédérik est sommelier de passion, vous noterez la magnifique cave au centre de la salle, vous conseillera sur l'accord mets-vins. Le chef Bart vous embarquera dans son univers culinaire de haut niveau et décalé. Chaque plat à une histoire et est travaillé avec des produits de saison. Le clou du spectacle : le dessert ! On ne vous en dira pas plus, mais nous parions que vous n'avez jamais vécu ça !

DE BARGE €€

Bargeweg 15
✆ +32 5 038 51 50
www.hoteldebarge.be

Ouvert tous les jours sauf le mardi et le mercredi, 18h30-22h30. Carte : 25 € environ. Réservation conseillée.

Envie de poisson ? Situé sur une péniche-hôtel originale, ce restaurant offre une cuisine traditionnelle, avec des suggestions en fonction de la pêche du jour, comme cette soupe de poissons, cette sole meunière géante poêlée, ce homard sorti du vivier… Mais propose aussi une cuisine de terroir de belles pièces de viande. Le ragoût de porc Duke of Berkshire était divin. La salle au ras de l'eau offre une vue bucolique à travers les fenêtres. Il y a une jolie terrasse extérieure pour prendre un verre ou déjeuner aux beaux jours. Les canards vous tiennent compagnie.

BOOKS AND BRUNCH €€

Garenmarkt 30
✆ +32 50 70 90 79
www.booksandbrunch.be

Ouvert du lundi au vendredi de 9h à 15h. Carte : 16 € environ.

Comme il est plaisant de s'arrêter dans cet endroit où l'on peut se poser avec un bon bouquin choisi dans la bibliothèque du lieu et déguster un bon petit plat. Books and Brunch est tout un concept, issu tout droit de l'imagination des propriétaires des lieux, fan de voyages. Cet établissement est avant tout un lieu cosy et chaleureux où il est agréable de bouquiner un vieux livre et petit déjeuner ou bruncher sans prétention des sandwichs, salades, quiches avec options *vegan* et bio et suggestions de saison, et finir sur une note sucrée avec un bon dessert.

RELIVA €€

Goezeputstraat 6
✆ +32 50 33 13 07
www.reliva.be

Du jeudi au lundi de 18h à 21h45 et du vendredi au dimanche de 12h à 13h. Menus à partir de 49 €.

Une poignée d'options à la carte, et c'est tout ! La cuisine est très inventive, sophistiquée, flexitarienne (avec des options végétariennes) qui fait la part belle aux émulsions légères, aux légumes pleins de fraîcheur, de couleurs, de senteurs et goûts rares, et spécialité de la maison, de fleurs décoratives. En entrée, le mi-cuit de bœuf bio, betterave, salade de micro herbes, amandes, fromage de chèvre vieilli, vinaigrette balsamique était divin, tout comme la pêche du jour (sauce verveine citronnée) et sa purée de pommes de terre et céleri rave bio.

RESTO MOJO €€

Schaarstraat 4
✆ +32 5 068 05 09
www.restomojo.be

Fermé mardi et mercredi. Ouvert de 18h à 23h, jusqu'à 00h vendredi et samedi. Dimanche de 12h à 14h. Plat : ±25 €.

Le nom de ce restaurant, situé près du parc Astrid, désigne une amulette magique afro-américaine. Celle-ci inspire sans doute le chef qui propose une cuisine fusion tendance française. Les plats sont inventifs et merveilleusement parfumés. On se laisse tenter par la salade aux scampis, un coulis de melon et une vinaigrette de yoghourt-framboise ou le burrito gourmet de la maison à la dinde épicée, avec ses courgettes, aubergines et haricots rouges. La verrière au fond du restaurant est charmante pour s'attabler. Une excellente adresse, un rien excentrée.

TANUKI €€

Oude Gentweg 1-3 ✆ +32 5 034 75 12
www.tanuki.be

Ouvert du mercredi au samedi de 12h à 14h et de 18h30 à 21h. Le dimanche midi. Carte : 37 € environ. Menu : 87 €.

Tanuki, quand la Belgique rencontre le Japon ! Les chefs Ivan Verhelle et Akihisa Kawakami nous font plonger dans une ambiance nippone aussi vraie que nature. Des tenues traditionnelles, un magnifique bassin extérieur, une ambiance zen, c'est dans une grande cuisine ouverte que vous pourrez voir les chefs à l'œuvre. Sashimi, sushi, tempura, bento, teppanyaki, tout est frais, fait maison et élaboré sous vos yeux ! Pour la petite histoire, le tanuki est un raton laveur japonais considéré comme un porte-bonheur, qui apporte la prospérité et la fortune.

DE ZEVENDE HEMEL €€

Walplein 6
✆ +32 50 33 17 49
www.restaurantdezevendehemel.be

Ouvert du mercredi au dimanche de midi à 20h30. Carte : 30 € environ. Menu enfant : 12 €.

Vous venez de visiter le béguinage… ou vous sortez d'une visite à De Halve Maan Brouwerij et cherchez désespérément une croquette crevettes avec une sauce tartare maison ? Voici votre adresse ! En terrasse, derrière la fontaine, non loin de la colonie de cygnes et de canards, bercés par le bruit des sabots sur le pavé, vous dégusterez cette délicieuse spécialité locale en sirotant une bonne *brugse zot*… À moins que vous ne craquiez plutôt pour une *waffel* (une gaufre) à l'heure du thé dans un intérieur cosy décoré à la mode rustique brugeoise.

BISTRO DE SCHAAR €€

Hooistraat 2
✆ +32 50 33 59 79
www.bistrodeschaar.be
Du vendredi au mardi de 12h à 14h et de 18h à 21h. Carte : 35 € environ.

Bienvenu chez Heidi et Nico. Ce couple discret et accueillant, vous reçoit, dans leur charmant restaurant au bord du canal. Chez Bistro de Schaar, tout est fait maison, même le pain ! Cuisine ouverte, vous y verrez le chef Nico y cuire viandes et poissons dans la cheminée centrale. Un régal cette cuisson au feu de bois. Le feu crépite et réchauffe l'atmosphère. Les suggestions, toujours originales, sont renouvelées tous les quinze jours. Vous l'aurez compris, c'est une cuisine généreuse et réconfortante, une adresse locale recommandée par les locaux !

FRITUUR & VEGGIE EETBOETIEK ROYAL €

Langestraat 181 ✆ +32 50 68 41 84
www.frituur-royal.be
Ouvert lundi, jeudi et vendredi, 12h-14h30 et 18h-21h30 (22h30 le vendredi) ; le mercredi et le week-end, que le soir.

Une petite friterie, sympathique et originale qui propose certes des frites préparées sans blanc d'œuf, mais aussi des légumes en friture qui plairont aux végétariens. Les burgers sont particulièrement appréciés pour la qualité du pain, du fromage et des ingrédients, spécialement les steaks de protéines végétales très goûteux. Une bonne adresse pour se réconcilier avec les légumes si on aime la friture et de déguster d'excellentes frites servies en portions généreuses au passage.

IN 'T NIEUW MUSEUM €

Hooistraat 42
✆ +32 50 33 12 80
www.nieuw-museum.com
Ouvert jeudi, vendredi et samedi de 18h à 23h45. A partir de 55 € l'entrecôte de 400 g. Menus à partir de 60 €.

Ce restaurant au cadre rustique flamand est un temple dédié à la viande de bœuf. Elles sont cuites au feu de bois ouvert et ça sent délicieusement bon. La spécialité : l'entrecôte, la meilleure pièce du boucher. Toutes les bavettes font 400 g, on choisit simplement sa vache : de l'Hollstein de Zélande, de la Rouge de Belgique (la race locale de Flandre-Occidentale) ou de la Black Angus du Hainaut, jeunes et élevées par des petits producteurs locaux, pour préserver la tendresse sous les canines et la qualité. Accueil spontané et convivial.

SANSEVERIA BAGELSALON €

Predikherenstraat 11
✆ +32 50 34 81 43
www.sanseveria.be
Ouvert du lundi au samedi de 8h à 17h ; le dimanche de 10h à 15h. En moyenne 9 € le bagel.

Hollie, Pippa, James, Elliot, Ruby… Qui vous fera craquer ? Peut-être Richard avec son bacon croustillant, ses morceaux d'avocat, son œuf brouillé et son poivre noir. Ou bien Oscar ? Avec sa pâte de spéculoos, ses bouchées de pomme et son crumble de spéculoos… Les bagels « envoient du lourd » dans ce petit salon qui a gardé les anciens carrelages Art nouveau, mais qui a privilégié un style plus *hipster* pour son ameublement. Ouvert pour le petit déjeuner, le lunch en semaine, le brunch le week-end, cette adresse « brooklynienne » est un bon plan.

TABOULE €

Langestraat 81
✆ +32 50 33 87 01
Ouvert du mercredi au dimanche de 12h à 14h et de 17h à 22h. Mezze 8 €, salade 8 €, wrap 6 €, shawarma 14 €.

Ce restaurant libano-syrien familial sans prétention propose une cuisine authentique et savoureuse servie en portions généreuses. Depuis la cuisine s'échappe de la musique et des effluves orientales. Les stars : le taboulé libanais au bulgur, au persil et jus de citron, et le classique shawarma. On peut jeter son dévolu sur une salade fattoush craquante, le babaga-boush (aubergines rôties et grenade, fabuleux), le foul (aux fèves et yaourt tahini) ou le falafel, avec une touche de fleur d'oranger, un délice. Petits prix parfaits pour estomacs voraces.

TOM'S DINER €€

West-Gistelhof 23
✆ +32 50 33 33 82
www.tomsdiner.be
Ouvert du mardi au samedi de 12h à 14h et de 18h à 23h. Plat : 25 € environ.

Une atmosphère médiévale pour ce resto pourtant ultra contemporain, logé dans une ruelle au nord du Markt, dans une maison ancienne rénovée. Il faut dire que la lumière tamisée, les bougies, les banquettes, les coussins et la cheminée de pierre y sont pour beaucoup. Tom propose une excellente cuisine qui marie la tradition belge aux accents de la Méditerranée et d'ailleurs. Des mets au produits du jour, savoureux et tout en finesse. Il fait la part belle aux poissons qu'on grignote aussi en tapas. Le resto est à l'étage d'un bar lounge. Belle escale !

FAIRE UNE PAUSE

Ce qui frappe en visitant Bruges, c'est la pléthore de magasins et stands à gaufres, surtout près du Markt et du Béguinage (le *Petit Futé* est heureusement là pour vous conseiller). On craque pour les gaufres véganes et sans gluten d'Otto Atelier, en forme de dentelle de Bruges. Bruges compte deux brasseries (De Halve Maan et la Bourgogne des Flandres). Si vous ne les visitez pas, n'hésitez pas à déguster leurs bières à leurs bars sur place ! Les bonnes vieilles tavernes au style moyenâgeux avec un choix pléthorique de bières ne manquent pas non plus. La ville regorge aussi de coffee shops très agréables pour une pause sucrée accompagnée d'un thé ou d'un café. Côté vie nocturne, c'est à Kuiperstraat que la jeunesse se retrouve pour faire la fête, du jeudi au samedi soir. Vous trouverez de nombreux bars le long de la rue. C'est un peu la rue de la soif brugeoise, toute raison gardée. De somptueux bars à cocktails ne sont pas en reste.

AFTERNOON TEA HÔTEL ORANGERIE

Kartuizerinnenstraat 10
✆ +32 50 34 16 49
www.hotelorangerie.be/fr
Tous les jours entre 14h30 et 16h30. Réservation obligatoire. Différentes formules à partir de 20 €.

L'Afternoon Tea a été introduit par Anna, la septième duchesse de Bedford, en 1840, vers 16 heures. Ce rituel s'est répandu partout en Grande-Bretagne... et à Bruges. Prenez le temps de souffler entre deux visites dans le superbe cadre de l'hôtel De Orangerie et de son salon tout orné de tableaux des XVIIe et XVIIIe siècles, au coin du feu l'hiver ou en terrasse l'été, face à un canal, le choix est à vous. Du *cream tea* à l'*afternoon tea* au champagne, diverses formules existent.

BAR DE HALVE MAAN

Walplein 26
✆ +3250444222
www.halvemaan.be
Ouvert tous les jours de 11h à 17h, jusqu'à 21h les jeudi, vendredi et samedi.

À côté de la brasserie éponyme qui produit la fameuse Brugse Zot, une savoureuse bière blonde de fermentation, on trouve une taverne et un restaurant où l'on peut déguster de nombreuses bières. Mais aussi des plats régionaux et saisonniers de spécialités à la bière (comme des joues de porc à la Brugse Zot Double), autour d'un bon feu de cheminée en hiver. Tout est fait maison, le menu change tous les mois. La terrasse offre une pause détente aux beaux jours, la belle vue panoramique de Bruges depuis le troisième étage et la boutique sont ses principaux atouts.

BIER BRASSERIE CAMBRINUS

Philipstockstraat 19
✆ +32 50 33 23 28
www.bierbrasseriecambrinus.eu
Ouvert tous les jours de 11h à 22h. Lapin aux pruneaux 22,95 €.

Le Cambrinus fait partie de ces brasseries incontournables du centre historique pour tout amateur de bières. Le menu détaille une longue liste de plus de 400 références, avec, notamment, une belle carte de bières de Noël en saison. Également à la carte, un menu de brasserie bien belge avec quelques plats préparés à la bière comme le lapin aux pruneaux ou la cassolette de poissons, de vrais délices. Ambiance chaleureuse de la salle où flotte une légère odeur de houblon. Idéal pour une halte à la bonne franquette. Accueil chaleureux.

BISTRO 'T ZWART HUIS

Kuiperstraat 23
✆ +32 50 69 11 40
www.bistrozwarthuis.be
Ouvert toute l'année. Du mercredi au samedi de 17h30 à 23h30 (23h45 vendredi et samedi) et le dimanche de 12h à 23h30.

Ce resto-bar chaleureux est logé dans une splendide bâtisse du XVe siècle dans le centre historique. On aime ici le cadre, magnifique, la large sélection de bières, de vins, de cocktails et d'une belle gamme de whiskies et de rhums, dans une ambiance latino-jazz. Plusieurs fois par mois, des concerts sont organisés pour profiter d'un moment de musique live (voir sur leur page Facebook). On y sert aussi des snacks, tapas et plats de brasserie belge où le bœuf est à l'honneur, assez onéreux. Préférez venir y prendre un verre les soirs de concert.

BOURGOGNE DES FLANDRES

Kartuizerinnenstraat 6
✆ +32 50 33 54 26
www.bourgognedesflandres.be/fr/bar
Ouvert toute l'année. Du mercredi au dimanche de 10h30 à 18h30.

La Bourgogne des Flandres, issue d'un mélange de Bruinen Os et de vieux lambic, est une bière raffinée et complexe à la fois. Elle fut également brassée à Bruges jusqu'au milieu du siècle dernier. Bonne nouvelle : la bière légendaire est revenue enfin à Bruges en 2015 avec ce bar avec vue imprenable sur les canaux. Soit sur la terrasse, soit au chaud à l'intérieur, vous pourrez faire une pause bière rafraîchissante de qualité dans un endroit bien caché.

CAFÉ MARCEL

Niklaas Desparsstraat 7-9
✆ +32 50 33 55 02
www.hotelmarcel.be
Ouvert du jeudi au dimanche, de 12h à 23h (ferme à 19h30 le dimanche).

Le « Café Marcel » de l'hôtel éponyme est un endroit très central qui se distingue par son cadre trendy, avec des bambous rafraîchissants, des grandes photos au mur de paysages et des tables conviviales. On est ici comme à la maison, au coin de la cheminée décorative contemporaine, sur des fauteuil rétro mais étudiés. Superbe formule petit déjeuner, mais aussi *lunch*. Idéal aussi pour la pause thé ou un apéro afterwork tapas. Atmosphère moderne et chaleureuse, terrasse agréable tout aussi soigneusement décorée et cocktails chiadés pour bien démarrer la soirée.

CUVEE

Philipstockstraat 41
✆ +32 50 33 33 28
www.cuvee.be
Ouvert du mardi au jeudi de 16h à 22h ; le vendredi et le samedi de 11h à 22h.

Cuvee est à la fois une boutique de vins et un bar à vins fort fréquenté... par les restaurateurs de la région, ce qui est plutôt bon signe ! Ivo et Hilde sont devenus passionnés pour le vin il y a plus de dix ans par le biais de cours de dégustation. Grande cave à vins de 130 m². Vins naturels et petites productions souvent exclusives en Flandre pour un choix parmi 250 étiquettes. Le grand comptoir, dans le fond, est idéal pour des dégustations au verre accompagnées de fromage et charcuterie dont la machine de découpe est visible.

DUVELORIUM

Markt 1
✆ +32 50 27 03 11
www.historium.be/fr/duvelorium
Ouvert tous les jours de 11h à 18h. Assiettes de dégustation : 3 bières, 3 pralines : 12 €.

Un *must* pour tout amateur de la bière reine Duvel : le Duvelorium se trouve juste au-dessus de l'Historium. Ce bar est spécialisé dans les bières belges. On profite d'un moment de détente dans une taverne moyenâgeuse et on teste les étonnantes dégustations mêlant bières et pralines. Il est également possible de choisir une autre bière parmi le large menu proposé. A déguster sur place ou en vente dans la boutique. Des coffret cadeaux avec bouteille et verre de collection sont également proposés. Le plus : la terrasse panoramique donnant sur la place du marché.

GROOT VLAENDEREN

Vlamingstraat 94
✆ +32 568 43 56
www.grootvlaenderen.be
Ouvert du mardi au jeudi de 17h à 1h. Le vendredi et samedi jusqu'à 2h et le dimanche jusqu'à minuit.

Prêt à faire un tour du monde des cocktails depuis Bruges ? C'est l'endroit branché et incontournable pour siroter ces douceurs. Derrière une façade historique se trouve un intérieur élégant à l'ambiance feutrée qui nous invite à s'installer confortablement dans les fauteuils satinés. Les stars sont ici le Ghost colors à base de gin et de bière IPA avec citron et sirop de gingembre, le Zombi avec ses 3 rhums et de délicieuses notes acidulées d'ananas, de citron vert et de fruit de la passion. Les ingrédients sont tous frais et l'équilibre des saveurs respecté.

HOUSE OF WAFFLES

Wollestraat 31
✆ +32 476 27 99 11
Ouvert 7j/7 de 10h30 à 18h30. 10 € la gaufre sucrée, de 13 € à 16 € pour une gaufre salée. 4,50 € pour la classique.

House of Waffles revisite la gaufre bruxelloise (la carrée) et liégeoise (la ronde). Son secret : une incroyable légèreté ! Le chef propose à midi sa gaufre norvégienne où la crème aérienne flirte à merveille avec le saumon fumé sur sa tige de ciboulette. À moins que vous ne préfériez la surprenante *Ham & Cheese* avec le fromage de Bruges et le traditionnel jambon Breydel ? Si vous êtes plutôt sucré : fruits, glace, coulis de toutes sortes, c'est coloré et savoureux à souhait. Possibilité de composer soi-même sa gaufre avec les *toppings* (garnitures).

JOEY'S

Zuidzandstraat 16A
✆ +32 50 34 12 64
Ouvert tous les jours sauf mardi, de 10h30 à 1h. Le samedi de 13h30 à 2h et de 14h à 20h le dimanche.

Un bar où se retrouvent de nombreux musiciens de la ville. Les artistes de tout poil s'y croisent en permanence ; il n'est pas rare qu'il y ait un concert. C'est l'occasion de se mêler aux locaux. Bières et cocktails alimentent le sel des conversations souvent hautes en couleurs dans ce troquet authentique à l'âme boisée qui sent bon la Flandre qui vibre. Le lieu, avec ses tables en bois et ses murs en pierre, sent bon l'authentique et la joie de vivre. Sinon, les cocktails, la musique et l'atmosphère relax valent la peine que l'on y fasse une halte.

OYYA

Noordzandstraat 1
www.oyya.be/
Ouvert tous les jours de 11h à 22h.

Tout juste auréolé de sa 39e place (1er Belge) au Gelato World Festival, Mathieu Eyckmans rend tous les jours hommage à la glace à l'italienne. Dans sa boutique, on retrouve des parfums qui nous transportent à Rome ou à Florence (amandes-pistaches, baccio, amarena, noisettes du Piémont...). Rien qu'en voyant leur aspect soyeux dans leurs bacs, l'eau vient à la bouche. Les gelati étant un peu plus légères que leurs cousines françaises, elles fondent délicieusement dans la bouche et explosent de saveurs. Un moment de pur bonheur. Options véganes, yaourt et gaufres.

LI O LAIT

Dweersstraat 30
✆ +32 50 70 85 70
www.liolait.be
Ouvert du mardi au samedi de 9h à 17h30 ; le dimanche de 9h à 14h30.

Ce café alternatif en plein centre de Bruges, que l'on pourrait qualifier de « bobo écolo », très chaleureux propose des cafés et thés de qualité et équitables, ainsi que le midi des petits plats simples et abordables (soupes, bagels, quiches, tartes...). La première salle sur la rue est agréable, tandis qu'au fond ou trouve une autre salle avec un patio extérieur. Le tout est meublé de bric et de broc et de canapés et chaises rétro dépareillés. Le fond musical est éclectique et bien choisi, pas trop fort. Également quelques tables dans la rue l'été. Wifi.

PAULA MOSTAERT

Geldmuntstraat 9
✆ +32 50 33 93 41
Ouvert le mercredi et le jeudi de 12h à 1h ; le vendredi et le samedi de 14h à 1h.

Très joli bar un peu bohème situé dans une ancienne boutique dans une rue connue pour ses beaux magasins, on se sent tout de suite à son aise chez Paula. Assis dans un fauteuil, près d'une des grandes fenêtres pour une pause lecture attablé autour d'un guéridon ou encore à l'étage, pour une vue imprenable sur la salle. On y vient pour un café, un apéritif, une bière ou un cocktail le soir. Si la faim se manifeste, la spécialité maison, ce sont les hot-dogs mais des hot-dogs de luxe, remplis à ras bord de légumes, de sauce... Existent aussi en version végétarienne.

LOKKEDIZE

Korte Vuldestraat 33
✆ +32 50 33 44 50
www.bistrolokkedize.be
Ouvert du jeudi au lundi de 18h à 2h.

On peut y écouter du jazz et du rythm' n' blues en soirée, et des concerts sont également organisés. Avec sa cheminée aux flammes rougissantes et son atmosphère cosy, on s'y sent bien pour une soirée décontractée. Bières au fût et petits snacks compléteront le charme de cette boîte à jazz de T'Zand. On y sert de bons tapas, plats simples, burgers et desserts et bien sûr une large palette de bières belges de toutes sorties (blondes, brunes, ambrées, IPA...). Pour connaître la programmation, rendez-vous sur leur page Facebook.

RETSIN'S LUCIFERNUM

Twijnstraat 6
www.lucifernum.be
Ouvert le samedi de 14h à 18h, le dimanche de 14h à 18h puis de 20h à 22h30.

Pour entrer, il faut sonner. N'hésitez pas : vous allez pénétrer dans un lieu hors du temps et du monde. L'ancien temple maçonnique de la ville a été réaménagé par le propriétaire, Willy Retsin, en bar original et décalé, à l'atmosphère unique, qui n'est ouvert que le dimanche soir. Entre une ambiance Nouvelle-Orléans ou Cuba des années 1920 en mode prohibition, vous y dégusterez des cocktails au rhum au son de la musique latino. Le jardin intérieur est le plus petit cimetière de Bruges. Un cabaret gothique frissonnant et étonnant !

Des boutiques de souvenirs de type « I <3 Bruges » et des vendeurs de chocolat, la ville de Bruges n'est pas en reste. On compte d'ailleurs plus d'une cinquantaine de « boutiques de chocolat », mais beaucoup d'entre elles commercialisent des chocolats industriels. On dénombre « seulement » une vingtaine de maîtres ou artisans chocolatiers qui fabriquent eux-mêmes les chocolats vendus dans leur boutique. Surtout, ne croyez pas que Bruges est une ville d'hier dont l'attraction (bien jolie, on vous le concède) se résume à son sillon de canaux. En effet, la ville peut être fière de compter un certain nombre d'artisans et d'artisanes, ainsi que de jeunes créateurs et créatrices aux idées foisonnantes. Voici un aperçu de ce que vous trouverez également dans la brochure « Shopping in Bruges » (en français) gratuite à se procurer auprès de l'Office du tourisme, et qui contient une liste de boutiques/ateliers de la ville.

VAN PAMEL

Eiermarkt 3
✆ +32 50 34 44 80
www.frederiekvanpamel.be
Ouvert du mercredi au samedi de 10h à 12h30 et de 13h30 à 18h.

Le patron Frederik Van Pamel est un fou de déco, un pesonnage connu dans la Venise du Nord pour son bon goût et son art de collecter de précieux objets. Derrière le Burg-Markt, cette chic petite boutique recèle de véritables trésors, le tout dans un décor élégant et un univers coloré. Objets design, petit mobilier, article de déco et même des fleurs et tous les accessoires qui tournent autour de l'univers de la maison. Une jolie découverte auprès d'un passionné pour ramener quelques articles originaux et chics dans sa valise.

CONFISERIE CREVIN

Rozenhoedkaai 1
✆ +32 50 34 56 42
www.confiserie-crevin.be
Ouvert du mardi au dimanche de 10h à 18h.

Il y a tant de chocolatiers à Bruges qu'il est difficile de les départager. La Maison Crevin fabrique des chocolats et des confiseries de façon traditionnelle et artisanale depuis plus de 40 ans. La maison appartient à la Guilde des Chocolatiers de Bruges, gage de belle qualité. Vous y trouverez les classiques carrés de chocolat mais également les spécialités de la maison : les ganaches et les guimauves. La boutique organise également régulièrement des moments de dégustation autour de sa fontaine au chocolat. Un vrai moment de gourmandise !

2BE IN BRUGGE

Wollestraat 53
✆ +32 5 061 12 22
www.2-be.biz
Tous les jours sauf mercredi, 10h-19h (19h30 le week-end). Bar ouvert de 11h15 à 19h30 (20h le week-end).

Toutes les spécialités que produit la Belgique semblent s'être concentrées dans ce vaste magasin installé dans l'ancienne demeure de Perez de Malvenda, consul d'Espagne au XVe siècle. Il y en a pour tous les goûts : à boire (bières, genièvre...), à manger (chocolat, gaufres...), à offrir (bibelots, t-shirts...), etc. Ne ratez pas le « mur de bière » à l'extérieur, il se targue de contenir toutes les bouteilles de bières belges. Enfin, allez les essayer au bar, sur la très jolie terrasse avec vue sur le canal. Il n'y pas moins de 12 sortes de bières au fût !

AU DIAMANT NOIR

Noordzandstraat 3
✆ +32 469112072
audiamantnoir.com
Ouvert les lundi, mardi, jeudi et vendredi, de 10h30 à 18h ; le mercredi de 10h à 17h30, le samedi de 11h à 19h.

Épicuriens et épicuriennes, voici un de vos temples en pleine rue commerçante de Bruges ! Le diamant noir, c'est bien sûr la truffe (le champignon, pas le chocolat) travaillée de toutes les façons (fraîche, en sauce, en beurre, en huile, en sel...) qui est une spécialité de la boutique. À côté de ce précieux, vous trouverez plein de bonnes choses comme du miel, des condiments, des tapenades, des biscuits salés et sucrés, du vin, des confitures, des liqueurs et gins... la liste est longue et non exhaustive, un vrai paradis de la gourmandise.

DE KAASBOLLE

Smedenstraat 11
✆ +32 50 33 71 54
www.dekaasbolle.be
Ouvert le lundi et le mardi de 10h à 12h30 et de 14h à 18h ; du jeudi au samedi de 9h à 12h30 et de 14h à 18h.

Une histoire de familles qui remonte à 1957 ! Autant dire qu'on s'y connaît en termes de fromage car la boutique se transmet de génération en génération. Ce n'est réellement qu'en 1972 que l'établissement est devenu entièrement une fromagerie. Avoir s'être formé auprès des plus grands en France, l'actuel propriétaire, Carl Top-Verduyn, a eu à cœur de ramener le savoir-faire des fromages français dans sa Belgique natale. Aujourd'hui, il s'occupe de la maturation des fromages alors que sa femme crée des préparations savoureuses. Une adresse de qualité !

MARCHÉ AUX PUCES

Dijver
De la mi-mars à la mi-novembre, tous les week-ends et jours fériés, de 10h à 18h

Le marché aux puces hebdomadaire a lieu le samedi et le dimanche, de mi-mars à mi-novembre, sur le Dijver, le long du canal. À fréquenter quand on recherche des antiquités, des trésors dénichés dans les greniers mais aussi des objets d'artisanat qui feront de jolis cadeaux originaux. Début juillet, début août et fin septembre, une grande brocante se tient à Bruges sur 5 km : le Zandfeesten dans le parc du Roi Albert. L'occasion de profiter d'une belle ambiance de rue et de chiner à l'infini des objets qui changent des brocantes hexagonales.

THE BOTTLE SHOP

Wollestraat 13
✆ +32 50 34 99 80
www.thebottleshop.be
Ouvert tous les jours de 11h à 19h.

Si la dentelle ne vous tente pas plus que cela comme cadeau-souvenir, succombez à des bières artisanales belges ! Ce temple du houblon référence plus de huit cents bières différentes. Elles sont classées pour qu'on puisse s'y retrouver, les collections bières locales, bières artisanales, bières découverte, bières trappistes, bières fruitées, bières sans gluten, et bien sûr les paniers cadeaux qui panachent l'offre ! On trouve aussi un choix d'autres souvenirs, une adresse classique du circuit touristique de la Venise du Nord.

THE CHOCOLATE LINE

Simon Stevinplein 19
✆ +32 50 34 10 90
www.thechocolateline.be
Ouvert tous les jours de 9h30 à 18h30. Dimanche et lundi ouverture à 10h30.

Dominique Persoone est certainement le plus subversif des chocolatiers belges. Ganache au petit pois, praline à l'huile d'olive ou au vinaigre de cabernet-sauvignon : le virtuose n'a pas froid au yeux. Il revisite aussi la tequila frappée dans la Choc-tail, une ganache au chocolat amer du Costa Rica se mixe avec du citron vert et se sert avec une pipette de Tequila Silver et Maldon Crystal Salt. Mais la plus étonnante de ses créations est le Chocolate Shooter qui catapulte de la poudre de cacao (aromatisée menthe et gingembre) dans vos narines. Rock'n'roll !

THE OLD CHOCOLATE HOUSE

Mariastraat 1c
✆ +32 46 82 262 31
www.oldchocolatehouse.be
Ouvert tous les jours de 10h à 18h. Tea-room jusqu'à 17h30.

Françoise Thomaes a ouvert sa boutique gourmande en 1997. Telle une petite caverne d'Ali Babba, on y trouve de multiples trésors ici et là. Plus d'une soixantaine de pralines, des truffes, pâtes de fruits ou d'amandes, biscuits et pains d'épice, du miel artisanal... sont présentés dans une jolie vitrine. A l'étage se trouve leur petit salon de dégustation avec, à la carte, plus d'une vingtaine de chocolats chauds à composer soi-même, à accompagner d'une gaufre maison (préparée avec de vrais oeufs). C'est mignon et c'est succulent !

V-CHOCOLATIER BY SWEERTVAEGHER

Geldmuntstraat 39
✆ +32 50 33 83 67
www.v-chocolatier.be
Ouvert du mardi au samedi de 10h à 18h et le dimanche de 14h à 18h.

V-chocolaterie c'est d'abord l'histoire d'une famille de passionnés depuis 85 ans. Tout commence dans les années 1930 avec Robert Sweertvaegher, chef pâtissier devenu chocolatier. Il lance la première chocolaterie à Ypres, puis à Courtrai et Bruges. Dans cette belle boutique, l'esthétique de l'emballage est aussi important que la qualité des chocolats, à base de beurre de cacao issus de cacao durable et fabriqués sans ajout de graisse végétale. Emportez la galette, leur produit phare.

ANTWERP DIAMOND HOUSE

Cordoeaniersstraat 5
✆ +32 50 34 41 60
www.diamondhouse.net

Ouvert du lundi au samedi de 11h à 18h. Autre adresse : Katelijnestraat 43 (à côté du Musée du Diamant), 10h-18h 7j/7.

Le diamant est le premier article d'exportation de la Belgique. On a tendance à l'oublier mais Bruges est le plus ancien centre diamantaire en Europe. Il n'est donc pas étonnant d'y retrouver les meilleures créations. Les salons d'exposition-vente sont situés dans deux bâtisses historiques : L'Esturgeon et Le Grain de betterave, respectivement construites en 1514 et 1634, à l'époque de l'âge d'or de la joaillerie du diamant à Bruges, sous l'impulsion des ducs de Bourgogne. C'est ici entre autres que vous craquerez peut-être pour une pierre précieuse.

CHOCOLATIER DUMON

Walstraat 6 ✆ +32 50 34 00 43
www.chocolatierdumon.be/en/shops

Ouvert tous les jours de 10h à 18h. Livraison possible.

Ce qui rend différent le Chocolatier Dumon, c'est sa manière artisanale de produire les chocolats, l'originalité des confiseries et chocolats, préparés avec les meilleures matières premières, et la passion comme ingrédient principal. Venez découvrir un éventail de goûts exquis parmi lesquels vous pouvez choisir votre favori. Comme tous ces paramètres sont appliqués, l'objectif est réussi : vous ravir de la meilleure façon possible. Enfin, impossible de mentionner cette boutique sans parler du duo de choc très souriant que forment Chantal et Déborah.

FRIDA SIMONE

Hoogstraat 42
✆ +32 497 823 005

Ouvert du mercredi au samedi, de 11h à 18h et tous les premiers dimanches du mois, de 14h à 18h.

Une petite perle pour celles et ceux qui aiment le vintage ! Lisa Vaneeckhout a ouvert son magasin, ou plutôt, son concept store en mars 2022 À l'intérieur, on trouve vêtements, mais aussi accessoires, bijoux, chaussures et objets de déco. Et attention, que des noms de créateurs comme Burberry, Kenzo, ou Fendi mais aussi, des labels belges comme Dries Van Noten, Maison Margiela... Ces trésors sont en grande partie dénichés par Lisa lors de ses recherches. L'occasion de posséder des pièces de designers à une fraction du prix, ça ne se refuse pas !

KINGIN

Ezelstraat 27
✆ +32 50 34 19 09
www.kingin.be

Ouvert le mercredi et le vendredi de 14h à 18h30 ; le samedi de 10h à 18h.

De l'argent sobre à l'or classique et aux pierres précieuses exclusives, Nathalie et Nikolaas travaillent ensemble leurs bijoux dans leur atelier de joaillerie : de simples anneaux à des pièces d'orfèvrerie sur mesure ou des pièces anciennes montées en bijoux, en passant par des boucles d'oreilles fantaisie de la gamme Electric Lady, des « bonbons d'oreille » multicolores funky à prix plus abordables et Less Fuzz, leur label d'upcycling. Un travail à 4 mains remarquable et minutieux de création de bijoux contemporains made in Bruges et de belles idées de cadeaux.

L'HÉROÏNE

Noordzandstraat 32
✆ +32 5 033 56 57
www.lheroine.be
Ouvert du lundi au jeudi de 10h à 13h et de 14h à 18h ; le vendredi et le samedi de 10h à 18h.

Dans cette boutique typiquement flamande, on aime faire du shopping de vêtements, chaussures et accessoires de créateurs locaux réputés tels que Dries Van Noten, A.F Vandevorst, Ann Demeulemeester, Martin Margiela…, les fameux créateurs d'Anvers et leurs émules belges plus jeunes talents. Si l'on n'est pas une fashionista sans limites, on viendra surtout pendant les soldes, car les prix ne sont pas à la portée de toutes les bourses. Comme tout magasin de créateurs européens contemporains, la qualité et l'originalité a un prix.

ALFA PAPYRUS

Eekhoutstraat 25
✆ +32 50 33 03 12
www.alfapapyrus.be
Ouvert du lundi au samedi de 10h à 12h et de 14h à 18h.

Voici une papeterie créative des plus originales. Nous avons peu de magasins de ce type en France, l'occasion de rapporter un cadeau original dans ses valises pour ses proches. Ici, on vend des livres reliés artisanalement, des carnets, des blocs-notes imprimés aux motifs artisanaux, papier, photographies anciennes de la ville, mais aussi des villes du monde, cartes postales, cartes artistiques pour tous les âges, agendas originaux, boîtes à bijoux en carton, cartes de vœux et pierres calligraphiées pour lesquels il est impossible de résister.

MAISON DU DIAMANT DE BRUGES

Katelijnestraat 43
✆ +32 50 33 64 33
www.diamondhouse.net
Ouvert tous les jours de 10h à 18h.

Le salon d'exposition-vente liée au musée du Diamant est situé dans une bâtisse historique : Le Grain de betterave, construite en 1634, durant l'âge d'or de la joaillerie à Bruges. C'est ici entre autres que vous craquerez peut-être pour une pierre précieuse. N'hésitez pas à vous laisser guider dans votre choix, il y a des bijoux de leur création pour tous les goûts, pour différentes bourses et les pierres sont polies dans leur atelier. Un gage d'excellence et d'authenticité !

DE REYGHERE

Markt 13
✆ +32 50 49 12 29
www.dereyghere.be
Ouvert de 9h à 18h. Fermé le dimanche.

Une librairie centrale brugeoise qui, outre des magazines, propose des beaux livres et des guides sur la ville de Bruges. Soit, vous ne parlez pas le flamand, mais vous pouvez dénicher des livres (romans, littérature étrangère) en français, en anglais, et de belles éditions de photos de la ville, de la région ou même du pays pour ramener en cadeau à ses proches ou pour garder en souvenir dans sa bibliothèque. On trouve aussi d'utiles cartes de la région, des dictionnaires si vous voulez vous mettre à apprendre quelques mots en langue locale.

'T APOSTELIENTJE

Balstraat 11
✆ +32 050 33 78 60
www.apostelientje.be
Ouvert du mardi au samedi de 13h à 17h.

Cette brocante de la dentelle existe depuis 38 ans et se situe près du Centre de la Dentelle. Idéal pour chiner des cadeaux de qualité, autant des ouvrages de dentelle antique que contemporaine. Certaines dentelles faites à la main datent de la fin du XVIe siècle, d'autres du XVIIIe et du XIXe siècle. En plus des pièces antiques, on trouve des ouvrages en dentelle vintage des années 1920 à 1980, des livres artisanaux, napperons, mouchoirs... et tout le nécessaire pour s'essayer soi-même à la confection de dentelle. Les prix sont toutefois assez élevés.

KROKODIL

Sint-Jacobsstraat 47
✆ +32 50 33 75 79
www.krokodil.be
Ouvert du lundi au samedi de 10h à 12h30 et de 14h à 18h30.

Cette boutique artisanale brugeoise propose des jouets en bois traditionnels des plus originaux pour les tout-petits et les grands enfants. Idéal pour dénicher un cadeau pour un enfant à Noël en achetant à la fois écolo, local et fait à la main. On trouve par exemple des puzzles, des articles de décoration de chambre, des équipements et fournitures scolaires, des jeux de cirque (diabolo, jonglage), des jeux de société, des costumes pour se déguiser, des miniatures et une collection de jouets premier âge pour éveiller les sens des bébés.

BOUGER & BULLER

Bruges n'est pas une ville sportive par essence, à part pour les amateurs de vélo bien sûr, le sport principal des Brugeois, quel que soit l'âge ou la classe sociale des habitants. Il est toujours possible d'allier les visites historiques et culturelles à un peu de détente en s'offrant un spa, avec massage, hammam et sauna, surtout en hiver quand il fait froid et humide dans les petites rues pavées. Autre possibilité, en été cette fois, s'offrir un moment rafraîchissant dans une belle piscine Art Déco, surtout avec des enfants qui réclament des baignades. Enfin, les sportifs invétérés pourront s'offrir une visite guide en faisant leur jogging. Un concept à la fois original et tonique. Il faudra sortir de la ville et battre la campagne pour vraiment pratiquer d'autres activités sportives, ou pourquoi pas aller se baigner sur la côte vers Knokke ou Ostende à la belle saison, à un quart d'heure en train de Bruges.

PISCINE JAN GUILINI

Keizer Karelstraat 41
✆ +32 50 31 35 54
www.brugge.be/zwembadjanguilini
Ouvert tous les jours sauf le dimanche à partir de 7h. Voir site web pour les horaires complets. Entrée : 1,80 €.

Datant de 1830 et renommée en 1945 d'après Jan Guilini, champion de natation belge et résistant pendant la Seconde Guerre mondiale, cette piscine intérieure de 25 m de long offre un intérieur de style Art déco dans le style de la belle piscine Molitor de Paris. Pour la petite histoire, Jean Guilini avait aidé au sauvetage de 5 aviateurs britanniques qui s'étaient écrasés dans la mer au large de la côte de Blankenberge, avant d'être arrêté et exécuté le 22 mai 1944. On aime s'y rafraîchir en été quand les ruelles pavées et les canaux chauffent sous le soleil.

TOURIST RUN BRUGGE

✆ +32 473 88 37 17
www.touristrunbrugge.be
De 20 € à 30 € par personne (avec un café inclus pour la pause). Sur réservation.

Un parcours sportif de 9,5 km pour se décrasser le corps dans une cité verte et piétonne agréable à parcourir en petite foulée, qui vous emmène dans les endroits les plus beaux de la ville. On peut parcourir à une allure tranquille les petites ruelles tortueuses du centre-ville, mais aussi de linéaires pistes cyclables et sentiers de promenade aux alentours de Bruges, près des moulins, dans la verdure. Le guide donne de brèves explications concernant les points de vue et vous raconte des anecdotes intéressantes. Original et tonique !

ROYAL THAI MASSAGE

Ezelstraat 86 ✆ +32 50 31 21 91
www.royalthaimassage.be
Massage antistress ou pieds 45 min : 35 €, massage thaï arômes 1h : 55 €, à la bougie 1h : 60 €, signature 1h30 : 90 €.

Battre le joli pavé de Bruges toute la journée peut s'avérer éreintant. Le mal de dos surgit, les pieds sont douloureux et les vacances se révèlent fatigantes. Direction ce spa thaïlandais pour effacer toutes les tensions et laisser place à la détente ! Le royaume de Siam a développé des techniques de massage ancestrales, des pieds d'abord, avec des points de sophrologie qui vous font dormir comme un petit bébé en quelques minutes, et des massages du dos et du corps à la bougie, aux herbes, aux pierres chaudes et autres, ô combien dénouants. Un moment bien-être.

SPA LE MOMENT BY SOTHYS

Niklaas Desparsstraat 11
✆ +32 50 44 44 44
Du lundi au samedi 10h-18h. Le dimanche sur demande. Massage dos/cou/épaules 25 min : 55 €. Réservation obligatoire.

Découvrez au cœur de l'Hôtel Heritage un nouvel espace délicat et esthétique, conçu pour la détente. Seul vrai spa en centre ville, vous pouvez toujours compter sur des conseils et un traitement personnalisé avec la gamme de produits de haute qualité Sothys. Coup de cœur pour le massage énergie détox intensif, un traitement pour donner un nouveau souffle à la peau et l'aider à se défendre contre les méfaits du stress environnemental qui peuvent accélérer le vieillissement cutané. Sauna, hammam et gym dans les caves historiques de l'hôtel.

Ne nous voilons pas la face, Bruges n'est pas une ville fébrile jusqu'au matin, du lundi au lundi, prise par la fièvre dansante de milliers de jeunes déchaînés. Cette magnifique ville plébiscitée par les personnes le plus souvent d'un certain âge (mais pas que) est très calme le soir venu, et encore plus la nuit tombée ! Mais il existe bien quelques phares dans la nuit où se jeter une bonne mousse belge ou écouter un petit concert en toute décontraction. On peut aussi opter pour un spectacle de musique classique pour rester dans l'ambiance d'époque, ou un film d'art et d'essai en V.O. sous-titrée dans un cadre magnifique. Pour les irréductibles fêtards, on peut quand même dégoter quelques endroits pour se déhancher jusqu'au petit matin, il suffit de bien chercher ! On retiendra aussi que tous les étés, la ville accueille le Cactus festival, avec des têtes d'affiches internationales vraiment impressionnantes.

DE COULISSEN

Jakob van Ooststraat 4
www.decoulissen.be
Ouvert du jeudi au samedi de 22h à 6h. 5h le jeudi.

Ce *loungebar* est le seul véritable endroit que l'on pourrait qualifier de boîte de nuit à Bruges. C'est en effet à cette adresse que vous pourrez onduler et « shaker votre body » sur la piste de danse jusqu'au petit matin. Le cadre est classieux, celui d'une ancienne banque historique du centre-ville. Les DJ se suivent aux platines et ne se ressemblent pas : électro, techno, R'n'B, Hip hop, la programmation est éclectique. L'espace est réduit, mais plutôt cosy, avec des éclairages travaillés pour plonger dans une ambiance agitée en fin de semaine.

CINÉMA LUMIÈRE

Sint-Jakobsstraat 36
✆ +32 50 34 83 54
lumiere-brugge.be
Voir site web pour la programmation.

Un cinéma d'art et d'essai à l'ancienne, mais à la pointe de l'actualité cinématographique. Il s'y tient chaque année un prestigieux festival (le MOOOV festival) favorisant la rediffusion des principaux films du monde entier très attendus dans les salles belges. Le plus du cinoche en Flandre c'est que les films sont toujours projetés en VO mais aussi sous-titrés en français, donc si l'idée vous en dit, ne craignez pas d'entendre parler Auteuil dans la langue de Gezelle ! Dans ce ciné Lumière, prenez un café à la brasserie baignant dans un bain de culture.

CACTUS MUZIEKCENTRUM

Sint-Sebastiaansstraat 4
✆ +32 50 33 20 14
www.cactusmusic.be
Concerts vers 20h, voir la programmation en ligne.

C'est la seule (grande) salle de concert (hors Concertgebouw plutôt classique et jazz), qui programme tous les artistes internationaux et nationaux pop, électro, hip hop mais aussi jazz fusion. Elle organise chaque année le Cactus Festival (un week-end en juillet), qui accueille d'importantes têtes d'affiche (entre autres : Massive Attack, Erykah Badu, Air, Lauryn Hill, Beach House, Bonnie Prince Billy Macy Gray, Gregory Porter en 2021) et participe aussi aux festivals Moods ! (en juillet-août) et More Music ! (une semaine en avril).

CONCERTGEBOUW BRUGGE

't Zand 34
✆ +32 50 47 69 99
www.concertgebouw.be
Programmation : voir site web. Visites : week-end, 10h-18h. Congés scolaires : mercredi-vendredi, 14h-18h. 12 €.

Le Concertgebouw est un centre de musique et d'arts de la scène, consacré au développement et à la présentation de l'art au niveau international. Il met l'accent sur la musique et la danse contemporaine. Avec son usine sonore (espace interactif pour l'art sonore) et sa collection d'art visuel, le Concertgebouw invite à découvrir activement les arts contemporains. Chaque saison, il présente des valeurs établies comme les festivals, Bach Academie Brugge, Jazz Brugge, Budapest Festival, December Dance et More Music. Hors représentation, on peut aussi le visiter.

KNOKKE-HEIST ★

Qui dit charme, classe, style de vie et ambiance tendance de la côte belge, pense automatiquement à Knokke-Heist, « the place to be » pour ceux qui profitent de la vie. On y revient chaque année pour se surprendre à découvrir les nouveautés : les nouvelles boutiques, pistes cyclables, œuvres d'art, etc. Il n'est donc pas étonnant que l'on y trouve plus de 60 galeries d'art et 200 restaurants pour vous accueillir et que les 1 400 magasins (y compris les boutiques les plus huppées) soient ouverts également tous les dimanches. Faire du shopping tranquillement à la mer, en sécurité et sans stress. 9 km de digues avec une piste cyclable délimitée, des dizaines de terrasses ensoleillées et les établissements de plage de haut standing qui servent de délicieuses boissons fraîches… Tout cela crée une véritable ambiance méditerranéenne. À Knokke-Heist, on fait tout avec style : prendre un bain de soleil à l'abri du magnifique casino ou se promener au Zwin le long des vagues. Regarder les enfants s'amuser à vélo ou (bien évidemment !) à trottinette sur la digue, sur la place Rubens ou sur la place Albert. Les jeunes aussi sont gâtés : *beach parties* et animations musicales pour l'ambiance et clubs de surf branchés pour des muscles bronzés. Knokke-Heist, bordé au Zoute par un vaste jardin ponctué de villas élégantes ou dans les polders par un paysage champêtre unique et intact.

Tourisme

Le Pass Côte (Kust Pas, en néerlandais) est gratuit et offre des réductions dans les musées, les parcs d'attraction, pour des activités et excursions. On peut se le procurer dans toutes les offices de tourisme ou l'imprimer sur site Internet www.kustpas.be. Peu importe la station balnéaire, on trouve tout type d'hébergement sur le littoral, du 5 au camping, en passant par les hostels ou les B&B. Oubliez l'idée du campement sauvage ou à la belle étoile sur la plage, vous risquez une sérieuse amende. Certains hôtels incluent le voyage en train et le transport en tram dans un package négocié par les offices de tourisme de la région. Plus d'infos sur www.lelittoral.be

Transports

Knokke-Heist se trouve à 20 minutes en voiture de Bruges. En transport en commun, on peut arriver à Knokke en train depuis Bruges ou rejoindre Ostende également en train puis longer toute la côte en tramway jusqu'à Knokke.

Le tram de la mer n'est autre que la ligne de tramway la plus longue du monde ! Certains ne viennent et ne bougent qu'avec lui. Il longe toute la côte belge et roule de 5h30 à 23h, à une fréquence de 10 minutes l'été à 20 minutes l'hiver. Il dessert toutes les stations balnéaires sur 67 km, et il faut compter 2h entre La Panne et Knokke. Le tarif est de 2,50 € en ticket sms, en boutique, online ou sur une bonne de paiement sans contact à l'intérieur du tram (il n'est plus possible d'obtenir de billet à bord), mais nous vous conseillons le carnet de 10 tickets à 17 € en ligne. La carte journalière coûte 7,50 € (www.delijn.be/fr/kusttram).

FOR FREEDOM MUSEUM 🏛

Ramskapellestraat 91-93 ✆ +32 5 068 71 30

www.forfreedommuseum.be

Du 01/04 au 15/11 de 10h à 17h, 7j/7 sauf lundi. Le week-end le reste de l'année. Adultes : 10 €, enfants (7-12) : 6 €.

Le musée For Freedom est aménagé dans l'école restaurée de Ramskapelle. Il témoigne de l'histoire des dernières années de la Seconde Guerre mondiale dans la région. Plus exactement de la libération du village par nos alliés Canadiens. Ce décor prend véritablement vie dans de gigantesques dioramas réalistes dans lesquels les gens, les véhicules et les équipements racontent la véritable histoire de la guerre. La plupart des pièces exposées au musée appartiennent à des collections privées. Un bel hommage à ces combattants tombés pour libérer les Belges.

HEY KNOKKE-HEIST 🏛

Pannenstraat 140

✆ +32 50 53 07 30

https://hey.knokke-heist.be/

Ouvert du mercredi au dimanche de 10h à 17h. Tarifs : 10 € (adultes), 5 € (enfants). Gratuit - 6 ans.

Ce musée, dans une jolie école néogothique et ses bâtiments adjacents, finit une rénovation de deux ans. Si l'école n'était pas encore accessible au moment d'écrire ces lignes (elle abritera une exposition sur l'histoire de Knokke), les autres espaces, oui. Le pavillon est consacré à l'histoire du tourisme et raconte des histoires d'hier et d'aujourd'hui sur le faste des hôtels de la Belle Époque ou des années 1920, des anecdotes qui font que Knokke soit devenue si populaire. L'atelier présente des expos temporaires et le hall abrite une projection 360°.

ZWIN PARC NATURE

Graaf Léon Lippensdreef 8
✆ +32 50 60 70 86
www.zwin.be
10h-18h 7j/7 en été. Fermé lundi hors saison, mardi en hiver. Adulte : 12 € en ligne, 14 € sur place, 6-17 ans 6 €.

Cette réserve naturelle qui se poursuit par-delà la frontière hollandaise, a été créée en 1952 sur 150 ha. Le Zwin est ce qui subsiste de l'estuaire qui allait jadis jusqu'à Bruges. Une brèche laisse passer les flots de la mer du Nord à chaque marée via un chenal qui se ramifie ensuite et forme de petites criques. Un milieu paradisiaque pour la faune ornithologique marine, échassiers et oiseaux côtiers, et cigognes réintroduites qui s'y sont sédentarisées. Le centre d'accueil vous propose une très chouette exposition interactive ainsi que de nombreuses activités.

B&B DE TUINKAMER €€

Bremlaan 66
✆ +32 485 92 60 99
www.de-tuinkamer.be
Studio à partir de 105 €, petit déjeuner inclus. 2 nuits minimum.

Ces studios sont situés en toute indépendance au fond d'un agréable jardin, dans un coin très calme de Knokke : le cadre idéal pour se ressourcer en profitant du bon air marin. Les hôtes sont très accueillants, et garantissent une vraie intimité dans un écrin de nature très fleuri. Les studios sont équipés de baies vitrées et d'une terrasse pour manger à l'extérieur. L'intérieur est vraiment plaisant, moderne et douillet, avec une kitchenette (machine expresso), un poêle à bois réconfortant en hiver, du wifi. Le petit déjeuner princier est livré tous les matins.

HÔTEL LUGANO €€€

Villapad 14
✆ +32 5 063 05 30
www.hotellugano.be
29 chambres. Doubles à partir de 170 €. Chambres familiales : 358 €. Petit déjeuner buffet : 23 €.

Premier des établissements acquis par la famille Vanhollebeke en 1939, il est aujourd'hui *the place to be* à Knokke. Un hôtel-restaurant, tea-room, et un superbe bar à champagne. L'hôtel est situé à 50 m de la digue au centre, et est idéal pour les gens à la recherche de chambres confortables et luxueuses. Le restaurant propose une cuisine classique où les produits de la mer côtoient les viandes de qualité : huîtres, tomates aux crevettes de Zeebruges épluchées à la main, croquettes aux crevettes, pavé de cabillaud poêlé... Location de vélos sur place.

ALEXANDRA €€

Van Bunnenplein 17
✆ +32 50 60 63 44
www.restaurantalexandra.be
Ouvert tous les jours sauf jeudi et vendredi, de 12h à 14h et de 19h à 21h30. Menu à 57,50 €.

En entrant dans ce restaurant au cadre très contemporain et sombre, dans des tons noirs, on s'attend à trouver des assiettes sophistiquées. C'est exactement ce que propose cette table actuelle, qui manie la cuisson des poissons et fruits de mer à merveille, mais aussi les carpacci de viandes. Voyez plutôt en entrée ces noix de Saint-Jacques aux chicons braisés et pata negra, ou ce carpaccio de bœuf avec roquette et parmesan, suivi d'un filet de barbu grillé aux asperges braisées. Vous en saliverez et aurez plus d'appétit qu'un barracuda, c'est certain.

BRASSERIE RUBENS €€

Zeedijk 589 ✆ +32 5 060 35 01
www.brasserie-rubens.be
7j/7 de 11h à 23h, 0h pendant le week-end et vacances (dernière commande, 23h). Carte : ±60 €. Plat du jour : 19 €.

Impossible de manquer le Rubens, ce grand restaurant, brasserie, *tea room*, à la terrasse imposante (180 places) et à la façade majestueuse. Ici, chacun trouvera son bonheur. Que ce soit juste pour boire un verre et manger une gaufre l'après-midi, ou pour apprécier un repas complet, vous serez les bienvenus. Grillades, poissons, croquettes aux crevettes et moules en saison, une cuisine française de bon niveau. N'hésitez pas à déguster la spécialité de la maison : la côte à l'os grillée sur pierre de lave, sauce béarnaise, avec une belle vue dégagée sur la mer.

KLEIN AMSTERDAM €€

Kustlaan 133
✆ +32 50 61 03 42
www.kleinamsterdam.be
Plat dans les 30 €. Ouvert tous les jours sauf mercredi de 11h à 21h30. Menu : 59 €.

Ce restaurant situé sur le front de mer, avec une terrasse face à l'océan, propose une cuisine contemporaine, flexitarienne dirons-nous. C'est à dire qui modère les quantités de viandes et de poissons pour privilégié d'extrême qualité (bio si possible) et fraîcheur, et équilibre ses plats d'un festival de légumes, graines, ingrédients survitaminés bons pour la santé. L'ensemble est goûteux, léger, et se laisse manger sans compter. Le thon tout juste saisi, le poisson du jour cuit à une extrême justesse sont indéniablement ses points forts.

SEL GRIS €€€

Zeedijk 314
✆ +32 5 051 49 37
www.restaurantselgris.be

Fermé mercredi-jeudi. Lunch : 55 € (93 € vins compris). Menus : 95 € (153 € vins compris), 115 € (183 € vins compris).

Frederik Deceunick a fait un parcours sans faute, depuis son apprentissage dans de prestigieuses maisons, auprès de Georges Blanc et au château de Germiny (près d'Arbois) jusqu'à l'ouverture de ce charmant restaurant. Dans un cadre sobre et épuré, le chef propose une cuisine contemporaine inspirée respectant les saisons. Une cave à vin propose plus de 300 références. possibilité de manger à la table d'hôtes avec vue sur la cuisine (6 ou 8 personnes). Ajoutez à l'ensemble, une très belle vue sur la mer, c'est assurément un endroit où s'attabler.

CHOCOLATIER M

Sylvain Dupuisstraat 38
✆ +32 5 061 44 60
www.chocolatier-m.be

Ouvert de 10h à 18h. Fermé mardi et mercredi (uniquement le mercredi pendant les vacances).

David, créateur chocolatier, propose plus de 50 sortes de chocolats différents, un mixte de pralines classiques et de saveurs originales : mangue, fruit de la passion, épices, figue et porto, thé au jasmin, orange sanguine… la liste est longue ! Ajoutez à cela les coffrets de saison en édition limitée, tous plus appétissants les uns que les autres. David Maenhout travaille avec les meilleurs restaurants de Knokke, et a travaillé pour de grands chocolatiers tels que Lenôtre. Essayez la praline Knokke-Heist et la Knokke-le Zoute en souvenir de votre passage !

CASINO DE KNOKKE-HEIST

Zeedijk-Albertstrand 509
✆ +32 5 063 05 00
www.casinoknokke.be

Ouvert du dimanche au jeudi de 9h à 4h ; le vendredi et le samedi de 9h à 5h.

Célèbre pour avoir accueilli les plus grands (Edith Piaf, Maurice Chevalier, Yves Montand…), il possède, outre de superbes salles de jeux, deux clubs, un restaurant, une salle de concert et organise d'importantes expositions. Il abrite plusieurs œuvres remarquables, dont une fresque de Keith Haring, *Le Voyage légendaire* de Paul Delvaux, ou encore une peinture murale de 72 m, le *Domaine enchanté* de Magritte. A l'intérieur, jetez aussi un coup d'œil au plafond pour admirer le plus grand lustre du monde, avec ses sept tonnes de cristal vénitien et ses 2 000 ampoules.

ZEEBRUGGE ★

C'est vraiment dans les années 2000 que Zeebrugge devient un port au rayonnement international. Le port accueille aujourd'hui des superpétroliers de 250 000 tonnes. Il est une plaque tournante du commerce de conteneurs. Sans cesse modernisé, le port jouit aujourd'hui d'infrastructures de qualité incitant les grandes entreprises et industries à s'y installer. Le port abrite également l'unique base navale de la marine belge. Et Zeebrugge est bien sûr l'un des grands ports de croisière du pays. Mais Zeebrugge, c'est aussi une charmante petite cité qui s'organise autour de sa grande plage, de sa réserve naturelle et de son patrimoine architectural.

Tourisme

- **Promenade dans la réserve naturelle De Fonteintjes.** Entrée libre. Randonnées : s'adresser à l'office de tourisme.
- **Balade à pied.** Promenade qui présente le rôle important joué par Zeebrugge dans l'histoire de la navigation de pêche flamande. Carte disponible à l'Office de tourisme : 2 €.

Transports

- **Bus.** Un autobus relie Bruges à Zeebruges en été. Horaires sur www.delijn.be
- **Voiture.** Zeebruges se trouve à 17 km de Bruges et 27 km d'Ostende. C'est la seule station balnéaire belge où tous les parkings sont gratuits.
- **Train et tramway.** Depuis Bruges, les trains sont réguliers. Le trajet dure 40 minutes et coûte 3 €. Le tramway côtier passe bien sûr par ici.

DUNES ET RÉSERVE DE FONTEINTJES

Départ au bout de la digue (surfclub Icarus)

Entrée libre. Visites guidées régulières, voir l'agenda sur site Web.

Enclavées entre le littoral et la route reliant Zeebrugge à Blankenberge, les dunes formant un étroit cordon abritent une précieuse réserve naturelle : De Fonteintjes, « Les Fontaines » en français. Cette réserve est une alternance de mares, de fourrés et de vallées dunaires humides abritant une flore exceptionnelle. Vous pourrez ainsi y observer des orchidées ! Les amateurs de randonnées apprécieront la beauté et surtout le calme des lieux, protégés par les dunes.

RÉSIDENCE PALACE

Zeedijk 2

Ne se visite pas.

Mais quel est donc cet élégant bâtiment qui domine la digue de toute son imposante majesté ? Sa construction remonte au tout début du XXe siècle, et à l'époque, il s'agissait d'un hôtel, et même d'un palace ! L'idée était d'attirer les touristes embarquant pour le Nouveau Monde. Mais l'hôtel fut inauguré seulement deux semaines que la Première Guerre mondiale éclate, et fut immédiatement réquisitionné par les Allemands. En 1949 il fut transformé en appartements « Résidence Palace ». Son architecture d'origine et les cages d'ascenseur d'époque sont conservées.

CAFE 'T WERFTJE €€

Werfkaai 29

✆ +32 497 55 30 10

twerftje.be

Ouvert du jeudi au lundi, de 10h30 à 1h. Carte : 30 € environ. Terrasse.

Attention adresse culte ! Les habitués du 't Werftje ne tarissent pas d'éloge sur ce petit restaurant dont l'histoire remonte à 1905, autant dire à la création du port de Zeebrugge. C'est la famille Preem qui est aux commandes et a su conserver l'atmosphère d'antan chère aux dockers et aux pêcheurs. Au menu ? Des incontournables croquettes de crevettes, la soupe de poissons accompagnée de rouille ou le pistolet à la salade de crabe. Même si le chef prône une cuisine simple et sans fard, il n'en reste pas moins que ses plats sont exécutés avec brio.

SEAFRONT ZEEBRUGGE ★

Vismijnstraat 7

✆ +32 50 55 14 15

www.seafront.be

Horaires divers selon les établissements.

Situé dans l'ancienne criée aux poissons, le Seafront est pleine révolution ! Fini le musée et le sous-marin russe, place à un nouveau concept qui est encore en cours d'élaboration. Le but est de faire du Seafront un nouveau lieu de vie avec de beaux commerces (vêtements, déco, céramique, chocolatier...), de loisirs (mur d'escalade, salle de sport) et de détente (bars et restaurants). Un projet ambitieux mais le lieu s'y prête bien puisqu'on est à côté de la marina. À la fin de Seafront, se trouve un bar-resto perché, Ona, qui vaut la peine qu'on s'y arrête.

THE BLUE LOBSTER €€

Tijdokstraat 9

✆ +32 5 068 45 71

www.thebluelobster.be

Ouvert tous les jours sauf lundi soir, jeudi et vendredi. Formule du midi : 18 €. Menu : 39 €.

Aux commandes du Blue Lobster... un chef passionné, Gilian Van Loo, qui a trouvé à Zeebrugge le lieu idéal pour exprimer son talent et son inventivité. Grâce à la proximité du port, le chef peut privilégier les circuits courts et offrir qualité et fraîcheur. Il ne travaille d'ailleurs que les poissons de la mer du Nord. Mais son idée est de ne pas proposer que des espèces habituelles comme le bar ou le maquereau, mais d'en faire découvrir des moins connues, comme la vive commune ou le merlan argenté. Les spécialités : la bouillabaisse et le homard de la mer du Nord.

EXCURSIONS CAPTAIN BLUE

✆ +32 59 70 62 94

www.captainblue.be/fr

Excursion, 75 min, juillet à septembre, à partir de 14,50 €. Speedboat à partir de 39,50 €, pêche à partir de 75 €.

Quel meilleur moyen de découvrir l'incroyable port de Zeebrugge qu'en y faisant une excursion en bateau ? Au programme de la visite, tout ce qui fait l'incroyable richesse du port. Vous pourrez observer le ballet des conteneurs, découvrir le terminal gazier et même apercevoir les chasseurs et patrouilleurs de la Marine belge. Vous longerez même l'une des plus grandes écluses au monde. Profitez également des nouvelles activités exclusives : des tours en speedboat (pouvant atteindre les 90 km/h) ou encore des journées de pêche au départ d'Ostende, cette fois.

TIJDOK €€

Tijdokstraat 16

✆ + 32 476 59 65 20

www.tijdok.be

Ouvert du mercredi au dimanche le midi et le soir. Menus de 28 € à 45 €. Carte : 35 € environ.

Pour beaucoup, le Tijdok c'est avant tout la meilleure soupe de poissons de la région ! La chef Marianne Pauwaert la prépare selon une recette bien à elle qui lui a d'ailleurs valu de remporter le concours de la meilleure soupe de poissons flamande. Elle la prépare avec de la vive commune, du grondin rouge et du tacaud commun... et une bonne dose de talent ! Les poissons fraîchement pêchés sont cuisinés de manière traditionnelle et offrent des bouquets de saveurs comme le filet de morue frit ou le cocktail de crevettes. Une adresse très appréciée des habitants.

FLANDRE-OCCIDENTALE

BLANKENBERGE ★

Blankenberge est une destination populaire pour d'excellentes vacances en famille. Ce que vous recherchez vous attend sur les 3,3 km de plage de Blankenberge, ponctués d'anciennes cabines de bain au charme désuet. Il fait si bon flâner sur la digue pittoresque, bordée d'innombrables boutiques. Et si vous êtes vraiment insatiable, descendez par l'une des rampes d'accès au centre historique, où vous attendent rues piétonnes, maisons Belle Époque et de nombreux restaurants et boutiques. Blankenberge, ce sont aussi de nombreux événements comme la Bénédiction de la mer, les Fêtes du paravent, mais surtout l'incontournable Corso fleuri. Alors, bon séjour !

SEA LIFE CENTRE ★

Koning Albert Ier Laan 116 ✆ +32 50 42 43 00
www.visitsealife.com/blankenberge/
Ouvert tous les jours de 10h à 17h. Adulte : à partir de 20 € ; 3-11 ans : 16 €. Réservation obligatoire.

Un centre est dédié au monde de la mer où vous trouverez, entre autres, le plus grand récif corallien de Belgique. Dans une trentaine d'aquariums regorupant près de 2 500 spécimens, on admire la faune marine de la mer du Nord : poissons, hippocampes, requins, tortues... Également des bassins où les enfants peuvent caresser les poissons. Le centre œuvre dans le sauvetage des phoques. Il s'en échoue chaque année des dizaines, souvent malades, affaiblis et orphelins sur les côtes belges. Après trois ou quatre mois de soins intensifs, ils sont relâchés.

CENTRE BELLE-ÉPOQUE ★★

Elisabethstraat 24
✆ +32 50 636 640
https://www.belleepoquecentrum.be/
Ouvert du mardi au dimanche de 14h à 17h. En été jusqu'à 18h. Adultes : 5 €, +55 ans 4 €, -26 ans : 3 €.

Le Centre Belle-Epoque, installé dans trois villas restaurées du XIXe siècle, présente l'histoire de la ville entre 1870 et 1914 et met en lumière cette belle architecture qui a façonné la cité balnéaire. Une époque où, grâce à la construction du casino, de nombreuses villas majestueuses et de grands hôtels, Blankenberge devint une station balnéaire importante. L'exposition comprend des affiches, des cartes postales, des vêtements, des photos, des films... Vous y découvrirez aussi l'influence de l'Art nouveau à Blankenberge.

UITKERKSE POLDER ★

Kuiperscheeweg 20 ✆ +32 5 042 90 40
www.uitkerkse-polder.be
Ouvert du mardi au dimanche et les lundis de vacances scolaires de 13h30 à 17h30 (10h le dimanche). Entrée gratuite.

La réserve « Uitkerkse Polder » s'étire de De Haan et Zuienkerke sur 1 400 ha. C'est la plus grande du genre sur la côte : paysages ouverts typiques des polders, étendues de prés et pâturages dépourvus d'arbres ou de haies... Elle possède de gigantesques ressources en eau, dont le canal de Blankenberge constitue l'axe principal. Ce qui attire de nombreux oiseaux migrateurs. Les oiseaux des champs y nichent également en masse. Postes d'observation accessibles depuis le chemin. Le centre de visiteurs présente une exposition interactive sur la réserve.

MUSÉE MARITIME SCUTE

Bevrijdingsplein 15
descute.be
Ouvert uniquement sur demande. Entrée : 2 €.

Ce musée fait revivre le patrimoine maritime de la côte belge, particulièrement celui de l'ancien port de pêche de Blankenberge. Dès 1991, le maître voilier Achilles Wittevrongel, issu d'une longue lignée de pêcheurs en mer exprime le souhait de construire un « scute » ou chaloupe de Blankenberge. Il a donc reconstruit cette chaloupe légendaire que l'on peut voir dans cet entrepôt. Le musée au dernier étage présente des objets, dessins, photos et petits films sur la pêche à Blankenberge aux siècles passés. Un bond dans le passé de la pêche artisanale.

AVENUE BOUTIQUE HÔTEL €

Jules de Troozlaan 42
✆ +32 50 41 12 75
www.avenuehotel.be
Chambre double à partir 74 €, suite familiale à partir de 145 €. Petit déjeuner inclus. Parking : 25 €.

L'hôtel Avenue est un 3-étoiles situé sur la plus belle avenue de Blankenberge, à 100 m de la plage, tout en proposant des prix modérés. Bien sûr, il n'est pas vraiment « boutique-hôtel » à ce prix, mais il dispose de 26 chambres et 8 suites, toutes agencées dans un grand confort avec du mobilier ancien, voire complètement rétro, un vrai bond dans le passé ! Certaines sont dotées d'un balcon. L'ambiance est familiale, l'accueil et la propreté impeccables, on regrette un peu le manque d'isolation phonique mais le petit déjeuner buffet est copieux.

FLANDRE-OCCIDENTALE

C-HOTELS HELIOS €€

Zeedijk 92 ✆ +32 5 042 90 20
https://www.c-hotels.be/helios
34 chambres. Room service. Chambre double à partir de 125 € et familiales ou vue sur mer, 165 €, avec petit déjeuner.

Un hôtel design qui séduit par son côté branché et ses lignes graphiques, et sa position en première ligne du front de mer (le surcoût d'une chambre « vue sur mer » vaut le coup). Nous sommes dans une ambiance chic et branchée ici, mais en même temps, très relax. D'ailleurs, son plus bel atout est un espace bien-être avec sauna, hammam, bain bouillonnant, mais aussi une terrasse en rooftop avec des transats face à l'océan. Superbe buffet de petit déjeuner maison. On regrette la fermeture du restaurant au rez-de-chaussée mais il y a de bonnes tables pas loin.

'T KOETSHUIS €€

Molenstraat 19
✆ +32 50 41 47 24
www.koetshuis.handelsgids.be
Du vendredi au mardi de 9h à 18h30. Gaufre : environ 8 €. Plat : environ 15 €.

À deux pas de la digue, c'est une des plus charmantes adresses de la côte ! Ouvert du petit déjeuner à celle de l'apéro, t'Koethuis est connu pour ses gaufres (elles se retrouvent toujours dans le top des meilleures du littoral), mais sa carte de brasserie ne laisse pas non plus indifférent. On peut y dévorer un croque, une salade ou des solettes. Si l'intérieur est chaleureux en hiver, c'est la cour intérieure ; toute fleurie et illuminée le soir, qui vole la vedette. On est loin de se douter que la façade un peu banale du restaurant cache cette merveille.

BELGIUM PIER €€

Zeedijk 261
✆ +32 50 43 37 50
brasserie.belgiumpier.be/fr
Les heures et jours varient avec les saisons. En été, ouvert tous les jours de 11h à 22h. Voir site Web. Menu : 45 €.

Un lieu unique en Belgique : cette rotonde est posée au bout d'une jetée qui s'enfonce à plus de 300 mètres dans la mer. Construite en 1894, détruite et restaurée plus d'une fois, la jetée est en cours de restauration qui lui redonnera son aspect des années 1930. En attendant, on peut toujours profiter de son restaurant avec panorama à 360 degrés sur la mer et la plage. On suit le rythme des marées en dégustant d'honnêtes plats de brasserie, en dévorant une gaufre après une promenade ou juste prendre un café ou un verre pour le plaisir. Une icône du littoral !

VICTORY €€

Franchommelaan 60
✆ +32 5 041 44 79
www.restovictory.be
Ouvert tous les jours sauf mercredi et jeudi de 10h à 23h non-stop. Menu : 45 €. Terrasse chauffée.

Avec sa vue imprenable sur le port de Blankenberge, le Victory séduit depuis plus de 30 ans une clientèle fidèle ainsi que les gens de passage venus profiter de la terrasse ensoleillée pendant la belle saison. Plateaux de fruits de mer, poissons grillés bouillabaisse Victory, homard, mais aussi des mets plus simples : salades, moules, pâtes… Le matin il est possible d'y prendre un petit déjeuner, et l'après-midi crêpes et glaces. Et si le temps n'est pas de la partie, vous trouverez toujours une belle table dans la salle à l'atmosphère maritime et chaleureuse.

L'APÉREAU

De Smet de Naeyerlaan 53
✆ +32 471 49 38 32
www.restoberbayern.be/lapereau
Ouvert du mercredi au dimanche de 16h à 1h.

C'est un des plus anciens bars à cocktails de la côte mais il reste dans le top 3. Situé à côté du port de plaisance de Blankenberge, on y sert de délicieuses concoctions, avec ou sans alcool, dans une atmosphère relax et une décoration très design. A côté de créations qui changent régulièrement, on recommande l'*Aviation*, un mélange de gin, de sirop de violette, de citron et de maraschino tout en fraîcheur et en élégance. La carte des gins et des whiskies est impressionnante et si vous avez faim, une liste de finger food/tapas est disponible. Terrasse couverte

SILVERSAND

Zeedijk 90
✆ +32 50 41 46 50
www.silversand.be
Fermé le jeudi. D'avril à septembre : 11h30-19h (20h le week-end). Le reste de l'année : 11h30-18h (19h le week-end).

Manger une gaufre (ou une crêpe) après une longue promenade sur la plage est un rituel auquel on ne peut couper sur la côte belge et Silversand peut se targuer d'avoir parmi les meilleures du littoral. En plus, elles sont énormes ! Leurs gaufres de Bruxelles font le double de la taille normale. Elles sont délicieusement légères et croustillantes sur le dessus et, chose qui ne trompe pas, si on prend la version avec crème fraîche, on voit bien qu'elle est faite maison. Une large carte de plats salés de brasserie est aussi disponible mais les gaufres suffisent.

LE COQ - DE HAAN ★

À 12 km au nord d'Ostende, au milieu des dunes, Le Coq fait les délices des familles et des esthètes, car la ville a peu changé depuis les années 1930. Le site est classé, il n'y a donc pas d'immeubles tout en béton et en hauteur le long de la digue et dans les allées sablonneuses de la station, mais des villas entourées de jardins, ainsi qu'une jolie gare des trams avec sa façade Belle Époque. C'est une station donc plutôt chic, où l'espace et le calme prédominent. On peut aller aisément se balader dans les dunes en direction de Blankenberge. Le golf 18 trous attire aussi les adeptes des greens.

LE SPIOENKOP WENDUINE

Spioenkop

Voici un bon prétexte pour faire une balade en bord de plage en longeant la côte vers la droite depuis de Haan, en direction de Blankenberge (l'endroit est quasiment à mi-chemin). Ce pavillon à toit rouge est situé sur la deuxième plus haute dune de la côte belge, qui s'élève à environ 31 mètres de hauteur. La Rotonde avec paravent vous offre une superbe vue sur les polders alentours, et sur la côte sauvage de dunes. Un endroit sacré pour les nombreux amateurs de soleil, promeneurs, pêcheurs à la ligne, familles avec enfants.

HÔTEL LES MOUETTES €

Zeedijk 7

✆ +32 5 041 15 14

www.hotellesmouettes.be

Chambre simple dès 69 €, double avec vue sur mer dès 100 €. Petit déjeuner inclus. En été, séjour 3 nuits minimum.

Situé à Wenduine, voici un hôtel familial offrant un excellent rapport qualité/prix. Les chambres, avec vue sur la mer, offrent un panorama magnifique. Exploité de génération en génération depuis 1946 et attirant une clientèle fidèle, il propose un accueil personnalisé. Les 29 chambres équipées de douches ou bain, tv, téléphone… possèdent un confort douillet. Sur réservation, un espace bien-être est accessible à la clientèle de l'hôtel qui comporte un sauna et un bain bouillonnant. Également un salon-bar ouvert le soir. Restaurant pour les hôtes.

HOTEL RUBENS €€

Rubenslaan 3

✆ +32 59 24 22 00

www.hotel-rubens.be

Chambre double à partir de 69 € ; suite à partir de 139 €. Petit déjeuner buffet inclus. Parking inclus. Wifi. Sauna.

Cet hôtel 3-étoiles est un petit havre de paix. Situé dans une rue calme et dans un écrin de verdure, il offre tout le confort nécessaire à un séjour paisible, tout en étant à moins de 5 minutes de la plage. Le jardin est un vrai plus, idéal pour y déguster le petit déjeuner fait maison avant de s'immerger dans un sauna norvégien ou dans la piscine. Joyce et Lars, les propriétaires, se feront un plaisir de vous aiguiller sur les meilleurs restaurants du coin, ainsi que ceux de Bruges d'où ils sont originaires, si telle était votre prochaine étape.

Mer du Nord.

B&B HET ZONNEHUIS €€€

Normandiëlaan 18
✆ +32 475719865
www.zonnehuis.eu
Double environ 200 € en saison haute, dès 185 € hors saison. Petit déjeuner inclus. En été, minimum 3 nuits.

Zonnehuis a tout d'un havre de paix version *british*. Cette bâtisse chargée d'histoire a été rénovée avec goût et un raffinement exquis. L'attention est portée au détail pour créer une ambiance « country » en harmonie avec cette ancienne demeure de général datant de 1929, le tout dans un confort d'un grand standing. Bertrand, le propriétaire, vous accueillera sans doute au coin du feu près du piano à queue en hiver, ou sur la terrasse ensoleillée donnant sur la piscine et le jardin en été. Un luxe sans fioritures. Parking gratuit.

COUNTRY HOUSE DUINHOF €€€

Leeuwerikenlaan 23
✆ +32 059 24 20 20
www.duinhof.be/fr/
Double entre 135 € et 160 €, suite et l'appartement entre 155 € et 250 € sans petit déjeuner. Parking gratuit.

Ce petit hôtel a le chic des cottages anglais avec une touche plus contemporaine. Il est doté de 10 chambres charmantes et confortables (lits *king size*), de quatre suites luxueuse, et d'un appartement familial. Tout est fait pour que l'on se sente chez soi et que l'on passe un séjour relaxant. En témoignent le salon de thé dans lequel il est possible de se détendre au coin du feu, le sauna avec massages en option, et surtout la piscine et le grand jardin qui nous tendent les bras. Chaque chambre dispose d'une terrasse ou d'un balcon pour prendre le petit déjeuner.

BISTRO VILLA JULIA €€

Van Eycklaan 2 ✆ +32 59 44 93 42
www.villajulia.be
Cuisine ouverte du mercredi au dimanche de 12h à 14h et de 18h à 23h. Format tapas : ±15 €. Format plat : ±30 €

Voilà une belle adresse. Non seulement la maison Belle Époque est splendide, typique de la côte flamande avec des encorbellements en façade et une jolie terrasse dans un jardin, mais l'assiette est fabuleuse, aussi bien dans l'esthétique que dans les compositions originales. Pas de plats ou d'entrée ici, mais une liste de mets de saison qu'on choisit en version tapas, entrée ou plat, la simplicité même. Le homard, les poissons et fruits de mer sont tout aussi déclinés que les viandes. En prime, les horaires extensibles de la maison sont une rareté dans la région.

CASANOVA €€

Zeedijk-De Haan 15
✆ +32 59 23 45 55
casanova-dehaan.com
Ouvert du vendredi au mardi de 12h à 14h et de 18h à 21h. Menus de 42 € à 68 €.

Ce Casanova saura vous charmer en un instant ! Restaurant gastronomique installé sur la digue, il vous offre une vue sur la plage et la mer du Nord dont les produits sont magnifiés dans l'assiette. Commençons par des crevettes (fraîches ou en croquette), continuons avec une plie à l'ostendaise ou une bouillabaisse de la mer du Nord et on termine avec un fondant moelleux au chocolat, tout ça servi dans une salle contemporaine, claire, illuminée par le soleil et des notes d'orange en déco (il paraît que cette couleur met en appétit).

KOK SUR MER €€

Warvinge 49
✆ +32 59 430 970
www.lekoksurmer.be
Du mardi au dimanche de 12h à 14h et de 18h30 à 21h (fermé mercredi soir). Menus de 43 € à 85 €. Formule lunch : 34 €.

Si vous recherchez une petite parenthèse gastronomique à un prix raisonnable, Jean-Philippe et Nele ont de quoi vous satisfaire. Choisissez votre formule et laissez-vous régaler par ces deux restaurateurs qui ont forgé leur nom à travers des restaurants de renom (De Tuilerieën à Bruges ou De Savarin à Ostende pour n'en citer que deux) avant de se lancer dans leur propre aventure. Finesse des ingrédients et hospitalité sont au rendez-vous. On vous conseille de réserver une table dans la véranda, lumineuse et agréable ! Réservation recommandée.

ROYAL OSTEND GOLF CLUB

Koninklijke baan 2
✆ +32 5 923 32 83
www.golfoostende.be
En semaine : 90 €. Vendredi, week-end, jours fériés : 95 €.

Ce golf 18-trous tout à fait en bord de la mer vaut le détour pour tous les amateurs de cette discipline. Un effort est toujours mis en œuvre pour préserver la nature et la faune en leur état naturel. Créé en 1903 lors du développement de la côte qui fleurissait alors de maisons cossues Belle Epoque, le Royal Ostend Golf Club a été construit pour occuper la bourgeoisie locale en goguette. Aujourd'hui encore, il propose de jolis challenges, le tout dans un cadre de paysages sublimes. Le club house est particulièrement, d'autant plus qu'il a été rénové il y a peu.

OSTENDE ★★

Rien ne vaut l'expérience de prendre le train jusqu'à Ostende car dès votre sortie de la gare, le sable fin se présente, ou presque ! Passé le bateau islandais *L'Amandine*, il n'y a que 2 minutes à pied qui vous séparent d'un bain de soleil sur la plage. Et la ville balnéaire a encore bien d'autres atouts ! Les restaurants du Quai des Pêcheurs vous donnent l'occasion de savourer tous les délices de la mer, tout en ayant une vue sur le marché aux poissons et le va-et-vient des bateaux de pêche. Mais au centre de la ville, sur la promenade Albert-Ier et dans d'autres quartiers moins connus, de nombreux restaurants vous serviront des repas exquis. Ceux qui veulent goûter aux plaisirs nocturnes, doivent se rendre à la Langestraat et ses alentours où vous trouverez de bouillonnants cafés, des bars et d'agréables discothèques. Et pour celui qui veut tenter un petit pari, il y a évidemment le casino. À Ostende, la Belle Époque a survécu en bien des lieux comme à la Brasserie du Parc, bâtisse valant plus d'un coup d'œil, où l'Art déco ravit les habitants et séduit les touristes de passage. Dans le centre, on se déplace à vélo ou en tramway, du musée d'Histoire local jusqu'à l'hippodrome de Wellington, vestige de l'époque du roi Léopold II, celui-là même qui offrit la célébrité à la petite ville côtière en en faisant son lieu de villégiature. Ostende ne compte pas moins d'une soixantaine d'hôtels, d'hôtels quatre étoiles ayant tout le confort, aux simples petits hôtels offrant un confort de base, en passant par des hôtels de classe moyenne. La ville offre également un large choix d'hébergements pour réunions et séminaires. Enfin, dans la ville sur mer, les amateurs de culture ne restent pas sur leur faim : Mu.ZEE, musée d'art, organise régulièrement des expositions thématiques qui attirent le grand public à la Romestraat. Pour les jours de pluie, vous pourrez également profiter des attractions suivantes : le Trois-mâts Mercator, le Domaine Raversijde, l'*Amandine* – le dernier Islandais –, le Jardin japonais et le Fort Napoléon.

Histoire

Au début du XVIIe siècle, Ostende opte pour la Réforme : son port est utilisé par les gueux de mer, rebelles hollandais. Les troupes catholiques espagnoles, menées par l'archiduc Albert, mirent trois ans à prendre la ville aux Orangistes (1601-1604). L'archiduchesse Isabelle, convaincue de la supériorité militaire de l'Espagne, avait fait le vœu imprudent de ne plus changer de chemise avant la prise d'Ostende par son mari. Mal lui en prit puisque le siège dura trois longues années. Imaginez donc la couleur que prit la chemise : un joli café au lait, appelé depuis « couleur Isabelle ». Quand la ville fut aux mains des Pays-Bas espagnols, la Compagnie des Indes tenta d'y compenser la fermeture du port d'Anvers imposée par les Hollandais. Le succès fut éphémère, les marchands d'Amsterdam et de Londres n'admettant pas la concurrence de leur voisin du Sud. La pêche devint donc l'activité principale de la ville.

Au XIXe siècle, la station balnéaire est le lieu privilégié où l'aristocratie européenne se réunit. Les Anglais traversent la Manche pour venir y faire trempette. Ostende devient la résidence d'été du roi Léopold II qui veut en faire la reine des plages. Le monarque bâtisseur construit alors une gare immense au bord de l'eau. Suivront un casino, un parc, un hippodrome, des galeries royales… Aujourd'hui encore, au milieu des constructions modernes, on trouve de véritables bijoux d'architecture Belle Époque. Ostende est fortement touchée par les deux guerres mondiales, et le casino est rasé par les Allemands pour faire place au mur de l'Atlantique. Viennent ensuite les Années folles et le béton à tout-va. Si Ostende n'est plus au sommet de sa gloire, elle reste la plus importante des stations balnéaires du pays et évoque de nombreux souvenirs de vacances pour la plupart des Belges.

Pratique

▸ Au sujet des mouettes. Les espèces les plus fréquentes au littoral sont le goéland argenté, la mouette rieuse, le goéland brun, le goéland cendré et le goéland marin. Mais ce qu'il faut surtout retenir, c'est qu'il ne faut pas les nourrir ! Elles ne souffrent pas du tout de faim et les restes attirent les rats. Qui plus est : nourrir les mouettes est interdit par la loi et des amendes élevées sont infligées à ceux qui leur balanceront des miettes (jusqu'à 250 € !). Avez-vous trouvé une mouette blessée ou un autre animal sauvage ? Contactez le centre d'accueil pour oiseaux et animaux sauvages au 059 80 67 66. Ouvert tous les jours de 9h à midi et de 13h30 à 17h30. (Zinnialaan 8, 8400 Ostende.)

Quartiers

Le centre-ville d'Ostende est relativement compact. Le centre de l'animation se situe autour du casino, sur Monacoplein. Le centre du centre est Wapenplein, une place carrée, ancienne place d'Armes, avec l'hôtel de ville moderne qui sert aussi d'office de tourisme et de musée des Beaux-Arts. Les magasins se concentrent autour de Kappelstraat et Vlaanderenstraat. La gare se trouve à l'ouest du centre, près du vieux port. Les restaurants de la digue, bien qu'ils soient occupés majoritairement par des touristes, ne sont pas des escrocs. On mange bien, les produits sont frais et les prix sont raisonnables.

Tourisme

Trois balades audio ont été mises au point par la ville d'Ostende par applications à télécharger (version française).

▶ **Marvin Gaye Midnight Love Tour.** Une promenade rythmée par des extraits musicaux, des photos, des vidéos, pour découvrir la ville et la soul à travers cet artiste qui composa son plus grand tube (*Sexual Healing*) ici à Ostende. www.marvingaye.be.

▶ **Street Art Oostende by The Crystal Ship.** Une promenade à pied ou vélo (pour les œuvres les plus éloignées) de l'immense parcours de fresques « The Crystal Ship » qui chaque année s'enrichit de nouvelles œuvres. www.visitoostende.be

▶ **Promenade Ensor.** Pour une balade avec James Ensor qui considérait Ostende comme sa muse et qui mettra tous vos sens en alerte. www.visitoostende.be

Transports

▶ **Voiture.** Ostende se trouve sur la E40, à 115 km de Bruxelles et à 30 km de Bruges. Il n'est pas facile de se garer à Ostende. Il y a cependant un parking gratuit à proximité du Maria-Hendrika Park, à 10 minutes à pied du centre. Bon plan, le Zeeparking est payant, mais on peut y emprunter gratuitement des vélos.

▶ **Train.** Plusieurs trains par heure pour Bruges (15 minutes), ainsi que pour Gand (41 minutes), Anvers (1 heure 45) et Bruxelles (1 heure 35). Pour Ypres, prendre un train pour Kortrijk, via Bruges, puis le train pour Poperinge (1 heure 30). La gare d'Ostende se trouve à quelques pas de la plage. Nul besoin de prendre un tram ou un bus en arrivant pour aller faire trempette.

▶ **Bus.** Les bus De Lijn relient Ostende aux villes à l'intérieur des terres. On trouve un bureau de renseignements pour les trams et les bus près de la gare. Il faut compter environ 1h pour rejoindre Ostende depuis Knokke ou depuis La Panne. www.delijn.be

▶ **Cuistax.** Un bon moyen d'arpenter Ostende. Vous trouverez plusieurs loueurs de vélos et de « cuistax » (les rosalies belges) le long de la digue. Pour garer votre véhicule, plusieurs parkings couverts offrent leurs services.

AMANDINE BATEAU-MUSÉE ★

Vindictivelaan 35
✆ +32 5 923 43 01
www.visitoostende.be/fr/musee-amandine
Ouvert toute l'année de 10h à 17h et jusqu'à 17h30 en juillet-août. Adulte : 5 €, enfants (de 4 à 12 ans) : 3 €.

C'est le dernier bateau ostendais à avoir pêché dans les mers d'Islande. Le navire, rescapé d'une époque définitivement révolue, mesure 36 m de long (32,50 m de longueur de flottaison), 6,70 m de largeur, pour un creux de 3,90 m et une capacité de stockage du poisson de 65 tonnes ! Il faut dire que les bateaux restaient des mois en mer. Il est rentré au port d'Ostende pour la dernière fois en 1995 et y est resté. Il a été entièrement rénové et abrite un musée sur l'histoire et les traditions des pêcheurs et de la pêche en Islande.

LA DIGUE ★

Albert I-Promenade

On ne peut quitter Ostende sans avoir flâné sur la digue, jalonnée de terrasses de cafés, de marchands de gaufres et de glaces, arpentée par les familles. C'est ici que se trouve le casino de 1950 très design, dont la courbe épurée épouse celle de la digue. Un peu plus loin, les galeries royales, achevées en 1905, et dont les arcades servaient à la Belle Epoque à abriter la bourgeoisie du soleil ou des intempéries. Léopold II l'avait commandée en 1906 à Girault, architecte du Grand Palais de Paris. Le Palais des thermes est venu s'y ajouter vers 1930.

ÉGLISE SAINTS-PIERRE-ET-PAUL ★

Prins Boudewijnstraat
Ouvert tous les jours de 9h à 12h et de 15h à 17h. Accès libre.

Entre la gare et Wapenplein, l'église néogothique Saint-Pierre-et-Saint-Paul (Sint Petrus-en-Pauluskerk) de 1907, comporte de magnifiques vitraux contemporains. Derrière l'autel principal se trouve le mausolée en marbre de Carrare de la première reine de Belgique, Louise-Marie, décédée à Ostende en 1850. Derrière l'église, se trouve la tour Saint-Pierre ou « Peperbusse », derniers vestiges de l'ancienne église détruite par un incendie au XIXe siècle.

© SL-PHOTOGRAPHY - STOCK.ADOBE.COM

Galeries Royales à Ostende.

DOMAINE DE RAVERSIJDE - MUR DE L'ATLANTIQUE ★

Nieuwpoortsesteenweg 636
✆ +32 5 970 22 85
www.raversyde.be
7j/7 sauf lundi du 01/04 au 15/11, 10h30-17h (18h w-e et vacances). Entrée : 8 €.

Le domaine de Raversijde, dans un joli écrin de nature au milieu des dunes et à deux pas de la mer, offre un environnement agréable. Il attire les familles et les visiteurs des trois sites d'intérêt. Le premier est un mémorial dédié au prince Charles, régent de Belgique pendant six ans après la Seconde Guerre mondiale. Un musée sur sa vie est installé dans la modeste maison de pêcheur qui fut sa demeure jusqu'à ce qu'il la vende à l'État belge en 1981. La seconde attraction est le site archéologique Walraversijde. Il comprend une reconstitution de village de pêche authentique sur la base de fouilles locales, car les quatre maisons de pêcheurs ont été réalisées avec des briques d'origine médiévale. Enfin et surtout, les vestiges du Mur de l'Atlantique, dernière grande ligne de défense de la Seconde Guerre mondiale en Europe. Il reliait à l'époque la Norvège aux côtes franco-espagnoles sur plus de 5 300 km ! Ce musée en plein air est un site historique exceptionnel, car il est l'un des rares vestiges de ce mur encore debout. L'*Atlantikwall* présente une soixantaine de constructions allemandes des deux guerres mondiales, tranchées, souterrains, bunkers, batteries côtières... autant de vestiges d'architecture et d'arsenal de guerre. Certains ont été reconstruits à l'identique et réaménagés avec des objets d'époque pour plonger le visiteur en immersion. Vous pourrez y palper l'atmosphère pesante du « jour le plus long » en visitant les souterrains.

FORT NAPOLÉON ★★

Vuurtorenweg
✆ +32 5 932 00 48
https://www.fort-napoleon.be/fr
7j/7 sauf lundi. Du 01/04 à mi-novembre : 10h-18h, 17h le reste de l'année. Adulte : 9 €. Brasserie : voir site web.

C'est sur ordre de Napoléon que fut entamée la construction d'un fort sur la côte en prévision d'une attaque anglaise. On était alors en 1810. Celui-ci fut achevé en 1814, peu avant la chute de l'Empire. Cet impressionnant édifice est le principal monument de Flandre datant de la période napoléonienne. Il fut ensuite utilisé par les Allemands pendant la guerre, mais n'occupa jamais un rôle très important. On peut maintenant le visiter avec un audioguide. Également une exposition sur l'histoire du siège d'Ostende. Un immanquable à visiter. Brasserie sur place.

MAISON JAMES ENSOR ★

Vlaanderenstraat 29
✆ +32 59 41 89 00
www.ensorstad.be
Ouvert de 10h à 18h. Fermé le lundi sauf vacances scolaires et jours fériés belges. Adulte : 12 € ; 6-14 ans : 6 €.

C'est la maison où James Ensor, un célèbre artiste peintre, graveur et un anarchiste belge, passa les 32 dernières années de sa vie. Il en hérita en 1917 de son oncle, Leopold Haeghman, qui – comme les parents d'Ensor un peu plus loin dans la rue – tenait un magasin de coquillages et de souvenirs. La majeure partie de ses tableaux ont été créés dans l'atelier qu'il aménagea au grenier de la maison de ses parents. Il y était cependant tellement à l'étroit qu'il n'a jamais pu y dérouler entièrement son chef-d'œuvre absolu : *L'Entrée du Christ à Bruxelles* !

GALERIES ROYALES ★★

Albert-I promenade

Comment ne pas être impressionné devant les colonnes des Galeries royales en bord de plage ? Cette majestueuse colonnade reliait la Villa royale à l'hippodrome Wellington. Voulues par le roi Léopold II qui aimait particulièrement s'y rendre, construites entre 1902 et 1906, elles témoignent du style néo-classique qui fleurissait à cette époque. Pensées par l'architecte français Charles Girault, auteur du Grand Palais à Paris, elles s'étirent sur environ 400 m de long et se terminent chacune par un pavillon. Pendant de nombreuses années, le roi et ses invités venaient s'y promener à l'abri du soleil ou de la pluie, pour aller jusqu'aux champs de course. C'était l'endroit pour voir et être vu !

Ses jolies mosaïques au sol, des couples de colonnes à chapiteau toscan groupées sur un socle en pierre bleue, parfaitement taillées, sont magnifiques. Leur base est ornée d'un anneau torique tandis qu'une frise décorée de triglyphes et qu'une corniche à moulures ornent les hauteurs. Mais son aspect originel comprenait des grilles en fer forgé séparant les colonnes qui furent fondues pendant la Première Guerre mondiale. Son destin fut décidément contrarié, car les Galeries royales furent murées de tout leur long pendant la Seconde Guerre mondiale par les Allemands, devenant un point stratégique du Mur de l'Atlantique.

L'hôtel Thermae Palace. Le roi Leopold II ne s'arrêta pas aux galeries. Il avait l'idée de faire construire un « Palais des thermes ». Ce qui fut fait après sa mort, dans un pur style Art déco, suivant les plans des architectes français Flegenheimer, Bard et Garella, en collaboration avec l'architecte ostendais André Daniels. Ce complexe comptait une partie dédiée aux cures (hammam, bain de boue, salles de massage, piscine et hôtel) pour faire d'Ostende une véritable station balnéaire de premier choix en Europe, combinant eau minérale et eau de mer. En 1933, le majestueux hôtel Thermae Palace était solennellement inauguré par le roi Albert Ier et la reine Elisabeth. Le lieu misait également sur l'organisation de congrès avec 18 salles de réunion pour attirer du monde. Mais la décadence des années 1980 signa sa fermeture jusqu'à une timide rénovation dans les années 1990. Tombé en décrépitude, il vient d'être rénové de fond en comble et rouvert au public. On vous conseille d'aller y faire un tour pour boire un café ou manger un bout, justement sur la terrasse extérieure dans la galerie à colonnades, si vous n'avez pas les moyens d'y séjourner (ceci dit les chambres sont abordables hors saison). C'est l'un des lieux huppés du littoral.

MARIA-HENDRIKAPARK

Maria-Hendrikapark
www.koninginnehof.be
Accès libre.

Situe dans un environnement très urbanisé, le parc constitue un poumon vert à Ostende. Conçu à la fin du XIXe siècle, sous l'impulsion du roi Léopold II, cette étendue de 37 hectares a subi, tout en conservant son héritage historico-culturel, une rénovation profonde. Elle est entourée d'un talus boisé le *konijnenvijver*. Une zone récréative qui permet de s'adonner aux loisirs aquatiques ou de bronzer au bord de l'eau. Dans le « Spiegelmeer », quatre clairières circulaires aux nombreuses plantes vivaces seront autant de lieux d'amusement pour les enfants.

MU.ZEE ★★

Romestraat 11 ✆ +32 5 950 81 18
www.muzee.be
Ouvert tous les jours sauf le lundi, de 10h à 17h30. Collections permanentes : 12 €, 13-26 ans 1 €.

Le bâtiment qui abrite le Mu.ZEE, – un ancien supermarché construit par l'architecte anversois Gaston Eysselinck après la Seconde Guerre mondiale – est déjà en soi un modèle d'architecture d'art moderne. Sur deux étages, les œuvres d'artistes belges de 1880 à nos jours sont exposées dans un bel espace où l'expressionnisme flamand et l'art abstrait se mêlent aux courants artistiques contemporains. On y retrouve des œuvres d'Ensor, Spilliaert, Permeke, Raveel, Broodthaers, Panamarenko, Alechinsky, Tuymans, De Cordier, Dujourie... Expositions temporaires de qualité.

PLAGE D'OSTENDE ★

La plage d'Ostende est belle, le sable fin. Elle s'étire sur 9 km, les jours de soleil, impossible d'y étendre sa serviette en haute saison. Depuis le XIXe siècle, des cabines y ont pris place et sont toujours ouvertes à la location à l'année. Les habitués y abandonnent leur matériel de plage un peu comme dans une cabane de jardin. Elles font partie du patrimoine et des cartes postales du littoral. Face à la plage, les brise-lames servent de repères aux promeneurs, de berges aux baigneurs, de bornes aux vagues qui viennent s'y écraser dans un grand *splash* !

TROIS-MÂTS MERCATOR ★★

Pensjagersstraat 8
✆ +32 5 951 70 10
www.visitoostende.be/fr/mercator
Ouvert tous les jours de 11h à 16h30. Entrée : adulte 5 €, enfant (de 4 à 12 ans) : 3 €.
Le premier bassin du port de plaisance sert de mouillage permanent au Mercator, voilier-école de la marine belge entre 1932 et 1960. Depuis cette date, il ne navigue plus, mais se visite. Il est conservé dans son état d'origine, mais mis aux normes des nouvelles technologies. Dès qu'on débarque ici, on le cherche, c'est évident. C'est la fierté de la ville. Sa silhouette blanche fascine invariablement les enfants. On y pose pour la photo. Un monument du patrimoine local. Aussi se rend-il régulièrement à de grandes manifestations de voiles.

DIALECTE

Les Ostendais affirment fièrement les similitudes entre leur dialecte et la langue anglaise. Elles sont dues, probablement, à l'influence du frison, langue germanique du groupe anglo-frison parlée encore aux Pays-Bas et jadis répandue tout le long de la mer du Nord. Ainsi, ils prononcent le mot *zon*, « soleil », comme son équivalent anglais *sun*. Par ailleurs, ce sont les Anglais qui ont mis Ostende à la mode au XIXe siècle, et la ville est parfois nommée la plus britannique des stations balnéaires belges. Il n'y a pas si longtemps encore, des ferries reliaient encore Ostende à Ramsgate et Zeebrugge à Hull.

MARVIN GAYE MIDNIGHT LOVE TOUR

✆ +32 59 70 11 99
Application à télécharger sur smartphone au prix de 5,49 €. Départ de l'office de tourisme.
Le 14 février 1981, vidé par les excès et la drogue, Marvin Gaye débarque à Ostende depuis l'Angleterre, invité par un hôtelier passionné de musique, Freddy Cousaert, qui l'a persuadé qu'il pourrait s'y retaper. Il y restera deux ans. Téléchargez l'application, mettez vos écouteurs et laissez-vous guider par le narrateur à travers Ostende, sur les lieux hantés par Marvin. Le tout est animé d'extraits audio et vidéo, jusqu'à l'apothéose : *Sexual Healing*, écrit et enregistré ici même.

HÔTEL BURLINGTON €€

Kapellestraat 90
✆ +32 59 55 00 30
www.hotelburlington.be
Chambre simple à partir de 75 € ; double à partir de 90 €, petit déjeuner compris.
Situé à seulement 200 m de la plage, dans la principale rue commerçante d'Ostende, tout proche du port de plaisance, l'hôtel Burlington est tenu par Inge et Xavier Vercaemst, un jeune couple sympathique. Les 40 chambres de facture moderne, dans des tons beiges assez neutres, sont pourvues d'un confort 3-étoiles, certaines de baignoires, et les prix sont raisonnés. L'hôtel dispose d'un sauna et d'une terrasse en rooftop d'où l'on peut profiter de la vue sur le port ou prendre un bain de soleil sur les transats. Le petit déjeuner est un buffet copieux très soigné.

UPSTAIRS HOTEL €

Hertstraat, 15
✆ +32 59 46 66 66
www.upstairshotel.com
Chambres doubles à partir de 50 € en basse saison, roof à partir de 115 €, unité de 2 chambres à partir de 105 €.
Ce hôtel tout récent à peine ouvert s'adresse à une clientèle plutôt jeune et/ou à la recherche d'un hôtel design, branché et abordable. Les chambres sont décorées dans un style urbain indus avec du béton brut, du plancher, avec des murs en briques, des luminaires originaux et toutes une salle de bains privative. Leur prix varie surtout selon la taille, certaines comptant deux chambres, pratique pour les familles. Enfin le *roof* au dernier étage a le privilège d'une terrasse avec vue panoramique sur Ostende et les plages, un bon plan pour l'apéro.

C-HOTELS ANDROMEDA €€€

Kursaal Westhelling 5
✆ +32 59 80 66 11
www.c-hotels.be/fr/andromeda
Double à partir de 147 € (195 € avec vue sur mer), petit déjeuner inclus.
L'Andromeda est un vrai coup de cœur ! Les chambres de cet établissement de luxe sont magnifiques et la moitié donnent sur la mer. De quoi se lever du bon pied ! En plus d'un confort exceptionnel, l'hôtel offre des services haut de gamme : sauna, piscine, bain à remous et salle de fitness. Côté restauration, on adore la salle de petit déjeuner avec vue sur la mer (si vous ne résidez pas à l'hôtel, vous pouvez le réserver – 25 euros). Le buffet est impressionnant de diversité. En fin de journée, allez profiter d'un verre sur la terrasse du bar de l'hôtel.

THERMAE PALACE €€€

Koningin Astridlaan 7 ✆ +32 59 80 66 44
www.thermaepalace.be
Chambre double dès 100 €, vue sur mer 130 €, terrasse et vue sur mer 160 €, triple 160 €, petit déjeuner inclus.

Depuis qu'il a été remis à neuf récemment, le Thermae Palace a retrouvé ses lettres de noblesse. Car ce bel édifice Art Déco, de plein pied face à la mer, est un bijoux. Le hall et le café, avec des plafonds altiers sculptés de stucs, un mobilier d'époque racé, des plantes vertes, et surtout sa galerie couverte bordée d'une colonnade et tapissés de mosaïques, méritent déjà le déplacement. La literie neuve et épaisse est posée sur une moquette moelleuse. Certaines ont terrasse et vue sur la mer, sont triple ou quadruples, dotées de baignoires... Egalement un sauna.

BELEGDE BROODJES EL CASTILLO €

Kasteelstraat 68 ✆ +32 59 25 01 34
www.belegdebroodjes-elcastillo.be
Ouvert du lundi au vendredi de 7h30 à 14h. Sandwiches autour de 3,50 €, plats chauds à partir de 7,40 €.

On dirait une cabane de pêcheur, c'est tout petit et tout mimi. On y trouve le plus grand choix de cette spécialité de la mer du Nord, ***belegde broodjes***, des pains fourrés en somme, dont beaucoup sont composés avec la pêche du jour à prix plancher. Il y en a même des chauds ainsi que des paninis. Une jolie découverte ouvert uniquement le matin et le midi. On recommande de faire un assortiment histoire de goûter à diverses spécialités et de l'emporter pour pique-niquer sur la plage.

BISTRO 'T ZEEZOTJE €

Bonenstraat 17
✆ +32 59 70 48 58
tzeezotje.be
Ouvert tous les jours de 10h30 à minuit, service non-stop. Plat dans les 20 €.

Elle a bonne réputation cette brasserie Popeye (*Zeezotje* en flamand) en bord de mer. On y picore des tapas locales (boulettes de viande à la bière Brugse Zot, boulettes aux scampi et citronnelle, filets de harengs sauce Bismarck)... ou un plat plus roboratif de type bistrot (viande, poisson, salade ou pâtes...) ou alors juste une planche de fromages avec du vin. La salade Zeezotje aux divers poissons fumés, sauce raifort est un régal. On s'en sort pour pas trop cher, efficacement servi, le sourire et l'humour belge en prime. On aime aussi ses horaires extensibles.

BRASSERIE CHEERS €

Adolf Buylstraat 53
✆ +32 59 51 32 32
www.cheersoostende.be
Tous les jours de 9h à 19h, jusqu'à 19h30 en été. Cuisine ouverte non-stop de 11h30 à 19h. Snacking autour de 10 €.

Pas facile d'y trouver place, l'adresse est réputée des locaux. Par ailleurs, sa situation, à la limite du centre-ville et à 100 m du Casino en font une escale idéale, surtout en terrasse. La spécialité ? La soupe de poissons, divine et riche en pêche de la mer du Nord, les poêlées marines à la sauce homard sont tout aussi réputées que les salades, copieuses et légères en été, ou les croques forestiers, pour gros mangeurs, le tout à petit prix. L'autre botte secrète de la maison, les crêpes fraîches, surtout celle aux fraises en saison qui déborde de toute part.

PASSE-VITE €

Hertstraat 1
✆ +3 25 951 39 13
https://passeviteoostende.be/
Ouvert tous les jours de 9h à 17h30. Plat 15 €. Terrasse.

Jolie petite adresse branchée pour déjeuner : on s'assoit sur des chaises d'écoliers dans une salle toujours bien remplie, ou alors au comptoir, comme la lignée de personnes attablées à l'heure du déjeuner. A la belle saison, on trouve aussi des tables extérieures très agréables. On vient ici manger sur le pouce : une salade, des pâtes ou un lunch léger, débordants de jolis légumes bien frais, bien assortis et délicieusement assaisonnés. Abordable, adorable et avenant, surtout lorsqu'on observe l'équipe s'affairer dans les cuisines ouvertes.

BELLE DE JOUR €€

Madridstraat 9
✆ +32 479 36 09 05
belledejour.be
Ouvert du mardi au samedi de 12h à 14h et de 18h à 22h. Comptez au moins 35 € par personne. Menu : 69 €.

Ce café, qui fait référence au film avec Catherine Deneuve, mise sur une cuisine de bistronomie, rafraîchissante et inventive. Jamais décevants, sans fioritures inutiles, les plats subliment de belles saveurs, surtout le steak, cuit à la perfection ici sur son lit de roquette, tout comme les poissons bien sûr, mariés à des saveurs végétales originales. Également des spécialités de cuisine du monde, pad thaï ou plats végétariens pour ceux qui recherchent une cuisine légère et flexitarienne. Ambiance et déco *trendy*, belle de jour comme de nuit.

BISTRO MATHILDA €€

Léopold II laan 1
✆ +32 5 951 06 70
www.bistromathilda.be

Du mardi au dimanche 12h-16h et 17h45-23h30. Plat 35 € environ. Lunch à partir de 49 €. Menu à partir de 54 €.

Dans un intérieur contemporain, sobre et accueillant, ouvrant sur une rue passante de la ville, Gerda et Luc Deklerck accueille une clientèle fidèle depuis 1995. Ici, le fait maison prime jusqu'à la préparation du moindre petit gâteau, le patron y tient. La carte des mets évolue au rythme des saisons et vous propose aussi bien les classiques comme la sole, la raie, les croquettes de crevettes, les rognons de veau, la purée de pomme de terre au lait battu avec crevettes et œuf poché. La spécialité ? Le steak tartare préparé devant vous. Carte des vins racée.

BISTROT DE LA MER €€

Visserskaai 21
✆ +3259801800
www.bistrot-de-la-mer.com

Du mercredi au samedi de 12h à 14h et de 18h à 20h30 (21h le samedi) ; le dimanche de 12h à 20h. Menus de 37 € à 55 €.

Angélique vous accueille dans ce chaleureux restaurant familial où vous pourrez déguster des classiques, spécialités marines en tête, très bien exécutés. On s'empresse de tester les croquettes de crevettes, une délicieuse sole meunière ou encore de magnifiques moules préparées avec soin. Le service est sans prétention. On aime l'ambiance familiale qui se dégage du lieu. Tout est fait maison, jusqu'au pain façonné par la cuisinière Carole. L'autre atout ? Une belle terrasse en bois vous fera profiter du soleil aux beaux jours.

HISTOIRES D'O €€

Albert 1 Promenade – Zeedijk 53
✆ +32 471 45 48 80
www.histoiresdo.be

Horaires variables. De juin à septembre, 7j/7 de 12 à 23h ; pendant les vacances scolaires, de 15h à 23h. Carte : ±30 €.

On est loin du cliché de la brasserie de bord de mer ici malgré le carrelage vintage au sol. C'est un bistro résolument contemporain avec une déco bien de son temps (bois, cuivre...) et dont la carte laisse place à des classiques (d'excellentes croquettes de crevettes), des tapas, des burgers..., mais aussi des soirées à thème (sushi, steak, etc.) des bières de micro-brasseries, des cocktails et surtout, le gin n'tonic dont la maison s'est faire une spécialité. L'intérieur est chaleureux mais c'est évidemment en terrasse, face à la mer que l'on préfère se poser.

DE MANGERIE €€

Albert I Promenade 10
✆ +32 59 70 18 27
www.mangerie.info

Ouvert 7j/7 de 12h à 14h30 et de 18h à 21h30. Fermé le mardi et le mercredi. Menu : 49 €. Plats autour de 30 €.

L'un des plus vieux restaurants familiaux de la ville. Ouvert en 1918 par une famille de pêcheurs, d'abord poissonniers, la maison a perduré, évolué et toute la ville y court. Le menu change tous les jours et comprend uniquement des produits artisanaux frais du jour. Le chef respecte les goûts et les saveurs des produits du marché. Des mets créatifs, frais, délicieux. La cuisine est ouverte, on ne vous cache rien. Ah, de Mangerie signifie « instant de plaisir » ; le ton est donné. Depuis peu, un second De Mangerie se situe le long de la Promenade Albert I.

OCÉAN €€

Albert I promenade 64
✆ +32 5 970 66 24
www.oceanoostende.be

Ouvert du mercredi au dimanche de 11h à 21h30. Menus de 39 € à 45 €.

Si vous voulez une valeur sûre à Ostende, en voilà une ! Une affaire de famille qui dure depuis près de 30 ans et qui régale les Ostendais et les visiteurs à la recherche d'authenticité et de qualité. Une carte est composée de plats classiques et de spécialités, comme les excellentes croquettes de crevettes maison, la bouillabaisse, l'assiette de poisson du jour ou la côte à l'os pour une personne (assez rare). Des suggestions en fonction des saisons viennent s'ajouter à la carte, quelques huîtres. À noter qu'ici tout est fait maison, même les glaces.

LOBSTER €€€

Van Iseghemlaan 64
✆ +32 5 950 02 82
www.lobster.be

Du mercredi au dimanche, 12h-13h30 et 18h30-21h. Menus 48 €. Carte 55 € environ.

Bienvenue chez le spécialiste du Cardinal de la mer ! Joost Nollet et son épouse Françoise régalent leurs nombreux clients et fidèles depuis plus de 35 ans. Une trentaine de couverts seulement qui invitent à l'intimité. Lobster est l'expert incontestable à Ostende pour sublimer les plateaux de fruits de mer et le homard. Très agréable, situé face au Kursaal, le restaurant est une invitation au plaisir : homard à l'armoricaine, ou au poivre vert, au safran, à l'estragon, ragoût de homard avec asperges, etc. Un régal !

BRASSERIE DU PARC

Marie-Joséplein 3

✆ + 32 5 951 13 05

Dans l'Hôtel du Parc. Ouvert tous les jours de 8h30 à 20h30.

Rien que pour la décoration, l'endroit mérite un crochet. Un rendez-vous avec l'histoire, une pause salutaire autour d'un café-filtre sur un plateau en argent, d'un petit gâteau... La chic brasserie aux verreries uniques fait un angle. La terrasse permet de profiter du soleil quand il est de sortie. On y trouve la presse du jour dans plusieurs langues. Le service est digne des grandes brasseries d'antan. Un cadre historique que son architecte, Joseph Van der Banck, serait fier d'avoir vu conservé. On respire la patine du bois, on admire l'Art déco ambiant.

DEN ARTIEST

Kapucijnenstraat 13

✆ +32 5 980 88 89

www.artiest.be

Ouvert tous les jours de 11h à 00h30. Plats de 21 € à 36 €.

Une brasserie branchée de style Art nouveau, avec un joli cadre de boiseries et un spectaculaire plafond en vitraux dominant une vaste salle avec mezzanine. Une splendide architecture bien éclairée qui vaut déjà le déplacement. Grillades copieuses si vous n'avez pas envie de manger dans un resto formel mais plutôt dans une ambiance à la bonne franquette. De plus, l'endroit est agréable pour s'offrir une bière ou un genièvre fruité, en appréciant un concert (généralement le mardi). On flâne un verre à la main à travers les étages.

CAFÉ BOTTELTJE

Louisastraat 19

✆ +32 59 70 09 28

www.botteltje.be

Ouvert le lundi de 16h30 à 1h ; du mardi au jeudi et le dimanche de 11h30 à 1h ; le vendredi et le samedi de 11h30 à 2h.

Dans cette perpendiculaire à la promenade Albert Ier, ce café est une institution. Cet endroit aux airs de pub anglais fait salle comble tous les soirs. Il faut dire qu'il ne propose pas moins de trois cents sortes de bières, dont seize à la pression La Tripel Karmeliet est un délice ! Il fait bon découvrir toutes les spécialités : on peut aussi goûter l'un des cinquante genièvres (gins) à la carte. On apprécie aussi la petite restauration de brasserie disponible et les encas que l'on sélectionnera volontiers avec un apéritif.

LAFAYETTE

Langestraat 12

✆ +32 475 658 931

www.lafayette.be

Ouvert de 14h à 1h.

Pour les noctambules, un incontournable ! Marvin Gaye n'est pas loin, c'était son bar préféré lorsqu'il s'était exilé à Ostende. D'ailleurs on lui a consacré la décoration avec de grandes photos de lui noir et blanc accrochées aux murs. Un bar à ambiance où bières, vins et cocktails habillent les nuits de leur plus belle couleur. On y discute, on y danse un peu au rythme de la soul r'n'b, du jazz, du funky... distillé magistralement par le DJ permanent, une fine oreille. C'est l'escale à ne pas manquer pour prolonger la soirée.

CULTUURCAFÉ DE GROTE POST

Hendrik Serruyslaan 18A

✆ +32 496 25 84 88

www.degrotepost.be

Ouvert tous les jours de 8h30 à 23h. 20 € le plat.

Quelle belle idée originale : ce lieu culturel assez récent a ouvert dans l'ancien bureau de poste de la ville, superbe. Soigné, branché, design (on remarquera les superbes appliques lumineuses au plafond), très vaste, et donc axé sur les événements culturels locaux. À l'ardoise, une poignée de plats, salades et wraps gourmets simples et savoureux, à prix raisonnables et de délicieux petits déjeuners. Bon fond musical, quoique un peu bruyant lors d'arrivée de groupes. Rooftop l'été.

TEAROOM GEORGES

Adolf-Buylstraat 15

✆ +32 59 70 29 25

www.tearoomgeorges.be

Ouvert tous les jours sauf le mercredi de 10h30 à 18h30.

Situé au centre-ville, ce grand café-salon de thé est l'endroit où se retrouvent les habitués de la ville à toute heure pour se requinquer sans se ruiner. La famille François tient les rênes de la maison depuis 60 ans. C'est peu dire qu'elle ne déçoit pas ! Beau choix de petite restauration. La carte allonge un joli choix de petite restauration. Testez l'*uitsmijter* (toast jambon-fromage et œufs sur le plat). Beignets aux pommes, crêpes et gaufres gourmandes, glaces, toasts salés... tout est fait maison, et c'est délicieux. Terrasse.

'T KOELSCHIP

Van Iseghemlaan 101
✆ +32 494 24 62 57
www.blondekuif.be
Ouvert de 10h à 18h, sauf le lundi.

Cette adresse à de quoi attirer l'attention des amateurs de bières. 900 références sont ici présentes, la maison mettant en avant les brasseries artisanales. C'est l'endroit idéal pour faire quelques cadeaux, ou pour se faire plaisir. L'endroit accueille aussi des groupes jusqu'à 40 personnes pour un anniversaire, une dégustation bières et fromages... D'ailleurs, un bar à fromage a officiellement ouvert au-dessus de la brasserie. Il est également possible de visiter la petite installation brassicole présente sur place. Le plus dur sera de choisir.

MIDDELKERKE

L'air salin revigorant du bord de mer et le charme des polders se retrouve à Middelkerke. A côté de Westende et de Lombardsijde, la commune balnéaire compte sur son territoire six villages des polders pittoresques qui valent le détour. Les petites routes rurales, les plages de sable fin, les terrasses de cafés, tout invite à la promenade, au plaisir et à la décontraction. Un petit bout de côte belge, loin du béton, au calme, idéal pour les familles car Middelkerke et Westende sont moins facilement accessibles que leurs sœurs en littoral. À Lombardsijde, vous pourrez assister au ballet de bateaux qui vont et viennent sur l'embouchure du fleuve Yser.

CHOCOLATERIE WILLEMS

Alfons Pieterslaan 120
✆ +32 5 970 99 31
www.chocolateriewillems.be
Ouvert du mercredi au vendredi de 10h à 18h ; le dimanche de 13h à 17h30.

Olivier Willems secondé par son épouse Inge qui vous accueille avec une grande gentillesse, a ouvert sa boutique et son atelier en 1993 et depuis nous régale. Ses vitrines sont toujours une attraction renouvelée. Olivier Willems n'a pas peur de se transformer en architecte chocolatier pour construire de véritables monuments en chocolat. Mais bien entendu au-delà des performances et des apparences ce que l'on apprécie chez cet artisan rigoureux et talentueux c'est la saveur et l'originalité de ses pralines et autres macarons.

© WIRESTOCK - ISTOCKPHOTO.COM

Middelkerke.

FLANDRE-OCCIDENTALE

VISTRAP

Visserkaai
Ouvert tous les jours dès l'aube.

Ce petit marché aux poissons à deux pas de la Mangerie, sur Visserkaai, est comme il en existe dans d'autres villes de la région : un lieu très pittoresque où l'on peut trouver tous les jours des produits de la mer fraîchement pêché. Lors de votre promenade matinale, vous pourrez y voir s'amarrer les petites embarcations revenues de la pêche aux crevettes. Le long du Visserskaai, s'étalent plusieurs petites boutiques où l'on trouve de délicieux petits plats de poissons tout faits. Le marché est authentique, les Ostendais s'y pressent.

LE CATERPILLAR DE WIM DELVOYE

Octave-Van-Rysselbergheplein

D'abord présenté en 2003 à la triennale de Beaufort, le Caterpillar s'est envolé pour New York, à Ground Zero. Enfin, l'artiste Wim Delvoye en construisit un nouvel exemplaire pour le service maritime côtier belge, c'est cette version que l'on peut encore admirer aujourd'hui à Westende. À moitié église gothique et à moitié tractopelle, la sculpture impressionne par son décalage et son incroyable symbiose équilibrée de deux mondes pourtant complètement opposés.

ÉGLISE SAINT-WILLIBRORD

Oudstrijdersplein

✆ +32 5 930 01 01

Offices religieux : en semaine : 8h et 18h, samedi : 18h, dimanche : 10h.

La célèbre église néoromane Sint-Willibrordus (Saint-Willibrord) se dresse dans le centre de Middelkerke. Ses tours datant du XVIIe siècle servirent autrefois de phare. Dans la nef droite se trouve la croix miraculeuse qui fut enterrée sur la plage au XVIe siècle pour la protéger contre l'intrusion des iconoclastes. La mer la « restitua » en 1657. La croix était sauvée. Les pêcheurs y virent un miracle. La croix reçut alors une place d'honneur dans l'église. N'hésitez pas à pousser la porte pour admirer ses beaux volumes intérieurs.

C-HOTEL EXCELSIOR €

Arthur de Greefplein 9A

✆ +32 5 930 18 31

https://www.c-hotels.be/excelsior

36 chambres. De 70 € à 135 € pour une chambre double et à partir de 146 € pour un studio, petit déjeuner inclus.

Les prix des chambres varient selon leur vue : avec vue sur mer ou sans. Idéalement placé, tout près de la plage et à 200 m du casino, l'hôtel dispose de 36 chambres modernes, certaines familiales, équipées de salle de bains, de toilettes, téléphone et tv et de 3 studios avec kitchenette équipée qui ont une superbe vue sur mer. Les autres chambre ont vue sur les dunes ou sur la cour intérieure. Le petit déjeuner est servi jusqu'à 11h, face à la digue. Un solarium et un sauna sont également à disposition. Enfin, la terrasse sur le toit offre une vue magnifique !

MUSÉE VILLA LES ZEPHIRS

Henri Jasparlaan 173

✆ +32 5 930 06 40

Ouvert du 01/07 au 31/08 tous les jours de 9h30 à 12h30 et 13h30h à 18h. Autre mois : voir site Web. Adulte : 2 €.

La visite de la Villa des Zéphyrs est l'occasion de découvrir la vie d'une famille fortunée et de ses employés passant leurs vacances à Westende dans les années 30. Classée en 2000, cette maison de 1922, œuvre de l'architecte gantois Oscar Van de Voorde, a été restaurée d'après les descriptions des derniers habitants. Vous y trouverez donc photos, mobiliers et objets d'époque... qui vous ramènent à cette époque révolue, de manière interactive et vous dépeignent également la station balnéaire qu'était alors Westende. Un beau combiné à faire avec le musée Oude Post.

SAINT-LAUREINS €€

Strandlaan 12

✆ +32 5 823 39 58

www.st-laureins.be

Chambre simple à partir de 80 € ; double 120 €. Petit déjeuner inclus. Restaurant fermé mercredi et jeudi.

Un petit hôtel perdu au milieu des dunes, avec vue sur la mer. Charme pittoresque d'un établissement qui n'a cessé de grandir tout au long du siècle dernier. Des chambres personnalisées réparties sur trois étages. Ici, la nuit, il n'y a que le souffle du vent et le bruit des vagues qui viennent bercer votre sommeil. Côté restaurant, le Bistro Guido vous propose un certain nombre de spécialités. La carte, elle, qui existe en version française, change au gré des saisons. Il n'y a qu'une dizaine de mètres qui séparent cet Hôtel-restaurant de la mer !

DE OUDE POST

Joseph Casselaan 1

✆ +32 5 930 03 68

1/09 au 30/06 : mar-sam 9h-12h et 13h15-16h45 et dim 9h-12h30. Du 1/07 au 31/08 : 7j/7 mêmes horaires. Adulte : 2 €.

Dans cet ancien bâtiment de la poste, récemment restauré et hébergeant également l'office du tourisme, vous aurez la possibilité de replonger à cette époque où le littoral était encore sauvage et où le tourisme de masse n'existait pas. Les pêcheurs avaient alors leur place dans le village, à côté des premiers baigneurs fortunés, qui venaient à la mer faire leur cure. De nombreuses curiosités comme des maillots de bain de grand-mère, des photos de belles villas d'autrefois sur la digue, la construction du tram, etc. Un bon moyen pour voyager dans le temps !

DE LANTEIRNE €€

Westendelaan 308

✆ +32 5 823 91 13

www.delanteirne.be

Ouvert de 12h à 14h et de 18h à 21h30. Fermé lundi et mardi. À la carte : 60 € environ.

« Nous avons le plaisir et le privilège de vous accueillir avec des saveurs, des arômes, des couleurs, et des produits locaux et saisonniers. » La promesse est engageante et, l'adresse recèle de trésors. Le cadre est agréable, avec un bois fort prononcé élégant. Il existe des menus à thèmes et de saison. Les incontournables sont la Côte à l'os sauce béarnaise et beurre maître d'hôtel, le steak tartare fait maison ou un tendre filet de bœuf. L'équipe est attentionnée, les vins sont bien choisis, bref de quoi passer un excellent moment.

LA TEMPÊTE €€

P. de Smet de Nayerstraat 21
+32 5 930 16 11
www.latempete.be
Du vendredi au mercredi 12h-14h30 et 18h30-22h. En basse saison, fermé aussi le mercredi. Menus de 48 € à 68 €.

Le chef ne fait nullement mentir ses origines normandes en cuisine. Le commencement en fanfare de ce repas dans cet établissement familial et chaleureux s'explique sûrement par son plateau de fruits de mer et une cuisine originale (dont les spécialités sont les rognons de veau flambés, la bouillabaisse et le demi-homard aux fines herbes) est un argument de poids. Car oui, il y a une belle harmonie entre terre et mer sur la carte. Avec ses photos noir et blanc accrochées au mur, la décoration rustique et élégante offre un cadre plutôt chic.

LA TULIPE €€€

Leopoldlaan 81
+32 59 30 53 40
www.latulipe.be
Ouvert du mercredi au samedi de 12h à 14h et de 18h30 à 21h ; le dimanche de 12h à 14h. Menus : 47,50 € à 65 €.

L'intérieur sobre et stylé distille une ambiance feutrée, rehaussée par le feu ouvert. La lady chef Christa Cappelle, est épaulée par son mari Rik Van der Meersch en salle, lequel sait recommander ses meilleurs vins. Le menu change, bien sûr, selon les saisons, mais la spécialité maison c'est la bouillabaisse avec demi-homard. Un régal qui ne saurait faire oublier le reste d'une carte aux produits mijotés avec soin, où, surprise, on retrouve parfois des cuisses de grenouilles à l'ail. Y aurait-il des Français dans la salle ?

NIEUPORT ★★

Port de pêche et surtout de plaisance, Nieuport est le seul port naturel de Belgique. Parmi les attractions, on trouve les six écluses au nord est de la vieille ville. Sur la Grand-Place, on observe la Halle avec son beffroi et l'église-halle Notre-Dame. La ville possède un charme certain : la mer à l'horizon, le chenal et le plan d'eau de l'Yser offrent un superbe panorama et toutes les possibilités de sports aquatiques. Le port de plaisance est un point de départ idéal pour les excursions en mer. À l'entrée de la ville, face à la Halle, les poissonneries garantissent les produits de la mer parmi les moins chers et les plus frais du pays.

Balade

- Ballet de voiliers. De l'Office du tourisme (Marktplein), rejoignez la digue et dirigez-vous vers la droite. Le chenal se trouve au bout de la digue à quelques minutes à pied. Entre le port de plaisance et la mer, le canal s'étend sur 2 kilomètres. On peut voir les voiliers y glisser avec élégance. Un service de bac relie quotidiennement le chenal et le Pier (ponton) où se concentrent les pêcheurs du dimanche. C'est aussi un lieu unique de promenade et de cyclotourisme : on accède à la réserve naturelle et aux dunes de l'ancienne base navale de Lombardsijde. Autour du chenal, on peut également observer le carénage pour bateaux de pêche, des hangars de réparation et des embarcadères.

DE VLASS €€€

Leopoldlaan 246
+32 5 930 18 37
www.vlass.be
Ouvert le mercredi et du vendredi au dimanche midi et soir ; le jeudi midi. Menus de 78 € à 115 €, lunch : 55 €.

Avec son intérieur cosy, voilà l'endroit idéal pour des dîners romantiques. Tout est fait maison, bien entendu. Et avec amour ! Il suffit pour cela de regarder les jolis amuse-bouches pour s'en convaincre. En cuisine le chef s'est fait le spécialiste du foie gras poêlé caramélisé aux pommes, du filet de sole maison et du homard préparé de diverses façons, sans oublier les gibiers qui, en saison, intègrent les menus. En salle, on fait preuve d'un professionnalisme sans faille. Aucune fausse note, jusqu'à la cave qui abrite des perles.

DE BARKENTIJN

Albert I-Laan 126
+32 5 824 37 60
www.debarkentijn.be
Ne se visite pas.

Cette maison d'angle dotée d'une tour polygonale, datant de 1923, ancienne propriété du baron Crombez, est le plus bel exemple de style normand sur la « Westkust » ou côte ouest. Les soubassements sont faits de moellons. Des encadrements en pierre de taille entourent les soupiraux en forme d'arc en segment. Les façades du rez-de-chaussée sont décorées d'un damier alternant carreaux en briques et en grès. Le second niveau est décoré de pseudo-colombages avec balustres en bois. Cette maison est classée depuis 1971 au patrimoine belge.

LE CHENAL DU PORT ★★

Deux kilomètres entre le port de plaisance et la mer du Nord.

www.nieuwpoort.be

Entre le port de plaisance et la mer, le chenal s'étend sur 2 kilomètres environ, et grâce à un service de bac vous pouvez le traverser quotidiennement. Lieu unique de promenade et de cyclotourisme, la réserve naturelle suivie par les dunes de l'ancienne base navale de Lombardsijde s'étend sur sa rive droite. Sur sa rive gauche se trouvent quelques installations techniques comme le carénage pour les bateaux de pêche, des hangars de réparation et des embarcadères. Un endroit très agréable pour se balader en famille et prendre le bon air marin.

LE PHARE

Vuurtoren

Construit à l'origine en 1881, le phare a été détruit lors de la Première et de la Seconde Guerre mondiale. Le phare actuel a été utilisé pour la première fois en 1949. Il s'agit cette fois d'une construction en béton rayée de rouge et de blanc. Il se dresse à 27 m au-dessus du niveau de la mer et le halo lumineux atteint 29 m. Le gyrophare rouge émet un éclair toutes les 14 secondes. Le dernier gardien du phare a rempli sa fonction jusqu'à sa mise à la retraite en 1963. Depuis, le fonctionnement est réglé à l'aide d'une commande à distance électronique.

HALLE [STADSHALLE]

Marktplein 5 ✆ +32 5 822 44 26

A côté de l'hôtel de ville, la Halle au blé de Nieuport est installée dans un bâtiment harmonieux et de caractère. Classé depuis 1938, l'on peut supposer qu'une halle se trouvait déjà à cet endroit en 1280 soulignant clairement le passé commercial florissant de la ville. Plusieurs fois détruite au cours de l'Histoire, elle a été reconstruite après la Première Guerre mondiale en 1920 dans le style flamand et avec les matériaux locaux. La halle est utilisée pour des expositions temporaires et constitue un décor de choix pour les réceptions.

RÉSERVE NATURELLE DE IJZERMONDING

Halvemaanstraat

✆ +32 58 42 21 51

Entrée libre.

Cette réserve peut être considérée comme la concurrente directe du Zwin. Faune et flore abondent en toute saison,... ce qui vaut le coup d'être apprécié. L'Yser, le seul fleuve d'eau douce à se jeter directement dans la mer du Nord, s'y mélange avec l'eau salée de la mer. Les prés salés, nés des marées, forment un petit paradis pour les coquillages, crustacés et vers alors que les échassiers viennent y frotter leurs becs et remplir leurs estomacs à marrée basse.

HÔTEL DE VILLE

Marktplein 7

✆ +32 58 22 44 61

www.nieuwpoort.be

L'hôtel de ville, de style néo-Renaissance flamande date de 1922. Au rez-de-chaussée est installé l'office de tourisme. L'édifice contient une riche collection d'œuvres d'art parmi lesquelles des eaux-fortes, des dessins, des aquarelles, des peintures et des sculptures. Au-dessus de la porte avec arc en anse de panier, on peut voir l'ancien blason de la ville qui représente un fermier en labour et un pêcheur avec une ancre, les deux surmontés du nom latin de la ville : Novus Portus. En revanche, on ne peut malheureusement pas le visiter.

TOUR SAINT-LAURENT

Duvetorre

www.nieuwpoort.be

Voici les ruines de l'ancienne église Saint-Laurent. Château fort au Moyen Age, sa tour servit de poste d'observation, d'entrepôt de poudre à canon vers 1820 et fut détruite en 1917. Il ne reste aujourd'hui qu'un tiers de sa hauteur originelle mais elle reste un témoignage intéressant de l'histoire ancienne de Nieuport. Appelée dans la langue populaire « Duvetorre », son nom renvoie, non pas aux pigeons [*duiven*], mais au diable [*duivel*]. L'on dit qu'à l'ombre de cette tour, Jeanne Panne y tenait ses sabbats et y avait rendez-vous avec le diable.

WESTFRONT NIEUWPOORT

Kustweg 2
✆ +32 58 22 44 44
www.westfrontnieuwpoort.be
Tous les jours sauf les lundis de 10h à 17h (18h en juillet-août). Adulte : 7 € (- de 25 ans : 5 €).

À Nieuwpoort, ce musée interactif a été créé pour le centenaire de la Grande Guerre en 2014. Le musée Westfront est situé sous le Monument du Roi Albert Ier, au bord du complexe d'écluses « Ganzepoot ». Il retrace l'histoire des troupes allemandes, stoppées aux portes de la ville grâce à une idée ingénieuse : inonder les polders, en l'occurence la plaine de l'Yser. Vous terminerez la visite par une projection du panorama de l'Yser, une peinture de 115 m de long sur 15 m de haut. Au sommet du monument, vous profitez de la splendide vue sur la côte et les polders.

FLORÉAL €€

Albert I laan 74
✆ +32 5 822 46 00
www.florealgroup.be
A partir de 69 € la double avec petit déjeuner.

Un centre de vacances face à la mer. En tout, 141 logements complètement équipés avec possibilité de demi-pension. Amateurs de soleil et de randonnées y trouveront leur bonheur car le maître mot de ce lieu de villégiature est la polyvalence. Possibilité de déjeuner ou de dîner au restaurant De Kotter. Pour les enfants, des ateliers divers. Pour les plus grands, le parc des sports (avec un minigolf, trois courts de tennis, six pistes de pétanque et un solarium) vous tend les bras à moins, dans la piscine intérieure. Idéal pour les familles donc.

THE CORNR €€

Albert I laan 129
✆ +32 58 59 11 33
www.cornrhotel.be
Chambre double à partir de 145 €. Suite familiale à partir de 224 €, petit déjeuner inclus. Bar.

À deux pas de la plage de Nieuport-Bad, se tient ce majestueux bâtiment contemporain : The CORNR, inauguré au début de l'été 2022. On oublie le charme de la Belle Époque et on embarque pour les lignes épurées du style scandinave. Les chambres sont grandes, dans des tons très doux et jolie surprise : on peut en contrôler l'éclairage selon l'intensité voulue. Le petit déjeuner buffet est alléchant et se prend dans une salle tout en chic et en velours ou, bonheur, sur la terrasse. Un bar, un gym et un spa sont les touches finales de cet établissement déjà fort couru.

FLAVIE'S TAFEL €

Langestraat 115
✆ +32 5 823 73 86
www.flaviestafel.be
Ouvert du jeudi au dimanche le midi et le soir. Réservation recommandée. Plat : environ 37 €.

Pour le bonheur des habitués, La table de Flavie a déménagé non loin du Kaai. A présent dans un espace plus grand et superbement décoré, vous pourrez ici goûter à une cuisine authentique inventive et savoureuse. Les produits de la mer sont bien sûre à l'honneur et la présentation des plats, toujours très soignée. Osez cette morue cuisiné au fur avec sa mousseline de pomme de terre, chou-fleur, lentilles aigre-douce, crevettes grises de mer du Nord, sauce à l'estragon. L'accueil est sans conteste un vrai plus pour cette charmante adresse à Nieuwpoort.

HET KOMPAS €€

Henegouwenstraat 1
✆ +32 5 823 08 23
www.hetkompas.be
Ouvert du jeudi au lundi de 12h à 14h et de 18h à 21h. Plat 30 € environ. Menu : 65 €

Qu'il pleuve, qu'il vente ou que le soleil brille, cette brasserie située sur la digue est ouverte été comme hiver. C'est dans un décor chaleureux et rustique, tout en longueur, qu'on s'attable, en face de la mer et que cette brasserie évolue avec bonheur. A voir les menus imprimés chaque jour, il y a fort à parier qu'il s'agit ici d'une cuisine de saison, voire même du jour – en fonction de la pêche. Les vins proviennent de pays aussi différents que l'Espagne, l'Afrique du Sud, l'Argentine, le Chili ou l'Argentine : de quoi bien se promener et se régaler.

SUN BEACH €€

Zeedijk 49
✆ +32 5 823 37 91
www.sunbeach.be
Tous les jours sauf jeudi et vendredi de 12h à 14h30 et de 18h à 21h30 (tea room entre deux services). Plat : ±30 €.

Face à la mer, le bâtiment imposant dispose d'une vue splendide sur la plage. Les grandes spécialités de la maison ce sont les cassolettes de poissons de la mer du Nord et les moules à la crème et à l'ail. D'autres plats à base de poisson, de viande ou de homard ne sont pas en reste. Pour les suggestions du mois, un grand tableau noir donne le ton. En sucré ? Des crêpes, des gaufres fraîches et pour arroser le tout ? Un vaste choix de vins, les 7 bières au fût et 60 bières spéciales en bouteille, à déguster aussi l'après-midi dans la terrasse *lounge* ensoleillée.

DE VIERBOETE €€

Halve Maanstraat 2 A
✆ +32 5 823 34 33
www.restaurantdevierboete.be

Tous les jours sauf le jeudi de 11h30 à 22h. De mi-juin à mi-septembre, ouvert 7j/7. Menu : 47 €.

Petrus Kurt propose une partie brasserie et une partie restaurant raffiné. La carte n'est pas très étendue mais le chef ne propose que des plats de qualité. Vous retrouverez les classiques d'une cuisine traditionnelle préparée dans le respect du produit mais aussi de saison : du gibier, des asperges ou des fraises et selon les fruits de la pêche. La carte des desserts est classique les glaces faites maison. Sur la terrasse, vous pourrez profiter d'une vue panoramique sur le port et surtout du soleil, pendant que les enfants joueront dans un espace de jeu.

ABDIJMUSEUM TEN DUINEN

Koninklijke Prinslaan 6-8
✆ +32 5 853 39 50
www.tenduinen.be/fr

De 10h à 18h. Week-end : 14h à 18h (17h de novembre à mars). Fermé le lundi. Adulte : 7 €. Réalité virtuelle : 5 €.

En plus d'une superbe promenade dans l'abbaye et le long de ses ruines, profitez de la grande nouveauté de l'Abbaye des Dunes : une expérience inédite en réalité virtuelle. Plongez en 1490 et visitez cette abbaye médiévale au milieu des moines et de l'abbé qui vous guidera dans les différentes pièces. La qualité et les détails sont stupéfiants. Contemplez l'architecture et feuilletez un ancien manuscrit que vous serez en charge de retrouver lors de votre mission dans le temps. Une expérience qui séduira les petits comme les grands.

KOKSIJDE ★

Les magnifiques paysages de nature vierge et les curiosités culturelles sont les atouts de Koksijde. Moins connue que La Panne, surtout du côté français, elle est tout aussi accueillante. Des hôtels, des appartements, des villages de vacances tout près de la plage ou entourés de verdure, une auberge de jeunesse garantissent un agréable séjour dans cette ville balnéaire. Les habitués des côtes françaises ne devraient pas être dépaysés par le paysage côtier dont Koksijde est le centre géographique. Les digues, elles, sont parsemées des habituelles enseignes touristiques et rappellent celles de la côte nordiste, comme Merlimont ou Dunkerque. La différence se situe peut-être dans la fréquentation, plus bourgeoise et plus âgée. Chose appréciable, les restaurants et les établissements hôteliers ne semblent pas profiter à outrance de la manne touristique, et beaucoup misent avant tout sur la qualité de leurs services. Rassurez-vous, pas de soucis à se faire quant à la barrière de la langue puisque toutes les principales structures touristiques offrent des services multilingues, du restaurant du bord de plage au magasin de souvenirs. En plus de la plage et la mer, Koksijde a encore beaucoup à offrir : observez donc cette charmante région depuis Hoge Blekker, la dune la plus élevée – 33 m – du littoral ou marchez à perte de vue dans les réserves naturelles préservées d'une superficie d'environ 700 ha. Plusieurs sentiers de promenades et de circuits à bicyclette traversent le paysage.

LE CASINO

Casinoplein 10/11
✆ +32 5 853 29 99
www.casinokoksijde.be

Billetterie du 1/09 au 30/06 : lundi, mercredi-vendredi, de 13h30 à 16h30 et samedi de 9h à 12h.

Ici, pas de machines à sous, pas de craps ou de roulette, mais plutôt des expositions, des spectacles ou des concerts ! Le C.C. Casino est un important moteur de la vie culturel de Koksijde et de ses environs, un lieu de rencontre entre les artistes aussi divers soient-ils et les visiteurs, les touristes et les habitants du coin. Cela en fait un lieu unique sur cette partie de la côte belge. Vous y trouverez également outre un programme culturel de qualité, un auditorum... C'est véritablement un endroit où chacun pourra trouver quelque chose à son goût.

DUNE LE HOGE BLEKKER

Zeelaan

Avec ses 33 m, la dune Hoge Blekker (21,25 ha) est la plus élevée de tout le littoral. Du large, les marins voyaient briller son sommet d'où son nom « *blekken* » signifiant « briller » en flamand. Cette dune a la particularité d'être mouvante : depuis le XVIe siècle, celle-ci s'est déplacée d'un kilomètre vers l'est. En 1700 elle se trouvait en plein sur le site de l'abbaye Ten Duinen. Au XIXe siècle, on commença à enrayer sa progression par de massives plantations d'oyats. Avec les dunes Schipgat et Doornpanne, le Hoge Blekker forme une chaîne de dunes de 250 ha !

ÉGLISE NOTRE-DAME-DES-DUNES

Kerkplein 2

En 1956, cette église paroissiale aussi moderne qu'imposante voit le jour suivant les plans de l'architecte brugeois J. Lantsoght, tout en acier, béton et pavés de verre. Une « cathédrale des lumières » aux vitraux abstraits qui reflètent une lumière surréaliste à l'intérieur. La colossale statue de Notre Dame des Dunes est l'œuvre de la Révérende sœur Brigitte Loire de Chartres et pèse 2 800 kg. Originalité du bâtiment : sa forme de coque qui baigne la nef d'une lumière diffuse.

PÊCHEURS À CHEVAL

Classée au patrimoine de l'Unesco, l'activité de pêcheurs de crevettes à cheval ne se fait plus qu'en Belgique, à Oostduinkerke, près de Coxyde. Il n'existe d'ailleurs plus qu'une dizaine de pêcheurs ! Vous pouvez les admirer à des heures et jours précis. Dans le passé, le pêcheur à cheval regardait la lune et, selon la position, pouvait déterminer exactement quand c'était marée basse, s'il s'agissait de la marée morte ou de la marée de printemps. Maintenant, il regarde dans son livret « tables des marées » ! Notez également qu'un restaurant tenu par la fille de l'un d'eux se trouve en face du musée Navigo et propose des soles à volonté dans une ambiance de petite buvette.

MOULIN DE L'ABBAYE ★

J. Van Buggenhoutlaan

✆ +32 58 53 39 50

Ouvert d'avril à septembre 10h30-12h et 15h-17h, le samedi 10h30-12h, fermé le dimanche après-midi. Prix : 2 €.

L'endroit offre une vue panoramique sur la réserve naturelle Noordduinen. Ce moulin date du XVIIe siècle, mais il a été déplacé de Houtem à Koksijde en 1954 pour être finalement restauré en 1984. Il fut – et est toujours – un moulin à farine et fait partie du club très fermé, six membres encore debout, des moulins à trois greniers sur pile. Les moulins pullulent dans la région, mais celui-ci fut l'atelier du peintre Jean Luypaert. Patrick, l'un des derniers meuniers, se fera un plaisir de vous montrer comment le blé est encore moulu à raison de 150 kg par heure.

APOSTROFF €€

Lejeunelaan 38

✆ +32 5 852 06 09

www.apostroff.be/fr

Chambre double dès 120 €, familiale (4 personnes) 180 €. Petit déjeuner inclus. Parking gratuit. Restaurant.

Hôtel 3-étoiles, l'Apostroff propose 40 chambres très simples, assez neutres dans la décoration et le mobilier choisi, mais confortablement équipées pour passer un agréable séjour de vacances. Les supérieures sont plus cosy. Son point fort : des prix abordables et des infrastructures de qualité : comme sa piscine couverte très appréciée été comme hiver, ainsi que le sauna, le centre de beauté, salle de jeux pour enfants, ping-pong, billard, location de vélos, idéal en famille. Jolie terrasse extérieure avec des tables banquettes confortables.

MUSÉE T' KREKELHOF

Koninklijkebaan 237

✆ +32 58 51 23 32

www.museumkrekelhof.be

Ouvert samedi de 11h à 17h, dernière visite à 16h30. Entrée : 5 € (adultes), 3 € (enfants).

Quelle belle découverte ! Le musée Krekelhof, ou Clos des grillons, est un cabinet de curiosités des objets vers 1900 reconstitué avec passion par la famille Vandamme pendant de nombreuses années ainsi qu'un musée des artisans. Il expose une collection d'objets usuels de certaines professions comme ceux du cordonnier, du minotier, du forgeron, d'une usine de limonade et encore bien d'autres choses du temps de nos grands-mères. En 2015, 't Krekelhof a ouvert « The Fisher King » – le salon de tatouage, et la plaine de jeux est devenue un véritable jardin.

APPASSIONATA €

Koninklijke baan 81/b

✆ +32 5 851 18 11

www.restaurantappassionata.be

Ouvert tous les jours sauf lundi midi. Le mardi et du jeudi au dimanche midi et soir. Menus lunch : 18 €.

Attention, dans ce petit restaurant vous risquez de très bien manger ! Avec un patron aux fourneaux, le « fait maison » est ici légion. Bœuf, volailles et agneau arrivés du du Limousin et poissons frais sont fort bien travaillés. Chacun trouvera son bonheur entre plats traditionnels et autres suggestions saisonnières. En salle, vous serez tout aussi à l'aise, car l'associé du chef veille à ce que vous passiez un agréable repas. Le tout dans une salle *cosy* et joliment décorée ou bien en terrasse si le soleil est de la partie.

DE CLOCHARD €

Houtsaergerlaan 44
✆ +32 5 851 38 47
www.declochard.be
Ouvert du mercredi au samedi de 18h à minuit ; le dimanche midi. Suggestions à partir de 18 €. Carte : 35 €.

Ne vous fiez pas à son nom pour le moins renversant, le chef ne fait pas les poubelles pour préparer ses assiettes ! Installé à la sortie de Koksijde, loin des enseignes touristiques, cette adresse a plutôt fière allure sur son coin de rue. Les plats proposés à la carte devraient faire le bonheur des traditionalistes. A conseiller, la fondue bourguignonne et le thon mi-cuit au beurre citronné. Le choix de spécialités sans excentricité est large mais tout est bien préparé. L'accueil chaleureux du patron est un plus non négligeable.

CARCASSE €€€

Henri Christiaenlaan 5
✆ +32 58 51 72 49
carcasse.be
Ouvert du jeudi au dimanche de 12h à 14h et de 18h à 21h. Réservation recommandée. Menu à 95 €. Carte : 55 € environ.

Amoureux de la bidoche, voici votre temple. À l'origine, Hendrik Dierendonck est un boucher. Un boucher qui a quasi à lui tout seul sauvé une race bovine de la région : la Rouge des Flandres. Le terroir est donc primordial pour lui. Tout naturellement, la viande passe de la boucherie au restaurant tenu par le chef Timon Michiels. Dans un décor très brut, on vous sert des pièces de bœuf de diverses origines et à divers degrés de maturation (visez d'ailleurs le cabinet de maturation dans la salle) mais aussi du porc, de l'agneau... Un rêve de carnivores !

HUIFKAR €€

Koninklijke Baan 142
✆ +32 5 851 16 68
www.dehuifkar.be
Fermé mercredi et jeudi. Ouvert de 12h à 14h et de 19h à 21h30. Menu : 32 €, 43 €.

Ce restaurant est décoré de tableaux Pop'art. Pour les amoureux, choisissez les tables près du feu ouvert. Passons à table : les spécialités vont de la terrine de foie gras maison et sa gelée au vieux porto, au homard rôti au four, beurre au citron, en passant par les anguilles au vert, la bouillabaisse de la mer du Nord et les gibiers comme le faisan et le chevreuil, et le risotto aux coquillages qui fait l'unanimité. Tout comme en dessert, la tarte Tatin et sa glace au spéculoos. Rester au top de l'art culinaire, voilà le défi de Ronny Venus et Ann Hoflack !

HOTEL CARNAC BISTRO NILS €€€

Koninklijke Baan 62 ✆ +32 58 51 27 63
www.carnac-nils.be
Fermé du dimanche au mardi, ouvert de 12h à 14h et de 18h30 à 20h30. Menu : de 61 € à 83 €.

Situé dans une élégante salle (de l'hôtel Carnac), les spécialités de homard ont assis la réputation de la maison, à toutes les sauces : façon belle vue, au beurre à l'ail ou au citron, à la tomate et au basilic. Lors de notre passage, nous avons goûté à la terrine de poisson maison et à la bisque de homard en entrée, et en plat, un classique des plus efficaces, sole meunière, joliment préparée et délicieuse. Côté viandes, le filet sauce poivre et crème ou la couronne d'agneau à l'ail et au romarin se défendent bien. Une cuisine savoureuse à prix justes.

SOLL CRESS HÔTEL €€

Koninklijke baan 225
✆ +32 5 851 23 32
www.sollcress.be
A partir de 2 nuits 210 €/2 pers., petit déjeuner inclus. Villas de 165 € à 195 € par jour pour 4 à 6 personnes.

Cet hôtel restaurant familial situé à deux pas de la plage mise sur la détente et une ambiance vacances. Son plus bel atout : son Aquafit Center, avec une grande piscine couverte, un sauna et un bain bouillonnant. Les chambres sont toutes différentes. Certaines ont de jolies photos au mur, les suites luxueuses ont une terrasse et un bain bouillonnant. L'hôtel propose aussi des suites familiales et des villas individuelles pour plus d'intimité et d'espace. Pour parfaire un séjour détox à la mer, le restaurant propose des alternatives végétariennes et vegan.

DE KELLE €€€

Zeelaan 265
✆ +32 5 851 18 55
www.dekelle.be/fr
Ouvert dimanche de 12h à 14h ; du mercredi au samedi de 12h à 14h et de 19h à 21h. Menu du mois : 85 €.

Thierry Cornelis et son épouse Tjorven ont créé De Kelle, qui signifie « petite mer ». Il s'agit en fait de ce petit chenal que l'on trouve à marée basse, entre deux bancs de sable, et dans lequel on pratique la pêche à la crevette. Thierry dirige également l'école hôtelière de Koksijde. Le chef part d'une base classique pour décliner ses recettes selon la succession des saisons, avec des touches méridionales l'été et un accent plus particulier sur les produits régionaux l'hiver. S'est ajouté récemment à ce bel endroit un jardin accueillant.

OOSTDUINKERKE ★★

Section détachée de la commune de Coxyde, cette ville du littoral propose des animations diverses pour les enfants. On trouve également des visites et activités pour les plus grands : le musée de la Pêche Navigo, du char à voile. On peut aussi partir se balader dans la réserve naturelle de dunes à proximité. Rendez-vous à l'office de tourisme pour plus d'informations sur les sites à découvrir. On trouve plusieurs points d'information touristique, disséminés sur le bord de mer. Unique en son genre, la plage d'Oostduinkerke s'est parée en 2015 d'une piscine construite directement… sur la plage : la Strandbad Oostduinkerke zeedijk centrum.

Oostduinkerke.

DOORNPANNE

Doornpannestraat 2
✆ +32 58 53 38 33
Centre d'accueil ouvert de juin à septembre, mardi-dimanche, 10h-12h et 14h-17h ; hors saison le week-end. Gratuit.

Réserve naturelle englobant un massif de dunes relativement réduit de 18 hectares, surtout connu pour abriter le Hoge Blekker la dune la plus haute de la Belgique qui culmine à 33 mètres de hauteur. La partie centrale de la Doornpanne est une « panne » ou cuvette interdunaire centrale où pousse l'argousier (*duindoorn* en flamand) d'où son nom. C'est cette formation de relief qui a donné le nom à la localité voisine La Panne. Les balades en famille sont idéales au milieu des dunes pour apprécier les paysages côtiers de cette région.

NAVIGO ★

Pastoor Schmitzstraat 5
✆ +32 5 851 24 68
www.navigomuseum.be
Fermé pour travaux jusqu'en 2024.

Ce musée vous entraîne dans le monde de la pêche, très pratiquée sur la côte flamande. A travers des collections variées, constituées de décors réalistes, d'œuvres d'art et d'illustrations, vous découvrirez de manière interactive la pêche d'autrefois et les anecdotes qui s'y rapportent, mais également la pêche telle qu'elle est pratiquée aujourd'hui en Flandre. Telle une boussole, le bateau de pêche côtière O.D.1 Martha a été installé au cœur du nouveau bâtiment et vous servira de point d'ancrage tout au long de votre visite.

KISS MY COFFEE

Leopold II Laan 250
✆ +32 494 14 67 69
Ouvert du vendredi au mardi de 9h30 à 18h.

Bienvenue dans le coffee house de Ken, le barista et maître des lieux. C'est un peu le café branchouille d'Oostduinkerke. Côté décor, c'est murs blancs, tables de bois, chaises en velours bleu-vert, décor chiné… un peu à la scandinave mais avec des touches marines qui rappellent sa situation dans une station balnéaire. Au sommet d'une bibliothèque, une paire de poupées Ken surveillent les clients qui viennent prendre un très bon café, un petit déjeuner, un toast ou un bon bagel. De quoi remplir son estomac avant de rejoindre la plage qui est au bout de l'avenue.

SURFCLUB WINDEKIND

Zuidenwindhelling 1
✆ +32 58 23 19 19
Voir horaire sur le site Web. Bar ouvert toute l'année.

Il y a comme un petit air de Californie quand le soleil brille sur ce spot de surf entouré par les dunes. Mais oui, on peut faire du surf en Belgique et ça fait 30 ans que Windekind promeut ce sport ! On peut y prendre des leçons, louer une planche de surf, une planche à voile ou du matériel de kitesurf (ou pour les moins audacieux, une planche de paddle). Et si les activités nautiques ne sont pas trop votre truc, le bar, qui est ouvert toute l'année, est LE lieu à ne pas manquer à Oostduinkerke, surtout au coucher du soleil. On se croirait vraiment à Malibu !

FLANDRE-OCCIDENTALE

SAINT-IDESBALD - SINT-IDESBALD ★

Saint-Idesbald est une station familiale qui s'est fortement développée, et a quasiment fusionné avec Coxyde. Elles sont séparées d'Oostduinkerke par la réserve naturelle de Doornpanne, qui contient la plus haute dune du littoral, le Hoge Blekker, 33 m. A proximité, la dune De Mol (la taupe) était plus haute encore, mais son sable fut utilisé durant la Première Guerre mondiale à la consolidation des tranchées du front de l'Yser. De l'autre côté, quasiment à la frontière française, se trouve la Panne. La spécialité d'Oostduinkerke est la fameuse pêche aux crevettes à cheval, qui est encore pratiquée pour le plaisir des touristes, car cette activité n'est absolument pas rentable.

© CIWOA - SHUTTERSTOCK.COM

Saint-Idesbald - Sint-Idesbald.

FLANDRE-OCCIDENTALE

OH RESTAURANT €€

Koninklijkebaan 289
✆ +32 5 852 05 72
www.ohrestaurant.be
Mardi-dimanche, 12h-14h30 et 18h45-21h (mardi et vendredi soir et dimanche midi). Lunch : 29 €. Menus : 69 € à 89 €.

Pénétrer dans un univers où confort et zénitude sont les maîtres mots. Après quelques marches au-dessus d'un bassin, on prend place dans le restaurant au décor contemporain et naturel ou sur la terrasse. Le chef Ivan Puystiens propose une cuisine juste et originale à base de produits frais dans le but de surprendre (surtout le menu Menu Oh Expérience), dans le mariage des saveurs et la présentation. En entrée, le risotto à la truffe était délicieux, tout comme en plat le turbotin grillé. Tout est fait maison, les pâtisseries, les macarons et même le pain.

MUSÉE PAUL DELVAUX ★

Paul Delvauxlaan 42
✆ +32 58 52 12 29
www.delvauxmuseum.com
Du mardi au dimanche de 10h30 à 17h30 en HS. Du jeudi au dimanche en BS. Fermé en janvier. Tarif : 10 €.

Paul Delvaux est un peintre d'abord post-impressionniste, expressionniste puis surréaliste belge, né le 23 septembre 1897 à Antheit (en Belgique) et décédé le 20 juillet 1994 à Furnes. Logé au cœur d'une ancienne maison de pêcheurs, le musée qui lui rend hommage a été entièrement rénové en 2019. De façon inattendue, il se déploie sur plus de 1 000 m², exposant le plus grand ensemble d'œuvres du maître surréaliste belge au monde. La collection permanente (peintures, aquarelles, dessins, carnets de croquis, gravures...) invite à découvrir l'univers singulier de l'artiste à la renommée internationale, un voyage dans un monde de poésie et de rêves. Au fil du parcours, on se familiarise avec le langage onirique de Delvaux : des femmes nues déambulant au cœur d'une architecture néoclassique traversée par des trains, symboles de la modernité de l'époque, sa fascination pour les squelettes incarnant les hommes (qui le terrorisent enfant lors de ses études). Les objets personnels de l'artiste, véritables sources d'inspiration, sont également exposés. Chaque saison, le musée propose une exposition temporaire qui met en lumière une thématique particulière et contribue à dévoiler la richesse d'une œuvre intemporelle. Recommandé : la visite guidée d'environ une heure ravivant la passion que suscite toujours ce peintre incontournable. Gourmands ? Profitez d'une pause rafraîchissante au café restaurant attenant au musée et offrant l'une des plus belles terrasses de la côte dans un cadre verdoyant idyllique.

'T ZWART SCHAAP

Zeedijk 35
✆ +32 58 513 613
Ouvert tous les jours sauf le jeudi de 10h à 21h.

Quand on s'est bien amusés ou promenés sur la plage de Saint-Idelsbad, il faut recharger les batteries ! 't Zwart Schaap est une institution dans la cité balnéaire et vous attend pour vous régaler de glaces turbinées par Frank, le propriétaire. Le menu aligne nombre de coupes glacées combinant des saveurs diverses et variées (leur dame blanche est réputée) mais on peut aussi commander des boules à l'unité. Les gaufres et les crêpes ne sont pas en reste non plus. Pourquoi pas une gaufre avec une boule de glace, une pure gourmandise ! Vue sur la digue en prime.

LA PANNE ★

Les brisants écumants de la mer du Nord, les dunes, la plage de sable fin à perte de vue, La Panne est le royaume des adeptes du bronzage et de la pêche enfantine aux coquillages. Avec un centre-ville rénové, des terrasses, des villas typiques parfois classées, La Panne s'impose comme un lieu de villégiature prisé aussi bien par les Belges que les Français. Elle a le privilège d'être dotée de l'une des plus grandes plages de la côte, dépourvues de brise-lames. A un jet de pierre de ses réserves naturelles très bien entretenues, la capitale du char à voile propose un centre urbain accueillant où confort et bien-être riment avec accueil et ouverture d'esprit. Profitez également du parc dunaire Kykhill, entièrement remis en état en 2013. Véritable poumon vert de la ville, il est le lieu des promenades en famille. En haut de la plateforme d'observation, profitez d'une magnifique vue sur le quartier historique et la mer. La Panne possède enfin une histoire marquée par la Première Guerre mondiale. La ville a joué un rôle majeur durant le conflit, protégeant notamment la famille royale durant l'invasion des Allemands.

Transports

- **Voiture.** La Panne se trouve à 60 km de Bruges et 30 km d'Ostende et à 20 km de Dunkerque.
- **Train.** La gare se trouve à Adinkerke, 3 km du centre, non loin de Plopsaland. Prendre le tram pour rejoindre le centre. Pour Gand (1h15), pour Bruxelles (2h), pour Bruges (1h).
- **Bus.** La Panne est reliée par bus Delijn aux villes de Adinkerque, Furnes, Ypres, et Dunkerque (www.delijn.be)

La plage de La Panne.

RÉSERVE NATURELLE DU WESTHOEK ★★

✆ +32 5 842 21 51

Accès libre.

Cette réserve naturelle s'étend sur 340 ha. Surnommée exagérément le Petit Sahara, elle est réduite à trois dunes larges entourant deux pannes, c'est-à-dire un creux qui se remplit d'eau à chaque marée. De fait, la réserve est mise en danger par les pompages excessifs d'eau. Mais, bien que desséché, morcelé, piétiné à outrance et embroussaillé, le site a su conserver une valeur naturelle très élevée. Six sentiers (10 km au total) balisés, celui du Westhoek est en vert.

ARIZONA

Hoek Zeedijk – Halmenstraat 45

✆ +32 58 41 16 92

www.arizona-depanne.be

Tous les jours de 9h30 à 18h. Vélos : 13 € les 5h, 16 € la journée. eBikes et bakfiets : 26 € les 5h, 31 € la journée.

Arizona est devenu un incontournable sur les bords de La Panne. Vous pouvez y louer des vélos mais aussi les devenus incontournables go-carts. La digue de mer est idéale pour s'y adonner. La sortie entre amis ou en famille devient un grand divertissement ! Arizona, c'est aussi une plaine de jeux pour les enfants, où ils pourront évoluer en toute sécurité. Enfin, Arizona propose plusieurs petits trains avec des excursions possibles à Nieuwpoort, à Diksmuide ou à Veurne. Une adresse complète et à retenir pour vos virées à La Panne !

SFINX €

Sloepenlaan 10

✆ +32 58 41 34 83

www.hotelsfinx.be

Chambre simple à partir de 55 € ; double 70 € ; triple 100 €, quadruple 110 €. Petit déjeuner : 12 €.

Cet hôtel familial et simple, modeste 2-étoiles, est situé à 60 m de la plage, vraiment proche des dunes. On ne vient pas ici pour la déco, bien que certaines chambres ont été rénovées il y a peu dans des tons gris et un style contemporain assez neutre, mais bien pour la proximité avec la mer et parce que c'est certainement l'un des hôtels les moins chers de La Panne. Le patron, en cuisine, prépare de très bons repas et l'accueil est très sympathique. Finalement, on n'a pas besoin de plus quand on passe toute la journée à faire le plein d'iode.

FLANDRE-OCCIDENTALE

AMBASSADOR €€

Duinkerkelaan 43
✆ +32 5 841 16 12
www.hotel-ambassador.be
26 chambres. Chambre double à partir de 125 €, petit déjeuner buffet inclus. Sauna et bain à remous (extra).

Situé à quelques mètres de la plage, cet hôtel familial 3-étoiles impressionne par sa façade Art Déco. A l'intérieur, tout a été rénové dans un style contemporain, tout en gardant des prix raisonnables. Très joli salon avec des canapés élégants et terrasse dans le jardin où prendre un agréable petit déjeuner. Gentillesse du personnel, qualité du petit déjeuner et confort de la literie, et surtout un beau sauna, sont ses principaux atouts. Côté table, la carte défend ses produits frais de la mer préparés avec soin et simplicité.

CAJOU €€

Nieuwpoortlaan 42
✆ +32 58 41 13 03
www.cajou.be
Chambre double à partir de 136 € ; triple 173 €. Petit déjeuner inclus. Parking : 10 €.

A quelques pas de la plage et à proximité du centre de De Panne, l'Hôtel-Restaurant Cajou promet un accueil dans le calme et de confort. La décoration offre une atmosphère tout à la fois *cosy*, actuelle et chaleureuse. L'hôtel propose diverses formules : Santé et Gastronomie, Vélo, Plopsaland. Ne manquez pas le restaurant de l'hôtel qui vous propose une carte dont la composition change régulièrement : grillades ou poissons comme le homard grillé, en nage ou en salade, les moules ou le tartare de bœuf préparé en salle. Un délice.

AUX CAVES D'ARTOIS €

Nieuwpoortlaan 24
✆ +32 5 841 40 89
aux-caves-dartois.business.site
Ouvert tous les jours sauf jeudi de 11h à 22h. Plats : environ 25 €.

Une institution à La Panne ! Cette brasserie de qualité offre sa terrasse ensoleillée ou un intérieur cosy. On y déguste des plats traditionnels, des tapas améliorés, à accompagner de délicieux cocktails ou d'une bière parmi la grande variété proposée. Les planches d'assortiments de tapas, mais aussi les salades aux compositions généreuses et copieuses, les viandes cuites à la perfection. Ajoutez à cela une équipe souriante, de bons conseils et des prix plancher, ce qui en fait une adresse très populaire. Il vaut mieux réserver.

BISTROT MERLOT €€

Nieuwpoortlaan 70
✆ +32 58 41 40 61
Ouvert du vendredi au mercredi de 12h à 14h et de 18h30 à 23h. Carte : 45 € environ.

Une véranda contemporaine permet d'apprécier les belles soirées d'été tandis que la salle est taillée pour de soirées intimistes en tête à tête. En salle, Dominique, aux fourneaux : Jean-Claude Vandenouden. Au menu, les spécialités françaises et belges comme la bouillabaisse avec sa rouille, les rognons, les croquettes aux crevettes ou la carbonnade flamande. Le homard fait aussi partie des spécialités. Les moules à la crème et à l'ail, servies avec des frites fraîches coupées à la main et une sauce tartare maison délicieuse, ont également grande réputation.

LE FOX €€

Walckierstraat 2
✆ +32 5 841 28 55
www.hotelfox.be
Du jeudi au dimanche, midi et soir et lundi midi. Menu Dégustation : 145 €. Menu light : 115 €.

Oasis gastronomique alimentée par une cave à vins des plus complètes, il est l'une des stars incontestées du littoral, avec ses deux étoiles au guide Michelin. C'est d'abord l'histoire d'un chef, Stefaan Buyens, dont les diplômes de maître sommelier des vins de France (ou maître-queux) compte 600 références de vins à la carte ! C'est aussi un artiste dont les assiettes émoustillent autant les yeux que les papilles. Les mots magiques de homard, caviar ou truffe ponctuent avec force une cuisine de saison, de marché même, teintée çà et là d'une pointe d'exotisme.

DE WITTE BERG €€

Zeedijk 95
✆ +32 5 842 04 42
www.dewitteberg.be
Fermé tous les jours sauf mercredi de 11h à 22h. Menus de 34 € à 46 €. Terrasse. Menu à partir de 41 €.

D'abord le cadre : une vue panoramique sur la plage et la mer en bout de digue. Apprécier les couchers de soleil en prenant le café, piocher dans la sélection de petite restauration : huîtres, croquettes de crevettes maison ou opter pour une cuisine raffinée. Les spécialités De Witte Berg ou « Montagne blanche » : de produits locaux nobles, mais sertis de légumes, de fruits et cuisinés à la perfection, comme la bouillabaisse à l'ostendaise, le dos de cabillaud sur poireaux crémeux et sauce au vin blanc, mais aussi une carte de viandes grillées et des salades.

YPRES ★★

Ypres possède une histoire aussi incroyable que tourmentée et ses trésors patrimoniaux en font l'une des villes de Flandre à ne surtout pas manquer. Au Moyen Âge, Ypres fait partie des trois villes les plus puissantes de Flandre, avec Gand et Bruges. Elle doit sa renommée à l'industrie drapière. Placée stratégiquement, elle devient un centre commercial influent et multiplie les échanges avec toute l'Europe, et avec l'Angleterre notamment. La laine d'Ypres était très appréciée par les Anglais ! Mais cette position lui vaut aussi d'être de nombreuses fois assiégée. Elle est convoitée par la France, la Hollande et l'Angleterre au fil des siècles. C'est ainsi que ses remparts construits au Moyen Âge seront renforcés au XVIIe siècle, aujourd'hui lieu de promenade.

Avec le déclin de l'industrie drapière, les épidémies de peste et les guerres entre puissances européennes, la ville décline peu à peu, avant de trouver une forme de stabilité grâce à son statut de ville épiscopale et à l'établissement de congrégations religieuses. Malheureusement, la Première Guerre mondiale va venir troubler cette paix. Centre névralgique d'une guerre violente et sanglante de quatre années, Ypres fut le théâtre de trois grandes batailles. La progression allemande est freinée en France lors de la Bataille de la Marne, les combats se déplacent sur le Westhoek. Alors que les Belges avaient freiné la progression allemande en inondant les plaines de l'Yser en octobre 1914, les Britanniques et les Français tentent d'empêcher la prise d'Ypres. Du 22 octobre au 22 novembre 1914, les Allemands encerclent une partie de la ville, tandis qu'en face, les Alliés attendent... Les deux armées campent sur leur position et creusent des tranchées... La seconde bataille a lieu du 22 avril au 25 mai 1915. En avril, les Allemands prennent possession de la colline nommée Hill 60. Pour prendre cette colline, les Allemands déversent plus de 150 tonnes de gaz chloré sur les troupes alliées, faisant des milliers de morts et créant un chaos immense. Malgré cette violence, Ypres résista à nouveau à une invasion allemande. La troisième bataille eut lieu du 31 juillet au 10 novembre 1917. A l'été 1917, toute l'Europe tremble. Lors de la Bataille de Messines, 19 mines sont placées par les Anglais à l'extrémité de tunnels creusés par de courageux soldats australiens et canadiens. Objectif ? Déloger les forces allemandes. La détonation des mines se fit entendre jusqu'à Londres. Plus de 10 000 soldats allemands sont tués. Même si les alliés regagnent un peu de terrain, en automne 1917, le second volet, la Bataille de Passchendaele, commence. Cette opération est l'un des plus grands désastres militaires de la Grande Guerre. Les Alliés ne s'étaient pas préparés au temps pluvieux qui transforma le terrain bombardé en marécage piégeant les soldats et les laissant à la merci des Allemands, protégés, eux, par leurs bunkers de ciment. Au total, cette bataille fit plus de 400 000 morts et blessés côté alliés. Cette bataille marque cette fois l'utilisation du gaz moutarde par les Allemands, un gaz détruisant les voies respiratoires et brûlant la peau. Tout cela pour un gain de 8 kilomètres seulement...

À la fin de la guerre, Ypres n'est qu'un champ de ruines. Les Britanniques voulurent même en faire l'acquisition pour transformer la ville en mémorial perpétuel rendant hommage à ces milliers de soldats morts au combat. La ville fut finalement rendue à ses habitants et entièrement reconstruite sur son modèle médiéval. Cette reproduction à l'identique est un véritable chef-d'œuvre et donne l'impression aux visiteurs de parcourir une ville ancienne alors que la ville actuelle n'existe dans sa forme complète que depuis 1967 !

Cependant, la ville n'a rien oublié de son passé et de nombreux musées et monuments parsèment la ville et ses environs, la baignant dans une atmosphère émouvante. Pour le Centenaire de la Guerre, tous ces mémoriaux s'animeront et perpétueront ce travail de mémoire essentiel pour que jamais ne soit oublié le sacrifice de ces milliers d'hommes. Ville de patrimoine et d'histoire, Ypres est une cité incontournable.

Transports

▶ **Train.** On peut accéder à la ville en train : la gare relie celle de Coutrai (Kortrijk) qui relie elle-même les grands centres urbains dont Bruges et Bruxelles.

▶ **Bus.** Des bus relient Ypres aux villes proches. La plupart partent en face de la gare ferroviaire.

▶ **Voiture.** Il est préférable de se garer le plus tôt possible à l'entrée de la ville ou dans les parkings du centre-ville, puis de se déplacer à pied (la ville n'est vraiment pas très grande). Attention néanmoins à ne pas se garer sur la Grand-Place du vendredi minuit au samedi 13h pour cause de marché. Les voitures gênantes sont enlevées par la fourrière.

CATHÉDRALE SAINT-MARTIN

Alphonse Vandenpeereboomplein
www.toerismeieper.be/cathedrale
Ouvert de 9h et 17h, sauf pendant les offices.

Reconstruite après la Première Guerre mondiale à l'identique, la cathédrale a ainsi pu retrouver la flèche qui lui manquait auparavant et atteindre la hauteur de 100 mètres. Elle renoue avec le style gothique avec une façade riche en détails, un porche surmonté d'une large rosace et un ensemble de vitraux plutôt simples. A l'intérieur, les tombeaux de Jansénius – qui donna son nom au jansénisme – et du Lion des Flandres, le comte Robert de Béthune, figure emblématique de la région. Un musée lapidaire a également est dédié aux anciennes pierres de la cathédrale.

ÉGLISE SAINT-PIERRE

Rijselstraat 128
www.toerisme-ieper.be
Ouvert de 8h à 18h.

C'est la plus ancienne de la commune (XIIe et XIIIe siècles), là où Robert le Frison, comte de Flandre, bâtit une maison de prière au XIe siècle. Au XVe siècle, elle devint église-halle, architecture romano-gothique typique de la région. La première tour fut détruite lors d'un incendie en 1638. Ce n'est qu'en 1868 que l'église récupère un nouveau clocher. Quasiment détruite lors de la Première Guerre mondiale, c'est l'architecte Jules Coomans qui a œuvré pour sa rénovation, en remplaçant la partie supérieure gothique par une tour romane. Un beau mélange de styles.

GRAND PLACE, HALLES ET BEFFROI ★★

Grote Markt
Visite du premier étage de la Halle aux Draps via le musée In Flanders Fields. Le beffroi se visite via le musée.

L'immense Grand-Place a elle aussi été reconstruite, comme le reste de la ville. Les maisons qui la bordent offrent des façades baroques, classiques ou néoclassiques très bien reconstituées. Comment définir en un mot les halles aux Draps d'Ypres... Colossales ? Impressionnantes ? Monstrueuses pour reprendre l'expression de Sylviane Demoulin ? En fait, les mots ne peuvent pas vraiment retranscrire l'impression ressentie en voyant pour la première fois l'édifice. Les halles, construites au début du XIVe siècle, témoignent de la grandeur passée d'Ypres : elles mesurent 125 m de long. De style gothique, elles servaient d'entrepôt aux draps au 1er étage et de magasin au rez-de-chaussée. Elles abritent le musée In Flanders Fields. Conçu comme un marché couvert – et un entrepôt –, le bâtiment ne comptait pas moins de 48 portes et plusieurs salles de ventes importantes. Comme le reste de la ville, le bâtiment fut détruit durant les bombardements de la Première Guerre mondiale et seules quelques parties ont survécu à l'effondrement. Les salles ont été ensuite réaménagées et les étages accueillent désormais des expos thématiques.

▶ **Le beffroi**, tout aussi imposant, érigé dans le même style néoflamand, autrefois utilisé comme salle d'armes et trésorerie, et maintenant habité par un carillon de 49 cloches. Le beffroi, carré et massif, mesure 70 m de hauteur : il est lui aussi le fruit d'une reconstruction. C'est de son sommet que l'on jette les (faux) chats lors de la fête des Chats.

La ville d'Ypres.

IN FLANDERS FIELDS ★★

Grote Markt 34

www.inflandersfields.be/fr/

7j/7 du 1/04 au 30/09 : 10h-18h (17h le w-e). Du 1/10 au 31/03 : 10h-17h et fermé le lundi. 10 €. Beffroi + 2 €.

Situé dans une aile de l'ancienne Halle aux Draps, ce musée spectaculaire rend hommages aux soldats tombés sur le front des tranchées de la Première Guerre mondiale en Flandre-Occidentale, une guerre dont les conséquences dans la région ont été particulièrement dévastatrices. Les bombardements, le quotidien des soldats, les grands événements sont reconstitués à travers des témoignages vidéo, des objets retrouvés sur les champs de bataille mis en scène et des impressions de sons et lumière pour plonger le visiteur en immersion.

LANGEMARK - POELKAPELLE ★

A 6 km au nord-est de Ypres, par Klerkenstraat.

Ici aussi, la guerre a sévi ici dans toute sa violence. L'impressionnant cimetière militaire allemand compte plus de 44 000 tombes, dont la moité dans une fosse commune. Quelque 3 000 jeunes soldats volontaires allemands sont tombés ici lors de la Première Bataille d'Ypres en 1914. On peut aussi y voir 4 statues de soldats en bronze du sculpteur Emil Krieger. Le monument à Georges Guynemer, aviateur français qui enchaîna les victoires pendant la Grande Guerre, avant d'être abattu à Poelkapelle en 1917, est tous les ans le théâtre d'une cérémonie du souvenir.

MEMORIAL MUSEUM PASSCHENDAELE 1917 ★★★

Berten Pilstraat 5a ✆ +32 51 77 04 41

www.passchendaele.be

7j/7, de 9h à 18h. Dernière entrée à 16 h 30. Adulte : 10,50 €. Jeune (7-18 ans) : 7 €. Fermé du 16/12 au 1/02.

Un rendez-vous indispensable avec l'Histoire, pour tous. Le château de Zonnebeke situé à une dizaine de kilomètres d'Ypres, abrite le Memorial Museum Passchendaele 1917. Le musée perpétue le souvenir de la Bataille éponyme de 1917 dont les pertes s'élevèrent à 500 000 soldats britanniques et du Commonwealth, ainsi qu'allemands, en 100 jours, pour un gain de terrain d'à peine 8 km². Au 1er étage, la visite conduit au cœur des événements de la Première Guerre mondiale à travers une collection riche en objets historiques, de reconstitutions de scènes, de documents photographiques et cinématographiques. Revivez ensuite la vie souterraine des Britanniques : vous découvrirez un poste de communication et de secours, une chambre de pompage, des quartiers généraux et des dortoirs. À l'occasion du Centenaire de la Première Guerre mondiale, le musée a ajouté trois nouvelles sections. Un nouveau bâtiment axé sur la Bataille de Passchendaele met l'accent sur le paysage de guerre, l'artillerie, la guerre aérienne et le génie ; une série d'expositions permanentes sur les différents nations impliquées dans la bataille de 1917 est également mise en place. Un réseau de tranchées allemandes et britanniques a également été rebâti. Pour terminer le parcours, un espace consacré à la commémoration attirera l'attention sur le devoir de mémoire. Ce musée est le point de départ idéal de la visite des champs de bataille de 1917. À moins de 3 km se trouvent le célèbre Polygon Wood et Tyne Cot Cemetery.

PORTE DE MENIN ★

Kauwekijnstraat 1

www.toerismeieper.be/porte-de-menin

Chaque soir à 20 heures, résonne le Last Post.

Sur la porte est gravée une maquette du champ de bataille. L'arcade en forme de petit arc de triomphe est couverte de noms des soldats britanniques morts dans la boucherie du Saillant d'Ypres, parmi les plus sanglants de la Première Guerre mondiale. On est ému à la lecture des 54 896 noms de ceux venus de tout l'Empire pour combattre. Des croix de bois fleuries sont déposées régulièrement en mémoire des disparus. Chaque soir à 20h, deux pompiers de la ville jouent le Last Post au clairon. Une œuvre vibrante de l'architecte Sir Reginald Blomfield.

PROMENADE DES FORTIFICATIONS ★★

Début de la visite près des Casemates, derrière l'église Saint-Jacques.

www.toerismeieper.be/fr

2,6 km - 1h30. Parcours en accès libre toute l'année. Visite guidée gratuite sur réservation à l'office de tourisme.

Les fortifications d'Ypres sont les mieux conservées de Belgique, remises en état après les ravages de la Première Guerre mondiale. Vieilles de dix siècles, leur construction s'est étoffée au fil du temps avec des tours de pierre, des bastions, des fossés, etc. Suivant un parcours balisé, 23 panneaux vous guident et relatent l'histoire des constructions (murs, fossés, berges), de la guerre, mais aussi de la faune et de la flore qui se sont développées sur ces sites remarquables.

FLANDRE-OCCIDENTALE

YPER MUSEUM ★★

Lakenhallen34, Grote Markt
✆ +32 5 723 92 20
www.ypermuseum.be

Ouvert 7j/7 du 1/04 au 30/09 10h-18h (17h le w-e). Du 1/10 au 31/03 : 10h-17h et fermé le lundi. Adulte : 7 €.

Reconstruit en 1962, mais datant originellement de 1619, le Nieuwerck est l'ancien hôtel de ville où se niche ce nouveau musée qui vous dévoile tous les secrets de la ville d'Ypres depuis plus de 1 000 ans : ses périodes de gloire (l'industrie drapière) comme ses chagrins (la peste). La visite est interactive, au son de la voix de divers personnages virtuels et le parcours pour enfants est particulièrement réussi. La salle du conseil a elle seule mérite la visite car elle abrite un splendide vitrail ainsi que des fresques de Charles Degroux, un peintre français.

LA PORTE COCHÈRE €€

Patersstraat 22
✆ + 32 477 379 505
www.laportecochere.com

Chambre double à partir de 120 € avec petit déjeuner. Séjour de deux nuits minimum.

En plein centre d'Ypres, cette maison de maître au charme raffiné vous accueille dans ses trois chambres au confort moderne. Le rez-de-chaussée est composé de pièces charmantes et luxueuses qui donnent envie de s'installer sur de confortables canapés sous une belle hauteur sous plafond. Lieux de convivialité qui se prolongent avec la terrasse et le jardin. Les chambres sont à l'image de la maison : classiques, de caractère avec des meubles anciens et de grand standing. Si vous recherchez un certain parfum de sérénité et de luxe, vous ne serez pas déçus.

MAIN STREET HOTEL €€€

Rijselseweg 136
✆ +32 57 46 96 33
www.mainstreet-hotel.be

À partir de 220 € la twin et 239 € la double avec petit déjeuner.

Cet hôtel 4-étoiles situé dans la rue principale d'Ypres est une maison pittoresque. Chaque chambre est unique et décorée avec extravagance et style. Beaucoup de fausse fourrure dans certaines d'entre elles, une touche rétro avec des portraits anciens au mur, des lampes stylées, de jolis fauteuils, quelle déco ! Notez les salles de bains démentielles avec des baignoires sabot ou géantes, certaines dotées d'une TV pour barboter dans son bain en regardant un film. La terrasse extérieure est idéale pour le petit déjeuner, préparé avec des produits de haute qualité.

ARIANE €€

Slachthuisstraat 58
✆ +32 5 721 82 18
www.ariane.be

Du lundi au vendredi et samedi soir. Le soir, menus de 49 € à 74 €. Carte 35 € environ. Jardin. Terrasse.

Bien connu pour le confort de ses chambres, l'Hôtel Ariane ne démérite pas non plus côté restaurant. L'équipe y propose une cuisine mêlant tradition et modernité avec des produits locaux et de saison. Au menu, vous retrouverez donc la côte à l'os de porc du Westhoek ou bien les fabuleuses brochettes de poissons (langoustines, lotte au bacon, sauce vadouvan)... de la mer du Nord bien sûr. Les assiettes sont joliment dressées et mettent bien en valeur les produits. L'ambiance est conviviale et la salle souvent pleine, alors n'oubliez pas de réserver.

DE FONDERIE €€

Polenlaan 3
✆ +32 57 36 45 80
www.defonderie.be

Du mardi au samedi le midi et le soir. Carte : 45 € environ. Formule du midi : 16 €. Terrasse.

C'est sur l'ancien site de l'usine Picanol, célèbre fabricant belge de métiers à tisser, que le restaurant De Fonderie s'est établi. Cette brasserie est le lieu branché de la ville. La décoration y est très design, et l'ambiance plutôt lounge. La terrasse intérieure est très agréable. Au menu, découvrez des saveurs flamandes traditionnelles mais revisitées. Les poissons de la mer du Nord ont une place de choix, en soupe, en filet ou en carpaccio. Entrecôte, hamburger royal et vol-au-vent régaleront, eux, les amateurs de viande.

IN 'T KLEIN STADHUIS €€

Grote Markt 32
✆ +32 5 721 55 42
www.inhetkleinstadhuis.be

Du mardi au dimanche 12h-14h et 18h-22h. Menus de 60 € à 65 € avec apéritif et vin). Formule lunch : 17,50 €. Terrasse.

Cette ancienne brasserie fut autrefois une annexe de l'hôtel de ville... d'où son nom. En juillet et août, la terrasse est très appréciée. L'intérieur, pour sa part, a gardé son charme avec ses vieilles pierres. La nourriture est simple, savoureuse, assez copieuse et pour le moins originale avec par exemple le menu des plats uniquement à la bière, comme le filet de plie cuit, sauce au beurre blanc parfumée à la bière d'Hommel, tomate, champignons et crevettes, la carbonade flamande à la Trappiste Rochefort, salade aux endives et pommes frites.

POPERINGE ★

Pupurninga villa, « la résidence de la famille Pupurn », était l'ancien nom de Poperinge. Les premiers écrits y faisant mention remontent au IXe siècle.
Jusqu'au XVe siècle, Poperinge bâtit sa prospérité sur l'industrie drapière. D'ailleurs, lorsque le comte de Flandre décide d'interdire à la ville de produire ces draps qui faisaient sa renommée, les habitants manifestent une détermination farouche à défendre leurs droits. Cette volonté leur valut le surnom de Keikoppen... les entêtés ! Mais la guerre économique qui l'opposa à Ypres entraîna le déclin de son industrie drapière et la poussa à se tourner vers la culture du houblon. Une riche idée qui continue aujourd'hui à offrir à Poperinge un réel tissu économique, puisque 80 % du houblon belge y est encore produit.
Poperinge joua également un rôle important lors de la Première Guerre mondiale. Située directement derrière les premières lignes de front, on installa dans la ville camps et hôpitaux et nombreux furent les soldats à avoir rejoint Poperinge pour se soigner mais surtout pour trouver un peu de repos. La ville étant l'une des seules à ne pas avoir été occupée par les Allemands, ses restaurants, hôtels, cinémas et cabarets étaient pleins de soldats alliés. Tant et si bien que la ville porta rapidement le surnom de « Pop », un sobriquet affectueux pour cette ville qui servit de sas de décompression à ses jeunes soldats. Cependant, la ville ne fut pas épargnée par les destructions et comme beaucoup de villes, Poperinge dut se reconstruire. Mais elle n'en a pourtant pas oublié ce passé douloureux et de nombreux musées et mémoriaux permettront aux visiteurs de s'y replonger et d'en apprendre davantage sur ces hommes et ces femmes qui se sacrifièrent pour leur pays.
Aujourd'hui, Poperinge est réputée pour être la capitale du bien-être. Les nombreuses terrasses et restaurants, l'ambiance paisible associés aux monuments et commerces sauront vous séduire. Sans oublier les fêtes populaires qui sont autant de temps forts dans la vie des habitants. Tous les trois ans en septembre, c'est la Triennale du Houblon qui attire des milliers de visiteurs et tous les ans en octobre, les amateurs de bière se précipitent à la Fête de la Bière pour déguster les dernières nouveautés des producteurs locaux.

CELLULES DES CONDAMNÉS ET PLACE D'EXÉCUTION ★★

Guido Gezellestraat 1
✆ +32 57 34 66 76
Ouvert toute l'année et tous les jours de 6h à 22h. Entrée gratuite. Parking gratuit.
Page méconnue de l'histoire, certains soldats français, belges et britanniques ne sont pas morts au combat mais « exécutés à l'aube ». Parce qu'ils étaient sortis sans permission, parce qu'ils avaient trop bu ou parce que, terrifiés, ils avaient refusé de repartir au combat, ils furent arrêtés sans procès, jetés en cellule et exécutés à l'aube, en secret. Dans ce mémorial entièrement rénové, le visiteur peut visiter les cellules, la cour le peloton d'exécution.

COUR DES VEUVES [HET WEEUWHOF] ★★

Sint-Annastraat
✆ +32 57 34 66 76
www.toerismepoperinge.be
Entrée libre.
Jusqu'en 1769, cet espace était occupé par un champ de houblon ! Puis le chanoine Proventier décida d'y construire une douzaine de maisonnettes blanches, sur le modèle des béguinages. Ces petites maisons ont longtemps étaient destinées aux veuves, aux femmes seules et aux personnes âgées. Aujourd'hui, ce charmant petit ensemble compte 18 maisonnettes et est la propriété du Centre d'Action Sociale de la Ville. Véritable havre de paix, cette « cour des veuves » mérite un détour.

ÉGLISE NOTRE-DAME ★★

Onze-Lieve-Vrouwekruisstraat 1
✆ +32 57 33 97 67
Cette église-halle de style gothique date du XIIIe siècle : elle a été épargnée par les bombes lâchés inlassablement sur la ville pendant les deux guerres mondiale, un vrai miracle ! Sa particularité ? Sa tour haute de 70 mètres qui est bâtie sur le modèle des églises que l'on trouvait sur la côte à l'époque, dont peu sont encore debout. A l'intérieur, parmi les trésors de l'église, ne manquez pas le chancel (clôture basse en bois séparant la nef du chœur). De style baroque rococo, il est orné de nombreux instruments de musique.

ÉGLISE SAINT-BERTIN

Garenstraat 1
✆ +32 57 34 66 76
Ouvert tous les jours. Visite guidée (sur réservation auprès de l'office de tourisme).

Cette église-halle typiquement flamande a été construite à la fin du XIVe siècle sur les ruines d'une église romane. Elle est consacrée à saint Bertin, abbé de l'abbaye de Saint-Omer et ancien seigneur féodal de Poperinge. Sa tour de 40 m de haut contient des pièces de mobilier remarquables des XVIIe et XVIIIe siècles (chaire de vérité, autels, confessionnal, buffet d'orgue). La touche locale est présente : vous remarquerez des cônes de houblon sur le jubé et des scènes de récolte du houblon gravées dans les vitraux. Le carillon Paccard fut installé en 1981.

HOPMUSEUM ★

Gasthuisstraat 71
✆ +32 57 33 79 22
www.hopmuseum.be/fr
Ouvert du mardi au dimanche de 10h à 17h30. Fermé de décembre à février. Adulte : 6 €.

Voici le centre du houblon et de la bière, un musée dédié à la sacro-sainte boisson nationale, à Poperinge, la capitale de cette plante vivace ! L'endroit permet de découvrir les origines du houblon, son cycle végétal, la cueillette et ses diverses applications. Outils authentiques, documents historiques, photos, maquettes et montages audiovisuels illustrent l'histoire de la culture houblonnière. Le circuit didactique à l'intérieur du musée est organisé à l'image de la plante serpentant autour de son fil. Une bière différente est mise à l'honneur chaque mois.

TALBOT HOUSE ★

Gasthuisstraat 43
✆ +32 5 733 32 28
www.talbothouse.be
Ouvert du mardi au dimanche, de 10h à 17h30. Fermeture annuelle de la mi-décembre à la fin janvier. Adulte 10 €.

Fondée en 1915 par le révérend anglais Philip « Tubby » Clayton, le Every Man's Club était un centre d'accueil pour les soldats britanniques revenant du front, et accueillait tous les grades pour quelques distractions réparatrices, à quelques kilomètres du front. A l'entrée, un panneau prévient : « Les pessimistes ne rentrent pas ! » Un sens de l'humour très britannique et un optimisme à toute épreuve habitait le révérend Clayton qui créa même une librairie. Aujourd'hui, le lieu abrite un musée qui présente l'histoire de la maison et une guesthouse.

LIJSSENTHOEK ★★

Boescheepseweg 35 A
www.lijssenthoek.be
Ouvert tous les jours de 9h à 18h. Entrée gratuite. Parking.

© GRANT TIFFEN - SHUTTERSTOCK.COM

De 1915 à 1920, le plus grand hôpital d'évacuation du Saillant d'Ypres était installé à cet endroit. Aujourd'hui, le cimetière est le miroir de la Grande Guerre : 10 784 victimes enterrées (dont 700 soldats français, 30 nationalités représentées). Cherchez un nom. Trouvez l'emplacement d'une tombe, les diaporamas et les découvertes archéologiques. Écoutez des extraits audio. Arrêtez-vous au calendrier à effeuiller, chaque jour une histoire différente, chaque jour une raison de visiter le cimetière. Imprimez-le et laissez l'histoire vous guider jusqu'à une tombe.

OFFICE DE TOURISME DE POPERINGE

Grote Markt 1
✆ +32 57 34 66 76
www.toerismepoperinge.be/fr
Du 01/04 au 30/09, du lundi au vendredi : 9h-12h/13h-17h. Week-end 9h-12h/13h-16h. Du 01/10 au 31/03, ouvert le samedi.

Situé sur la Grand Place, l'office de tourisme dispense les services habituels d'un bureau touristique : brochures, cartes, informations sur les visites de la ville, infos pratiques, etc. Le site Internet est aussi un très bon moyen pour obtenir moult renseignements sur Poperinge, à tous les niveaux. Surprise pas si étonnante d'ailleurs, un chapitre est consacré au houblon qui a bâti la réputation de la ville en Belgique comme auprès des Français.

HOTEL D'HOMMELBELLE €

Watouseweg 5
✆ +32 57 33 47 10
www.hommelbelle.be

Chambre simple à partir de 65 €, double à partir de 105 € et familiale 157,50 €. Petit déjeuner inclus.

Cette ferme-hôtel est encore en activité, elle cultive la plante nationale, le houblon, et met à disposition des chambres avec salles de bains vraiment très douillette et élégantes, à prix abordable hors saison. Au rez-de-chaussée, un bar-restaurant propose la spécialité locale, les jets de houblon, dans une belle véranda actuelle donnant sur le jardin, où est servi un somptueux petit déjeuner buffet. L'on propose également la location de vélos et un parking privé. Petit plus, les parcs de Bellewarde et Meli sont tout proches.

MANOIR OGYGIA €€€

Veurnestraat 108
✆ +3257338838
www.ogygia.be

10 chambres. Double de 190 € à 340 €. Petit déjeuner inclus. Restauration (possibilité de demi-pension).

Quoi de plus romantique que de passer un séjour dans le cadre somptueux d'un château ? Au Manoir Ogygia, luxe, calme et volupté sont de douces promesses. Les chambres superbement décorées, mélangent objets design et chinés dans les brocantes. Toutes portent des noms de divinités grecques. Elles disposent même d'un bain bouillonnant ! Le petit déjeuner est aussi copieux, pris sur la terrasse du manoir. Le cadre est exceptionnel, le service princier, le restaurant de haute volée et les chambres ultra luxueuse, voilà qui donne envie !

HÔTEL DE LA PAIX €€

Grote Markt 20
✆ +32 5 733 95 78
www.hoteldelapaix.be

Chambre double à partir de 100 €, suite dès 175 €. Petit déjeuner : 15 €. Location de Vespa.

Cet hôtel 3-étoiles est parfaitement situé dans une belle maison ancienne, sur la somptueuse grand place de Poperinge, sur laquelle trois chambres ont une belle vue. Les deux autres chambres donnent sur le rafraîchissant jardin et sont pourvues d'un balcon. La suite de 4 personnes est dotée, elle, d'une grande terrasse en bois avec transats. Propres, sobres et accueillantes, elles sont toutes ultra modernes et bien équipées, certaines avec baignoire, décorées avec goût et élégance de jolis tableaux. Un restaurant brasserie très plaisant complète le cadre.

AMFORA €€

Grote Markt 36
✆ +32 57 33 94 05
www.hotelamfora.be

Ouvert du jeudi au lundi de 10h à 21h. Menu 3 plats 56 €, 4 plats 66 €.

Dans une salle élégante avec des murs en briques apparentes, Amphora est une table réputée dans l'hôtel éponyme à Poperinge. Elle sert des spécialités locales pointues et bien en sauce que les épicuriens curieux pourront tester avec bonheur. En entrée par exemple, des croquettes de crevettes au persil ou des langoustines frites dans une sauce aux herbes, en plat l'anguille de Poperinge à la bière Bumblebee et sauce au beurre, le ragoût de joue de porc à la triple sauce St. Bernardus, la cassolette de poissons de la mer du Nord... Le choix est vaste et appétissant.

HÔTEL RECOUR €€€

Guido Gezellestraat 7
✆ +32 57 33 57 25
www.hotelrecour.be

19 chambres. Double de 97 € à 235 €. Petit déjeuner : 20 €. Parking fermé : 10 €. Location de vélos.

Cet établissement de luxe joue à merveille avec les styles et les codes mêlant l'authenticité de l'ancien (murs en brique, poutres apparentes) à l'élégance du moderne. Le jardin et la terrasse sous un grand arbre sont un havre de paix en pleine ville. Si l'ensemble est sublime, le luxe se trouve dans les chambres. Chacune a son propre style, arrangée de meubles anciens ou vintage avec un certain cachet (lits à baldaquins, fauteuils d'époque), de baignoires îlots pour certaines. À l'heure où nous écrivons, le spa (hammam, bain à bulles et sauna) est encore fermé.

PASSAGE €€

Veurnestraat 11
✆ +32 57 36 42 62
www.passagepoperinge.com

Tous les jours midi et soir sauf samedi midi, lundi et mardi soir. Menu de 38 € à 54 €. Formule midi : 20 €. Terrasse.

Voici une équipe jeune et dynamique qui mérite d'être saluée ! Ce restaurant moderne à l'ambiance *lounge*, sert une cuisine raffinée et inventive. Les plats sont très bien présentés et les saveurs sont préservées à l'image de ce homard aux jeunes pousses d'épinards, noix de cajou et pommes de terre. Le personnel est professionnel et attentionné. L'été une magnifique terrasse côté jardin offre le luxe de pouvoir déjeuner ou dîner à l'extérieur. Un excellent rapport qualité-prix pour le déjeuner qui est servi le midi en semaine.

PEGASUS €€

Guido Gezellestraat, 7
+32 5 733 57 25
www.pegasusrecour.be
Ouvert du mardi au samedi le midi et le soir. Menus de 42 € à 95 €.

Récompensé par le *Guide Michelin,* ce restaurant gastronomique au cadre cossu est devenu une adresse incontournable, notamment grâce au talent de Bert Recour. Aujourd'hui, ce cuisinier hors pair invente sans cesse des plats en leur offrant un zeste d'exotisme et d'accents méridionaux. Chaque semaine vous y découvrirez un nouveau menu selon l'arrivage du marché. La carte, quant à elle, offre des choix toujours savoureux comme ce homard breton et ses légumes de saison. Une adresse de grande qualité et une cuisine toujours de saison !

MANOIR OGYGIA €€€

Veurnestraat 108
+3257338838
www.ogygia.be
Ouvert du lundi au samedi le soir. Menus de 90 € à 115 €. Jardin. Terrasse.

C'est dans le cadre enchanteur de l'ancien Château van Merris que le restaurant Manoir Ogygia accueille ses hôtes pour un dîner à la fois gastronomique et romantique. Si vous n'avez pas les moyens d'y séjourner, offrez-vous le luxe d'un dîner. Selon vos envies et votre budget, le chef vous propose un menu bistrot ou plus raffiné par soir, pas plus. Uniquement avec des produits frais de saison, dont la carte évolue avec les saisons et suivant la créativité du chef aux fourneaux. Le service est digne des plus grands restaurants, la carte des vins de haute volée.

CUVELIER&CO DRANKEN

Abelestationplein 30
+32 57 33 33 05
www.cuvelierco.com
Ouvert du mercredi au samedi de 8h30 à 12h et de 13h15 à 19h ; le dimanche de 8h30 à 12h et de 14h30 à 18h.

Sur la route des champs de houblon vers Sint-Sixtus, on fait une halte bienveillante chez Noël Cuvelier, qui a plus de 70 ans et 30 de service, est toujours derrière son comptoir à vendre plus de 300 bières et ses fromages locaux qu'il a rigoureusement sélectionnés lui-même, par passion du houblon et du frometon. La belle maison flamande recèle des trésors à marier, des perles rares à dénicher pour siroter de bonnes bières entre amis au retour de voyage ou offrir en cadeaux. D'autant plus qu'on peut opter pour des paniers assortis de bières.

HEUVELLAND

Une balade sur les pentes douces du Heuvelland, au coucher du soleil, vous offrira un magnifique panorama. Les monts Kemmel, Vidaigne, Scherpenberg ou le Mont Noir sont autant d'invitations poétiques à découvrir un coin de nature, où les amoureux des randonnées et des promenades en VTT trouveront un terrain de jeu sympathique. Des paysages vallonnés, des côtes boisées, de grandes plaines balayées par les vents, des réserves naturelles : cet éclectisme dans les paysages donne au Heuvelland un charme particulier et dépaysant. Vous apprécierez les saveurs et les mets authentiques au chaud dans un des estaminets traditionnels dont regorge la région.

BUNKER DE LETTENBERG

Lokerstraat
Entrée libre. Visite des bunkers de 9h à 18h.

Cette petite butte au nord du mont Kemmel avait une importance stratégique pendant la Première Guerre mondiale. Début 1917, la « 175th Tunnelling Company » britannique y creusa des abris souterrains : un poste de commande, des dortoirs et un poste de secours. L'entrée était formée par un bunker, qui porte encore une croix rouge. Des panneaux d'information vous en disent davantage. Un des bunkers est spécialement aménagé afin d'abriter les chauves-souris. Sur les flancs de la colline se trouve également un calvaire, qui commémore les victimes de la guerre.

BUNKER DU COMMANDEMENT KEMMEL

Lettingstraat 64
+32 57 45 04 55
Du 1/04 au 15/11 : mardi, samedi, dimanche de 10h à 17h. Du 16/11 au 31/04 : week-end. Adultes : 4 €. -7 ans : gratuit.

Parmi tous les sites de mémoire consacrés à la Première Guerre mondiale, on trouve le Bunker du Commandement Kemmel qui appartient à l'époque de la Guerre Froide. Construit en effet mais jamais été utilisé car il n'y a pas eu de combats ! Les visiteurs plongent dans un environnement hors du commun, presque insolite et le petit guide à 1€ vendu à l'office du tourisme (en français) s'avère bien utile pour comprendre les fonctions de chaque salle. Durée de la visite : 1h à 1h30.

FLANDRE-OCCIDENTALE

MONT KEMMEL - LIEU DE MÉMOIRE ★★

Kemmelbergweg
www.toerismeheuvelland.be
Ouvert toute l'année. Gratuit.

En 1932, le général Lacappelle inaugure l'obélisque au mont Kemmel, le point culminant de la province de Flandre occidentale du haut de ses 156 mètres d'altitude. L'obélisque, elle, mesure 18 mètres de haut et symbolise Victoria, déesse romaine de la victoire. Les gens de la région l'appellent « l'Ange triste ». Elle est l'œuvre de l'architecte lillois Cordonnier et du sculpteur armentiérois Masselot. La figure regarde l'obélisque à l'ossuaire. On peut distinguer sur les deux principaux flancs du monument les noms des généraux et des divisions ayant participé à la bataille des monts de Flandre. Le monument fut restauré en 2005 par la province de la Flandre-Occidentale.

▸ **Le Belvédère.** Les Celtes y avaient installé une communauté 500 ans av. J.-C. Avant la guerre, le belvédère du mont Kemmel abritait une cage avec un ours dedans. L'histoire raconte qu'un jour cet ours s'évada et fut tué d'un coup de fusil au village. Cette première tour était le symbole du début du tourisme dans les monts de Flandre. Avant 1900, une petite butte, qui servait de point d'observation, attirait les touristes, qui montaient la butte le long d'un sentier en forme de spirale pour y admirer les environs. Le sommet est matérialisé par une borne géodésique de l'Institut géographique militaire inaugurée en 1951.

▸ **L'ossuaire du Mont Kemmel :** L'Ossuaire français se situe sur le flanc sud-ouest du mont Kemmel, tout près de la jonction 74. De cet endroit, vous voyez la rangée de collines comprenant le Baneberg ou le mont du Moulin, le mont Rouge, le mont Vidaigne et le mont Noir. Au pied de la colline se trouve la ferme Traisnel. La pente à partir de la lisière du bois jusqu'à la ferme constitua un no man's land pendant la bataille du mont Kemmel. Les soldats alliés (au départ britanniques, puis français) formaient une cible facile pour l'artillerie allemande qui attaquait du sommet du mont. L'ossuaire a été aménagé à la fin de la guerre. Les divers témoignages locaux de l'époque montrent l'importance du nombre de corps laissés encore sur le terrain après la bataille des monts de Flandre. Des soldats français non identifiés ramassés sur le terrain ont été inhumés dans cet ossuaire. Il contient également les corps de soldats provenant de divers secteurs de Flandre, soit 5 295 officiers et soldats français inconnus. Seulement 57 sont identifiés, certains partiellement. Leurs noms sont inscrits sur le monument aux morts qui marque le centre de l'ossuaire.

POOL OF PEACE

Kruisstraat
Gratuit.

Le Pool of Peace est un site naturel qui ne fut autrefois pas si paisible. Le 7 juin 1917, les troupes britanniques firent exploser 19 bombes souterraines pour déloger l'ennemi allemand. Les explosions ont formé d'énormes cratères qui sont encore visibles aujourd'hui et le plus grand d'entre eux est le Pool of Peace, avec un diamètre de 129 m et une profondeur de 12 m. Le documentaire *Zero Hour* (que l'on peut voir à l'office du tourisme) relate cet épisode de l'histoire qui met en scène des ingénieurs bien plus que des militaires.

RANDONNÉES MONTS DE FLANDRE

www.toerismeheuvelland.be
Carte 8 €. Accès libre.

Le réseau de promenades des monts de Flandres comprend au total 100 km de sentiers pédestres. Un système de balisage efficace permet au promeneur de tracer son itinéraire de la journée ou du week-end. Le réseau de sentiers pédestres est toujours balisé dans les deux sens ce qui permet une variété infinie de combinaisons. Une grande carte détaillée est disponible à l'office du tourisme à Kemmel. Vous trouverez également une carte pour les randonnées cyclistes.

RÉSERVE NATURELLE DU BROEKELZEN

Soldatenstraat
Accès libre.

Cette réserve est constituée d'un bois de source mixte, de prairies et de champs. La digitale et la primevère des bois poussent dans les parties humides ; les jacinthes sur les parties les plus sèches. Un circuit part de Westouter et traverse la réserve pendant 7 km. Pour plus d'informations, reportez-vous aux brochures de l'office de tourisme... même s'il n'y a pas de brochure en français, vous aurez une belle carte et de précieux conseils pour découvrir ce petit coin de paradis !

TRANCHÉES ALLEMANDES DE BAYERNWALD ★

Polenlaan 1
WIJTSCHATE
✆ +32 5 745 04 55
Réservation obligatoire à l'office de tourisme de Kemmel ou en ligne. Tarif : 4 € par adulte, 1,50 € -25 ans.

Les tranchées allemandes de Bayernwald sont situées sur la route de Wijtschate et témoignent de leur position stratégique où de nombreux combats acharnés ont eu lieu pendant la Première Guerre mondiale. Cette position située à 40 m au-dessus de la mer conférait une grande valeur militaire aux Allemands. On peut se promener à travers le petit labyrinthe que forment les tranchées restaurées suivant le tracé de l'époque après le visionnage du film *Zero Hour*.

O.T. - CENTRE DES VISITEURS

1, Sint-Laurentiusplein
KEMMEL
✆ +32 57 45 04 55
www.toerismeheuvelland.be
Horaires variant selon les saisons. Voir site web.

Faites de votre visite à Heuvelland une sortie inoubliable ! Vous dénicherez ici les bonnes informations sur les atouts de la région dans le domaine de la gastronomie, du sport (VTT et randonnées) ainsi que dans le domaine de la culture et de l'histoire. Vous pourrez aussi obtenir diverses informations sur les curiosités cachées dans les huit villages qui composent cette région. Des produits locaux comme le vin de Heuvelland y sont également en vente.

MENIN

Menin, avec les communes Lauwe et Rekkem, compte un peu plus de 32 500 habitants. La ville frontalière de Menin a une histoire riche et mouvementée. Située au bord de la Lys, elle se développa sur la route qui mène de Bruges à Lille. La première mention date déjà de 1087. En tant que ville frontalière, Menin a été fortifiée très tôt dans l'Histoire. Les premiers remparts datent de 1578. Entre 1579 et 1830 la ville fut assiégée à vingt-deux reprises. La Lys, qui fait figure de frontière naturelle, a joué un rôle clé dans le développement de la ville. Aujourd'hui, les bords de la Lys forment un espace de verdure au milieu de la ville. Au XIVe siècle, Menin devient un centre éminent du commerce du drap. Au XVIe siècle, la ville est renommée pour la bière. En effet, entre 1520 et 1549, Menin comptait jusqu'à 104 maîtres brasseurs. Plus de 30 bâtiments et édifices sont à présent protégés. La ville compte plusieurs coins de verdure. Bien sûr, il y a les bords de la Lys. Au beau milieu de la ville, près des remparts, se trouvent deux parcs, le bois de Boulogne et le Brouwerspark – le parc des Maîtres Brasseurs –, deux aires de repos paisibles pour les visiteurs. Grâce à sa situation frontalière, la ville de Menin a beaucoup de magasins. Au quartier de Barakken – les Baraques –, les magasins sont même ouverts le dimanche.

'T MOLENHOF €€

Lijstermolendreef, 4
WESTOUTER
✆ +32 5 744 44 77
www.molenhof.be
Ouvert le vendredi soir ; le dimanche midi.
Menu : de 65 € à 95 €.

Situé au sommet du célèbre télésiège qui relie le mont Rouge au mont Noir, cet établissement non moins réputé offre au travers de ses baies vitrées un panorama exceptionnel sur la plaine des Flandres. Dans la grande salle de restaurant au cadre alliant rustique chic aux notes contemporaines, est servi une cuisine gastronomique d'excellent niveau orchestrée par le chef Joris Mylle. La carte des vins fait honneur aux plus belles régions de France, cependant, vous pourrez déguster ici le vin produit sur les parcelles des vignes toutes proches.

'T SCHIPPERSHOF

Rijselstraat 77
✆ +32 5 653 23 63
www.tschippershof.be/
Ouvert le mercredi, samedi et dimanche de 14h à 18h. Gratuit.

Le musée municipal T Schippershof – cour des Bateliers – date de la fin du XVIIe siècle et a une importante valeur historique, dernier témoin de l'essor économique de la ville. Dans le musée, la présentation d'objets d'art et de sujets historiques comme la fabrication du lin, les fortifications de Menin, les douanes et la frontière... On peut y découvrir aussi les statues de Georges Dobbels ainsi que les peintures et statues d'Yvonne Serruys et de Johan Tahon. Le café sert l'excellente et seule bière meninoise : la Ne Goen (prononcez « néroune »).

ACADÉMIE DES BEAUX-ARTS

Bruggestraat 43
✆ +32 56 51 32 44
www.academiemenen.be
Ouvert suivant les expositions temporaires programmées.

Cet hôtel particulier, construit en 1890, fut la demeure du président des brasseurs belges. L'ancienne brasserie attenante a été détruite au profit de bâtiments plus modernes, mais l'hôtel abrite depuis l'Académie des Beaux-Arts. La façade soignée de style néoclassique cache des intérieurs de toute beauté, comme le hall néogothique et les salons d'influences flamandes, Renaissance, byzantines et arabes. Ne manquez pas le salon vénitien et le salon de verre ! Les fresques monumentales d'Alfred Wallecan sont également à admirer. En contrebas, le Parc des Brasseurs.

ÉGLISE SAINT-VAAST

Rijselstraat 52

Dédiée à saint Vaast, évêque d'Arras qui chassa un ours, l'église date de 1821. Elle a été construite à l'emplacement d'une ancienne chapelle fortifiée de 1087, au temps des seigneurs de Menin. Le soubassement du clocher en pierre calcaire date cependant de 1454. Sa façade néoclassique évoque un temple grec. Le tableau représentant saint Vaast est dû à Adriaan Wulffaert ; il attire le regard tout comme les deux prie-dieu magnifiquement sculptés dont l'un représente la Cène. Originalité des lieux : la nef est entièrement surmontée d'un toit d'un seul tenant.

HÔTEL DE VILLE ET BEFFROI

Grand-Place 1
www.menen.be

L'actuel hôtel de ville de style classique austère date de 1782. Les sculptures qui ornent le fronton symbolisent l'administration et la justice. Le beffroi, haut de 33 m, fut construit de 1574 à 1610. La tour abrite un carillon de 49 cloches pesant près de 5 tonnes. La halle au drap et le Het Landhuis ou le manoir faisaient également partie de cet ensemble de bâtiments. Le beffroi de Menin a été inscrit sur la liste du Patrimoine mondial de l'Unesco en 1999.

MOULIN À VENT DE GOEDE HOOP ★

Kortrijkstraat 396
✆ +32 56 51 53 02
Ouvert de Pâques à la mi-septembre tous les dimanches de 14h à 17h. Visite de petit groupe sur rendez-vous à 60 €.

Le moulin de Goede Hoop ou « Bonne Espérance » est un moulin à galeries en briques, érigé sur un tertre. Sa date de contruction est inconnue, mais elle pourrait se situer dans la seconde moitié du XVIIIe siècle, ce qui ferait de celui-ci l'un des plus vieux moulins de brique de la Flandre occidentale. Ayant eu tout d'abord la fonction d'huilerie, il devint par la suite moulin à blé. Les cinq étages de greniers comprenant les différents mécanismes peuvent se visiter !

LES REMPARTS

Park Ter Walle et Blekerijvesting
www.menen.be

Vauban a fait de cette ville frontalière une ville fortifiée modèle, construite entre 1679 et 1689, de 3 km, 11 bastions et 4 portes. Les fortifications hollandaises actuelles (1817-1830) qui s'ajoutèrent sont uniques dans leur genre dans le pays. Un passage pour piétons – l'ancien cours du ruisseau, de Geluwebeek – vous mène jusqu'au Brouwerspark et à l'Académie des arts plastiques. Autre attraction, les casemates au Oude Leielaan : onze casemates souterraines sont ouvertes au public, de mai à septembre, le premier dimanche du mois de 14h à 18h.

AU BEAU JARDIN €€

Moeskroenstraat 700
✆ +32 5 641 14 21
www.aubeaujardin.be
Lundi, mardi et du jeudi au samedi 11h30-15h ; vendredi, samedi 11h30-23h ; dimanche 11h-23h. Menu 45 €, midi 15 €.

Vous apprécierez cette table gastronomique au cadre classique, et surtout le jardin où il est possible de déjeuner ou de dîner quand les beaux jours sont là. Les cuisines française et belge s'équilibrent à merveille daus une carte de mets raffinés de saison. A chaque mois son menu unique. Notons également un beau choix de bières et de cocktails. Au Beau Jardin propose aussi un côté brasserie plus économique avec une cuisine de terroir plus rustique. Vous pourrez y déguster la suggestion du jour ou choisir parmi le choix de salades ou de snacks.

COURTRAI ★★★

Si aujourd'hui Courtrai est devenue une ville des plus modernes, son histoire remonte à l'Antiquité. Eh oui, à cette époque la ville est une implantation romaine et portait le nom de Cortoriacum. Malgré les invasions et occupations successives, la ville tient bon. Puis au XIIIe siècle, la ville est le siège d'une bataille légendaire que l'on célèbre encore aujourd'hui : la Bataille des Eperons d'Or. Cette dernière prend naissance dans le conflit larvé opposant la France à la Flandre. À cette époque, la Flandre entretient des relations de féodalité avec la France. Mais elle doit aussi maintenir de bonnes relations avec l'Angleterre pour faire prospérer son commerce. Or, l'Angleterre est l'ennemi juré de la France. Très vite des clans se forment opposant les partisans du roi de France et les partisans du comte de Flandre. La tension atteint son paroxysme le 11 juillet 1302 lorsque les rebelles flamands et l'armée française s'affrontent dans la plaine de Groeninge. Alors que les Flamands sont en minorité et que les Français sont jugés invincibles, les rebelles remportent la victoire. La légende des Éperons d'or était née. Mais au fait, pourquoi donc ce nom ? Les éperons dorés étaient la marque des cavaliers français et à l'issue de la bataille, les rebelles flamands seraient allés ramasser les éperons sur le champ de bataille pour les suspendre dans l'église Notre-Dame de Courtrai. Symbole de la lutte contre l'oppression et véritable symbole national, la Bataille des Éperons d'or est célébrée chaque année par une foule en liesse. Eh oui, le 11 juillet a été choisi comme jour de célébration de la Fête régionale flamande !

Riche d'un patrimoine architectural exceptionnel, la ville est riche de plusieurs édifices remarquables comme le Beffroi, les églises Notre-Dame et Saint-Martin, l'hôtel de ville ou les tours Broel.

Courtrai est également une ville de traditions culinaires et populaires. Elle est riche de plusieurs spécialités comme la cuisse courtraisienne (qui n'est pas à base de poulet mais de veau), le kalletaart : une tarte recouverte d'une base de pâte d'amande, d'abricots, de pommes, de calvados et d'amandes effilées ou encore la biscotte de Courtrai, à base de pain au lait tartiné de sucre candi. De quoi passer un séjour tout en gourmandise !

Histoire

Depuis sa création comme implantation romaine dans l'Antiquité, Cortoriacum a dû lutter pour exister. Ses habitants sont néanmoins parvenus à surmonter les nombreuses invasions et occupations successives. Le 11 juillet 1302, les milices communales flamandes réussissent d'ailleurs à vaincre la chevalerie française réputée invincible au lieu-dit Groeningekouter. Sept siècles plus tard, la commémoration de la Bataille des Éperons d'Or reste un grand moment de liesse populaire ! Une visite de Courtrai 1302 gravera à jamais cette bataille historique dans votre mémoire. Ce bâtiment abrite également le Centre régional du tourisme pour Courtrai et la vallée de la Lys. Vous y apprendrez notamment que l'ensemble de la ville est parsemé de vestiges médiévaux, qu'il s'agisse des imposantes tours Broel, de l'élégant Beffroi, de la charmante église Notre-Dame, de l'église Saint-Martin ou du paisible béguinage. Après le Moyen Âge, la Lys et l'industrie du lin et du damassé ont joué un rôle central dans le rayonnement de la ville. À partir du Moyen Âge, Courtrai devient aussi un centre industriel de première importance grâce à l'industrie drapière. Au départ tournée vers la laine, la ville se tourne ensuite vers le lin. En effet, les eaux de la Lys étaient particulièrement propices au rouissage, un procédé au cours duquel on immergeait le lin pour en extraire ses fibres. Mais c'est au XVIIIe siècle que Courtrai deviendra réellement le fleuron mondial du lin.

Transports

- Train. Liaisons régulières avec Gand (30 minutes), Ypres (30 minutes), Bruges (45 minutes), Tournai (30 minutes), Bruxelles (1h15), Ostende (1h) et Anvers (1h15). Egalement des trains pour Lille (30 minutes).

BAGGAERTSHOF

Sint Jansstraat 37
✆ +32 474 42 39 83
Ouvert de 14h à 18h (17h en hiver). Fermé lundi, vendredi et jours fériés.

Le Baggaertshof est un ensemble de maisonnettes créées en 1638 pour héberger les femmes nécessiteuses. Les sœurs Baggaert y ont aménagé 12 maisonnettes, et une conciergerie pour les veuves pauvres et les femmes non mariées. Les treize maisons, et une chapelle, entourent une cour carrée transformée en jardin botanique, qui regroupe plus de 200 espèces d'herbes médicinales ou aromatiques. Des « règles et ordonnances » comme rentrer tôt pour sonner la grande cloche leur étaient imposées. L'endroit accueille également un atelier créatif pour les enfants.

LE BEFFROI

Grote Markt
www.toerismekortrijk.be/fr/beffroi
Le beffroi ne peut être visité qu'avec un guide.

Ce splendide édifice datant du XIVe siècle, règne sur la Grand-Place. Il fut construit à partir de 1307, quand le roi de France permit aux bourgeois de la cité d'avoir une beffroi avec des cloches comme tour de guet, prison et comme carillon afin de de rythmer leurs affaires. Inscrit au Patrimoine mondial de l'Unesco, il est un vestige de la halle aux draps médiévale. Le carillon de l'ouvrage présente pas moins de 48 cloches. Une statue de Mercure, le dieu du commerce, surplombe le tout. L'horloge a été confectionnée par les célèbres horlogers Manten et Kalle.

ÉGLISE NOTRE-DAME - CHAPELLE DES COMTES ★★

Deken Zegerplein
Ouvert du lundi au vendredi de 8h à 18h ; le samedi de 9h à 18h. Dimanche de 11h à 18h.

L'église gothique édifiée au XIIIe siècle a conservé sa façade ouest, la nef, le transept et les deux tours. Le cœur date du XIVe siècle, car après la bataille de Westrozebeke en 1382, l'église a été en partie reconstruite. La chapelle des Comtes est un mausolée personnel édifié par le comte Lodewijk van Male. L'intérieur baroque a été aménagé au XVIIe siècle. Observez les peintures murales telles que *la Mise en Croix* d'Antoon van Dijck et la statue de sainte Catherine, exceptionnelle.

BEGIJNHOF - BÉGUINAGE ★

Begijnhofstraat
Ouvert tous les jours 7h-21h. De 7h à 20h en hiver. Entrée gratuite. Audioguide disponible au centre d'accueil (2 €).

© DBRNJ-IRJ / ADOBE STOCK

Fondée en 1238, le Béguinage Sainte-Élisabeth de Courtrai est une véritable ville dans la ville, une oasis de calme inscrite au patrimoine mondial de l'Unesco. À proximité de la chapelle Saint-Matthieu (1464), le visiteur trouvera une quarantaine de maisonnettes baroques du XVIIe siècle, la salle Saint-Anne (qui abrite un nouveau musée interactif) et ses tours octogonales, et la maison de *Grootjuffrouw*. La chapelle du béguinage abrite un orgue datant de 1678, l'un des plus vieux instruments du genre des Pays-Bas de l'époque.

ÉGLISE SAINT-MARTIN ★

Sint-Maartenskerkstraat
La tour est ouverte tous les jours de 10h à 17h. Entrée gratuite.

Construite au XVe siècle, elle remplace une église gothique, elle-même édifiée sur une église romane du VIIe siècle. Il s'agit d'un édifice plus imposant, à triple nef, de style « église-halle ». Le clocher-tour de 83 mètres est du plus pur style gothique brabançon. Elle abrite quelques tableaux de peintres flamands : l'*Adoration des mages* de Gaspard de Crayer (1630), *Saint François en contemplation de la Sainte Croix* de Jean-Érasme Quellin (1688) et *Le Martyre de sainte Catherine* de Karel van Mander (XVIe siècle). Son carillon de 49 cloches rythme les heures.

HÔTEL DE VILLE

Grote Markt 54
En juillet et août, ouvert tous les jours de 14h à 18h. Les autres mois, visite sur demande avec un guide.

Il est situé sur la Grand Place de la ville. Datant du XVIe siècle, la façade de l'Hôtel de Ville de style Renaissance gothique tardif est décorée d'images représentant les comtes de Flandre. L'intérieur du bâtiment s'articule autour d'une magnifique salle des échevins et d'une majestueuse salle de Conseil aux cheminées richement ornées. Admirez également les vitraux, les fresques murales et les précieuses cartes topographiques, ainsi que l'interprétation picturale moderne de la Bataille des Éperons d'Or par Jan van Imschoot.

ÎLE BUDA

Damkaai

www.toerismekortrijk.be/fr/ile-buda

Entourée de la Lys, l'île Buda accueille les férus d'art. Ce centre d'activités récréatives abrite, entre autres, la Tour Buda (une plate-forme où collaborent designers, artistes, étudiants et citoyens actifs), le Budascoop (projection de films indépendants), Broel 6 (expositions variées sur l'art figuratif contemporain). Dans le Budaparc, on peut se détendre sur les rives de la Lys. L'été, l'île se transforme en véritable plage. Un volume pentagonal a été ajouté côté rue. La fabrique de 3 000 m² peut accueillir des expositions ou des ateliers.

KORTRIJK 1302 ★

Begijnhofpark

✆ +32 5 627 78 50

www.kortrijk1302.be

Tous les jours de 10h à 17h. Entrée gratuite.

Musée multimédia, Kortrijk 1308 vous fait voyager dans le temps, et plus précisément au cœur de la bataille des Eperons d'Or, événement de taille dans l'histoire de la Belgique. À travers une visite interactive vous partirez à la découverte de ses héros, de ses armes et vous comprendrez comment la Belgique s'est construite au fil des siècles à partir de cette journée si particulière de 1302. Détail d'importance : l'audioguide (néerlandais, français, anglais et allemand) est gratuit. En famille, c'est sans aucun doute LE musée à visiter !

MUSÉE TEXTURE ★

Noordstraat 28

✆ +32 56 27 74 70

www.texturekortrijk.be

Ouvert du mardi au dimanche de 10h à 17h. Adulte : 6 €.

Texture (musée de la Lys et du Lin) raconte l'histoire du lin à Courtrai. La visite débute dans la Salle des Merveilles : un laboratoire ludique consacré au lin dans votre vie quotidienne. Vous serez étonné du nombre de produits dans lesquels on retrouve ce tissu. Regardez, touchez, goûtez et découvrez ! La Salle de la Lys explique comment le développement de l'industrie du lin a transformé cette contrée rurale en une région industrielle et urbanisée. La Salle du Trésor présente une série d'objets précieux en lin : dentelles, damas fins, broderies…

MUSÉE INTERACTIF DU BÉGUINAGE

Begijnhofstraat

✆ +32 473 86 26 88

Ouvert de 10h à 17h sauf le lundi. Entrée gratuite. 2 € pour la location de l'audioguide.

Ne vous y trompez pas : en dépit de son apparence idyllique et emplit de sérénité, le béguinage était auparavant habité par des femmes fortes, indépendantes et émancipées, qui n'avaient besoin ni d'hommes, ni de cloître. Loin de l'image de petites bigotes qu'on leur attribue parfois, c'étaient des féministes avant l'heure qui, indépendamment de l'église et de l'État, avaient adopté une organisation démocratique et ne se laissaient pas dévier du chemin qu'elles s'étaient tracé. Sans peur ni reproche. Plus encore : avec la conception radicale de leur religion qu'elles appliquaient résolument, elles se sont heurtées à nombre de leurs contemporains. Sans surprise, de nombreux théologiens y voyaient même des femmes impies.

Dans ce centre interactif flambant neuf et particulièrement soigné, vous traverserez plusieurs siècles d'histoire au cours d'un voyage étonnamment dynamique et interactif. De son édification aux années agitées, au cours desquelles le béguinage a été détruit à plusieurs reprises. Trois dames de caractère, toutes Grandes Demoiselles, vous emmèneront avec elles et feront toute la lumière sur cette communauté d'époque encore mal connue. Vous découvrirez leur vie quotidienne, vous verrez le béguinage évoluer et vous pourrez en admirer les trésors. Ne manquez pas de prendre l'audioguide pour avoir de précieuses informations. On parie que ces glorieuses saintes femmes parviendront à vous surprendre en dépit de leur âge respectable ?

LES TOURS BROEL

Broelkaai

Broel vient du mot « bruul », qui désigne un terrain marécageux ou en friche qu'on a du mal à s'imaginer mais qui existait ici au Moyen Âge. Ouvertes à l'occasion de certaines manifestations, ces deux tours sont les derniers vestiges intacts des anciennes fortifications de la ville. La tour sud, dite tour Speye, fut construite en 1385 pour contrôler le pont qui enjambe la Lys, et faisait partie intégrante du château des comtes de Flandre. La tour nord, dite tour Ingelborch, elle, fut érigée autour de 1413, afin de défendre les pièces d'artillerie de l'époque.

BOOTEL AHOI €

Handelskaai 1

+32 56 962464

www.ahoi.be

Chambre double à partir de 77 €. Petit déjeuner 9 €, 17 € pour la formule étendue, par personne.

Vous cherchez un hébergement original et à prix abordables ? Et pourquoi pas sur l'eau ? Situé à 500 mètres des tours du Broel, le Bootel Ahoi a une vue imprenable sur la Lys, puisque la péniche flotte dessus ! Embarquement immédiat pour un séjour insolite, à bord de cabines – cocon de confort, ultra modernes et propres – parées de salles de bains. Certaines sont plus spacieuses, toutes ont du chauffage pour l'hiver. On observe l'eau et les canards à travers le hublot. La péniche dispose d'un bar avec une belle sélection de belges ainsi que d'un restaurant.

B&B OYO €€

Hoveniersstraat 46

+32 486 26 92 25

www.oyokortrijk.be

A partir de 100 € la chambre double, petit déjeuner 20 €.

Maison de caractère dans une rue calme tout près du centre et de la gare tenue par un jeune couple sympa, Lan et Oli, de bons conseillers pour visiter la ville. Trois chambres seulement constituent ce « Boutique Bed and Breakfast » combinant élégance des intérieurs sophistiqués et trendy et accueil chaleureux et personnalisé d'un B&B. Stylisées, dotés chacune d'une salle de bain, les chambres sont particulièrement réussies. On apprécie beaucoup aussi la terrasse extérieure et ses bambous, où il est très agréable de prendre un petit déjeuner copieux et délicieux.

HÔTEL DAMIER €€

Grote Markt 41

+32 56 22 15 47

www.hoteldamier.be

Double à partir de 130 €, suite à partir de 150 €, petit déjeuner compris.

Le Damier, c'est l'hôtel historique de Courtrai, pile sur la Grand Place ! La façade datant du XVIIIe siècle en impose déjà et quand on rentre, on découvre un intérieur cossu, style manoir qui sied à l'endroit. De nombreuses personnes célèbres y ont dormi : le premier roi des Belges, Léopold II, Victor Hugo ou plus près de nous, Adamo et la reine Paola. Les chambres sont à l'image du confort bourgeois qu'évoque le lobby : carpette au sol, meubles en bois, grand lit moelleux et appliques en laiton. Un vrai voyage dans le temps. Le petit déjeuner est succulent.

HÔTEL FOCUS €€

Hoveniersstraat 50

+32 5 621 29 08

www.focushotel.be

Accueil 24h/24. Chambre double à partir de 100 €. Petit déjeuner inclus. Bar ouvert de 17h à minuit.

Cet hôtel est un concept arty original. Les chambres sont toutes différentes, personnalisées par des artistes ayant un rapport avec la région. Choisirez-vous les vues d'esprit du caricaturiste, du créateur de mode, du peintre, du photographe ou de l'écrivain ? Certaines chambres sont décorées plus sobrement que d'autres. En tout cas, c'est propre, clair et lumineux. Chaque espace de vie dispose de toutes les commodités attendu pour un trois-étoiles. Le petit déjeuner est somptueux, on peut se faire des œufs au plat soi-même. Location de vélos.

MESSEYNE €€

Groeninghestraat 17

+32 5 621 21 66

www.hotelmesseyne.be

A partir de 112 € la double, petit déjeuner inclus. Restaurant ouvert en semaine, midi et soir. Lunch : 41 €.

L'hôtel est une noble demeure toute blanche, élégante et intime, un cadre privilégié dans la ville de Courtrai. Il dispose de chambres où le luxe s'insinue dans les détails, chacune avec un style propre, contemporain et original, certaines baignoire ilot sont très tentantes ! Pour parfaire la détente : sauna, hammam et salle de fitness aux lignes apaisantes. Quant au restaurant, sous la houlette du jeune chef prometteur, Klaas Jan Lauwers, il distille une cuisine traditionnelle revisitée servie dans une belle salle avec cheminée et lustre ou sur la terrasse.

THE MARKET BY PARKHOTEL €€

Graanmarkt 6 +32 56 21 97 21

www.themarketbyparkhotel.be

Simple à partir de 68 €, double à partir de 73 €. Petit déjeuner : 18 €. Restaurant.

Une situation centrale (près de la Grand Place, à 5 minutes de la gare), un large assortiment de chambres pouvant accommoder de 1 à 5 personnes, des prix raisonnables et même un chouette petit restaurant (qui sert de salle de petit déjeuner le matin) : voilà la recette de ce petit hôtel de 60 chambres. Pas de fioritures : un design simple et efficace dans les chambres, un buffet matinal petit mais varié, un personnel souriant et disponible… C'est tout ce dont on a besoin pour se reposer après une journée passée à explorer Courtrai.

ODE'S €

Grote Kring 3
✆ +32 499 32 01 78

Ouvert du mardi au jeudi de 9h à 16h ; le samedi de 9h à 18h. Comptez 10 € à 15 € par personne.

Si le sandwich n'est pas assez branché pour vous, pourquoi ne pas tester les bagels de Ode's ? Dans cette salle aux codes brooklyniens, ils se déclinent en recettes originales, salés ou sucrés, gourmets et appétissants. On peut aussi opter pour des tartines et des salades. Côté boisson, tout est artisanal ou de qualité, aussi bien la limonade que le thé glacé maison, ou une bière de la région. Plus qu'un restaurant, il s'agit en réalité d'un concept store, puisqu'au premier étage une boutique est dédiée à une ligne de vêtements conçue par les propriétaires !

DE GARAGE €€

Aalbeeksesteenweg 66 ✆ +32 465 02 05 01
degaragekortrijk.be

Ouvert le lundi, le mardi, le jeudi et le vendredi le midi et le soir ; le mercredi soir. Carte : 45 € environ.

Comme son nom l'indique, ce restaurant est né... dans un ancien garage. Le sol porte encore les stigmates de cette ancienne occupation, l'esprit brut de décoffrage a été maintenu et ça ne manque pas de cachet. Heureusement, ça ne sent pas l'huile de moteur mais plutôt la grillade, car la spécialité, c'est le steak maison. Une viande maturée, croûtée comme il faut, et servie avec sa sauce de viande. Un régal ! Les amateurs de moules et de poissons ne sont pas oubliés, ni les végétariens avec le fameux curry végé du chef Tom Brys. Un tuning gourmand et ça repart !

KAFFEE DAMAST [MUSEE TEXTURE] €

Noordstraat 28 ✆ +32 56 98 00 86
www.texturekortrijk.be

Ouvert du mardi au jeudi et le dimanche de 9h à 19h ; le vendredi et le samedi de 9h à 22h. Comptez 20 €/pers.

Le Kaffee Damast est un bistrot tout ce qu'il y a de plus convivial et tendance. On s'y arrête volontiers pour un apéro avec tapas, un plat de brasserie ou même pour y faire simplement une pause café. Même si vous ne comptez pas visiter le musée Texture (ce qui serait tout de même une erreur...), faites un saut dans cette brasserie design, agréable et même parfois musicale. En effet, des concerts y sont régulièrement organisés, dont le 3e dimanche du mois, le VlazzJazzJamsession.

DE KLEINKEUKEN €€

Budastraat 8
www.dekleinkeuken.be

Ouvert du mardi au samedi de 11h30 à 15h. Carte : 17 € environ. Vente à emporter.

Vous entrez ici dans l'antre de la cuisine végétarienne et végétalienne. Mais ici on ne propose pas que des salades remplies de salade et de légumes. On mange à sa faim des saveurs nouvelles sous forme plus consistantes de burgers, falafels, quiches, soupes, des salades et des plats du jour variant en fonction des saisons. On apprécie particulièrement celle au seitan, une viande végétale fabriquée à base de protéines de blé, pleine de couleurs et de saveurs. Le tout est superbement présenté. Bref, une très belle adresse à Courtrai !

LA CANTINE €€

Jozef Vandaleplein 7a
✆ +32 56 223 224
www.byttebier.com

Ouvert du mardi au samedi de 10h à 18h. Carte : 25 € environ le plat. Vente à emporter.

Bienvenue dans cette belle maison, qui dispose d'une terrasse sous les arbres, au calme. Si le temps est gris, de réconfortantes banquettes et leurs coussins vous tendent les bras. Le cadre est lumineux et décoré avec goût. La carte est d'humeur saisonnière, de l'ultra frais assez tradi : carpaccio de bœuf, raviolis aux cèpes et aux pignons, saumon au four et petits pois, grenailles... Côté sucré, la glace au caramel beurre salé est réussie. On trouve en ces murs un concept store qui vend objets de déco, vêtements et bouquins pour hipsters.

VESPER €€

Voorstraat 34
✆ +32 472 35 49 04
www.vesperkortrijk.be

Ouvert le lundi de 11h45 à 14h ; du mardi au samedi de 11h30 à 14h et de 18h à 22h. Carte : 45 € environ.

C'est le restaurant qui fait courir les Courtraisiens (la réservation est conseillée). On vient y manger un lunch rapide ou y prendre son temps pour y dîner le soir. Dans une salle bardée de bois et éclairée de luminaires contemporains, une jeune équipe, souriante et efficace, est au taquet. Chacun trouvera de quoi se régaler : les viandards (avec le burger maison), les piscivores (cabillaud et quinoa), les végétariens (Big Peppa, un poivron farci au fromages, légumes et noix). Une cuisine inventive et gaie. Mention spéciale aux mellow-cakes géants en dessert !

VIER €€

Begijnhofpark
✆ +32 468 57 70 09
www.vierkortrijk.be
Ouvert du mardi au samedi le soir. Menu : 53 €.

Bas et An ont tous deux une grande expérience dans la restauration. Ils viennent d'ouvrir une table dans le magnifique cloître d'une ancienne clinique. Dans l'assiette, si les portions sont limitées, ce choix permet de garantir fraîcheur et saisonnalité des produits qui sont sublimés dans le détail. En automne, on peut par exemple déguster un maquereau mariné en entrée, un agneau au romarin avec une salade de légumineuses en plat pour finir avec une délicieuse glace à la rhubarbe au yaourt et au miel. Les saveurs sont équilibrées et les plats élégamment présentés.

RESTAURANT DAMIER €€€

Grote Markt 41 ✆ +32 56 221 547
www.hoteldamier.be
Ouvert tous les jours de 12h à 14h et de 18h à 21h. Menus marché à 55 € et 60 €. Réservation recommandée.

L'hôtel Damier, avec sa façade rococo, propose une table gastronomique de haute volée, décorée avec goût par les frères De Coene, dans des tons vert et bois qui se marient à merveille avec les plantes vertes et les tableaux. Grands lustres, verrière sous plafond altier, plancher façonnent cette salle noble. Les assiettes très nouvelle cuisine sont des assemblages colorés et aussi délicieux que beau ! Très esthétiques donc, où les sauces en émulsion côtoient des viandes et poissons cuits à la perfection. Les plats de brasserie sont moins sophistiqués en revanche.

SAINT-CHRISTOPHE €€€

Minister Tacklaan 5
✆ +32 5 620 03 37
www.stchristophe.be
Mardi et dimanche midi. Du mercredi au samedi midi et soir. Menus 35 € à 88 €. Terrasse. Réservation recommandée.

Olivier Dewulf, jeune chef talenteux, a développé son expérience auprès de chefs reconnus qui lui ont permis de déployer aujourd'hui ses talents dans un cadre unique, raffiné et de caractère. Sa cuisine utilise imagination, inventivité, fraîcheur et surtout avec beaucoup de saveurs ! Faisant « à la Brabançonne », turbot « Vérilhac », homard... Les vins sont par ailleurs choisis avec minutie pour qu'ils soient le plus harmonieux possible avec l'assiette. Une terrasse en été est des plus agréables pour déguster ces plats très raffinés.

BARCYCLETTE

Grote Kring 12
✆ +32 485 44 32 37
Ouvert du mercredi au samedi de 14h à 0h.

Ici, on y boit un café, un verre et on mange des tartines ou des crêpes maison. On y vient surtout pour rencontrer du monde et profiter des nombreux événements organisés par Tamara, la gérante qui souhaite ouvrir l'esprit de ceux qui viennent chez elle. Avec la déco vintage-récup' du bar, elle a tout fait pour donner l'impression que nous sommes dans son salon. Les vins sont bio, les bières locales et la convivialité et l'humain sont au cœur de ce bel établissement qui était encore jusqu'à récemment une boutique d'antiquités anglaises.

DEDINGEN

Budastraat 12
✆ +32 56 90 72 57
www.dedingen.be
Ouvert tous les jours, de 10h à 18h, jusqu'à 1h vendredi et samedi.

DeDingen est un endroit au décor vintage et aux bons petits plats, sains et pas chers. Ici, c'est « à la bonne franquette ». Les viandes et légumes sont joliment combinés avec des graines, herbes aromatiques, on sent la discipline maîtrisée en cuisine. L'après-midi est plutôt réservée aux goûters et les soirs de fin de semaine, il se transforme en café où on peut tester des bières de micro-brasseries ; en prime : une ambiance rétro branchée, composée de chaises d'écoliers, lampes d'architecte, radios anciennes et meubles chinés en brocante. Un coup de cœur.

GAINSBAR

Vlasmarkt 1
Ouvert tous les jours de 14h à 1h. Jusqu'à 2h le week-end.

Atmosphère entre café brun à la flamande et le vintage avec les lustres des années 1980, des morceaux de baffles encastrés dans le comptoir et une vieille télé, le Gainsbar est le genre de débit de boissons dont on tombe facilement amoureux. La liste des bières est longue et une dizaine de mousseuses sont disponibles au fût, dont de nombreuses locales. La salle à l'étage à quant à elle un côté plus « salon » et intime. Le grand Serge aurait approuvé. Mesdames, surtout ne manquez pas d'aller aux toilettes, une surprise vous y attend. Nous n'en dirons pas plus.

HUYZE BEGGA

Begijnhof 31 ✆ +32 498 76 16 24
www.huisvandegrootjuffrouw.be
Du mercredi au vendredi de 11h à 18h30 ; samedi de 10h à 18h30 ; dimanche de 8h30 à 11h et de 12h à 18h30. Terrasse.

L'ambiance de ce café-restaurant est ultra chaleureuse et cosy. Situé juste dans la maison de la Grande Dame (la dirigeante du Béguinage), le cadre historique possède un charme fou ! Au comptoir, l'équipe s'affaire pour vous préparer des chocolats chauds divins, des thés excellents et des cafés revigorants. Vous pourrez accompagner ces délicieux breuvages de la tarte du jour. Pour les amateurs de salé, la maison propose aussi une cuisine à la fois simple (spaghetti) ou plus raffinée (segredo d'iberico au chimichurri) ou des planches à partager. Un bel endroit !

NUDE

Casinoplein 15
✆ +32 56 90 00 05
www.nude-kortrijk.be
Ouvert du mardi au samedi, 12h-14h et 17h. Ouvert le dimanche soir en été.

Nude est l'endroit où sortir à Courtrai quand on aime les lieux chics et sophistiqués. A la fois élégant, chaleureux mais aussi « easy bar » décontracté, le lieu est fréquenté pour sa carte de cocktails racés aux alcools premium triés sur le volet. Ou bien le midi, pour y déjeuner d'un rapide lunch suivant une ardoise qui change chaque semaine. On y vient aussi pour l'apéro, la terrasse, les vins et les tapas à partager. L'ambiance est feutrée, sauf peut-être les jours de concerts et de soirées DJ, le week-end c'est funk, disco et oldies.

PAND.A

Conservatorieumplein 1
✆ +32 56 19 75 19
www.pand-a.be
Ouvert du mardi au vendredi de 10h à 1h ; le samedi de 14h à 1h.

Dans ce café et bar de ville, il se passe toujours quelque chose. Profitez de boissons savoureuses en écoutant de la bonne musique et dégustant une assiette de tapas ou un plat de cuisine du monde (pad thaï, poulet tikka masala) ou des tartes sucrées. Vous trouverez même un coin de vente de vinyles, comme dans tout shop *hipe* qui se respecte. De nombreux concerts et DJ set sont organisés ici. L'agenda est à retrouver sur la page Facebook. Choses rare, le bar est *family friendly*, plein de créativité, surtout la jolie terrasse extérieure, où il faut faire la fête.

PATISSERIE COURCELLES

Doorniksestraat 8
✆ +32 056 22 06 81
www.patisseriecourcelles.be
Ouvert le lundi et du jeudi au vendredi de 8h à 18h ; le samedi de 7h45 à 18h et le dimanche de 7h30 à 17h.

La Pâtisserie Courcelles, connue depuis des décennies dans la région, propose des spécialités courtraisiennes comme la *kalletaart*, une tarte à l'abricot et à la pomme, et les *peperbollen*, boules de pain d'épices, ainsi que tout un choix de pâtisseries savoureuses plus classiques. Le choix sera cornélien en complant la vitrine où ces douceurs sont alignées et façonnées à la perfection. Une adresse sucrée qui redonne goût aux desserts de grand-mère traditionnels de la région pour le plus grand bonheur des amateurs, locaux comme visiteurs.

SPREZZA

Graanmarkt 12
✆ +32 056 22 15 47
www.hoteldamier.be/fr/sprezza-1
Ouvert le vendredi et le samedi de 15h à 1h ; le dimanche de 15h à 23h.

Sprezza est l'endroit idéal pour partager un cocktail entre amis. Dans ce bar d'hôtel haut de gamme, prenez d'abord plaisir à regarder le mixologiste confectionner votre cocktail avec savoir-faire et expérience. Sirotez-le ensuite au bar ou sur l'une des tables basses, au sein d'un décor coloré, chic et éclectique. Le bar propose également un beau choix de spiritueux ainsi que quelques tapas à partager comme l'assortiment de charcuterie ou le trio de tapenades. Un moment d'exception. Le dimanche, le bar propose un menu plus étoffé de produits nobles.

V-CHOCOLATIER BY SWEERTVAEGHER

Korte Steenstraat 2
✆ +32 56 22 23 49
www.v-chocolatier.be
Ouvert du lundi au samedi de 9h30 à 18h30.

V-chocolaterie c'est d'abord l'histoire d'une famille de passionnés depuis 85 ans. Tout commence dans les années 1930 avec Robert Sweertvaegher, chef pâtissier devenu chocolatier. Il lance la première chocolaterie à Ypres, puis à Courtrai et Bruges. Dans cette belle boutique, l'esthétique de l'emballage est aussi important que la qualité des chocolats, à base de beurre de cacao issus de cacao durable et fabriqués sans ajout de graisse végétale. Emportez la galette, leur produit-phare !

WALLONIE

La Wallonie est la région francophone belge, elle-même divisée en provinces de caractère. Ainsi le Brabant wallon est considéré comme le jardin de Bruxelles, vert et calme, et compte le fameux site de la bataille de Waterloo. Le Hainaut, peu visité, étonne par son passé minier, son folklore et son réseau de canaux, ces charmants petits villages dans la campagne. Namur et sa citadelle surplombent une province propice aux randonnées et activités nautiques, rurale et riche en châteaux et églises. Liège est incontournable pour ses quelques musées et lieux culturels alternatifs, son ambiance festive et sa province riche en eaux thermales qui ont fait la réputation de Spa et Chaudfontaine. Les Cantons de l'Est, région germanophone faisant partie de la province de Liège, sont peuplés de landes, lacs, des châteaux romantiques à découvrir. Enfin, la province du Luxembourg, la moins peuplée, englobe la majeure partie de l'Ardenne avec un relief vallonné, de grandes forêts, des charmants villages et petites villes en pierres et des châteaux féeriques, comme celui de Bouillon.

GAND
GREMBERGEN
Eke
AALST
Sint-Eloois-Vijve
Kruishoutem
LOUVAI
BRUXELLES
Elsene
Kortrijk
Geraardsbergen
RONSE
MOUSCRON
WATERLOO
WAVRE
Vers COMINES
LOUVAIN-LA-
ATH
TOURNAI
SOIGNIES
NIVELLES
VILLERS-LA-
LA LOUVIÈRE
Beuvry-la-Forêt
MONS
BINCHE
CHARLEROI
Valenciennes
THUIN
Feignies
Monchecourt
Jeumont
Maubeuge
Hautmont
Aulnoye-Aymeries
Cambrai
LACS DE L'EAU D'HEURE
Caudry
FRANCE
CHIMAY
Fourmies
Fum
Revin
Hirson
Guise
Saint-Quentin
Bogny-sur-M
Nouz
Charleville-Méziè
Rozoy-sur-Serre
Quessy
Tergnier
Laon
Coucy-le-Château-Auffrique
Rethel
Anizy-le-Château
Guignicourt
Vouzier
Juniville
Soissons
Mercin-et-Vaux
Bourgogne

BERINGEN
Scherpenheuvel
GENK
Hasselt
PAYS-BAS
ALLEMAGNE
JODOIGNE
LIÈGE
PAYS DE HERVE
Roetgen
Seraing
Simmerath
CHAUDFONTAINE
VERVIERS
Monschau
HUY
SPA
AMUR
AYWAILLE
DURBUY
VIELSALM
Sankt-Vith
DINANT
Bleialf
MARCHE-EN-FAMENNE
LA ROCHE EN ARDENNE
NASSOGNE
HOUFFALIZE
HAN-SUR-LESSE
Tenneville
Wincrange
SAINT-HUBERT
BASTOGNE
Redu
Libramont
LUXEMBOURG
Bertrix
NEUFCHÂTEAU
BOUILLON
gne-aux-Bois
Habay-la-Neuve
Sedan
FLORENVILLE
ARLON
PAYS DE GAUME
Carignan
Messancy
Mouzon
Aubange
Virton
Pétange
Mont-Saint-Martin
Longwy
Stenay
Villerupt
Wallonie
Longuyon
30KM
Yutz
Hayange

PAGES

●● PROVINCE DE LIÈGE

366

Principauté millénaire, région au riche passé industriel, la province de Liège est faite de contrastes surprenants. La ville de Liège, chef-lieu de la région, possède quelques richesses architecturales et des musées intéressants. La chaleur de ses habitants et son ambiance festive nocturne est réputée au-delà des frontières. Une vie culturelle et nocturne animée. Entre le bassin minier de Blegny, les prairies d'arbres fruitiers du pays de Herve, la végétation et le relief particuliers des Fagnes, la diversité des paysages est grande. Une aubaine pour les promeneurs et les amateurs de nature ! La région abrite aussi deux centres de thermes renommés, Spa et Chaudfontaine, ainsi que de modestes pistes de ski. Les cantons de l'Est, sont peuplés de landes, lacs, des châteaux romantiques.

●● BRABANT WALLON

401

Tout comme le Brabant flamand, la province du Brabant wallon ne fut créée qu'en 1995 lors de la scission de la province du Brabant (qui existait depuis 1830) en deux parties. A un jet de pierre de la capitale, la province du Brabant wallon est considérée comme le jardin de Bruxelles, lieu de détente apprécié des citadins en quête de calme et de nature, disposant de nombreuses connexions en transports en commun avec la capitale. Les attractions principales du Brabant wallon sont le site de la bataille de Waterloo, les superbes ruines de l'abbaye cistercienne de Villers-la-Ville, ainsi que la collégiale Sainte-Gertrude de Nivelles (l'une des plus grandes églises romanes d'Europe). La province comprend aussi quelques villes : Wavre, Nivelles et la cité étudiante de Louvain-la-Neuve.

●● LE HAINAUT

413

Beaucoup de voyageurs ne font que traverser le Hainaut, en route pour Bruxelles ou Bruges. La province, frontalière de la France, a beaucoup à offrir à qui prendra le temps de la découvrir. Les villes sont fières de leur riche passé et comptent de nombreux monuments ; la campagne est encore verte et abrite de petits villages plein de charme. On peut découvrir l'intéressant passé minier du Bois du Cazier, de Bois du Luc ou du Crachet (le PASS). Par ailleurs, grâce au nombre important de canaux, le tourisme fluvial offre une exploration originale, par l'ascenseur géant de Strépy-Thieu ou le plan incliné de Ronquières. Enfin, la population fait vivre ses traditions et son folklore. Le carnaval de Binche ou encore le « Doudou » à Mons, font partie des manifestations culturelles incontournables. Les sportifs ne seront pas en reste car la région offre de nombreuses possibilités de promenades pédestres, de randonnées à VTT, d'activités nautiques dans les lacs de l'Eau d'Heure ou encore d'escalade.

WALLONIE

PAGES

PROVINCE DE NAMUR

La province de Namur mériterait d'être mieux connue. On a ici le loisir de comprendre l'histoire de Namur et de la Belgique, du haut de la citadelle, l'une des plus massives d'Europe qui regorge de souterrains et domine la ville. Au confluent de la Sambre et de la Meuse, elle abrite encore de vrais coins de nature, de charmants villages ainsi qu'un riche patrimoine culturel avec des châteaux, églises, abbayes et musées, spécialement à Dinant. Dans ce paysage où les cours d'eau abondent, ces derniers ont creusé, en sous-sol, des grottes et des cavernes, parmi les plus belles du pays.

LUXEMBOURG

La province de Luxembourg est la plus étendue et surtout la plus verte du royaume. Aucune grande ville n'y a vu le jour. Elle est pour moitié couverte de forêts, l'autre moitié étant réservée à l'agriculture et aux pâturages. De nombreuses rivières se frayent un passage dans ces paysages accidentés. Des gorges intimes de l'Ourthe à celles de l'Aisne aux paysages feuillus, de la reposante Famenne aux imposantes forêts d'Ardenne, de la Lesse sauvage aux doux méandres de la Semois : tout invite à la détente dans cette province paisible à la nature préservée, où l'eau et les bois ne sont jamais loin. Le Luxembourg a néanmoins aussi été marqué par la Seconde Guerre mondiale, avec la tristement célèbre bataille des Ardennes qui laissa de douloureux souvenirs, particulièrement à Bastogne.

WALLONIE

LIÈGE ★★★

Liège n'est pas la plus belle ville de Belgique, mais ses quelques musées intéressants, son patrimoine architectural et son sens de la fête en font une escale incontournable de la Belgique. Avec ses 200 000 habitants, Liège est la deuxième métropole wallonne (après Charleroi). L'agglomération compte 700 000 habitants, ce qui en fait l'un des premiers pôles économiques, culturels et universitaires de la Wallonie.

La ville est appelée la Cité ardente, en référence à son industrie sidérurgique mais aussi au caractère bouillonnant de ses habitants. Liège fut longtemps une grande ville industrielle, mais, dès les années 1960, elle subit un long déclin, les usines devenant vétustes. Dans les années 1960 et 1970, le paysage urbain a été saccagé, percé de voies rapides et hérissé d'immeubles hideux. On ne peut pas y échapper, particulièrement lorsqu'on arrive par le sud de la ville. Pourtant, le centre de Liège, avec le fleuve qui le traverse, les petites places, les maisons anciennes aux jolies façades, conserve beaucoup de charme et la ville connaît une renaissance par la rénovation de certains quartiers et l'organisation d'événements culturels. Une ville en travaux aussi, puisque le pharaonique chantier de la construction du tram a littéralement mis la ville sens dessus dessous. Des travaux qui vont durer jusqu'en 2025.

Les Liégeois cultivent un art de vivre où l'hospitalité spontanée n'est pas une formule creuse. Huit siècles d'histoire au sein d'une principauté indépendante de l'Empire germanique ont contribué à forger l'esprit liégeois : fier et tenace, volontiers railleur et frondeur, chaleureux et accueillant. Tchantchès, la marionnette mascotte de la ville, résume ces traits de caractère. Enfin, Liège s'est taillé une réputation de francophilie rarement démentie, qui s'exprime particulièrement le 14 juillet.

Balade

Hors-Château signifie « extra castrum », hors les murs. Des drapiers y étaient installés tout au long d'un ruisseau qui coulait à ciel ouvert. Hors-Château était le siège de marchés et de réunions publiques. C'est au XIVe siècle que la rue est devenue le lieu de vie de la noblesse et des institutions religieuses. Les maisons de cette rue sont vraiment remarquables.

- Les Coteaux de la Citadelle - Hors-Château. Ils offrent un point de vue magnifique sur la ville. Il faut d'abord gravir les 374 marches de la terrible montagne de Bueren. Elle tient son nom de Vincent de Bueren, qui emmena en 1 468, un groupe de valeureux volontaires liégeois dans le but de renverser Charles Le Téméraire, Duc de Bourgogne. Les 600 Franchimontois, c'est comme cela que s'appelait le courageux groupe, auraient pris ce chemin pour atteindre Sainte-Walburge. Il suffit ensuite de suivre le chemin jusqu'à l'hôpital de la Citadelle. Puis, vous descendez en zigzaguant vers la ville. Les coteaux offrent 13 kilomètres de promenades pédestres fléchées. La promenade en sens inverse est moisn ardue.
- Les Impasses - Hors-Château. Une série de petites ruelles que l'on nomme, ici, impasses s'offrent aux visiteurs. Souvent fleuries, elles ont beaucoup de charme et leurs maisons en briques et colombages sont pittoresques. N'hésitez pas à vous laisser emporter par ces petits chemins et découvrez ainsi les paisibles et calmes impasses. L'Impasse de l'Ange et celle de la Vignette sont particulièrement intéressantes.
- Les Terrasses des Minimes et des Chevaliers Teutoniques. Départ rue du Palais. Durée de la promenade : 45 min. Vous gravirez des escaliers en pierre et parcourez de magnifiques sentiers forestiers et des terrasses enherbées.

Sortir

- Le Carré. Ce quartier, de forme rectangulaire, d'où son nom, est l'endroit mythique de Liège pour les sorties nocturnes, particulièrement le vendredi et le samedi soir. Nombreux bars bruyants remplis de jeunes et d'anciens étudiants où la bière coule à flots.
- Place du Marché. Une place remplie de cafés, particulièrement agréable en été quand les terrasses sont sorties. Ambiance plutôt bobo. Sachez que, contrairement à ceux du Carré qui restent ouverts toute la nuit, ces bars ferment généralement vers 1h du matin, voire plus tôt.

Transports

- Voiture. Liège se situe à 100 km de Bruxelles, 65 km de Namur, 132 km d'Anvers et 128 km d'Arlon. Attention aux panneaux : Liège se dit « Luik » en néerlandais. Les places de parking sont plutôt rares (et presque toujours payantes) en centre-ville, mais il existe plusieurs parkings souterrains (payants également).
- Train. Trains vers toutes les grandes villes de Belgique. Également des trains pour l'Allemagne et des Thalys pour Paris (de 2 à 3 h). Certains trains s'arrêtent à Lille.
- Vélo. Dans la ville, de plus en plus de commodités sont prévues pour favoriser la circulation des cyclistes via, entre autres, la mise en place de « sens unique limité » permettant aux cyclistes d'emprunter des rues, dans un sens, interdit aux autres véhicules.

© B&M - ISTOCKPHOTO.COM

Gare de Liège.

AQUARIUM - MUSÉUM

Quai Edouard Van Beneden 22
✆ +32 4 366 50 21
aquarium-museum.uliege.be
7j/7, 9h-17h, 18h les w-e et vacances. Adulte 10,30 €, enfant àpd 1 €. Rénovation 2023-2025. Certaines expos ouvertes.

L'Aquarium vous ouvre les portes sur la faune aquatique mondiale... Plongez à pieds secs au cœur de cet aquarium où vous pourrez rencontrer près de 2 000 poissons, coraux et autres... Dans la salle « Requins et Récifs coralliens », admirez les requins à pointes noires, mais aussi l'univers bigarré des récifs coralliens et ses habitants. Au Muséum, ce sont 20 000 spécimens préservés, naturalisés ou sous forme de squelettes, en provenance de tous les continents, qui vous sont présentés. Le ticket donne aussi accès aux expositions de la Maison de la Science.

BASILIQUE SAINT-MARTIN

Mont-Saint-Martin 66
✆ +32 4 223 27 03
www.upsaintmartin.be
Ouvert du mardi au samedi matin de 10h à 12h30.

C'est sur le Mont Saint-Martin, le Publémont, qu'a été construite la Collégiale. Elle est pourvue d'une magnifique tour grise qui servait à défendre la ville. C'est Éracle qui, à la fin du Xe siècle, pris la décision de construire l'édifice. Saint-Martin fut le théâtre de la première célébration de la Fête-Dieu. Suite à des rebellions, des aristocrates liégeois y furent assassinés en 1312. Les troupes de Charles le Téméraire, en 1468, s'attaquèrent encore à la collégiale. Après une ultime reconstruction, une nef gothique fut érigée.

ARCHÉOFORUM ★

Place Saint-Lambert ✆ +32 4 250 93 70
www.archeoforumdeliege.be
Adulte 6 €, enfant 5 €. Ouvert du mardi au vendredi de 9h à 17h ; le samedi et pendant les vacances de 10h à 17h.

N'hésitez pas à voyager à travers 9 000 ans d'histoire en découvrant le sous-sol archéologique sous la place Saint-Lambert. Ce fabuleux voyage de la Préhistoire à nos jours vous permettra de découvrir les fondations de la première cathédrale Saint-Lambert, les vestiges d'une villa gallo-romaine et les signes d'une vie préhistorique. Et même si on y découvre de vieilles pierres, c'est à l'aide de tablettes on ne peut plus modernes et des audioguides en quatre langues que l'on parcourt la visite interactive et intéressante. Et plutôt insolite en plein cœur de Liège.

LA BOVERIE

Parc de la Boverie ✆ +32 4 238 55 01
www.laboverie.com
Ouvert du mardi au dimanche de 10h à 18h. Gratuit jusqu'à 26 ans et le 1er dimanche du mois. Expo permanente : 5 €.

Le splendide Palais des Beaux-Arts, construit pour l'Expo de 1905 et implanté au cœur du parc de la Boverie fut rénové à grands frais. Il accueille depuis 2016 le musée des Beaux-Arts, rebaptisé La Boverie. La collection : Gauguin, Chagall, Picasso, Magritte, Delvaux, mais aussi Lambert Lombard ou Gérard de Lairesse. Du beau monde ! L'étage supérieur (2 800 m^2) accueille les expos temporaires en collaboration avec Le Louvre. Le musée a accueilli en 2022 une expo sur le génial Magritte et une autre sur les femmes collectionneuses de la famille Rothschild.

CATHÉDRALE SAINT-PAUL ★

Place de la Cathédrale
✆ +32 4 232 61 31
www.cathedraledeliege.be
Ouvert tous les jours de 8h à 17h. Concerts, expos et conférences : voir site internet.

Saint-Paul, ancienne collégiale romane, fut reconstruite à partir de 1252 en style gothique ogival primaire. Elle fut érigée en cathédrale après la destruction de celle de Saint-Lambert à la Révolution. D'une grande sobriété, mais éclatante de lumière, elle présente une belle palette d'architecture gothique, ainsi que des vitraux remarquables, dont le plus ancien vitrail du pays, offert par le chanoine Léon d'Oultres en 1530 et tout juste restauré. Admirez aussi Le *Génie du Mal*, statue de marbre blanc de Guillaume Geefs, qui représente un bien troublant Lucifer.

CHÂTEAU DE JEHAY

Rue du Parc 1
AMAY
✆ +32 4 279 44 00
www.chateaujehay.be
Ouvert du mardi au dimanche de 11h-18h. En été 7j/7. Adulte 5 €, enfant (7-18 ans) 3 €.

A l'orée du bois, ceint d'un mur de briques et s'étendant sur un hectare, l'endroit invite à la rêverie et à l'exaltation des sens. Classé Patrimoine exceptionnel, ce château, avec son architecture dite « en damier » (avec une façade de pierres blanches et ocre en damier) et des toits fantaisie, a vu le jour au milieu du XVIe siècle. Entouré de douves, il est situé dans un cadre idyllique. Le parc et ses jardins « à l'italienne » sont un véritable havre de paix : arbres remarquables, allées de tilleuls palissés. L'ancien potager a été réhabilité.

CITADELLE DE LIÈGE

Boulevard du Douzième de Ligne 1

Vaste forteresse édifiée par les princes-évêques de la principauté de Liège, la Citadelle fut reconstruite par les Hollandais en 1817. Déclassée en 1892, muée en caserne jusqu'en 1940, elle fut prison durant la Seconde Guerre mondiale, lorsque 412 patriotes y furent fusillés. Le monument de l'Allée de l'Absent et l'Enclos des Fusillés, restent d'émouvants lieux de pèlerinage. Il subsiste peu de vestiges des remparts. Un hôpital (CHR de la Citadelle) occupe cette colline qui offre une jolie vue panoramique sur Liège.

LA CITÉ MIROIR

Place Xavier Neujean 22
✆ +32 4 230 70 50
www.citemiroir.be
Agenda en ligne

Rappeler aux jeunes du XXIe siècle que le racisme, l'intolérance, l'égoïsme et l'exclusion ne sont pas inéluctables et que ces maux peuvent être combattus est une des fonction première de ce lieu. Ayant une vocation d'éducation à la citoyenneté, il regroupe diverses activités et offre un lieu culturel d'expression unique où se déroulent des expositions, des pièces de théâtre, des projections cinématographiques, des conférences-débats... et ce toujours en lien avec sa philosophie d'égalité des individus et d'émancipation sociale.

COLLÉGIALE SAINT-BARTHÉLÉMY ★★

Place Saint-Barthélémy ✆ +32 4 250 23 72
www.st-barthelemy.be
Entrée libre, fonds baptismaux 2€. Ouvert de lundi au samedi de 10h à 12h et de 14h à 17h, dimanche de 14h à 17h

C'est le plus ancien édifice religieux liégeois, achevé au XIIe siècle, qui offre un aspect extérieur surprenant avec ses teintes vives. Il est conservé en état, à l'exception du portail néoclassique de 1782. Saint-Barthélémy est un joyau du style rhéno-mosan qui abrite des fonts baptismaux du début du XIIe siècle, parmi les plus remarquables de Wallonie. Coulée en une seule opération, cette cuve est ornée tel un livre ouvert. Douze bœufs (dont dix subsistent) supportaient l'ouvrage.

COLLÉGIALE SAINT-DENIS

Rue Cathédrale 64
✆ +32 4 223 57 56
Ouvert tous les jours de 10h à 17h.

La chaire de vérité qui date du XVIIIe siècle, le buffet d'orgues de 1589, le magnifique retable de la Passion de 1522, et ses 150 figurines représentant entre autres la Passion du Christ et la légende de saint Denis sont à voir absolument ! À sa fondation, en 987, l'église Saint-Denis faisait partie intégrante du système défensif de Liège. Au XIVe siècle, le chœur de style roman a fait place au chœur gothique que l'on voit aujourd'hui et les chapelles ont pris place contre les bas-côtés. Fin du XVIIe siècle, l'intérieur a été adapté à la mode baroque de l'époque.

COLLÉGIALE SAINT-JACQUES ★

Place Saint-Jacques 8 ✆ +32 4 222 14 41
www.fabrice-muller.be/sj/sj1.html
Ouvert du lundi au samedi de 10h à 12h et de 14h à 17h (16h le samedi) ; le dimanche de 14h à 17h.

Un peu à l'écart de l'hypercentre, dans l'angle formé par les boulevards Destenay et d'Avroy, la collégiale Saint-Jacques est une ode à la lumière et au gothique flamboyant. Sa très grande cohérence apparente ne doit pas faire oublier son histoire plus ancienne, liée à la création d'une abbaye bénédictine sur ces lieux en 1015, ni les « touches » que lui apportèrent Lambert Lombard et Jean Del Cour. Due à l'architecte Arnold van Mulken qui fut aussi maître d'œuvre du Palais des princes-évêques, Saint-Jacques a été ornée de somptueux vitraux au XVIe siècle.

COLLÉGIALE SAINTE-CROIX ★★

Rue Sainte-Croix
✆ +32 476 29 47 18
L'église est en restauration.

C'est l'une des plus anciennes églises de la cité, entrée en longue rénovation pour 20 millions d'euros depuis 2020. Fondée en 979 par l'évêque Notger, elle possède, en plus d'une architecture exceptionnelle, 2 reliques de choix : un fragment de la vraie Croix (art mosan du XIIe siècle) et la clef de saint Hubert, dans laquelle se trouverait une limaille de la chaîne de saint Pierre. On peut y admirer *L'Invention de la sainte Croix*, une peinture de Bertholet Flémal de 1674, le *Christ à la colonne* et la *Vierge de douleur*, statues baroques de Guillaume Évrard.

GALERIE NADJA VILENNE

5, rue Commandant Marchand
✆ +32 475 90 52 26
www.nadjavilenne.com
Ouvert du jeudi au samedi de 14h à 18h ou sur rendez-vous.

La galerie Nadja Vilenne est l'une des rares en Wallonie à être présente sur la scène internationale. Collaborant à la production des œuvres, installée dans un lieu industriel rénové, la galerie propose de quatre à six expositions par an, monographiques, collectives et curatoriales, ainsi que des événements. Elle défend des artistes belges comme Walter Swennen, Suchan Kinoshita, Aglaia Konrad, Jacques Lizène, Honoré d'O. Elle porte un intérêt constant pour la scène émergente de l'art contemporain et édite des livres sur le sujet.

GARE DES GUILLEMINS ★★

Place des Guillemins
Installations colorées de Daniel Buren visibles jusqu'au 15 octobre 2023.

Elle est impossible à louper, car c'est l'une des plus belles gares d'Europe ! Construite par l'Espagnol Santiago Calatrava en 2009, elle se distingue par ses lignes futuristes, sa taille surdimensionnée, sa luminosité et sa position, en aval de la colline de Cointe. Depuis son inauguration, elle accueille des expos chaque année. Sur l'esplanade qui la relie au fleuve, on s'assoit sur la pelouse face à la grande horloge et on admire le chef-d'œuvre espagnol… ou la Tour des Finances flambant neuve qui lui fait désormais face.

LE GRAND CURTIUS ★★★

Féronstrée 136 ✆ +32 4 221 68 40
www.grandcurtiusliege.be
Ouvert tous les jours sauf mardi de 10h à 18h. Gratuit pour les moins de 26 ans. Entrée : 9 €, réduit 5 €.

Un must quand on pense visite culturelle à Liège. Ce grand complexe d'Art et d'Histoire du pays aura mis 15 ans à voir le jour (inauguré en 1999) mais c'est une vraie réussite. Installé dans une demeure Renaissance du début du XVIIe siècle en bord de Meuse et dans des bâtiments annexes rénovés, ce musée présente – sur 5 000 m² – 7 000 ans d'histoire de la préhistoire à nos jours.

Il regroupe les collections des ex-musées d'Archéologie et d'Arts décoratifs, du Verre, d'Armes, d'Art religieux et d'Art mosan : plus de 5 000 pièces ! Également une prestigieuse donation, celle du Baron François Duesberg, avec une collection unique d'objets liés à l'art de la table, comme des pendules de l'époque Louis XVI à la Restauration, ainsi que de l'époque napoléonienne. Le Grand Curtius présente deux parcours, un chronologique, l'autre thématique, qui pourront s'effectuer avec un audio-vidéo-guide. Vous pourrez y voir une collection d'armes parmi les plus belles au monde ainsi qu'une collection de verres reconnue sur le plan international comme la deuxième en importance. Les objets en verre Art nouveau (Emile Gallé, les Frères Daum, les cristalleries Legras, Karl Koepping…), Art déco (René Lalique, Charles Graffart, les verreries de Scailmont, de Boom…) et des années 1950 (design scandinave, allemand, autrichien) sont les plus riches. On y découvre aussi de superbes pièces d'art religieux, des meubles… Le site Internet annonce l'agenda des expositions, concerts, conférences temporaires organisés par ce haut lieu culturel.

LE HANGAR

quai Saint-Léonard 43 b
✆ + 32 472 74 46 80
www.lehangar.be
Programmation en ligne.

L'ancien entrepôt industriel, fidèle à l'histoire de Liège, est un lieu désormais transformé en espace de rencontre et d'échange, d'art, une salle de concerts et de rendez-vous culturels divers. Le grand poêle à bois crée une ambiance sympathique et les évènements se suivent et ne se ressemblent pas. C'est un lieu cosmopolite qui peut accueillir jusqu'à 200 personnes et où l'on aime se rendre et partir à la découverte de tous les arts. Pour une idée de sortie, on y trouve également beaucoup de concerts de petits groupes alternatifs à l'affiche.

MUSÉE EN PLEIN AIR

Boulevard du Rectorat 1
✆ +32 4 366 22 20
www.museepla.uliege.be
Ouvert tous les jours et les jours fériés. Gratuit.

Fondé en 1977, ce musée en plein air se situe sur le campus universitaire du Sart-Tilman et s'étend sur plus de 700 hectares. Avec une collection comptant plus de 110 pièces monumentales, le musée offre, au sens littéral, une bouffée d'air frais aux amateurs de sculptures contemporaines. Ces dernières peuvent se trouver au détour d'un chemin dans les bois ou s'intègrent à l'architecture des bâtiments. Le gros avantage de ce type de musée, c'est que vous n'avez aucune contrainte d'horaires ou de tarifs puisqu'il est accessible 24h/24, toute l'année et gratuitement.

MUSÉE DE LA VIE WALLONNE ★

Cour des Mineurs ✆ +32 4 279 20 31
www.provincedeliege.be/viewallonne
Ouvert du mardi au dimanche de 9h30 à 18h. Adulte : 5 €. Enfant : 3 €. Senior, étudiant : 4 €.

Un regard original et riche sur la Wallonie du XIXe siècle à nos jours : des objets de la vie quotidienne, une bibliothèque, des archives et du multimédia. 100 000 pièces illustrant l'artisanat, l'outillage, les vêtements, les accessoires de mode, l'industrie, l'ameublement et le folklore. Des spectacles de marionnettes liégeoises tous les mercredis et dimanches. Le bâtiment vaut le détour, pour son architecture exceptionnelle et son annexe en verre moderne parfaitement intégrée à l'ancien bâtiment. Le Cloître vous accueille pour une pause gourmande.

MUSÉE GRÉTRY

Rue des Récollets 34
✆ +32 4 343 16 10
lesmuseesdeliege.be/musee-gretry/
Ouvert du vendredi au dimanche de 10h à 18h. Gratuit jusqu'à 26 ans. Adulte : 2,25 €.

Situé dans la maison natale du célèbre compositeur André-Modeste Grétry, le musée éponyme montre de nombreux objets personnels lui ayant appartenu. Ainsi, il nous fait prendre part à un authentique voyage dans le temps, au rythme du tempo du musicien, et nous invite au souvenir en proposant des portraits de l'artiste. On peut également y découvrir des instruments de musique du passé, comme le serpent, un instrument à vent grave. En 2013, Liège a fêté le bicentenaire de la mort du compositeur. A cette occasion, le musée a complètement été rénové.

MUSÉE DU LUMINAIRE [MULUM]

Rue Mère-Dieu
✆ +32 4 223 75 37
lesmuseesdeliege.be/mulum/
Jeudi et vendredi de 10h à 18h ; le week-end jusqu´à 17h [fermé dernier WE du mois]. Gratuit - 26 ans. Adulte 2,25 €.

Cette collection dans une maison de style du XXe siècle, retrace de la préhistoire à aujourd'hui, plus de 500 000 ans de techniques d'éclairage. De la lampe antique à bec latéral et mèche de coton à l'éclairage à la chandelle au début de notre ère, en passant par le gaz d'éclairage à la fin du XVIIIe siècle sans oublier notre actuelle et bien pratique électricité, on en apprendra beaucoup sur ces inventions qui ont toutes eu un usage quotidien. Une visite éclairée !

MUSÉE TCHANTCHÈS

Rue Surlet 56
✆ +32 4 342 75 75
www.tchantches.be
Le mardi de 14h à 16h ; le jeudi de 14h à 16h et pendant les représentations mercredi et dimanche. Ticket : 3,50 €.

Tchantchès, idole de Liège, possède son musée-théâtre. C'est tout petit mais suffisant pour découvrir le folklore liégeois. Il fut créé en 1947 pour présenter les premiers costumes et étendards. En 1960, ce sont des marionnettes qui les rejoignent. Par la suite, des documents, des photos et des objets relatifs à ce sujet entrent dans le musée. Le dimanche à 10h30 et le mercredi à 14h30, les marionnettes prendront vie afin de faire une petite représentation théâtrale assez drôle ! Il y a également un bar qui sert un bon péket, la boisson préférée de Tchantchès.

PALAIS DES PRINCES-ÉVÊQUES ★★

Place Saint-Lambert

L'imposante façade du Palais des princes-évêques domine la place Saint Lambert, cœur historique de la ville, qui se trouve sur l'emplacement de l'ancienne cathédrale Notre-Dame-et-Saint-Lambert, immense édifice gothique détruit par les révolutionnaires liégeois en 1793. Il ne se visite que pendant les journées du Patrimoine mais la première cour est libre d'accès. L'ancienne résidence des princes-évêques est aujourd'hui un bâtiment composite datant pour l'essentiel des XVIe, XVIIe et XIXe siècles et résultant de son histoire mouvementée. Un premier palais fut édifié vers l'an 1000 par Notger, premier prince-évêque de Liège mais ce palais fut détruit dans un incendie en 1185. La deuxième construction, fortement abîmée après le sac de 1468 par les Bourguignons, subit le même sort en 1505. C'est à Érard de la Marck, prince-évêque de 1505 à 1538 et grand seigneur de la Renaissance, que l'on doit la majeure partie du palais actuel, réédifié entre 1526 et 1536. L'intérieur de l'édifice s'enrichit ensuite de tapisseries, meubles… Mais, lors de la révolution liégeoise de 1793, le palais est pillé et abandonné. Une importante restauration est menée en 1849 et le palais est choisi pour accueillir le conseil provincial. Une nouvelle façade, à l'ouest, est réalisée en style néogothique, comportant des statues et bas-reliefs à la gloire des personnalités illustres et des grands moments de l'histoire liégeoise. Ces prestigieux bâtiments sont aujourd'hui occupés par le palais provincial.

GEORGES SIMENON

Georges Simenon est né à Liège le 12 février 1903. Au sein de sa famille, une scission s'est très vite opérée. En 1919, le jeune homme déniche un travail de reporter à *La Gazette de Liège*. Et durant quatre ans, il y récolta de précieuses informations pour ses futurs romans. En 1922, il part tenter sa chance à Paris. En 1924, les activités de Georges Simenon sont florissantes : 200 romans et 17 pseudonymes. Ce n'est qu'en 1931 qu'il lance le fameux commissaire Maigret.

A la fin de sa carrière, Georges Simenon écrivit aussi une vingtaine de volumes intitulés *Les Dictées* et, plus tard encore, *Les Mémoires intimes*. Il s'est éteint dans la nuit du 3 au 4 septembre 1989.

PREHISTOMUSEUM ★

Rue de la Grotte 128 - **FLÉMALLE**
✆ +32 4 275 49 75
www.prehisto.museum

Fermé le lundi. Week-end, fériés et vacances, de 10h à 18h ; 17h en semaine. Adulte : 15 €. Enfant (3-12 ans) : 9 €.

Un véritable voyage dans le temps qui nous ramène à l'époque de nos plus lointains ancêtres. Dans un espace de plus de 30 hectares, le site accueille petits et grands au travers d'un parcours ludique et décalé. L'espace d'exposition de plus de 2 000 m² (ainsi que le centre de recherche) offre un panel d'une vingtaine d'expositions et d'ateliers, encadré par un accueil professionnel de la part d'archéologues passionnés. Apprenez à chasser ou perdez-vous dans le labyrinthe de l'évolution au sein d'un parc Natura 2000 sans oublier la visite de la grotte de Ramioul.

PALISS'ART

Créé sur l'initiative de l'échevinat de la culture en collaboration avec l'ASBL Spray Can Art, Paliss'art est à l'origine de la création de près de soixante-dix œuvres de street-art dont une trentaine subsistent encore aujourd'hui (et d'autres s'y ajoutent chaque année). C'est donc un véritable parcours d'art urbain à découvrir dont beaucoup d'impressionnantes murales. Parmi les plus iconiques : *L'Homme de la Meuse* de Sozyone Gonzales sur les quais de la Boverie ou le *Pigeon géant* d'Adèle Renault, rue de l'Étuve. Une manière de découvrir Liège autrement.

SPRAY CAN ARTS

Rue En Bois 6
✆ +32 477 17 91 67
spraycanartsasbl.be

Programmation sur la page Facebook.

Spray Can Arts est une association active depuis environ 15 ans dans le secteur des arts urbains. Elle s'intéresse aux arts plastiques (graphisme, peinture, graff…) mais également à la musique et à la danse. Elle se positionne comme une plate-forme d'échanges et de diffusion de *street art* à l'échelle européenne. L'Asbl occupe et anime la Centrale des Arts Urbains, un espace de 1 000 m² qui rassemble une salle d'exposition, des ateliers d'artistes et un studio d'enregistrement (avec locaux de répétition) et organise des concerts.

PLACE DU MARCHÉ ET PERRON ★★

Place du marché

La place du Marché est très conviviale quand il fait beau et que les terrasses sont bondées. L'ensemble des maisons, datant pour l'essentiel du XVIIe siècle, est d'une belle cohésion. On distinguera en particulier l'hôtel de ville, achevé en 1718 à l'emplacement de boutiques qui avaient brûlé lors du bombardement de 1691 par les troupes de Louis XIV. On le surnomme encore « La Violette », en souvenir de l'ancienne maison, à cet endroit, où se réunissaient bourgmestres, conseillers et gouverneurs des « 32 bons métiers » (corporations privilégiées) du XVIIe siècle. Ses salons se visitent exceptionnellement, et la salle des Pas Perdus est libre d'accès.

▶ **Le Perron.** Situé au centre de la place, il est le symbole des libertés liégeoises. Ses origines sont floues... Peut-être fut-il au départ un pilori. Que le Perron soit devenu essentiellement le symbole de l'autonomie liégeoise ne fait plus de doute à partir de 1468, lorsque Charles le Téméraire, duc de Bourgogne, prend Liège, rase la ville et – humiliation suprême – confisque le Perron et le fait transporter à Bruges. En 1477, à la mort du Téméraire, Marie de Bourgogne renonce à ses prétentions sur la principauté de Liège et fait rendre le Perron à la ville. Ce dernier fut reconstruit au XVIe siècle après une tempête ayant abattu l'ancien monument qui remontait au XIIIe siècle. En 1697, le sculpteur Jean Del Cour embellit le sommet en y plaçant le groupe des Trois Grâces soutenant une pomme de pin crucifère.

© MARC VERPOORTEN-VILLE DE LIEGE

WALLONIE

TRÉSOR DE LA CATHÉDRALE SAINT-PAUL 🏛 ★

Rue Bonne Fortune 6
✆ +32 4 232 61 32
www.tresordeliege.be
Ouvert du mardi au samedi de 10 à 17h, le dimanche de 13 à 17h. Adulte : 8 €.

Situé autour du cloître, le Trésor de la cathédrale est aussi celui des sept collégiales de Liège. La collection s'étale sur trois étages : orfèvreries, ivoires, manuscrits, sculptures, peintures et textiles. Entre autres pièces exceptionnelles : l'Ivoire des Trois Résurrections, le reliquaire de Saint-Lambert ou celui de Charles le Téméraire. Des concerts, spectacles et conférences animent le saint lieu toute l'année. Les visites guidées, recommandables, sont truffées d'anecdotes.

TRINKHALL MUSEUM 🏛

Parc d'Avroy ✆ +32 4 222 32 95
trinkhall.museum
Du mardi au dimanche de 10h à 18h. Adulte : 7 €. Demandeur d'emploi, étudiant et enfant : 3 €. -12 ans : gratuit. Café.

Posé au milieu du Parc d'Avroy, ce musée d'art contemporain ouvert en 2020, et successeur du MADmusée, vaut le coup d'œil, d'abord pour son architecture tout en courbes et transparence. Ensuite pour sa collection pas comme les autres puisque les artistes exposés sont porteurs d'un handicap mental. Lié depuis longtemps au Créahm, une association qui met en valeur les formes d'art produites par des personnes handicapées mentales, le Trinkhall repousse les frontière de l'art pour explorer des terrains plus humains où l'expression artistique prend un autre sens.

AMOSA LIÈGE HÔTEL 🛏 €€

Rue Saint-Denis 4-6
✆ +32 4 331 93 35
www.amosaliege.be
18 chambres (sans ou avec petit déjeuner). Chambre double à partir de 65 € (98 € avec petit déjeuner pour 2).

Cet hôtel de luxe est installé dans le quartier de la place Saint-Étienne. On parle bien de luxe, car ses trois étoiles en valent facilement quatre (et même plus), vu le niveau de confort ! Original, toutes les chambres ont une salle de bains ouverte et disposent de nombreux éléments de confort ainsi que de mobilier design : douche à l'italienne, tv extra-large, mini-bar, appels gratuits en Belgique, fauteuils cygne... Au rez-de-chaussée, le restaurant Sava Nature's Cuisine vaut également le déplacement pour sa cuisine argentine.

CHEZ MAMY €€

Rue de la Boucherie 7
✆ +32 4 266 48 84
www.chezmamy.be
A partir de 90 € la chambre double, +12 € le petit déjeuner.

C'est tout petit et on s'y sent de suite bien, comme à la maison. Caroline propose 4 chambres doubles avec salle de bain privative très trendy avec poutres apparentes et déco sobre, un peu surprenantes mais de bon goût, dans une maison du XVIIIe siècle de caractère, typique du vieux Liège, avec des poutres et murs apparents. A noter que Chez Mamy, on mange aussi de succulents petits déjeuners et des bagels bien complets. Le week-end, un brunch (œufs, crêpes, pancakes, salade de fruit...) est servi. Il est possible de s'attabler à l'extérieur sur la terrasse.

TCHANTCHÈS

Une marionnette, célèbre dans la Cité ardente, résume les traits de caractère du Liégeois. C'est Tchantchès (François, en wallon), une marionnette traditionnelle liégeoise et symbole de la ville. Vêtu de sa casquette et de son sarrau bleu, il personnifie le Liégeois frondeur, bon enfant, toujours prêt à s'enflammer. Sa verve caustique en a égratigné plus d'un, avec sa langue qu'il ne sait pas tenir en poche, ce qui lui a valu à maintes reprises de se fourvoyer dans des situations inextricables. Selon la légende, il serait né entre deux pavés dans le quartier populaire d'Outremeuse de Liège, et aurait pour compagne Nanesse (Agnès, en wallon).

PENTAHOTEL LIÈGE €€

Boulevard de la Sauvenière 100
✆ +32 4 221 77 11
105 chambres. Chambre double à partir de 75 € sans petit déjeuner (86,50 € avec). Parking.

Cet hôtel 4-étoiles est sans aucun doute l'une des plus belles propositions d'hébergement sur la ville : déco soignée, branchée et très *lifestyle*. Des fauteuils en cuir, des feux ouverts, des salons confortables et un grand bar avec un billard, à la lumière feutrée, qui anime agréablement l'espace. A l'étage, des chambres très confortables, spacieuses et bien équipées, certaines suites avec Baby foot et autre équipement fun. Un restaurant propose des produits régionaux, mais aussi un fameux pentaburger dont la viande est un régal. Salle de fitness high tech.

VAN DER VALK CONGRÈS €€

Esplanade de l'Europe 2
✆ +32 4 244 12 00
www.congreshotelliege.be
219 chambres. A partir de 106 € la double avec petit déjeuner buffet (76 € sans petit déjeuner). Parking.

Ouvert en 2018, ce nouvel hôtel 4 étoiles « bleisure » (*business* et *leisure*) propose de nombreuses chambres plutôt neutres pour les clients en voyage d'affaires (Palais des Congrès voisin), et dispose d'un spa magnifique (piscine intérieure, sauna, hammam, bain bouillonnant, salle de fitness). Et de plusieurs restaurants : Le W (cuisine raffinée) ; la brasserie (plats belges) ou encore l'Italian Corner (pizzas et pâtes). La surprise, c'est le SkyBar, qui offre une vue panoramique sur la Cité ardente du 10e étage, pour siroter un cocktail.

RADISSON CITY CENTRE €€

Rue des Bons Enfants 12
✆ +32 4 230 40 50
Chambre double à partir de 80 €, à partir de 140 € pour les suites, sans petit déjeuner.

Idéalement situé près de la place Saint-Lambert, cet hôtel ouvert depuis début 2022 est le premier en Belgique du concept « City Centre » du groupe Radisson. Le pitch ? Des hôtels de taille moyenne, accueillants, pas guindés pour un sou, sans compromission sur le confort et offrant une large gamme de chambres pour différents budgets et différents types de voyageurs. A l'intérieur, le bois règne en maître jusque dans les chambres aux tons apaisants de bleu, gris et vert. Personnel adorable et petit déjeuner qui fait au possible la place aux produits locaux. Royal.

YUST €€

Esplanade Simone Veil 2
✆ +32 4 295 57 50
www.yust.com/liege
Dortoir dès 25 €, double dès 75 €, studio dès 96 €, long séjour dès 950 €/mois hors charges. Restaurant, gym et rooftop.

Ouvert en mai 2022 près des Guillemins, le Yust est un hôtel à vivre. D'abord, il y a le design : extravagant et léché. On en prend plein les yeux avec de grands espaces mêlant à la fois l'industriel et le vintage. Hôtel hybride, il propose dortoirs, chambres privées mais aussi studios super équipés pour des séjours de longue durée (de quoi séduire les digital nomads) à la déco tout aussi soignée. Un large et confortable espace coworking est à disposition des résidents et le joli bar-restaurant n'a pas à rougir de ses prestations. Du coup, difficile de le quitter.

HÔTEL HORS CHÂTEAU €€€

Rue Hors Chateau 62
✆ +32 4 250 60 68
www.hors-chateau.be
9 chambres. Chambre simple à partir de 79 € ; double 109 € ; suite 149 €. Petit déjeuner : 14 €. Parking.

Située dans le cœur historique de la belle cité ardente, cette bâtisse du XVIIIe siècle possède un charme fou. Dévoilant de véritables trésors architecturaux, comme ses vieilles briques et ses colombages laissés visibles, elle offre un cadre mêlant le cachet de l'époque aux couleurs et textures contemporaines. Ainsi, cet petit hôtel trois étoiles vous propose neuf chambres, toutes différentes et personnalisées, alliant modernité et meubles de caractères, misant sur des éclairages travaillés, dont une très jolie suite, et un service rapproché de haut niveau.

HÔTEL NEUVICE €€€

Rue Neuvice 45
✆ +32 4 375 97 40
www.hotelneuvice.be
A partir de 100 € la chambre double. Petit déjeuner 17 € par personne.

Située à côté de l'hôtel de ville, la rue Neuvice est dédiée à l'art, à l'écriture et à la culture. L'hôtel Neuvice occupe trois bâtiments du XVIIIe siècle articulés autour d'une cour intérieure. Voltaire, Diderot et Marmontel connaissaient ce lieu pour sa production de contrefaçons, car c'était la résidence du libraire et imprimeur, Jean-François Bassompierre ! Le petit déjeuner est servi dans son atelier, deux caves du XVe siècle rénovées. L'hôtel ne compte que dix chambres, sobres et élégantes, insonorisées et climatisées, avec TV.

GRAND MAISON €

Quai de la Goffe 37
grandmaison.be
Ouvert du lundi au jeudi de 8h à 15h.

Dans cet établissement installé dans une maison ancienne, on se rend avant tout pour boire un bon café, mais pas seulement. En effet, on y déguste aussi des préparations maison qui varient pratiquement tous les jours. Pour les réaliser, les patronnes utilisent de la marchandise locale et/ou bio. Il y règne une ambiance décontractée sans prise de tête, un peu bobo, et qui donne envie d'y rester un peu plus que prévu. Le tout en fait un endroit vraiment sympa où l'on prendrait vite ses habitudes. Et la terrasse n'est pas faite pour nous déplaire !

12-30 €

Boulevard du Douai 18
✆ +32 4 342 22 42
www.12-30.be
Ouvert du lundi au vendredi de 11h30 à 15h. Carte : 15,50 € environ. Terrasse. Wi-fi gratuit.

Attention, concept original ! L'idée est simple : on compose sa salade comme bon nous semble. On choisit la base (iceberg, roquette, riz, pâtes, quinoa,...) ensuite la vinaigrette et les ingrédients qui en feront une merveille. Le choix est vaste parmi des produits frais (tomates, avocat, pignon de pin, feta, lardon, poulet, aubergines grillées, noix...). Quelques suggestions sont au tableau comme la salade César avec sa vinaigrette particulière aux anchois. L'endroit, avec ses allures industrielles, est un lieu de passage idéal pour un lunch rapide et sain.

AMOUR, MARACAS & SALAMI €

Rue sur la Fontaine 78 ✆ +32 4 287 01 31
www.amourmaracasetsalami.com
Ouvert du lundi au vendredi de 11h à 16h ; le vendredi jusqu'à 23h30. 20 € par plat maximum. Terrasse sur le toit.

C'est Antoine Pichault et sa compagne qui ont repris le restaurant que les parents avaient fondé il y a plus de 35 ans. On sent la fibre artistique du couple dans cette maison faite de coins et recoins et meublée façon brocante. Lui est au fourneau, elle dans la salle et c'est dans une ambiance conviviale qu'on vous sert des plats qui tiennent chaud car mijotés avec amour : aubergines farcies, boulettes à la grecque ou encore *zuppa* pour les végans, personne n'est oublié dans la courte carte de ce café-resto. Le vendredi, c'est café-concert, sans oublier les expos.

LE BRASILIA €

Rue Pont-d'Avroy 44
✆ +32 4 232 10 05
Ouvert tous les jours 24h/24. Carte : 30 € environ. Terrasse.

Cette brasserie à la bonne franquette, immuable depuis les années 1970, est ouverte 24h/24, 7jours/7. Une institution, surtout pour les noctambules, mais aussi pour les petits papys qui viennent se rappeler aux bons souvenirs ici. Le décor, immuable, nous donne l'impression d'être dans la cabine d'un capitaine en pleine expédition en mer. On y sert des double boulets (deux boulets liégeois au lieu d'un) honnêtes, des salades, croques, vols-au-vent, potées, grillades, burgers… Le tout servi copieusement, arrosé de frites, de bonnes bières belges et à prix syndical.

GREEN BURGER €

Rue du Pont 13
✆ +32 4 358 76 13
www.greenburger.be
Mar-jeu, 12h-21h ; 22h le sam, 21h le dim ; lun et ven, 12h-15h et 17h-21h (22h ven). Menus dès 15 €.

Ce restaurant fait de bois brut et de matériaux recyclables, à la lumière tamisée et à l'ambiance familiale est une véritable merveille. Ici, tous les burgers sont 100 % végétaliens et font exploser vos papilles tant les saveurs sont incomparables. Fini la *junk food* carnassière ! Tous peuvent être servis en option sans gluten avec un pain adapté. Seuls ou accompagnés de potatoes savoureuses et d'une boisson bio, ces burgers arrivent à rassasier les estomacs les plus gourmands. Une nouvelle composition est proposée chaque mois.

LA TRAVIATA €

Rue Auguste Buisseret 28
✆ +32 4 224 49 89
www.traviata-guillemins.be
Du mercredi au vendredi 12h-13h45 et 18h-21h15 ; le samedi, que le soir. Pizzas de 8,50 € à 15,50 €. Terrasse.

La salle à manger de ce restaurant sicilien est vaste, lumineuse et colorée sans trop de fioritures. L'accueil est souriant et convivial. Ici, on travaille en famille. Aux fourneaux, le patron propose du 100 % fait maison, comme les pâtes fraîches à la sicilienne : spaghettis à l'encre de seiche ou aux poulpes ou les célèbres *Ricci di mare* (aux oursins). Michaël, le fils pizzaïolo, décline ses pizzas au feu de bois sous des appellations lyriques : Vivaldi, Rigoletto, Norma... Signe qui ne trompe pas : les Transalpins y sont régulièrement attablés.

MÉTISSES €

En Roture 70
✆ +32 4 342 22 92
www.metisses.be
Ouvert tous les jours de 18h à 23h. Plats de 17 € à 20 €.

Deux patronnes très courageuses qui se sont lancées dans ce projet original et exotique qui change de la cuisine liégoise. Ndeye Mour N'diaye est sénégalaise et maîtrise parfaitement sa cuisine : acras, poulet moambe ou oclombo, canard à la mangue, thieboudienne, dorades grillées aux herbes du Sénégal... Le soleil (même en plein hiver) et les saveurs de l'Afrique et des Caraïbes se retrouvent dans l'assiette, copieuse, appétissante et abordable. Côté service, c'est Fabienne Servais qui conseille les hôtes. De plus, le cadre aux allures métissées est très mignon.

BISTRO N HOME €€

Rue Hors-Château 62
✆ +32 4 221 39 74
Du mardi au dimanche, 19h-22h (22h30 le dimanche). Mercredi et vendredi, 12h-14h. Menus de 35 € à 46 €. Terrasse.

C'est cosy et chaleureux et la carte offre des plats d'inspirations française et méditerranéenne. Le chef est d'ailleurs importateur de truffes et d'huiles d'olives italiennes et n'hésite pas à en parfumer ses assiettes. Le petit bonheur supplémentaire, ce sont les tarifs qui ne gonflent pas, malgré des produits nobles dans l'assiette. En ce lieu, il n'y a pas vraiment de plat à la carte, on vous proposera plutôt l'une des formules offrant le choix entre deux à sept plats, vous élaborez vos entrées, plats ou desserts parmi la liste proposée.

AU POINT DE VUE €

Place Verte 10
✆ +32 4 223 64 82
www.brasserie-aupointdevue.be
Ouvert tous les jours non-stop de 8h à 23h (23h30 le week-end). Boulets 2 pièces 14 €, lapin liégeois 19 €.

Depuis 1971, le Point de Vue porte bien son nom pour contempler l'Opéra et l'agitation locale. Le bâtiment est une ancienne gare de diligence datant de 1652 ! Ici on a l'amour de la cuisine liégeoise traditionnelle et des produits de qualité. La vaste carte propose toutes les spécialités, dont les boulets, servis en cocottes, le lapin à la liégeoise (baies de genévrier, sirop de liège et pèkèt), et les asperges, déclinées en recettes. L'endroit est aussi connu pour les plateaux de zakouski à l'apéro. Très chouette terrasse et toute nouvelle véranda été-hiver.

LE BISTROT D'EN FACE €€

Rue de la Goffe 8-10
✆ +32 4 223 15 84
www.lebistrotdenface.be
Ouvert du mercredi au vendredi et le dimanche, midi et soir jusqu'à 22h ; le samedi juste le soir. Carte : 40 € environ.

Voici près de 20 ans que Thierry Marée est aux commandes de ce bistrot lyonnais à la sauce liégeoise. Un décor chaleureux de cette chaumière avec ses poêlons et marmites de cuivre. Assis sur l'une des banquettes en bois, on se laisse tenter par du museau de porc rémoulade, les véritables boulets à la liégeoise parmi les meilleurs de la cité, le jambonneau cuit au four... A tester absolument, l'œuf cocotte truffé et ses mouillettes au foie gras, un véritable délice. Une belle carte de plats traditionnels qu'on arrose de bons crus ou de pots lyonnais.

LA CHARBONNADE €€

Rue Roture 5
✆ +32 4 343 11 72
Ouvert du mercredi au dimanche de 18h à 23h. Menu unique à 33 €. Carte : 25 € environ.

Dans la rue Roture, ce restaurant dégage un charme fou. Ambiance tamisée et intime pour une salle à manger où s'impose un feu ouvert. Les spécialités sont bien évidemment les charbonnades avec au choix : bœuf, volaille, agneau ou mixte. Le tout est accompagné d'un succulent gratin dauphinois, de sauces et de crudités. D'autres plats sont à la carte, comme un magret de canard grillé sauce au miel et à la lavande ! Les gros appétits pourront opter pour le menu trois services avec en plat de résistance la charbonnade de leur choix.

LES FOLIES GOURMANDES €€

rue des Clarisses 48 ✆ +3242231644
www.lesfoliesgourmandes.be
Du mardi au samedi de 12h à 14h et de 19h à 22h ; le dimanche de 12h à 14h. Menus de 20 € à 48 €. Jardin. Terrasse.

Dans un cadre élégant, le chef Philippe Burton, propose des plats gastronomiques classiques mais bien réalisés : bar rôti sur sa peau, mousse aux herbes, pommes de terre nouvelles et beurre blanc, gigotin de pintadeau, sauce homardine, mousseline de pommes de terre… Il a même élaboré, depuis plusieurs années maintenant, un menu minceur, pauvre en calories. Certes, ce n'est pas notre préféré, mais ça peut aider certaines personnes qui tiennent à calculer leurs calories quotidiennes. C'est l'un des rares restos de gastronomie française à Liège qui tient la route.

COMO EN CASA €€

Rue Hors-Château 76
✆ +32 4 232 00 04
www.comoencasa.be
Ouvert du lundi au samedi de 19h à 21h. Carte : entre 10 € et 15 €.

La déco industrielle de ce resto bio a des allures quelque peu vintage. Très spacieuse et aérée, elle propose des tables bien séparées et offre aux artistes ou collectionneurs la possibilité d'exposer leurs trésors ou œuvres. On y est simplement, mais sincèrement accueilli avec le sourire. La philosophie de l'endroit, c'est le *slow food*, l'utilisation de produits bio et de saison, avec un parti pris végétarien et même vegan. Comme pour tordre le cou aux clichés, la cuisine y est raffinée, les assiettes agréablement soignées et les prix, tout doux.

FRÉDÉRIC MAQUIN €€

Rue des Guillemins 47
✆ +32 4 253 41 84
restaurantfredericmaquin.eatbu.com/
Ouvert du vendredi au dimanche le midi et soir jusqu'à 22h. Menus de 39 € à 55 €. Carte : 28 € environ.

Frédéric Maquin fait partie de ces hommes discrets, concentrés et perfectionnistes parmi les chefs les plus en vue de Liège. La carte change régulièrement en fonction des saisons, accompagnée d'une suggestion du moment. Inventive, imaginative, elle revisite les classiques. On peut citer des plats à l'image de sa cuisine, comme la pièce d'agneau rôtie au four, ses tagliatelle à la tartuffada, céleri rave, betterave, purée de topinambour, ou le filet de Saint-Pierre sur peau, avec ses haricots extra fins, alcaparons, citron confit, tomates marinées.

LA CUISINE DE YANNICK €€

Féronstrée 111
✆ +32 499 21 42 05
Ouvert du mercredi au samedi le midi et le soir ; le dimanche midi. Carte : 40 € environ.

Yannick est ce qu'on appelle un saucier traditionnel. Pour le gibier il fait ses fonds avec les os concassés et il lie ses sauces au sang : le résultat est tout simplement divin. On y sert une vraie cuisine traditionnelle et de terroir aux accents franco-belges. Comme le lièvre à la royale qui demande une préparation fastidieuse qui l'a vu disparaître de la plupart des cartes de nos restaurants. On pourrait même parler de cuisine « de musée », tant elle fait partie du patrimoine. Mais Yannick adapte aussi sa carte au marché et aux saisons.

YAKA AFROTORIA €€

Rue de la Madeleine 33
✆ +32 465 41 23 63
www.yaka-liege.be/
Du mercredi au dimanche le midi et du mardi au samedi le soir. Plats aux alentours de 19 €.

C'est Aris Kumeso Mateta et sa sœur Pricilla qui ont lancé cette trattoria où les saveurs de l'Afrique subsaharienne se retrouvent. Côté salle, on est loin du cliché restaurant ethnique. Il s'agit d'une ancienne pharmacie de la Belle Époque avec tout le charme d'alors où sont disposées ici et là quelques touches de déco rappelant l'Afrique : masques, tissus… Côté assiette, on y retrouve des ailerons de poulet, des kamundele congolaises, le poulet yassa sénégalais, le mafé de bœuf sauce moambe… en portion généreuse. Un festival de saveurs ! Coin épicerie.

L'ÉCAILLER €€€

Rue des Dominicains 26
✆ +32 4 222 17 49
www.lecailler.be
Ouvert du mardi au samedi le midi et le soir. Menu unique à 45 €. Carte : 50 € environ.

Eddy Deketelaere est aux commandes de cette référence du paysage gastronomique liégeois. Salle de brasserie traditionnelle Art déco et pour les beaux jours revenus, une joie terrasse. La cuisine propose le homard dans diverses versions. La carte évolue au fil des arrivages et des saisons. Sur le plateau de fruits de mer, se côtoient huîtres, clams, palourdes, moules, langoustines, demi-tourteaux, crevettes et bigorneaux. On apprécie aussi les croquettes de crevettes grises, considérées comme les meilleures de la cité, mais également le véritable café liégeois.

MOMENT €€€

Rue Bonne-Fortune 17
✆ +32 4 267 41 91
www.moment-liege.be
Ouvert mercredi soir et du jeudi au samedi le midi et le soir. Menu : 75 €. Formule midi : 40 €. Jardin. Terrasse.

Voici un hôtel de maître transformé en bar à vins de France et du Monde : près de 70 références à la bouteille et 25 au verre. La déco de la salle fait dans la récup' chic dans un ensemble cosy et tendance. De là, la cuisine ouverte propose un *show cooking* permanent (à visiter si on le souhaite), ainsi que la légumerie. A la carte, des *momenties*, tapas mêlant cuisine française et méditerranéenne et une carte bistronomique : « celerisotto », ris de veau de coeur, parmesan et truffe ; poularde de Bresse, vin jaune, morilles. Les plats veggies ne sont pas en reste.

LE THÈME €€€

Impasse de la Couronne 9
✆ +32 4 222 02 02
www.letheme.com
Ouvert du mardi au samedi le soir. Menus de 45 € à 53 €. Menus 3 ou 5 services.

Depuis trente ans, Le Thème fait le *buzz*. Et pour cause : Michel Bebelman change son « thème » tous les deux ans, en collaboration avec une équipe de décoratrices. L'atmosphère y est chaleureuse, romantique et la cuisine originale, fine et bien adaptée aux thématiques. Les menus changent tous les mois, toujours en accord avec le cadre du moment et accompagné de leur sélection de vins à l'accord parfait. Car le maître des lieux est sommelier de formation. On y va en amoureux pour partager un moment hors du monde et hors du temps.

ARTISOKO

rue du Mouton blanc 4
✆ +32 4 264 47 72
artisoko.be
Ouvert du mardi au jeudi de 17h à 23h30 ; le vendredi et le samedi de 12h à 23h30.

Voilà le lieu parfait pour prendre l'apéritif, pourquoi pas après une session shopping rue Pont-d'Avroy et rue du Pot-d'Or. Branché juste ce qu'il faut avec son look Art déco et son nom en néon à l'intérieur, disposant d'une terrasse, on comprend vite pourquoi l'établissement est populaire chez les jeunes adultes liégeois. La carte propose des vins et cocktails mais aussi des planches apéritives composées de beaux produits italiens et des plats à partager d'inspiration méditerranéenne. Le service est particulièrement prévenant.

BRASSERIE SAUVENIÈRE

Place Xavier Neujean 12
✆ +32 4 220 20 99
www.grignoux.be
Du lundi au vendredi de 11h à 1h ; le samedi de 13h à 2h ; le dimanche de 12h à 23h. Cuisine ferme à 21h. Terrasse.

Super chouette endroit dans un cadre contemporain, idéal pour boire un verre entre amis ou en tête-à-tête... avant ou après un film au cinéma Sauvenière. Ou tout simplement quand l'envie vous le dit. La carte des boissons est très complète, y compris de nombreux vins bio et une gamme de *pékèts*. Si vous avez faim, n'hésitez pas à commander l'un des plats à la carte ou sur le tableau de suggestion, ils sont délicieux ! La cheffe étant végétarienne, les propositions ne manquent pas de ce côté-là. Les Grignoux ont aussi leur bière... éponyme et joliment ambrée.

BRASSERIE TOUSSAINT

Rue Ernest de Bavière 1
✆ +32 4 343 69 98
Ouvert de 9h à minuit tous les jours.

Ce café mythique de plus d'un siècle a tout pour séduire avec ses boiseries et ses baies vitrées dans un style ancien et distingué. C'est l'un des plus beaux cafés historiques de Liège. L'ambiance y est très particulière, calme et festive à la fois. Deux grands billards sont disposés dans le fond du café et n'attendent que les amateurs. On y retrouve aussi des joueurs d'échecs à toute heure. Et pour ceux qui ne sont pas billard mais plutôt pétanque, le café met aussi ces boules-là à disposition pour aller jouer sur les terrains de la place de l'ancien théâtre.

CAFÉ RANDAXHE

chaussée des Prés 61

✆ +32 477 40 69 89

Ouvert tous les jours de 8h à 00h.

À quelques pas du Théâtre de la Place, le Randaxhe est un petit café typique d'Outremeuse et une véritable institution du quartier. La maison a été bâtie en 1896 et le café date de 1917, tout juste un siècle ! Meublé à l'ancienne (le décor est inchangé depuis 1969), l'intérieur dégage une ambiance qui rappelle les romans de Simenon. Dès les beaux jours, l'immense et belle terrasse toujours bondée attire habitants du quartier comme touristes et artistes liégeois. Plusieurs bières sont proposées à la pression, dont le fameux scotch CTS.

LA GRAND POSTE

Quai Sur - Meuse 19

www.lagrandposte.be

Tous les jours de 11h à minuit.

La Grand Poste, c'est LE gros projet de ces dernières années à Liège. Dans l'ancien Hôtel des Postes, bâtiment datant de 1901, ont été aménagés : un espace de co-working, un food court sur deux étages, un espace pour les start-up et une micro-brasserie, la Brasserie de Liège. D'ailleurs, en entrant, votre nez sera saisi par les effluves de houblon et de levure ! Il y a toute une flopée de bières maison de toutes sortes parmi lesquelles choisir. Installez-vous et frottez-vous aux étudiants en journalisme de l'ULiège qui ont cours ici. Rooftop ouvert le week-end.

LA COUR SAINT-JEAN

rue Saint-Jean-en-Isle 23

✆ +32 471 79 10 36

www.courstjean.be

Ouvert tous les jours, du lundi au mercredi de 11h à 4h, 5h le jeudi et 6h le samedi ; le dimanche de 19h à 3h.

Ouvert en 1987 par un professeur d'université, ce bar recouvrait une cour existante (d'où le nom). Aujourd'hui, il perpétue une ambiance immuable, un côté populaire et convivial et une qualité de musique éclectique. Il attire les oiseaux de nuit jusqu'à 6h du matin ! Le système de débit de bière est ici constitué d'une chambre froide qui refroidit les fûts à 2 °C et un mélange d'azote et de CO_2 qui rend la bière plus digeste et la mousse plus épaisse. Le week-end, on y croise aussi des moins jeunes qui y dansent aussi sur les tables.

LA MAISON DU PÉKÈT

Rue de l'Epée 2

✆ +32 4 250 67 83

www.maisondupeket.be

Ouvert tous les jours de 9h à 6h du matin.

Une institution liégeoise. Vous ne pouvez pas manquer ce lieu mythique derrière la place du Marché, dans un regroupement de demeures du XVIIIe siècle. Le lieu est à découvrir absolument, tout comme le breuvage local, *le peket*, du genièvre qui est décliné en une trentaine de parfums fruités... ou flambés. Mais la particularité de l'endroit, c'est qu'il est constitué de quatre entités (pékéterie, restaurant, bar à vin et club) reliées entre elles dans un dédale de pièces en enfilade où il est facile de se perdre ! Une terrasse est aussi très prisée à l'extérieur.

UNE GAUFRETTE, SAPERLIPOPETTE !

Rue des Mineurs 7

✆ +32 493 57 58 69

une-gaufrette-saperlipopette.be

Ouvert du mardi au dimanche, de 9h à 18h. Glacier à la rue des Airs.

Un de nos petits chouchous. Crêpes maison à la vanille ou à l'orange, bouquettes traditionnelles, mini gaufrettes de Liège au beurre et sucre perlé, madeleine… On a envie de tout goûter. Il faut dire que les vitrines et les ateliers à rue donnent envie. En face, le pain à l'honneur. Eric, le patron sélectionne lui-même les cultures céréalières d'un agriculteur liégeois. Les glaces et sorbets artisanaux (2019) et la cuisine avec frites et accompagnements (2021) complètent l'offre.

MAISON JEAN-MARIE

Passage Lemonnier 13

✆ +32 4 223 43 21

www.massepainjeanmarie.be

Ouvert du mercredi au samedi de 9h30 à 18h.

Ici, le spéculoos est roi, et le massepain est empereur. Comme gage de qualité, les recettes ancestrales sont transmises de père en fils depuis quatre générations. S'il y a une période à ne pas manquer pour venir ici, c'est autour de la Saint-Nicolas. En effet, environ deux mois avant les fêtes, ce sont plusieurs tonnes de pâte d'amande qui prennent la forme de cet homme à la longue barbe et à la mitre rouge. Le tout cuit à cœur, avec une épaisseur permettant de garder ce moelleux inimitable à l'intérieur. Une adresse à ne pas manquer !

WALLONIE

LE POT AU LAIT

Rue Soeurs de Hasque 9
✆ +32 4 222 07 94
www.potaulait.be

Ouvert du lundi au vendredi de 10h à 4h ; samedi de 12h à 4h ; dimanche de 14h à 00h. Terrasse.

Situé au fond d'une cour ouverte, le Pot au Lait, avec sa charmante terrasse, est incontournable. C'est vraiment plaisant de s'y retrouver en groupe même si l'endroit est bruyant. Entre musique alternative et reggae, décor complètement fou et changeant, on se mêle aux nombreux d'étudiants dont l'Université se trouve à deux pas. A voir absolument au moins une fois ! Pour le côté nostalgique, on se souviendra que le « Pot » fut l'un des tous premiers cybercafés du pays... un genre que les moins de vingt ans ne peuvent pas connaître !

BD LIÈGE

Rue des Carmes 14
✆ +32 4 221 04 93
www.bdliege.com

Ouvert le lundi de 14h à 18h ; du mardi au samedi de 10h à 18h ; le vendredi jusqu'à 20h.

Ce lieu est le point de rendez-vous des fanatiques de BD. Ici, on propose un très large choix de bandes dessinées. Pour les petits ou pour les grands, tous les styles y sont représentés (classiques, comics, mangas,...). On s'y presse pour dénicher les phylactères rares, les éditions originales ou limitées, des figurines.... Un rayon occasion de plus de 40 000 bandes dessinées complète l'offre. Parmi les autres particularités de la maison, on pointera un étonnant classement des œuvres par thématiques... un peu désarçonnant mais tellement plus pratique !

BRASSERIE {C}

Impasse des Ursulines 14
✆ +32 4 266 06 92
www.brasseriec.com

Ouvert du jeudi au samedi de 12h à minuit ; le dimanche de 11h à 23h.

La brasserie {C} a déjà un peu de bouteille, à l'instar de ses deux responsables, François Dethier et Renaud Pirotte. Le duo se présente avec un projet de microbrasserie au casting d'une émission télévisée destinée à soutenir les entrepreneurs débutants. Leur projet est récompensé et la Curtius (7 % vol.) et c'est le succès immédiat. Aujourd'hui, l'ancien béguinage du Saint-Esprit loge la brasserie et constitue le laboratoire de nos brasseurs, mais aussi un « brewpub ». Un vaste espace de dégustation, enrichi d'un agréable jardin en terrasses, y a été aménagé.

BY MICHÈLE CHOCOLATERIE

En bergerue 19
✆ +32 4 287 82 76

Ouvert du mardi au vendredi de 10h à 19h et le samedi de 9h à 18h.

Michèle Prunier, c'est la maman, qui, poussée par son fils Christophe, a ouvert sa chocolaterie en 2018 à Herstal. Ensuite, Christophe et Coralline, sa compagne, partent se former auprès de grands chefs avant de revenir à Liège et d'y ouvrir une seconde boutique. Chocolats, macarons et pâtisseries s'y disputent le comptoir. La base, c'est le chocolat équitable de Valrhona. D'autres ingrédients sont aussi locaux que possible (lait, fruits d'agriculteurs de la région...). Les chocolats d'origine sont subtilement alliés aux épices, herbes et fruits. Une réussite !

CARRÉ NOIR

En Neuvice 29
✆ +32 4 232 10 13
www.chocolat-carrenoir.be

Ouvert du mardi au samedi de 10h à 18h ; le dimanche de 10h à 14h.

Dans son atelier ouvert qui fait office de boutique, Mélanie Lemmens propose 10 chocolats d'origine bio et/ou équitable : la fameuse « moustache » en chocolat, la fleur ou le melo-cake et aussi le tube (ou le pot, soyons fous) Miss Cara'mel (une tuerie !). Mais aussi 15 sortes de pralines : thé noir à la violette, praliné maison, orangettes, gingembrettes... Le choix sera cornélien pour composer son assortiment. Avis aux plus gourmands, Mélanie organise régulièrement des ateliers pour tout savoir sur les secrets de la fabrication du chocolat en famille.

CULTIVARIUM

rue Pied-du-Pont-des-Arches 3
www.cultivarium.be

Ouvert du mardi au samedi de 10h à 18h et le dimanche de 11h à 15h. Pas de reventes le dimanche.

Ici, c'est la culture que l'on fait pousser et dans un cadre insolite : une bâtisse faite de coins et recoins où on trouve sur trois niveaux livres, BD, mangas, vinyles, CD, DVD et jeux de société de seconde main. Plus qu'une simple bouquinerie, c'est aussi un lieu d'expositions et des spectacles. D'ailleurs, la salle événementielle du sous-sol cache un trésor : les vestiges du Pont-des-Arches, construit vers 1026. Les enfants y sont particulièrement choyés avec une pièce dédiée et une serre pour que les DJ's en herbe puisse s'exercer.

WALLONIE

GALLER

Rue du Pot d'Or 2
✆ +32 4 221 30 50
www.galler.com
Ouvert du lundi au samedi de 10h à 18h.

On ne se lasse pas de ces bâtons de chocolats fourrés, du noir mangue-passion et l'indéboulonnable café liégeois. Autres spécialités : la gaufre chaude au praliné ou la glace au chocolat noir 70 %. A 16 ans, Jean Galler, en regardant son grand-père pâtissier depuis 1930, comprend que le chocolat sera sa vie. Il étudie la chocolatirie à Bâle puis travaille chez Lenôtre à Paris avant de fonder, en 1976, sa chocolaterie à Vaux-sous-Chèvremont. Fournisseur de la cour de Belgique depuis 1994, l'entreprise compte aujourd'hui plus de 2 000 boutiques, dont deux à Liège.

L'AN VERT

Rue Mathieu Polain 4
✆ +32 494 420 495
www.lanvert.be
Programmation en ligne.

Cet atelier d'art et d'essai alternatif est une association qui veut créer une émulation artistique aux carrefours des disciplines : spectacles, concerts, expositions, projections de films, danse, performances, expériences en tous genre, ateliers pour plasticiens, la programmation est variée. On vient volontiers assister à un vernissage, une jam de jazz un petit concert. Des rendez-vous réguliers comme des « slow session de jazz acoustique », « ukulélé sur Meuse », « carte blanche au conservatoire » méritent une petite halte nocturne.

LIBRAIRIE PAX

Place Cockerill 4
✆ +32 4 223 21 46
www.librairiepax.be
Ouvert le lundi de 10h à 18h30 ; du mardi au samedi à partir de 9h.

Cette librairie est une vraie institution liégeoise presque centenaire qui n'a cessé de s'agrandir. Elle occupe à présent plusieurs bâtiments en plein centre. Pourvue d'un vaste et lumineux rayon « Beaux-Arts », Pax permet aussi de belles découvertes sur une table où s'alignent les catalogues des plus belles expositions européennes. La librairie possède aussi son rayon « Arts de la scène » dans le magnifique espace dédié aux livres du Théâtre de Liège. Une librairie indépendante comme il en reste peu. Bref un lieu à découvrir !

BLUES SPHÈRE

Rue Surlet 37
✆ +32 4 343 78 74
www.blues-sphere.com
Ouvert le mardi, le mercredi, le vendredi et le samedi à partir de 19h.

En plein cœur d'outre-Meuse, le Blues-Sphère organise des concerts, des jam-session, des soirées spectacles et des événements blues liégeois. Véritable passionné de musique, Monsieur Brillmaker programme des concerts « black roots », blues et musique d'Afrique, trois ou quatre par semaine. L'endroit, un peu confiné au bout d'un long couloir, se prête bien à l'exercice. La scène est idéalement placée pour que toute la salle puisse en profiter. Un bar propose des bières spéciales à prix modiques et malin celui qui pourra dire l'heure à laquelle il sortira.

À LA COURTE ÉCHELLE

Rue de Rotterdam 29
✆ +32 4 229 39 39
www.courte-echelle.be
Spectacle à 20h en général. Voir agenda sur le site Web.

Ici, on fait la « courte échelle » aux artistes quelle que soit la forme d'expression. L'espace organise ou accueille des spectacles de théâtre amateur et professionnel et aime les partenariats, privilégiant les coproductions. Des ateliers théâtre y sont d'ailleurs développés et les spectacles « Jeunes publics » – professionnels – y sont fort appréciés. En outre, les centres culturels de Liège se chargent des animations avant et après les représentations scolaires et la cafétéria expose mensuellement les œuvres de jeunes artistes.

COMÉDIE CENTRALE

Rue du Plan Incliné 87
✆ +32 4 254 05 00
comediecentrale.com/liege/
Voir agenda en ligne.

Ce café-théâtre propose des spectacles vivants, plutôt des comédies, toute l'année en accueillant de grands noms du *one man shows* belge et français, ainsi que des pièces de théâtre, plutôt du théâtre de boulevard. Par exemple, Renaud Rutten, Didier Boclinville, Albert Cougnet, Pierre Theunis mais aussi Bérénice ou Guy Lemaire y ont foulé les planches. Les spectacles ont lieu du mercredi au dimanche. Le restaurant, quant à lui, propose une carte simple mais attrayante. La programmation et les tickets sont disponibles en ligne.

LE FAR WEST

Rue des Célestines 23
✆ +32 4 222 97 00
Du dimanche au mercredi de 15h à 1h et du jeudi au samedi de 12h à 4h.

Décoré comme un saloon du fin fond du Texas, ce bar détonne dans le paysage liégeois avec des tabourets en selles de chevaux et une déco kitsch à souhait. Il est toujours plein à l'heure des concerts de country, rockabilly, rock'n'roll autres musiques de cowboy. Il est connu pour son ambiance un peu foutraque jusqu'au matin. Il ne faut pas attendre longtemps pour voir des danseuses s'accrocher aux barres de pole dance du bar ! A tester : la *Ruée vers l'or*, un cocktail à partager entre amis, et le *Clint Eastwood*, un shoot pimenté pour les vrais durs. Yyyhaaa ! !

KULTURA

Rue Roture 13
www.kulturaliege.be
Programmation en ligne.

Deux salles de concerts, un snack, une salle d'expositions, des bureaux, une salle de création... Kultura est un nouveau lieu branché de Liège dédié à la création artistique, ouvert maintenant depuis trois ans. On apprécie sa programmation éclectique de concerts (pop, rock, électro, hip hop, chanson d'auteur) de petits groupes intéressants et souvent à la marge, et ses soirées thématiques, souvent orientée autour de la gastronomie internationale, mais aussi des grosses soirées DJ festives. Un endroit à découvrir le temps d'une soirée.

LE FORUM

Rue Pont d'Avroy 12
✆ +32 4 223 18 18
www.leforum.be
Billetterie ouverte du lundi au vendredi de 11h à 18h, le samedi de 12h à 18h ou en ligne.

Salle de spectacles, de théâtre et de music-hall par excellence, le Forum est un bijou de style Art déco implanté au cœur de la Cité Ardente. L'établissement a reçu les plus belles voix, de Jacques Brel et Léo Ferré à Louis Armstrong, Ray Charles et Miles Davis, en passant par Barbara, Édith Piaf, Charles Aznavour, Julien Clerc et encore bien d'autres. Les humoristes ont également leur place sur la scène du Forum : Fernandel, Fernand Reynaud, Guy Bedos, Coluche, les Inconnus, Jamel se sont produits sur cette scène mythique de Liège qui a fêté ses 100 ans en 2022.

OPÉRA ROYAL DE WALLONIE

Place de l'Opéra
✆ +32 4 221 47 22
www.operaliege.be
Billetterie en ligne, sur place du lundi au samedi de 12h à 18h et 2h avant les spectacles et opéras.

Le magnifique l'Opéra Royal de Wallonie-Liège de style néoclassique reçoit chaque année de nombreux artistes exceptionnels : Ruggero Raimondi, Juan Diego Flórez, José Van Dam, José Cura, Elīna Garanča,... Depuis sa création en 1967, il propose une programmation mêlant grands classiques et découvertes ainsi que de nombreuses activités et concerts pour découvrir les coulisses, la musique, apprendre le chant au cours d'ateliers, rencontres avec un intervenant du spectacle, présentations musicales interactives. Le cadre est somptueux pour ne rien gâcher.

JAZZ PELZER CLUB

Boulevard Ernest Solvay 493
✆ +32 4 227 12 55
www.jacquespelzerjazzclub.com
Concerts de 7 € à 15 €, ouvert le mercredi soir, certains vendredis et le dernier dimanche du mois. Pas de CB.

C'est la boîte de jazz par excellence. Qui plus est, elle est installée dans la maison de Jacques Pelzer lui-même. Des concerts y sont organisés à 21h pile, tous les mercredis puis ponctuellement, dans une petite salle intimiste vite pleine (venez un peu avant le concert). De plus, on peut y manger une cuisine familiale très abordable (réservation obligatoire). Programmation jazzy variée, atmosphère cocoon, chouette ambiance où néophytes et authentiques féru de jam' s'entrecroisent. On raffole de cet endroit haut perché vraiment unique en son genre.

REFLEKTOR

Place Xavier Neujean 24
✆ +32 4 340 30 80
www.reflektor.be
Programmation et billetterie en ligne. Forfait parking pour la nuit.

Salle de concert, brasserie, boutique de vinyles, Food Truck, organisateur du Festival Les Ardentes. Le Reflektor est sur tous les fronts, ou presque. Ici, on aime la musique, et ça se voit. D'ailleurs, le Reflektor doit son nom à un album d'Arcade Fire. La salle de concert, d'une capacité de 600 personnes programme des artistes rock, pop, électro, house, reggae, metal, funk. Les mercredis et samedis, c'est le corner Reflektor Records : on s'y rend pour dénicher LE vinyle qui nous manquait. Un lieu culturel incontournable à Liège.

THÉÂTRE DE LIÈGE

Place du 20-Août 16
✆ +32 4 342 00 00
www.theatredeliege.be
Billetterie en ligne et sur place du mardi au samedi de 14h à 18h et le dimanche de représentation de 12h à 15h.

L'ancien Théâtre de la Place est installé, depuis quelques années déjà, dans le magnifique bâtiment de la prestigieuse Société libre de l'Émulation. Au fil des ans, le Théâtre de Liège a acquis une réputation internationale. Son directeur, Serge Rangoni, a contribué largement à la notoriété de l'institution qui ne cesse de mettre en exergue la création belge et francophone. En effet, il coproduit des spectacles orchestrés par les plus grands metteurs en scène et collabore avec des chorégraphes contemporains qui font aussi la réputation de ce lieu de création.

LE THÉÂTRE DU TROCADÉRO

Rue Lulay des Febvres 6 A
✆ +32 4 223 34 44
www.troca.be
Voir l'agenda en ligne.

Disposant de quelque 650 places, ce cabaret organise plus de 100 représentations par an. Avec sa salle entièrement décorée de velours rouge et de peinture à la feuille d'or, on est directement plongé dans l'ambiance plume et paillette dans le goût du Lido ou du Moulin Rouge parisien. Ainsi, ce petit théâtre situé en plein centre-ville propose des revues, des vaudevilles, des spectacles de music-hall, de stand-up et de la variété. À l'entrée, les portes vitrées sont entièrement recouvertes des affiches du moment, de quoi piquer l'intérêt et aider à faire un choix.

THÉÂTRE LE MODERNE

Rue Sainte-Walburge 1
✆ +32 4 225 13 14
www.lemoderne.be
Spectacles à 20h en semaine et à 15h le dimanche. Entrée : 13 €. Enfant : 9 €. Réservation quasi indispensable.

Le Moderne est à la fois un lieu, une compagnie, une galerie d'art et un centre de culture vivante. Il se passe toujours quelque chose dans cet ancien cinéma du quartier de Sainte-Walburge. Ici, on aime mettre en exergue la jeune création et c'est d'ailleurs pourquoi des ateliers à destination de la jeunesse (mais pas que) sont mis sur pied. La compagnie du théâtre, les artistes régionaux, belges ou même internationaux s'y produisent et les soirées de spectacles et de vernissages sont toujours enrichissantes à plus d'un titre.

HUY ★★

Située entre Liège et Namur, le long de la Meuse, Huy est un amour de ville. Elle fut l'un des grands centres d'art de la vallée mosane, concurrençant Liège. L'industrie locale était la métallurgie de l'étain et ses artisans, les potstainiers, étaient renommés. Comme pour toutes les villes de la Meuse, sa période de gloire, et donc de celle de ses chefs-d'œuvre artistiques, s'étend du Xe au XIIIe siècle. Aujourd'hui, Huy présente, sur sa rive droite, une vieille place aux ruelles étroites, de nombreux restaurants et cafés avec terrasse et un patrimoine important.
Côté festivités : on célèbre la Sainte-Marie dans une ambiance comparable à celle de Liège.

© DR

Hôtel de Ville de Huy.

ÉGLISE SAINT-MENGOLD

Place Verte
✆ +32 85 21 29 15

Nichée au cœur du vieux Huy, cette église fut construite au XVe siècle. À l'intérieur, on peut découvrir des arcs en plein cintre retombant sur des colonnes au chapiteau décoré de feuilles de plantain stylisées. Aujourd'hui désacralisée, elle accueille durant l'été de nombreuses expositions. Tout le quartier autour de l'église est empreint d'une ambiance médiévale et est bourré de charme. En outre, juste en face, se trouve la maison la plus ancienne de Huy (XIIIe siècle), surnommée « Près la Tour ». Un lieu insolite à découvrir.

COLLÉGIALE DE HUY ET SON TRÉSOR

Quai de Namur 1 ✆ +32 85 21 29 15
www.tresordehuy.com
Fermée le lundi. Trésor : ouvert d'avril à mi-septembre. BS : le w-e, 14h-17h. HS : mar-dim, 14h-17h. Adulte : 3 €.

Sur le site d'un lieu de culte plus ancien, la première pierre de la collégiale, dédiée à Notre Dame, fut posée en l'an 1311. Le chœur fut terminé en 1377 et tous les travaux furent achevés en 1536. L'édifice est un mélange de gothique rayonnant du XIVe siècle et gothique flamboyant du XVe siècle. À l'extérieur, l'attention est attirée par l'énorme tour de plan carré autrefois surmontée d'une flèche incendiée en 1803. Une grande rosace, Li Rondia, la perce : il s'agit de la plus grande de style rayonnant du pays. Reconstruite dans les années 1870 après avoir été détruite pendant le bombardement de la ville en 1944, ses vitraux abstraits sont l'œuvre du maître verrier Raymond Julin. Sa restauration encore relativement récente (2007) la rend encore plus belle. C'est d'ailleurs une des merveilles de Huy.

À l'intérieur, dans la nef latérale droite, un escalier conduit à la crypte romane de l'église construite par Théoduin de Bavière (1066). L'abside centrale est ornée d'un grand Christ en croix de la fin du XIIe siècle.

▶ **Le Trésor.** On peut y voir quatre châsses, parmi les plus belles de Belgique, dont la châsse de saint Domitien et celle de saint Mengold datant du XIIe siècle. On y trouve aussi des objets découverts dans la tombe de Théoduin de Bavière, de très beaux vernis bruns et des émaux encore d'origine, de même que les épigraphies et les cuivres gravés. Parmi les émaux, signalons le médaillon de *L'Arbre de vie*, chef-d'œuvre d'art mosan réalisé vers 1160.

FORT DE HUY & SON MUSÉE

Chaussée Napoléon
✆ +32 85 21 78 21
Fermé de novembre à mars. Lun-ven, 9h30-17h ; w-e et fériés, 10h-18h. Haute saison : 7J/7, 10h-18h. Adulte : 4,50 €.

Déjà en 890, un acte évoque la présence de fortifications sur cet imposant éperon rocheux. Des siècles plus tard, conscient de l'importance stratégique de cet endroit proche de Liège, l'État hollandais fit construire à partir de 1818 une forteresse à cet endroit. Elle ne servit jamais et fut transformée en prison politique en 1876. Ensuite, la ville racheta la citadelle à l'État qui la réintégra dans le système défensif de la Meuse en 1914. Dès mai 1940 et durant quatre ans et demi, il devint un des principaux centre de triage et détention des ennemis du Reich. Plus de 7 000 prisonniers politiques y ont été incarcérés. Depuis 1992, il est un mémorial et un musée de la Résistance et des Camps de concentration, en mémoire des prisonniers de la Seconde Guerre mondiale.

Le visiteur pourra y voir, outre le puits de l'ancien château du XIIe siècle restauré sous Erard de la Mark au XVIe siècle, une série de salles (cellules, salle d'interrogatoire, latrines…) présentant des panneaux didactiques et une trentaine de vitrines expliquant les conditions de détention des prisonniers au cours de la Seconde Guerre mondiale. Un précieux film recueillant les témoignages de survivants clôture la visite.

Après la visite, on sera content de se rincer l'œil avec le panorama sur la ville de Huy et ses environs.

▶ Un escape game appelé « La grande évasion » y a été emménagé. Les participants se mettent dans la peau de prisonniers de la Wehrmacht qui ont une heure pour se faire la malle. Attention : la réservation est obligatoire.

CADRE CULINAIRE €€

Rue des Rôtisseurs 4 ✆ +32 85 25 55 25
www.cadre-culinaire.be
Ouvert du mercredi au samedi le midi et le soir. Menus de 39 € à 59 €. Lunch : 24 € ou 27 € (2 ou 3 services).

Cet établissement propose trois sortes de menus variant selon l'arrivage du marché : le menu Cadre (trois services), le menu Culinaire (quatre ou cinq services) ou le lunch. On y retrouve la richesse des variétés de la cuisine à la française mais revisitée : viandes, poissons jusqu'au dessert, inspirée d'une expérience en Alsace, en Corse, à Saint-Barth et des voyages du chef Grégory (clin d'œil aux cuisines italienne, asiatiques ou mexicaine). Le plus du chef : une spécialisation en tant que pâtissier-chocolatier. Ses glaces turbinées minute sont un régal.

LES CAVES DU BOUCHER €€

Place Saint-Séverin 5 A ✆ +32 85 21 26 23
www.lescavesgourmandes.be
Du mercredi au vendredi midi et soir ; le samedi soir ; le dimanche midi. Menus de 39 € à 52 €. Carte : 55 € environ.

Installé dans une superbe cave voûtée, ce restaurant-bar à vins offre une ambiance décontractée et chaleureuse. La cuisine est moderne et osée, subtil mélange entre gastronomie française et cuisine du monde. La carte fluctue au gré des saisons, des produits du marché et de l'humeur du chef. Les pièces de viande (noix d'entrecôte, longe de porc…) sont particulièrement savoureuses mais les végans ne sont pas oubliés, il y a une proposition végé pour chaque service. Les vins (de qualité) sont disponibles au verre et proviennent des quatre coins de la terre.

PAYS DE HERVE

Herve, capitale du plateau éponyme, compte environ 17 000 habitants et s'étend au pied d'un clocher penché caractéristique. La région herbagère qu'on appelle « pays de Herve » présente une géologie hétérogène. Au nord, le sol est limoneux, parfois pierreux, convenant aux cultures et aux herbages avec un relief ondulé. Le paysage est boisé sur les pentes et les prairies sont fréquentes. Le relief est très vallonné et l'altitude varie entre 180 et 350 m. Prairies et fourrages occupent la quasi-totalité des terres cultivées. Le paysage doit son aspect typique aux haies vives qui entourent les parcelles. Le bocage et ses vergers haute-tige sont parsemés de petites fermes tout à fait typiques, bâties pour la plupart aux XVIIe et XVIIIe siècles.

La région jouit d'un patrimoine exceptionnel teinté d'histoire, de folklore et d'industrie. Il suffit pour s'en rendre compte, de partir à la découverte de l'Abbaye du Val-Dieu, de Clermont-sur-Berwine (un des plus beaux villages de Wallonie), le Cimetière américain d'Henri-Chapelle à Hombourg, le viaduc de Moresnet, le centre historique de Herve, le village d'Olne et les nombreux châteaux. Traditions et folklore apportent la magie de certains lieux comme les arbres à clous, à voir à Olne, ou les processions ancestrales comme celle de Herve, mais également les confréries gastronomiques, la bénédiction de la Saint-Hubert à Aubel, la foire aux noix à Henri-Chapelle, les célèbres carnavals ou encore la fabuleuse Cavalcade à Herve.

Terminons le tour d'horizon avec les délicieux produits du terroir de Herve et Aubel. On notera la fromagerie du Vieux Moulin (seul producteur du fromage de Herve au lait cru) à Herve-Battice, la siroperie artisanale Nyssen à Aubel ou la brasserie Grain d'Orge à Hombourg. Et pourquoi ne pas en profiter pour déguster un odorant fromage de Herve ou une belle assiette d'oie à l'instar de Visé, le tout arrosé d'un bon vin du vignoble Domaine de Marnière à Warsage.

Balade

Parmi les balades incontournables, on peut citer la Ligne 38 (de Liège à Hombourg), la Montagne Saint-Pierre (au nord de Visé), le site minier de Plombières mais aussi le réseau Au Pays des Vergers qui emmènera le cycliste à travers tout le Pays de Herve.

BLEGNY-MINE ★★

Rue Lambert-Marlet 23 - **BLÉGNY**
✆ +32 4 387 43 33
www.blegnymine.be
7j/7 d'avril à mi-novembre (puis les week-ends et dernière semaine de décembre). Prix et horaires sur le site Web.

Le site, classé Patrimoine mondial de l'Unesco depuis 2012 (avec le Bois du Cazier, Bois-du-Luc et Grand-Hornu) témoigne de l'exploitation de charbon dans cette région. Au XIXe et dans la première moitié du XXe siècle, les charbonnages vont connaître leur âge d'or en jouant un rôle essentiel dans le développement industriel de tout le bassin mosan. Le déclin ne survint qu'après les années 1950. Le dernier charbonnage liégeois, celui de Blegny-Trembleur, ferme en 1980. Il est désormais le témoin vivant de la mémoire des mineurs. L'intérêt du site réside dans sa reconversion originale en domaine touristique et en lieu de mémoire, et dans la préservation de deux puits d'époques différentes (XIXe et XXe siècles). Le plus récent, toujours en service, permet une immersion dans l'univers des « gueules noires » impressionnante. Descente dans le puits par la cage de mine entre 30 et 60 mètres sous terre, parcours dans les galeries souterraines, la taille, le bruit des machines, le travail des hommes. Après être remonté « au jour », vous suivrez le parcours du charbon dans les installations de lavage et de triage du charbon... Le cycle complet de l'extraction jusqu'à la vente. Votre ticket vous permet également de découvrir librement l'exposition permanente « Travailler sous terre » ainsi que le biotope du terril et le circuit des arbres présentant la vie sur et autour du terril (visite libre ou audioguidée).

Autres activités : balade en train touristique, plaines de jeux, mine-golf, brasserie, petit parc animalier.

CIMETIÈRE AMÉRICAIN DE HENRI-CHAPELLE

Rue du Mémorial Américain 159
HOMBOURG
✆ +32 87 68 71 73
https://www.abmc.gov/Henri-Chapelle
Ouvert tous les jours de 9h à 17h.

Voyez ce cimetières monumental, très impressionnant : ici reposent 7 992 soldats américains ayant perdu la vie pendant la Seconde Guerre mondiale. Imaginez ses milliers de croix blanches parfaitement alignées dans la pelouse. Le Mémorial renferme une chapelle et un musée, les deux bâtiments étant reliés par une imposante colonnade ornée des sceaux des États et Territoires de l'Union. Les piliers de la colonnade arborent les noms des 450 disparus dont les corps n'ont pas été retrouvés.

© ANNA DOROEEK - SHUTTERSTOCK.COM

Blegny-Mine.

DOMAINE PROVINCIAL DE WÉGIMONT

Chaussée de Wégimont 76 - **SOUMAGNE**
✆ +32 42 37 24 00
www.provincedeliege.be/wegimont
Horaires et tarifs des différentes formules : voir site Internet.

Ce domaine de 23 ha est un parc de loisirs avec plaine de jeux, terrains de sport, mini-golf, barbecues, canotage, pêche et un complexe de piscines avec un immense toboggan. Le château accueille des logements et des séminaires (10 salles) et un restaurant accessible pour les groupes. Animations et séjours pour les écoles. Le tout à des tarifs sociaux. C'est ça le tourisme social de la Province de Liège. En été comme en hiver, le site est toujours accessible pour profiter des balades.

FORT D'AUBIN-NEUFCHÂTEAU

Rue Colonel Dardenne - **DALHEM**
✆ +32 476 73 82 89
fort-aubin-neufchateau.be
Visites guidées tous les 3es dimanches de chaque mois entre avril et novembre, à 13h30. Entrée 8 €. -12 ans : 5 €.

Bâti de 1935 à 1940, le fort d'Aubin-Neufchâteau devait fermer l'accès Aachen-Visé-Liège, soit le front Nord-Est de la position fortifiée. Prévu comme support d'artillerie sur une ligne défensive de bunkers, le fort combattit en mai 1940 avec cinq hommes et tira en onze jours quelque quinze mille projectiles. Sous l'occupation allemande, le fort fut utilisé comme lieu d'expérimentation pour une arme secrète de Hitler. La visite se prolonge par un musée qui renferme un moteur d'avion Junker 88 et du matériel de la Croix-Rouge des deux guerres.

FORT DE BARCHON

Rue du Fort
BARCHON
✆ +32 4 387 43 64
Visite le 2e dimanche du mois à 14h. Tous les autres jours sur rendez-vous. Demander Roger Weeckmans.

Le fort de Barchon fut le premier à se rendre, le 8 août 1914. En revanche, en 1940, sa résistance fut plus conséquente. La visite permet de suivre l'évolution de l'architecture militaire depuis la fin du XIXe siècle, à travers les réaménagements de l'entre-deux-guerres, et des peintures et décorations de soldats. Par ailleurs, une des singularités de ce fort est d'avoir conservé sa tour d'air intacte, par laquelle s'opère la sortie. La visite dure 2h30 environ, port du casque obligatoire. Par ailleurs, le fort a aussi été reconverti en parcours aventure.

FORT DE BATTICE

Route d'Aubel - **BATTICE**
✆ +32 87 67 94 70
www.fort-battice.net
Entrée 6 €. Visites guidées en français chaque dernier samedi du mois de mars à novembre, à 13h30 (environ 2h30).

Le fort de Battice est l'un des quatre forts construits dans les années 1930. En mai 1940, il soutint un siège de douze jours sous le feu de l'artillerie et de l'aviation allemandes. La visite des organes internes, à trente mètres sous terre, vaut le coup d'œil, malgré les équipements enlevés dans les années 1960. A voir encore : des fresques picturales saisissantes, un groupe électrogène en parfait état, des casemates de tir pour canon de soixante mm ou une mitrailleuse entièrement restaurée. Prévoir des vêtements chauds et des chaussures de marche.

MAHVI - MUSÉE DE VISÉ ★

Rue du Collège 31
VISÉ
✆ +32 4 374 85 63
Lundi-vendredi, 9h-12h et 14h-16h ; samedi, 14h-17h, fermé le dimanche sauf 1er dimanche du mois (gratuit). Entrée 3 €.

Le musée d'archéologie et d'histoire de Visé résume la Bataille du Pont de Visé, premier combat de la Grande Guerre en Europe, le 4 août 1914. Les jours suivants, les Allemands saccagent la ville : incendie de l'église Saint-Martin, de 580 maisons dont l'hôtel de ville et du centre historique. Visé devient la première ville martyre de 1914. Par ailleurs, plus de 600 Visétois sont déportés vers l'Allemagne. Le musée dans l'ancien couvent des Sépulcrines (1616) propose une exposition permanente, dispose d'archives et d'un centre de documentation historique

MAISON DE LA MONTAGNE SAINT-PIERRE

Place du Roi Albert - **LANAYE**
✆ +32 4 374 84 93
Ouvert du 1er avril au 31 octobre, le week-end et les jours fériés de 14h à 18h. Entrée libre.

Le massif calcaire de la Montagne Saint-Pierre comporte nombre de petits villages pittoresques, de forts et de châteaux, de cours d'eau et une belle nature. Les quatre salles évoquent le Crétacé, les premières activités humaines dans la région, la biodiversité du site de la Montagne Saint-Pierre et la préservation du patrimoine.

Le musée est surtout dédié aux enfants avec son labyrinthe souterrain de tuffeau, son cimetière marin et la station d'hiver des chauves-souris !

TOUR D'EBEN-EZER

Haie de Wonck - **EBEN-EMAEL**
✆ +32 4 286 92 79
www.musee-du-silex.be
Du 1/11 au 31/03 : lun-ven, 13h30-18h (17h le week-end). Reste de l'année, 11h-18h (19h le week-end). Adulte 6,50 €.

Un site exceptionnel ! La tour d'Eben-Ezer est l'œuvre d'un seul homme : Robert Garcet. Carré, l'édifice fait 12 mètres de côté. Le parc de la tour accueille chaque année une exposition d'art fantastique qui expose une trentaine d'artistes. Au pied de la tour se trouve le musée du Silex. Cet espace didactique permet de découvrir les silex de leur formation au Crétacé ainsi que leurs diverses utilisations au cours de l'Histoire. Le musée fait aussi la part aux fossiles. C'est le lieu idéal pour un dimanche en famille spécialement lorsqu'il fait beau !

LES TROIS FRONTIÈRES

GEMMENICH
✆ +32 87 78 76 10
www.trois-frontieres.be
Accès libre.

Comme son nom l'indique, ce site, accessible librement, permet de voir les trois pays limitrophes que sont l'Allemagne, les Pays-Bas. Point culminant de leur pays, à 321 mètres d'altitude, il est très apprécié par les Hollandais qui le nomment « Vaalseberg », le Mont de Vaal. Un café et un labyrinthe ont été aménagés près du lieu en forêt. Du côté germanophone se situe une curiosité, le calvaire, qui a été édifié suite à la guérison miraculeuse d'un enfant, en 1875. Côté belge, la tour du Roi Baudouin construite à côté du tripoint s'élève à 50 mètres de hauteur.

VAL-DIEU (ABBAYE DU) ★★

Val Dieu 225 - **AUBEL** ✆ +32 87 69 28 28
www.val-dieu.com
7j/7 de 7h30 à 20h30. Visite guidée de la brasserie à 13h30, voir site pour les disponibilités. Tarif : 12 €.

Cette abbaye a été fondée en 1216 un groupe de moines cisterciens venus de Hocht, près de Maastricht. Si la plupart des bâtiments ont subsisté jusqu'à aujourd'hui, l'abbatiale, partiellement effondrée en 1839 a été reconstruite après la Révolution française. Cette église conserve de magnifiques stalles Renaissance de l'abbaye cistercienne liégeoise, la Paix-Dieu. Des concerts de classique sont organisés en saison. A côté de l'abbaye : un magasin d'art religieux et une brasserie artisanale qui suit les recettes des moines-brasseurs du Val-Dieu et souvent primée !

FERME DE BERWAUSAULT €

Voie des Hougnes 42 - **BATTICE** ✆ +32 87 67 89 16
www.chambresherve.be
Chambre double à partir de 85 € (semaine) et 100 € (week-end) petit déjeuner inclus. Table d'hôtes 25 €/pers.

Dans cette ancienne ferme en brique rénovée, les quatre chambres familiales, Mouton, Nature, Bateau et Montagne sont entièrement décorées dans leur thème, confortables, sobres et modernes. Les petits déjeuners sont copieux et composés de produits locaux. Sur demande, la table d'hôtes permet de goûter au terroir. Jeux pour enfants. Au programme : exploration du pays d'Herve à pied, à vélo ou à cheval (possibilité de laisser les chevaux en prairie ou sous toit), car cette ferme met à disposition tout le matériel et les informations nécessaires, jusqu'au pique-nique.

CÔTÉ VERGER €€

Bouxhmont 98 - **BATTICE** ✆ +32 87 66 12 33
www.coteverger.be
Minimum 2 nuits, de 310 à 360 € pour 2 personnes avec petit déjeuner (120 € par personne en plus) et accès piscine.

La famille Mazy vous invite dans une belle demeure ancienne constituée de briques et de moellons, sertie d'un grand jardin et des prairies bocagères (huit hectares). L'endroit est vraiment paisible et propice aux vacances. Trois chambres d'hôtes (de 2 à 4 personnes) attendent les vacanciers. Décoration stylée assez contemporaine et épurée, avec des meubles design, beaucoup de lumière et une ambiance cosy. Une belle piscine couverte chauffée toute l'année s'ouvre sur l'extérieur en été. Bibliothèque et jeux de société, poêle en hiver. Superbe maison d'hôtes.

CHARMES CHAMBERTIN €€€

Crawhez 40
THIMISTER-CLERMONT
✆ +32 87 44 50 37
www.lecharmeschambertin.be
Chambre double à partir de 120 €. Petit déjeuner inclus. Parking.

Voici déjà quelques années que Roger Simul et son épouse ont investi la prairie jouxtant leur restaurant gastronomique pour y ouvrir sept chambres d'hôtes et suites ultra confort au beau milieu du pays aubelois. Les chambres, bien qu'un peu chères, offrent tout le confort qu'on puisse attendre. Les plus spacieuses et luxueuses ont une baignoire sur pied, ou une terrasse, avec la possibilité de différentes formules comme une nuit agrémentée d'un repas gastronomique. On aime ici profiter des lieux, du village et de ses environs.

L'AUTOBUS €€

Avenue du Pont 22 B
VISÉ
✆ +32 4 379 10 81
Ouvert du vendredi au mardi le midi et le soir. Carte : 40 € environ. Terrasse.

Encore une adresse où l'on mange bien ! C'est l'autre restaurant de Stockis, l'ancien patron de l'incontournable Chez Lequet à Liège. Aux commandes de celui-ci, Marie, la sœur. L'ambiance est identique et les boulets tout aussi bons… On dit que c'est une des adresses où l'on prépare le mieux l'oie à l'instar de Visé. Les amateurs de moules ne sont pas en reste…, quant aux frites, elles sont délicieuses ! Stockis est parvenu à imposer, à Visé, une ambiance liégeoise « bonne franquette », sans chichi et tralala ! Le Petit Futé approuve.

LE COCHON EMBOUTEILLÉ €€

Centre 47 - **HOMBOURG** ✆ +32 87 78 78 85
www.le-cochon-embouteille.be
Ouvert vendredi & dimanche midi et soir et samedi le soir. Menus de 39 € à 47 €. Carte : 50 € environ.

Son nom viendrait de la première patronne dont le père était vétérinaire. Ainsi, elle aurait mis dans un bocal de formol un fœtus de cochon ! Depuis, c'est Thierry Vanbrabant et son épouse Sandra qui, en avril 2017, ont repris ce vieil établissement datant de 1747. Ils ont gardé le nom – mais pas le bocal ! – et ont décidé d'y aménager des salles aux poutres apparentes et une cave voûtée. On y propose une carte traditionnelle, avec des plats maison et dans la mesure du possible avec des produits locaux. Petite anecdote : les escargots sont élevés par le patron.

L'ÉCHAPPÉE BELLE €€

Rue de Lanaye 121 - **LANAYE**
✆ +32 4 379 14 20
www.eb-restaurant.be
Le mercredi et le samedi le soir ; le jeudi et le vendredi le midi et le soir ; le dimanche midi. Menus de 44 € à 54 €.

Grégory Laeremans a ouvert son restaurant, aidé de Maxime en salle et en sommelier. L'orientation est clairement gastronomique, avec une forte connotation biologique notamment pour les légumes. Ceux-ci se déclinent en fonction des saisons, tout comme le foie gras que le chef aime aussi travailler. Du pain à la garniture, absolument tout est fait dans la maison. Quant à la carte des vins, celle-ci est riche d'une soixantaine de références en culture bio ou raisonnée. Les crus proviennent de France, d'Italie et aussi de Belgique.

ENJOY €€

Route de la Clouse 27 - **AUBEL**
✆ +32 87 55 25 50
https://enjoy-resto.be/
Ouvert lundi, jeudi, vendredi, dimanche 12h-14h et 19h-21h30. Samedi de 19h à 21h30. Carte : 55 € environ. Lunch : 27 €.

Avec une cuisine gastronomique bien maîtrisée dans un cadre bucolique, le restaurant est dédié à la cuisine italinne. Les fleurs et herbes aromatiques proviennent même directement du jardin. Fabrice Van Genechten et son épouse Virginie ont de la bouteille et ça se ressent… En cuisine, la chef Sandrine Vangenechten fait la part belle au terroir et à la tradition, avec des suggestions originales, du 100 % fait maison, qui varient toutes les semaines. On reste dans le style bistro chic dans une vieille ferme en pierres, une belle terrasse dans le jardin.

LES FINES GUEULES €€

Faweux 794 - **CHARNEUX**
✆ +32 87 39 89 89
lesfines-gueules.be
Ouvert du mercredi au vendredi et le dimanche le midi et le soir. Le samedi soir uniquement. Menu : 42 €, lunch : 25 €.

Une de nos adresses préférées dans le beau pays de Herve au milieu des vergers du plateau. Le chef aime clairement cuisiner avec une touche exotique : lasagne végétale au crabe au lime mexicain, émulsion tom kha kaï, dim sum de queue de bœuf et foie gras... On est fan de cette cuisine qui vogue de bistronomie en zénitude. La carte des vins rencontre tous les prix. Notons aussi la magnifique terrasse exposée plein sud dans la pelouse du jardin. La grande salle est aussi très accueillante. Un établissement à essayer absolument.

LE MOULIN DU VAL DIEU €€

Val Dieu 298 - **AUBEL**
✆ +32 87 68 01 70
www.moulinduvaldieu.be
Du mercredi au jeudi de 11h à 18h ; vendredi et samedi, 22h et dimanche, 21h30. Carte : 40 € environ. Jardin. Terrasse.

Le restaurant du Moulin en impose face à l'abbaye. Dans les salles de dégustation, taverne et en terrasse au rez-de-chaussée, on apprécie les assiettes garnies de produits du terroir comme les fromages de Herve ou des Moines se présentent sous cloche, mais aussi vol-au-vent ou omelette du Val, un délice arrosée d'une bière. Tous s'y retrouvent avec bonheur : amoureux fidèles de l'endroit, habitants du coin et touristes. Une escapade bien belge quel que soit le choix de l'arrêt. Ne manquez pas de jeter un œil sur la roue à auges du Moulin, impressionnante.

LE FLORIAN €€

Rue du Centre 2 - **BATTICE**
✆ +32 87 70 62 98
www.leflorian.be
Lundi de 19h à 21h ; mardi, vendredi et samedi de 11h30 à 15h et de 18h à 21h ; dimanche de 11h30 à 15h. Carte : ±45 €.

Sur la place de Battice, le jeune chef Florian, âgé d'à peine un quart de siècle, propose une carte fixe et des suggestions qui évoluent en fonction du marché. Si les plats sont traditionnels, la façon de les présenter est beaucoup plus osée et moderne. On y trouve aussi des viandes sur pierre, des burgers, des poissons, les inévitables boulets liégeois et tout ce qu'il faut pour plaire à tous sans se ruiner. Les plages horaires sont volontairement larges le midi pour proposer un endroit convivial où prendre le temps de terminer son repas à son aise.

TEL PÈRE TELLES FILLES €€

Place de l'Hôtel de Ville 4-6 - **HERVE**
✆ +32 497 72 53 86
www.telperetellesfilles.be
Fermé jeudi et dimanche. Ouvert midi et soir sauf samedi (seulement le soir). Carte : ±42 €. Menu : à partir de 35 €.

Cadre contemporain et assiettes graphiques forment ici... une paire telle qu'on les aime. Franck et ses filles y développent leur amour pour la culture locale, les vins et les fromages. Outre une carte faisant la part belle aux producteurs de la région, la cave à vins est bien ficelée et une cave d'affinage de la star locale. Franck a même développé un « herve » affiné au Vacqueyras (vin du village du Rhône jumelé avec Herve) bouclant la boucle à sa façon. Dans la cour intérieure, deux terrasses invitent aussi à siroter un cocktail dans une ambiance lounge.

LE FOURQUET €€

Centre 50 - **THIMISTER-CLERMONT**
✆ +32 87 44 68 18
www.lefourquet-thimister.be
Mercredi et jeudi, midi et soir ; vendredi de 11h à 22h ; samedi de 17h à 22h, dimanche de 11h à 21h. Plats : ±22 €.

Une vieille maison avec un intérieur d'antan où cheminée, vieux plancher, poutres apparentes offrent une atmosphère chaleureuse On y goûte une cuisine française traditionnelle et bien faite. des spécialités (foie gras maison, tête de veau, jambonneau, salades, mais aussi des plat du jour à prix syndical, un bon plan pour déjeuner des plats consistants et savoureux. Il y a toujours une belle ambiance dans ce bar à l'avant. La terrasse de trente places est idéalement orientée pour profiter du soleil dans ce paisible village de Thimister.

L'ÉPICURIEN €€€

Rue des Martyrs 15 - **HERVE**
✆ +32 87 70 24 44
restaurantlepicurien.be/
Ouvert du mercredi au vendredi de 12h à 13h30 et de 18h30 à 20h30, samedi soir. Menus de 27 € à 52 €.

Aux commandes, Sébastien Brela, qui a fait ses armes au Charmes-Chambertin. Il propose une cuisine subtile, toute en saveur utilisant de beaux produits, souvent du terroir hervien. Le service aussi élégant que la carte qui change tous les deux mois. En entrée par exemple : Saint-Jacques de Dieppe snackée à l'orange, et son chou (mauve, romanesco et kalé). En plat : un carré de cochon de lait saumuré, jus au Herve doux à la manière belge « Zwaeneberg », pomme amandine, poire « Légipont » au quatre épices... tout un poème épicurien.

CHAUDFONTAINE

Ville thermale, Chaudfontaine mise sur l'eau pour attirer les touristes. La région bénéficie également d'un vaste réseau de promenades balisées à parcourir à cheval ou à vélo. La Maison du tourisme, installée dans la maison Sauveur (parc des Sources), fournit tous les renseignements nécessaires à ce sujet. D'ailleurs, de Beyne-Heusay à Fléron en passant par Trooz, le promeneur n'aura que l'embarras du choix. Et puis, bien que ce ne soit plus à proprement parler un produit local, saviez-vous que c'est ici, à Vaux-sous-Chèvremont, que sont nés les délicieux chocolats Galler ?
Victor Hugo a écrit un jour que Chaudfontaine était la violette des stations thermales. Le compliment est joli et il est vrai que la ville, située à quelques kilomètres de Liège, a beaucoup d'atouts et de charme. Le centre de cure jouit d'une très belle réputation grâce, entre autres, à ses sources d'eau chaude qui sont exploitées depuis le XVIIe siècle. Il faut gouter l'eau minérale d'ici afin de se rendre compte de son équilibre idéal et de sa qualité extraordinaire. Pas étonnant qu'elle soit présente un peu partout.
À Chaudfontaine, on apprécie les magnifiques promenades qui sont à faire, le Château des Thermes, le casino ou encore la piscine à toit ouvrant alimentée en eau thermale. La Basilique de Chêvremont, située au sud des hauteurs, attire depuis le VIIe siècle de nombreux pèlerins.

Chaudfontaine.

UNE STATION THERMALE

Imaginons, à la fin du XVIIe siècle, un endroit désert entouré de bois, de rochers, fréquenté par des forgerons, des charbonniers et des bergers. À l'époque, Simon Sauveur, paysan, a l'idée d'exploiter ces eaux chaudes (36 °C) qui jaillissent des prairies. Le sous-sol y est unique : le grès, le schiste et le calcaire filtrent admirablement cette eau, réputée comme l'une des meilleures au monde. En 1712, l'avocat Jean-Rémy de Chestret acquiert le terrain pour y construire des bains. L'âge d'or de Chaudfontaine, du XVIIIe à la fin du XIXe siècle, voit la haute société se réunir à l'Hôtel des Bains. En 2021, les inondations ravagent la ville qui s'en remet doucement.

CHÂTEAU DES THERMES

rue Hauster 9
✆ +32 4 367 80 67
www.chateaudesthermes.be
Ouvert de 9h à 20h, soins réalisés de 10h à 18h. Interdit aux moins de 13 ans. Programme d'un jour à partir de 155 €.

Situé dans un superbe château classique du XVIIIe siècle et entouré d'un vaste parc arboré de plusieurs hectares, le centre thermal se veut un lieu privilégié de bien-être et de remise en forme. Vous y trouverez un bain thermal extérieur à 34 °C avec hydrojets, une piscine intérieure, des saunas à 60, 75 et 85 °C, complétés par des hammams, des bains de pieds, cabines et sel et de glace. Les soins de massages sont nombreux. Le cadre est merveilleux, ancré dans un hôtel-restaurant de grand luxe. On regrette que le prix d'entrée soit excessivement cher.

FORT AVENTURE & EVENTS

Rue du 13 août 42
✆ +32 4 361 08 20
fortaventure.be
Ouvert du lundi au dimanche de 9h30 à 22h.

Une aventure à la Fort Boyard ça vous tente ? Sur les hauteurs de Liège, gît le fort de Chaudfontaine où se cacherait un trésor... En groupe, enfants ou adultes, tentez de le retrouver. Dans un décor envoûtant (bougie, fumigènes, effets sonores...), avec des personnages de légendes, vous serez plongé dans un monde fantastique dont vous êtes le héros. Diverses activités sportives et énigmatiques sur un plan d'eau, dans une salle de jeux ou une salle d'équilibre, une descente en rappel, la spéléologie, le pont de singe... aucune activité n'est cependant obligatoire.

WALLONIE

SOURCE-O-RAMA

Avenue des Thermes 78bis
✆ +32 4 364 20 20
www.sourceorama.com
7j/7 de 9h à 17h. Le week-end, 11h30-17h. Vacances, 10h-18h. Adulte 10 € ArtHouse ou WaterHouse. Billet combiné 18 €.

Dans cet aquascope, ont suit le parcours d'une goutte d'eau, depuis sa chute du ciel jusqu'à la source, ce qui, en temps réel, prendrait soixante ans. En famille et muni d'un road-book, on passe de l'une à l'autre des animations (cycle de l'eau, planétarium, quizz,...) et on découvre l'eau de Chaudfontaine qui voyage... dans un simulateur. C'est le Water House. D'autre part, les plus grands artistes du XXe siècle (Matisse, Rodin, Bacon, Folon...) sont présentés aux enfants au travers d'expositions permanentes. C'est l'autre volet du site, baptisé Art House.

LE LONG DU BIEF €

Rue Hauster 5
✆ +32 4 367 91 27
www.lelongdubief.be
Ouvert du mercredi au vendredi le midi et le soir ; le samedi le soir. Carte : 42 € environ. Formule midi : 20 €.

Situé dans une belle demeure en briques en bordure de la Vesdre, ce resto est voisin du Château des Thermes. On y déguste d'excellentes grillades, la spécialité. Blanc bleu belge, entrecôte irlandaise, magret de canard, côtes à l'os ou rognons de veau à la Berrichonne. Le long du Bief dispose d'une agréable terrasse et propose une formule lunch, choix entre trois entrées et trois plats. C'est Arnaud, le fils des propriétaires Thierry et Anne, qui est au fourneau. La maison propose une belle variété de vins, ainsi qu'une belle palette de rhums et de whiskies.

VALENTINO €

Voie de l'Ardenne 104 C
✆ +32 4 239 11 07
Ouvert du mardi au vendredi le midi et le soir ; le week-end le soir. Carte : 20 € environ.

Le Valentino propose une bonne quarantaine de pizzas à l'italienne et une bonne vingtaine de plats de pâtes artisanales venus de la Botte. On apprécie les pizzas à pâte fine, avec des ingrédients de qualité et des compositions classique bien préparées. Quelques plats italiens sont aussi au menu, comme les roulades de pâtes fraîches à la florentine (ricotta, jambon, épinards), ainsi que des foccacias et autres spécialités. Mais le vrai bon plan c'est le lunch en semaine, qui varie régulièrement pour un prix tout à fait raisonnable. Une bonne adresse.

VERVIERS ★

Aux portes des Fagnes et au cœur de l'Ardenne Bleue. Verviers a eu un passé industriel riche lié à la laine et à l'eau. Dans les années 1860, la ville était bourgeoise et en pleine expansion. Il suffit de regarder et d'admirer les magnifiques demeures bâties par les riches industriels de l'époque comme le château Peltzer, par exemple. Heusy est le quartier prestigieux de la cité et la Vesdre se borde d'excellents petits restaurants qui attisent l'appétit des promeneurs arpentant le parcours des Fontaines.

Verviers, capitale wallonne de l'eau, donne à voir des fontaines anciennes. Si l'eau est le privilège de ce pays de Vesdre, les vergers et forêts y sont aussi très présents. C'est le cas pour la région de Baelen. Rendez-vous sur le parvis de l'église Saint-Fiacre et admirez L'Envol, sculpture en granit rose et en bronze signée par Catherine Fourniau. Limbourg et sa place Saint-Georges, couverte de galets de la Vesdre, classée patrimoine majeur de Wallonie, est un enchantement de ruelles pittoresques.

Verviers offre également un important patrimoine culturel et des produits de terroir qui raviront les gourmets : tartes au riz, gâteaux de Verviers, chocolats...

▸ **Les environs.** Les alentours de la cité lainière peuvent se résumer en deux mots : nature et culture. Les vallées de la Hoëgne, de la Vesdre, leurs affluents ainsi que les bocages du pays de Herve composent un ensemble de paysages naturels appréciés par les amateurs de reliefs tourmentés. Ceux-ci y pratiquent d'ailleurs de nombreuses randonnées pédestres.

L'aspect des versants de la vallée de la Vesdre enthousiasmait aussi Victor Hugo : « C'est la plus ravissante vallée qu'il y ait au monde. En été, par beau jour, avec le ciel bleu, c'est quelquefois un ravin, souvent un jardin, toujours un paradis. » Au niveau patrimonial au sens le plus large, le pays de Vesdre se singularise par la présence de constructions originales. Par leur emprise au sol et leur gabarit, une série de bâtiments continuent à ponctuer le paysage de la région : les châteaux de l'industrie. Ce sont les anciens lieux de fabrication du drap de laine mais aussi les résidences des capitaines de l'industrie lainière. La désindustrialisation qui fut dramatique dans le bassin de la Vesdre a eu des effets paradoxalement positifs : on pêche à nouveau dans cette rivière. Verviers fut victime des terribles inondations de 2021 mais se reconstruit petit à petit.

CENTRE DE LA LAINE ★

Rue de la Chapelle 30 ✆ +32 87 30 79 20
www.aqualaine.be
Du mardi au dimanche de 10h à 17h, idem la maison de l'eau. Visite : adulte 6 €, senior/étudiant 5 €, enfant 4 €.

Le musée est aménagé dans une ancienne manufacture de cardage et tissage de la laine, un parcours spectacle audioguidé bien conçu vous fera découvrir les étapes de la fabrication du drap de laine, produit de manufacture historique de la région qui a fait sa richesse. Une visite intéressante pour comprendre l'importance du passé lainier de la ville, une immersion par des espaces scénographiés, des décors d'époque, à travers les machines et les témoignages d'ouvriers fin XIXe, début XXe siècle. La même entité touristique gère également la Maison de l'Eau voisine.

VAN DER VALK HOTEL VERVIERS €€

rue de la Station 4 ✆ +32 87 30 56 56
www.hotelverviers.be
100 chambres. A partir de 80 € la chambre double, 116 € avec petit déjeuner. Parking. Restaurant. Spa.

Ce luxueux établissement majestueux et imposant par son architecture, est situé dans les anciens bâtiments des douanes de la gare de l'Ouest. La décoration des chambres est moins luxueuse que le bâtiment, classique et presque surannée. Mais elles sont parfaitement tenues et bien équipées. L'hôtel est localisé au centre-ville et surtout très bien doté : piscine extérieure, sauna, hammam, spa (massage) salle de sport, terrasse, bar, savoureux restaurant qui sert une excellente cuisine.

LE COIN DES SAVEURS €€

Avenue de Spa 28
✆ +32 87 23 23 60
www.lecoindessaveurs.be
Du mercredi au vendredi midi et le soir, le samedi soir et le dimanche matin. Menus de 44 € à 55 €. Lunch : 35 €.

Michel Norga et son épouse Geneviève ont agrandi avec goût une belle bâtisse en coin de rue. C'est ainsi qu'est né le Coin des Saveurs il y a près de 10 ans. La cuisine est à la fois créative, audacieuse et inventive. On y travaille des produits frais et de saison qui se déclinent dans des assiettes colorées et savoureuses. Malgré leur succès, ils ne se reposent pas sur leurs lauriers et proposent en permanence des nouvelles créations parfois franchement audacieuses. Venir ici, c'est la garantie d'une qualité permanente et d'un travail soigné et rigoureux.

L'ENTREPÔT €€

Rue de la Station 4
✆ +32 87 30 56 56
www.hotelverviers.be
Ouvert tous les jours de 12h à 23h. Menus de 39,50 € à 49,50 €. Carte : 48 € environ.

Ces anciens entrepôts douaniers de la Gare de l'Ouest ont été réaménagés en hôtel restaurant. Celui-ci est ouvert toute la journée sans interruption, proposant une cuisine internationale variée. Le « menu trois services » change toutes les trois semaines. La carte de cuisine traditionnelle fait la part belle aux spécialités françaises classiques, mâtinée d'un peu de terroir belge. Tous les premiers dimanches du mois et les jours fériés est organisé le traditionnel brunch de 11h30 à 16h30 (buffet à volonté). Également une belle terrasse.

Verviers.

LE PATCH €€

Chaussée de Heusy 173
✆ +32 87 22 45 39
www.lepatch.be
Ouvert du mardi au vendredi le midi et le soir ; le samedi soir. Carte : 38 € environ. Terrasse.

Tout Verviétois connaît le Patch ! Dans un décor original, ce restaurant paraît désorganisé, mais ne l'est pas du tout. La carte est réduite, mais elle change régulièrement : des salades au ris de veau, sans oublier les boulets à la liégeoise. Même si c'est à trente kilomètres de Liège, on sait aussi les faire ! Un endroit à découvrir, si ce n'est déjà fait ne serait-ce que pour le décor vieille brocante ou pour la terrasse ombragée les beaux jours. Sans oublier le sourire de la crémière (Laurence), car on a rarement vu un tel optimisme et joie de vivre.

LE VIEUX SOIRON €€

Soiron-Centre 51 - **SOIRON** ✆ +32 87 46 03 55
www.levieuxsoiron.be
De 12h à 14h et de 18h30 à 21h. Fermé lundi et mardi, mercredi midi. Ouvert les jours fériés midi et soir. Menu : 38 €.

C'est Jean-Baptiste et son équipe qui gèrent cette vieille maison campagnarde magnifique (maçonnerie en pierre du XVIIIe siècle). Dans un écrin de verdure à Soiron, l'un des vingt plus beaux villages de Wallonie. Après avoir travaillé pour de grandes maisons, le chef propose en ces lieux une cuisine traditionnelle et de saison revisitée, spécialement des plats de gibier. Il propose par exemple un ragoût de biche, pomme canneberge, chicorée braisée et croquettes de porc, avec une cassolette de langoustines flambées au sambuca dans un menu gastronomique 3 plats.

LA CHOCOLATERIE DARCIS

Esplanade de la Grâce 1 ✆ +32 87 71 72 72
www.darcis.com
Du lundi au samedi de 9h à 18h. Le dimanche de 13h à 18h. Dernière visite du musée à 16h30. 8 €. 6-12 ans : 6 €.

La Chocolaterie est installée dans un bâtiment moderne de 2 800 m². Le pâtissier de renom Darcis, médaillé de nombreuses fois à l' « International Chocolate Awards », y produit son propre cacao et des tablettes bio : Panama, Pérou, São Tomé... Des créations saisonnières et différents parfums de macarons sont également proposées.

N'oubliez pas de visiter son musée du chocolat, qui fête déjà ses 5 ans, une expérience sensorielle durant laquelle les visiteurs pourront découvrir le métier de chocolatier tout en observant les salariés de la maison à l'œuvre.

SPA ★

Spa, la « Perle des Ardennes », l'Ardenne Bleue, destination touristique pour ses eaux depuis le XVIe siècle. Spa est même la capitale mondiale du thermalisme... Mais la région est riche de sites d'intérêt. Stavelot, son abbaye, son folklore des Blancs Moussis, la cascade de Coo et le mondialement célèbre circuit de Francorchamps... Jalhay, le barrage de la Gileppe et la tour panoramique... Theux, creuset des libertés citoyennes en 1789, mais aussi fière de son château de Franchimont (celui des Six-Cents Franchimontois qui tentèrent une rébellion contre le Prince-évêque de Liège)... Trois-Ponts, ses promenades en forêts ardennaises l'été, la plus longue piste de ski alpin de Belgique en hiver... Ces quelques sites évoqués indiquent tout de suite pourquoi on surnomme parfois cette région le « triangle d'or ». Ici, le tourisme est roi et depuis longtemps !
Et comme si cela ne suffisait pas, les festivités se bousculent au calendrier. Songeons aux mégaévénements que constituent les Francofolies ou le Festival de théâtre, chaque été, à Spa ou encore, dans un tout autre genre, au Grand Prix de F1 ou aux 24h de Francorchamps. Car les Spadois sont gâtés en matière d'animations : le Spa Tribute Festival, les concerts de musique classique, les célébrations hivernales, le Casino, les Thermes... Tout est organisé pour que la petite ville ne dorme jamais. Le casino, paradis des joueurs, ne désemplit jamais. Il date de 1762. Un peu avant, la ville accueillait sur son territoire les têtes couronnées d'Europe qui venaient s'y baigner. Aujourd'hui, le théâtre et les petits salons accueillent bien des découvertes et des artistes de renom. Les dimanches matin, les brocanteurs s'y donnent rendez-vous pour le plus grand plaisir des chineurs qui viennent de partout. De nombreuses boutiques reçoivent les touristes et contribuent à la renommée et au charme de la ville.

▸ **Dans les environs.** Au Pays des Sources, on trouve Jalhay, un magnifique village où il fait bon vivre. Le paysage est remarquable et la nature y est des plus belles. Pas loin de là, le Barrage de la Gileppe et sa Tour panoramique grimpe à 77 mètres de hauteur. Inutile de vous dire que de là-haut, la vue est imprenable. A Theux et son château moyenâgeux, les conteurs sont à la fête. Demandez qu'ils vous racontent la légende de la pierre aux sept macrales. Vous aimez le romantisme, partez alors à la découverte du Lac de Waarfaz mais ne manquez pas de visiter Trois-Ponts, région des sports de glisse et les Hautes-Fagnes qui offrent des paysages formidables.

WALLONIE

DOMAINE DE BERINZENNE

Berinzenne 4
✆ +32 87 77 63 00
www.berinzenne.be
Entrée : 5 €, enfant : 3 €. Musée fermé en hiver.

Le Domaine de Bérinzenne est aménagé dans un cadre enchanteur : entre fagnes, sources et forêts, il invite à la détente, au gré des promenades balisées ou des allées arborées du parc, en se prélassant autour de l'étang, en s'amusant lors d'un barbecue ou en contemplant le panorama du haut de la tour d'observation. La Fagne de Malchamps s'étend à perte de vue, toujours belle et mystérieuse. Le musée de la Forêt et des Eaux présente la nature au travers de mises en scènes étonnantes. Diverses animations programmées dans l'année (voir site Internet).

PARC DES SEPT HEURES

rue de L'Hôtel de Ville 44
Entrée libre.

Le parc des Sept Heures est né au milieu du XVIIIe siècle afin de satisfaire les thermalistes et les villégiateurs de Spa en quête de verdure et de calme. Il est classé depuis 1977 et très fréquenté, en permanence, par de nombreux visiteurs et promeneurs. Il est même incontournable, en plein milieu de la cité thermale, et agrémenté de jolis monuments. On peut citer celui de l'Armistice, celui du Compositeur Meyerbeer qui, de 1829 à 1860, vînt chercher l'inspiration à Spa ; celui de Jean d'Ardenne, écrivain né à Spa, propagandiste de ce pays.

FORT DE TANCRÉMONT

Route de Tancrémont 67 - **PEPINSTER**
✆ +32 87 31 55 32
www.fort-de-tancremont.be
Ouvert de mai à début novembre : tous les dimanches de 13h à 17h. Entrée 6 €. 6-12 ans : 3 €. - 6 ans : gratuit.

Inauguré le 8 août 1937, ce fort d'observation enchâssé dans le talus possède encore la totalité de ses armements et des installations électromécaniques d'origine. Un petit musée a été aménagé en 2018 dans l'ancienne tarterie « La Chapelle ». Le massif central – de trois hectares environ – recèle l'essentiel des armements du fort (quatre canons sous deux coupoles, bloc mortier et blocs mitrailleuses). En sous-sol, à trente mètres de profondeur, se trouvent les autres organes : poste de commandement, poste de T.S.F., centrale téléphonique, etc.

POUHON PIERRE-LE-GRAND (LES SOURCES) ★

Rue du Marché 1A
✆ +32 87 79 53 53
D'octobre à mai, de 9h30 à 13h et de 13h30 à 17h. En juillet et en août, jusqu'à 18h. Eau : 1 €.

Le Pouhon Pierre-le-Grand, du nom du tsar russe qui s'y rendit en 1717, abrite l'une des sources les plus abondantes et les plus gazeuses de la ville. Ne manquez pas de goûter à cette eau aux vertus curatives. Le goût est étonnant et provoque bien des surprises chez les novices ! C'est aussi là que se trouve l'office de tourisme ! Spa possède de nombreuses autres sources : Géronstère, Sauvenière, la fontaine de Groesbeek, la source du Barisart, la source de la Reine...

LAC DE WARFAAZ

Lac de Warfaaz
www.lacdewarfaaz.be
Accès libre.

Ce lac de 6,5 hectares est situé à 2 km de Spa, dans un des plus beaux écrins de verdure en Ardenne spadoise. En 1890, la ville décide de construire un barrage suite à une importante inondation, qui formera le lac artificiel de Warfaaz. Sa construction durera quatre ans. On peut aujourd'hui y pratiquer la pêche, la promenade ou le bateau à pédales. En revanche, il est interdit de s'y baigner. Le pourtour est asphalté, ce qui permet des balades en famille et des déjeuners au soleil dans les restaurants en bordure. Egalement des jeux pour enfants.

L'AUBERGE €€

Place du Monument 3-4
✆ +32 87 77 48 33
www.auberge-spa.be
9 chambres (+ 3 suites). Chambre double à partir de 89 €. Parking.

Au cœur de la ville, l'hôtel surplombe la place du Monument. Il offre un charme rustique et des remises pour les curistes. L'accueil y est plutôt soigné. Les clients reçoivent un Spa Pass (réductions pour les musées et autres attractions). Les chambres, récemment remises à neuf dans un décor contemporain, sont équipées confortablement : écran plat, machine Nespresso, minibar... Restaurant au décor de brasserie parisienne, avec cuisine française ou diététique. Spécialités : américain, homard, rognons, asperges, moules et gibier en saison.

WALLONIE

HOTEL LA REINE €€

Avenue Reine Astrid 86
✆ +32 87 77 52 10
www.lareine.be
Ouvert toute l'année. 14 chambres. Chambre double à partir de 80 €. Petit déjeuner : 18 €.

Cet hôtel trois étoiles a été rénové voici quelques années. Les chambres y sont joliment décorées, extrêmement propres, et disposent de tout le confort nécessaire. L'hôtel compte également une magnifique suite, idéalement située dans le fond du jardin de l'hôtel. Idéalement placé proche du centre-ville, l'hôtel possède un parking privé gratuit ainsi qu'une connexion wifi, gratuite elle aussi ! Le restaurant de cuisine typée bistronomie est basé sur les produits du terroir. L'occasion d'y manger un bout sous la magnifique véranda.

LE SOYEURU €€

Route de Malchamps 5
✆ +32 87 65 32 92
booking.com/Share-XUjbH1
5 chambres. Chambre double à partir de 133 €. Petit déjeuner inclus.

À égale distance du centre de Spa et du circuit de Francorchamps, le Soyeuru bénéficie d'un environnement des plus tranquilles au cœur de la fagne de Malchamps. Dans cette ancienne ferme familiale aux allures pittoresque reconvertie, Thierry Herman et sa femme Vanessa, qui viennent de reprendre la ferme, proposent cinq chambres au confort douillet et au décor personnalisé, évoquant chacune des personnalités de la région. Elle constitue un bon point de départ idéal pour explorer la fabuleuse nature environnante. Restaurant sur place (Le Cinq).

MANOIR DE LÉBIOLES €€€

Domaine de Lébioles 1/5
✆ +32 87 79 19 00
www.manoirdelebioles.com
16 chambres. à partir de 235 €. Petit déjeuner : 21 €. Parking.

Ce majestueux manoir est niché au cœur d'une propriété boisée merveilleuse, avec une vue éblouissante sur la vallée. On oserait le comparer à un petit Versailles wallon tant l'édifice est impressionnant par son architecture et ses lignes nobles. Les seize chambres uniques, toutes différentes, mêlent meubles d'époque et style contemporain. Elles sont toutes divines, tout comme les assiettes du restaurant, concoctés par le chef Loïc Jambon. Pour parfaire la détente : piscine intérieure chauffée, hammam, bains à bulles, sauna, spa et solarium sous verrière.

AUX CAMPINAIRES €

Avenue Jean-Baptiste Romain 20
✆ +32 87 77 42 77
www.campinaire.be
Ouvert le jeudi soir ; du vendredi au dimanche le midi et le soir. Carte : 38 € environ.

Jolie adresse sur les hauteurs de la ville. On y mange en profitant d'un cadre rustique où trône un piano. Dès les beaux jours, on s'installe en terrasse avec vue sur le jardin verdoyant et son portique pour marmots aventuriers. Les portions sont généreuses sans être étouffe-chrétien et la cuisine envoie avec autant de bonheur l'américain à préparer à table que la truite fraîche à la sauce ardennaise (lardons, champignons, crème, genièvre… c'est riche mais délicieux). La brasserie attenante La Sparsa produit une agréable ambrée éponyme, la seule bière de Spa.

BARISART €€

rue de Barisart 295
✆ +32 87 77 09 88
lebarisart.be
Ouvert tous les jours de 12h à 14h et de 18h30 à 20h30. Plat du jour : 18 €. Menu : environ 50 €.

Dans un cadre reposant, chaleureux et naturel, Barisart propose un concept né de différentes passions. Ici, la nature est partout dans la décoration comme dans l'assiette. La carte saine, équilibrée, simple et savoureuse change selon les saisons et les humeurs de la cheffe et de son équipe. Les plats sont faits maison, avec des produits locaux, de saison, et si possible biologiques, surtout les légumes, florissants dans les assiettes. La vue imprenable sur les grands chênes est idéale pour profiter de la terrasse les beaux jours.

LA TONNELLERIE €€

Parc des Sept-heures 1
✆ +32 87 77 22 84
www.latonnellerie.be
Ouvert tous les jours sauf mercredi de 12h à 21h. Menu unique à 49 €. A la carte : 60 €.

L'endroit est agréable et surtout ses terrasses où l'on peut manger à l'ombre des arbres. En salle, l'équipe est dynamique et efficace. Côté cuisine, les préparations sont gourmandes et privilégies les saveurs du sud. Quoique de temps à autre quelques influences d'ici et là se mêlent aux préparations mais toujours avec subtilité. Le menu Vigneron est conseillé, d'autant plus qu'il change toutes les semaines. Et pour arroser vos plats, Christian Leroy est un fin sommelier. Il vous déniche toujours de belles découvertes en bouteilles.

L'O DE SOURCE €€

Place Pierre le Grand 2
✆ +32 07 22 11 39
www.lodesource.be

Le mercredi de 19h à 20h30 ; du jeudi au dimanche de 12h à 13h30 et de 19h à 20h30. Menus de 52 € à 60 €. lunch : 35 €.

Dans une demeure familiale, Xavier et Karine sont installés en plein cœur de Spa. Ils vous proposent de déguster une cuisine à mi-chemin entre gastronomie et tradition. La décoration, de bon goût, est un mélange entre design moderne et ancien. Privilégiant les produits frais et du marché, les menus sont d'un excellent rapport qualité/prix. Les préparations frôlent la perfection, tant visuellement qu'au goût. Quant à la sélection des vins, elle est en accord avec les plats et n'a pas d'effet de mauvaise surprise sur l'addition.

LE PETIT GOURMET €€

Rue Royale 31
✆ +32 87 77 10 07

Du vendredi au lundi et les jours fériés de 11h à 15h et de 18h à 22h ; le mardi jusqu´à 15h. Carte : ±35 €. Terrasse.

Au centre de Spa, en face du casino, cette petite adresse discrète se fond dans les autres bâtiments. Mais derrière sa façade se cache un endroit simple, accueillant et, qui plus est, avec une grande terrasse ombragée à l'arrière. Côté cuisine, des plats travaillés, colorés entre brasserie et gastronomie, privilégiant les spécialités de la région, avec en tête d'affiche la brochette de langoustine, d'agneau mariné ou de bœuf, mais ausi des pâtes fraîches (comme les ravioles homard, safran, petits légumes) qui raviront les amateurs du genre.

L'ART DE VIVRE €€€

Avenue Reine Astrid 53
✆ +32 87 77 04 44
www.artdevivre.be

Le mercredi et le jeudi le soir ; du vendredi au dimanche le midi et le soir. Menus de 58 € à 75 €. Carte : ± 68 €.

Au coin du Square « Maréchal Foch » jouxtant le Parc des Sept Heures, Jean-François Douffet et son équipe vous accueillent dans une maison de maître de caractère. La salle à manger est agréable et les lieux disposent d'une terrasse, près du jardin d'herbes aromatiques. Travaillant uniquement des produits de qualité et collant aux saisons, le chef prépare une cuisine délicate et goûteuse à souhait. Une sélection soignées de vins est proposées et conseillée en harmonie avec les plats. Les végétariens seront contents de voir qu'on ne les a pas oubliés.

MANOIR DE LÉBIOLES €€€

Domaine de Lébioles 1/5
✆ +32 87 79 19 00
www.manoirdelebioles.com

Ouvert du mercredi au dimanche, midi et soir. Menus de 85 € à 102 €. Lunch : 44 € ou 52 €. Jardin. Terrasse.

Érigé vers la fin du XIXe siècle, cet autrement appelé « Petit Versailles des Ardennes » est à la fois un hôtel et un restaurant d'exception. Cotée au Gault & Millau, la cuisine du Manoir est celle du chef Loïc Jambon, formé au Manoir à ses débuts, puis parti vers d'autres horizons avant de revenir avec des galons de chef exécutif. Menus de 2 à 6 services avec vue sur les parcs et jardins, composé avec de beaux ingrédients tels que le crabe de Saint-Malo, le perdreau, la truffe noire..., que l'on marie avec subtilité, et saupoudré de touches asiatiques.

AU MILIEU

Rue Royale 21
✆ +32 496 23 95 00

Ouvert du mardi au samedi à partir de 16h ; le mercredi à partir de 17h.

Il n'y a pas d'autre bar lounge à Spa. En tout cas, pas comme celui d'Annick où l'ambiance musicale est bien choisie. La décoration de petits fauteuils, de jolis éclairages et de plein d'objets originaux est réussie. Soirées thématiques (Disco, Rétro House...). Sorte de *place to be* local, on s'y sent bien et on y prolonge généralement la soirée jusqu'au milieu de la nuit en sirotant quelques bières ou cocktails. Pour les moments plus calmes, baby-foot, billard et même des jeux de société sont à votre disposition. Un incontournable à Spa.

THERMES DE SPA ★★

Colline Annette et Lubin
✆ +32 87 77 25 60
www.thermesdespa.com

Du lundi au jeudi et le samedi de 9h à 21h ; le vendredi 9h-22h ; le dimanche 9h-20h. Adulte 27 € (3h), 38 € la journée.

800 m² de bains extérieurs et intérieurs, cloche d'eau, geysers, sièges à bulles, canapés bouillonnants, aquagym... A cela s'ajoute un espace forme et relaxation (hammams, sauna traditionnel et naturiste...) ainsi qu'un centre de bien-être, beauté et santé. Certaines baignoires en cuivre présentes dans les anciens thermes sont encore accessibles pour les plus nostalgiques. Inutile de réserver longtemps à l'avance, passez un coup de fil ou allez-y directement pour prendre un rendez-vous du côté des soins. Un seul mot : fa-bu-leux !

WALLONIE

CASINO DE SPA

Rue Royale 4
✆ +32 87 77 20 52
www.casinodespa.be
Ouvert tous les jours de 11h à 4h.

Il s'agirait du plus ancien casino du monde, érigé en 1763. Dans un style néoclassique, il accueille encore aujourd'hui de nombreux joueurs et joueuses férus de slots, de roulettes, de black jack ou de poker. Le casino dispose également d'une brasserie faisant la part belle aux viandes et grillades et ouverte jusqu'à minuit du jeudi au lundi. Le bar quant à lui, propose toutes sortes de boissons et cocktails. De plus, de nombreux événements intéressants y sont organisés, n'hésitez pas à consulter leur site Web pour plus d'informations.

FONDS DE QUARREUX ET VALLÉE DU NINGLINSPO

RN 633

Classés au patrimoine exceptionnel de Wallonie, ces deux sites naturels sont très proches. Les Fonds de Quarreux sont réputés pour leurs roches de quartz quasiment inaltérables présentes dans le lit de l'Amblève. Une légende raconte que les blocs seraient issus d'un moulin : le meunier de Quarreux aurait causé son effondrement en trahissant un pacte passé avec le diable. Affluent torrentueux de l'Amblève, le Ninglinspo, creuse une vallée qui ravira les promeneurs.

AYWAILLE

Aux portes de l'Ardenne, la région d'Aywaille est souvent considérée comme le jardin de la ville de Liège. En quittant la Cité ardente, on entre dans une région rurale verdoyante empreinte de sérénité, située à la confluence de l'Ourthe et de l'Amblève. Au fil des siècles, ces deux rivières ont creusé des vallées et façonné des panoramas grandioses comme le seul torrent de Belgique (le Ninglinspo) à quelques encablures des étonnants blocs de quartzite sur l'Amblève et les Fonds de Quarreux (tous deux sont classés au patrimoine exceptionnel de Wallonie). Ajoutons à cela les grottes de Remouchamps et de Comblain-au-Pont, le vallon de la Lembrée, et bien entendu, ces deux rivières enchanteresses que sont l'Ourthe et l'Amblève, le Monde Sauvage d'Aywaille… La diversité du Pays d'Ourthe-Amblève se marque aussi dans le bâti traditionnel, souvent très bien préservé. On est autant charmé par le magnifique petit village fleuri de Deigné que par l'univers de pierre grise du Condroz du côté d'Anthisnes et Tavier ou par le grès de la région d'Aywaille, cœur commercial des environs. La ville compte de nombreux cafés et restaurants familiaux où les Néerlandais, entre autres, aiment venir prendre un verre les jours de beau temps. Principalement rurale, la région est une escapade nature qui se découvre à pied, à vélo ou à cheval : on y compte près de 900 km de sentiers balisés 700 km de pistes cyclables et 150 km d'itinéraires équestres.

MAISON DES DÉCOUVERTES DE COMBLAIN

Place Leblanc 13 - **COMBLAIN-AU-PONT**
✆ +32 4 380 59 50
www.decouvertes.be
Grotte : adulte 9,50 €, grotte + musée : 11,50 €. Informations complètes et détaillées sur le site Internet.

La maison des Découvertes de Comblain rassemble la grotte de l'Abîme, la carrière de Géromont, le centre d'interprétation de la chauve-souris et le musée du Pays de l'Ourthe-Amblève combinés. Accessibles à toute la famille, ces activités se veulent éducatives et respectueuses de l'environnement. D'autres activités ponctuelles telles que la visite nocturne des chauves-souris ou des animations pour tout public (comme la découverte des plantes utiles) sont proposées.

LE MONDE SAUVAGE

Fange de Deigné 3
✆ +32 4 360 90 70
www.mondesauvage.be
Parc fermé en hiver. Haute saison : 7j/7 de 10h à 18h. 26 €. Enfant : de 18 € à 21 €. Parking : 4 €. Accessible PMR.

Le site archi-connu du Monde Sauvage s'étend en plein cœur d'un domaine forestier avec quelques plans d'eau. Il y a aussi des infrastructures telles qu'une plaine de jeux et un restaurant. Dommage que les consommations soient un peu trop chères. La visite commence avec un parcours en voiture ou en petit train à travers le site. Sensations safari garanties ! Il est possible d'assister aux spectacles d'otaries, de rapaces et de perroquets. L'ensemble des enclos aménagés abrite une gamme d'animaux : girafes, ours polaires, zèbres, tigres et bien d'autres encore.

LE CANTIL €€

Rue Joseph Thiry 35
✆ +32 4 367 57 89
www.cantil.be
Le lundi, 10h30-15h30 ; du mardi au jeudi, 10h30-21h ; le vendredi et le samedi, 10h-22h30. Menus de 30 à 45 €.

Le Cantil est à la fois un restaurant, un bar à vin et une épicerie fine. Ce trio gagnant doit son succès à deux associés : l'un passionné de vins, l'autre des bons produits qui s'assemblent. Des plats du jour et des tapas de terroir toujours très frais et souvent étonnants. L'endroit idéal pour souffler après une dure journée de travail, ou tout simplement pour se retrouver entre amis. Les produits proposés sont principalement régionaux : la politique de l'établissement est de privilégier le circuit court. Le tout est arrosé de conseils avisés.

ESCA'LINDT €€

Place Joseph Thiry 27
✆ +32 4 367 77 64
escalindt.eatbu.com
Ouvert du vendredi au mardi le midi et le soir. Carte : 46 € environ. Lunch : 18 €.

La brasserie l'Esca'Lindt accueille les convives dans un cadre contemporain récemment ripoliné. Le cadre est désormais vraiment sympa, moderne et coloré, tout comme la terrasse lorsque les beaux jours arrivent. On y mange des plats de cuisine française haut de gamme, comme le magret de canard, chutney de pommes et poires, caramel épicé, purée de panais. Chaque mois, un nouveau menu est proposé et qui comprend une entrée et un plat. La formule lunch est intéressante. Les œnophiles seront ravis de découvrir la belle gamme de vins, notamment bio.

LE P'TIT BOUCHON €€

Rue Hongrée 17
✆ +32 4 384 64 96
www.leptitbouchon.be
Ouvert du mardi au samedi de 18h à 21h, jeudi et vendredi ouvert aussi à midi. Carte : 47 €. Menu : 37 € à 42 €.

Pour de nombreux habitués, Le P'tit Bouchon est *the place to be* en cité aqualienne. Ambiance décontractée et abordage spontané. Une cuisine raffinée et gourmande surfe sur la vague des saisons. Mais certaines recettes sont intemporelles et spécialités de la maison, comme les tagliatelle aux écrevisses ou le phalan de bœuf à la toscane. On reprendrait bien de ce magret de canard savamment cuisiné. On reviendra ! La cave à vin est y aussi très avenante, avec des crus à prix honnêtes en provenances de petits producteurs qui le sont tout autant.

CANTON DE L'EST

Bienvenue dans le pays des landes et des tourbières, des châteaux romantiques, des carnavals endiablés et des randonnées les plus sauvages. La réserve naturelle du plateau des Hautes Fagnes (le « toit » de la Belgique, culminant à 694 mètres au Signal de Botrange) constitue le plus vaste territoire protégé de Belgique : près de 5 000 hectares sont couverts de landes et de tourbières.

Depuis 1985, le jumelage des parcs allemands et belges contigus a abouti à la création du parc naturel Hautes Fagnes-Eifel s'étendant sur 70 000 hectares. La région possède en outre la plus grande surface de lacs du pays (la Gileppe, Eupen, Robertville et Bütgenbach) qui offrent des paysages semblables au Grand Nord canadien. Recouvert de brouillard 150 jours par an, en hiver, les températures sont rudes. Dans ce décor sauvage, une faune et une flore uniques ont trouvé refuge.

Dans les environs. Le charme d'Eupen, capitale de la Communauté germanophone, est empreint d'atmosphère rhénane, perceptible dès que l'on aperçoit les bulbes de cuivre de l'église Saint-Nicolas. La prospérité de cette ville remonte aux XVIIe et XVIIIe siècles, à l'époque artisanale, quand l'industrie textile se développait le long des rives de la Vesdre. C'est l'âge d'or des manufactures qui fait rivaliser Eupen avec Verviers et Monschau (Montjoie, Allemagne).

Histoire

Malmedy a été au cœur de la Bataille des Ardennes. Faute de pouvoir atteindre les ponts de la Meuse suite à un mauvais largage des troupes parachutées, dans la nuit du 21 décembre, une unité de commandos de la Brigade commandée par le Colonel Otto Skorzeny, tente de pénétrer à Malmedy. Mais ils se heurtent à une résistance acharnée des défenseurs Américains de la 30th Infantry et d'un bataillon de combattants américains dénommé « Norwegian ». Les jours suivants, du 23 au 25 décembre, Malmedy est pourtant dévastée par des bombardements américains. À gauche de la cathédrale, un monument est dédié aux unités américaines qui ont libéré la ville des Allemands. À droite, des stèles de marbre noir dédiées aux 214 civils victimes des bombardements américains.

À Baugnez, un musée retrace les dernières grandes opérations qui se sont déroulées lors de l'offensive allemande. Située à la frontière du Troisième Reich et du Luxembourg, Saint-Vith fut également un carrefour vital et stratégique.

Une situation renforcée par sa proximité de l'extrémité ouest de la trouée de Losheim,

WALLONIE

axe majeur de la contre-offensive allemande. Celle-ci fut enrayée par les troupes américaines, ralentissant l'avancée allemande sur tout le front des Ardennes. Mais le 21 décembre sur ordre de Montgomery, les troupes sont redéployées plus à l'ouest afin de couvrir tout le front ce qui n'empêche pas la ville d'être encerclée plus qu'aux trois quarts.
Le 23 décembre, les Américains battent en retraite à l'ouest de la Salm et les Alliés bombardent intensivement Saint-Vith. Les pertes américaines s'élevèrent à 12 500 soldats tués, blessés, capturés ou disparus. Deux monuments, une plaque et une stèle (rue du Cloître, à côté de l'école de St Vith) rendent hommage aux troupes américaines.

ÉGLISE SAINT-NICOLAS

Marktplatz 26
EUPEN
Lundi, mardi, jeudi et vendredi de 11h à 12h et de 16h à 16h45 ; mercredi de 9h30 à 12h30 ; dimanche de 10h30 à 12h30.

Construite au début du XVIIIe siècle, cette église est de type Hallenkirche (église-halle), caractérisée par trois nefs d'égale hauteur, sans transept ni déambulatoire et un maître-hôtel remarquable dû au célèbre architecte Couven, connu pour avoir été le maître d'œuvre de la ville d'Aix-la-Chapelle. Plus tard, les deux clochers et la façade furent rénovés à la fin du XIXe siècle. Ne manquez pas d'y pénétrer pour admirer la décoration intérieure, dans le plus pur style baroque rococo, très chargé. On remarquera aussi le beau pavement de pierres blanches et bleues.

CATHÉDRALE SAINTS-PIERRE-PAUL-ET-QUIRIN

Place du Châtelet
MALMEDY
✆ +32 80 33 03 02
Visites guidées (sur demande) pendant les mois d'été de 13h30 à 17h30.

Bâtie comme une église abbatiale en 1775, elle fut dédiée aux saints Pierre, Paul et Quirin en 1784. Elle fut érigée au rang de cathédrale entre 1920 et 1925. L'édifice, en pierre de la région, est assez simple et d'une sévérité rachetée par la couleur blonde de sa pierre. Ses deux tours de l'avant-corps portent des clochers verts et octogonaux qui ne sont pas sans rappeler la tradition germanique. De cette époque, l'édifice garde un « trône » aux armes de Malmedy dans le chœur.

PARC HAUTES FAGNES-EIFEL

Rue de Botrange 131
WAIMES
✆ +32 80 44 03 00
botrange.be
Maison du parc ouverte en semaine de 9h à 17h, 10h à 18h le week-end et jours fériés.

Bienvenue sur le toit de la Belgique ! Trônant fièrement à 694 mètre, le Signal de Botrange et sa tour sont les points d'orgue de ce parc transfrontalier avec l'Allemagne. C'est aussi le point de départ (ou d'arrivée) de randonnées que l'on peut faire sur le plateau des Hautes-Fagnes. En marchant sur des caillebotis, on découvre un paysage ouvert de tourbière qui, lorsqu'il y a du brouillard, est encore plus mystérieux. Mais le parc renferme aussi des forêts de sapins, des rivières et lacs, des sentiers pour vélos et même une station de ski alpin à Ovifat !

WALLONIE

Cathédrale Saints-Pierre-Paul-et-Quirin.

MALMUNDARIUM ★

Place du Châtelet 9 - **MALMEDY**
✆ +32 80 79 96 68
www.malmundarium.be

Basse saison : ouvert du mardi au samedi de 10h à 17h. Haute saison : tous les jours de 10h à 18h.

Le Malmundarium constitue le cœur touristique et culturel de la ville blotti dans l'ancien monastère. Il s'agit de bien plus qu'un simple musée ! Les espaces dédiés à l'histoire, à l'art et à la culture valent le détour. Tout commence ici en en 648 lorsque le moine bénédictin Remacle et quelques-uns de ses confrères s'installent dans une contrée sauvage. La Révolution française sonnera le glas de la principauté et mettra un terme 1100 ans de vie religieuse en ces murs. Mais ils connaîtront au fil de l'histoire de multiples affectations. L'armée française d'abord, puis le régime prussien en 1815 et le régime allemand en 1870 useront des bâtiments. Les bâtiments actuels, du début du XVIIIe siècle, sont magnifiques et désormais classé, magnifiquement restauré. On peut visiter le cloître et dans les combles, (accessibles par ascenseur). Le parcours muséal (audioguides, bornes audiovisuelles et vidéo) propose de découvrir l'atelier du cuir, l'atelier du papier, avec fabrication à la cuve sur demande, en passant par l'atelier du Cwarmê, le carnaval de Malmedy. A voir aussi, le trésor de la cathédrale et l'historium, qui constitue un voyage dans 14 siècles d'histoire. *Expositions temporaires, a*nimations, activités et visites guidées sont organisés ici. La visite est rendue interactive et ludique grâce à des fiches-jeux et des questionnaires amusants. L'équipe de la bibliothèque communale tient un programme varié d'animations pédagogiques à la disposition des écoles. Un endroit incontournable à visiter dans la région.

TRÉSOR DE LA CATHÉDRALE DE MALMEDY

Place du Châtelet 10 - **MALMEDY**
✆ +32 80 79 96 68
www.malmundarium.be

Basse saison : du mardi au dimanche de 10h à 17h. Haute saison 10h à 18h. Adulte 6 €. Enfant (de 6 à 12 ans) 3 €.

Datant de l'époque où la ville accueillit le diocèse d'Eupen-Malmedy, le Trésor de la cathédrale est aujourd'hui hébergé dans le Malmundarium, au cœur même de l'ancien monastère. Présentant un riche collection d'art religieux, on constate qu'entre les sculptures, peintures et manuscrits, l'orfèvrerie y tient une place prédominante, présentant notamment plusieurs orfèvres liégeois au poinçon réputé comme Charles de Hontoir, Jean Goesin ou encore Jean-François Knaeps.

AUBERGE DE JEUNESSE DE MALMEDY €

Route d'Eupen 36 - **MALMEDY**
✆ +32 80 33 83 86
lesaubergesdejeunesse.be/malmedy

Dortoir 26 €, chambre 4 lits 104 €, chambre simple : 56 €. Petit déjeuner et draps de lit inclus.

Très belle auberge de jeunesse située à deux kilomètres du centre de Malmedy, elle est implantée dans un lieu calme. Elle bénéficie d'une situation idéale au pied de la réserve naturelle des Hautes Fagnes, ainsi que de tout le confort nécessaire : grand salon avec feu ouvert, bar, barbecue et activités, jardin... Elle dispose de chambres doubles, familiales et des dortoirs. A côté de l'auberge, on trouve un étang écologique, une aire de jeux et également un enclos avec des chèvres.

HÔTEL DU MOULIN €€

Grand-Rue 28 - **MALMEDY** ✆ +32 80 57 00 81
www.hoteldumoulin.be

À partir de 80 € la simple (95 € la double), petit déjeuner inclus. Restaurant le soir et le dimanche midi. Menus 55 €.

Au cœur d'une nature préservée, dans une bâtisse aux colombages, cet établissement familial est le garant d'une tradition hôtelière vieille de plus d'un siècle. La taille modeste des chambres est compensée par un confort et un aménagement de bon ton. Côté table, Jean Goire, le maître des lieux, aime surprendre ses hôtes avec des assiettes aussi joliment présentées que délicates pour les papilles. Madame Goire distille habilement ses conseils à propos des activités les plus intéressantes. Le jardin et la terrasse agrémentés avec justesse invitent à la détente.

LE VAL D'ARIMONT €€

Chemin du Val 30 - **MALMEDY**
✆ +32 80 33 07 61
www.val-arimont.be

Chambre double à partir de 69 €, loft 205 €, cottage 357 € (du vendredi au lundi). Petit déjeuner : 15 €.

Les 37 chalets et les 20 chambres d'hôtel sont situés dans une vallée luxuriante, au bord d'une rivière. Jolie décoration avec des papiers peints, rideaux et coussins originaux. Sur place : piscine en plein air et couverte avec bain bouillonnant et hammam, terrains de tennis, multisports et de squash, pétanque, mini-golf, jeux, pour enfants.... D'autres activités sont possibles : VTT, équitation, planche à voile, kayak, ski de fond et alpin. Le restaurant Le Marmiton et sa brasserie proposent une cuisine régionale savoureuse qui se décline au fil des saisons.

WALLONIE

ARTI'CHOC €€

Haasstraße 38 - **EUPEN**
✆ +32 87 55 36 04
www.artichoc-eupen.be
Ouvert du vendredi au dimanche le midi et le soir. À la carte : environ 55 €.

Quand Katja Bantz reprend le restaurant de ses parents avec son mari Daniel Baratto, ils insufflent à cet établissement de la ville basse d'Eupen une seconde vie. Dans un cadre chaleureux tout de bois vêtu, Daniel vous cuisine des plats gourmands et traditionnels comme des ris ou rognons de veau, jambonneau grillé à la moutarde… bref, des plats bien consistants qui tiennent au corps dans un coin connu pour son climat plus rude qu'ailleurs en Belgique l'hiver. Un restaurant qui a su se relever après les inondations de juillet 2021, ce qui vaut bien une visite.

LA CHARBONNADE €€

Rue devant l'Etang 11 - **MALMEDY**
✆ +32 80 33 95 34
www.lacharbonnade.be
Du vendredi au dimanche et les jours fériés le soir. Midi aussi le dimanche. Carte : 45 € environ. Charbonnade : 32 €.

Voilà l'une des adresses préférées des habitants de Malmedy et des alentours. On y vient pour les pierrades de viande (plusieurs au choix) et les raclettes de fromage au feu de bois. On aime les tables directement pourvues de charbon incandescent sous des grilles, en plus ça réchauffe en hiver ! Rien de plus naturel quand on se situe dans une région où il neige plus que n'importe où ailleurs en Belgique. Les grandes balades dans les Fagnes, ça creuse énormément ! Une adresse plus que conviviale avec un beau jardin et une terrasse.

LA FAITAFONDUE €€

Rue de Merkem 4 - **MALMEDY**
✆ +32 80 77 07 77
www.lafaitafondue.com
En semaine sur résa (minimum de personne requis). Vendredi et samedi soir et dimanche midi et soir. Carte : ±45 €.

Un spécialiste de la fondue, on aime ! Nous ne sommes pourtant pas en Savoie mais bien en bordure des Hautes-Fagnes. La Faitafondue propose non moins de quinze sortes différentes de fondues, des plus classiques aux plus inattendues. Les prix varient en fonction du choix mais les fondues sont toujours à volonté. Autre originalité, les décors et costumes du personnel varient tous les quatre mois. Histoire de donner envie d'y retourner plus souvent, sans doute. Et pour bien tasser le tout les repas se poursuivent, en costumes, sur la piste de danse !

HALMES

place Albert 1er 3
MALMEDY
✆ +32 80 33 73 79
www.halmes.be
Ouvert du mardi au dimanche de 6h à 18h30.

Une histoire de famille qui a débuté avec les parents en 1967 à Butgenbach puis à Malmedy en 1970. Mais ce sont les enfants Luc et Marion qui perpétuent l'affaire depuis 1997. Production artisanale de produits locaux comme le lait de la ferme à côté de l'atelier, le beurre de Bullange, la farine de seigle du Eiffel ou encore le miel en production propre. Le pain au levain, le pain de seigle et le pain complet (très foncé presque noir) font la renommée de cette boulangerie qui traverse les générations tout comme les viennoiseries qui sont à tomber.

BOUCLE DU BARRAGE DE LA VESDRE

Langesthal 164
EUPEN
Toujours accessible. Restaurant ouvert du mercredi au dimanche de 11h à 18h.

Voici une balade facile d'environ 10 kilomètres depuis la ville basse d'Eupen même ! À la sortie de la ville, on pénètre dans une belle forêt d'abord de feuillus, puis de pins en suivant le cours de la Vesdre. Laissez-vous imprégner des sons de la nature et du bruit de l'eau. La Vesdre, qui coule dans le bas d'Eupen, est une des trois rivières qui alimentent le barrage et le lac artificiel d'Eupen, troisième réserve d'eau potable du pays et qui alimente Eupen, le Pays de Herve et même toute une partie de Liège.

Le barrage, sur lequel on peut circuler (y compris rouler dessus en voiture) et observer les deux côtés (côté retenue et côté lac), a de quoi impressionner. C'est un véritable mur de pierre qui retient une quantité d'eau astronomique. Il aura fallu 12 ans (le barrage fut inauguré en 1950) pour l'achever. Si on regarde côté lac, on voit les doux reliefs des Hautes-Fagnes, couverts de conifères qui apparaissent plus noirs que verts. Est-on encore en Belgique ou avons-nous été transportés au Canada ? Un paysage qu'on peut encore mieux apprécier depuis la terrasse du restaurant du barrage, situé en hauteur. C'est le moment de faire une pause, d'engloutir des schnitzels, boulets liégeois ou une bonne gaufre, avant de revenir vers Eupen via un autre chemin, qui est en partie sentier didactique, entre forêt et campagne. C'est le moment de se poser en terrasse pour souffler un peu. Le sentier étant très bien balisé, vous ne risquez pas de vous perdre.

WAVRE

Chef-lieu de la province du Brabant-Wallon, Wavre se situe à équidistance de Bruxelles et de Namur. Principalement commerçante, la ville est desservie par un important réseau routier et cernée par des zonings industriels de premier plan. Dès le XIIIe siècle, Wavre s'affichait déjà comme une région agricole à côté d'une importante agglomération urbaine qui s'est formée autour de marchés réguliers. L'implantation d'un premier parc industriel vers 1930 dans la vallée de la Dyle a donné à la ville les bases de son développement industriel.

La cité a su préserver ses rues piétonnes comme la rue Charles Sambon ou la Belle-Voie et ses sites champêtres en dehors du centre urbain.

La ville abrite le plus grand parc d'attractions de Belgique (Walibi), des hôtels en conséquence et un folklore toujours vivace. Côté architecture, l'hôtel de ville installé dans l'église d'un ancien couvent carmélite se distingue par un très joli vitrail. Notre-Dame de Basse-Wavre se distingue par le titre de basilique qu'elle obtint en 2000 seulement.

Wavre est aussi la ville natale du poète Maurice Carême, auteur de recueils pour enfants, tandis que Limal a vu naître Cubitus, le chien le plus débonnaire du 9e art !

Enfin, Wavre est aussi le centre des Ardennes brabançonnes dont le paysage est un harmonieux mélange de zones urbaines et rurales. Châteaux et patrimoine religieux, espaces verts qui renvoient la périphérie bruxelloise à des lieues, domaines propices à la balade comme le Bois de Beumont aux arbres plusieurs fois centenaires, musées et sites culturels, flâneries dans le centre-ville piéton, la région est riche en découvertes.

ÉGLISE SAINT JEAN-BAPTISTE ✝ ★★★

place de la Cure 23
✆ +32 10 23 49 80
www.sjbw.be

Lundi, 8h à 12h. Mardi, jeudi et vendredi, 8h à 17h. Mercredi, de 8h45 à 17h (18h le samedi). Dimanche, 8h à 12h30.

La construction de l'église actuelle débute aux alentours de 1480, remplaçant un édifice du XIe siècle. Bâtie en grès et en briques ce qui n'est pas sans rappeler visuellement certains édifices toscans, elle appartient au style gothique brabançon. Elle n'est achevée qu'en 1636, près d'un siècle et demi plus tard, surmontée d'un clocher bulbe, caractéristique de la région. Mais l'église est ravagée par un incendie en 1695 et la belle tour n'a pas été reconstruite à l'identique. La tour actuelle présente ainsi un aspect massif assez insolite. Le clocher est doté d'un carillon riche de cinq cloches, inauguré le dimanche de Pâques 1954. Il joue le *Chant des Wavriens* au changement d'heures et l'*Hymne à la Joie* (Beethoven) aux demi-heures. La plus vieille cloche de l'église, datant de 1696, a été alors conduite dans le parc Houbotte face à la gare, afin d'être admirée par tous les passants. Très équilibré, l'intérieur révèle également quelques particularités. Parmi celles-ci, notons des fonts baptismaux datant de 1620, la chaire de vérité de style Louis XV munie d'un double escalier, les orgues datant du milieu du XIXe siècle ou encore une fresque du XVIe siècle située dans le transept sud et montrant saint Guidon, patron des agriculteurs. L'église compte aussi une série d'œuvres réalisées par des artistes locaux. Pour l'anecdote, remarquons encore le boulet dans un des piliers de la nef droite, provoqué par un canon français à l'époque napoléonienne !

AQUALIBI

Boulevard de l'Europe 100
✆ +32 10 42 16 03
www.walibi.com/aqualibi/be-fr

Ouvert toute l'année. Ticket : 25 €. Enfant entre 100 et 120 cm : 9,50 €.

Aqualibi a connu un sérieux lifting il y a quelques années. Des vestiaires aux toboggans, tout a été repensé. Accolée au parc Walibi, cette immense pyramide au milieu du parc de 7 000 m² attire les amateurs de sensations fortes. L'Xtrême et sa descente vertigineuse à 50 km/h attend les plus téméraires. La rivière Rapido promet de franches rigolades tout comme la piscine à vagues. Dans le Lagoon et ses bains bouillonnants, l'ambiance est plus zen. La zone pour enfants, repensée et agrandie (désormais 700 m²), s'adresse aux plus jeunes qui ne nagent pas encore.

WALIBI

Boulevard de l'Europe 100
✆ +32 10 42 15 00
www.walibi.be

Ouvert de début avril à la fin des vacances de la Toussaint. Adulte : 45 €. Enfant : 40 € (de 100 à 140 cm).

Le plus grand parc d'attractions de Wallonie est incontournable. Ses dizaines d'attractions sont axées sur les sensations fortes. Parmi les plus excitantes, notons la 3e version du Psyké Underground, le Vampire (harnaché, les pieds dans le vide), la Dalton Terror (77 mètres dans le vide) ou le Kondaa (plus haute montagne russe du Benelux). A contrario, Playland reprend une vingtaine d'attractions pour les petits. On apprécie aussi le cinéma 4D et les différents spectacles quotidiens. 5 samedis nocturnes par an : ouvert jusqu'à 23h avec feu d'artifice en apothéose.

HÔTEL DE VILLE

Ne se visite pas.

L'hôtel de ville était autrefois installé dans la halle aux blé (place Cardinal Mercier). Mais en 1809, il déménage pour investir l'ancien couvent des Carmes. Il abrite aujourd'hui l'administration mais aussi l'office de tourisme de la ville. Cet édifice construit au XVIIe siècle, avec ses belles lignes arrondies, dominait le « Marché aux bestes ». Tout comme le magnifique Hôtel de l'Escaille (situé dans la rue de Bruxelles), il a été transformé en hôpital de campagne pendant les combats de la révolution brabançonne du début du XIXe siècle. Il est remarquable pour son vitrail sur sa façade baroque, tout à fait extraordinaire par la création des visages, très moderne pour l'époque. Il représente le seigneur Jean, sa dame Alice et le fameux « Maca ». Ces trois personnages sont représentés sous forme de géants lors des fêtes folkloriques, spécialement pendant le carnaval de Wavre. Ce personnage est un adolescent, l'emblème de Wavre, qui symbolise l'espièglerie des wavriens qu'on appelle d'ailleurs les Macas. Vous trouverez sur la place une statue de cuivre de dos, à de mi retournée, le représentant en train d'escalader la balustrade du perron, les fesses totalement polies par le passages des mains ! Car ici la légende veut que lui caresser les fesses vous apportera chance et bonheur La « Crapaute » est une autre statue connue à Wavre, c'est celle d'une adolescente représentée au bord d'une mare en forme de nénuphar, qui serait selon la légende l'âme sœur du Maca. Elle est située à l'arrière de l'hôtel de l'Escaille.

FERME DE L'HOSTE €€

Drève de l'Hostellerie 101
✆ +32 10 23 93 10
www.fermedelhoste.com

Chambres simple, doubles, triples et familiales. Gîtes 1 et 3 chambres. Laverie commune. Wifi. Location de kits BBQ.

A 2 km de Wavre, deux chambres d'hôtes sont nichées dans le corps de logis d'une ancienne ferme bâtie au XVIIIe siècle. L'allée d'arbres qui mène à la demeure est magique et l'accueil des hôtes charmant. Les chambres sont des cocons de confort, tout en tons bois et blanc. Le domaine est bucolique, vraiment magnifique, les chambres modestes à prix abordables raviront les amateurs de vieilles pierres. La maison loue aussi des gîtes ruraux (2 à 4 personnes), d'aspect plus modeste mais bien équipés (plaques vitrocéramiques en cuisine).

LA PÉNICHE €€

chaussée de Huy 4
✆ +32 10 22 88 18
www.lapeniche.be

Ouvert du mercredi au dimanche le midi et le soir. Menu unique à 44 €. Carte : 60 € environ. Lunch. Jardin. Terrasse.

Restaurant, banc d'écailler et traiteur spécialisé en produits de la mer... jusque là, rien de très original même à Wavre, à 150 km de la côte. Mais la maîtresse des lieux a flairé la bonne idée : agrandir son restaurant en lui accolant une péniche en extension. On est transporté sur les flots ! Pour parfaire l'impression de voguer, l'équipage s'habille en capitaines de chalutier le midi. Le cuistot propose des suggestions mensuelles où la fraîcheur et la saisonnalité priment. Belle terrasse et petit jardin pour les moussaillons qui ont le mal de rivière.

LA PORTE DE VÎS TCHAPIAS €€

Rue de la Station 32A
HÉLÉCINE
✆ +32 19 63 47 95
www.laportedevistchapias.be

Ouvert du mercredi au lundi le soir ; le dimanche midi. Menu unique à 31 €. Carte : 45 € environ. Climatisation. Bar.

L'accueil chaleureux vient en haut de la liste quand on énonce les qualités de ce restaurant bien connu d'Hélécine. Mais un sourire, un mot gentil et un service aux petits soins ne remplissent pas les estomacs des gourmands, alors la carte vient à leur secours. Amateurs de bonne chère, cette adresse est faite pour vous : grillades, flammekuches, raclette et moules à volonté (en semaine et en saison), les petits appétits n'ont qu'à laisser leur place ou se tourner vers les salades, au demeurant bien gourmandes également. La terrasse est un plaisir en été.

LE RESTO D'EN FACE €€

rue Charles Sambon 14
✆ +32 10 22 48 69
www.lerestodenface.be

Du mardi au vendredi midi et soir ; le samedi le soir seulement. A la carte : environ 47 €. Lunch 22 €. Terrasse.

Depuis un bon quart de siècle, ce petit restaurant offre des plats de brasserie copieux et alléchant dans un décor sympa de bistrot parisien où les murs sont paraphés par des auteurs de bande dessinée. Cuisine efficace avec ces grillades (leur grand classique « simple face », servi avec une sauce beurre-moutarde-échalotes et un gratin dauphinois), poissons, pâtes, salades sans oublier quelques plats canaille : os à moelle rôti, cassoulet, andouillette 5A. Tout est fait maison, certains vins sont bio et la carte respecte les saisons.

LOUVAIN-LA-NEUVE

Louvain-la-Neuve est la plus jeune ville de Belgique sortie de terre, c'est aussi une cité estudiantine. En effet, cette ville a été imaginée en 1968 et créée en 1972, suite à la séparation linguistique de l'Université Catholique de Louvain (Leuven, dans l'actuel Brabant flamand). Le centre de la cité est piétonnier, mixte sur le plan social, la dimension humaine a été préservée, en évitant les avenues démesurées et les immeubles trop hauts. La ville se veut accessible, durable et orientée vers la gestion collective. Louvain-la-Neuve abrite depuis une dizaine d'années le musée Hergé. À goûter : la tarte du Vî Paurin, typique de la commune voisine de Rixensart.

DOMAINE DU BOIS DES RÊVES

Allée du Bois des Rêves 1 - **OTTIGNIES**
✆ +32 10 41 60 72
www.boisdesreves.be

Ouvert de 8h30 jusqu'au coucher du soleil. Horaires spécifiques et tarifs, voir site web.

Vaste poumon vert en bordure de la ville, le Bois des Rêves est un pôle voué aux loisirs familiaux de plein air. Idéal pour se ressourcer après une journée ou une semaine difficile, il compte 17 km de sentiers balisés, un circuit fléché, un étang de pêche, des pistes de santé (jalonnée d'exercices physiques à effectuer) ou encore des parcours VTT sans compter une plaine de jeux qui ravira grands et petits. Six espaces barbecue sont également disponibles ainsi qu'une brasserie.

MUSÉE HERGÉ ★★★

Rue du Labrador 26 ✆ +32 10 48 84 21
www.museeherge.com

Du mardi au vendredi de 10h30 à 17h30 ; le week-end jusqu'à 18h. Adulte : 12 €. Enfant (de 7 à 14 ans) : 5 €.

Le bâtiment qui accueille le musée joue sur les volumes et les surfaces, une réalisation du Français Christian de Portzamparc sur 2 000 m², consacrés entièrement au créateur de Tintin. Les visiteurs pourront découvrir huit salles d'exposition présentant des planches originales du dessinateur, environ 800 croquis et dessins, une maquette à taille réelle du sous-marin conçu par le professeur Tournesol et d'autres objets tirés de l'œuvre d'Hergé. L'audioguide, bien réalisé, est recommandé pour comprendre son œuvre. Également une salle d'exposition temporaire.

L'ALTER D'EN FACE €

Terrasse des Ardennais 20
✆ +32 010 84 40 03
https://www.alterezvous.be

Ouvert tous les jours de 11h à 14h. Brunch du vendredi au dimanche. Carte : 12 € environ.

Juste en face de son grand frère, le restaurant Altérez-vous, cette cantine est dédiée à la restauration rapide, mais saine et de qualité. Le menu est très simple : 4 « alters » (des sandwiches mais qui ne sont pas des sandwiches) sont proposés et il y en pour tous les goûts : soit végan, végétarien, poulet ou carné. Le pain vient d'une super boulangerie à Gembloux, les produits sont bio et locaux et les combinaisons, plutôt savoureuses et bien pensées. Faites comme les étudiants et mangez sur le pouce ou profitez de leur brunch le week-end.

MUSÉE L ★★★

Place des Sciences 3 ✆ +32 10 47 48 41
www.museel.be

Ouvert du mardi au vendredi 9h30-17h, week-end 11h-17h. 3e jeudi du mois 11h-22h. Adulte 8 €, senior 6 €, 13-25 ans 3 €.

Le musée L est très fourni en œuvres d'arts sur six étages (comptez au moins 2h de visite). Conçu comme un dialogue entre arts anciens et modernes, il touche l'archéologie, l'art et l'ethnographie. De nombreuses statues et poteries grecques, romaines mais aussi précolombiennes, indiennes ou encore chinoises sont exposées entre les œuvres d'artistes contemporains tels que Magritte, Delvaux, Picasso et des gravures de Goya, de Dürer ou de Rembrandt. On apprécie aussi le volet sciences de ce musée universitaire, et surtout la scénographie générale, fantastique !

ALTEREZ-VOUS €

place des Brabançons 6a ✆ +32 10 84 40 03
www.alterezvous.be

Du lundi au samedi 12h-23h30 (ouvert à 17h le samedi). Lunch : 20 €. A la carte : 25 € environ. Accessible PMR.

Mélange équilibré de convivialité, d'échange et de réflexion… Au départ d'un « kot à projet », quatre jeunes ont lancé avec enthousiasme ce café-citoyen où sont organisés des débats et autres événements militants. Louable menu donc et au milieu duquel figurent quelques spécialités de saison, bio ou artisanales (pâtes, quiches, soupes, tartines…). Avec des bières spéciales et quelques cocktails venant d'horizons lointains. Chouette déco et soirées concert, dont de régulières jam sessions. N'hésitez pas à consulter leur page Facebook pour connaître le calendrier.

LA BRANCHE DE FIGUIER €

Grand Rue 1
✆ +32 10 24 66 16
www.branchedefiguier.be
Ouvert du lundi au samedi de 10h à 23h. Carte : 37 € environ.

La cité louvaniste possède en ses murs une originalité : une table palestinienne. Née grâce aux racines de la famille Asli, la Branche de Figuier se distingue par la qualité de ses assiettes de gastronomie familiale. La tradition locale penche naturellement vers les mezze, moussakas et autres falafels mais ce serait bien réducteur de limiter la cuisine palestinienne (et libanaise) à ces seules spécialités connues. On trouve une déclinaison de durum, potages, grillades et mêmes burgers palestiniens, mais on vous conseille les assiettes d'assortiments.

LE PETIT VINGTIÈME €€

rue du Labrador 26
✆ +32 10 48 84 26
www.lepetitvingtieme.be
Ouvert du mardi au dimanche de 10h à 18h. Carte : 45 € environ. Lunch : 16,50 €.

Situé à l'intérieur du musée Hergé, le décor reprend les thématiques des aventures du jeune reporter. Car le *Le Petit Vingtième* était un supplément hebdomadaire au journal belge *Le Vingtième Siècle* destiné à la jeunesse où sont nées les aventures de Tintin dès 1930. On peut voir les unes du journal exposées au plafond suivant un ruban lumineux. S'attabler ici est idéal pour profiter du lieu et goûter des plats de brasserie franco-belge de qualité. Les tintinophiles affûtés regretteront cependant de ne pas trouver de spécialités syldaves à la carte !

LE GRAND CHELEM €€

Avenue Léon Fournet 20
LIMELETTE
✆ +32 10 41 09 00
grand-chelem.be
Ouvert tous les jours de 10h à 23h. Carte : 50 € environ. Formule du midi : 20 €.

Le Grand Chelem, c'est le restaurant accolé au Club Justine Henin, fondé par la championne belge de tennis. Ouvert tous les jours, il propose des plats de brasserie bien troussés et va puiser l'inspiration dans différentes cuisines (gaspacho, ribs, ceviche, poke bowl, mezze, pièces de viande…) et sa formule lunch est à un prix attractif. Le club étant situé dans la verdoyante commune de Limelette, la vue depuis la grande terrasse en bois est particulièrement agréable. On aime s'y relaxer après l'effort en regardant les autres taper dans la petite balle jaune.

BEER BAR

Grand Rue 5
✆ +32 10 24 58 38
www.beer-bar.be
Ouvert du lundi au vendredi de 11h à 3h ; le samedi de 12h à 3h ; le dimanche de 14h à 3h. Wifi.

Voilà une vraie référence dans tout le Brabant-Wallon ! Ce vaste espace de 150 m² accueille un grand comptoir où figurent douze bières au fût (dont dix qui sont fixes) et une carte longue de deux cents bières belges (et des bières de saison, éphémères par essence). L'équipe, très professionnelle, fait profiter les indécis de ses conseils. Les lieux accueillent régulièrement de petits concerts spontanés : tout bon pour l'ambiance pop rock de ce bistrot qui draine autant l'amateur de bières de passage que les étudiants du cru.

L'HORIZON €€€

Rue du Moulin 50 - **CHAUMONT-GISTOUX**
✆ +32 10 22 75 65
restaurantlhorizon.com
Du jeudi au lundi 12h-14h et 19h-22h. Jeudi, uniquement le soir. Menus de 65 € à 98 €. Lunch à partir de 45 €.

Le chef Alexandre Ciriello a le vent en poupe : auréolé fin 2022 d'un titre de Jeune Chef wallon de l'année par un célèbre guide culinaire, c'est dans la campagne brabançonne, avec ses parents à ses côtés, qu'il a ouvert L'Horizon dans une bâtisse aux larges fenêtres. La carte se décline en « univers » (salé froid, salé chaud, sucré, fromages) et on compose son menu selon la formule choisie. À ne pas manquer : la tarte de Chaumont-Gistoux, spécialité de la maison, composée de tourteau, de caviar et d'oursin. Une cuisine fine, précise, parsemée de touches asiatiques.

BEERLOVERS' SHOP

Rue des Wallons 8
✆ +32 10 84 91 84
www.beer-lovers.be
Ouvert du mardi au samedi de 11h à 18h30 ; le mardi à partir de 12h. Café, mardi dès 15h, mercredi-dimanche dès 12h.

Voici quelques années que le concept liégeois du « Vaudrée » s'est exporté dans la cité universitaire. Cette aventure a désormais un nom : le BeerLovers' Shop tandis que le BeerLovers' Café est resté en Principauté. Les produits houblonnés des BeerLovers' sont également disponible sur le Net, leur permettant de tutoyer les sommets. Disponibles dans cette boutique, virtuelle ou non, toujours plus de 750 bières (pas toutes belges) ainsi qu'une large gamme de pékets, liqueurs, absinthes, rhums et autres breuvages de la même veine… Et même des bières au fût.

WALLONIE

WATERLOO

Région verte et résidentielle aux portes de Bruxelles et de la forêt de Soignes, Waterloo alterne vallons et bois, exploitations agricoles, parcs et vastes domaines privés et habitat résidentiel de standing. Outre ses curiosités naturelles, historiques et des adresses de bouche réputées, la ville en elle-même ne présente pas d'intérêt particulier.
D'ailleurs Victor Hugo n'y voyait qu'une « morne plaine ». Waterloo figure en revanche dans tous les livres d'Histoire pour sa célèbre bataille de juin 1815. Le 14 juin 1815 : Napoléon Bonaparte arrive à Beaumont avec ses troupes, en route pour affronter les armées alliées de Wellington et de Blücher. Le 18 juin, ce sera la défaite à Waterloo, qui changera le cours de l'histoire européenne. On peut désormais les revivre pas à pas, de Beaumont à Waterloo, au fil des 94 km de la toute nouvelle Route Napoléon en Wallonie. En réalité, la bataille se déroula plutôt à Braine-l'Alleud et dans les villages voisins… La confusion est née car le duc de Wellington, qui avait installé son quartier général ici, y rédigea le compte rendu de la défaite de Napoléon Ier. Du statut de hameau de Braine-L'Alleud, Waterloo passa à celui de commune indépendante vers la fin du XVIIIe siècle. On note la présence espagnole à l'époque de l'Ancien Régime, comme en témoigne la Chapelle royale, située en face du musée Wellington.

Balade

▶ **La Route Napoléon.** Ce parcours historico-touristique balisé retrace le périple de Napoléon Bonaparte (Napoléon Ier) pendant la campagne des 100 jours en 1815. La route est balisée par 200 panneaux indiquant les différents points d'intérêts, tels les lieux de bataille, les QG impériaux, l'endroit où Napoléon a dormi et diverses anecdotes. Au programme : histoire, musées, folklore, patrimoine classé à l'Unesco, paysages ou encore gastronomie de terroir. Profitez de cette Route Napoléon pour découvrir les nombreux sites qui la jalonnent comme les lacs de l'Eau d'Heure, le beffroi (Unesco) de Thuin, le site minier du Bois du Cazier, le musée de la Photographie de Charleroi, l'abbaye cistercienne de Villers-la-Ville, la Collégiale de Nivelles, la Tour Salamandre à Beaumont, le Château de Leers-et-Fosteau, la Distillerie de Biercée, l'Eglise de Jamioulx où Napoléon a promis au curé de le nommer Evêque de Tournai après la bataille… On traverse Charleroi comme les 100 000 hommes de l'armée française, on revit la dernière victoire de Napoléon à Fleurus/Ligny, au Centre Général Gérard, on ressent la tension des derniers instants au musée du Caillou, dernier quartier général de Napoléon… Et on termine le parcours en découvrant le tout nouveau mémorial en sous-sol à côté de la célèbre Butte du Lion ! Pour la découvrir, vous pouvez simplement suivre les panneaux Route Napoléon en Wallonie, ou téléchargez le circuit pour GPS sur les applications pour smartphones. Toutes les informations sur le site https://www.napoleon.org/magazine/lieux/la-route-napoleon-en-wallonie/

Tourisme

Au Hameau du Lion, l'Histoire prend vie tous les week-ends en juillet et en août (excepté le 1er week-end de juillet). Des animations historiques (artilleurs, tirs au canon, parades d'infanterie, exercices de cavalerie) et des reconstitutions en costumes d'époque font revivre la bataille qui opposa les armées napoléoniennes et anglaises. Elles sont comprises dans le prix d'entrée et se déroule entre 11h et 17h pour une durée de 20 à 25 minutes. Également, deux reconstitutions des combats comprenant plusieurs centaines de figurants ont lieu pendant le week-end qui suit la date anniversaire de la bataille du 18 juin. Renseignements au +32 2 385 19 12 ou www.waterloo1815.be

Transports

Waterloo est située à seulement 15 minutes de route en voiture de Bruxelles, il est possible de venir visiter la ville à la journée depuis la capitale. De même en train, il faut compter 30 minutes depuis la gare de Bruxelles Central en train direct.

WALLONIE

FERME DE MONT ST-JEAN ★★

Chaussée de Charleroi 591 ✆ +32 2 385 01 03
www.fermedemontsaintjean.be
Musée : du mercredi au dimanche 10h-19h, 5 €. Brasserie-distillerie : du mercredi au dimanche à 15h, 15 €.
La boutique « Le Comptoir » présente une gamme de produits de la ferme : bières, gins, whiskies, miel, jus de pomme, etc. Le musée « Le Revers de la Médaille », continue de faire vivre l'histoire de l'Hôpital des Anglais. Visitez la microbrasserie ainsi que la micro distillerie nichées au sein de ce corps de ferme classé au patrimoine. Terminez la visite par un show immersif – spectacle son et lumière. Profitez du restaurant pour organiser un *foodpairing* ou une dégustation de bières.

DERNIER QG DE NAPOLÉON ★★

Chaussée de Bruxelles 66
VIEUX-GENAPPE
✆ +32 2 384 24 24
www.dernier-qg-napoleon.be
7j/7, 9h30 à 18h d'avril à octobre et 10h à 17h de novembre à mars. Adulte : 5 €. Adapté aux personnes avec handicaps.

Située à quelques kilomètres du Hameau du Lion, la ferme du Caillou – où Napoléon et son état-major passèrent la nuit du 17 au 18 juin 1815 – a également été transformée en musée. C'est en ces lieux que l'Empereur a établi ses plans de bataille. On peut y voir entre autres choses le lit de camp de Napoléon, son masque mortuaire, le squelette d'un hussard français, des diaporamas retraçant la campagne de 1815 et une multitude d'objets militaires divers. Le week-end le plus proche du 18 juin, un grand bivouac napoléonien est organisé.

ÉGLISE SAINT-JOSEPH

Avenue Reine Astrid 11
✆ +32 2 354 91 92
www.sjoseph.be
Ouvert tous les jours de 8h à 19h.

Waterloo vaut aussi la peine pour son centre-ville. Jetez un coup d'œil sur cette église, qui se trouve juste en face du musée Wellington. La chapelle royale, surmontée d'un grand dôme, fut inaugurée en 1690, en présence du gouverneur général espagnol. Ce dernier l'avait dédiée à son souverain, le roi Charles II d'Espagne, dans l'espoir – qui ne se réalisa pas – qu'il ait une descendance mâle. En 1817, cette chapelle prit le nom de Temple commémoratif de la Bataille, lorsqu'on y apposa 27 plaques funéraires rappelant les victimes alliées de ces combats.

FONDATION FOLON ★

Drève de la Ramée 6a
LA HULPE
✆ +32 2 653 34 56
www.fondationfolon.be
Ouvert du mardi au vendredi de 9h à 17h ; le week-end de 10h à 18h. Adulte : 12 €. Gratuit -6 ans.

Avant sa disparition, l'artiste Jean-Michel Folon (1934-2005) a confié 500 de ses œuvres à la Ferme du château de La Hulpe ; aquarelles, peintures, sculptures, affiches ou encore illustrations. Toutes témoignent de l'incroyable diversité dont était capable Folon. La mise en scène originale de ces réalisations reflète la pensée de l'artiste à différentes époques. A voir ou à revoir absolument, y compris avec les enfants qui trouveront leur compte dans cet univers d'émerveillement ! Le superbe parc qui entoure le musée mérite aussi un beau moment de flânerie.

MÉMORIAL WATERLOO 1815 ★★

Route du Lion 315 ✆ +32 2 385 19 12
https://www.waterloo1815.be/
De septembre à octobre et d'avril à juin, 7j/7, 10h-18h30. Hiver, 17h30. Été, de 9h30-19h30. Tarifs : voir site Web.

Le mémorial est entièrement dédié à la bataille de Waterloo. En plus d'une boutique de souvenirs, le musée explique de manière interactive et immersive le déroulement de la dernière guerre de Napoléon. Dans une rotonde datant de 1911, allez voir le fameux panorama sur toile, il vous laissera bouche bée. C'est là qu'on trouve l'accès à la Butte du Lion et à ses 226 marches. Il ne vous reste plus qu'à les gravir et à admirer cette fameuse « morne plaine ». Enfin, dans la ferme d'Hougoumont, un spectacle multimédia sur la « bataille dans la bataille » vous attend.

MUSÉE WELLINGTON ★

Chaussée de Bruxelles 147
✆ +32 2 357 28 60
www.museewellington.be
Basse saison ouvert de 10h à 17h. Haute saison de 9h30 à 18h. Adulte : 7,50 €. Enfant (de 7 à 12 ans) senior : 6,50 €.

Le quartier général de Wellington occupait une vieille auberge brabançonne de 1705, un ancien relais postal, au cœur de Waterloo. Le duc de Wellington y séjourna les 17 et 18 juin 1815. Le soir de la bataille, il y rédigea son communiqué de victoire paru dans le Times de Londres. Le rôle de chacune des nations ayant pris part au combat est illustré, de salle en salle, à l'aide de documents, gravures, armes et reliques. Les visiteurs découvrent le musée à l'aide d'un audioguide commentant le parcours en musique et en français.

WATERLOO TOURISME

Chaussée de Bruxelles 218
✆ +32 2 352 09 10
www.waterloo-tourisme.com
Du 01/06 au 30/09 : de 9h30 à 18h, du 01/10 au 31/05 : de 10h à 17h. Pass 1815 adulte 23 €, enfant 10-17 ans : 14 €.

Situé au centre de Waterloo, le syndicat d'initiative est ouvert tous les jours, été comme hiver. Son personnel multilingue vous renseigne avec le sourire sur les attractions et curiosités de son pays d'accueil : le champ de bataille de Waterloo. Un ticket combiné Pass 1815 qui donne accès à huit attractions et musées à tarif réduit est disponible sur place. On peut aussi se renseigner sur la visite de la fondation Folon. Plein de nouvelles cartes de balades à pied et à vélo vient d'être mise en ligne sur le site, c'est très bien fait.

HÔTEL 1815 €€

Route du Lion 367-369
+32 2 387 01 60
www.hotel1815.com
Chambre double à partir de 105 € et 15 € par personne le petit déjeuner. Comptez 20,90 € pour un menu lunch.

Un endroit de charme à proximité du champ de bataille de Waterloo, au calme, en pleine verdure. Chaque chambre a été rénovée et personnalisée de photos en noir et blanc assorties aux tons blanc, anthracite et noir de la décoration. La suite Wellington peut accueillir une famille. Le couloir, les petits espaces ont été pensés pour être accueillants. Jolie terrasse et tranquille jardin pour se relaxer au soleil. Restaurant de qualité de gastronomie locale où sont servis d'excellentes grillades et un bon petit déjeuner buffet le matin.

MARTIN'S GRAND HÔTEL €€

Chaussée de Tervuren 198
+32 2 352 18 15
Chambre double à partir de 150 € avec petit déjeuner.

Dans cet hôtel 4-étoiles, les voyageurs trouveront un havre de paix et de calme, car la maison est entourée d'un beau domaine, les chambres sont apaisantes avec leur vaste espace, leur mobilier luxueux, sobre et contemporain (spécialement les lits king size). Certaines ont des baignoires à bulles. Le restaurant est une pure merveille, avec son plafond voûté en brique et ses assiettes d'une rare finesse. Les golfeurs bénéficient d'un 18 trous à proximité et les randonneurs de départs de sentiers et les sportifs une salle de fitness.

AU FUNAMBULE €€

Rue du couvent 3
+32 2 356 43 75
Mercredi, jeudi et dimanche de 11h à 18h ; vendredi et samedi de 11h à 22h. Crêpes dès 4,90 €. Galettes dès 9,50 €.

C'est un petit peu de Bretagne que Xavier Istace a ramené à Waterloo, après 8 ans à avoir officié dans un foodtruck. C'est l'esprit de la piste aux étoiles qui est convoqué ici avec des toiles rouges et des affiches de cirque. Une ambiance jouette pour se régaler de crêpes (la Piste aux étoiles, justement, au chocolat et caramel beurre salé), de galettes (la Funambule à la mozzarella, champignons, viande des Grisons et tartufata). Des recettes qui vont des plus simples aux plus sophistiquées. Salades, gaufres et bien sûr cidres sont aussi au menu.

LA GUINGUETTE €

Rue du Pont 9
LASNE
+32 2 652 01 62
www.la-plage-de-renipont.be
Ouvert tous les jours le midi et le soir. Cuisine non stop l'été. Carte : 35 € environ.

La Guinguette, c'est le resto-bar sans prétention de Renipont-plage, charmant centre de loisirs estival et aquatique du Brabant Wallon. Ce troquet rustique garantit une cuisine saine, fraîche, bonne et pas chère, pour des faims diverses et des envies précises : steak, bolo, salades, soupes, hamburger, poulet, avec ou sans frites, rien de très complexe mais roboratif et bien préparé. On apprécie l'endroit pour son cadre bucolique. La terrasse au bord de ce plan d'eau sans marée est vraiment très agréable du printemps à l'automne.

LA TARTINE €

rue de l'Eglise 2 - **LASNE**
+32 2 633 10 38
www.latartine.be
7j/7 midi et soir. Et bistrot entre les repas. Carte : 38 € environ. Plat du jour : 13 €. Lunch : entre 20 € et 24 €.

Véritable institution qui fait référence à la spécialité de jadis, la Tartine est une restaurant très simple installé dans une jolie maison avec une terrasse extérieure. Petite ou grande faim, café, crêpe ou bière artisanale, cet ancien bistrot fait l'unanimité. La carte décline de réconfortants plats de brasserie classiques belges qui ravigotent l'hiver et rafraîchissent l'été. La tartine met à dispo une salle avec une scène, et un jeu de quilles à l'ancienne pour animer des soirées privées. Un univers à géométrie variable. Bon accueil assuré.

TAVERNE DE L'HOMME BLEU €

Drève de la Ramée 6
LA HULPE
+32 2 654 00 59
www.homme-bleu.be
Ouvert tous les jours de 11h à 18h. Parking gratuit (entrée Gaillemarde). Carte : 40 € environ.

Une bière artisanale, un en-cas ou un vrai repas, tout est possible à la Taverne de l'Homme Bleu. Cette attrayante brasserie installée dans l'ancienne étable de la Ferme du Château de La Hulpe (1833) doit son nom au principal personnage de l'œuvre de Folon. Le lieu a conservé son décor d'origine : murs et sols de briques rouges, hauts plafonds à voussettes et bien sûr la bucolique terrasse, vraie valeur ajoutée par beau temps. Les suggestions saisonnières escortent les plats de brasserie et quelques spécialités belges emblématiques.

AUBERGE DE LA ROSERAIE €€

Route de la Marache 4 - **OHAIN** ✆ +32 633 13 74
www.aubergedelaroseraie.be
Du mardi au dimanche de 12h à 14h ; du mardi au samedi de 19h à 22h. Menus de 42 € à 72 €. Formule du midi : 25 €.

Cela fait maintenant 20 ans que Sébastien Cailletton a repris le restaurant de ses parents, après avoir peaufiné son éducation culinaire auprès de belles maisons. Son crédo : une cuisine d'inspiration française, du marché et suivant le fil des saisons, avec une carte qui change presque tous les jours. Exemple en automne : une poêlée de champignons sauvages, nem de poule faisane et son émulsion à la Waterloo triple blonde. Le lunch est à prix plutôt attractif. Et puis, il y a le charme de cette veille bâtisse et de sa roseraie qui a donné son nom au restaurant.

AU FUNAMBULE €€

Rue du couvent 3
✆ +32 2 356 43 75
Mercredi, jeudi et dimanche de 11h à 18h ; vendredi et samedi de 11h à 22h. Crêpes dès 4,90 €. Galettes dès 9,50 €.

C'est un petit peu de Bretagne que Xavier Istace a ramené à Waterloo, après 8 ans à avoir officié dans un foodtruck. C'est l'esprit de la piste aux étoiles qui est convoqué ici avec des toiles rouges et des affiches de cirque. Une ambiance jouette pour se régaler de crêpes (la Piste aux étoiles, justement, au chocolat et caramel beurre salé), de galettes (la Funambule à la mozzarella, champignons, viande des Grisons et tartufata). Des recettes qui vont des plus simples aux plus sophistiquées. Salades, gaufres et bien sûr cidres sont aussi au menu.

LE DESTIN €€

Rue Theophile Delbar 8
✆ +32 2 534 50 91
www.ledestin.be/?lang=fr
Lundi, jeudi et vendredi, 12h-15h et 19h-23h ; samedi, 19h-23h et dimanche, de 12h-15h. Lunch : 22 €. Carte : ±60 €.

Ce jeune restaurant (ouvert en 2019) a à sa tête un jeune chef, le trentenaire Maxime Van Bellingen. Au service, c'est sa compagne, Natasza Owczarzak, qui officie dans une belle salle à la fois rustique avec ses meubles en bois et contemporaine avec les murs de briques exposés. Maxime a officié dans un restaurant tourné vers le poisson et ça se sent ! Il porte une grande attention aux produits de la mer. Tout est extra frais, de saison, si possible local et les plats sont un régal pour les yeux et les papilles. Un coup de frais sur la scène culinaire locale !

MOMO LA CREVETTE €€

chaussée de Bruxelles 202
✆ +32 2 351 21 00
www.momolacrevette.com
Ouvert du mardi au samedi de 12h à 14h30 et de 19h à 22h. Carte : 60 € environ. Lunch : 22 €.

Ne vous fiez pas à ce nom de bandit mafieux multirécidiviste, Momo la Crevette est un restaurant au cadre sage et bien policé dans des tons blancs et bleus, parmi les meilleures tables de la ville. Depuis 2016, les cuisines obéissent aux ordres du chef Thierry Vanholsbeek. La crevette est la star du menu, avec un choix de 11 espèces pêchées aux 4 coins du monde. Le homard (sur commande), le thon rouge ou le saumon font bonne place à côté des noix de Saint-Jacques au champagne, de la tomate aux petites grises, de la raie aux câpres ou des huîtres Gillardeau.

FELICITÀ €€

chaussée de Bruxelles 528
✆ +32 2 354 94 54
www.restaurantfelicita.be
Ouvert du mardi au samedi midi et soir. Menus de 44 € à 75 €. Lunch dès 28 €.

Renato Carati et Jean-Michel Zecca, en 25 ans d'amitié, ont parcouru l'Italie ensemble pour en goûter tous les plaisirs et pour donner naissance en avril 2018 à Felicitá. C'est là qu'ils trouvent leur bonheur et souhaitent le faire partager. De Milan à Bari, en passant par Rome et Palerme, Felicità prépare fidèlement les spécialités culinaires régionales observées partout dans le pays suivant les recettes de grands-mères. Une cuisine de grands classiques comme l'immanquable osso buco ou les fabuleuses *linguine alle pescatore* (avec palourdes, scampis et calamars).

LA PÂTE ET OSE €€

Chaussée de Bruxelles 526
✆ +32 2 354 73 96
www.restaurant-pateetose.be
Ouvert du mardi au vendredi le midi et le soir ; le samedi soir. Carte : 42 € environ. Lunch 2 services. Terrasse.

A la barre, Gérard et Stanny qui font parler leur expérience depuis 15 ans en cuisine et en salle. Les plats sont préparés dans la maison, dotée d'une jolie salle aux murx en briques apparentes, mais on peut les déguster sur la terrasse, incontournable en été. On s'y délecte de pâtes fraîches, spécialité de la maison, suivant des recettes italiennes ou d'autres composées avec des ingrédients locaux. Une carte de suggestions saisonnières vient compléter la carte. On a adoré les Bauletti aux cèpes, crème aux pleurotes, fines herbes avec une pointe d'ail.

WALLONIE

VILLERS-LA-VILLE

Relativement étriquée et un peu « oubliée » aux confins du Hainaut et du Namurois, entre Nivelles, Charleroi et Gembloux, la région se caractérise par un relief vallonné parsemé de petits villages dans lesquels le temps semble arrêté. Des fermes carrées au milieu de vastes champs cultivés. Des forêts profondes parcourues par un réseau de sentiers et chemins. Dispersées dans cette zone rurale, on trouve des anciens moulins à eau, de nombreux châteaux, des chapelles… Témoin de son histoire, les ruines de l'Abbaye plongent le visiteur dans un véritable émerveillement. Sur le plan culturel, des événements d'envergure sont légion sur ce site.

ABBAYE VILLERS-LA-VILLE ✝ ★★

Rue de l'Abbaye 55 ✆ +32 71 88 09 80
www.villers.be
Ouverts tous les jours. Du 1/04 au 31/10, 10h-18h ; du 1/11 au 31/03, 10h-17h (fermé mardi). Adulte : 9 €, 6-12 ans 4 €.

Histoire. En 1146, quelques membres de la communauté cistercienne de Clairvaux arrivent à Villers pour y fonder une nouvelle abbaye. Les moines aménagent ce lieu encaissé et marécageux grâce à un ingénieux système hydraulique. Celui-ci était un ensemble de canalisations souterraines, moulins et étangs. Niché au creux d'une vallée bordée de bois et de prairies, le vaste cloître constitue le cœur de l'abbaye. Autour s'articulent les principaux bâtiments conçus pour la prière et le recueillement (église, chapelles), mais aussi pour des activités plus laborieuses (moulin, ferme, etc.). L'abbaye, qui reflète tous les styles architecturaux qui se sont succédé dans ces contrées jusqu'au XVIIIe siècle, est pillée en 1794, et les moines la quittent en 1796. Elle acquiert progressivement cette atmosphère actuelle de ruines envahies par la nature.

Visite. On vous recommande vivement de passer par le jardin de plantes médicinales, qui vaut le détour, au cœur des ruines de l'abbaye, et de faire un détour par les cinq jardins botaniques à thèmes différents. Une visite en réalité augmentée sur tablette interactive est désormais proposée pour ceux qui s'intéressent aux espèces végétales plantées ici. Une boutique de produits locaux est également ouverte sur place aux mêmes horaires que l'abbaye. Ce lieu immense est par ailleurs animé par de multiples manifestations tout au long de l'année : visites guidées thématiques, concerts en plein air, expositions, théâtre... Le programme est particulièrement fourni !

NIVELLES

Cette petite ville de 30 000 âmes aux confins du Brabant et du Hainaut trouve son origine au VIIe siècle avec la création d'une abbaye. Celle-ci avait la particularité d'être dirigée par une femme. La cité a conservé son dédale de rues moyenâgeuses, autour de la grand-place dominée par la collégiale Sainte-Gertrude. Les amateurs de curiosités architecturales y apprécieront, outre la Collégiale de style roman, différentes églises classées, le centre-ville ancien, et les maisons aux façades plusieurs fois séculaires. La cité, comme de nombreuses autres dans le Nord de la France, a été particulièrement marquée par les bombardements de l'aviation allemande en mai 1940. Le 19 mai, presque tout fut détruit dans un rayon de 300 mètres, autour d'une collégiale dont il ne resta plus que les murs. Depuis, l'église est devenue paroissiale : les bâtiments conventuels ont disparu dans les bombardements et son clocher, jusque-là surmonté d'une flèche gothique, fut remplacé par une tour octogonale de style roman tardif. Les Nivellois sont parfois surnommés les Aclots lorsqu'ils sont nés intra-muros. Entre autres traditions, la ville possède un carnaval réputé. Il débute le premier samedi du Carême et se termine le mardi suivant. Nivelles est encore célèbre pour sa tarte al d'jote, dont les labels sont attribués chaque année par une confrérie. Elle se savoure idéalement, accompagnée de la bière Djan d'Nivèle, brassée par Jandrain-Jandrenouille et se compose de bettes, de fromage blanc de ferme maigre et de beurre. Avis aux curieux ! Une ville à l'histoire riche et aux nombreux atouts.

ÉGLISE ST JEAN-ST NICOLAS ✝

Rue de Charleroi 21
✆ +32 67 22 04 44
Ouvert tous les jours de 9h à 18h30.

Au XIIIe siècle se trouvait ici un couvent de moines franciscains mais l'édifice néo-gothique a été construit au XVIe siècle, grâce aux fonds octroyés par Marguerite d'Autriche. Après le départ des moines au XIXe siècle, il servit d'hôpital. Restaurée dans les années 1960, l'église retrouva ses fonctions premières. De nouvelles orgues furent inaugurées en 1972. Le culte fut dédié aux saints Jean et Nicolas. Le Centre artistique de Nivelles est hébergé dans le couvent.

COLLÉGIALE STE-GERTRUDE ★★★

Grand Place ✆ +32 6 784 08 64
https://www.collegiale.be/
7j/7, 9h-18h (de Pâques au 31 octobre, 17h le reste de l'année). Possibilité de visite guidée, renseignements à l'OT.

Édifice classé Patrimoine exceptionnel de Wallonie, la Collégiale Sainte-Gertrude l'est réellement, exceptionnelle. Consacrée en 1046 par l'empereur Henri III du Saint Empire romain germanique, l'édifice est l'une des plus vastes et des plus anciennes églises romanes d'Europe, de style roman rhénan ottonien plus exactement. Sa silhouette majestueuse se distingue par ses lignes épurées et l'équilibre général de ses formes. Seules quelques parties datent de la fin du XIIe siècle (pignon sud du transept est et avant-corps ouest) mais s'intègrent parfaitement à l'ensemble construit antérieurement. Elle est remarquable par ses deux transepts et ses deux chœurs, opposés l'un à l'autre, à la manière d'une basilique byzantine. Le clocher octogonal roman compte 49 cloches et deux tourelles. L'une d'entre elles (dite Tour Jean de Nivelles) héberge un jacquemart en cuivre du XVe siècle. Sous la nef principale, un sous-sol aménagé permet une visite archéologique, offrant la découverte des fondements des cinq églises successives précédant la construction romane, bâties du VIIe au Xe siècle. On parle des balbutiements du christianisme au Moyen Âge primitif ! La première église mérovingienne, bâtie vers 650, abrite les caveaux funéraires de la première communauté religieuse de l'abbaye de Nivelles. La dernière église érigée par les Carolingiens renferme la tombe d'Ermentrude, petite-fille de Hugues Capet. Enfin, le cloître nous laisse une vague idée de ce que pouvait être l'imposant ensemble abbatial.

MUSÉE COMMUNAL DE NIVELLES ★

Rue de Bruxelles 27
✆ +32 67 88 22 80
Du mardi au vendredi et les 1ers et 3es dimanches du mois de 9h30 à 12h et de 14h à 17h. Adulte 2 €. Gratuit -12 ans.

Installé dans une bâtisse du XVIIIe siècle, ce musée expose des objets ayant appartenu à la Collégiale, du Moyen Âge au XVIIIe siècle. Les pièces maîtresses : quatre statues gothique en pierre calcaire des saints Paul, Jean, Pierre et André. Mais aussi diverses créations de bois et de pierre en pur style gothique brabançon, des pièces gallo-romaines, des poteries antiques ou en terre cuite du XVIIIe siècle et une série d'objet usuels (armoires, coffres, instruments de musique...).

OFFICE DE TOURISME DE NIVELLES

Rue de Saintes 48
✆ +32 67 84 08 64
www.tourisme-nivelles.be/
Ouvert du lundi au vendredi de 9h à 17h ; le samedi à partir de 10h.

Le patrimoine culturel, historique et architectural de la ville et alentour est détaillé ici. Outre ces infos pratiques, visites guidées de la collégiale Sainte-Gertrude et de la ville. On peut venir y préparer ses excursions à pied comme à vélo. À l'autre bout du centre-ville (rue de Bruxelles, 27), le musée communal est installé dans une bâtisse du XVIIIe siècle. Il expose des objets ayant appartenu à la Collégiale, du Moyen Âge au XVIIIe siècle.

B&B LE GRAND BAILLY €€

Chemin du Grand Bailly 4
✆ +32 476 21 22 32
www.grandbailly.be
Chambre double à partir de 80 €, 300 € la semaine. Lit supplémentaire : 16 €.

Dans cette ancienne ferme du XVIIIe siècle, deux chambres très confortables ont été aménagées et sont disponibles à la location : chacune dispose de sa propre salle de bains, d'une TV et d'un frigo. Sur place également, on trouve un gîte rural indépendant (pour 4 personnes) meublé avec goût. Un superbe point de chute pour ceux qui souhaiteraient découvrir la région. Depuis peu, le Grand Bailly est aussi en centre-ville avec un gîte citadin deux chambres pouvant accueillir 4 à 5 personnes. Tous les hébergements offrent TV et Wi-Fi.

LA FERME DES ÉGLANTINES €€

Chemin de Fontaine-l'Évêque 8 ✆ +32 67 84 10 10
www.fermedeseglantines.be/fr/
Chambre double à partir de 90 € avec petit déjeuner.

Quelque peu éloigné du centre de Nivelles, ce joli corps de ferme en briques convient à ceux qui souhaiteraient se ressourcer dans la nature. Cette belle maison d'hôtes est pourvue de cinq chambres, dont deux sont équipées d'un bain bouillonnant, pour ne rien gâcher à ce moment de détente. Vous êtes à la campagne et profitez d'un beau jardin où l'on prend le petit déjeuner si le temps le permet. Une belle halte pour les familles aussi, puisque les enfants peuvent se familiariser avec les animaux de la ferme : des moutons, des canards... Un bel endroit.

IBIS STYLES NIVELLES €€

Avenue Robert Schuman 3
✆ +32 67 88 77 00

Ouvert toute l'année. 58 chambres. Chambre double à partir de 76 €.

L'Ibis Styles est implanté judicieusement sur le zoning de Nivelles-Nord, il est aussi situé à l'emplacement de l'ancien circuit de Formule 1 (Grand-Prix en 1972 et 1974). Reprenant les codes de l'enseigne, on y retrouve du mobilier plein de peps, du wifi partout et un petit déj' copieux et compris dans le prix. L'établissement fait la part belle au respect de l'environnement : système de ventilation à récupération de chaleur, citerne d'eau de pluie, isolation poussée, éclairage LED, économiseurs d'eau. On se sustente au restaurant The Circuit situé juste à côté.

DIS-MOI OÙ €€

Rue Sainte-Anne 5 ✆ +32 67 64 64 64
www.dis-moiou.be

Ouvert du mardi au vendredi le midi et le soir ; le samedi soir. Menu dès 42 €. Terrasse. Réservation recommandée.

Murs noir et blanc, bois, chaises hautes et zinc : l'endroit est convivial, bien pensé et orchestré. Côté fourneaux, Nicolas revisite les classiques. Il démarre fort avec une crème brûlée au parmesan. Surprenant ! Le filet de cabillaud sur mousseline et légumes croquants... copieux pour une entrée ! La suite est tout aussi généreuse : champignons de printemps et jeunes pousses d'épinards entourent une pièce de bœuf saignante. Pour finir, le fondant caramel-beurre salé est sa spécialité. L'espace assez restreint de cette adresse escamotée en fait un lieu intimiste.

LA BRASSERIE DE TUBIZE €€

Rue de la Filature 3 - **TUBIZE**
✆ +32 2 355 29 00
brasserie-de-tubize.be

Du mardi au samedi de 12h à 14h et de 18h30 à 22h (sauf mercredi soir) et le dimanche de 11h à 18h. Carte : ±48 €.

Elle a de l'allure, cette brasserie qui a pris place dans une ancienne filature réhabilitée : on y retrouve tout le cachet des espaces industriels : grandes fenêtres, briques exposées et une superbe terrasse en prime. Jean Rodriguez y brasse ses bières, tandis que son fils Nicolas est aux fourneaux. Les ponts d'orgue de la carte : les spécialités belges (carbonnades, vol-au-vent) et les pièces de viande (pavé ou entrecôte irlandais). Nicolas est allé à bonne école (auprès de son papa, ancien restaurateur et à l'école d'hôtellerie de Namur), il sait donc y faire !

THE CIRCUIT €€

Avenue Robert Schuman 1
✆ +32 67 56 11 31

Ouvert le lundi et le samedi le soir ; du mardi au vendredi le midi et le soir. Menu dès 35 €. Plat du jour : 14 €.

12 mai 1974, Nivelles accueillait son 2e et dernier GP de F1. Le site reconverti en zoning accueille notamment ce resto. L'assiette est très correcte et la déco de rouge, noir damiers et voitures miniatures évoque ce passé prestigieux. Le plafonnier simule le tracé du circuit, les bouteilles de vin attendent sur la grille de départ. Au panneau d'affichage, l'entrecôte grillée carbure aux vraies frites au blanc de bœuf. Les *tifosi* se régaleront de pizzas ou d'une saltimbocca. Pour un rapide *pit stop*, piocher parmi les salades et sandwichs à emporter.

LE CHAMPENOIS €€

Rue des Brasseurs 14
✆ +32 6 721 35 00
www.restaurantlechampenois.be

Du mardi au vendredi, midi et soir et samedi soir. Menus dès 42 €. Formule lunch : 20 €.

Avec les années, la maison a gardé son charme et son vieil escalier classé. La carte est vraiment audacieuse, maniant des ingrédients rares, gibier, légumes d'antan... A l'image de ce filet de biche, sa mousse de potimarron et châtaignes, panais rissolés, airelles et sauce moutarde légère... Une révélation. Le filet de merlu, mousse de pommes de terre rissolées, avec crumble de parmesan et jus d'oignons brûlés est tout aussi ravigotant. Pour conclure : une gaufre de Liège, avec sa poire infusée à la bergamote et son sorbet poire - fève tonka. Un vrai voyage.

GOLF DE LA TOURNETTE

Chemin de Baudemont 21
✆ +32 67 89 42 66
www.tournette.com

De 30 € à 110 € le green-fee pour les visiteurs selon le parcours, le nombre de trous et la saison.

Situé près de Bruxelles et au cœur des vallons d'Ittre et de Nivelles, le golf château de la Tournette est régulièrement cité parmi les plus beaux golfs au monde car il est dominé par un splendide château du XVIe siècle. Celui-ci propose trois parcours sur un domaine de 160 hectares : deux parcours de golf championship – l'Américain et l'Anglais – et un beau parcours compact : l'Orival, un parcours de 9 trous pouvant servir d'entraînement ou aux débutants. Au cœur du *club house*, on peut venir boire un verre ou déjeuner un plat de spécialités du terroir.

JODOIGNE ★

Capitale de la Hesbaye brabançonne, une région verte et fertile connue pour son agriculture, Jodoigne est une calme petite cité. Sa particularité ? Son bourgmestre (maire) fut, pendant plusieurs années, Charles Michel, ancien Premier ministre et actuel président du Conseil européen. Parmi son patrimoine notable, pointons le château Pastur (l'actuel hôtel de ville), un beau bâtiment classique dont les origines remontent au XVIIe siècle et l'église Saint-Médard. Construite entre les XIIe et XIIIe siècles, elle marque la transition entre le style roman et le style gothique. En ville, cherchez l'impasse de la Gadale, du nom d'une sorcière qui fut brûlée vive ou pendue selon les légendes.

LE BOUT EN TRAIN €

rue de la Gare 13 - **ORP-JAUCHE**
✆ +32 19 63 48 00
boutentrain.be

Du mercredi au vendredi de 12h à 14h et de 19h à 22h, le samedi de 19h à 22h et le dimanche de 12h à 14h. Lunch : 22 €.

Voilà un lieu plutôt original pour restaurant puisqu'il s'agit de l'ancienne gare de Jauche. En 2004, Luc Van den Bossche et Olivier Hebrant la reprennent et l'aménagent selon leurs goûts. Luc est en salle et Olivier au fourneau pour concocter de délicieux plats de cuisine française, plutôt axés viande (diverses pièces de bœuf), un délicieux cassoulet comme dans le Sud-Ouest et de la choucroute l'hiver. Là où Olivier s'amuse, c'est dans les suggestions qui se renouvellent et collent aux saisons : de belles assiettes colorées, pleines d'élégance.

LA PORTE DE VÎS TCHAPIAS €€

Rue de la Station 32A - **HÉLÉCINE**
✆ +32 19 63 47 95 - www.laportedevistchapias.be

Ouvert du mercredi au lundi le soir ; le dimanche midi. Menu unique à 31 €. Carte : 45 € environ. Climatisation. Bar.

L'accueil chaleureux vient en haut de la liste quand on énonce les qualités de ce restaurant bien connu d'Hélécine. Mais un sourire, un mot gentil et un service aux petits soins ne remplissent pas les estomacs des gourmands, alors la carte vient à leur secours. Amateurs de bonne chère, cette adresse est faite pour vous : grillades, flammekuches, raclette et moules à volonté (en semaine et en saison), les petits appétits n'ont qu'à laisser leur place ou se tourner vers les salades, au demeurant bien gourmandes également. La terrasse est un plaisir en été.

AUX PORTES DU TEMPS €€

Chaussée de Tirlemont 126 ✆ +32 10 37 10 13
auxportesdutemps.eatbu.com

Jeudi, vendredi et dimanche le midi et le soir ; le samedi soir. Réservation recommandée. Menu 35 €. Lunch 19 €.

Initialement sur la Grand Place de Jodoigne, ces Portes du Temps se sont déplacées sur la Chaussée de Tirlemont. Le petit troquet sympa s'est mué en une belle brasserie gastronomique avec une déco qui associe les matériaux naturels de qualité avec harmonie et simplicité. Murs blancs, dalles en pierres bleues de Soignies au sol et de grandes baies vitrées donnant sur la terrasse et le beau jardin. À la carte et à la salle, Christine Saintenoy privilégie des produits locaux de qualité et autant que possible les légumes de saison. Une belle adresse à Jodoigne !

Jodoigne.

MONS ★

Cité de patrimoine et de création, Mons est une ville de 96 000 habitants, au cœur d'une agglomération de 260 000 habitants. En moins d'une décennie, le paysage montois s'est imprimé de nouveaux contours, notamment lorsqu'elle a été capitale européenne de la culture en 2015. Ce fut l'occasion de tourner la page sur son image ternie de friche industrielle et de région la plus pauvre de Wallonie. La ville a été entièrement ripolinée et des projets de réhabilitation et de reconstruction ont été lancés.

Mons a inauguré cinq nouveaux musées interconnectés, centralisant ses collections d'art et développant le tourisme mémoriel avec le cimetière de Saint-Symphorien et le Mons Memorial Museum. La ville s'est ainsi attelée à intégrer des architectures nouvelles dans des quartiers historiques. Le mouvement a débuté avec la rénovation intérieure de la Maison Folie et du musée des Beaux-Arts (BAM). Du côté des anciens abattoirs, une nouvelle Maison du design et un centre de dépôt des œuvres d'art ont vu le jour. Suivi par la revitalisation de trois quartiers. Autour du Théâtre du Manège se développe un « Kilomètre culturel » qui regroupe notamment un lieu dédié aux musiques émergentes, Arsonic. Sur le plan socio-économique, la ville s'est aussi développée avec le centre de Congrès MICX.

Histoire

Chef-lieu de la Province de Hainaut, Mons doit son nom au fait d'être bâtie sur une colline. En son point culminant trône la chapelle Saint-Calixte (XVe siècle), dernier vestige de l'ensemble castral qui dominait la ville autrefois. Erigée au 7e siècle, la ville fut fortifiée par Baudouin IV, comte de Hainaut, cinq siècles plus tard. Le centre conserve des traces médiévales. Ces remparts furent détruits au XIXe siècle pour lui permettre de s'étendre. Le commerce y prit son essor (briques, charbon, bois, tabac et vin) et la révolution industrielle entraîna le développement du Borinage comme zone industrielle et minière. En outre, ville phare de sa région et de la province, Mons accueille deux universités, l'une publique (UMons) et l'autre catholique (UCLouvain FUCaM Mons).

Certains personnages célèbres s'établirent à Mons pour un temps. Parmi eux, le chirurgien Ambroise Paré, Victor Hugo, qui évoquait le Beffroi en parlant « d'une énorme cafetière flanquée au-dessous du ventre de quatre théières moins grosses », ou Vincent Van Gogh qui vécut à Cuesmes.

Transports

Mons se dote d'une nouvelle gare dessinée par l'architecte Santiago Calatrava, mais qui tarde à voir le jour. Elle doit servir de passerelle entre le centre et la Digital Innovation Valley, où des sociétés comme Google ou Microsoft sont établies. Prévue pour 2019, elle devrait finalement être inaugurée en 2023. Les navetteurs de la gare de Mons devront encore faire preuve de patience. De la gare au nouveau quartier de la culture, tout sera refait. Une modification amplifiée par le développement assez champignonesque du centre commercial des Grands Prés et de l'offre de bureaux et habitat aux alentours….

A noter que Mons est une ville transmodale et piétonnière, avec des quais pour les trains, les bus et les taxis.

LES ANGES DE MONS

La légende raconte que, vers minuit dans la nuit du 23 au 24 août 1914, des figures ailées et lumineuses seraient apparues dans le ciel. Ces figures sont, suivant les versions, des anges sous la forme d'archers célestes ou trois anges planant au-dessus des troupes. Ces anges auraient stoppé temporairement l'avancée allemande, permettant aux Britanniques d'organiser leur retraite et de sauver ainsi des centaines de vies.

Les sources de cette légende sont multiples, mais l'élément déclencheur est l'intervention d'Arthur Machen, écrivain fantastique britannique qui, le 29 septembre 1914, publie dans le *London Evening News* une nouvelle qui raconte qu'un soldat britannique, lors d'une bataille contre des soldats allemands, avait invoqué saint Georges. Cette pure fiction, écrite afin de soutenir le moral des compatriotes, se propagea rapidement en Angleterre sous forme de rumeur. Dans la foulée, des articles et ouvrages ont relayé les témoignages (imaginaires) de soldats ayant participé à la Grande Retraite, des artistes les ont traduits en peinture ou en musique… En 1919 et en 1945, un groupe représentant des soldats britanniques entourés d'anges armés vêtus de blanc, dénommé Les Anges de Mons, participa à la Procession du Car d'or. Pour les festivités du Doudou de 2014, la Procession du Car d'or, en association avec le Comité de coordination des Commémorations de la Ville de Mons, a réitéré l'opération. Une peinture illustre cet épisode immortalisé par Marcel Gillis.

WALLONIE

ARTOTHÈQUE

Rue Claude de Bettignies 1
✆ +32 65 33 55 80
www.artotheque.mons.be

Ouvert du jeudi au dimanche de 10h à 16h. Tarifs : 6 € adulte. 4 € réduit. -12 ans : gratuit.

Au sein de la chapelle du couvent des Ursulines qui date du début du XVIIIe siècle, l'Artothèque est le lieu de conservation du patrimoine montois qui accueille des expositions temporaires. Centre de réserve, de recherche, de restauration et d'étude du patrimoine, l'Artothèque regroupe les collections qui ne sont pas exposées de façon permanente dans les autres sites. Privée de son espace intérieur après la Seconde Guerre mondiale, la chapelle a depuis été aménagée par l'ouverture d'une grande faille verticale sur toute la longueur et la hauteur de la nef.

BAM (MUSÉE DES BEAUX-ARTS) ★★

Rue Neuve 8 ✆ +32 65 40 53 30
www.bam.mons.be

Ouvert du mardi au dimanche de 10h à 18h. Expositions temporaires : 16 € et 12 €. Réouverture avril 2024.

L'histoire du musée des Beaux-Arts, aussi connu sous son acronyme BAM, a commencé en 1885 grâce à l'extraordinaire donation d'Henri Glépin destiné à sa création. Tout au long du XXe siècle, les différentes politiques d'acquisition ont permis de développer les collections, aujourd'hui très intéressantes. Moderne, alliant le fonctionnel, l'équilibre et la transparence, le bâtiment abritant le BAM a permis de mettre l'art au centre des préoccupations. Les récents aménagements en font un outil culturel majeur rassemblant sur trois niveaux, deux mille mètres carrés d'espace d'exposition auxquels s'ajoute le jardin Reine Astrid. Il montre le maximum d'œuvres afin de faire prendre conscience au public des tendances de l'art contemporain. Les collections comprennent donc essentiellement des œuvres des XIXe et XXe siècles. Ainsi pour le XXe siècle, vous observerez des œuvres de l'école montoise Nervia groupées autour de Buisseret et d'Anto Carte, des dessins surréalistes hainuyers ainsi que la collection, en dépôt par la Communauté française, « Fruits d'une passion » : il s'agit là d'un panorama complet de l'art des années 1960 à 1990. Avec ses dernières donations, le BAM confirme son orientation de musée d'art consacré à la seconde moitié du XXe siècle le plus complet de Wallonie. À noter que le BAM a fermé en janvier 2023 pour travaux et qu'il rouvrira, normalement, en avril 2024, avec une exposition qui sera dédié à Auguste Rodin qui a passé une partie de sa vie en Belgique.

BEFFROI ★

Rampe du Château
✆ +32 65 40 52 99
www.beffroi.mons.be

Du mardi au dimanche de 10h à 18h. Tarif plein : 9 €. Tarif réduit : 6 €. €. Gratuit pour les moins de 6 ans. Accès PMR.

Nul doute que vous l'avez déjà repéré. Cet édifice de 87 mètres de hauteur est classé patrimoine mondial de l'Unesco depuis 1999. Construit entre 1661 et 1672 par Louis Ledoux et Vincent Anthony, il s'affirme par un style baroque sobre aux décors classiques et des bulbes caractéristiques. D'ailleurs Victor Hugo l'a qualifié de « cafetière flanquée de quatre théières » ! Son carillon composé de 49 cloches sonne tous les quarts d'heure. Sur place : un centre d'interprétation dédié à son histoire. Concerts de carillon le dimanche à 11h10 ou 14h30 (voir agenda).

COLLÉGIALE SAINTE-WAUDRU ★★

Place du Chapitre 3 ✆ +32 65 33 55 80
www.waudru.be

Toute l'année de 9h à 18h (9h30 le dimanche). Trésor : de 12h à 18h, fermé le lundi. Audioguide gratuit.

La Collégiale Sainte-Waudru appartient au Patrimoine Majeur de Wallonie. Dédiée à sainte Waudru, patronne de la ville de Mons (canonisée en 1039 par l'église), cet édifice au style gothique brabançon surplombe les alentours avec sa silhouette massive. Entreprise en 1450, la construction de la Collégiale Sainte-Waudru dura plus de deux siècles (arrêt des travaux en 1691), sans que l'église ne soit jamais achevée ! Il faut dire que ses dimensions impressionnantes (115 m de long, 32 m de large, et 24,5 m de haut à la clef de voute) étaient peut-être trop ambitieuses pour les architectes de l'époque... ainsi le clocher, qui devait culminer à près de 200 m de haut, s'arrêta finalement à hauteur du toit de la nef ! Cela n'empêche pas l'édifice d'impressionner les visiteurs par sa présence écrasante. A l'intérieur, notons la présence des œuvres en albâtre de Jacques du Broeucq (1505-1584), considéré comme le plus grand architecte-sculpteur de la Renaissance au Nord de la Loire. Dans l'ancienne salle capitulaire, le Trésor est un des plus beaux ensembles d'orfèvrerie religieuse de Wallonie, allant du XIIe au XIXe siècle. Manuscrits anciens, tableaux, statues, objets travaillés au « poinçon de Mons » ou encore des linceuls exceptionnels de Sainte-Waudru rendent ces lieux sacrés absolument incontournables. Quant aux vitraux, datés du XVIe siècle, ils sont parmi les mieux conservés et les plus complets de toute la Belgique. Ils furent financés par de riches mécènes, notamment l'empereur Maximilien Ier de la maison Habsbourg.

Collégiale Sainte-Waudru de Mons.

ÉGLISE SAINT-NICOLAS-EN-HAVRÉ

Rue d'Havré 107
✆ +32 65 84 47 39
www.eglisesaintnicolas.be
Le mardi de 10h à 14h et du mercredi au samedi de 13h à 17h.

L'église bâtie au XVe siècle a été incendiée au XVIIe siècle et reconstruite à partir de 1664. La tour de l'église actuelle est un vestige du XVe siècle. C'est un édifice au style baroque en façade et classique à l'intérieur. Elle est particulièrement fournie en boiseries baroque, les décors du chœur sont surprenants : grand soleil, oriflammes avec angelots... Et surtout une statue de Notre Dame de Montserrat, figure de relique brandie fièrement lors des fêtes folkloriques montoises…

GRAND-PLACE ★★

Les façades de quelques bâtisses anciennes ont été repeintes de teintes vives. L'hôtel du Blan Lévrié est un exemple de l'architecture flamande influencée par le Saint-Empire romain germanique. Outre l'enseigne aux deux lévriers, on peut ainsi apercevoir sur sa façade des emblèmes impériaux. L'édifice est daté de 1530, et contraste avec les bâtiments plus modernes des abords de la Grand-Place. Une fontaine dotée de 92 pompes complète le très bel ensemble. Pendant la Ducasse de Mons s'y déroule le très animé « combat du Lumeçon » et le marché de Noël en hiver.

HÔTEL DE VILLE

Grand-Place 22
✆ +32 65 33 55 80
Ouvert au public seulement sur rendez-vous. Accès libre à la salle des Sacquiaux et Jardin du Mayeur.

Édifié en 1458, l'hôtel de ville de Mons, avec sa façade gothique, est surmonté d'un campanile ajouté en 1716 doté d'une horloge astronomique et d'une autre au cadran lumineux. Il est le témoin des occupations successives (Français, Néerlandais, Autrichiens, Espagnols) qui ont façonné l'histoire de la ville. Le jardin du Mayeur servait autrefois de verger et de basse-cour pour le corps échevinal. À l'entrée de la cour, un petit singe en bronze du Moyen Âge se fait frotter la tête de la main gauche par les visiteurs. Il paraît que cela porte bonheur pendant un an.

MAISON LOSSEAU ★★

Rue de Nimy 37 ✆ +32 0 65 39 88 80
www.maisonlosseau.be
Adulte 5 €, enfant 3 €. Ouvert du mercredi au vendredi de 10h à 18h, samedi de 13h à 18h, dimanche de 10h à 17h.

L'avocat montois Léon Losseau transforma sa maison en hôtel particulier paré de toute la finesse artistique du courant Art nouveau de l'époque, somptueux. Inscrit sur la liste du Patrimoine exceptionnel de Wallonie, restauré par la Province de Hainaut, l'hôtel particulier comprend un centre de littérature, un centre d'interprétation et des salles d'expositions temporaires qui accueillent toute l'année du public. Parmi ses trésors, on peut découvrir beaucoup de livres (dont l'édition originale d'*Une saison en enfer* de Rimbaud) et une collection de médailles.

MONS MÉMORIAL MUSÉUM ★★

Boulevard Dolez 51 ✆ +32 65 40 53 20
www.monsmemorialmuseum.mons.be
Ouvert du mardi au dimanche de 10h à 18h. Tarif variable de 2 € pour les enfants à 9 € pour un plein tarif.

Cet espace muséal de près de 3 000 mètres carrés, déployé sur le site de la Machine à Eau retrace l'histoire singulière de la ville de Mons du Moyen Âge aux deux guerres mondiales et les événements marquants de celles-ci. La Grande Guerre y occupe une place centrale, à travers un double parcours conçu comme un espace de réflexion dédié à la Première Guerre mondiale. Le parcours permanent du Mons Memorial Museum (MMM) propose de plonger le visiteur dans le quotidien de ces hommes et ces femmes qui vécurent ces événements tragiques. Durant la Grande Guerre, la région de Mons est le théâtre d'évènements majeurs. En août 1914, c'est là que les soldats britanniques vivent leurs premiers combats. Après plus de quatre années de guerre meurtrière, ce sont également les troupes du Commonwealth qui s'illustrent dans la région, en libérant la population occupée du joug allemand. George Price, soldat canadien, perd la vie, le 11 novembre 1918 à 10h58 juste avant l'Armistice. En proposant régulièrement des expositions temporaires sur des thématiques militaires, il invite à se questionner sur notre société, en mêlant Histoire et Mémoire. À travers des témoignages (lettres, carnets de note et interviews), le visiteur est plongé dans le vécu quotidien des soldats et des civils en période de guerre. Les objets exposés, issus des collections d'histoire militaire de la ville, posent une réflexion sur les liens entre population civile et militaire. Le lieu dispose également d'une cafétéria et d'une boutique.

MUSÉE DU DOUDOU ★

Jardin du Mayeur, Grand'Place
✆ +32 65 40 53 18
www.museedudoudou.mons.be
Ouvert du mardi au dimanche, de 10h à 18h. Tarifs : 9 €/6 €/2 € (enfant) ; 3 € (famille).

Le musée du Doudou vous apprendra tout sur la Ducasse rituelle de Mons qui rassemble chaque année toute la ville et procure aux Montois un sentiment d'identité. La scénographie amène le visiteur à s'interroger sur cette forme de patrimoine, à travers une sélection d'objets issus des collections montoises. Le *Combat dit Lumeçon* et la légende de saint Georges sont mis en perspective avec le besoin qu'a l'homme de créer un imaginaire qui supplante le réel pour apporter des réponses à son quotidien. Une interprétation intéressante d'un patrimoine culturel fascinant.

MUNDANEUM

Rue de Nimy 76
✆ +32 65 31 53 43
www.mundaneum.org
Ouvert du mercredi au vendredi de 13h à 17h, le week-end et les jours fériés de 11h à 18h. Boutique. Adulte 7 €

L'origine du Mundaneum remonte à la fin du XIXe siècle. Créé à l'initiative de Paul Otlet (1868-1944) et d'Henri La Fontaine (1854-1943), le projet visait à réunir dans un même lieu toutes les connaissances du monde. Centre de documentation à caractère universel, il se voulait un lieu de bonne volonté et de toutes les disciplines du savoir humain. Par la force des choses et devant l'ampleur de la tâche, les deux hommes durent privilégier certains domaines. Ils manifestèrent un intérêt constant pour la documentation internationale dans son sens le plus large avec une curiosité toujours en éveil pour l'évolution des techniques et des sciences. Ils militèrent pour les problèmes liés à de grands mouvements d'idées comme le pacifisme. Le Mundaneum, autrement connu sous l'appellation « Google de papier » comporte des fonds et de vastes collections : musée international de la Presse, Répertoire iconographique universel – affiches, cartes postales, plaques de verre, photographies –, Répertoire universel de documentation, papiers d'Henri La Fontaine et de Paul Otlet, collections féminisme et anarchisme et archives des Amis du Palais mondial... Il constitue quelque 6 km de documents amassés. Dans un souci de diffusion internationale de la documentation, le Mundaneum, reconnu aujourd'hui comme Centre d'archives privées de la communauté française et espaces d'expositions, s'est inscrit dans le principe de la société de la connaissance et de l'accès à l'information pour tous avec la création d'un cyber espace : le *Munda Web*.

AUBERGE DE JEUNESSE DE MONS €

Rampe du Château 2
✆ +32 6 587 55 70
www.lesaubergesdejeunesse.be
29 chambres. Dortoir à partir de 25 €, quadruple privatisée 58,26 €. Petit déjeuner et literie compris.

Une trentaine de chambres de 2 à 4 lits superposés, avec douche et toilettes privées, le tout dans des chambres ultra modernes et confortables, bien agencées et fonctionnelles. Possibilités de repas au self-service (plat du jour et pique-nique) mais il y a aussi une cuisine commune spacieuse idéale pour se préparer ses repas et manger sur les tables disposées dans la cour-jardin. Sur place, on retrouve un parking privé, un bar, des activités (ping-pong).

MUSÉE DES ARTS DÉCORATIFS FRANÇOIS DUESBERG ★★

Square Franklin-Roosevelt 12
✆ +32 65 36 31 64
www.duesberg.mons.be
Ouvert le mardi, le jeudi, le samedi et le dimanche de 14h à 19h. Visite guidée sur demande.

La période couverte (1775-1825) par le musée François Duesberg rend incontournable le personnage de Napoléon Ier en tant que protecteur des arts et soutien des artistes dont les meilleurs (largement représentés au sein de ses exceptionnelles collections) étaient fournisseurs attitrés et privilégiés de l'Empire. À deux pas de la collégiale Sainte-Waudru, la visite du musée François Duesberg s'impose donc d'elle-même. Ce musée est, dans la richesse de ses spécificités, d'un niveau tout à fait comparable au musée du Louvre à Paris et à celui de l'Ermitage à Saint-Pétersbourg. L'imposante collection de pendules, unique au monde, forme un ensemble éblouissant et comporte notamment plus de trois cents pièces (dont celles, si prisées, à sujets exotiques) d'époque Louis XVI à Napoléon Ier. Toutes en parfait état tant de fonctionnement que de conservation esthétique. C'est également le cas de tous les autres objets exposés : majestueux bronzes dorés français, superbes porcelaines (surtout de Paris et Bruxelles), somptueuses orfèvreries (dont le réputé poinçon montois), rares bijoux et innombrables objets de haute curiosité. Un temple sublime de l'art néoclassique dont tous les objets proviennent des collections du baron et de la baronne François Duesberg, couple de mécènes bruxellois. Une incontournable institution de la ville permettant de se mettre dans la peau d'un grand aristocrate français du XIXe siècle. Les amateurs d'art seront comblés par l'abondance d'œuvres présentées.

HÔTEL SAINT-JAMES €€

Place de Flandre 8
✆ +32 65 72 48 24
www.hotelstjames.be
Chambre double ou twin à partir de 75 €. Petit déjeuner buffet : 15 €. Parking 10 €.

Installé dans une belle demeure du XVIIIe siècle en briques, entièrement rénovée et redécorée, le Saint-James est un authentique petit hôtel de charme trois étoiles avec ses chambres d'excellent confort. Idéalement placé à proximité du centre-ville, à 5 minutes de la grand place de Mons. Chambres élégantes dans des tons gris et blancs, tout comme le salon convivial et la salle du petit déjeuner, le tout meublé avec goût et lignes design épurées. Les salles de bains sont équipées de baignoires pour plus de confort. Parking privé.

SITE DU GRAND-HORNU

Rue Sainte-Louise 82 - **HORNU**
✆ +32 65 65 21 21 - www.mac-s.be
Du mardi au dimanche de 10h à 18h. Visites guidées : voir sites web. Gratuit jusqu'à 6 ans. Adulte : 10 €. Restaurant.

Le Grand Hornu est né en 1810, après le rachat de la houillère implantée sur le site. L'acheteur, Henri De Gorge, nourrit le rêve de faire prospérer une entreprise active dans la production de charbon et se lance très vite dans une opération de rénovation du site. Sous l'impulsion de l'architecte Bruno Renard, l'endroit devient un complexe industriel fonctionnel et majestueux avec magasins, ateliers de construction, écuries et fonderies. Il héberge également un dortoir, une école, une bibliothèque, une salle de danse, un hôpital, des bains publics, une salle des fêtes et un stade. En créant un véritable complexe industriel et social, les grands directeurs d'exploitation minière devaient révolutionner l'habitat ouvrier : les maisons ouvrières et le château du patron se côtoient, tous les besoins sont pourvus à l'intérieur de la cité, l'hygiène est surveillée et, cerise sur le gâteau, un accès à la culture permet de distraire tout ce beau monde. Les grands patrons s'assuraient ainsi un personnel en bonne santé et protégé, mais aussi des gentils agneaux prêts à partir à l'ouvrage sans se plaindre à une époque où les syndicats n'existaient pas.
La visite de ce site donne une idée des conditions de vie à l'époque des ouvriers qui y habitaient. Le site et les mines sont restés en activité jusqu'en 1954. Réaffecté après la fermeture du charbonnage, le site est désormais la propriété de la province de Hainaut et héberge deux associations culturelles différentes : le CID dont le travail porte sur le design, le patrimoine et les arts appliqués et le MAC's, Musée des arts contemporains de la Fédération Wallonie-Bruxelles entièrement dédié à l'art contemporain. Tout au long de l'année, ces deux structures proposent au public de grandes expositions temporaires à vocation internationale ainsi que de multiples activités pour tous. Ce lieu est inscrit au Patrimoine mondial de l'Unesco depuis 2012.

- À sa création, le **MAC's** était le premier musée d'art contemporain d'importance en Wallonie. C'est dans la Maison des ingénieurs qu'il a été créé. Bâtiment classé avec d'énormes volumes, il se prête particulièrement aux grandes expositions et particulièrement, aux installations d'une certaine taille. De ce fait, l'œil est attiré à la fois par la beauté de l'architecture (notez les étranges escaliers inclinés qui sont d'origine) que par les œuvres exposées.
- Le **CID**, design oblige, expose des pièces d'art appliqués, des œuvres qui ont donc une certaine fonction plutôt que d'être simplement belle par elles-mêmes. Il a investi les anciennes granges et écuries.

MARTIN'S DREAM HOTEL €€

Rue de la Grande-Triperie 17
✆ +32 65 32 97 20
A partir de 105 € les double (petit déjeuner inclus), à partir de 145 € dans la partie chapelle. Spa en supplément.

Magnifique aménagement de cette chapelle néogothique de 1851 en hôtel 4-étoiles. Le résultat est surprenant. Les chambres des deux premiers étages ont bien intégré les éléments de la chapelle (vitraux, meneaux, voûte en ogive et hauts plafonds), tandis que le troisième opte pour des chambres à thématiques belges : Eddy Merckx, carnaval de Binche, Chocolat, Magritte, Baraque à frites, BD. Avec donc une décoration et du mobilier appropriés. En prime, un spa avec hammam, sauna, bain bouillonnant, massages) et un restaurant, le Bistro Martin, de cuisine franco-belge.

MONS DRAGON HOUSE €€

rue de la Grande Triperie 7
✆ +32 491 08 02 35
www.monsdragonhouse.be
Gîte Citadin certifié 3 épis. Chambre double : 99 €.

Voici un gîte urbain original : dans une belle maison historique en plein centre, chacune des 5 chambres (pouvant accueillir jusqu'à 9 personnes) a été décorée et imaginée par un designer montois différent. Spectaculaire ! Des bulles de confort avec une literie et des coussins douillets, une décoration contrastée et surprenante, des lumières étudiées et des salles de bain privatives. Un salon et une cuisine bien équipée donnent au lieu un caractère convivial. On peut réserver un nombre de chambres limité, pratique pour les familles comme les petits groupes.

UTOPIA HOTEL €€

Chaussée Brunehault, 392b
✆ +32 65 848 785
www.utopia-hotel.com
A partir de 75 € la double standard avec petit déjeuner.

Cet hôtel « art hôtel » n'est pas une utopie : il est bien et bien réel, ancré dans un écrin de verdure dans la campagne de Mons, et conçu selon des concepts de développement durable et en écomatériaux apaisants (bois, verre) par l'architecte Michel Duquaine. Les chambres sont sobres et douillettes, mais colorées et abordables pour les standards. Les supérieures sont équipées d'un balcon, et pour les plus luxueuses d'un sauna ou bain bouillonnant. On aime la piscine intérieure donnant sur la forêt et le restaurant qui privilégie les produits bio et locaux.

COCOTTE €

Rue des Archers 43
✆ +32 475 91 29 04
www.cocotte-mons.com
Menu midi 19,90 €, soir 24,90 €. Ouvert du jeudi au vendredi de 12h à 15h, du jeudi au samedi de 18h35 à 23h30.

Mimi et Laurent proposent une cuisine saine et savoureuse avec des produits de saison et de la région, pour des « flexitariens » qui aiment les plats créatifs débordants de légumes. Nombreuses options végétariennes et vegan. Les menus sont réduits, toujours plein de fraîcheur. On peut opter en entrée par exemple à une aubergine à la grecque confite dans un pot en terre cuite, feta et crumble d'origan, en plat un hachis parmentier au pulled pork, pommes et stoemp ou des lasagnes à la scarmozza, raisins et noix. Réconfortant, tout çà !

EL CAMERLUCHE €

Rue des Fripiers 16
✆ +32 65 97 02 05
elcamerluche.com/
Ouvert le mardi de 11h à 18h, du mercredi au samedi de 11h à 22h30 (dimanche à partir de 12h). Plats à partir de 17 €.

Envie de vous initier à la gastronomie wallonne ? Voici un endroit chaleureux et sans chichis où on mange bien et local. Au Camerluche (ca veut dire « camarade » en argot), vous serez accueilli chaleureusement (merci le chef Loïc, le bois et la cheminée) et on vous remplira le ventre avec des escabèches de Chimay, des cuisses de lapin à la bière, du filet de cheval ou encore, la côte de parc « al berdouille », délicieuse spécialité locale avec une sauce à base de moutarde, de vinaigre et de cornichons en morceau. La sélection de bières artisanales n'est pas reste.

LA VACHE À CARREAUX €

rue de Nimy 22 ✆ +32 0 65 52 91 42
www.lavacheacarreaux.be
Plats à partir de 14 €, ouvert du mardi au samedi de midi à 14h30 et de 18h à 21h30 (22h le samedi).

Les amateurs de fromages sont comblés : la Vache à carreaux propose, outre des spécialités françaises et des burgers gourmets, des petits plaisirs comme un camembert caramel, oignons secs et Calvados ou un chèvre crémeux rôti à l'abricot, miel et amandes… qu'on peut arroser d'un bon vin. Les burgers sont loins d'être ordinaires, comme le « burger de la vache » (haché pur bœuf, burrata et sauce au philadelphia/chilli). Egalement quelques salades tout aussi appétissantes et des pommes de terres gratinées à composer soi-même à prix raisonnables. Bon appétit !

WALLONIE

RIZOM €€

Rue Sainte-Louise 82 - **HORNU**

✆ +32 65 61 38 76 - rizom-restaurant.be

7j/7 de 10h à 18h sauf le vendredi (ouvert jusqu'à 17h puis de 19h à 23h). Menu de 3 à 7 services entre 45 € et 80 €.

Restaurant et cafétéria du Grand-Hornu, Rizom reflète dans sa carte le brassage de populations qui se retrouvaient à arracher le charbon dans la mine et puise son inspiration dans diverses racines : belges, françaises, italiennes, espagnoles, parsemée de touches asiatiques. Entrées et plats de saison se déclinent en version végé, poisson ou viande mais les assiettes sont toujours de petits chefs-d'œuvre avec des goûts vifs mais équilibrés. À noter : les formules accompagnements en 3 versions : vins belges, bières et fermentations sans alcool. Déco très design.

MICRO-BRASSERIE BRASSE-TEMPS MONS

boulevard Initialis 1

✆ +32 65 84 94 14

www.brassetemps.be

Ouvert de 11h à 23h. Terrasse.

Installé dans le complexe de cinéma Imagix, le Brasse-Temps est plus qu'une simple taverne-restaurant, c'est aussi une micro-brasserie. Les bières y sont brassées sur place grâce au savoir-faire de la Brasserie Dubuisson, propriétaire des lieux et « inventrice » du concept, décliné également à Froyennes (Tournai) et Charleroi. La restauration, de type « brasserie parisienne » avec des accents de terroir est élaborée par le traiteur Moresto et adaptée aux différentes bières maison.....

LA TABLE DU BOUCHER €€

Rue d'Havré 49

✆ +32 65 31 68 38

www.latabledubboucher.be

Ouvert du jeudi au lundi de 12h à 15h et de 19h à 22h30 (00h vendredi et samedi). Réservation recommandée. Menu : 39 €.

Une adresse à conseiller aux carnivores. Luc Broutard y régale ses fidèles clients, amateurs de viandes exceptionnelles « grand cru ». Si la spécialité de la maison reste le bœuf : onglet, entrecôte, tartare... la côte de bœuf affinée est rare et délicieuse. Plats de saison et poissons viennent équilibrer la carte de cette brasserie chic ou il fait bon se régaler dans une salle à l'allure particulièrement cossue. Avec 400 à 500 références de vins et divers autres spiritueux de qualité (whiskies écossais, japonais, suédois...), chacun trouvera son bonheur.

LE PADDINGTON

rue Notre-Dame 66

Ouvert du mercredi au samedi de 10h à 17h et le dimanche de 10h à 14h.

C'est un peu d'*English Touch* qui s'est installée dans la Cité du Doudou avec Paddington. Dès l'enseigne (en forme de signalétique du métro londonien), on plonge dans le bain de ce charmant salon de thé : papier peint fleuri, gros tapis, fauteuils confortables et porcelaines et coussins kitsch juste-ce-qu'il-faut : tous les codes du salon de thé sont là. On peut s'y arrêter pour en boire un, justement, car ce serait dommage de passer à côté de l'*Afternoon tea* servi dans les règles : avec des sandwiches, des pâtisseries et de succulents scones, tous faits maison.

LES GRIBAUMONTS €€€

Rue d'Havré 95

✆ +32 65 75 04 55

www.lesgribaumonts.be

Ouvert le midi du mardi au vendredi et le soir, du jeudi au samedi. Menus de 52 € à 95 €. Menu Lunch de 34 € à 45 €.

Ce haut lieu de la gastronomie à Mons a désormais un cadre renouvelé et plus spacieux. Lisa Calcus règne aux fourneaux, Nicolas Campus dirige en salle. Du poisson au gibier, en passant par les fines volailles, les viandes de choix, ils proposent une carte variée où le homard grillé tient une place de choix. Difficile de prendre une décision entre l'escalope de foie gras poêlée et le homard breton rôti au thym & beurre salé, par exemple. Les fromages proposés sont affinés, les desserts gourmands et le pain frais est fait maison.

MILYPAT

Rue de la Coupe 24

✆ +32 0460 94 52 65

www.milypat.be

Ouvert du mardi au samedi de 11h à 18h. Cupcake : 3,5 € à emporter ou 4 € sur place.

Un univers aux couleurs acidulées digne d'Alice au Pays des Merveille, voilà le cadre de cette boutique-salon de thé qui sert de jolis cupcakes derrière un joli comptoir de caractère. Le secret de la maison ? Une « crème cheese » qui remplace la crème au beurre et qui rend ces gourmandises plus légères. Limonade maison, cookies, cake-pops, macarons... tout est fait avec amour et passion par Emily. Elle propose d'ailleurs des ateliers pour apprendre à réaliser ces jolis gâteaux colorés. Également une boutique à Tournai et une toute nouvelle à Ath.

TOURNAI ★★

Avec près de 214 km², blottie au creux des 29 villages qu'elle administre, Tournai est la commune la plus étendue de Belgique ; c'est aussi la plus ancienne cité de la Belgique francophone et la première capitale de France. Cette cité des rois, à quelque 30 km de Lille, aime en effet à rappeler qu'elle est, ni plus ni moins, le berceau de la France. Née à l'époque gallo-romaine, elle devint une capitale sous les quatre rois mérovingiens : Clodion, Mérovée, Childéric et Clovis. Ce dernier quitta Tournai pour partir à la conquête de la Gaule, faire reconnaître son autorité de roi des Francs sur tous ses habitants, et installer à Paris la nouvelle capitale de son royaume. Après une période d'occupation franque, Tournai devint française (à plusieurs reprises au cours de son histoire), puis anglaise, espagnole, autrichienne, hollandaise, et enfin belge lors de l'indépendance du pays. Tournai a gardé de nombreux témoins de ses deux mille ans d'existence et a accumulé moult trésors qu'elle vous invite à découvrir au cours de votre visite.

En vingt siècles, le paysage urbain a évolué et évolue encore. Ainsi, depuis la fin du IIe millénaire, le cœur de la cité se modifie au rythme des travaux d'aménagements urbains. Un espace plus convivial pour le piéton est créé le long d'un axe qui traverse le centre-ville, de la Maison de la Culture aux quais de l'Escaut. Dans la foulée, le patrimoine monumental est restauré, tel le beffroi rouvert depuis 2002, et sa voisine, la prestigieuse cathédrale Notre-Dame dont les travaux de restauration vont bon train et valent le détour. Au nombre des aménagements urbains réalisés figure la Grand-Place, où vous aimerez sans nul doute déguster l'une ou l'autre bière du pays, confortablement installé à l'une des nombreuses terrasses qui la jalonnent.

Attardez-vous y le soir : son habit de lumières vous ravira. Dans la foulée, la gare s'est mise au goût du jour, et se pare de teintes multicolores du crépuscule à l'aube. Pour sûr, Tournai est une ville agréable où il fait bon vivre : la fête est une tradition, la flânerie est un régal tant les styles architecturaux sont variés : roman, gothique, Renaissance, néoclassicisme, éclectisme, Art nouveau, Art déco…, et les promenades, notamment le long de l'Escaut, font du visiteur un touriste comblé. Ville à dimension humaine, Tournai réunit art, histoire, culture, traditions, folklore, gastronomie et convivialité pour votre plaisir.

Histoire

Dans cette cité deux fois millénaire (avec Tongres et Arlon, l'une des trois plus anciennes villes de Belgique), les premières traces de sédentarisation remontent à l'époque gauloise. Au IVe siècle, une première enceinte fut édifiée. À la période gallo-romaine succéda la période franque. Le roi Clodion, qui s'y installa vers 431, décida de faire de Tournai sa capitale. La dynastie mérovingienne y régna quelques décennies, puis Clovis lui préféra Paris. Ensuite, plusieurs siècles durant, la ville fut dirigée par un gouvernement d'évêques. La construction de la cathédrale Notre-Dame et du beffroi, tous deux inscrits au patrimoine mondial de l'Unesco, débute à cette époque (fin du XIIe siècle). Imposante construction d'art roman et d'architecture gothique, la cathédrale est célèbre pour ses cinq tours ainsi que pour son trésor. D'où le surnom de Tournai : « la cité aux cinq clochers ».

L'âge d'or. Du XIIe au XVIe siècle, Tournai connut un véritable âge d'or, grâce au commerce croissant de la laine et de la pierre. Au même moment, un vaste mouvement artistique se développa, à l'origine d'un rayonnement de la ville en Occident à travers l'architecture, la sculpture et la peinture. Mais aussi via d'autres domaines très renommés comme la tapisserie, l'industrie du cuivre, ou l'art de l'enluminure. Tournai a joué un rôle historique, économique, religieux et culturel de premier plan au sein du Comté de Flandre durant le Moyen Âge. Au XVIe siècle, la ville passa sous le contrôle de l'Angleterre, avant un retour éclair vers la souveraineté française, puis son intégration aux Pays-Bas espagnols. Lorsque, au XVIIe siècle, Tournai repasse sous le contrôle de la France et du roi Louis XIV, celui-ci fit bâtir la citadelle, canaliser l'Escaut et instituera un Parlement. Par la suite sous domination hollandaise, Tournai deviendra belge en 1830.

Les séquelles de la guerre. Durant la Première Guerre mondiale, la ville est sous occupation allemande et subit les déportations, réquisitions et privations comme ailleurs en Belgique. À la Libération, les dégâts sont conséquents. Ainsi, à la fin de la guerre, le 8 novembre 1918, les Allemands en retraite font sauter tous les ponts de la ville, sauf le Pont des Trous. Lors de la Grande Guerre, l'armée française a défendu des positions dans et autour de Tournai. L'épisode le plus connu est celui des 83 et 84e régiments de la 88e division territoriale française qui subirent de lourdes pertes le 24 août 1914 en tentant de ralentir l'avance allemande. Un « Monument des Vendéens » leur rend hommage aujourd'hui. De même, de nombreux soldats anglais sont tombés sur le sol tournaisien. En souvenir de ceux-ci et en vue de préparer la visite de citoyens anglais, un mémorial est depuis peu installé au pied du pont de Fer. Les dégâts sont pourtant moindres que lors de la Seconde Guerre mondiale durant

WALLONIE

laquelle, du 16 au 20 mai 1940, le centre est bombardé par la Luftwaffe : 1 732 maisons seront détruites, et 3 500 autres très endommagées.

La ville aujourd'hui

Depuis quelques années, la « cité aux cinq clochers » est en chantier et arbore de nouveaux attraits. Au total, près de 51 millions d'euros ont été débloqués à cet effet. Pour clé de voûte du projet, la restauration de la cathédrale Notre-Dame et de ses environs. Mais aussi, dans la foulée, une rénovation profonde des voiries et places du périmètre Unesco, un renouvellement du mobilier urbain et de l'éclairage, une relocalisation de l'office de tourisme (aujourd'hui installé dans un superbe hôtel de maître de la place Paul-Émile Janson, au cœur du quartier Cathédrale). Et le quai des Salines a été réaménagé en vue de faciliter la circulation des piétons, automobilistes et cyclistes, tout en soulignant son patrimoine : les façades classées, le pont des Trous, le pont de Fer, des arbres centenaires… En janvier 2019, la municipalité décide de détruire le pont des Trous, pourtant classé à l'Unesco et datant du XIIIe siècle, pour le reconstruire en un pont plus moderne... La raison ? Laisser passer les bateaux de plus gros tonnages. L'annonce a provoqué un tollé chez les habitants et les partisans de la conservation du patrimoine mais il a bien été déconstruit et le nouveau pont sera inauguré le 15 avril 2023.

BEFFROI DE TOURNAI ★★★

Grand Place

✆ +32 69 21 44 76

Fermé pour rénovation. Pas encore de date de réouverture.

Inscrit au Patrimoine mondial de l'Humanité par l'Unesco, le beffroi de Tournai est le plus ancien de Wallonie. A la fin du XIIe siècle, le roi de France Philippe Auguste en signa l'acte fondateur. Il autorisa les habitants « d'avoir une cloche, dans la cité, en un lieu convenable, pour convoquer les bourgeois quand les affaires de la ville le requerront ». L'aspect extérieur contraste car il est construit en pierre bleue de Belgique, surplombant du haut de ses 70 mètres des maisons à majorité en brique rouge en bordure de la Grand Place. Cette tour carré crénelée flanquée de tourelles et surmonté d'une flèche en ardoise. Ce beffroi était le moyen privilégié de communication entre les autorités de la ville et ses habitants, notamment grâce à la bancloque (ou cloche à ban), la cloche communale qui résonnait en cas de procès, d'exécution ou de danger imminent (une guerre ou un incendie). Plusieurs fois agrandi, réaménagé ou restauré, le beffroi de Tournai servit également de prison et, lors des deux guerres mondiales, fut à nouveau l'objet de convoitise des envahisseurs. L'armée allemande fit taire les cloches dès 1914 et celles-ci restèrent silencieuses jusqu'en novembre 1918. Non moins de 257 marches conduisent au sommet, d'où les visiteurs peuvent bénéficier d'un panorama sublime sur la ville. Une des salles du beffroi accueille un spectacle multimédia consacré à son histoire et à celle de la ville. La visite des cinq étages dure environ 2 heures. Son carillon joue chaque dimanche d'été vers 15h30.

WALLONIE

© ANIBALTREJO

Statue de Christine de Lalaing, Tournai.

CATHÉDRALE NOTRE-DAME ET SON TRÉSOR ★★★

Place de l'Évêché ✆ +32 69 22 20 45
www.cathedrale-tournai.be
7j/7 (horaire variable selon saison, voir site web) Trésor : Adulte 2,50 €. Audioguide (à l'office de tourisme) : 5 €.

Impossible de faire deux pas dans la ville sans rencontrer un édifice religieux remarquable, qui figure au Patrimoine mondial de l'Unesco. Considérée comme l'un des plus beaux monuments d'art religieux d'Europe occidentale, elle impose fièrement ses cinq clochers, symboles de la cité, dans le paysage de Tournai. Édifiée à partir du XIIe siècle, la cathédrale actuelle remplace plusieurs autres constructions religieuses dont le sous-sol conserve des traces. Elle est un chef-d'œuvre de gothique scaldien ou tournaisien, un style romano-gothique de transition qui donne une impression de hauteur inédite par rapport aux églises romanes, précurseur d'une fièvre élévatrice qui va caractériser le gothique par la suite. En effet, une de ses particularités réside dans son architecture : la nef et le transept hérissé de cinq tours sont de style roman, tandis que le chœur, construit au XIIIe siècle, est du plus pur style gothique. La cathédrale abrite plusieurs chapelles et de nombreuses statues, sculptures et décorations des XIIe, XIIIe et XIVe siècles, dont une statue de la Vierge, patronne de la cathédrale.

▶ **Les vitraux** valent que l'on s'y attarde, à commencer par la grande rosace qui est de toute beauté. Depuis peu, les vitraux dits « des privilèges » sont à nouveau visibles tout comme le magnifique jubé séparant le chœur du transept. Érigé à la Renaissance, il évoque une série de scènes de l'Ancien et du Nouveau Testament. L'édifice fait en effet l'objet d'un gigantesque chantier de restauration suite au passage d'une tornade en 1999. Les travaux de la nef romane sont terminés. La restauration des cinq tours et du transept s'achèvent. Les travaux dans le chœur gothique seront alors envisagés. La cathédrale reste accessible à la visite pendant les travaux ; sur une palissade de 100 mètres entourant le chantier sont montrées les parties visibles et invisibles de l'édifice. L'aménagement du quartier va de pair avec cette restauration.

▶ **Le trésor de la cathédrale** est probablement l'un des plus riches de Belgique. Il rassemble entre autres des pièces d'orfèvrerie mosane du XIIIe siècle, dont la châsse de Notre-Dame due à Nicolas de Verdun, de nombreux ivoires et manuscrits ou encore une tapisserie d'Arras du XIVe siècle autrefois destinée à orner le chœur. Un reliquaire contient depuis 1247 les derniers fragments restants de saint Eleuthère, l'un des saints protecteurs de l'église.

▶ Admirez aussi *La Libération des âmes du Purgatoire* de **Pierre-Paul Rubens**.

ÉGLISE SAINT-BRICE ✝ ★

Place Clovis
Ouverte tous les jours de 9h à 18h d'avril à octobre et jusqu'à 17h de novembre à mars.

Une église-halle à tour romane du XIIe siècle dédiée à saint Brice ou Brice de Tours (mort en 444), saint patron des juges. Les nefs datent du XVIIe siècle, même si de nombreuses parties du bâtiment ont été reconstruites dans les années 1950. Le monument a un caractère insolite dans l'environnement roman du quartier, de sa silhouette typée, de ses nefs égales. A signaler la surprenante cuve baptismale due au sculpteur tournaisien George Grard, contemporaine. L'essentiel du patrimoine artistique de l'édifice fut perdu au cours des deux guerres mondiales.

ÉGLISE SAINT-JACQUES ✝ ★★

Rue du Louvre
www.saint-jacques-tournai.be
Ouvert toute l'année. Basse saison : tous les jours de 9h à 16h. Haute saison : tous les jours jusqu'à 18h.

Construite au XIIIe siècle en style gothique scaldien, l'église Saint-Jacques, inscrite au patrimoine exceptionnel de Wallonie, est située sur l'un des chemins de Saint-Jacques-de-Compostelle, elle est très prisée des pèlerins. L'apôtre est mis à l'honneur, notamment par une statue, où tel un pèlerin, il porte bâton et coquille. Le chevet polygonal est orné de superbes vitraux colorés. Vingt-quatre anges musiciens peints en 1404 ornent la voûte de la chapelle latérale droite. L'orgue impressionne. Parfaitement restaurée, c'est l'une des plus belles de Tournai.

ÉGLISE SAINT-PIAT ★★

Rue des Jésuites
Ouverte toute l'année mardi et vendredi, 14h-18h30 et le samedi de 14h à 19h.

L'édifice gothique scaldien est du XIIe siècle, mais ses origines sont plus anciennes encore. Des fouilles ont mis à jour sous l'édifice une basilique mérovingienne du VIe siècle, et encore au-dessous, une sépulture chrétienne du IVe siècle. Ce lieu aurait été dédié à saint Piat, premier missionnaire chrétien de Tournai, chargé d'évangéliser les peuplades du nord de la Gaule, décapité par l'armée romaine. L'édifice possède un chœur gothique et une nef romane. Des chapelles sont consacrée à Notre-Dame d'Alsemberg dans la partie nord, et à saint Hubert au sud.

HALLE AUX DRAPS ★★

Grand-Place
✆ +32 69 22 20 45
Renseignements auprès de l'Office de tourisme de Tournai.

© NINA ALIZADA - SHUTTERSTOCK.COM

L'origine de la toute première halle remonterait au XIIIe siècle. A l'origine, l'édifice accueillait marchands et drapiers venus des Flandres et d'Italie. Construite en bois, elle fut renversée par une tempête en 1606. Elle fut reconstruite quatre ans plus tard en style composite : 1er étage de style Renaissance, gâbles baroques, frontispice à colonnes ioniques superposées à l'étage... Jouxtant le bâtiment, se trouve la magnifique conciergerie. L'intérieur de la Halle aux Draps est principalement visible lors de salons et expositions qui y sont organisés.

HÔTEL DE VILLE

Rue Saint-Martin 52
tournai.be
Ne se visite pas.

Situé dans un joli parc verdoyant, l'hôtel de ville est au cœur de la ville. Il ne reste plus grand-chose de cette ancienne abbatiale tournaisienne du XIe siècle détruite en 1797 : il reste une belle crypte romane du XIIe siècle et un cloître de style gothique de la fin du XVe siècle. Les façades néoclassiques datent du palais abbatial en 1763. Il est possible d'admirer les kiosques, fontaines et cloître depuis le parc, ainsi qu'un étonnant pavillon au style Empire orné de médaillons en terre cuite, représentant des divinités païennes.

MAISONS ROMANES ★★

Rue Barre-Saint-Brice
✆ +32 69 22 20 45

Ces deux maisons de style roman sont la preuve de l'engouement pour cet art aux XIIe et XIIIe siècles chez les riches bourgeois. Datant de 1175-1200, elles sont les prototypes de l'architecture des *stenen* flamands conservées. De nos jours, l'une abrite un temple protestant, l'autre, une galerie d'art. Leur façade typiquement scaldienne détonne par rapport aux autres constructions. En parties détruites en 1940, elles ont toutefois été plutôt bien restaurées dans les années 1970. On peut en admirer l'intérieur lorsque qu'une exposition artistique s'y tient.

MUSÉE D'HISTOIRE NATURELLE ET SON VIVARIUM ★

Rue Saint - Martin 52 ✆ +32 69 33 23 43
mhn.tournai.be
Tarifs : 2,60 €. Ouvert du 01/04 au 31/10 du mardi au dimanche, 9h30-12h30 et 13h30-17h30. Hors saison, voir site.

Créé en 1828 par des amateurs de sciences convaincus de l'intérêt des collections zoologiques, il est le plus ancien Muséum de Belgique. La visite vaut le détour aussi bien pour les enfants que pour les adultes, pour justement cet aspect historique du bâtiment néo-classique et pour le vivarium, assez original. Ouvert au public en septembre 1829, il est construit à l'emplacement de la brasserie de l'ancienne abbaye Saint-Martin. Réaménagé et agrandi, il invite à découvrir à la fois son passé historique et la diversité du monde animal. La salle Barthélemy Dumortier, galerie créée par l'architecte Bruno Renard en 1839, vaut à elle seule le détour de par sa silhouette néoclassique et son atmosphère de « cabinet des curiosités » du XIXe siècle. Découvrez la serre tropicale où orchidées, fougères, plantes entomophages et broméliacées surplombent le bassin abritant alligators de Chine, tortues aquatiques et amphibiens. On peut désormais s'extasier dans une serre à papillons exotiques voletant dans l'air. Continuez votre visite par la salle aux 18 vivariums et observez reptiles, batraciens, poissons, araignées et insectes vivants. Membre de l'association des Zoos et Aquariums européens, le musée participe à un programme de sauvegarde d'espèces menacées comme l'alligator de Chine, la tortue d'Égypte et le boa de Jamaïque. Des ateliers pédagogiques permettent aux plus jeunes d'apprécier au plus près, de manière ludique et scientifique toute la biodiversité de notre planète.

MUSÉE DE FOLKLORE 🏛 ★

Réduit des Sions 32-36
✆ +32 6 922 40 69
mufim.tournai.be
Tarifs : 2,60 €. Ouvert du 01/04 au 31/10 du mardi au dimanche, 9h30-12h30 et 13h30-17h30. Hors saison, voir site.

Véritable conservatoire de la mémoire locale, de la fin du XIXe siècle jusqu'au milieu du XXe siècle, le musée de Folklore (1930), est aussi appelé « la Maison tournaisienne ». Dans deux pittoresques immeubles de la fin du XVIIe siècle, le folklore tournaisien s'y décline de A à Z. Vous y trouverez aussi un fac-similé du grand plan-relief de 1701 qui montre l'aspect de la ville à l'époque de Louis XIV, avec la superbe citadelle du Roi Soleil. Mises en scène autour des métiers à tisser d'antan, peintures, textes expliquant les traditions locales.

MUSÉE DE LA TAPISSERIE 🏛 ★

Place Reine-Astrid 9
✆ +32 69 84 20 73
www.tamat.be
Tarifs : 6 €. -18 ans : 0 €. Du 01/04 au 31/10 : mardi au dimanche, 9h30-12h30 et 13h30-17h30. Hors saison, voir site.

La tapisserie est une spécialité tournaisienne séculaire. Le musée abrite des œuvres des XVe et XVIe siècles ainsi que des réalisations contemporaines, que l'on doit notamment à Dubrunfaut, Somville et Deltour, membres du groupe « Forces Murales », ce collectif qui insuffla un renouveau à l'art de la tapisserie. Le musée accueille en ses murs le Centre de la tapisserie, des arts muraux et des arts du tissu (Tamat), ainsi qu'un atelier de restauration. Les étudiants boursiers exposent régulièrement sérigraphies, sculptures ou peintures.

MUSÉE DES BEAUX-ARTS 🏛 ★★

Enclos Saint-Martin 1
✆ +32 69 33 24 31
mba.tournai.be
Tarifs : 2,60 €. Ouvert du 01/04 au 31/10 du mardi au dimanche, 9h30-12h30 et 13h30-17h30. Hors saison, voir site.

Installé dans un superbe bâtiment Art nouveau conçu par l'architecte belge Victor Horta, on peut y découvrir, aux côtés des sculptures, des toiles de Rubens, Monet, Van Gogh, ou encore Van der Weyden, aussi connu sous le nom de Roger de la Pasture et né à Tournai en 1399. Impressionnistes, baroques ou primitifs flamands, on peut y suivre l'évolution chronologique de la peinture belge. Ce musée présente les deux seules toiles de Manet exposées en Belgique : Argenteuil et Chez le Père Lathuille. On regrettera le manque d'informations sous les tableaux.

HÔTEL ALCANTARA €€

Rue des Bouchers-Saint-Jacques 2
✆ +32 69 21 26 48
www.hotelalcantara.be
Accueil 24h/24. Chambre double à partir de 100 €, petit déjeuner inclus. Garage : 9,50 € par jour.

Voilà le meilleur hôtel de Tournai dans sa catégorie situé en plein centre. Cette maison bourgeoise du XVIIIe siècle impressionne par sa belle façade noble en brique. Elle compte des chambres très confortables, parfaitement tenues, contemporaines, personnalisées suivant des thématiques (Cézanne, pop, bossa nova, Van Gogh...), avec goût, mais aussi des studios avec cuisine et coin salon. On ne s'attend pas à autant de fantaisie arty dans un cadre aussi classique ! Petit déjeuner gargantuesque, l'endroit idéal pour de belles vacances.

AU MOULIN À PAROLES €€

Chaussée de Douai 146F
✆ +32 474 69 15 70
www.aumoulinaparoles.be
A partir de 160 € le week-end, 280 € la semaine.

Cette maison de vacances de 2 à 4 personnes conviendra parfaitement à des couples ou familles en quête d'indépendance. Située à moins d'un kilomètre du centre historique de Tournai, il s'agit d'une ferme du XVIIIe siècle restaurée. Elle dispose d'une chambre double et d'un salon avec canapé convertible et bien sûr d'une cuisine équipée. La terrasse en pierres bleues est idéalement exposée. La décoration moderne fait de cet endroit un gîte lumineux où il fait bon se reposer. Elle est très fonctionnelle et admirablement bien tenue.

LA ROSERAIE €€

Rue de Roubaix 113
✆ +32 69 36 02 76
www.laroseraie-tournai.com
Comptez 125 € la chambre double et 135 € la supérieure avec petit déjeuner.

Voilà une bien belle maison d'hôtes, et pour Tournai, à ce prix c'est la seule qui propose juste deux chambres 5 épis avec des meubles de très belle facture, une piscine, un sauna et un petit déjeuner de produits bio. L'intimité que procure un accueil aussi personnalisé et si peu d'hôtes est un vrai privilège. Surtout, la maison de maître centenaire est d'un beau standing, au milieu d'un jardin (avec une prairie ou vivent âne, poney, moutons, oies) et d'une roseraie merveilleuse. On y propose d'ailleurs des ateliers d'art floral, très original.

EVA COSY €

Rue du Marché au Jambon 9
✆ +32 69 77 22 59
Du mardi au samedi de 9h à 18h (15h le mardi). Plats : aux alentours de 15 €.

Ce joli restaurant/tea room bien connu des Tournaisiens vient juste de déménager en 2022. C'est donc un espace tout neuf, tout beau, mais tout aussi cosy, qui vous attend. À la barre, la souriante Sandra Raeymaekers est toujours là pour vous accueillir depuis le petit déjeuner jusqu'à l'heure de l'apéro. Comme dans l'ancien établissement, on retrouve beaucoup de blanc, de plantes, de bois et comme auparavant, tous les plats (snacks, salades, quiches, soupes, tartines, plats chauds, pâtisseries...) sont faits maison, sains et gourmands.

COMPTOIR 17 €

Grand Place 17
✆ +32 69 84 30 35
www.comptoir17.be
Ouvert tous les jours de 11h à à 1h. Burgers à partir de 13,90 €. Réservation conseillée le week-end.

Comptoir 17 est un endroit branché pour jeter son dévolu parmi une dizaine de burgers de viande, poisson ou végétariens, dans un pain complet et avec des produits frais de qualité. Comme le Royal : viande pur bœuf, magret de canard fumé, foie gras poêlée, confit de figues, oignons caramélisés et tomates cerises ou le Blue Cheese (pur bœuf, fourme d'Ambert, oignons caramélisés, salade, sauce au porto). Des wraps, de belles salades et des bières régionales sont aussi à la carte. Cadre brut de briques et poutres apparentes, petite terrasse en façade et à l'arrière.

FRIT'HOUSE'L €

Rue Saint Piat 6
✆ +32 69 86 71 69
www.frithousel.be
Ouvert tous les jours le midi et le soir. Carte : 15 € environ.

Monsieur et Madame Caby aiment leur métier et Frit'House'L rassure tout de suite quand on remarque la cuisine et l'organisation qui l'accompagne. Les frites sont naturellement « faites maison » et cuites deux fois dans la graisse de bœuf. La carte compte une dizaine de burgers à base de steaks hachés pur bœuf, des grillades, des plats et des sandwichs ou wraps. Les spécialités sont à découvrir : les bamis (croquettes de pâtes orientales), Shoarma (viande pita enrobée d'un loempia) et Lucifer (viande explosive dans une crêpe).

LA MIGNONNETTE €€

Boulevard du Roi-Albert 96
✆ +32 69 22 13 94
www.lamignonnette.be
Ouvert du mercredi au dimanche de midi à 14h et de 19h à 21h. Menu à 28,80 €. Carte : 38 € environ.

Une institution tournaisienne qui perdure au fil des années. Passionné par la bonne cuisine, Michel aime travailler les classiques français et les recettes de moules. En entrée, elles sont gratinées. En plat, elles se déclinent en marinière, crème, ail, roquefort, thaï ou maison (bisque de homard, crème et cognac). En plat, une belle grosse sole meunière (450 g), Saint-Jacques, pièce de bœuf, filet américain haché minute... Pour les amateurs : bouillabaisse maison (spécialité) et homards du vivier. Les beaux jours, la terrasse est parfaite.

BRASSERIE LE BEFFROI €

Grand'Place 15
✆ +32 69 84 83 41
www.le-beffroi.be
Ouvert tous les jours de 10h à 1h (service non-stop). Plats : environ 18 €.

Le Beffroi est située idéalement sur la Grand Place de Tournai, quelle vue ! La carte est traditionnelle avec les moules en saison, des suggestions, grillades et des plats simples à petit prix comme le lapin aux pruneaux et raisins ou l'américain façon tartare (avec frites, salade), dans une cadre rénové avenant ou en terrasse. Grand choix de salades. Attention à ne pas avoir les yeux plus gros que le ventre, les serveurs vous le rappelleront volontiers ! On peut y manger à toute heure, accompagné d'une bonne bière locale, telle que l'Abbaye de Saint-Martin.

RIVE GAUCHE €€

Quai Notre-Dame 37
✆ +32 69 35 47 36
www.resto-rivegauche.be
Ouvert du vendredi au mardi midi et soir (samedi soir uniquement). Menu : 32 €.

Sur le quai Notre-Dame, près de la Grand-Place, Rive Gauche tourne ses baies vitrées vers l'Escaut, la cour à l'arrière est idéale pour son calme. À la tête de l'équipe, Camille, toujours souriante et de bon conseil. Dans les assiettes, les suggestions viennent enrichir la carte. Quelques exemples : foie gras maison, planche mix grill (rib's, lard braisé, poulet, saucisse de campagne), tartare, salades et burgers. Les desserts sont faits maison et les glaces viennent de l'Atelier Saveurs, un artisan local. Carte de bières régionales et de vins au verre.

LA BOURSE AUX LIVRES

boulevard Delwart 16
✆ +32 69 84 67 00
www.labourseauxlivres.be
Ouvert du lundi au samedi de 10h à 18h30.

Une des plus grandes bouquineries de Belgique est ici à Tournai avec à sa tête, Laurent Lemaire, un passionné. Elle compte plus de 50 000 ouvrages divers répartis sur une superficie totale de 300 m². De quoi chiner pendant des heures parmi de rares éditions. Magazines, romans, BD, guides, beaux livres… neufs ou d'occasion sont proposés pêle-mêle, sans compter l'espace jeunesse avec plus de 10 000 mangas. En plus, la bouquinerie suit les saisons avec attention : on y trouve les livres demandés par les profs de français à la rentrée scolaire, des coffrets pour Noël…

SHOPPING LES BASTIONS

Boulevard Walter de Marvis 22
✆ +32 69 23 33 44
www.lesbastions.be
Ouvert du lundi au samedi de 10h à 19h. Vendredi et samedi ouvert jusqu'à 19h30.

A quelques pas du centre-ville, les Bastions regroupent 100 commerçants dont des restaurants, des bars, des magasins de vêtements, d'électroménager, d'alimentation, un mélange entre de grandes marques et des enseignes plus locales. Depuis avril 2018, le centre commercial a été totalement relooké et mise désormais sur une expérience conviviale et humaine. De nombreuses enseignes locales y ont trouvé leur place. Les plus : les Bastions dispose des places de parking gratuites et organisent régulièrement des animations et concours (à retrouver sur la page Facebook).

BIKE & BEER

Carte disponible en ligne ou à l'office de tourisme.

Ce programme combine deux passions belges : le vélo et la bière. Au départ du Centre nautique de l'Orient (ou de l'office de tourisme si vous avez réservé un vélo), vous voilà prêts à pédaler à travers la campagne tournaisienne et le long du canal de Péronnes à l'aide des points-nœuds. Trois itinéraires sont proposés mais tous ont pour but la brasserie Dubuisson (qui brasse la Bush, parmi les plus fortes bières belges) pour profiter d'une visite guidée de leurs installations (le samedi, 15h) ou du Beerstorium (ouvert tous les jours), avant de revenir vers Tournai.

COMINES

Ville la plus occidentale du Hainaut, elle est pour ainsi dire coupée en deux : une moitié de Comines se trouve en effet de l'autre côté de la frontière belge, en France. Dans la ville elle-même, deux zones bien définies : Comines et Warneton. Ces noms d'origine celtique cachent des vestiges de l'époque romaine ainsi qu'un passé médiéval. C'est la seule ville de la Communauté française et de la Wallonie dont le territoire fut occupé par les forces allemandes (à Comines et Warneton) et alliées (à Ploegsteert). Le mémorial inauguré en 1931 et les cimetières britanniques témoignent de cette histoire de la Grande Guerre sur ces territoires.

PLUGSTREET 14-18 EXPERIENCE ★

Rue de Messines 156 - **PLOEGSTEERT**
✆ +32 56 48 40 00
www.plugstreet1418.be
Du lundi au dimanche de 10h à 17h.
Le 1er vendredi du mois de 10h à 18h. Gratuit jusqu'à 6 ans. Adulte : 7 €.

Structure semi-souterraine surmontée d'une pyramide de verre, les 400 m² du Centre vous permettront de découvrir à travers une scénographie dernier cri l'ampleur internationale du conflit 1914-18 et son impact sur la zone frontalière de Comines-Warneton occupée par les troupes britanniques et allemandes. Des stations spécifiques reviennent sur la vie des civils et des militaires dans cette région en guerre, et sur l'intervention des troupes australiennes et néo-zélandaises.

LA HOWARDERIE €

Rue de la Howarderie 9 - **BIZET**
✆ +32 56/58 89 65
www.lahowarderie.be
2 gîtes pour une capacité de 60 personnes.
Un gîte entier : à partir de 1 150 €/week-end.
Une chambre pour 2 : 80 €.

Outre un bon restaurant, la Howarderie est également un lieu superbe pour vos réceptions, vos séminaires et autres réunions de famille. A ce titre, Josiane et Bernard vous proposent deux belles salles pour recevoir vos invités (capacités variables) et deux grands gîtes avec des chambres doubles, des dortoirs et autres chambres quadruples. Toutes les commodités sont là et une partie du jardin est privative pour votre accès ! De quoi bien vous amuser et profiter d'un bon moment dans un lieu unique, perdu dans une bucolique campagne traversée par la Lys.

DRINKS VANUXEEM PLOEGSTEERT

Rue d'Armentières 150
PLOEGSTEERT
✆ +32 56 58 89 23
www.vanuxeem.com
Ouvert du lundi au samedi de 8h à 18h45.

Plus de 1 300 bières sont proposées sur les rayons de ce « village de la bière ». L'entreprise dispose pour la bière de la plus grande plate-forme en Belgique. Avec, grâce à sa situation géographique, un regard attentif sur le marché français ! Vous y trouverez aussi des vins et des spiritueux mais aussi des chocolats, des pralines, des gaufres… Chaque week-end, le magasin organise une dégustation. La société fait brasser ses bières par diverses brasseries belges.

MOUSCRON ★

Aux confins du Hainaut, à la frontière franco-belge, Mouscron ou « la cité des hurlus » est connue pour sa tradition d'accueil, ses bonnes tables et ses festivités. L'origine de ce surnom remonte à l'époque des guerres de religion : des protestants impliqués dans des attaques et des pillages et persécutés par les catholiques, se seraient réfugiés pendant plusieurs années à Mouscron. Ces « hurlus » sont depuis devenus le symbole de la ville. Chaque année, tous les habitants se rassemblent pour célébrer ce folklore dans la joie et la bonne humeur. Parmi les autres attractivités : le Centre d'interprétation Marcel Marlier, père de *Martine*.

CENTRE MARCEL MARLIER, DESSINE-MOI MARTINE

avenue des Seigneurs de Mouscron 1
✆ +32 56 39 24 90
www.centremarcelmarlier.be
Ouvert du mardi au dimanche. Adulte : 5 €. Enfant de 1 à 14 ans : 4 €.

Marcel Marlier fut à l'origine d'une série de livres pour enfant qui marqua bien des générations : *Martine*. L'illustrateur mouscronnois, au style très reconnaissable, laissa une trace durable par le biais de sa jeune héroïne dans les esprits de millions d'enfants de par le monde. Dans une superbe bâtisse, dont les fondations remontent au XVe siècle, curieux ou nostalgiques des romans d'enfance se pressent afin de mieux connaître l'homme qui se cache derrière la très jeune aventurière.

CHÂTEAU DES COMTES

Avenue Reine-Astrid
✆ +32 56 86 03 70
Fermé au public. Ouvert uniquement pour les Journées du Patrimoine (pour les groupes et sur demande).

Quatre familles de seigneurs se succédèrent à la tête du château, du XIIIe siècle au XVIIIe siècle, et l'aménagèrent. Deux grands faits marquent son histoire : l'empereur Charles Quint y logea lors d'une visite à Mouscron ; puis le pillage de la région et du château par les Hurlus, adeptes de Luther et du protestantisme, qui l'occupèrent pendant trois mois au cours des guerres de religion. Il ne subsiste aujourd'hui que la gentilhommière, à la façade de style tournaisien, une basse-cour, les vestiges de dépendances et des douves datant du XVe au XVIIe siècle.

HÔTEL DE VILLE DE MOUSCRON

Grand-Place 1
✆ +32 56 86 03 70
www.visitmouscron.be

De par son allure à la fois imposante et élancée, l'hôtel de ville est un des édifices majeurs de la cité des Hurlus. De style néogothique, il est l'œuvre de l'architecte brugeois René Buyck et a été inauguré le 13 juillet 1890. On lui trouvera un petit côté moyenâgeux, s'inspirant des réalisations gothiques de Flandre. Il symbolise en tout cas le passé économique florissant de la ville, qui fut célèbre pour ses filatures et usines de tapis. On n'oublie pas de saluer le Hurlu doré.

GASTON VOUZÔTE €€

Boulevard des Canadiens 27
✆ +32 56 48 48 20
www.gastonvouzote.be
Ouvert du vendredi au mardi le midi et le soir ; mercredi et jeudi uniquement le midi. Menu : 42 €. Plat du jour : 17 €.

Ambiance brasserie contemporaine de luxe chez Gaston Vouzôte (vouzôte étant une expression locale signifiant « vous autres »). Une institution bien ancrée dans son terroir métissé de cultures culinaires françaises et belges : escargots de Kain (à côté de Tournai), terrine de saison, blanquette de veau… À côté de cela, on retrouve toute une sélection de pièces de bœuf irlandais ou argentin qui passent au grill d'un four Mibrasa. Venez avec l'estomac bien ouvert, les portions sont copieuses. Service enjoué et terrasse remplie dès les beaux jours arrivés.

WALLONIE

MUSÉE DE FOLKLORE ET DE LA VIE FRONTALIÈRE

Rue des Brasseurs 3-5
✆ +32 56 86 04 66
www.musee-mouscron.be
Du mardi au vendredi, 10h-18h ; w-e de 14h à 18h. Gratuit jusqu'à 5 ans. Adulte : 5 €. Enfant : 2 €. Familles : 10 €.

Ce musée du folklore se nomme Léon Maes, en hommage à cet homme, ancien greffier de justice et amoureux de l'histoire locale, reconnu pour ses recherches dialectologiques et folkloriques, et son recueil de chansons populaires de Flandre wallonne (420 chansons et comptines). Ses différents travaux autour des notions d'enracinement, d'identité et d'amour du terroir ont abouti à la création du musée de Folklore. Faisant naître cette fibre conservatrice chez les Mouscronnais, les greniers se vidèrent et les objets d'antan, les archives, le mobilier furent donnés au musée, qui put ainsi mettre en valeur ce patrimoine folklorique et rural. Divers ensembles ont été reconstitués : une chambre, une laiterie, une salle de classe, un estaminet, une épicerie, des échoppes d'artisans… Tout ce qui faisait la vie quotidienne du siècle d'or de Mouscron, entre 1850-1950, au temps du boom de l'industrie textile qui fera de la ville un carrefour des cultures wallonnes, flamandes et françaises. Des collections thématiques égayent également votre visite : le tabac et la fraude, qui vont de pair dans une région frontalière, la confiserie Saint-Jacques qui faisait saliver les habitants, les jeux populaires (si importants dans les estaminets)… Enfin, le centre de documentation vous offre une source d'informations complémentaire sur l'histoire de Mouscron. À noter que les jardins font également partie de l'espace muséal et que le bâtiment a remporté le prix d'architecture Mies van der Rohe 2017.

BRASSERIE DE RANKE

Rue du Petit-Tourcoing 1a
✆ +32 56 58 80 08
www.deranke.be
Tap Room ouverte le vendredi de 16h30 à 21h et le samedi de 14h à 20h. Visite guidée en français le samedi à 15h30.

Alors qu'ils brassaient dans les installations de Deca à Woeste jusqu'en 2005, Nino Bacelle et Guido Devos ont ensuite passé la frontière linguistique pour établir leurs infrastructures à Dottignies, près de Mouscron. Chez De Ranke, la place accordée au houblon n'est pas négligeable. Pas question donc d'utiliser des extraits de houblon. Ici, on opère avec de vrais cônes de houblons de Poperinge et de Warneton. Leur réputation n'est plus à faire et leur tap room vous permettra de tester leurs productions : XX Bitter, Noir de Dottignies ou Guldenberg, typée abbaye.

ATH

Monuments, charme des vieilles rues joliment éclairées en soirée, feuillages et eaux vives du chemin de ronde, la petite cité historique hennuyère incite en tout temps à la halte. Depuis 2008, la ville est classée « Destination européenne d'excellence » (EDEN) par la Communauté européenne pour son patrimoine immatériel. Le quatrième dimanche du mois d'août, la traditionnelle sortie des sept géants reconnus par l'Unesco lui apporte une animation festive exceptionnelle depuis plus de cinq siècles ! La Maison des Géants invite le visiteur à découvrir l'univers de ces postures gigantesques et des traditions festives qui s'y rattachent.

BRASSERIE DES LÉGENDES ★

Rue du Castel 19
✆ +32 68 28 79 36
www.brasseriedeslegendes.be
Magasin ouvert du lundi au vendredi de 8h30 à 12h30 et de 13h30 à 17h.

Le Castel d'Irchonwelz (XIIe siècle), abrite la brasserie des Géants (fusionnée avec la Brasserie des Légendes) depuis sa création en 2000. Pierre Delcoigne et son épouse Vinciane Wergifosse ont récupéré du matériel des brasseries Voisin (Flobecq) et François (Nismes). La cuve d'ébullition date de 1930, et la cuve d'empâtage de… 1890. La Gouyasse blonde est la plus ancienne. La Saison Voisin est brassée selon la recette originelle de la Brasserie Voisin (1884). Enfin, la Ducassis est née d'un assemblage entre une bière de fermentation haute et des baies de cassis.

CHÂTEAU D'ATTRE

Avenue du Château 8
ATTRE
✆ +32 6 845 44 60
www.attre.be
Ouvert d'avril à octobre. Adulte : 8 €. Enfant : 5 €.

Un des plus beaux châteaux de style classique de Belgique. Outre sa magnifique architecture du XVIIIe siècle, il cache encore d'autres splendeurs derrière sa façade : les salons, les papiers peints, le mobilier… tout est resté entièrement d'origine. Le château est entouré d'un très beau domaine de 17 hectares. A la fois jardin à l'anglaise et parc forestier, il abrite quelques monuments empreints de mélancolie tels que la tour en ruine du belvédère ainsi que différentes constructions dans le goût de l'époque dont le Rocher, une grotte artificielle.

CHÂTEAU DE BELOEIL ★★

Rue du Château 11 - **BELOEIL** ✆ +32 69 68 94 26
www.chateaudebeloeil.com
Ouvert 7j/7 de 13h à 18h en juillet-août sinon, week-end et jours fériés. Adulte : 12 € (château et parc). Parc : 3 €.

Le château se situe dans le parc naturel des plaines de l'Escaut, au milieu de ses douves innondées, l'ensemble est très impressionnant. Entouré d'eau et d'un parc charmant de 25 ha aux statues raffinées et aux bosquets aussi intimes qu'élégants, il mérite amplement son surnom de Versailles belge. Cette forteresse du XIVe siècle est encore habitée par les descendants des princes de Ligne qui le possèdent depuis huit siècles. L'édifice de briques roses avec ses tours, ses deux niveaux de baies et ses mansardes, attirent le regard par sa majesté et sa splendeur.

ESPACE GALLO-ROMAIN ★★

Rue de Nazareth 2
✆ +32 68 68 13 20
www.espacegalloromain.be
Du mardi au vendredi de 10h à 12h et de 13h à 17h. Du 1/4 au 30/9, ouvert les week-ends de 14h à 18h. Adulte : 6 €.

Le vicus (bourg) de Pommerœul était autrefois au croisement d'une route (Bavay-Blicquy) et d'une rivière (La Haine) qui lui conféra un rôle commercial et artisanal prépondérant pour la région. De grandes embarcations d'époque romaine, découvertes dans un état de conservation exceptionnel et un riche matériel archéologique, issus des fouilles sur le site, y sont présentés grâce à une muséographie nouvelle et dynamique. Il permet de mieux connaître la navigation, les savoir-faire techniques et les divers aspects de la vie antique. Trois barques celtiques sont particulièrement remarquables. Le chaland et la pirogue découverts à Pommerœul, sont les pièces majeures du musée. Le chaland dont une longueur de 12,70 m sur 18 à 20 m de long, qui date des IIe et IIIe siècles, a été conservé. La pirogue « monoxyle » en chêne du Ier siècle mesure 9,70 m (contre 12 m à l'origine). On y découvre des objets du quotidien. L'histoire bi-millénaire de la batellerie est retracée grâce à un spectacle multimédia. D'autres métiers de l'époque gallo-romaine sont également mis en scène tels que le travail des pêcheurs, des potiers, des métallurgistes ou encore des cordonniers. Pour les amateurs de numismatique, une belle collection de pièces gallo-romaines est exposée. L'espace est un musée interactif utilisant pleinement les techniques audiovisuelles ou les images de synthèse pour reconstituer cette partie de l'histoire antique. Des activités, expositions temporaires et animations sont organisées à destination du jeune public et des familles.

HÔPITAL NOTRE DAME À LA ROSE ★★★

Place Alix-de-Rosoit 1
LESSINES
✆ +32 68 33 24 03
www.notredamealarose.be
Ouvert du mardi au vendredi de 14h à 18h ; le week-end de 14h à 18h30. Adulte : 13 €. Enfant (de 6 à 12 ans) : 8 €.

Au départ modeste (avec une salle des malades, une chapelle, un réfectoire, un dortoir et un noviciat), l'Hôpital Notre-Dame à la Rose, construit au Moyen Âge, est agrandi et transformé aux XVIe et XVIIIe siècles et se voit doté d'un bâtiment principal plus imposant, où se mêlent les styles Renaissance flamande et gothique tardif. Outre l'espace dévolu à l'hôpital et au couvent, l'hôpital qui est alors un hôtel-Dieu, dispose d'une ferme, de jardins, d'une glacière et d'un cimetière. À la Révolution française, l'État prend sous sa coupe l'hôpital, d'autant plus que les carrières de pierres porphyres aux alentours leur envoient de nombreux accidentés. Devenu centre gériatrique, cet hôtel-Dieu fermera ses portes en 1980. Aujourd'hui le site est classé patrimoine majeur de Wallonie. D'emblée, observez cette belle bâtisse en brique avec ses façades à pignons à redans. Le parcours muséal est très didactique ; de plus des animations et parcours de visites ludiques ont aussi été pensés pour les enfants. La visite commence au sous-sol, par une maquette du lieu et quelques vestiges archéologiques. La dépouille du défunt retrouvé ici est probablement celle d'Arnould IV d'Audenarde. On découvre, à travers une vingtaine de salles d'exposition mettant en valeur des meubles gothiques. On visite le réfectoire, l'infirmerie, la salle au Trésor, les salles des malades (hygiéniste et pneumatique), la salle des étrangers... La chapelle baroque compte de magnifiques vitraux, et met en avant les techniques de l'époque : la médecine des humeurs : le sang, la lymphe, la chirurgie... Des théories totalement invalidées aujourd'hui par la médecine moderne ! La pharmacie est aussi remarquable, là où exerçaient ceux qu'on appelait les apothicaires, exhibe derrière des vitrines des pots, flacons, mortiers et pilons... La ferme, édifiée au XVIIe siècle, comprend les anciennes étables et écuries, un pigeonnier. On peut se promener dans le magnifique jardin de plantes médicinales pour en savoir plus sur les vertus des différentes essences et variétés qui poussent ici grâce à des panneaux informatifs pour chaque plante. Un audioguide de 1h30 lui est complètement dédié, pour tout savoir sur le pouvoir des plantes, ainsi qu'un documentaire dans la distillerie. Vous découvrirez le premier frigo écolo de l'époque : la glacière, un puits qu'on remplissait de glace en hiver et qui en disposait toujours en août ! Il est enfin possible de se restaurer sur place.

WALLONIE

MAISON DES GÉANTS ★

Rue de Pintamont 18 ✆ +32 68 26 51 70
www.maisondesgeants.be
Ouvert du mardi au vendredi de 10h à 17h ; le week-end de 14h à 18h. Gratuit jusqu'à 5 ans. Adulte : 6 €. Enfant : 5 €.

Un peu partout en Belgique, en Europe et évidemment à Ath, les Géants animent les fêtes folkloriques et populaires. La procession et la ducasse d'Ath sont illustrées par des modèles réduits des Géants, des mannequins et des documents iconographiques. La ville leur rend hommage au travers d'un parcours-spectacle, aménagé dans une splendide bâtisse du XVIIIe siècle. Ce centre rassemble la fine fleur des géants européens et consacre la totalité de ses murs à montrer les différentes étapes de leur fabrication, l'historique et la présentation des processions.

MUSÉE NATIONAL DES JEUX DE PAUME

Grand place 45 ✆ +32 68 84 29 95
www.mnjp.be
D'avril à septembre le dimanche de 14h30 à 18h et toute l'année sur RV. -6 ans : gratuit. Adulte : 2,50 €.

Dans les greniers de l'hôtel de ville datant du XVIIe siècle se cache ce musée qui se penche sur le patrimoine qui entoure la balle pelote, un sport populaire en Wallonie qui anime les places des villages durant les après-midi ensoleillés. Il présente de nombreux documents et objets anciens. Centre de documentation, il accueille régulièrement des expositions thématiques. Tous les visiteurs ont droit à un verre de bière du musée, prénommée le Gant d'Or dans un estaminet reconstitué.

PAIRI DAIZA ★★★

Domaine de Cambron 1 - **BRUGELETTE**
✆ +32 68 25 08 50
www.pairidaiza.eu
De mi-février à début janvier. 7j/7 10h-18h. 10h-19h en juillet-août et vacances scolaires. 39 € ; 3 à 11 ans : 33 €.

Pairi Daiza est un parc animalier parmi les meilleurs d'Europe qui rassemble des animaux du bout du monde. Dont les plus beaux oiseaux de la planète dans la volière Cathédrale, la plus grande d'Europe. Huit « mondes » couvrent différentes zones : l'Asie du Sud, la Terre du Milieu (avec ses pandas), la Terre des origines (avec les gorilles des plaines et les *Big 5*), le Monde polaire, Cap austral, Cambron-sur-Mer et la Dernière Frontière, consacrée aux grands espaces américains. On peut aussi y dormir, au plus près des animaux mais sans les déranger.

TOUR BURBANT ★

Rue du Gouvernement
✆ +32 68 26 51 70
Adultes : 6 €, enfants : 3,50 €. Visite guidée sur réservation. Contacter l'office de tourisme d'Ath.

Véritable donjon du XIIe siècle, la tour Burbant, carrée et d'une hauteur de 20 mètres, demeure un monument d'architecture médiévale exceptionnellement conservé. A l'intérieur, outre la cour devenue lieu de promenade favori des locaux, différents vestiges archéologiques sont présentés et une visite complète permet d'admirer les trouvailles d'époque et de suivre un excellent cours d'histoire médiévale. Profitez également d'un spectacle multimédia qui évoque le passé de la ville depuis la fondation de la tour jusqu'au XXIe siècle.

HÔTEL DU PARC €€

Hôtel du Parc 12
✆ +32 68 28 54 85
www.hotelduparcath.com
Chambre simple à partir de 78 € ; double 98 € ; suite luxe 168 €. Petit déjeuner : 10 €.

Situé face au parc, et à cinq minutes à pied du centre, l'hôtel trois étoiles dispose de 14 chambres tout confort rénovées de fond en comble, et dotées de literie de qualité et meubles contemporains. La suite luxe possède une baignoire à bulles, coin salon, bureau et un lit king size. La décoration est sobre et raffinée, colorée, avec beaucoup de mobilier et décoration en bois flotté, ce qui ajoute du cachet à l'ensemble. Petit déjeuner buffet de qualité dans une salle lumineuse et spacieuse, à prix raisonnable. Accueil chaleureux.

CHEZ OLYMPE €€

Rue d'Enghien 1
✆ +32 68 33 19 35
www.chezolympe.be
Ouvert le soir du mercredi au dimanche, et le dimanche midi. Carte : 35 € environ.

Petit établissement familial à la cuisine simple mais efficace. Les plats, comme le nom du restaurant l'indique, sont inspirés de la cuisine méditerranéenne et grecque. Calamars, croquettes de morue, boulettes de Smyrne… les portions sont généreuses et le service agréable. Le patron, toujours à l'écoute, pourra guider une clientèle de gourmets novices. La carte réduite garantit la fraîcheur de produits uniquement de saison et des compositions selon l'humeur du chef. On regrette toutefois l'exiguïté du lieu lors des fortes affluences (pensez à réserver).

LA LOUVIÈRE

La Louvière s'est construite au fil de son développement économique et industriel. La ville doit notamment son envol à l'implantation de la Manufacture de faïences Royal Boch. Le Centre de la Céramique Kéramis est d'ailleurs un beau lieu d'expositions pour les céramistes actuels. Outre la faïencerie, la ville témoigne encore aujourd'hui d'un héritage lié à l'exploitation du charbon, à la sidérurgie et au transport fluvial. Parmi cet héritage, plusieurs lieux sont classés au patrimoine mondial par l'Unesco. La cité minière de Bois-du-Luc notamment vous replongera un siècle en arrière ; les ascenseurs pour bateaux et leur canal appellent au dépaysement à travers de superbes balades le long des voies d'eau jusqu'à l'ascenseur géant de Strépy-Thieu. La ville jouit également d'un beau dynamisme culturel avec notamment le musée Mill qui présente l'œuvre du sculpteur roumain Idel Ianchelevici ainsi que de belles expositions temporaires tout au long de l'année.

Tourisme

Désignée destination européenne d'excellence pour le tourisme culturel en 2018, la ville vaut la peine que l'on s'y arrête pour le Centre de la gravure et de l'image imprimée, le musée Mill, le musée Keramis (faïenceries), le Centre Daily-Bul & Co... Et surtout, à quelques minutes en voiture, dans l'entité louviéroise, les amateurs trouveront des sites d'archéologie industrielle : l'écomusée du Bois du-Luc, musée de la Mine, le Canal du centre historique et ses ascenseurs hydrauliques à bateaux reconnus patrimoine mondial de l'Unesco... Sans oublier le gigantisme de l'ascenseur de Strépy-Thieu !

Ascenseur à bateau.

CENTRE DAILY-BUL & CO ★

Rue de La Loi 14
✆ +32 64 22 46 99
www.dailybulandco.be
Entrée libre. 2 à 3 expositions temporaires par an. Horaires variables (voir site).

Pol Bury et André Balthazar ont fait partie des surréalistes belges et de la mouvance CoBrA. Ils ont côtoyé entre autres des artistes comme Roland Topor, Christian Dotremont ou Pierre Alechinsky. Ainsi, en 1957, ils s'en inspirent et fondent à La Louvière la pensée, revue et maison d'édition « Daily-Bul », un support de contre-pouvoir décalé. Aujourd'hui, le Daily-Bul est archivé dans un centre que la Ville lui a dédié. En plus des publications, des expositions temporaires régulière et de qualité sont programmées, dans l'esprit des concepteurs de la revue.

CENTRE DE LA GRAVURE ET DE L'IMAGE IMPRIMÉE

Rue des Amours 10
✆ +32 64 27 87 27
www.centredelagravure.be
Ouvert pendant les expositions du mardi au dimanche de 10h à 18h. 8 €, 3 € tarif réduit.

Vitrine de l'estampe contemporaine belge et étrangère, on y découvre affiches, lithographies, linogravures, bandes dessinées, images numériques... Près de 11 000 pièces de documentation mises à la disposition du public (sur demande). Toute l'année, le Centre de la Gravure propose des expositions temporaires, soit à partir de ses collections, soit par des œuvres qui lui sont confiées, des techniques traditionnelles à l'expression des nouvelles tendances de l'image imprimée.

CENTRISSIME-MAISON DU TOURISME DU PAYS DU CENTRE

Place Jules Mansart 21-22 ✆ +32 64 26 15 00
Lundi-vendredi de 8h30 à 18h30 ; samedi de 9h à 12h30 et de 13h30 à 18h ; dimanche de 9h à 12h30 et de 13h30 à 17h.

Au cœur du Hainaut, la Maison du Tourisme du Pays du Centre englobe Chapelle-lez-Herlaimont, Braine-le-Comte, Ecaussinnes, Estinnes, La Louvière, Le Roeulx, Manage, Morlanwelz, Seneffe Soignies et Binche. Vous y obtiendrez des informations et des brochures pour découvrir la région, ses nombreux canaux, ses sites classés par l'Unesco, ses musées et son riche folklore. Vous pourrez également y acheter des souvenirs et des produits du terroir et louer des vélos classiques et électriques.

DOMAINE DU CHÂTEAU DE SENEFFE ★★

Rue Lucien Plasman 7-9 - **SENEFFE**
✆ +32 64 55 69 13
www.chateaudeseneffe.be
Ouvert du mardi au dimanche de 10h à 18h. Adulte : 6 €. Seniors et ados (12 à 18 ans) : 5 €. Parc gratuit.

Le Domaine du Château de Seneffe comprend le château à l'architecture néo-classique lui-même et un parc de 22 hectares. L'édifice, édifié entre 1763 et 1768, représente une des oeuvres majeures de Laurent-Benoît Dewez. Architecte très en vogue à l'époque, qui fut le bâtisseur officiel des Pays-Bas autrichiens. Le parc à la française ne possède plus ses originalités d'antan, son jardin potager ou encore, sa roseraie et ses bassins. Il a toutefois retrouvé certains de ses aspects, notamment le tracé de ses allées. L'étang a aussi récupéré son aspect d'origine, nénuphars et petit pont vers l'île romantique inclus. Contre l'un des murs extérieurs pousse une étonnante collection de poiriers en espalier dont certaines variétés sont rares. Enfin, une partie du parc abrite quelques moutons, chevaux ou lamas dans un joyeux désordre de prairies qui contrastent avec l'aspect bien rangé des espaces entourant le château. L'édifice aujourd'hui reconverti en musée de l'Orfèvrerie, se découvre au grès des pièces bourgeoises. Plus de 500 objets y sont exposés au milieu du mobilier d'époque, dont des boîtes à mouches, tabatières, chocolatières, coupes à boire, bougeoirs, chandeliers, et deux soupières classées en trésor. Enfin, la grille d'entrée et ses dorures ainsi que la cour pavée ne sont pas sans évoquer, en toute modestie, l'entrée du château de Versailles. La comparaison s'arrête évidemment là. Le château abrite régulièrement manifestations et expositions temporaires.

MILL-MUSEE LANCHELEVICI ★★

Place Communale 21 ✆ +32 64 28 25 30
www.lemill.be
Ouvert du mardi au vendredi de 11h à 17h, samedi et dimanche de 14h à 18h. Adulte 5 €. Tarif réduit : 4 €

Ce musée communal aménagé dans l'ancien Palais de Justice de La Louvière, récemment renommé le Mill, a une double vocation. D'une part il expose la collection d'œuvres de l'artiste belge d'origine roumaine Idel Ianchelevici (1990-1994) au rez-de-chaussée. Mais il propose aussi des expositions temporaires variées au premier étage. La collection permanente Ianchelevici compte une soixantaine de sculptures en marbre, en pierre, en bronze et en plâtre ainsi que de nombreux dessins permettent de découvrir l'unité de l'œuvre de l'artiste centrée sur la figure humaine. Une petite collection de médailles et médaillons subsiste également. Les premiers modelages de Ianchelevici, expressionnistes au début des années 1930, ont rapidement évolué vers l'épurement et la stylisation des formes. L'artiste est également l'auteur de monuments publics dont les plus connus sont sans doute *Le Plongeur* et son arc réalisé en 1939 pour l'Exposition internationale de l'eau à Liège, *Le Résistant* implanté en 1954 face au fort de Breendonk, le *Monument Stanley* à Kinshasa (République Démocratique du Congo) et *L'Appel*, monument trônant fièrement à l'entrée de la localité, près de l'autoroute. Les vastes salles du premier étage du musée sont réservées aux expositions temporaires et événements qui se déclinent autour d'une programmation centrée sur l'art contemporain, pluridisciplinaire aux thématiques variées. Outre les nombreuses expositions, diverses animations sont proposées, notamment des stages créatifs, pour initier les plus jeunes à l'art.

KERAMIS-CENTRE DE LA CÉRAMIQUE ★

Place des Fours-Bouteilles 1 ✆ +32 64 23 60 70
www.keramis.be
Ouvert mardi de 9h à 17h et du mercredi au dimanche de 10h à 18h. Gratuit jusqu'à 18 ans. Adulte 8 €. Réduit : 6 €.

Depuis la fermeture des usines de faïencerie Boch à La Louvière, le Centre de la Céramique avait trouvé refuge au sein du Musée royal de Mariemont. Mais depuis 2015, Keramis est installé dans le superbe bâtiment « des trois fours » de la manufacture Royal Boch. Il conserve et étudie des collections historiques liées au passé industriel de Boch ou à la céramique dans l'art belge au XXe siècle. Y sont aussi organisées des expositions tant sur le sujet, que sur la céramique contemporaine.

MUSÉE ROYAL DE MARIEMONT ★

Chaussée de Mariemont 100 - **MORLANWELZ**
✆ +32 64 21 21 93 - www.musee-mariemont.be
Collections permanentes gratuites pour tous. Expositions temporaires : 8 € adulte, 5 € senior. Gratuit -18 ans.

Le Musée Royal de Mariemont se trouve au cœur d'un joli parc de 45 hectares que l'on peut également visiter. Son architecture des années 1970 est tout en verre et en béton. Il présente des collections de l'Egypte ancienne, de la Grèce et de la Rome antique, mais aussi d'autres ayant trait à l'art chinois, aux arts décoratifs d'Europe ou à l'archéologie régionale. Découvrez également une collection de porcelaines de Tournai. La bibliothèque du musée rassemble de nombreux et précieux ouvrages. Des expositions temporaires sont organisées tout au long de l'année.

WALLONIE

MUSÉE DE LA MINE ET DU DÉVELOPPEMENT DURABLE ★★★★

Rue Saint-Patrice 2b ✆ +32 64 28 20 00
www.mmdd.be

Ouvert toute l'année du lundi au vendredi 10h-17h. Le week-end 10h-18h. Adulte : 9 €.

Le site minier de Bois-du-Luc est l'une des plus anciennes houillères de Wallonie. Un remarquable exemple de village ouvrier construit sur un modèle unique *all-inclusive* entre 1838 et 1923, à l'aube de la Révolution industrielle. Il comprend, outre la mine, des lieux sociaux, culturels, festifs et religieux. Ainsi, on découvre les logements des mineurs (la cité), les magasins d'époque (épicerie, boucherie), l'hôpital mais aussi la salle des fêtes, le kiosque, l'arsenal de loisirs, les écoles, la bibliothèque et l'église Sainte-Barbe. Un microcosme social autosuffisant qui fait toute son originalité et lui a valu son classement au patrimoine mondial de l'Unesco depuis 2012. La visite permet de découvrir la vie des ouvriers et de leurs familles sous une politique paternaliste jouant sur un équilibre subtil entre contrôle social et rentabilité. Une société cosmopolites composée de « gueules noires » belges, mais aussi italiennes, maghrébines, turques, grecques, espagnoles, polonaises, et même afghanes ! Elle permet d'appréhender les conditions de vie des ouvriers, les luttes sociales, la métamorphose d'un environnement rural à industriel, les brassages culturels… Au cours de la visite libre, nous vous conseillons de prendre l'audioguide pour bien comprendre et arpenter tout le village ouvrier, où vous pourrez découvrir les prémices de la vidéosurveillance dans le bureau du directeur ! On peut aussi grimper sur les terrils boisés ou faire un circuit à vélo, entre nature et culture.

PARC DE MARIEMONT

Chaussée de Mariemont 100
MORLANWELZ
✆ +32 64 21 21 93
www.musee-mariemont.be

7j/7, 8h-19h d'avril à septembre, 8h-18h d'octobre à mars. Accès au parc gratuit.

Le parc de Mariemont (45 hectares) vaut à lui seul le déplacement à la Louvière tant il est magnifique. But de promenade dominicale de nombreuses familles, il fut redessiné à l'anglaise au début du XXe siècle autour d'arbres remarquables et d'essences rares. Il est en outre classé comme réserve naturelle et réserve d'oiseaux. Le musée, petit mais très intéressant, présente une belle collection d'antiquités égyptiennes, romaines, grecques et asiatiques, ainsi que d'archéologie régionale. On peut aussi y voir des porcelaines de Tournai.

PLAN INCLINÉ DE RONQUIÈRES

Route Baccara 1w
RONQUIÈRES
✆ +32 67 646 680
www.canalducentre.be

Ne se visite plus.

Le Plan incliné de Ronquières, le plus long du monde avec sa pente de 1 432 mètres est une des réalisations techniques les plus marquantes de la seconde moitié du XXe siècle. Jusqu'à il y a quelque temps, on pouvait le visiter et depuis le sommet, observer le passage des bateaux et admirer un superbe panorama. Malheureusement fermé, et en attendant une réouverture qu'on espère prochaine, vous pourrez toujours l'admirer de loin si vous êtes de passage.

ASCENSEUR FUNICULAIRE DE STRÉPY-THIEU

Rue Raymond Cordier 50 - **THIEU**
✆ +32 64 67 12 00
www.canalducentre.be

Du 01/04 au 31/10, du mardi au dimanche, de 10h à 18h30. Adulte 8 €, senior & étudiant 6,50 €, enfant (4-12 ans) 4,50 €.

110 m de hauteur et 135 de longueur sur un hectare de terrain, 625 millions d'euros d'investissement global, 20 années de travaux, deux bacs de 112 m de long sur 12 m de large suspendus à 144 câbles de 8 cm et demi de diamètre, chaque bac élève dans les airs 8 200 t. à une vitesse de 20 cm à la seconde pendant 6 minutes. Le principe utilisé pour cet ascenseur permet d'achever la liaison entre l'Escaut et la Sambre, autorisant le passage de péniches de 1 350 t.

LA LIGULE €€

Rue Léon Polart 40
✆ +32 473 66 37 53
www.gites-ligule.be

Dès 260 €/2 nuits/4 pers. sans pdj, 400 €/6 pers., promenade animalière comprise (fermé de mi-novembre à fin mars).

Ce gîte 3 épis géré avec amour par Benoît et Charlotte propose 5 maisons de campagne de 4 à 6 personnes (avec cuisine, salon, salle de bains), idéales pour les familles. L'ameublement est plutôt rustique, rien de luxueux, mais l'intérêt c'est un accès à un parc animalier qui émerveille les enfants avec buffles, biches, moutons, vaches, lamas, yacks, paons, nandous, etc. Les meublés pour couples sont en revanche moins intéressants car onéreux. Le spa a malheureusement fermé mais le couple vous réserve d'autres surprises, surveillez donc leur site Web.

CANAL DU CENTRE HISTORIQUE ★★

Rue Raymond Cordier 50 - **THIEU**
✆ +32 78 059 059
www.canalducentre.be
Croisières fluviales du 1er avril à fin octobre. Adultes : 15 €. Location de bateaux du 01/06 au 30/09 : 35 €/h.

Laissez-vous séduire par le charme bucolique du canal du Centre Historique, classé au patrimoine mondial de l'Unesco, et de ses ascenseurs hydrauliques ! Ces véritables miracles d'ingénierie de la fin du XIXe siècle témoignent de l'essor de l'industrie du charbon. Ils permettent de compenser une dénivellation de 66 mètres sur le canal du Centre avec pour seule source d'énergie la force hydraulique. Sur les huit ascenseurs hydrauliques à bateaux édifiés à cette époque dans le monde, les quatre du canal du Centre sont les seuls subsistant dans leur état originel. Uniquement dévolu au tourisme fluvial, des croisières sont organisées au départ de l'ascenseur funiculaire de Strépy-Thieu, pour franchir l'ascenseur n° 3 avec une visite de la salle des machines pour découvrir les secrets de fabrication et de fonctionnement de ces ascenseurs centenaires ! Enfin, vous embarquerez dans un petit train pour longer le canal du Centre historique et revenir au pied de l'ascenseur funiculaire.

Au départ de la Cantine des Italiens, vous pourrez enfourcher un vélo en location et vous balader le long des chemins de halage à la découverte de ces trésors fluviaux !

En famille ou entre amis, vous pourrez également piloter un bateau de cinq à sept personnes et naviguer sur la plus ancienne portion du canal du Centre historique à la rencontre du plus vieil ascenseur à bateaux de Belgique, l'ascenseur hydraulique n° 1 : ce dernier date de 1888 ! Une sortie originale.

ORANGE HOTEL €€

Chaussée du Pont du Sart 238
✆ +32 64 77 33 00
www.orangehotel.be
Double dès 74 €, petit déjeuner buffet 15 €. Restaurant le soir (du lundi au jeudi) et brunch le dimanche (30 €).

« La terre est bleue comme une orange », écrivait Paul Éluard dans son poème surréaliste. Dès le séjour aux tonalités orangées, on initie un voyage folklorique haut en couleurs, celui des fameux Carnavals. Toutes les chambres sont uniques, modernes et douillettes, climatisées, décorées avec des fresques colorées. Mais l'hôtel est aussi « vert », avec son éolienne et ses panneaux solaires qui fournissent 50 % de l'électricité. Petit déjeuner de produits locaux de saison de qualité, et restaurant *La Tablée* qui propose une belle petite carte les soirs de semaine.

LE BRUIT QUI COURT €€

Rue Hamoir 7
✆ +32 64 26 79 99
Ouvert de midi à 15h du mardi au vendredi, et de 18h à 22h30 du mardi au samedi. A la carte : aux alentours de 35 €.

Ce petit restaurant à la décoration actuelle est une adresse connue par les amateurs de pâtes : le chef y propose des versions revisitées des recettes traditionnelles italiennes de pâtes fraîches. Une liste de suggestions du jour assez étoffée de saison complète la carte, et quelques bons vins italiens principalement, mais aussi espagnols, ont été triés sur le volet par le patron. Ce qu'on aime ici ce sont les assiettes généreuses, les saveurs travaillées avec des ingrédients de prime qualité bien frais et les prix très modérés.

CÉMA PASSION €€€

Avenue Gambetta 63
✆ +32 64 66 38 26
www.cemapassion.com
12h-13h30, mercredi-vendredi & 1er dimanche du mois. 19h-21h30, mercredi-samedi. Menus de 46 € à 92 €. Lunch dès 33 €.

Cette adresse gastronomique propose une cuisine de marché qui renouvelle régulièrement sa carte au gré des saisons. La cuisine du chef Cédric Manderlier est contemporaine, inventive et fidèle aux saveurs originelles, raffinée et créée à partir de produits nobles, de la haute voltige culinaire. A l'image du suprême de pintade de Normandie, ses girolles et tuiles de pois chiche. En dessert, le merveilleux aux fruits rouges est une véritable invitation à la gourmandise. En été comme en hiver, on profite d'une véranda couverte lumineuse des plus agréables.

DOMAINE DE CLAIRE-FONTAINE

Rue Clémenceau 11
CHAPELLE-LEZ-HERLAIMONT
✆ +32 64 44 36 75
www.domainedeclairefontaine.be
Ouvert de début mai à fin septembre. Tarifs et horaires variant en fonction des activités.

Situé sur le lac de Godarville, dans un immense espace vert entre La Louvière et Charleroi, le Domaine de Claire-Fontaine est l'endroit idéal pour une escapade en famille ! Vous y trouverez une large palette d'activités pour le plaisir des petits et des grands : baignade et toboggans aquatiques, bateau à pédales, minigolf, pétanque, parcours accrobranche, tyrolienne. Profitez également d'une pause gourmande à la Brasserie du Lac ou d'une place au camping 2* sur le site.

BINCHE ★

Située en région wallonne, Binche a longtemps semblé ne vivre que trois jours par an, au rythme d'un carnaval de renommée mondiale, inscrit de surcroit au patrimoine mondial de l'Unesco. Le plus important de Belgique ! Mais Binche est une ville dynamique aux nombreux atouts, notamment architecturaux et historiques. Son beffroi est également inscrit depuis 1999 au patrimoine mondial de l'Unesco. A l'autre bout de la Grand-Place, se trouve la Collégiale Saint-Ursmer du XIIe siècle. Le parc communal, entouré des remparts, et abritant la chapelle Saint-André, représente une sortie bucolique et très instructive. À noter que l'Office de tourisme propose une visite de la ville en réalité augmentée.

Tourisme

La cité est entourée des remparts représentant les fortifications les plus importantes en Belgique. La ville a conservé la totalité de ce fleuron d'architecture médiévale. Leur restauration complète en fait désormais le pôle d'attraction touristique majeur de Binche. Parmi les édifices remarquables, notons l'hôtel de ville, érigé au XVIe siècle et maintes fois restauré. Il fut classé en 1936.
Son beffroi puise sans doute ses origines au XIVe siècle. Il est également inscrit depuis 1999 au patrimoine mondial de l'Unesco. À voir encore, la gare, bâtie entre 1905 et 1910. De style néogothique, elle fut l'œuvre de l'architecte Langerock qui travailla également à la restauration de l'hôtel de ville et de la collégiale.

CARNAVAL DE BINCHE

Ne croyez pas à une mascarade : ce carnaval est une chose sérieuse, codifiée, régie par des règles depuis l'an de grâce 1394. Il se prépare toute l'année. Répétitions de batterie, tambours, grosses caisses rythment la vie des Binchois, et cela dès leur plus jeune âge. C'est l'un des plus beaux carnavals européens, reconnu patrimoine oral et immatériel de l'humanité par l'Unesco.

Le Gille est un personnage sanglé dans un costume à bosses bourrées de paille, à fond gris orné de lions rouges et noirs. Il a des clochettes appelées « apertintailles » pendues à la ceinture. La tradition remonte à la nuit des temps, mais le costume est du XVIe siècle, époque où sont apparues les plumes d'autruche du couvre-chef fastueux. Tout un rituel est déployé durant les semaines qui précèdent le Mardi gras. Les rues tranquilles de la ville résonnent du rythme irrégulier et inimitable des tambours. L'apothéose a bien sûr lieu le Mardi gras. Ce jour-là, les fenêtres sont garnies de grillages protecteurs (pour les lancers d'oranges). Durant l'après-midi, les sociétés de Gilles défilent en martelant le sol de leurs sabots, en une sorte de transe qui se transmet à toute l'assistance. Les groupes sont accompagnés d'une clique d'instruments à vent. Toute la ville est en délire et lance des confettis au milieu de l'hilarité générale. Le soir, les Gilles animent le rondeau final sur la Grand-Place à la lueur des feux de Bengale. Les Gilles de Binche ne sortent jamais de la ville. Plus d'infos sur www.carnavaldebinche.be

WALLONIE

© UTOPIX GEOFFREY

Remparts de Binche.

ABBAYE DE BONNE-ESPÉRANCE

Rue Grégoire Jurion 20
VELLEREILLE-LES-BRAYEUX
✆ +32 64 31 08 08

Sur visite guidée le dimanche et jours fériés de début avril à fin septembre. Espace muséal : de mai à mi-octobre.

Fondée en 1130, par une jeune communauté norbertine, elle est d'un style architectural remarquable et demeure magnifiquement conservée. Elle est aussi la seule préservée dans le Hainaut, lors de la Révolution française. Elle fut modeste, en comparaison avec ses voisines d'Aulne et de Lobbes notamment, mais les religieux s'attachèrent à y produire des manuscrits de qualité, telle une Bible actuellement conservée à la Bibliothèque royale à Bruxelles.

CENTRE DE LA DENTELLE ET DES MÉTIERS D'ART ★

Grand Place 25/1
✆ +32 64 36 63 76
www.dentelledebinche.net

Ouvert du lundi au samedi de 8h45 à 17h. Visites sur demande uniquement. Gratuit.

Les lieux retracent l'histoire de celle qui, au départ, ne se distinguait pas de sa cousine de Valenciennes. Mais la dentelle binchoise se caractérise par un fil d'une extrême finesse et un « fond de neige ». Le « point de Binche » est considéré comme étant le plus difficile du monde. La dentellière doit toujours travailler avec le même nombre de fuseaux dans un ouvrage et ne peut nouer ses fils, elle est donc la seule à pouvoir terminer sa réalisation.

COLLÉGIALE SAINT-URSMER

L'édifice primitif (le Moustier Sainte-Marie), a été construit en style roman au XIIe siècle. En 1408, le chapitre de Lobbes vint s'établir à Binche avec des reliques, corps saints et trésors. Le monastère fut alors érigé en collégiale, dédiée à saint Ursmer. De style gothique, l'église actuelle fut profondément restaurée aux XVIe et XVIIe siècles, suite à la destruction du château de Marie de Hongrie par les troupes d'Henri II dont elle était la voisine. A l'intérieur, le jubé est un exemple parfait de l'art de la Renaissance.

HÔTEL DE VILLE ET BEFFROI ★

Grand-Place

Sur la Grand-Place, l'hôtel de ville du XIVe siècle comporte trois porches gothiques en arc brisé. Le beffroi de la ville, inscrit au patrimoine de l'Unesco, est attelé à l'hôtel de ville, ce qui est plutôt rare. Il possède vingt-six cloches des XVIe et XVIIe siècles et un campanile baroque en forme d'oignon (ajouté au XVIIe siècle). Attenant, le splendide petit théâtre a été entièrement restauré après l'incendie qui l'a touché pendant le carnaval 2017.

MUSÉE INTERNATIONAL DU CARNAVAL ET DU MASQUE ★★★

Rue Saint-Moustier 10 ✆ +32 64 33 57 41
www.museedumasque.be

Du mardi au vendredi 9h30-17h, le week-end de 10h30 à 17h. Adulte : 8 €. Enfant (de 6 à 12 ans) : 3,50 €.

Ce musée propose un voyage captivant à la découverte des fêtes, traditions et rituels masqués du monde entier. Des centaines de masques et de costumes fascinants sont présentés à travers les expositions temporaires, la galerie « Masques aux 5 coins du Monde », la section « Carnavals et folklores de Wallonie » et enfin son Centre d'interprétation. Ce nouvel espace consacré au Carnaval de Binche (reconnu par l'Unesco) permet de s'immerger au cœur de la Cité du Gille en plein carnaval.

REMPARTS DE BINCHE ★

rue des Promenades 2

Binche est l'une des places fortes les plus anciennes (XIIe siècle) et préservées de Belgique, mais aussi parmi les plus imposantes, avec 25 tours encore debout ! Les fortifications furent édifiées par Baudouin IV, comte de Hainaut, aux alentours de 1147. Au XIIIe siècle, la ville devenant plus prospère, la bourgeoisie souhaite agrandir l'enceinte. Son périmètre est alors de 2 126 mètres, compte 30 tours et 6 portes... immense ! En 1544, Charles Quint offre la ville fortifiée à sa sœur Marie de Hongrie. On peut encore y découvrir les vestiges du palais éponyme.

Remparts de Binche.

AU GITE DE BINCHE €€

Avenue Marie-José 37
✆ +32 476 60 21 39
www.augitedebinche.be

4 chambres ou 2 chambres (Grand-Place). A partir de 280 € 2 nuits pour 6 personnes.

Juste à l'extérieur de la ceinture de remparts qui entourent le centre historique, l'original Gîte de Binche (3 épis) est aménagé dans une charmante et vaste bâtisse. Composé de quatre chambres, dont une proche d'un studio, et de trois salles d'eau (dont une avec un spa), il compte plusieurs pièces à vivre : salon, salle à manger, cuisine, véranda. Pour la détente, on profite du salon, de la véranda ou par beau temps, de la terrasse au soleil et du jardin paysager. Ce gîte, abordable, est bien entendu idéal pour les familles nombreuses. Autre adresse Grand-Place.

LES VOLETS VERTS €€

Rue de la Triperie 4
✆ +32 64 33 31 47
www.lesvoletsverts.net

Chambre simple 70 € ; double 90 €, triple 120 €, petit déjeuner inclus. Fermé pendant le Carnaval.

Au centre de Binche, dans une petite rue calme, ce havre de verdure est taillé pour des vacances reposantes. Belle maison d'hôtes qui propose quatre chambres agréables et indépendantes les unes des autres, chacune avec salle de bain privative, aux décors personnalisés et à prix tout à fait abordable. La décoration est classique et assez ancienne, mais l'ensemble est bien tenu. Trois des quatre chambres ont une baignoire. Merveilleux jardin pour prendre un bon petit déjeuner (pains locaux gris et blancs, viennoiseries, jus d'orange frais…).

LA BINCHOISE €€

Faubourg Saint-Paul 38
✆ +32 64 33 61 86
www.brasserielabinchoise.be

Du mercredi au dimanche de 11h à 21h30 (22h ven. et sam.). Carte : ±35 €. Formule visite et repas à partir de 25 €.

Si la Brasserie Binchoise fut créée en 1986, la taverne de la Brasserie, elle, arriva 14 ans plus tard. Certes, on y déguste et achète les bières brassées dans les murs et on y visite la Brasserie en suivant le guide, mais on y mange et on y trinque aussi. Au menu, des plats du terroir régional de brasserie : croquettes de crevettes, jambon à l'os, onglet, entrecôte bûcheron, les plats sont rustiques, roboratifs et généreux. Sauce brasseur conseillée évidemment. Bref, l'assurance de ne pas mourir de faim ni de soif et ressortir repus.

RESTAURANT L'INDUSTRIE €€

Grand Place 4
✆ +32 64 33 10 53
www.restaurantlindustrie.be

Ouvert du mercredi au vendredi et le dimanche le midi et le soir ; le samedi soir. Carte : 35 € environ.

Dans un cadre typique, sans façon mais récemment rénové, le chef propose une cuisine français et belge accompagnée de breuvages locaux : Saint-Feuillien, bières de la Binchoise, etc. Une des plus vieilles institutions de la ville, à côté de l'hôtel de ville sur cette Grand-Place si typique de la région… On se régale de plats de tradition et notamment d'abats (la cervelle meunière, si elle est au menu, est un délice). L'Industrie est aussi un des rares endroits où trouver les fameuses « doubles de Binche », des crêpes à la farine de sarrasin et à la bière.

LE TOURNEBRIDE €€

Rue Grégoire Jurion 18
VELLEREILLE-LES-BRAYEUX
✆ +32 64 36 62 02
www.bonneesperance.be

Ouvert du jeudi au dimanche de 10h à 22h.

Situé dans le cadre exceptionnel et authentique de l'enceinte de l'abbaye de Bonne-Espérance, cette taverne-restaurant fait le bonheur des randonneurs, des cyclistes et des familles à la recherche d'une belle halte. Ils viennent ici déguster des produits artisanaux et du terroir de la région. Le produit star de la carte, c'est la bière Bonne Espérance, fabriquée par la brasserie la Binchoise. Le restaurant bénéficie d'une très belle terrasse dans un cadre paisible et verdoyant. On apprécie ici l'accueil chaleureux de la cheffe Gessy et de son équipe.

PLUS OULTRE DISTILLERY

Avenue Léopold III 22
PÉRONNES-LEZ-BINCHE
✆ +32 477 51 72 24
www.gindebinche.be

Récompensée plusieurs fois en Europe et aux US comme « Distillery of the year » à New York, cette distillerie artisanale est spécialisée dans les spiritueux de qualité qui sont issus de produits locaux comme le Gin de Binche, un des meilleurs de Belgique, la Vodka de Bintje et la Bonespéreuse qui est distillée dans la tradition des grandes liqueurs d'abbaye utilisant l'angélique, un incontournable des plaines de l'Abbaye de Bonne Espérance. L'installation dans la superbe gare de Binche, rénovée en micro-brasserie et distillerie, est prévue pour 2024.

WALLONIE

SOIGNIES ★★

Au cœur de la province du Hainaut, Soignies affiche tout à la fois des côtés citadins et champêtres. Créée autour de l'abbaye (VIIe) fondée par Vincent (né Madelgaire), la cité vit naître Jules Bordet, prix Nobel de médecine en 1870. Vous y trouverez une collégiale romane remarquable. Plusieurs beaux musées valent la visite de Soignies, d'autant plus justifiée que les alentours regorgent de centres d'intérêt. La ville est également connue pour sa Pierre Bleue, aussi appelée « petit granit » et extraite des différentes carrières qui entourent la ville. Grâce à son Centre de la Pierre Bleue, Soignies a acquis une renommée internationale.

CENTRE DE DOCUMENTION DE LA PIERRE BLEUE

Rue De La Régence 23
✆ +32 67 34 73 76
Ouvert le mercredi de 13h30 à 16h ; le jeudi de 9h30 à 12h. Sur rendez-vous auprès de l'office de tourisme.

La pierre bleue, réputée depuis de nombreux siècles, a notamment été utilisée pour la construction de nombreux édifices remarquables, civils ou religieux. On compte plusieurs exploitations d'extraction dans les environs, la cité sonégienne étant ainsi la plus importante zone de pierre de taille en Europe. Il s'agirait d'une pierre calcaire vieille de 345 millions d'années et, évidemment, largement enrichie de fossiles divers. Les moyens techniques les plus modernes sont mis en œuvre.

CHÂTEAU DE LOUVIGNIES

rue de Villegas 1
CHAUSSÉE-NOTRE-DAME-LOUVIGNIES
✆ +32 67 41 04 19 - www.chateau-louvignies.be
De vendredi à dimanche à 14h et 16h. Uniquement d'avril à octobre, sur RV. Adulte : 10 €. Évènements pendant l'année.

Le château « Villegas » de Louvignies est un bel exemple d'architecture du XIXe siècle. Le mobilier et les différents accessoires (fers à repasser, casseroles en cuivre, moules à gâteaux...) sont d'ailleurs toujours présents et admirablement bien conservés. Les bâtiments sont entourés d'un parc à l'anglaise. Une exposition annuelle thématique permet réellement de se rendre compte de ce qu'était la vie de château à cette époque. Les thèmes de ces dernières années avaient pour nom « Frou-frou et dentelles » (qui revient en 2023) ou encore « À table avec Napoléon ».

THUIN

Thuin est une petite ville de 15 000 habitants qui, sur le plan industriel, comptait à l'ère industrielle cinq chantiers navals en bord de Sambre, tandis que la ville basse vivait au rythme de la batellerie. D'ailleurs bon nombre de propriétaires de péniches en sont originaires et choisissent de s'y retirer à la retraite. Un quartier lui est d'ailleurs dédié, le Rivage, entre la rive droite de la Sambre et le viaduc, habité par des mariniers ayant mis pied à terre. Proclamé Commune Libre, on y procède à l'élection du mayeur et il possède sa propre ducasse, en juillet.

Histoire

Selon des fouilles effectuées au Bois du Grand Bon Dieu, l'homme habite la région depuis le néolithique. L'activité humaine y a réellement pris son essor durant l'époque romaine. Des recherches entreprises entre 1950 et 1970, dans plusieurs villages des environs, ont permis de découvrir les restes d'un temple du IIe siècle. A partir de 888 jusqu'en 1792, Thuin fit partie, avec Fosses-la-Ville et Couvin, de la Triade des Bonnes Villes de l'Entre-Sambre-et-Meuse. Sous l'Ancien Régime, la Thudinie était appelée Pays de Liège car elle relevait de la Principauté : l'administration du prince-évêque de Liège y resta pendant plus de neuf siècles, avant de céder sa place aux Sans-Culottes français.

La ville aujourd'hui

De toute cette splendeur passée, subsistent à Thuin de nombreux vestiges. Comment ne pas remarquer son beffroi, visible à des kilomètres à la ronde ? Thuin offre aussi deux églises insolites. Celle de la ville-basse présente une particularité probablement unique : une voûte est située sous le chœur. Ce passage permettait la jonction entre deux rues de la cité. L'intérieur fut conçu selon une nef unique, sans pilier. La charpente en lambris de bois a la forme d'une coque de bateau renversée. A la ville-haute, l'église datant de 1670 fut érigée dans un ancien bâtiment modeste. Suite à l'incendie survenu en 2017, un projet de désacralisation de l'édifice est en cours.

A proximité, sur le versant sud des remparts, on peut découvrir les Jardins suspendus, plantés, entre autres, d'un millier de pieds de vigne. La promenade à travers les ruelles qui parcourent ces jardins en terrasses est émaillée de panneaux d'interprétation sur la construction des remparts.

WALLONIE

BEFFROI DE THUIN ★

place du Chapître 3
✆ +32 71 59 54 54
www.beffroidethuin.be
Ouvert du lundi au vendredi de 10h à 12h et de 13h à 17h. Haute saison : tous les jours. Adulte : 4 €, 12-18 ans 2 €.

© CRM - SHUTTERSTOCK.COM

Arrivés tout en haut du beffroi, il reste encore 194 marches pour tenter d'atteindre le ciel ! Inscrit au patrimoine mondial de l'Unesco, il demeure le seul vestige d'une collégiale rasée en 1811. Le beffroi domine la Sambre, culmine à quarante mètres du sol, offrant un point de vue extraordinaire à 360 degrés. Durant l'ascension, on rencontre les cloches et le carillon. Baptiste Demars est le carillonneur attitré de la ville de Thuin. Agé de 21 ans seulement (il est né en octobre 2002), il est le plus jeune carillonneur de Belgique !

MAISON DE L'IMPRIMERIE 🏛 ★

rue Verte 1b
✆ +32 71 59 59 70
www.maison-imprimerie.net
Mardi-vendredi 9h-12h et 13h-17h ; samedi 9h-12h30 et 13h-16h. 1er dimanche du mois, 13h-18h et gratuit. Adulte : 5 €.

La Maison de l'Imprimerie est un petit musée : on y trouve de nombreux documents, une galerie d'exposition mais surtout de nombreuses machines d'imprimerie à travers les époques (du XVIIIe au XXe siècle) et un véritable atelier de typographe en état de fonctionnement. Par ailleurs, le musée organise de nombreux stages tant à destination des enfants que des adultes, comme l'apprentissage de la gravure, de la typographie, de la composition, de l'impression proprement dite ou encore la fabrication du papier chiffon. Original et intéressant.

MUSÉE DU TRAM 🏛

rue du Fosteau 2 ✆ +32 71 37 00 05
www.asvi.be
Du 01/04 au 31/10, le jeudi 11h-18h, le week-end avec train (voir calendrier). Adulte : 10 € (uniquement musée 5 €).

Thuin possède un insolite musée, témoin d'un mode de transport développé dans la région au XXe siècle. Une locomotive à vapeur et le plus ancien tram entièrement construit en Belgique y sont conservés, parmi une trentaine d'anciens modèles. Certains d'entre eux circulent l'été sur la ligne restaurée Thuin-Lobbes ou Thuin-Biesme-sous-Thuin, au départ de l'ancienne gare de Thuin-Ouest. Un must à découvrir, notamment la traversée des bois longeant la Biesmelle. Le tramway est prolongé par des pistes cyclables et il est donc possible d'emporter son vélo.

OFFICE DU TOURISME DE THUIN 📷

place Albert 1er 2
✆ +32 71 59 54 54
https://tourismethuin.be/
Basse saison : du mardi au vendredi 10h-12h et 13h-17h. Du 01/04 au 30/09 : tous les jours 10h-12h et 13h-18h.

Idéalement installé dans un superbe bâtiment restauré au pied du majestueux beffroi, l'office de tourisme est le point de départ idéal pour récolter des informations touristiques locales (notamment les promenades balisées et balades pour individuels dans la ville et les alentours), prendre connaissance des nombreuses visites guidées organisées et acheter quelques souvenirs locaux. L'accueil est toujours souriant. Profitez sinon du wifi gratuit dans l'office.

AUBERGE DE L'ABBAYE 🛏 €€

rue Émile Vandervelde 286
✆ +32 470 93 40 22
www.aubergedelabbaye.be
Chambre double à partir de 80 €, petit déjeuner compris.

Petit hôtel récemment aménagé dans une dépendance de l'Abbaye d'Aulne. Autrefois, la Porte de Landelies était tenue par le moine hôtelier qui devait « trier » les arrivants (riches, pauvres, pénitents, visiteurs et même prostituées). Aujourd'hui, l'infrastructure est évidemment gérée par des laïcs et l'on n'y héberge plus que des touristes ! Les six chambres (2 étoiles) disposent d'un espace douche et toilettes (séparé du couchage par une tenture). Au rez-de-chaussée, une brasserie propose petite restauration et douceurs élaborées avec des produits locaux.

WALLONIE

BAGÙ €€

Avenue de Ragnies 14
✆ +32 498 48 68 07
Du mercredi au samedi, 18h30-22h30 ; 12h-14h30 le vendredi et le dimanche. Menu : 45 €-60 €. À la carte : ± 55 €.

Sophie et Steven ont ouvert le Bagù en octobre 2022 et ils récoltent déjà les compliments. Au nom, on présume l'influence méditerranéenne sur le menu (changer B en R et vous aurez *ragù*). La carte est courte et c'est pour mieux coller aux saisons (filet de canette, butternut et sauce au cidre, tartelette vanille-châtaigne cet automne). Une cuisine bistronomique, soignée, des combinaisons originales, une carte des vins surprenante et une ambiance douillette (admirez le papier peint) mettent tout le monde d'accord. La future terrasse promet beaucoup.

LE PRÉ EN BULLES €€

Rue de Falimont 1
LABUISSIÈRE
✆ +32 71 59 16 90
www.lepreenbulles.be
Ouvert du jeudi au samedi, le soir et le dimanche midi. Carte environ 40 €. Menu à partir de 48 €.

Vincent et son épouse Ling, d'origine chinoise, proposent une cuisine de terroir. Les produits de saison proviennent de leur exploitation ou de fermes environnantes. Madame est en cuisine et met en scène, avec parfois une touche plus exotique... Les nems ou les nouilles sont confectionnés avec les légumes de la ferme. Le reste de la carte est plus classique et de local : américain, planches de charcuterie, brochettes... et de jolies propositions en suggestions. Le cadre est plutôt contemporain. Une bonne table dans la région.

L'ESTAMINET

rue 't Serstevens 30
Ouvert du lundi au vendredi de 10h à 19h ; le samedi de 10h à 22h.

Voilà un bistrot typiquement thudinien... l'Estaminet met en valeur le folklore et la batellerie, deux fers de lance de la cité. On y déguste, en observant la Sambre toute proche, les différentes spécialités dont de nombreuses bières belges, notamment locales, parmi une large carte. On y refait le monde aussi et en particulier l'univers thudinien, passé tout entier au peigne fin avec les habitués accoudés au zinc. L'Estaminet est labellisé « Bistrot de Terroir », et sort pendant toute la belle saison une terrasse flottante très agréable.

CHARLEROI ★

Centre économique et culturel d'une agglomération de près d'un demi-million d'habitants, la ville de Charleroi - qui en compte environ 205 000 - s'affiche comme la plus grande métropole wallonne et la troisième ville de Belgique en termes de densité. Porte urbaine vers l'Ardenne, Charleroi bénéficie d'une situation intéressante, à quelques 50 kilomètres seulement de Bruxelles et à moins de 30 kilomètres de la frontière française.

Histoire

Née d'une forteresse installée par l'armée espagnole en 1666, sur les bases d'un village nommé Charnoy, elle fut baptisée Charleroy en l'honneur du roi d'Espagne, Charles II. Elle passa ensuite aux mains de Louis XIV qui laissa le soin à Vauban d'en dessiner les plans.

Charleroi fut, au cours des siècles qui suivirent, le théâtre de nombreuses batailles parmi lesquelles l'arrivée des Révolutionnaires français (qui la rebaptisèrent Libre-sur-Sambre), le passage de Napoléon marchant vers Waterloo ou la confrontation entre l'occupant hollandais et la population lors de la Révolution de 1830. Lors de la Première Guerre mondiale, en 1914, Charleroi vit pour la dernière fois des belligérants s'affronter.

La ville aujourd'hui

Pour reprendre les mots de l'artiste Stéphane Nottet : « Charleroi est une ville surprise où on passe du très laid au très beau, du noir au blanc, à proximité des vaches et des terrils. Maintenant que toutes les usines ferment, l'air y est moins pollué et les gens se réapproprient des terrains. » Désormais beaucoup moins « noire » qu'on ne l'imagine, Charleroi possède de nombreux parcs et espaces verts, des monuments de premier ordre comme son Hôtel de Ville et son beffroi inscrit au patrimoine mondial de l'Unesco, des musées de réputation nationale, comme celui de la Photographie ou le musée du Verre aménagé sur le site du Bois du Cazier. La gastronomie y est reine et des manifestations de masse comptent parmi les plus importantes du genre en Wallonie : le Carnaval, Quartiers d'été, les Fêtes de Wallonie et le Village de Noël et la Brocante dite des Quais (superbement rénovés). Charleroi s'offre un renouveau depuis quelques années. Le méga centre commercial Rive Gauche est inauguré en 2017. La rénovation de l'ancienne banque nationale en Quai de l'Image est une réussite, la tour Jean Nouvel (Hôtel de Police) en est une autre...

En toile de fond, quelques projets d'architecture contemporaine, neuve ou réaffectée, modifient peu à peu le tissu urbain. Ce souffle neuf est également favorisé par les initiatives d'un milieu artistique émergent, qui s'approprie le décor post-industriel de Charleroi, un matériau brut pour un tourisme alternatif en plein essor. Aujourd'hui, des lieux et projets culturels comme Rockerill, le Vecteur ou Asphalte (biennale d'art urbain contemporain), par exemple, font revivre ce patrimoine. De même que les safaris urbains de l'artiste Nicolas Buissart, fer de lance de ce mouvement qui a contribué à faire de Charleroi la destination post-industrielle européenne par excellence, souvent comparée à Détroit ou à Berlin. Charleroi est aussi le berceau de la BD belge avec l'école de Marcinelle, illustrée par les Editions Dupuis. (*Spirou*, *Marsupilami*, *Lucky Luke*, *Boule et Bill*).

BPS22 ★

Boulevard Solvay 22 ✆ +32 71 27 29 71
www.bps22.be
Du mardi au dimanche de 10h à 18h. Adulte : 6 €. Ticket combiné avec musée de la Photo : 11 €. Gratuit -12 ans.

Le BPS22 s'impose comme l'un des musées d'art contemporain majeurs en Wallonie. Surtout, le musée se déploie dans un bâtiment industriel classé, de plus de 2500 m², imaginez l'espace ! Il programme des expositions pluridisciplinaires, en lien avec les arts plastiques et souvent très percutantes et ancrée dans le débat social. Des expos temporaires font la part belle aux artistes, souvent locaux. Après une rénovation, le BPS22 rouvrira ses portes au printemps 2023, bien qu'une date précise n'ait pas encore été annoncée. Surveillez donc bien le site Web.

MARCHÉ DOMINICAL DE CHARLEROI

De 8h à 13h30.

Le dimanche matin, place Charles II, place du Manège, rues du Dauphin, Chavannes, d'Orléans, boulevards Defontaine et Janson... et on en oublie certainement puisqu'il couvre une bonne partie des rues de la Ville Haute. Bref, en plus d'être l'un des plus pittoresques et des plus anciens marchés de Wallonie, c'est aussi l'un des plus grands à 50 km à la ronde. Celui-ci date de 1709. Encore aujourd'hui, il est le rendez-vous bavard et commercial des Carolorégiens.

LE BOIS DU CAZIER ★★★★

rue du Cazier 80 - **MARCINELLE**
✆ +32 71 88 08 56
www.leboisducazier.be
Ouvert du mardi au vendredi de 9h à 17h ; le week-end de 10h à 18h. Adulte : 9 €. Audioguide : 1 €.

Première attraction du Pays de Charleroi avec 60 000 visiteurs annuels, le bois du Cazier est un ancien charbonnage dont la visite est incontournable, à marquer d'une croix sur la carte touristique de Wallonie. Inscrit au patrimoine de l'Unesco depuis 2012, le Bois du Cazier se veut non seulement un site de mémoire mais aussi un site de conscience pour le développement d'une citoyenneté active. Le site accueille aujourd'hui trois espaces muséaux bien distincts.

- **Espace 8 août 1956.** Au charbonnage du Bois du Cazier, le matin du 8 août 1956, le Pays Noir a vécu ses heures les plus sombres. Un incendie, provoqué par un wagonnet de charbon coincé dans l'ascenseur, bloqua les mineurs à 1 035 mètres de profondeur : 262 hommes, issus de douze nationalités différentes et parmi lesquelles figuraient 136 Italiens et 95 Belges, périrent dans cette catastrophe. Il est consacré à la catastrophe minière. Films, photographies, documents et témoignages divers relatent, presque minute par minute, cette pénible journée et celles qui suivirent.
- **Le musée de l'Industrie.** Le second espace est consacré à la grande aventure de la Révolution industrielle. On y évoque l'exploitation minière bien sûr, mais aussi les énergies, la chimie, la sidérurgie, l'imprimerie, les constructions mécaniques et électriques. Ces différents métiers sont relatés de manière moderne et interactive (audio-guide).
- **Le musée du Verre.** Il complète la trilogie charbon-fer-verre, et présente une collection remarquable d'art verrier et retrace l'histoire de ce matériau sous un angle novateur. Une chronologie à rebours invite en effet le visiteur à un voyage inédit du présent jusqu'aux origines du verre. On peut y voir des pièces anciennes de toutes époques et provenance, des créations de maîtres verriers et d'artistes des XIXe et XXe siècles. Un moment privilégié de découverte des techniques, du savoir-faire des verriers et des joyaux de toutes les époques dans l'ancienne lampisterie, à laquelle a été adjoint un nouveau bâtiment de verre et d'acier.
- **Les ateliers.** En poursuivant la visite, on découvre le façonnage en direct. Ils sont animés par des artisans, accueillent dans une ambiance authentique les démonstrations de forge, de fonderie et de soufflage de verre au chalumeau.
- **Un sentier de promenade** a été aménagé sur les trois terrils du Bois du Cazier et permet de découvrir l'ensemble du charbonnage tout en offrant, depuis l'observatoire du paysage installé au sommet du terril Saint-Charles, un panorama exceptionnel sur la diversité du pays de Charleroi.

CHARLEROI ADVENTURE ★★

✆ +32 494 98 26 43
www.charleroiadventure.com
Comptez 20 € par personne pour une journée complète (10h30 à environ 16h).

L'idée de ce safari, au départ jugée saugrenue, attire aujourd'hui des touristes venus de toute la région et même au-delà : Flandre, pays limitrophes, USA… Il faut dire que la fièvre de l'*Urbex* est passée par là (exploration de bâtiments urbains abandonnés : maisons, usines, etc) et en fait fantasmer plus d'un. Charleroi et son passé industriel est un terrain béni pour cette nouvelle discipline. Et rien de mieux que de la pratiquer avec un enfant du pays qui connaît mieux que personnes les friches et les entrepôts abandonnés ! L'artiste protéiforme Nicolas Buissart propose un safari urbain, à la découverte de lieux surprenants peu accessibles, voire délaissés ou ignorés. Des vestiges industriels et naturels ainsi que quelques « no-go » zones. Telle une station de métro fantôme, aux courbes et au mobilier des années 1970, qui n'a jamais fonctionné. Ou la carcasse d'un site minier réaffecté en carrosserie puis en zoo, avant d'être abandonné. La visite inclut une montée au sommet de terrils, des haltes à divers endroits (cafés, sites désaffectés, Nicolas fait comme il le sent), les visites ne sont jamais les mêmes. Comme dit le guide dans son introduction : *Elue « plus laide ville du monde » par un récent sondage Néerlandais, Charleroi offre une large gamme d'attractions excitantes*, cette visite atypique est à prendre au second degré - l'humour belge dans toute sa splendeur - au risque de sortir de là avec une image de Charleroi écornée, mais aussi sublimée par les carcasses du passé industriel abandonnées et peu visitées.

MAISON DU TOURISME

place Charles II 20 ✆ +32 71 86 14 14
www.cm-tourisme.be
Du lundi au samedi de 9h à 17h ; dimanche et jours fériés de 10h à 14h. Hors saison, du mardi au samedi de 10h à 16h.

Tout en haut de la rue de la Montagne, la Maison du Tourisme est située dans un magnifique bâtiment restauré (l'ancien magasin A la Pipe Garantie de style Art nouveau). Vous pourrez vous y procurer des brochures, documents et plans (tourisme, spectacles, visites...). Point de départ de visites guidées (spécialement sur l'Art nouveau et sur la forteresse) et petite boutique de souvenirs. Un bureau est également implanté à la gare de Charleroi-Sud. De mars à décembre, la maison du tourisme de Charleroi propose des promenades à thèmes, principalement les week-ends.

LE PAYS NOIR

Le terme Pays noir est apparu au XIXe siècle pour qualifier Charleroi et sa région, et ainsi faire remarquer la nature de son économie, basée sur le labeur de la population et les industries lourdes locales, particulièrement le charbon. Pays noir, cela qualifiait également la noirceur des usines, la crasse qui envahissait la ville, les poussières, les terrils émergeant un peu partout dans la région. Ces monticules se sont petit à petit couverts de verdure, si bien qu'aujourd'hui ils sont devenus des poumons verts accueillant les randonneurs. Symboles d'un passé tout proche, et culminant parfois à plus de 70 m, ces 62 terrils forment une véritable chaîne de collines vertes. Outre leur attrait paysager et touristique, les terrils présentent également un intérêt environnemental. Un climat bien différent de celui du reste de la région y règne, et les terrils offrent ainsi refuge à des espèces rares en Belgique. On y retrouve aussi bien des espèces végétales que des espèces animales : des rapaces, des reptiles… Le tourisme vert est en route (www.chemins-desterrils.be).

Par ailleurs, le terme Pays noir et par extension toute appellation définissant Charleroi et sa région ont repris une connotation positive, en vogue même. En témoigne le nombre de produits qui y font référence, de près ou de loin. On citera, par exemple, les lignes de t-shirts Klinches ou T-Shirt Mania avec leurs slogans typés, les bières et brasseries Brasserie du Pays Noir ou Bisous M'Chou (un terme affectif utilisé entre eux par les Carolos) ou encore le groupe Facebook Evolution Carolo qui met en exergue les points positifs de la région.

Même la voie officielle a abondé dans ce sens, voulant faire de l'histoire passée une force plutôt qu'une faiblesse. Ainsi, l'identité visuelle des nouvelles constructions en centre-ville use de beaucoup de noir... Le logo officiel de la métropole est un « C » utilisant la typographie des ACEC (ancienne usine locale, mondialement connue) et surmonté d'une crête faisant penser à une chaîne de terrils... Le pôle culturel installé en bord de Sambre s'appelle Quai 10, référence à son adresse (Quai Arthur Rimbaud, 10) mais aussi à une autre expression locale « Kédiss (ma biche) ? « voulant à peu près dire « Comment allez-vous, chère amie ? « . Bref... tout ça est un beau mélange de lucidité et d'autodérision, à l'image des habitants de Charleroi eux-mêmes.

L'ART NOUVEAU

Après plusieurs siècles de batailles, les limites tracées par les fortifications de la ville sont abandonnées. Les boulevards font jaillir un nouveau quartier résidentiel, au début du XXe siècle. A l'époque, Charleroi est occupée par la bourgeoisie issue de l'essor des industries du fer, du verre et du charbon qui fait bâtir de somptueuses demeures Art nouveau. Certaines sont désormais classées monuments historiques, comme la Maison Dorée, la Maison Lafleur et la Maison des Médecins. La rue Léon Bernus, justement, concentre de nombreux éléments de cette époque : une entrée, un vitrail, de la ferronnerie… Des visites guidées sont organisées par la Maison du Tourisme.

WALLONIE

AUBERGE DE JEUNESSE €

rue du Bastion d'Egmont 3
✆ +32 71 15 81 28
lesaubergesdejeunesse.be/charleroi
A partir de 56 € par chambre simple, 64 € la double et 27 € par personne en dortoir. Petit déjeuner et draps compris.

Cette auberge de jeunesse toute récente s'inscrit dans le cadre du renouveau de la Ville-Basse, en face de la gare (pratique). Dans un style *indus* de tons gris, clairs et épurés, elle propose des chambres doubles, familiales ou des dortoirs confortables (de 2 à 6 lits superposés), toutes avec salle de bains privative, lampes, prises et casiers individuels. Mais surtout de vastes pièces à vivre conviviales, un petit déjeuner copieux de produits locaux, une cuisine collective bien équipée, un bar à bières et une terrasse pour les beaux jours.

76TOUR €€

boulevard Pierre Mayence 76
✆ +32 473 55 31 00
www.76tour.be
Chambre simple 60 €, double 80 €, triple 100 €, petit déjeuner inclus.

Dans la Ville-Haute, juste en face de la Tour de Police dessinée par Jean Nouvel, Laurence Mundschau a aménagé une chambre d'hôtes dans sa maison. Claire, parfaitement agencée et meublée de bon goût, la chambre rappelle l'époque Art déco du bâtiment avec toutefois un mobilier plus contemporain. Idéalement située pour circuler en ville à pied ou en transports en commun, elle est aussi orientée au sud côté jardin. La chambre peut être couplée avec une seconde, plus petite, et permet d'ajouter une personne. La salle de bains est couplée pour les deux chambres.

ÉGLISE SAINT-CHRISTOPHE ★

place Charles-II
Ouverte tous les jours de 8h à 19h.

Bâtie au XVIIe siècle, exactement en 1667, lorsque les Français prennent la ville. Ils érigent alors une chapelle de garnison dédiée à Saint-Louis. Il ne reste qu'une seule pierre de cette chapelle ! C'est au XVIIIe siècle que l'église baroque sera agrandie et consacrée à Saint Christophe. Mais là encore, le bâtiment sera bombardé par les troupes révolutionnaires françaises en 1794. Il ne subsiste que le chœur et une partir de la nef ! En partie reconstruite, elle sera surtout agrandie dans les années 1950. Les ruelles adjacentes sont alors supprimées, des maisonnettes vétustes accolées aussi. Dans le même temps, l'orientation de l'église est modifiée : un nouvel axe perpendiculaire est ajouté, rendant le lieu de culte plus large que long. A la jonction des deux parties, un dôme de cuivre culmine à 48 m de haut. Le campanile qui abrite les cloches pointe lui à 32 m. L'église Saint-Christophe abrite une superbe mosaïque de verre doré de 200 m^2 représentant l'Apocalypse selon saint Jean. Unique en Belgique, elle est réalisée par des maîtres vénitiens d'après les dessins de Jean Ransy. On peut également y découvrir un superbe ambon (pupitre) et un bénitier de verre ainsi que des appliques du même matériau, tous signés en 2012 par le sculpteur Bernard Tirtiaux, natif de Fleurus. Si l'édifice religieux est véritable petit bijou à l'intérieur trop méconnu, on soulignera aussi qu'il n'a jamais reçu le titre de basilique, contrairement à ce que pensent de nombreux Carolos. On a célébré en 2018 les 50 ans de sa restauration.

MUSÉE DES BEAUX-ARTS

Boulevard Mayence 67 ✆ +32 71 86 11 34
www.charleroi-museum.be

Du mardi au vendredi de 9h à 17h, le week-end de 10h à 18h. Collections permanentes : gratuit. Expos temporaires : 6 €.

Le tout nouveau musée des Beaux-Arts de Charleroi a pris place en 17 décembre 2022 dans les anciennes écuries de la caserne Defeld, juste à côté de la Tour de Police. Ce bâtiment de caractère a été réaménagé et modernisé tout en lui conservant une âme. Ses vastes espaces permettent de présenter à la fois une (petite) partie des collections du musée (135 œuvres sur les plus de 4 000 dont la ville est propriétaire) et de consacrer un espace de 400 m² aux expos temporaires. Une autre partie du rez-de-chaussée est un tiers lieu (une agora) offrant des possibilités de réunions et de rencontres tous publics.

▶ La première expo temporaire est fédératrice en diable : « **La fabrique de héros** » retrace la formidable épopée des éditions Dupuis, fleuron carolo de la BD rayonnant dans toute la francophonie. La préparation de l'expo a nécessité deux ans de travail pour réunir 250 auteurs et 160 personnages. On entre dans le bureau de Monsieur Dupuis, on s'assied dans le canapé de Raoul Cauvin, on apprend à dessiner, on rencontre des auteurs, on admire de nombreux dessins originaux, on bouquine dans l'immense bibliothèque laissée à disposition. Celle-ci est tellement fournie qu'il paraîtrait que 77 ans soient nécessaires pour la lire entièrement ! Bref, l'expo consacrée au formidable éditeur de Marcinelle (aussi actif dans le cinéma, la télé, les webtoons et autrefois éditeur de magazines best-sellers comme *Les Bonnes Soirées*, *Moustique* ou *Humo*) casse les codes de l'exposition d'art en donnant au visiteur la possibilité de toucher et de participer.

▶ Imaginé par Jules Destrée dès 1911, le musée des Beaux-Arts ne fut ouvert vraiment au public qu'en 1980. Consacré à l'art wallon et aux différents courants artistiques des XIXe et XXe siècles, il fut longtemps installé aux étages de l'hôtel de ville. Faisant la part belle aux artistes locaux tels que F. J. Navez, Pierre Paulus ou encore Alphonse Darville, il présente aussi les œuvres de noms autrement plus réputés : René Magritte, Paul Delvaux ou Constantin Meunier. Le visiteur peut y découvrir céramiques, mobilier et ustensiles du XVIe au XIXe siècle. Carrefour privilégié de création, de réflexion, de rencontre, espace d'animations, le musée des Beaux-Arts est un intervenant culturel majeur dans la métropole. Il met en valeur des œuvres au rayonnement local, régional, national et international dans un écrin désormais adapté pour la préservation de celles-ci. Il crée des synergies, donne au public la possibilité d'interagir avec des œuvres dignes d'intérêt et présente des atouts technologiques indéniables.

B&B LE BONIMENTEUR €€

rue Jules Coppée 83
✆ +32 71 35 31 08

A partir de 94 € la double avec petit déjeuner.

On trouve peu de maisons d'hôtes de caractère près de l'aéroport de Charleroi. Et pourtant : cette belle maison tapissée par les branches d'un bel arbre sur sa façade propose cinq chambres, dont une familiale, toutes très différentes. L'une est décorée sur le thème de l'aviation, l'autre Art nouveau, une autre orientale... Également : un chalet pouvant accueillir une famille souhaitant plus d'indépendance dans le jardin avec cuisine et salon. On profite d'un jardin avec piscine chauffée et bain bouillonnant. L'accueil est fantastique, tout comme le petit déjeuner.

NOVOTEL CHARLEROI CENTRE €€

place Verte 17 ✆ +32 71 28 28 28

125 chambres. A partir de 103 € la double, petit déjeuner 21 €. Bar et évènements.

Novotel ouvert en 2017, cet hôtel 4-étoiles s'inscrit dans le cadre de la rénovation de la ville-basse et de la création de Rive Gauche dont il épouse les contours. La décoration des chambres est plutôt heureuse (cinq niveaux de confort différents), contemporaine et fonctionnelle à la fois. Dans l'espace bar-lounge et la salle de petit déjeuner, l'atmosphère y est particulièrement avenante et colorée. On apprécie le restaurant, très pratique, la terrasse en rooftop pour prendre le soleil et certaines chambres avec vue sur la ville. Accueil chaleureux en prime.

MEATBALL'S BAR €

rue de Marcinelle 8
✆ +32 71 36 84 37
https://www.meatballsbar.com/

De 12h à 14h45 du mardi au samedi et de 18h à 22h du jeudi au samedi (non-stop vendredi). 4 balls et la sauce 14,50 €.

Les bars à boulettes fleurissent partout ! Meatball's Bar a choisi la rue de Marcinelle pour s'installer, débordant sur le trottoir avec tables et chaises hautes. La déco industrielle contemporaine parachève l'ambiance. A table, on choisit parmi cinq sortes de boulettes (bœuf, vitoulet - un mélange de porc et de veau -, veggie...) et quatre sauces (tomate, curry du chef...) et un accompagnement (frites, pâtes, légumes...). On peut aussi mettre ses boulettes dans la soupe ou de les couper en tranches dans du pain, façon sandwich. Un bar bon enfant et trendy.

LA QUILLE €

rue de Marcinelle 33
✆ +32 71 31 41 48
Ouvert du lundi au samedi de 11h à 20h (22h vendredi et samedi). Carte : 30 € environ.

Dans ce bistrot de terroir, le cadre de l'ancien jeu de quilles est conservé, c'est familial et chaleureux pour un repas entre amis qui apprécient une belle carte de bières, notamment locales, et de vins. Irène aux fourneaux connait son métier, et sans esbroufe vous sort quelques plats dans lesquels elle met toute son âme. Elle vient même vérifier en salle si le client est satisfait ! Comme pour ce pavé de bœuf à l'Orval, servi avec des vraies frites ! Tandis que Philippe, le patron, sert côté bistrot. C'est pas cher et on est satisfait et repus en sortant.

CHEZ DUCHE €€

avenue de Waterloo 5
✆ +32 71 31 16 42
www.chezduche.be
Ouvert de midi à 14h30 et de 18h à 22h du mardi au vendredi et le samedi soir. Menu : 39 €. Carte : 47 €.

Voilà un quart de siècle que Duche (Christophe) enchante les papilles des amateurs de terroir d'ici et de France. Pas bégueule, il sert avec la même bonhomie les fanas d'andouillette, de foie de veau ou de boulettes et rata (sans doute LA spécialité carolo par excellence). On retrouve aussi tous les classiques de brasserie mais une autre spécialité de la maison est la viande de cheval ou de poney. Avis aux amateurs ! Week-end thématique une fois par mois (fruits de mer, bouillabaisse, choucroute)... On pense à réserver avant d'y aller.

L'APTIT €€

rue du Grand Central 51
✆ +32 71 53 53 83
www.laptit.be
Ouvert du jeudi au vendredi le midi, du jeudi au samedi le soir. Lunch : 25 €. Menu de 44 € à 60 €.

Pierre et Julie De Bidart, frère et sœur, ont investi une belle maison de maître face à la place de la Digue. L'intérieur du restaurant gastronomique compte des tables espacées, une ambiance feutrée et une déco sobre. Le chef déroule des assiettes généreuses et hyper soignée. Sa cuisine a des accents légèrement fusion. Asperges, crevettes, foie gras en entrée, porc ibérique, lentilles, carottes, asperges sauvages... Le choix se résume à un menu de saison qui change tous les mois. Forfaits vins à la sélection intéressante et lunch (trois plats) abordable.

LA MAISON BLANCHE €€

Boulevard Tirou 84
✆ +32 493 13 00 06
Ouvert 7j/7 de 9h30 à 18h (9h du jeudi au dimanche). Formule petit déjeuner : 12 €. Brunch : à partir de 24,90 €.

I'm a Barbie Girl, in a Barbie World... Du rose, du rose, du rose, des fleurs, des plantes, une dose de bling, de gros coussins, des sièges balançoires, des lustres, une petite dizaine de pièces et de recoins customisés répartis sur 2 étages et tous diablement instagramables : voilà le décor de la Maison Blanche, ancienne banque convertie en café à brunch. On en prend plein les mirettes et les plateaux débordent autant que la déco. Différentes formules dont un insolite brunch marocain sucré-salé avec msemen, dates et olives, miel et fromage de chèvre.

BRASSERIE DU QUAI 10 €€

quai Arthur Rimbaud 10
✆ +32 71 18 12 03
www.quai10.be
Ouvert tous les jours de 10h à 0h ; vendredi et samedi jusqu'à 1h ; resto 21h30 et 22h. Carte : dès 40 €. Brunch 35 €.

Dans les bâtiments rénovés de l'ancienne Banque nationale, Quai 10, inauguré en 2017, est à la fois une brasserie, un cinéma et un espace de gaming de jeux vidéo. Les lieux sont superbes, contemporains, vastes et lumineux, et on y consomme les bières d'ici et la cuisine d'Italie (tagliolini à la truffe fraîche, paccheri aux scampi et fèves vertes) avec une touche locale (boulettes carolos, sauce à la Pays Noir). Des plats bien amenés, originaux et copieux. Par beau temps, belle terrasse surplombant la Sambre. Le dimanche, le brunch est populaire.

PAPILLES ET PUPILLES €€

rue Charles Dupret 15
✆ +32 488 99 85 95
Ouvert du mardi au vendredi midi et du mercredi au samedi, le soir. Carte : 47 €.

On s'attable dans l'une des petites pièces aux ambiances différentes, toujours pimpantes et le plus souvent bondées. Des tablées de copines apprécient la touche un rien girly de l'ambiance et de la carte. Dans l'assiette, on nous sert une cuisine contemporaine faisant du gringue aux saisons. C'est contemporain et pas bégueule : dos de cabillaud au lait de coco, tataki de veau mariné, risotto d'orge perlée aux palourdes et fenouil. Le tout est joliment présenté, copieux comme il faut et absolument toujours servi avec un grand sourire.

SOCIO-PÂTES €€

Rue de Montigny 43 ✆ +31 455 11 51 41
www.socio-pates.com

Mardi, 12h-16h, mercredi jeudi, 12h-15h et 18h-22h30, vendredi, 11h-22h30 et samedi, 18h-22h30. À la carte : ±38 €.

Attention, jeu de mots ! *Socio*, parce qu'il y a plein d'antipasti à partager et *pâtes*, parce que le reste de la carte est composé… de pâtes. Le restaurant de Steven Mirelli ne propose que des pâtes faites maison, des classiques (superbes rigatoni amatriciana au guanciale juste croustillant) comme des recettes audacieuses (spaghetti beurre monté au prosecco et au saumon). En dessert ? Panettone perdu ! Assis au comptoir, vous admirerez les cuisiniers dans leurs œuvres, quant à la salle, elle est stylée, chaleureuse et l'accueil est à la cool. Aussi à emporter.

RESTAURANT CHERMANNE €€€

avenue de l'Europe 62
✆ +32 71 12 41 14
www.restaurantchermanne.be

Ouvert du mardi au samedi midi et soir. Carte : 60 €. Menu : de 45 à 55 €.

Stéphane Chermanne est aux commandes de ce restaurant gastronomique en centre-ville qui travaille les produits locaux en priorité. Et pas qu'un peu : les légumes proviennent directement de son potager. Il propose une cuisine bistronomique et inventive, généreuse, pleine de goût et de plaisir. Les joues de porc, fondantes, sont à la Blanche de Charleroi. Les ris de veau à la béarnaise… maison, évidemment ! Il cuit le magret au foin et sert le chou rouge en pickles. Le « mercredi pâtes », le chef propose des pâtes fraîches, farcies ou non, à sa sauce.

LE CAROLO CAT

Rue de Marcinelle 46
✆ +32 494 77 25 42

Ouvert du mardi au samedi de 11h à 18h.

Vous aimez les chats ? Alors vous serez ravis de prendre votre dose de ronrons chez Carolo Cat, un joli bar à chats dans la ville basse. L'intérieur est douillet à souhait et bien sûr, totalement aménagé pour les pensionnaires avec nombre d'accès en hauteur et un véritable *catwalk* d'où les poilus peuvent observer les clients avant de décider s'ils viendront à eux ou pas (c'est aux chats de s'approcher, on ne les sollicite pas). Petite restauration et boissons chaudes et froides sont préparées par Carole et son équipe. Chats à l'adoption, sauf le sien.

LA CUVE À BIÈRE

boulevard Jacques Bertrand 68
✆ +32 477 85 48 56

Ouvert tous les jours de 11h à minuit (à partir de 9h le dimanche).

Ambiance festive et parfois un brin déjantée dans un décor de café d'antan, de tables et tabourets en bois et de plaques émaillées évoquant largement la bière. L'une de celles-ci est mise en évidence tous les mois parmi les 70 disponibles à la carte. Un établissement incontournable de la ville haute pour se boire une bonne mousse, seul ou à partager puisque les bières « sociales » (75 cl) sont bien représentées. Cuisine de terroir le jeudi midi et soirées thématiques une fois par mois, notamment quelques petits concerts acoustiques. Belle terrasse en été.

LIVRE OU VERRE

passage de la Bourse 6
✆ +32 470 70 62 99
livreouverre.be

Ouvert du mardi au mercredi de 12h à 18h. Jeudi et vendredi de 12h à minuit. Samedi de 11h à 18h.

Blandine Grandchamps marche sur les traces de son illustre paternel, tout en revisitant le genre et en lui apportant du dynamisme. Fille de Fafouille, la demoiselle a investi le deuxième espace familial dédié au livre usagé, dans le Passage de la Bourse, récemment ripoliné. Ici, on s'installe pour prendre un verre et bouquiner un livre pioché parmi les nombreuses thématiques. On choisit ensuite d'acheter le livre ou de revenir poursuivre la lecture un peu plus tard. Blandine organise aussi des concerts intimistes et événements dans sa belle boutique stylée.

MAISON DES HUIT HEURES

place Charles-II 23
✆ +32 71 32 48 00

Ouvert tous les jours : du lundi au jeudi de 10h à 18h, du vendredi au dimanche de 10h à 20h.

La maison des Huit Heures est un des derniers monuments du socialisme d'où sont parties de nombreuses revendications ouvrières, notamment le combat pour l'obtention des 3-8 : 8 heures de travail, 8 heures de loisirs, 8 heures de repos. Il faut s'y rendre à l'heure du marché le dimanche matin, quand se côtoie une population bigarrée. On s'attable volontiers avec des inconnus et le dialogue s'installe. On y boit invariablement le scotch CTS au fût. Les curieux non syndiqués y trouveront aussi leur compte avec les jolies photos de Charleroi au format XXL.

CHEZ TA MÈRE

place de la Digue 29
✆ +32 489 28 85 97
Mercredi de 17h à 1h ; jeudi de 16h à 1h ; vendredi jusqu'à minuit ; samedi jusqu'à 2h ; dimanche de 11h à 23h.

Dans un cadre de brocante hétéroclite de bric et de broc mais où tout est à vendre, Chez ta mère est un troquet d'un genre encore jamais vu à Charleroi truffé de souvenirs de famille et de bibelots kitsch. Le vendredi soir, toute la ville s'y retrouve pour un apéro bien souvent prolongé dans une belle convivialité carolo. Les soirées thématiques se succèdent avec autant d'originalité que de bonne humeur. Les découvertes aussi, comme la Brune du Pays Noir au fût. Bref, aller Chez Ta Mère est l'assurance de passer un moment différent et certainement pas formaté.

LA MANUFACTURE URBAINE

rue de Brabant 2
✆ +32 71 30 60 13
https://www.lam-u.com/
Du mardi au jeudi de 11h à 23h ; le vendredi jusqu'à minuit et le samedi jusqu'à 1h. Carte : 32 € environ.

Inaugurée en 2017, la Manufacture Urbaine est un projet qui se veut durable, éthique et locavore autour du pain, de la bière et du café. Car à la MU, on est brasseur, boulanger (pains au levain et à longue fermentation) et torréfacteur. L'espace Atelier est vaste et aéré, tout de béton, de verre et d'acier, très agréable. Les sept bières de la brasserie sont très variées : pils, blanche, noire, bière de table, IPA, ambrée et enfin une triple de derrière les fagots. Côté restaurant, le menu propose des plats de brasserie avec des produits locaux et saisonniers.

WONDERFRIENDS

Rue de Montigny 13
✆ +32 491 07 62 16
wonderfriends.be
Ouvert du lundi au samedi de 10h à 18h.

Chez Wonder Friends, vous trouverez de quoi faire plaisir de 7 mois (de grossesse) à 77 ans : articles pour bébés, objets déco, ustensiles de cuisine, mode, accessoires, bijoux, cosmétique... Il y a plus de 100 marques disponibles dans ce concept store, toutes choisies par Caroline et Isabelle, les deux amies d'enfance à l'origine de la boutique. On peut passer de longs moments à farfouiller dans les rayons à la recherche du cadeau insolite ou utile à (se) faire. Foi de renard, on craque pour les t-shirt « On a tous en nous quelque chose de baraki ».

CHIMAY ★★

Au sud de la province de Hainaut, cette petite ville princière tient son principal attrait de son château, de la brasserie des pères trappistes éponyme (même si celle-ci n'est pas ouverte au public) et de son fromage. De tout temps, la renommée de Chimay fut prestigieuse. Aujourd'hui encore, la bière et le fromage confèrent à la cité chimacienne une réputation internationale. Au cours du millénaire précédent, ce fut son château, comtal puis princier, qui lui ouvrit les portes du monde. L'Oise, rivière essentiellement française et affluent de la Seine, prend sa source à deux pas de l'Abbaye de Scourmont où est fabriquée la Chimay et de l'Auberge de Poteaupré où elle est commercialisée.

Tourisme

Aujourd'hui, Chimay correspond plus à une marque qu'à la charmante petite cité, nichée au fond de la Botte du Hainaut. Peu de villes belges comptent pourtant en leurs murs un si joli château, une magnifique collégiale du XIIIe siècle, des venelles romantiques, une grande et belle réserve naturelle (l'étang de Virelles) ou encore de succulents produits de terroir. Le centre-ville abrite des petites rues très pittoresques, des venelles, de vieux escaliers, et des façades anciennes. Chimay dégage un charme particulier.
En hiver, lorsque la couche neigeuse est suffisante, des pistes de ski de fond sont ouvertes à L'Escaillère et à Rièzes. Renseignements https://visitchimay.be/project/pistes-de-ski-de-fond-a-lescaillere/.

COLLÉGIALE SAINTS-PIERRE-ET-PAUL ★

Grand Place
✆ +32 60 21 18 46
Ouverte tous les jours de 9h à 18h.

Belle collégiale en pierres et ardoises typiques. Son chœur, la partie la plus ancienne, date de 1250, tandis que le reste de l'église de style gothique hennuyer, d'une grande sobriété, est du XVe siècle. On peut y admirer un beau clocher bulbeux du XVIIIe, une croix gothique ornée d'un Christ en bois polychrome du XVIe siècle, un gisant de Charles de Croy (le parrain de Charles Quint), des plaques funéraires de la famille princière et un carillon de 26 cloches.

CHÂTEAU DE CHIMAY ★★

rue du Château 14
✆ +32 60 21 45 31
chateaudechimay.be
Du 23/03 au 15/11, du mardi au dimanche 14h-17h, week-end 11h-13h. Hors et haute saison, voir site. Adulte : 10 €.

Construit sur un promontoire rocheux dominant la vallée de l'Eau Blanche, le château-manoir du XVIe siècle est toujours habité par les Caraman-Chimay, une des plus importantes familles princières de Wallonie. C'est un véritable témoin du passé médiéval très ancien de la région, unique en son genre. En effet, vers l'an 1000, un petit donjon surplombait l'Eau Blanche, puis celui-ci fut transformé en château fort défensif, comprenant des douves et un pont-levis. Des fouilles archéologiques ont révélé l'existence, au sein de ce château, d'une église érigée probablement par le comte Erlebold aux alentours de 887. Pendant cette époque médiévale, les grands aristocrates carolingiens installaient des complexes comprenant les trois éléments utiles à la gestion du territoire « aula camera capella ». L' « aula » gérait l'administration, la fiscalité et la justice. La « camera » était la résidence et la « capella » l'édifice religieux. Depuis, il a été maintes fois reconstruit jusqu'à aujourd'hui, au fil des guerres et incendies qui ont marqué la région pendant près de 1 000 ans. On peut admirer aujourd'hui le clocher bulbe de la tour principale. En 1473, Charles le Téméraire érigea la seigneurie en comté et, en 1486, Maximilien d'Autriche en fit une principauté. La maison passa aux Riquet de Caraman, famille à laquelle elle appartient toujours aujourd'hui. Madame Tallien, princesse à l'époque de Robespierre, est un personnage ayant marqué à tout jamais la principauté de son empreinte. Elle est évidemment présente dans le Salon des portraits !

Si la visite comprend la traversée du grand hall, de la salle des gardes, du salon des portraits et de la chapelle, le temps fort est assurément la découverte du petit théâtre du château et son magnifique style rococo. Aujourd'hui, la princesse Françoise (un peu rock'n roll...), nouvelle épouse du prince Philippe, symbolise le renouveau de la maison. Après une longue année de travaux, le château est désormais rouvert au public avec des techniques modernes à disposition : quatre-vingt tablettes interactives, visite guidée sur iPad (quatre langues), chevalier « numérique » qui fait découvrir le château... Une visite pour toute la famille à différents moments, car le château, outre la visite de ses murs, propose des concerts, principalement de musique classique) et des spectacles dans son fameux théâtre rococo. On peut également y découvrir des expositions temporaires à la maison des artistes, et des activités ludiques dans le château des enfants. Tout l'agenda est disponible en ligne.

LE PETIT CHAPITRE €€

place du Chapitre 5
✆ +32 60 21 10 42
www.lepetitchapitre.be
5 chambres. A partir de 95 € la double avec petit déjeuner.

Dans un ancien couvent en plein coeur de Chimay, Brigitte Macq a aménagé cinq chambres d'hôtes, toutes différentes et pourvues de superbes salles de bains : la chambre bleue, la chambre aux oiseaux, la chambre coton, Antoinette, et Opéra. Tout ce qui faisait le charme de l'ancienne bâtisse a été conservé, restauré et admirablement mis en valeur, tout en conservant le charme et la spécificité d'origine de chaque pièce. On y sert un petit déjeuner princier qu'on prend dans le somptueux jardin à la belle saison. Une magnifique adresse !

LE GRAND CAFÉ €

Grand Place 18
✆ +32 60 51 12 25
Ouvert du vendredi au mardi à partir de 10h (cuisine ouverte midi et soir). Plat : 15 € environ.

Bien posé sur la Grand-Place de Chimay où il fait toujours bon flâner, le Grand Café est une halte idéale pour prendre un verre ou pour manger sur le pouce, des plats très simples : burgers, pâtes fraîches, pizzas et salades (le point fort de la table), à prix raisonnable et en quantité gargantuesque. L'escavèche est aussi au menu. Pas de la grande cuisine ici, mais le lieu est une halte idéale après une visite au château, à 150 mètres de là. De plus, sa gigantesque terrasse en été est sans conteste la plus belle du centre de la cité alors autant en profiter !

LA MALTERIE €€€

Place Léopold 7
✆ +32 60 21 32 30
www.lamalteriechimay.be
Ouvert du jeudi au lundi le midi et le soir. Fermé le lundi soir en juillet et août. Carte : 50 € environ.

Installé comme son nom l'indique dans une ancienne malterie, ce petit restaurant de cuisine française et belge offre des plats soignés dans une ambiance familiale. La passion du chef François Nicolas pour les produits locaux transparaît autant sur la carte (qui propose uniquement des produits frais et saisonniers) que dans la boutique attenante, bières et fromages en tête. Escavêche de truite, volaille farcie au fromage de Chimay, ris de veau braisés à la Chimay rouge... des plats goûteux et bien présentés, dont beaucoup concoctés à la bière.

WALLONIE

LES TRAPPISTES

Les moines de l'abbaye Notre-Dame de Scourmont lancent leurs premiers brassins en 1862. La bière de la gamme contemporaine qui se rapproche le plus de la version originelle est sans doute la Chimay Rouge (7 % alc./vol.), d'ailleurs qualifiée de « Première », lorsqu'elle est conditionnée en bouteille de 75 cl (Grande Réserve pour la Bleue et Cinq Cents pour la Triple). Elle est disponible au fût dans certains établissements tout comme la Chimay Triple (8 %, capsule blanche), arrivée plus d'un siècle après, en 1966.

Considérée comme la machine de guerre des brasseries trappistes avec une production annuelle approchant désormais les 190 000 hectolitres, Chimay s'appuie sur un solide cheval de bataille, la Chimay bleue, une brune puissante (9 %) en arôme et en goût, disponible également en magnum à la période des fêtes de fin d'année. N'hésitez pas à laisser cette « bleue » engranger un peu d'expérience. Elle présente en effet des caractéristiques favorables au vieillissement et certains attendent jusqu'à dix ans après l'année mentionnée sur l'étiquette avant de la savourer. Une Grande Réserve vieillie en barriques bénéficie d'une 3e fermentation dans les caves de l'abbaye. Celle-ci est répartie comme suit : 40 % de fût de chêne neuf, 40 % en fût de chêne ayant contenu de la Chimay et les 20 % restants dans des fûts ayant eu un contenu différent chaque année (cognac en 2016, rhum martiniquais en 2017...). Bref, malgré le caractère classique des bières trappistes, le département Recherches de la brasserie est toujours avide de nouvelles expériences ! Cela dit, la production de cette cuvée spéciale reste confidentielle avec 500 à 700 hl par an. Fin 2017, cette même version de la Grande Réserve est également sortie en format 37,5 cl (modèle de bouteille identique) avec diffusion uniquement chez les cavistes et dans les boutiques spécialisées.

Les adresses où déguster les bières de Chimay ne manquent pas. Non loin de l'abbaye, l'auberge de Poteaupré propose d'ailleurs toute la gamme, ainsi que la Chimay Dorée servie au fût. Initialement destinée à la communauté monastique, la Dorée est désormais commercialisée. Elle se distingue de ses trois aînées par un volume d'alcool particulièrement faible pour une trappiste (4,8 %). Les trappistes de Chimay ne désaltèrent pas uniquement le public belge, loin de là, elles sont exportées dans une quarantaine de pays. Plus d'informations sur www.chimay.com.

LACS DE L'EAU D'HEURE

Le développement d'une station touristique complète a permis de passer d'un tourisme local à un tourisme de séjour. On y trouve de plus en plus d'activités (nature, récréatives et de détente, sportives), de possibilités d'hébergement, de restaurants... Plusieurs villages de vacances sont ouverts toute l'année et affichent de très bons taux de fréquentation, même en hiver.

Véritable alternative encore (trop) méconnue face aux « standards » ardennais, les lacs de l'Eau d'Heure offrent la possibilité de passer un séjour (un week-end mais pourquoi pas franchement plus !) en pleine nature, au bord de l'eau.

L'offre de loisir y est hyper complète. Outre les divers sports nautiques ; kayak et stand-up paddle, jet-ski et ski nautique, voile et téléski, on peut y pratiquer la randonnée (nombreux sentiers balisés dont un tour des lacs), le vélo, le VTT, barboter à l'Aquacentre, profiter d'un parcours accrobranches et de tyroliennes, emprunter le Crocodile rouge (véhicule amphibie), visiter le barrage de la Plate-Taille, jouer au laser game, pratiquer l'aqua-golf, prendre un verre ou un repas en terrasse... ou tout simplement ne rien faire et profiter des plages abritées du vent.

Pour tous renseignements complémentaires : www.visitpaysdeslacs.be et www.lepaysdeslacs.be

Un tourisme durable. Situé aux confins des provinces de Hainaut et de Namur, ce vaste ensemble composé de cinq lacs de retenue constitue le plus important plan d'eau artificiel de Belgique (600 hectares). Depuis sa conception entre 1971 et 1978 grâce à plusieurs barrages, les lacs de l'Eau d'Heure permettent d'alimenter la Sambre et le canal de Charleroi. Ce site verdoyant invite à la promenade. Le vaste plan d'eau de la Plate-Taille, d'une superficie de 351 hectares, propose divers sports nautiques. Les lacs de l'Eau d'Heure ont reçu le Award Eden « Destination européenne d'excellence », une reconnaissance de son modèle de tourisme durable, moteur de développement économique de la région.

Au Pays de Chimay. Autour des lacs de l'Eau d'Heure, s'étend un vaste espace encore protégé et modelé par l'histoire, qui a laissé bien des traces. Qu'il s'agisse d'invasions gallo-romaines, espagnoles ou de souvenirs du passage de certains rois de France, les environs regorgent d'empreintes du passé. Les anciens métiers ont également participé à l'évolution du Pays des Lacs : la sidérurgie dans le sud avec l'activité des forges, les anciennes brasseries et tanneries en bordure

de rivière, l'activité agricole encore bien présente ou encore le travail dans les carrières de marbre.
Avec ses étendues boisées, ses nombreux étangs et rivières, la Forêt du Pays de Chimay couvre 45 000 hectares et regorge de vallées qui invitent à la promenade ou même à la randonnée sur des chemins forestiers autour de Sivry-Rance, Couvin ou Viroinval. La région offre un réseau de sentiers balisés assez surprenant, en premier lieu « la Grande Traversée », une randonnée de 170 km ! Dans cet environnement préservé, on peut opter pour des séjours en gîtes ruraux ou à la ferme, chambres d'hôtes, hôtels de charme ou gîtes de prestige. Certains hébergements à thème proposent des activités « nature », « à la ferme » et « produits de terroir » ou encore « plaisir de la pêche ».

LE CROCODILE ROUGE

Route de la Plate Taille 99
BOUSSU-LEZ-WALCOURT
✆ +32 71 30 21 13
www.parcducrocodilerouge.be
BS : mer, 13h-15h ; w-e et fériés, 13h-17h. HS : 7j/7, 13h-18h. Adulte : 23 €. Enfant (5-12) : 21 €.

Partez à l'aventure sur terre et sur eau avec une dizaine d'activités au cœur des lacs de l'Eau d'Heure. Plongez dans l'aventure à bord de l'amphibus. Découvrez un laser game hors du commun ainsi que l'escape game (indoor et outdoor) dans le barrage et les rives du lac de la Plate Taille. Visitez le barrage et son skywalk à 107 mètres de haut. Amusez-vous à la plaine de jeux avec les plus petits ou parcourez les lacs à bord du petit train le Crocodile express. Enfin, installez-vous au Robin's Café pour une pause ou pour profiter des plats du terroir en terrasse.

VISITE GUIDÉE DU BARRAGE

route de la Plate Taille 99
BOUSSU-LEZ-WALCOURT
✆ +32 71 30 21 13
Horaires : voir site web. Ouvert tous les jours pendant les vacances scolaires. Première visite à 10h30. Adulte : 12 €.

On débute la visite avec l'étude de la maquette du site des lacs et l'histoire de leur mise à l'eau, puis on traverse tout le mécanisme de retenue et de remontée des eaux des quatre turbines électriques : voilà un voyage étonnant, « au centre de la Terre » ! Le plus grand barrage de Belgique est aussi le seul qui puisse se visiter de l'intérieur. Ses dimensions sont tout bonnement impressionnantes : 450 mètres de promenade dans les galeries et une grimpette en haut de la tour haute de 107 mètres. Bien pour les familles mais cher.

NATURA PARC DES LACS DE L'EAU D'HEURE

Hameau du Badon 15
FROIDCHAPELLE
✆ +32 71 50 92 92
https://naturaparc.be/
Fermé le lundi et le jeudi. Voir infos sur site Internet.

Premier parc d'Alsace Aventure sur le sol wallon, Natura Parc est un très chouette concept, en parfaite harmonie avec la nature : neuf parcours dans les arbres et des inoubliables tyroliennes dont deux en aller-retour au-dessus du lac de la Plate Taille. Un saut en pendulaire, une chute libre et de nombreuses autres activités à partager en famille, avec des amis. Des activités pour tous les niveaux et tous les âges. Et toujours avec une sécurité maximale. Un espace barbecue, la Gloriette, est disponible à louer en journée ou en soirée. Époustouflant !
Vous y trouverez aussi un espace totalement dédié aux VTT pour petits et grands. Découvrez un espace fun et spectaculaire pour la pratique du VTT. Des pistes de VTT, de Free Ride, de Dual Slalom, de Pump Track, de Dirt, un espace Trial, un Big Air Bag, des modules d'apprentissage… dans un cadre et une nature extraordinaires. Unique, une remontée des pistes sur tapis mécanique ! Vaste parking, douches, bike wash et une cafétéria pour vous détendre après un bon moment de sport et de fun.
Le sport n'est pas votre fort ? Alors pourquoi ne pas opter pour une découverte des Lacs en trottinette électrique. Enfin, pour ceux et celles qui préfèrent la marche, un Explor Game (un croisement entre un escape game et un jeu de piste) vous emmène à la découverte des bois du Natura à travers diverses activités ludiques. Comme on vous le disait, il y a de quoi satisfaire toute la famille ou tout un groupe d'amis.

FERME CHÂTEAU DE LANEFFE €€

Grand Route 47 - **LANEFFE** ✆ +32 71 65 58 32
www.ferme-chateau-laneffe.com
Dès 115 € la double, petit déjeuner inclus, à partir de 120 €/nuit la semaine (134 € le w-e) le gîte de 6 pers.

Bâtiment de caractère du XVIIe siècle, la splendide ferme château de Laneffe est située à deux pas des lacs de l'Eau d'Heure. Le domaine s'étend sur 8 hectares. Les enfants découvriront avec plaisir les animaux de la ferme (vache, cochons, chevaux, poules). La propriétaire propose cinq gîtes ruraux de niveaux de 2 et 3 épis, meublés et décorés avec soin. Le corps de ferme abrite également cinq chambres d'hôtes classées 4 épis. Leurs noms bucoliques (Giroflée, Campanule, Liseron…) cachent des espaces où modernité et rusticité font bonne cohabitation.

WALLONIE

GOLDEN LAKES HOTEL €€

Route de la Plate Taille 51
BOUSSU-LEZ-WALCOURT ✆ +32 71 31 71 19
https://www.goldenlakeshotel.be/
Double dès 80 €, familiale dès 120 € (supplément 15 € pour vue sur lac). Petit déjeuner : 18 €. Restaurant. Spa.

Structure hôtelière incrustée dans le Golden Lakes Villages, cet hôtel est parfait pour un séjour en amoureux en bord de lac. Les chambres sont belles et claires, habillées de bois, de bleu et de marron glacé et on n'hésitera pas à choisir une chambre avec vue sur lac, avec une porte-fenêtre qui inonde la chambre du paysage extérieur. L'atout de l'hôtel, c'est son superbe spa (ouvert du mercredi au dimanche) avec sauna, bains bouillonnants, massage... La Brasserie des Lacs, ouverte tous les soirs, vous remplira l'estomac après une journée bien remplie.

GOLDEN LAKES VILLAGE €€

route de la Plate Taille 51
BOUSSU-LEZ-WALCOURT
✆ +32 71 30 21 13
www.goldenlakesvillage.be
A partir de 105 € la villa pour 4 personnes.

Magnifiques et récentes villas de vacances, et un hôtel, disposées en un village de 200 hébergements sur un espace de 20 hectares, entièrement aménagées et respectueuses de l'environnement (ossature en bois), en bordure du lac de la Plate Taille. D'un très bon niveau de confort, elles comprennent trois ou quatre chambres, une ou deux terrasses, deux ou trois salles de bains. Une plage de sable fin privée est accessible aux résidents. Un mini-club, des plaines de jeux, des terrains de sport, un barbecue et une mise à l'eau pour voiliers complètent les aménagements.

L'AUBERGE DU COIN €€

chaussée de Beaumont 97
FROIDCHAPELLE
✆ +32 493 36 78 35
www.auberge-du-coin.be
Ouvert du vendredi au dimanche de 18h à 22h. Carte : 40 € environ. Wi-Fi gratuit.

Marianne et Ronny sont originaires de Charleroi. Amoureux des lacs de l'Eau d'Heure, ils ont eu l'opportunité de s'installer à l'Auberge du Coin. Ils y proposent une cuisine de brasserie agrémentée de belles suggestions, dont quelques propositions bien menées de cuisine à la bière locale. L'ambiance agréable donnant envie de prolonger le moment, on lorgne alors vers la carte des boissons où l'on retrouve une belle sélection de mousses régionales et des cocktails variés. Terrasse pour prendre la température avant un plongeon dans les lacs.

L'HEURE BLEUE €€

pré barrage du Ry Jaune
CERFONTAINE
✆ +32 495 56 89 48
Ouvert de début avril à fin octobre, tous les jours de 9h à 21h30. Carte : 35 € environ.

Le club house de l'EHN (Eau d'Heure Nautique), grâce à sa gestion indépendante, est désormais ouvert à tous. Et on ne va pas s'en plaindre. L'endroit est particulièrement sympathique avec terrasse extérieure parée de tables rustiques à bancs, un intérieur avec vue sur le petit port de plaisance et le lac. Au menu et à toute heure : tagliatas, entrecôtes, boulettes sauce tomate maison, filet américain, burger, pâtes et salades, une carte mêlant pêle mêle des plats sans grande fioriture, mais bons, copieux et à un prix correct.

AÉRODROME DE CERFONTAINE

route des Lacs 50
CERFONTAINE
✆ +32 71 20 04 12
www.cerfontaine-aerodrome.com

À l'Eau d'Heure, on peut se mouiller mais aussi s'envoyer en l'air. C'est ce que propose l'aérodrome de Cerfontaine. Sur le site de l'aérodrome, les visiteurs d'un jour peuvent s'initier aux joies de l'ulm, du planeur, de l'hélico ou de l'avion de tourisme (baptêmes de l'air ou école de pilotage). L'endroit accueille aussi l'École de Parachutisme sportif du Hainaut et propose des initiations au saut (chute libre en tandem). N'hésitez pas à vous adresser aux opérateurs listés sur le site Web de l'aérodrome. En plus, il dispose d'un bar avec club house.

A L'HEURE DU BIEN-ÊTRE

Rue du Bois du Four 2
BOUSSU-LEZ-WALCOURT
✆ +32 71 20 81 88
www.lheuredubienetre.be
Du mercredi au vendredi de 13h30 à 19h30. Soins sur rendez-vous.

Venez-vous détendre aux lacs de l'Eau d'Heure dans le Centre de Wellness totalement dédié au bien-être. Bains à bulles, saunas au sel, infrarouge et traditionnel, hammam, espace de luminothérapie sur matelas d'eau, piscine extérieure chauffée sous patio, douches expériences, bain finlandais, une fontaine de glace et de nombreux soins pour vous assurer un bon moment de détente et de bien-être. Des spécialistes sont là pour vous aider. Il vous est possible de privatiser le centre sur réservation. Le centre Wellness est accessible dès 18 ans.

NAMUR ★★

Située à une soixantaine de kilomètres de Bruxelles, Namur est la seule ville de Wallonie implantée au confluent d'un fleuve et d'une rivière navigable de premier plan : la Meuse et la Sambre. La capitale de la Wallonie possède un patrimoine historique, architectural, culturel et naturel de très grande valeur et fut, par sa situation enviable, une des principales places fortes d'Europe du Nord. Les premières traces d'habitations remontent à la période romaine, mais Namur ne devint une ville qu'au Moyen Âge.

Aujourd'hui, Namur regroupe 25 communes et près de 111 000 habitants. La ville s'arpente à pied, le nez en l'air pour observer les nombreux édifices privés, publics ou religieux dignes d'intérêt, ou pour flâner sur les berges de la Sambre et de la Meuse. Dans le cadre des commémorations de la Première Guerre mondiale, la position fortifiée de Namur fut revalorisée via l'ouverture partielle au public du fort d'Emines et l'installation d'un balisage qui intègre plus largement les positions fortifiées d'Anvers et de Liège. A Namur, un panneau didactique apposé à proximité de chaque fort explique leur but, leur fonctionnement, leur utilisation effective en 1914, etc. Un balisage de traces entre les forts de Cognelée et Marchovelette permet aussi une promenade découverte à pied ou à vélo.

Les spécialités du cru sont la célèbre fraise de Wépion, les bonbons au beurre, chocolat et noisettes « Biétrumé », les fameuses moutardes de Bister, les baisers de Flawinne au moka et à la pâte d'amandes ou encore les escargots petit-gris, amusant symbole des habitants. Au cœur de la citadelle naissent et murissent les parfums de Namur, dans l'Atelier de Parfumerie Guy Delforge.

Balade

La vieille ville, aussi appelée la Corbeille, est comprise à l'intérieur des boulevards de ceinture. C'est le centre commercial et culturel de Namur. Entre la place d'Armes, défigurée par une grande surface, et la place du Théâtre, vous verrez le beffroi, qui se dresse derrière l'ancienne Bourse dans un passage piétonnier. Le beffroi est l'une des portes de l'enceinte qui entouraient la ville au XIVe siècle. De la place du Théâtre, on aperçoit l'autre beau vestige de l'enceinte, la tour Marie-Spilar, enserrée dans le tissu urbain.En retraversant la place d'Armes et en redescendant vers la Sambre, on arrive rue des Brasseurs. La plus vénérable rue du vieux Namur a failli disparaître dans les années 1960, décennie de tous les saccages en Belgique. Heureusement rénovée, elle a gardé ses austères et hautes maisons des XVIe et XVIIe siècles, d'anciennes brasseries pour la plupart, qui communiquent avec le bord de la Sambre, d'où l'on puisait l'eau et par où arrivait le grain. Parallèlement, en contrebas de la masse de la colline de la citadelle, le quai piéton permet d'en voir les arrières, au bord de la Sambre où passent les péniches. Continuant la rue des Brasseurs, le boulevard Frère-Orban longe la rivière en une promenade ombragée des plus reposantes. Entre la rue des Brasseurs et la place Saint-Aubain, la rue Saintrain voit se dresser l'hôtel de Groesbeeck de Croix, un palais de ville exemplaire bâti en forme de H autour de deux petites cours. Converti en musée, il permet d'en voir plus qu'une façade de brique et de calcaire, en pénétrant dans ses salons stuqués et en visitant le jardin à l'arrière, petit paradis classique ordonné autour de la pièce d'eau aux nénuphars. On se trouve aussi ici au niveau du quartier de l'évêché : un univers pittoresque et calme de bourgade provinciale à l'atmosphère presque rurale.

Transports

Deux autoroutes mènent à Namur : la E42 (Paris - Mons - Charleroi - Namur - Liège - Aix-la-Chapelle) et la E411 : (Bruxelles - Namur - Arlon - Luxembourg). Namur se trouve à 60 km au sud-est de Bruxelles. Attention : Namur se dit Namen en néerlandais !

La plupart des bus de ville partent de la place de la Station (c'est là que se trouve le bureau de renseignements pour les routes et les horaires, ouvert de 7h à 19h) ou de l'avenue de la Gare.

WALLONIE

LES NAMOURETTES

Il y a à Namur un moyen de transport plutôt particulier. Profitant de sa situation au confluent de la Meuse et de la Sambre, la Namourette a ainsi vu le jour. La quoi ? La Namourette, contraction de Namur, Amour et Vaporett (o), elle rend hommage à sa ville d'adoption et à ses aînés vénitiens. Aujourd'hui, ces petits bateaux sont au nombre de trois et rythment la vie fluviale namuroise tout au long de l'été. Partant du port de plaisance de Jambes (rive droite de la Meuse), ils effectuent un trajet de navette vers Salzinnes (rive droite de la Sambre) avec trois arrêts intermédiaires permettant de se rapprocher du centre-ville. www.namurtourisme.be

UN SITE STRATÉGIQUE

L'endroit où la Sambre se jette dans la Meuse, surnommé le Grognon, attira les hommes dès la Préhistoire et devint le berceau d'une ville gallo-romaine. Plus tard, un poste de perception d'impôts y fut installé. Aujourd'hui, le confluent est aménagé autour du monument dédié au roi Albert Ier de Belgique. En se retournant, se dresse l'hospice Saint-Gilles du XVIIe siècle où s'est installé le Parlement wallon. L'Élysette, qui abrite la présidence du gouvernement wallon, lui fait face de l'autre côté du fleuve. C'est du Grognon que partent les croisières sur la Meuse vers Wépion et Dinant, ainsi que sur la Sambre. Un réaménagement complet du site s'est terminé en 2020.

BELGIAN GALLERY

Place d'Armes 8
✆ +32 486 82 52 10
www.belgiangallery.com
Ouvert le samedi de 14h à 18h et sur rendez-vous.

S'y retrouvent, des artistes belges de la fin du XIXe siècle, du XXe siècle et des artistes contemporains. Les artistes d'origine étrangère résidant en Belgique sont aussi représentés. Galerie de qualité ayant acquis une belle réputation, on y organise plusieurs expos par an, d'une durée de deux à trois mois environ. Les thèmes sont éclectiques : artistes belges majeurs (Ensor, Delvaux, Magritte…), les frères Geluck (Philippe et Jean-Christophe) ou thématiques (bipolarité, la Belgique picturale…). Aussi depuis 2021 à Bruxelles et à Knokke.

BEFFROI DE NAMUR

Rue du Beffroi
✆ +32 81 24 64 44
Non visitable actuellement.

Cette tour en pierre de taille est surmontée d'un toit en ardoise en forme de bulbe. Autrefois, Namur possédait un beffroi plus ancien sur sa citadelle, mais après sa destruction au XVIIIe siècle, la tour Saint-Jacques a repris le flambeau. Édifiée en 1388, cette tour haute de 20 mètres faisait partie de la troisième enceinte urbaine. Deux fois plus haute à l'origine, elle protégeait une des portes d'entrée de la ville. L'édifice fait partie de la cinquantaine de beffrois régionaux (Belgique et Nord de la France) inscrits au Patrimoine mondial de l'Unesco.

LE DELTA

Av. Fernand Golenvaux 18
✆ +32 81 77 67 73
www.ledelta.be
Fermé le lundi. Espace muséal : de 11h à 18h.
Programmation : voir site web.

Maison de la Culture provinciale, le Delta offre une enveloppe contemporaine rénovée de façon flamboyante à l'aube des années 2020. On y vit la culture de façon libre et naturelle. Le Delta est conçu selon le principe du tiers lieu. L'acteur ou l'actrice, c'est aussi le public qui rencontre, partage et conçoit autant qu'il ne reçoit la culture. Différents endroits du bâtiment sont ouverts au public qui voit les artistes/visiteurs en train de pratiquer leur art. Le must : la terrasse en toiture et sa vue incroyable très namuroise en plus d'un espace de détente.

WALLONIE

Namur.

LES BATELIERS ★

Rue J. Saintraint 7
✆ +32 81 24 87 20
www.lesbateliers.namur.be
Ouvert du mardi au dimanche de 10h à 12h et de 13h à 18h. Entrée gratuite. Expos temporaires sur page Facebook.

À l'origine, le bâtiment édifié entre la Sambre et le cœur de la ville, servait, semble-t-il, de refuge à l'abbaye de Villers-la-Ville. Au milieu du XVIIIe siècle, l'architecte thudinien Jean-Baptiste Chermanne le transforma en un magnifique hôtel particulier pour les comtes de Groesbeeck de Croix. Racheté par la Ville de Namur, le bâtiment changea à nouveau de vocation et fut reconverti en musée des arts décoratifs en 1935. Il prit pleinement son essor dans les années 1950. Aujourd'hui, plus qu'un simple musée, Les Bateliers tendent à devenir un pôle muséal regroupant à la fois le musée des Arts décoratifs (du XVIIIe au XXe siècle) et, dans le futur, le Musée archéologique. Cette section est toujours en travaux à l'heure de publier ces lignes mais on sait qu'elle présentera des collections archéologiques de la région namuroise et ses alentours, du Paléolithique au Moyen Âge. Sur le plan architectural, le pôle mixe avec bonheur le contemporain et l'ancien, dont une chapelle magnifiquement restaurée ayant fait partie de l'école Saint-Jacques des Bateliers jusque dans les années 1980. La partie consacrée aux arts décoratifs est aménagée dans l'idée d'y conserver une impression immersive en rapport avec les lieux. Transporté au siècle des Lumières, le visiteur bénéficie déjà de cette refonte visible dans les murs et dans l'esprit. On y multiplie les thèmes et les expos (plusieurs sont organisées chaque année). Ce magnifique hôtel particulier sert régulièrement de décor au tournage de films dont l'un des plus retentissants fut *Les Visiteurs : La Révolution*. Plusieurs scènes sont d'ailleurs remontées chaque année à l'occasion du FIFF, le Festival du Film Francophone. Parmi les pièces du bâtiment restées volontairement dans leur jus, la cuisine avec sa grande cheminée et son four à pain sont des témoins remarquables du XVIIIe siècle. Les écuries, une ancienne conciergerie occupée comme telle jusqu'en 2013, mettent en évidence de jolies mangeoires en pierre. Elles servent de lieu d'exposition comme l'ancienne remise à carrosses. Derrière, l'ancienne serre va devenir le théâtre d'un restaurant avec vue sur le jardin. Ce dernier, véritable havre de paix, est un petit bijou aménagé à la française, à la mode du XVIIIe siècle lui aussi. En son centre, un tulipier bicentenaire occupe majestueusement l'espace. Bientôt connecté au Musée Rops par leurs espaces verts respectifs, le pôle deviendra « L'îlot des Bateliers ». Leurs jardins, ouverts au public, seront accessibles en visite libre pendant les heures d'ouverture des musées.

CATHÉDRALE SAINT-AUBAIN ★

Place Saint-Aubain ✆ +32 81 24 64 44
www.museediocesain.be
Musée diocésain et Trésor : 4 € (ouvert le jeudi de 14h à 17h).

Construite au début du XVIIIe siècle, son fronton courbe en pierre calcaire oscille entre sévérité classique et volupté baroque. La cathédrale Saint-Aubain remplace une collégiale fondée en 1047. Elle est devenue cathédrale en 1559, à la suite de la création de l'évêché de Namur par Philippe II. Détruite en 1740 par l'importante crue de la Sambre, elle est reconstruite sous sa forme actuelle de 1751 à 1767. L'intérieur est très lumineux, grâce à l'impressionnante coupole de croisée, et contient des œuvres d'art remarquables, comme des peintures de Anton van Dyck, de Jacob Jordaens et de Nicolaï (un élève de Rubens). On peut aussi évoquer les fonts baptismaux romans.

Le Musée diocésain et le Trésor de la cathédrale sont installés dans un bâtiment Renaissance à droite de l'église. Vous y verrez une riche collection de pièces d'orfèvrerie, dont la plus précieuse est sans nul doute la couronne reliquaire des Saintes Épines (qui contiendrait deux épines de la couronne du Christ). Également à voir, une châsse mérovingienne datant du VIIe siècle ainsi qu'un fragment de la Croix.

De l'autre côté de la place Saint-Aubain, transformée en parking, se trouve l'ancien palais épiscopal, devenu palais provincial. Deux ailes mansardées encadrent la cour classique dont on apprécie l'harmonie en jetant un coup d'œil par le portail. Ce grand palais urbain a été construit en style classique, entre 1728 et 1732. A côté de la brasserie François, l'ancien hôtel Saint-Aubain vaut les meilleurs édifices classiques de Gand.

ÉGLISE SAINT-LOUP

Rue du Collège
Sas vitré accessible du mardi au vendredi de 10h à 16h, église ouverte le samedi de 11h à 16h.

La plus racée des églises namuroises avait ébloui Baudelaire. Pourtant, l'église qu'il avait admirée n'était pas celle que nous voyons aujourd'hui, restaurée, rendue à son aspect d'origine au n° 17 de la rue du Collège. Érigée entre 1621 et 1645, cette église du couvent des jésuites est un chef-d'œuvre baroque, remarquable témoignage de l'architecture religieuse du XVIIe siècle. Ateliers, conférences, expos ont marqué les 400 ans de la pose de la première pierre, célébrée le 23 septembre 2021. Fermée hors offices, une baie vitrée permet d'admirer sans toucher.

WALLONIE

CITADELLE DE NAMUR ★★★★

Route Merveilleuse 64 ✆ +32 81 24 73 70
www.citadelle.namur.be
Terra Nova 4 €, souterrains 10 €, train 6 €, combi 15 €. Hiver 10h-17h, sauf lundi. Été 7j/7. Autres tarifs : voir web.

Se déployant sur 8 hectares de verdure, la citadelle de Namur est l'une des plus importantes d'Europe. Elle compte de multiples souterrains, des galeries de défense, d'attaque, de vie sous les bombardements et occupe une position stratégique. Surplombant la ville sur un éperon rocheux de 190 mètres de hauteur, la citadelle domine le confluent de la Sambre et de la Meuse ainsi que les deux vallées : les fortifications bénéficient d'une vue splendide. Considérée comme une position dominante au Moyen Âge, la citadelle, aménagée au fil des siècles, finira par devenir une place forte enviée par toutes les puissances régnant sur la région. Elle est divisée en trois strates : Logis comtal en bas, Médiane pour la partie intermédiaire et Terra Nova en haut.

La citadelle de Namur se découvre à pied depuis le centre-ville (elle est fléchée), en petit train et depuis le printemps 2021 en **téléphérique** ! La sculpture monumentale *Searching for Utopia* représente une tortue géante dorée surmontée d'un humain. Visible de loin et prisée des photographes, elle décore le jardin depuis 2015.

Visite de Terra Nova et des souterrains. Le Centre du Visiteur Terra Nova est un bon point de départ de visite pour comprendre son histoire. Le mur flottant d'écrans et d'images permet de se plonger dans les cartes et vidéos, les images et témoignages sonores. La visite des 500 mètres de souterrains est vraiment recommandée, agrémentée de projections en 3D, effets sonores. Ils se parcourent en mode immersif, c'est interactif et ludique autant pour les enfants que pour les adultes. En parallèle au centre Terra Nova, le bâtiment héberge une cafétéria qui sert quelques snacks et des produits locaux de qualité à ramener en souvenir ou à déguster sur place.

Visite de la parfumerie Guy Delforge. À l'intérieur de la citadelle, l'atelier de parfumerie de Guy Delforge constitue une visite immanquable. Ce centre de création unique en Europe du Nord explique les différentes phases de la réalisation d'un parfum artisanal et naturel. La visite guidée ou en audioguide dure 1h. On explore les laboratoires avant d'entrer dans la salle de composition, casemate du XVIe siècle de l'époque de Charles Quint, où se trouve le fameux buffet d'orgue du parfumeur, et où se mélangent les senteurs. Viennent ensuite les galeries de macération où les parfums mûrissent pendant six mois. L'olfactorium enfin, permet de tester les différentes senteurs.

Parmi les autres points d'intérêts répartis sur le site, le visiteur découvrira le stade des Jeux, des balades variées ou encore la Tour du guetteur.

Histoire. Dès le Ier siècle, un port existait à la pointe de Grognon et les habitants entretenaient ici des relations commerciales avec le reste de l'Empire romain, comme en attestent des pièces de monnaie retrouvées sur le site. Entre le Ve et le Xe siècle, l'activité du port s'intensifie et la ville se dote de ses premiers remparts. Elle devient une place forte militaire pendant les dix siècles qui suivirent, c'est la période moyenâgeuse. Au château s'ajoutent la collégiale Saint-Pierre et des habitations de chanoines, la religion prenant beaucoup d'importance dans la société à cette époque. Du Xe au XVe siècle, vingt-deux comtes vont se succéder et gouverner depuis la citadelle car la ville est la capitale du Comté de Namur. Certains d'entre eux proviennent du Hainaut, de France et de Flandre. Certains se sont avérés plus conquérants et téméraires que d'autres, le comte Baudouin II de Courtenay sera même empereur de Constantinople ! Le sang bleu n'avait pas peur des délocalisations de pouvoir ! Yolande de Courtenay deviendra elle Reine de Hongrie et Blanche de Namur finira Reine de Suède. C'est à cette époque que la ville prospère, s'agrandit et se fortifie. Elle compte 8 000 habitants au XVe siècle. C'est Jean III, le dernier comte de Namur qui ruiné et sans héritier, la vendra contraint et forcé à Philippe le Bon, Duc de Bourgogne en 1421.

Pendant la période conflictuelle de conquêtes impériales entre le XVe et le XIXe siècle, la citadelle et la ville de Namur vont connaître un déploiement et une spectaculaire transformation en place forte massive, notamment par la construction d'une ceinture de neuf forts. La citadelle est alors dotée d'un réseau de souterrains si vaste que Napoléon Ier la surnomma la termitière d'Europe ! Ceux-ci constituaient une base militaire enterrée, où une armée pouvait subsister pendant un mois. Prise, reprise par les divers conquérants elle fit l'objet de toutes les convoitises. Les batailles et sièges qui s'y jouèrent connurent les évolutions des armes et des guerres. À mesure que les catapultes propulsaient des boulets de plus en plus loin, la citadelle s'agrandissait pour demeurer intouchable ! Les meurtrières, réserves de bière (l'eau pouvait être infectée de bactéries, jamais la bière !), de céréales, les salles d'armes, les différentes parties aériennes et souterraines furent longtemps un exemple d'organisation militaire. Elle passa sous le joug du Saint-Empire germanique, puis des Hasbourg d'Espagne et d'Autriche, puis elle fut reprise par la république française et l'Empire français de Napoléon (elle fut remaniée par Vauban) et enfin par les Pays-Bas. Elle ne connaîtra la paix qu'à l'indépendance de la Belgique en 1830. Au début du XIXe siècle, elle comptait encore 20 000 habitants. Finalement, Leopold II décidera de la démilitariser partiellement en 1891.

La citadelle de Namur sert de cave de garde au négociant et éleveur de vins Grafé-Lecocq.

MUSÉE FÉLICIEN ROPS

Rue Fumal 12
✆ +32 81 77 67 55
www.museerops.be
Ouvert de 10h à 18h du mardi au dimanche. En été, tous les jours. Adulte : 5 € (musée + expos temporaires).

Félicien Rops, artiste controversé et provocateur à son époque, était natif de Namur. Le musée qui lui est dévolu jouxte sa maison natale. Dans un ancien hôtel de maître des XVIIIe et XIXe siècles, il réunit plus de mille œuvres ainsi qu'une importante collection de gravures, riche de deux mille pièces. Du début de sa carrière de caricaturiste à Bruxelles jusqu'à sa consécration dans la Ville Lumière, le musée présente les principales époques et thèmes de Rops : la femme, l'amour, le désir et la mort. Des expositions temporaires y sont également programmées.

PLACE MARCHÉ-AUX-LÉGUMES

Place Marché-aux-Légumes

Cette place typiquement namuroise se cache derrière une ruelle la reliant à la place de l'Ange. Connue de tous les Namurois, elle a conservé le même charme depuis le XVIIIe siècle. Les terrasses des nombreux cafés et restaurants invitent à y faire une halte sous les tilleuls, autour de la pompe monumentale, avant de visiter l'église Saint-Jean-Baptiste. Construite au XVIe siècle en style gothique, l'édifice est une des plus anciennes églises de la ville. A l'intérieur, les autels de marbre noir contrastent avec le décor pâle des voûtes.

TÉLÉPHÉRIQUE DE NAMUR

Rue des Brasseurs 63
http://telepheriquedenamur.be
7j/7 01/04-30/09, 10h-17h (18h le w-e) ; 01/10-31/03 : fermé lundi. 4,50 € aller, 6,50 € A/R. Autres tarifs : voir web

Le téléphérique de Namur a été inauguré en mai 2021. Composé de quatre groupes de trois cabines, il remplace, sur un nouveau tracé, le téléphérique fermé en 1997 après quarante années d'activité. Surplombant la Sambre, le téléphérique permet une montée rapide depuis la place Maurice Servais récemment rénovée jusqu'au sommet de la citadelle. Simple excursion à sensations (très modérées) ou mode de transport alternatif, toutes les raisons sont bonnes pour se payer une grimpette vers les sommets ou pour descendre en ville en profitant d'un parking gratuit. En cas de correspondance ou de rendez-vous, gardez toutefois à l'esprit que la file d'attente est parfois conséquente. La rançon du succès, en somme. Une fois en l'air, on profite du panorama vers les dernières réalisations architecturales en ville : le Delta (centre culturel provincial), la Confluence remplaçant avantageusement le chancre du Grognon, les travaux de la Halle al'Chair, futur office de tourisme de Namur et, au sommet, une vue rapprochée sur le Pavillon, implanté à côté de la station haute du téléphérique. Depuis celle-ci, plusieurs sentiers permettent d'arpenter la citadelle vers les points névralgiques, Terra Nova en tête.

Le téléphérique en quelques chiffres

- 12 cabines de chacune 6 personnes
- 7 min de temps de parcours moyen
- 4 vitesses différentes en fonction de l'affluence pour une vitesse max. de 21,6 km/h.
- 103 mètres de dénivelé pour 650 mètres de longueur.
- 450 passagers max. par heure.
- 180 000 visiteurs environ pour la première année.

WALLONIE

REINE FABIOLA

Rond-point Michel Thonar 1
✆ +32 81 73 84 13
www.parf.be
De début avril à la fin des congés d'automne. Entrée : 3 €. Moins 1 m : gratuit. Autres tarifs : voir web.

Le parc Reine Fabiola offre de nombreuses possibilités de divertissements pour tous, au sommet de la Citadelle de Namur, dans un écrin de verdure. Grande plaine de jeux : châteaux, balançoires, jeux d'équilibre, tour-toboggan culminant à presque 9 mètres, espace de jeux réservé aux 3 à 5 ans, espace de jeux « Galaxy » pour les 6-12 ans, circuit d'escalade, pour les enfants à partir de 8 ans et adolescents, voitures électriques, go-karts à pédales, trampolines, jeu d'échecs géant... De quoi ravir la famille pour une journée en plein air !

BRASSERIE HOUPPE

Avenue de la Plante 49
✆ +32 81 37 09 37
www.houppe.be
Visites de groupe (min. 20 pers.) ou thématiques (zythologie, team building,...) du lundi au vendredi de 8h30 à 17h

Une brasserie est née ici en 1812. Depuis 2015, les cinq créateurs de la Houppe (née en 2013) se sont installés dans ces bâtiments historiques en bord de Meuse. Après plusieurs mois de développement, ils y brassent celle qui est depuis devenue un des nouveaux symboles de la capitale wallonne. La Houppe (7,5 % vol. alc., ambrée) a depuis été rejointe par la Jambes en l'Air, plus claire et plus légère (4,8 % vol. alc.) que la première citée ainsi que par d'autres produits de niche. La Houppe figure en bonne place sur la plupart des événements namurois.

TREMA

Rue de Fer 24
✆ +32 81 77 67 54
www.museedesartsanciens.be
Ouvert du mardi au dimanche de 10h à 18h. Gratuit jusqu'à 12 ans. Adulte : 3 € (5 € avec exposition temporaire).

L'ancien Prieuré d'Oignies, dans la commune d'Aiseau entre Namur et Charleroi, possédait un Trésor remarquable. Celui-ci est conservé au musée des Arts anciens de Namur, dans le magnifique hôtel particulier Hôtel de Gaiffier d'Hestroy du XVIIIe siècle. Ce musée abrite des collections d'art, du Moyen Âge à la Renaissance. Parmi celles-ci, de superbes sculptures sur pierre et bois, peintures à sujets religieux, œuvres illustrant les arts du métal, le vitrail, la verrerie et la broderie… On peut citer en pièces maîtresses la peinture sur bois *Le Paysage avec la parabole du bon Samaritain*, d'Henri Blès (du XVIe siècle). Le reliquaire du lait de la vierge finement ciselée et comporte sur la poitrine une magnifique améthyste symbolisant une des douze portes de Jérusalem. On peut aussi voir le trésor d'Oignies, une collection d'orfèvrerie mosane du XIIIe siècle. Ces œuvres du moine orfèvre Frère Hugo comprennent des reliquaires, calices, croix mais aussi des phylactères, un évangéliaire et un manuscrit. Parmi les autres œuvres précieusement gardées, notons encore des verres arabes du début du XIIe siècle, des ivoires et émaux des XIe et XVIIe siècles ainsi que des mitres datant de la fin du XIIe siècle et du début du XIIIe siècle. Autrefois installé au couvent des Sœurs de Notre-Dame, le trésor a été transféré au musée par la suite. Le Trésor du prieuré d'Oignies est classé au patrimoine culturel mobilier de la communauté française. Des expositions temporaires sont aussi organisées dans ce musée.

DOMAINE DE LA NOISERAIE €€

Avenue d'Ecolys 46 - **SUARLÉE**
✆ +32 471 78 99 77
www.lanoiseraie.be
Chambre : 155 €/nuitée. Suite : 225 €/nuitée. Petit déjeuner incl. Piscine. Sauna. Bain à bulles. Fitness. Table d'hôtes

La maison d'hôtes est cernée d'un millier de noyers produisant fruits secs et huile. Le gestionnaire propose des visites. La Noiseraie est une grande bâtisse neuve de style traditionnel abritant 4 splendides chambres d'hôtes. Elles disposent d'un excellent niveau de confort et d'une vue imprenable sur le domaine ou sur la piscine chauffée, autre atout charme de ce magnifique ensemble. Michel et Rosine soignent les hôtes aux petits oignons. Leur table d'hôtes fait la part belle aux produits de saison, au potager bio et aux plantes sauvages et fleurs comestibles.

GRAND HÔTEL DE FLANDRE €€

Place de la Station 14 ✆ +32 81 23 18 68
www.hotelflandre.be
Double standard de 70 à 109 € selon la saison, suite de 90 à 150 € triple et quadruple à partir de 100 €. Parking.

Construit en 1940, l'hôtel de Flandre est le plus ancien de Namur actuellement ouvert. Il bénéficie d'une situation idéale pour rayonner : il est situé en plein centre-ville et juste en face de la gare. Cet hôtel 3 étoiles de 33 chambres à la façade Art déco avec une entrée magnifique. Les chambres, parfaitement insonorisées et lumineuses, sont décorées de tons agréables blanc, vert d'eau et beige, graphiques. Elles sont d'ailleurs rénovées et très bien équipées pour le prix (climatisation, minibar, coffre, bouilloire), même pour les chambres standard.

MAISON CARACOLE €€

Rue du Président 32
✆ +32 475 45 76 00
www.lesgitesduvieuxnamur.be
Pour 2 personnes (4 chambres). 85 € la nuit. Tarif dégressif suivant la durée d'occupation (2 nuits minimum).

Le concept de gîte citadin est intéressant et reste rare dans les villes wallonnes. Au cœur du vieux Namur, idéalement situés à deux pas de la Sambre et des rues commerçantes, ces quatre petits gîtes sont autant d'appartements aménagés dans une ancienne maison. Contemporains et confortables, ils sont pensés dans des couleurs et des styles différents mais agréables. Destinés à ceux qui voudraient plus d'indépendance, ils sont pourvus d'une salle de bains et d'un petit salon avec un coin cuisine. Linge et nettoyage sont compris.

THE ROYAL SNAIL €€

Avenue de la Plante 23
✆ +32 81 57 00 23
www.theroyalsnail.com
A partir de 125 €/nuit pour une single, 145 € pour une double.

Boutique-hôtel quatre étoiles de 30 chambres avec wellness et piscine extérieure, le Royal Snail a tout pour plaire, y compris sa situation intéressante en bord de Meuse. Détente et ressourcement au programme, chambres avec vues sur la piscine ou sur le fleuve, certaines avec terrasse ou loggia. La literie est XXL et ultra confortable comme il se doit. Le centre wellness propose également des massages tonifiants ou relaxants. Le restaurant La Table propose une cuisine du monde faite de petits plats à partager, le degré de satiété étant indiqué.

VILLA BALAT €€

Quai de Meuse 39
✆ +32 473 30 55 00
www.villabalat.be
À partir de 130 €. Réduction dès 3 nuitées. Juillet-août : 2 nuitées minimum. Petit déjeuner inclus. Parking : 10 €.

Dès qu'on la voit, on se met à rêver tant cette villa blanche de bord de Meuse aux lignes Art nouveau est jolie. Pour la rejoindre, suffit de franchir l'Enjambée par-dessus le fleuve. Depuis 2015, Muriel Charon en est la propriétaire et elle l'a restaurée, meublée et décorée avec amour, si pas à l'identique, dans l'esprit de l'époque. L'écouter en parler fait déjà partie de l'expérience. Deux chambres et une suite vous font voyager dans le temps et le matin, le petit déjeuner avec vue sur l'eau vous booste pour la journée. À noter : une fresque signée D. Stellas.

CHÂTEAU DE NAMUR €€€

Avenue de l'Ermitage 1
✆ +32 81 72 99 00
www.chateaudenamur.com
29 chambres. Chambre double à partir de 112 €. Petit déjeuner : 16 €. Parking.

Dominant la majestueuse citadelle de Namur, le château est un lieu de séjour princier. Elégamment travaillé, monumental, avec des toits singuliers, il impressionne. Les chambres sont décorées avec un brin d'excentricité « artistochic » : meubles contemporains mais façon château, tapisseries sombres et royales, éclairage design, du luxe raffiné. Le lieux abrite aussi un restaurant gastronomique réputé, celui de l'école hôtelière provinciale : l'Ermitage, qui permet aux futurs grands chefs de laisser libre cours à leur créativité. Vue en terrasse exceptionnelle.

HÔTEL LES TANNEURS €€€

Rue des Tanneries 13
✆ +32 81 24 00 24
www.tanneurs.com
32 chambres. Chambre double à partir de 70 €. Parking.

Cet hôtel possède un charme particulier. Il a été emménagé dans un ensemble de 11 petites maisons du XVIIe siècle, vestiges de l'ancienne tannerie. Mais aussi parce que les chambres et suites (toutes ont été entièrement refaites en 2020) placent la barre très haut sur le plan du confort et du luxe, y compris celles de la tour carrée. Spacieuses, certaines proposent un bain à bulles ou un hammam privatif. L'hôtel dispose aussi de deux restaurants, l'Espièglerie, une table gastronomique et le Grill des Tanneurs, sur un modèle de grill argentin.

NE5T €€€

Allée de Menton 26
✆ +32 81 58 88 88
www.ne5t.com
Suites et duplex dès 260 €. PDJ : 20 €. Accès spa : 35 €. La Table du Ne5t : vendredi et samedi soir, sur réservation.

Sur le versant sud-ouest du site de la Citadelle, dans un environnement paisible, le Ne5t Hôtel et Spa propose six formules de logement haut de gamme : deux duplex et quatre suites. Beaucoup d'espace, du design personnalisé et du grand luxe. L'ancienne maison en pierre et deux dépendances en briques entourent la piscine. Le lieu propose également un spa (massage, piscine intérieure à 33°, hammam), une salle de conférence ou cinéma, un restaurant de cuisine française, une table privée (à partir de 8 personnes) ou un service de restauration en suite.

LES CHAMPS ELYSÉES €

Avenue Albert 1er 149
✆ +32 81 23 14 26
www.champselysees.be
Ouvert tous les jours le midi et le soir jusqu'à 23h30. Menus de 26 € à 35 €. Plat du jour : 13 €.

À l'entrée de la ville, la taverne propose différents menus, formules et plat du jour. L'entrecôte irlandaise poêlée (350 g), le chapon aux raisins de muscat frais et la choucroute aux sept viandes sont quelques incontournables servis avec bonheur aux Champs-Elysées. Tout y est fait maison, dans le respect des traditions d'une authentique brasserie. Le patron est sommelier par passion, un bonheur de discuter vins avec lui. La salle et la véranda ont une large capacité, ainsi que la terrasse, chauffée en hiver et ombragée en été.

FENÊTRE SUR COUR €

Rue du Président 35
✆ +32 81 23 09 08
www.fenetresurcour.be
Ouvert 7j/7 le midi, jeudi, vendredi et samedi soir. Plat du marché : 15 €. Lunch : 25 €. Carte : 48 €. Menu : 39 €.

Il y a le *Fenêtre sur cour* d'Alfred Hitchcock et celui de Claude Genette ! À l'écart de la rue, il est escamoté dans une cour avec une superbe verrière de 1902 et une vieille cabine de téléphérique. La salle séduit par son raffinement Art nouveau. Le nouveau chef Thierry Terroir conjugue bon goût et produits frais : tartare de saumon frais, cannelloni de poularde, quasi de veau à basse température… En parallèle, Extérieur Nuit est le bar cool où l'on sort à tout âge et surtout jusqu'à pas d'heure. Dès les beaux jours, la terrasse est des plus accueillantes.

WALLONIE

BE BELGE ET D'AILLEURS €€

Place Maurice Servais 5
✆ +32 81 47 00 95
www.bebelgeetdailleurs.be
Ouvert le midi du mercredi, jeudi, vendredi et dimanche, vendredi et samedi soir. Menu à partir de 35 €.

Be Belge est un petit resto qui vient de déménager dans un coin verdoyant de Namur et à la courte carte anticipant les saisons. Catherine et Axel font honneur à leur enseigne en proposant des plats où figurent le plus souvent des ingrédients locaux... mais pas seulement. Les poissons de la mer du Nord cohabitent avec le porc fermier à la moutarde Bister, le gibier en saison et les fraises et le chocolat sont les invités de marque au dessert. Axel Devaux est diplômé de l'école hôtelière namuroise. Sa carte est bimensuelle et les produits faits maison.

L'ENTITÉ €€

Boulevard Frère Orban 9
✆ +32 81 23 09 89
Ouvert tous les jours de 12h à 19h.

L'Entité, c'est le genre d'adresse qu'on a l'impression d'avoir toujours connu. Immuable avec sa terrasse en devanture d'où on observe, tout en étant vu, le passage des voitures et des piétons, on y prend une bière, un café, un croque ou un plat du jour. Sa clientèle ? Une floppée d'habitués soit accoudés au comptoir, soit toujours à la même petite table en marbre et fer forgé. Le gros des troupes est composé d'étudiants et du personnel de l'université voisine. Sa situation idéale à proximité du RAVeL et du parc Louise Marie lui permet d'attirer le chaland.

BRASSERIE DU QUAI €€

rue du Quai 9
✆ +32 81 65 70 03
www.brasserieduquai.be
Ouvert 7j/7 à partir de 11h. Cuisine ouverte de 12h à 14h30 (15h le dimanche) et de 18h à 21h30. Carte : 50 € environ.

Thierry Van Damme, qui collectionne les belles brasseries comme d'autres les voitures anciennes, a lancé celle-ci avec son complice Michel Grenier. Brasserie avec vue sur Meuse au pied du pont de Luxembourg, elle dispose d'un banc d'écailler (huîtres, moules, palourdes, langoustines, crevettes grises de mer du nord...). La carte reprend des classiques régionaux : croquettes crevettes, entrecôte, américain, sole meunière, onglet échalote... L'après-midi, service boisson uniquement. Avec les beaux jours, superbe terrasse extérieure.

L'1 PASSE-TEMPS €€

Rue des Brasseurs 107
✆ +32 81 83 53 71
www.1passetemps.be
Ouvert du mardi au samedi midi et soir, le dimanche midi. Carte : 43 € environ.

Ce restaurant-brasserie au mobilier contemporain a pris place dans l'ancienne halle aux grains parfaitement rénovée. Les lieux sont agréables, bordés par la Sambre et avec vue sur la Citadelle, et plébiscité par les touristes à la belle saison, surtout la terrasse. Au menu, une cuisine régionale et de terroir dans une ambiance affairée. Un aperçu alléchant : le pain de veau à la namuroise, le ris de veau braisé, le dos de cabillaud en chemise ardennaise ou les linguines aux scampis. Sauces abondantes, demandez-les à part pour doser.

CAFÉ FLEURI €€

Rue des Fossés Fleuris 38
✆ +32 81 65 89 15
cafefleuri.be
Ouvert tous les jours de 9h à 16h. Petit déjeuner : 11,95 €. Brunch : 21,95 €.

Ambiance champêtre dans ce petit café du vieux Namur qui ouvre ses portes aux clients dès le matin pour le petit-déjeuner. Pas de liste interminable de lattes ou autres frappiatti mais bien du bon café de chez Delahaut, la maison de torréfaction historique de Namur. Au Café Fleuri, tout est fait maison : les toasts, les pancakes... et on vous reçoit comme des habitués. Prenez place près de la fenêtre, autour d'une table en marbre blanc pour regarder les badauds ou à l'arrière, pour scruter les détails d'un papier peint... forcément fleuri !

LA PETITE FUGUE €€

Place Chanoine Descamps 5 ✆ +32 81 23 13 20
www.lapetitefugue.be
Du mardi au samedi midi et soir et dimanche midi. Menus de 43 € à 55 €. Carte : ±47 €. Lunch : 29 € et 33 €. Terrasse.

Pascal Pirlot cuisine des plats de bistronomie de haute volée. Des lieux actuels se dégagent une certaine chaleur : les murs chocolat glacé tranchent subtilement avec de petites touches de rouge enflammé. La maison doit en grande partie sa réputation aux plats de poissons et crustacés, frais et à ses menus saisonniers, toujours dirigés avec précision. Dès l'automne, le gibier joue des coudes avec la sole et le homard breton. La spécialité du chef : un œuf cuit à 63 °C (décliné différemment mais qui ne quitte jamais la carte) et un rapport qualité-prix incroyable.

LES POTES AU FEU €€

Avenue de la Plante 4 4
✆ +32 81 64 04 44
lespotesaufeu.be
Ouvert mardi soir et du mercredi au vendredi, midi et soir. Carte : 65 €. Menu : 45 €.

Les potes, ce sont deux jeunes passionnés, François et Damien, lancés dans cette aventure en février 2020. Leur carte décline fraîcheur et saisonnalité en deux entrées (champignons en 3 façons ou Saint-Jacques rôties), deux plats (gibier belge à la kriek ou pêche du jour), autant de desserts (poire au chocolat et kalamansi ou pain perdu). L'adresse est à recommander largement. Pour sa cuisine gourmande, contemporaine et emplie de bonne humeur (François et Damien viennent à votre table présenter leurs plats) et pour son cadre contemporain avec vue sur le fleuve.

LE TEMPS DES CERISES €€

Rue des Brasseurs 22
✆ +32 81 22 53 26
www.cerises.be
Ouvert du mardi au vendredi le midi ; du jeudi au samedi le soir. Carte : 48 € environ. Lunch : 27 €.

Bonne vieille adresse, où le rouge ambiant (nappes en vichy, tables et chaises...) est rehaussé de dédicaces de personnalités et artistes qui ont un jour goûté à cette cuisine en forme d'histoire d'amour pour les produits du terroir. Du local et d'ailleurs. Côté carte, le jambonneau gratiné, le groin de cochon, l'entrecôte de bœuf ou encore le cassoulet sont des valeurs sûres de la maison. On vient aussi pour l'accueil : le patron Dominique Renson est un solide pince-sans-rire à qui on ne la fait pas ! Il produit en exclusivité un délicieux apéro, le Florange.

TERRASSES DE L'ECLUSE €€

Chaussée de Liège 477
✆ +32 81 30 33 60
https://terrasses-ecluse.be
Ouvert tous les jours midi et soir. Carte : 50 €. Menu : 39 €. Lunch : 25 € et 30 €.

Plein la vue avec ce terrible paquebot qui semble être amarré contre l'écluse de Jambes. En fait, un nouveau complexe immobilier au rez duquel la brasserie a pris ses quartiers. On s'y presse sur les terrasses par beau temps, on y court à toute occasion dans la superbe salle avec des tables agencées par ambiance. La carte est riche et variée, décline les classiques de brasserie joliment (re) visités. Mention pour le vol-au-vent et ses ris. Les poissons sont joliment préparés. La bible des vins compte de belles paroisses belges, le sommelier maîtrise son sujet.

ATTABLEZ-VOUS €€€

Rue Tienne Maquet 16 ✆ +32 499 61 93 40
www.attablezvous.be
Ouvert mardi, jeudi, vendredi midi et soir. Fermé mercredi soir et samedi midi. Menus 72 € à 115 €. Formule midi : 42 €.

Dans la maison tenue autrefois par ses parents dans le quartier de la Plante, Charles Jeandrain propose une cuisine gastronomique basée sur les produits de saison. La déco hyper tendance est à l'opposé du style classique d'antan. Dans l'assiette, de la haute cuisine, par exemple un ris de veau croustillant céleri boule, parmesan et truffe noire ou une pêche du jour, croûte d'herbes, anguille fumée, pomme de terre ciboulette, poireaux grillés, salicorne, jus iodé... Réservation recommandée. Boutique pour emporter chez soi et cours pour tenter de reproduire.

L'ESPIÈGLERIE €€€

Rue des Tanneries 13
✆ +32 81 24 00 24
www.tanneurs.com
Ouvert 7j/7. Menus de 43 € à 72 €. Lunch 2 ou 3 services à 33 € ou 39 €.

Cadre vieille France, élégant et accueillant, aménagé au sein des anciens ateliers des Tanneurs devenu l'Hôtel des Tanneurs. Aux fourneaux, Hubert Quairiat, aussi à l'aise avec les produits de terre que de mer et capable d'associer sans fausse note, créativité, traditions et présentation. Pour en juger, le plus simple est d'opter pour l'un des menus (Espiègle, Balade ou Gourmand), une maîtrise totale. Ce n'est pas pour rien que cette enseigne qui compte parmi les meilleures adresses namuroises depuis 1988, attire autant les gastronomes.

LA PLAGE D'AMÉE €€€

rue des Peupliers 2 ✆ +32 81 30 93 39
www.laplagedamee.be
Ouvert du mercredi au dimanche de 12h à 14h et de 19h à 21h30. Menus de 59 € à 89 €. Carte : 90 € environ.

En bord de Meuse, au niveau du port de plaisance, ce restaurant étoilé offre un cadre unique. Architecture et design intérieur contemporains utilisent comme principaux matériaux l'alu et le bois. Avec une prédominance des tons gris et noir, le style est volontairement sobre, il laisse le panorama et la lumière extérieure faire le reste. Cuisine créative et présentation au top (chef) : Julien Wauthier offre du plaisir en bouche et aux yeux. Sa terrasse sur pilotis et son jardin à l'ombre sur la berge du fleuve donnent envie de s'y précipiter les beaux jours venus.

LA TABLE DU ROYAL SNAIL €€€

Avenue de la Plante 23 ✆ +32 81 57 00 23
www.theroyalsnail.com

Mercredi au vendredi le midi ; lundi au samedi le soir. Carte : 58 €. Lunch : 32 €. Menus : 46 € et 62 €. Terrasse.

Carl Gillain est resté aux commandes mais l'Agathopède a changé de nom pour une enseigne plus *corporate*. Plus convivial et avec moins de chichis, le restaurant de l'hôtel Royal Snail opte pour la bistronomie. On mange au bar ou sur des tables basses si on le souhaite, on prend l'apéro sans prétention avant d'enchaîner avec les assiettes servies à la carte. L'ex-second du Comme Chez Soi opte donc pour un virage à 90° bien dans... l'air du temps, une autre adresse emblématique où il fit aussi ses armes. Les chefs cassent les codes et on aime ça !

L'ANTIQUAIRE BAR

Place Maurice Servais 13

Ouvert du mardi au vendredi à partir de 17h, le week-end à partir de 14h.

L'Antiquaire a eu le nez fin quand il a ouvert son bar en 2019 ! Juste en face de l'entrée du tout nouveau téléphérique et sur une place Maurice Servais prochainement piétonne et refaite à neuf, il y a plus moche pour un tel établissement. L'Antiquaire mise sur trois tableaux : les cocktails, les alcools et les bières haut de gamme. Aussi beaux que bons, les premiers sont classiques, ensoleillés ou créatifs (Mojito, Sex on the beach, Mexico '86, Elixir du Gisou...) mais toujours très joliment présentés. L'intérieur est classe mais la terrasse est une évidence.

LE BOUFFON DU ROI

Rue de Bruxelles 60
✆ +32 81 22 33 82
www.lebouffonduroi.be

Ouvert du lundi au vendredi de 15h à 1h (2h le vendredi) ; le samedi de 17h à 2h ; le dimanche de 17h à 1h.

Bistrot d'étudiants, vu sa situation près de l'Université, mais ouvert à tous. A la carte, une centaine de bières dont huit bières au fût. Le bistrot dispose aussi de sa propre étiquette, La Bouffonne, une ambrée. A l'arrière, la chouette cour-terrasse ensoleillée est bordée d'un terrain de pétanque tandis qu'on privilégiera le baby-foot, les jeux de société ou les BD du coin lecture pour les jours de pluie. Un grand écran retransmet les matchs des Diables Rouges. Côté déco, on apprécie l'ancienne enseigne de pharmacie, autrefois appelée apothicaire.

LE CHAPITRE

Rue du Séminaire 4
✆ +32 499 84 44 57

Ouvert tous les jours dès 14h (16h le dimanche). Terrasse.

À l'ombre de la cathédrale, le Chapitre propose une centaine de bières différentes, toutes issues de petites et moyennes brasseries. Pas la moindre pils industrielle dans ce bistrot à l'ancienne. En revanche, on n'y est pas avare de nouveautés. L'un des meilleurs établissements de la ville, tant pour le service, les conseils, les connaissances que pour la carte. Ambiance réellement bon enfant et soirées jam session régulières parmi d'autres activités (brocante brassicole, soirée irlandaise...). La maison s'aventure aussi à l'un ou l'autre cocktail de bières...

CHEZ JULIETTE

Place Maurice Servais 16
✆ +32 491 88 75 37

Ouvert du mardi au dimanche. Concerts réguliers (voir page Facebook).

Ne vous laissez pas impressionner par Sacha le dogue, elle adore les gens ! Dans un coin qui compte de belles adresses, et en face de la station du téléphérique, Chez Juliette est un peu le genre d'endroit qu'on pourrait appeler un « deuxième salon ». La pièce maîtresse : c'est le bar, massif et en béton. Il fait la déco à lui tout seul. Le reste est habillé de bois façon café de village. On y boit (du vin, de la bière), on y mange (souvent des fromages et souvent à partager), on prend son café en terrasse pour regarder les gens se hâter (lentement, c'est Namur).

AU PONT J'EN BOIS

Avenue du Bourgmestre Jean Materne 10
✆ +32 475 84 14 84
www.aupontjenbois.be

Ouvert tous les jours de 9h à 1h ; à partir de 7h le dimanche.

En juillet 2021, la brasserie le 500 a laissé la place au Pont J'en Bois. Cette belle brasserie dispose de l'une des plus charmantes terrasses avec vue de Wallonie. Une véritable carte postale avec en avant-plan le pont de Jambes et derrière la fière Citadelle. Le café a été complètement restauré, avec du mobilier neuf et confortable mais toujours les admirables vitraux. Marina et Guy veillent à redonner une vocation de café qui rassemble riverains et visiteurs. Une belle carte de bières attend tout le monde. Ambiance accordéon le dimanche matin pour la brocante.

LE PRINCE BAUDOUIN

Rue de Marchovelette 15

✆ +32 81 23 11 45

Ouvert du lundi au samedi de 8h30 à 22h Jusqu'à 2h les vendredi et samedi ; de 11h à 20h le dimanche.

Le prince Baudouin tire son nom d'une époque où le roi ne l'était pas encore. Autant dire que de moins en moins de Belges s'en souviennent. D'ailleurs, certaines familles de clients viennent depuis trois générations. De là à écrire que le « Prince » est un café de vieux, il n'y a qu'une tabulation que nous ne franchirons pas. Au contraire, jeunes et moins jeunes aiment s'y attabler en terrasse pour regarder passer le tout-Namur qui défile entre piétonnier et place d'Armes. À l'arrière (rue des Brasseurs), le Petit Baudouin offre une atmosphère toute différente.

LA SCHTOUFF

Avenue Jean Materne 5 - **JAMBES**

✆ +32 81 31 04 08

www.laschtouff.be

Ouvert tous les jours à partir de 9h. Ouvert le dimanche à partir de 6h30 pour la brocante.

En bord de Meuse, ce sympathique troquet semble oublié par le passage du temps. Avec sa décoration de vieux caberdouche bien entretenu et le circuit de train électrique qui fait sa ronde en hauteur, on a l'impression d'être dans une autre dimension ! Le nom de l'établissement signifie en luxembourgeois, la langue maternelle du maître des lieux, un petit foyer, un coin où on se sent bien. On vient ici pour boire de bonnes bières belges en refaisant le monde avec les autres clients, souvent des habitués. Terrasse avec vue incroyable sur la Citadelle et le Grognon.

L'ALAMBIC

Rue de la Croix 1

✆ +32 460 96 72 09

Ouvert du mardi au samedi, de 10h30 à 18h (à partir de 10h vendredi et samedi).

Plus de 500 références de spiritueux en tous genres, ça vous en bouche forcément un coin ! Au croisement du Marché au Chanvre et de la rue de la Croix, Fabian et Philippe ont trouvé l'angle d'attaque pour attirer le regard autant que le chaland. Leurs alcools sont d'ici et d'ailleurs, classiques ou débridés : grappa, tequila, rhum, gin, vodka, on en passe et des plus corsés ! Mieux, ce qui n'existe pas en magasin peut être déniché par les proprios. Mieux encore, on peut déguster sur place, à la ficelle. On n'a pas trouvé ça ailleurs, foi d'amateur !

BEER, WINE & SPIRIT

Rue de l'Artisanat 14 - **SUARLÉE**

✆ +32 81 58 84 93

www.brasseriedelsart.be

Ouvert le mardi et le jeudi de 14h à 18h ; le vendredi et le samedi de 10h à 18h.

Beer, Wine & Spirit a été inauguré en 2013 par Delsart à quelques centaines de mètres de l'adresse actuelle. En 2019, l'enseigne déménagea, recentra ses activités et en profita pour changer de nom. Oubliez toutes vos références, les catégories, les bières d'abbaye de grand-papa et autres banalités. L'adresse fourmille d'originalités toutes plus hypes les unes que les autres, plus de 800 bières en tout. De belles références en alcools, whisky et rhum en tête. De quoi justement vous la faire tourner (même si la sélection sans alcool est aussi fort bien fournie).

BOREAL

Rue des Brasseurs 51

✆ +32 81 39 60 68

decoboreal.com

Ouvert du mardi au vendredi de 10h à 18h et le samedi de 10h30 à 18h.

Comme le nom l'indique, l'esprit scandinave du *hygge* flotte sur cette boutique de déco. On est dans un esprit minimaliste mais douillet ! Objets de décoration, décoration murale, mobilier… : tout l'assortiment vient de Belgique ou d'Europe. Si vous avez résisté à la tentation de rapporter un petit quelque chose, surtout ne vous privez pas d'aller boire un verre dans le café, planqué à l'arrière de la boutique. Il est évidemment fort agréable aux yeux mais en plus ses fenêtres donnent directement sur la Sambre. Un véritable bijou bien caché !

NEZ ZEN

Rue du Président 11

✆ +32 81 24 12 94

www.nezzen.be

Ouvert du mardi au samedi de 10h30 à 18 (10h le samedi).

Romain Pantoustier est artisan parfumeur. Il crée des jus uniques mais aussi des parfums d'intérieur, des cosmétiques et des huiles d'aromathérapie. Élaborées à partir d'ingrédients de qualité (ylang-ylang, lavande, vetiver…), vegan, sans tests sur les animaux, les créations permettent de vivre une expérience inédite. Romain crée selon ses propres inspirations (les voyages, la musique…) ou travaille sur mesure pour le compte d'un client qui souhaite une touche personnalisée. En boutique, il prendra son temps pour que vous trouviez LA senteur qui vous convient.

DINANT ★★

La ville natale d'Adolphe Sax – inventeur du saxophone – est coincée entre Meuse et rochers, lui conférant un visage pittoresque. Elle compte 12 000 âmes et englobe douze villages. Dinant est tournée vers le tourisme. Outre la nature omniprésente, des grottes et cavernes offrant un bond dans le temps, on trouve une citadelle, des châteaux et jardins, une abbaye renommée, des musées variés, une brasserie artisanale au feu de bois. En souvenir, on emporte des bières et la délicieuse couque de Dinant, dure sous la dent, mais douce en bouche. Carnaval aquatique, la Régate des Baignoires (15 août) est à apprécier du pont Charles de Gaulle ou de la Croisette.

LE CHEVAL BAYARD

Le rocher porte le nom de Bayard en référence à une légende ardennaise de chevalerie du XIIe siècle. Elle relate l'histoire des quatre fils du duc d'Aymon qui servaient Charlemagne jusqu'au jour où l'un d'eux, Renaud, blessa mortellement le neveu de l'empereur. Pour fuir la colère de celui-ci, Renaud et ses frères furent obligés de quitter la cour. Ils prirent la fuite en chevauchant Bayard, cheval magique qui faisait des bonds immenses et qui leur permit de franchir la Meuse. Mais la hargne de Charlemagne ne put être apaisée qu'avec le sacrifice de Bayard, précipité dans le fleuve. On peut entendre ses hennissements dans la forêt, les nuits sans lune...

CITADELLE DE DINANT ★★

Place Reine-Astrid 3-5
✆ +32 82 22 36 70
www.citadellededinant.be
Tous les jours d'avril à septembre de 10h à 18h (hors saison, voir site). Adulte : 11 €. Ticket 3-en-1 : 19 €.

À 408 marches de hauteur au-dessus de la vallée de la Meuse, la Citadelle de Dinant fut édifiée en 1051 par le prince-évêque de Liège, mais son aspect actuel date du XIXe siècle. Accessible à pied donc, mais aussi en téléphérique pour les moins sportifs. Incontournable, elle se visite de l'extérieur par ses nombreux jardins et de l'intérieur avec son musée d'armes, ses fidèles reconstitutions et son espace dédié aux combats d'août 1914. En haut, le paysage sur la ville est époustouflant. Formule intéressante « 3 en 1 » : visite + téléphérique + balade en bateau.

GROTTE LA MERVEILLEUSE ★

Route de Philippeville 142
✆ +32 82 22 22 10
http://www.exploremeuse.be
Tous les jours de 11h à 17h du 01/05 au 31/08. Hors saison, voir site. Adulte : 10 €. Enfant : 6 €.

Découverte en 1904 dans la pente de la rive gauche, cette grotte a reçu à juste titre le nom de « la Merveilleuse ». Elle est considérée comme l'une des plus belles grottes d'Europe pour la finesse de ses stalactites et stalagmites. La grande salle est particulièrement impressionnante par la blancheur de ses concrétions calcaires, appelées « cascades » ou « draperies ». En une visite d'un peu moins d'une heure, on s'en met plein la vue. Cent vingt marches permettent de remonter vers la surface. Possibilité de combiner avec une excursion en bateau sur le *Bayard*.

Dinant.

COLLÉGIALE ND DE DINANT ★★★

Place Reine Astrid
✆ +32 82 22 22 07
Église ouverte tous les jours de 9h à 18h.

La Collégiale Notre-Dame de Dinant est l'un des monuments les plus représentatifs de l'architecture gothique mosane au XIIIe siècle. Un petit bijou immortalisé sur les cartes postales qui vaut à elle seule le déplacement. Elle fut érigée à l'emplacement d'un édifice roman, détruit en 1227 par un pan de rocher qui s'écroula. Mais la célèbre mise à sac de Dinant par Philippe le Bon, les troupes du duc de Nevers (1554) ou l'incendie de la ville durant la Première Guerre mondiale et les destructions importantes qui en résultèrent, n'eurent heureusement pas raison de l'édifice. La collégiale dont le clocher bulbeux domine le fleuve de plus de cent mètres donne néanmoins l'impression d'un certain écrasement, dû à la hauteur des rochers derrière elle. On peut d'ailleurs l'admirer aussi du haut de la citadelle. Cette situation particulière lui vaut également de posséder un chœur relativement petit. Longue de 50 m, large de 30 m, elle est partagée en trois nefs suivant un plan de croix latine avec des fenêtres de la fin du XVe siècle. Elle possède de remarquables vitraux colorés et finement ciselés, dont la verrière dite « de Ladon », l'une des plus grandes d'Europe. L'intérieur, malgré des dimensions restreintes par l'emplacement, donne une impression de grandeur tout en gardant la sobriété de l'art mosan. On remarque les colonnes monostyles aux chapiteaux octogonaux et de hautes fenêtres au remplage flamboyant. Les bas-reliefs de la chapelle baptismale et les fonts baptismaux datent du XIe siècle.

LA COUQUE DE DINANT

Composée de farine de froment et de miel, la couque de Dinant trouve ses origines au début du XVIIIe siècle. Le secret de fabrication réside principalement dans la technique de cuisson, transmise de génération en génération. Les motifs sont variés à l'infini : sujets religieux, plantes, animaux, fruits, vues de la ville... Attention, ces couques sont très dures et peuvent faire mal aux dents et à sucer plutôt qu'à croquer. La couque de Rins, sucrée et plus tendre, variante de la couque de Dinant, est due à l'imagination d'un ouvrier-pâtissier vers 1845. Les couques sont en vente dans toutes les boulangeries-pâtisseries de Dinant. On aime celles de la pâtisserie Jacobs.

MAISON DE LA PATAPHONIE ★

rue en Rhée 51 ✆ +32 82 21 39 39
www.pataphonie.be
Réservation par téléphone du lundi au vendredi 9h-12h et 13h-17h. Ouvert dimanche, fériés & vacances 14h et 16h. 6 €.

Cet instrumentarium unique, imaginé par le luthier sauvage Max Vandervorst, est ludique et accessible à tous. Un espace de découverte et de création sonore, dans un univers où les objets et matériaux quotidiens deviennent des instruments de musique. On y découvre des instruments aussi étonnants et inédits que l'aéropercutophone, le grand échantillonneur ou un étonnant instrument sans nom, fait de plastique et de bois et offrant ses 54 orifices. Avec ses vingt ans d'existence, l'espace va bénéficier d'un profond rafraîchissement déjà entamé.

MAISON ADOLPHE SAX

Rue Adolphe Sax 37
✆ +32 82 21 39 39
http://sax.dinant.be
Ouvert tous les jours de 9h à 18h. Entrée libre.

La Maison de M. Sax rend hommage à l'inventeur du saxophone. Sa vie et son œuvre sont expliquées dans cette petite maison qui fait fi du peu d'espace en étant interactive. On peut entendre différents types de saxophones et du saxo joué dans plusieurs styles musicaux. L'occasion de se remémorer ce que la ville a contribué au jazz. Le musée est installé dans la maison natale d'Adolphe Sax. Une statue le représentant assis sur un banc marque l'entrée du musée. Deux rangées de saxos colorés lui rendent hommage sur le pont Charles de Gaulle enjambant la Meuse.

MAISON DU PATRIMOINE MÉDIÉVAL MOSAN

place du Bailliage 16 - **BOUVIGNES-SUR-MEUSE**
✆ +32 82 22 36 16
www.mpmm.be
Du 01/04 au 31/10 : 10h-18h. Du 01/11 au 31/03 : 10h-17h. Fermé le lundi sauf sur réservation pour les groupes.

La Maison du Patrimoine médiéval mosan vous accueille au cœur de l'ancienne cité médiévale de Bouvignes, non loin de Dinant, dans la prestigieuse « Maison espagnole » (XVIe siècle). Objets d'art et d'histoire, collections archéologiques, outils ludiques et interactifs invitent à suivre le cours de la Meuse et à remonter le temps. Chaque année, une exposition temporaire et diverses activités sont proposées. Découvrez un environnement naturel et patrimonial aux mille visages.

LE MUR DES FUSILLÉS

rue Alexandre Daoust 19

En août 1914, 674 Dinantais sont exécutés à plusieurs endroits de la ville par les Allemands en pleine invasion. En particulier près de la prison, le long d'un mur d'une propriété privée (propriété Tschoffen). De même, à proximité du bord de la Meuse, plus d'une centaine de Dinantais ont été fusillés. Une véritable hécatombe pour la ville qui a gardé cette cicatrice bien présente. Depuis la fin de la guerre, le mur fait l'objet d'un intense pèlerinage. En août 1927, une grande plaque en bronze y a été fixée, réalisée par le sculpteur Franz Huygelen.

ROCHER BAYARD

Rue Defoin

Situé à environ un kilomètre du centre-ville, le rocher Bayard est un impressionnant éperon rocheux de 35 mètres de hauteur, complètement détaché du reste de la falaise. Il fut créé par une explosion pour permettre le passage des troupes de Louis XIV après qu'elles eurent pris Dinant. Selon la légende, la brèche aurait plutôt été créée par un coup de sabot du cheval Bayard qui prenait son élan pour franchir la Meuse et tenter d'échapper à Charlemagne. Ce qui ne constituait qu'un étroit sentier fut élargi pour le passage des troupes de Louis XIV au XVIIe siècle.

RUINES DE CRÈVECOEUR

Rue Cardinal Mercier

BOUVIGNES-SUR-MEUSE

✆ +32 82 22 36 16

www.mpmm.be/a-voir/a-l-exterieur

Accessible toute l'année, 24h/24.

Il existe deux façons d'accéder aux ruines. Par le petit sentier qui démarre à l'arrière de l'église mais le passage est glissant ou difficile après la pluie. Ou bien par la route qui contourne l'éperon rocheux, c'est moins sportif mais le parking est facile et aménagé. Les vestiges du château ont été rendus plus accueillants en 2012 (passerelle métallique). Depuis la tour du XIVe siècle, la vue sur la vallée de la Meuse, Bouvignes et Dinant est imprenable ! En face, on distingue les ruines de Poilvache. Crèvecoeur a été détruit en 1554 par les troupes d'Henri II.

CASTEL DE PONT-À-LESSE €€

Rue de Pont-à-Lesse 31 ✆ +32 82 22 28 44

www.casteldepontalesse.be

Chambre simple à partir de 76 € ; double à partir de 106 € sans petit déjeuner. Bar et restaurant.

Sa situation au bout d'un petit chemin, en bordure de la Lesse et à la lisière de la forêt confère à ce bel hôtel une atmosphère toute particulière. Installé dans l'ancien Château de Pont-à-Lesse, il a conservé de celui-ci son style et son parc arboré de 25 hectares, classé Natura 2000. L'hôtel bénéficie d'une atmosphère particulièrement agréable, axée sur la nature, la détente et les loisirs sportifs. Une piscine intérieure permet de profiter des joies de l'eau en toute saison. L'hôtel est doublé d'une table qui permet de marier bons vins et cuisine gourmande.

A L'OMBRE DE LA CROISETTE €€

Rue Wiertz 17

✆ +32 472 27 10 12

www.dansdinant.be

Tarifs : voir propriétaire. Baby-foot, billard, jeux vidéo ; coin lecture ; terrasse, jardin.

Grande sœur de la Garçonnière de Wiertz, juste à côté, également récemment aménagée. Cette belle maison de maître lumineuse équipée dans un esprit contemporain (ameublement coloré d'aujourd'hui joliment mêlé à de la récup') peut accueillir 14 pers. Une des chambres est conçue pour regrouper enfants ou ados. Le reste de la maison (4 ch., 4 sdb, 1 bain à bulles) malmène l'idée qu'on se fait des grands gîtes : le confort est au rendez-vous. Situation idéale au cœur de la vie dinantaise.

LA MERVEILLEUSE €€

Charreau Des Capucins 23

✆ +32 82 22 91 91

https://infiniti-resort.be/

Chambre double à partir de 99 € et vue panoramique à partir de 139 €. Petit déjeuner inclus.

Un hôtel de caractère aménagé dans un ancien couvent, sur les hauteurs de Dinant. On est impressionné par l'âme de l'endroit où se sont déroulés deux siècles de vie de recueillement. Les vieilles pierres cohabitent avec du parquet blanchi. L'ameublement est une agréable combinaison de confort, de simplicité et d'élégance. Chambres d'époque sont mansardées. Le jardin et la terrasse offrent une vue plongeante sur Dinant. Autre atout : un restaurant dans la cour intérieure, sous une verrière, et un spa Les Bains de Dinant (hammam, grotte de sel, piscine romaine...).

WALLONIE

CAFÉ LEFFE LA COLLÉGIALE €

Rue Adolphe Sax 2
✆ +32 82 22 23 72
http://cafeleffe-dinant.be/
Ouvert 7j/7 de 11h30 à 22h. Carte : 38 € environ. Plat du jour le midi : 16 €.

La terrasse est un bonheur pour les amateurs de vues pittoresques, entre rocher, Collégiale et Meuse. La carte propose les bières « locales » de la célèbre marque Leffe. Côté restauration, une carte de brasserie sans surprise mais de bonne facture qui propose par exemple le jambonneau à la moutarde à l'ancienne, des belles pièces de viandes, des salades créatives, et même un choix de différents couscous ainsi que quelques suggestions. Le tout sans prétention à prix raisonnable avec des sauces nappant généreusement les assiettes, pour les budgets plus serrés.

CHEZ BOUBOULE €

Rue Sax 34
✆ +32 82 22 22 39
www.chezbouboule.be
7j/7 midi et soir, le dimanche non-stop. Carte : 45 € environ (moules de 24,50 à 31 €). Terrasse.

Depuis plus d'un demi-siècle, Bouboule, c'est le roi des Moules ! La maison ne propose que la meilleure qualité et s'est forgée une réputation solide bien au-delà des limites de la ville de Dinant. À la carte, pas moins de 35 spécialités de moules (1,2 kg, servies avec des frites) mais également des suggestions classiques de poissons, viandes et plats mijotés. La vue sur la Meuse est imprenable. Si c'est complet, la formule « Bouboule chez soi » permet d'emporter les casseroles à domicile, mode d'emploi (hyper simple) inclus !

RESTAURANT LA CITADELLE €€

Place Reine Astrid 3 ✆ +32 82 22 36 70
www.restaurantlacitadelle.be
Mardi à vendredi de 9h à 18h (cuisine de 12h à 14h30). Samedi de 9h à 20h30 (de 12h à 15h et 18h à 20h30). Carte : 42 €.

Au pied du téléphérique qui mène aux fortifications, ce resto pourrait facilement tout avoir du piège à touristes... il n'en est rien ! Son chef a d'ailleurs eu un beau parcours gastronomique avant de reprendre cette institution locale. On y croise autant les Dinantais que les promeneurs et la carte tourne avec quelques plats classiques et quelques autres issus du terroir de la Haute Meuse. Petits-gris de Warnant, truites du ruisseau de Leffe, salaisons régionales, viande d'élevage local, ou ces ris de veau aux morilles qui font la fierté de la maison.

PATISSERIE-BOULANGERIE JACOBS

Rue Grande 147
✆ +32 82 22 21 39
Ouvert du lundi au vendredi de 8h à 19h ; le week-end jusqu'à 19h30.

Venir à Dinant sans goûter à sa célèbre couque, c'est comme aller à Cambrai sans rapporter de bêtises. Bien que sous la dent l'une soit aussi dure que l'autre, cette gâterie fait partie du voyage. La famille Jacobs, ce sont trois générations d'actifs dans la boulangerie-pâtisserie traditionnelle et les honneurs de toute la ville pour ces fameuses couques. Le salon de dégustation, lambrissé avec mobilier d'époque, est idéal pour une pause avec pâtisserie et café servis en cafetière.

CHATEAU BON BARON

Zoning de la Voie Cuivrée 50 - **SORINNES**
✆ +32 81 24 19 19
www.chateaubonbaron.be
Visites et dégustations à partir de 10 personnes et de 15 €/pers. Autres possibilités : voir site Internet.

Domaine viticole phare en province de Namur, son succès est retentissant ! Jeannette a débarqué de sa Hollande natale à Lustin (Profondeville) avec sa famille au début des années 2000. Première femme maître de chai en Belgique, elle a élevé ses vins au niveau international. Partie de quelques connaissances basiques, Jeannette est reconnue par ses pairs. Ses vins sont issus de 14 cépages dont les plus renommés sont le chardonnay, le pinot noir ou l'acolon. Présents sur les grandes tables de la région, ses vins se dégustent lors de visites avec ou sans repas.

CASINO DE DINANT INFINITI

Boulevard des Souverains 6
✆ +32 82 69 84 84
www.infiniti-resort.be/casino
Ouvert 24h/24.

L'histoire du casino de Dinant remonte à l'entre-deux-guerres. L'établissement de jeu était installé rue Grande dans un superbe bâtiment (1931) dû à l'architecte local Frankinet, lieux aujourd'hui occupés par le centre culturel dinantais. Le casino est installé dans un complexe immobilier (2001) comprenant un hôtel et un restaurant. Action « lève-tôt » (25 € de crédit de jeu) du lundi au vendredi de 2h à 14h. Points doublés le jeudi. Lingot d'or (50 g) le dernier vendredi du mois.

HAN-SUR-LESSE

Comme son nom l'indique, le village est situé sur la Lesse, un affluent de la Meuse, qui a provoqué aux alentours l'érosion du massif calcaire de la Calestienne, formant les fameuses grottes de Han, très visitées dans la région. Un parc d'animaux sauvages a été ouvert en 1970. Il réunit sangliers, daims, tarpans, bisons européens, bouquetins, ours bruns, loups, lynx boréals et de rares chevaux de Przewalski. S'y trouve également le PrehistoHan avec sa collection de vestiges archéologiques sur une période allant du Néolithique à nos jours. Le Ticket PassHan combine Grotte de Han, le Parc animalier et le musée PrehistoHan au prix de 36 €. Séjour en immersion au Cocoon Village ou dans des tentes dans les arbres.

DOMAINE DES GROTTES DE HAN ★★

Rue J.-Lamotte 2 ✆ +32 84 37 72 13

www.grotte-de-han.be

Adulte 24 €, enfant 19 € (grotte ou parc animalier), pass adulte 36 €. Horaires voir sur le site. Accessible PMR.

Une visite familiale et populaire en Belgique connue pour son tout nouveau spectacle son et lumière signé Luc Petit depuis 2018, intitulé « Origin ». Une mise en abime poétique des grottes qui embellit encore le site au yeux des visiteurs. Mais tout commence par un tramway part du centre du village et emmène les visiteurs à travers la nature rochefortoise vers l'entrée des grottes. Les guides prennent ensuite le relais pour une balade de deux kilomètres à la découverte des différentes salles de stalagmites et stalactites. Le chemin permet d'observer de nombreuses et magnifiques concrétions telles que le « Minaret » une stalagmite particulièrement haute, les « Mystérieuses » ou encore le « Trophée », une stalagmite exceptionnelle haute de sept mètres et de vingt mètres de circonférence à la base, la plus impressionnante ! Dans la « Salle d'Armes », un son et lumières met en valeur les différentes concrétions tandis que dans la « Salle du Dôme », un spectacle permet d'imaginer plus facilement les dimensions gigantesques du « Dôme de Lumière ». Enfin, une page s'est définitivement tournée : les barques qui permettaient de rejoindre la surface en suivant le cours de la Lesse souterraine ont fait place à une passerelle depuis quelques années. Pensez tout de même à prendre des baskets non glissantes, un pull bien chaud et un pantalon, car il fait froid dans les grottes été comme hiver. Si vous voulez mieux voir les concrétions pendant votre visite, apportez une lampe torche.

DOMAINE DES GROTTES DE HAN - PARC ANIMALIER ★

Rue J.-Lamotte 2

✆ +32 84 37 72 13

www.grotte-de-han.be

Adulte 24 €, enfant 19 €. PassHan 36 €, enfant 27 €. Horaires variables.

Le Parc Animalier est un territoire de 250 hectares dans lequel évoluent des animaux en semi-liberté. Des espèces des Ardennes tels que des sangliers, des cerfs, des daims, mais aussi des espèces presque disparues : loups, bisons, tarpans, lynx boréal, et même ours bruns. Notables sont les chevaux de Przewalski qui sont élevés pour être réintroduits en Mongolie. Il est possible de visiter le parc à pied grâce à un sentier pédestre et de séjourner dans des tentes dans les arbres.

PREHISTOHAN

Rue des Grottes 46

✆ +32 84 37 82 31

grotte-de-han.be/grotte/prehistohan

L'entrée au PrehistoHan est comprise dans le billet « Grotte » ou le « PassHan ».

À travers des films, photos, maquettes, et surtout expositions de vestiges, le PrehistoHan présente le résultat des fouilles archéologiques d'un des plus fabuleux trésors archéologiques de Belgique réalisées par des plongeurs dans le lit de la Lesse. Les premières traces humaines remonteraient à 9 000 ans, la Grotte de Han a donc livré quantité de trésors de toutes les époques, mais surtout de l'âge du bronze : des armes, des bijoux, des bouts de poterie.... La visite est également agrémentée d'un film montrant le passage des quatre saisons au sein du domaine.

AU LIT DES OURS €€

Rue des Chasseurs Ardennais 1

✆ +32 84 37 72 37

https://aulitdesours.be/

Double à partir de 89 €, petit déjeuner compris. Restaurant sur place.

Si vous ne séjournez pas dans le domaine, Au Lit des Ours est une excellente option puisqu'il est sur la place en face de l'entrée du parc ! Cet hôtel tout récemment rénové vous propose des chambres contemporaines avec beaucoup de bois et de noir, très tendance. Vous y trouverez des chambres familiales bien pratiques pour cette destination qui ravit les enfants. Pour nourrir ours et oursons, le prix inclut un copieux petit déjeuner mais en plus l'hôtel bénéficie d'un restaurant sur place, Arthur, ouvert du midi au soir. Attention tout de même à ne pas hiberner !

WALLONIE

ARLON ★

Arlon… Là où la Semois prend sa source. Et commence son parcours sans fin dans le sud luxembourgeois. Le chef-lieu de cette province rurale ne compte que quelque 28 000 âmes. La ville est fortement ancrée dans l'orbite du Grand-Duché du Luxembourg voisin. Il suffit de voir, chaque matin, en semaine, l'encombrement des routes et autoroutes qui donnent accès au Grand-Duché, vaste réservoir d'emplois... Ou encore l'afflux quotidien de la ligne de chemin de fer Arlon-Luxembourg. Arlon possède pourtant sa propre histoire, son folklore, ses modes de vie, ses recettes et ses aspirations. Ainsi qu'un rayonnement touristique croissant, même si elle fut longtemps ombrée par ses voisines : Bouillon, Florenville ou Bastogne.

Dans les environs. Dans les environs d'Arlon, on s'attardera sur les ruines de l'Abbaye de Clairefontaine (XIIIe siècle) accueillant le mausolée de la princesse Ermesinde, comtesse de Luxembourg. A Guirsch, sur le chœur de l'église Saint-Willibrord qui date de 1520, à Heckbous (Guirsch), la Chapelle Saint-Aubain abrite des statues en bois polychromes des XVe et XVIe siècles. Et à Autelbas, le superbe château-ferme du XIVe siècle. C'est le seul exemple d'architecture militaire de plaine dans le Sud-Luxembourg.

Balade

En arrivant à Arlon, vous découvrirez l'immanquable place Léopold. Son quadrilatère est délimité par le gouvernement provincial, l'ancien palais de justice, de belles maisons de commerce et l'hôtel des Postes. Un char américain M10 semble posté ici, comme en attente d'une relève depuis 1944., ce qui est assez impressionnant quand on est peu habitués aux champs de guerre du nord-est de la France ou de Belgique.

Notez la rue Saint-Jean, une synagogue, construite en 1863, la plus ancienne de Wallonie. Une rue des Juifs existait déjà dans le centre-ville au Moyen Âge mais elle a disparu aujourd'hui. Sur l'avenue Nothomb, se trouve l'Eglise Saint-Martin, achevée en 1914 par les mêmes architectes, Van Gheluwe et De Noyette de Lederberg, que l'église Saints-Pierre-et-Paul d'Ostende, avec des lignes particulières. En face, le square Albert Ier compte une imposante statue du roi chevalier éponyme.

Au bas de la rue du Faubourg, admirez le monument à la reine Astrid (1937) et l'Appel de la Forêt, sculpture du Cerf bramant, ainsi qu'une fontaine aux jeux d'eau miroitants. En contrebas trône le monument au général Patton.

ÉGLISE SAINT-DONAT ✞

Square Elisabeth 2
✆ +32 63 22 46 19

L'église a été érigée en 1626 par les Pères capucins sur les ruines du château des comtes et marquis d'Arlon. Elle fut fortifiée sous Louis XIV sur les plans de Vauban. Dans la tour, un campanile renferme un carillon jouant l'air d'Arlon, toutes les heures. Les reliques de saint Donat sont accessibles, sur demande au presbytère. La *Knippchen*, la colline qui porte l'église mérite d'y flâner un moment pour son panorama dominant les frontières de trois pays. Elle est située au cœur de la *Hetchegass*, le quartier historique du vieil Arlon.

MUSÉE ARCHÉOLOGIQUE ★

Rue des Martyrs 13
✆ +32 63 21 28 49

Mardi au samedi, 9h-12h30 et 13h30 à 17h30 ; dimanche, 13h30-17h30. Adulte : 4 € (possible combi avec le musée Gaspar).

La collection permanente de ce musée est consacrée à la période gallo-romaine, avec une galerie lapidaire impressionnante. Sur 400 sculptures provenant de monuments funéraires et d'édifices civils locaux, une partie seulement de volumineux fragments sculptés sur plusieurs faces est exposée. Parmi ceux-ci, quatre pièces ont été classées comme « trésors », pour leur aspect exceptionnel. Tout aussi remarquables, les sections consacrées aux poteries et objets de toutes sortes de l'époque gallo-romaine et les objets des tombes de rois mérovingiens excavés ici.

MUSÉE GASPAR

Rue des Martyrs 16
✆ +32 63 60 06 54
www.museegaspar.be

Ouvert du mardi au samedi de 9h30 à 12h30 et de 13h30 à 17h30 ; le dimanche de 13h30 à 17h30. Adulte : 4 €.

Le musée Gaspar est installé dans une maison familiale construite en 1842. Celle de deux figures emblématiques que sont Jean-Marie Gaspar, sculpteur animalier renommé, et Charles Gaspar, mécène et artiste photographe pictorialiste. En plus des deux salons bourgeois restaurés, une section est consacrée à l'art religieux où l'on retrouve la pièce maîtresse du musée, le célèbre retable de Fisenne. Ateliers pédagogiques pour les plus jeunes et visites guidées. D'autres expositions, temporaires, s'y déroulent tout au long de l'année.

WALLONIE

D'ARELAUNOS À ARLON

Arlon se dispute avec Tongres et Tournai la palme de la ville la plus ancienne de Belgique. Un titre qui risque bel et bien de n'être jamais authentifié. On sait en revanche avec certitude que les Celtes occupaient la région à l'âge du fer. Le nom d'Arelaunos est indiscutablement d'origine celtique et des pièces remarquables, telles qu'un torque en or daté de 1500 avant notre ère, y ont été découvertes.

Après la conquête de la Gaule par les Romains, la petite bourgade celtique devint un *vicus* (petite ville) assez opulent, baptisé Orolaunum, qui prospéra longuement grâce à sa situation géographique, au carrefour de la voie impériale de Reims-Trèves et de la route de Metz à Tongres. Fortifiée et transformée en *castrum* à la suite des incursions germaniques de la seconde moitié du IIIe siècle, sa cité romaine fortifiée s'étirait sur 850 mètres, et était encadrée de quatre tours. Mais à la chute de l'Empire romain au Ve siècle, Arlon fut ravagée et occupée par les Francs, des "Barbares" qui germanisèrent la ville et sa banlieue. Depuis lors, on y parle un dialecte allemand qui tend pourtant à disparaître. Après le démantèlement de l'empire de Charlemagne, des comtes féodaux s'installèrent sur les restes du *castrum* qu'ils transformèrent en château fort. Vers le début du XIIIe siècle, le comté devint marquisat, puis il fut rattaché au comté de Luxembourg par mariage. Reconstruite après un terrible incendie en 1424, la ville fut pillée en 1542 par les soldats du duc d'Orléans, fils de François Ier, puis à nouveau détruite de fond en comble par le duc de Guise, en 1558.

D'autres drames se succédèrent dont les fléaux de la peste noire et de la famine, puis la mise à sac, en 1681, par les Français qui occupèrent la ville jusqu'en 1697. C'est à ce moment que fut bâtie, sur les plans de Vauban, l'enceinte typique, et la chapelle des Capucins - actuellement église Saint-Donat - fut transformée en citadelle. Enfin, après avoir été brûlée une fois de plus en 1785, Arlon fut rançonnée et pillée par les Autrichiens... puis par les Français à nouveau, en 1793 et 1794. Elle rejoignit le département français des Forêts jusqu'en 1815, pour passer sous domination hollandaise jusqu'en 1830. Promue au rang de chef-lieu de la province du Luxembourg belge, après la Révolution de 1830, Arlon a pu prendre son essor définitif pour devenir, aujourd'hui, une ville attrayante et un véritable centre de tourisme.

WALLONIE

PARC ARCHÉOLOGIQUE

Rue des Thermes Romains
✆ +32 63 22 61 92
Ouvert toute l'année. Gratuit.

Sur le site du vieux cimetière, à côté d'un établissement thermal datant du Ier siècle, se dressait une basilique qui devint chrétienne aux Ve et VIe siècles. C'est la plus ancienne sur le sol wallon. La plus grande partie des vestiges de l'établissement thermal fut détruite en 1906. On peut encore y voir la piscine réservée aux bains de vapeur et certains éléments des vespasiennes. Entre le VIe et le VIIe siècle, les Francs y enterrèrent leurs princes avec des bijoux mérovingiens d'une grande beauté, exposés au Musée archéologique.

TOUR ROMAINE NEPTUNE

Rue du Marché au Beurre 1
✆ +32 63 21 64 47
Gratuit.

Au IIIe siècle, nos ancêtres gallo-romains construisirent un rempart de pierre autour de la butte de Saint-Donat. Objectif : se protéger des envahisseurs germaniques. Ce rempart énorme flanqué de tours circulaires avait une longueur d'environ 870 mètres. Le musée comprend un morceau de remparts et la tour Neptune qui porte le nom de son bas-relief. Sous cette tour, on peut se rendre compte de la façon dont les monuments funéraires avaient été disposés pour servir de soubassement au rempart. On peut également voir la tour Jupiter de cette même enceinte.

MAISON DU TOURISME DU PAYS D'ARLON

Rue des Faubourgs 2 ✆ +32 63 21 94 54
www.arlon-tourisme.be
Ouvert 7j/7 et jours fériés de 9h30 à 17h. L'hiver, dimanche de 10h à 14h. Fermé les 1/01, 1/11 et 25/12.

Passionné d'histoire ? Découvrez les vestiges gallo-romains, une des plus anciennes villes de Belgique, ainsi que le patrimoine architectural à Aubange et Messancy. Amoureux de nature ? Profitez des bienfaits d'une balade en forêt à Attert. Pour les plus sportifs, enfourchez votre vélo et découvrez la région au travers des circuits « Gallor ». Enfin, ne manquez pas l'occasion de déguster un délicieux Maitrank (apéritif d'aspérule et de vin blanc) chez l'un des producteurs.

HOSTELLERIE DU PEIFFESCHOF €€

Chemin du Peiffeschof 111
✆ +32 63 41 00 50
www.peiffeschof.be

Compter par chambre double environ 125 €, toutes saisons. Petit déjeuner en extra : 17 € par personne.

Créée avant la Seconde Guerre mondiale, l'Hostellerie du Peiffeschof est une référence dans la région. Situé à 3 km d'Arlon, cette maison de neufs chambres rénovées en 2017 (certaines avec terrasse) est calme et reposante, nichée dans un joli jardin. Paule et Thierry Neyens propose une ambiance comme à la maison avec un salon convivial et un restaurant table d'hôtes, Le Zinc. Un spa tout en bois inauguré en 2018 dispose d'un bain bouillonnant et d'un sauna.

LE BELVÉDÈRE €

Rue du Marché au Beurre 14
✆ +32 63 22 61 46

Du mardi au vendredi de 12h à 14h et de 19h à 21h ; le samedi de 19h21 à 19h. Carte : ±35 €. Plat du jour : 17 €.

L'établissement tient sa renommée par ses différentes distinctions locales : ambassadeur Orval (la fameuse bière trappiste de la région), ambassadeur du Maitrank (vin aromatisé et spécialité d'Arlon) et reconnu « bistrot de terroir ». Non loin de l'église de Saint-Donat d'Arlon et de son fameux belvédère, petite restauration et plats de brasserie sont servis dans une ambiance de troquet conviviale. Les Gilles d'Arlon, parrainés par les Gilles de Binche, y ont trouvé refuge pour mettre en place leur carnaval. Jolie découverte à partager.

FAUBOURG 101 €€

Rue des Faubourgs 101
✆ +32 63 60 28 33
faubourg-101.be

Ouvert du lundi au jeudi le midi et le soir ; le vendredi de 11h45 à 1h ; le samedi de 17h à 1h. Carte : 38 € environ.

Ici la carte oscille entre cuisine de terroir et cuisine raffinée, en suivant les tendances de saison. Parmi les classiques, citons leur camembert rôti et leur jambonneau à la moutarde à l'ancienne. Salades et pâtes complètent la carte avec leurs suggestions variées qu'on peut accompagner de bières régionales. Lieu animé, des soirées concerts s'y déroulent parfois, dans un cadre artistique selon les œuvres de l'artiste exposé. Point de chute idéal pour passer du bon temps, la brasserie se situe à proximité du célèbre cerf sculpté, *L'Appel de la forêt*.

BASTOGNE ★

Chef-lieu d'arrondissement, Bastogne (un peu plus de 15 000 habitants) est située sur le plateau éponyme, habité depuis la préhistoire, qui conserve de nombreuses traces de la présence des Celtes et des Romains. Dès le Moyen Âge, la ville de Bastogne joue un rôle commercial de premier ordre, grâce à ses artisans (travail du cuir, de la laine et du fer) et à ses commerçants dont les bouchers qui ont établi la réputation du fameux jambon de Bastogne. Tellement célèbre qu'une de ses charcuteries abrite aujourd'hui le musée du Cochon !

Pour éviter les pillages incessants, nuisibles aux affaires, la ville obtint en 1332 une charte de franchise et le droit de construire des remparts. Remparts démantelés en 1688 par Louis XIV et dont il ne subsiste aujourd'hui que la vénérable Porte de Trèves. Dès le Moyen Âge aussi, des communautés religieuses se sont installées à Bastogne (Trinitaires, Récollets) et ont joué un rôle déterminant en matière d'éducation, en créant par exemple, une école latine.

Aujourd'hui, Bastogne reste un centre commercial de première importance. Pour s'en convaincre, il suffit d'arpenter la rue principale, un dimanche après-midi. Ce n'est pas un hasard si Bastogne s'est vue dotée du surnom flatteur de « Paris en Ardenne » depuis le XVIe siècle. C'est dans le périmètre de Bastogne que fut livrée la grande bataille de l'Offensive des Ardennes durant l'hiver 1944-1945. Ces combats entre les troupes allemandes lancées par von Rundstedt et les libérateurs américains, a fortement marqué l'histoire et les esprits. À tel point que la cité ardennaise est connue pour être celle qui affiche le plus de drapeaux américains au kilomètre carré !

Balade

- **L'Ardenne en circuit.** Au total : 191 km répartis sur 6 circuits à travers la forêt ardennaise en passant par Saint-Hubert, Capitale européenne de la Chasse et de la Nature, Awenne, le village des 7 Fontaines, Marche-en-Famenne, Nassogne, le village de Saint-Monon et des élevages, Champlon et ses pistes de ski de fond, Sainte-Ode et la vallée de l'Ourthe... Des circuits entre forêts et campagne, pour vélo, moto et auto. Package conçu à la carte à partir de 2 nuitées, avec transport des bagages, location de vélo, hébergements en chambres d'hôtes, campings, gîtes. Renseignements à la Maison du Tourisme Pays de Bastogne (www.paysdebastogne.be) ou à la Maison de la Randonnée GTA Belgique (www.gta.be).

Histoire

Lorsque le 16 décembre 1944 les Allemands lancent leur dernière offensive majeure à l'ouest, Bastogne – en tant que nœud routier – est un objectif majeur. Leur but était d'atteindre le port d'Anvers et de couper le front avant que les Alliés n'ai eu le temps de rassembler et d'engager leur force aérienne. En repos près de Reims, les paras de la 101st Airborne Division du général McAuliffe sont mis en alerte. La météo maussade empêchant un largage, les parachutistes se rendent par la route vers la zone des combats en Ardenne afin de stopper la progression des troupes allemandes vers Bastogne. Les Allemands assiègent alors la ville par le nord et le sud du 20 au 27 décembre avant que les troupes américaines ne soit secourues par des renforts. Venant du sud, une colonne blindée américaine de la 3e Armée du Général Patton libèrera la ville juste après Noël, malgré les bombardements. L'épisode, tout comme le refus laconique « Nuts ! » prononcé par le général McAuliffe lors de la demande de reddition des Allemands, sont restés dans les mémoires. Depuis a été érigé l'impressionnant Mémorial du Mardasson, doté d'une crypte décorée par le peintre français Fernand Léger. En 2014, pour renforcer ce souvenir, le « Bastogne War Museum », un musée à vocation civique et pédagogique, a été inauguré. Il contribue largement à garder vivace ce tourisme d'histoire.

BASTOGNE BARRACKS - WAR HERITAGE INSTITUTE ★

Rue de la Roche 40 ✆ +32 61 24 224
www.bastogne-barracks.be
Du 01/06 au 30/09, visites guidées du mercredi au dimanche à 10h et à 16h. Hors saison, voir site. Adulte : 11 €.

En 2010, la caserne est devenue un Centre d'interprétation de la Seconde Guerre mondiale avec des expos et reconstitutions sur le thème de la Bataille des Ardennes. L'armée y maintient une unité de cent hommes vouée à l'archivage, au guidage des visiteurs, à l'entretien et la valorisation du matériel militaire. C'est également ici que sont restaurés et conservés les blindés du Musée Royal de l'Armée (*Vehicle Restauration Center*). Depuis 2022, hall d'exposition de véhicules et matériel.

BASTOGNE WAR MUSEUM ★

Colline du Mardasson 5 ✆ +32 61 21 02 20
www.bastognewarmuseum.be
Haute saison : 7j/7 de 9h30 à 19h. Autres horaires : voir site. Adulte : 20 €. Tarifs réduits de 11,50 € à 17 €.

L'architecture du bâtiment blanc, audacieuse, prend la forme d'une étoile recouverte d'ardoises. Une fissure dans la composition générale symbolise la déchirure face au conflit. Soulignée d'un long mur de schiste, elle accompagne le visiteur vers le Mardasson. Outre de nombreux événements et expositions temporaires, le Bastogne War Museum propose une remise en contexte de la guerre Seconde Guerre mondiale, à travers le prisme de la bataille des Ardennes, avec trois « scénovisions », multisensorielles et 3D. Sur place, cafétéria avec terrasse et boutique.

ANIMALAINE

Bizory 5 ✆ +32 61 21 75 08
www.animalaine.com
Du 1/04 au 30/09, lun, mar, jeu et ven de 9h30 à 16h30 ; sam de 11h à 18h. HS : dim, de 11h à 18h. Adulte : 8 €.

Musée vivant et animé qui propose par le biais d'exposition et montage les étapes de transformation du produit brut (laine) jusqu'au produit fini (vêtements) tant d'aujourd'hui qu'au début du XXe siècle : tonte des bêtes, les différentes toisons, le cardage, le filage et le tissage. Découverte du cheptel en chair et en laine : 25 races de moutons et animaux lainiers tels que des chèvres, lapins angoras, alpagas... sont présentés. Divers métiers anciens et oubliés dans la deuxième partie du musée, ainsi que de nombreux objets anciens et des outils remis en action.

BORNE DE LA VOIE DE LA LIBERTÉ ★

Route du Mardasson
✆ +32 61 21 27 11
www.voiedelaliberte.fr
Ouvert toute l'année. Gratuit.

A Saint-Symphorien en août 1946 était inaugurée la « Borne de la Voie de la Liberté ». Des bornes symboliques frappées d'un flambeau sortant de l'océan (comme autour de la Statue de la Liberté dans le port de New York), à chaque kilomètre de l'itinéraire suivi par les divisions du Général Patton. Ainsi sur 1 147 km, des plages du débarquement en Normandie jusqu'à Bastogne ! Toutes les années, une randonnée cycliste de la Voie de la Liberté est organisée pour les sportifs amateurs.

CIMETIÈRE MILITAIRE ALLEMAND

Recogne 27

Du 15 juin au 15 septembre de 9h à 18h. Les autres mois : tous les jours de 9h30 à 12h30 et de 13h à 17h30. Gratuit.

Sont enterrés ici en tout 6 807 combattants allemands dont les plus jeunes avaient seulement 17 ans. Dans un premier temps, les Américains avaient rassemblé dans ce cimetière 3 000 militaires allemands tombés lors de l'offensive des Ardennes et d'autres morts le long de la frontière en Allemagne. Juste après la guerre, le service des sépultures belges y a regroupé les corps des soldats enterrés en plein champ ou isolément dans des cimetières communaux.

LA PORTE DE TRÈVES

Au cœur du « Quartier Latin », la Porte de Trèves est un édifice d'une valeur inestimable. C'est le dernier vestige des anciens remparts urbains. Vers 1725, la Porte de Trèves fut convertie en prison. Restaurée à la fin du XIXe siècle, l'édifice classé en 1938 a subi les effets de la bataille des Ardennes en 1944-1945, comme d'ailleurs toute la ville et la région tout entière. Elle se visite seule ou en combiné avec l'église Saint-Pierre. Celle-ci se distingue par sa tour romane du XIIe siècle, ses fonts baptismaux, sa nef de style gothique mosan (XVe siècle), sa chaire sculptée par Jean-Georges Scholtus (XVIIIe siècle) et son admirable voûte polychrome (XVIe siècle).

MÉMORIAL DU MARDASSON ★

Colline du Mardasson

✆ +32 61 24 09 00

https://www.bastognewarmuseum.be/

Ouvert toute l'année. Gratuit.

© PECOLD - SHUTTERSTOCK.COM

Inauguré en 1950, il est l'œuvre de l'architecte George Dedoyard et témoigne de la reconnaissance des Belges aux soldats américains qui donnèrent leur vie pour contrer la dernière offensive allemande de la Seconde Guerre mondiale. Le monument est en forme d'étoile, signe distinctif des troupes alliées durant la campagne de libération (évocation du drapeau américain). Cette galerie circulaire évoque un temple avec ses nombreuses colonnes et sa cour centrale. Y figurent les noms de tous les États des États-Unis et ceux des troupes de la *Battle of the Bulge*.

MUSÉE EN PICONRUE

Place en Piconrue 2

✆ +32 61 21 56 14

www.piconrue.be

Ouvert toute l'année. Du mardi au dimanche de 10h à 18h. Adulte : 6 €. Enfant (de 6 à 18 ans) : 3 €. Senior 5 €.

Ce musée permet la découverte des traditions et croyances populaires de l'Ardenne et du Luxembourg révélées dans le cadre de l'ancien couvent de Bethléem (XVIIe siècle). Des espaces privilégiés sont consacrés à l'art mobilier religieux, trésors des sacristies, stèles funéraires. De l'église aux champs, du berceau à la tombe, du rituel magique à la piété populaire, en passant par les pratiques superstitieuses, de nombreux objets et œuvres témoignent de la culture ardennaise. Expositions temporaires sur un personnage ou un sujet de spiritualité.

STÈLE AUX INDIENS

Recogne

www.bastogne-tourisme.be

Ouvert toute l'année. Gratuit.

Lors de la célébration du 50e anniversaire de la Bataille des Ardennes, un hommage a été rendu aux centaines d'Amérindiens qui trouvèrent la mort en décembre 1944, enrôlés par les États-Unis. Car c'est un détail assez méconnu de l'histoire. À l'instar des tirailleurs sénégalais qui ont aidé la France à se libérer des deux guerres mondiales, les Amérindiens ont été enrôlés pendant la Seconde Guerre mondiale, souvent pour la transmission de messages incompréhensibles par l'ennemi. La plupart appartenaient à la tribu des Sioux Oglala.

HÔTEL MELBA €€

avenue Matthieu 49-51

+32 61 21 77 78

www.hotel-melba.eu

A partir de 110 € la chambre double avec petit déjeuner.

Hôtel familial de 50 chambres (4 étoiles), situé au centre de Bastogne, le Melba est tout à fait charmant. Son extérieur 70's ne laisse rien présager de l'intérieur, rénové et moderne, où le bois chaleureux a une place importante (plancher, lambris). Outre les chambres classiques, il comprend également des suites et mini-suites destinées aux familles. Le salon est propice à la détente en dégustant une des bières belges proposées. Le restaurant où est servi un petit déjeuner buffet gargantuesque propose une cuisine régionale de saison.

LE 222 €€

Rue du Vivier 222

+32 61 22 22 22

www.222-bastogne.be

Ouvert du vendredi au lundi le midi et le soir ; le jeudi soir. Carte : 45 € environ (le repas complet).

A l'ombre de l'église Saint-Pierre, le 222 est à la fois un restaurant de bonne tenue et un bar à vins. Les accords vins et mets sont réussis quand on se laisse guider. La carte est celle d'une brasserie qui fait la part belle aux pièces de viandes sur le grill, aux plats mijotés (en hiver) ou aux pâtes et salades (en été). Les produits régionaux sont aussi de la partie (fromage d'Orval, jambon de la Sûre). Le bar à vins ouvre l'accès à des flacons très estimés ; Cadre bien en phase avec la carte et soirées à thème régulières.

WAGON-RESTAURANT LÉO €€

Rue du Vivier 4

+32 61 21 14 41

www.wagon-leo.com

Du mardi au dimanche de 11h45 à 15h et de 17h30 à 21h30. Menus de 36,90 € à 39,90 €. Carte : ±50 €. Lunch : 26,50 €.

Grand classique de la restauration locale, le restaurant Léo est installé depuis 1946, dans un wagon de train au centre de Bastogne ! Dans le bistro, on peut venir juste pour boire un verre tout en picorant de la petite restauration pour profiter du cadre. Le restaurant sert une bonne cuisine de brasserie de terroir (boulettes sauce tomate, choucroute...), propose aussi des pizzas et des spécialités plus élaborées avec des ingrédients nobles de saison : gibier, risotto aux Saint-Jacques, croquettes de crevettes maison, ravioles au foie gras...).

BOUILLON

Bouillon est la plus importante ville de la vallée de la Semois, et se révèle impressionnante avec son château et ses hautes collines boisées, qui lui confèrent une douce austérité en toute saison. La ville exploite pleinement son merveilleux cadre naturel et historique – la fabuleuse (et un peu légendaire) histoire du chevalier Godefroid de Bouillon –, pour faire le plein de touristes estivaux. Dans les environs se trouvent quelques villes qui méritent le détour :

- **Corbion.** On y trouve des vestiges de la Maison des Couleuvres, au lieu-dit Le Bojahan situé à deux pas du ruisseau Joly qui délimite la frontière belgo-française. Paul Verlaine y aurait séjourné vers 1885. A voir, le moulin Joly du XVIe siècle ainsi que l'église Saint-Jean-Baptiste de Corbion où se trouve un tableau de Jijé (Joseph Gillain) dessinateur de BD, notamment de Spirou à ses débuts. A ne pas rater, les points de vue exceptionnels sur la Semois du Rocher du Pendu, la Chaire à prêcher, la Roche des Fées. Pour l'anecdote, sachez encore qu'ici est né en 1520, un certain Sébastien de Corbion, dit Sébastien Pistolet... inventeur de l'arme à feu qui porte son nom.

- **Cugnon.** On pourra y découvrir les vieux cimetières classés de Mortehan et de Cugnon, nombre de maisons anciennes. A Cugnon, l'Eglise classée (1780), l'oratoire Saint-Remacle comprend trois grottes creusées à flanc de rocher. La légende et la tradition populaire attribuent à Remacle leur création. Sur le site du Fayet, un arboretum mérite plus qu'un simple coup d'œil. Selon toute vraisemblance, l'endroit aurait été un camp gaulois, occupé par les Romains après la conquête de la Gaule, en 57 avant notre ère. A découvrir encore, le site du Château des fées, en bordure de la route de Bertrix-Mortehan, un fortin de type « éperon barré » construit au Bas-Empire, probablement au IXe siècle.

- **Paliseul.** Ce village est à 15 km de Bouillon. Paul Verlaine y séjourna chez sa tante, Louise-Henriette. Parmi les perles du coin, des monuments classés comme la chapelle Saint-Roch et l'Eglise d'Opont construite au XVIIIe siècle, l'église d'Our, le château des Frères de Carlsbourg ou encore l'église de Paliseul néogothique, au début du XXe siècle. A Maissin, on citera le pont Marie-Thérèse sur la Lesse ou le souvenir des combats de 1914 avec le cimetière militaire et son calvaire breton. Les maisons aux pierres de schiste et aux toits d'ardoises ont gardé leur cachet.

- **Ucimont.** Près de ce village se trouve le Tombeau du Géant est l'un des plus beaux sites naturels du pays, classé patrimoine exceptionnel de la Nature. Et pour user ses godasses, les promenades dites « des Echelles », celles « des Corbeaux » et des « Crêtes de Frahan ». Ucimont et Botassart forment un ensemble remarquable donnant sur la Semois. Le village présente un intérêt architectural, esthétique et historique de par l'ensemble formé par l'ancienne ferme-château, ses dépendances, son parc, la petite chapelle castrale du début du XVIIe siècle et ses sobres maisons ardennaises. Enfin les Musées de plein air de la lavandière, de la forêt, des outils d'autrefois et des croyances populaires ardennaises, donnent une idée plus précise de la vie de jadis.

ARCHÉOSCOPE DE BOUILLON

Quai des Saulx 14 ✆ +32 61 46 83 03

www.archeoscopebouillon.be

Haute saison : tous les jours de 10h à 18h. Basse saison voir site. Entrée 5,50 €. Bouillon City Pass adulte : 15 €.

Situé en plein cœur de la ville, l'Archéoscope Godefroid de Bouillon propose un parcours spectacle audiovisuel rassemblant le meilleur de la technologie pour vous faire revivre l'épopée de la Première Croisade sur les pas du Duc Godefroid, de Pierre l'Ermite et des milliers d'hommes en route pour Jérusalem. L'Archéoscope, est un bâtiment exceptionnel chargé d'histoire. De l'impressionnante charpente aux remarquable caves voûtées, vous partirez ensuite à la découverte du Couvent des Sépulcrines et de ses expositions sur le thème des Croisades et des fortifications.

PARC ANIMALIER DE BOUILLON

chemin de Chanteraine ✆ +32 61 46 71 52

www.parcanimalierdebouillon.be

Ouvert tous les jours de 9h30 à 17h, jusqu'à 16h d'octobre à mars. Adulte : 15 €. Enfant (3-11) : 11 €.

Découvrez les 90 espèces différentes issues des 5 continents lors d'une balade pédestre de 2 km semi-boisée. Admirez la belle faune ardennaise mais aussi primates, antilopes, félins, oiseaux et bien sûr leurs deux magnifiques girafes. Le zoo de Bouillon a pour principale vocation de faire découvrir la faune sauvage bien souvent menacée dans son habitat naturel et participe à la conservation de ces espèces menacées. Les enfants pourront profiter d'une plaine de jeux extérieure.

CHÂTEAU FORT DE BOUILLON ★★★

Esplanade Godefroy 1 ✆ +32 61 46 42 02

www.bouilloninitiative.be/chateau-fort

Horaire : voir site Web. Château seul 7 €, Bouillon City Pass adulte 15 €, enfant 11 €.

Situé sur un éperon rocheux surplombant la rivière de Semois et dominant la ville de Bouillon, ce château impressionne par sa stature et son allure austère. Et pour cause, cette forteresse médiévale est la plus ancienne et l'une des plus intéressantes de Belgique. Ses premières fortifications remontent au VIIIe siècle, même si son existence n'est attestée qu'à partir de 988, juste avant la construction de son majestueux donjon (détruit par les Hollandais). Il était habité par le fameux chevalier Godefroy de Bouillon, qui le vendit pour financer sa première croisade (1096) en Terre Sainte. À la mort de ce dernier en 1100, le château devint la propriété des princes-évêques de Liège, puis des ducs de Bouillon à nouveau, et le resta jusqu'à la conquête des Révolutionnaires français en 1794. Le château fut fortement remanié au XVIe siècle, puis deux siècles plus tard sous Vauban (lors des guerres de Louis XIV). En 1815, il devient hollandais, redevient belge, mais après la bataille de Sedan en 1870, l'armée prussienne l'utilisera comme hôpital. Aujourd'hui, c'est un paisible musée, mais il a néanmoins conservé son caractère médiéval : étroits couloirs, escaliers de pierre, passages secrets, oubliettes… La visite donne une idée de la vie au Moyen Âge, toujours en proie aux guerres. Le panorama observable depuis le château ou ses abords est impressionnant.

▶ **Fauconnerie.** On y découvre aussi une exposition sur la chasse avec des rapaces en vol libre. Spectacles interactifs avec le public et les rapaces.

BOUILLON CITY PASS

Achat au Château cort, au dusée Ducal et à l'archéoscope Godefroy. Adulte : 15 €. Enfant : 11 €.

Et avec ce pass, que voit-on ? Les 3 sites emblématiques du centre-ville le Château Fort, le musée Ducal et l'archéoscope Godefroy. Bon plan, le Bouillon City Pass vous propose de dépasser vos habitudes touristiques avec à la clef un programme de visites plurielles conjuguant expositions temporaires, collections muséales, spectacles et découverte du patrimoine. Bref, tout ce que vous devez savoir sur l'histoire de cette charmante cité touristique, du Moyen Âge au XXe siècle, et qui vous aurait sans doute échappé sans ce forfait futé.

WALLONIE

MUSÉE DUCAL ★★

Rue du Petit 1
✆ +32 61 46 41 89
www.museeducalbouillon.be
Bouillon City Pass 15 €, enfant 11 €. Horaires selon les saisons, voir site web. Le week-end uniquement en janvier.

La richesse des collections et le charme de ses bâtiments classés (XVIIe et XVIIIe siècles) touchent les visiteurs. Trois sections, réparties sur plus de 1 000 m², offrent un panorama de la riche histoire de Bouillon, du Moyen Âge à nos jours. Dans la section « Histoire », le passé dévoile ses multiples facettes liées au siècle des Lumières, avec le plan-relief de la ville en 1690, les livres et journaux imprimés à Bouillon dans la seconde moitié du XVIIIe siècle, lorsque l'encyclopédiste Pierre Rousseau fit de la cité un important centre de presse et d'édition en Europe. Ce sont surtout quelques points forts qui le distinguent des autres institutions muséales. Dans la section « Médiévale », les Croisades sont évidemment abordées à travers les objets d'art d'Occident et d'Orient, les armes, le mobilier et les maquettes, des céramiques islamiques et byzantines, quelques ivoires gothiques et pièces d'orfèvrerie fine. La pièce maîtresse : une vierge ouvrante en bois polychrome du début du XIVe siècle. La section « Métallurgie » s'attarde sur les témoignages industriels de la région par la présentation d'un marteau de forge et d'une clouterie du XVIIIe. En complément, le dernier étage de la section Godefroid de Bouillon expose les ferronneries bouillonnaises. La visite se termine devant les œuvres du peintre ardennais Albert Raty, artiste d'origine bouillonnaise. Une visite que nous vous recommandons de combiner avec celles du château fort de la ville et de l'Archéoscope Godefroid de Bouillon incluses dans le Bouillon City Pass.

LA FERRONNIÈRE €€

Voie Jocquée 44 ✆ +32 61 23 07 50
www.laferronniere.be
Double à partir de 122 €, 198 € la familiale. Petit déjeuner inclus. Menus à partir de 39 €, lunch à partir de 30 €.

Sur les hauteurs de Bouillon, à moins d'un kilomètre du centre, se trouve une maison de maître du XIXe siècle transformée en hôtel trois étoiles. Logée dans un écrin de verdure, l'ambiance est relaxante et calme. Particularités, deux chambres familiales (4 personnes) et cinq suites luxueuses, de plain-pied avec terrasse, un mobilier assez actuel et chic, des boiseries chaudes. Également un restaurant gastronomique (fermé le lundi et le mardi midi). Espace bien-être avec un bain bouillonnant, un sauna une douche (massages sur demande). Terrasse.

HÔTEL DE LA POSTE €€

Place Saint-Arnould 1
✆ +32 61 46 51 51
www.hotelposte.be
Chambre double. Petit déjeuner inclus. A partir de 86 € la double avec petit déjeuner hors saison, 116 € en saison.

Cet hôtel 4-étoiles de 60 chambres, au bord de la Semois, est l'un des plus réputés de la cité bouillonnaise. Existant depuis 1730 environ, il a accueilli des personnages historiques comme Napoléon III et Émile Zola. Très beau bâtiment et chambres récemment rénovées, décorées avec énormément de goût dans un style mêlant harmonieusement le contemporain et l'ancien. Beaucoup de charme en perspective ! Les chambres les plus chères ont un bain à bulles et une vue sur la rivière. Également un restaurant gastronomique très agréable.

LA PORTE DE FRANCE €€

Porte de France 1
✆ +32 61 46 62 66
wallux.com/hotel-de-la-porte-de-france
Doubles à partir de 100 € (en semaine) et 115 € (week-end et férié), petit déjeuner 13,50 €. Lit d'appoint 40 €.

Ancien moulin dont le charme d'antan et le confort d'aujourd'hui se mélangent parfaitement, l'hôtel La Porte de France est situé au bas du château fort de Bouillon le long de la Semois. Il constitue un point de départ idéal pour découvrir les alentours. Les chambres sont réparties sur trois étages et sont dotées d'équipements classiques. Petit déjeuner bien copieux en buffet. Mention particulière pour leur personnel souriant et disponible, le réseau wi-fi performant et le service de blanchisserie. Restaurant de cuisine française classique.

LA VIEILLE ARDENNE €

Grand' Rue 9
✆ +32 61 46 62 77
wallux.com/la-vieille-ardenne
Ouvert du jeudi au mardi de 11h à 23h (0h le vendredi et samedi). 7j/7 pendant les vacances scolaires. Carte : ±35 €.

Cette maison du XVIe siècle typiquement ardennaise compte une impressionnante collection de chopes. L'ambiance est chaleureuse et familiale avec, au fourneau, la patronne qui s'occupe du gibier autant que de la truite (ardennaise, meunière ou champignons), du cassoulet aussi bien que de la choucroute, sans oublier le choix de salades. Un bistrot de terroir sans prétention dans la décoration et la cuisine où les plats sont mijotés avec amour dans les cuisines suivant des recettes de grand-mères ardennaises. Terrasse en saison.

WALLONIE

VIELSALM

Vielsalm est véritablement la porte nord de l'Ardenne luxembourgeoise. Une région riche en curiosités touristiques. La ville fut le siège des comtes de Salm dès le Xe siècle. Ils y installèrent leur premier château, l'abandonnant au XIVe siècle. Les notables, greffiers, bourgeois et le curé restèrent à Vielsalm.

Véritable toit de la province de Luxembourg, la Baraque de Fraiture est célèbre pour ses postes de ski alpin et de ski de fond. On connaît moins le très beau Plateau des Tailles, une réserve naturelle protégée. La fontaine Saint-Gengoux, les deux tours du château des comtes de Salm à Salmchâteau, le château de Provedroux (classé, style Louis XVI), la chapelle et le château de Farnières, les chapelles d'Ennal et de Tinseubois, les villages typiques de La Comté, Neuville, Burtonville et Ville-du-Bois, le défilé de la Fosse Roulette, les Rochers de Hourt, le bec du Corbeau, les marais de Commanster, sont autant d'attraits supplémentaires et insolites.

Les localités qui entourent Vielsalm forment un écrin de verdure : de Grand-Halleux, terre de pépinières depuis deux siècles à Commanster, haut lieu patrimonial, en passant par la somptueuse forêt domaniale du Grand-Bois. Parmi les produits de terroir, les liqueurs, eaux-de-vie, péket, crèmes d'alcool, vinaigres, confitures, dragées, pâtés, tartes ou encore glaces. On citera également le miel, la bière à l'étiquette de La Vieille Salme, les épices pour le vin chaud, les salaisons d'Ardenne, le fromage de chèvre, ou le lait de jument.

AU GRÉ DES SAISONS €€

Rue du Vieux Marché 4

✆ +32 478 41 93 43

Du mercredi au samedi 18h-21h ; du jeudi au dimanche 12h-14h15. Lunch à partir de 26,50 €, menu 3 plats 40 €.

Le chef Manu Fiévet, jeune et novateur, propose une table gastronomique chic et trendy, alliant créativité et goût à partir d'une cuisine de marché et de saison. Ses compositions sont savoureuses, très esthétiques et colorées. Les assiettes sont très raffinées en mode nouvelle cuisine. En hiver par exemple, on peut en entrée jeter son dévolu sur un canard sauvage aux trompettes de la mort, pommes de terre et gel d'airelles, et en plat un steak de biche polenta, pomme, betterave. La salle est tout aussi élégante que l'assiette.

CHÂTEAU DE COMMANSTER

Commanster 15

✆ +32 80 21 72 90

Ouvert le week-end et les jours fériés. Ouvert pendant les vacances scolaires sur demande.

La date de construction de 1741 figure au linteau de la porte d'entrée. Monument classé, le château de Commanster est un ancien relais de chasse qui fut construit par Henri-François Baptiste, échevin à la cour de Salm et mayeur de Gouvy. Les boiseries de chêne sculptées de l'escalier, des armoiries et quelques portes sont particulièrement remarquables. Un lieu dans son jus, ou plutôt dans son houblon ! Car les visiteurs pourront y déguster la Cervoise de Commanster, une bière brune d'exception au coin d'une belle cheminée crépitante.

LA ROCHE-EN-ARDENNE ★

Le paysage rochois est marqué par l'éperon du Deister sur lequel se dressent les ruines du château féodal de La Roche. Au Moyen Âge, La Roche-en-Ardenne fut le siège d'un important fief réuni autour du château des comtes de La Roche et de la petite agglomération qui, dès le XIIe siècle, commença à se développer à ses pieds. Au XIVe siècle, La Roche reçut le titre de ville et put se doter d'une fortification défensive. Cette forteresse fut ensuite occupée par les comtes de Namur, puis par les ducs de Luxembourg. La propriété passa ensuite dans les mains des ducs de Bourgogne, de Maximilien d'Autriche, de Charles-Quint et de Philippe II. Tombée en ruines au XVIIIe siècle, l'enceinte disparut progressivement du paysage de la ville. Les premiers travaux de restauration furent entrepris en 1852 et le château fut racheté par l'État en 1854. La Roche se consacra longtemps aux activités des tanneries et au travail du cuir, avant de se reconvertir quasi totalement dans le tourisme, au début du XXe siècle. Aujourd'hui, la Roche-en-Ardenne est une des villes les plus touristiques de la vallée de l'Ourthe. Non loin de là, le village d'Ortho est ceinturé par de nombreux hameaux dont le plus connu est certainement Nisramont, célèbre pour son barrage.

POTEAU '44

Le petit village de Poteau fut une zone-clé pendant les affrontements entre Allemands et Américains durant la Seconde Guerre mondiale car il était situé sur la route de ravitaillement Saint-Vith / Vielsalm / Baraque de Fraiture de la 7th Armored et sur un des axes de progression de la 6e Armée blindée allemande. Du 18 au 25 décembre, ce carrefour est tour à tour occupé par les Américains puis par les Allemands. La veille de Noël, les Américains se replient vers Vielsalm. Le carrefour sera surnommé par les combattants « The Dante's Hell » et fera l'objet d'un reportage filmé par la propagande allemande nazie.

CHÂTEAU DE LA ROCHE ★

Rue du Vieux Château 4
✆ +32 84 41 13 42
www.chateaudelaroche.be
Ouvert toute l'année tous les jours, horaires selon la saison (voir site). Adulte 6,50 €, enfant de 3 à 12 ans 4,50 €.

© KRISTOF DEGREEF - SHUTTERSTOCK.COM

Bâtie entre le XIe et le XIIIe siècle sur un rocher escarpé qui domine La Roche, cette forteresse fut occupée par les comtes de Namur, puis par les ducs de Luxembourg, les ducs de Bourgogne, de Maximilien d'Autriche, de Charles Quint et enfin de Philippe II. Tombée en décrépitude dès le XVIIIe siècle, il n'y a plus grand-chose à voir aujourd'hui, si ce n'est des ruines et un petit musée abritant les vestiges archéologiques. Mais le lieu offre une vue exceptionnelle sur la cité et la vallée de l'Ourthe. Des spectacles et week-ends médiévaux y sont organisés en été.

MUSÉE DE LA BATAILLE DES ARDENNES ★

rue Châmont 5
✆ +32 84 41 17 25
www.batarden.be
D'avril à septembre 7j/7. Hors saison voir site Web. Ouvert 10h-18h. Adulte : 8 €. Enfant : 4 €.

Ce musée sur 3 étages aligne une centaine de mannequins de soldats américains, britanniques et allemands, des uniformes offerts par les vétérans, des objets personnels trouvés sur les champs de bataille, des véhicules militaires, des photos et vidéos d'archives… Le must : une machine « Enigma » utilisée par les Allemands, qui servait à coder et décoder les messages, la reproduction de la fameuse « Forteresse Volante » B17 et la « Salle d'Armes » qui expose quelque 90 spécimens.

PETIT TRAIN TOURISTIQUE

rue de Harzé 4
✆ +32 84 411 559
Samedi, dimanche, jours fériés et vacances scolaires de Pâques à la Toussaint. Adulte : 9 €. Enfant (4 à 12 ans) : 5 €.

Le trajet permet de découvrir la ville et ses alentours en 40 minutes. On monte et on descend du train au gré de ses visites entre 11h et 17h le week-end, les jours fériés (tous les jours durant les vacances scolaires). Le train traverse les différents points d'intérêt de la Roche et fait un détour jusqu'au Parc à Gibier. En plus du circuit classique, le train emmène les visiteurs les mercredis soir (17h-21h) jusqu'au Marché artisanal de Marcourt en juillet et août. Également, balades à travers les villages de Buisson, Thimon et Hives avec restauration à bord.

MAISON BOUILLON ET FILS €

Place du Marché 9
✆ +32 84 41 18 80
www.maison-bouillon.be
Ouvert tous les jours sauf mardi de 8h30 à 18h30. Espace dégustation ouvert de 11h30 à 15h (sauf lundi et mardi).

Une boucherie-charcuterie qui fabrique artisanalement depuis 1955 toute sorte de charcuteries locales délicieuses. Typique, on s'y presse pour acheter le jambon d'Ardenne IGP, pour lequel La Roche est réputée, mais aussi pour le déguster sur place avec d'autres spécialités de charcuterie maison. Un espace dégustation fait office de restaurant pour manger sur le pouce tout ce qui vous allèchera en vitrine, accompagné d'un bon vin. Il n'est ouvert qu'à l'heure du déjeuner. En dehors il faudra acheter à la boucherie à emporter.

WALLONIE

HOUFFALIZE

Le nom de cette bourgade de 5 000 habitants vient de Alta Falisia : Haute Falaise. Car Houffalize se trouve à 350 mètres d'altitude, avec un point culminant à 456 mètres (la côte Saint-Roch est prisée par de nombreux cyclistes). On peut y découvrir les vestiges d'un château datant du VIIIe siècle car la ville avait son importance au Moyen Âge précoce. La ville est titulaire de la Croix de guerre (AR 31 mars 61) en raison des terribles bombardements qui causèrent de nombreux morts. C'est une perle au cœur du cœur de l'Ardenne, un coin oublié par la pollution, pays de roches et de méandres, royaume des panoramas car c'est la porte d'entrée du parc naturel des 2 Ourthes.

DURBUY

Voici la région la plus septentrionale de la province de Luxembourg. Les principales localités, Barvaux, Durbuy et Bomal, sont autant tournées vers l'extérieur de la province que vers la plus importante agglomération des environs, à savoir Marche-en-Famenne. Durbuy, considérée comme la plus petite ville du monde, répond d'une vraie vocation touristique. La cité semble comme emmitouflée dans les méandres de l'Ourthe. Son teint gris contraste avec les tons verts des versants boisés qui l'entourent et toute la gloire de son riche passé est inscrite dans ses ruelles pittoresques et ses maisons intactes depuis le XVIIIe siècle.

PARC DES TOPIAIRES ★

rue Haie Himbe 1

✆ +32 86 21 90 75

www.topiaires.be

Entrée libre. Voir les horaires selon la saison sur le site Internet.

Cet immense jardin est situé le long de l'Ourthe de l'autre côté de la vieille ville. Les Topiaires sont des plantes sculptées ou taillées dans des formes diverses. Cet espace original s'étend sur un hectare et recèle plus de 25 figures telles que des crocodiles, éléphant, sirène ou oiseaux. Certaines plantes ont plus de cent ans. La terrasse de la cafétéria, endroit privilégié en été, offre un panorama unique sur la cité durbuysienne. Le parc propose aussi des animations portant sur le potager et la nature. Attrayant autant pour les adultes que pour les enfants.

COMME À LA FERME... €€€

Bohon 21

✆ +32 477 89 19 34

www.commealaferme.be

Double à partir de 135 €. Petit déjeuner inclus. Mini-gîte : à partir de 105 € pour 2 personnes (sans petit dékeuner).

Au calme d'un petit hameau près de Durbuy, cet ancien relais de chasse (autrefois Le Relais de Bohon) propose cinq chambres d'hôtes confortables et de caractère (l'une d'elles comporte un bain hydromassant) situées dans le jardin. Elles sont toutes différentes. Le copieux petit déjeuner sur une terrasse ou au coin d'une cheminée. Dans un style plus classique peut-être, les lieux comptent aussi six « mini gîtes », chacun doté de sa cuisine séparée. De quoi passer un séjour paisible, en profitant des sympathiques animaux des propriétaires.

LE CLOS DES RÉCOLLETS €€

rue de la Prévôté 9

✆ +32 86 21 29 69

www.closdesrecollets.be

Ouvert du jeudi au lundi le midi et le soir. Menus de 42 € à 80 €. Carte : 67 € environ.

Frédéric Bruneel accueille ses hôtes au sein de son établissement où vieilles pierres et bonne cuisine s'harmonisent parfaitement. C'est une étape obligatoire qui vous fera découvrir toute la finesse de la cuisine ardennaise, à la sauce gastronomique. Le gibier, en saison, fait évidemment partie du package. La terrasse est agréable, grâce à sa situation légèrement à l'écart du brouhaha. La table est doublée d'un petit hôtel bien agréable alliant confort douillet et charme contemporain. Il fait particulièrement bon s'y (re) poser.

LE SANGLIER DES ARDENNES €€

rue du Comte Théodule d'Ursel 14

✆ +32 86 21 32 62 - www.sanglier-durbuy.be

Du jeudi au lundi de 12h à 22h ; mardi et mercredi de 12h à 14h et de 19h à 22h. Menus : 65 €-105 €. Jardin. Terrasse.

Nouvelle brasserie (La Bru'sserie où les tapas sont reines), la nouvelle carte élaborée par le chef Wout Bru. Quant à la cuisine, définitivement de haut vol, elle est pensée avec une volonté de perfection et un œil attentif sur les produits de choix (pour ne pas dire de luxe) et de saison (carpaccio de cèpes, raviole de homard, râble de lièvre en hiver par exemple...). Ces propositions gastronomiques sont déclinées en deux versions seulement d'un menu en quatre ou six services.Terrasse dans un jardin très agréable en été avec vue sur le château d'Ursel.

WALLONIE

MARCHE-EN-FAMENNE

Peu connue sous cet angle, Marche-en-Famenne est aussi et avant tout une vieille ville au riche patrimoine historique et artistique. Déjà grosse bourgade à l'époque romaine et fortifiée au XIVe siècle, Marche a vu ses remparts démantelés sous Louis XIV. C'est ici que Don Juan d'Autriche signa l'Edit Perpétuel avec les Etats Généraux le 12 février 1577, relatif à la pacification de Gand entre la couronne espagnole et les provinces des Pays-Bas. La ville a été remarquablement rénovée dans le respect de son passé architectural du milieu du XIXe siècle. En témoignent ces quelques bâtiments du XVIe siècle, ces venelles où il fait bon flâner mais aussi les fontaines, sculptures et fresques murales, les places arborées. Marche-en-Famenne compte quelques belles bâtisses de caractère, telles que la maison des vicaires, la maison Jadot, la maison Dochain, l'ex-halle aux blés, l'ancienne ferme de la Mocrie, le château « Le Plantis » et son parc, plus connu sous le nom de château Van der Straeten-Waillet. Le site de l'ancien couvent des Carmes vaut aussi le coup d'œil. On peut y admirer la Fontaine des Carmes, l'amphithéâtre et la pyramide en verre. Le circuit « Balade au cœur de Marche », et son livret ainsi que la visite guidée du « Vieux Marche » pour les groupes, sont deux initiatives de la Maison du Tourisme pour découvrir la ville.

FAMENNE & ART MUSEUM

Rue du Commerce 17
✆ +32 84 32 70 60
www.famenneartmuseum.be

Mardi au samedi, 10h-12h et 13h-17h, w-e et fériés 14h-18h. Fermé les w-e et fériés de décembre à février. Entrée : 5 €.

Installé dans un bâtiment du XVIIIe siècle, ce musée rénové est consacré aux vestiges locaux mérovingiens et carolingiens, au Maître de Waha (savoureuse figure de la sculpture gothique tardive). Mais aussi au site dit « du Monument », un sanctuaire du XVIIe siècle, ainsi qu'aux métiers d'autrefois ou encore à l'art moderne et contemporain. Une salle est réservée au métier de dentellière, qui faisait la réputation de la cité. Au printemps 2019, les salles consacrées à la Préhistoire et à l'Antiquité ont bénéficié d'une toute nouvelle scénographie.

HOTEL DU QUARTIER LATIN €€

Rue des Brasseurs 2 ✆ +32 84 32 17 13
www.quartier-latin.be

Chambre double à partir de 144 €. Petit déjeuner inclus. Menu : 49 €. Carte : 45 €. Lunch : 28 €.

Installé dans une église jésuite du XVIIIe siècle restaurée, au cœur du village sur une jolie placette, cet élégant complexe hôtelier compte 76 chambres – dont 13 suites – tout confort, meublées avec élégance et sobriété et climatisées. Certaines sont situées dans l'aile contemporaine, d'autres dans la partie historique et même dans l'ancienne église. L'hôtel dispose aussi d'un centre de bien-être avec sauna, hammam, piscine, soins de balnéothérapie et massages. Également une brasserie et un restaurant de qualité. Grand brunch tous les dimanches et jours fériés.

NASSOGNE

Située aux portes du plateau ardennais et à la lisière de la Famenne, Nassogne offre de nombreux attraits. Privilégiée et à l'écart des circuits touristiques de masse, parsemée de collines et de vallées, la région de Nassogne est une terre idéale pour la balade et les loisirs sportifs en famille et garde sa tranquillité même en plein été pour ceux qui recherche un endroit de détente. Elle totalise une superficie de près de 12 000 hectares pour environ 5 000 habitants. La forêt s'étend sur plus de la moitié du territoire. La collégiale Saint-Monon, ordonnée par Pépin Le Bref à la fin du VIIe siècle, est située à quelques dizaines de mètres de la place communale.

FLORENVILLE ★

Si Florenville est le bourg le plus animé du coin, avec quelques restaurants et bars d'intérêt, deux autres localités méritent le détour dans le coin : Chiny, à 6 km au nord, et surtout Orval, à 8 km au sud, où se trouve la fameuse abbaye éponyme. Celle-ci, fondée au XIe siècle, est nichée dans un site superbe et fabrique sa bière trappiste et son fromage. C'est en 1931, que naquit la trappiste d'Orval, créée pour remplacer les revenus générés par l'activité de la forge qui existait à l'époque de Charles Quint. Cette bière aujourd'hui très connue, d'un genre nouveau pour l'époque, fut élaborée par deux maîtres brasseurs laïcs, un Belge et un Allemand.

ABBAYE NOTRE-DAME-D'ORVAL ★★

Orval 1 ✆ +32 61 31 10 60
www.orval.be
Adultes : 7 € ; enfants (7 à 14 ans) : 3 €. Ouvert de 10h30 à 17h30 en hiver, de 9h30 à 18h30 en été.

Le monastère dégage une réelle atmosphère de paix : situation en pleine nature, lignes architecturales harmonieuses, couleur chaude de sa pierre calcaire et dix siècles de ferveur chrétienne. Lieu de ressourcement, il est aussi un témoignage du rôle joué par les moines, au fil du temps. Sa fondation remonte à 1070 ; il rejoignit l'ordre cistercien en 1132. Les moines construisirent un premier cloître, qui fut détruit par un incendie vers le milieu du XIIIe siècle. L'abbaye fut reconstruite mais connut d'autres malheurs, y compris lors de la Révolution française. En 1926, la famille de Harenne fit don des ruines d'Orval et des terres annexes à l'ordre de Cîteaux pour qu'il fasse renaître l'abbaye. Dom Marie-Albert Vander Cruysen se chargea de la reconstruction d'Orval en faisant appel à l'architecte anversois Henri Vaes. La nouvelle église fut consacrée en septembre 1948. La vie monastique reprit donc à Orval et est toujours d'actualité. Le musée monastique est aménagé dans les fondations du XVIIIe siècle. On peut voir aussi un musée pharmaceutique et un jardin de plantes médicinales. Dans l'unique bâtiment subsistant de l'ancienne abbaye, on découvre les secrets du savoir-faire brassicole de la bière d'Orval, une maquette tactile du monastère à la disposition des personnes malvoyantes, un parcours interactif pour les enfants et les œuvres du moine peintre Frère Abraham Gilson. Exposition temporaire de juin à octobre. Boutique pour rapporter bière et fromage dans sa valise.

© TRAVELFOTO - SHUTTERSTOCK.COM

LA BIÈRE D'ORVAL

Aux yeux du monde, Orval est avant tout la « marque déposée » d'une bière trappiste ambrée. Beaucoup de connaisseurs vous le diront, elle est unique en son genre. D'abord par ses procédés de fabrication (le houblonnage à froid), mais aussi parce que la brasserie tourne avec ce mono-produit, contrairement aux autres brasseries trappistes belges qui présentent toutes au moins deux bières différentes. Elle est probablement la plus appréciée des trappistes et, avec un doigt de chauvinisme, presque l'une des meilleures bières sur Terre. Elle se différencie également par sa teinte cuivrée si particulière et un volume d'alcool peu élevé (6,2 %) qui fait d'elle la trappiste belge la plus légère, si l'on ne tient pas compte des breuvages spécialement brassés pour les moines. Une bière dont le succès populaire ne tarit pas. Les modes de consommation brassicole ont largement évolué ces dernières années, on ne cesse de vous le répéter. Les bistrots et la pils sont délaissés par le public qui privilégie plutôt la bière spéciale à déguster chez soi au coin du feu. En la matière, l'authenticité d'une trappiste et le goût jumelé à un relativement faible volume d'alcool de l'Orval semblent bien répondre aux nouvelles attentes du consommateur. C'est toutefois l'horeca qui absorbe la majeure partie de la production d'Orval... la présence en grande distribution étant souvent aussi aléatoire que réservée aux bons clients. L'amateur aura donc plus de chances aujourd'hui de se procurer cette célèbre ambrée précisément au café et moins dans la (grande) distribution. Il existe aussi une Orval Vert, soit une version à la pression, plus légère (3,5 %) que son aînée.

Mais Orval occupe une place importante sur le plan ecclésiastique. Des photos de l'intérieur du monastère (qui, lui, reste une zone infranchissable pour les laïcs) permettent de faire le lien entre l'abbaye médiévale et l'abbaye actuelle. Notre-Dame d'Orval, c'est aussi la légende de la comtesse Mathilde de Toscane qui égara son anneau nuptial dans une fontaine proche de l'abbaye. Une truite revint alors à la surface avec le bijou dans sa gueule. Et la comtesse de s'exclamer que le lieu est un véritable « Val d'or ». La truite à l'anneau, elle, a obtenu une reconnaissance éternelle puisqu'elle figure aujourd'hui sur le logo de la bière. La brasserie ne se visite que dans le cadre des journées portes ouvertes annuelles. Attention, on commande UN Orval.

EGLISE NOTRE-DAME DE L'ASSOMPTION ✝

esplanade du Panorama 1
✆ +32 61 31 12 29

Ça grimpe ! On accède au belvédère qui couronne le clocher et son carillon (48 cloches) en empruntant un escalier de 220 marches ! Imaginez la vue. Le panorama que l'on observe alors couvre une étendue de 8 km². Par temps clair, il paraît que l'on peut même apercevoir les hauteurs de Verdun ! Édifiée en 1873 en style néogothique avec la pierre jaune caractéristique de la région, l'église Notre-Dame-de-l'Assomption n'est par contre pas d'un grand intérêt architectural.

CHAMELEUX €

Chameleux 5 ✆ +32 61 31 10 20
www.lechameleux.be

Du 01/05 au 15/09 fermé mardi soir et mercredi. Hors saison, voir site Web. Carte : ±32 €. Réservation 48h à l'avance.

Ici c'est la truite qui donne le ton ; meunière, c'est à dire salée, poivrée et poêlée, de la même façon depuis quarante ans, accompagnée de patates au lard. Également, la touffaye, un plat régional à base de plates côtes de porc, de saucisse gaumaise et de ces délicieuses pommes de terre appelées « plates de Florenville ». Choucroute en hiver. Les plus nostalgiques trouveront la carte « exagérément » longue, car auparavant elle ne comportait que trois plats (la fameuse truite, une omelette et le jambon à l'os). L'endroit est merveilleusement isolé dans la forêt.

LES CHOCOLATS D'ÉDOUARD

Place Albert Ier 36
✆ +32 61 50 29 72
www.leschocolatsdedouard.be

Mar au ven 10h-18h30 ; w-e 9h-19h30. Visite : 9 €. Atelier : 29 €. Réservation 2 semaines à l'avance.

Parmi les spécialités d'Édouard Bechoux, selon l'appétit et la saison, on hésite entre les palets (déclinés en pralines, mendiants, avec mention spéciale au praliné romarin, exceptionnel), la glace parfumée aux épices, les gâteaux (ne pas rater le classique d'Édouard), le véritable chocolat chaud (ou froid !) épicé et revisité par le maître. Le tout à base de pur beurre de cacao. Les parts servies sur place sont plus que généreuses et on en profite pour jeter un œil du côté de l'atelier, ouvert aux curieux en plus des gourmands.

SAINT-HUBERT

Située entre Bastogne, Marche-en-Famenne et La Roche-en-Ardenne, ce petit coin d'Ardenne s'érige en poumon vert du Luxembourg belge. Saint-Hubert jouit d'une reconnaissance qui a largement dépassé les frontières du pays. Capitale européenne de la chasse et de la nature, elle attire de nombreux visiteurs en raison de son passé historique et légendaire et de son cadre naturel préservé. Des admirateurs de Pierre-Joseph Redouté, le célèbre « Raphaël des Roses », viennent également du monde entier pour découvrir le lieu de naissance de cet artiste renommé. Saint-Hubert est une étape incontournable sur la route de Saint-Jacques de Compostelle.

BASILIQUE DE SAINT-HUBERT ✝ ★★

place de l'Abbaye 1
✆ +32 61 61 23 88
basilique-sainthubert.be

Basse saison : ouvert tous les jours de 9h à 17h. Haute saison : tous les jours de 9h à 18h.

Si l'édifice actuel a été bâti entre 1526 et 1564, la première fondation remonte au début du VIIe siècle. Lors de cette reconstruction, les tours du XIIIe siècle ont été conservées. Elles seront englobées dans la nouvelle façade classique au XVIIIe siècle. Le visiteur qui entre pour la première fois dans la basilique Saints-Pierre-et-Paul est frappé par sa majesté et son élégance, mais aussi par le contraste entre la façade baroque un peu lourde et l'intérieur gothique élancé. Parmi les éléments particulièrement dignes d'intérêt, citons notamment les tours en style gothique primaire (XVe siècle), la façade baroque (XVe siècle), les autels latéraux du Rosaire (à gauche) et de sainte Agathe (à droite) de style baroque, les magnifiques stalles évoquant les vies de saint Hubert et de saint Benoît ou encore l'autel de Saint-Hubert (transept droit). Ce dernier présente un reliquaire contenant la sainte étole de saint Hubert et des reliques des saints Lambert et Floribert. La crypte fut restaurée après 1525. Les murs et les départs de voûte actuels sont des témoins de la fondation initiale. En 2016, l'édifice religieux fut bien malgré lui sous les feux de la rampe : des membres de la fabrique d'église ayant été pris sur le fait, occupés à creuser un tunnel sous la basilique pour tenter de récupérer de supposées reliques de saint Hubert... Le saint patron des chasseurs fait l'objet de pèlerinages depuis près de 500 ans sans qu'on puisse savoir s'il est enterré ici.

DOMAINE PROVINCIAL DU FOURNEAU SAINT-MICHEL ★

Fourneau Saint-Michel 4
✆ +32 84 21 08 90
www.fourneausaintmichel.be
Ouvert de mars à novembre, 7j/7 de 9h30 à 17h, 18h juillet-août. Entrée 5 € ou 7 €, 2 musées 10 €.

Le Domaine se compose de deux entités. D'un côté le musée du Fer et son unique haut-fourneau, de l'autre côté le Musée de plein air et ses 40 hectares dédiés à la vie rurale en Wallonie. Grâce à la transplantation de bâtiments des XIXe et XXe siècles vous découvrirez le quotidien de nos ancêtres au travers d'une promenade au sein d'un cadre exceptionnel. Outre la découverte du Domaine et ses collections, appréciez sa programmation variée et familiale et ses animations pour groupes.

EURO SPACE CENTER ★

rue Devant les Hêtres 1 - **TRANSINNE**
✆ +32 61 65 64 65
www.eurospacecenter.be
W-E. 7j/7 vacances, 9h-16h (dernière entrée). 33 €, enfants : 29 € (-2 € résa en ligne). Aménagements divers handicaps.

Petits et grands amoureux de l'espace, venez vous émerveiller devant les splendeurs de l'univers dans le parcours « La journée du spationaute ». Au cours de 10 activités, découvrez si vous avez les aptitudes pour les voyages spatiaux, testez les effets de l'apesanteur lors d'une chute libre, les sensations du décollage dans le Space Rotor ou la gravité sur la Lune et Mars. Voyagez dans le système solaire avec le Space Show 5D et au Planetarium ou découvrez comment nous pourrions vivre sur Mars. Possibilité de nuitée sur place avec la formule « Mission Orion ».

MUDIA

Place de l'Esro 61 - **REDU**
✆ +32 61 51 11 96
www.mudia.be
Mercredi-dimanche 10h-17h. Fermé 25/12 et 01/01. Gratuit -3 ans. Adulte : 15 €. Enfant : 8 €. Groupe (15 pers.) : 12 €.

Redu, le village du livre, s'est doté en 2019 d'un remarquable lieu pour amateurs d'art. Mudia se présente comme une attraction muséale pour découvrir et comprendre de manière interactive. Plus de 300 œuvres originales et internationales, de la période gothique et Renaissance à aujourd'hui, offrent une vue d'ensemble sur la grande histoire de l'art : Véronèse, Brueghel, Rodin, Spilliaert, Wouters, Picasso, Modigliani, Giacometti, Magritte, Hergé, Franquin, Geluck... Tout est mis en place pour une immersion artistique et ludique. Une initiative 100 % d'Eric Noulet.

MUSÉE PIERRE-JOSEPH REDOUTÉ

Rue Redouté 11 ✆ +32 61 61 31 48
www.museepjredoute.be
Ouvert en juillet-août seulement, de 13h à 17h. Sur RV entre septembre et juin. Entrée 3 €. Guide : 25 € + 3 €/pers.

Connu pour ses gravures de roses, Pierre-Joseph Redouté, surnommé le « Raphaël des roses », est né en 1759 à Saint-Hubert. Il réalisera des planches de plantes et fleurs pour illustrer les ouvrages de botanistes et dispensera des cours de dessin à Marie-Antoinette, Joséphine de Beauharnais et Louise-Marie d'Orléans. Il meurt en 1840 dans l'endettement et la pauvreté. Son frère Henri-Joseph participe en 1798 à la célèbre expédition d'Égypte lancée par Bonaparte.

HÔTEL LE VAL DE POIX €€

rue des Ardennes 18
✆ +32 61 61 13 29
www.levaldepoix.com
42 chambres. Chambre double aux alentours de 91 € ; chambre familiale, 122 €. Petit déjeuner : 18 €.

Très agréable établissement familial, tenu par Lorraine et Aude Piette représentant la 4e génération d'hôteliers ! En reprenant les rênes de la maison voici quelques années, elles en ont profité pour lui donner un vrai coup de jeune, bien nécessaire malgré sa situation idéale pour rayonner : chambres rénovées (double, twin et familiales) et surtout un restaurant axé sur le terroir et la découverte des bières de la province luxembourgeoise. Un must, où l'accueil et le sourire ne sont pas de vains mots. Des jeux pour enfants enchanteront les familles.

SKI DE FOND

✆ +32 61 61 30 10
Activité gratuite et balisée, possibilité de prendre un guide. Luge et ski-joëring à Saint-Hubert. Cash uniquement.

En hiver, lorsqu'il neige suffisamment, on peut pratiquer du ski de fond dans les environs de Saint-Hubert (location de skis et raquettes sur place). Différentes pistes de difficultés variables sont tracées tout autour du village de Champlon mais aussi au départ de l'aérodrome civil de Saint-Hubert. L'occasion de découvrir une belle nature et des paysages enchanteurs de forêts enneigées. Vous trouverez des renseignements sur l'ouverture des pistes auprès du Syndicat d'Initiative Champlon-Tenneville ou auprès de la Maison du Tourisme de la Forêt de Saint-Hubert.

NEUFCHÂTEAU

Neufchâteau, important centre du sud de l'Ardenne, est un véritable espace de détente. Parfaitement intégré au pays touristique de la forêt d'Anlier, Neufchâteau et sa région regorgent d'idées de séjours et d'escapades : la nature, la forêt, les rivières, le lac, les villages paisibles, le patrimoine architectural, la qualité et la variété de l'hébergement, les bonnes tables, les succulents produits du terroir, les promenades à pied, à cheval, à vélo. En toute saison, les festivités touristiques, culturelles, sportives. Ici, la nature recèle encore de nombreuses richesses. Profitez de la convivialité des habitants et de la chaleur de leur accueil.

MOULIN KLEPPER

chemin du Moulin 12

Le moulin Klepper a, au cours de son histoire, revêtu plusieurs fonctions : moulin à écorce, à farine, à huile, à tabac, à grain, une scierie, un fournisseur d'électricité et finalement une filature. Cette double bâtisse témoigne du riche passé artisanal et industriel de la ville de Neufchâteau. Il porte le nom de ses derniers propriétaires. Aujourd'hui, il est devenu un point stratégique en matière de tourisme nature. De nombreuses activités (théâtre, animations, expositions, conférences, ciné-clubs, etc.) y sont organisées tout au long de l'année.

CIMETIÈRE MILITAIRE DE MALOME

chaussée de France

Hommage aux victimes des combats d'août 1914, ce cimetière est celui de soldats français et allemands tombés à Longlier et Hamipré. Ils sont réunis et alignés en demi-cercle de part et d'autre de la très belle arcade d'entrée réalisée en schiste du pays. Ce cimetière a été édifié en 1917 par les Allemands. On y a transféré après la Seconde Guerre mondiale les corps non rapatriés des soldats. A l'origine, ces corps étaient enterrés dans les 8 cimetières militaires autour de Neufchâteau.

MAISON DU TOURISME CAP SÛRE-ANLIER

Grand Place 2

✆ +32 61 21 80 05

www.capsureanlier.be

Du mardi au jeudi 10h-16h. Vendredi 10h-18h, week-end 10h-15h. Accessible fauteuils roulants, PMR.

Mettez le Cap sur une destination 100 % authentique. Profitez d'un séjour ressourçant en compagnie de la Sûre, au fil de ses méandres, et de la majestueuse forêt d'Anlier. Toutes deux invitent à un spectacle « grandeur Nature » qui se réinvente à chaque saison. Le territoire regorge de nombreux produits du terroir, goûtez la typicité des salaisons et fromages, l'onctuosité des miels et chocolats, la diversité des bières, et la convivialité de ses tables.

LA MAISON BOURGEOIS

Grand Place 3

✆ +32 61 27 50 88

Sobriété et élégance de l'architecture chestrolaise, la Maison Bourgeois divise les spécialistes sur sa date de construction. Le bâtiment communal, situé en face de l'hôtel de ville, présente une toiture à forte pente qui évoque le début du XVIIIe siècle alors que les encadrements de ses fenêtres nous renvoient plutôt vers le XIXe siècle. La maison a pour caractéristique d'être construite sur des caves aux voûtes très épaisses. Elle est à présent le siège du centre culturel de Neufchâteau. N'hésitez pas à voir ce qui s'y passe.

HÔTEL EDEN-ARDENNE €

chaussée de France 25 ✆ +32 61 28 82 28

www.eden-ardenne.be

A partir de 74 € la chambre single, 96 € la double avec petit déjeuner. Menu marché du restaurant : 25 €.

Dans le pays touristique de la forêt d'Anlier, cet hôtel offre une vue imprenable sur le lac de Neufchâteau. Cet établissement est l'endroit idéal pour changer d'air et se ressourcer. Du haut de son éperon rocheux, l'hôtel comporte une terrasse sur deux niveaux qui surplombent le lac. Sa décoration est moderne et mélange harmonieusement le bois, la pierre et l'aluminium. Trente-sept chambres aménagées en studios avec cuisine équipée. Un cadre parfaitement équipé pour accueillir vos événements professionnels et réceptions. Une étape gourmande en Ardenne.

LA FRÉGATE €

avenue de la Victoire 56
✆ +32 61 27 70 37
www.lafregateneufchateau.com
Ouvert du mardi au samedi le midi et le soir et le dimanche midi. À partir de 35 € par personne.

Dans un cadre qui évoque davantage l'océan que les Ardennes, le lieu est idéal pour déguster du poisson ou des moules. Mais pas que… La carte reflète aussi de belles spécialités traditionnelles françaises, avec gibier en saison. Un menu du jour est proposé du mercredi au vendredi midi (différentes formules possible). De plus, le restaurant a un très bel assortiment de vins. Il est bon de s'attarder sur la terrasse couverte les jours d'été. Pour les enfants, avant et après le repas, une salle de jeux couverte. Un établissement à découvrir pour petits et grands.

LE TCHESTÉ €

rue des Tanneries 1
✆ +32 495 25 58 30
Ouvert du mardi au samedi de 16h30 à 22h et du mercredi au dimanche de 10h à 14h30. Menu : 18 €.

Véritable maison de charme, en pierres du pays à l'extérieur, et dedans une déco chaleureuse qui marie à merveille le bois et la pierre. Et côté cuisine, pas la gastronomie majuscule mais un honnête esprit familial qui met l'accent sur la gourmandise et la convivialité. En plus de quelques jolis flacons de vin, des bières spéciales et une carte d'alcools non industriels qui nous sort de nos habitudes : whisky, gin, péket... Une étape sympathique aux abords du lac de Neufchâteau. C'est rapide, ce n'est pas cher et c'est bon !

RESTAURANT CHÂTEAU DE GRANDVOIR €€

La Cornée 66
✆ +32 486 99 83 85
www.chateaugrandvoir.be
Ouvert le soir du mardi au samedi, le midi le dimanche. Menu de 30 € à 45 €.

L'établissement a été repris depuis mi-2022 mais l'enseigne reste sous le signe du plaisir. Dans le cadre exceptionnel de l'ancienne demeure des maîtres de la forge de la Province du Luxembourg, l'équipe a mis au point une cuisine bistronomique et propose un menu allant jusqu'aux 3 services. Avec toujours les bières Vaurien, brassées sur place, en accompagnement. Des produits de qualité travaillés avec finesse et qui se savourent dans ce merveilleux château-ferme du XVIIe siècle.

PAYS DE GAUME

A Virton, on verse facilement dans l'exagération. Ce n'est peut-être pas que pour son micro-climat clément qu'on surnomme cette région la petite Provence ! Son Musée Gaumais cache des trésors dignes d'intérêt national. Florenville, bourgade rurale, charme par la beauté des paysages, ses villages et hameaux, ses 9 000 ha d'étendues boisées et ses centaines de kms de chemins. Nichée dans un superbe écrin, l'abbaye trappiste d'Orval est réputée pour sa bière. Cité millénaire accrochée aux berges de la Semois, la ville-forte de Chiny a fait place à un patelin paisible. De son glorieux passé ne subsistent que les traditions et les légendes.

MUSÉE GAUMAIS

Rue d'Arlon 38-40 - **VIRTON**
✆ +32 63 57 03 15
www.museesgaumais.be
Ouvert 7j/7 sauf lundi du 1/03 au 31/12 de 9h30 à 12h et de 14h à 18h. 7 € adulte, 5 € étudiant. Gratuit -12 ans.

Le Musée gaumais présente de manière très didactique les différents aspects de l'histoire de la Gaume d'hier et d'aujourd'hui : l'archéologie, les arts, le folklore, les coutumes et les croyances… Les collections, exposées sur plus de 2 000 mètres carrés, sont réparties dans deux bâtiments bien distincts : l'ancien couvent des Récollets, datant de la fin du XVIIe siècle, et l'aile moderne, du début des années 1990. Dans le musée, plusieurs ateliers d'artisans sont reconstitués, avec des meubles de la région de belle qualité.

VILLA GALLO-ROMAINE DE MAGEROY

Rue de Mageroy 2
HABAY
✆ +32 63 75 85 44
www.villamageroy.com
Ouvert tous les jours.

Située sur la route romaine Trêves-Reims, la Gaume a laissé de nombreux souvenirs de l'époque gallo-romaine, les ruines de cette villa à Habay-la-vieille. Depuis 1984, l'asbl ARC-HAB (Groupe d'archéologie de Habay) étudie et préserve ce site où les fouilles sont toujours en cours. Cela fait partie de l'attrait du lieu : regarder les archéologues au travail en été. La villa a existé de 50 apr. J.-C. environ, jusqu'à la moitié du IVe siècle et possédait ses propres thermes.

MAISON DU TOURISME DE GAUME

Rue des Grasses-Oies 2b - **VIRTON**
✆ +32 63 57 89 04
www.soleildegaume.be
Ouvert tous les jours de 9h à 18h. Dimanche et jours fériés de 10h à 16h. Fermé les 01/11, 25/12 et 01/01.

Laissez-vous surprendre par la beauté de la Gaume. L'Abbaye d'Orval, dont les sublimes ruines se visitent, regorge de trésors patrimoniaux. La Semois, paisible et douce rivière, traverse les vastes forêts. Les jolis villages de Chassepierre et Torgny invitent à la flânerie. Les délicieux produits du terroir ravivent les gourmets et gourmands. Festivals, carnavals et autres festivités font vibrer les plus festifs. Les magnifiques paysages sont à couper le souffle.

LE MOULIN CAMBIER €€

Pont Saint-Nicolas
CHINY
✆ +32 61 50 27 89
www.moulin-cambier.com
Fermé le mercredi et jeudi, ouvert de 10h à 22h. Plats autour de 22 €. Bistrot de terroir.

En ces lieux, le cadre est rustique et l'ambiance chaleureuse. On profite ici de salades et de plats de terroir élaborés à la bière ou au fromage d'Orval, comme des raclettes et des fondues (bourguignonne ou savoyarde), des moules... On peut opter aussi pour des grillades savoureuses, des boulettes au fromage d'Orval, un combo tomate-mozzarella issue de bufflone des Ardennes et bien sûr la truite meunière et le jambon fumé artisanal locaux. Activités en famille aux environs proches comme le kayak et un mini-golf gratuit si on mange au Moulin.

LES CHOCOLATS D'ÉDOUARD

Place Albert Ier 36 - **FLORENVILLE**
✆ +32 61 50 29 72
www.leschocolatsdedouard.be
Mar au ven 10h-18h30 ; w-e 9h-19h30. Visite : 9 €. Atelier : 29 €. Réservation 2 semaines à l'avance.

Parmi les spécialités d'Édouard Bechoux, selon l'appétit et la saison, on hésite entre les palets (déclinés en pralines, mendiants, avec mention spéciale au praliné romarin, exceptionnel), la glace parfumée aux épices, les gâteaux (ne pas rater le classique d'Édouard), le véritable chocolat chaud (ou froid !) épicé et revisité par le maître. Le tout à base de pur beurre de cacao. Les parts servies sur place sont plus que généreuses et on en profite pour jeter un œil du côté de l'atelier, ouvert aux curieux en plus des gourmands.

JEAN LE CHOCOLATIER

rue de l'Hôtel de Ville 15 - **HABAY-LA-NEUVE**
✆ +32 63 57 29 00
www.jeanlechocolatier.be
Ouvert le mercredi, le vendredi et le samedi de 10h à 12h et de 14h à 18h. Visites sur rendez-vous.

Venu de Sète, Jean s'est installé à Habay pour faire des chocolats. Sa fabrication artisanale est réalisée à base d'une sélection de matières premières nobles et les recettes sont élaborées pour respecter les saveurs de chaque produit. Leur originalité permet à chacun de trouver un goût qui lui est propre. Le bean-to-bar fait aussi partie de ses principes. Il torréfie lui-même cacao et café (le dada du fiston Alexandre). Assortiments de pralines, de tablettes et bien d'autres choses, dont la bière JeanChris, née de l'amitié de Jean avec Chris, un brasseur local.

WALLONIE

Virton.

ORGANISER SON SÉJOUR

La Belgique étant en Europe, dans l'espace Schengen, frontalière avec la France et francophone en partie, on s'y sent « comme à la maison » ! Avant tout voyage, il est important de glaner quelques informations pratiques même si la Belgique a plus ou moins les mêmes habitudes et la même organisation que la France, Europe et proximité oblige. On observe des décalages par exemple sur les heures de repas (les restaurants forment tôt), les heures de fête (les bars ferment très tard). Vous trouverez une foule de conseils futés pour joindre les centre-ville depuis les aéroports, trouver une bonne place de parking proche du centre et pas trop chère ou prendre un billet de train, tram ou bus facilement. Mais aussi se déplacer à vélo comme un vrai Belge, en suivant les règles de circulation, comment se tenir informé de ce qui se passe dans le Plat Pays ou trouver des bons plans restos et/ou culture.

PRATIQUE

ORGANISER SON SÉJOUR

ARGENT

La Belgique fait partie de la zone euro. Les pièces représentent Philippe Ier, le roi des Belges.

BUDGET / BONS PLANS

- **Budget très serré à petit budget** : vous pouvez voyager pour 50 € par jour si vous logez en auberge de jeunesse, vous nourrissez de sandwichs ou fast-foods et vous contentez d'un verre le soir. Comptez au moins 60 € pour un peu plus de confort.
- **Budget moyen** : entre 80 € et 130 € par personne par jour, pour une nuit dans un petit hôtel, un (voire deux) repas dans un petit restaurant, un verre le soir, les transports (bus, train, parking…).
- **Gros budget** : à partir de 160 € par personne (nuit en hôtel de charme, repas dans de bons restaurants, parking ou taxi…).

PERMIS DE CONDUIRE

Le permis de français européen est valable bien sûr.

SANTÉ

Rien de particulier, la carte de soins européenne fonctionne en Belgique.

SÉCURITÉ

Pas de danger particulier, comme partout il faut faire attention aux pickpockets dans les grandes villes.

LANGUES PARLÉES

Les habitants du nord du pays parlent le néerlandais, tandis que ceux du sud parlent le français. Les cantons d'Eupen et Saint-Vith, près de la frontière allemande, sont quant à eux germanophones. Bruxelles, enfin, a un statut « bilingue », même si la majorité de sa population est francophone.

ELECTRICITÉ ET MESURES

La Belgique a adopté le système métrique. Les Belges parlent donc en kilomètres et kilogrammes, comme en France. Les prises électriques sont également les mêmes que dans l'Hexagone (220 volts).

BAGAGES

L'objet indispensable pour un voyage en Belgique c'est... le parapluie car même en plein de l'été, on n'est jamais à l'abri d'une « *drache* » (forte pluie). Un imper est aussi fortement conseillé.

LES PHRASES CLÉS

Bonjour, je voudrais réserver un billet aller/retour pour…
Hallo, ik wil graag een retourticket boeken voor…

J'ai raté mon avion. Je voudrais échanger mon billet s'il vous plaît.
Ik heb mijn vliegtuig gemist.Ik wil graag mijn ticket omruilen.

Mon vol est très en retard. Ma correspondance sera bien assurée ?
Mijn vlucht heeft veel vertraging. Kan ik verzekerd zijn van mijn aansluitende vlucht?

Mes bagages ont été égarés, à qui dois-je m'adresser ?
Mijn bagage is kwijtgeraakt, bij wie kan ik daarvoor terecht?

Louez-vous des voitures avec chauffeur ?
Verhuurt u auto's met chauffeur?

Je n'ai presque plus d'essence. Où se trouve la station-service la plus proche ?
Ik heb bijna geen benzine meer. Waar is het dichtstbijzijnde tankstation?

L'ASSURANCE VOYAGE, LE BON RÉFLEXE POUR PARTIR L'ESPRIT TRANQUILLE

avec CATHERINE DIBOUES, responsable du marché voyage, chez Allianz Travel

En cas d'annulation de voyage, peut-on bénéficier d'un remboursement des frais engagés ?

L'assurance voyage propose une indemnisation lorsque l'on doit abandonner son projet de séjour pour une raison indépendante de sa volonté, y compris en cas de COVID-19. Contrairement aux idées reçues, les assurances liées aux cartes bancaires ne proposent pas toutes une assurance annulation.

Que se passe-t-il en cas de retard de vol ?

Avec l'assurance voyage Allianz Travel, les frais supplémentaires liés à l'attente sont remboursés, à partir de 2h de retard. Il peut s'agir des frais de restauration, de transport lors d'un changement d'aéroport ou d'une éventuelle nuit d'hôtel.

L'assurance voyage couvre-t-elle la perte ou le dommage des bagages ?

Allianz Travel indemnise les voyageurs en cas de bagages endommagés ou perdus par la compagnie aérienne. Cela comprend l'indemnisation du bagage et son contenu.

Les frais médicaux sont-ils pris en charge en cas de problème de santé dans l'Union européenne ?

Les pays européens ont des accords avec l'administration française. Avant de partir, il faut demander la carte européenne d'assurance maladie. La sécurité sociale et la mutuelle prennent alors en charge les frais médicaux, selon leurs barèmes. Les frais médicaux étant majoritairement plus élevés qu'en France, l'assurance voyage permet de se voir rembourser du reste à charge.

En cas de souci de santé sur place, notamment en cas de COVID-19, que faut-il faire ?

En cas de doute ou pour des symptômes légers, nous proposons un service de téléconsultation médicale, par téléphone et en visio, qui permet d'être conseillé et orienté par un professionnel ainsi que d'obtenir une ordonnance si besoin. Pour une situation plus grave, il est nécessaire d'appeler les urgences locales. Une fois à l'hôpital et dans un état stable, il faut contacter Allianz Travel pour déclencher les procédures de prises en charge. Notre centre d'assistance fonctionne 24h/24, 7j/7.

© ELIZAVETA - STOCK.ADOBE.COM

S'Y RENDRE

On se rend en Belgique comme on se déplace en France. C'est naturel et tellement proche ! Lille est vraiment la porte à côté, Paris également. Inutile donc de prendre l'avion ! Il n'y a rien de dépaysant ou de contraignant en voyageant seul en Belgique. Entre Paris et Bruxelles, il y a 320 kilomètres à parcourir et notre conseil, si vous venez en voiture, est bien sûr d'éviter les heures de pointe à l'approche de l'une des deux capitales. Si vous ne possédez pas votre propre véhicule, le train est la solution la plus rapide (Thalys depuis Paris, TGV depuis Lille, Lyon, Marseille, Montpellier ou encore Rennes). De nombreuses compagnies de bus font la liaison plusieurs fois par jour entre Paris et Bruxelles ou Lille et Bruxelles et d'autres villes belges. C'est sans doute une des options les plus économiques. Enfin, il est possible de faire du covoiturage organisé (www.blablacar.fr) à partir et vers toute la France.

KELBILLET

www.kelbillet.com

Kelbillet est un site comparateur regroupant les principales compagnies desservant les meilleures destinations européennes : SNCF, BlaBlaCar, Thalys, OuiBus, Air France, EasyJet, Flixbus, Air France, Thalys, etc. Vous souhaitez trouver un billet de train pas cher, mais aussi un billet de bus, avion, ou du covoiturage ? Ou bien acheter un billet de train à un autre voyageur ? Revendre un billet que vous ne pouvez utiliser ou vous faire rembourser ? KelBillet.com est un très bon plan. Ce site propose de nombreux billets pour voyager en France et en Europe.

TRAINLINE

www.trainline.fr

Un vrai bon plan qui permet d'acheter un billet de train en moins d'une minute. Il suffit de créer une première fois son profil de voyageur (nom, prénom, âge, carte SNCF) qui sera enregistré pour les recherches suivantes. La recherche/réservation du billet se fait ensuite très rapidement et regroupe toutes les offres de la SNCF et d'autres compagnies européennes (Thalys, Eurostar, Deutsche Bahn, Renfe, Trenitalia...). Devenir le premier guichet du monde libre est le but affiché de ce site pratique et malin, de quoi vous mettre en confiance, non ?

THALYS - SNCF

✆ +33 8 25 84 25 97

www.thalys.com

Thalys est la compagnie principale des TGV directs Paris-Bruxelles. En plus d'être écologique, c'est assurément le moyen de transport le plus efficace. De nombreux départs quotidiens depuis Paris-gare du Nord : vous pouvez vous rendre à Bruxelles (1h43), Anvers (2h20), Liège (2h10) (trains directs), et à Bruges (3h30), Ostende (3h15), Mons (2h50), Namur (2h50) et Gand (2h06) (trains avec une correspondance). Pour des prix avantageux, réservez vos trajets le plus tôt possible (peu de bons prix en last minute) et préférez les derniers trains de la journée.

TROC DES TRAINS

www.trocdestrains.com

Voici un site malin, gratuit et facile d'utilisation, consacré aux annonces de reventes de billets de train à petits prix, ni échangeables ni remboursables. Vous pouvez soit y rechercher un billet, soit en déposer un et ainsi le proposer à d'autres utilisateurs. Toute transaction est garantie sans enchères, sans frais et sans commission ! Bon à savoir également, le site Troc de Trains contrôle la validité des billets de train proposés à la vente et indique la fiabilité du billet. Enfin, bien pratique, il existe un service d'alerte.

ZEPASS

www.zepass.com

Zepass permet d'organiser au mieux ses achats et de planifier ses voyages. Ce site propose à tous d'acheter ou de revendre, entre autres, des billets de train en toute confiance et simplicité. L'achat de billet d'occasion permet de trouver des billets Prem's à la dernière minute et à des prix défiant toute concurrence, ou de revendre vos tickets. Il suffit de déposer son annonce : le billet est en vente en quelques minutes. Places de concert, de théâtre, de spectacles ou de manifestations sportives sont également disponibles sur ce site.

BLABLACAR BUS

✆ 01 71 53 01 80

www.blablacar.fr/bus

Tous les billets de bus sont échangeables et remboursables jusqu'à 30 minutes avant le départ.

Réservation aux guichets SNCF des gares de Paris Bercy et Lille Europe, ainsi qu'au guichet SNCB « Départ immédiat » de Bruxelles Midi. Vers Bruxelles, OUIBUS propose plusieurs allers-retours quotidiens depuis Paris et Lille, avec au moins un bus par jour et par ligne à Prix Mini. Et comme toujours chez OUIBUS, tout est pensé pour vous : un confort de niveau supérieur, des Capitaines à votre écoute, un temps de trajet optimisé grâce au wifi et aux prises électriques, des prix annoncés à l'avance qui ne changent pas à la dernière minute.

BUS FLIBCO

BRUGES - BRUGGE

✆ +32 70 211 210

www.flibco.com

Réservations et horaires en ligne, ticket avec QR code valable toute la journée, quelle que soit l'heure de départ.

Flibco est un service de navette de bus qui relie les aéroports de Charleroi (et de Bruxelles) à Bruges et à Gand, ce qui peut s'avérer très utile quand on arrive par vol lowcost (Ryanair par exemple) et qu'on ne veut pas avoir à rejoindre la gare de Charleroi, puis de Bruxelles, puis de Bruges avec les valises ! Ce bus s'arrête à Gand sur son chemin et stoppe devant les gares de train. Il existe aussi une liaison vers Mons depuis Charleroi et un service de navette partagée « porte-à-porte » moins cher que le taxi entre l'aéroport de Bruxelles et la ville.

FLIXBUS

✆ 01 76 36 04 12

www.flixbus.fr

Ouvert tous les jours et les jours fériés.

FlixBus est une start-up allemande qui a vu le jour en 2013 dans le but de simplifier les déplacements en Europe. En quelques années, l'entreprise est devenue leader et dispose aujourd'hui du plus grand réseau européen de bus longue distance. Les réservations se font en toute simplicité (sur le site Internet), et – une fois installé – le passager peut profiter de différents services mis en place : application mobile, wifi gratuit, suivi GPS des bus en temps réel. Liaison Paris-Bruxelles plusieurs fois par jour et nuit, à prix dérisoires.

SÉJOURS ET CIRCUITS

Peu de voyages organisés sont proposés pour la Belgique, on s'en doute. Tellement si proche et facile d'accès, la majorité des visiteurs se passent des agences et tous opérateurs qui facturent leurs services. Il reste quelques spécialistes qui s'occupent de proposer des tours en groupes et en bus, plutôt destinés au troisième âge actif qui ne veut pas s'encombrer à tout organiser et préfère voyager entre amis. Les tours sont souvent combinés Belgique et Pays-Bas ou Belgique - Luxembourg, ce qui peut s'avérer intéressant quand la barrière de la langue est trop compliquée pour certains. D'autres spécialistes proposent aussi des tours à vélo de la Belgique, en organisant le transport des vélos dans les trains, en traçant des itinéraires en fonctions des envies des visiteurs. Enfin, des croisières sur les canaux et dans les principaux ports de Belgique sont proposées en voyages thématiques.

ARTS ET VIE

251, rue de Vaugirard - **PARIS** (15e)
✆ 01 40 43 20 21
www.artsetvie.com
Autres agences : Grenoble, Lyon, Marseille et Nice. Du lundi au vendredi de 9h à 12h30 et de 14h à 17h.

Arts et Vie propose des conférences et ateliers thématiques portant sur la culture ou les différentes civilisations, animés par des universitaires. Plusieurs escapades sont proposées pour découvrir la Belgique, parmi elles on retiendra le circuit en 7 jours « La Belgique des Arts » qui propose une découverte de la citadelle de Dinant, l'Art nouveau à Liège, le polyptyque des frères Van Eyck à Gand ou encore le musée Magritte à Bruxelles. Pour un séjour court, il est possible d'opter pour l'escapade (3 jours) « Bruxelles, festival de l'Art nouveau à l'Art déco ».

CLIO

34, rue du Hameau
PARIS (15e)
✆ 01 53 68 82 82
www.clio.fr
Agence ouverte du lundi au vendredi de 10h à 18h, le samedi sur rendez-vous.

En choisissant Clio, vous optez pour une conception du voyage originale et enrichissante. Le succès des voyages Clio est basé sur trois principes. On vous propose un itinéraire pour vous faire découvrir les différentes facettes d'un pays, d'une ville ou d'une région. Le tour-opérateur Clio vous emmène à la découverte de la Belgique avec différents circuits. Parmi eux, « Trésors de Bruges et Gand », « Week-end à Gand et Arras » ou encore, « Croisière sur le Rhin », un circuit qui passe par Anvers, Gand, les Pays-Bas et l'Allemagne.

ESCAPADES.BE

www.escapades.be

Escapades propose aux passionnés de marche à pied ou de VTT désireux de découvrir de nouveaux horizons et de sortir des sentiers habituels de partir à la découverte des plus beaux coins des régions Meuse-Ardennes et Eifel. Possibilité de choisir son itinéraire selon différents critères : le nombre de kilomètres (moins de 12, de 12 à 25 ou plus de 25) ou encore par cartes géographiques, répertoires, ou enfin grâce à la carte des curiosités et de l'insolite. Ce sont ainsi 52 promenades qui sont proposées, réparties sur 1 005 km de sentiers.

INTERMÈDES

10, rue de Mézières - **PARIS** (6e)
✆ 01 45 61 90 90
www.intermedes.com
Du lundi au jeudi 9h-19h, vendredi 18h. Samedi 9h30-16h de janvier à mars et septembre, octobre.

Un spécialiste des voyages culturels avec conférencier en Europe et dans le monde. Conçus dans un esprit « grand voyageur », les voyages sont proposés en petits groupes, accompagnés par des guides sélectionnés : vous partez seul, à deux ou plus avec un groupe. Pour la Belgique plusieurs alternatives sont proposées comme « Bruxelles, et les serres royales de Laeken » en 2 jours, « Flâneries en Wallonie » en 4 jours avec les visites de Mons, Namur et Tournai ou encore « Trésors des Flandres » en 4 jours avec les visites des immanquables Bruges, Anvers et Gand.

LASTMINUTE

✆ +39 0892 586 132
www.lastminute.com

Des vols secs à prix négociés, dégriffés ou publics sont disponibles sur Lastminute, agence de voyage en ligne créée en 1998. On y trouve également des week-ends, des séjours, de la location de voiture... Mais surtout, Lastminute est le spécialiste des offres de dernière minute permettant ainsi aux vacanciers de voyager à petits prix sans avoir à s'y prendre plusieurs semaines à l'avance. Que ce soit pour un week-end ou une semaine, une croisière ou simplement un vol, des promos sont proposées et renouvelées très régulièrement.

EASYVOYAGE

✆ 08 99 19 98 79
www.easyvoyage.com

Le concept peut se résumer en trois mots : s'informer, comparer et réserver. Des infos pratiques sur plusieurs destinations en ligne (saisonnalité, visa, agenda...) vous permettent de penser plus efficacement votre voyage. Après avoir choisi votre destination selon votre profil (famille, budget...), le site vous offre la possibilité d'interroger plusieurs sites à la fois concernant les vols, les séjours ou les circuits. Grâce à ce moteur performant, vous pouvez réserver directement sur plusieurs bases de réservation (Lastminute, Go Voyages et bien d'autres).

FOCUS FLANDERS

Nederkouter 35
GAND
✆ +32 09 269 90 62
https://focusflanders.com/fr/

Focus Flanders s'est fait un nom pour devenir la principale agence réceptive de Belgique. Elle traite aussi bien des demandes pour des groupes, d'entreprises ou d'individuels. Rien de mieux pour découvrir tous les recoins de la Belgique, tout est réglé pour vous : réservations de restaurants, de vols et d'hôtels, visites guidées, sorties, etc. Partez par exemple à Gand pour une excursion gourmande avec la participation à un atelier de chocolats belges. De quoi gagner du temps en amont et se libérer de tous soucis une fois sur place.

QUOTATRIP

www.quotatrip.com
Voyages sur mesure.

QuotaTrip est une nouvelle plateforme de réservation de voyage en ligne qui met en relation des voyageurs à la recherche d'expériences authentiques et uniques et des agences de voyages locales sélectionnées pour leurs compétences et leur sérieux. Le réseau de QuotaTrip couvre près de 200 destinations dans le monde entier. Le but de ce rapprochement est simple : proposer un séjour entièrement personnalisé aux utilisateurs. QuotaTrip promet ainsi l'assurance d'un voyage serein, sur mesure, sans intermédiaires et sans frais supplémentaires.

BILLETSDISCOUNT

✆ 01 40 15 15 12
www.billetsdiscount.com
Promotions toute l'année.

Le site Internet permet de comparer les tarifs de vol de nombreuses compagnies à destination de tous les continents. Outre la page principale avec la recherche générale, des onglets spécifiques (Antilles, océan Indien, Océanie, Afrique, Amérique du Nord et Asie) permettent de cibler davantage les recherches. À noter qu'un bagage supplémentaire en soute de 23 kg est inclus dans le prix du billet. Il est possible de payer son billet d'avion en 4 fois contre une somme modique. Un service pour les enfants non accompagnés (de 4 à 12 ans) est également proposé.

VIVANODA.FR

www.vivanoda.fr

Vivanoda.fr est un site français indépendant permettant en un clic de comparer et combiner plusieurs modes de transport (avion, train, autocar, ferry et covoiturage) entre deux villes. Vivanoda est né d'un constat simple : quel voyageur arrive à s'y retrouver dans les différents moyens de transports qui s'offrent à lui pour rejoindre la destination de son choix ? La recherche sur Internet de ces informations se révèle en effet souvent très fastidieuse... Grâce à ce site, fini les nuits blanches et bonjour les voyages à moindre coût.

INTERVIEW

LE VOYAGE-SUR-MESURE

AVEC STEVEN LE CHEVALIER ET MATHIEU VALLY DE QUOTATRIP

Quel est le concept de l'agence QuotaTrip ?
Quotatrip est la première plateforme de mise en relation entre voyageurs et agences locales. Grâce à elle, les voyageurs peuvent enfin échanger en direct avec des agences qui sont sur place et concevoir un voyage unique, au meilleur prix et 100% personnalisé.

Pourquoi voyager avec des agences locales ?
À l'inverse des agences traditionnelles, les agences locales sont des expertes de la destination choisie. Ce sont aussi les mieux placées pour concevoir des séjours qui sortent des sentiers battus. Elles sont ainsi en mesure de répondre à l'ensemble des envies, le voyageur rentre dans l'univers de l'equi-tourisme = le tourisme sans intermédiaire.

Quels sont les autres avantages pour les voyageurs ?
Il y a une multitude d'avantages. Cela permet notamment de ne pas voyager comme tout le monde, d'organiser de manière simple et rapide un séjour sur mesure et au meilleur prix. Fini les mauvaises surprises, les voyageurs posent toutes les questions qu'ils souhaitent et bénéficient d'un accompagnement sur mesure, de la conception du projet jusqu'à sa réalisation en toute sécurité car les agences référencées sont sélectionnées et recommandées par les journalistes des guides du Petitfute en toute impartialité.

Les démarches sont-elle simples à effectuer ?
Les sites de voyage en ligne font perdre beaucoup de temps aux internautes sans pour autant répondre entièrement à leurs désirs. QuotaTrip propose un formulaire simple et rapide qui permet de décrire les souhaits, les envies et les besoins. L'internaute reçoit aussitôt gratuitement et sans engagement les offres de trois ou quatre agences locales avec qui il peut ensuite échanger afin de personnaliser son projet grâce à la messagerie mise en place.

Quelles sont les destinations proposées ?
Notre plateforme propose plus de 21 000 projets de voyage sur plus de 100 destinations à travers le monde. De l'Amérique latine en passant par l'Asie et l'Afrique, nos mille agences partenaires sont là pour répondre à vos projets de voyage.

Décrivez votre projet de voyage. Echangez en direct avec les agences locales et partez au meilleur prix.

Plus d'informations : *quotatrip.com*

© D.R

© D.R

© D.R

SE LOGER

L'offre d'hébergement en est très variée : camping, auberge de jeunesse, Bed and Breakfast, hôtel, gîte, vous aurez le choix entre de nombreuses formules. Les offices du tourisme pourront vous aider à trouver celle qui vous convient le mieux. Si vous comptez visiter la Belgique entre mai et septembre, il est sage de réserver votre hébergement à l'avance. Le choix et les offres sur le web permettent aussi de faire de belles économies, avec de nombreuses formules. De la côte belge aux Ardennes, les campings sont légion. En été, ils sont généralement pris d'assaut : n'espérez pas être seul au milieu de la nature. En revanche, il n'est pas facile de trouver un terrain à proximité d'une grande ville. Comme en France, le tourisme à la ferme est en expansion en Belgique. Louer un gîte à la semaine peut être une formule intéressante. Les prix démarrent à environ 350 euros par semaine, mais varient énormément en fonction de la taille du gîte et de la saison (ils grimpent en juillet et en août).

LOVE HOME SWAP €€

www.lovehomeswap.com

Partir en vacances seul, en famille ou avec un groupe d'amis sans payer le logement, c'est possible si vous pouvez vous-même échanger votre studio, appartement ou maison, que ce soit à Paris, Marseille ou autre lieu qui intéresse. Vous pouvez ainsi trouver un appartement ou une villa balnéaires en Croatie, un château en Espagne (très rare !), un mobil-home à Sydney, une immense maison avec piscine à Miami ou un superbe appart à Tokyo, c'est l'idée. Il faut que cela convienne aux deux parties. Pour bénéficier de ce système, il faut s' inscrire sur le site Internet.

HOSTELWORLD €

www.hostelworld.com

Depuis 2005, cette centrale de réservation en ligne permet de planifier son séjour à prix corrects dans le monde entier. Afrique, Asie, Europe, Amérique… Hostelworld est spécialisé dans les logements peu onéreux (auberges de jeunesse ou hostels…) mais proposant des services et un cadre plutôt soignés. Pour chaque grande ville, le site propose une sélection pointue d'enseignes partenaires et vous n'aurez plus qu'à choisir l'adresse la plus pratique, la mieux située, ou tout simplement la moins chère. Une plateforme bien pratique pour les baroudeurs.

BEWELCOME €€

www.bewelcome.org

Le système est simple : être hébergé chez l'habitant, partout dans le monde. C'est le site Internet qui se charge de contacter les accueillants et les postulants puis de les mettre en contact, que ce soit en ligne ou dans la vraie vie. Avec leur carte interactive, les profils *des « welcomers »* s'affichent, avec leurs disponibilités. Certains font part de leurs projets de voyage afin de pouvoir trouver des affinités, des opportunités d'action avec les membres du site. Idéal pour un voyage solidaire et plein de belles rencontres !

WORKAWAY €€

www.workaway.info

Abonnement annuel à la plateforme : 49 € pour un voyageur seul, 59 € pour deux voyageurs.

Ici, le système est simple : être nourri et logé en échange de services. Sur la page Web, vous entrez en contact avec vos futurs hôtes qui recherchent des volontaires pour les aider dans leur projet. Des fermes, des maisons à retaper, des vendanges, des cueillettes… Ce système de logement alternatif, s'il n'est pas de tout repos, est de plus en plus populaire parmi les voyageurs. Les hôtes proposent la plupart du temps le gîte et la nourriture en échange de cours d'anglais. Un bon deal mais surtout une expérience unique et des rencontres fort enrichissantes.

SE DÉPLACER

Pour les voyageurs se déplaçant en voiture, la situation sera peut-être plus exotique côté flamand, quand les panneaux en néerlandais restent mystérieux. Mais tout est écrit en anglais et souvent en français pour se guider aisément. Les tramways pourront aussi déboussoler les visiteurs qui ne sont pas habitués à ces lignes. Où monter, comment demander l'arrêt, on s'adapte même si on ne connait pas. Gare aux multiples lignes qui bifurquent néanmoins on se trompe vite. Pas besoin d'une voiture spécialement, le réseau de train est tellement interconnecté et les transports en commun optimaux, on peut largement s'en passer. Et c'est plus facile en ville. A 2 heures 40 de trajet, la ville la plus éloignée de Bruxelles est Arlon. Le réseau ferroviaire belge est un très dense. Il est parfaitement possible de visiter toutes les villes, grandes et moyennes, de Belgique au départ de la capitale, qui est au centre du réseau.

SNCB-SOCIÉTÉ NATIONALE DES CHEMINS DE FER BELGES

BRUXELLES - BRUSSEL

✆ +32 2 528 28 28

www.belgianrail.be

La SNCB est responsable du transport ferroviaire de voyageurs en Belgique. Elle travaille également en partenariat avec la SNCF (Thalys, Eurostar et TGV), la DB allemande (ICE) et les chemins de fer néerlandais NS. Tarifs, horaires et billets en ligne ou sur l'application mobile. Il existe des pass intéressants, nommés Youth Multi pour les moins de 26 ans et Standard Multi pour les plus de 26 ans, permettant de voyager à moindre coût sur le réseau. Tickets A/R à 50 % le week-end.

BSP AUTO

✆ 01 86 26 90 80

www.bsp-auto.com

Site comparatif accessible 24h/24.

Il s'agit là d'un prestataire qui vous assure les meilleurs tarifs de location aux conditions les plus avantageuses auprès des grands loueurs de véhicules dans les gares, les aéroports et les centres-ville du monde entier. Le kilométrage illimité et les assurances sont souvent compris dans le prix. Avec BSP Auto, vous pouvez réserver dès maintenant et payer seulement cinq jours avant la prise de votre véhicule. Autre bonus du courtier BSP : pas de frais de dossier ni d'annulation (jusqu'à la veille). La moins chère des options zéro franchise.

AVIS

✆ +32 70 22 30 01

www.avis.be

L'agence de location Avis propose une large sélection de voitures de location pour tous les besoins. Toutes les voitures de location Avis sont âgées de moins de six mois. N'hésitez pas à consulter les nombreuses réductions et promotions régulières en fonction de la saison. Vous trouverez des bons plans comme *earlybooking* (-20 %) ou forfait week-end (2e conducteur et GPS gratuits). L'agence compte des bureaux à Bruges, Liège, Gand, Louvain, au centre d'Anvers, de Bastogne et de Bruxelles ainsi qu'à Anvers, Charleroi et les autres villes principales du pays.

S'INFORMER

La Belgique, comme la France, égrène de beaux bureaux touristiques accueillant les visiteurs dans chaque ville et village présentant un attrait touristique, de simples offices jusqu'aux maisons de tourisme régionales. On vous conseille de bien préparer les visites des grandes villes comme Bruxelles ou Anvers, mais aussi les joyaux touristiques Bruges et Gand, qui proposent des pass de visites des musées et sites d'intérêts pour 1 ou plusieurs jours, très intéressants. Vous y trouverez des plans de ville, et les brochures de festivals et d'événements se déroulant sur place, pendant votre séjour en Belgique. Le pays regorge de sites taillés pour pratiquer des activités en plein air pour toute la famille et programme quantité de spectacles pour tous les âges. Vous pouvez aussi regarder la télévision belge francophone pour vous imprégner de la culture locale et de l'actualité du pays avant d'y séjourner.

AGENDA VISIT BRUSSELS

BRUXELLES - BRUSSEL
www.visit.brussels/fr/visitors/agenda

Qu'est-ce qu'on fait ce soir (ou cet aprèm') ? Pas de panique, l'agenda de Visit Brussels a la réponse ! C'est le site de référence pour les évènements en tous genres : expositions, concerts, cinéma, spectacles et même visites. C'est simple : entrez la date de votre séjour, la catégorie d'activité que vous souhaitez voir et voilà, le problème sera de choisir. Vous trouverez aussi des filtres spéciaux pour sélectionner des activités qui conviennent à différents types de public (enfants, accessibles aux PMR, adaptées à différents handicaps, LGBTQIA, seniors, etc.).

RTBF

Boulevard Auguste Reyers 52
BRUXELLES - BRUSSEL
✆ +32 737 21 11
www.rtbf.be

Née en 1977, la Radio-Télévision belge de la Fédération Wallonie-Bruxelles est devenue une référence en matière d'informations et de divertissements belges. Le média compte quatre chaînes de télévision, neuf radios, une offre web et des réseaux sociaux actifs. La RTBF est la solution si vous voulez tout savoir des informations locales, nationales et internationales. Les news sont ponctuées d'émissions de culture, de sport, d'économie et d'opinion qui vous feront toujours passer un bon moment. Un incontournable durant votre séjour en Belgique.

CARNETS DE VOYAGE

36, Boulevard de la Bastille
PARIS (12e)
www.us.phoenix-publications.com

Trimestriel consacré à des destinations de voyage avec des focus dédiés à la découverte des régions, *Carnets de Voyage*, le magazine des voyages réussis. Tous les 3 mois, la revue vous invite à découvrir à travers ses reportages le meilleur des destinations. Grande ou petite escapade à la découverte d'une ville, d'une région, en France, en Europe ou dans le monde à travers des reportages photo uniques complétés de conseils pratiques et de bonnes adresses pour nous faciliter le voyage avec enfin, un agenda des rendez-vous à ne pas manquer.

SO SOIR

rue Royale 100
BRUXELLES - BRUSSEL
sosoir.lesoir.be/

So Soir, c'est le supplément *lifestyle* du grand quotidien francophone de qualité, *Le Soir*. Disponible dans l'édition du week-end et sur le Web, il s'adresse à un lectorat essentiellement féminin, mais pas que. À côté des conseils mode-beauté-design, une large part est consacrée aussi à tout ce qui touche la restauration et c'est une petite mine d'informations sur les bonnes adresses. La rédaction étant basée à Bruxelles, il est souvent aux avant-postes des nouveautés sur la scène culinaire de la capitale, en complément des adresses déjà présentes dans ce guide.

RESTER

À 5,5 %, le taux de chômage est moins élevé qu'en France et les salaires sont plus intéressants. Pour travailler en Belgique, pas besoin de permis de travail pour un membre de l'Union européenne. N'oubliez pas de faire éditer simplement votre carte de sécurité sociale européenne pour être couvert pour vos dépenses de santé. Il faut aussi s'inscrire auprès du service des étrangers de la commune belge de résidence pour obtenir une carte de ressortissant de l'UE, valable 5 ans et renouvelable. Il faut en général parler français et anglais, et dans l'idéal néerlandais, mais à Bruxelles ce n'est pas une obligation la plupart du temps. Pour aller étudier en Belgique, les démarches commencent 9 mois avant, que ce soit en tant qu'étudiant indépendant ou via le programme Erasmus. Le système européen d'études supérieures LMD, Licence Maîtrise Doctorat, facilite l'admission dans une faculté belge, de surcroît francophone.

ÉDUCATION NATIONALE

www.education.gouv.fr

Modalités sur www.france.diplomatie.fr/mfi.

Vous êtes enseignant ou fonctionnaire d'État, vous souhaitez travailler à l'étranger ? Consultez le site du ministère de l'Éducation nationale, il informe sur les conditions de mobilité dans le monde. Cette initiative peut s'inscrire dans un parcours professionnel. Elle permet d'exercer son métier dans des conditions spécifiques, ou un autre métier et diversifier ainsi son expérience en enrichissant ses compétences. Les personnels d'encadrement peuvent aussi postuler dans des organismes internationaux ou de l'Union européenne.

BUSINESS FRANCE

77, Boulevard Saint-Jacques

PARIS (14e)

✆ 01 40 73 30 00

Ouvert en semaine de 8h30 à 18h30.

L'Agence pour le développement international des entreprises françaises travaille en étroite collaboration avec les missions économiques. Le site Internet recense toutes les actions menées, les ouvrages publiés, les événements programmés et renvoie sur la page du Volontariat International en Entreprise (VIE). Fondée en 2015, cette structure est née de la fusion entre Ubifrance et l'Agence française pour les investissements internationaux. Elle est affiliée au Ministère de l'Europe et des Affaires étrangères et au Ministère de l'Économie et des Finances.

MINISTÈRE DE L'EUROPE ET DES AFFAIRES ÉTRANGÈRES

www.diplomatie.gouv.fr

Site Internet officiel pour connaître les formalités d'entrée et séjour dans le pays. Dans la rubrique « Services aux Français », vous trouverez un guide de l'expatriation, les modalités de demandes de documents officiels. Sur la page d'accueil en sélectionnant le pays, vous obtenez les contacts des ambassades. Dans l'espace politique, économie et socio-culturel, quantité d'informations et de communications utiles pour qui s'intéresse aux réalités du pays.

CAPCAMPUS

www.capcampus.com

CapCampus fut l'un des premiers portails étudiants français en ligne. Dans la rubrique dédiée aux stages et aux premiers emplois, vous trouverez aussi des offres pour l'étranger, classées par pays. Celles pour les Etats-Unis ne sont pas très nombreuses, le mieux est de consulter le site régulièrement pour ne pas passer à côtés des offres intéressantes. Le site est également utile pour se familiariser avec la vie aux Etats-Unis, car il propose également toutes les informations pratiques pour bien préparer son départ et son séjour à l'étranger.

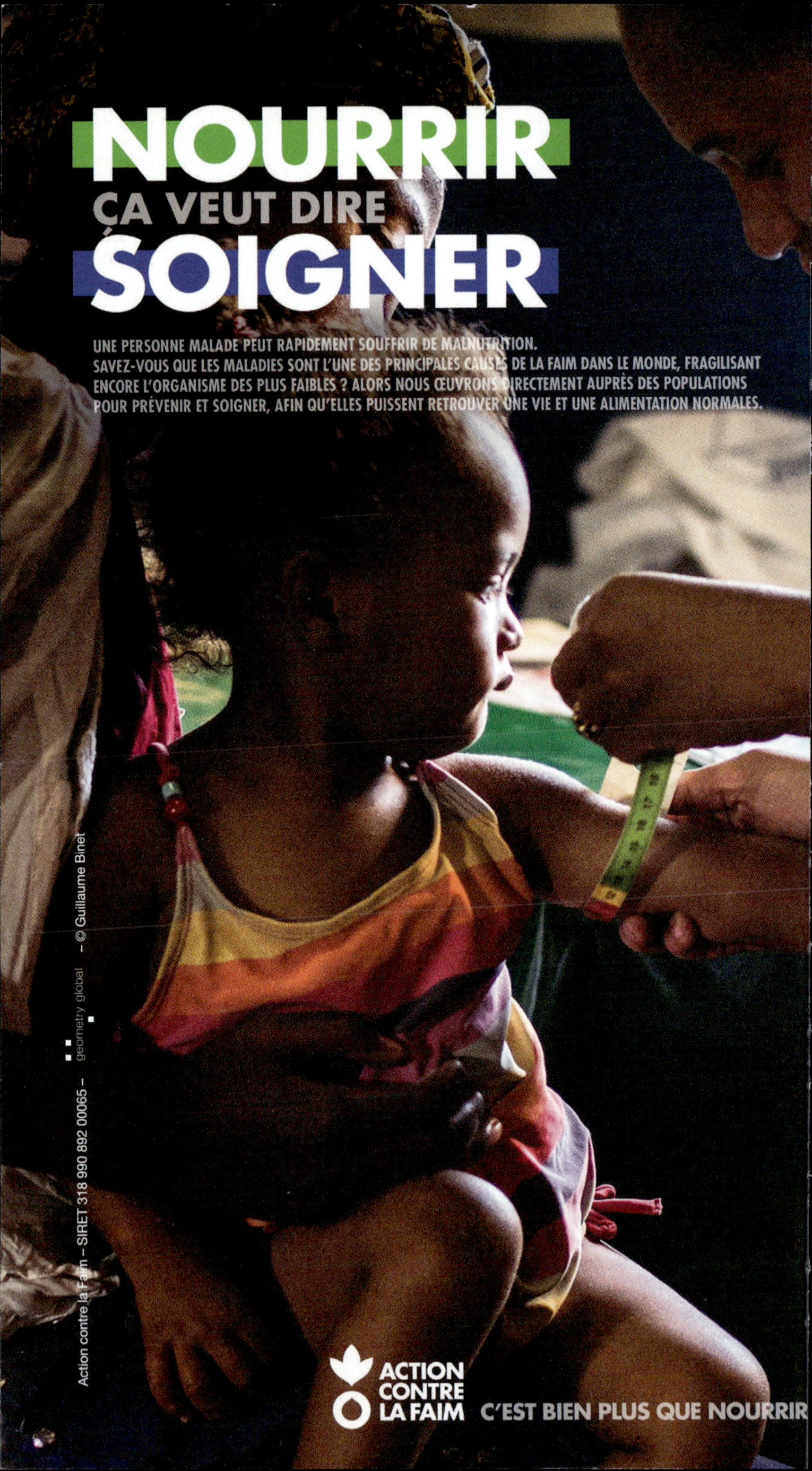
NOURRIR
ÇA VEUT DIRE
SOIGNER
UNE PERSONNE MALADE PEUT RAPIDEMENT SOUFFRIR DE MALNUTRITION.
SAVEZ-VOUS QUE LES MALADIES SONT L'UNE DES PRINCIPALES CAUSES DE LA FAIM DANS LE MONDE, FRAGILISANT ENCORE L'ORGANISME DES PLUS FAIBLES ? ALORS NOUS ŒUVRONS DIRECTEMENT AUPRÈS DES POPULATIONS POUR PRÉVENIR ET SOIGNER, AFIN QU'ELLES PUISSENT RETROUVER UNE VIE ET UNE ALIMENTATION NORMALES.
Action contre la Faim – SIRET 318 990 892 00065 – geometry global – © Guillaume Binet
ACTION CONTRE LA FAIM
C'EST BIEN PLUS QUE NOURRIR

INDEX

H

J

K

L

M

N

O

Vue sur Malines.

EDITION
Directeurs de collection et auteurs : Dominique AUZIAS et Jean-Paul LABOURDETTE
Auteurs : Mélissa MONACO, Camille GRIFFOULIERES, Mathias DESHOURS, Baptiste THARREAU, Mathilde LEROY, Amandine GLEVAREC, Romain RISSO, Anne-Claire DUCHOSSOY, Cléo VERSTREPEN, Priscilla PARARD, Juliette COURTOIS, Benoît HOCQUET, Coline COMPERE, Nicolas DECAESTECKER-KOUSSA, Céline PIETERS, Jean-Paul LABOURDETTE, Dominique AUZIAS et alter
Directeur Editorial : Stéphan SZEREMETA
Rédaction Monde : Laure CHATAIGNON, Morgane VESLIN, Pierre-Yves SOUCHET, Natalia COLLIER
Rédaction France : Briséis CREAC'H-MENUT, Audrey VEDOVOTTO, Marie VIGNERON, Nicolas WODARCZAK, Mélanie PEILLET

FABRICATION
Maquette et Montage : Romain AUDREN, Julie BORDES, Delphine PAGANO
Iconographie et Cartographie : Anne DIOT, Julien DOUCET

WEB ET NUMERIQUE
Directeur Web : Louis GENEAU de LAMARLIERE
Technical Project Manager : Hervé MARION
Développeurs : Guillaume BARBET, Adeline CAUX
Intégrateur Web : Mickael LATTES, Antoine DION
Webdesigner : Caroline LAFFAITEUR
Community Traffic Manager : Alice BARBIER, Noémie LE SAUX

DIRECTION COMMERCIALE
Directeur commercial : Guillaume VORBURGER
Coordinatrice des Régies commerciales : Manon GUERIN
Account Manager Marketplace : Leila ROUGEOT
Responsable Régies locales : Michel GRANSEIGNE
Responsables Développement régie inter : Jean-Marc FARAGUET, Guillaume LABOUREUR et Camille ESMIEU
Assistante commerciale Régie internationale : Leila ANTRI-BOUZAR
Chefs de Publicité Régie nationale : Caroline AUBRY, François BRIANCON-MARJOLLET, Perrine DE CARNE MARCEIN, Jonathan TOUTOUX

DIFFUSION ET PROMOTION
Directrice des Ventes : Bénédicte MOULET assistée d'Aissatou DIOP
Responsable des ventes : Jean-Pierre GHEZ assisté de Nelly BRION
Relations Presse-Partenariats : Jean-Mary MARCHAL

ADMINISTRATION
Président : Jean-Paul LABOURDETTE
Directrice des Ressources Humaines : Dina BOURDEAU assistée de Sandra DOS REIS et Eva BAELEN
Directrice Administrative et Financière : Valérie DECOTTIGNIES
Comptabilité : Guillaume PETIT, Aminata BAGAYOKO, Jeannine DEMIRDJIAN et Adama DIABY
Recouvrement : Fabien BONNAN assisté de Sandra BRIJLALL
Responsable informatique : Elie NZUZI-LEBA

PETIT FUTÉ BELGIQUE
LES NOUVELLES EDITIONS DE L'UNIVERSITE
18, rue des Volontaires - 75015 Paris.
✆ 01 53 69 70 00 - Fax 01 42 73 15 24
Internet : www.petitfute.com
SAS au capital de 1 000 000 € - RC PARIS B 309 769 966
Couverture : Gand, Belgique
© RudyBalasko - iStockPhoto.com
Impression : CORLET IMPRIMEUR - 14110 Condé-en-Normandie
Achevé d'imprimer : février 2023
Dépôt légal : 23/03/2023
ISBN : 9782305086279

Pour nous contacter par email, indiquez le nom de famille en minuscule suivi de @petitfute.com
Pour le courrier des lecteurs : info@petitfute.com

IMPRIMÉ EN FRANCE

P

Q

R

S

T

V

W / Y / Z